U0925612

中国铁建年鉴

CHINA RAILWAY CONSTRUCTION CORPORATION LIMITED YEARBOOK

2016

《中国铁建年鉴》编委会 编

图书在版编目（CIP）数据

中国铁建年鉴. 2016／《中国铁建年鉴》编委会主编.
—北京：中国经济出版社，2018.10
ISBN 978－7－5136－5431－9
Ⅰ. ①中… Ⅱ. ①中… Ⅲ. ①铁路工程－中国－2016－年鉴 Ⅳ. ① F532.3－54
中国版本图书馆CIP数据核字（2018）第242478号

中国铁建年鉴（2016）

责任编辑：郑　潇　李玄璇
责任印制：马小宾

出版发行：中国经济出版社
承　　印：北京富泰印刷有限责任公司
经　　销：各地新华书店
开　　本：787mm × 1092 mm　1/16
印　　张：47.5
插页印张：3.5
字　　数：1650千字
版　　次：2018年10月第1版
印　　次：2018年10月第1次印刷
定　　价：300.00元
广告经营许可证：京西工商广字第8179号

中国经济出版社　**网址** www.economyph.com　**社址** 北京市西城区百万庄北街3号　**邮编** 100037
本版图书如存在印装质量问题，请与本社发行中心联系调换（联系电话：010-68330607）

《中国铁建年鉴》编委会

编　辑　工　作　人　员

编辑说明

一、《中国铁建年鉴》是一部概览中国铁建系统各方面情况的综合性、资料性工具书，1993年创刊，本期年鉴为第24卷。全书全面、系统地反映2015年度中国铁建的基本概貌、改革发展、施工生产、经营管理、科技教育、党群工作等方面取得的新成果、新经验以及重要活动信息。

二、本年鉴记载时间跨度为2015年1月1日—12月31日，内容采用文章、条目、图片、表格等表现形式。年鉴体例采用分类编辑法，全书由类目、分目、条目3个层次组成，个别类目如“工程施工”“党的工作”，为表述清楚设次分目。本期年鉴设类目16个，类目下设分目71个、次分目10个、条目1471条、表格99份、文章10篇。

三、本年鉴注重图片资料收录，以彩页和压题、补白的形式编录，力求全书图文并茂地反映企业的发展历程。

四、本年鉴稿件由中国铁建总部机关各部门及所属各单位提供，并经其主管领导审核把关。年鉴文章、条目、图表中涉及的一些数据，是不同口径、不同渠道提供的，如有矛盾之处，应以经营计划和财务部门提供的数据为准。

五、本年鉴根据行文实际需要，单位名称全称和简称并用。

六、本年鉴卷首有详细的目录，卷末有按汉语拼音顺序排列的主题分析索引，文中所有信息均可由目录、索引、书眉检索。

七、本年鉴坚持“质量第一、读者第一、服务第一”的宗旨，篇幅适当、内容丰满、信息密集、数据详实，且数据信息图表化，注重实用功能和数据对比分析，为读者了解、认识、研究中国铁建提供真实可靠、可鉴、可用的翔实资料。从年鉴内容到格式均按《编辑出版法规手册》等有关规定进行规范。为进一步提高编纂质量，诚盼读者提出宝贵意见。

八、《中国铁建年鉴》的编辑出版，得到中国版协年鉴工作委员会、中国经济出版社和兄弟单位的指导、帮助，得到中国铁建系统各级领导、部门的关心、支持，得到各单位史志工作者的密切配合，我们在此一并致谢。

2015年1月20日，中共中央总书记、国家主席、中央军委主席习近平考察由中铁第四勘察设计院集团公司设计、中铁建设集团公司总承包、中铁十一局集团公司参建、北京铁城建设监理公司监理的昆明火车南站工程。图为习近平（右三）在昆明火车南站模型前听取汇报。（张 铎 摄）

2015年5月23日，中共中央政治局常委、国务院总理李克强在利马出席秘鲁种子企业座谈会。图为李克强（左）与中铁第一勘察设计院集团公司董事长王争鸣亲切握手。

（韩 冬 摄）

2015年6月13日，中共中央政治局委员、国家副主席李源潮（右二）考察中铁建设集团公司在建的昆明火车南站。（金慧霞 摄）

2015年4月18日，中共中央政治局委员、国务院副总理马凯（左三），中共中央政治局委员、广东省委书记胡春华（左二）等参加在深圳会展中心举办的第十三届中国国际人才交流大会。图为马凯、胡春华一行参观中国铁建展区，听取企业情况介绍。（陈云华 摄）

2015年5月28日，中共中央政治局委员、新疆维吾尔自治区党委书记张春贤（左）接见中铁第一勘察设计院集团公司院长刘为民。（朱琛智 摄）

2015年7月23日，外交部部长王毅（右一）会见参加“援建坦赞铁路亲历者的讲述”新书发行式的中国土木工程集团公司部分老专家。（寇鲁林 摄）

2015年3月24日，湖南省省长杜家毫（左一）检查中铁第四勘察设计院集团公司PPP项目——长沙磁浮工程浏阳河特大桥施工现场。（欧 威 提供）

2015年6月19日，云南省省长陈豪（右二）在昆明中铁大型养路机械集团公司物流中心调研。（富建强 摄）

2015年10月7日，黑龙江省委书记王宪魁（右二）考察中铁十九局集团公司参建的哈佳铁路施工现场。
（郭占山 摄）

2015年7月3日，河北省省长张庆伟（前排左一）一行到中铁二十一局集团公司津保铁路徐水站改工程项目检查工作。
（解二旬 摄）

2015年4月8日，江西省省长鹿心社（右二）到中铁二十三局集团公司参建的东昌高速项目施工现场视察。
（李亚萍 提供）

2015年3月25日，安徽省委书记张宝顺（前排中）到中铁建设集团公司承建的黄山北站检查指导工作。

（朱良金 摄）

2015年11月4日，国有重点大型企业监事会主席李克明（前排中）到中铁二十二局集团一公司承建的北京地铁6号线西延5标段项目检查调研。

（张洪柱 摄）

2015年9月8日，中国铁路总公司副总经理卢春房（右）到中铁二十五局集团三公司长株潭城际铁路湘潭特大桥转体施工现场调研。（王 莹 摄）

2015年7月6日，美国前驻华大使、商务部部长骆家辉（左七），美国前教育部助理副部长Marina Tse（左五）到中铁建设集团公司南昌商联中心项目考察。（章 梅 提供）

2015年5月15日，中铁十九局集团公司承建的塔吉克斯坦共和国瓦赫达特——亚湾铁路项目开工。图为塔总统拉赫蒙（右）与中铁十九局集团公司董事长、党委书记葛永利（左）共同启动项目开工仪式。（张羽彬 摄）

2015年2月23日，中国铁建国际集团阿尔及利亚公司参加在阿尔及利亚奥兰举行的为期3天的阿尔及利亚第二届国际交通物流运输展。图为阿尔及利亚交通部长古勒（前排右二）在中国铁建展台前听取讲解。（高一平 提供）

中国铁建高新装备股份有限公司

中国铁建高新装备股份有限公司（简称铁建装备）始建于1954年，是中国铁路大型养路机械行业的领军企业，隶属于国务院国资委管理的中国铁建股份有限公司（简称中国铁建）。2015年6月25日由昆明中铁大型养路机械集团有限公司（简称昆明中铁）整体改制成立，同年12月16日在香港联合交易所上市，股份代号：1786.HK。

多年来，公司始终致力于铁路养路机械事业的发展，形成了研发、制造、修理、施工、运维于一体的完整产业链，为客户提供系统解决方案。公司拥有线路捣固、轨道稳定、道砟清筛、配砟整形、物料运输、钢轨处理等60余种产品，累计生产大型养路机械2400台，实现从工务到供电，从线下到线上的立体化、系列化产品配套格局，在中国市场占有率超过80%，为中国铁路历次大面积提速、青藏铁路和高速铁路的顺利开通运行和保障运输安全发挥重要作用。（高新装备 提供）

2015年6月25日，中国铁建股份有限公司董事长、党委书记孟凤朝（中）为中国铁建高新装备股份有限公司成立揭牌。

2015年6月24日，中国铁建高新装备股份有限公司第一届董事会第一次会议召开。

即将发运的大型养路机械

XM-1800钢轨铣磨车

中铁建大桥设计研究院成立

◀2015年11月6日，由中铁第四勘察设计院集团桥梁设计研究处和中国铁建大桥工程局集团中铁现代勘察设计院为主体组建的中铁建大桥设计研究院在湖北武汉挂牌成立。图为中国铁建总裁庄尚标（右）为中铁建大桥设计研究院揭牌。（欧 巍 摄）

▲中铁建大桥设计研究院参建的宜万铁路宜昌长江特大桥。（大桥院 提供）

中铁海峡建设集团有限公司成立

▲2015年12月7日，中国铁建股份有限公司与中铁二十二局集团有限公司共同出资在福建厦门设立中铁海峡建设集团有限公司。图为厦门市副市长黄文辉（左）、中国铁建总裁庄尚标（右）为中铁海峡建设集团揭牌。（苗鲁宝 摄）

▶中铁海峡建设集团参建的海峡西岸最大的“动车4S店”——厦门北动车组运用所投入使用。（海峡集团 提供）

中铁第四勘察设计院集团公司勘察设计，中铁十二局、十七局集团公司等单位参建的京沪高速铁路工程获2015年度国家科技进步特等奖。 （邵　澎　提供）

中铁第一勘察设计院集团公司、中铁十二局集团公司参与设计、施工的郑西铁路客运专线黄土隧道课题——“高速铁路大断面黄土隧道建设成套技术及应用”获2015年度国家科技进步二等奖。图为观音堂隧道。 （马保喜　摄）

中铁十八局集团隧道公司在渝黔铁路新凉风垭隧道施工中，采用“水力压裂增透”新技术处理隧道瓦斯，安全穿越煤系地层段，攻克瓦斯含量高、压力大、煤层层位不稳定等难题，完成隧道揭煤工作。图为新凉风垭瓦斯突出隧道揭煤工作顺利完成。（李慧楠 摄）

中铁十四局集团公司在扬州瘦西湖隧道工程施工中，主持完成的“全断面硬塑膨胀性黏土层超大直径泥水盾构隧道施工关键技术研究”和“膨胀土地区深基坑工程综合施工技术研究”两项科研成果，经中国岩石力学与工程学会组织的专家鉴定，均达到国际先进水平。（李秀东 提供）

中铁第一勘察设计院集团公司“客运专线接触网防（融）冰技术研究”获中国施工企业管理协会科技进步一等奖。（高 俊 摄）

2015年8月27日，中国铁建与中国农业银行签署战略合作协议。
（秦班超 摄）

2015年7月3日，中国铁建与河北省签署战略合作框架协议。
（周建伟 摄）

2015年11月3日，中国铁建与北京市交通委员会签署北京市延兴高速公路PPP项目投资协议。
（王华峰 摄）

2015年9月19日，中国铁建与广西壮族自治区签署“一带一路”战略合作框架协议。 （张庆昌 摄）

2015年1月27日，中国铁建投资集团有限公司签署珠海西部中心城区首期开发区域（A片区）基础设施工程工程总承包合同。

（王华峰 摄）

2015年10月23日，中铁十四局集团有限公司与沃华国际投资控股集团有限公司签署珠海游艇产业园建设与城市综合体建设战略合作协议。

（杜振珂 提供）

中国土木工程集团澳门公司承建的澳门关闸边检大楼建造及扩建工程获2014—2015年度中国建设工程鲁班奖（国家优质工程）。（任 嘉 提供）

中铁十四局集团市政公司、中铁二十三局集团六公司参建的青岛市重庆路快速路工程获2014—2015年度中国建设工程鲁班奖（国家优质工程）。（江 慧 提供）

中铁十七局集团建筑公司承建的山西省图书馆工程获2014—2015年度中国建设工程鲁班奖（国家优质工程）。（周福荣 提供）

中铁十七局集团公司承建及其建筑公司参建的郑州东站工程获2014—2015年度中国建设工程鲁班奖（国家优质工程）。

（周福荣 提供）

中铁十八局、十六局集团公司承建，中铁十九局集团公司参建的青岛胶州湾隧道及接线工程获2014—2015年度中国建设工程鲁班奖（国家优质工程）。

（王会堂 摄）

中铁十八局集团公司承建及其五公司参建的天津市滨海新区中央大道海河隧道工程获2014—2015年度中国建设工程鲁班奖（国家优质工程）。

（王 宇 摄）

中铁二十三局集团公司承建及其三公司、四公司参建的新建向莆铁路青云山隧道工程获2014—2015年度中国建设工程鲁班奖（国家优质工程）。（马鹏飞 摄）

中铁二十三局集团一公司承建的九江长江公路大桥工程获2014—2015年度中国建设工程鲁班奖（国家优质工程）。（张 涛 提供）

中铁建设集团公司承建及其设备安装公司参建的乐成恭和苑老年公寓工程获2014—2015年度中国建设工程鲁班奖（国家优质工程）。（门福梅 摄）

中铁建设集团公司承建及其设备安装公司参建的海军总医院内科医疗楼工程获2014—2015年度中国建设工程鲁班奖（国家优质工程）。
（王洪珂 摄）

中铁建设集团公司承建的三亚海棠湾国际购物中心（一期）工程获2014—2015年度中国建设工程鲁班奖（国家优质工程）。 （门福梅 摄）

中铁建设集团公司承建及其设备安装公司参建的中国石油科研成果转化基地项目获2014—2015年度中国建设工程鲁班奖（国家优质工程）。 （周京精 摄）

中铁建设集团公司参建的上海保利大剧院工程获2014—2015年度中国建设工程鲁班奖（国家优质工程）。（田 菲 摄）

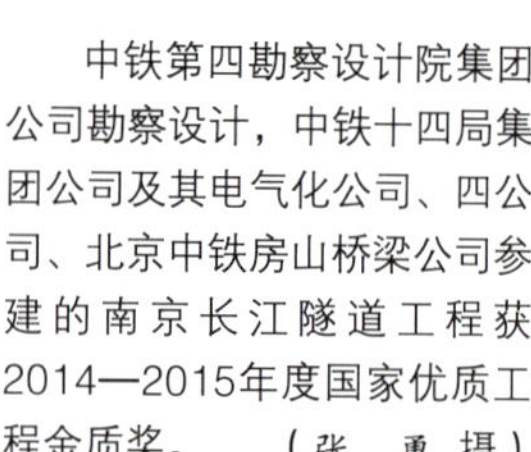

中铁第四勘察设计院集团公司勘察设计，中铁十四局集团公司及其电气化公司、四公司、北京中铁房山桥梁公司参建的南京长江隧道工程获2014—2015年度国家优质工程金质奖。（张 勇 摄）

中铁十一局集团公司承建及其五公司参建的新建重庆至利川铁路黄草山隧道工程获2014—2015年度国家优质工程奖。（徐云华 提供）

中铁十二局集团电气化公司参建的山西龙源神池继阳山150兆瓦风电工程获2014—2015年度国家优质工程奖。
（袁永江 摄）

中国铁建大桥工程局集团公司建设，中铁建设集团公司及其北京中铁装饰公司参建的天津铁建大厦工程获2014—2015年度国家优质工程奖。（姜 楠 提供）

中铁十五局集团二公司承建的南水北调丹江口库区郧县汉江二桥工程获2014—2015年度国家优质工程奖。
（郑凤华 提供）

中铁十五局集团五公司承建的灵山高速公路抢风岭隧道工程获2014—2015年度国家优质工程奖。（闫永凤 提供）

中铁十八局集团五公司承建的天津生态城中部片区经六路上跨蓟运河故道桥工程获2014—2015年度国家优质工程奖。（王会堂 摄）

中铁十九局集团二公司参建的华能大理五子坡（一、二、三期）148.5兆瓦风电工程获2014—2015年度国家优质工程奖。（吴明鑫 提供）

中铁二十局集团公司承建及其五公司参建的国道G216线五彩湾至大黄山高速公路工程获2014—2015年度国家优质工程奖。
（刘文君 提供）

中铁二十二局集团公司承建及其一公司、二公司、中铁城建集团三公司参建的新建铁路天津至秦皇岛客运专线宁车沽永定新河特大桥工程获2014—2015年度国家优质工程奖。（张洪柱 摄）

中铁二十五局集团公司、中国铁建大桥工程局集团公司承建的深圳市南坪快速路（二期）工程（新屋隧道—西丽货场段）工程获2014—2015年度国家优质工程奖。
（姜 楠 提供）

中国铁建股份公司承建，中铁十七局集团公司及其二公司、中铁二十三局集团公司及其六公司参建的重庆鱼洞长江大桥工程获2014—2015年度国家优质工程奖。（段绪江 提供）

中铁建设集团公司承建及其北京中铁装饰公司参建的丽都饭店改扩建工程获2014—2015年度国家优质工程奖。（周京精 摄）

中国铁建港航局集团公司参建的连云港港疏港航道整治工程获2014—2015年度国家优质工程奖。（周宏威 摄）

中铁第一勘察设计院集团公司勘察设计，北京铁城建设监理公司、西安铁一院工程咨询监理公司监理的新建铁路哈尔滨至大连客运专线四电系统集成通信信号系统工程获2014—2015年度国家优质工程奖。（李 琳 提供）

中铁第四勘察设计院集团公司勘察设计，北京铁城建设监理公司、铁四院（湖北）工程监理咨询公司监理，中铁十二局、十四局、十七局集团公司参建的新建铁路广深港客运专线工程获2014—2015年度国家优质工程奖。（刘新红 摄）

中铁第四勘察设计院集团公司勘察设计的新建向莆铁路淘金山隧道工程获2014—2015年度国家优质工程奖。（邵 澎 提供）

中铁第四勘察设计院集团公司勘察设计的新建广州至珠海城际轨道交通工程西江特大桥工程获2014—2015年度国家优质工程奖。

（邵 澎 提供）

中铁第四勘察设计院集团公司勘察设计，中铁十一局集团电务公司、中铁二十局集团公司参建的上海金山铁路改建工程获2014—2015年度国家优质工程奖。（邵 澎 提供）

中铁第四勘察设计院集团公司勘察设计，西安铁一院工程咨询监理公司、铁城建设监理公司监理，中铁十一局公司、中国铁建电气化局集团公司、二十三局集团公司承建的新建铁路石至武汉客运专线湖北段综合工程获20 2015年度国家优质工程奖。

（邵 澎 提

中铁第四勘察设计院集团公司勘察设计的京沪高速铁路南京南站枢纽工程获2014—2015年度国家优质工程奖。 （邵 澎 提供）

中铁第四勘察设计院集团公司勘察设计的武汉保利文化广场工程获2014—2015年度国家优质工程奖。 （邵 澎 提供）

中铁城建集团公司承建及其北京公司参建的建发·宝湖湾二期工程获2014—2015年度国家优质工程奖。 （王登学 摄）

中铁建设集团公司承建的新建贵阳至广州铁路贵阳北站站房钢结构工程获第十一届中国钢结构金奖。

（江志远 摄）

中铁建设集团公司承建的合肥铁路枢纽南环线工程合肥南站钢结构工程获第十一届中国钢结构金奖。

（江志远 摄）

中铁十七局集团公司承建的吉林市人民大剧院工程获第十一届中国钢结构金奖。

（岳永秀 提供）

中国铁建参建的有“东北最美高铁”之称的吉图珲铁路客运专线开通运营。（贾鹏翼 摄）

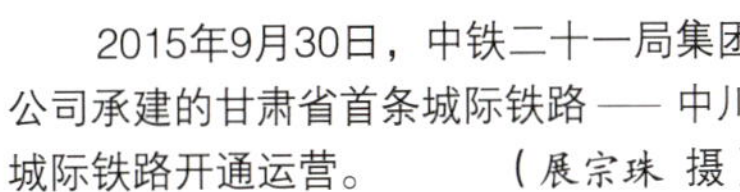

2015年9月30日，中铁二十一局集团公司承建的甘肃省首条城际铁路——中川城际铁路开通运营。（展宗珠 摄）

2015年12月1日，中铁十四局集团三公司参建的国家“一带一路”重点工程额哈铁路正式通车。（尹 辉 提供）

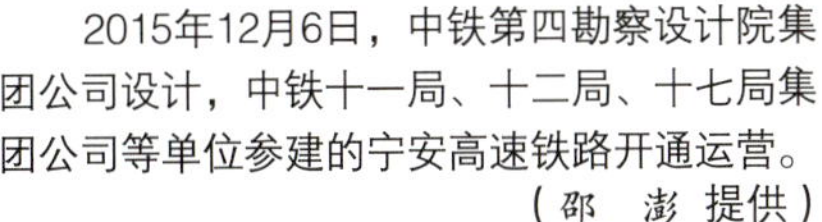

2015年12月6日，中铁第四勘察设计院集团公司设计，中铁十一局、十二局、十七局集团公司等单位参建的宁安高速铁路开通运营。（邵 澎 提供）

2015年12月11日，中国铁建参建的云桂铁路南宁至百色段正式通车。图为中铁十四局集团四公司承建的云桂铁路乐善双线特大桥。（梁　浩　摄）

2015年12月26日，中国铁建参建的成渝高速铁路建成通车。图为列车穿越中铁十四局集团公司承建的成都枢纽三环线特大桥。（朱继福　摄）

2015年12月30日，中国铁建参建的海南环岛铁路西环线建成通车。（贾鹏翼　摄）

中铁十七局集团建筑公司承建的京福铁路客运专线建瓯西站。（赵桂军 摄）

中铁十七局集团建筑公司参建的京福铁路客运专线闽赣段。（赵桂军 摄）

中铁十九局集团公司参建的京福铁路客运专线张屋岭隧道。（倪作霖 摄）

中铁十八局集团公司参建的福州南动车所扩能工程。（伍 振 摄）

中铁十九局集团公司参建的吉图珲高速铁路客运专线珲春站。（张振宇 摄）

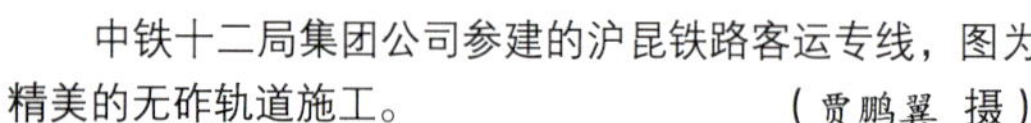

中铁十二局集团公司参建的沪昆铁路客运专线，图为精美的无砟轨道施工。（贾鹏翼 摄）

中铁二十五局集团公司承建的柳州南编组站扩能改造工程。（谭贵中 摄）

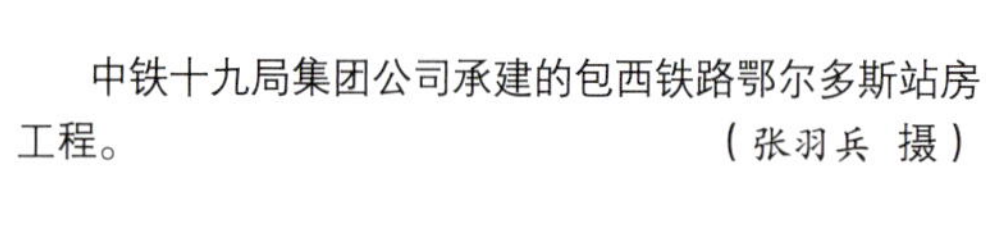

中铁十九局集团公司承建的包西铁路鄂尔多斯站房工程。（张羽兵 摄）

中铁二十三局集团三公司参建的锡（锡林浩特）二（二连浩特）铁路工程。（赖卫权 提供）

中铁十七局集团五公司承建的张（张家口）唐（唐山）铁路汤河特大桥工程。（赵渊青 摄）

中铁二十二局集团三公司承建的金温铁路厦河塔隧道与大溪大桥工程。（陈 聪 摄）

中铁十七局集团一公司承建的成渝铁路客运专线新中梁山隧道出口洞门。

中铁十八局集团公司承建的新疆吐库二线中天山隧道工程。
（王会堂 摄）

中铁十五局集团公司承建的郑机城际铁路工程。（赵延风 摄）

中铁二十二局集团哈尔滨铁路建设公司承建的哈齐铁路客运专线松花江特大桥工程。 （段继新 摄）

中铁十九局集团公司承建的云桂铁路百色段田阳特大桥工程。（彭春辉 摄）

中铁二十一局集团公司承建的天平铁路牛头河特大桥工程。 （周 鹏 提供）

中铁十九局集团五公司参建的大连南部滨海大道星海湾跨海大桥工程。（张　强　摄）

中铁十四局集团三公司承建的兰永高速公路工程，横跨美丽的黄河盐锅峡水库库区。（朱世涛　提供）

中铁十七局集团四公司承建的贡嘎机场至泽当专用公路雅江特大桥工程。（张　鹏　摄）

中铁十一局集团一公司参建的广（州）乐（昌）高速公路全线通车。（金　伟　摄）

中铁十七局集团六公司承建的湄渝高速公路三江口枢纽互通立交工程。（孙念国 摄）

中铁二十二局集团四公司承建的德商高速公路范县段工程。（武新才 摄）

中铁十二局集团公司承建的拉林公路拉萨段工程。（贾鹏翼 摄）

中铁二十三局集团三公司参建的大广高速公路建成通车。（王聪太 提供）

中铁十四局集团一公司承建的青海省道S309线多拉麻科至多杂段长拉山隧道，是世界海拔最高公路隧道。2015年11月23日建成通车。
（邱忠宽 摄）

中铁十二局集团公司参建的福建省漳（州）永（安）高速公路官田隧道工程。
（李小刚 摄）

中铁十八局集团三公司承建的珍称公路拉庚拉隧道工程通车。（张全彦 摄）

中铁二十一局集团三公司承建的汉中至陕川界高速公路梁山一号隧道工程。
（李年锋 摄）

中铁十一局集团四公司承建的张承高速公路桦皮岭隧道工程 。
（李 俊 摄）

中铁十九局集团公司参建的张涿高速公路黑山隧道工程。
（严 明 提供）

中铁二十局集团三公司承建的遂宁涪江观音湖下穿隧道工程。
（刘文君 提供）

2015年4月28日，中铁十七局集团一公司参建的印度尼西亚巴厘岛一期3×142兆瓦燃煤电厂工程。（岳永秀 提供）

中国土木工程集团埃塞俄比亚公司承建的亚吉铁路工程。（李 焘 提供）

中国土木工程集团公司承建的尼日利亚阿布贾城铁项目依都车站。（杨鸿杰 摄）

中铁十七局集团二公司承建的委内瑞拉社会住房蒂乌娜项目25栋楼项目。（兰宇雷 摄）

格鲁吉亚总理加里班世维利（左五）参加中铁二十三局集团格鲁吉亚分公司现代化铁路项目T10隧道贯通仪式。（汤少平 提供）

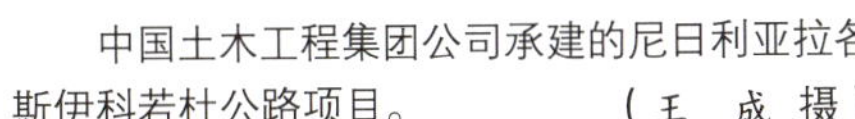

中国土木工程集团公司承建的尼日利亚拉各斯伊科若杜公路项目。（王 成 摄）

中国土木工程集团公司承建的加勒比海岛国安提瓜和巴布达V.C.伯德新国际机场航站楼。（郑 浩 提供）

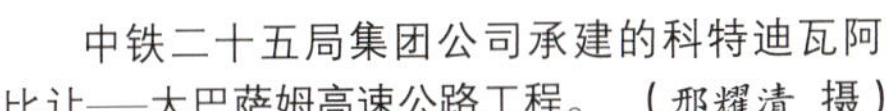

中铁二十五局集团公司承建的科特迪瓦阿比让—大巴萨姆高速公路工程。（邢耀清 摄）

中铁建设集团设备安装公司承建的燕翔饭店机电安装工程。（闫　芬 摄）

中铁建设集团公司承建的南昌翠林山庄（恒大绿洲）A区工程获江西省优质建设工程奖。（艾梦龙 摄）

中铁十八局集团公司承建的武汉中北春天安置房住宅楼工程。（王会堂　摄）

中铁十一局集团建筑安装公司承建的佛山寰宇天下花园3栋60层超高层建筑工程。（王晓颖 提供）

中铁十五局集团七公司承建的中央党校房建工程。（吕晓源 摄）

中铁十九局集团五公司承建的辽阳商务综合楼A座、B座获辽宁省优质结构工程奖。（高 翀 摄）

中铁十六局集团四公司南昌指挥部承建的江西省省级党政机关搬迁置换项目，南昌市民广场及卧龙路以南市政道路工程。（成海忠 摄）

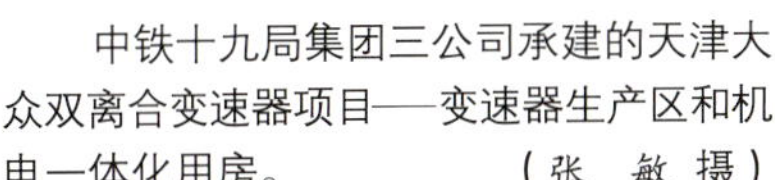

中铁十九局集团三公司承建的天津大众双离合变速器项目——变速器生产区和机电一体化用房。（张 敏 摄）

中铁十一局集团城市轨道公司承建的北京地铁7号线南楼梓庄站工程。
（吴明俭 摄）

中铁十六局集团公司承建的北京西至北京站铁路地下直径线北京站入口工程。
（成海忠 摄）

中铁二十五局集团公司参建的青岛地铁3号线北段工程。
（傅凌阳 摄）

中铁十四局集团电气化公司参建的上海地铁12号线机电工程。（杨德政 摄）

中铁十四局集团隧道公司承建的北京地铁14号线大望路站工程。（卢清波 摄）

中铁城建集团公司承建的长沙磁浮快线与长沙黄花国际机场的连接站——磁浮机场站工程。（边均安 摄）

中铁第四勘察设计院集团公司主持设计的广深港高速铁路狮子洋隧道获国际咨询工程师联合会（FIDIC，菲迪克）2015年年会工程项目优秀奖。
（邵　澎 提供）

2015年12月30日，中铁第四勘察设计院集团公司勘察设计，中铁十五局集团公司、中国铁建电气化局集团公司等单位参建的广深港高速铁路福田站通车运营。
（邵　澎 提供）

2015年6月29日，中铁第四勘察设计院集团公司设计的合福高速铁路建成通车。
（罗晓春 摄）

中铁第一勘察设计院集团公司设计的重庆轨道交通6号线一期工程跨越长江公路与城市轨道交通两用桥获陕西省优秀设计一等奖。
（张孟桥 摄）

2015年12月25日，中铁第一勘察设计院集团公司勘察设计的黄（陵）韩（城）侯（马）铁路全线建成并交付运营。
（秦建成 摄）

中铁建大桥设计研究院设计的宁波铁路枢纽北环线甬江特大桥工程。（大桥院 提供）

中国铁建重工集团公司研制的国产首台铁路大直径盾构机。（铁建重工 提供）

中国铁建重工集团公司研制的国内首台双护盾硬岩TBM。（铁建重工 提供）

中铁十一局集团汉江重工与石家庄铁道大学联合研发的高铁SLJ900-32型流动式架桥机在张呼客运专线韭菜沟特大桥架梁。（徐云华 摄）

中国铁建高新装备股份公司制造的XCDW-32线路道岔捣固稳定车。（富建强 摄）

中国铁建高新装备股份公司和奥地利普拉塞公司联合设计生产的JDZ-160接触网检修作业车。（富建强 摄）

正在作业的中国铁建港航局集团公司铁建绞01船。（周宏威 摄）

中国铁建房地产集团公司开发的武汉中国铁建·国际城项目。　（刘　峰　提供）

中国铁建房地产集团公司开发的杭州中国铁建·国际城项目。（高亚丹　提供）

中国铁建房地产集团公司开发的广州增城中国铁建·国际花园项目。（杨智明　摄）

中国铁建房地产集团公司开发的上海中国铁建·青秀城项目。（王灿灿 摄）

中国铁建房地产集团公司开发的中国铁建·合肥青秀城办公楼。（王海溶 提供）

中国铁建房地产集团公司开发的北京中国铁建·环保嘉苑社区。（朱玉波 摄）

2015年1月1日，中铁建山东京沪高速公路济乐有限公司承建的京沪高速公路山东济乐段正式通车。
（朱继宏 摄）

中铁第一勘察设计院集团公司BT项目——陕西省西咸新区空港新城临空物流商业中心A区（一期）工程。（张孟桥 摄）

中铁第四勘察设计院集团公司PPP项目——长沙磁浮工程。
（邵 澎 提供）

中铁建设集团公司举办第二十三期道德讲堂，主题为“感恩”。（陈　盼　摄）

中国铁建高新装备股份公司制造总厂导师带徒仪式。

（富建强　提供）

中铁第一勘察设计院集团公司纪念“三次创业”十周年，举办“放飞青春梦想”主题文艺晚会。

（张孟桥　摄）

中国土木工程集团公司援助修缮的尼日利亚拉各斯卫星镇初级中学举行移交仪式。（曹少峰 提供）

中国铁建高新装备股份公司为禄丰县彩云镇南平希望小学爱心捐赠。（富建强 提供）

中铁十四局集团建筑公司承建的寿光电厂项目本着“少占地，守红线，不越线”的原则，保护施工现场周边生态环境不被破坏，赢得业主一致赞誉。图为现场周边生态池。（郭寿海 提供）

目录

特载

大事记

2015 年中国铁建大事记

概　况

2015 年中国铁建发展概况

董事会工作

2015 年中国铁建董事会工作

工程施工

工程管理

主要工程

安全质量监督

设备物资

海外经营 境外工程

海外经营

经营管理

综合管理

机关政务 行政事务

人力资源

信息化建设

法律事务

机关房地产管理

离退休职工管理

公安移交善后工作

科技管理

2015 年中国铁建科技管理

党的工作

综合工作

组　织

宣　传

工会 共青团

工　会

团　委

所属单位

中国土木工程集团有限公司

中铁十一局集团有限公司

中铁十二局集团有限公司

中国铁建大桥工程局集团有限公司

中铁十四局集团有限公司

中铁十九局集团有限公司

中铁二十局集团有限公司

中铁二十一局集团有限公司

中铁二十二局集团有限公司

中铁二十三局集团有限公司

中铁二十四局集团有限公司

中铁二十五局集团有限公司

中铁建设集团有限公司

中国铁建电气化局集团有限公司

中国铁建港航局集团有限公司

中国铁建房地产集团有限公司

中铁第一勘察设计院集团有限公司

中铁第四勘察设计院集团有限公司

中铁第五勘察设计院集团有限公司

中铁上海设计院集团有限公司

中铁物资集团有限公司

中国铁建高新装备股份有限公司

中国铁建重工集团有限公司

中国铁建国际集团有限公司

中铁城建集团有限公司

中国铁建投资集团有限公司

人　物

新闻人物

科技人物

模范人物

逝世人物

统计资料

文献辑要

附　录

索　引

2015 年 1 月 28 日，中国铁建一届六次职工代表大会暨 2015 年工作会议在中国铁建大厦开幕。

（刘建国 摄）

特 载

加强战略引领　精心谋划未来
为实现中国铁建伟大梦想而努力奋斗
——董事长孟凤朝在二届一次职代会暨2016年工作会议上的讲话
（摘　要）
（2016年1月27日）

一、关于“十二五”工作的总体评价

1. 经营业绩稳步增长。“十二五”期间，公司紧紧围绕“巩固、发展、提高、创新”的基本方针，紧紧抓住国家发展战略和经济全球化深入发展的重要机遇，不断转方式、调结构、促转型、上水平，总体经济运行质量良好，各项主要经济技术指标均达到历史较高水平。公司在“世界500强”的排名由2010年的第133位上升到2015年的第79位；在“中国企业500强”中动态保持在前13位；稳居“全球最大250家工程承包商”前3位；在资本市场的知名度、美誉度不断提升，累计获得各类奖项60项；获得三大国际信用评级机构建筑业最高信用评级，大大提高了中国铁建的国际声誉。

2. 结构调整有序推进。组建中国铁建财务公司、投资集团、中国铁建港航局、中国铁建国际集团、中铁城建集团、海峡集团、大桥设计院，将十三局改建为中铁大桥局，将中非建设划入中土集团、铁城监理公司并入铁五院，昆明中铁改组为铁建装备，并成功在香港联交所上市，积极推进设立金融租赁公司；整合撤并三、四级子分公司198家。收购重组3家地方设计院。成功完成A股增发；房地产开发行业排名由2010年的第27位上升到第19位；物资物流在中国物流行业排名由2010年的第7位上升到第6位；中国铁建财务公司在220家同类企业的排名，由2012年的第29位上升到第10位。中国铁建正向产业质量更优、结构更优、盈利更加均衡转变。

3. 科技创新成效显著。进一步完善了产学研相结合的创新体系，突出抓好科技创新平台、科研人才队伍、科技研发投入等关键环节。已拥有国家级创新平台17个、省级企业技术中心63个、院士专家工作站1个、博士后科研工作站8个。“十二五”期间，累计申请PCT专利4件，专利5089件，其中发明专利1548件；获得专利授权4361件，其中发明专利655件；主持编制国际标准4项，主持或参编国家、行业和地方工程建设标准69项。共获国家科技进步奖8项，省部级科技进步奖980项；获中国土木工程詹天佑奖26项；获全国及省部级优秀工程勘察设计、咨询、测绘类奖项586项。

4. 企业管控更加有效。从健全制度、完善流程、夯实基础、确保落实入手，不断推进管理提升。新增资质443个，其中新增特级资质11个，设计综合甲级资质1个，拥有“双特”企业10家，“三特”企业1家，均占全国“双特”“三特”企业的三分之一。共获中国建设工程鲁班奖29项、国家优质工程奖96项，获“改革开放35年百项经典暨精品工程”11项，获国际咨询工程师联合会授予的“全球百年重大土木工程”3项、“菲迪克全球杰出工程”4项。

5. 党建工作坚定有力。“十二五”期间，全系统有100个先进基层党组织、164名优秀共产党员、114名优秀党务工作者获得中组部、省部级表彰，761名个人或组织获全国劳动模范、全国五一劳动奖章、全国五一劳动奖状、火车头奖章等荣誉，35名个人或组织获全国青年安全生产示范岗、全国青年文明号、全国青年岗位能手等称号。

二、关于新形势、新挑战、新使命

（一）面对的机遇和挑战

“十三五”仍是中国铁建发展的重要战略机遇期。世界多极化、经济全球化、文化多样化、社会信息化深入发展，世界经济在深度调整中缓慢复苏，国际力量逐步平衡，和平与发展的时代主题没有变化，有利于我们充分利用总体的和平环境，整合多种资源谋求发展。同时，也要清醒看到，全球经济治理体系和规则正在面

临重大调整,我国经济进入经济增长速度换挡期、结构调整阵痛期和前期刺激政策消化期,中国铁建的传统产业优势面临变革挑战,中国铁建仍然处于不进则退、慢进亦退的大变局中。

(二)"十三五"发展战略目标

发展思想:以"五大理念"和"四个全面"战略布局为指导,以"巩固、提升、创新、发展"为方针,以提高发展质量和效益为中心,以结构调整和转型升级为重点,以做强做优做大中国铁建为目标,坚持科学发展、创新发展、改革发展、转型发展、绿色发展、安全发展、共享发展、全球发展,进一步增强和提升企业的竞争力、创造力、控制力、影响力和抗风险能力,将中国铁建建设成为最具价值创造力的综合建筑产业集团。

发展原则:坚持发展的"七大原则":一是坚持科学发展,创新驱动。二是坚持深化改革,增强动力。三是坚持调整结构,转型升级。四是坚持拓展国际,融入全球。五是坚持依法治企,管控风险。六是坚持以人为本,成果共享。七是坚持党委领导、政治保证。

发展目标任务:按照"一个坚持、两个加快、四个升级、两个发展",进行产业结构的优化与调整,加快做强做优做大步伐。"一个坚持":始终坚持以国内工程承包为支柱产业。"两个加快":加快发展国际工程承包、加快发展特许经营。"四个升级":实现勘察设计咨询、房地产、工业制造、物资物流业务的转型升级。"两个发展":发展金融业务和新兴产业,为中国铁建的长期可持续发展奠定基础。

三、关于2016年的重点工作

(一)抓思想认识,凝聚发展共识

一要进一步增强忧患意识。必须增强忧患意识、危机意识,要用全球视野,世界眼光,多角度、全方位审视大千世界,纵观风云变幻,分析把握大势。自我加压、负重奋进、凝心聚力、开拓进取,以优异成绩向国家、向社会、向我们全体员工和股东交上一份满意答卷。

二要进一步增强大局意识。要树立正确的大局观,认识大局,把握大局,服从大局,胸中始终有大局,始终站在党、国家、中国铁建大局上想问题、作决策、干工作,做维护大局、服从大局的表率。

三要进一步增强服务意识。要结合"三严三实"教育,进行专题整顿、专项整改,增强责任意识、服务意识,自觉把心思用在干事业上、把精力放在抓落实上、把功夫下在求实效上,当一天和尚就要撞一天钟,为实现中国铁建梦想作出应有的贡献。

四要进一步增强法纪意识。要以打造"法治铁建"为目标,增强法律红线思维,依法办事、按章操作,党纪不能违,法律更不能犯。遵守党的纪律是本分,遵守国家法律是义务,要将党纪国法刻印在心上,持之为明镜,内化为自觉,升华为信念。

(二)抓战略规划,引领企业发展

要深化发展战略研究。要以中国铁建发展战略规划为指引,制定适合本单位特点、科学合理、可操作性强的发展规划和专项规划。要体现时代特征和战略定位,体现追赶超越和争先进位,体现关注民生和协调发展,拿出符合企业实际情况的路线图、施工图。

要建立战略规划管理体系。形成战略规划可分解、可考核、可追溯、可追责的有效机制,确保全系统围绕中国铁建总体发展战略目标而共同努力。切实做好中国铁建发展规划与各专项规划、子规划的相互衔接和协调联动。

要加强发展规划与年度计划的有效衔接。要建立确保战略规划实现的绩效评估与考核机制,把战略规划的实施纳入中国铁建对各部门、子公司负责人的考核体系中,强化对战略规划实施情况的监督和评价,确保战略规划真正落地。

(三)抓市场开发,实现稳定增长

一要积极推动经营模式创新。要整合协同现有各项业务,开展覆盖全产业链的大经营,开拓大市场,创造大客户,主导大项目。强化高层经营、高端经营、高价值项目经营。要强化项目信息收集获取工作,充分掌握客户特别是大客户需求变化情况,建立更敏锐、更快捷的经营信息传递平台,建立市场行情分析、预警机制。

二要明确三级市场定位。中国铁建主要经营国家部委、省市高层、央企,瞄准集团公司承揽不到、承揽不了的高端项目、综合体项目、产业链项目、重大投融资项目开展市场经营。集团公司突出经营主体职能,发挥贴近市场、适应市场的优势,把集团公司区域指挥部建设成为以经营为主,更精干、更高效、更顺畅、更灵活、成本更低、管理更规范的基本经营网络平台。工程公司突出生产经营职能,承担具体的生产经营任务,立足以干促揽,干揽结合,滚动发展。

三要坚持理性经营。要突出效益优先原则,抓好重点区域、重点行业、重点项目的经营承揽,在有鱼的地方撒网。重点培育核心区域市场。要依法合规经营,始终把法律法规纪律挺在前面,严格执行财务、请示报告以及企业的相关制度,严格履行规定程序,保证所有经营人员和经营行为始终处于国家法规与企业制度框架之内,杜绝违纪、违法行为。

(四)抓深化改革,激发发展活力

要加大资产证券化改革,大力推进具备上市条件的企业分拆上市,形成更多的资本运作平台,让市场在资源配置中发挥决定性作用。要推进企业治理制度改革,进一步健全完善集团公司法人治理结构,逐步落实董事会相关权利。要加快推进企业用人制度改革,实行领导人员分层分类管理。要加快推进分配制度改革,完善企业领导人员薪酬分配办法。要加快推进企业组织架构改革,建立企业退出机制,重点治理亏损企业、“僵尸企业”。

(五)抓创新驱动,增强竞争能力

一是实施创新驱动发展战略。要深入实施科技兴企战略和可持续发展战略,强化基础技术研究、高端技术研究、前沿技术研究。要围绕产业发展需求搭建创新链条,申报承担实施国家省部级科技重大专项和重点科技项目。要切实发挥科技创新在全面创新中的引领作用,推动管理创新、市场创新、品牌创新、生产组织形式创新、商业模式创新。要抓好创新人才、技能型人才的培育,建立良好的人才激励机制,营造一个有利于人才竞争与流动的环境。

二是完善创新驱动协同体系。要通过创新资源和要素有效汇聚,构建以企业为主体、市场为导向、产学研相结合的技术创新体系。要坚持把创新驱动与产业发展紧密结合起来,围绕产业链部署创新链,围绕创新链完善资金链,为产业升级和结构调整提供支撑。要加强全系统科研资源的统筹管理,鼓励采取外部收购科技型企业的形式,引进行业先进研发团队,快速提升研发水平。

三是建立健全知识产权制度。要加强知识产权的保护,加大科研成果总结力度,努力形成一批高水平的专利、工法、标准。要建立科研成果转化激励机制,加快研究成果、专利在项目上的推广应用,提高专利的“含金量”。要建立利益共享、风险共担的知识产权利益机制。

四是放眼全球整合创新资源。抓住当前全球创新要素流动性显著增强的机遇,统筹国内国外两种资源,全面提升国际科技合作水平。支持有条件的企业面向全球布局创新网络,鼓励建立海外研发中心,并购、控股、参股国外创新型企业和研发机构,提高海外知识产权运营能力。

(六)抓结构调整,加快转型升级

一要加快现有产业的优化升级。要加大内部资源整合力度,大力推动资金、技术、人才、资产等资源和生产要素向重点发展行业集中,向优势企业集中,向前瞻性战略性产业集中,向产业链关键环节和价值链高端环节集中,打造3~5家市场竞争力强、专业优势突出、资金实力雄厚、人才资源充足的千亿级企业集团。鼓励支持各设计院、工程局、铁建装备、铁建重工、中铁地产和其他专业集团公司,调整优化业务结构和空间布局,加大对主业突出、业务相关、优势互补、资产优良的国内外企业的并购重组。

二要加快战略新兴产业的培育壮大。要以铁建装备和铁建重工为主体,通过并购重组方式,重点培育发展高端装备、智能制造新产品新业务。要按照产融结合的思路,加快发展金融保险信托业务,收购或控股、相对控股一家基金公司、保险公司或银行。以中国大宗物资采购网为依托,打造现代物流和电子商务平台。对其他符合国家产业发展方向,在“效益可期,风险可控”的原则下,适时通过收购兼并、股权投资等手段快速切入,加强技术储备、市场储备、人才储备、资源储备,获得先发优势。

三要以“互联网+”推动产业转型升级。要大胆实践探索,重塑创新体系,激发创造活力,培育新兴业态,创新服务模式。推动“互联网+”与实体经济、实体业务融合发展,使“互联网+”成为撬动产业转型升级的新动力。

(七)抓文化建设,夯实发展根基

一是要正确处理继承与创新的关系。要着眼于中国铁建经营模式变革和发展趋势,从长远战略出发,对中国铁建的文化进行总结梳理、提炼升华,与时代精神、时代要求有机结合,创新文化理念,进行文化变革,全力推进战略认同、目标认同、价值认同。要深入开展企业文化专题研究,为丰富、发展、变革企业文化提供支持。

二是要正确处理统一与多样的关系。中国铁建作为一个整体,必须有统一坚持的核心价值理念,充分尊重各子企业的历史和文化渊源,实现相互作用,相互渗透,协同推进,逐步融合。

三是要正确处理企业文化与经营管理的关系。要成为优秀文化的倡导者、引领者、践行者,率先垂范,做出表率,在实践中感受责任,领悟使命。要把践行中国铁建的核心价值理念作为教育培训的重要内容,作为考察干部的重要标准。要大力开展不良文化纠察活动,查找并纠正影响企业发展的不良言行,肃清劣质文化影响。

(八)抓党的建设,发挥政治核心作用

一要注重加强思想建设。要用最新理论指导实践,推动工作。要着力提高思想能力,善于学习领会,结合企业实际,转化为科学的发展理念、发展思路。

二要注重坚持从严治党。要进一步健全和落实党建工作责任制,形成党委抓、书记抓、各有关部门抓、一级抓一级,层层抓落实的党建工作格局。坚持党建工作和中心工作一起谋划、一起部署、一起考核,形成从严治党新常态。

三要注重强化党风建设。全面落实党风廉政建设“两个责任”,把权力关进制度的笼子,加强对权力运行的制约和监督,形成不敢腐的惩戒机制、不能腐的防范机制、不易腐的保障机制。

着力提质增效　加快转型升级
努力开创新常态下企业改革发展新局面
——总裁庄尚标在二届一次职代会暨2016年工作会议上的报告
（摘　要）
（2016年1月27日）

一、2015年工作回顾和“十二五”主要成就

2015年是“十二五”的收官之年，也是企业变中求稳、稳中求进、进中求好的关键一年。一年来，中国铁建团结一心，开拓进取，攻坚克难，圆满完成了年度各项目标任务。企业的发展质量、效益和规模均实现了进一步提升，取得了新的成效。

1. 市场经营实现跨越，经营机制与市场布局更趋优化。加强高端对接与统筹协调，加大国内外市场开拓力度，承揽了一大批规模大、品质高的标志性项目，新签合同总额、国内新签合同额均创历史最好成绩。中国铁建本级经营网络基本覆盖了全国，改进了外经工作基本体制和管理机制。

2. 施工生产平稳推进，科技创新与项目创誉成果丰硕。施工生产的稳步有序安全推进，是2015年全局工作稳中求进的重要基础保障。强化前期预控与施工生产组织，一大批重难点项目相继建成。全系统安全生产形势基本稳定。富有成效的施工生产与科研攻关助推科技创新与项目创誉取得了丰硕成果。

3. 产融结合成效显著，资本运营与融资工作大步迈进。资本运营、产融结合是2015年工作的一大亮点。中国铁建抓住机遇，加大力度，强化协同，多措并举，为企业打造了新的效益支柱；有效利用资本市场，加强与金融机构的合作，创新融资模式，开辟了新的融资渠道。

4. 结构调整有新进展，非工程产业与路外业务实力增强。产业板块构成中，非工程承包产业的综合实力进一步增强。勘察设计咨询产业强势发展；房地产业各项指标再攀新高；工业制造产业快速发展，自主创新能力显著增强；金融保险产业继续壮大，整体实力迈上新台阶。工程承包产业中，非铁路业务的竞争力进一步提升。

5. 基础管理切实加强，管控效果与管理效能稳步改善。坚持以发展质量和效益为中心，聚焦降本增效的关键环节，狠抓清收清欠、“二次经营”、项目责任成本管理、亏损项目整治、资源集中管控、全面预算管理、“营改增”应对等工作。进一步加强审计监督，持续强化法律合规工作，狠抓资质申报与换证工作，新取得特级资质10项。

6. 以人为本持续落地，企业向心力与美誉度不断提升。加强人力资源体制机制建设，打造风清气正的选人用人环境；大力开展职工教育培训；加强企业文化建设和立体正面宣传；持续推进建家建线和劳动竞赛活动；落实民主管理制度；深入开展困难职工帮扶。

2015年企业发展取得的成绩，为“十二五”画上了圆满的句号。五年来，中国铁建新签合同总额、营业收入、利润总额、资产总额、净资产大幅增长，相当于再造一个中国铁建。五年来，企业结构调整、专业化发展、产业链完善取得丰硕成果。五年来，企业在国内外建设了一大批重难点工程、标志性工程，在多次重大灾害和事故抢险救援中，不怕困难，冲锋在前，展现了靠得住、信得过、拉得上、打得赢的铁兵本色与央企风范。

“十二五”取得的成绩来之不易，这是党中央、国务院和国资委正确领导的结果，是国务院监事会有力指导和公司董事会、党委正确决策的结果，更是全体干部职工同心协力、奋力拼搏的结果。五年来，在中国铁建攻坚克难、砥砺前行的征程中，全系统广大干部职工与企业同呼吸、共进退，不怕吃苦、甘于奉献，相当一部分干部职工长年在偏远、恶劣的环境下干事创业，舍小家、顾大家，奔波在外、埋头苦干，有的奋勇担当、不顾安危，甚至献出了宝贵的生命。

二、形势分析和发展思路

一方面，要坚定地看到，企业面临着前所未有的机遇。一是市场容量继续保持高位的机遇。二是各项宏观改革持续深入推进的机遇。三是新业态、新模式、新

科技等带来的机遇。

另一方面，也要理性地认识到，企业面临着极为严峻的挑战。其一，是经济下行的挑战。其二，是风险剧增的挑战。其三，是发展落后的挑战。

要把握前所未有的机遇，战胜极为严峻的挑战，提升能力、提质增效、加快转型、有力落实的考验就不容回避地、长期地、突出地摆在企业各级单位和管理者面前。

根据当前形势和企业实际，2016 年乃至今后一个时期，中国铁建要坚持目标导向和问题导向，努力做到“六个更加注重”：

第一，适应外部形势，要更加注重提升自身能力。

第二，加强企业管理，要更加注重明晰各级定位。

第三，推动提质增效，要更加注重增强内生动力。

第四，加快转型升级，要更加注重强化统筹协同。

第五，实现兴业强企，要更加注重坚持以人为本。

第六，有力落实执行，要更加注重责任分解落实。

三、2016 年主要工作任务

2016 年工作的总体要求是：全面贯彻党的十八届三中、四中、五中全会，中央经济工作会议和中央企业负责人会议精神，认真落实深化国有企业改革各项决策部署，围绕做强做优做大中国铁建的目标，稳增长、降成本、调结构、促改革、夯基础、抓全面，着力提质增效，加快转型升级，努力开创新常态下企业改革发展新局面，确保“十三五”开好局、起好步。

新的一年，要着力抓好以下八方面工作：

1. 持续加强国内经营，着力发挥经营龙头带动作用。要全面加强市场开拓。一是巩固提升铁路、公路“两路”市场优势。二是大力开拓房建、城市轨道交通、市政工程、水利电力机场码头“四大潜力市场”，总体实现与“两路”市场并驾齐驱。三是积极培育新兴市场。

要推动投融资经营再跨越。坚持“积极、审慎、灵活、有效”的方针，继续抓好城市轨道交通、高速公路、城市综合体开发等重点领域的投融资经营，加大重点项目经营运作力度。

要加强经营体系建设。健全完善层次分明、职责明确、运转高效的经营体系。加强经营资质体系建设，提升资质使用效能和整体资质水平。

2. 全面推进降本增收，着力提升创效能力。要千方百计增收入，大刀阔斧降成本，全力以赴提效益，打赢提质增效攻坚战。

要通过扩大营业规模增收创效。各单位要在确保营业收入持续快速增长上狠下功夫，努力推动规模与效益不断迈上新台阶。

要通过加强清收清欠提质创效。始终把清收清欠作为防风险、提质量的关键性工作来抓，确保应收客户合同工程款、应收账款增幅低于营业收入增幅。

要通过加强财务管控与经济管理节支创效。一是进一步加大境内外资金集中管控力度。二是有效利用资本市场和优惠政策，确保财务费用不高于去年水平。三是进一步强化全面预算管理。四是从严控制“两金”和有息负债规模。五是坚决贯彻“八项规定”，从严管控各项费用。六是要扎实开展项目责任成本管理。七是加强税务筹划工作，降低企业整体税负。

要通过加强采购管理降本创效。一是逐步构建充满活力的集采体系。二是坚持把控源头，加大有关材料自主生产、集采直供、回收利用力度。三是大力推行小型批量施工用具用料和办公用品、低值易耗品的互联网采购。四是切实强化大型设备投资采购论证、调配使用与改造利用，大力推行租赁设备招标采购机制。五是加强商旅服务和保险资源的集中采购管理。

要通过治僵治亏、精简机构堵漏创效。一是积极稳妥处置“僵尸企业”。二是持续加大亏损项目整治力度。三是切实加强亏损企业整治。四是强力推进精简机构。

3. 加快推进产业结构调整，着力促进产业升级发展。勘察设计咨询产业。要在巩固既有优势的基础上，进一步解放思想、开拓进取，适度多元发展、扩大业务规模，进一步发挥产业“龙头”的作用。

房地产业。各级地产企业和有关单位要在“去库存、强销售、控成本、拿好地”上狠下功夫。

工业制造产业。铁建装备和铁建重工要坚守高端制造商和集成服务商的定位，大力加强研发、营销与服务工作，积极开拓集成服务业务。

物资物流产业。各级物资物流企业都要进一步融入中国铁建产业链，发挥保供应、保质量、抑物价的作用。

金融产业。财务公司要提升服务水平，实现新跨越。金融租赁公司要尽快进入角色，取得“开门红”。诚合保险要提升能力，稳步进入行业先进行列。要开辟新的金融业务领域。

特许经营产业。要以交通、市政基础设施项目为主攻方向，进一步加大市场开拓力度，建立健全特许经营产业管理制度体系，培育专业化运营能力。

新兴产业，是企业要重点培育的潜力产业。要大力开拓，不断培育新的产业驱动力。

4. 又好又快推进“走出去”，着力提高国际化水平。国际化发展是中国铁建要加快实施的重大战略。要坚定信心不动摇，蹄疾步稳“走出去”。

要紧跟国家步伐。一是紧跟国家战略。二是紧跟国家部委。三是紧跟国家资金。四是紧跟我国企业。

要切实抓住重点。一是狠抓重点市场。二是狠抓重点项目。三是狠抓重点产业。

要健全管控体系。要全面落实境外业务管理工作指导意见，重点做好“五个坚持”。一是坚持市场准入。二是坚持重大项目专家评审。三是坚持授权经营。四是坚持属地化经营。五是坚持安全至上。

5. 扎实推进改革创新，着力激发企业发展活力与动力。要加强企业改革研究和实践，力争取得新成效。

要改进绩效管理体系。一是加强和改进对各集团公司负责人的年度与任期绩效考核。二是加强和改进对各集团公司的经营考核。三是加强和改进覆盖全体员工的综合考核评价。

要稳妥推进对外兼并重组。确保在新一轮企业重组特别是央企国企合并浪潮中有所收获。

要大力推进科技创新。一是强化既有科技平台与机构建设。二是强化中国铁建技术标准体系建设和专利布局。三是强化科技保障体系建设。四是强化科技创新协同。五是强化重大科研攻关。六是强化大众创新。

6. 切实加强基础基层管理，着力确保稳健安全发展。要切实加强工程项目管理。全面落实股份公司《关于加强工程项目管理的指导意见》，强力抓好“五个关键”。一是优化项目管控模式，严防“先天缺陷”导致“后天失控”。二是改进项目经理选用方式，杜绝“人祸”导致巨亏。三是强化施工组织设计和技术方案管理。四是改进项目劳务组织与劳务队伍建设。五是切实加强工程项目绩效考核。

要切实加强工程公司建设。一是科学合理确定专业化发展方向。二是多措并举促进专业化发展。三是在专业化的基础上推进规模化发展。

要切实加强安全质量管理。深入贯彻落实习近平总书记、李克强总理一系列重要指示批示精神，认真贯彻落实1月6日全国安全生产电视电话会议精神，以如临深渊、如履薄冰、如坐针毡、如警钟在耳、如利剑高悬的状态，按照“党政同责、一岗双责、失职追责”的要求，强力落实安全生产主体责任，加大问责与奖惩力度，补短板、查漏洞、上水平、创亮点。

要切实加强“法治铁建”建设。坚持依法经营、合规管理，全面增强法律风险防范能力、提升依法治企和制度化管理水平。

要切实加强信息化建设。要坚持统一性与自主性相宜、先进性与适用性并举的原则，做好顶层设计，完善协同联动、责任共担的工作机制；有效采取新举措、新办法提升信息化水平，满足企业发展的迫切需要。

要切实加强审计监督与督查督办工作。进一步提升审计的覆盖面与时效性，加大审计成果的转化与责任的追究力度。要真正通过督查督办推动重大决策和重点工作的落实。

7. 大力加强人才队伍建设，着力夯实强企之基、兴企之本。要通渠道、聚人才。打通专家技术人才专业化、项目经理人才职业化发展通道，打通企业管理人员的交流任职渠道。通过畅通的渠道和灵活的机制汇聚人才。

要控总量、优结构。确保全系统职工总量保持平稳并逐步进入下行通道。优化人才结构，重点是要“补两头”，对于非常紧缺的高端人才，普遍短缺的“蓝领阶层”，要采取灵活有效的方式，加大力度，满足施工生产的迫切需要。

要抓培训、提素质。一是进一步加大教育培训力度，确保全系统全年各类培训班参加人次不低于职工总数。二是进一步丰富教育培训形式。三是进一步加强培训基地建设。

8. 注重加强全面建设，着力增强凝聚力和正能量。要以党政工团齐抓共管为依托，以推进“两个责任”落实为保障，内聚人心，外树形象，推动企业全面发展、共享发展。

要提振队伍精气神。一是以清风正气带动精气神。二是以优秀文化凝聚精气神。三是以先进典型鼓舞精气神。

要提高企业美誉度。不断加大正面宣传与创誉力度。要趋利避害，化险为夷，维护企业正面形象。

要提升员工幸福指数。一是切实解决难题。锲而不舍地解决职工工资和“五险两金”拖欠问题，倡导建设职工经济适用房。二是切实改善待遇。建立工资合理增长机制，改进劳动保护和健康待遇，落实带薪休假制度。三是切实加强关怀。扎实推进建家建线工作，大力开展职工文化活动，继续践行“三不让”承诺，抓好帮扶济困和“送温暖”，打造“和谐铁建”“幸福铁建”。

凝心聚力抓党建　从严从实转作风
为企业改革发展营造良好的政治生态

——党委书记齐晓飞在中国铁建党委二届十一次全委(扩大)会暨党的建设和反腐倡廉工作会上的报告

(摘　要)

(2016 年 1 月 26 日)

一、2015 年党委工作回顾

(一)狠抓领导班子建设,发挥党委政治核心作用

一是强化理论学习,深化思想认识。中国铁建党委组织 20 多次党委中心组学习,深入掌握领会习近平总书记系列重要讲话精神、《党章》《准则》《条例》、依法治国以及国资国企改革相关文件精神。所属单位的中心组学习注重效果,各级党委的党要管党、从严治党意识明显增强。

二是开展专题教育,大力转变作风。在分别开展"严以修身""严以律己""严以用权"3 个主题学习研讨的基础上,领导班子成员带队到基层征求意见,列出问题清单,形成对照检查材料,召开高质量的专题民主生活会。中国铁建党委把解决"不严不实"问题与群众路线教育实践活动整改工作紧密结合,开展整改自查自纠"回头看"。

三是创新党委分工模式,拓展党委议事领域。中国铁建党委创新思路,探索党建工作分工新模式,并拓宽党委常委会议事领域。一方面打破行政副职领导不具体分管党务工作的惯例;另一方面规范党委常委会、总裁办公会的议事程序和规则,拓宽议事领域,充分发挥党委的政治核心作用。

(二)矫正选人用人导向,不断优化企业政治生态

一是坚持党管干部原则。一方面,强化领导干部对选拔任用工作的原则、标准、条件、程序、监督的认识;另一方面,通过创新党委常委分工模式,增强班子成员的主体责任意识。在此基础上,中国铁建党委对动议提名、民主推荐、民主测评、考察、公示、讨论决定、任职等干部选任各个环节进行规范,把党管干部原则和民主集中制贯穿于选人用人的全过程。

二是坚持正确的选人用人导向。严格执行 20 字好干部标准,注重德才兼备。在选拔二级单位主管领导时,特别强调要具有三级单位的主管任职经历。

三是坚持规范的选人用人程序。注重完善制度,严格坚持程序。在酝酿提名环节,建立以书记碰头会为核心的"五人小组"工作机制。党委书记召集书记碰头会,与董事长、总裁一起研究干部任免初始方案,3 个主管共同发挥主导作用,意见不一致时方案不得确定;纪委书记参加会议酝酿,严格履行监督职责;党委干部部部长参加会议,在主管的领导下做材料及预案准备,并进行选人用人纪实。书记碰头会前,主管领导还要充分征求分管领导和相关二级单位主管等的意见,将民主集中制原则贯穿其中。在考察推荐环节,坚持科学制定考察方案,严格执行预告发布、民主推荐(包括大会推荐和谈话推荐)、考察公示或任前公示、深入考察等程序,考察对象所在单位党委、纪委必须对人选的党风廉政情况进行"背书"。在研究任用环节,党委书记、董事长、总裁再次充分听取分管领导、纪检以及相关二级单位主管等各方面的意见后,才正式提交党委常委会集体讨论研究,作出任免决定,并依法依规按照程序办理。

四是坚持创新选人用人方式。在内部选拔部分二级单位总会计师后备人选和 19 名审计分局工作人员。通过二级单位党委研究差额推荐副职人选、中国铁建党委组织差额考察的方式,在 6 个单位优选 20 名领导班子副职。加大推动主管领导交流任职,纪委书记提拔交流任职工作。

五是坚持抓好干部日常管理。坚持新任职干部任前谈话和廉政谈话制度。注重开好宣布新任主管领导干部大会。建立新任主管领导干部大会表态签字归档制度。坚持谈话提醒和函询诫勉。做好干部年度综合考评,根据考核结果,督促加强管理。认真组织好民主生活会,积极开展批评与自我批评。

六是坚持从严监督管理干部。加强纪委对干部选拔任用工作全过程监督。加大对巡视、审计等各种监督成果的运用，以问责推动整改。加强干部个人有关事项监督。加强对领导人员和所属单位干部选任工作的监管，要求各单位调入副处以上干部和项目经理，必须报批；提拔正处及以上干部，必须报备。

（三）落实全面从严治党，强化执纪监督问责

一是细化责任目标、推进落实“两个责任”。中国铁建党委出台《落实“两个责任”意见》《归口派驻纪检组工作方案》等9个配套措施。重新修订细化《党风廉政建设责任书》，列出责任清单和6项责任底线，并明确责任追究办法和考核等级。2015年组织4个督导检查组，对所属8个二级单位和8个三级单位“两个责任”落实情况开展督察，对存在问题提出整改意见。

二是强化监督检查，推动正风肃纪。加大纪律审查力度，强化案件查办。强化对违反中央“八项规定”精神和“四风”问题的执纪监督。研究制定中国铁建本级和二级单位领导人员履职待遇、业务支出管理办法，细化方案和配套措施。

三是加强巡视工作，提升巡视效果。派出9个巡视组，对9家施工承包板块二级单位开展巡视，通过线索移交和案件查办，严肃问责并限期整改，确保通过巡视利器，对“四风”问题和腐败问题形成有力震慑。

（四）加强基层组织建设，充分发挥战斗堡垒作用

一是建立健全组织，完善规章制度。落实“四同步”要求，实现基层党组织与生产经营机构同步设置。梳理业务流程，规范党建台账，编印工作指南，推动基层党建工作再上新台阶。

二是结合基层实际，创新工作机制。各级党组织结合企业实际，因地制宜抓党建、因时制宜抓党建、因势制宜抓党建，不断创新工作机制，激发了基层党组织的生机和活力。

三是增强党务干部素质，提升党建水平。各级党委采取培训、轮岗等多种方式，增强基层党务干部综合素质。组织项目部青年党务干部到机关党群部门助勤，发挥对下的传帮带作用。

（五）注重精神文明引领，塑造宣传思想文化品牌

一是凝聚力量，思想政治工作效果显著。广泛开展“学法纪、守制度、创新业”主题教育实践活动，增强全员依法治企意识。中国铁建党委派出“年中工作会暨‘两个责任’促进会精神”巡回宣讲组，先后在8家单位现场宣讲，助推二级单位落实责任。

二是示范引领，精神文明建设取得突破。围绕培育和践行社会主义核心价值观，全面开展精神文明创建活动，扎实推进思想道德建设。开展首届“永远的铁道兵杯”十大楷模和第四届“十佳道德模范”评选活动；积极参加“北京榜样”“首都道德模范”“最美央企人”等外部选树活动。“道德讲堂”品牌凸显。

三是外树形象，舆论引导能力逐步增强。修订完善企业视觉识别系统。铁道兵纪念馆充分发挥辐射作用，获第二届“企业社会责任中国文化奖”最佳影响力奖。加大对外宣传力度，提升企业品牌形象。发挥《中国铁道建筑报》、网站作用，开通官方微博、微信。

（六）注重和谐聚力，工会共青团工作取得新收获

一是发挥职能作用，工会工作扎实推进。依托“基层工会组织建设年”活动，工会组织主动融入中心，服务大局。通过走访、慰问、座谈等形式，深入开展基层调研。支持建家建线工作，推进基层工会组织建设。组织开展三大主题活动，丰富职工群众文化生活。构建和谐劳动关系，推进企业民主管理。认真做好劳动争议矛盾纠纷排查和调处工作，帮助基层党政排忧解难。

二是创新活动载体，共青团工作蓬勃开展。在全系统评选“十大杰出青年”“十佳青年技术能手”，深化“导师带徒”活动，组建铁建青年篮球协会等社团组织，开展中国铁建“改革创新，青年先行”等主题实践活动，创建“青年文明号”、组建“青年突击队”，不断拓宽青年成长成才平台。

二、2016年党委主要任务

（一）坚定理想信念，扎实开展“两学一做”活动

在“三严三实”的基础上，扎实开展“学系列讲话、学党章党规，做合格党员”活动。要把党的十八大、十八届历次全会、习近平总书记系列重要讲话精神和党章党规党纪、中组部、国资委党委关于党的建设和反腐败工作的指示精神纳入党委中心组学习。要教育和引导广大党员干部坚守精神追求，自觉用科学理论武装头脑，增强党员党性观念和规矩意识，增强建设中国特色社会主义的道路自信、理论自信、制度自信，增强抓好企业党建工作的底气。要建设一支信念坚定、素质优良、作用突出，能在企业改革发展中发挥先锋模范作用的党员队伍。

（二）坚持党管干部原则，进一步加强选人用人方面的制度建设

重点抓好以下工作：一是进一步加强思想引领，加大各级领导对中央新精神和《党章》的学习，从思想上筑牢选人用人规矩意识。二是积极探索坚持党管干部原则和董事会依法选择经营管理者、经营管理层依法行使用人权的实现形式，不断推进选人用人机制创新。三是加快制度体系建设，提高选人用人工作的制度化、规范化水平。尽快出台《中国铁建股份有限公司领导人员管理暂行规定》《非领导职务管理办法》《领导人员交流管理办法》《领导人员公开选拔、竞争上岗管理办法》等制度。四是积极构建管理人员、技术专家、项目经理等人才发展通道，使各类人才按照不同的通道健康成长。五是加强后备人才库的建设。六是建立健全党风廉政建设责任考核机制。七是以需求为导向，整合系统教育资源，通过多种途径和方式，开展全员培训，提升干部职工的能力素质。

（三）强化执纪监督，进一步推进党风建设和反腐倡廉工作

要围绕“纪律建设年”活动，坚持把纪律和规矩挺在前面，牢固树立不可触碰的底线意识。要下大力气抓制度落实、纪律执行，坚持纪严于法、纪在法前，惩前毖后、综合运用执纪监督“四种形态”，以纪律尺子衡量党员干部的行为，强化纪律执行情况的监督检查，维护纪律严肃性和权威性，同时引导广大党员干部强化纪律自觉。

深入开展专项巡视和整改工作，重点巡视所属单位党组织是否维护党章权威、贯彻从严治党方针、执行党的路线方针政策和决议，是否存在党的领导弱化、主体责任缺失、从严治党不力等问题，督促各级党组织切实担负起管党治党责任；重点检查政治纪律执行情况，着力发现腐败、纪律、作风和选人用人方面的突出问题。适时开展巡视整改落实情况“回头看”。持续加强作风建设，突出查处花样翻新、转入地下的“四风”问题，突出查处违反履职待遇和业务支出管理制度问题。保持反腐高压态势，坚决遏制腐败现象滋生蔓延势头。推动反腐败向基层项目延伸。

推进中国铁建党委《落实“两个责任”的意见》及配套措施的落实力度，制订出台《落实党风廉政建设责任制监督检查考核办法》，继续推进归口派驻纪检组、纪委书记交流任职、责任制考核等重点工作。逐级推行“两个责任”落实情况的定期报告机制、约谈提醒机制、监督检查机制、激励约束机制。

（四）夯实基层基础，进一步深化基层党组织工作

按照“四同步”要求，建立健全基层党组织，消除组织空白点。整顿软弱涣散基层组织，配齐配强党务工作人员，保证党务干部与经营管理干部同级同酬。围绕企业改革发展谋划基层党建工作，着力解决“两张皮”问题。重视党务干部的培养使用，加强党务工作人员与经营管理人员的轮岗交流力度，培养复合型人才。中国铁建党委在2015年上半年对各单位项目党组织书记配备和履职情况进行抽查并予以通报。

推行每年选择6家至8家单位党委书记进行现场述职，其他单位党委书记进行书面述职。做好发展党员和党员管理工作，发挥党员示范带动作用。

鼓励基层党组织创新工作方式方法。海外项目党组织要积极探索海外党建工作的新思路新举措。加强对海外项目党建工作的督促检查。中国铁建党委将制定海外企业党建工作实施细则，推动海外党建工作健康发展。

（五）深化企业文化建设，进一步加强宣传思想文化工作

紧紧围绕企业中心工作，把握企业发展的政治方向。紧密结合企业改革发展和提质增效，组织开展形势任务和主题教育活动。弘扬铁道兵优良文化传统，推动企业管理从经验管理、科学管理向文化管理提升。积极深化企业文化建设，推进企业文化专题研究工作。继续发挥铁道兵纪念馆的品牌辐射作用。

抓住重点、突出特点，开展好对内、对外宣传。加大与新华社等主流媒体的沟通协作力度。贯彻落实企业突发事件新闻处置办法和舆情处置办法。《中国铁道建筑报》和网站要积极发挥宣传功能、信息传播功能和价值导向功能。

（六）坚持凝心聚力，进一步加强工会共青团工作

各级工会要推动民主管理，加强职代会制度建设，规范建家建线，持续提升建家建线质量水平。深入推进集体合同和工资集体协商制度，建立工资合理增长机制；完善矛盾纠纷多元化解机制，解决拖欠工资、带薪休假和“五险二金”等问题。共青团要强化青年理想信念教育，开展“青年创新创效工程”系列主题活动，引导和鼓励广大青年团员为企业改革发展贡献力量。在青年婚恋、人际关系、心理疏导等方面积极开展工作，努力帮助青年解决实际问题，促进青年团员全面健康成长。

要坚持依法治企，秉承法治信仰，弘扬法治精神，全面推进“法治铁建”建设。要继续做好新形势下的扶贫开发工作，关心支持挂职扶贫干部，确保扶贫资金及时到位、扶贫措施有效管用，做到精准扶贫、精准脱贫。继续做好保密工作，加强保密教育，健全保密制度，确保无失泄密事件发生。党校要把党的理论教育和党性教育作为干部教育培训的首要任务，真正发挥培训党员领导干部的主渠道作用。做好新形势下的统战工作，汇聚推动企业改革发展的不竭动力。

各级党组织和广大党员干部要遵守中央“八项规定”精神，践行“三严三实”要求，坚决防止“四风”反弹；要安排好困难职工和退休老干部生活，坚决避免拖欠职工、农民工工资；要抓好安全生产和稳定工作，坚决杜绝重大安全事故，确保广大干部职工度过一个欢乐祥和的新春佳节。

落实全面从严治党责任　把纪律和规矩挺在前面 深入推进全系统党风建设和反腐败工作

——纪委书记李春德在中国铁建党的建设和反腐倡廉工作会上的报告

（摘　要）

（2016年1月26日）

一、2015年主要工作

（一）坚持把纪律和规矩挺在前面，强化纪律约束

把严明政治纪律和政治规矩摆在首位。各级党委、纪委深入学习习近平总书记系列重要讲话精神、王岐山书记关于“把纪律挺在前面”的重要讲话，始终牢记对党绝对忠诚是最重要的政治纪律、管党治党责任是最根本的政治责任、守住纪律底线是最基本的政治要求；清醒认识形势、准确把握大势，坚决贯彻中央的决策部署和国资委党委的要求，把思想和行动统一到中央精神上来。

注重日常教育，坚持抓早抓小。各级党委、纪委深刻领会把“纪律挺在前面”的内涵和要求，强化对党员干部的日常教育、监督，对苗头性倾向性问题及时谈话提醒、警示诫勉，防止小问题酿成大错误。中国铁建领导利用“走下去”调研检查的机会，宣讲形势、强调纪律、提出要求；针对有关问题，将部分二级单位的主管领导和纪委书记“请上来”进行约谈，提出批评、督促整改。

突出监督重点，切实正风肃纪。一是突出把违反中央“八项规定”精神问题作为监督重点。坚持从严执纪、从重处理。二是突出把违反组织人事纪律作为监督重点。按照中国铁建党委的要求，纪委加大对选人用人的监督力度，严把廉洁从业关口。三是突出把履职待遇和业务支出规定执行情况作为监督重点。各单位按照上级要求出台规定，开展清理整改。通过正风肃纪，有力推动了企业风气的好转。

（二）多措并举，推动“两个责任”落实

坚持以上率下，层层传导压力。中国铁建党委在2015年年初党风建设和反腐倡廉工作会、年中工作会暨“两个责任”促进会上对落实“两个责任”进行动员再动员、部署再部署；出台《落实“两个责任”指导意见》，与35个二级单位签订“党风廉政建设责任书”。各级党委层层分解责任、明确责任清单，全系统共签订责任书7046份。

开展自查自纠，加强督导检查。股份公司党委在全系统开展专项治理自查自纠活动。各级党委迅速传达部署，对照“五个方面”的问题，主动查摆，积极整改，使“两个责任”在自查自纠中得到巩固提升。股份公司纪委加大督导检查力度，先后到15家二级单位和10家三级单位检查“两个责任”落实情况；2015年年底，组成4个工作组，对不同业务板块的16家二、三级单位落实“两个责任”等情况进行监督检查。

（三）坚持问题导向，扎实推进巡视工作

高悬巡视利剑，着力发现问题。股份公司3轮对9家单位的巡视紧扣“六大纪律”、突出“四个着力”，发现了党的领导弱化、“两个责任”缺失、违反中央八项规定精神、违反“三重一大”决策制度、违规选人用人、利益输送等方面的问题线索，进行了线索移交，提出了意见建议，对巡视情况在全系统通报，强化震慑作用。

坚持立行立改，深化成果运用。巡视过程中，被巡视单位根据巡视组指出的问题，及时采取措施，即知即改。股份公司党委听取巡视情况汇报后，纪委及时跟进，派出工作组对有关问题线索进行调查核实。巡视反馈后，被巡视单位针对问题和线索，建立工作台账、制定整改方案、明确时间要求、推动整改落实。

开展监督检查，确保整改实效。2015 年年底，股份公司纪委对首轮巡视的十七局、十八局巡视整改情况进行监督检查，重点对纪律处分中存在的“宽、松、软”和追责不到位问题开展督导。

（四）保持惩治腐败的高压态势，强化“不敢腐”的氛围

严格案件查办，加大惩治力度。全系统受理信访举报、初核、立案、结案、党政纪处分均大幅增长，执纪监督问责力度不断加大。

推进检企联动，化解企业风险。各级纪委积极推进与区域内铁检机关在预防职务犯罪等方面的沟通联系配合。配合司法机关对有关案件开展调查，有效化解企业经营风险。

围绕亏损治理，加大问责力度。坚决查处人为原因导致的项目亏损和亏损背后的腐败问题，对相关责任人进行严肃处理。

（五）持续深化“三转”，建设过硬队伍

一是增强纪检监察队伍力量。二是推进二级单位纪委书记“不兼职、不分管”工作，集中精力开展监督执纪问责。三是出台二级单位纪委书记、副书记提名考察办法，提名考察、交流任用二级单位纪委书记 5 名。所属单位提名考察、交流任用纪委书记和副书记 72 人次。四是组建案件查办和巡视工作人才网络中心。五是整合内部监督资源，设立归口派驻纪检组。六是加强学习培训、以干代训，提升能力。七是按照“忠诚、干净、担当”的要求，加强自身管理和监督。

在肯定成绩的同时，也必须清醒地认识到存在的问题。主要是：党的领导弱化虚化淡化、“两个责任”缺失，靠山吃山、靠水吃水，利益输送、权力寻租，选人用人不守规矩、不讲程序，违反中央八项规定精神，在监督执纪问责上担当意识不强的问题还不同程度存在。

二、2016 年主要任务

2016 年工作总体要求是：全面贯彻党的十八大、十八届历次全会和十八届中央纪委六次全会精神，深入贯彻习近平总书记系列重要讲话精神，按照中央企业党风建设和反腐败工作会议要求，坚持全面从严治党、依规治党，聚焦监督执纪问责，深化标本兼治，创新体制机制，强化落实“两个责任”，持续深化“三转”，进一步突出把纪律和规矩挺在前面、加大纪律审查力度，扩大巡视覆盖面、深化巡视成果运用，持之以恒落实中央八项规定精神，保持惩治腐败的高压态势，着力查处基层、群众身边的不正之风和腐败问题，建设忠诚干净担当的纪检监察队伍，坚定不移推进党风建设和反腐败工作。

（一）严明党的纪律，加强党内监督

抓好宣传教育，强化自律意识。各级党委要继续把宣传学习教育作为重要工作，认真开展“学系列讲话、学党章党规，做合格党员”活动，使广大党员尊崇党章、严守纪律，明底线、知敬畏。要继续抓好党委中心组学习，增强党员领导干部的政治警觉性、政治鉴别力和从政治上看问题的能力。要加强警示教育，以典型案例和身边的违纪违法案件为反面教材，汲取教训，引以为戒。要通过持续深入的宣传教育，使广大党员特别是党员领导干部在认识上真正清醒起来，在思想上真正警觉起来，坚持高标准和守底线相结合，向善向上，筑牢拒腐防变的思想道德防线。

严明政治纪律，严守政治规矩。各级党委要把执行党的政治纪律摆在首位，要在思想上政治上行动上与以习近平同志为总书记的党中央保持高度一致。各级纪委要抓住“关键少数”，紧紧围绕对党忠诚、履行管党治党政治责任、遵守党章和党规党纪，加强对党员领导干部尤其是企业主要负责人的监督。坚决纠正“上有政策、下有对策”，有令不行、有禁不止的行为，确保中央政令畅通。

贯彻两项法规，践行“四种形态”。为切实抓好贯彻执行，股份公司党委决定将 2016 年确定为“纪律建设年”，以严明纪律推进全面从严治党。一是各级党委要以两项法规为遵循，加强对遵守党章、执行党纪情况的监督检查，敢于担当、敢于较真，着力查处一批违反“六大纪律”的典型案件，坚决维护党规党纪的严肃性。二是各级纪委要学习领会、把握运用好监督执纪

"四种形态"。各级纪委要转变工作理念、创新思路方法，从信访受理、线索处置到执纪审理都要坚持纪在法前、纪严于法，把"四种形态"运用情况作为检验工作的标准，把监督执纪做深做细做实。

（二）进一步完善体制机制，层层夯实管党治党责任

落实从严治党主体责任。要强化党委的政治核心作用，把党要管党、从严治党方针落实到企业改革发展的各方面和全过程。各级纪委要全面履行监督责任，把问责作为全面从严治党的重要抓手，以严肃问责推动全面从严治党责任落实。对执行党的路线方针政策不力，管党治党主体责任和监督责任缺失，"四风"和腐败问题多发频发，选人用人失察，巡视整改不落实的，都要严肃追责，坚持"一案双查"、责任倒查，使问责形成制度、成为常态。

持续优化工作体制机制。一是出台《对党员领导干部进行提醒、函询和诫勉的操作规程》。二是继续落实好查办腐败案件以上级纪委领导为主的要求，及时向上级报告情况。三是推行二、三级单位纪委书记参与重要人事安排初始酝酿，纪委对选人用人全程监督的机制。四是建立纪委书记对本级领导班子成员特别是"一把手"履行主体责任、廉洁从业等情况的评价机制。五是整合监督资源，把监事会监督、审计监督、职工群众监督和纪检监察、巡视监督有机结合。六是继续做好检企联动，二、三级单位要统筹安排，年内与区域内的检察机关建立沟通联系机制。

不断加大责任落实力度。股份公司将着重从五方面细化工作支撑、逐级传导压力。一是建立二级单位党委报告主体责任落实情况制度、纪委书记述职制度。二是建立和完善约谈制度。三是强化监督检查。出台《党风廉政建设责任制监督检查考核办法》。四是抓两头、促中间，推动整体工作开展。及时发现典型，总结经验，进行推广；对工作不到位的开展督导。五是实行纪委书记、副书记考核以上级纪委为主，发挥上一级纪委考核评价的主导作用。

（三）严格落实巡视工作条例，深化巡视工作

落实巡视方针，强化巡视监督。2016 年，股份公司将对工程承包、勘察设计咨询、物资物流、资本运营板块实现巡视全覆盖。工程承包板块和其他板块规模较大的二级单位要全面启动巡视工作。增强巡视的针对性，紧盯重点人、重点事、重点问题，精准发力、定点突破，发现问题、严肃问责。

深化成果运用，推动问题解决。一是要带动巡视前的即知即改。未巡视的单位，要对照股份公司巡视通报指出的问题，对号入座、闻风而动，变被动整改为主动整改。二是要督促巡视中的立行立改。对巡视中发现的违反中央八项规定精神等问题，及时督促查处，抓早抓小、动辄则咎。三是要抓好巡视反馈后的全面整改。强化被巡视单位党委整改的主体责任，特别是对巡视移交的问题线索，必须加大执纪问责力度，做到件件有着落、事事有交待。

（四）坚持常抓不懈、久久为功，让中央八项规定精神落地生根

经常抓、抓经常。紧盯重要节假日，管住重要环节。对不收手、不知止，规避组织监督，出入私人会所，组织隐秘聚会的一律从严查处。对执纪审查中发现的"四风"问题线索，要深挖细查、决不放过。要密切关注不正之风新动向、新表现，越往后执纪越严。各级各单位要认真执行履职待遇和业务支出、公务接待等方面的规定，内部接待要严格控制迎送和陪同、陪餐人员，不得超标准接待。

抓党风、树新风。各级党委、纪委要把贯彻廉洁自律准则作为改进作风的重要抓手，引导党员干部自觉培养高尚道德情操、抵制不良风气、廉洁规范用权。要大力弘扬中华民族优秀传统文化，汲取家规家风中的精华，把家风建设摆在重要位置，廉洁修身、廉洁齐家，在管好自己的同时，管住亲属和身边人。要传承铁道兵优良作风，形成风清气正的良好氛围。

（五）减存量、遏增量，坚决遏制腐败蔓延势头

坚定立场方向，保持高压态势。一是要突出惩治重点，把党的十八大后不收敛、不收手，问题严重、群众反映强烈，现在重要岗位可能还要提拔使用的作为重中之重。二是着力解决基层、群众身边的不正之风和腐败问题。重点查处基层单位和工程项目在资金管理、合同管理、物资设备采购、劳务队伍使用、工程分包、验工计价等重要领域和关键环节侵吞国有资产、贪污挪用、利益输送、索要回扣、吃拿卡要以及侵害职工利益、挥霍浪费等问题。三是继续大力查处亏损项目背后隐藏的腐败问题,从重处理、形成威慑,倒逼项目规范管理。确保实现不敢腐的目标,强化不能腐、不想腐。

做好线索处置,突出执纪特点。要按照“四种形态”对问题线索分类处置,一般性问题要与本人见面,谈话提醒、函询核实,让党员干部相信组织、忠诚组织,把问题主动向组织讲清楚,目的是抓早抓小、防微杜渐;对指向性明确的问题要扎实做好初核;对严重违纪违规问题,要严格依据纪律处分条例进行处理。对信访举报线索要按照“拟立案、初核、谈话函询、暂存、了结”5种形式处置。加大案件线索处置的督导,建立上级批转问题线索的跟踪反馈机制,实现件件有着落,坚决避免有线索不核查、有案件不处理的现象。

(六)打造忠诚干净担当的纪检监察队伍

各级纪委要切实履行好监督责任,紧紧扭住监督执纪问责,把纪律挺在前面,实践“四种形态”。建立二级单位纪委书记后备人选选拔机制,推动三级单位纪委书记、副书记提名考察以集团公司纪委会同组织人事部门为主的选用方式,把政治强、作风硬、德才兼备、敢于担当的干部选拔进纪检监察机构领导班子;继续加大交流力度,增强纪检干部队伍活力。加强素质和能力建设,加大培训力度,举办多层次培训班,2016年对二级单位纪委书记全部轮训一遍。信任不能代替监督,打铁还需自身硬。各级纪委要严字当头,强化自我监督,加强党内监督,接受社会监督。

2015 年 11 月 2 日，中国铁建官方微博微信启动。　　（伍　振　摄）

大 事 记

2015 年中国铁建大事记

1 月

▲1 日　中国铁建山东京沪高速公路济乐有限公司承建的京沪高速公路山东济乐段正式通车，这是中国铁建目前建成通车里程最长的公路特许经营项目。该项目由中国铁建和山东省交通运输厅公路局共同投资建设管理，是国务院批准的“7918”国家高速公路网中“7 条放射线”之一北京至上海高速公路中的一段。主线全长 115 千米，按照双向 6 车道、时速 120 千米标准设计。经营收费期 22 年。

▲5 日　中国铁建总裁张宗言与铜陵有色董事长杨军举行会谈。双方就加快推进厄瓜多尔米拉多铜矿投资建设，拓展更大范围的战略合作进行深入交流，并取得广泛共识。中国铁建副总裁、总法律顾问庄尚标，总裁特别助理孙公新及股份公司相关部门和单位的负责人出席会谈。

▲6 日　中国铁建总裁张宗言拜访绿地集团，与绿地集团执行副总裁许敬洽谈战略合作事宜。

▲7 日　中国铁建总裁张宗言在访问绿地集团后，组织所属有关单位召开务虚会。中国铁建副总裁、总法律顾问庄尚标，总裁特别助理孙公新，副总经济师兼上海代表处总经理房光辉出席座谈会。中国铁建上海代表处，中铁十一、十五、十九、二十四局集团有限公司，中铁建设集团有限公司、中国铁建房地产集团有限公司，中铁第四勘察设计院、上海设计院集团有限公司，以及相关业务部门的负责人参加会议。

▲同日　中国铁建总裁张宗言拜访申通集团，与申通集团董事长俞光耀洽谈战略合作事宜。

▲同日　中铁十四、十九、二十局集团有限公司和中铁第四勘察设计院集团有限公司通过国家发展和改革委员会组织的“国家认定企业技术中心”认定。

▲9 日　中共中央、国务院在北京举行国家科学技术奖励大会。中铁第四勘察设计院集团有限公司设计、中铁十四局集团有限公司承建的南京长江隧道工程项目创造的“高水压浅覆土复杂地形地质超大直径长江盾构隧道成套工程技术”获得国家科技进步奖二等奖。这是中国铁建南京长江隧道继 2011 年获得国家科技进步二等奖后，由中国铁建主持的科研项目再次获得这一殊荣。

▲12 日　中国工程院院士、原铁道部副部长孙永福率调研组一行，到中国铁建开展专题调研。中国铁建董事长、党委书记孟凤朝，总裁张宗言和总部机关、相关二级单位负责人与调研组座谈。

▲同日　中国铁建川渝区域经营现场推进会暨川渝指挥部 2015 年经营工作会在重庆召开。

▲14 日　中国铁建总裁张宗言在总部机关会见中国农业银行副行长、北京分行行长李振江一行。双方经过务实高效交流，达成战略合作意向。

▲同日　2014 年度香港上市公司“港股 100 强”评选结果揭晓。中国铁建被评为 2014 年度香港上市公司“港股 100 强”，排名第 37 名。

▲15 日　中国铁建召开房地产板块发展务虚会。

▲19 日　中国土木工程集团有限公司在吉布提霍勒霍勒地区举行新建国际机场项目开工典礼。吉布提总统盖莱出席，并为新建国际机场奠基。中土集团副总经理周天想和中国驻吉布提大使馆负责人，吉布提交通部长、外交部长、阿里萨比耶市长等政府要员参加开工典礼。

▲20 日　中共中央总书记、国家主席、中央军委主席习近平考察由中铁第四勘察设计院集团有限公司设计、中铁建设集团有限公司总承包、中铁十一局集团有限公司参建、北京铁城建设监理公司监理的昆明火车南站工程。昆明火车南站为特大型综合枢纽，采用钢骨混凝土框架结构，站房抗震设防烈度为 8 度，处于岩溶发育区；总建筑面积 33.4 万平方米，其中站房建筑面积 12 万平方米；设计年发送旅客 4693 万人。

▲22—23 日　中国铁建总裁张宗言，副总裁兼总法律顾问庄尚标一行，参加在四川省成都市举行的、以“开放新起点、合作新机遇”为主题的四川天府新区投

资推介会;同时,拜会四川省委书记王东明、副省长王宁等领导。活动期间,在张宗言与王东明、四川省省长魏宏等领导的共同见证下,四川天府新区与包括中国铁建在内的18家单位现场集中签署重大项目投资协议,投资总额553.6亿元。

▲23日　中国铁建党委书记、董事长孟凤朝在中国铁建大厦会见委内瑞拉国家石油公司董事会董事、社会主义玻利瓦尔中央工会主席、石油天然气工人联合会主席威尔斯・兰赫尔。委内瑞拉石油天然气工人联合会副主席安东尼奥・森普鲁姆,中国铁建总裁助理兼国际集团董事长、总经理卓磊,国际集团党委书记赵佃龙等参加会谈。在孟凤朝等见证下,卓磊代表国际集团,威尔斯・兰赫尔代表委内瑞拉石油天然气工人联合会,签订委内瑞拉石油工人住房建设项目合作意向书。

▲27日　中国铁建股份有限公司党委二届十次全体委员(扩大)会议在中国铁建大厦举行。会议审议通过中国铁建党委书记、董事长孟凤朝代表党委常委会所作的《党委工作报告》,审议通过《关于落实党风廉政建设主体责任和监督责任的意见》。

▲同日　中国铁建一届六次职工代表大会预备会议在中国铁建大厦召开。会上,中国铁建党委常委、纪委书记李春德宣读中国铁建党委对召开一届六次职代会的批复,副总裁刘汝臣作一届六次职代会筹备工作报告。会议审议通过中国铁建一届六次职工代表大会主要议题和日程安排,表决通过大会主席团成员、秘书长、副秘书长和替补专门委员会委员名单。经过审议,本次职工代表大会会期1天半,包括2次全体大会、2次主席团会议和2次代表团分组讨论。中国铁建董事长、党委书记孟凤朝,总裁张宗言,副总裁夏国斌,执行董事、副总裁兼总法律顾问庄尚标,总会计师王秀明和全体职工代表参加预备会议。会议由中国铁建党委副书记齐晓飞主持。

▲28—29日　中国铁建一届六次职工代表大会暨2015年工作会议在中国铁建大厦召开。国有重点大型企业监事会主席吕黄生,中国铁建董事长、党委书记孟凤朝在大会上讲话,总裁张宗言作行政工作报告。党委副书记齐晓飞主持会议。副总裁夏国斌,执行董事、副总裁兼总法律顾问庄尚标,副总裁刘汝臣,总会计师王秀明,纪委书记李春德,国有重点大型企业监事会第八办事处主任陶永山在主席台就座。259人参加会议。

▲29日　中国铁建2015年党风建设和反腐倡廉工作会议在中国铁建大厦举行。国务院国资委纪委副书记夏忠仁,中国铁建党委书记、董事长孟凤朝出席会议并讲话。会议由中国铁建党委副书记、总裁张宗言主持。党委副书记齐晓飞,党委常委、副总裁夏国斌,党委常委、执行董事、副总裁兼总法律顾问庄尚标,党委常委、副总裁刘汝臣,党委常委、总会计师王秀明,党委常委、纪委书记李春德出席会议。会上,齐晓飞传达十八届中央纪委第五次全会、中央企业反腐倡廉建设工作会议和国资委有关文件精神;李春德向大会报告2014年党风建设和反腐倡廉工作;中国铁建所属单位递交党风廉政建设责任书。

2月

▲5日　中国铁建在铁建大厦依次召开2015年第一次临时股东大会、2015年第一次A股类别股东大会及2015年第一次H股类别股东大会。会议以现场投票和网络投票相结合的表决方式,审议通过《关于公司非公开发行A股股票方案的议案》《关于昆明中铁大型养路机械集团有限公司境外上市方案的议案》《关于中国铁建股份有限公司执行董事人选的议案》等16项议案。

▲6日　中国铁建与深圳地铁集团签署“海外经营战略合作协议”,深圳地铁集团所属运营总部与中国铁建所属中非建设签署“尼日利亚首都阿布贾城铁系统运营与维护服务管理项目框架协议”。

▲12日　中国铁建获得“2014年度最受投资者尊重的百强上市公司”称号。

▲14日　中铁二十局集团有限公司承建、中铁上海设计院集团有限公司设计,中国进出口银行提供信贷支持建设的安哥拉本格拉铁路建成通车。安哥拉总统若泽・爱德华多・多斯桑托斯、刚果民主共和国总统约瑟夫・卡比拉、赞比亚总统埃德加・伦古为通车剪彩。

▲16日　中国铁建召开干部大会。国务院国资委企干二局副局长姜维亮宣布国务院国资委和国务院国资委党委对中国铁建领导班子的调整决定:提名齐晓飞为中国铁道建筑总公司总经理人选,孟凤朝不再担任此职务;同意齐晓飞为中国铁建党委书记人选;同意孟凤朝为中国铁建党委副书记人选,其不再担任党委书记。国务院国资委企干二局局长宋亚晨,中国铁建董事长孟凤朝、总裁张宗言以及全体班子成员出席会议。会议由孟凤朝主持。

▲23 日　中国铁建国际集团阿尔及利亚公司参加在阿尔及利亚奥兰举行的为期 3 天的阿尔及利亚第二届国际交通物流运输展。展会由阿尔及利亚交通部主办。来自法国、意大利、德国、土耳其、韩国、中国、阿尔及利亚等 10 余个国家的 100 余家公司参展。

▲28 日　中铁十八局、中铁第四勘察设计院集团有限公司和中铁十四局集团隧道公司、十六局集团路桥公司、二十四局集团安徽公司获得“全国文明单位”称号。

3 月

▲2 日　中国铁建董事长孟凤朝、总裁张宗言在中国铁建大厦会见来访的云南省副省长丁绍祥一行。双方就拓展合作项目深入交换意见。

▲同日　中华全国总工会在北京人民大会堂举行全国先进女职工集体和个人表彰大会，中铁十七局集团铺架分公司钢轨探伤技工关改玉作为获奖代表之一，受到中共中央政治局委员、中华全国总工会主席李建国的亲切接见。

▲6 日　中华全国总工会授予中铁十五局集团六公司财务部、中铁十八局集团三公司涿州机械厂焊工班、中铁二十一局集团四公司财务部、中铁二十一局集团德盛和置业公司营销部 4 个集体“全国五一巾帼标兵岗”称号，授予陈玉英、张春荣等 11 人“全国五一巾帼标兵”称号，全国妇联授予蔡丽娜全国巾帼建功标兵称号。

▲同日　中国铁建党委学习中心组组织集中学习，传达学习习近平总书记、李克强总理、王勇国务委员和国务院国资委主任、党委书记张毅就国有企业党风建设和反腐败工作的重要讲话精神。

▲9 日　中国铁道建筑总公司与中央新影联合拍摄的 10 集大型文献纪录片《永远的铁道兵》被评为 2014 年度第四批优秀国产纪录片。

▲9—12 日　中国铁建董事长孟凤朝应邀出席中泰铁路联委会第三次会议，共同见证中泰双方合作和技术知识培训备忘录的签署，并考察中国铁建在泰国的发展情况。

▲10 日　中国铁建团委二届二次全委（扩大）会在北京召开。中国铁建党委书记齐晓飞出席会议并讲话。大会由中国铁建团委书记沈玉泉主持。中国铁建所属 36 家二级单位的团组织负责人参加会议。会议回顾总结全系统 2014 年共青团工作，全面部署 2015 年重点工作。会议期间，举办“提信心、当良将、奋斗的青春最美丽”主题报告会。

▲12 日　中国铁建党委书记齐晓飞在北京远望楼宾馆拜访海南省省长刘赐贵。海南省副省长李国梁，省政府秘书长胡光辉，中国铁建副总裁、总法律顾问庄尚标参加会谈。

▲13—14 日　中国铁建董事长孟凤朝考察中国铁建在马来西亚的发展情况。其间，孟凤朝先后拜会马来西亚交通部长廖中莱，中国驻马大使黄惠康、经商处参赞吴政平。

▲16 日　中国铁建召开专项治理自查自纠工作会议，进一步部署和推进中国铁建党风建设和反腐败工作。中国铁建董事长孟凤朝、党委书记齐晓飞分别主持会议并讲话。在北京的中国铁建领导，所属二级单位的党委书记、纪委书记，以及总部机关处级以上干部 200 余人参加会议。

▲19 日　中国铁建召开党委扩大会议，传达学习《中共中央关于徐才厚严重违纪违法案及其教训的通报》的文件精神。会议由中国铁建董事长孟凤朝主持，党委书记齐晓飞传达《中共中央关于徐才厚严重违纪违法案及其教训的通报》。中国铁建在北京的领导班子成员、总部机关副处级以上干部、在北京二级单位的部分领导班子成员等参加会议。

▲同日　中国铁建与鞍钢集团签署深化海外业务合作协议。在鞍钢集团董事长张广宁和中国铁建董事长孟凤朝等双方人员的见证下，两家中央企业在中国铁建大厦共同签署海外业务合作协议。

▲23 日　中国铁建召开安全生产视频会议。中国铁建董事长孟凤朝，总裁张宗言，党委书记齐晓飞，副总裁夏国斌，副总裁、总法律顾问庄尚标，副总裁刘汝臣，总会计师王秀明，纪委书记李春德出席会议。会议由齐晓飞主持。张宗言在会上发表讲话。夏国斌宣读 2014 年度安全生产先进单位和达标单位、兑现安全工作包保责任状和安全隐患排查治理平台综合考核情况通报。刘汝臣总结 2014 年的安全生产工作，分析安全生产当前面临的形势，对下一步安全生产工作进行全面部署。

▲25 日　中国铁建董事长孟凤朝在中国铁建大厦会见中国驻巴西大使李金章，双方举行友好务实会谈。

▲25—26 日　由广州市委、广州市人民政府主办的“新常态新机遇 2015 年中国广州国际投资年会”在广州白云国际会议中心举行，中国铁建总裁张宗言，副

总裁、总法律顾问庄尚标，物资集团董事长、党委书记金跃良一行应邀参加并在广州会见广州市市长、党组书记陈建华。双方就此次大会的深入合作进行会谈，并达成广泛共识。

▲31 日　中国铁建召开 2014 年度业绩发布会。业绩发布会由中国铁建党委书记、副董事长齐晓飞主持，董事长孟凤朝具体介绍业绩情况。总会计师王秀明、纪委书记李春德、董事会秘书余兴喜出席发布会。

▲31 日—4 月 3 日　中国铁建副总裁夏国斌带领桥梁专家组，在福建平潭和重庆两地举行桥梁技术交流座谈会，研究施工方案，解决国内国际之最桥梁施工中遇到的一些技术难题。

▲3 月　由中国对外承包工程商会副会长、中国铁建总裁张宗言率领的投资促进代表团，对西班牙、葡萄牙和英国进行为期 10 天的考察访问。

4 月

▲1 日　刚果(布)总统德尼·萨苏·恩格索在安哥拉交通部长奥古斯都·托马斯陪同下，到港口城市洛比托，考察中铁二十局集团有限公司承建的本格拉铁路起点洛比托车站。

▲2 日　中国铁建在北京召开项目责任成本管理工作会。中国铁建董事长孟凤朝，总裁张宗言，党委书记、副董事长齐晓飞，副总裁、总法律顾问庄尚标，副总裁刘汝臣，总会计师王秀明，纪委书记李春德出席会议。会议推出《项目责任成本管理指导意见》(征求意见稿)、《关于加强工程项目绩效考核的几点意见》2 个管理文件，表彰“中国铁建创效功臣”50 名、先进单位 32 个、先进项目部 32 个以及先进个人 118 人。会上，中铁十一、十二、十四和十九局集团有限公司分别交流责任成本管理经验。中国铁建机关部门正职以上负责人，所属二级单位主管以及相关工作负责人共 225 人在主会场参加会议。

▲3 日　中国铁建召开管理层“营改增”专题汇报会。会议由中国铁建总会计师王秀明主持。

▲9 日　中国铁建党委书记齐晓飞会见贵州省交通运输厅厅长王秉清一行。双方经过高效务实会谈，达成战略合作意向。

▲同日　中国铁建总裁张宗言拜会天津市副市长阎庆民。双方就中国铁建与天津市加强金融合作等事宜进行会谈。

▲同日　中铁建设集团设备安装公司承建的北京清河华润五彩城西区、东区和海南三亚美高梅酒店 3 项机电安装工程获得 2013—2014 年度中国安装工程优质奖“中国安装之星”奖。

▲11 日　国务院副总理马凯到中国铁建北京铁城建设监理公司监理的渝黔铁路新白沙沱长江特大桥、十二局集团公司承建的重庆西站施工现场调研。中国铁路总公司总经理盛光祖、副总经理卢春房，重庆市委副书记张国清、副市长陈和平等随行调研。中国铁建党委书记齐晓飞等在现场引导。

▲12 日　中国铁建总裁张宗言在银川市拜会宁夏回族自治区主席刘慧，就加强战略合作、加快铁路建设举行深入而细致的会谈，达成一系列重要共识。

▲15 日　中国铁建总裁张宗言在呼和浩特市拜会内蒙古自治区党委常委、呼和浩特市委书记那顺孟和。双方就呼和浩特基础设施的投资建设合作进行深入而细致的会谈，并达成一系列重要共识。会后，中国铁建副总裁、总法律顾问庄尚标与呼和浩特市委常委、副市长孙建华签署“呼和浩特市基础设施投资建设合作框架协议”。

▲17 日　新任国有重点大型企业监事会主席李克明到中国铁建检查指导工作。中国铁建举行见面汇报会。国有重点大型企业监事会原主席吕黄生，国有重点大型企业监事会第八办事处主任陶永山，中国铁建总裁张宗言，党委书记齐晓飞，副总裁夏国斌、刘汝臣，总会计师王秀明，纪委书记李春德等在北京领导出席会议。会议由齐晓飞主持。

▲同日　中国铁建总裁张宗言在中国铁建大厦会见泰国正大新生活集团总裁胡方辉一行。双方进行务实高效会谈，达成友好合作意向。

▲同日　马里、贝宁、喀麦隆、科特迪瓦、几内亚、刚果(布)、乍得、加蓬、塞内加尔、刚果(金)、多哥 11 国驻华大使、代办、参赞等官员应邀到访中非建设，就中西部非洲法语区铁路规划、商务合作等进行座谈。中国—非洲国家贸易促进会会长张仪出席座谈会。

▲18 日　中国铁建等 7 家中央企业代表国务院国资委在深圳会展中心，参加由国家外国专家局和深圳市人民政府共同主办的以“融全球智力、促共同发展”为主题的第十三届中国国际人才交流大会。中共中央政治局委员、国务院副总理马凯，中共中央政治局委员、广东省委书记胡春华，中组部副部长、人力资源和社会保障部部长尹蔚民，广东省省长朱小丹，国务院国资委副主任王文斌等出席大会。马凯一行在中国铁建展区，详细听取企业情况介绍，参观铁建重工集团自

主研发生产的土压平衡盾构机和昆明中铁集团生产的XM－1800K钢轨铣磨车模型，并观看中国铁建拍摄的《青藏铁路》和企业宣传片。

▲19日　由中铁物资集团有限公司主办的第三届中国大宗物资电子商务高峰论坛暨中国电子商务创新推进联盟建筑行业工作委员会工作启动会在上海国际会议中心召开。中国铁建副总裁夏国斌出席会议。

▲21日　国家主席习近平在巴基斯坦进行国事访问，在巴基斯坦总理谢里夫、参议院主席拉巴尼和国民议会议长萨迪克的陪同下，到巴基斯坦国会大厦，共同为中铁十七局集团有限公司中标施工的巴基斯坦国会大厦太阳能光伏发电项目揭牌。

▲21—23日　中国铁建纪委书记李春德到中铁十五、二十四局集团有限公司和上海设计院、上海代表处等驻沪单位专题调研党风建设和反腐倡廉工作。

▲22日　由中国美术家协会和中国铁建股份有限公司联合主办、中国铁道建筑报社与大路美术家协会承办，以“中国铁建与五洲筑梦”为主题，突出海外题材，展现“一带一路”建设者风采的第十七届大路画展，在中国美术馆开幕。来自37个国家的55位驻华使节，其中大使20位，出席开幕式并参观画展。中国铁建董事长孟凤朝现场会见各国驻华使节。中国美术家协会分党组书记、常务副主席吴长江，分党组副书记、秘书长徐里等领导及著名画家出席开幕式。画展于5月4日结束。

▲同日　中国铁建副总裁、总法律顾问庄尚标在中国铁建大厦会见湖北省副省长许克振一行。经过双方务实高效会谈，达成战略合作共识。在许克振、庄尚标等见证下，湖北省铁路投资集团总经理、汉十城际铁路公司董事长黄平，中铁十一局集团有限公司董事长、党委书记何义斌代表双方签署战略合作框架协议。

▲同日　《中国铁建年鉴》（2013年卷）获得全国第五届年鉴编纂出版质量评比综合评比特等奖和框架设计、条目编写、装帧设计3个专项特等奖。

▲23日　中铁建中非建设公司副董事长、党委副书记曹保刚在尼日利亚首都阿布贾拜会当选总统布哈里。

▲24日　中国铁建董事长孟凤朝在铁建大厦会见上海申通地铁集团董事长、党委书记俞光耀。双方经过友好务实会谈，达成战略合作共识，联袂拓展全球地铁市场。中国铁建总裁特别助理赵晋华、孙公新，上海申通地铁集团总工程师毕湘利等出席会谈。在孟凤朝、俞光耀等见证下，孙公新和毕湘利分别代表双方企业在战略合作框架协议文本上签字。

▲同日　中国铁建国际集团有限公司莫桑比克市场负责人盛建慧的先进事迹被评为中央企业“十大最美故事”。

▲27日　中铁建中非建设博茨瓦纳有限公司与津巴布韦签订2015英雄住房工程项目，合同总金额19.3亿美元。

▲同日　中铁建中非建设有限公司与尼日利亚签署奥贡州城际铁路项目商务合同，合同总金额35.06亿美元。

▲27—28日　中国铁建纪委书记李春德应邀出席最高人民检察院职务犯罪预防厅在福建省厦门市举办的“服务‘一带一路’预防工作座谈会”。国家发改委和商务部等有关部门、福建省检察院领导，18个省区市检察院职务犯罪预防处负责人，清华大学、中国政法大学等重点高校的专家学者和相关中央企业领导参加座谈会。

5月

▲5日　中国铁建副总裁、总法律顾问庄尚标到中铁十四局集团四公司督导整治亏损项目第二阶段工作。

▲6日　中国铁建召开海外经营座谈会。会上，中国铁建总裁张宗言针对海外经营工作中的问题，提出加强管理、深化改革的工作方向；针对当前海外经营形势和任务，总裁特别助理赵晋华在讲话中明确中国铁建2015年海外经营工作思路；各单位汇报2015年海外经营工作计划，围绕《海外经营管理工作指导意见》及海外业务工作进行交流。

▲7日　尼日利亚总统乔纳森视察中铁建中非建设有限公司阿布贾城铁项目，尼日利亚首都地区部部长、国务部长、议员等随行。中非建设尼日利亚公司总经理李庆勇等陪同。

▲同日　中国铁建国际集团有限公司承建的特立尼达和多巴哥（简称“特多”）阿利玛医院项目举行开工仪式。特多总理比塞萨尔、中国驻特多大使黄星原出席开工仪式并致辞。特多政府内阁主要成员和众多阿利玛本地居民到场祝贺。

▲8日　在中国国家主席习近平和俄罗斯总统普京的共同见证下，中国土木工程集团有限公司副总经理周天想与俄罗斯图瓦能源工业有限公司总经理鲁斯兰在克里姆林宫签署《关于俄图瓦埃列格斯特—克孜

勒—库那金罗铁路及远东港口项目合作谅解备忘录》。习近平主席和普京总统分别与周天想和鲁斯兰亲切握手以示祝贺。

▲同日　国务院安全生产委员会办公室副主任、国家安全生产监督管理总局副局长、国家安全生产应急指挥中心主任孙华山一行赴中国铁建开展专题调研，并在铁建大厦召开座谈会，研究进一步推动企业安全工作。中国铁建董事长孟凤朝，总裁张宗言，党委书记齐晓飞，副总裁夏国斌、刘汝臣，总会计师王秀明，纪委书记李春德出席座谈会。国家安全生产监督管理总局二司司长苏洁、副巡视员韩泓，中国安全生产科学研究院院长张兴凯，北京市安全生产监督管理局局长张树森，重大项目办公室总工程师杨广武，住房建设委员会副主任王承军，中国铁建安全总监王峰参加座谈会。座谈会召开前，孙华山在张宗言、刘汝臣、王峰和中铁十八局集团有限公司董事长、总经理彭仕国的陪同下，深入十八局集团施工的北京市城市快轨16号线16标段甘家口站检查安全工作，并给予充分肯定。

▲同日　中国铁建党委中心组在铁建大厦召开2015年第五次学习(扩大)会，特邀中央纪委原副部级巡视专员戴俭明就"在惩治腐败中加强警示教育"作专题辅导报告。中国铁建党委书记齐晓飞主持并讲话，中国铁建副总裁夏国斌，副总裁、总法律顾问庄尚标，副总裁刘汝臣，总会计师王秀明，纪委书记李春德参加报告会。报告会上，戴俭明从"当前惩治腐败的有关情况""深刻认识反腐败斗争的长期性、复杂性、艰巨性""典型案件剖析的启示"三方面切入主题，从理论和事例两个层面，对当前反腐倡廉工作进行阐释和分析。中国铁建机关全体党员、部分在北京单位党委中心组成员参加报告会。

▲同日　中国铁建总裁特别助理孙公新带队，在上海与绿地集团副总裁兼绿地地铁投资公司董事长吴卫东等领导就轨道交通项目合作事宜进行会谈，并签署轨道交通项目战略合作协议。

▲13日　中国铁建董事长孟凤朝在四川省成都市拜会四川省交通运输厅厅长彭琳、副厅长张晓燕，双方就加强战略合作、加快四川省道路交通建设等进行深入交流。

▲14日　中国铁建海南区域经营工作座谈会在海口召开，党委书记齐晓飞出席会议并赴中国铁建在琼的重点项目进行调研。

▲同日　南疆铁路吐鲁番至库尔勒新增二线中天山隧道双线正式投入运营。中天山隧道左线长22449米，右线长22467米，2007年6月开工建设，隧道右线于2014年12月28日开通运营

▲15日　中国铁建董事长孟凤朝率调研督导组，到中铁二十三局集团有限公司开展第二阶段亏损项目整治督导活动。

▲同日　中国铁建党委书记齐晓飞参加深化海南省与中央企业战略合作座谈会，并在国务院国资委主任、党委书记张毅，副主任、党委委员黄丹华和海南省委书记、省人大常委会主任罗保铭，省长刘赐贵的见证下，代表中国铁建与海南省签署战略合作框架协议。

▲同日　中铁十九局集团有限公司承建的塔吉克斯坦共和国(以下简称"塔国")瓦赫达特—亚湾铁路项目开工典礼在塔国首都杜尚别以东约20千米的该项目1号隧道进口举行。塔国总统拉赫蒙、副总理伊布罗希姆、铁路局局长米尔佐阿里耶夫、霍特龙州州长古尔马赫马德佐达，中国驻塔国大使范先荣、经商参赞李越、中铁十九局集团有限公司董事长葛永利以及塔国社会各界人士数百人参加典礼。

▲17日　中国铁建总裁张宗言受邀出席在河北廊坊举行的、由商务部和河北省人民政府共同主办的2015中国·廊坊国际经济贸易洽谈会。

▲19日　中国铁建董事长孟凤朝在铁建大厦会见全国政协常委、中国经济社会理事会副主席徐振寰一行，就"一带一路"背景下中国高铁等相关产业"走出去"情况进行沟通与交流。

▲19—21日　中国铁建总裁张宗言率团赴泰国访问。访问期间，张宗言一行会见泰国正大集团董事长谢国民。在泰国期间，张宗言一行专程拜会中国驻泰大使宁赋魁、经参处参赞张佩东。

▲20日　中国铁建党委在中铁十四局集团有限公司机关报告厅召开追授刘新来"心系企业、无私奉献的优秀共产党员"命名表彰大会。中国铁建纪委书记李春德代表中国铁建党委，向刘新来家属颁发荣誉证书、慰问金并讲话；职工监事、党委组织部部长张良才宣读中国铁建党委表彰决定。中国铁建有关部门人员及下属单位员工代表200多人参加大会。

▲21日　中国铁建总裁张宗言一行在泰国访问期间，调研中国铁建国际集团有限公司跟踪项目与在建的高档写字楼工程。

▲22日　中国铁建党委书记齐晓飞在北京市贵州大厦拜会贵州省副省长慕德贵。座谈期间，双方就贵州发展建设的合作前景进行深入的探讨和交流。

▲25日　中国铁建以视频会议形式举行"三严三实"专题党课暨专题教育部署会议，中国铁建"三严三实"专题教育正式启动。中国铁建党委书记齐晓飞以《践行"三严三实"要求，推动企业科学发展》为题为全系统处级以上领导干部及党员讲授专题党课，并对全系统开展"三严三实"专题教育作出安排部署。董事长孟凤朝主持会议，总裁张宗言等在北京的领导班子成员出席会议，国务院国资委党建局干部郭宇轩到会指导。

▲26日　由中国工程院、北京茅以升科技教育基金会、中国铁建共同主办，中铁第一勘察设计院集团有限公司承办的茅以升科技教育基金会第二十四届颁奖大会暨第五届桥梁与隧道工程技术论坛在陕西省西安市举行。中国铁建董事长、基金会副主任孟凤朝出席大会并介绍茅以升科学技术奖评审情况。会议由原铁道部副部长、中国工程院院士、基金会第一副主任孙永福主持。中国铁建10人获铁道工程师奖、8人获建造师奖。

▲同日　首台时速160千米的接触网检修作业车在昆明中铁大型养路机械集团有限公司试制成功。这是当今世界技术最先进、运行速度最快、功能最综合、用途最广泛的快速接触网综合作业车和检修、抢险用车辆，标志着中国铁路有了"高铁救护车"。

▲同日　中铁建中非建设有限公司在塞内加尔首都达喀尔与塞内加尔非洲风险投资公司签署法莱梅雷布城市综合体项目框架合同，合同金额4.2亿美元。

▲26—27日　中国铁建党委书记齐晓飞应邀赴合作企业安徽铜陵有色集团考察，并与铜陵有色集团董事长杨军举行会谈。双方就发挥各自优势加快推进厄瓜多尔铜矿项目建设，进一步深化战略合作进行深入交流，取得广泛共识。考察期间，齐晓飞在杨军的陪同下，先后到冬瓜山铜矿地下700多米的采矿区，以及金冠铜业分公司和金威铜业公司的生产车间进行参观考察，了解铜陵有色集团从采矿、选矿到冶炼、加工等过程。

▲27日　中国铁建总裁张宗言会见广东省佛山市市长鲁毅，双方就中国铁建与佛山市创新合作方式、加大合作力度等问题进行深入会谈。

▲28—29日　中国铁建董事长孟凤朝应邀出席第十八届中国（重庆）国际投资暨全球采购会。其间，孟凤朝参加中央企业负责人与重庆市市长黄奇帆、市委副书记张国清、常务副市长翁杰明，市委常委、秘书长张鸣等领导集体会见活动，并与黄奇帆、翁杰明等进行小范围会谈交流。

▲28日　国务院国资委纪委副书记李正义带队就"在建立中国特色国有企业制度中强化纪检机构监督作用"到中国铁建调研。中国铁建纪委书记李春德出席座谈会。座谈会上，双方就强化纪检机构监督作用的具体问题进行深入交流。国务院国资委纪委政策研究室主任王黎晓、副主任叶远强，中国铁建纪委副书记王兆刚等参加座谈。

▲同日　中国铁建总裁张宗言、副总裁夏国斌一行在新疆乌鲁木齐拜会中共中央政治局委员，新疆维吾尔自治区党委书记，新疆生产建设兵团党委第一书记、第一政委张春贤。双方就进一步加强中国铁建与新疆在基础设施建设、高端装备制造等领域的合作进行卓有成效的会谈，达成广泛共识。

▲29日　中国铁建党委书记齐晓飞陪同中央委员、中央党校常务副校长何毅亭到中铁十五局集团有限公司承建的中央党校房建项目青年公寓工程2号楼施工现场检查指导工作。

▲同日　中国铁建总裁张宗言在广州大厦拜会广东省委常委、广州市委书记任学锋。双方围绕加快广州基础设施建设进行友好会谈，并达成合作意向。

▲同日　沙特城乡事务部与中国铁建沙特麦加轻轨铁路项目公司就麦加轻轨铁路项目签署现场终验移交报告，标志历时6年多的沙特麦加轻轨铁路项目完成终验移交工作。

▲30日　出席尼日利亚新当选总统布哈里就职典礼的习近平主席特使、农业部部长韩长赋在阿布贾考察中铁建中非建设有限公司尼日利亚阿卡铁路项目，中国驻尼大使顾小杰、经商处参赞周善青，农业部和外交部随行官员陪同考察。正在尼出差指导工作的中国铁建总裁特别助理赵晋华、中非建设副董事长曹保刚陪同现场检查。

▲同日　中铁二十一局集团有限公司承建的敦格铁路饮马峡至鱼卡段开通运营。

▲同日　中国铁建获得"2015年度中国上市公司资本品牌价值百强""2015年度国有控股上市公司市值管理50强"称号。

6月

▲2日　中国铁建2014年度股东大会在中国铁建大厦召开。

▲3日　国务院国资委第三巡视组组长韩修国、

副组长于学范，分别向中国铁建主要负责人和领导班子集体，反馈巡视回访意见，提出整改意见和建议。国务院国资委巡视工作领导小组成员、纪委副书记、巡视办公室主任阮国平到会并提出整改要求。中国铁建董事长孟凤朝主持会议并作表态发言。

▲3—5日　中国铁建独立（外部）董事葛付兴、王化成、承文、路小蔷，在董事会秘书余兴喜及董事会秘书局有关人员陪同下，先后赴中国铁建房地产、大桥局、十八局集团有限公司考察调研。

▲4日　中国铁建总裁张宗言在中国铁建大厦会见帝海集团总裁李小明，并出席中国铁建城建集团公司与帝海集团战略合作框架协议签字仪式。

▲5日　中国铁建总裁张宗言在中铁物资集团公司总部会见河北省副省长秦博勇一行。双方就如何深化合作领域联合“走出去”，推进国际产能合作，有效落实国家提出的“一带一路”“京津冀协同发展”战略展开深入会谈。

▲同日　中国铁建总裁张宗言在中国铁建大厦会见昆明市委常委、常务副市长何刚一行。双方就加强友好合作进行务实高效会谈。

▲5—6日　中国铁建纪委书记李春德到中铁十一局集团有限公司督导亏损项目整治工作，并对中铁十一局集团有限公司和中铁第四勘察设计院集团有限公司党风建设和反腐倡廉工作进行调研。

▲8日　中国铁建总裁张宗言在中国铁建大厦会见来访的安哥拉交通部部长奥古斯都·托马斯一行，双方就加强基础设施建设合作深入交换意见。

▲9日　中国铁建党委中心组在中国铁建大厦召开2015年第七次学习（扩大）会，传达学习中央政治局常委、中纪委书记王岐山，中纪委副书记杨晓渡和国务院国资委主任、党委书记张毅，副主任黄丹华，纪委书记强卫东在有关会议上的讲话精神。中国铁建董事长孟凤朝，总裁张宗言，党委书记齐晓飞，副总裁夏国斌、刘汝臣，纪委书记李春德参加学习。齐晓飞主持学习会并就贯彻落实领导重要讲话和会议精神提出要求。

▲9—12日　中国铁建独立（外部）董事葛付兴、承文在董事会秘书余兴喜及董事会秘书局有关人员陪同下，先后到中铁二十局集团有限公司、中铁第一勘察设计院集团有限公司、中铁十二和十七局集团有限公司调研。

▲11日　海外首条采用全套“中国技术标准”修建的电气化铁路——埃塞俄比亚吉布提铁路，在中国土木工程集团有限公司承建、中铁第四勘察设计院集团有限公司设计的吉布提那佳德车站举行铺轨竣工仪式。这是中国企业在海外修建的第一个集设计标准、设备采购、施工、监理和融资于一体的“中国化”铁路项目。

▲12日　中国铁建党委书记齐晓飞在贵州省贵阳市出席2015中央企业助推贵州经济发展座谈会暨签约仪式，并代表中央企业在座谈会上发言。在国务院国资委主任、党委书记张毅，副主任、党委委员黄丹华和贵州省委书记赵克志、省长陈敏尔的见证下，中国铁建投资集团有限公司、中铁十八局集团有限公司分别与贵州省交通厅和六盘水市，签订紫云至望谟、三穗至施秉高速公路项目及水城古镇棚户区改造项目合作意向书。

▲同日　中国铁建党委书记齐晓飞在贵阳出席中央企业助推贵州经济社会发展座谈会期间，与中国铁建总裁特别助理史道泉一行，深入中铁十八局集团有限公司贵阳机场1号航站楼扩改项目、中铁二十一局集团三公司贵阳枢纽龙洞堡机场隧道项目、中铁二十局集团五公司贵阳轨道交通1号线项目调研。

▲13日　中国土木工程集团埃塞俄比亚公司中标埃塞俄比亚阿瓦萨工业园区项目，合同金额2.46亿美元。

▲15—16日　中国铁建总裁张宗言率队到长沙磁浮项目、长株潭项目调研指导，督导中铁二十五局集团有限公司整治亏损工作。

▲16日　中国对外承包工程商会会长房秋晨一行到中国铁建大厦，就“一带一路”背景下中国铁建海外经营情况进行调研。中国铁建董事长孟凤朝、总裁特别助理赵晋华参加调研座谈会。

▲同日　中国铁建总裁张宗言在长沙市政府拜会长沙市市长胡衡华。双方围绕长沙城市发展中基础建设方面的内容进行会谈。

▲同日　中国铁建负责实施的阿尔及利亚东西高速公路中标段三期应用合同临时验收纪要签字仪式在阿尔及利亚高速公路局（ANA）举行，标志着东西高速公路项目一、二、三期应用合同7个标段实现整体临时验收，正式进入质保期。该项目的运营、管理移交给阿尔及利亚高速公路管理局（AGA）负责，承包商在保修期内消除保留项后即可进行最终验收。

▲17日　阿尔及利亚总理萨拉勒为中铁十七局集团建筑公司承建的马斯卡拉省3048套住房项目奠基。该项目为EPC设计施工总承包模式，R+5层框架结构，建筑面积29.18万平方米，总工期30个月。

▲18 日　中国铁建董事长孟凤朝在中国铁建大厦会见斯洛文尼亚国民委员会主席米蒂亚·贝尔瓦尔一行,双方围绕斯洛文尼亚有关交通基础设施项目,进行友好会谈,并达成合作意向。斯洛文尼亚国民委员会副主席布兰科·舒梅尼亚克及有关委员,驻华大使玛丽娅·阿达尼娅,全国政协办公厅外事局副局长李晓燕,中国铁建总裁特别助理赵晋华等参加会见。

▲19 日　中共云南省委副书记、省长陈豪一行到昆明中铁大型养路机械集团有限公司,就昆明市稳增长工作进行调研。昆明中铁集团董事长、总经理任延军,党委书记马云昆陪同调研。

▲23 日　中国铁建党委在中国铁建大厦召开第88 次常委会,学习《中国共产党党组工作条例(试行)》。会议由党委书记齐晓飞主持,全体常委参加会议。常委会还对其他有关问题进行了研究。

▲同日　国务院国资委 2014 年度中央企业负责人经营业绩考核结果公布, 中国铁建等 41 家中央企业进入 A 级名单。

▲25 日　中国铁建高新装备股份有限公司成立庆典在云南省昆明市举行。

▲26　中国铁建党委在中国铁建大厦召开 2015 年第八次中心组学习暨机关党员领导干部学习报告会。中国铁建党委书记齐晓飞主持报告会并讲话。齐晓飞要求广大党员干部要爱读书、读好书,加强学习,学以修身,学以致用,正己立德,推进作风建设。

▲同日　中铁十四局集团北京中铁房山桥梁公司首条住宅产业化预制构件生产线试投产。

▲同日　中国铁建重工集团有限公司新疆高端装备项目签约暨开工仪式在新疆乌鲁木齐经济开发区(头屯河区)十二师合作区内举行。该项目由重工集团投资建设,基地用地 14.27 万平方米(214 亩),整体规划建筑面积 10 万平方米。项目建成后将实现年产全断面盾构机/TBM15 台(套),矿山法隧道工程装备年 30 台(套),大型煤矿及其他矿用特种掘进装备 10 台(套)。计划 2016 年 7 月竣工投产。

▲27 日　由《中国证券报》主办的"新常态下的资本扩张之道——第 17 届(2014 年度)中国上市公司金牛奖颁奖典礼暨高峰论坛"在北京凯宾斯基饭店举行。中国铁建获"2014 年度金牛上市公司百强奖",中国铁建董事会秘书余兴喜被授予"2014 年度金牛最佳董秘"称号。

▲28 日　中国企业文化促进会会长会议暨常务理事会在中国铁建召开,会长、副会长及副会长单位领导、常务理事等 25 人参加会议。第十届全国政协委员、原铁道部副部长蔡庆华,第十二届全国政协委员、中华全国总工会原副主席倪健民出席会议并讲话。中国铁建董事长孟凤朝致欢迎词。中国企业文化促进会会长吕德文介绍换届情况及工作设想。与会人员还参观了铁道兵纪念馆暨中国铁建展览馆。

▲29 日　中国铁建总裁张宗言拜会山西省委常委、太原市委书记吴政隆,双方围绕加快太原城中村改造、城市轨道建设、PPP 项目合作等方面进行友好会谈。

▲同日　中国铁建党委书记齐晓飞在成都天府新城会议中心拜会四川省委常委、成都市委书记黄新初,市长唐良智,双方就进一步加大战略合作力度,丰富和创新合作模式等进行深入的会谈。

▲同日　中国铁建党委书记齐晓飞到成都地铁 10 号线华兴站至华金区间风井盾构掘进施工现场调研指导,并亲切慰问正在作业的员工。

▲同日　中铁第四勘察设计院集团有限公司设计,中铁十一、十七、十八、十九、二十四局集团有限公司,中国铁建大桥工程局集团有限公司、中铁城建集团有限公司等单位参建的合福高速铁路(全长 806 千米)建成通车。

▲30 日 中铁二十局集团有限公司与西安地铁公司签署"西安地铁机械停车库开发建设合作意向书",双方就西安地铁机械停车库投资建设与经营达成一致意见。

7 月

▲1—2 日　国有重点大型企业监事会主席李克明、监事会第八办事处主任陶永山一行,在中国铁建总会计师王秀明等陪同下到中铁城建集团有限公司、中国铁建重工集团有限公司检查调研。

▲2 日　中国铁建董事长孟凤朝在中国铁建大厦会见老挝建国阵线中央常务副主席董叶陶一行,双方就基础设施投资建设合作进行高效务实的会谈。

▲3 日　由国务院国资委与河北省人民政府联合主办的"推动京津冀协同发展·央企进河北"活动在河北省保定市举行。中国铁建董事长孟凤朝应邀出席,并在国务院国资委主任、党委书记张毅,河北省委书记、省人大常委会主任周本顺,河北省委副书记、省长张庆伟等领导的共同见证下,与河北省签署战略合作框架协议。

▲同日　中国铁建党委书记齐晓飞到山东省济南市中铁十四局集团有限公司“中国铁建·国际城”项目调研指导。

▲同日　中国铁建房地产集团有限公司与中铁十二局集团房地产公司组成联合体获取太原市万柏林区中医学院地块。地块面积7.25万平方米，其中商业加住宅用地面积5.95平方米，容积率3.4，地上建筑面积20.24万平方米。

▲同日　中铁十四局集团有限公司承建的贝宁飞法基桥建成通车。贝宁总统亚伊出席通车仪式。

▲4日　中铁第一勘察设计院集团有限公司提供全线工程咨询监理服务的斯里兰卡南部高速延长线项目举行启动仪式。斯里兰卡总统西里塞纳出席仪式并发表讲话。中国驻斯里兰卡大使易先良等出席仪式并致辞。该项目由中国进出口银行提供优惠贷款，全长96千米，分4个标段，工期42个月。

▲5日　中铁二十三局集团有限公司承建的格鲁吉亚现代化铁路项目T10隧道贯通。格鲁吉亚总理加里巴什维利出席贯通仪式并剪彩。

▲6日　中国铁建股份有限公司执行董事、总裁张宗言因工作变动辞去公司执行董事及总裁职务，由公司执行董事、副总裁、总法律顾问庄尚标主持公司经理层工作。

▲7日　中国铁建应邀参加中华全国总工会在武汉市召开的“推进农民工入会和服务工作全国工会新媒体研讨会”。中国铁建工会副主席白晶就企业工会在推进农民工入会和服务工作方面的做法和成效作重点介绍。

▲8日　中国铁建董事长孟凤朝在中国铁建大厦会见泰国正大集团董事长谢国民一行。双方围绕加强项目合作，举行高效务实会谈。中国铁建执行董事、副总裁庄尚标（主持经理层工作）主持会谈。

▲同日　中国铁建副总裁、党委扶贫开发领导小组副组长刘汝臣在中国铁建大厦会见河北省张家口市副市长贾利军一行。

▲8—11日　中国铁建高新装备股份有限公司制造的高寒冻土高速铁路除雪车和线路道岔捣固稳定车模型参展俄罗斯2015年第六届国际创新工业展。

▲16日　中国铁建董事长孟凤朝在中国铁建大厦会见马来西亚华人公会总会长、马来西亚交通部部长廖中莱一行。双方通过务实高效交流，在铁路装备制造等领域达成合作意向。

▲同日　中国铁建党委常委、纪委书记李春德到中铁十八局集团建筑安装公司联系点检查指导工作，并对中铁十八局集团有限公司党风建设和反腐倡廉工作进行调研。

▲17日　中国铁建执行董事、副总裁庄尚标（主持经理层工作）在中国铁建大厦会见英国阿特金斯全球总裁克鲁格一行，双方围绕具体项目合作、市场拓展、技术与人才交流等问题进行交流，并达成合作共识，指定业务对接联系人。

▲同日　中国铁建召开领导班子“三严三实”“严以修身”第一次专题研讨交流会。

▲21日　国务院国资委副秘书长周渝波一行11人赴中国铁建就新闻宣传工作进行专项调研。中国铁建党委书记齐晓飞主持，副总裁夏国斌作专题汇报。

▲同日　中国铁建执行董事、副总裁庄尚标（主持经理层工作）在大连拜会大连市市长肖盛峰，双方就深化合作进行深入交流。

▲同日　中国铁建工会在北京召开一届七次全委（扩大）会议，中国铁建党委书记齐晓飞，党委常委、总会计师王秀明出席会议并讲话。大会选举史道泉为中国铁建新一任工会主席，增替补7人为中国铁建工会第一届委员会委员。大会听取和审议工会工作报告及经费审计工作书面报告。中国铁建总裁助理兼党委干部部（人力资源部）部长鲁斌宣读中国铁建党委、上级工会文件，并介绍工会主席人选情况。会议由中国铁建工会副主席、女工委主任白晶主持，中国铁建第一届工会委员会委员及列席人员49人参加会议。

▲22日　中国铁建进入《财富》2015年世界500强，排名第79位。

▲同日　中国铁道建筑总公司在北京京燕饭店召开国家知识产权示范企业研讨会。中国铁建股份有限公司总工程师韩风险、科技设计部部长王清明，十二局总工程师高治双、十四局总工程师王焕、十五局总工程师许建赋、十九局总工程师尚尔海、铁四院总工程师朱丹、铁五院副总工程师梁志新、电气化局总工程师寇宗乾、铁建装备总工程师胡斌、铁建重工总工程师程永亮及编写组的全体成员参加会议。

▲23日5时40分　著名英雄、“铁道兵硬骨头战士”张春玉因病医治无效，在上海逝世，享年76岁。

▲23日　中国铁建执行董事、副总裁庄尚标（主持经理层工作）在重庆拜会重庆市副市长陈和平，双方就加强重庆市重大基础设施深度合作，共同推进有关项目早日落地，达成重要共识。

▲同日　中国铁建党委书记齐晓飞应邀出席在外交部蓝厅举行的《中非关系史上的丰碑——援建坦赞铁路亲历者的讲述》一书首发式。外交部部长王毅，以及坦桑尼亚驻华大使欣博、赞比亚驻华大使格特鲁德·姆瓦佩等非洲驻华使节出席并讲话。

▲24 日　中国铁建国际集团国际贸易公司与中铁十一局集团汉江重工公司联合组建的沙特钢结构工厂正式成立。中国铁建总经济师赵晋华等出席签约仪式。

▲同日　中国铁建股份有限公司与中国铁建投资集团有限公司、中铁十四局集团有限公司组成联合体，中标安徽省 PPP 项目——芜湖长江隧道工程，总投资 43.5 亿元。

▲26 日　中国铁道建筑报社报送的边均安、赵冲、张丽采写的人物通讯《在那钢轨延伸的地方》获得 2014 年“最具影响力经济新闻报道”奖项和第 27 届中国经济新闻大赛一等奖；刘英才采写的消息《131 亿美元：海外最大工程签约》，刘渝、底建平的摄影作品《首个“中国标准”电气化铁路走向海外》获第 27 届中国经济新闻大赛三等奖。

▲同日　中国铁建党委书记齐晓飞到长春地铁 2 号线一期工程项目调研指导。长春地铁 2 号线是中国铁建投资公司以资本金 BT + 总承包模式承揽的轨道交通项目。全长 22.5 千米，投资总额 160 亿元，2012 年项目中标。

▲27 日　中国铁建执行董事、副总裁庄尚标（主持经理层工作）在济南拜会济南市副市长王新文，双方就济南市轨道交通与华山北片区土地联动开发进行深入研讨交流。

▲同日　中国铁建党委书记齐晓飞及 56 家中央企业主要负责人出席国务院国资委在长春举行的“央企走进吉林”暨驻吉央企分离移交“三供一业”启动工作会议。会上，中铁十七局集团有限公司与吉林市城投集团签署“吉林市白山大桥项目合作建设框架协议”。

▲28 日　中华全国总工会副主席、书记处书记、党组成员范继英在天津市总工会党组书记、副主席林引等陪同下，赴中铁十八局集团五公司天津地铁 1 号线东延第一合同段项目部，就农民工工作开展调研。

▲30 日　中国铁建党委召开 2015 年第 10 次中心组学习扩大会议，学习传达国务院国资委 7 月 29 日召开的中央企业党委（党组）书记、纪委书记（纪检组组长）会议精神。

8 月

▲3 日　中国铁建中标成都地铁 5 号线一、二期工程项目，合同金额 171.99 亿元，采取投融资 + 设计施工总承包 + 回报的模式建设。该项目由中铁物资集团有限公司代表中国铁建独立出资并全面运作。成都地铁 5 号线一、二期项目北起商贸城北站，南至回龙路站，是纵贯成都的一条重要地铁线路。线路全长 49 千米，设车站 41 座、换乘站 14 座，跨越成都 9 个城区，计划工期 54 个月，2019 年底开通运营。

▲6 日　中国铁建党委在北京召开第 11 次中心组学习扩大会，特邀国家信息化专家咨询委员会常务副主任周宏仁，就“互联网 +”及其推进策略作专题讲座。

▲7 日　中国铁建执行董事、副总裁庄尚标（主持经理层工作）在广州拜会广州市市长陈建华，双方就加强战略合作达成共识。

▲12 日　中国铁建董事长孟凤朝会见来访的香港铁路公司候任主席马时亨一行，并举行务实高效会谈，就加快推进广深港高速铁路香港段建设达成共识。

▲13 日　中国铁建董事长孟凤朝，执行董事、副总裁庄尚标（主持经理层工作）带领有关人员在新疆乌鲁木齐拜会中共中央政治局委员，新疆维吾尔自治区党委书记，新疆生产建设兵团党委第一书记、第一政委张春贤，自治区党委副书记、自治区主席雪克来提·扎克尔，自治区党委常委、乌鲁木齐市委书记朱海仑，自治区党委常委、秘书长白志杰等领导，就下一步全方位深度合作、共同建设丝绸之路经济带核心区进行深入研讨。

▲同日　中铁十八局集团有限公司组织救援人员进入“8·12”天津滨海新区爆炸事故核心区开展抢险工作。

▲14 日　应国务院台湾事务办公室邀请来北京参观访问的台湾中华青年企业家协会交流团和部分中国青年企业家协会会员到访中国铁建。中国铁建党委常委、总会计师王秀明，中国青年企业家协会副秘书长张华，台湾中华青年企业家协会理事长、国民党青年部副主任、交流团团长张渊翔，以及双方企业家代表 40 余人参加参观和座谈活动。

▲同日　中国铁路总公司公布 2015 年上半年铁路施工企业信用评价结果，中铁十二局集团有限公司获第一名，中铁十一、十九局集团有限公司获第二、三

名,中国铁建所属集团在10个A级单位中占据6个。

▲18日　中国铁建2015年年中工作会暨“两个责任”促进会以视频会议的形式在北京召开。国务院国资委纪委副书记李正义,国有重点大型企业监事会第八办事处主任陶永山,中国铁建董事长孟凤朝,党委书记齐晓飞,执行董事、副总裁庄尚标(主持经理层工作),副总裁夏国斌、刘汝臣,总会计师王秀明,纪委书记李春德,非执行董事葛付兴,独立非执行董事辛定华、承文出席会议。

▲19日　中国铁建召开国内经营工作座谈会。

▲20日　中国铁建董事长孟凤朝,执行董事、副总裁庄尚标(主持经理层工作)在广州拜会中共中央政治局委员、广东省委书记胡春华,广东省委常委、常务副省长徐少华,广东省委常委、省委秘书长林木声等领导,双方就进一步加强合作进行会谈。

▲同日　中国土木工程集团有限公司承建的加勒比海岛国安提瓜和巴布达V. C.伯德新国际机场航站楼落成典礼在首都圣约翰新国际机场所在地举行。

▲21日　中国铁建执行董事、副总裁庄尚标(主持经理层工作)在珠海拜会珠海市委副书记、市长江凌,双方就深化战略合作、推进合作项目开发建设以及加大中国铁建在珠海市投资力度等事项进行会谈,并达成重要共识。

▲24日　中国铁建党委召开中心组学习扩大会议,邀请焦裕禄干部学院张冲教授作题为《焦裕禄在兰考的475天》的专题报告。

▲同日　中国铁建执行董事、副总裁庄尚标(主持经理层工作)在中国铁建大厦会见温州市国资委副主任李建军一行。

▲25日　中国铁建董事长孟凤朝在中国铁建大厦会见由海湾阿拉伯国家合作委员会总秘书处交通运输部部长易卜拉黑姆·阿卜杜拉赫曼·阿尔萨伯特率领的海合会铁路参访团。围绕海湾地区交通基础设施建设,双方进行深入探讨,并达成合作意向。

▲同日　中国铁建执行董事、副总裁庄尚标(主持经理层工作)在中国铁建大厦会见中国进出口银行优惠贷款部总经理蒋鞠华一行。围绕中国铁建跟踪的“两优”项目,双方业务部门进行深度交流,并达成合作意向。

▲26日　中国铁建执行董事、副总裁庄尚标(主持经理层工作)在中国铁建大厦会见芜湖市委书记、市人大常委会主任高登榜一行。双方针对盾构施工技术、生产基地建设、项目公司组建等问题,进行深入探讨,并达成许多共识。

▲27日　中国铁建董事长孟凤朝,执行董事、副总裁庄尚标(主持经理层工作)在中国铁建大厦会见中国农业银行董事长刘士余、行长张云一行。双方经过友好务实会谈,达成战略合作共识,并签署战略合作协议。

▲同日　中国铁建重工集团有限公司与AMV公司在长沙举行数字化凿岩台车合作项目签约仪式。

▲27—28日　中国铁建财务公司召开2015年度业务推介会。中国铁建系统38家成员单位的资金管理负责人和业务骨干参加会议。中国铁建总会计师、财务公司董事长王秀明出席会议并讲话。

▲31日　中国铁建董事长孟凤朝在深圳拜会广东省委副书记、深圳市委书记马兴瑞,双方就在深圳基础设施建设领域进一步加强合作进行会谈。

9月

▲1日　中国铁建董事长孟凤朝拜访深圳地铁集团董事长林茂德。在孟凤朝、林茂德等见证下,中国土木工程集团有限公司与深圳地铁集团在深圳地铁大厦签订“尼日利亚阿布贾城铁运营管理前期合作协议”。

▲同日　中国铁建执行董事、副总裁庄尚标(主持经理层工作)在中国铁建大厦会见阿尔及利亚民族院议长本·萨拉赫一行。此次会见旨在加强中国铁建与阿国政府高层之间的沟通交流,探讨双方未来拓展合作的领域与途径。

▲2日　中国铁建与芜湖市政府在芜湖正式签订“芜湖城南过江隧道工程政府和社会资本合作投资协议”,标志着安徽省首条过长江隧道PPP项目投资协议正式签约。芜湖市委副书记、市长潘朝晖,常务副市长左俊,中国铁建执行董事、副总裁庄尚标(主持经理层工作),中国国际工程咨询公司副总经理杨东民等领导出席签约仪式。中国铁建副总经济师兼发展规划部部长扆守义,投资集团董事长、党委书记李宁,十四局董事长、党委书记张挺军分别代表联合体三方与芜湖市副市长冯克金在合作投资协议上签字。

▲3日　纪念中国人民抗日战争暨世界反法西斯战争胜利70周年大会在北京天安门广场隆重举行。中共中央总书记、国家主席、中央军委主席习近平发表重要讲话并检阅受阅部队。中国铁建李金城作为第六届“中国青年五四奖章”获得者代表、许敬银作为中央企业系统党的十八大代表,受邀参加观礼活动。

▲6日　中国铁建党委书记齐晓飞在贵阳拜会贵

州省委常委、常务副省长、贵安新区党工委书记秦如培，双方就进一步加强在贵州特别是贵安新区的合作，进行深入交流。

▲7 日　中国铁建执行董事、副总裁庄尚标（主持经理层工作）在中国铁建大厦会见凯琳・斯文森・史密斯率领的瑞典议会交通与通讯委员会代表团。双方围绕安全施工、高铁技术、项目融资、劳工管理、环境保护等问题，开展务实会谈，并达成合作意向。

▲9 日　拉萨至林芝高等级公路建成段开通典礼在中铁十二局集团有限公司承建的达孜西互通举行。正在出席西藏自治区成立 50 周年庆祝活动的中共中央政治局常委、全国政协主席、中央代表团团长俞正声，全国政协副主席、中央代表团副团长帕巴拉・格列朗杰，第十届全国人大常委会副委员长、中央代表团副团长热地和西藏自治区党委书记陈全国、常务副书记吴英杰，一同为拉林高等级公路建成段开通剪彩。

▲同日　中国铁建党委书记齐晓飞，中国铁建执行董事、副总裁庄尚标（主持经理层工作）在中国铁建大厦会见全国政协委员、新闻出版总署原副署长、中国新闻文化促进会会长李东东及中国开发性金融促进会秘书长等一行。会见旨在加强中国铁建与金融机构之间的沟通交流，探讨双方未来在 PPP 项目合作的领域与途径。双方就轨道交通建设、棚户区改造、高速公路建设、地下管廊等基础设施投资建设事宜进行交流。

▲11 日　中国铁建执行董事、副总裁庄尚标（主持经理层工作）与到访的格鲁吉亚总理伊拉克利・加里巴什维利一行举行友好会谈，双方围绕格鲁吉亚有关基础设施建设开展务实会谈，并达成共识。在伊拉克利・加里巴什维利、庄尚标等共同见证下，中国铁建国际集团有限公司分别与格鲁吉亚两家企业签署合作备忘录。

▲15 日　中国铁建董事长孟凤朝应邀出席在国家会议中心举行的 2015 年中国专利信息年会开幕式并致辞。

▲16 日　中国铁建召开领导班子“三严三实”“严以律己”第二次专题研讨交流会。

▲17 日　中国铁建执行董事、副总裁庄尚标（主持经理层工作）在武汉出席湖北——中央企业推进长江经济带建设座谈会和武汉市与中央企业合作发展座谈会。

▲同日　中国铁建党委书记齐晓飞到中国铁建投资集团有限公司珠海多个土地开发项目施工一线考察调研。

▲17—18 日　中国铁建执行董事、副总裁庄尚标（主持经理层工作）在武汉拜会湖北省委常委、襄阳市委书记王君正，并先后拜访武汉地铁集团、湖北省交通投资集团和铁路建设投资集团公司。

▲18 日　中国铁建党委书记齐晓飞到中国铁建港航局集团有限公司在建项目调研指导。

▲同日　中国铁建纪委组织所属驻沪三级单位与上海铁路运输检察院在中铁十五局集团有限公司召开首次联席会议。双方将通过建立联系配合机制，在预防腐败、查办案件等方面开展深层次合作。

▲19 日　中国铁建党委书记齐晓飞应邀出席广西南宁第 12 届中国—东盟博览会、第 12 届中国—东盟商务与投资峰会，并与广西壮族自治区政府副主席张晓钦共同见证“广西—中国铁建共同参与‘一带一路’战略合作框架协议”的签约，中国铁建总经济师赵晋华与广西壮族自治区商务厅厅长王乃学签署战略合作框架协议。

▲20 日　中国铁建执行董事、副总裁庄尚标（主持经理层工作）在中国铁建大厦会见四川省广元市委书记马华一行。双方围绕广元交通基础设施建设，开展高效会谈，并达成合作意向。

▲20—24 日　中国铁建总会计师王秀明率领中国铁建财务部、审计监事局、法律合规部、经济管理部负责人赴国际集团阿尔及利亚公司，就财务管理、成本管理、内部审计监督、法律及工会工作等进行调研。

▲21—24 日　中国铁建纪委书记李春德应最高人民检察院铁路运输检察厅（最高检铁检厅）邀请，赴川贵地区出席预防职务犯罪工作系列活动。

▲22—23 日　中国铁建超高层建筑暨绿色施工技术交流会在中铁建设集团承建的广西九洲国际大厦和南宁龙光国际大厦施工现场召开。中国铁建总工程师韩风险出席会议。

▲24 日　中国铁建董事长孟凤朝，执行董事、副总裁庄尚标（主持经理层工作）在昆明拜会云南省委副书记、省长陈豪，双方就进一步深化合作进行会谈。

▲同日　中国铁建执行董事、副总裁庄尚标（主持经理层工作）拜访昆明轨道交通集团有限公司董事长、总经理宗庆生，就下一步合作进行深入洽谈。

▲同日　中国铁建获中央企业职工技能大赛第一届档案职业技能竞赛团体优胜奖，中铁十四局集团有限公司孟宪景、中国铁建港航局集团有限公司李育华被评为优秀选手，中国铁建档案馆馆长晋爱萍被评为十佳优秀联络员。

▲26 日　格鲁吉亚 2012—2014 年度企业经济责

献奖颁奖仪式在首都第比利斯举行。中铁二十三局集团格鲁吉亚分公司获得格鲁吉亚百强企业第二名及首都第比利斯百强企业第一名。格鲁吉亚国家企业排名组委会授予该公司“2015 年经济领域领军企业”称号。

▲28 日　中国铁建执行董事、副总裁庄尚标(主持经理层工作)等领导在中国铁建大厦会见乌鲁木齐市委副书记陈春平一行,双方就战略及具体合作事宜进行深入交流,并签署战略暨项目合作框架协议。

▲28—29 日　中国铁建党委书记齐晓飞应贵州省委省政府邀请,出席在贵阳召开的第二届贵商发展大会,并实地考察贵安新区相关项目。

▲29 日　滇中引水工程勘察试验性工程动工仪式在中铁十八局集团有限公司承建的香炉山 2 号支洞施工现场举行。云南省委书记、省人大常委会主任李纪恒出席丽江主会场动工仪式并宣布动工,省长陈豪主持丽江主会场动工仪式。

▲9 月　天津市委、市政府及天津市城乡建设委员会分别发来感谢信,对中国铁建及所属中铁十八局集团有限公司、中国铁建大桥工程局集团有限公司、中铁十四局集团有限公司、中铁十六局集团二公司积极参与天津港“8・12”火灾爆炸事故救援,表示衷心感谢。

▲9 月　中铁第四勘察设计院集团有限公司主持设计的广深港高速铁路狮子洋隧道获国际咨询工程师联合会(FIDIC,菲迪克)2015 年年会工程项目优秀奖。

10 月

▲9 日　中铁第一勘察设计院集团有限公司勘察设计的格尔木至库尔勒铁路青海段全面开工。格库铁路东起青海省格尔木市,西至新疆维吾尔自治区库尔勒市,线路全长 1213.9 千米,设计时速 120 千米,其中青海境内 505.5 千米,需穿越最高峰海拔 6161 米的阿尔金山,建设工期计划 5 年。全线建成后,从格尔木到库尔勒将由原先乘坐长途班车的 26 个小时缩短至 12 小时以内。

▲10 日　中国铁建董事长孟凤朝会见吉林省政协副主席,长影集团董事长、党委书记刘丽娟一行。围绕海南国际旅游岛开发,双方进行认真商洽,形成广泛共识,分别指定合作项目的牵头单位。

▲同日　中国铁建执行董事、副总裁庄尚标(主持经理层工作)在吴忠市拜会宁夏回族自治区主席刘慧,就加强战略合作、加快铁路建设举行深入而细致的会谈,达成一系列重要共识。

▲13 日　中国铁建执行董事、副总裁庄尚标(主持经理层工作)在中国铁建大厦会见陕西省副省长姜锋一行,双方就进一步深化合作进行会谈。

▲同日　中国铁建党委书记齐晓飞陪同国务院副秘书长、国家机关事务管理局局长焦焕成一行到中铁建设集团有限公司承建的北京广华新城项目现场调研指导。

▲15 日　由中央企业媒体联盟主办、中国铁道建筑报社承办的第十二届中央企业媒体读书会在北京容介书院举行。读书会聚焦方兴未艾的国企改革,邀请世界政治经济学会副会长、美国马萨诸塞州立大学经济学教授大卫・科兹作为主讲嘉宾,解读国有企业改革发展之道。

▲15—16 日　中国铁建党委常委、总会计师王秀明赴中铁二十三局集团二公司调研工会、共青团工作,并拜会齐齐哈尔市委书记韩冬炎。

▲16 日　中国铁建董事长孟凤朝应邀出席在北京召开的中国—中亚政党论坛和亚洲政党丝绸之路专题会议,并介绍中国铁建参与丝绸之路建设以及中亚地区经济合作的有关情况。400 多位各国政党领导人、工商界人士和媒体代表出席此次专题会议。与会代表围绕“重塑丝绸之路,促进共同发展”主题进行深入交流,达成广泛共识。中共中央政治局常委、中央书记处书记刘云山,中共中央政治局委员、国家副主席李源潮出席开闭幕式,并作重要讲话。

▲同日　中国铁建执行董事、副总裁庄尚标(主持经理层工作)在西安出席深化陕西省与中央企业战略合作座谈会,并与陕西省委常委、常务副省长姚引良共同签署合作协议。

▲20 日　中国铁建召开蒙西至华中地区铁路煤运通道项目推进会。中国铁建执行董事、副总裁庄尚标(主持经理层工作),副总裁刘汝臣和总经济师孙公新出席会议并讲话。会议由副总经济师郝趁义主持。中国铁建参加蒙华铁路建设的 13 家集团公司主管或分管领导,以及 16 个标段的项目经理参加会议。

▲20—23 日　国务院国资委、人力资源和社会保障部在天津共同主办 2015 年中国技能大赛——中央企业职工技能大赛工程测量工决赛,中国铁建所属二十四局郝后安、顾东芝,二十局邹符良 3 人获金奖,5 名选手获银奖,1 名选手获铜奖,中国铁建代表队获优秀组织奖。

▲22 日　在四川成都举行的德阳投资推介会暨

重大项目签约仪式上,由中国铁建投资集团有限公司与中国铁建大桥工程局集团有限公司、中铁十七局、十一局和十二局集团有限公司分别组成联合体,以 PPP +施工总承包模式投资的成都经济区环线高速公路德阳至简阳段和 G0511 线德阳至都江堰段项目正式签约。中国铁建董事长孟凤朝见证签约,并与德阳市委书记蒲波举行会谈。

▲同日　鄂北地区水资源配置工程开工建设。水利部部长陈雷,湖北省委书记李鸿忠、省长王国生出席开工仪式。中国铁建所属十一、十八、十九、二十五局分别承担引水工程 4 个标段的施工任务。该工程全长 269 千米,总投资 179.5 亿元,合同工期 45 个月。

▲23 日　中国铁建董事长孟凤朝出席四川省在成都举办的中国西部(四川)进口展暨国际投资大会。美国、德国、法国、意大利等 34 个国家和地区参展,其中“一带一路”沿线国家和地区 23 个,参展企业逾 2500 家,其中境外企业占 72.3%,包括松下、戴尔、现代、微软等一批世界 500 强企业和跨国公司。

▲同日　中国铁建在成都召开地铁投资建设动员大会。成都市政府资政黄平,中国铁建执行董事、副总裁庄尚标(主持经理层工作),工会主席史道泉出席会议并讲话,中国铁建成都地铁项目建设管理指挥部指挥长、中铁物资集团有限公司董事长、党委书记金跃良主持会议。会上详细介绍了由中铁物资集团有限公司代表中国铁建以“投融资+设计施工总承包+回报”全产业链模式推进的地铁 10 号线、5 号线运作情况。

▲同日　中国铁建董事长孟凤朝,执行董事、副总裁庄尚标(主持经理层工作),工会主席史道泉一行拜会四川省委副书记、省长魏宏,双方就如何进一步密切战略合作,在更广泛参与四川省基础设施投资建设的基础上,推动企业的转型升级进行热烈深入的交流。

▲同日　中国政府援建的、中铁十四局集团有限公司承建的多哥洛美道关中学项目正式向多哥政府移交。

▲同日　国务院国资委宣传工作局副局长韩天一行 7 人到中国铁建就跨文化管理情况进行专题调研。中国铁建党委常委、副总裁夏国斌参加座谈并作专题介绍。会上,中国土木工程集团有限公司总经理曹保刚、中国铁建国际集团有限公司党委书记赵佃龙分别汇报本企业在海外生产经营中经历的跨文化管理冲突、积累的经验和工作体会。

▲27 日　中国铁建召开稳增长督导会。会上,中国铁建总会计师王秀明通报中国铁建前三季度各项主要经济指标完成情况;中国铁建执行董事、副总裁庄尚标(主持经理层工作)就“打好四季度稳增长攻坚战,确保全年各项目标任务的完成”作出部署安排;董事长孟凤朝、副总裁刘汝臣、纪委书记李春德出席会议。副总裁夏国斌主持会议。

▲29 日　中国铁建召开 2015 年第二次临时股东大会,投票表决通过 3 项议案。

11 月

▲2 日　中国铁建 2015 年宣传思想文化工作会议在北京召开。会议总结 2001 年以来的宣传思想文化工作,分析当前面临的形势,部署未来一个时期的重点工作。国务院国资委宣传工作局局长卢卫东,中国铁建党委书记齐晓飞,党委常委、副总裁夏国斌,党委常委、纪委书记李春德出席会议,党委宣传部(企业文化部)部长刘树山主持会议。会上,表彰首届“永远的铁道兵杯”十大楷模、第四届十佳道德模范和第二届优秀思想政治工作者,举行中国铁建官方微博微信启动仪式,推出中国铁建微动漫《小铁钉是怎样炼成的》。8 个单位在会上作经验介绍。

▲4 日　国有重点大型企业监事会主席李克明、监事会第八办事处主任陶永山一行,在中国铁建董事长孟凤朝、总会计师王秀明等陪同下,到中铁二十二局集团一公司承建的北京地铁 6 号线西延 5 标项目部检查调研。

▲同日　中国铁建召开传达学习党的十八届五中全会精神会议。会上,董事长孟凤朝传达国务院国资委主任、党委书记张毅《在传达党的十八届五中全会精神会议上的讲话》,执行董事、副总裁庄尚标(主持经理层工作)传达《中国共产党第十八届中央委员会第五次全体会议公报》,纪委书记李春德传达王岐山《坚持高标准、守住底线、推进全面从严治党制度创新》重要讲话,副总裁夏国斌、刘汝臣,总会计师王秀明参加会议。党委书记齐晓飞主持会议并作总结讲话,对贯彻落实工作提出要求。

▲4—6 日　中国铁建 2015 年第三轮巡视工作启动,中国铁建巡视组分别进驻中铁二十一局、二十三局、二十四局集团有限公司开展巡视。

▲6 日　由中铁第四勘察设计院集团桥梁设计研究处和中国铁建大桥工程局集团中铁现代勘察设计院为主体组建的中铁建大桥设计研究院在湖北省武汉市成立。中国铁建执行董事、副总裁庄尚标(主持经理

层工作),铁四院董事长、院长蒋再秋共同为"中铁建大桥设计研究院"揭牌。中国铁建副总裁夏国斌主持成立大会。中国铁建副总经济师兼发展规划部部长扆守义宣读中铁建大桥设计研究院成立决定。

▲9日　中国铁建董事长孟凤朝在中国铁建大厦会见北京市延庆县委书记李志军一行。围绕兴延高速公路项目建设及后续合作,双方进行深入探讨,并达成共识。

▲11日　中国铁建城市地下综合管廊投资建设研讨会在贵州省贵安新区召开。会上,中铁十七局、二十局集团有限公司和中铁第四勘察设计院集团有限公司分别就PPP新常态下城市地下综合管廊政策理解、企业实践,现阶段存在问题和相关技术研究成果作重点发言,其他单位围绕综合管廊规划设计、运行管理、跟踪方向、投资建设模式和风险规避等交流发言。

▲12日　中国铁建执行董事、副总裁庄尚标(主持经理层工作)在中国铁建大厦会见几内亚地矿部长凯尔法拉·扬萨内和财政部长穆罕默德·迪亚雷率领的几内亚共和国政府代表团。双方围绕推进几内亚西芒杜铁矿和有关基础设施合作开展会谈,并达成共识。

▲13日　中国铁建党委召开中心组学习扩大会议,以"严以用权"为主题开展集中学习。

▲同日　中国铁建总会计师王秀明到中铁十二局集团二公司北京地铁6号线项目调研确权清欠工作,认为"确权清欠就是最好的经营""确权清欠就是最大的创利"。

▲同日　2015年"一带一路"(香港)高峰论坛暨中国证券金紫荆奖颁奖典礼在香港举行。中国铁建获最佳投资者关系管理上市公司奖,公司董事会秘书余兴喜获最佳上市公司董事会秘书奖。

▲14日　中国铁建重工集团有限公司和中铁十六局集团有限公司合作研发、拥有完全自主知识产权的首台国产铁路大直径盾构机在湖南长沙顺利下线,填补中国铁路大直径盾构机自主品牌的空白。

▲15—18日　中国铁建非执行董事葛付兴,独立非执行董事王化成、承文、路小蔷,在董事会秘书余兴喜等有关人员陪同下,先后到中铁十五局、二十四局、上海设计院、十一局集团有限公司考察调研。

▲17日　中国铁建董事长孟凤朝、党委书记齐晓飞在中国铁建大厦会见来访的保利集团董事长、党委书记徐念沙一行,双方就业务合作进行友好会谈,并达成合作共识。齐晓飞主持座谈会。

▲同日　中国铁建所属12个单位参建的9项工程获得2014—2015年度中国建设工程鲁班奖(国家优质工程),9项获奖工程分别是中铁:中铁十七局集团有限公司承建,中铁十七局集团建筑公司参建的郑州东站;中铁十八局集团有限公司承建,中铁十八局集团五公司参建的天津市滨海新区中央大道海河隧道工程;中铁二十三局集团有限公司承建,中铁二十三局集团三公司、四公司参建的新建向莆铁路青云山隧道;中铁建设集团公司承建的三亚海棠湾国际购物中心(一期);中铁建设集团有限公司承建,中铁建设集团设备安装公司参建的中国石油科研成果转化基地项目;中铁十四局集团有限公司、中铁二十三局六公司参建的青岛市重庆路快速路工程;中铁二十三局集团一公司承建的九江长江公路大桥;中铁建设集团有限公司参建的上海保利大剧院;中国土木工程集团澳门公司承建的澳门关闸边检大楼建造及扩建工程。

▲18日　CGMA 2015年度颁奖盛典暨CFO高峰论坛在上海举行。中国铁建获2015年度最佳共享服务中心最高级别大奖。中国铁建总会计师王秀明代表公司出席峰会并发表《"一带一路"背景下中国企业管理会计的实践与选择》主题演讲。

▲20日　中国铁建党委书记齐晓飞,执行董事、副总裁庄尚标(主持经理层工作)在中国铁建大厦会见来访的宁夏回族自治区委常委、银川市委书记徐广国一行,双方就深化战略合作、加快项目推进进行会谈。

▲同日　中国铁建国际集团总经理周天想、副总经理王选尚、西非公司总经理常学辉不幸在马里首都巴马科丽笙酒店发生人质劫持事件中遇难。

▲21日　习近平主席就中国3名公民在马里人质劫持事件中遇害作出重要批示,对这一残暴行径予以强烈谴责,向遇难者家属表示深切慰问,要求有关部门加大投入和保障,加强境外安全保护工作,确保我国公民和机构安全。中国将加强同国际社会的合作,坚决打击残害无辜生命的暴力恐怖活动,维护世界和平与安宁。

▲同日　李克强总理就3名中国公民在马里人质劫持事件中遇害作出重要批示,向遇难人员家属表示深切慰问,要求有关部门妥善做好相关后续工作,切实加强我驻外机构和企业安全防范措施,保护好我在外人员的安全。

▲同日　中国外交部长王毅在吉隆坡应询就3名中国同胞在马里人质劫持事件中不幸遇难表示强烈谴责,并要求做好一切必要工作,中国驻马里大使馆将全力以赴处理好相关事宜。

▲同日　外交部发言人洪磊就3名中国公民在马里人质劫持事件中遇害发表谈话。11月20日，马里发生武装人员大规模劫持人质事件，27人遇害，其中包括3名中国公民，另有4名中国公民获救。

▲23日　中国铁建总部及所属各单位共同为马里人质劫持事件中殉职的3名员工举行默哀仪式，80多个国家和地区的30万员工集体对英雄表达哀思。

▲24日　中国铁建党委中心组（扩大）举行第14次学习会，特邀中共中央党校进修部主任张忠军教授作学习宪法专题讲座。

▲25日　在马里疫苗研究中心举行中国铁建周天想、王选尚、常学辉3位殉职员工遗体回国告别仪式。马里总统易卜拉欣·布巴卡尔·凯塔、总理莫迪博·凯塔及内阁18名部长，中国驻马里大使馆全体工作人员、中资机构代表，以及马里华侨华人代表等400余人出席告别仪式。马里总统向3位逝者颁发马里国家勋章，其中周天想获授高等骑士勋章（三级勋章），王选尚和常学辉获授军官勋章（四级勋章）。授勋后，马里总统亲笔题词悼念逝者，并当众宣读悼词。随后，全体参加仪式人员向3位殉职员工鞠躬告别。马里国家电视台对仪式进行了播报。仪式结束后，3位殉职员工的棺椁覆盖五星红旗，等待启运回国。

▲同日　中国铁建召开领导班子"三严三实""严以用权"专题研讨交流会。全体班子成员围绕"严以用权，真抓实干，实实在在谋事创业做人，树立忠诚、干净、担当的新形象"主题，进行学习、交流、研讨。

▲26日　中国铁建董事长孟凤朝，执行董事、副总裁庄尚标（主持经理层工作）在中国铁建大厦会见保定市委书记聂瑞平、市长马誉峰一行。双方经过友好务实会谈，达成战略合作共识，并签署战略合作框架协议。

▲27日　中国铁建获"中国最受投资者尊重的百家上市公司"称号。

▲30日　中共中央对外联络部组织的第四届中俄政党论坛在北京举行，中国铁建党委书记齐晓飞出席论坛并作大会发言。

▲11月下旬　中国铁建非执行董事葛付兴，独立非执行董事王化成、承文、路小蔷，在中国铁建董事会秘书余兴喜、董事会秘书局有关人员陪同下，到中铁第四勘察设计院集团有限公司调研"深化企业改革、加快结构调整、推进转型升级"战略部署落实情况。

▲11月　中国铁建以施工总承包模式中标深圳地铁6号线、10号线合同总额67.68亿元主体工程。

▲11月　中铁十四局集团有限公司、中国铁建重工集团有限公司获准设立国家博士后科研工作站。

12月

▲1日　中国铁建董事长孟凤朝在中国铁建大厦会见马来西亚陆路公共交通委员会主席赛·哈密德一行。双方就推动中马互联互通，加强基础设施建设及各领域合作进行深入交流。

▲1—2日　中国铁建非执行董事葛付兴，独立非执行董事王化成、承文，在中国铁建董事会秘书余兴喜等相关人员的陪同下，到中铁二十五局、中国铁建港航局集团有限公司调研。

▲3日　中国铁建董事长孟凤朝在北京拜会中信集团董事长常振明。双方就进一步深化合作进行会谈，并重点就汕头海湾苏埃隧道合作进行交流。

▲3—4日　中国铁建2015年法律纠纷案件研讨会暨涉外法律风险防控工作会在安徽省合肥市召开。

▲4日　中国铁建召开党员干部大会，宣布国务院国资委、国资委党委任命庄尚标为中国铁道建筑总公司党委书记、董事的决定，同时提名庄尚标为中国铁建股份有限公司总裁、党委副书记人选。国务院国资委企干二局局长姜维亮到会并讲话，企干二局副局长廖华军宣布国务院国资委党委和国务院国资委的任命决定。会议由中国铁建党委书记齐晓飞主持。

▲同日　中国铁建第三届董事会第20次会议在中国铁建大厦举行，决定聘任庄尚标为中国铁建总裁。中国铁建全体董事出席会议，监事和高级管理人员列席会议。会议由中国铁建董事长孟凤朝主持。中国铁建董事会审议通过《关于聘任中国铁建股份有限公司总裁的议案》，一致同意聘任庄尚标为中国铁建总裁。

▲同日　中国铁建党委召开全系统党员干部视频大会，传达学习中央企业党的建设工作座谈会精神。会上，中国铁建党委书记齐晓飞传达中共中央政治局委员、中央书记处书记、中央组织部部长赵乐际在座谈会上的重要讲话，中国铁建董事长孟凤朝主持会议并传达国务委员王勇在座谈会上的讲话精神，就全系统各级党组织贯彻落实会议精神提出具体要求。

▲5日　由华顿经济研究院、上海现代服务业联合会、上海市太平洋区域经济发展研究会联合主办的第十五届中国上市公司百强高峰论坛在上海举行，中国铁建获中国百强企业奖和中国道德企业奖，中国铁建董事长孟凤朝被评为中国百强杰出企业家，董事会

秘书余兴喜获中国百强优秀董秘奖。

▲6 日　原铁道兵副司令员刘居英在解放军总医院逝世，享年 98 岁。

▲6—13 日　国有重点大型企业监事会主席李克明对中国铁建在以色列、格鲁吉亚 2 个国家的项目及国内新疆项目进行监督检查。

▲同日　中国铁建所属中铁十一局、十二局、十七局集团有限公司等单位参建的宁安高速铁路开通运营。

▲7 日　中国铁建股份有限公司与中铁二十二局集团有限公司共同出资 10 亿元，在福建省厦门市设立中铁海峡建设集团有限公司，经营范围涵盖铁路、公路、地铁、市政、房建等多个业务板块。

▲7—9 日　国有重点大型企业监事会主席李克明到中国土木工程集团有限公司和中铁十二局集团有限公司合作施工的以色列卡迈尔隧道、吉隆隧道 2 个竣工项目和正在施工的特拉维夫红线轻轨卡里巴赫车站项目调研，对项目管理、制度建设、文化建设、团队建设等给予充分肯定。

▲9 日　中铁二十局集团有限公司与巴基斯坦 ZKB 公司以联合体形式中标巴基斯坦卡拉奇至拉合尔高速公路（KLM）Ⅲ标段（拉合尔—阿卜杜哈基姆）的设计、采购、施工（EPC）总承包项目。合同总额约合人民币 93.76 亿元。

▲11 日　中国铁建蒙华铁路项目成本预控交流座谈会在湖北省襄阳市中铁十一局集团有限公司蒙华铁路项目经理部召开。中国铁建总会计师王秀明出席会议并讲话。会议由中国铁建副总经济师郝趁义主持。蒙华铁路全长 1837 千米，跨越蒙、陕、晋、豫、鄂、湘、赣七省区，是继大秦线之后国内又一条超长距离运煤大通道。

▲15 日　第十一届中国上市公司董事会"金圆桌"论坛暨"金圆桌"奖颁奖盛典在江苏省南京市举行。中国铁建获董事会建设特别贡献奖，董事会秘书余兴喜被评为最具创新力董秘。

▲同日　湖北省委常委、常务副省长王晓东到中铁第四勘察设计院集团有限公司调研湖北省"十三五"铁路建设规划时，高度称赞铁四院为省委、省政府做好湖北铁路长远规划和重大项目的前期决策提供的智力支持和技术支撑。

▲同日　"中国梦 · 劳动美 · 幸福路"第二届全国职工微影视大赛颁奖典礼在北京强强国际酒店举行。中国铁建选送、中铁二十三局集团有限公司拍摄的《追梦磁悬浮》和中铁十七局集团有限公司拍摄的《用生命点亮梦想的灯塔》获得纪实片类金奖，中国铁建国际集团有限公司拍摄的《承诺 · 责任——创造奇迹的麦加轻轨》获企业形象宣传片类金奖。中国铁建大桥工程局、房地产集团有限公司和中铁物资集团有限公司、中铁城建集团有限公司等参赛的 11 部作品分别获得组委会特别奖、最佳制作奖、铜奖及优秀影片等奖项。

▲16 日　中国铁建高新装备股份有限公司（简称"铁建装备"，股份代号 1786. HK）在香港联合交易所有限公司主板成功上市。

▲同日　中铁十四局、十六局、十七局、十八局、十九局、二十局、二十五局集团有限公司等单位参建的青岛地铁 3 号线北段正式开通。青岛地铁 3 号线全长 24.8 千米，跨越青岛市南区、北区、四方区、李沧区 4 个行政区，设车站 22 座，其中换乘站 6 座，总投资 130 亿元。工程于 2010 年 6 月全线开工，2015 年 12 月北段通车，计划 2016 年底全线运营。

▲17 日　中国铁建董事长孟凤朝应邀出席在泰国曼谷举行的 2015 年中国—泰国商务论坛，并作主旨演讲。

▲同日　中国铁建党委书记齐晓飞到成都地铁 5 号线工地以及成都地铁管片厂调研，对中铁物资集团有限公司围绕产业链上下游有效延伸的资本运作模式寄予厚望。

▲同日　中国铁建所属十一局、十九局、二十一局集团有限公司和中铁电气化局集团有限公司参与的丹（东）大（连）快速铁路正式开通。线路全长 292 千米，设计时速 200 千米，于 2010 年 6 月开工建设。

▲19 日　中泰铁路合作项目启动仪式在泰国曼谷北清惹克侬车站举行，中国铁建董事长孟凤朝应邀出席启动仪式。会后，孟凤朝会见泰国副总理巴金。

▲22 日　中国铁建国际集团有限公司与塞内加尔国家铁路局在塞内加尔首都达喀尔正式签署达喀尔至巴马科铁路修复改造项目塞内加尔段框架协议。

▲24 日　深圳市委书记马兴瑞一行前往"12 · 20"山体滑坡抢险现场慰问中国铁建救援人员，认真听取中国铁建对现场形势的专业分析、机械运作情况以及合理化建议，对中国铁建及时修复救援现场西出口通道提出表扬，同时对中国铁建在此次事故中及时高效的组织给予高度肯定，希望中国铁建在后续救援工作中继续发挥表率作用，争分夺秒完成救援任务。

▲同日　中国铁建纪委书记李春德应邀赴深圳，与深圳地铁集团党委副书记、纪委书记李笑竹代表双

方签署“共建联控”协议。

▲25日　中国铁建党委书记齐晓飞、总裁庄尚标在中国铁建大厦会见来访的贵州省铜仁市委书记夏庆丰一行。

▲同日　中国铁建国际集团有限公司与马里国家陆运及航运总局在马里首都巴马科正式签署达喀尔至巴马科铁路修复改造项目马里段框架协议。

▲同日　中国铁建所属十六局、二十局、二十二局集团有限公司等单位参加建设的黄(陵)韩(城)侯(马)铁路全线开通运营。该铁路为Ⅰ级双线电气化铁路,全长204.5千米,设计时速120千米。于2010年10月开工建设。

▲26日　由中铁第四勘察设计院集团有限公司设计并代表中国铁建实施设计施工总承包的长沙中低速磁浮轨道交通开通试运行。中国铁建所属十一局、十二局、十六局、二十三局、二十四局、电气化局、物资集团、重工集团、城建集团等10家公司参加工程建设。

▲同日　中国铁建所属十一局、十四局、十六局、十七局、十八局和电气化局集团有限公司等单位参建的成渝高速铁路建成通车。线路全长308.2千米,设计时速350千米,于2010年3月开工建设。

▲同日　中国铁建所属大桥工程局、二十二局、二十四局、电气化局集团有限公司等单位参建的金温铁路开通运营。线路全长188千米,设计时速200千米,于2010年12月开工建设。

▲同日　中国铁建所属十四局、十六局、十八局、十九局、二十二局集团有限公司等单位参建的北京地铁昌平线二期投入运营。线路全长10.6千米,设十三陵景区等5站。

▲27日　在马里恐怖袭击中遇难的中国铁建国际集团总经理周天想、副总经理王选尚和西非公司总经理常学辉遗体告别仪式在北京八宝山举行。

▲28日　中国铁建党委召开第101次党委常委(扩大)会议,就贯彻落实《国资委党委第125次党委(扩大)会议纪要》进行专题部署。会议由党委书记齐晓飞主持。会上,中国铁建总裁庄尚标、副总裁夏国斌、纪委书记李春德分别传达中央经济工作会议、中央城市工作会议、国务院第115次常务工作会议和国资委党委第125次党委(扩大)会议精神。

▲29日　在重庆市市长黄奇帆、副市长陈和平和中国铁建总裁庄尚标等领导的见证下,中国铁建与重庆市政府就渝黔高速扩能、黔江至石柱、南充至大足至泸州3条高速公路项目投资建设达成合作协议,签约投资金额404亿元。

▲30日　中国铁建所属十四局、二十一局集团有限公司,中铁建设集团有限公司、中铁第五勘察设计院集团铁城监理等单位参加建设的海南西环铁路正式开通运营,与2010年12月开通运营的海南环岛高铁东段实现连通。

▲同日　中铁第四勘察设计院集团有限公司勘察设计,中铁十五局集团有限公司、中国铁建电气化局集团有限公司等单位参建的广深港高速铁路福田站通车运行。

▲12月　中国铁建位列2015年世界品牌500强第345位,比2014年跃升96位,在中国内地品牌中排名第26位。

(杨启燕)

2015 年 12 月 18 日，中铁十四局集团有限公司承建的南京长江隧道工程获国家优质工程金质奖。图为中铁十四局集团有限公司董事长、党委书记张挺军在表彰大会上介绍创优经验。（林宪广　提供）

概　况

2015 年中国铁建发展概况

【简况】 中国铁建股份有限公司(中文简称中国铁建,英文简称 CRCC)的前身是组建于 1948 年 7 月的中国人民解放军铁道兵,1984 年集体转业,改称铁道部工程指挥部;1989 年,中国铁道建筑总公司成立,2000 年 9 月先后划归中央企业工作委员会和国务院国有资产管理委员会管理;2007 年 11 月 5 日,由中国铁道建筑总公司独家发起成立中国铁建股份有限公司,于 2008 年 3 月 10 日、13 日分别在上海证券交易所(A 股,代码 601186)和香港联合证券交易所(H 股,代码 1186)上市。

截至 2015 年底,中国铁建下辖 35 家二级子公司和单位;三级法人企业 372 家,其中工程公司 166 家。在职员工 254366 人。其中,管理人才 52472 人,占 20.63%;专业技术人员 111418 人,占 43.8%;技能人才 90476 人,占 35.57%。拥有中国工程院院士 1 名、国家勘察设计大师 6 名、“百千万人才工程”国家级人选 11 名、中国青年科技奖获得者 1 名、享受国务院特殊津贴的专家 244 名。

资产总额 6960.96 亿元。机械动力设备 104919 台(套),总功率 948.4 万千瓦,技术装备率 7.66 万元/人,动力装备率 35.87 千瓦/人。公司业务涵盖工程承包、勘察设计咨询、工业制造、房地产开发、物流与物资贸易及其他业务等,具有科研、规划、勘察、设计、施工、监理、维护、运营和投融资等完善的行业产业链。在高原铁路、高速铁路、高速公路、桥梁、隧道和城市轨道交通工程设计及建设领域,确立行业领导地位。自 20 世纪 80 年代以来,中国铁建在工程承包、勘察设计咨询等领域获国家级奖项 593 项。其中,国家科技进步奖 91 项;国家勘察设计“四优”奖 93 项;中国土木工程詹天佑奖 73 项;中国建设工程鲁班奖 104 项;国家优质工程奖 237 项。累计拥有专利 5125 项、获得国家级工法 292 项。

经营范围遍及除台湾以外的全国 31 个省、自治区、直辖市和香港、澳门特别行政区,以及世界 92 个国家和地区,是中国乃至全球最具实力、最具规模的特大型综合建设集团之一。连续 11 年入选《财富》杂志“世界 500 强”,2015 年排名第 79 位;连续 20 年入选美国《工程新闻记录》(ENR)杂志“全球 250 家最大承包商”,2015 年排名第 3 位;连续 14 年入选“中国企业 500 强”,2015 年排名第 13 位。 (杨启燕)

【主要财务指标完成情况】 2015 年,中国铁建实现营业收入 6005.39 亿元,比 2014 年增长 1.22%。其中,工程承包业务完成营业收入 5193.13 亿元,增长 1.36%;勘察设计咨询业务完成营业收入 100.8 亿元,增长 11.89%;工业制造完成营业收入 146.88 亿元,增长 23.4%;房地产开发业务完成营业收入 286.71 亿元,增长 14.95%;物流与物资贸易及其他业务完成营业收入 469.3 亿元,下降 14.95%;完成海外营业收入 276.38 亿元,增长 16.99%。实现利润总额 171.13 亿元,净利润 133.74 亿元。资产总额 6960.96 亿元,负债总额 5672.77 亿元,所有者权益 1288.19 亿元。截至 2015 年底,货币资金余额 1219.34 亿元,增长 23.91%。

2014—2015 年中国铁建主要财务指标完成情况

项　　目	2015 年	2014 年	同比增长或下降(%)
资产总额(亿元)	6960.96	6235.66	11.63
所有者权益(亿元)	1288.19	1051.83	22.47
营业收入(亿元)	6005.39	5933.03	1.22
利润总额(亿元)	171.13	155.32	10.18
净利润(亿元)	133.74	120.60	10.90
归属于母公司所有者的净利润(亿元)	126.45	117.35	7.75
技术开发投入(亿元)	90.72	61.45	47.63

续表

项　　目	2015 年	2014 年	同比增长或下降(%)
利税总额(亿元)	445.82	413.44	7.83
应缴税金总额(亿元)	274.69	258.12	6.42
加权平均净资产收益率(%)	12.41	13.40	减少 0.99 个百分点
总资产报酬率(%)	3.50	3.80	减少 0.30 个百分点
总公司国有资本保值增值率(%)	107.70	113.67	减少 5.97 个百分点

(制表:丁亚杰)

【生产经营】 经营业绩稳步增长。2015 年,中国铁建深入推进经营机制改革与市场布局调整,工程经营领域进一步拓宽,海外经营、资本运营、房地产经营取得较大进展,装备水平、机械化能力显著增强,全年新签合同额 9487.59 亿元,同比增长 14.62%。其中,新签海外合同额 862.89 亿元,占新签合同总额的 9.09%。

2014—2015 年中国铁建主营业务新签合同额情况

主营业务分类	2015 年新签合同额(亿元)	2014 年		同比增长或下降(%)
		新签合同额(亿元)	占新签合同总额的比率(%)	
工程承包	8074.38	6873.057	85.10	17.48
勘察设计咨询	113.46	100.152	1.20	13.28
工业制造	164.27	152.73	1.73	7.56
物流与物资贸易	745.15	870.47	7.85	-14.40
房地产开发	366.14	268.57	3.86	36.33
其他业务	24.19	12.10	0.25	99.86
合计	9487.59	8277.08	100.00	14.62

2014—2015 年中国铁建工程承包新签合同额情况

工程承包类别	2015 年		2014 年新签合同额(亿元)	同比增长或下降(%)
	新签合同额(亿元)	占工程承包业务新签合同额的比率(%)		
铁路工程	2996.86	37.12	2617.77	14.48
公路工程	1834.72	22.72	981.39	86.95
城市轨道工程	963.50	11.93	632.60	52.31
房屋建筑工程	1331.22	16.49	1455.49	-8.54
市政工程	402.84	4.99	687.00	-41.36
水利电力工程	270.55	3.35	144.97	86.62
机场码头工程	103.86	1.29	72.24	43.77
合计	7903.55	97.89	6591.46	19.91

市场经营实现跨越。加强高端对接与统筹协调,强化经营责任落实与指标分解,加大国内外市场开拓力度。先后承揽蒙华铁路、商合杭铁路、珠三角城际铁路,深圳、南宁、青岛、昆明地铁,黑山铁路修复改造、巴基斯坦卡拉奇高速公路、安巴圣约翰港等规模大、品质高的标志性项目。

施工生产平稳推进。克服在建项目规模大、重难点工程多、环境复杂等困难,强化前期预控与施工生产组织,强化现场管理与重难点攻关,2015 年完成总产值 6314.1 亿元,同比增长 1.3%,完成隧道 1216 折合千米、桥梁 1402 折合千米、正线铺轨 5997 千米、站线铺轨 1096 千米、公路 2698 千米、通信线路 1.9 万条千米、供电线路1.2万千米、轻轨地铁239.5千米、房屋竣工面积739万平方米、土石方10.6亿立方米；生产盾构设备20台（套）、大型养路设备338标准台（套）、铁路道岔2407组。合福、哈齐铁路客运专线，沪昆高速铁路、北京地铁昌平线、青岛地铁2号线、长沙磁浮铁路、安哥拉本格拉铁路、埃塞吉布提铁路等重难点项目建成通车；中天山隧道、六盘山隧道、桃树坪隧道、大茶山隧道等高风险隧道项目实现贯通。（杨启燕）

【企业管理】 坚持以发展质量和效益为中心，聚焦降本增效的关键环节，加强清收清欠、“二次经营”、项目责任成本管理、亏损项目整治、资源集中管控、全面预算管理、“营改增”应对和财务共享中心建设等工作，管控效果与管理效能稳步改善。截至2015年底，“两金”（企业应收款占用的资金和存货占用的资金）在资产总额中的占比较2014年下降3.4个百分点，管理费用（扣除研发费用）与营业收入的比例较2014年下降0.5个百分点；实现变更索赔额842.4亿元，同比增长14.1%；亏损项目减亏31.9亿元，60个项目实现扭亏为盈，工程项目平均综合收益率同比提高0.5个百分点；中国铁建财务公司全口径日均资金集中度达到41.2%，同比提升8.4个百分点；中铁物资集团有限公司集中采购率和设备采购中内部产品占有率分别达到88.6%和42.5%。

持续强化法律合规工作，积极开展规章制度“立、改、废”，大力加强法律纠纷案件处置，“四项法律合规审核”（即规章制度、经济合同、重要决策、授权委托书的法律审核）率达到100%。狠抓资质申报与换证工作，新取得特级资质10项，其中房屋建筑6项、市政2项、公路2项，中铁十四局集团有限公司成为全国第3家“三特级”企业，中国铁建系统“双特级”企业增至10家，整体资质水平显著提升。（杨启燕）

【改革发展】 结构调整有序推进。深入推进经营机制改革与市场布局调整。国内方面：出台进一步完善区域经营建设的意见，赋予各集团公司更大的区域经营自主权；坚持重点布局与全面覆盖相结合，组建中铁建海峡建设集团有限公司、中铁建南方建设投资有限公司，新设或改设中国铁建华中、京津冀、西南、西北、重庆、广东、山东区域经营机构，中国铁建本级经营网络基本覆盖全国；整合国内内部资源，将北京铁城建设监理有限责任公司整体划转到中铁第五勘察设计院集团有限公司。海外方面：顺应形势变化，将中铁建中非建设有限公司并入中国土木工程集团有限公司，进一步优化外经资源配置；出台境外业务管理工作指导意见，改进外经工作基本体制和管理机制。

产融结合成效显著。抓住国家投融资体制改革和基建市场商业模式变革带来的机遇，加大力度，强化协同，多措并举，先后签约芜湖过江隧道、南宁邕宁水利枢纽、成都地铁5号线、都德简高速、兴延高速、渝黔高速扩能、南大泸高速、黔石高速等投融资项目，投资总规模1223亿元。加强与金融机构的合作，创新融资模式，开辟融资渠道，在A股大盘震荡的不利情况下完成增发，获得权益资金近100亿元；所属子公司昆明中铁大型养路机械集团有限公司改制为中国铁建高新装备股份有限公司，并成功在香港联合交易所上市；金融保险产业继续壮大，获批组建金融租赁公司；利用国家优惠政策，争取到国家发展和改革委员会基础设施建设专项基金10.4亿元，取得政策性银行优惠贷款186亿元；发挥“铁建蓝海”作用，成功运作北京旧宫房地产开发等3个项目；加强与中国农业银行的战略合作，获得2000亿元综合授信额度，并共同出资设立铁建成长产业基金，开辟新的融资渠道。（杨启燕）

【管辖单位】 截至2015年底，中国铁建股份有限公司下辖中国土木工程集团有限公司，中铁十一、十二局集团有限公司，中国铁建大桥工程局集团有限公司，中铁十四至二十五局集团有限公司，中铁建设集团有限公司，中国铁建电气化局集团有限公司，中国铁建港航局集团有限公司，中国铁建房地产集团有限公司，中铁第一、第四、第五勘察设计院集团有限公司，中铁上海设计院集团有限公司、中铁物资集团有限公司、中国铁建高新装备股份有限公司、中国铁建重工集团有限公司、中国铁建国际集团有限公司、中铁城建集团有限公司、中国铁建投资集团有限公司、中国铁建财务有限公司、诚合保险经纪有限公司、中铁建商务管理有限公司、重庆铁发遂渝高速公路有限公司、北京培训中心（党校）等35家二级子公司和单位；有三级法人企业372家，其中工程公司166家。（陈向阳）

【对外并购重组】 2015年12月，中国铁建高新装备股份有限公司为进一步提升装备制造产业自主创新能力，强化创新驱动发展，开拓国际市场，打造国际知名品牌，出资1455万欧元（约合人民币1亿元）收购德国CIDEON设计公司100%股权。（李学红　陈向阳）

【内部划转重组】 2015年7月,为进一步优化资源配置,集中、集聚海外优势资源,做强做大海外业务,实现中国铁建海外发展战略目标,将中国土木工程集团有限公司与中铁建中非建设有限公司两家海外经营单位合并重组为一家,合并后名称沿用中国土木工程集团有限公司。

同年7月,为进一步推动内部资源整合,优化资源配置,发挥资源的规模效应,做强做大监理业务,更好地发挥产业链联动优势,提升企业综合竞争能力,将北京铁城建设监理有限责任公司整体划转到中铁第五勘察设计院集团有限公司。 (李学红 陈向阳)

【机构设立、变更情况】 2015年1月8日,中铁十八局集团有限公司成立天津机场线工程分公司(为项目公司)。

1月9日,中铁十九局集团有限公司成立中铁十九局集团厄瓜多尔有限公司。

1月12日,中铁十八局集团有限公司成立中铁十八局集团物资设备贸易有限公司。

1月16日,中国铁建股份有限公司经营计划部增设综合处;中国铁建股份有限公司机关设立经济管理部;北京培训中心(党校)增设资产管理处。

1月22日,中铁十一局集团有限公司与中国人保资产管理股份有限公司合资成立中铁恒信(武汉)投资发展合伙企业(有限合伙)。公司出资63.29亿元,其中中铁十一局集团有限公司出资13.29亿元,占21%股权;中国人保资产管理股份有限公司出资50亿元,占79%股权。

1月26日,中国铁建股份有限公司成立云南分公司(仅限于经营承揽),与云贵指挥部为"一个机构、两块牌子"。

2月1日,重庆铁发遂渝高速公路有限公司列入股份公司单位序列,按中国铁建股份有限公司控股子公司(占80%股权)管理。

2月7日,中铁上海设计院集团有限公司成立中铁上海设计院安哥拉有限公司。

2月11日,中铁二十四局集团有限公司成立青岛蓝色硅谷市政建设有限公司(为项目公司)。

2月13日,中铁十四局集团有限公司成立中铁十四局集团武汉地铁投资建设有限公司(为项目公司)。

2月17日,中铁城建集团有限公司成立总承包公司及13家分公司,具体名称为:辽宁分公司、黑龙江分公司、宿州分公司、北京分公司、山西分公司、河北分公司、青岛分公司、青海分公司、陕西分公司、海南分公司、广州分公司、深圳分公司、银川分公司(以上分公司仅限于经营承揽)。同日,中铁二十局集团有限公司出资人民币1000万元,协议收购安徽中景置业有限公司(为项目公司)100%股权;中铁二十四局集团有限公司成立墨西哥分公司;中国铁建投资有限公司与中国铁建港航局集团有限公司联合成立中铁建湛江东海岛工程建设指挥部。

3月26日,中铁城建集团有限公司成立武汉分公司、郑州分公司、秦皇岛分公司(仅限于经营承揽)。同日,中铁第五勘察设计院集团有限公司成立南京分院(仅限于经营承揽);中国铁建房地产集团有限公司与平安不动产公司、中铁十二局集团有限公司合资成立成都中铁欣然房地产开发有限公司(仅限于经营承揽)。公司注册资本5000万元,其中中铁房地产四川有限公司出资2000万元,占40%股权;深圳联新投资管理有限公司出资2000万元,占40%股权;中铁十二局集团房地产开发有限公司出资1000万元,占20%股权。中铁十七局集团有限公司成立辽宁分公司(仅限于经营承揽)。

3月27日,中铁十四局集团有限公司成立中铁十四局集团西藏能源投资有限公司(仅限于经营承揽)。

3月31日,中铁十四局集团有限公司成立青岛德容工程项目管理有限公司(为项目公司)。同日,中国铁建国际集团有限公司与中国铁道建设(香港)有限公司合资成立中国铁建(文莱)有限公司。双方各占50%股权。

4月9日,中国铁建国际集团有限公司成立孟加拉代表处。

4月17日,中铁二十二局集团有限公司下属的房地产开发有限公司与中国新元资产管理公司合资成立中铁二十二局集团房地产开发(荆门)有限公司(为项目公司)。公司注册资本1000万元,其中二十二局房地产公司出资650万元,占65%股权;中国新元资产管理公司出资350万元,占35%股权。

4月20日,中铁二十三局集团有限公司成立上海浦东分公司(仅限于经营承揽)。同日,中铁二十二局集团有限公司成立中铁二十二局集团电气化工程有限公司广州分公司(仅限于经营承揽)。

4月21日,中铁二十局集团有限公司与中国铁建港航局集团有限公司合资成立南宁市中铁建邕宁水利枢纽投资建设有限公司(为项目公司)。公司注册资本人民币2亿元,其中港航局占65%股权,二十局占

35%股权。同日,中铁物资集团有限公司成立中铁物资集团华中有限公司;中铁十四局集团有限公司成立中铁十四局(芜湖)大盾构有限公司。

4月23日,中国铁建大桥工程局集团有限公司成立中国铁建大桥工程局集团厄瓜多尔有限公司。

4月29日,中铁城建集团有限公司成立中铁城建集团第一工程有限公司北京分公司、中铁城建集团第二工程有限公司珠海分公司(仅限于经营承揽)。

5月8日,中铁二十三局集团有限公司成立河南分公司(仅限于经营承揽);同日,中国土木工程集团有限公司成立塔吉克斯坦分公司和巴基斯坦分公司。

5月10日,中铁十四局集团有限公司成立中铁十四局集团建筑科技有限公司,与中铁十四局集团建筑工程有限公司为“一个机构、两块牌子”。

5月11日,中铁十八局集团有限公司成立中铁十八局集团天津凯博物业管理有限公司。

5月12日,中国铁建大桥工程局集团有限公司成立中国铁建大桥局集团吉布提有限公司。

5月20日,中铁十九局集团有限公司成立中铁十九局集团矿业投资有限公司设备租赁分公司。

5月22日,中国土木工程集团有限公司成立北京通达国际铁路工程管理咨询有限公司。

5月29日,中铁十一局集团有限公司勘测设计研究院更名为中铁十一局集团有限公司勘察设计院。

6月1日,中国土木工程集团有限公司成立厄瓜多尔分公司。

6月2日,中国土木工程集团有限公司成立玻利维亚分公司。同日,中国铁道建筑报社增设记者评论部。

6月4日,中国铁建港航局集团有限公司成立中铁建港航局集团北方基地项目管理有限公司(为项目公司)。同日,中国铁建大桥工程局集团有限公司成立中铁建大桥工程局集团靖江桥梁科技产业园有限公司(为项目公司)。

6月8日,中国铁建大桥工程局有限公司成立船舶分公司。

6月16日,中国铁建投资有限公司更名为中国铁建投资集团有限公司。

6月17日,中铁第五勘察设计院集团有限公司成立海南分公司。同日,中国铁建港航局集团有限公司成立昆明分公司(仅限于经营承揽)。

6月19日,昆明中铁大型养路机械集团有限公司整体改制更名为中国铁建高新装备股份有限公司。同日,中国铁建投资集团有限公司成立中铁香港发展有限公司。

6月23日,中铁第一勘察设计院集团有限公司成立秘鲁分公司。同日,中铁房地产集团合肥置业有限公司成立中铁房地产集团合肥蜀西置业有限公司(为项目公司)。

7月1日,中国铁建重工集团有限公司成立新疆铁建重工有限公司。

7月3日,中铁十二局集团有限公司成立勘测设计院。

7月6日,中铁二十局集团有限公司成立中铁二十局集团爆破工程有限公司,与陕西中铁建设工程质量检测有限责任公司为“一个机构、两块牌子”。

7月7日,中铁物资集团香港有限公司与鞍钢集团香港有限公司合资成立鞍—铁尼日利亚有限公司。公司注册资本20万美元,中铁物资集团香港有限公司占51%股权,鞍钢集团香港有限公司占49%股权。

7月9日,中铁二十局集团有限公司与贵州省机场集团有限公司、贵州福盛合商贸有限公司合资成立贵州绿港混凝土有限公司。公司注册资本2001万元,其中二十局占46%股权,贵州省机场集团有限公司占18%股权,贵州福盛合商贸有限公司占36%股权。

7月15日,中国土木工程集团有限公司成立中国土木工程集团罗马尼亚有限公司。同日,中国铁建国际集团有限公司成立中国铁建国际集团委内瑞拉有限公司。

7月17日,中铁二十三局集团有限公司与自然人奉志坤合资成立四川致升建设工程咨询有限公司。公司注册资本300万元,其中二十三局占51%股权,奉志坤占49%股权。

7月24日,中铁建设集团有限公司成立中铁建设集团马来西亚有限公司。同日,中国铁建房地产集团有限公司与中铁十二局集团有限公司合资成立太原金郡同达房地产开发有限公司(为项目公司)。公司注册资本人民币1000万元,其中中铁房地产集团公司占60%股权,十二局占40%股权。同日,中铁房地产集团江苏置业有限公司成立中铁房地产集团南京江宁置业有限公司(为项目公司)。

8月7日,中铁城建集团有限公司成立江西分公司、甘肃分公司、安徽分公司、无锡分公司(仅限于经营承揽)。

8月17日,中铁十二局集团有限公司成立无锡分公司(仅限于经营承揽)。

8 月 24 日，中铁建设集团有限公司成立中铁建设集团俄罗斯有限责任公司。同日，中铁二十三局集团有限公司成立厄瓜多尔分公司。

9 月 1 日，中铁二十二局集团有限公司成立龙岩分公司(仅限于经营承揽)。

9 月 8 日，中铁二十四局集团有限公司成立芜湖茂发工程建设有限公司(为项目公司)。

9 月 9 日，中铁十五局集团有限公司成立西藏分公司(仅限于经营承揽)。

9 月 14 日，中铁二十三局集团有限公司成立中铁二十三局集团轨道交通郑州工程有限公司。同日，中铁二十三局集团轨道公司与福建省二建建设集团有限公司合资成立福州恒强伟业工程构件有限责任公司。公司注册资本 1000 万元，其中福建省二建集团公司占 53% 股权，二十三局轨道公司占 47% 股权(仅限于经营承揽)。

9 月 16 日，中国铁建股份有限公司成立中铁建芜湖长江隧道有限公司(为项目公司)。公司注册资本 3000 万元，其中股份公司出资 1800 万元，占 60% 股权；中国铁建投资集团公司出资 1050 万元，占 35% 股权；芜湖市建设投资有限公司出资 150 万元，占 5% 股权。同日，中国土木工程集团有限公司成立埃及分公司；中铁二十一局集团有限公司成立中铁二十一局集团铁路运营管理有限公司。

9 月 21 日，中国铁建股份有限公司办公室网站管理处更名为信息调研处。同日，中国铁建股份有限公司财务部增设融资管理处。

10 月 14 日，中铁二十局集团第七工程有限公司更名为中铁二十局集团市政工程有限公司。

10 月 15 日，中国铁建股份有限公司国际部调整内设机构及编制定员，调整后国际部下设 3 个处，即一处、二处、三处。

10 月 19 日，中国铁建股份有限公司成立中铁建南沙投资发展有限公司，委托中国铁建房地产集团有限公司负责管理。同日，中铁二十二局集团有限公司成立中铁京诚工程检测有限公司，与二十二局集团公司机关工程检测中心为“一个机构、两块牌子”；中铁房地产集团浙江京城投资有限公司与深圳联新投资管理有限公司合资成立杭州京平置业有限公司(为项目公司)。公司注册资本 2000 万元，其中浙江京城占 51% 股权，深圳联新占 49% 股权。

10 月 21 日，中国铁建港航局集团有限公司成立中铁建港航局集团第三工程有限公司，与中铁建港航局集团第三工程分公司为“一个机构、两块牌子”，待资质解决后撤销第三分公司。同日，中铁二十局集团有限公司成立中铁贵州工程有限责任公司，与二十局所属中铁建环保产业开发有限公司为“一个机构、两块牌子”。

10 月 23 日，中国铁建股份有限公司与中铁二十二局集团有限公司共同出资成立中铁海峡建设集团有限公司。公司注册资本 10 亿元，股份公司和二十二局集团各占 50% 股权。海峡公司与二十二局三公司实行“一套人马、两块牌子”。二十二局海西投资公司划归海峡公司管理。

10 月 26 日，中铁十七局集团有限公司成立中铁十七局集团上海股权投资管理有限公司。同日，中铁十七局集团有限公司与长城证券股份有限公司及下属企业成立中铁银河上海股权投资企业(有限合伙)。合伙企业总认缴出资额 30.1 亿元，其中十七局出资 6 亿元，占 19.93% 份额；长城证券出资 24 亿元，占 79.73% 份额；中铁十七局投资管理公司、深圳市长城长富投资管理有限公司各出资 0.05 亿元，各占 0.17% 份额。

10 月 27 日，中铁十二局集团有限公司成立苏州分公司(仅限于经营承揽)。

10 月 29 日，中国铁建投资集团有限公司成立珠海铁建梧桐苑置业有限公司(为项目公司)。

10 月 30 日，中铁十二局集团有限公司成立中铁十二局集团西藏工程有限公司(仅限于经营承揽)。同日，中铁二十三局集团轨道公司与南通市通州区刘桥砖瓦有限公司、自然人李锋合资成立中铁二十三局集团轨道交通南通工程有限公司。公司注册资本 500 万元，其中二十三局集团轨道公司占 51% 股权，刘桥砖瓦公司占 31% 股权，自然人李锋占 18% 股权。

11 月 9 日，中铁二十二局集团第三工程有限公司成立厦门铁研工程科技检测有限公司。同日，中铁十二局集团有限公司成立中铁十二局集团电气化工程有限公司无锡分公司(仅限于经营承揽)；中铁十五局集团有限公司成立湖北分公司(仅限于经营承揽)。

11 月 12 日，中国铁建投资集团有限公司与中铁十一局集团有限公司、中铁十二局集团有限公司合资成立中铁建四川德都高速公路有限公司(为项目公司)。公司注册资本 10000 万元，其中投资集团占 62.92% 股权，十一局和十二局各占 18.54% 股权。同日，中国铁建投资集团有限公司与中国铁建大桥工程局集团有限公司、中铁十七局集团有限公司合资成立中铁建四川德简高速公路有限公司(为项目公司)。公司注册资本10000万元,其中投资集团占78.28%股权,大桥局和十七局各占10.86%股权。

11月16日,中国铁建股份有限公司与中铁十二局集团有限公司、中铁十四局集团有限公司、北京市首都公路发展集团有限公司合资成立北京兴延高速公路有限公司。公司注册资本668200万元,其中股份公司占50.8%股权,十二局和十四局各占0.1%股权,首都公路发展集团占49%股权。委托中国铁建投资集团有限公司负责管理。同日,中铁十七局集团有限公司成立中铁十七局集团西藏工程有限公司(仅限于经营承揽)。

11月18日,中国铁建港航局集团有限公司成立中铁建港航局集团工程检测有限公司,与港航局集团公司工程检测中心为“一个机构、两块牌子”。

11月19日,中铁十七局集团有限公司成立中铁(贵州)市政工程有限公司,与十七局集团第一工程有限公司为“一个机构、两块牌子”。

11月23日,中铁十四局集团有限公司与济南轨道交通集团有限公司合资成立中铁十四局(济南)管片制造有限公司(为项目公司)。公司注册资本1000万元,十四局和济南轨道集团各占50%股权。

12月1日,中国铁建股份有限公司成立徐州中铁建设投资发展有限公司(为项目公司),委托中铁十二局集团有限公司负责管理。

12月2日,中国土木工程集团有限公司成立中国土木工程集团(莫桑比克)有限公司。

12月4日,中铁十九局集团有限公司成立亚美尼亚代表处。

12月7日,中铁十四局集团房地产开发有限公司成立青岛铁诚物业服务有限公司。

12月11日,中国铁建房地产集团有限公司成立广州南沙中铁实业发展有限公司。同日,中国铁建房地产集团有限公司与成都铁路局合资成立成都铁诚房地产开发有限公司。公司注册资本4000万元,其中房地产集团和成都铁路局各占50%股权。同日,中国铁建房地产集团北京丰昊置业有限公司与中化方兴合资成立北京鋈庄房地产开发有限公司(为项目公司)。公司注册资本5000万元,其中丰昊置业占51%股权,中化方兴占49%股权。同日,中铁十一局集团有限公司成立驻印度尼西亚办事处。同日,中国铁建房地产集团有限公司下属的浙江京城投资有限公司与杭州滨江房产集团股份有限公司、深圳联新投资管理有限公司合资成立杭州京滨置业有限公司(为项目公司)。公司注册资本5000万元,其中京城投资占34%股权,滨江集团占33%股权,深圳联新占33%股权。同日,中国铁建房地产集团浙江京城投资有限公司成立杭州京瑞置业有限公司和杭州京科置业有限公司(为项目公司)。同日,中铁建设集团有限公司和澳大利亚RIMFIRE公司合资成立RIMFIRE中铁建设有限公司。公司注册资本1万澳元,其中中铁建设占55%股权,澳大利亚RIMFIRE公司占45%股权。

12月18日,中铁十五局集团有限公司成立揭阳分公司。(仅限于经营承揽)。

12月28日,中国铁建投资集团有限公司成立中铁建桂林八角寨旅游开发有限公司(为项目公司)。

12月29日,以中铁十二局集团有限公司为主体成立中国铁建股份有限公司北京兴延高速公路施工总承包部(Ⅰ)部,以中铁十四局集团有限公司为主体成立中国铁建股份有限公司北京兴延高速公路施工总承包部(Ⅱ)部。同日,中国铁建房地产集团有限公司所属的中铁建(大连)置业有限公司与大连龙湖东港房地产有限公司合资成立大连京诚置业有限公司(为项目公司)。公司注册资本2000万元,其中大连置业占49%股权,龙湖东港占51%股权。同日,中铁十五局集团有限公司成立中铁十五局集团西藏工程有限公司(仅限于经营承揽)。

12月31日,中铁十五局集团有限公司成立无锡分公司(仅限于经营承揽)。同日,中铁十六局集团有限公司成立哈萨克斯坦分公司;同日,中铁城建集团有限公司成立中铁城建集团物资有限公司;同日,诚合保险经纪有限责任公司与中国铁路财产保险自保有限公司合资成立中铁瑞成保险销售有限公司。公司注册资本5000万元,其中诚合保险占55%股权,中国铁路保险公司占45%股权。 (李学红　陈向阳)

【**注销机构**】 2015年3月8日,中铁二十一局集团有限公司注销中铁二十一局集团甘肃房地产开发有限公司、中铁建投有限公司和甘肃大唐盛合房地产开发有限公司。

3月15日,中铁物资集团有限公司注销中铁物资集团物流有限公司。

7月3日,中铁十二局集团有限公司注销中铁十二局集团山西勘测设计院有限公司。

11月20日,中铁建设集团有限公司注销中铁建设集团长春有限公司。

11 月 23 日，中铁十八局集团有限公司注销中铁十八局集团第六工程有限公司和中铁十八局集团有限公司北京地铁指挥部。

12 月 11 日，中国铁建投资集团有限公司撤销重庆市轨道交通环线二期工程建设指挥部。同日，中国铁建投资集团有限公司撤销中铁建珠海西部中心城区首期开发区域（B 片区）基础设施工程建设指挥部。

12 月 7 日，中铁物资集团有限公司注销铁物广德投资管理有限公司。

12 月 24 日，中铁十九局集团有限公司注销中铁十九局集团厄瓜多尔有限公司。（李学红　陈向阳）

【直管项目、区域经营机构设立、变更】 2015 年 1 月 16 日，成立中国铁建股份有限公司厦门市轨道 2 号线一期土建 1 标项目部，定员 16 人，负责厦门市轨道交通 2 号线一期土建 1 标段项目的投资建设和协调管理。

7 月 20 日，成立中国铁建青岛地铁 1 号线瓦贵区间隧道工程 02 标项目经理部，代表股份公司和中铁十八局集团履行承包合同约定职责，由股份公司青岛分公司（青岛地铁 2 号线项目总部）代行管理职能。同日，成立中国铁建股份有限公司南宁轨道交通 3 号线 01 标工程指挥部，定员 28 人，负责南宁地铁 3 号线 01 标段项目的投资建设和协调管理。同日，成立中国铁建股份有限公司厦门市轨道交通 2 号线一期土建施工 2 标项目部，定员 15 人，负责厦门市轨道交通 2 号线一期土建施工 2 标段项目的投资建设和协调管理。

9 月 21 日，成立中国铁建股份有限公司深圳地铁 6 号线 6101 标项目经理部，定员 22 人，负责深圳地铁 6 号线 6101 标段项目的施工建设和协调管理。

10 月 29 日，成立中国铁建股份有限公司华中区域指挥部，编制定员 6 人。代表股份公司负责全系统在江苏、河南、安徽、江西、湖北、湖南 6 个省的建筑市场开发、经营承揽和建设项目协调管理。

11 月 23 日，成立中国铁建股份有限公司深圳地铁 10 号线 1012 标项目经理部，定员 25 人，负责深圳地铁 10 号线 1012 标段项目的施工建设和协调管理。

12 月 4 日，成立中国铁建股份有限公司青岛地铁 1 号线土建 2 标项目总部，定员 25 人，负责青岛地铁 1 号线土建 2 标项目的施工建设和协调管理。

12 月 31 日，将中国铁建股份有限山西指挥部更名为中国铁建股份有限公司西北指挥部，定员 6 人，主要负责山西、陕西、甘肃、青海省及宁夏回族自治区等区域的市场开发、经营承揽和协调管理。中国铁建股份有限公司甘肃分公司划归西北指挥部管理。同日，将中国铁建股份有限公司川渝指挥部更名为中国铁建股份有限公司重庆指挥部，定员 4 人，负责重庆市区域的市场开发、经营承揽和协调管理，原川渝指挥部负责的四川省区域的经营协调划归西南指挥部负责；将中国铁建股份有限公司云贵指挥部更名为中国铁建股份有限公司西南指挥部，定员 8 人，负责云南、贵州、四川省及西藏自治区等区域的市场开发、经营承揽和协调管理；将中国铁建股份有限公司北京区域指挥部更名为中国铁建股份有限公司京津冀指挥部，定员 8 人，主要负责北京市、天津市、河北省等区域的市场开发、经营承揽和协调管理；成立中国铁建股份有限公司山东指挥部，编制定员 5 人，主要负责山东省区域的市场开发、经营承揽和协调管理，与中国铁建股份有限公司青岛分公司为“一个机构、两块牌子”。

（李学红　陈向阳）

【企业资质管理】 截至 2015 年底，中国铁建系统共有施工资质 1454 项，其中总承包资质 640 项，专业承包资质 814 项。总承包资质中特级资质 30 项，一级资质 344 项。专业资质中一级资质 579 项。在特级资质申报工作中取得重大突破，新取得特级资质 10 项。同时，还积极开展资质重组工作。充分利用相关政策，根据各单位发展需要，先后组织城建集团、海峡公司、中铁十五局电务公司等多家单位进行资质重组平移工作。根据住建部下发的新资质标准，股份公司全面开展新资质标准的培训工作。参加住建部相关培训，并组织本系统的新资质标准宣传贯彻培训，近 400 人参加培训班。积极组织好资质换证工作。参加住建部关于换证工作的相关会议，并召开 2 次本系统资质换证工作会议，专题部署资质换证工作，此项工作将于 2016 年 6 月底全部完成。（杨　玲　董　凌）

【技术创新】 2015 年，中国铁建继续坚持以市场为导向，以提高自主创新能力和核心竞争力为重点，进一步完善“产学研”相结合的创新体系，突出抓好科技创新平台、科研人才队伍、科技研发投入等关键环节，开发系列具有自主知识产权的主导产品和关键技术。全年投入科技经费 1001020 万元。其中，外部资助 10417 万元；股份公司投入科技经费 11211 万元。新增国家级科技创新平台 4 家；获批组建轨道交通工程信息化国家重点实验室，实现国家重点实验室零的突破；截至 2015 年底，国家级技术创新平台 17 个、省级企业技术中心 72

个、院士专家工作站1个、博士后科研工作站8个。

在继续保持高速铁路、高原铁路、长大隧道设计与修建技术等领先优势的同时,磁悬浮轨道交通、大型铁路养护机械设备、盾构的设计与制造、超高层建筑等方面取得重大突破。参建的南京长江隧道、天津市滨海新区中央大道海河隧道、厦门北站、武汉天兴洲公铁两用长江大桥正桥工程、北京地铁9号线、南京地铁10号线穿越长江盾构隧道工程、北京轨道交通亦庄线7项工程获第13届中国土木工程詹天佑奖。2015年获国家科技进步奖2项,其中特等奖1项;首次获国家技术发明奖1项;获省部级科技进步奖101项、省部级以上勘察设计咨询奖191项,新增国家级工法26项、授权专利1300件;世界首台永磁同步驱动盾构机成功下线,自主研制的国产首台大直径铁路盾构机和双护盾硬岩TBM填补国内空白。 (杨启燕)

【工程创优】 2015年,中国铁建获中国建设工程鲁班奖9项,国家优质工程金质奖1项、银质奖23项。其中,参建的天津市滨海新区中央大道海河隧道工程、上海保利大剧院、青岛市重庆路快速路工程、九江长江公路大桥、三亚海棠湾国际购物中心(一期)、新建向莆铁路青云山隧道、郑州东站、中国石油科研成果转化基地项目、澳门关闸边检大楼建造及扩建工程获2015年度中国建设工程鲁班奖;参建的南京长江隧道工程获国家优质工程金质奖,参建的华能大理五子坡(一、二、三期)148.5兆瓦风电工程、山西龙源神池继阳山150兆瓦风电工程、1600工程、新建铁路广深港客运专线广深段工程、新建向莆铁路淘金山隧道、新建铁路天津至秦皇岛客运专线宁车沽永定新河特大桥、新建广州至珠海城际轨道交通工程西江特大桥、新建重庆至利川铁路黄草山隧道、新建铁路石家庄至武汉客运专线湖北段综合工程、新建铁路哈尔滨至大连客运专线四电系统集成通信信号系统工程、京沪高铁南京南站枢纽工程、灵山高速公路抢风岭隧道、国道216线五彩湾至大黄山公路工程、南水北调丹江口库区郧县汉江公路二桥、重庆鱼洞长江大桥、天津生态城中部片区经六路上跨蓟运河故道桥梁工程、深圳南坪快速路(二期)工程(新屋隧道—西丽货场段)、丽都饭店改扩建工程、天津铁建大厦、建发·宝湖湾二期工程、武汉保利文化广场、连云港港疏港航道整治工程、上海金山铁路改建工程获国家优质工程银质奖。 (杨启燕)

【国内工程】 2015年,中国铁建系统完成施工产值5148.3亿元,合同金额大于5000万元的在建工程2988项,其中铁路工程752项、公路工程581项、市政工程273项、城市轨道交通工程472项、房屋建筑工程696项、水利工程104项、电力工程(含水电工程)17项、机场工程5项、港口与航道工程33项、矿山工程34项、地质灾害治理工程1项、其他类别工程20项。国内在建重点工程35项,其中铁路工程16项:沪昆高速铁路长昆段、哈齐铁路客运专线、合福铁路客运专线、成渝铁路客运专线、兰渝铁路、重庆铁路枢纽BT项目、郑徐铁路客运专线、西成铁路客运专线、成兰铁路、敦格铁路、石济铁路客运专线、宝兰铁路客运专线、京沈铁路客运专线、成贵铁路、杭黄铁路、九景衢铁路;公路工程4项:麻柳湾—昭通高速公路、江门—罗定高速公路、潮州—惠州高速公路、简阳—蒲江高速公路;市政工程6项:重庆火车北站综合交通枢纽工程、贵州多彩贵州城、镇江新区基础设施BT项目、南昌市象湖隧道工程、呼和浩特西北线快速路工程、长沙磁浮工程项目;城市轨道交通4项:北京地铁、青岛地铁2号线、厦门地铁1号线、兰州地铁;水利工程1项:山西中部引黄工程;房建工程3项:广西九洲国际、贵州茅台酒厂扩建工程、福建福清清利嘉中心;综合工程1项:新疆伊吾县白石湖煤矿露天剥离工程。承建的南疆铁路中天山隧道、青兰高速公路六盘山隧道、港珠澳大桥拱北隧道、青海省道309线长拉山隧道、沪昆铁路客运专线大独山隧道、天平铁路关山隧道、广深港高速铁路深港隧道、引汉济渭工程秦岭隧洞、谷竹高速公路青峰隧道、渝万铁路分水镇隧道、宝兰铁路客运专线渭河隧道、西城高速铁路老安山隧道贯通;织毕铁路架盖河特大桥主跨合龙;包西铁路鄂尔多斯火车站站房工程、柳州南编组站扩能改造工程、西咸新区空港新城临空物流商务中心A区(一期)项目、吉林市人民大剧院工程竣工;合福、宁安高速铁路,哈齐、吉图珲、成渝铁路客运专线,额哈铁路、滨海快速铁路丹大快速铁路、敦格铁路、金温铁路、赣龙铁路、兰渝铁路广元至重庆段、宁西铁路2线,郑机、郑焦城际铁路,长沙磁浮铁路开通运营。 (刘　辉)

【海外经营】 截至2015年底,中国铁建系统在世界92个国家和地区设有境外机构或拥有项目。其中,亚洲国家及地区32个;非洲国家36个;欧洲国家7个;大洋洲国家6个;美洲国家11个。主要在建项目:沙特内政部安全总部发展项目、安哥拉本格拉铁路大修项目、尼日利亚铁路现代化项目拉各斯至伊巴丹段项目、巴基斯坦卡拉奇至拉合尔高速公路第三段——拉合尔至阿卜杜哈基姆 EPC 项目、埃塞俄比亚—吉布提铁路项目、阿尔及利亚贝佳亚港口到东西高速公路 100 千米连接线项目、孟加拉达卡高架高速公路项目、尼日利亚拉各斯巴达格瑞高速公路项目、尼日利亚铁路现代化项目阿布贾至卡杜纳段项目、尼日利亚阿布贾城市铁路项目、阿尔及利亚 55 千米铁路项目、玻利维亚鲁雷纳瓦克—里韦拉尔塔公路项目、沙特麦麦高铁工程、格鲁吉亚现代化铁路项目、马来西亚四季酒店项目、新加坡轨道项目大士西延长线。全年新签对外承包工程合同 144.93 亿美元，对外承包工程项目完成营业额 43.61 亿美元。（杨启燕）

【房地产开发】 中国铁建是 16 家以房地产开发为主业的中央企业之一，采取“以住宅开发为主，以配套商业为辅”的经营模式，按照“立足北京、面向全国、走向海外”的战略方向，逐步形成以北京、上海、广州为核心，以环渤海、长三角、珠三角和西南区域为支柱的房地产业绩支撑体系。截至 2015 年底，房地产业务进入国内 48 个城市，持有开发项目 136 个，规划总建筑面积约 4280 万平方米。根据克而瑞信息集团（CRIC）联合中国房地产测评中心联合发布的《2015 年度中国房地产企业销售 TOP100》排行榜，中国铁建 2015 年度房地产销售金额在全国房地产企业中排名第 19 位，房地产销售面积在全国房地产企业中排名第 18 位，跻身行业 TOP20 强。（杨启燕）

【工业制造】 2015 年，中国铁建通过优化配置、政策扶持、增加投入等手段加大结构调整力度，有效促进工业制造产业快速发展，截至 2015 年底，拥有中国铁建高新装备有限公司、中国铁建重工集团有限公司、中铁十一局集团汉江重工有限公司、中铁十六局集团建工机械有限公司、中铁十八局集团泵业有限公司、中铁十八局机械有限公司、中铁二十局集团西安工程机械有限公司、中国铁建电气化局集团轨道交通器材有限公司、中国铁建电气化局集团康远新材料有限公司、中国铁建电气化局集团西安电气化制品有限公司、中国铁建电气化局集团科技公司、北京铁五院工程机械有限公司 12 家工业企业。其中，中国铁建高新装备有限公司和中铁十六局集团建工机械有限公司分别在北京、河北曹妃甸新建第二产业基地，各项建设工作年内全面启动。中国铁建系统完成工业总产值 109.34 亿元，新签合同额 117.93 亿元，实现利润 4.26 亿元。

具有大型养路机械、盾构（TBM）、铁路铺轨设备、高速铁路运架提设备、起重机械、矿山设备、压实设备、电气化施工设备、高速道岔及弹条扣件、铁路工务器材及接触网导线十大核心技术和 500 余种产品。其中，大型养路机械设计制造能力亚洲第一、世界第二，国内市场占有率 80% 以上；长距离大坡度煤矿斜井 TBM 填补国内空白；流动式高速铁路运架一体机技术国际领先；铁路道岔研制水平国内领先，市场占有率 35% 以上；高速铁路接触网导线达到国内领先水平；拖式振动压路机国内市场占有率 60%。（郭春雷）

【物流与物资贸易】 截至 2015 年底，中国铁建拥有遍布国内各大重要城市和物流节点城市的 70 余个区域性经营网点、133 万平方米物流场地、4 万余延长米铁路专用线、32550 立方米成品油储存能力，通过完善高效的物流信息化、区域化、市场化服务体系，提供一体化流通服务，并着力推动物流业务转型升级，广泛开拓工程大宗物资供应链上下游市场，先后开辟物资贸易、加工制造、国际业务、集采代理、电子商务等新兴领域，已发展成为中国铁路总公司两家钢轨服务代理商之一，中国第二大铁路物资供应商，全国最大的工程物流系统服务商。所属中铁物资集团有限公司 2015 年在中国物流与采购联合会评选的“中国物流企业 50 强排名”中位列第 6 位。（杨启燕）

中国铁道建筑总公司领导人员名单

董事长、党委书记/党委副书记　　孟凤朝（11 月任党委书记）

总经理、党委副书记、董事/党委书记　　庄尚标（11 月任总经理、党委副书记）

总经理、副董事长、党委副书记　　齐晓飞（11 月调离）

党委常委　　夏国斌

刘汝臣

王秀明

党委常委、纪委书记　　李春德

中国铁建股份有限公司领导

董事长、党委书记/党委副书记	孟凤朝(11月任党委书记)
党委书记、副董事长	齐晓飞(11月调离)
总裁、执行董事、党委副书记、总法律顾问	庄尚标(5月免总法律顾问)
副总裁	夏国斌
副总裁	刘汝臣
总会计师、总法律顾问	王秀明(5月任总法律顾问)
纪委书记	李春德

中国铁建股份有限公司部门以上领导

总经济师	赵晋华
	孙公新
工会主席	史道泉
监事会主席	黄少军
总工程师	雷升祥(7月任)
董事会秘书	余兴喜
监　　事	李学甫
职工监事	张良才
总裁助理	林兰生
	陈晓星(8月调离)
	鲁　斌
安全总监	辛　实
副总工程师	王清明
	陈勇鹏
副总经济师	琚建明(11月退休)
	房光辉
	赵登善
	郝趁义
	戾守义
	孙国富(9月退休)
	李学甫
新闻发言人	钱桂林(6月免)
纪委副书记	王兆刚(12月调离)
	由　建
	钱桂林(6月任)
工会副主席兼女工委主任	白　晶
副总法律顾问	王甲国(5月任)
海外部总经理	武宪功(9月任，三总师副职待遇)

中国铁建股份有限公司部门领导

董事会秘书局

主　任	靖　菁
副主任	王　强
证券事务代表	谢华刚
副巡视员	卢富平

办公室

主　任	戴开扬
副主任	樊祐修
	马总路
	李　冰(10月任)
副巡视员	曹　军

发展规划部

部　长	戾守义(兼)
副部长	李吉锋
副部长/副巡视员	杜经红(10月任副部长，免副巡视员)
企协副秘书长	董跃君(部门副职待遇)

人力资源部(党委干部部)

部　长	鲁　斌(兼)
副部长	赵玉林
	康福祥

副巡视员 刘爱波(12 月任)

科技设计部(技术中心办公室)

部长兼技术中心办公室主任 王清明(兼)

技术中心办公室副主任 贾志武

副部长 许和平

经营计划部

部　长 乔志东

副部长 吴文钊

工程管理部

部长兼总公司战备局局长 高晓东

副部长 刘　晖

总公司战备局副局长 贾国林

安全质量监督部

部长兼安全生产应急救援指挥中心主任 秦正刚

安全副总监 李春霞

副部长 彭　锋

魏向阳

安全生产应急救援(指挥)中心副主任 杨生荣

房地产开发部

部　长 楼　翱

设备物资部

部　长 覃为刚

总机械师 沙明元(享受部门正职待遇)

副部长 白云飞

资本运营部

部　长 张沛然

副部长 吴万良

陈梦月

总经济师 荀照杰

副巡视员兼资产管理处处长 汪起帆(11 月免资产管理处处长)

财务部

部　长 曹锡锐

副部长 王　磊

乔国英

高继红

审计监事局

局　长 黄少军(5 月免)

刘正昶(5 月任)

副局长 董海军(5 月免)

副局长/副巡视员 李忠心(6 月任副局长,免副巡视员)

法律合规部

部　长 王甲国(兼)

副部长 刘　兵

海外部

执行总经理 曹保刚(9 月任)

执行总经理、外事办主任 廖　军

副总经理、外事办副主任 王永强

副总经理、外事办副主任 朱　勇(8 月任)

信息中心

主　任 曾宗根

巡视员 肖新华

副主任 孙永利

经济管理部(整治亏损项目办公室)

治亏办主任 王秀明(兼)

治亏办副主任 赵晋华(兼)

治亏办副主任 曹锡锐(兼)

治亏办常委副主任 王旭永

治亏办副主任 郭双来

经济管理部部长 王旭永

经济管理部副部长 郭双来

党委办公室

主　任 赵登善(兼)

副主任(保密办公室主任) 梁树峰

党委组织部

部　长 张良才(兼)

巡视员 高学存(11 月退休)

副部长 杨　赳

组织员 王子利(6 月任)

党委宣传部(企业文化部)

部　长 刘树山

巡视员 李昌明

副部长 钱东锋(6 月任)

政研会副秘书长 王　洋

铁道兵纪念馆馆长(部门副职级) 赵其红(6 月任)

纪委办公室

主　任 陈建宏

执法效能和监察室(巡视办公室)

主　任　张晓明

案件检查室

主　任　杜庆吉

纪检监察专员　王共鸣

工会生产综合部

部长兼火车头体协秘书长　李　睿

副巡视员　李青颖

组织权益和女工部

部　长　顾传智

副部长　李智伟(12 月任)

副巡视员　何庆安

团委机关工会

副主席　吕向东

中国铁道建筑总公司机关部门领导

机关房地产管理中心

主　任　周步科

副主任　童联合

副巡视员　张宏德(5 月退休)

杜学文(6 月退休)

机关离退休职工管理部

部长、党总支书记　马吉财

副部长　高尚升

卜锦华

副巡视员　曾初雄(12 月任)

中国铁道建筑报社

社　长　刘树山(兼)

副社长、副总编辑　王　利

副总编辑　汪元章

副巡视员兼广告部主任　梅梓祥(12 月任副巡视员)

中国铁道建筑总公司所属单位组织序列

（2015年）

（制表：陈向阳）

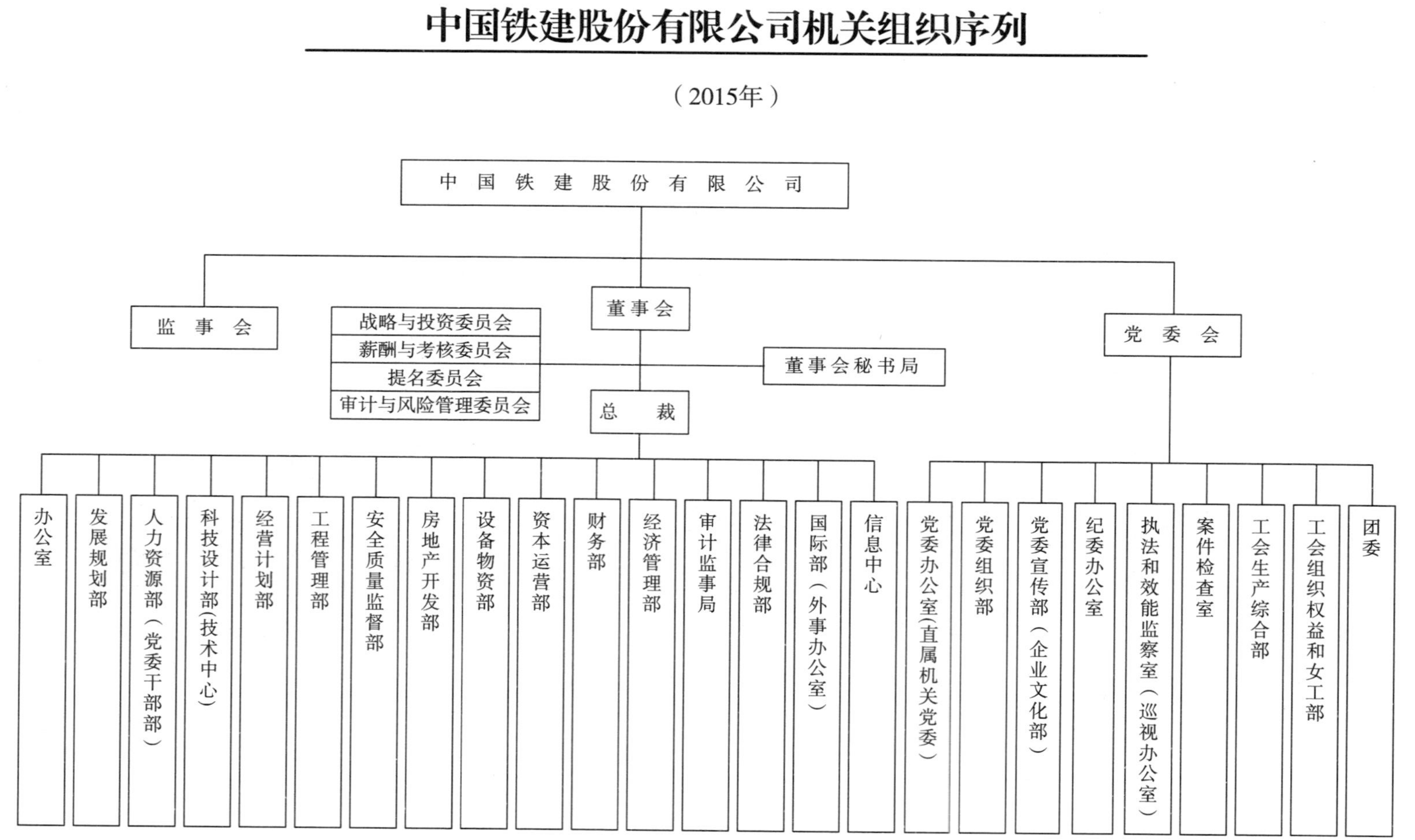
中国铁建股份有限公司机关组织序列
（2015年）
中国铁建股份有限公司
监事会
董事会
党委会
战略与投资委员会
薪酬与考核委员会
提名委员会
审计与风险管理委员会
董事会秘书局
总裁
办公室
发展规划部
人力资源部（党委干部部）
科技设计部(技术中心)
经营计划部
工程管理部
安全质量监督部
房地产开发部
设备物资部
资本运营部
财务部
经济管理部
审计监事局
法律合规部
国际部（外事办公室）
信息中心
党委办公室(直属机关党委)
党委组织部
党委宣传部（企业文化部）
纪委办公室
执法和效能监察室（巡视办公室）
案件检查室
工会生产综合部
工会组织权益和女工部
团委
（制表：陈向阳）

中国铁建股份有限公司所属二级单位组织序列

（2015年）

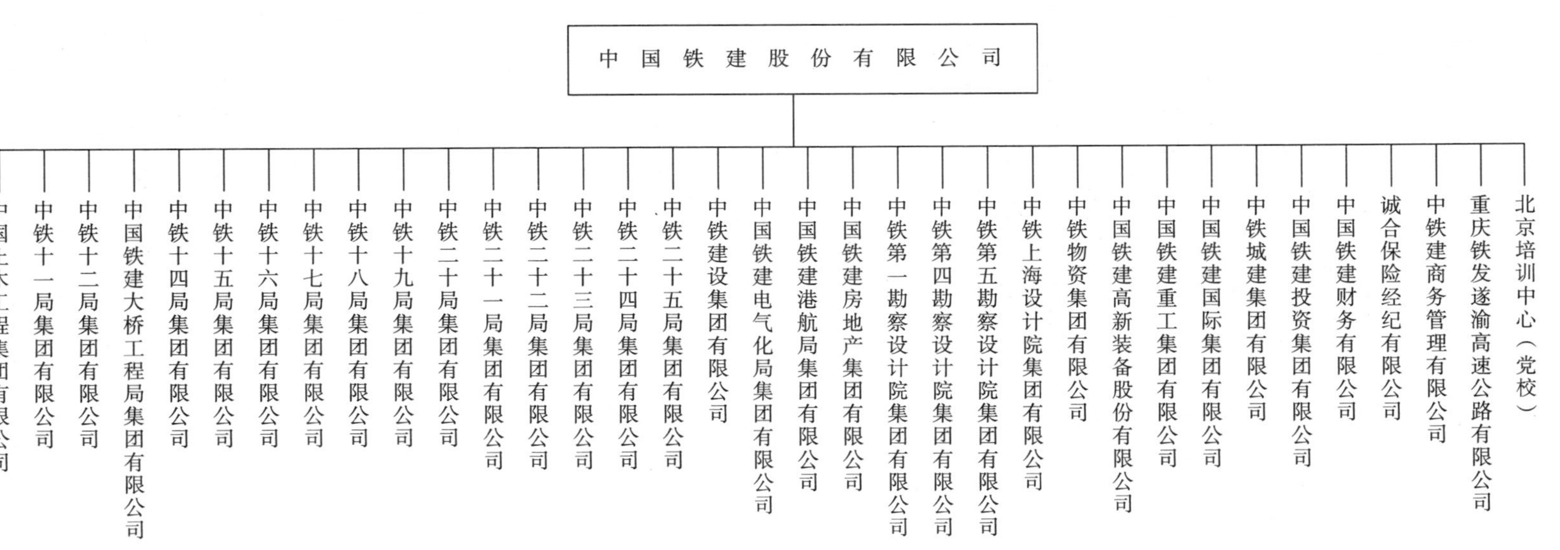

（制表：陈向阳）

中国铁道建筑总公司党组织序列

（2015年）

- 中国铁道建筑总公司党委
  - 北京通达京承高速公路有限公司党委
  - 中国铁建股份有限公司党委
    - 中国土木工程集团有限公司党委
    - 中铁十一局集团有限公司党委
    - 中铁十二局集团有限公司党委
    - 中国铁建大桥工程局集团有限公司党委
    - 中铁十四局集团有限公司党委
    - 中铁十五局集团有限公司党委
    - 中铁十六局集团有限公司党委
    - 中铁十七局集团有限公司党委
    - 中铁十八局集团有限公司党委
    - 中铁十九局集团有限公司党委
    - 中铁二十局集团有限公司党委
    - 中铁二十一局集团有限公司党委
    - 中铁二十二局集团有限公司党委
    - 中铁二十三局集团有限公司党委
    - 中铁二十四局集团有限公司党委
    - 中铁二十五局集团有限公司党委
    - 中铁建设集团有限公司党委
    - 中国铁建电气化局集团有限公司党委
    - 中国铁建港航局集团有限公司党委
    - 中国铁建房地产集团有限公司党委
    - 中铁第一勘察设计院集团有限公司党委
    - 中铁第四勘察设计院集团有限公司党委
    - 中铁第五勘察设计院集团有限公司党委
    - 中铁上海设计院集团有限公司党委
    - 中铁物资集团有限公司党委
    - 中国铁建高新装备股份有限公司党委
    - 中国铁建重工集团有限公司党委
    - 中国铁建国际集团有限公司党委
    - 中铁城建集团有限公司党委
    - 中国铁建投资集团有限公司党委
    - 中国铁建财务有限公司党委
    - 诚合保险经纪有限责任公司党委
    - 中铁建商务管理有限公司党委
    - 重庆铁发遂渝高速公路有限公司党委
    - 股份公司党校（北京培训中心）党委
    - 总公司（股份公司）直属机关党委

（制表：杨　赳）

中国铁道建筑总公司工会组织序列

（2015年）

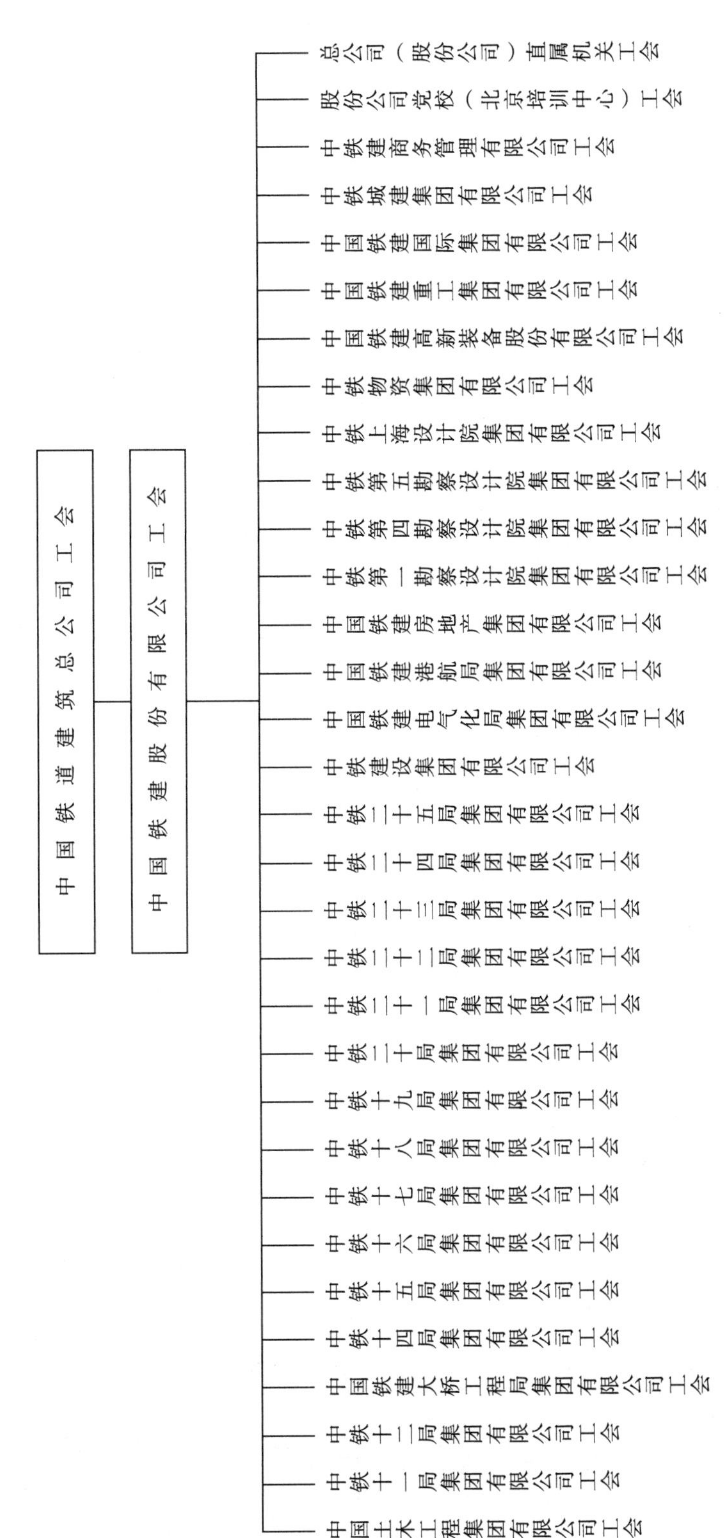

（制表：杨　赳）

中国铁道建筑总公司共青团组织序列

（2015年）

- 中国铁道建筑总公司团委
  - 中国铁建股份有限公司团委
    - 中国土木工程集团有限公司团委
    - 中铁十一局集团有限公司团委
    - 中铁十二局集团有限公司团委
    - 中国铁建大桥工程局集团有限公司团委
    - 中铁十四局集团有限公司团委
    - 中铁十五局集团有限公司团委
    - 中铁十六局集团有限公司团委
    - 中铁十七局集团有限公司团委
    - 中铁十八局集团有限公司团委
    - 中铁十九局集团有限公司团委
    - 中铁二十局集团有限公司团委
    - 中铁二十一局集团有限公司团委
    - 中铁二十二局集团有限公司团委
    - 中铁二十三局集团有限公司团委
    - 中铁二十四局集团有限公司团委
    - 中铁二十五局集团有限公司团委
    - 中铁建设集团有限公司团委
    - 中国铁建电气化局集团有限公司团委
    - 中国铁建港航局集团有限公司团委
    - 中国铁建房地产集团有限公司团委
    - 中铁第一勘察设计院集团有限公司团委
    - 中铁第四勘察设计院集团有限公司团委
    - 中铁第五勘察设计院集团有限公司团委
    - 中铁上海设计院集团有限公司团委
    - 中铁物资集团有限公司团委
    - 中国铁建高新装备股份有限公司团委
    - 中国铁建重工集团有限公司团工委
    - 中铁城建集团有限公司团委
    - 中国铁建国际集团有限公司团委
    - 中国铁建投资集团有限公司团委
    - 中国铁建财务有限公司团委
    - 诚合保险经纪有限责任公司团委
    - 中铁建商务管理有限公司团委
    - 重庆铁发遂渝高速公路有限公司团委

（制表：杨　赳）

中国铁建独立(外部)董事葛付兴等到中铁第一勘察设计院集团有限公司开展调研。 (张孟桥 摄)

董事会工作

2015 年中国铁建董事会工作

【中国铁道建筑总公司董事会】 2015 年 6 月 29 日前，中国铁道建筑总公司（以下简称总公司）董事会由孟凤朝、齐晓飞、张宗言 3 名董事组成；6 月 29 日，国务院国资委下发《关于张宗言免职的通知》（国资任字〔2015〕68 号），免去张宗言总公司董事职务；11 月 30 日，国务院国资委下发《关于庄尚标任职的通知》（国资任字〔2015〕141 号），任命庄尚标为总公司董事，总公司董事会由孟凤朝、齐晓飞、庄尚标 3 名董事组成。董事会按照《中华人民共和国公司法》《中国铁建股份有限公司章程》（以下简称《公司章程》）的规定行使职权，建立健全公司法人治理相关制度，完善董事会决策机制，法人治理不断完善。（余兴喜）

【总公司总经理聘任】 2015 年 2 月 10 日，国务院国资委下发《关于齐晓飞、孟凤朝职务任免的通知》（国资任字〔2015〕9 号），孟凤朝不再担任总公司总经理职务，提名齐晓飞为总公司总经理人选。3 月 29 日，总公司董事会召开第 25 次临时会议，同意聘任齐晓飞为总公司总经理。（余兴喜）

【规范董事会工作】 总公司董事会按照国资委关于建设规范董事会相关规定，不断完善公司法人治理，提高董事会决策的合规性、科学性。总公司董事会积极组织董事参加国资委培训，不断提高履职能力。5 月 4 日，总公司向国务院国资委上报《中国铁道建筑总公司关于中国铁建董事会 2014 年度工作情况的报告》（中铁建董〔2015〕25 号）。（余兴喜）

【总公司董事会第 24 次临时会议】 2015 年 2 月 11 日，总公司董事会召开第 24 次临时会议，会议审议通过《关于向中国铁建股份有限公司出售重庆铁发遂渝高速公路有限公司股权的议案》。（孙　瞻）

【总公司董事会第 25 次临时会议】 2015 年 3 月 29 日，总公司董事会召开第 25 次临时会议，会议审议通过《关于就出售重庆铁发遂渝高速公路有限公司 80% 股权确认资产评估结果和转让价格与中国铁建股份有限公司签订补充协议的议案》《关于聘任齐晓飞为公司总经理的议案》。（孙　瞻）

【股东大会】 股东大会是股份公司的权力机构，依法行使下列职权：决定公司的经营方针和投资计划；选举和更换非由职工代表担任的董事、监事，决定有关董事、监事的报酬事项；审议批准董事会报告；审议批准监事会报告；审议批准公司的年度财务预算方案和决算方案；审议批准公司的利润分配方案和弥补亏损方案；对公司增加或者减少注册资本作出决议；对发行公司债券作出决议；对公司合并、分立、解散、清算或者变更公司形式作出决议；制定和修改公司章程，并批准《股东大会议事规则》《董事会议事规则》《监事会议事规则》；对公司聘用、解聘或者不再续聘会计师事务所作出决议；审议单独或者合计持有公司 3% 以上有表决权股份的股东提出的议案；审议批准公司在 1 年内购买、出售重大资产超过公司最近一期经审计总资产 30% 的事项；审议批准变更募集资金用途事项；审议批准股权激励计划；审议批准公司章程规定的对外担保事项；审议法律和公司股票上市地的证券监督规则规定的应当由股东大会审议批准的关联交易；审议法律、公司股票上市地的证券监督管理机构的相关规定及公司章程规定应当由股东大会决定的其他事项。（余兴喜）

【2015 年第 1 次临时股东大会】 2015 年 2 月 5 日，以现场与网络相结合的方式召开。会议审议并通过《关于公司符合非公开发行 A 股股票条件的议案》《关于公司非公开发行 A 股股票方案的议案》《关于公司非公开发行 A 股股票预案的议案》《关于公司非公开发行股票募集资金使用可行性分析报告的议案》《关于前次募集资金使用情况报告的议案》《关于提请股东大会授权董事会及其授权人士全权办理本次发行工作相关事宜的议案》《关于〈中国铁建股份有限公司未来 3 年（2015—2017）股东回报规划〉的议案》《关于修改

〈中国铁建股份有限公司章程〉的议案》《关于修改〈中国铁建股份有限公司募集资金管理办法〉的议案》《关于修改〈中国铁建股份有限公司股东大会议事规则〉的议案》《关于昆明中铁大型养路机械集团有限公司境外上市方案的议案》《关于公司所属昆明中铁大型养路机械集团有限公司境外上市符合〈关于规范境内上市公司所属企业到境外上市有关问题的通知〉的议案》《关于公司维持独立上市地位承诺的议案》《关于公司持续盈利能力的说明与前景的议案》《关于授权董事会及其授权人士处理昆明中铁大型养路机械集团有限公司分拆上市事宜的议案》《关于中国铁建股份有限公司执行董事人选的议案》。 （靖 菁）

【2015 年第 1 次 A 股类别股东大会】 2015 年 2 月 5 日，以现场与网络相结合的方式召开。会议审议并通过《关于公司非公开发行 A 股股票方案的议案》《关于公司非公开发行 A 股股票预案的议案》。 （王 强）

【2015 年第 1 次 H 股类别股东大会】 2015 年 2 月 5 日，以现场会议方式召开。会议审议并通过《关于公司非公开发行 A 股股票方案的议案》《关于公司非公开发行 A 股股票预案的议案》。 （孙 瞻）

【年度股东大会】 2015 年 6 月 2 日，以现场与网络相结合的方式召开。会议审议并通过《关于董事会 2014 年度工作报告的议案》《关于监事会 2014 年度工作报告的议案》《关于公司 2014 年度财务决算报告的议案》《关于公司 2014 年度利润分配方案的议案》《关于公司 2014 年年报及其摘要的议案》《关于核定公司 2015 年全资子公司担保额度的议案》《关于支付 2014 年度审计费用及聘请 2015 年度外部审计机构的议案》《关于支付 2014 年度内部控制审计费用及聘请 2015 年度内部控制审计机构的议案》《关于 2014 年度董事薪酬标准的议案》《关于变更控股股东履行自有房屋及土地使用权相关承诺的议案》《关于本次发行募集资金是否会用于房地产开发业务以及报告期内房地产开发业务是否存在闲置土地、炒地以及捂盘惜售、哄抬房价等违法违规行为之自查报告案》《关于公司控股股东中国铁道建筑总公司出具的〈中国铁道建筑总公司关于中国铁建股份有限公司相关房地产企业合规性的承诺〉的议案》《关于公司董事、高级管理人员出具的〈中国铁建股份有限公司董事、高级管理人员关于相关房地产企业合规性的承诺〉的议案》《关于授予董事会发行公司 H 股股份一般性授权的议案》《关于就公司分拆昆明中铁大型养路机械集团有限公司赴香港联交所上市向本公司 H 股股东提供保证配额的议案》《关于公司在中国银行间市场交易商协会注册发行债券的议案》，听取公司独立董事 2014 年度履职情况报告。 （孙 瞻）

【2015 年第 2 次 A 股类别股东大会】 2015 年 6 月 2 日，以现场与网络相结合的方式召开。会议审议《关于就公司分拆昆明中铁大型养路机械集团有限公司赴香港联交所上市向本公司 H 股股东提供保证配额的议案》，未获有效表决权股份总数的 2/3 以上通过。 （孙 瞻）

【2015 年第 2 次 H 股类别股东大会】 2015 年 6 月 2 日，以现场会议方式召开。会议审议并通过《关于就公司分拆昆明中铁大型养路机械集团有限公司赴香港联交所上市向本公司 H 股股东提供保证配额的议案》。 （孙 瞻）

【2015 年第 2 次临时股东大会】 2015 年 10 月 29 日，以现场与网络相结合的方式召开。会议审议并通过《关于公司领导班子成员 2014 年度经济效益突出贡献奖励方案的议案》《关于公司增加境内外债券发行额度的议案》《关于监事会主席 2014 年度经济效益突出贡献奖励方案的议案》。 （孙 瞻）

【中国铁建股份有限公司董事会】 公司第三届董事会由 9 名董事组成：执行董事、董事长孟凤朝，执行董事、副董事长彭树贵，执行董事、总裁张宗言，执行董事、副总裁庄尚标，非执行董事葛付兴，独立非执行董事王化成、辛定华、承文、路小蔷。2015 年 1 月 19 日，彭树贵因年龄原因不再担任公司执行董事、副董事长。2 月 5 日，公司召开 2015 年第 1 次临时股东大会，选举齐晓飞担任公司执行董事。2 月 5 日，公司召开第三届董事会第 7 次会议，选举齐晓飞为公司副董事长。7 月 6 日，张宗言因工作变动辞去公司执行董事及总裁职务，由执行董事、副总裁、总法律顾问庄尚标主持经理层工作。12 月 4 日，公司召开第三届董事会第 20 次会议，聘任庄尚标为公司总裁。截至 2015 年 12 月 31 日，公司第三届董事会由 8 名董事组成，执行董事、董事长孟凤朝，执行董事、副董事长、党委书记齐晓飞，执行董事、总裁庄尚标，非执行董事葛付兴，独立非执行董事王化成、辛定华、承文、路小蔷。

董事会对股东大会负责，按照《中国铁建股份有限公司章程》依法行使职权。董事会下设提名、战略与投资、薪酬与考核、审计与风险管理4个专门委员会。董事会制定《董事会议事规则》、各专门委员会工作细则及《独立董事工作制度》等法人治理相关工作制度。 (余兴喜)

【董事会提名委员会】 董事会提名委员会负责规范公司董事、总裁及其他高级管理人员的选择标准和程序、执行及检讨董事会成员多元化政策等。

董事会提名委员会由孟凤朝、彭树贵、王化成、辛定华、承文5名董事组成，孟凤朝任提名委员会主席。2015年1月19日，经第三届董事会第5次会议审议，因年龄原因，彭树贵不再担任公司副董事长、执行董事及在董事会的其他相关职务；2月5日，经第三届董事会第7次会议审议，董事会调整提名委员会组成人员，提名委员会由孟凤朝、齐晓飞、王化成、辛定华和承文5名组成，孟凤朝任主席。

2015年，董事会提名委员会分别于1月19日和12月4日召开会议，共审议两项议题。 (余兴喜)

【董事会战略与投资委员会】 董事会战略与投资委员会负责对公司发展战略规划和重大投资决策进行研究并提出建议等。

董事会战略与投资委员会由张宗言、庄尚标、葛付兴、王化成、辛定华5名董事组成，张宗言任战略与投资委员会主席。2015年7月6日，董事会收到张宗言的辞职报告，张宗言因工作变动辞去公司执行董事及总裁职务，亦不再担任公司董事会战略与投资委员会主席；12月4日，经第三届董事会第20次会议审议，同意庄尚标为董事会战略与投资委员会主席，任期至本届董事会任期届满。

董事会战略与投资委员会分别于1月26日、2月11日、4月28日、6月1日、7月29日、8月26日、10月13日、10月30日和12月28日召开会议，共审议33项议题。 (余兴喜)

【董事会薪酬与考核委员会】 董事会薪酬与考核委员会负责制定、审查公司董事及高级管理人员的薪酬政策与方案；负责研究公司董事及高级管理人员的考核标准、进行考核并提出建议等。

董事会薪酬与考核委员会由承文、葛付兴、路小蔷3名董事组成，承文任薪酬与考核委员会主席。

董事会薪酬与考核委员会分别于3月28日、4月28日、6月1日、7月29日、8月26日和10月13日召开会议，共审议11项议题。 (余兴喜)

【董事会审计与风险管理委员会】 董事会审计与风险管理委员会主要负责提议公司外部审计机构的聘请、更换；公司内部审计制度的监督；公司内外部审计的沟通、监督和核查；财务信息及其披露的审阅；内控制度的审查；公司风险管理策略和解决方案的制定，重大决策、重大事件、重要业务流程的风险控制、管理、监督和评估等工作。

董事会审计与风险管理委员会由王化成、葛付兴、辛定华、承文、路小蔷5名董事组成，王化成任审计与风险管理委员会主席。

董事会审计与风险管理委员会分别于3月9日、3月28日、4月28日、6月1日、8月26日、10月29日、12月4日和12月28日召开会议，共审议18项议题。 (余兴喜)

【董事会秘书】 公司设董事会秘书1名，由董事会聘任和解聘。董事会秘书为公司的高级管理人员，对董事会负责。其主要职责：(1)组织筹备并列席董事会会议及其专门委员会会议、监事会会议和股东大会会议。(2)确保公司董事会决策的重大事项严格按规定的程序进行。根据董事会的要求，参加组织董事会决策事项的咨询、分析，提出相应的意见和建议。受委托承办董事会及其有关委员会的日常工作。(3)作为公司与证券监管部门的联络人，负责组织准备和及时递交监管部门所要求的文件，负责接受监管部门下达的有关任务并组织完成。(4)负责协调和组织公司信息披露事宜，建立健全有关信息披露的制度，参加公司所有涉及信息披露的有关会议，及时知晓公司重大经营决策及有关信息资料。(5)负责公司股价敏感资料的保密工作，并制定行之有效的保密制度和措施。对于各种原因引起公司股价敏感资料外泄，要采取必要的补救措施，及时加以解释和澄清，并通告公司股票上市地监管机构。(6)负责公司投资者关系管理事务，完善公司投资者的沟通、接待和服务工作机制。(7)负责协调来访接待，保持与新闻媒体的联系，负责协调解答社会公众的提问，并组织向中国证监会报告有关事宜。(8)协助公司董事会制定公司资本市场发展战略，协助筹划或者实施公司资本市场再融资或者并购重组事务。(9)保证公司的股东名册妥善设立，保证有权得到公司有关记录和文件的人及时得到有关记录和文件；负责公司股权管理事务，包括：保管公司股东持股资料，办理公司限售股相关事项，督促公司董事、监事、高级管理人员及其他相关人员遵守公司股份买卖相关规定及其他公司股权管理事项。(10)协助董事及总裁在行使职权时切实履行境内外法律、公司章程及其他有关规定。在知悉公司作出或可能作出违反有关规定的决议时,有义务及时提醒,并有权如实向中国证监会及其他监管机构反映情况。(11)协调向公司监事会及其他审核机构履行监督职能提供必要的信息资料,协助做好对有关公司财务负责人、公司董事和总裁履行诚信责任的调查。(12)履行董事会授予的其他职权以及公司股票上市地要求具有的其他职权。

(余兴喜)

【第三届董事会第5次会议】 2015年1月19日,以通讯表决方式召开。会议审议通过《关于中国铁建股份有限公司执行董事人选的议案》。(靖 菁)

【第三届董事会第6次会议】 1月26日,在中国铁建大厦14层第2会议室召开。会议审议通过《关于中国铁建港航局集团有限公司与中铁二十局集团有限公司运用产业基金模式投资建设南宁邕宁水利枢纽BT项目的议案》等6项议案。(王 强)

【第三届董事会第7次会议】 2月5日,在中国铁建大厦14层第2会议室召开。会议审议通过《关于选举中国铁建股份有限公司副董事长的议案》《关于调整中国铁建股份有限公司董事会专门委员会组成人员的议案》。(孙 瞻)

【第三届董事会第8次会议】 2月11日,在中国铁建大厦14层第2会议室召开。会议审议通过《关于公司收购重庆铁发遂渝高速公路有限公司股权的议案》。

(孙 瞻)

【第三届董事会第9次会议】 3月10日,以通讯表决方式召开。会议审议通过1项议案。(孙 瞻)

【第三届董事会第10次会议】 3月29—30日,在中国铁建大厦14层第2会议室召开。会议审议通过《关于公司2014年度财务决算报告的议案》《关于公司2014年度利润分配方案的议案》《关于公司2014年年报及其摘要的议案》《关于董事会向股东大会报告2014年度工作报告的议案》《总裁2014年度工作报告》《关于〈中国铁建董事会2015年工作要点〉的议案》等17项议案。(孙 瞻)

【第三届董事会第11次会议】 4月29日,在中国铁建大厦14层第2会议室召开。会议审议通过《关于公司2015年第一季度报告的议案》《关于公司在中国银行间市场交易商协会注册发行债券的议案》《关于董事会向国资委报告2014年度工作的议案》等10项议案。(孙 瞻)

【第三届董事会第12次会议】 5月7日,以通讯表决方式召开。会议审议通过《关于昆明中铁大型养路机械集团有限公司改制设立中国铁建高新装备股份有限公司的议案》。(孙 瞻)

【第三届董事会第13次会议】 5月12日,以通讯表决方式召开。会议审议通过《关于公司控股股东中国铁道建筑总公司提出的〈关于向中国铁建股份有限公司2014年年度股东大会提交临时提案的函〉的议案》。(孙 瞻)

【第三届董事会第14次会议】 6月2日,在中国铁建大厦14层第2会议室召开。会议审议通过《关于〈公司2015年度全面风险管理报告〉的议案》《关于向中铁十九局集团有限公司增加注册资本金的议案》《关于中铁物资集团有限公司投资成都地铁5号线BT项目的议案》等5项议案。(孙 瞻)

【第三届董事会第15次会议】 7月29日,在中国铁建大厦14层第2会议室召开。会议审议通过《关于公司以募集资金置换预先投入募投项目自筹资金的议案》《关于公司使用部分闲置募集资金暂时补充流动资金的议案》《关于中国铁建投资集团有限公司参与投资铜陵有色金属集团股份有限公司非公开发行股票的议案》等6项议案。(孙 瞻)

【第三届董事会第16次会议】 8月28日,在中国铁建大厦14层第2会议室召开。会议审议通过《关于公司2015年半年报及其摘要的议案》《关于筹备设立金融租赁公司的议案》《关于公司2015年内部控制评价工作方案的议案》等6项议案。(孙 瞻)

【第三届董事会第17次会议】 9月7日,以通讯表决方式召开。会议审议通过《关于公司增加境内外债券发行额度的议案》和《关于召开公司2015年第2次临时股东大会审议相关事宜的议案》。(孙 瞻)

【第三届董事会第18次会议】 10月13日，在中国铁建大厦14层第2会议室召开。会议审议通过《关于修改〈关于公司增加境内外债券发行额度的议案〉的议案》《关于2014年度高管人员薪酬方案的议案》《关于设立中铁建海峡建设集团有限公司的议案》等6项议案。（孙 瞻）

【第三届董事会第19次会议】 10月30日，在中国铁建大厦14层第2会议室召开。会议审议通过《关于公司2015年第三季度报告的议案》《关于中铁十一局集团有限公司参与遵义高铁新城一期PPP项目投标的议案》《关于中国铁建投资集团有限公司投资资源至兴安高速公路BOT项目配套项目的议案》等7项议案。（孙 瞻）

【第三届董事会第20次会议】 12月4日，在中国铁建大厦14层第2会议室召开。会议审议通过《关于聘任中国铁建股份有限公司总裁的议案》和《关于调整董事会专门委员会组成人员的议案》。（孙 瞻）

【第三届董事会第21次会议】 12月28日，在中国铁建大厦14层第2会议室召开。会议审议通过《关于拟定2016—2018年持续关连交易上限和续签〈服务提供框架协议〉的议案》《关于设立中铁建南方建设投资有限公司的议案》《关于中国铁建投资集团有限公司投资新疆银行股份有限公司的议案》等8项议案。

（孙 瞻）

【完善公司法人治理制度】 董事会继续加强制度建设，按照国资委、中国证监会、证券交易所等监管机构的有关规定，结合企业实际情况，进一步完善法人治理制度。修订《公司章程》《股东大会议事规则》和《募集资金管理办法》等制度。（靖 菁）

【外部董事到所属企业进行专题调研】 2015年，董事会组织2次外部董事调研活动，先后对16家二级单位和17个重点项目进行实地调研，了解企业发展现状、“十二五”规划落实情况和“十三五”规划的编制工作，为科学决策创造条件。

6月3—12日，中国铁建党委书记、副董事长齐晓飞带队，非执行董事葛付兴，独立非执行董事王化成、承文、路小蔷，在董事会秘书余兴喜和董事会秘书局有关人员陪同下，先后到中铁地产、大桥局、十八局、二十一局、二十局、铁一院、十二局、十七局8家二级单位和来广营中国铁建国际城项目、天津铁路枢纽西南环线扩能改造项目、天津地铁6号线项目、天津海河隧道项目、兰州铁路枢纽项目、宝兰客专兰州梁场、兰州铁建馨苑经适房项目、西安大机段项目、山西省图书馆项目9个工程项目进行调研。

11月15—18日、11月30日—12月3日，中国铁建非执行董事葛付兴，独立非执行董事王化成、承文、路小蔷，在董事会秘书余兴喜和董事会秘书局有关人员陪同下，先后到十五局、二十四局、上海院、十一局、铁四院、二十五局、港航局、投资集团8家二级单位和十五局集团上海虹梅南路高架桥项目、二十四局中铁盈创3D打印建筑工厂、十一局武汉地铁机场线BT项目、二十五局广州江源货场和留香市场、港航局珠海横琴高新产业园区场地填筑项目及1号绞吸船、投资集团珠海中国铁建大厦项目和珠海西部中心城区土地一级开发项目等进行实地调研。（孙 瞻）

【组织公司董事、董秘参加培训】 按照国资委、上海证券交易所等有关监管机构要求，组织公司董事、董秘参加董事会规范运作专题研讨及上市公司合规运作专题培训活动。组织公司董事、董秘参加相关培训33人次。（王海强）

【董事会秘书局】 董事会秘书局为公司董事会的常设工作机构，负责公司董事会日常工作事务，负责筹备、组织股东大会、董事会及其各专门委员会会议，负责董事会决议执行情况的监督和信息反馈；负责起草董事会重要文件，建立健全董事会各项工作制度；负责董事会印章管理，处理法人代表授权委托事项；负责为董事履职提供工作服务；负责公司投资者关系管理，管理股东名册，接待投资者来访，与投资者保持良好的日常沟通与交流；组织编制年报、半年报、季度报告等定期报告；负责安排、组织业绩路演、推介活动；负责董事会与公司内外部的联络与沟通，协调与境内外监管机构的关系；负责公司内部重大信息的收集、整理与汇总，对外进行信息披露；负责对所属上市公司信息披露业务进行指导；负责公司委派到子公司的外部董事的日常管理、工作服务；负责参加子公司股东大会的股东代表和公司委派到子公司的外部董事参加董事会行使决策意见的沟通与协调；负责公司董事会与全资、控股子公司董事会的业务联系与沟通，持续完善全资、控股子公司法人治理制度建设，规范董事会运作；参与公司股票、债券及其衍生品的发行工作，参与所属子公司分拆上市等资本市场融资工作；参与公司全面风险管理、内部控制、履行社会责任等工作；承办总公司董事会相关工作；完成领导交办的其他工作。董事会秘书局下设秘书处、投资者关系处和股权代表管理处，定员 14 人，设主任 1 人，副主任 1 人，证券事务代表 1 人，现员 11 人。

董事会秘书局按照《董事会 2015 年工作要点》的总体部署，主要围绕公司董事会规范运作开展工作，进一步完善公司治理结构与制度建设，做好信息披露与投资者关系管理，对二级公司董事会建设进行业务指导，开展股权再融资、分拆上市等工作，为企业改革与发展服务，依法合规办事，注重工作实效。（靖　菁）

【修订《中国铁建股份有限公司章程》(2015 年第一次修订)】 根据中国证监会颁布的《上市公司章程指引(2014 年第二次修订)》(中国证监会公告〔2014〕47 号)及《上市公司监管指引第 3 号—上市公司现金分红》(中国证监会公告〔2013〕43 号)的规定，公司对《公司章程》第 107 条、121 条、125 条、255 条及 256 条及相关旁注进行修订，并经 2 月 5 日股份公司 2015 年度第一次临时股东大会审议通过。2 月 10 日，公司正式印发《中国铁建股份有限公司章程》(中国铁建董〔2015〕24 号)。（李　静）

【修订《中国铁建股份有限公司章程》(2015 年第二次修订)】 2015 年 7 月，公司非公开发行 124200 万股人民币普通股(A 股)，非公开发行 A 股股票之后，《公司章程》中有关注册资本、股权结构等内容均发生变化。根据 2 月 5 日公司 2015 年第一次临时股东大会授权，对《公司章程》第 22 条进行修订。7 月 29 日，公司正式印发《中国铁建股份有限公司章程》(中国铁建董〔2015〕86 号)。（李　静）

【修订《中国铁建股份有限公司股东大会议事规则》】 根据中国证监会颁布的《上市公司股东大会规则(2014 年修订)》(证监会公告〔2014〕46 号)要求，公司对《股东大会议事规则》第 36 条、61 条、67 条、76 条部分内容进行修订，并经 2 月 5 日股份公司 2015 年第一次临时股东大会审议通过。2 月 10 日，公司正式印发《中国铁建股份有限公司股东大会议事规则》(中国铁建董〔2015〕25 号)。（李　静）

【修订《中国铁建股份有限公司募集资金管理办法》】 根据中国证监会颁布的《上市公司监管指引第 2 号—上市公司募集资金管理和使用的监管要求》(中国证监会公告〔2012〕44 号)及《上海证券交易所上市公司募集资金管理办法(2013 年修订)》(上证公字〔2013〕13 号)等规定，公司对《募集资金管理办法》相应内容进行修订，并经 2 月 5 日股份公司 2015 年第一次临时股东大会审议通过。2 月 11 日，公司正式印发《中国铁建股份有限公司募集资金管理办法》(中国铁建董〔2015〕29 号)。（李　静）

【二级单位法人治理业务指导】 加强对二级单位董事会规范运作的业务指导。12 月，下发《进一步健全完善法人治理制度》通知，要求二级公司尽快对公司法人治理制度进行梳理、完善并印发，建立定期自查机制；二级公司董事会要进一步规范运作，严格执行法人治理制度，重大事项决策必须按照制度规定召开相关会议进行审议，履行相关决策程序，切实提高制度的执行力。通过多种形式，与二级公司董事会工作机构进行业务沟通。2015 年共收集整理二级单位董事会工作总结、计划 21 份，备案董事会决议等相关资料 81 份；通过 QQ 工作群、电话和邮箱，安排专人随时解答基层单位的业务咨询。（谢华刚　徐　红）

【重大信息内部报告】 为确保股份公司内部重大信息迅速、顺畅的流动、归集和有效管理，2015 年收集重大信息 36 条，整理披露临时公告 21 份。

（谢华刚　徐　红）

【做好公司委派的外部董事代表出资人行使决策意见的沟通与协调】 做好股份公司委派到子公司的外部董事的日常沟通、服务工作。做好参加子公司股东大会的股东代表和公司委派到子公司的外部董事参加董事会行使决策意见的沟通与协调，召集相关业务部门研究表决意见，履行有关审批程序。（徐　红）

【资本市场获奖情况】 2015 年，中国铁建在资本市场屡获殊荣。公司在 2015 年度香港上市公司港股 100 强评选中入选综合实力 100 强，在第九届中国上市公司市值管理高峰论坛上获“2015 年度中国上市公司资本品牌价值 100 强”和“2015 年度国有控股上市公司市值管理 50 强”，在《大公报》主办的 2015 中国证券金紫荆颁奖典礼上获“最佳投资者关系管理上市公司”称号，在《南方企业家》杂志社联合多家单位组织的评选中获“2015 中国上市公司最具投资价值 100 强”“2015 中国上市公司创新标杆企业 100 强”，在中国上市公司协会联合多家单位举办的 2015 中国最受投资者尊重的上市公司评选中获“中国最受投资者尊重的百家上市公司”称号，在第十五届中国上市公司百强高峰论坛上获中国百强企业奖、中国道德企业奖，在《董事会》杂志主办的第十一届中国上市公司董事会“金圆桌”论坛上获董事会建设特别贡献奖。

孟凤朝董事长在《南方企业家》杂志社联合多家单位组织的评选中获“2015 中国上市公司最受尊敬功勋企业家”称号，在第十五届中国上市公司百强高峰论坛上获“中国百强杰出企业家”称号。王秀明总会计师在《中国融资》举办的2015 中国融资上市公司大奖上获最佳财务总监奖。余兴喜董事会秘书在《大公报》主办的2015 中国证券金紫荆颁奖典礼上获“最佳上市公司董事会秘书”称号，在第十五届中国上市公司百强高峰论坛上获中国百强优秀董秘奖，在《董事会》杂志主办的第十一届中国上市公司董事会“金圆桌”论坛上被评为最具创新力董秘，在第十三届中国财经风云榜评选中获得上市公司“2015 年度金牌董秘”称号，在第十一届新财富金牌董秘评选中获得新财富金牌董秘奖，在《中国融资》举办的2015 中国融资上市公司大奖上获得最佳董事会秘书/公司秘书大奖。（徐 衍）

【合规披露公司信息】 公司信息披露工作严格按照上海、香港两地监管机构的要求，做到真实、准确、完整、及时、公平，保证信息披露的质量和水平。在上海证券交易所披露文件资料 154 个，在香港联交所披露中文文件 157 个、英文文件 122 个。信息披露文件除在交易所网站披露外，分别在《中国证券报》《上海证券报》《证券日报》《证券时报》4 家指定报纸和《中国铁道建筑报》及公司网站进行披露。公司于香港联交所网站发布的海外监管公告，在公司网站上同时披露中英文版，方便海外投资者了解公司信息。（赫东娜）

【编制、披露、印刷公司定期报告】 完成定期报告的编制、披露等工作。为提高工作的计划性，提前制订定期报告编制实施意见及工作安排计划，明确时间节点和部门分工，保障定期报告按要求编制和及时发布。完成2014 年年报、2015 年一季报、2015 年中期报告和2015 年三季报的编制与披露工作，定期报告未出现重大差错或遗漏。同时，按期完成定期报告的翻译、校对、排版、挂网、印刷、邮寄和分发等相关工作。

（谢华刚 李 静 何 珊 卢富平）

【有效管理投资者关系】 公司认真贯彻落实《国务院办公厅关于进一步加强资本市场中小投资者合法权益保护工作的意见》、上海证券交易所《关于进一步加强上市公司投资者关系管理工作的通知》和北京证监局《关于集中开展投资者保护宣传工作的通知》精神，按照《中国铁建股份有限公司投资者关系工作制度》的有关规定，扎实有效地开展投资者关系管理工作。公司设立投资者关系热线电话，接听投资者和分析师咨询，及时回答相关问题。设立投资者关系专用邮箱，为投资者及分析师提供了便利的沟通条件。全年接听热线电话 1250 个，回复邮件近千封。对投资者普遍关注的热点问题，及时汇总并上报。2015 年召开投资者会议 50 场接待 138 人次，参加投资机构举行的投资者论坛 11 次 44 场，接待投资者 220 人次。

（卢富平 何 珊 徐 衍）

【上证 e 互动平台管理】 公司充分利用上海证券交易所“上证 e 互动”网络平台，重视和加强与投资者的互动和交流，对投资者提出的问题给予及时回复，同时，利用此平台上传机构投资者来访调研记录等资料。利用上证 e 互动平台召开现金分红网络说明会，回答了投资者提出的问题。（何 珊 卢富平 徐 衍）

【更新投资者关系管理网站内容】 为加强投资者关系管理工作的主动性和互动性，畅通与投资者沟通的渠道和方式，进一步完善信息披露工作，公司及时更新公司网站中有关投资者关系管理的内容。重点完善“投资者关系”栏目的内容，及时更新数据，增强投资者关系栏目的针对性、及时性和准确性，同时搭建了投资者互动问答平台，进一步拓宽投资者的信息反馈渠道。（卢富平 何 珊 赫东娜）

【进行业绩发布和路演活动】 公司配合定期报告的披露，及时召开业绩发布会，2015 年召开 1 次业绩发布现场会议、4 次电话会议，发布公司经营业绩，回答投资者和分析师普遍关注的问题。配合年报的发布，公司领导带队在香港和新加坡进行业绩路演，召开投资者会议 47 场，会见投资者和分析师 118 人次。公司业绩获得资本市场的普遍认可。

（靖 菁 卢富平 徐 衍）

【加强内幕信息管理】 公司按照中国证监会等监管机构的相关要求和《中国铁建股份有限公司内幕信息知情人管理制度》的规定，进一步加强内幕信息管理，完善内幕信息知情人登记备案制度，对重点事项进行重点管控，严格规范内幕信息知情人的行为，有效保护股东、公司及其他利益相关方的合法权益。

（谢华刚 徐 衍）

【年度分红派息】 认真做好2014年度分红派息工作,制订工作计划,明确工作流程、时间节点及分工建议,对分红派息工作进行整体筹划,与财务部等部门密切配合,2015年6月顺利完成2014年度分红派息工作。 (卢富平)

【上市合规类中介机构年度考核、合同签订和费用支付】 组织完成对公司所聘4家上市合规类中介机构的年度考核工作。组织年度考核,对各中介机构年度工作情况进行评议,并提出改进建议。经协商,确定降低其中3家机构的年度收费标准,并继续聘任北京德恒律师事务所(境内律师)、贝克·麦坚时律师事务所(境外律师)、香港中央证券登记有限公司(境外股东登记服务机构)、香港皓天财经集团有限公司(境外财经公关公司和印刷商)为公司新一年度的上市合规类服务机构,签署年度服务协议和保密协议,并支付上一年度服务费用。 (靖 菁 卢富平)

【公司股东名册管理】 公司A股、H股股东情况和相关数据分别由中国证券登记结算公司上海分公司和香港中央证券进行管理。做好A股股东名册管理工作,定期下载公司前百名大股东名册数据和股息红利差异化计税补缴明细数据,在召开股东大会、分红派息、业绩发布等期间进行股东名册的申请、下载、汇总、对比和查询。做好H股股东名册管理工作,定期从香港中央证券网站下载公司全部股东名册及地域分布、大股东名单等统计表格,及时掌握公司股份分布情况和大股东权益变动情况。截至2015年12月31日,公司股东总数351949户,其中A股股东333623户,H股股东18326户。 (赫东娜)

【总公司增持上市公司股份】 为稳定证券市场,根据国资委的统一部署,总公司于2015年7月通过二级市场买入的方式增持本公司股份1150000股,买入均价15.867元,占股份公司总股本的0.00932%。本次增持前,总公司持有股份公司股份7566245500股,占股份公司总股本的61.33%。本次增持后,总公司持有股份公司股份7567395500股,占公司总股本的61.34%。 (谢华刚)

【公司非公开发行A股股票】 为改善公司资本结构,进一步优化财务状况,公司于2015年2月5日召开2015年第1次临时股东大会、2015年第1次A股类别股东大会和2015年第1次H股类别股东大会,审议通过关于非公开发行A股股票的有关议案。6月2日,公司召开2014年年度股东大会,审议通过公司控股股东中铁建总公司、公司董事、高级管理人员和中国铁建股份有限公司关于公司房地产开发业务出具相关报告及承诺的议案。6月10日,中国证监会发行审核委员会会议审核通过公司本次非公开发行A股股票的申请。6月29日,公司收到中国证监会《关于核准中国铁建股份有限公司非公开发行股票的批复》,批复核准公司非公开发行不超过1409361702股A股股票。7月7日,公司非公开发行A股股票完成簿记,发行价格最终确定为8.00元/股,发行股票数量1242000000股,募集资金总额9936000千元,扣除发行相关费用113057千元后,募集资金净额9822943千元,其中新增股本124000千元,新增资本公积8580943千元。本次发行新增股份于2015年7月16日在中国证券登记结算有限责任公司上海分公司办理完毕登记托管相关事宜。 (孙 瞻)

【所属子公司铁建装备境外上市】 2月5日,公司召开2015年第一次临时股东大会,审议通过所属全资子公司昆明中铁大型养路机械集团有限公司境外上市的有关议案。5月7日,公司第三届董事会第12次会议审议同意昆明中铁以3月31日为基准日改制设立为股份有限公司,改制后的名称为“中国铁建高新装备股份有限公司”。6月24日,中国铁建高新装备股份有限公司召开创立大会并完成工商变更登记。10月12日,公司披露铁建装备收到中国证券监督管理委员会《关于核准中国铁建高新装备股份有限公司发行境外上市外资股的批复》(证监许可〔2015〕2176号)事项,核准铁建装备发行不超过611790092股境外上市外资股(H股),每股面值人民币1元,全部为普通股。12月17日,公司披露《关于中国铁建高新装备股份有限公司境外发行上市完成的公告》,铁建装备向香港联交所提交发行上市申请并获得批准,其股票于12月16日在香港联交所主板上市交易,股票代码1786,股票简称“铁建装备”。铁建装备共发行531900000股H股,发行价每股5.25港元。发行完成后铁建装备总股本1519884000股,股份公司直接持有铁建装备股份968224320股,占其发行完成后总股本的63.70%;公司直接和间接共计持有铁建装备股份987984000股,占其已发行总股本的65.00%。这是A+H公司分拆子公司在香港上市的第一个案例,是资本市场的一个重大创新。 (孙 瞻)

【发行H股零息可转股债券】 6月2日，公司召开2014年年度股东大会，审议通过公司关于授予董事会发行公司H股股份一般性授权的议案；10月29日，召开2015年第2次临时股东大会，审议通过中国铁建股份有限公司关于公司增加境内外债券发行额度的议案。10月30日，公司第三届董事会第19次会议审议通过《关于发行H股可转换公司债券的议案》，启动相关准备工作。（孙　瞻）

【收购中铁建总公司持有的重庆铁发遂渝80%的股权】 2月11日，股份公司与总公司签署《中国铁道建筑总公司与中国铁建股份有限公司关于重庆铁发遂渝高速公路有限公司之股权转让协议》，该协议约定本公司以现金方式收购控股股东持有的重庆铁发遂渝80%的股权，收购的价格以经双方认可的具有证券从业资格的会计师事务所和资产评估事务所审计、评估的净资产值为基准。3月30日，股份公司与总公司签署《中国铁道建筑总公司与中国铁建股份有限公司关于重庆铁发遂渝高速公路有限公司股权转让协议之补充协议》，对转让价格进行确认。相关议案经2月11日召开的第三届董事会第8次会议及2015年3月29—30日召开的第三届董事会第10次会议审议通过。5月25日，重庆铁发遂渝完成股东核准变更登记手续。6月2日，股份公司按照股权转让协议支付股权转让款3098226千元。至此，股份公司完成对重庆铁发遂渝的同一控制下的企业合并，合并日确定为2015年6月2日。（孙　瞻）

中铁十八局集团有限公司武九铁路客运专线项目建设者在石马寨隧道出口拉上横幅,摆出"V"型手势庆祝抗战胜利70周年。
（武 振 摄）

工程施工

工程管理

【工程管理部】 是股份公司工程管理、工程调度、抗洪抢险、抗震救灾、环境保护及铁路战备综合管理职能部门。主要职责:管理、指导全系统工程管理工作;负责组织制订建设项目施工管理、竣工验收管理等各项规章制度;负责交流推广先进项目管理经验;负责组织有关部门处理和解决公司承建的重点工程中的施工组织、施工难点问题和竣工验收交接工作;负责工程调度和重难点工程的信息工作;负责公司总承包项目和本级工程项目的施工组织管理指导工作;负责工程项目环境保护、节能减排、防洪、抗震减灾等工作。参与公司总体发展战略及中长期规划的研究制订工作;参与公司社会责任报告的编撰并提供相关资料;参与全面风险管理和内控相关工作;参与绩效考核工作;参与经济对标工作;参与信息化建设工作;参与责任成本管理工作;参与全面预算管理工作;参与概预算梳理、设计变更、经济索赔工作;承办总公司管理的国家铁路战备工作;承办总公司经营项目的工程管理工作。

（刘 辉）

【施工生产综述】 2015 年 1—12 月,全系统完成施工产值 5148.3 亿元,占年度计划的 102.6%,同比增加 6.5 亿元。全系统合同金额大于 5000 万元的在建项目 2988 项,其中铁路工程 752 项,公路工程 581 项,市政工程 273 项,城市轨道交通工程 472 项,房建工程 696 项,水利工程 104 项,电力工程(含水电工程)17 项,机场工程 5 项,港口与航道工程 33 项,矿山工程 34 项,地质灾害治理工程 1 项,其他类别 20 项。

股份公司国内在建重点工程 35 项。其中,铁路工程 16 项:沪昆高速铁路长昆段、哈齐铁路客运专线、合福铁路客运专线、成渝铁路客运专线、兰渝铁路、重庆铁路枢纽 BT 项目、郑徐铁路客运专线、西成铁路客运专线、成兰铁路、敦格铁路、石济铁路客运专线、宝兰铁路客运专线、京沈客专、成贵铁路、杭黄铁路、九景衢铁路;公路工程 4 项:麻柳湾—昭通高速公路、江门—罗定高速公路、潮州—惠州高速公路、简阳—蒲江高速公路;市政工程 6 项:重庆火车北站综合交通枢纽工程、贵州多彩贵州城、镇江新区基础设施 BT 项目、南昌市象湖隧道工程、呼和浩特西北线快速路工程、长沙磁浮工程项目;城市轨道交通 4 项:北京地铁、青岛地铁 2 号线、厦门地铁 1 号线、兰州地铁;水利工程 1 项:山西中部引黄工程;房建工程 3 项:广西九洲国际、贵州茅台酒厂扩建工程、福建福清清利嘉中心;综合工程 1 项:新疆伊吾县白石湖煤矿露天剥离工程。

2015 年,股份公司参建的多条铁路、地铁如期通车,长大隧道贯通、特大桥合龙,多个市政及水利项目完工,重难点工程项目相继取得突破。南疆铁路中天山隧道、青(岛)兰(州)高速六盘山隧道、港珠澳大桥拱北隧道、青海省道 309 线长拉山隧道、沪昆客专大独山隧道、天水至平凉铁路关山隧道、广深港高铁深港隧道、引汉济渭工程秦岭隧洞、谷(城)竹(溪)高速青峰隧道、渝万铁路分水镇隧道、宝兰客专渭河隧道、西城高铁老安山隧道贯通;织(金)毕(节)铁路架盖河特大桥主跨顺利合龙;包西铁路鄂尔多斯火车站站房工程、柳州南编组站扩能改造工程、西咸新区空港新城临空物流商务中心 A 区(一期)项目、吉林市人民大剧院工程顺利竣工;合福高铁、宁安高铁、哈齐客专、吉图珲客专、成渝客专、额哈铁路、滨海快速铁路丹大快速铁路、敦格铁路、金温铁路、赣龙铁路、兰渝铁路广元至重庆段、宁西铁路二线、郑机城际、郑焦城际、长沙磁浮铁路等开通运营。

（刘 辉）

【2015 年度中国铁建优秀项目经理】

中国土木工程集团有限公司

陆海强 张建业 吕 峰

中铁十一局集团有限公司

陈玉英 王大炎

中铁十二局集团有限公司

贺歌今 王新顺 陈 谦 赵福明

中国铁建大桥工程局集团有限公司

蔡维栋 韩兆军 刘铁兵

中铁十四局集团有限公司

冯加勇 周洪顺

中铁十五局集团有限公司

李炜东 张有红 徐培军

中铁十六局集团有限公司

韩 均 齐永立 王 军 方水保

中铁十七局集团有限公司

高晓雷 薛 晋

中铁十八局集团有限公司

王志杰 李文广

中铁十九局集团有限公司

陆铁彬 邹德玉 卢建勋 阮承志

中铁二十局集团有限公司

刘俊斌 周玉兵

中铁二十一局集团有限公司

张建明 张同猛

中铁二十二局集团有限公司

王冠英　张国华

中铁二十三局集团有限公司

杜怀江　王洪田　王连华

中铁二十四局集团有限公司

黄瑞堂

中铁二十五局集团有限公司

古国贞　陈　德

中铁建设集团有限公司

王　勇　亢　永　林　伟　李士坦

中国铁建电气化局集团有限公司

黄国胜　董建林

中国铁建港航局集团有限公司

宋钢贤　雷明深

中国铁建国际集团有限公司

满文波

中铁城建集团有限公司

梁　佶　张海林　白立新

股份公司直管项目

王朝晖　　（刘　辉）

主要工程

【沪昆高速铁路】　沪昆高速铁路是中国东西向线路里程最长、经过省份最多的高速铁路，项目途径上海、杭州、南昌、长沙、贵阳、昆明等6座省会城市及直辖市。线路全长2066千米（比京沪高铁里程长748千米），全线为复线电气化铁路，铁路等级：客运专线，正线数目：双线，设计行车速度350千米/小时。总投资超过3000亿元。沪昆高速铁路通道主要由沪杭客运专线、杭长客运专线和长昆客运专线3段组成。沪昆客专沪杭段已经于2009年2月开工建设，2010年10月26日正式通车运营；杭长段于2009年12月22日开工，2014年12月10日建成通车；长昆段于2010年3月26日开工，2014年12月16日长沙至新晃段建成通车，2015年6月18日新晃至贵阳段开通运营。沪昆高铁计划2016年底全线通车运营。

杭长段由中国铁建所属十一局、大桥局、十六局、十七局、十九局、二十局参与工程建设。

中铁十一局集团有限公司承担杭长铁路客运专线HCZJ－3标工程。项目驻地浙江义乌，项目负责人甘胜银。合同投资300401万元，线路长43.6千米。主要工程量：正线桥梁28座28.4千米，正线隧道12座9.4千米，路基总长5.6千米，其中车站1座。

中国铁建大桥工程局集团有限公司承担杭长铁路客运专线HKJX－4标工程。项目驻地江西南昌，项目负责人张锦辉。合同投资239660万元，线路长37.1千米。主要工程量：赣江特大桥37106.5延长米。

中铁十五局集团有限公司承担杭长铁路客运专线HKJX－1标工程。项目驻地江西上饶，项目负责人王令振。合同投资570415万元，线路长66.3千米。主要工程量：土石方210万立方米，桥梁56座42.3千米，隧道15座9796延长米，铺轨592千米。

中铁十六局集团有限公司承担杭长铁路客运专线HKJX－5标工程。项目驻地江西高安，项目负责人赵永。合同投资465994万元，线路长68.6千米。主要工程量：土石方622.3万立方米，桥梁29座45.1千米，涵洞77座2270.8横延米，无砟轨道233.3千米，车站2座（南昌西站、高安站）。

中铁十七局集团有限公司承担杭长铁路客运专线HCZJ－2标工程。项目驻地浙江诸暨，项目负责人韩贤文。合同投资410434万元，线路长52千米。主要工程量：土石方189万立方米，桥梁42座35.3千米，涵洞44座992横延米，隧道19座14.2千米。

中铁十九局集团有限公司承担杭长铁路客运专线HKJX－8标工程。项目驻地江西萍乡，项目负责人张明杰。合同投资475234万元，线路长67.5千米。主要工程量：土石方516.2万立方米，桥梁54座45.7千米，隧道7座7.5千米，萍乡北站，标段内的轨道板预制和铺设。

中铁二十局集团有限公司承担杭长铁路客运专线HCTJ－1标工程。项目驻地湖南株洲，项目负责人刘庭联。合同投资437293万元，线路长50.2千米。主要工程量：土石方359万立方米，桥梁45座29千米，隧道16座14.2千米，涵洞16座636.3横延米。

长昆段由中国铁建所属十一局、十二局、大桥局、十四局、十七局、二十局、二十二局、二十三局、二十五局参与工程建设。

中铁十二局集团有限公司承担长昆铁路客运专线CKTJ－3标工程。项目驻地云南马龙，项目负责人刘建佳。合同投资345199万元，线路长51.6千米。主要工程量：桥梁47座18.4千米，涵洞60座1788横延米，隧道11座14.6千米。

中铁十二局集团有限公司承担长昆铁路客运专线CKTJ－5标工程。项目驻地湖南娄底，项目负责人赵西民。合同投资306647万元，线路长42.5千米。主要工程量：桥梁14座7.3千米，涵洞19座645.4横延米，隧道7.5座30.8千米，CRTSI型双块式无砟道床铺设85.2千米。

中国铁建大桥工程局集团有限公司承担长昆铁路客运专线CKGZTJ－11标工程。项目驻地贵州晴隆，项目负责人臧守杰。合同投资307000万元，线路长41.8千米。主要工程量：桥梁5座961.7延长米，涵洞

1 座 23.1 横延米，隧道 6 座 40.7 千米，CRTSⅡ型板式无砟轨道铺设 85.7 千米。

中铁十四局集团有限公司承担长昆铁路客运专线 CKGZTJ-7 标工程。项目驻地贵州贵阳，项目负责人乔培贞。合同投资 295896 万元，线路长 50.9 千米。主要工程量：土石方 390 万立方米，桥梁 36 座 18 千米，涵洞 88 座 2351.4 横延米，隧道 19 座 8357 延长米。正线无砟轨道 101.3 千米。

中铁十四局集团有限公司承担长昆铁路客运专线 CKTJ-9 标工程。项目驻地湖南怀化，项目负责人林存友。合同投资 321323 万元，线路长 41.6 千米。主要工程量：桥梁 29 座 8.2 千米，涵洞 17 座 750.2 横延米，隧道 23 座 32.3 千米。

中铁十六局集团有限公司承担长昆铁路客运专线 CKTJ-3 标工程。项目驻地云南嵩明，项目负责人饶延泉。合同投资 124115 万元，线路长 16.0 千米。主要工程量：土石方 274.4 万立方米，桥梁 18 座 8.9 千米，隧道 1 座 454 延长米。

中铁十六局集团有限公司承担长昆铁路客运专线 CKTJ-3/GZYZ-1 标工程。项目驻地湖南娄底，项目负责人郎建平。合同投资 294343 万元，线路长 32.9 千米。主要工程量：正线桥梁 24 座 13.7 千米，路基长 7.6 千米，隧道 7 座 11.5 千米，无砟轨道铺设 32.9 千米，车站 1 座（娄底南站）。

中铁十七局集团有限公司承担长昆铁路客运专线 CKGZTJ-5 标工程。项目驻地贵州麻江，项目负责人李予文。合同投资 231869 万元，线路长 30.4 千米。主要工程量：土石方 149 万立方米，桥梁 23 座 7593 延长米，涵洞 8 座 218 横延米，隧道 12.5 座 20.6 千米。

中铁十七局集团有限公司承担长昆铁路客运专线 CKTJ-7 标工程。项目驻地湖南怀化，项目负责人成华。合同投资 253700 万元，线路长 34.5 千米。主要工程量：土石方 84 万立方米，桥梁 19 座 5671 延长米，涵洞 3 座 79 横延米，隧道 12 座 27.4 千米。

中铁二十局集团有限公司承担长昆铁路客运专线 TJ-2 标工程。项目驻地云南曲靖，项目负责人石鸿江。合同投资 363115 万元，线路长 54.6 千米。主要工程量：桥梁 41 座 22.7 千米，隧道 8 座 15.4 千米，涵洞 44 座 1151.3 横延米，公路跨线桥 5 座 276.6 延长米，人行天桥 2 座 106.4 延长米。

中铁二十局集团有限公司承担长昆铁路客运专线 CKGZTJ-9 标工程。项目驻地贵州安顺，项目负责人冯军武。合同投资 497298 万元，线路长 63.2 千米。主要工程量：隧道 19 座 43.6 千米，桥梁 22 座 11.8 千米，车站 1 座，轨道板预制场 1 处，CRTSⅡ型无砟轨道预制 106.5 铺轨千米。

中铁二十二局集团有限公司承担长昆铁路客运专线 CKGZTJ-12 标工程。项目驻地贵州盘县，项目负责人司尚荣。合同投资 390000 万元，线路长 48.3 千米。主要工程量：土石方 448 万立方米，桥梁 10.2 千米，隧道 32.2 千米，双块式无砟道床 96.6 千米。

中铁二十三局集团有限公司承担长昆铁路客运专线 CKGZTJ-6 标工程。项目驻地贵州贵定，项目负责人赵永明。合同投资 435800 万元，线路长 56.5 千米。主要工程量：隧道 23 座 34.2 千米，桥梁 33 座 16.7 千米，涵洞 17 座 421.7 横延米，CRTSI 型双块式无砟轨道 114.0 千米。

中铁二十四局集团有限公司承担长昆铁路客运专线 CKGZTJ-5 标工程。项目驻地贵州福泉，项目负责人郑军锋。合同投资 97900 万元，线路长 12.6 千米。主要工程量：桥梁 7 座 1.5 千米，隧道 4.5 座 10.5 千米。

中铁二十五局集团有限公司承担长昆铁路客运专线 CKTJ-1 标工程。项目驻地湖南湘潭，项目负责人苏建斌。合同投资 152777 万元，线路长 25.1 千米。主要工程量：桥梁 26 座 16.6 千米，隧道 3 座 1122 延长米，路基土石方 208.6 万立方米，涵洞 13 座 397.5 横延米，轨道正线 50.1 千米。

中国铁建电气化局集团有限公司承担沪昆铁路客运专线贵州西段四电工程。项目驻地贵州贵阳，项目负责人刘兴晨。合同投资 206109.1 万元，正线长 263.1 千米。主要工程量：铁路房屋建筑面积 14233 平方米，接触网 642.8 条千米，电力线路 1732.9 千米，通信线路 563 千米，自动闭塞 1523 千米，联锁道岔 120 组。

中国铁建电气化局集团有限公司承担长昆明铁路客运专线湖南段“四电”系统集成、防灾安全监控、信息及相关工程。项目驻地湖南怀化，项目负责人廖衡湘。合同投资 35000 万元，正线长 39.9 千米。主要工程量：接触网承导线 109.8 条千米，电力线路 319 条千米，通信线路 80 条千米，信号自动闭塞 188 条千米，联锁道岔 12 组，四电独立房屋 20 座。（刘　辉）

【哈齐铁路客运专线】　起点为哈尔滨站经哈尔滨北、肇东、安达、大庆东、大庆西、泰康、红旗营东、终点在齐齐哈尔南站。经过哈尔滨、大庆、齐齐哈尔 3 个地级城市。线路全长 286 千米，铁路等级：客运专线，正线数目：双线，设计行车速度 300 千米/小时，工程投资估算总额 312.4 亿元，2009 年 10 月开工建设，2015 年 7 月 30 日，“哈齐客专”称谓正式更名为“哈齐高铁”，2015 年 8 月 17 日哈齐高铁开通运营。

中国铁建所属大桥局、十五局、十六局、二十局、二十二局、二十三局参加工程建设。

中国铁建大桥工程局集团有限公司承担哈齐铁路客运专线 HQTJ-5 标工程。项目驻地黑龙江泰康，项目负责人戴文革。合同投资 446713 万元，线路长 64

千米。主要工程量:路基土石方 320 万立方米,桥梁 4 座 51 千米,桥梁 4 座 51.6 千米,涵洞 29 座 1168 横延米,站场 2 处,铺轨 119.8 千米。

中铁十五局集团有限公司承担哈齐铁路客运专线 HQTJ-4 标工程。项目驻地黑龙江大庆,项目负责人张启亮。合同投资 218420 万元,线路长 44 千米。主要工程量:土石方 351 万立方米,桥梁 7 座 19.7 千米,涵洞 40 座 971 横延米,站场 1 处,铺轨 48 千米。

中铁十六局集团有限公司承担哈齐铁路客运专线 HQTJ-3 标工程。项目驻地黑龙江大庆,项目负责人任灿伟。合同投资 432000 万元,线路长 64 千米。主要工程量:路基 22 千米,桥梁 6 座 42 千米,涵洞 42 座 903 横延米,无砟道床 124 千米,铺长轨 309 千米,安达车站、龙凤车站。

中铁二十局集团有限公司承担哈齐铁路客运专线 HQTJ-2 标工程。项目驻地黑龙江肇东,项目负责人王广建。合同投资 315395 万元,线路长 59 千米。主要工程量:路基土石方 462 万立方米,桥梁 11 座 20 千米,涵洞 79 座 1545 横延米,站场 1 处,无砟道床 119 千米,铺轨 16 千米。

中铁二十二局集团有限公司承担哈齐铁路客运专线 HQTJ-1 标工程。项目驻地黑龙江哈尔滨,项目负责人张国华。合同投资 476274 万元,线路长 47 千米。主要工程量:路基土石方 569 万立方米,特大桥 7 座,大桥 1 座,CFG 桩 732 万米,铺轨 233 千米,拆除道岔 25 组,新铺道岔 48 组。

中铁二十三局集团有限公司承担哈齐铁路客运专线 HQTJ-5 标工程。项目驻地黑龙江齐齐哈尔,项目负责人周才华。合同投资 190734 万元,线路长 26 千米。主要工程量:路基土石方 156 万立方米,桥梁 2 座 19 千米,齐南站场改造,4.5 万块轨道板预制,5 标标段内铺轨。 (刘 辉)

【合福铁路客运专线】 合福客专属于京福高铁的重要组成部分。京福高铁从京沪高铁安徽蚌埠站引出,经合肥、黄山、上饶、武夷山、南平至福州,是第一条贯穿我国南北的高速铁路大通道。蚌埠以北利用已经通车的京沪高铁连接,然后再接合肥至福州铁路客运专线至福州。

合福铁路客运专线自合肥南站引出,经安徽巢湖、铜陵、芜湖、绩溪、黄山,江西婺源、上饶,福建武夷山、南平至福州站。线路全长 806 千米,其中江西省境内 184 千米,安徽省境内 343 千米,福建省境内长度 278 千米。铁路等级:客运专线,正线数目:双线,设计行车速度 350 千米/小时。工程投资概算额 1098 亿元。2009 年 12 月 31 日开工建设,2015 年 6 月 28 日开通运营。

中国铁建所属十一局、大桥局、十七局、十九局、二十四局参加工程建设。

中铁十一局集团有限公司承担合福铁路客运专线 HFZQ-7 标工程。项目驻地安徽绩溪,项目负责人李文俊。合同投资 359916 万元,线路长 39.2 千米。主要工程量:土石方 492 万立方米,桥梁 51 座 14.5 千米,涵洞 20 座 1192.4 横延米。

中铁十一局集团有限公司承担合福铁路客运专线 HFMG-1 标工程。项目驻地江西婺源,项目负责人郝生德。合同投资 708016 万元,线路长 95 千米。主要工程量:土石方 480 万立方米,桥梁 109 座 33.7 千米,隧道 47.5 座 56.7 千米。

中国铁建大桥工程局集团有限公司承担合福铁路客运专线 HFZQ-2 标工程。项目驻地安徽巢湖,项目负责人吴焕通。合同投资 593294 万元,线路长 90 千米。主要工程量:土石方 177 万立方米,桥梁 13.5 座 81.4 千米,涵洞 41 座 1159.3 横延米,隧道 4 座 2631 延长米。

中铁十七局集团有限公司承担合福铁路客运专线 HFMG-7 标工程。项目驻地福建南平、宁德,项目负责人赵子林。合同投资 429241 万元,线路长 59.3 千米。主要工程量:土石方 417 万立方米,桥梁 33 座 11.1 千米,涵洞 9 座 261 横延米,隧道 17 座 44.6 千米。

中铁十九局集团有限公司承担合福铁路客运专线 HFMG-3 标工程。项目驻地江西上饶,项目负责人马南飞。合同投资 459259 万元,线路长 54.3 千米。主要工程量:土石方 305 万立方米,桥梁 47 座 25.1 千米,涵洞 6 座 194.5 横延米,隧道 13.5 座 22.1 千米。

中铁二十四局集团有限公司承担合福铁路客运专线 HFMG-4 标工程。项目驻地福建武夷山,项目负责人郑志强。合同投资 302676 万元,线路长 49.5 千米。主要工程量:土石方 256.6 万立方米,桥梁 15 座 6.6 千米,隧道 12.5 座 39.8 千米。

中铁二十四局集团有限公司承担合福铁路客运专线 HFZQ-4 标工程。项目驻地安徽铜陵,项目负责人宋文胜。合同投资 326389 万元,线路长 37.5 千米。主要工程量:土石方 525 万立方米,桥梁 18 座 20.7 千米,隧道 4 座 7.4 千米,铜陵北车站 1 座,南陵车站 1 座。 (刘 辉)

【成渝铁路客运专线】 成渝铁路客运专线全长 308 千米,铁路等级:客运专线,正线数目:双线,设计行车速度 350 千米/小时,桥隧长度占线路全长的 66%。全线设成都东、简阳南、资阳北、资中北、内江北、隆昌北、荣昌北、大足、永川东、璧山、沙坪坝、重庆等 12 座车站,西端接轨成都枢纽的成都东站,东端至重庆枢纽的沙坪坝车站,引入位于重庆市渝中区的既有重庆客站。成渝客专建成后,西端将与西(安)成(都)、成绵乐客运专线相连,东段连接渝万、渝黔铁路。2010 年 3

月 22 日开工,2015 年 12 月 26 日开通运营。

中国铁建所属十一局、十六局、十七局、十八局、电气化局参加工程建设。

中铁十一局集团有限公司承担成渝铁路客运专线 CYSG - 4 标工程。项目驻地重庆荣昌,项目负责人荆山。合同投资 490347 万元,线路长 54. 2 千米。主要工程量:土石方 737. 8 万立方米,桥梁 70 座 27 千米,箱梁预制架设 728 孔,隧道 10 座 6518 延长米,板式无砟轨道 107. 6 千米,铺轨 642. 3 铺轨千米。

中铁十六局集团有限公司承担成渝铁路客运专线 CYSG - 2 标工程。项目驻地四川资阳,项目负责人卢永堂。合同投资 367000 万元,线路长 52. 1 千米。主要工程量:桥梁 74 座,隧道 11 座,涵洞 16 座,土石方 311. 1 万立方米,梁场 2 座,制运架箱梁 728 孔、连续梁 5 联 29 孔。

中铁十七局集团有限公司承担成渝铁路客运专线 CYSG - 6 标工程。项目驻地重庆沙坪坝,项目负责人文珂。合同投资 134823 万元,线路长 17. 2 千米。主要工程量:土石方 78 万立方米,桥梁 13. 5 座 4670 延长米,涵洞 22 座 681 横延米,隧道 7 座 15. 3 千米。

中铁十八局集团有限公司承担成渝铁路客运专线 CYSG - 4 标工程。项目驻地重庆沙坪坝,项目负责人程跃盛。合同投资 68437 万元,线路长 11. 0 千米。主要工程量:线路长 11 千米,路基土石方 7. 4 万立方米,桥梁 7 座 7960. 3 延长米,隧道 4 座 1928 延长米。

中国铁建电气化局集团有限公司承担成渝铁路客运专线四电系统集成及相关工程。项目驻地四川成都,项目负责人冯学彬。合同投资 179573. 6 万元,正线全长 308. 4 千米。主要工程量:通信长途干线光缆 334. 5 千米,长途干线电缆 185. 8 千米,地区及站场光、电缆 285. 7 千米,信号列车运行控制系统 309. 9 正线千米,联锁道岔 194 组,电力高压电缆线路 753. 0 千米,低压电缆线路 194. 3 千米,电源线路 97. 3 千米,接触网接触导线(新建)823. 7 条千米。（刘　辉）

【兰渝铁路】 兰渝铁路北起甘肃省兰州市枢纽兰州东站,在南充分线,一条经武胜县到重庆市,另一条经广安市、三汇坝到重庆市。运营里程 873 千米,总投资 829. 16 亿元,设计时速 160 千米 ~250 千米,属国铁 I 级双线电气化客货共线快速铁路。兰渝铁路于 2008 年 9 月开工建设,计划建设工期 6 年,后由于甘肃段地质构造复杂,建设总工期 8 年。

2015 年 1 月 1 日,兰渝铁路渭沱站—重庆北站区段正式投入运营。12 月 26 日,兰渝铁路重庆至四川广元段建成货运开通,12 月 30 日开通载客运营。

中国铁建所属十一局、大桥局、十六局、十八局、十九局、二十局、二十一局、二十三局、电气化局参加工程建设。

中铁十一局集团有限公司承担兰渝铁路客运专线 LYS - 4 标工程。项目驻地甘肃宕昌,项目负责人汪伟。合同投资 127865 万元,线路长 26 千米。主要工程量:路基土石方 4 万立方米,隧道 3 座 25. 6 千米,桥梁 3 座 627 延长米,涵洞 1 座 27 横延米,无砟道床 53. 7 千米,有砟道床 0. 7 千米,宕昌车站。

中国铁建大桥工程局集团有限公司承担兰渝铁路客运专线 LYS - 4 标工程。项目驻地甘肃宕昌,项目负责人李素清。合同投资 310000 万元,线路长 66 千米。主要工程量:路基 6 千米,隧道 12 座 39 千米,桥梁 15 座 22 千米,涵洞 22 座 436 横延米。

中国铁建大桥工程局集团有限公司承担兰渝铁路兰州枢纽工程。项目驻地甘肃兰州,项目负责人李维瑞。合同投资 89978 万。主要工程量:隧道 2 座 853 延长米,大桥 1 座 276 延长米,箱型桥 5 座,路基土石方 710 万立方米,站场铺轨 51 千米,房屋建筑面积 77177 平方米。

中铁十六局集团有限公司承担兰渝铁路客运专线 LYS - 2 标工程。项目驻地甘肃渭源,项目负责人薛瑞林。合同投资 278243 万元,线路长 54 千米。主要工程量:路基土石方 435 万立方米,桥梁 15 座 10. 3 千米,隧道 13 座 49. 2 千米,涵洞 28 座 1360 千米,车站 2 个。

中铁十八局集团有限公司承担兰渝铁路客运专线 XQLS1 标工程。项目驻地甘肃武都,项目负责人苏睿。合同投资 163996 万元,线路长 31 千米。主要工程量:2 隧 1 桥,包括 28 千米的西秦岭特长隧道右线,范家坪隧道 3198 延长米,潘家沟中桥(两座单线)88. 2 延长米。

中铁十八局集团有限公司承担兰渝铁路客运专线 LYS - 9 标工程。项目驻地四川元坝,项目负责人王中会。合同投资 53653 万元,线路长 9 千米。主要工程量:土石方 7. 9 万立方米、桥梁 3 座 397 延长米,涵洞 1 座 23. 5 横延米,隧道 1 座 8. 2 千米。

中铁十九局集团有限公司承担兰渝铁路客运专线 LYS - 1 标工程。项目驻地甘肃定西,项目负责人曲桂有。合同投资 212818 万元,线路长 39 千米。主要工程量:路基土石方 97. 4 万立方米,路基 2. 5 千米,隧道 4. 5 座 35 千米,桥梁 4 座 640. 9 延长米,涵洞 7 座 500 横延米,正线铺轨 5. 8 千米,房屋建筑面积 7770 平方米,车站 1 座。

中铁二十一局集团有限公司承担兰渝铁路客运专线 LYS - 7 标工程。项目驻地兰州榆中,项目负责人张柳春。合同投资 181572 万元,线路长 30 千米。主要工程量:路基土石方 405 万立方米,桥梁 20 座 14718 延长米,涵洞 96 座 1779 横延米,隧道 3 座 6968 延长米,轨道正线铺轨 75 千米,通信敷设电光缆 30 千米。

中铁二十三局集团有限公司承担兰渝铁路客运专

重庆枢纽1标工程。项目驻地重庆北碚，项目负责人李建军。合同投资217369万元，线路长48千米。主要工程量：路基土石方2527万立方米，隧道7座8697延长米，桥梁12座4601延长米，涵洞98座4531横延米，有砟道床47千米，正线铺轨450千米，站线铺轨175千米。

中国铁建电气化局集团有限公司承担兰渝铁路渭沱合川站后代建工程。项目驻地重庆合川，项目负责人罗世昌。合同投资10695万元，线路长4.3千米。主要工程量：渭沱合川两站通信、信号、电力，承导线32.3条千米，回流线14.1条千米，供电线8.4条千米。

（刘　辉）

【郑徐铁路客运专线】 郑徐铁路客运专线西起郑州市，在郑州枢纽与郑西高铁、京广高铁衔接，东至徐州市，在徐州枢纽与京沪高铁衔接，线路设郑州东、开封北、兰考南、民权北、商丘、砀山南、永城北、萧县北、徐州东等9个车站，其中郑州东站和徐州东站为既有车站，商丘站为既有车站扩建，其余6站为新建车站。正线全长361.9千米，其中河南省252.8千米，安徽省73.4千米，江苏省35.6千米，全线无隧道，桥梁长度占正线的93.5%，为双线电气化客运专线，设计速度目标值为350千米/小时，工程投资估算总额479.8亿元，计划工期4年，2012年12月26日正式开工建设。

中国铁建所属十二局、十四局、十六局、十七局、十八局、二十局、二十一局参加工程建设。

中铁十二局集团有限公司承担郑徐铁路ZXZQ－9标工程。项目驻地江苏徐州，项目负责人洪成林。合同投资217389万元，线路长11.4千米，主要工程量：桥梁3座26.9千米，制梁718孔片（箱梁），架梁718孔片（箱梁），钻孔桩7148根，725个墩台。

中铁十四局集团有限公司承担郑徐铁路ZXZQ－5标工程。项目驻地河南商丘，项目负责人刘美良。合同投资164221万元，线路长27.1千米，主要工程量：桥梁1座27.1千米。833孔箱梁的预制及架设，其中32米预制802孔，24米预制31孔，无砟道床54.2千米。

中铁十六局集团有限公司承担郑徐铁路ZXZQ－6标工程。项目驻地安徽砀山，项目负责人刘彬。合同投资70000万元，线路长12.8千米，主要工程量：虞城特大桥1座10.9千米，路基1.9千米，框架桥3座687.3顶平方米，涵洞4座143.5横延米，站场1处。

中铁十七局集团有限公司承担郑徐铁路ZXZQ－3标工程。项目驻地河南开封，项目负责人罗玉华。合同投资356288万元，线路长52.7千米，主要工程量：站场、路基土石方48.9万立方米，开兰特大桥51.1千米，预制、架设箱梁1501榀，框架式中小桥1804顶平方米，涵洞3座266.4横延米，无砟道床52.6千米，站线铺轨3.1千米。

中铁十八局集团有限公司承担郑徐铁路ZXZQ－3标工程。项目驻地河南开封，项目负责人宋庚银。合同投资106900万元，线路长21.6千米，主要工程量：开兰特大桥1座20千米，路基土石方48.9万立方米，桥梁4座52.3延长米，涵洞2座60.8横延米，架梁705孔片，无砟道床21.5千米，站线铺轨0.9千米。

中铁二十局集团有限公司承担郑徐铁路ZXZQ－4标工程。项目驻地河南民权，项目负责人张林。合同投资203338万元，线路长28.6千米，主要工程量：民权特大桥28.6千米，桩基7239根，承台879个，墩台身879个。预制箱梁1089孔（民权特大桥1010孔和商丘特大桥79孔）的预制和架设，悬灌连续梁三联，无砟道床72.4千米。

中铁二十一局集团有限公司承担郑徐铁路ZXZQ－4标工程。项目驻地河南民权，项目负责人罗青玉。合同投资41387万元，线路长9.1千米，主要工程量：土石方32.3万立方米，路基1.4千米，桥梁6座7617延长米，涵洞3座115.4横延米，无砟道床9.1千米。

（刘　辉）

【西成铁路客运专线】 西安至成都高速铁路由新建西安至江油客运专线与成绵乐城际铁路两段组成，线路自西安北站引出，向西南方向途经汉中、广元、绵阳、德阳接入成都东站，线路全长660千米，陕西境内343千米，四川境内317千米，为双线电气化客运专线，设计速度目标值为250千米/小时，工程投资估算总额400亿元，计划工期5年，2012年10月27日正式开工，计划2017年11月31日建成运营。

中国铁建所属十二局、十六局、十七局、十九局、二十局、电气化局参加工程建设。

中铁十二局集团有限公司承担西成铁路XCZQ－4标工程。项目驻地陕西佛坪，项目负责人雷军。合同投资220000万元，线路长15.1千米，主要工程量：秦岭天华山隧道全长15988.6米（承担出口3552米），老安山隧道全长15.1千米，得利隧道全长14.1千米（承担进口7837米），木河中桥全长79.9米，椒溪河特大桥全长884.9米。

中铁十六局集团有限公司承担西成铁路三电迁改1标工程。项目驻地陕西户县，项目负责人李克庆。合同投资11568万元，线路长117千米，主要工程量：5千伏临时开关站2座，35千伏永临结合电源线48千米，35千伏临时电力线路171千米，电力迁改和通信迁改线路长度117千米。

中铁十七局集团有限公司承担西成铁路XCZQ－3标工程。项目驻地陕西宁陕，项目负责人陈自明。合同投资231161万元，线路长30.3千米，主要工程量：路基土石方1.9万立方米，隧道5座28.8千米，桥梁4座1453延长米,站场1处,正线铺轨60.5千米,站线铺轨2.3千米。

中铁十九局集团有限公司承担西成铁路XCZQ－1标工程。项目驻地四川广元,项目负责人张玉。合同投资293945万元,线路长38.9千米,主要工程量:隧道3座26.5千米,特大桥3座5400延长米,大桥5座1519延长米,中桥2座186延长米,涵洞5座72横延米,路基土石方86万立方米。

中铁十九局集团有限公司承担西成铁路XCZQ－7标工程。项目驻地陕西汉中,项目负责人李华伟。合同投资260994万元,线路长34.7千米,主要工程量:路基土石方139.9万立方米,路基6.0千米,桥梁4座29.8千米,涵洞24座452横延米,站场1处,正线铺轨749.2千米,站线铺轨12.7千米。

中铁二十局集团有限公司承担西成铁路XCZQ－8标工程。项目驻地陕西汉中,项目负责人雷卫东。合同投资255041万元,线路长33.5千米,主要工程量:路基土石方4.2万立方米,隧道2.5座17千米,桥梁2座32.7千米,站场1处,正线铺轨66.5千米,站线铺轨1.6千米。

中国铁建电气化局集团有限公司承担西成铁路四电系统集成工程。项目驻地陕西西安,项目负责人王志国。合同投资329579万元,正线全长342.9千米。主要工程量:通信光电缆敷设1863.6千米,信号电缆2329千米,10千伏电缆线路敷设866.4千米,接触网982.0条千米,附加导线686.4条千米。

中国铁建电气化局集团有限公司承担西成铁路四电系统集成XCSDJC－1－2标工程。项目驻地四川广元,项目负责人罗世昌。合同投资142477.6万元,正线全长165.8千米。主要工程量:通信光电缆874.6千米,区间电缆874.8条千米,正线电缆高压电缆380.1千米,接触网444.6条千米,附加导线架设663.5条千米,房建28954平方米。 (刘 辉)

【成兰铁路】 成兰铁路起于成都市青白江区,经广汉市、什邡市、绵竹市、安县、茂县、九寨沟县、松潘县,在甘肃省内接正在建设的兰渝铁路哈达铺站,哈达铺至兰州段与兰渝铁路共线,线路全长780千米,为国铁Ⅰ级电气化铁路,设计时速200千米,估算投资总额619亿元,2011年2月26日开工,工期6年,计划2017年竣工。

中国铁建所属十二局、十四局、十六局、十七局、十九局、二十五局参加工程建设。

中铁十二局集团有限公司承担西成铁路CLZQ－8标工程。项目驻地四川茂县,项目负责人王毅东。合同投资158755万元,线路长18.2千米,主要工程量:茂县隧道出口3803米,核桃沟大桥171米,榴桐寨隧道进口段14.2千米。

中铁十四局集团有限公司承担西成铁路CLZQ－11标工程。项目驻地四川松潘,项目负责人张立丰。合同投资147335万元,线路长24.2千米,主要工程量:隧道21.1千米,解放村隧道兰州端1772米,金瓶岩隧道12.7千米,王登隧道6601米,桥梁2473.8米。

中铁十六局集团有限公司承担西成铁路CLZQ－4标工程。项目驻地四川安县,项目负责人刘生龙。合同投资125717万元,线路长19.2千米,主要工程量:路基土石方320.2万立方米,路基6.8千米,隧道2座11.8千米,桥梁2座480延长米,框架桥5座88延长米,涵洞34座1281横延米,正线铺轨101.9千米。

中铁十七局集团有限公司承担西成铁路CLZQ－7标工程。项目驻地四川茂县,项目负责人唐波涛。合同投资108314万元,线路长7.3千米,主要工程量:路基土石方105万立方米,路基0.3千米,隧道1座6千米,桥梁3座1213.8延长米,涵洞1座21横延米,无砟轨道129.8千米。

中铁十九局集团有限公司承担西成铁路CLZQ－5标工程。项目驻地四川安县,项目负责人周宝春。合同投资133078万元,线路长18.1千米,主要工程量:隧道2座17.6千米,桥梁1座235延长米,站场1处,站场土石方26476立方米,预制站台梁28孔,支架现浇铁路梁14孔。

中铁二十五局集团有限公司承担西成铁路CLZQ－13标工程。项目驻地四川松潘,项目负责人庞尔林。合同投资157087万元,线路长22.9千米,主要工程量:路基土石方293万立方米,路基5.3千米,隧道2座11.2千米,桥梁14座6388延长米,涵洞11座751横延米,正线铺轨102千米,车站2座。 (刘 辉)

【敦格铁路】 敦格铁路是链接敦煌市与格尔木市一条铁路,线路起点为敦煌铁路敦煌站,终点为饮马峡站,并有连接线前往格尔木站。线路全长616.7千米,2012年10月18日开工建设,设计为Ⅰ级单线电气化铁路并预留复线条件,正线长度509千米,其中甘肃境内263.7千米,青海境内245.3千米,设计时速120千米,估算投资总额129.5亿元,建设工期6年。

中国铁建所属十一局、十七局、二十一局、二十二局参加工程建设。

中铁十一局集团有限公司承担敦格铁路站前DGGSZQ－1标工程。项目驻地甘肃阿克塞,项目负责人陈林生。合同投资104108万元,线路长133.9千米,主要工程量:路基土石方1313万立方米,大中桥37座14.4千米,小桥22座324延长米,涵洞361座7768横延米,轨道正线铺轨133.8千米,站线铺轨16.8千米,新建车站5座,制架梁458孔。

中铁十七局集团有限公司承担敦格铁路站前DGGSZQ－3标工程。项目驻地甘肃阿克塞,项目负责人张秋生。合同投资126478万元,线路长23.2千米,主要工程量:路基土石方41万立方米,涵洞7座118.9横延米,隧道1座(当金山隧道)20.1千米,无砟道床19.6千米。

中铁二十一局集团有限公司承担敦格铁路站前DGGSZQ-2标工程。项目驻地青海德令哈,项目负责人朱建军。合同投资163066万元,线路长133.5千米,主要工程量:路基土石方3623万立方米,路基133千米,桥梁47座10.7千米,涵洞387座6398横延米,正线铺轨133.4千米,站线铺轨33.6千米。

中铁二十二局集团有限公司承担敦格铁路站后1标工程。项目驻地青海海西,项目负责人程治平。合同投资50829万元,线路长133.5千米,主要工程量:四电、房屋及站后配合相关工程,包括通信、信号、信息、电力、牵引变电及相关房屋、站房、站场工程。

(刘 辉)

【石济铁路客运专线】 石济客运专线是太(原)青(岛)客运专线的一部分,东接已经建成通车的胶济客运专线,西连已经通车的石太客运专线,是国家规划"四横四纵"快速铁路网的"一横"。石济高铁西起石家庄北站和石家庄东站(部分列车石家庄东发出),中间主要经过衡水北站、德州东站,东止济南新东站;石济客运专线建成通车后,太青客运专线将全线贯通,沟通山西、河北和山东三省。2013年8月底开工,工期4年。

中国铁建所属十一局、十二局、十四局、十八局、十九局参加工程建设。

中铁十一局集团有限公司承担石济铁路客运专线SJZ-1标工程。项目驻地河北石家庄,项目负责人王金柱。合同投资169395万元,线路长31.3千米,主要工程量:路基土石方60万立方米,路基6.5千米,桥梁2座22.8千米,涵洞6座117横延米,框构8座,站场1处,正线铺轨354.6千米,站线铺轨13千米,预制架设702孔箱梁,铺道岔61组,铺砟9380立方米。

中铁十二局集团有限公司承担石济铁路客运专线SJZ-2标工程。项目驻地山东济南,项目负责人王学申。合同投资32700万元,线路长6.6千米,主要工程量:路基土石方17万立方米,桥梁3座5108.7延长米,涵洞6座94.9横延米,有砟道床9.3千米,正线铺轨9.3千米。

中铁十四局集团有限公司承担石济铁路客运专线SJZ-4标工程。项目驻地河北武邑,项目负责人王焕。合同投资261472万元,线路长45.4千米,主要工程量:路基土石方103.4万立方米,桥梁4座39.5千米,涵洞14座384.7横延米,站场1处,制架梁1106片,有砟道床45.4千米。

中铁十八局集团有限公司承担石济铁路客运专线SJZ-6标工程。项目驻地山东平原,项目负责人王志杰。合同投资246143万元,线路长41.9千米,主要工程量:区间路基1.3千米,站场路基1.2千米,预制箱梁937孔,架设箱梁516孔,架设T梁4孔,桥梁9座,涵洞3座。

中铁十九局集团有限公司承担石济铁路客运专线SJZ-3标工程。项目驻地河北辛集、衡水,项目负责人李庆林。合同投资235982万元,线路长38.5千米,主要工程量:区间路基9.4千米,路基土石方230.8万立方米,特大桥4座26.7千米,框架桥10座,涵洞29座,梁场1处,中间站1座。

(刘 辉)

【宝兰铁路客运专线】 宝鸡至兰州铁路客运专线是国家中长期铁路网规划中徐州至兰州客运专线的西段,宝兰铁路客运专线自西宝客专陕西省宝鸡南站引出,途经甘肃省天水、定西和兰州市,正线全长403千米,全线按国铁Ⅰ级双线电气化设计,速度目标值250千米/小时,投资估算总额535亿元,2012年10月开工,计划2017年底建成通车。

中国铁建所属十二局、大桥局、十四局、十七局、十九局、二十局、二十一局参加工程建设。

中铁十二局集团有限公司承担宝兰铁路客运专线BLTJ-4标工程。项目驻地甘肃天水,项目负责人宋振军。合同投资165997万元,线路全长14.7千米,主要工程量:路基土石方3.6万立方米,南河川渭河特大桥2263.8延长米,大桥1座343延长米,隧道3座11703延长米,涵洞2座42横延米。

中国铁建大桥工程局集团有限公司承担宝兰铁路客运专线BLTJ-2标工程。项目驻地甘肃天水,项目负责人王保国。合同投资168247万元,线路全长32.4千米,主要工程量:路基土石方31.8万立方米,路基1.7千米,隧道3座30.5千米,桥梁2座140.4延长米,涵洞6座153横延米,无砟道床64.8千米。

中铁十四局集团有限公司承担宝兰铁路客运专线BLTJ-13标工程。项目驻地甘肃榆中,项目负责人管振祥。合同投资213884万元,线路长25.1千米,主要工程量:路基土石方149万立方米,路基2.2千米,隧道4座5709延长米,桥梁6座6585延长米,涵洞16座568横延米,正线铺轨25千米,房屋建筑面积16441平方米。

中铁十七局集团有限公司承担宝兰铁路客运专线BLTJ-6标工程。项目驻地甘肃秦安,项目负责人冯广利。合同投资268049万元,线路长32.6千米,主要工程量:路基土石方128万立方米,路基4千米,隧道2座12.9千米,桥梁13座15.7千米,涵洞4座114横延米,无砟轨道64.7千米。

中铁十九局集团有限公司承担宝兰铁路客运专线BLTJ-7标工程。项目驻地甘肃秦安,项目负责人丁礼建。合同投资194562万元,线路长24.3千米,主要工程量:桥梁3座448.5延长米,隧道3座23.6千米,路基2段133.1米,无砟道床铺设48.5千米。

中铁二十局集团有限公司承担宝兰铁路客运专线BLTJ-8标工程。项目驻地甘肃通渭,项目负责人刘文武。合同投资197480万元,线路长23.7千米,主要工程量:路基土石方70.4万立方米,涵洞11座351.1横延米,隧道5座9176延长米,桥梁9座11.5千米。

中铁二十一局集团公有限公司承担司宝兰铁路客运专线BLTJ-3标工程。项目驻地甘肃天水,项目负责人张天舒。合同投资296008万元,线路长26.777千米。主要工程量:路基土石方166.73万立方米,桥梁8座16.5千米,框架涵157.7横延米,隧道3座8595.1延长米,无砟道床54.511千米,房屋建筑面积10482平方米,箱梁预制场1座,制架梁330孔。

中铁二十一局集团有限公司承担宝兰铁路客运专线兰州枢纽BL-LZSN-1标工程。项目驻地甘肃兰州,项目负责人赵彦旭。合同投资196073万元,线路长28.1千米,主要工程量:路基土石方967.5万立方米,桥梁20座5248.9延长米,涵洞33座2345.9横延米,正线铺轨27.2千米,站线铺轨52.5千米,无砟道床4.1千米,T梁预制场一座,制架梁313片。

中铁二十一局集团有限公司承担宝兰铁路客运专线三电及管线迁改和临电工程BLQG-2标工程。项目驻地甘肃定西,项目负责人石双宏。合同投资16519万,线路长301.4千米。

中铁二十一局集团有限公司承担宝兰铁路客运专线兰州枢纽工程BL-LZSN-5标工程。项目驻地甘肃兰州,项目负责人吴刚。合同投资25292万,线路长8.8千米,主要工程量:接触网34条千米,电源电缆线路8.2千米,高压干线电缆线路49.3千米,低压电缆线路89.3千米,信号联锁道岔109组。(刘　辉)

【京沈铁路客运专线】 北京至沈阳铁路客运专线是国家中长期铁路网规划(2008年调整)当中“四纵四横”高速铁路重要组成部分,由铁道部、北京市、河北省、辽宁省合资建设,线路全长699.8千米,其中新建铁路693千米,自北京站引出,经北京市,河北省承德市,辽宁省朝阳市、阜新市,利用既有秦沈线引入沈阳北站,设计时速350千米,投资估算总额1042.2亿元,2014年开工建设,计划2018年竣工。

中国铁建所属十一局、十二局、大桥局、十四局、十六局、十七局、十九局、二十二局、二十三局参加工程建设。

中铁十一局集团有限公司承担京沈铁路客运专线河北段7标工程。项目驻地河北承德,项目负责人朱嘉斌。合同投资184789万元,线路长29.5千米,主要工程量:路基土石方54万立方米,桥梁12座4532延长米,隧道11座23467.95延长米,CRTSⅢ型无砟道床59千米。

中铁十二局集团有限公司承担京沈铁路客运专线河北段2标工程。项目驻地河北平泉,项目负责人朱锴。合同投资70467万元,线路长10.7千米,主要工程量:路基土石方4.4万立方米,隧道2座10019延长米,桥梁2座297延长米,涵洞2座52横延米,正线铺轨21.428(单侧)千米。

中铁十二局集团有限公司承担京沈铁路客运专线辽宁段2标工程。项目驻地辽宁凌源,项目负责人谢卫林。合同投资91938万元,线路长13.2千米,主要工程量:隧道1座13205延长米,无砟道床26.41千米。

中国铁建大桥工程局集团有限公司承担京沈铁路客运专线辽宁段10标工程。项目驻地辽宁黑山,项目负责人张德伟。合同投资169845万元,线路长30.9千米,主要工程量:路基土石方333万立方米,路基14千米,隧道1座440延长米,桥梁10座16208延长米,涵洞26座668横延米,站场1处,无砟道床61千米。

中铁十四局集团有限公司承担京沈铁路客运专线北京段站12标工程。项目驻地北京朝阳,项目负责人周庆合。合同投资179403万元,线路长5.32千米,主要工程量:路基土石方88.1万立方米,隧道1座3840延长米,无砟道床9.63千米。

中铁十六局集团有限公司承担京沈铁路客运专线辽宁段7标工程。项目驻地辽宁北票,项目负责人王洪友。合同投资243142万元,线路长36.4千米,主要工程量:路基土石方420万立方米,路基14.2千米,隧道4座3297延长米,桥梁20座18878延长米,涵洞21座655横延米,正线铺轨72.8千米。

中铁十七局集团有限公司承担京沈铁路客运专线辽宁段8标工程。项目驻地辽宁阜新,项目负责人眭爱宏。合同投资220760万元,线路长35.6千米,主要工程量:路基土石方331万立方米,路基13千米,隧道2座1624延长米,桥梁12座20864延长米,涵洞30座956横延米,站场2处,铺轨71千米。

中铁十九局集团有限公司承建京沈铁路客运专线河北段3标工程。项目驻地河北承德,项目负责人高峰。合同投资172017万元,线路长25.8千米,主要工程量:路基土石方177万立方米,隧道8.5座211744延长米,桥梁9座20874延长米,涵洞21座1135横延米,站场1处,无砟道床50千米。

中铁十九局集团有限公司承建京沈铁路客运专线辽宁段3标工程。项目驻地辽宁凌源,项目负责人李智。合同投资211850万元,线路长22.8千米,主要工程量:路基土石方170万立方米,隧道3座13962延长米,桥梁4座5263延长米,涵洞6座498横延米,站场1处,铺轨426千米。

中铁二十二局集团有限公司承建京沈铁路客运专线北京段9标工程。项目驻地北京密云,项目负责人张国华。合同投资300051万元,线路长34.3千米,主要工程量:路基土石方146.2182万立方米,路基7千米,隧道5座12436延长米,桥梁13座13906.66延长米,涵洞26座716.86横延米,制架梁457孔。

中铁二十二局集团有限公司承建京沈铁路客运专线辽宁段13标工程。项目驻地辽宁沈阳,项目负责人施德旭。合同投资211618万元,线路长25.7千米,主要工程量:路基土石方96.52万立方米,桥梁3座23846延长米,涵洞3座175横延米,站场1处,制架梁704孔/片,正线铺轨50.12铺轨千米。

中铁二十三局集团有限公司承建京沈铁路客运专线龙城制板场。项目驻地辽宁朝阳,项目负责人王玉策。合同投资37000万元,管段全长106千米,主要工程量:轨道板36544块。（刘　辉）

【成贵铁路】 成贵铁路西起四川省乐山市,向东经四川省犍为县、宜宾市、长宁县、兴文县,云南省威信县、镇雄县,贵州省毕节市、大方县、黔西县,东至贵阳市,跨越西南三省,线路全长519千米,设计时速250千米,投资估算总额780亿元,2013年开工建设,计划2019年建成通车。

中国铁建所属十一局、十五局、十六局、十八局、十九局、二十局参加工程建设。

中铁十一局集团有限公司承建成贵铁路16标工程。项目驻地贵州贵阳,项目负责人荆山。合同投资255727万元,线路长31.7千米,主要工程量:路基土石方253.6万立方米,隧道16座15336延长米,桥梁25座14791延长米,涵洞13座382横延米,站场1处,铺轨568千米。

中铁十五局集团有限公司承建成贵铁路13标工程。项目驻地贵州大方,项目负责人田兴柏。合同投资188864万元,线路长33.1千米,主要工程量:路基土石方324.2万立方米,路基8.179千米,隧道8座16992延长米,桥梁26座7896.85延长米,涵洞16座378横延米,站场1处,无砟道床67.02千米,高速无砟道岔8组。

中铁十六局集团有限公司承建成贵铁路8标工程。项目驻地四川兴文,项目负责人卢永堂。合同投资238059万元,线路长34.4千米,主要工程量:路基土石方165万立方米,路基3.29千米,隧道11.5座19889延长米,桥梁19座10966延长米,涵洞11座405.83横延米,站场1处,制架梁245孔,无砟道床69.61千米,正线铺轨67.86铺轨千米,站线铺轨1.75铺轨千米。

中铁十六局集团有限公司承建成贵铁路1标三电管线迁改工程。项目驻地四川宜宾,项目负责人赵奇峰。合同投资19084万元,管段全长258.6千米,主要工程量:电力迁改10千伏线路过轨201处,低压线路过轨696处,变电站21座,通信迁改1407处,给排水管线迁改38020米,油气管线迁改54处。

中铁十八局集团有限公司承建成贵铁路14标工程。项目驻地贵州大方,项目负责人程跃胜。合同投资240454万元,线路长33.9千米,主要工程量:路基土石方183万立方米,隧道16座14094延长米,桥梁28座12544延长米,涵洞20座378横延米,无砟道床53.8千米,有砟道床0.49千米,有砟无砟过渡段52.8米。

中铁十九局集团有限公司承建成贵铁路12标工程。项目驻地贵州毕节,项目负责人郝万福。合同投资254488万元,线路长29.8千米,主要工程量:路基土石方325万立方米,路基4千米,隧道14座16583延长米,桥梁20座9189延长米,涵洞9座406横延米,站场1处,无砟道床30千米。

中铁二十局集团有限公司承建成贵铁路7标工程。项目驻地四川长宁,项目负责人赵崇科。合同投资166830万元,线路长41.4千米,主要工程量:路基土石方366万立方米,路基11千米,隧道11座18522延长米,桥梁43座11981延长米,涵洞42座987横延米,站场1处,铺轨83千米。（刘　辉）

【杭黄铁路】 杭州至黄山高速铁路,又名杭黄客运专线,线路全长286.8千米。杭黄高铁穿越浙江、安徽2省,是长三角城际铁路网延伸,沿途将名城(杭州)、名江(富春江)、名湖(千岛湖)、名山(黄山)串连起来,形成一条世界级黄金旅游通道,极大地有利于整合旅游资源,加强长三角经济辐射。全线设杭州东、萧山、富阳、桐庐、建德东、淳安、三阳、绩溪北、歙县北、黄山北10个车站。该项目隧道、桥梁众多,正线有桥梁181座,隧道122座,桥隧占全线的86.3%,设计时速250千米,投资估算总额356.85亿元,2014年6月开工建设,计划2018年建成通车。

中国铁建所属十一局、十五局、二十四局、电气化局参加工程建设。

中铁十一局集团有限公司承建杭黄铁路HHX-QZQ-2标工程。项目驻地安徽歙县,项目负责人朱德开。合同投资101332万元,线路长25.4千米,主要工程量:路基土石方65万立方米,路基85千米,隧道3座4476延长米,桥梁19座12875延长米,涵洞23座492横延米,站场1处。

中铁十五局集团有限公司承建杭黄铁路HHX-QZQ-8标工程。项目驻地安徽绩溪,项目负责人张汉民。合同投资313839万元,线路长46.6千米,主要工程量:桥梁44座18千米,隧道15座24千米,路基7千米,无砟道床51346米,站线无砟道床1448米,联络线6千米。

中铁二十四局集团有限公司承建杭黄铁路HHX-QZQ-3标工程。项目驻地浙江杭州,项目负责人陈爱民。合同投资203850万元,线路长30.6千米,主要工程量:路基土石方6万立方米,隧道5座18109延长米,桥梁8座13166延长米,涵洞1座20横延米,无砟道床50千米。

中国铁建电气化局集团有限公司承建杭黄铁路HHXQZQ-5标三电迁改工程。项目驻地浙江杭州,项目负责人单锡海。合同投资5308万元,管段全长33.4千米,主要工程量:电力迁改线路150处,通信电缆迁改441处,给排水迁改4处,临时变压器安装34台,天然气改造1处。（刘　辉）

【九景衢铁路】 九景衢铁路西起九江市,东至浙江省衢州市,自京九线九江枢纽引出,经景德镇、婺源、常山至衢州,跨江西、浙江两省,线路全长333千米,其中新建线路276.6千米,利用既有铜九铁路(安徽铜陵至江西九江)、衢常铁路(衢州至常山),沿原线增加1条72千米的轨道,项目按国铁Ⅰ级、双线设计,设计时速200千米,设15个车站,其中新建车站7个、利用既有车站8个,投资估算总额265.56亿元,2013年10月开工建设,计划2017年10月建成通车。

中国铁建所属大桥局、十七局、二十四局、二十五局、中铁建设、电气化局参加工程建设。

中国铁建大桥工程局集团有限公司承建九景衢铁路江西段JQJXZQ-6标工程。项目驻地江西婺源,项目负责人张锦辉。合同投资201844万元,线路长42.8千米,主要工程量:路基土石方546万立方米,大桥24座6059延长米,中小桥5座365延长米,隧道29座21218延长米,车站2座。

中铁十七局集团有限公司承建九景衢铁路江西段JQJXZQ-3标工程。项目驻地江西潘阳,项目负责人李惠。合同投资171497万元,线路长52.1千米,主要工程量:路基土石方900万立方米,桥梁35座22802延长米,涵洞124座4528横延米,隧道12座3368延长米。

中铁二十四局集团有限公司承建九景衢铁路江西段JQJXZQ-1标工程。项目驻地江西湖口,项目负责人江政杰。合同投资164060万元,线路长45.5千米,主要工程量:路基土石方292万立方米,路基29千米,隧道1座284延长米,桥梁23座8832延长米,涵洞97座1563横延米,站场1处,铺轨168千米。

中铁二十四局集团有限公司承建九景衢铁路江西段JQZJZQ-1标工程。项目驻地浙江衢州,项目负责人阚宏明。合同投资195888万元,线路长38.4千米,主要工程量:路基土石方297万立方米,路基3千米,隧道23座26922延长米,桥梁21座6080延长米,涵洞36座1441横延米,站场2处。

中铁二十五局集团有限公司承建九景衢铁路江西段JQJXZQ-2标工程。项目驻地江西都昌,项目负责人贺胜槐。合同投资130009万元,线路长50.4千米,主要工程量:路基27.3千米,隧道6座4078延长米,桥梁31座19207延长米,涵洞131座3188横延米,站场2处。

中铁建设集团有限公司承建九景衢铁路开化、常山站站房及相关工程。项目驻地浙江衢州,项目负责人王硕。合同投资15851万元,主要工程量:铁路房屋建筑面积35927平方米,其中车站2座3.5万平方米,变配电所2处。其中,开化站为小型铁路客运站,车场设计规模为2站6线,常山站为小型铁路客运站,车场设计规模为2站4线。

中国铁建电气化局集团有限公司承建九景衢铁路江西段四电系统集成及配套工程JQJXSD标工程。项目驻地江西景德镇,项目负责人廖军华。合同投资154295万元,管段全长245千米,主要工程量:干线光缆敷设523.1条千米,短段光缆敷设264.9条千米,铁塔(杆)基础制作及组立131座,视频杆基础制作及组立305处等。（刘　辉）

【麻柳湾至昭通高速公路】 麻昭高速公路是全国高速公路主骨架渝昆、广昆高速公路的重要组成部分,云南南北高速公路大通道建设的重要一段。起于云南省大关县寿山乡岔河村即水富至麻柳湾高速公路的止点,止于云南省昭通市鲁甸县大水塘村,与昭通至待补高速公路连接。线路全长117.8千米,其中主线106.6千米、大关联络线11.2千米,设计行车速度80千米/小时和100千米/小时。工程投资估算总额134.5亿元,计划工期3年,2012年8月3日正式开工,2015年12月26日建成通车。

中国铁建所属十一局、十二局、大桥局、十四局、十六局、十八局、二十四局、电气化局参加工程建设。

中铁十一局集团有限公司承建麻昭高速公路C2标工程。项目驻地云南省昭通市,项目负责人申家喜。合同投资39493万元,线路长4.2千米,主要工程量:隧道1.5座,桥梁1座,隧道工程8210米(左、右线),改河195米,桥梁138米(左、右线),隧道变电所1座。

中铁十二局集团有限公司承建麻昭高速公路B2B3标工程。项目驻地云南省昭通市,项目负责人王学先。合同投资65000万元,线路长5.5千米,主要工程量:大树子隧道729.5米,大树子中桥60米,银盘隧道2737米,龙塘中桥20米,赵家屋隧道1996.8米。

中国铁建大桥工程局集团有限公司承建麻昭高速公路B1标工程。项目驻地云南省昭通市,项目负责人毕纯利。合同投资63369万元,线路长6.5千米,主要工程量:桥梁3座1978延长米,隧道1座819延长米，路基土石方 42.8 万立方米。

中铁十四局集团有限公司承建麻昭高速公路 C5 标工程。项目驻地云南省昭通市，项目负责人孙国庆。合同投资 50400 万元，线路长 7.0 千米，主要工程量：路基土石方 168 万立方米，桥梁 22 座 5747 延长米，隧道 2 座 1235 延长米，涵洞 11 座 430 横延米，制梁 182 孔，预制梁 945 片。

中铁十四局集团有限公司承建麻昭高速公路 C6 标工程。项目驻地云南省昭通市，项目负责人张文学。合同投资 25000 万元，线路长 33 千米，主要工程量：主要包括路面底基层、基层、面层、及路面附属工程。

中铁十六局集团有限公司承建麻昭高速公路 B9 标工程。项目驻地云南省昭通市，项目负责人黎爱清。合同投资 50231 万元，线路长 2.5 千米，主要工程量：路基土石方 8.4 万立方米，桥梁 5 座 3080 延长米，隧道 2 座 1662 延长米。

中铁十六局集团有限公司承建麻昭高速公路 B5 标工程。项目驻地云南省昭通市，项目负责人余森开。合同投资 7794 万元，线路长 14.3 千米，主要工程量：主要包括路面底基层、基层、面层、及路面附属工程。

中铁十八局集团有限公司承建麻昭高速公路 B2 标工程。项目驻地云南省昭通市，项目负责人马孝福。合同投资 45000 万元，线路长 3.0 千米，主要工程量：路基土石方 7.91 万立方米，隧道 4 座 2829 延长米，桥梁 8 座 2815 延长米，制架梁 330 片（T 梁），现浇箱梁 6 孔。

中铁二十四局集团有限公司承建麻昭高速公路 C1 标工程。项目驻地云南省昭通市，项目负责人余尚军。合同投资 43195 万元，线路长 4.2 千米，主要工程量：路基土石方 28 万立方米，大桥 1 座 168 延长米，中桥 5 座 370 延长米，涵洞 3 座，隧道 6 座 7441 延长米。

中国铁建电气化局集团有限公司承建麻昭高速公路隧道机电工程 SDJD2 标工程。项目驻地云南省昭通市，项目负责人唐文杰。合同投资 9808 万元，管段全长 14.3 千米，主要工程量：包含老营盘隧道、胡家湾子 1 号隧道、胡家湾子 2 号隧道、大树子隧道、银盘隧道，赵家屋隧道、堰沟隧道的通风、照明、供配电及隧道监控，通信设备的机电安装工程。（刘　辉）

【江门至罗定高速公路】 广东江门至罗定高速公路，线路起江门市鹤山共和镇，终罗定市华石镇，线路总长 143.1 千米，估算投资总额 118 亿元。计划 2016 年建成通车。

中国铁建所属十一局、十二局、十四局、二十局参加工程建设。

中铁十一局集团有限公司承建江门至罗定高速公路 12 标工程。项目驻地广东省云浮市，项目负责人涂维。合同投资 107237 万元，线路长 9.1 千米，主要工程量：路基土石方 304 万立方米，路基 1.5 千米，隧道 2 座 4335 延长米，桥梁 11 座 3876.7 延长米，涵洞 35 座 596.7 横延米，制架梁 1260 孔。

中铁十二局集团有限公司承建江门至罗定高速公路 3 标工程。项目驻地广东省江门市，项目负责人刘新华。合同投资 61444 万元，线路长 8.5 千米，主要工程量：桥梁 8 座 2564 延长米，涵洞（通道）34 座。

中铁十四局集团有限公司承建江门至罗定高速公路 14 标工程。项目驻地广东省云浮市，项目负责人侯立波。合同投资 54668 万元，线路长 12.1 千米，主要工程量：路基土石方 283.6 万立方米，桥梁 9 座 2251.3 延长米，涵洞 18 座，双线隧道 1 座 529 延长米。

中铁二十局集团有限公司承建江门至罗定高速公路 15 标工程。项目驻地广东省云浮市，项目负责人苏晓飞。合同投资 17640 万元，线路长 8.9 千米，主要工程量：路基土石方 193.6 万立方米，桥梁 8 座 367 延长米，涵洞 33 座 1343.8 横延米，苹塘服务器 1 处，华石互通立交 1 处。（刘　辉）

【潮州至惠州高速公路】 广东省潮州至惠州高速公路，是广东省高速公路网规划中“四横线”的组成部分，也就是粤闽沿海高速公路复线的组成部分，路线起于潮州市凤塘镇与潮揭高速公路相接，与“四横线”潮州至粤闽界对接，由东往西经揭东、揭阳市区、普宁、揭西、陆河、海丰，终于惠州市惠东县与莞惠高速公路相接，路线全长 243.1 千米，采用双向 6 车道高速公路技术标准，设计速度分段为 100 千米/小时、120 千米/小时，估算投资总额 297.5 亿元。计划 2016 年建成通车。

中国铁建所属十一局、十二局、十四局、二十局、二十三局、港航局参加工程建设。

中铁十一局集团有限公司承建潮州至惠州高速公路 12 标工程。项目驻地广东省陆河县，项目负责人尹道林。合同投资 18755 万元，线路长 6.5 千米，主要工程量：路基土石方 392.8 万立方米，桥梁 5 座 1603 延长米，涵洞 17 座 719.1 横延米，预制箱梁 755 片，30 米长箱梁 6 片，由 TJ13 标段预制，25 米长箱梁 749 片，由 TJ11 标段预制。

中铁十一局集团有限公司承建潮州至惠州高速公路 15 标工程。项目驻地广东省海丰县，项目负责人程相峰。合同投资 59561 万元，线路长 20.4 千米，主要工程量：路基土石方 559.6 万立方米，隧道 2 座 822.5 延长米，桥梁 13 座 2661.4 延长米，涵洞 62 座 2552.8 横延米，制梁 122 孔，架梁 119 孔。

中铁十二局集团有限公司承建潮州至惠州高速公路 5 标工程。项目驻地广东省揭西县，项目负责人陈枢。合同投资 44191 万元，线路长 11.2 千米，主要工程量：路基土石方 385 万立方米，特大桥 1 座 1155 延长米，大桥3座1460延长米，中小桥6座224延长米，涵洞36座1440.2横延米，互通式立体交叉2处，匝道桥7座840.5米，天桥2座150米。

中铁十二局集团有限公司承建潮州至惠州高速公路9标工程。项目驻地广东省汕尾市，项目负责人胡海强。合同投资16370万元，线路长4.5千米，主要工程量：桥梁6座788延长米，互通1处（陆河东互通），通涵35座1466横延米，路基土石方346.4万立方米。

中铁十四局集团有限公司承建潮州至惠州高速公路6标工程。项目驻地广东省揭西县，项目负责人高奎。合同投资52186万元，线路长14.2千米，主要工程量：路基土石方696.7万立方米，桥梁13座3980.3延长米，涵洞54座2789.6横延米，站场3处，制架梁1721583孔。

中铁十四局集团有限公司承建潮州至惠州高速公路17标工程。项目驻地广东省惠东县，项目负责人刘明才。合同投资185886万元，线路长15.5千米，主要工程量：路基土石方600万立方米，沥青面层478万平方米，预应力预制梁1145片。

中铁二十局集团有限公司承建潮州至惠州高速公路7标工程。项目驻地广东省揭西县，项目负责人罗铁钢。合同投资55605万元，线路长10.8千米，主要工程量：路基土石方329.5万立方米，隧道1座1123延长米，桥梁15座7412延长米，涵洞24座1235.7横延米，制架梁1595片（箱梁）。

中铁二十三局集团有限公司承建潮州至惠州高速公路13标工程。项目驻地广东省汕尾市，项目负责人徐俊义。合同投资17734万元，线路长8千米，主要工程量：路基土石方294.3万立方米，桥梁8座1433.1延长米，涵洞28座1145.8横延米，制架梁611片（箱梁）。

中国铁建港航局集团有限公司承建潮州至惠州高速公路8标工程。项目驻地广东省陆河县，项目负责人陈文锋。合同投资22433万元，线路长7千米，主要工程量：路基土石方266万立方米，桥梁6座2483延长米，涵洞10座731横延米。（刘　辉）

【简阳至蒲江高速公路】 简阳至蒲江高速公路起点在简阳市禾丰镇，途经仁寿、彭山、东坡、蒲江，止于蒲江县天华镇，线路全长127千米，双向6车道，设桥梁97座，隧道5座，枢纽互通6座，一般互通11座，投资估算总额157.75亿元，设计行车速度100千米/小时，2014年7月开工，计划2016年底建成通车。

中国铁建所属十一局、十四局、十六局、十七局、十八局、二十局、二十一局、二十二局、二十三局、二十四局、二十五局、港航局参加工程建设。

中铁十一局集团有限公司承建简蒲高速公路14标工程。项目驻地四川成都，项目负责人陈瑞杰。合同投资38063万元，线路长2.6千米，主要工程量：路基土石方48万立方米，桥梁11座1572延长米，涵洞13座209横延米，隧道1座，左线1154延长米、右线1187延长米。

中铁十四局集团有限公司承建简蒲高速公路8标。项目驻地四川眉山，项目负责人王京营。合同投资48537万元，线路长5.5千米，主要工程量：路基土石方308万立方米，隧道0.5座1124.5延长米，主线大桥2座，涵洞14座，互通区1座，制架梁96片（T梁）。

中铁十六局集团有限公司承建简蒲高速公路2标工程。项目驻地四川资阳，项目负责人董艳斌。合同投资41749万元，线路长6.4千米，主要工程量：路基土石方341万立方米，沱江特大桥1239延长米，大桥3座509延长米，匝道桥3座144延长米，天桥1座，渡槽3处，涵洞24座。

中铁十七局集团有限公司承建简蒲高速公路11标工程。项目驻地四川眉山，项目负责人秦美前。合同投资47068万元，线路长7.0千米，主要工程量：主线桥5座1193.2延长米，路基土石方230万立方米，互通枢纽1处，匝道9条5141米，天桥3座156延长米，涵洞54座1999.9横延米。

中铁十八局集团有限公司承建简蒲高速公路4标工程。项目驻地四川资阳，项目负责人曹美俊。合同投资40607万元，线路长13.6千米，主要工程量：路基土石方624万立方米，桥梁11座3046延长米，互通1座，渡槽3座187米，天桥4座234延长米，涵洞63座2820横延米。

中铁二十局集团有限公司承建简蒲高速公路12标工程。项目驻地四川眉山，项目负责人盖峰。合同投资43060万元，线路长12.7千米，主要工程量：路基土石方402万立方米，桥梁18座1500延长米，涵洞57座，互通立交2座，天桥2座，收费站2处。

中铁二十局集团有限公司承建简蒲高速公路3标工程。项目驻地四川资阳，项目负责人任东平。合同投资41139万元，线路长12.8千米，主要工程量：路基土石方579万立方米，涵洞13座457横延米，房屋建筑面积9200平方米。

中铁二十一局集团有限公司承建简蒲高速公路10标工程。项目驻地四川眉山，项目负责人吴宝京。合同投资45276万元，线路长4.8千米，主要工程量：路基土石方224万立方米，桥梁10座3082.4延长米，其中主线大桥2426米2座，涵洞13座532横延米，制架梁906片（T梁）。

中铁二十二局集团有限公司承建简蒲高速公路9标工程。项目驻地四川眉山，项目负责人王东君。合同投资43667万元，线路长12.9千米，主要工程量：路基土石方333万立方米，桥梁13座1693.5延长米，分离式立交5处，分离式立交兼渡槽2座，渡槽兼人行天桥1座。

中铁二十三局集团有限公司承建简蒲高速公路13标工程。项目驻地四川成都，项目负责人肖毅。合同投资45389万元，线路长7.5千米，主要工程量：路基土石方385万立方米，桥梁6座1506延长米，涵洞13座741横延米，隧道1座，长秋山隧道800米。

中铁二十四局集团有限公司承建简蒲高速公路7标工程。项目驻地四川眉山，项目负责人刘辉信。合同投资49937万元，线路长6.5千米，主要工程量：路基土石方110万立方米，隧道0.5座1143.5延长米，桥梁2座2410延长米，涵洞12座632横延米，制架梁833片。

中铁二十五局集团有限公司承建简蒲高速公路5标工程。项目驻地四川眉山，项目负责人陈德。合同投资41309万元，线路长12.3千米，主要工程量：路基土石方524万立方米，桥梁13座1838延长米，预制T梁840片，涵洞50座2184横延米，互通式立交2处，渡槽3座，天桥2座。

中国铁建港航局集团有限公司承建简蒲高速公路1标工程。项目驻地四川资阳，项目负责人唐大文。合同投资36600万元，线路长12.8千米，主要工程量：路基土石方612万立方米，大桥2座314延长米，中桥5座210延长米，匝道桥1座，互通式立交2处，分离式立交1处，涵洞56座。（刘　辉）

【重庆火车北站综合交通枢纽工程】 中铁十九局集团有限公司承建担负重庆火车北站综合交通枢纽工程的施工任务，地上地下建筑面积255500平方米，广场面积118800平方米，用地红线范围内地上广场、地上及地下建筑、轨道10号线车站、4号线车站及车站东西向各延伸5米区间，合同投资100000万元，2013年1月开工，2015年10月1日投入使用。（刘　辉）

【镇江新区基础设施BT项目】 中铁十六局集团有限公司担负镇江新区基础设施BT项目的施工任务，包括市政路网工程及水利工程，市政路网工程包含道路、桥涵、排水、供电管沟、交通设施、路灯、绿化等；水利工程包含堤防整治，部分通江涵闸的改造，堤顶道路，护坡，绿化等，项目分两期实施，总投资10.75亿元，一期机场快线：金港大道至兴港东路，含与兴港东路，金港大道的2个立交互通，合同投资18000万元；金港大道东延：扬中三桥接线道路，合同投资6000万元；长江堤防达标工程：北何家港至太平河，18千米堤防整治及部分通江涵闸的改造，合同投资38000万元；兴港东路改造：圌山路—机场道路，合同投资4000万元；S241改造：S338—平昌路投资4000万元；二期项目为大港片区路网改造工程，二期项目估算投资3亿元。2013年5月开工，计划2016年9月30日完工。（刘　辉）

【南昌市象湖隧道】 中国铁建大桥工程局集团有限公司担负南昌市象湖隧道的施工任务，南昌市象湖隧道工程位于南昌市象湖景区中部，是朝阳大桥—九洲大街—象湖隧道—广州路东西向干线道路工程的重要组成部分，是连接象湖东，西两岸的重要通道，是连接朝阳新城和城南的交通纽带，本工程包括主线部分和匝道部分，主线部分：起于九洲大街的子羽路交叉口西侧165米，止于迎宾大道平交口，整个工程全长2.7千米，其中暗埋段长度为1725米，东西两端接线分别长约600米和350米；匝道部分：在真君路和子羽路间隧道敞开段的南，北两侧设置辅道A，B匝道，匝道长度约为645米；在施尧路南，北两侧设置右进右出匝道C，D匝道，匝道长度约600米；在施尧路与迎宾大道间隧道敞开段的南、北两侧设置辅道E、F匝道，匝道长度920米。

工程主要由7部分组成，分别为：道路与排水工程、结构工程、交通标志与标线工程、隧道消防与通风工程、电气工程、绿化景观工程和管理中心工程，其中景观绿化用地总面积48000平方米，工程管理用房总建筑面积4451.3平方米，为3层框架结构，建筑高度12.65米。合同投资90086万元，2013年3月开工，2015年10月底全线开通。（刘　辉）

【呼和浩特西北线快速路工程】 中铁十六局集团有限公司担负呼和浩特西北线快速路工程的施工任务，位于内蒙古呼和浩特市区内西二环和北二环线上，分西线工程和北线工程两段，西线（西南二环立交北—通道北路立交西）及北线（通道北路立交东—科尔沁北路立交西）快速路工程范围内道路（包含路基，路面）、排水、桥梁、交通、照明。控制工程为：东二环立交，呼伦贝尔北路—哲理木路跨线桥，鄂尔多斯互通立交主线桥。线路全长19.7千米，其中西线全长11.29千米，北线全长8.4千米，主线双向8车道，辅道双向6车道，主线设计时速80千米，辅道设计时速40千米，道路断面宽度76米，两侧绿化带宽度各27米，合同投资27.8亿元，于2014年3月15日开工，2014年12月主路通车，2015年6月辅路通车。（刘　辉）

【长沙磁浮工程】 长沙中低速磁浮工程线路起于长沙火车南站东广场北侧，沿劳动路，黄兴大道，机场高速高架敷设，终于黄花机场航站楼，正线全长18.5千米，均为高架线，设车站3座，车辆段1处，采用磁浮列车3辆编组，设计最高速度120千米/小时，项目投资估算总额41.95亿元，于2014年5月16日正式开工建设，计划2016年开通运营。

中国铁建所属十一局、十二局、十六局、二十三局、二十四局、城建集团、电气化局参加工程建设。

中铁十一局集团有限公司承建长沙磁浮工程2标工程。项目驻地湖南长沙，项目负责人唐希峰。合同投资14000万元，主要工程量：大桥3座，路基200米。

中铁十二局集团有限公司承建长沙磁浮工程4标工程。项目驻地湖南长沙，项目负责人罗检萍。合同投资11111万元，主要工程量：路基274.1米，桥梁4座3794.5延长米。

中铁十六局集团有限公司承建长沙磁浮工程1标工程。项目驻地湖南长沙，项目负责人温常力。合同投资33150万元，主要工程量：长沙南站建筑面积9850平方米，车辆段1处，区间变电所1处，桥梁桩基842根，承台204个，墩身197个，梁70片。

中铁二十三局集团有限公司承建长沙磁浮工程6标工程。项目驻地湖南长沙，项目负责人黄静。合同投资24000万元，主要工程量：全线预制梁生产，生产轨道梁822片。

中铁二十四局集团有限公司承建长沙磁浮工程3标工程。项目驻地湖南长沙，项目负责人张昭辉。合同投资15000万元，主要工程量：特大桥5座2811.5延长米，路基1315米，现浇梁3处。

中铁城建集团有限公司承建长沙磁浮工程5标工程。项目驻地湖南长沙，项目负责人赵军让。合同投资10900万元，主要工程量：榔梨站建筑面积5263平方米，建筑高度13.5米；黄花机场站建筑面积9541.6平方米，建筑高度16.7米。

中国铁建电气化局集团有限公司承建长沙磁浮工程供电系统和低压配电系统施工安装工程。项目驻地湖南长沙，项目负责人罗涛。合同投资10347万元，线路长18.5千米。 （刘　辉）

【北京地铁6号西延线】 北京地铁6号线是一条贯穿北京中心城区的东西向轨道交通骨干线，全长41.74千米，由一期、二期、三期工程组成。其中，一期工程于2012年12月30日开通运营，二期工程2014年12月28日开通运营，三期工程线路自苹果园至海淀区五路居，计划2016年建成通车。

中国铁建所属十四局、二十二局参加工程建设。

中铁十四局集团有限公司承建北京地铁6号线西延线6标工程。项目负责人刘少雨，合同投资34999万元。主要工程量：一站一折返线区间，苹果园站324.4米，金安桥站—苹果园站区间160.8米。

中铁二十二局集团有限公司承建北京地铁6号线西延线5标工程。项目负责人汤贵海，合同投资33000万元。主要工程量：一站二区间，苹果园南路站，苹果园站—苹果园南路站区间、苹果园南路站—西黄村站区间，全长2.351千米。 （刘　辉）

【北京地铁16号线】 北京地铁16号线是北京市城区西部的南北干线，线路途经海淀、西城和丰台3个行政区，线路全长49千米，设车站29座，停车场1处，计划2016年12月通车。

中国铁建所属十一局、十二局、十四局、十五局、十六局、十八局、十九局参加工程建设。

中铁十一局集团有限公司承建北京地铁16号线2标工程。项目负责人夏国松，合同投资39369万元。主要工程量：一站一区间，温阳路站，温阳路站—稻香湖路站，长约2352米。

中铁十二局集团有限公司承建北京地铁16号线17标。项目负责人王鹏程，合同投资46002万元。工程内容：一站一区间，玉渊潭东门站256.6米，甘家口站—玉渊潭东门站区间706.4米。

中铁十四局集团有限公司承建北京地铁16号线19标工程。项目负责人冯振鲁，合同投资50261万元。主要工程量：一站，苏州街站、苏州街站后停车线，线路总长642.4米。

中铁十五局集团有限公司承建北京地铁16号线11标工程。项目负责人宋延涛，合同投资41634万元。主要工程量：一站一区间，达官营站209米，木达区间盾构接收井（含）—达官营站区间435.6米。

中铁十六局集团有限公司承建北京地铁16号线15标工程。项目负责人吴宝华，合同投资47998万元。主要工程量：一站一区间，二里沟站338米，国家图书馆站—二里沟站区间1.36千米。

中铁十八局集团有限公司承建北京地铁16号线8标工程。项目负责人王志杰，合同投资49232万元。主要工程量：一站一区间，即肖家河站，肖家河站—西苑站区间，长约2447米。

中铁十八局集团有限公司承建北京地铁16号线16标工程。项目负责人陈典华，合同投资46877万元。主要工程量：一站一区间，甘家口站273.9米，二里沟站—甘家口站区间782.4米。

中铁十九局集团有限公司承建北京地铁16号线25标工程。项目负责人王永文，合同投资31867万元。主要工程量：一站二区间，榆树庄站254米，站前区间（看丹站—榆树庄站）393.2米，站后区间（含出入段线）226.1米， （刘　辉）

【北京地铁昌平线】 北京地铁昌平线是连接城市中心区与昌平新城的一条南北向轨道交通快速客运线路，北起十三陵景区，南至城铁13号线西二旗站，线路全长31.2千米。2009年4月2日开工，一期工程于2010年12月30日建成通车；二期工程北起十三陵镇，与一期工程起点南邵站相接，设车站6座，分别为十三陵景区站、西关环岛站、昌平站、亢山广场站、水库路站、昌平新区站。除昌平站采用暗挖法施工外，其余均采用明挖法施工,2015 年 12 月 26 日建成通车。

中国铁建所属十四局、十六局、十八局、十九局、二十二局参加工程建设。

中铁十四局集团有限公司承建北京地铁昌平线 7 标工程。项目负责人赵光泉,合同投资 45026 万元。主要工程量:一站二区间,昌平站 243.8 米,西关环岛站—昌平站区间 288.7 米,昌平站—亢山广场站区间 1150.2 米。

中铁十六局集团有限公司承建北京地铁昌平线 6 标工程。项目负责人李宏达,合同投资 27169 万元。主要工程量:一站一区间,西关环岛车站,西关环岛站—昌平站区间 2609.3 米。

中铁十六局集团有限公司承建北京地铁昌平线与地铁 8 号线联络线土建施工 12 标工程。项目负责人史英俊,合同投资 29850 万元。主要工程量:二区间,育知路站—平西府站区间 1476 米,平西府站—回龙观东大街站区间 863.5 米。

中铁十八局集团有限公司承建北京地铁昌平线 8 标工程。项目负责人黄广锴,合同投资 29004 万元。主要工程量:一站一区间,亢山广场站 189.4 米,亢山广场站—水库路站区间 940 米。

中铁十九局集团有限公司承建北京地铁昌平线二期工程机电专业安装工程 II 标工程。项目负责人于庆龙,合同投资 11386 万元。主要工程量:昌平站、十三陵景区站、涧头西站、西关环岛区间风井二区间及昌平站至亢山风井半区间的通风空调系统、给排水及消防系统、动力照明系统等。

中铁十九局集团有限公司承建北京地铁昌平线与地铁 8 号线联络线通信系统设备安装工程。项目负责人陈宝成,合同投资 2553 万元。主要工程量:专用通信、民用传输系统、民用无线系统、公安通信、政务通信、PIS 系统、OA 设备的全部安装工程。

中铁二十二局集团有限公司承建北京地铁昌平线轨道工程。项目负责人孙恒毅,合同投资 19947 万元,线路长 10.7 千米。主要工程量:铺轨 35.8 千米,道岔 36 组,交叉渡线 4 组,整体道床混凝土 344620 立方米,钢筋制安 863 吨,一级道砟 17307 立方米,底砟 733 立方米。

(刘　辉)

【青岛地铁 2 号线】 青岛地铁 2 号线自南京路与香港中路交叉口起沿香港中路、香港东路向东,经新闻中心、青岛大学、啤酒城后北拐,沿深圳路北上经长途汽车东站、东韩到李村,后沿夏庄路至李村公园。沿线设 14 个地下车站,包括 7 个明挖站、6 个暗挖站、1 个明暗挖结合站;15 个区间,包括 1 个盾构区间(区间左右线总长 1369.7 米)、4 个 TBM 区间(区间左右线总长 7152.3 米)、10 个矿山区间(左右线平均长 10842.4 米,其中汽车东站站—东韩站区间采用明挖 + 矿山法施工)、1 处车辆段出入段线(总长 1410.9 米,单洞单线矿山法)、1 处站后折返线(单洞四线矿山法)。合同投资 33 亿元,2011 年 11 月开工,计划 2017 年建成通车。

中国铁建所属十二局、十四局、十六局、十七局、十八局、十九局、二十局、二十二局、二十五局参加工程建设。

中铁十二局集团有限公司承建青岛地铁 2 号线 11 工区。项目负责人鲍海荣,合同投资 31825 万元,线路长 2 千米。主要工程量:一站一区间,环城南路站、东韩站至环城南路站区间。

中铁十四局集团有限公司承建青岛地铁 2 号线 4 工区。项目负责人王春国,合同投资 54691 万元,线路长 2.1 千米。主要工程量:三站二区间,南京路站、燕儿岛路站、高雄路站、南京路站—燕儿岛路站区间、燕儿岛路站—高雄路站区间。

中铁十六局集团有限公司承建青岛地铁 2 号线 10 工区。项目负责人娄兵,合同投资 27356 万元,线路长 1.4 千米。主要工程量:一站一区间,东韩站、汽车东站—东韩站区间。

中铁十七局集团有限公司承建青岛地铁 2 号线 12 工区。项目负责人鲜胜军,合同投资 33203 万元,线路长 1.8 千米。主要工程量:一站二区间,枣庄路站、环城南路站—枣庄路站区间、枣庄路站—李村站区间。

中铁十八局集团有限公司承建青岛地铁 2 号线 5 工区。项目负责人施红忠,合同投资 51040 万元,线路长 4.5 千米。主要工程量:四站四区间,麦岛站、徐家麦岛站、海川路站,海安路站、海安路站—海川路站区间、海川路站—徐家麦岛站区间、徐家麦岛站—麦岛站区间、麦岛站—高雄路站区间。

中铁十九局集团有限公司承建青岛地铁 2 号线 4 工区。项目负责人董宝云,合同投资 19811 万元,线路长 1.5 千米。主要工程量:一站一区间,苗岭路站、啤酒城站—苗岭路站区间。

中铁二十局集团有限公司承建青岛地铁 2 号线 13 工区。项目负责人周玉兵,合同投资 34130 万元,线路长 1.3 千米。主要工程量:一站二区间,李村公园站、李村站—李村公园站区间、李村公园站站后折返线区间。

中铁二十二局集团有限公司承建青岛地铁 2 号线 6、7 工区。项目负责人周清福,合同投资 30649 万元,线路长 1.8 千米。主要工程量:一站一区间,啤酒城站、海安路至啤酒城站区间。

中铁二十五局集团有限公司承建青岛地铁 2 号线 8 工区。项目负责人张旭海,合同投资 45726 万元,线路长 2.1 千米。主要工程量:一站三区间,同安路站、苗岭路—同安路站区间、同安路站—汽车东站区间、车

辆段出入段线暗挖区间。（刘 辉）

【厦门地铁1号线】 厦门地铁1号线全长31.7千米，其中地下线27.1千米、地面线2.3千米、高架线2.3千米，全线设置车站24座，设置高崎停车场1处，置岩内综合维修基地1处。其中，中国铁建承担41.6亿元的土建工程施工任务，施工线路长19.74千米，车站18座，区间17个，车辆段1座，合同工期2013年10月—2017年12月。

中国铁建所属十一局、十二局、十七局、十八局、二十四局、电气化局参加工程建设。

中铁十一局集团有限公司承建厦门地铁1号线轨道工程2标工程。项目负责人罗旭光，合同投资21454万元。主要工程量：正线铺轨33.782千米。

中铁十二局集团有限公司承建厦门地铁1号线土建工程1标二工区。项目负责人安刘生，合同投资59165万元。主要工程量：三站二区间，将军祠站、文灶站、湖滨东路站、军祠站—文灶站区间684.2米、文灶站区间—湖滨东路站区间左右线862.6米。

中铁十二局集团有限公司承建厦门地铁1号线土建工程2标二工区。项目负责人陈俊，合同投资34531万元。主要工程量：二站二区间，软件园站179.8米、集美大道站272.4米、诚毅广场站—软件园站区间盾构段858米、暗挖段237米（左线）和229米（右线）、软件园站—集美大道站区间盾构955米。

中铁十七局集团有限公司承建厦门地铁1号线土建工程2标一工区。项目负责人王双龙，合同投资48700万元。主要工程量：三站二区间，董任站车站、集美中心站车站、诚毅广场站车站，董任站—集美中心站区间，左线盾构隧道1216.9米，右线盾构隧道1208.7米，集美中心站—诚毅广场站区间，左线盾构隧道782.7米，右线盾构隧道1003.7米。

中铁十七局集团有限公司承建厦门地铁1号线土建工程1标一工区。项目负责人樊志忠，合同投资58989万元。主要工程量：二站二区间，镇海路站410.8米、镇海路站—中山公园站区间768.2米、中山公园站、中山公园站—将军祠站区间1025.2米。

中铁十八局集团有限公司承建厦门地铁1号线土建工程1标三工区、2标三工区。项目负责人沈启炜，合同投资63000万元。主要工程量：1标三工区主要工程：吕厝站；2标三工区，主要工程：天水路站，集美大道站—天水路站区间，天水路站—厦门北站区间。

中铁十八局集团有限公司承建厦门地铁1号线土建工程1标三工区。项目负责人吴颖宁，合同投资40606万元。主要工程量：二站三区间，莲坂站、莲花路口站，三区间湖滨东路站—莲坂站区间457米，莲坂站—莲花路口站区间846米，莲花路口站—吕厝站区间745米。

中铁二十四局集团有限公司承建厦门地铁1号线土建工程2标四工区。项目负责陈桂林，合同投资36202万元。主要工程量：一站二区间及1个车辆基地，岩内北广场站134.6米，厦门北站—岩内北广场站区间493.4米，厦门北站—厦门北车辆基地1383米，岩内北广场站—厦门北车辆基地区间1383.9米，厦门北车辆基地1405米。

中铁二十四局集团有限公司承建厦门地铁1号线土建工程1标四工区。项目负责张兴元，合同投资10010万元。主要工程量：塘边站，车站长154.6米，为地下两层（局部地下三层）岛式车站。

中国铁建电气化局集团有限公司承建厦门地铁1号线35千伏变电所安装2标工程。项目负责人陆子清。合同投资5603万元。主要工程量：牵引降压混合变电所7座、降压变电所6座、跟随式降压变电所3座的安装调试工程。（刘 辉）

【兰州地铁1号线】 兰州地铁1号线是从西向东通过城市蜂腰地段的一条主干轨道交通线路，东西横贯中心城区，一期工程东起城关区东岗镇，西至西固区陈官营，正线长26.78千米，均为地下线，设车站20座，规划建设时间为2012—2016年，工期5年半。一期工程总投资199.9亿元。

中国铁建所属十一局、大桥局、十四局、十六局、十七局、二十局、二十一局参加工程建设。

中铁十一局集团有限公司承建兰州地铁1号线TJ1－1、TJ1－6工区。项目负责姚胜兰，合同投资14210万元。主要工程量：一站一区间，起点站至陈官营站明挖区间142米，西十字站301.1米。

中国铁建大桥工程局集团有限公司承建兰州地铁1号线TJ2－8工区。项目负责李铁成，合同投资27473万元。主要工程量：三区间，西站什字—七里河站区间盾构688米，七里河站—小西湖站区间盾构1219米，小西湖站—文化宫站区间盾构599.9米，存车线段明挖区间。

中铁十四局集团有限公司承建兰州地铁1号线TJ1－2工区。项目负责吴遁，合同投资60660万元。主要工程量：一站二区间，奥体中心车站，陈官营—奥体中心站区间696米明挖和693米双线盾构，奥体中心站—世纪大道站区间2134米双线盾构。

中铁十六局集团有限公司承建兰州地铁1号线TJ1－5工区。项目负责全雪勇，合同投资14210万元。主要工程量：一站二区间，马滩站，迎门滩站—马滩站区间，马滩站—土门墩站区间，全长3.553千米。

中铁十七局集团有限公司承建兰州地铁1号线TJ1－6A工区。项目负责李建良，合同投资42791万元。主要工程量：一站二区间，土门墩车站，土门墩站—西客站区间盾构1541.1米，西客站—西站什字站区间盾构 2891.7 米。

中铁二十局集团有限公司承建兰州地铁 1 号线 TJ2－7 工区。项目负责文洋，合同投资 24851 万元。主要工程量：一站，西客站 1 号线车站 181.6 米，2 号线车站 140 米。

中铁二十局集团有限公司承建兰州地铁 1 号线 TJ2－10 工区。项目负责薄志军，合同投资 56043 万元。主要工程量：二站二区间，西关什字站 263.9 米，省政府站 170.7 米，西关什字站—省政府站区间 803.7 米，省政府站—东方红广场区间右线长 1050.9 米。

中铁二十局集团有限公司承建兰州地铁 1 号线工程试验段。项目负责黄庆华，合同投资 34434 万元。主要工程量：二站一区间；世纪大道站 305.2 米，迎门滩站 242.1 米，世纪大道—迎门滩区间 652.8 米。

（刘　辉）

【山西中部引黄工程】 中部引黄工程是山西省“十二五规划”大水网建设中一项重要的工程，本工程自忻州市保德县黄河天桥水电站库区取水，供水范围包括忻州、吕梁、临汾三市十四个县（市、区），年供水 3.0 亿立方米。中国铁建所属十一局、十二局、十七局、十八局、二十局、二十五局承担 23 亿元的施工任务，2012 年 6 月开工建设，计划 2016 年建成。（刘　辉）

【贵州茅台酒厂扩建工程】 中铁二十二局集团有限公司担负施工，项目范围为德庄河以北、老厂区以南的厂区道路、管线、桥梁等相关配套设施和河堤、污水处理站及建筑面积 139 万平方米的制酒生产房、酒库、制曲生产房、酒库勾调中心、暂存粮库、包装车间、办公楼、接待中心、展示中心、室内停车场等 230 多项建（构）筑物的勘察设计、施工、移交、工程保修，项目总投资 126.3 亿元，共分为 3 个管段，分别是中华片区制酒生产设施及其配套设施、环山酒库及 7 号地块酒曲车间，2012 年 12 月开工建设。（刘　辉）

【福建福清利嘉中心】 中铁十一局集团有限公司担负施工，为商业、写字楼、酒店、高级公寓、高级住宅及相关配套设施，总建筑面积约 100 万平方米，合同投资 38 亿元，合同工期 2013 年 11 月—2015 年 11 月。

（刘　辉）

【新疆广汇集团伊吾县白石湖煤矿露天剥离工程】 中铁十九局集团有限公司担负施工任务。项目位于新疆哈密地区伊吾县淖毛湖镇西北 40 千米的新疆广汇煤业公司白石湖煤矿矿区，项目负责人胡金琦。工程范围南北长约 800 米，东西长约 1200 米，施工内容分为土石方剥离和原煤开采 2 部分，一期按照土石方剥离工程总量 1 亿立方米预估，原煤开采暂按 3500 万立方米预估，合同工期 2011 年 6 月—2016 年 6 月，合同投资 148665 万元。二期按照土石方剥离及采煤，年采剥总量 5303 万立方米，合同工期 10 年，合同投资 87 亿元。（刘　辉）

安全质量监督

【中国铁建股份公司安全生产委员会】 2007 年成立，股份公司总裁任主任委员，分管安全生产工作的副总裁刘汝臣、总会计师王秀明等任副主任委员，部门以上领导及机关有关部门负责人为委员。安委会办公室设在安全质量监督部，办公室主任由部长担任，日常工作由业务部门具体承办。主要职责是：规划、监督、指导全系统安全工作；审议安全生产工作制度；评估安全生产状况，提出强化管理的举措；对安全生产重大问题提出决策性意见；实施安全生产奖惩；对安全生产事故提出处理意见。（郭　宏）

【安全质量监督部】 负责监督管理中国铁建系统劳动安全、人身安全、锅炉压力容器安全、运输安全和工程质量、计量、试验工作，在安全、质量管理和“三标”体系运行工作中发挥规划、监督、管理和服务作用的职能部门，下设安全监督处、质量监督处和贯标办，定员 11 人，设部长 1 人、副部长 2 人；现有 10 人，其中教授级高级工程师 3 人，高级工程师 6 人，高级经济师 1 人。各集团公司设安全、质量监督管理机构。主要职责是：贯彻国家及有关部委安全质量工作的法律法规，制定股份公司安全生产和质量工作的规章制度并组织实施；负责股份公司系统安全生产和质量监督工作；负责股份公司本级经营项目的安全生产和质量检查指导工作；负责股份公司交通安全管理工作；协助调查处理生产安全和质量事故；组织签订安全生产责任书；负责股份公司系统安全质量培训教育工作；负责股份公司生产安全应急监督管理工作；负责国家及行业优质工程的审查、推荐工作；负责工程项目标准化管理工作，组织开展股份公司优质工程和安全质量标准工地评选工作；负责与各级政府安监质监部门、协会建立沟通联系机制；负责股份公司贯标工作；负责注册安全工程师注册管理和继续教育工作；承办股份公司安全生产委员会、交通安全委员会办公室工作；参与股份公司有关业务工作；参与施工重难点问题的解决。（郭　宏）

【安全质量工作综述】 2015 年，中国铁建认真贯彻落实国家和有关部委安全质量工作要求，按照年初工作会议的统一部署，牢固树立“红线意识”，落实安全生产主体责任，以包保责任书为抓手，逐级签订安全包保责任书，严格兑现奖罚，推进安全责任层层传导；贯彻“提前想到、提前发现、提前消除隐患”的思想，预防为主、关口前移、源头治理，充分发挥安全隐患治理平台督促、监管作用，促进隐患排查治理工作常态化、规范化；积极推行安全行为与收入挂钩举措，激励一线人员从被动的“要我安全”转变为主动的“我要安全”；坚持以教育培训为基础，促进作业人员素质提升。

2015年，全系统未发生较大以上生产安全事故，安全生产形势比较稳定，是近十年来最好的一年。

工程创优项目获得国优工程奖24项，鲁班奖9项，铁建杯优质工程奖133项。 （袁邦民 孙胜考）

【安全质量工作视频会议】 3月16日，股份公司在北京中国铁建大厦召开安全生产工作视频会议，总结分析近年来安全生产工作总体情况，肯定安全生产工作的有效作法，宣读有关安全的表彰决定，部署2015年安全生产工作。中国铁建董事长、党委书记、总裁出席会议并分别讲话，分管安全生产工作的副总裁刘汝臣作题为《强化红线意识 着力标本兼治 进一步巩固安全生产持续稳定发展态势》工作报告。会议由党委书记齐晓飞主持。会议强调，要牢固树立红线意识，健全机构、提升素质、完善制度、强化责任、狠抓落实，继续巩固安全生产良好局面。会议设立1100多个分会场。中国铁建总部、各集团公司、各直管项目公司（指挥部）、各工程公司、分公司机关和有收视条件的项目部29600余人参加或收听收看会议。 （袁邦民）

【安全工作包保责任状】 2015年初，股份公司与各集团公司主要党政领导干部分别签订“2015年安全工作包保责任状”，年终兑现责任状承诺。

分别向被评为安全生产先进单位的中土集团，十一、十二、十四、十五、十六、十七、十九、二十一、二十二、二十三、二十四、二十五局，大桥局、中铁建设、电气化局、港航局、城建集团、中铁地产、国际集团、投资集团颁发奖金100万元；向被评为安全生产达标单位的十八局颁发奖金50万元；分别向被评为安全生产达标单位的铁一院、铁四院、铁五院、上海院、中铁物资、铁建装备、铁建重工、商务公司颁发奖金30万元；分别向被评为安全生产达标单位的财务公司、诚合保险、培训中心（党校）颁发奖金6万元。分别向被评为安全生产达标单位、先进单位的党政主要领导干部各发给奖金5000～36000元。 （袁邦民）

【安全质量管理干部培训】 2015年3月26—27日，在上海市举办全系统安全质量管理干部培训班，各集团公司安全总监、安质部长、各工程公司安质部长等281人参加培训。培训会上副总裁刘汝臣围绕工作重点，指导部署全系统安全生产工作。会议邀请国家安监总局监管二司副巡视员韩泓进行授课。中铁十五局承办此次培训活动。 （袁邦民）

【全国“安全生产月”活动】 根据《国务院安委会办公室关于开展2015年全国“安全生产月”和“安全生产万里行”活动的通知》（安委办〔2015〕7号）精神，全系统于6月组织开展第十四个全国“安全生产月”活动。活动期间，各单位紧紧围绕“加强安全法治、保障安全生产”这一活动主题，扎实开展学习习近平总书记安全生产重要论述和依法治安集中宣讲等活动，提高全员安全意识和素质；活动期间，各单位按照“四不两直”检查方式，以工程施工、汛期安全生产为重点，认真开展建设工程施工方案“五整治五落实”专项行动，对生产作业区、生活区进行全面检查，确保安全隐患排查治理工作取得实效，促进企业安全生产持续稳定。

（袁邦民）

【安全隐患排查治理平台】 2015年，股份公司系统各单位以隐患平台为抓手，深入开展隐患排查治理工作，提前想到隐患、提前发现隐患、提前消除隐患，不断提升企业安全生产工作。为有效激励全员隐患排查治理工作积极性，充分发挥隐患平台功能，依据下半年各单位的平台得分和真实性抽样考核结果，按照得分高低和抽样真实性进行排名考核，合计发放奖金799万元。

（高维权）

【安全生产应急管理】 为强化全系统安全生产应急救援能力，提升应急管理和处置水平，经股份公司2014年第8次总裁办公会议研究决定，在股份公司成立安全生产应急救援（指挥）中心（简称救援指挥中心）。救援指挥中心设在安全质量监督部，设主任1人，由安全质量监督部部长兼任；设专职副主任1人（相当于部门副职）。救援指挥中心的具体工作由安全质量监督部负责。其主要职责是：负责与各应急部门、有关单位的联络和综合协调；负责各种灾害事故的处置工作；根据实际情况，调派相应部门及专家组人员参与事故处置；负责启动应急预案，第一时间及时通知应急抢险救援队伍到场指挥；按照各级领导和指挥员的指示要求调集有关物资、装备和应急救援力量；负责向国家申领安全生产保障能力建设专项资金；负责要情上报和信息反馈工作；负责组织开展应急演练工作；负责救援时隐患排查防止次生灾害工作；负责救援队的业务指导;负责应急事件预防工作。

针对全系统在建隧道项目多、风险高的实际,为有效应对隧道塌方导致的安全事故,最大限度地降低事故带来的损失和影响,2015 年,股份公司太原隧道抢险救援队在风险隧道相对集中的西南、西北、华东、华北、东北等区域,布设 6 套顶管救援设备。十一至二十五局、大桥局集团公司按照股份公司的要求,配备1 ~2 套隧道顶管救援设备、水平钻机和切割设备等,并开展救援演练,提高了应对突发事件的处置能力。

(杨生荣)

【“全国质量月”活动】 根据国家质量监督检验检疫总局联合国家相关部门、相关联合会、行业协会等下发的《关于开展 2015 年全国“质量月”活动的通知》(国质检质联〔2015〕36 号)精神,全系统开展 2015 年质量月活动。各单位围绕“迈向质量时代,建设质量强国”主题,开展广泛深入的宣传教育活动,建设质量文化,提高质量意识。深入宣传贯彻《质量发展纲要(2011—2020 年)》,充分发挥企业的主体作用,提高质量竞争力,提升质量总体水平,着力在质量提升上下功夫,深入开展群众性质量活动,促进质量提升。全面开展质量整治、确保安全、强化过程质量控制活动,在企业中形成质量兴企、人人有责的良好氛围。通过开展质量专项检查、QC 小组活动、举办质量管理干部培训班、召开质量事故分析会、举行消除质量通病评比竞赛等活动,进一步提高企业员工的质量意识和产品与服务质量水平。开展“质量管理思路创新”活动,组织员工进行广泛深入的讨论,促使质量管理工作的深入持续改进。工程承包企业组织开展工程质量通病治理专项行动,消除质量通病,提高工程质量。其他企业有针对性地开展产品质量、服务质量提升活动,创建产品和服务品牌。

(孙胜考)

【水利安全生产标准化】 按照水利部规定,水利安全生产标准化等级是体现水利生产经营单位安全生产管理水平的重要标志,可作为业绩考核、行业表彰、信用评级以及评价水利生产经营单位参与水利市场竞争能力的重要参考依据。2015 年,中国铁建系统十一局、大桥局、十六局、二十二局、二十三局取得水利部颁发的“水利安全生产标准化一级”证书。

(杨生荣)

【安全先进工作者】 2015 年,中国铁建表彰安全先进工作者 115 名。名单如下:

中国铁建安全先进工作者

李永茂　杨明松　余万银　王三文　葛和焰
刘新春　谭　文　常正辉　杨俊明　张东星
刘文俊　朱育红　顾　鹏　温　海　胡丽娟
张春利　杨鲁波　张连冰　孙卫国　王　军
高明星　刘中欣　尹陆海　衡　博　邵长青
翟立强　杨振朝　周　通　周志伟　杜水波
王　栋　贾伟龙　王正平　曹传文　姜华龙
潘宝垒　周　兵　于　博　谭李峰　阚玉达
谢　辉　孙世科　李林生　陈振华　李振西
张志强　鲁　瑞　王秦涛　张照祥　左常敏
王铨运　王　重　赵明立　乔　宏　董晓峰
常　琨　张　华　张作民　谭清标　何祥荣
张卫彪　王小青　曹军师　郭　晓　梁　玲
徐　涛　罗富林　王　巍　刘海兵　寇　震
史新瑜　陶恒华　李　军　郭宗文　李井春
熊　涛　海永霞　徐中华　金　鑫　贺峥嵘
周玉明　杨　波　李景山　郇　强　徐炳清
刘双颖　米　哲　罗　杰　周军海　张宝安
赵常俊　王文宏　邹明红　赵如林　汪　彧
何伟伦　黄彬彬　林伟超　杨宏伟　王泽民
吴　凯　张志富　唐起飞　海　峰　殷险峰
刘英杰　付　饶　张丽霞　聂桂荣　杨震秀
彭　锋　于　斌　王　磊　王朝晖　李　冰
郭春雷　王向平　李志林　秦　凯

(郭　宏)

【质量管理先进个人】 2015 年,中国铁建表彰质量管理先进个人 106 名。名单如下:

中国铁建质量管理先进个人

王　猛　马　超　李浩杰　邵华磊　许兰涛
冯　波　李统肖　赵宗益　张丽辉　岳志华
金小磊　王玉华　李招明　朱占利　周冠南
姜喜东　杨战勇　高艳花　吴均平　李晓军
任皆军　韩　艳　田全玲　李燕粉　郝迎军
李　倩　周志伟　孙延峰　袁磊涛　王　辉
张卫民　郑伯强　刘金良　苏　睿　李楼玉
陈彦颖　王俊涛　刘春虹　樊延祥　陈广伯
赵连峰　韩　磊　吕中英　芮宗勤　赵江英
宋建东　冯　钰　刘军龙　谢红山　刘小东
杨宏博　王新坡　梁永锋　朱华平　白志波
高小林　王辅圣　赵中良　章胜华　王　海
曹志雄　施杨芝　刘超国　王德龙　李少波
陈新兵　梁世杰　林巨鹏　蒋　杰　陈学仁
王　浩　李　全　魏贤华　唐　诚　戴和平
李葆华　韦　朝　张　艳　田丽平　陈世刚
林金坤　吴小波　施新宇　郑晓慧　孙学京
杨敏龙　曾　杰　马增阳　王小敏　郑北南
樊清峰　李　超　张剑强　赵　慧　乔通来

张伟宏　刘英杰　冯　轩　苗　静　牛西星
王　峰　张纯清　贾志武　沙明元　蔚东绪
张志超

（孙胜考）

【中国铁建安全质量标准工地建设】 根据各单位推荐，经股份公司审核，决定评选以下87个项目为2015度中国铁建股份有限公司安全质量标准工地（车间）。名单如下：

中国铁建安全质量标准工地

中国土木工程集团有限公司埃塞—吉布提铁路

中国土木工程集团有限公司吉布提铁路项目

中铁十一局集团电务工程有限公司新建南京至安庆铁路四电集成及相关工程

中铁十一局集团第二工程有限公司大连铁路枢纽改造工程前关特大桥

中铁十一局集团桥梁有限公司成渝客专四标项目部龙集制梁场

中铁十一局集团第五工程有限公司云南麻昭高速公路C2工区

中铁十二局集团第二工程有限公司西成客专老安山隧道

中铁十二局集团第三工程有限公司、第四工程有限公司宝兰客专4标

中铁十二局集团建安工程有限公司新建南京至安庆铁路NASZ－9标

中铁十二局集团第七工程有限公司新建南京至安庆铁路NASZ－9标

中国铁建大桥工程局集团有限公司中塘示范小城镇农民安置用房项目

中国铁建大桥工程局集团第一工程有限公司合肥市繁华大道东延工程2标

中国铁建大桥工程局集团第四工程有限公司贵阳轨道交通1号线剩余土建工程第一工作段

中国铁建大桥工程局集团园林环境工程有限公司青银高速改扩建项目第3合同段

中铁十四局集团有限公司长株潭城际铁路综合Ⅱ标项目经理部

中铁十四局集团有限公司广东珠三角城际轨道交通项目佛肇城际GZZH－7标项目经理部

中铁十四局集团有限公司津保铁路JBSG－2标

中铁十四局集团有限公司新建海南西环铁路XHZQ－5标

中铁十五局集团第一工程有限公司榆林府谷县东线上山道路N3标

中铁十五局集团第二工程有限公司国道318线林芝至拉萨公路改造工程

中铁十五局集团第七工程有限公司萧政储出（2012）19号地块建设项目青秀城1标

中铁十五局集团有限公司城市轨道交通工程公司东莞市轨道交通R2线2303A标

中铁十六局集团第二工程有限公司安徽阜阳九鼎华苑一期工程

中铁十六局集团第三工程有限公司宁波市轨道交通1号线2期工程TJ1213标

中铁十六局集团第四工程有限公司张承高速承德段TJ25合同段

中铁十六局集团路桥工程有限公司厦蓉高速公路龙岩互通迁建工程A1合同段

中铁十六局集团地铁工程有限公司北京轨道交通昌平线二期涧头西站工程

中铁十七局集团有限公司石家庄市城市轨道交通3号线一期工程首开段

中铁十七局集团第二工程有限公司西咸新区空港新城幸福里棚户区改造项目部

中铁十七局集团第四工程有限公司大广高速公路（粤境段）S04合同段

中铁十七局集团第六工程有限公司新建厦门前场铁路大型货场工程QCSG标段

中铁十七局集团建筑工程有限公司郑徐客专商丘站房ZXZFSF标段工程

中铁十八局集团有限公司长春地铁1号线一期工程人民广场站—解放大路车站（含解放大路站）区间工程

中铁十八局集团有限公司苏州市轨道交通2号线延伸线工程土建施工（Ⅱ－Y－TS－03）标

中铁十八局集团有限公司北京地铁16号线工程土建施工08合同段

中铁十八局集团第五工程有限公司快速路系统二期项目——外环线东北部调线工程第2标段

中铁十九局集团第三工程有限公司渝黔高速公路路面大修工程

中铁十九局集团第七工程有限公司成兰铁路工程5标段

中铁十九局集团轨道交通工程有限公司武汉市轨道交通三号线土建工程第四标段

中铁十九局集团有限公司国际建设分公司鄂尔多斯站工程

中铁二十局集团有限公司夏蓉高速毕生项目高速公路第8合同段法朗沟特大桥

中铁二十局集团第三工程有限公司西成客专中梁隧道

中铁二十局集团第七工程有限公司兰州市南山路西柳沟立交桥

中铁二十局集团电气化工程有限公司黄韩侯铁路(西安局管内)站后四电工程 HHZH－1 标合阳北至芝阳电气化工程

中铁二十一局集团有限公司干塘至武威南段增建二线工程项目部

中铁二十一局集团第一工程有限公司新建天津至保定铁路大北环线跨京津塘高速公路特大桥

中铁二十一局集团第二工程有限公司宝兰客专社棠渭河特大桥

中铁二十一局集团第三工程有限公司丽香铁路黄山哨隧道出口钢构件加工厂

中铁二十二局集团第一工程有限公司佛山西站枢纽地下空间开发项目一期工程

中铁二十二局集团第二工程有限公司赣龙复线铁路铺架工程

中铁二十二局集团哈尔滨铁路建设集团有限责任公司新建哈尔滨至齐齐哈尔客运专线松花江特大桥

中铁二十二局集团电气化工程有限公司新建铁路敦煌至格尔木线(青海段)站后工程

中铁二十三局集团第一工程有限公司厦沙高速 A1 项目部钢筋加工场

中铁二十三局集团第二工程有限公司牡绥增建二线绥芬河站站房综合楼

中铁二十三局集团第三工程有限公司米攀铁路冉家湾隧道

中铁二十三局集团第四有限公司湖南沅陵大汉新城一期一标段房建

中铁二十四局集团浙江工程有限公司皖赣铁路扩能改造工程Ⅰ标段

中铁二十四局集团上海铁路工程有限公司闵行区沪杭铁路客运专线配套道路工程—顾戴路下穿立交桥工程

中铁二十四局集团南昌铁路工程有限公司丰城市物华路下穿沪昆铁路立交桥工程

中铁二十四局集团轨道交通分公司上海轨道交通 17 号线土建 5 标工程

中铁二十五局集团第二工程有限公司长株潭城际铁路综合Ⅲ标项目部车辆段工区

中铁二十五局集团第四工程有限公司徐州市三环西路高架快速路工程 XS－LQ5 标

中铁二十五局集团第五工程有限公司青岛市地铁 2 号线一期工程土建二标 05 工区

中铁二十五局集团电务工程有限公司沪昆线扩能改造工程

中铁建设集团有限公司京广铁路保定站改造工程

中铁建设集团有限公司广华新城居住区 617 地块住宅建设项目

中铁建设集团有限公司新建贵阳至广州铁路贵阳北站站房工程

中铁建设集团有限公司中节能(江西)总部基地工程

中国铁建电气化局集团有限公司新建吉林至珲春客专四电及相关工程 SJH Ⅷ标段

中国铁建电气化局集团有限公司新建成都至重庆铁路客运专线“四电”系统集成及设备房屋等相关工程

中国铁建电气化局集团第三工程有限公司新建铁路沈阳至丹东客运专线“四电”系统集成及相关工程 SDSD－1 标段

中国铁建电气化局集团第五工程有限公司新建贵阳枢纽白云至龙里北联络线站后四电集成工程

中国铁建电气化局集团北方工程有限公司哈密鑫天烟墩七(C)200MW 风电场工程

中国铁建港航局集团有限公司第四工程分公司成渝客专隆昌北站至隆昌县城快速通道项目

中铁房地产集团(贵州)有限公司贵阳国际城 H4 组团项目

上海设计院集团上海先行建设监理有限公司京福客专闽赣监理Ⅴ标项目部

中铁物资集团兰州有限公司钢铁物流园

中国铁建高新装备股份有限公司制造总厂结构分厂

中国铁建重工集团有限公司制造供应中心

中国铁建国际集团有限公司特立尼达和多巴哥斯卡伯罗总医院核磁共振室和心导管手术室扩建项目

中铁城建集团第一工程有限公司昆铁家园住宅小区建设工程(第二标段)

中铁城建集团第三工程有限公司天津市北辰区双街示范小城镇农民安置用房工程张湾地块 K 地块(一标段)

中铁城建集团北京工程有限公司唐山勒泰中心项目

中铁城建集团北京工程有限公司南京市栖霞区万寿村季家街 01 地块一期二标段工程

中铁城建集团南昌建设有限公司万郡·大都城二期Ⅱ标段

中国铁建投资有限公司云南麻昭高速公路 B 标

中铁建(北京)商务管理有限公司铁建大厦 A 座物业服务项目

(杨生荣)

2015年中国铁建优秀质量管理小组

序号	企业名称	小组名称	成果名称
1	中国土木工程集团有限公司	江岸车辆段襄阳北检修车间扩能改造工程建筑所QC小组	江岸车辆段襄阳北检修车间修车库与联合车库优化设计
2	中国土木工程集团有限公司	中土吉布提铁路项目部QC小组	提高非洲高温地区混凝土施工外观质量
3	中铁十一局集团电务工程有限公司	宁安铁路项目部接触网QC小组	高速铁路接触网腕臂软件计算及工厂化预配施工方法探讨
4	中铁十一局集团第二工程有限公司	黔中水利枢纽六连拱施工QC小组	六连拱拱圈施工质量控制
5	中铁十一局集团第一工程有限公司	降低岩溶桩基砼超方率QC小组	降低岩溶桩基砼超方率
6	中铁十一局集团桥梁工程有限公司	敦煌梁场QC小组	提高T型梁模型拆装效率
7	中铁十一局集团第六工程有限公司	大洲项目袁志明QC小组	提高吹填砂路基压实过程施工质量
8	中铁十二局集团建筑安装工程有限公司	宁安9标工程指挥部QC小组	小角度楼承板栓钉焊接质量控制
9	中铁十二局集团第一工程有限公司	京台高速JTA8合同段台车研制QC小组	高速公路隧道“两用”衬砌台车的研制
10	中铁十二局集团第四工程有限公司	广州地铁项目部第六QC小组	降低地铁深基坑开挖监测报警率
11	中铁十二局集团第二工程有限公司	太古供热隧道项目经理部QC小组	衬砌台车在支架加宽段加固装置的研制
12	中铁十二局集团第三工程有限公司	青连铁路QC小组	提高桥梁支承垫石锚栓孔一次成孔率
13	中国铁建大桥工程局集团第三工程有限公司	“4.23”开关插座预埋QC小组	提高剪力墙内开关、插座盒预埋施工质量
14	中国铁建大桥工程局集团第三工程有限公司	填砂路基施工QC小组	攻克填砂路基施工技术难题
15	中国铁建大桥工程局集团有限公司	福平铁路FPZQ－4标二分部QC小组	提高深海区钢管桩施工定位精度
16	中国铁建大桥工程局集团第四工程有限公司	贵阳轨道交通1号线金阳车辆段QC小组	提高CFG桩合格率
17	中国铁建大桥工程局集团第四工程有限公司	中铁·滨海欣城项目部QC小组	提高卫生间防水一次验收合格率
18	中铁十四局集团有限公司	东毛高速项目部QC小组	提高泥质粉砂岩光面爆破质量
19	中铁十四局集团电气化工程有限公司	南京青奥项目部QC小组	提高防火阀消防联动初验合格率
20	中铁十四局集团隧道工程有限公司	宁溧段装配式便道项目部QC小组	城市地铁中装配式便道的设计与使用
21	中铁十四局集团北京中铁房山桥梁有限公司	鼎湖制梁场QC小组	梁体接触网预埋件的卡控
22	中铁十四局集团房地产开发有限公司	南京项目部QC小组	提升毛坯住宅质量的业主满意度
23	中铁十四局集团第三工程有限公司	高速铁路CRTSIII型底座板施工质量控制QC小组	提升CRTSIII型板式无砟轨道底座板外形尺寸合格率
24	中铁十五局集团城市轨道交通工程有限公司	广佛18标项目部QC小组	降低小半径曲线盾构隧道管片错台超标率
25	中铁十五局集团第一工程有限公司	榆林府谷项目部钢管桩支墩相对变形量减小QC小组	减小钢管桩支墩相对变形量
26	中铁十五局集团第六工程有限公司	朔黄铁路运输处QC小组	减少SS4型电力机车运行中故障停车
27	中铁十五局集团第二工程有限公司	华阳特大桥悬浇箱梁QC小组	提高悬浇箱梁线形外观质量

续表

序号	企业名称	小组名称	成果名称
28	中铁十五局集团第七工程有限公司	天津滨海新区西外环高速Ⅱ标项目部 QC 小组	提高埋弧自动焊一次焊接合格率
29	中铁十六局集团第二工程有限公司	天津地铁项目部神舞 QC 小组	提高管片拼装的合格率
30	中铁十六局集团第二工程有限公司	咸鱼的梦想 QC 小组	降低海岸线软硬复合地质钻孔灌注桩混凝土充盈系数
31	中铁十六局集团轨道交通建设有限公司	施振东 QC 小组	小半径大坡度近距离下穿既有盾构隧道的沉降控制
32	中铁十六局集团城市建设发展有限公司	燕翔饭店改扩建项目机电管理 QC 小组	提高星级酒店明配电管一次报验合格率
33	中铁十六局集团铁运工程有限公司	神朔指机车 QC 小组	降低韶山 4 改型机车辅接地故障
34	中铁十七局集团第三工程有限公司	开封制梁场第一 QC 小组	提高 U 型钢筋制作一次成型率
35	中铁十七局集团第四工程有限公司	大广高速 S04 标项目部 QC 小组	提高钢拱架拱脚承载力
36	中铁十七局集团铺架分公司	宝麟项目部第一 QC 小组	提高有缝线路轨缝质量一次性合格率
37	中铁十七局集团第一工程有限公司	石家庄地铁项目部 QC 小组	提高盖挖车站顶板混凝土外观质量合格率
38	中铁十七局集团建筑工程有限公司	大剧院工程郭志豹 QC 小组	精细控制屋面金属直立锁边防水板安装精度
39	中铁十八局集团第四工程有限公司	南京地铁项目部 QC 小组	硬岩地层基坑开挖技术创新
40	中铁十八局集团第三工程有限公司	深水裸岩钢护筒沉放 QC 小组	提高深水裸岩钻孔桩钢护筒的沉放合格率
41	中铁十八局集团第六工程有限公司	圣水嘉苑创优 QC 小组	提高建筑屋面防水施工质量合格率
42	中铁十八局集团第二工程有限公司	云桂铁路南盘江特大桥钢管拱现场焊接质量控制 QC 小组	提高钢管拱现场焊接质量
43	中铁十八局集团隧道工程有限公司	LXB 供水工程隧洞施工 QC 小组	提高 TBM 刀具安装质量和安装效率
44	中铁十九局集团第三工程有限公司	抚通高速公路第一合同段项目部 QC 小组	提高隧道防排水质量控制
45	中铁十九局集团第五工程有限公司	桥梁施工工艺研究 QC 小组	提高悬灌梁节段施工质量验收合格率
46	中铁十九局集团轨道交通工程有限公司	杭州地铁 2 号线 14 标项目部 QC 小组	提高地下连续墙预埋接驳器安装精准率
47	中铁十九局集团第一工程有限公司	新疆鄯善项目部 QC 小组	提高钢结构焊接一次验收合格率
48	中铁十九局集团第二工程有限公司	北京顺新嘉苑项目部 QC 小组	提高剪力墙钢筋位移偏差合格率
49	中铁二十局集团电气化工程有限公司	准神铁路工程项目部 QC 小组	提高接触网吊弦安装一次合格率
50	中铁二十局集团第三工程有限公司	西临改扩建项目部 QC 小组	提高高速公路改扩建桥梁拼接施工质量
51	中铁二十局集团第六工程有限公司	提高城际轨道交通富水浅埋暗挖隧道全断面注浆施工质量 QC 小组	提高城际轨道交通富水浅埋暗挖隧道全断面注浆施工质量
52	中铁二十局集团第五工程有限公司	西安地铁 3 号线灰土挤密桩施工 QC 小组	提高灰土挤密桩施工效率
53	中铁二十局集团第四工程有限公司	青岛地铁 3 号线项目部 QC 小组	提高地铁车站施工缝防水合格率
54	中铁二十一局集团第二工程有限公司	兰州昶荣项目部浩宇 QC 小组	降低地下室后浇带渗透率
55	中铁二十一局集团第四工程有限公司	西安枢纽项目部 QC 小组	确保大跨度网架整体吊装就位一次合格率

续表

序号	企业名称	小组名称	成果名称
56	中铁二十一局集团第四工程有限公司	碧水家园项目部 QC 小组	缩小斜面渐变基底标高偏差
57	中铁二十一局集团第六工程有限公司	飞鹰 QC 小组	提高直螺纹钢筋套筒连接合格率
58	中铁二十一局集团第三工程有限公司	小钻 QC 小组	降低桩基施工偏心率
59	中铁二十二局集团有限公司	牡绥铁路项目兴源隧道 QC 小组	提高软弱围岩大变形隧道初期支护施工质量
60	中铁二十二局集团有限公司	昆玉铁路工程指挥部 QC 小组	有效控制软岩富水隧道大断面断层初支变形量
61	中铁二十二局集团第三工程有限公司	贵州茅台酒扩建工程项目部防爆电气安装施工质量控制 QC 小组	酒库等爆炸危险场所防爆电气安装施工质量控制
62	中铁二十二局集团第三工程有限公司	提高钢管立柱贝雷支架的结构稳定性 QC 小组	提高钢管立柱贝雷支架的结构稳定性
63	中铁二十二局集团第一工程有限公司	长春地铁项目部 QC 小组	降低深基坑施工监测报警率
64	中铁二十三局集团第二工程有限公司	海洋之星 QC 小组	提高滚轧直螺纹钢筋连接一次合格率
65	中铁二十三局集团第二工程有限公司	富铁轨枕 QC 小组	降低电容枕外观不合格率
66	中铁二十三局集团轨道交通工程有限公司	啄木鸟 QC 小组	提高浅埋暗挖隧道初支断面验收合格率
67	中铁二十三局集团第一工程有限公司	中南部铁路通道项目部 QC 小组	提高粉煤灰软基处理水泥湿喷桩成桩合格率
68	中铁二十三局集团第三工程有限公司	新越艺宸 QC 小组	干旱地区桥梁承台施工质量控制
69	中铁二十四局集团安徽工程有限公司	西咸北环线高速公路第 LJ－2 合同段 QC 小组	预制箱梁养生方法新工艺研究
70	中铁二十四局集团江苏工程有限公司	连云港市饮用水输水工程 QC 小组	降低顶管阴阳坡口接头焊缝一次施工不合格率
71	中铁二十四局集团福建铁路建设有限公司	厦门轨道 1 号线管片厂盾构管片 QC 小组	提高地铁盾构管片一次成品优良率
72	中铁二十四局集团南昌铁路工程有限公司	贵阳轨道交通 1 号线项目经理部高原红果果 QC 小组	降低地铁暗挖隧道爆破施工对周边环境的影响
73	中铁二十四局集团路桥分公司	南通江海大道东段快速化改造工程 QC 小组	降低砂性土层钻孔桩混凝土的充盈系数
74	中铁二十五局集团第四工程有限公司	昆明分公司新钢专用铁路 QC 小组	提高轨道衡单枕埋入式整体道床合格率
75	中铁二十五局集团第二工程有限公司	云桂铁路项目部 QC 小组	降低高速铁路四线明洞衬砌混凝土施工质量不合格率
76	中铁二十五局集团第五工程有限公司	长沙市渔业路及延伸工程项目经理部 QC 小组	复杂地质大跨度浅埋隧道下穿铁路施工风险控制技术
77	中铁二十五局集团第六工程有限公司	CFG 桩 QC 小组	提高 CFG 桩施工一次合格率
78	中铁二十五局集团第三工程有限公司	炎汝高速公路 33 标 QC 小组	提高高速公路 T 梁预制速度
79	中铁建设集团有限公司	第八项目部 QC 小组	提高古建筑屋面明装避雷带施工质量
80	中铁建设集团有限公司	昆明南站喀斯特 QC 小组	提高岩溶地区钻孔灌注桩成孔合格率
81	中铁建设集团有限公司	五站士 QC 小组	提高无梁楼板混凝土一次成型质量

续表

序号	企业名称	小组名称	成果名称
82	中铁建设集团有限公司	贵阳北站项目部 QC 小组	提高大跨度屋面管桁架高空焊接一次合格率
83	中铁建设集团有限公司	华东分公司第二项目 QC 小组	提高二轴水泥土搅拌桩成型一次合格率
84	中国铁建电气化局集团第三工程有限公司	新建沈阳南站项目部信息专业 QC 小组	提高动车段 FAS 系统探测器安装一次合格率
85	中国铁建电气化局集团第四工程有限公司	吉图珲客运专线项目部接触网 QC 小组	提高有砟轨道不可调吊弦一次合格率
86	中国铁建电气化局集团北方工程有限公司	巴新项目部朱春甫 QC 小组	轨道电路高效钻孔机的研制
87	中国铁建电气化局集团第二工程有限公司	大西客运专线第一项目部信号 QC 活动小组	提高应答器安装调试一次合格率
88	中国铁建电气化局集团南方工程有限公司	青荣项目部 QC 小组	提高有砟弹链接触网吊弦初安装合格率
89	中国铁建港航局集团岩土工程有限公司	广清高速公路扩建工程 A04 标项目部 QC 小组	提高扶臂式挡土墙三角带填筑材料压实度合格率
90	中国铁建港航局集团第一工程分公司	宝钢广东湛江钢铁基地自备电厂机组工程拾穗 QC 小组	确保海岸复杂地质条件下大直径钢顶管顶进精度
91	中国铁建港航局集团第二工程分公司	马鞍山港郑蒲港区一期工程 QC 小组	提高大型堆场高强混凝土联锁块铺砌质量
92	中国铁建港航局集团第四工程分公司	武汉新港唐家渡港区临港新城综合码头工程 QC 小组	提高水上 PHC 管桩沉桩施工质量
93	中国铁建港航局集团路桥工程有限公司	福平铁路 FPZQ－4 标项目经理部 QC 小组	提高海上桥梁桩基钢筋笼安装效率
94	中铁第一勘察设计院集团有限公司	地理信息系统开发 QC 小组	研发铁路建设项目地理信息系统
95	中铁第一勘察设计院集团有限公司	拉日铁路通信设计 QC 小组	提高协荣车站 GSM－R 无线场强覆盖率
96	中铁第一勘察设计院集团有限公司	哈大客运专线项目部站房电力设计 QC 小组	提高雨棚电伴热系统的运行可靠性
97	中铁第一勘察设计院集团有限公司	档案管理 QC 小组	提高企业科技档案电子档案归档一次合格率
98	中铁第一勘察设计院集团有限公司	沙子哨互通桥梁设计 QC 小组	提高安紫高速沙子哨互通桥梁设计质量
99	中铁第四勘察设计院集团有限公司	地路处工程测试中心建材试验室 QC 小组	提高硬化混凝土气泡间距系数试验的准确率
100	中铁第四勘察设计院集团有限公司	桥梁处铁路连续梁设计 QC 小组	提高高速铁路连续梁设计效率
101	中铁第四勘察设计院集团有限公司	道路院隧道风险评估 QC 小组	缩短公路隧道风险评估作业时间
102	中铁第四勘察设计院集团有限公司	监理公司鹦鹉洲长江大桥 QC 小组	提高悬索桥主缆除湿系统密封合格率
103	中铁第四勘察设计院集团有限公司	建筑院铁路站房设计 QC 小组	提高铁路站房公共区无组织渗风阻隔效率
104	中铁第五勘察设计院集团有限公司	路基检测质量控制 QC 小组	动态承载比检测仪的研制
105	中铁第五勘察设计院集团有限公司	连盐线软基处理 QC 小组	提高大直径薄壁筒桩的成桩质量

续表

序号	企业名称	小组名称	成果名称
106	中铁第五勘察设计院集团有限公司	盾尾密封油脂研发 QC 小组	提高盾构用盾尾密封油脂的泵送性
107	中铁第五勘察设计院集团有限公司	市政院桥梁所 QC 小组	2.5 万吨双柱斜拉桥转动体系研究与应用
108	中铁第五勘察设计院集团有限公司	穿山甲 QC 小组	石峡特长隧道方案研究
109	中铁上海设计院集团有限公司	地铁轨道基础控制网测量 QC 小组	提高地铁轨道基础控制网测量效率
110	中铁上海设计院集团有限公司	车辆段上盖雨水排放方案设计 QC 小组	提高地铁车辆段上盖雨水排放方案的合理性及经济性
111	中铁上海设计院集团有限公司	节省邳州港铁路专用线工程造价 QC 小组	节省邳州港铁路专用线工程造价
112	中铁上海设计院集团有限公司	铁路车站综合开发 QC 小组	提高铁路车站综合开发税后财务内部收益率
113	中铁上海设计院集团有限公司	国投宣城电厂扩能改造工程 QC 小组	缩短国投宣城电厂专用铁路扩能改造工程施工图设计完成时间
114	中铁物资集团有限公司	南昌指挥部 QC 小组	提高水泥稳定砂跞石基层质量合格率
115	中铁物资集团兰州有限公司	仓储管理 QC 小组	提高物流园区钢材存储的周转率
116	昆明中铁大型养路机械集团有限公司	物流中心 QC 小组	工艺数据智能转移程序的设计
117	昆明中铁大型养路机械集团有限公司	昆明广维通机械设备有限公司铸造 QC 小组	降低凸台类铸件气孔废品率
118	中国铁建重工集团轨道设备事业总部	道岔热处理改进 QC 小组	降低钢轨热处理过烧发生率
119	中国铁建重工集团制造供应中心	工艺技术研究院 QC 小组	减少盾构机关键部件配焊数量
120	中铁建中非建设有限公司	拉各斯轻轨项目 QC 小组	钻孔灌注桩施工质量控制
121	中铁建中非建设有限公司	四航站楼项目部 QC 小组	提高现浇混凝土结构板面的成型质量
122	中铁城建集团南昌建设有限公司	小山羊 QC 小组	降低楼承板混凝土板底平整度不合格率
123	中铁城建集团第一工程有限公司	第一项目部电器车间联合厂房 QC 小组	提高工业厂房墙面 ALC 板安装合格率
124	中铁城建集团第一工程有限公司	南车石家庄公司项目部 QC 小组	提高大型厂房采光排烟天窗安装合格率
125	中铁城建集团北京工程有限公司	呼和浩特汽车东站 QC 小组	提高拱柱钢筋施工质量
126	中铁城建集团北京工程有限公司	三聚裕进研发生产基地项目经理部第一 QC 小组	钢混组合结构钢筋与钢管柱连接施工方法的研发

（制表:孙胜考）

中国铁建 1984—2015 年获奖优质工程统计

年　度	中国建筑工程鲁班奖(国家优质工程)	国家优质工程	省(直辖市)优质工程	铁道部(铁路)优质工程	火车头优质工程	总公司(股份公司)优质工程	铁建杯优质工程奖
1984 年		1				1	
1985 年		1		1		7	
1986 年		1		4			
1987 年		1		3			
1988 年			8(8)	3			
1989 年		2	5(5)	7			
1990 年	2	2	7(7)	2			
1991 年	1	2	10(10)			10	
1992 年			3(3)	1		12	
1993 年			8(8)	5		14	
1994 年			2(2)			9	
1995 年			7(7)	24		19	
1996 年	3		10(10)	12		20	
1997 年	4		7(7)	20		29	
1998 年	2		10(10)	27		27	
1999 年	2	4	13(13)	24		54	
2000 年	3	5	22(14)	13		41	
2001 年	5	1	19(14)	21		61	
2002 年	6	5	44(29)	9	12	64	
2003 年	9	5	43(25)	18	28	55	
2004 年	6	10	69(42)		14	48	
2005 年	4	13	69(59)		29	78	
2006 年	5	11	66(14)		56	90	
2007 年	5	23	73(11)		61	110	
2008 年	8	18	67		71	99	
2009 年	6	20			63	91	
2010 年	3	17		31	47	143	
2011 年	7	15			54	124	
2012 年	5	24		52			144
2013 年	4	16					98
2014 年	4	16					126
2015 年	9	24					133
合　计	103	237	562(298)	277	435	1206	375
总　计	340		1274(298)			1581	

注:省(直辖市)优质工程一列括号中的数量不含建设过程中所获“优质结构奖”数量。　(制表:孙胜考)

2015年中国铁建获中国建设工程鲁班奖情况

序号	获奖工程	施工单位
1	天津市滨海新区中央大道海河隧道工程	中铁十八局集团有限公司、中铁十八局集团第五工程有限公司
2	上海保利大剧院	中铁建设集团有限公司
3	青岛市重庆路快速路工程	中铁十四局集团有限公司、中铁二十三局集团第六工程有限公司
4	九江长江公路大桥	中铁二十三局集团第一工程有限公司
5	三亚海棠湾国际购物中心(一期)	中铁建设集团有限公司
6	新建向莆铁路青云山隧道	中铁二十三局集团有限公司、中铁二十三局集团第三工程有限公司、中铁二十三局集团第四工程有限公司
7	郑州东站	中铁十七局集团有限公司、中铁十七局集团建筑工程有限公司
8	中国石油科研成果转化基地项目	中铁建设集团有限公司、中铁建设集团设备安装有限公司
9	澳门关闸边检大楼建造及扩建工程	中国土木工程(澳门)有限公司

(制表:孙胜考)

2015年中国铁建获国家优质工程奖情况

序号	获奖工程	施工单位
	金质奖	
1	南京长江隧道工程	中国铁建股份有限公司、中铁十四局集团有限公司、中铁十四局集团电气化工程有限公司、中铁十四局集团第四工程有限公司、北京中铁房山桥梁有限公司、中铁第四勘察设计院集团有限公司、北京铁城建设监理有限责任公司
	银质奖	
2	华能大理五子坡(一、二、三期)148.5兆瓦风电工程	中铁十九局集团第二工程有限公司
3	山西龙源神池继阳山150兆瓦风电工程	中铁十二局集团电气化有限公司
4	1600工程	中铁十六局集团有限公司、铁四院(湖北)工程监理咨询有限公司
5	新建铁路广深港客运专线广深段工程	中铁十二局集团有限公司、中铁十四局集团有限公司、中铁十七局集团有限公司、中铁第四勘察设计院集团有限公司、北京铁城建设监理有限责任公司、铁四院(湖北)工程监理咨询有限公司
6	新建向莆铁路淘金山隧道	中铁第四勘察设计院集团有限公司
7	新建铁路天津至秦皇岛客运专线宁车沽永定新河特大桥	中铁二十二局集团有限公司、中铁二十二局集团第一工程有限公司、中铁城建集团第三工程有限公司、中铁二十二局集团第二工程有限公司
8	新建广州至珠海城际轨道交通工程西江特大桥	中铁第四勘察设计院集团有限公司
9	新建重庆至利川铁路黄草山隧道	中铁十一局集团电务工程有限公司、中铁二十局集团有限公司
10	新建铁路石家庄至武汉客运专线湖北段综合工程	中铁十一局集团有限公司,中国铁建电气化局集团有限公司,中铁二十三局集团有限公司,中铁十一局集团第一、二、三、四、五、六工程有限公司及建筑安装工程有限公司
11	新建铁路哈尔滨至大连客运专线四电系统集成通信信号系统工程	中铁第一勘察设计院集团有限公司、北京铁城建设监理有限责任公司、西安铁一院工程咨询监理有限责任公司、上海先行建设监理有限公司
12	京沪高铁南京南站枢纽工程	中铁第四勘察设计院集团有限公司
13	灵山高速公路抢风岭隧道	中铁十五局集团第五工程有限公司
14	国道216线五彩湾至大黄山公路工程	中铁二十局集团有限公司、中铁二十局集团第五工程有限公司
15	南水北调丹江口库区郧县汉江公路二桥	中铁十五局集团第二工程有限公司

续表

序号	获奖工程	施工单位
16	重庆鱼洞长江大桥	中国铁建股份有限公司、中铁十七局集团有限公司、中铁二十三局集团有限公司、中铁十七局集团第二工程有限公司、中铁二十三局集团第六工程有限公司
17	天津生态城中部片区经六路上跨蓟运河故道桥梁工程	中铁十八局集团第五工程有限公司
18	深圳南坪快速路(二期)工程(新屋隧道-西丽货场段)	中铁二十五局集团有限公司、中国铁建大桥工程局集团有限公司
19	丽都饭店改扩建工程	中铁建设集团有限公司、北京中铁装饰工程有限公司
20	天津铁建大厦	中国铁建大桥工程局集团有限公司、中铁建设集团有限公司、北京中铁装饰工程有限公司、北京铁研建设监理有限责任公司
21	建发·宝湖湾二期工程	中铁城建集团有限公司、中铁城建集团北京工程有限公司
22	武汉保利文化广场	中铁第四勘察设计院集团有限公司
23	连云港港疏港航道整治工程	中国铁建港航局集团有限公司
24	上海金山铁路改建工程	中铁十一局集团电务工程有限公司、中铁二十局集团有限公司

(制表:孙胜考)

2015年中国铁建杯优质工程奖获奖情况

序号	获奖工程	施工单位
1	武汉中国铁建·国际城一期一标段	中铁十一局集团有限公司、中铁十一局集团建筑安装工程有限公司
2	西安地铁一号线一期工程TJSG-12标土建工程	中铁十一局集团有限公司、中铁十一局集团城市轨道工程有限公司
3	武咸城际铁路跨武广客运专线特大桥	中铁十一局集团第一工程有限公司、中铁十一局集团第六工程有限公司、中铁十一局集团桥梁有限公司
4	武咸城际铁路十六潭路特大桥	中铁十一局集团第一工程有限公司、中铁十一局集团第六工程有限公司、中铁十一局集团桥梁有限公司
5	新建武汉至黄石城际铁路WHSG-1标余家湾上行特大桥	中铁十一局集团第三工程有限公司
6	新建武汉至黄石城际铁路武东1号特大桥	中铁十一局集团第四工程有限公司
7	新建长沙至昆明铁路客运专线跨二广高速特大桥	中铁十一局集团第四工程有限公司、中铁十一局集团桥梁有限公司
8	巴中至达州高速公路赵家坡隧道	中铁十一局集团第五工程有限公司
9	大西铁路客运专线马家庄隧道	中铁十一局集团第五工程有限公司、中铁十一局集团第二工程有限公司
10	长沙市轨道交通2号线一期工程35千伏变电所及环网、杂散电流防护工程	中铁十一局集团电务工程有限公司
11	武汉高速铁路职业技能训练段	中铁十一局集团建筑安装工程有限公司、中铁十一局集团第六工程有限公司、中铁十一局集团电务工程有限公司
12	大西铁路客运专线岔口河特大桥	中铁十二局集团第一工程有限公司
13	大西铁路客运专线临汾特大桥	中铁十二局集团第一工程有限公司
14	宝成线K400综合整治工程杨家湾隧道	中铁十二局集团第一工程有限公司
15	拉萨至日喀则铁路TJ4标吉沃希嘎隧道	中铁十二局集团第一工程有限公司
16	湖南省炎陵至汝城高速公路项目第11合同段洣水河特大桥	中铁十二局集团第二工程有限公司

续表

序号	获奖工程	施工单位
17	乐昌至广州高速公路大瑶山 1 号隧道	中铁十二局集团第二工程有限公司
18	大西铁路客运专线干庆隧道	中铁十二局集团第三工程有限公司
19	大西铁路客运专线侯马跨大运高速公路特大桥	中铁十二局集团第四工程有限公司
20	大西铁路客运专线侯马跨汾河特大桥	中铁十二局集团第四工程有限公司
21	兰新铁路第二双线(新疆段)达坂城湿地特大桥	中铁十二局集团第四工程有限公司
22	北京地铁 7 号线供电系统及综合监控系统设备安装工程	中铁十二局集团电气化工程有限公司
23	津秦客专滨海站交通枢纽配套市政地下空间工程(首期开工部分)机电、装饰装修工程	中铁十二局集团电气化工程有限公司
24	北大光华管理学院西安分院及雅致东方大酒店项目建安及室外总体工程	中铁十二局集团有限公司、中铁十二局集团建筑安装工程有限公司
25	改建铁路贵昆线六盘水至沾益段增建二线工程	中国铁建大桥工程局集团有限公司
26	长春中铁·香堤美郡住宅小区	中国铁建大桥工程局集团有限公司
27	中铁十三局地段改造工程	中国铁建大桥工程局集团有限公司、中铁建大桥工程局集团第四工程有限公司
28	南昌市城市防洪工程胡惠元堤东段加固改造项目	中国铁建大桥工程局集团有限公司
29	大庆至广州高速公路解放至二莫段宁江松花江特大桥	中国铁建大桥工程局集团第一工程有限公司
30	沪昆铁路客运专线长沙至昆明段姚家隧道	中铁十四局集团有限公司
31	湖北省保康至宜昌高速公路襄阳段尚家湾隧道工程	中铁十四局集团有限公司
32	新建贵阳至广州高速铁路两广隧道	中铁十四局集团有限公司
33	济南中国铁建·国际城公建项目 A 座及附属工程	中铁十四局集团有限公司
34	苏州轨道交通 2 号线 II-TS-02 标土建工程	中铁十四局集团有限公司
35	南京市梅子洲过江通道接线工程—青奥轴线地下交通系统及相关工程	中铁十五局集团有限公司、中铁十五局集团第四工程有限公司、中铁十四局集团有限公司、中铁十四局集团电气化工程有限公司
36	沪昆铁路客运专线(江西段)HKJX-1 标坞鹰山特大桥	中铁十五局集团第二工程有限公司
37	沪昆铁路客运专线(江西段)HKJX-1 标白力坞隧道	中铁十五局集团第二工程有限公司
38	沈海复线仙游至金淘高速公路白石格隧道	中铁十五局集团第二工程有限公司
39	武汉南车花园工程一标段	中铁十五局集团第二工程有限公司
40	郑州市郑东新区北三环隧道及地面道路工程	中铁十五局集团第六工程有限公司
41	湖州市梅西住房改造黄龙花园小区建设工程	中铁十五局集团第七工程有限公司
42	新建阜阳至六安铁路淮河特大桥工程	中铁十五局集团第四工程有限公司
43	山西省岢岚至临县高速公路 LJ2 合同段草城沟隧道	中铁十五局集团第五工程有限公司
44	唐山工业职业技术学院新校园工程	中铁十五局集团第五工程有限公司
45	成渝高速公路复线(重庆境)A 合同段渝西互通立交	中铁十六局集团有限公司、中铁十六局集团第四工程有限公司
46	贵昆铁路六盘水至沾益段增建第二线 W3 标段天生桥双线特大桥	中铁十六局集团有限公司、中铁十六局集团第四工程有限公司
47	无锡地铁 2 号线查桥车辆段 GD02TJSG-18A 标	中铁十六局集团有限公司、中铁十六局集团北京轨道交通工程建设有限公司

续表

序号	获奖工程	施工单位
48	杭州地铁1号线下沙延伸段1标(江滨站)	中铁十六局集团有限公司、中铁十六局集团北京轨道交通工程建设有限公司
49	新建德安县共安大桥上跨京九、昌九立交(主桥)工程	中铁十七局集团第二工程有限公司
50	铜黄高速公路常家河特大桥	中铁十七局集团第二工程有限公司
51	兰新铁路第二双线甘青段LXS－17标	中铁十七局集团第二工程有限公司
52	新建向塘至莆田铁路抚州站站房工程	中铁十七局集团建筑工程有限公司
53	西安市地铁2号线会展中心至韦曲南段土建施工D2TJSG－23标段	中铁十七局集团建筑工程有限公司
54	新建长沙至昆明铁路客运专线湖南段CKTJ－7标沅江大桥	中铁十七局集团有限公司、中铁十七局集团第二工程有限公司
55	邯黄铁路青介跨京珠高速公路特大桥	中铁十七局集团有限公司、中铁十七局集团第三工程有限公司
56	新建杭州至长沙客运专线进化溪特大桥	中铁十七局集团有限公司、中铁十七局集团第三工程有限公司
57	新建成都至绵阳至乐山客运专线游仙涪江4号特大桥	中铁十七局集团有限公司、中铁十七局集团第一工程有限公司
58	新建北同蒲应县至原平取直线BTQZ－2标雁门关隧道	中铁十七局集团有限公司、中铁十七局集团第一工程有限公司、中铁十二局集团有限公司、中铁十二局集团第二工程有限公司
59	铜黄高速公路沮河特大桥	中铁十八局集团第二工程有限公司
60	津秦客专滨海站交通枢纽配套市政道路工程	中铁十八局集团第五工程有限公司
61	蕉岭碧桂园翡翠湾二期工程	中铁十八局集团建筑安装工程有限公司
62	厦深铁路长沙湾特大桥	中铁十八局集团有限公司
63	新建武黄至黄石城际铁路跨武黄高速特大桥	中铁十八局集团有限公司
64	金融总部商务区基础设施建设项目红星路南延线段	中铁十八局集团有限公司
65	南京地铁3号线土建工程D3－TA17标	中铁十八局集团有限公司
66	西安地铁1号线一期工程TJSG－2标	中铁十八局集团有限公司
67	雅砻江锦屏二级水电站引水隧洞工程	中铁十八局集团有限公司、中国铁建大桥工程局集团有限公司、中国水利水电第七工程局、北京振冲工程股份有限公司、中铁二局集团有限公司、中国水利水电第五工程局、江南水利水电工程公司
68	无锡市地铁1号线10标土建工程	中铁十九局集团轨道交通工程有限公司
69	大西铁路客运专线站前10标段南姚村特大桥	中铁十九局集团第二工程有限公司
70	昆明市轨道交通首期工程土建施工奥体中心站～展览中心站项目(标段七)	中铁十九局集团轨道交通工程有限公司
71	苏州地铁2号线火车站至三医院土建工程	中铁十九局集团轨道交通工程有限公司
72	西安市地铁2号线会展中心至韦曲南段土建施工D2TJSG－22标段	中铁十九局集团轨道交通工程有限公司
73	厦深铁路(广东段)XSGZQ－4标五嘉陇双线特大桥	中铁十九局集团第三工程有限公司
74	西安秦汉大道灞河桥	中铁二十局集团第六工程有限公司
75	西安蔚蓝花城七色镇B区项目	中铁二十局集团第六工程有限公司

续表

序号	获奖工程	施工单位
76	上海金山铁路改建工程Ⅰ标春申特大桥	中铁二十局集团有限公司、中铁二十局集团第一工程有限公司
77	沪昆客专杭长湖南段醴陵特大桥	中铁二十局集团有限公司、中铁二十局集团第三工程有限公司
78	沪昆客专杭长湖南段萍水特大桥	中铁二十局集团有限公司、中铁二十局集团第三工程有限公司
79	西安市地铁1号线一期工程汉城路—纺织城段土建施工TJSG－15标段	中铁二十局集团有限公司、中铁二十局集团第五工程有限公司
80	遂宁市观音湖下穿隧道工程	中铁二十局集团有限公司、中铁二十局集团第三工程有限公司、中铁五局集团有限公司
81	兰新铁路第二双线曹家堡湟水河特大桥	中铁二十一局集团有限公司、中铁二十一局集团第四工程有限公司
82	新建贵阳至广州铁路GGTJ－3－4标黄岗隧道	中铁二十一局集团有限公司、中铁二十一局集团第三工程有限公司
83	津秦高铁沙河特大桥	中铁二十一局集团有限公司、中铁二十一局集团第五工程有限公司
84	大西铁路客运专线临潼东联络左线特大桥	中铁二十一局集团有限公司、中铁二十一局集团第三工程有限公司
85	兰新铁路第二双线西宁跨兰西高速公路特大桥	中铁二十一局集团有限公司、中铁二十一局集团第三工程有限公司
86	新建拉萨至日喀则铁路宗嘎1号隧道	中铁二十一局集团有限公司、中铁二十一局集团第三工程有限公司
87	新建黄韩侯铁路大浴河特大桥	中铁二十二局哈尔滨铁路建设集团有限责任公司
88	松陶铁路铺架工程	中铁二十二局集团第二工程有限公司
89	京台高速公路(宁德段)路基土建工程A1标段碗厂大桥	中铁二十二局集团第三工程有限公司
90	翔安南路(翔安大道－莲河段)二期工程2标	中铁二十二局集团第三工程有限公司
91	北京地铁6号线二期工程土建施工16合同段	中铁二十二局集团第一工程有限公司
92	南通电子科技大厦	中铁二十三局集团第二工程有限公司
93	甘孜州小金川关州水电站C4标引水隧洞	中铁二十三局集团第三工程有限公司
94	荆江分蓄洪区特大桥	中铁二十三局集团第四工程有限公司
95	滨北和绥佳铁路新松浦至佳木斯自动闭塞改造工程(第一标段)	中铁二十三局集团电务工程有限公司
96	6067工程综合项目	中铁二十三局集团轨道交通工程有限公司
97	哈尔滨至齐齐哈尔铁路客运专线齐泰特大桥	中铁二十三局集团有限公司
98	杭州市同协路立交桥工程	中铁二十四局集团南昌铁路工程有限公司
99	新建铁路巴准线巴图塔至点岱沟段六标纳林川特大桥	中铁二十四局集团有限公司
100	南通市江海大道东段快速化改造工程	中铁二十四局集团有限公司、无锡交通工程有限公司、南通港闸市政工程有限公司、中交二航局二公司、上海城建市政工程(集团)有限公司、中交隧道工程局有限公司
101	杭州市德胜东路(东德胜立交—文汇路)改造提升工程下沙段02标	中铁二十四局集团浙江工程有限公司
102	厦深铁路李朗特大桥	中铁二十五局集团第三工程有限公司
103	新建南宁至广州铁路黎塘西至肇庆东段NGZQ－3标段站前工程(DK44＋000～DK63＋110)	中铁二十五局集团第四工程有限公司
104	湘桂铁路柳州至南宁段扩能改造工程和新建南宁至黎塘铁路工程引入南宁铁路枢纽工程	中铁二十五局集团第四工程有限公司

续表

序号	获奖工程	施工单位
105	北京市圣水嘉名一期工程	中铁二十五局集团第五工程有限公司
106	深圳市机场南路新建市政工程第Ⅰ标段	中铁二十五局集团第一工程有限公司
107	北京房山区房山线长阳西站5号地01－06－02等地块二类居住及商业金融用地项目	中铁建设集团有限公司
108	北京温泉镇工业用地北地块创意产业园(东区)	中铁建设集团有限公司
109	杭州杭政储出〔2010〕1号地块(一期)商品住宅项目	中铁建设集团有限公司
110	连云港北崮山庄搬迁扩建工程	中铁建设集团有限公司
111	天津儒香园一期1—9号楼及地库工程	中铁建设集团有限公司
112	西安风景御园四期写字楼工程	中铁建设集团有限公司
113	连云港中国·东海水晶博物馆	中铁建设集团有限公司
114	合肥中铁国际城桂园Ⅱ标段总承包工程	中铁建设集团有限公司
115	新建西安至宝鸡铁路客运专线四电系统集成XBZH－1标段	中国铁建电气化局集团北方工程有限公司
116	神朔铁路朱盖塔站扩能改造"四电"工程施工3标段	中国铁建电气化局集团第二工程有限公司
117	西安市地铁2号线(会展中心至韦曲南段)车站、区间设备安装及装修工程	中国铁建电气化局集团第二工程有限公司
118	新建大同至西安客运专线原平西至西安北段"四电"系统集成及相关工程(南段)	中国铁建电气化局集团第二工程有限公司、中国铁建电气化局集团北方工程有限公司、中铁建电气化局集团第四工程有限公司
119	成都地铁2号线二期工程接触网环网系统工程	中国铁建电气化局集团第五工程有限公司
120	苏州高新区有轨电车1号线工程供电、信号、通信及综合监控系统施工安装总承包项目(ST1－GD－2标)	中国铁建电气化局集团有限公司
121	长沙市轨道交通2号线一期工程通信系统施工项目	中国铁建电气化局集团有限公司、中国铁建电气化局集团第四工程有限公司
122	新建兰新铁路第二双线哈密枢纽引入站后"四电"系统集成工程	中国铁建电气化局第三工程有限公司
123	武咸城际铁路四电系统集成工程	中国铁建电气化局集团南方工程有限公司
124	兰新铁路第二双线(新疆段)四电集成LXSD2标段	中国铁建电气化局集团有限公司、中铁二十一局集团有限公司、中铁二十一局集团电务电化工程有限公司
125	北京首都机场T3B－T2捷运联络线及汽车通道工程	中铁城建集团有限公司、中铁城建集团北京工程有限公司
126	杭州杭政储出〔2010〕2号地块(二期)公建项目工程	中铁城建集团北京工程有限公司
127	济南西客站片区泉城软件园4地块7号公建楼工程	中铁城建集团有限公司、中铁城建集团第一工程有限公司
128	兰新铁路第二双线甘青段站房工程LXZF－2标段张掖西站	中铁城建集团第一工程有限公司
129	太钢总医院综合住院楼	中铁城建集团第一工程有限公司
130	西宁站改造及相关工程QZXNZG－3标	中铁城建集团第一工程有限公司
131	滨海信息安全产业园一期项目数据监控中心办公楼	中铁城建集团第三工程有限公司
132	长白特种船舶修造项目2号码头工程	中国铁建港航局集团有限公司
133	安提瓜和巴布达机场航站楼项目	中国土木工程集团有限公司

中国铁建兵改工以来职工因工死亡人数逐月统计

项目 数量 年度	1月	2月	3月	4月	5月	6月	7月	8月	9月	10月	11月	12月	全年合计		
													职工人数（人）	死亡人数（人）	千人死亡率（‰）
1984年	1	4	1	1	3	1	3	2	3	1	4	3	150549	27	0.179
1985年		1	3	1	2	10	4	2	4	6	2	1	153134	36	0.235
1986年	4	1	1	5	3	3	7	5	6	5	3	1	151620	44	0.29
1987年			4	12	2		9	8	3	4	2	1	151428	45	0.297
1988年			4	1	5	1	2		3		2	3	146855	21	0.143
1989年	3		4	2	3		3	1	1	3			150962	20	0.132
1990年	1				1		3		1		2		153288	8	0.053
1991年			1	1	1		3		5	9	4		158588	24	0.151
1992年	1					1	1	2	1	1	2	6	160379	15	0.094
1993年	1	2	1		1	3	1	2	1	6	1		145876	19	0.13
1994年		3		2			5		1	1		2	145368	14	0.096
1995年		3		5		1		1		1	1	2	145608	14	0.096
1996年	1	1			1	1				1	1		146871	6	0.041
1997年	1	9		3	4	1	1	3	4		2		141327	28	0.198
1998年			2								2		139731	4	0.029
1999年			1	7	2	2	1	5	3	1		10	171445	32	0.187
2000年	6		4				1	5	1	1	1	1	200850	20	0.1
2001年	2				2		2	2	6		7	3	186680	24	0.129
2002年											1		186000	1	0.005
2003年			2			1	1						176000	4	0.023
2004年	1				1		2	1	1		1	4	227650	11	0.048
2005年		7	4		1			2	7			12	230533	33	0.143
2006年	1	8		1						4		6	237232	20	0.084
2007年	4		6	4	1	4			3				242168	22	0.091
2008年			5		3			2					184868	10	0.054
2009年			5					3		6		6	209103	20	0.096
2010年		2	12	4	3		10	1	2	1	7		228004	42	0.184
2011年	3		6		7			5	1	25		2	240660	49	0.2036
2012年					3	3	1			13	4		287568	24	0.0835
2013年	3			3	3		3					3	287341	15	0.0522
2014年	3								5	3	7	5	296983	23	0.0774
2015年													298424	0	0
合计	33	41	66	52	52	32	63	52	57	92	49	71		0	0.1164

（制表：郭　宏）

原铁道兵部队和中国铁建逐年事故死亡人数统计

年度	死亡人数	千人死亡率	年度	死亡人数	千人死亡率	年度	死亡人数	千人死亡率
1948 年	21		1980 年	177	0.58	1984 年	27	0.179
1949 年	96		1981 年	116	0.52	1985 年	36	0.235
1950 年	36		1982 年	121	0.62	1986 年	44	0.29
1951 年	365		1983 年	76	0.47	1987 年	45	0.297
1952 年	521					1988 年	21	0.143
1953 年	448					1989 年	20	0.132
1954 年	33					1990 年	8	0.053
1955 年	157	1.55				1991 年	24	0.151
1956 年	144	1.26				1992 年	15	0.094
1957 年	60	0.58				1993 年	19	0.13
1958 年	125	1.24				1994 年	14	0.096
1959 年	235	1.53				1995 年	14	0.096
1960 年	249	1.77				1996 年	6	0.041
1961 年	151	1.17				1997 年	28	0.198
1962 年	63	0.64				1998 年	4	0.029
1963 年	137	0.68				1999 年	32	0.187
1964 年	106	0.51				2000 年	20	0.1
1965 年	336	1.63				2001 年	24	0.129
1966 年	436	1				2002 年	1	0.005
1967 年	351	1				2003 年	4	0.023
1968 年	263	0.6				2004 年	11	0.048
1969 年	373	0.58				2005 年	33	0.143
1970 年	404	0.7				2006 年	20	0.084
1971 年	536	1.3				2007 年	22	0.091
1972 年	371	0.71				2008 年	10	0.054
1973 年	254	0.61				2009 年	20	0.096
1974 年	291	0.67				2010 年	42	0.184
1975 年	263	0.56				2011 年	49	0.2036
1976 年	257	0.74				2012 年	24	0.0835
1977 年	216	0.64				2013 年	15	0.0522
1978 年	193	0.58				2014 年	23	0.0774
1979 年	192	0.51				2015 年	0	0
铁道兵合　计				8173	0.88	中国铁建合　计	675	0.1064

（制表：郭　宏）

中国铁建兵改工以来伤亡事故统计

年度	合计				职工因工伤亡事故				职工在国有公路上发生交通事故				职工非因工事故				中国铁建主要责任造成群众伤亡事故				外部劳务伤亡事故			
	起数	轻伤	重伤	死亡	起数	轻伤	重伤	死亡	起数	轻伤	重伤	死亡	起数	轻伤	重伤	死亡	起数	轻伤	重伤	死亡	起数	轻伤	重伤	死亡
1984 年	312	187	107	79	219	162	69	27					36	7	9	24	57	18	29	28				
1985 年	241	168	58	52	215	157	51	36					17	3	4	10	9	8	3	6				
1986 年	259	160	61	77	217	156	47	44					26	3	6	19	16	1	8	14				
1987 年	166	99	38	63	145	92	36	45					13	5	2	11	8	2		7				
1988 年	117	64	23	45	92	60	21	21	4		1	3	15		1	15	6	4		6				
1989 年	111	76	26	33	87	56	19	20	14	20	5	5	10		2	8								
1990 年	113	89	18	31	86	69	15	8	12	17	3	8	12	3		12	3			3				
1991 年	128	99	24	38	107	84	21	24	7	9	4		11			11	3	6		3				
1992 年	144	113	15	28	130	112	13	15	6	1	2	4	6			7	2			2				
1993 年	144	131	28	32	129	119	21	19	10	9	6	11	3	1		2	2	2	1		11			20
1994 年	107	97	8	21	99	94	6	14	3	3	2	2	5			5	1	2		4	9	10	6	33
1995 年	92	85	15	14	92	85	15	14													4	3		6
1996 年	72	62	9	8	70	62	9	6					2			2					3			9
1997 年	87	72	11	36	85	72	11	28					2			8					4	5		7
1998 年	66	59	7	6	64	59	7	4					2			2					4	2	1	9
1999 年	103	86	9	37	98	86	9	32					5			5					2			4
2000 年	66	74	13	21	65	74	13	20					1			1					3	1	1	5
2001 年	66	80	14	30	62	80	14	24					4			6					1			1
2002 年	79	70	7	2	78	70	7	1					1			1					2	1	2	4
2003 年	72	67	10	4	72	67	10	4													2	1		4
2004 年	76	79	7	12	75	79	7	11					1			1								
2005 年	57	63	10	33	57	63	10	33													3			3
2006 年	60	60	11	20	60	60	11	20													1	3		3
2007 年	67	70	14	22	67	70	14	22													3			4
2008 年	4	2	2	10	1			4													3	2	2	6
2009 年	8			20	6			15													2			5
2010 年	10	3		42	1	3		7													9			35
2011 年	11			49																	11			49
2012 年	6	22	7	24																	6	22	7	24
2013 年	5			15																	5			15
2014 年	5			23																	5			23
2015 年																								
合计	2854	2237	552	927	2479	2091	456	518	56	59	23	33	172	22	24	150	107	43	41	73	93	50	19	269

（制表：郭　宏）

中国铁建兵改工以来各单位逐年职工因工死亡人数统计

单位名称	职工因工死亡人数																																
	一九八四年	一九八五年	一九八六年	一九八七年	一九八八年	一九八九年	一九九〇年	一九九一年	一九九二年	一九九三年	一九九四年	一九九五年	一九九六年	一九九七年	一九九八年	一九九九年	二〇〇〇年	二〇〇一年	二〇〇二年	二〇〇三年	二〇〇四年	二〇〇五年	二〇〇六年	二〇〇七年	二〇〇八年	二〇〇九年	二〇一〇年	二〇一一年	二〇一二年	二〇一三年	二〇一四年	二〇一五年	合计
中国土木工程集团有限公司																																	
中铁十一局集团有限公司	2	7	6	4	2	2	1	1	7	1	5						2	2		2		1	4				2			3			54
中铁十二局集团有限公司	2	1	1	2	4										2	2		14					2	9		2	10				3		54
中国铁建大桥工程局集团有限公司	1	2		2	4	3		1	1	1			1			4				1			1	1			7			3	7		40
中铁十四局集团有限公司	1	3	1	6	1	1	1	4	2				1	1		1	1					6				6		3		3			42
中铁十五局集团有限公司	3	2		2	2	4		6	2	3	4			1		8	6	1					1	3	1			5					54
中铁十六局集团有限公司	6	8	11	4	1	2	1	2	2	3	1	2	1	20				1			1	8		3		5	2						84
中铁十七局集团有限公司	1		2	3		1	1	1			3												9	4	4	1	2	2		3			37
中铁十八局集团有限公司	5	4	9	16	3		2	1		3		6	1			2	2	1						1	5	3	10	1	13		3		91
中铁十九局集团有限公司	1		4	1	1	3		3		5		1		1	1	10	8				1	12		1				24			5		82
中铁二十局集团有限公司	1	6	7	5	3	4	1	1	1							4		2			2		3					11					51
中铁二十一局集团有限公司																													7	3			10
中铁二十二局集团有限公司																						3					1		1				5
中铁二十三局集团有限公司																												1	3		5		9
中铁二十四局集团有限公司																					4					2	7						13
中铁二十五局集团有限公司																										1	1						2
中铁建设集团有限公司		1	1																									2					4
中国铁建电气化局集团有限公司																																	
中国铁建港航局集团有限公司																																	
中国铁建房地产集团有限公司																																	
中铁第一勘察设计院集团有限公司																																	
中铁第四勘察设计院集团有限公司																					1												1
中铁第五勘察设计院集团有限公司																			1														1
中铁上海设计研究院集团有限公司																																	
中铁物资集团有限公司			1										1																				2
中国铁建高新装备股份有限公司																					1												1
中国铁建重工集团有限公司																																	
中铁建北京商务管理有限公司																					1	3											4
直属单位	4	2	1				1	4		3	1	5	1	5	1	1	1	3		1													34
合　计	27	36	44	45	21	20	8	24	15	19	14	14	6	28	4	32	20	24	1	4	11	33	20	22	10	20	42	49	24	15	23	0	675

注：直属单位等包括原工厂局、国内工程公司、铁路运输处、铁道战备舟桥处。

（制表：郭　宏）

设备物资

【设备物资部】 主要职责：贯彻执行国家有关设备、运输、物资、工业、节能减排工作的方针、政策和法规；组织制定股份公司系统设备、运输、物资、工业、节能减排管理的各项规章制度；负责股份公司主要物资和大型专用设备的集中招标采购和大型专用施工设备的内部调配；组织设备重大技术的推广与交流；负责利用外资贷款购置设备，协调总承包工程项目和本级经营项目主要物资的供应；负责股份公司系统铁路路料运输、工程路用车、铁路机车车辆调拨、铁路自轮运转特种设备管理；负责铁路集采专供物资、油料、民爆器材计划及协调工作；负责工业企业建设和工业产品技术研发、引进、消化、吸收，以及工业企业资源优化配置、产品调整的研究论证；负责股份公司节能减排管理，组织全系统设备、运输、物资、节能减排检查及年度统计报表汇总上报工作。定员 9 人，现员 8 人，设部长 1 人、总机械师 1 人、副部长 1 人；下设设备处、物资处、工业处。

（张宏成）

【主要技术设备】 截至 2015 年底，股份公司机械动力设备 104919 台（套），设备固定资产原值 526.66 亿元，净值 202.44 亿元，设备资产比 2014 年增加 33.59 亿元。机械设备总功率 948.4 万千瓦，技术装备率 7.66 万元/人，动力装备率 35.87 千瓦/人。主要设备：盾构设备 214 台，全断面掘进机（TBM）11 台，铁路客运专线用 900 吨运架一体机 11 台、架桥机 81 台、运梁车 85 台、提移梁机 144 台（套），移动模架 15（套），节段拼装造桥机 1 台；常规铁路架桥机 51 台，铺轨机 20 台；电气化施工设备 280 台（套）；大型机械化整道设备 113 台。主要施工设备实力继续提高，尤其是大型设备保有量稳步提升，提高股份公司的市场竞争力，在企业投标和完成施工任务中发挥重要作用。

（张宏成）

【设备管理专业人员】 股份公司系统设备管理专业技术人员 12425 人，其中高级工程师 900 人，工程师 2024 人；设备技术工人 25843 人，机械司机 10602 人，汽车驾驶员 10043 人，修理工 3028 人。各单位全年完成专业技术培训 807 期，培训人员 10915 人。

（张宏成）

【设备物资检查】 为进一步加强中国铁建设备物资管理工作，增强企业机械化施工能力和综合实力，降低设备物资采购成本，提高管理水平及企业整体经济效益，下发《关于部署开展 2015 年度设备物资检查工作的通知》，要求各单位从机构设置、制度落实、人员配备、资料管理等方面入手，对设备管理方面的购置、租赁、使用、维护保养、安全操作、持证上岗；铁路运输方面的工程路用车、大吨位预制梁运输专用车组的申请、扣车、使用、交费和建档管理，桥梁、轨枕、钢轨运输专列的使用管理；物资管理方面的主要原材料和大宗物资招标采购，材料质量、价格、库存，周转材料、危爆物品的使用管理等方面进行加强。各单位根据股份公司的安排，统一部署，狠抓落实，总结经验、找出问题并制定整改措施，取得较好的效果。 （刘宝庆 张宏成）

【推广应用“四新”技术】 组织系统内的设备管理人员与国内外主要设备制造商进行施工设备和施工工艺的交流，促进新设备、新技术、新工艺的及时推广和应用；2015 年 9 月，组织相关人员参加第十三届“中国（北京）国际工程机械、建材机械及矿山机械展览与技术交流会”（BICES2015），实时了解国内外工程机械的技术水平和发展趋势。 （张宏成）

【召开设备集采研讨会议】 组织召开 2015 年设备集中采购管理小组会议，通报 2014—2015 年度设备集采工作情况，审议通过内部设备产品认定和价格评定结果、框架采购比选结果、设备采购审批权限调整方案、框架采购资金返还方案、框架采购流程。审核通过 2015 年度新增合格供应商。听取设备集采中心、国际集团以及各集团公司关于设备集采工作开展情况的汇报并就存在问题和建议展开讨论。 （张宏成）

【设备采购审批权限调整】 根据国家“转变职能，简政放权”的政策导向，结合股份公司 2014 年党员领导干部民主生活会整改方案的具体要求，经股份公司总裁办公会研究决定，对股份公司设备采购计划审批权限做出调整：由原来的单台价值 10 万元以上的设备报股份公司审批调整为单台价值 200 万元以上的设备报股份公司审批。单台价值 200 万元以下的设备采购计划由集团公司审批，审批情况报股份公司设备物资部备案。 （张宏成）

【设备集中采购】 2015 年，各单位上报设备采购计划 6256 台（套），预算金额 53.79 亿元，实际采购签约设备 3220 台（套），预算金额 36.42 亿元，合同金额 33.44 亿元，节约资金 2.98 亿元，节资率 8.18%。

（张宏成）

【通用设备框架采购】 2015年,开展15种通用设备的框架供应商比选工作。208家供应商参与本次框架供应商比选,经评审推荐126家供应商入围,经2015年设备集中采购管理小组会议研究和领导小组审核、股份公司总裁办公会审议通过。完成框架采购设备1152台(套),合同金额4.69亿元。（张宏成）

【内部设备产品采购】 2015年11月,设备集采管理小组对9家内部工厂申报的48类190种设备产品进行内部产品认定和价格评定。经评审,推荐其中48类161种产品纳入股份公司内部设备产品目录并初步确定内部销售价格,经股份公司设备集中采购领导小组审核,并经股份公司总裁办公会审议通过。股份公司印发《关于公布2015—2016年股份公司内部设备产品目录和价格评定结果的通知》(中国铁建设物函〔2015〕488号)。股份公司通过直接采购的方式组织内部设备产品采购全年采购内部产品394台(套),采购金额16.02亿元。（张宏成）

【完成铁路运输保障任务】 2015年,申请办理铁路工程平板车3747辆,保证施工现场的设备及时到位和物资顺利转运。组织铁路机车司机春季考试培训及报名工作,系统内165人次参加报名考试,通过104人,缓解了现场机车车辆驾驶员不足的状况。（张宏成）

【物资管理专业人员】 股份公司系统物资管理人员15984人,其中高级职称414人,中级职称1673人,初级职称4946人,其他管理人员8951人。各单位全年完成业务培训424期,培训人员9421人。（刘宝庆）

【物资供应】 2015年,股份公司系统组织采购供应物资2127亿元,消耗物资2136亿元,其中供应钢材1839万吨,水泥6484万吨,钢轨20万吨,柴油124万吨,炸药16万吨,满足施工生产的物资需求,确保施工生产的顺利进行。（刘宝庆）

【物资集中招标采购】 2015年,股份公司系统工程施工物资采购总额2127.31亿元,物资集中采购金额1885.74亿元,集采率88.64%,节约资金65.67亿元,节资率3.37%。

全面推进物资集中采购供应。通过计划上报和审批加强采购数量集中,通过指导协调解决集采实施过程中的矛盾和问题,物资集采供应工作取得成效。1—12月,物资集团采购供应钢材180.12万吨,占钢材采购总量的9.79%;水泥458.48万吨,占水泥采购总量的7.07%,分别比上年增加5.68万吨和157.61万吨。各集团公司的物贸公司采购供应钢材237.10万吨,占钢材采购总数量的9.79%;水泥715.52万吨,占各单位水泥采购总数量的11.04%。钢材比上年减少24.04万吨,水泥比上年增加135.32万吨。

调整物资集采办法。针对工程项目与物资集团之间价格协商和资金支付问题始终得不到解决的状况,以通过招标公开竞价确定价格,通过招标增加备选供应商,解决保供及分解资金支付压力。按照调整后办法,在4个项目进行试点,有3个项目采用备选供应商参与供应,既保证现场物资需求,也分解资金压力,同时优先选择内部物贸企业。

试点效果:(1)采购单位积极参与、主动配合,保证了集采工作顺利开展。(2)通过招标确定的价格更趋合理,效益显著,便于操作。(3)备选供应商机制得到采购单位和供应商赞同,没有中标的供应商凭实力进入备选,使其投标操作上的缺陷得以弥补。同时,备选供应商机制更有利于系统内部物贸公司进入备选,优先供应。该机制有利于分解资金压力,充分利用系统外资金,解决融资和效益问题;有利于获得更多的优价资源作为补充,防止中标商恶意报价,先中标后扯皮的行为,制约中标供应商的履约行为;抑制涨价和避免多次重复招标。(4)招标定价和备选供应商的依法合规操作,更加符合当前监管机构管控规则,也体现公开、公平、公正的原则。

蒙华铁路项目地材采购管理。8月蒙华项目开工后,为突破地材资源管控瓶颈,股份公司于8月17日召开蒙华铁路地材集中采购研讨会,各参建单位集思广益、共同商讨地材集中采购方案。（刘宝庆）

【物资管理】 规范和加强项目物资管理。组织各集团公司物资部长研讨起草《项目物资管理指导意见》,意见有17章108条,涵盖物资策划、计划管理、采购供应、进场验收、仓储管理、点验与发放、库存盘点、废旧物资管理、核算、统计、周转材料管理、管理评价与奖罚等项目物资管理的各个环节。

加强现场物资管理。将物资现场管理作为物资管理工作重点,全面实施原材料进场检验和标识制度,按规定程序对所有进场物资进行质量检验,待检物资、检验合格物资分别标识存放,确保施工所用物资质量合格、满足设计要求;全面实施物资验收、采收分离制度,物资采购与验收职责分离,由不同人员完成不同阶段的工作,从管理制度上堵塞漏洞;坚持按照合同规定的验收方式进行物资验收,杜绝物资缺斤少两。

加强周转材料管理。整体规划周转材料存储基地的设置,避免重复建设,定期公布闲置资源,为跨公司间的调配搭建平台。细化周转材料管理制度,加强周转材料使用管理和基地建设，健全完善周转材料管理台账，加强周转材料调配管理，提升周转材料利用率。

严格成本核算分析，注重物资过程控制。从制度落实着手，全面梳理优化业务流程，力求实效。对物资的进场验收、入库、账簿登记、仓库保管、出库、退库、调拔、清查盘点、核算、处置等都进行认真梳理，把握关键环节，确保各个节点无疏漏，运行中各项物资记录真实、准确、完整和及时。确保物资的各项计划、应耗量及损耗率的准确性、及时性，月计划、周计划与施工进度相匹配，为物资的限额发料、定额用料、定期核算提供依据。 （刘宝庆）

【工业制造】 2015 年，股份公司通过优化配置、政策扶持、增加投入等手段加大结构调整力度，有效促进工业制造产业快速发展，截至 2015 年底，共有工业企业 12 家，分别是：中国铁建高新装备有限公司、中国铁建重工集团有限公司、中铁十一局汉江重工有限公司、中铁十六局建工机械有限公司、中铁十八局泵业公司、中铁十八局机械公司、中铁二十局集团西安工程机械有限公司、中铁建电气化局集团轨道交通器材有限公司、中铁建电气化局集团康远新材料有限公司、中铁建电气化局集团西安电气化制品有限公司、中铁建电气化局集团科技公司、北京铁五院工程机械有限公司。其中，中国铁建高新装备有限公司和中铁十六局建工机械有限公司分别在北京和河北曹妃甸分别新建第二产业基地，各项建设工作全面启动。

培育大型养路机械、盾构（TBM）、铁路铺轨设备、高铁运架提设备、起重机械、矿山设备、压实设备、电气化施工设备、高速道岔及弹条扣件、铁路工务器材及接触网导线等十大核心技术和 500 多种产品。其中大型养路机械设计制造能力亚洲第一、世界第二，国内市场占有率 80% 以上；长距离大坡度煤矿斜井 TBM 填补国内空白；流动式高速铁路运架一体机技术国际领先；铁路道岔研制水平国内领先，市场占有率 35% 以上；高速铁路接触网导线达到国内领先水平；拖式振动压路机国内市场占有率 60%。

工业板块计划指标合计为：工业总产值 97.84 亿元，新签合同 108.23 亿元。全年实际完成工业总产值 109.34 亿元，占年度计划的 111.75%；完成新签合同 117.93 亿元，占年度计划的 108.97%，利润总额 4.26 亿元。 （郭春雷）

2015 年 2 月 7 日，中铁十四局集团建筑公司承建的安哥拉内图大学孔子学院工程举行奠基仪式。

（丁　雪 提供）

海外经营 境外工程

海外经营

【国际部】 主要职责:负责股份公司海外发展战略及海外中长期规划的研究制订并就贯彻执行提出具体意见;制定和完善公司外经、外事管理制度和办法;负责与国家外交、外经主管部门和驻外使领馆、驻华使领馆、商会、协会的沟通联络;负责因公出国(境)审批及相关证照的办理、换发及管理;负责邀请外国人来华的审核报批;负责在出入境机关备案人员因私护照管理和因私出国(境)审批;负责 ENR(全球最大 250 家国际承包商)评选参选资料准备及报送工作;负责公司境外突发事件应急预案的制定及突发事件应急联络、组织工作;牵头负责以股份公司名义承揽项目的审批、投(议)标核准证办理、相关证照提供;负责海外工程承包类经营事项的协调;负责海外工程的监督与指导;负责海外专委员会的日常工作;负责对外承包工程经营资格证书年检工作;负责海外工程承包经营情况统计分析工作;负责海外工程项目中标信息、重大信息的汇总、报送;参与海外舆情监控工作;参与海外风险管理和内控相关工作;参与商务部、国家外汇管理局组织的境外投资联合年检和综合绩效评价工作;参与海外并购重组工作;完成领导交办的其他工作。部门定员 17 人,设部长 1 人、副部长 2 人;下设 3 个处。

(李 欣)

【全球最大 250 家国际承包商排名】 2015 年 5 月,按照中国对外承包工程商会《关于组织参加 ENR2016 年度全球最大 250 家国际承包商评选活动的通知》(承商工函〔2016〕083 号)要求,完成美国《国际工程新闻纪录》(ENR)组织的 2015 年度全球最大 250 家国际承包商评选活动的资料报送工作。中国铁建在 ENR 最大 250 家全球承包商排名第 3 位,ENR 最大 250 家国际承包商排名第 58 位(因中土公司单独参评,中国铁建参评数据不含中土公司部分)。 (李 欣)

2015 年中国铁建新签对外承包工程新签合同额统计

单位:万美元

序 号	单位	新签合同额	占比(%)
1	中国土木工程集团有限公司	594869.69	41.10
2	中铁十一局集团有限公司	1222.10	0.08
3	中铁十二局集团有限公司	12728.52	0.88
4	中国铁建大桥工程局集团有限公司	2451.00	0.17
5	中铁十四局集团有限公司	14407.67	0.99
6	中铁十七局集团有限公司	29080.96	2.01
7	中铁十八局集团有限公司	18238.00	1.26
8	中铁十九局集团有限公司	21080.73	1.45
9	中铁二十局集团有限公司	166226.23	11.47
10	中铁二十一局集团有限公司	1971.00	0.14
11	中铁二十三局集团有限公司	6721.00	0.46
12	中铁二十四局集团有限公司	1236.71	0.09
13	中铁二十五局集团有限公司	3766.58	0.26
14	中国铁建港航局集团有限公司	67.40	0.005
15	中铁第一勘察设计院集团有限公司	3792.00	0.26
16	中铁第四勘察设计院集团有限公司	552.63	0.04
17	中铁第五勘察设计院集团有限公司	450.00	0.03
18	中铁上海设计院集团有限公司	68.00	0.005
19	中国铁建国际集团有限公司	570419.06	39.30
	总 计	1449349.28	100.00

(制表:李 欣)

2015 年中国铁建对外承包工程项目完成营业额统计

单位:万美元

序号	单　位	完成营业额	占比(%)
1	中国土木工程集团有限公司	205221.72	47.06
2	中铁十一局集团有限公司	11425.05	2.62
3	中铁十二局集团有限公司	19595.16	4.49
4	中国铁建大桥工程局集团有限公司	11408.18	2.62
5	中铁十四局集团有限公司	24761.05	5.68
6	中铁十五局集团有限公司	8169.50	1.87
7	中铁十六局集团有限公司	1468.28	0.34
8	中铁十七局集团有限公司	34142.82	7.83
9	中铁十八局集团有限公司	36998.10	8.48
10	中铁十九局集团有限公司	17064.24	3.91
11	中铁二十局集团有限公司	14988.60	3.43
12	中铁二十一局集团有限公司	126.67	0.03
13	中铁二十三局集团有限公司	5282.20	1.21
14	中铁二十四局集团有限公司	2460.74	0.56
15	中铁二十五局集团有限公司	1010.43	0.23
16	中铁建设集团有限公司	3010.00	0.69
17	中国铁建电气化局集团有限公司	1904.00	0.44
18	中国铁建港航局集团有限公司	716.07	0.16
19	中铁第一勘察设计院集团有限公司	265.50	0.06
20	中铁第四勘察设计院集团有限公司	1028.99	0.24
21	中铁第五勘察设计院集团有限公司	372.00	0.09
22	中铁上海设计院集团有限公司	54.60	0.01
23	中国铁建国际集团有限公司	34641.54	7.95
	总　计	436115.45	100.00

(制表:李　欣)

【来宾访问】 1 月 23 日,中国铁建党委书记、董事长孟凤朝在铁建大厦会见委内瑞拉国家石油公司董事会董事、社会主义玻利瓦尔中央工会主席、石油天然气工人联合会主席威尔斯·兰赫尔。中国铁建承担委内瑞拉住房部“大住房计划”的首批工程蒂乌娜社会住房项目和 2 万套社会住房项目之一的玛里萨帕地块项目的建设任务。中国国家主席习近平,委内瑞拉前总统查韦斯、现任总统马杜罗都曾经到现场视察,对项目施工给予充分肯定。在孟凤朝等见证下,中国铁建国际集团有限公司与委内瑞拉石油天然气工人联合会签订委内瑞拉石油工人住房建设项目合作意向书。委内瑞拉石油天然气工人联合会副主席安东尼奥·森普鲁姆参加会谈。

3 月 25 日,中国铁建董事长孟凤朝在铁建大厦会见中国驻巴西大使李金章,双方举行友好务实会谈。

4 月 17 日,中国铁建总裁张宗言在铁建大厦会见泰国正大新生活集团总裁胡方辉一行,双方进行务实高效会谈,达成友好合作意向。

6 月 4 日,中国铁建董事长、党委书记孟凤朝在铁建大厦会见巴西淡水河谷公司总裁兼首席执行官费慕礼一行,并共同出席二十局集团公司与巴西淡水河谷公司莫桑比克纳卡拉走廊铁路项目签约仪式。

6 月 8 日,中国铁建总裁张宗言在铁建大厦会见来访的安哥拉交通部部长奥古斯都·托马斯一行,双方就加强基础设施建设合作深入交换意见。

6 月 16 日,中国铁建董事长孟凤朝在铁建大厦会见中国对外承包工程商会会长房秋晨一行,双方就“一带一路”背景下中国铁建海外业务发展进行深入交流。

6 月 18 日,中国铁建董事长孟凤朝在中国铁建大厦会见斯洛文尼亚国民委员会主席米蒂亚·贝尔瓦尔一行,双方就基础设施合作进行高效务实的会谈。斯洛文尼亚国民委员会副主席布兰科·舒梅尼亚克及有关委员，驻华大使玛丽娅·阿达尼娅，全国政协办公厅外事局副局长李晓燕，中国铁建公司领导，以及总部机关有关部门和中土集团负责人参加会见。

7月2日，中国铁建董事长孟凤朝在铁建大厦会见老挝建国阵线中央常务副主席董叶陶一行，双方就基础设施投资建设合作进行高效务实的会谈。全国政协办公厅外事局副巡视员钱方，老挝建国阵线代表团成员，总部机关有关部门和中土集团负责人参加会见。

7月8日，中国铁建董事长孟凤朝在铁建大厦会见泰国正大集团董事长谢国民一行，双方围绕加强项目合作，举行高效务实会谈。正大集团执行副董事长谢吉人、副董事长杨小平等参加会谈。

7月16日，中国铁建董事长孟凤朝在铁建大厦会见马来西亚华人公会总会长、马来西亚交通部部长廖中莱一行。中联部中国经济联络中心主任胡延新，马来西亚华人公会总财政、星辰建筑集团董事主席关炳顺，马来西亚华人公会副组织秘书长、珍轩发展有限公司执行董事蔡金星，马来西亚华人公会、马六甲州政府相关负责人参加会谈。

7月17日，中国铁建执行董事、副总裁庄尚标（主持经理层工作）在铁建大厦会见英国阿特金斯全球总裁克鲁格一行，并进行务实高效的会谈。阿特金斯执行董事、人力资源总监卡伦及其亚太区、中东区、英国与欧洲区、北美区首席执行官，中国基础设施、战略联盟负责人等参加会谈。

8月12日，中国铁建董事长孟凤朝会见来访的中国香港铁路公司候任主席马时亨一行。双方举行务实高效会谈，就加快推进广深港高速铁路香港段建设达成共识。

8月25日，中国铁建董事长孟凤朝在铁建大厦会见由海湾阿拉伯国家合作委员会（简称海合会）总秘书处交通运输部部长易卜拉黑姆·阿卜杜拉赫曼·阿尔萨伯特率领的海合会铁路参访团。围绕海湾地区交通基础设施建设，双方进行深入探讨，并达成合作意向。海合会总秘书处海关事务部部长穆特拉克·萨阿德·阿尔穆特拉克、世界银行驻海合会顾问拉米兹·阿尔·阿萨尔参加会谈。

9月1日，中国铁建执行董事、副总裁庄尚标（主持经理层工作）在铁建大厦会见阿尔及利亚民族院议长本·萨拉赫一行。此次会见旨在加强中国铁建与阿国政府高层之间的沟通交流，探讨双方未来拓展合作的领域与途径。

9月7日，中国铁建执行董事、副总裁庄尚标（主持经理层工作）在铁建大厦会见凯琳·斯文森·史密斯率领的瑞典议会交通与通讯委员会代表团。

9月11日，格鲁吉亚总理伊拉克利·加里巴什维利访问中国铁建。中国铁建执行董事、副总裁庄尚标（主持经理层工作）与伊拉克利·加里巴什维利一行举行友好会谈，并达成合作意向。格鲁吉亚副总理兼外交部部长乔治·克维里卡什维利，议会多数派领袖大卫·萨加涅利泽，经济与可持续发展部部长迪米特里·库姆西什维利，阿扎尔自治共和国主席阿切尔·卡巴得泽，驻华大使大卫·阿普奇阿乌里，格鲁吉亚铁路公司总裁玛穆卡·巴赫塔泽，TBC银行董事长玛穆卡·卡扎拉泽和CEO莱万·阿克夫列戴尼参加会谈。参加会谈的还有中联部经济联络中心副主任刘景华，天津开发区（南港工业区）管委会和国家开发银行内蒙古分行有关负责人。

11月12日，中国铁建执行董事、副总裁庄尚标（主持经理层工作）在铁建大厦会见几内亚地矿部长凯尔法拉·扬萨内和财政部长穆罕默德·迪亚雷率领的几内亚共和国政府代表团，双方围绕推进几内亚西芒杜铁矿和有关基础设施合作开展会谈，并达成共识。

12月1日，中国铁建董事长孟凤朝在中国铁建大厦会见马来西亚陆路公共交通委员会主席赛·哈密德一行，双方就推动中马互联互通，加强基础设施建设及各领域合作进行深入交流。马来西亚马中经济合作发展中心首席执行官陈侨，主席特别助理扎查理，中国国家发展和改革委员会国际合作司亚非处副调研员高海然参加会谈。 （李 欣）

【公司领导出访】 3月9—12日，中国铁建党委书记、董事长孟凤朝一行参加中泰铁路联委会第三次会议。孟凤朝等与会人员乘坐米轨列车，实地踏勘从泰国廊开火车站至泰（国）老（挝）边境湄南河大桥铁路线路，还共同见证中泰双方合作和技术知识培训备忘录的签署。孟凤朝考察国际集团东南亚公司及其位于曼谷的GLAND高档写字楼工程，对国际集团成立以来取得的成绩予以充分肯定。在泰国参加联委会议期间，孟凤朝拜会泰国交通部长巴金、常务次长索提以及驻泰大使宁赋魁、经参处参赞张佩东，会见国际集团泰国合作伙伴意大利泰总裁。中国铁建总经济师赵晋华陪同考察。

3 月 13—14 日，孟凤朝一行在结束泰国紧张行程后，抵达马来西亚首都吉隆坡，考察中国铁建在马来西亚发展情况。孟凤朝首先考察由国际集团、中铁建设共同实施的马来西亚第二高建筑吉隆坡四季酒店项目。孟凤朝随后在国际集团马来西亚公司驻地召开中国铁建马来西亚现场座谈会。孟凤朝在听取十一局、大桥局、城建集团、中铁建设、铁一院、国际集团有关负责人工作汇报后，对其工作给予充分肯定。在马来西亚考察期间，孟凤朝还先后拜会马交通部长廖中莱，中国驻马大使黄惠康、经商处参赞吴政平。外方称赞中国铁建为中马友好作出突出贡献，一致表示支持中国铁建在马加快发展。中国铁建总经济师赵晋华陪同考察。

3 月 11 日，为深入考察欧洲基建投资建设市场情况，加强与欧洲承包商的交流与合作，由中国对外承包工程商会副会长、中国铁建总裁张宗言率领的投资促进代表团，圆满结束对西班牙、葡萄牙和英国为期 10 天的考察访问。此次投资促进代表团由中国对外承包工程商会 10 家业内知名的施工、装备制造、工程设计咨询会员企业组成。张宗言分别拜会西班牙全国建筑联合会主席、葡萄牙建筑与不动产管理局董事会成员、葡萄牙经济部国务秘书以及英国交通部国务大臣，表达中国企业愿意加强与三国政府部门和行业协会的沟通与合作，以及参与三国基础设施投资建设的愿望。

5 月 19—21 日，为加快落实国家“一带一路”建设，深入挖掘东南亚市场潜力，大力提升中国铁建海外经营能力，中国铁建总裁张宗言率团赴泰国访问。访问期间，张宗言一行会见泰国正大集团董事长谢国民。谢国民表示，中国国家主席习近平提出的“一带一路”倡议意义重大，希望中泰两国深化传统友谊，实现合作共赢。并希望正大集团与中国铁建能够在实施“一带一路”倡议的过程中发挥各自的优势，密切合作，共同为中泰友好和泰国经济发展作出积极贡献。张宗言介绍中国铁建在高铁建设中的优势，表达与正大集团合作的意愿。会议结束后，张宗言一行还进行实地踏勘，深入现场与正大集团进行详细沟通与交流。在泰国期间，张宗言一行还专程拜会中国驻泰大使宁赋魁、经参处参赞张佩东。

9 月 20—24 日，中国铁建总会计师王秀明率领中国铁建财务部、审计监事局、法律合规部、经济管理部负责人赴国际集团阿尔及利亚公司，就财务管理、成本管理、内部审计监督、法律及工会工作等进行调研。

12 月 17 日，由泰国商务部、中国商务部、泰国投资促进委员会、中国国际贸易促进委员会主办的“2015 年中国—泰国商务论坛”在泰国曼谷举行。泰国副总理颂奇·乍都席披塔博士主持开幕式并发言，中国国务院国务委员王勇致辞，泰国投资促进委员会秘书长希兰雅·素吉乃女士致欢迎词，泰国商务部部长、工业部长、科技部长、信息部长分别发言。中国国际贸易促进委员会副会长王锦珍致感谢词。中国铁建董事长孟凤朝应邀出席论坛并作主旨演讲。

12 月 19 日，中泰铁路合作项目启动仪式在泰国曼谷北清惹克侬车站举行，中国国务委员王勇、泰国副总理巴金、泰国交通部长阿空、中国国家发改委副主任王晓涛出席仪式并致辞，王勇宣读李克强总理的贺信，巴金宣读泰国总理巴育的贺信。仪式现场播放中泰铁路合作项目宣传视频，并在两国领导的共同见证下正式启动中泰铁路合作项目。中国铁建董事长孟凤朝应邀出席启动仪式，会后，孟凤朝会见泰国副总理巴金。

（李　欣）

【领导关怀】 4 月 21 日，正在巴基斯坦进行国事访问的国家主席习近平，在巴基斯坦总理谢里夫、参议院主席拉巴尼和国民议会议长萨迪克的陪同下，赴巴基斯坦国会大厦，共同为中国铁建所属中铁十七局集团有限公司中标施工的巴基斯坦国会大厦太阳能光伏发电项目揭牌。王沪宁、栗战书、杨洁篪等领导出席仪式。

5 月 30 日，出席尼日利亚新当选总统布哈里就职典礼的中国国家主席习近平特使、农业部部长韩长赋在阿布贾视察中国铁建所属中国土木工程集团有限公司承建的尼日利亚阿卡铁路项目，中国驻尼大使顾小杰、经商处参赞周善青、农业部和外交部随行官员陪同视察。

12 月 7—9 日，国有重点大型企业监事会主席李克明赴中土集团以色列分公司和中铁十二局集团以色列项目部调研。李克明检查中土集团和十二局合作施工的以色列卡迈尔隧道、吉隆隧道 2 个竣工项目和正在施工的特拉维夫红线轻轨卡里巴赫车站，对项目管理、制度建设、文化建设、团队建设等给予充分肯定。

（李　欣）

【与深圳地铁集团签署《海外经营战略合作协议》】 2 月 6 日，为落实国务院加快中国铁路及中国标准走向海外的战略部署，中国铁建与深圳地铁集团在深圳签署协议，建立战略合作关系。中国铁建与深圳地铁集团签署《海外经营战略合作协议》，深圳地铁集团所属运营总部与中国铁建所属中非建设签署《尼日利亚首都阿布贾城铁系统运营与维护服务管理项目框架协议》。两家“铁”字号团队携手组建联合舰队，从非洲起步，面向全球。合作将充分发挥中国铁建海外工程平台与高端品牌效应的优势，大力推动中国铁建所属中非建设与深圳地铁集团所属运营总部达成尼日利亚阿布贾城市地铁运营合作，共同打造海外市场的新型合作模式。中国铁建与深圳地铁集团将以此次合作为契机，继续坚持“优势互补、机会共享、互利共赢、共促发展”的宗旨，在海内外城市轨道领域，在管理、建设、运营、物业开发等方面精诚合作，以实现“海外、国内互动”的全面战略合作。 （李 欣）

【与鞍钢集团签署深化海外业务合作协议】 3月19日，中国铁建与鞍钢集团签署深化海外业务合作协议，双方的战略合作翻开新的一页。“钢铁”联手“走出去”，发挥双方品牌优势，协同提升跨国经营能力，强力推进双方优势产能转移和海外布局。在鞍钢集团董事长张广宁和中国铁建董事长孟凤朝等双方人员的见证下，两家央企在中国铁建大厦共同签署海外业务合作协议：双方将有效利用各自优势，共同开展海外项目的投资建设；充分利用海外营销网络，发挥中国铁建在海外的市场优势及鞍钢的产品研发优势，共同合作寻求海外工程项目的市场机会，大力拓展海外项目合作领域。鞍钢集团总经理康复平、副总经理余自甦，鞍山钢铁和攀钢集团相关负责人，中国铁建公司领导、机关有关部门负责人，物资集团、中非建设、国际集团负责人等共同出席签约仪式。 （李 欣）

【中国铁建海外经营座谈会】 5月6日，为抢抓国家大力实施“走出去”战略特别是“一带一路”建设机遇，中国铁建召开海外经营座谈会，谋划海外市场布局，创新海外经营模式，加快海外发展步伐，为企业提升国际化经营水平增加续航新动力。会上，各单位汇报2015年海外经营工作计划，围绕《海外经营管理工作指导意见》及海外业务工作进行交流。中国铁建各部门及多位部门以上领导也从各自业务角度出发，提出建议。 （李 欣）

【麦加轻轨铁路项目签订现场终验移交报告】 5月29日，沙特城乡事务部与中国铁建沙特麦加轻轨铁路项目公司就麦加轻轨铁路项目签订现场终验移交报告。历时6年多的沙特麦加轻轨铁路项目最终完成终验移交工作。沙特麦加轻轨铁路项目，是在中沙两国最高领导人的见证下，由中国铁建与沙特城乡事务部签订总承包合同。在中央有关部委和中国驻沙特使、领馆的支持和帮助下，经过中国铁建全体参建员工16个月的艰苦奋战，于2010年10月17日实现首次开通运营。2011年朝觐运营时实现百分之百运能，并安全、顺利地完成总承包合同中约定的3年朝觐运营任务。 （李 欣）

境外工程

【沙特内政部安全总部发展项目——第五期合同的第1、3、5号包】 第1号包，利雅得地块，合同额4094098682.66沙特里亚尔（约合10.92亿美元）；第3号包，麦加地块，合同额1262498195.18沙特里亚尔（约合3.37亿美元）；第5号包，东部地块，合同额2066711099.95沙特里亚尔（约合5.51亿美元）。项目为设计施工总承包模式，合同工期1440天，不同建筑群工期720～1080天不等。合同总额约合26亿美元。截至2015年底，完成营业额0.68亿美元。

（李 欣）

【安哥拉本格拉铁路大修工程】 位于安哥拉中部，西起大西洋沿岸的洛比托港，东至安哥拉与刚果的边境，是安哥拉3条铁路主干线之一。全长1343千米，合同投资18亿美元，合同工期2007年8月—2011年1月。由于业主资金问题，项目延期。由中铁二十局集团公司负责设计施工总承包，该项目于2015年2月全线开通。截至2015年底，完成营业额18亿美元。

（李 欣）

【尼日利亚铁路现代化项目拉各斯至伊巴丹段工程】 正线全长1315千米，铺轨2730千米，车站25座，桥梁200千米，机车车辆维修工厂2座，全线全立交、全封闭、全自动闭塞微机联锁、全线电力贯通，采用中国技术标准进行设计、施工，开创中国技术标准输出先河。其中，拉各斯至伊巴丹段为双线铁路项目，线路全长156.654千米，设8座车站，合同额14.88亿美元。

（李 欣）

【卡拉奇至拉合尔高速公路——拉合尔至阿卜杜哈基姆 EPC 项目】 巴基斯坦政府通过修建卡拉奇至拉合尔高速公路(双向6车道,全长1152千米),以减轻现有N-5公路的交通压力(N-5公路目前承担巴全国65%的运输量)。此公路先期修建拉合尔至阿卜杜哈基姆段,全长230千米,设计时速120千米。此段位于巴基斯坦旁遮普省,巴基斯坦政府出资修建,项目造价14.6亿美元,合同工期30个月。 (李 欣)

【埃塞俄比亚—吉布提铁路工程】 该项目为埃塞俄比亚首都亚的斯亚贝巴至吉布提共和国首都吉布提市的电气化铁路,全长740千米,总投资约40亿美元。全线采用中国二级电气化铁路标准,设计时速120千米。该项目是继上个世纪坦赞铁路之后,中国在海外修建的又一条跨国铁路;并且是在海外首次采用全套"中国技术标准"修建的电气化铁路,不仅将促进吉布提和埃塞俄比亚的货物输入和输出,而且对东非地区也有重大影响。由中国铁建所属中土集团承担其中吉布提境内100千米及埃塞米埃索至吉布提边境340千米的工程建设,合同投资20亿美元。截至2015年底,完成营业额19亿美元。2015年7月全线铺通。 (李 欣)

【阿尔及利亚贝佳亚港口至东西高速公路100千米连接线工程】 位于阿尔及利亚贝佳亚省和布维拉省境内。起点位于贝佳亚港口的现有道路上,向西南方向沿苏曼河河谷布线,终点位于东西高速公路中标段M2标段的哈尼夫互通,路线全长100千米。合同投资13亿美元,中国铁建承担11.8亿美元的施工任务,合同工期36个月。截至2015年底,完成营业额4.5亿美元。 (李 欣)

【孟加拉达卡高架高速公路工程】 为孟加拉政府计划在达卡市修建第一条高架高速公路。该公路起点为达卡国际机场,终点为达卡南部 Kutubkhali 区吉大港高速公路,从北至南贯穿达卡市。项目主线全长19.7千米,双向4车道,包括32个匝道27千米;43个收费站和8个收费广场,以及1座互通式立交桥,合同投资10.62亿美元。 (李 欣)

【尼日利亚拉各斯巴达格瑞高速公路工程】 该项目为双向10车道,幅宽100米,全长14.8千米的高速公路。由中土集团承建,于2011年12月29日签约,合同投资9.41亿美元。截至2015年底,完成营业额2.8亿美元。 (李 欣)

【尼日利亚铁路现代化项目——阿布贾至卡杜纳段工程】 正线全长1315千米,铺轨2730千米,车站25座,桥梁200余千米,机车车辆维修工厂2座,全线全立交、全封闭、全自动闭塞微机联锁、全线电力贯通,采用中国技术标准进行设计、施工,开创中国技术标准输出先河。其中,阿布贾至卡杜纳段为单线铁路,正线186.5千米、站线41.291千米,总投资8.5亿美元。截至2015年底,完成营业额8亿美元。 (李 欣)

【尼日利亚阿布贾城市铁路工程】 2007年5月签约,全长60.7千米,总投资8.4亿美元。主要工程量:铁路桥梁10座1226延长米,公路跨线桥7座340延长米,框架桥1600平方米,涵洞168座,铺轨165千米,铺道岔131组。采用中国技术标准,由中国铁建所属中土集团负责设计施工总承包。截至2015年底,完成营业额5.7亿美元。 (李 欣)

【阿尔及利亚55千米铁路工程】 位于阿尔及利亚北部沿海地区。2007年7月,中国土木工程集团公司与土耳其 OZGUN 公司组成联合体中标,2009年6月20日签约,2009年7月18日开工。全长55千米,合同投资5.7亿美元。根据工程量变更,我方与业主签订补充协议,项目总投资变更为8.16亿美元。该项目为设计、施工总承包项目,设计时速160千米。截至2015年底,完成营业额5.85亿美元。 (李 欣)

【鲁雷纳瓦克—里韦拉尔塔公路工程】 位于玻利维亚西北部的贝尼省,由政府所在地拉巴斯,延伸到位于巴西边境的瓜亚拉梅林,总长508.07千米,设计为双向2车道,为超过该国地理区域1/3的地区提供交通服务,合同额5.79亿美元。该项目将为玻利维亚农林、农牧和旅游等产业发展提供有力支持;作为一条非常重要的国际贸易线路,尤其是对巴西商品经由智利、秘鲁的太平洋港口发往亚洲具有重要意义。 (李 欣)

【沙特麦麦高铁工程】 全长449千米,采用法国有砟高速铁路技术,设计时速350千米。中国铁建所属中铁十八局集团公司承建的第1标段于2009年3月签约,合同投资3.84亿美元,后签署补充合同,投资总额5.73亿美元。主要工程量:土石方12200万立方米,桥梁93座,设7个车站。截至2015年底,完成营业额3.5亿美元。 (李 欣)

【格鲁吉亚现代化铁路工程】 位于格鲁吉亚国家中部的哈舒里和泽斯塔佛尼之间,合同内容包括16.78千米的部分既有线改造,38.3千米的新线建设,车站建设6座,路基土石方495.555立方米,挡墙工程2550

米，桥梁2679米，渡槽44米，涵洞1779.52米，隧道15.03千米，设计时速客运120千米、货运80千米。项目总投资3.39亿美元。业主为格鲁吉亚铁路有限公司，监理方为德国与奥地利联合体。截至2015年底，完成营业额1.3亿美元。（李　欣）

【马来西亚四季酒店工程】 毗邻马来西亚标志性建筑——双子塔，地理位置优越，是集商业、公寓和酒店于一体的高端城市综合体，总建筑面积23.1万平方米，地下4层，地上主塔76层，建筑总高度342.5米。四季酒店项目是中国铁建在建的最高建筑，由中国铁建国际集团承揽、中铁建设施工总承包。总投资3亿美元，是集商业、公寓和酒店于一体的综合楼，位于吉隆坡双塔附近，总建筑面积148.5万平方米。地下4层，地上65层。其中首层至7层为裙楼（底商及附属设施），8层至21层为酒店（190个客房），22层至65层为住宅公寓（242个单元）。截至2015年底，完成营业额0.4亿美元。（李　欣）

【新加坡轨道项目大士西延长线工程】 该项目主要包括3座单层高架车站，4.2千米沿主干道的铁路高架桥等。主要工程量：桩基7.3万米，混凝土28.5万立方米，钢筋6.1万吨，钢结构1576吨。由中铁十一局集团有限公司承建，2011年11月18日签约，总投资3.96亿美元。截至2015年底，完成营业额2.8亿美元。（李　欣）

2015 年 4 月 2 日，中国铁建在北京召开项目责任成本管理工作会议。（王文庆 摄）

经营管理

企业管理

【发展规划部】 主要职责:组织制定股份公司总体发展战略、中长期发展规划;组织开展公司发展方针、政策、策略和各创效板块战略、分战略、子战略等战略体系的构建;组织全面风险管理和内控工作;负责企业重大课题组织研究及企业改革、资源配置、整合、并购、重组、合并、分离、分立、关闭、注销、撤销、破产等方案的制定和组织实施;负责企业组织架构、机构编制设立、审批、撤销、管理等工作;组织工程公司建设及企业管理建设;负责企业施工、勘察设计、工程监理、对外承包等资质的审核、申报、统计、管理工作;负责注册资本金调整和企业工商注册、商标、标识、域名等注册登记工作;负责企业管理协会和公司参加的相关协会的日常工作;负责《中国铁道建筑管理》杂志的编辑、出版,组织公司社会责任报告的编纂并提供相关资料;参与责任成本管理、投资收购论证、信息化建设工作;承办总公司企业管理相关工作。定编16人,设部长兼企业管理协会秘书长1人、副部长2人、企业管理协会副秘书长1人,下设战略规划处、政策研究处、企业管理处、风险内控处、编制处。 (泉守义)

【工作综述】 (1)企业战略规划。组织编制股份公司"十三五"发展战略与规划。完成"十二五"规划总结评估报告并上报国资委,启动股份公司"十三五"发展战略与规划的研究、编制工作,完成"十三五"发展战略与规划初稿及3个专题报告的初稿。编制完成股份公司3年滚动规划。组织编制《中国铁建2015—2017年滚动规划》,并通过国资委对中国铁建3年滚动规划的评审工作。

(2)企业重组。将中土集团与中非建设公司合并重组,铁城监理公司并入铁五院。成立中铁海峡建设集团公司、中铁建大桥设计研究院。协调解决城建集团组建过程中的遗留问题。完成金融租赁公司筹备组建工作。配合铁建高新装备完成上市相关工作。同时,积极开展对外并购。组织实施贵州公路集团相关工作。与贵州省签订框架协议,并核实贵州公路集团清产核资等情况。指导所属单位积极开展对外并购工作。

(3)机构编制管理。明确总部机关有关部门设置,设立经济管理部,增加发展规划部、国际部、铁道兵纪念馆编制定员;人力资源部增设干部监督处、财务部增设融资管理处,办公室网站管理处更名为信息调研处,增设3名巡视组长。做好对各单位机构批复工作,2015年批复成立机构122家,其中法人公司50家、分支机构42家、境外机构21家、项目部9家。对各单位整合撤并三级、四级法人公司和分公司提出要求。

(4)工程公司建设。继续开展"工程公司20强"评选工作。发布2014年"工程公司营业收入20强"与"工程公司经济效益20强"。开展工程公司建设情况调研,于2015年6月和11月分别在北京和武汉召开工程公司建设座谈会。

(5)资质管理。取得特级资质10项,其中,建筑工程施工总承包6项,分别是十一局、十四局、十七局、十八局、二十一局、二十二局;市政公用工程施工总承包特级2项,分别是十四局、二十局;公路工程施工总承包特级2项,分别是大桥局、十五局。首次取得市政公用工程施工总承包特级和公路工程施工总承包特级资质。"双特"企业达到9家,"三特"企业1家。

(6)协会工作。参加《财富》杂志"世界500强"以及中国企业联合会"中国企业500强"评审工作。2015年中国铁建位列《财富》世界500强第79位,中国企业500强第13位。完成中国建筑业协会、中国施工企业管理协会全国优秀施工企业、全国优秀职业经理人、全国优秀项目经理推荐评审工作。

(7)风险内控。披露2014年度内控评价审计报告,向国资委报送2015年全面风险管理报告。重视评价结果运用,强化缺陷整改工作组织协同。开展工作验收检查,完善三级单位风险内控体系。组织开展2015年内部控制评价工作。充分发挥审计作用,减少重复出现内控缺陷发生。组织开展专项研究,制定投资风险管理研究方案。重视培育工作氛围,积极开展风险内控宣贯培训。

(8)大集体改革。将国务院国资委大集体改革支持资金1亿元拨给二十三局二公司,并督促在年底前按规定使用完毕。协调帮助城建集团三公司参加哈尔滨市厂办大集体改革办理有关手续。

(9)社会责任报告编制。编制完成2014年社会责任报告,与年报同期对外披露,同时报送国资委和联合国全球契约组织。 (董 凌)

【企业战略规划】 总体发展战略:建筑为本、相关多元、一体运营、转型升级,发展成为经济实力国际领先、技术实力国际领先、竞争实力国际领先,具有高价值创造力的跨国建筑产业集团。

"十二五"期间总体发展目标(2011—2015年):以产业结构调整和转型升级为抓手,做到"自主创新能力强、资源配置能力强、风险管控能力强、人才队伍强""经营业绩优、公司治理优、布局结构优、社会形象优”。公司综合实力显著增强,主要经济指标增幅位居行业前列,盈利能力明显提高,产业结构调整取得重大突破,自主创新能力明显提升,海外经营比重有较大幅度增长,体制机制更加完善,员工权益得到切实保障,企业更加和谐稳定,推进企业向做强做优深层次发展。

实现“一保两进”:一保,即保持 ENR 全球最大225 家承包商前 3 强的地位,创造利润达到国际建筑企业利润率平均水平;两进,即进入世界 500 强前 100 强的行列;进入国家重点培育的 30~50 家具有国际竞争力的世界一流的大企业大集团。“十二五”期间完成新签合同总额 28800 亿元,完成营业收入总额 25700 亿元,实现净利润总额 550 亿元。2015 年净利润率 2.5%,EVA(5%)为 55.7 亿元,资产规模达到 4725 亿元,资产负债率控制在合理水平。

2015—2017 年滚动规划总体目标:围绕做大做强做优做实中国铁建的总体目标,坚持深化改革,突出创新驱动,强化经营协同,狠抓落实执行,不断改善发展质量和效益,全力打造企业内实外美、持续稳健发展新常态。到 2017 年,当年新签合同额达到 8528 亿元,完成营业收入 6472 亿元,实现净利润超过 132 亿元。

(李　江)

【深化风险管理和内部控制】 2015 年,股份公司秉承“以风险为导向,以制度为基础,以流程为纽带,以系统为抓手”的工作思路,在合理满足外部监管要求同时,重视全面风险管理和内控工作的落地和深化。紧密围绕企业发展战略,从外部环境和内部环境两方面,关注影响发展战略、经营管理、合法合规和资产安全等全局性目标的各种因素,持续收集与企业经营相关的各种风险信息。通过调查问卷和专题会议的形式对企业面临的风险状况进行评估,确认年度需重点管控的 10 项重大、重要风险,并根据工作归口细化风险管理策略和管控措施,制定方案并严格贯彻落实,加强风险预防和过程管控。为持续深化内部控制与全面风险管理体系建设,在基本完成房地产开发与海外工程承包两项专项风险研究的基础上,启动投资项目风险管理专项研究工作。投资项目风险管理研究由股份公司统筹规划,所属投资集团组织实施,其他相关单位协作配合,在多方征求意见、反复完善基础上,股份公司于年内制定《投资项目风险管理专项研究工作方案》,明确研究目的、实施方式、时间节点等各项内容。

(张世杰　刘志鹏)

【内控评价与内控审计】 按照股份公司风险内控体系建设目标和部署,为检验系统内三级单位风险内控体系建设完成情况,股份公司制定验收程序,明确验收标准,于 2015 年 6 至 9 月组织各集团公司开展对三级单位风险内控工作开展情况的验收检查,并选取中铁十二局一公司、十七局三公司和建安公司、十九局轨道公司、二十局及所属四公司、二十四局南昌公司、城建集团及所属二公司、港航局及所属船舶公司、上海院等单位进行现场检查,进一步推动上下协调、规范完善的风险内控体系建设。依照中国证监会、上海证券交易所、香港联交所关于上市公司内控评价及审计工作要求,为验证股份公司内控工作开展情况,聘请安永华明会计师事务所开展 2015 年度内控审计工作,并组织开展内控独立评价和自我评价工作。其中,内控审计范围涵盖全系统 28 家单位(含股份公司总部),内控独立评价范围涵盖 12 家单位(含股份公司总部),内控自我评价则涵盖全系统所属全部 34 家二级单位。通过内控审计与评价工作,股份公司全系统 2015 年风险内控工作得到客观检视,各单位认真贯彻落实股份公司风险内控体系建设和规范实施要求,无重大缺陷发生,缺陷发现数量也较往年有较大幅度减少,总体情况良好。

(张世杰　刘志鹏)

【内控缺陷整改】 为落实董事会加强内控缺陷整改,特别是重复出现缺陷整改工作要求,股份公司根据 2014 年内控审计与评价工作开展情况,针对机关各部门和所属各单位分别印发《关于加强 2014 年度内部控制缺陷整改工作的通知》(中国铁建发展函〔2015〕192 号)、《关于做好 2014 年度内部控制缺陷整改工作的通知》(中国铁建发展函〔2015〕181 号),从横向和纵向两个方面组织开展内控缺陷整改工作,并于 7 至 8 月组织缺陷整改完成情况自查和抽查工作,保证缺陷整改效果,促进全系统风险内控体系的不断完善和闭环提升。

(张世杰　刘志鹏)

【宣贯培训】 重视工作氛围培育和专业人才,开展风险内控宣贯培训。2015 年 7 月,股份公司连续举办 2 期内部控制体系建设与风险评估业务培训班,培训对象为全系统所有二、三级单位风险内控人员,计 483 人。10 月,举办内部控制评价及内部控制审计专题培训,所有二级单位及部分三级单位风险内控工作人员 125 人参训。同时,利用对所属单位风险内控工作验收、开展内控缺陷整改情况检查等工作时机,对 19 家二级或三级单位 1100 余人进行风险内控工作宣传贯彻和专题业务培训,均取得较好效果。

(张世杰　刘志鹏)

【工程公司建设】 积极开展工程公司建设调研。组织召开 2 次工程公司建设座谈会。6 月在北京召开京津片区工程公司建设座谈会,大桥局、十六局、十八局、十九局、二十二局、中铁建设、电气化局等集团公司及部分工程公司参加座谈;11 月,在武汉召开武汉地区工程公司建设座谈会,十一局、十四局、十五局、二十四局、城建集团等参加座谈。 (杨 玲 董 凌)

【企业管理协会】 23 家企业获 2015 年度“全国优秀施工企业”称号、53 人获 2015 年度“全国优秀项目经理”称号、9 人获 2015 年度“全国优秀职业经理人”称号。名单如下:

2015 年度全国优秀施工企业

中铁城建集团第一工程有限公司
中铁城建集团有限公司
中铁二十二局集团有限公司
中铁二十四局集团有限公司
中铁二十四局集团浙江工程有限公司
中铁二十一局集团有限公司
中国铁建大桥工程局集团第四工程有限公司
中国铁建电气化局集团第四工程有限公司
中铁建设集团有限公司
中铁十八局集团第四工程有限公司
中铁十八局集团第五工程有限公司
中铁十八局集团第一工程有限公司
中铁十二局集团第二工程有限公司
中铁十二局集团建筑安装工程有限公司
中铁十二局集团有限公司
中铁十九局集团第二工程有限公司
中铁十九局集团电务工程有限公司
中铁十六局集团第一工程有限公司
中铁十七局集团第六工程有限公司
中铁十七局集团第一工程有限公司
中铁十一局集团第四工程有限公司
中铁十一局集团电务工程有限公司
中国铁建大桥工程局集团有限公司

2015 年度全国优秀项目经理

安德柱 中铁十六局集团第五工程有限公司
陈广伯 中铁十九局集团有限公司
丁永全 中铁十一局集团第二工程有限公司
董兴国 中国铁建大桥工程局集团第一工程有限公司
付彦生 中铁十八局集团有限公司
郭广山 中铁十四局集团第五工程有限公司
郭 强 中国铁建大桥工程局集团第六工程有限公司
胡广华 中铁二十局集团第二工程有限公司
孔德明 中铁十二局集团有限公司
李保明 中铁十二局集团第四工程有限公司
李 刚 中铁十七局集团有限公司
李继亮 中国铁建电气化局集团第一工程有限公司
李 俊 中铁十一局集团第四工程有限公司
李留安 中铁城建集团有限公司
李鹏举 中铁城建集团第一工程有限公司
李献忠 中铁十八局集团第四工程有限公司
廖军华 中国铁建电气化局集团第四工程有限公司
刘艳涛 中国铁建大桥工程局集团第四工程有限公司
刘长海 中国铁建大桥工程局集团第一工程有限公司
柳明佳 中铁二十四局集团有限公司
罗保安 中铁十一局集团第四工程有限公司
罗 盈 中国铁建港航局集团有限公司
吕鹏涛 中铁二十局集团第二工程有限公司
马玉波 中铁十八局集团第五工程有限公司
孟庆赞 中国铁建港航局集团有限公司
舒玉友 中铁二十四局集团安徽工程有限公司
孙 昱 中铁十一局集团第一工程有限公司
唐双林 中铁十一局集团第五工程有限公司
万朝栋 中铁十八局集团第四工程有限公司
汪发安 中铁二十局集团第三工程有限公司
王 军 中铁十六局集团第一工程有限公司
王 民 中国铁建大桥工程局集团第四工程有限公司
王 强 中铁十一局集团第四工程有限公司
王 涛 中国铁建大桥工程局集团有限公司
王新平 中铁十八局集团有限公司
王 岩 中铁十四局集团有限公司
王泽东 中铁十一局集团第四工程有限公司
吴科峰 中国铁建大桥工程局集团第四工程有限公司
徐标仁 中铁二十四局集团有限公司
尹建勋 中铁二十一局集团有限公司
翟秋柱 中铁十七局集团有限公司
张升茂 中铁二十四局集团有限公司
张 馨 中铁十八局集团有限公司
赵春锋 中铁二十一局集团有限公司
赵合全 中铁十四局集团有限公司
赵军让 中铁城建集团第一工程有限公司
赵延亮 中铁建设集团有限公司
赵宗奎 中铁十四局集团第四工程有限公司

钟　熇　中铁十八局集团第五工程有限公司

周承德　中铁二十四局集团上海电务电化有限公司

周海洋　中铁建设集团有限公司

周玉兵　中铁二十局集团有限公司

邹德玉　中铁十九局集团第二工程有限公司

2015 年度全国优秀职业经理人

罗海滨　中铁城建集团有限公司

范从友　中铁二十四局集团安徽工程有限公司

郭富君　中铁二十四局集团有限公司

骆学良　中国铁建大桥工程局集团第一工程有限公司

唐　刚　中国铁建置业有限公司

何国民　中铁十二局集团建筑安装工程有限公司

高治双　中铁十二局集团有限公司

陈志明　中铁十一局集团第三工程有限公司

刘宝剑　中铁二十四局集团有限公司

（董　凌）

【《中国铁道建筑管理》编辑发行】　2015 年，编辑发行《铁道建筑管理》4 期，审阅稿件 520 余篇，修改刊登文章 123 篇、约 56 万字，刊登照片 100 余幅。为宣传企业精神，促进企业管理、创新、探索、交流发挥积极作用。（杜经红）

【履行社会责任】　2015 年，中国铁建积极履行社会责任，规范治理、热心公益、勇于担当，充分展现良好的企业形象和社会形象。主要体现在：一是搭建共赢平台，创造价值回报。公司积极维护与利益相关方的关系，依靠诚信赢得市场，不断提升经营业绩，用良好的业绩回报广大股东。二是优化治理结构，持续健康发展。不断优化治理结构，建立健全各项规章制度，坚持依法合规经营，维护投资者权益，努力实现企业可持续发展。公司获“中国最受投资者尊重的百家上市公司”“2015 中国上市公司最具投资价值 100 强”“2015 年度中国上市公司资本品牌价值百强”“最佳投资者关系管理上市公司”“董事会建设特别贡献奖”等称号。三是建造优质精品，回馈社会大众。公司将服务客户为己任，强化质量管理，严控安全生产，深化科技创新，建造优质产品回馈社会大众。获中国建设工程鲁班奖 9 项、国家优质工程奖 24 项；获国家科学技术进步奖 2 项、国家技术发明奖 1 项、中国优秀专利奖 3 项、国家级工法 26 项、省部级以上勘察设计咨询奖 191 项、中国土木工程詹天佑奖 6 项。四是营造绿色环境，建设生态文明。公司将绿色经营融入企业战略，不断提高能源资源综合利用效率，为建设生态文明作出贡献。公司非工业万元营业收入综合能耗（可比价）0.1026 吨标煤，比 2014 年下降 4.82%，比 2010 年下降 21.14%，完成国资委下达的“十二五”节能减排指标。五是携手员工发展，提升幸福指数。公司秉持“以人为本”理念，重视员工发展，全年培训员工 228328 人次。提升民主管理，保障员工权益，不断加大困难员工帮扶力度，筹集送温暖资金 6979 万元，慰问困难员工家庭 17619 户，慰问劳模先进、一线员工、离退休员工和农民工 59134 人次。六是履行社会责任，共筑美好家园。公司致力于有担当的企业公民，积极参与抢险救灾；通过开展对口扶贫、爱心助学、和谐社区建设等活动，以实际行动支持社会公益。本着立足当地、服务当地的宗旨，积极走入、融入海外社区，参与海外社区共建活动，主动回馈当地社会。（何燕军）

经营计划

【经营计划部】　主要职能：负责企业经营计划管理体制和制度建设工作；负责经营工作协调、指导和管理，组织编制经营发展战略规划；负责与国家部委、省市、央企各核心客户、设计单位、建设管理部门等的沟通联络；负责收集、了解路内外建设项目和招标信息，搭建企业内部统一信息平台，定期发布国内工程信息；负责重大工程项目投标的组织协调，负责国内较大工程（施工）总承包以及本级工程承包项目的前期调研和承揽组织工作；负责概预算、定额政策管理工作；负责内部招投标政策管理工作；负责全系统经营计划统计工作；负责企业内部固定资产投资建设项目立项审批，负责公司生产经营、固定资产建设项目投资计划、统计；负责经营风险管理与内控工作；负责生产经营考核指标下达与考核；负责全系统经营人才队伍建设及业务培训工作；参与公司总体发展战略及中长期规划的研究制订工作。下设市场开发处、造价合同处、计划统计处、综合处。（杨永睿）

【工作综述】　（1）新签合同额、完成产值全年创历史新高。在国民经济下行压力较大、特别是上半年建筑市场持续低迷的困难情况下，中国铁建实现新签合同总额 9487.59 亿元（不含二次经营），同比增长14.6%，完成产值6259.5 亿元，同比增长0.4%，实现新签合同额和完成产值为历史新高的较好成绩。

（2）股份公司本级高端经营体系得到完善。下半年，股份公司通过新设机构、调整辖区、充实领导力量，完善本级区域经营布局，基本实现本级区域经营指挥部覆盖全国省市市场。股份公司本级区域经营指挥部积极开辟市场，加大企业宣传力度，利用股份公司市场影响力，与辖区内地方政府、业主单位高层建立良好的工作关系。整合区域内各集团公司区域指经营资源，充分发挥指导、协调和服务作用，为全系统实现稳增长目标、带动各集团公司同步发展作出较大贡献。股份公司本级区域经营指挥部承揽施工总承包项目10项、投融资项目4项、代建项目1项，合同总额912.3亿元。

（3）集团公司区域经营体制改革稳步推进。股份公司持续推进、深化集团公司经营体制改革，在下半年生产经营工作会之后，按照主管领导指示，对区域经营模式改革政策进行完善，下发《关于进一步完善区域经营建设的意见》，两次召开各单位分管领导参加的区域经营座谈会，对股份公司推动措施的“一刀切”问题和部分单位执行中存在偏差进行纠正，增强各集团公司推行区域经营模式的自主性、创造性和积极性，各集团公司推行区域经营模式的成效逐步显现。各单位区域指挥部承揽任务占比基本在70%～80%，区域经营指挥部成为中国铁建参与市场竞争、赢得市场份额的主要渠道和手段，为全系统提升新签合同总额、拓展市场空间、调整经营结构、提升路外市场占比、有效扭转铁路市场一头独大、遏制内部无序竞争等方面发挥重要作用。

（4）不断加大重点市场经营开发力度。一是把控铁路市场经营，提高市场份额和收益。股份公司始终把组织铁路市场投标作为重中之重，积极应对铁路招标规则的重大变化，在铁路总公司公布新的《铁路建设项目施工招标投标实施细则（试行）》之后，两次召开相关单位分管领导和经营部长参加的座谈会，共同商讨应对策略，通过内外部沟通协调，基本做到全面掌控，实现了较高的市场份额。二是加强路外市场指导协调，及时提供帮助。一方面对路外市场的经营方向进行及时的引导和推动，利用会议、现场推进、具体项目帮扶等方式，引导各单位抢先进入地下管廊、海绵城市等新兴市场；推动各单位适应国家三大战略，布局京津冀、长江经济带和“一带一路”市场；推进各单位加大在川渝、云贵、广东、新疆为主的投资热点省市的经营力度；另一方面根据各单位要求，积极对路外重大项目进行投标组织，充分发挥股份公司组织指导职能。三是加大地铁和水利水电市场经营力度，努力提高市场份额。股份公司积极组织各单位强化两个重点市场的开发力度，股份公司3名主管领导分别出面，先后拜访多个城市的轨道交通业主，并与相关业主单位签署战略合作协议。经营计划部组织青岛、南宁、厦门、昆明、深圳地铁总承包项目编标工作，多次组织召开投标协调会议，抽调专人对口服务、办理保函等手续30份，为推动重点项目承揽起到积极作用。为做好水利项目经营承揽工作，积极提供信息、公关、协调、编标指导、关键岗位人员培训等服务，为中标广西邕宁水利枢纽工程、新疆伊犁河引水工程、额尔齐斯河引水工程等水利项目和2个TBM设备采购标发挥重要作用，使工程承包与工业制造板块形成良好的协同效应。

（5）不断规范各级经营工作行为准则。在落实中央八项规定、大力整治吏治腐败的形势下，股份公司从长远着眼、小处着手，把依法合规经营作为实现市场开发工作长治久安的重点工程，持续规范所属各单位经营行为，严控经营风险。利用经营座谈会、区域推进会、个别单位谈话以及日常工作中见面交流的机会，经常性地给各单位亮红线、敲警钟，通过专门下发通知的方式定规则、提要求，督导所属单位落实《中国铁建经营行为准则》，在经营活动依靠企业实力和正当手段参与市场竞争；引导各级经营机构通过强化自主经营意识、强化自身能力建设，依靠企业信誉和自身努力赢得市场；要求各单位加强队伍管理，严格落实经营费用开支的请示、审批、签认和监督制度，使全体经营人员的所有行为始终处于企业规章制度的约束范围之内。从全年的执行情况来看，全系统杜绝依靠中介经营的行为，没有发生经营法纪风险事件，经营工作实现平稳运行。

（杨永睿）

【主要经济指标完成情况】 （1）新签合同完成情况。2015年，中国铁建系统累计承揽任务合同总额9487.59亿元（不含二次经营），完成年度计划8196.76亿元的114.62%。其中，国内市场承揽任务总额8624.69亿元，海外市场总额862.89亿元。承揽任务合同总额各业务板块情况：工程承包8074.38亿元，占承揽任务合同总额的85.10%；勘察设计咨询113.46亿元，占1.2%；工业制造164.27亿元，占1.73%；物资贸易745.15亿元，占7.85%；房地产开发366.14亿元，占3.86%；其他24.19亿元，占0.25%。

工程承包板块承揽任务合同额8074.38亿元。其中，铁路工程2996.86亿元，占37.12%；公路工程1834.72亿元，占22.72%；房屋建筑工程1331.22亿元，占16.49%；轻轨、地铁工程963.50亿元，占11.93%；市政工程402.84亿元，占4.99%；水利电力工程270.55亿元，占3.35%；机场码头工程103.86亿元，占1.29%；其他工程170.84亿元，占2.21%。

（2）企业产值完成情况。总体情况。中国铁建系统累计完成企业总产值6259.5亿元，完成年度计划6190.5亿元的101.1%，同比增长0.4%。其中，国内完成产值5926.7亿元，占总产值的94.7%，同比基本持平；海外完成产值332.8亿元，占总产值的5.3%，同比增长8.8%。

板块情况。工程承包板块。完成施工产值5148.2亿元，占总产值的82.2%，与2014年同期完成5146.0亿元相比增长2.2亿元，基本持平，完成年度计划5041.7亿元的102.1%。其中，铁路2000.1亿元，占施工产值的38.9%，同比下降5.0%；铁路四电166.0亿元，占施工产值的3.2%，同比增长18.3%；公路1043.9亿元，占施工产值的20.3%，同比下降4.8%；房建745.9亿元，占施工产值的14.5%，同比增长3.1%；市政381.6亿元，占施工产值的7.4%，同比下降17.0%；轻轨、地铁554.0亿元，占施工产值的10.8%，同比增长46.4%；水利71.2亿元，占施工产值的1.4%，同比增长11.3%；电力22.5亿元，占施工产值的0.4%，同比增长9.2%；机场21.0亿元，占施工产值的0.4%，同比下降23.4%；港口与航道40.3亿元，占施工产值的0.8%，同比增长50.8%；矿山43.6亿元，占施工产值的0.8%，同比下降24.4%；其它58.0亿元，占施工产值的1.1%，同比增长23.3%。非工程承包板块。非工程承包板块完成产值1111.3亿元，占总产值的17.8%，与2014年同期完成产值1088.9亿元相比增长2.05%。其中，勘察设计咨询124.2亿元，同比下降4.9%，完成年度计划85.05亿元的146.0%；工业制造145.4亿元，同比增长11.2%，完成年度计划123.33亿元的117.9%；物流贸易387.4亿元，同比下降15.5%，完成年度计划572.5亿元的67.7%；房地产营业收入283.3亿元，同比增长21.7%，完成年度计划271.1亿元的104.5%；其他营业收入171.0亿元，同比增长25.4%，完成年度计划96.8亿元的176.7%。

产值情况。所属34家单位，除中土集团、十五局、二十五局、港航局、物资集团未完成年度计划外，其余29家单位全部完成2015年下达的年度产值计划目标。完成企业总产值排名前五名的单位分别是：中铁十一局集团有限公司508.9亿元；中铁十二局集团有限公司505.7亿元；中铁十六局集团有限公司386.8亿元；中铁十四局集团有限公司384.2亿元；中铁十七局集团有限公司383.4亿元。

主要实物工程量完成情况。全系统全年完成主要实物工程量：土石方108118万立方米，隧道1218千米，桥梁1405千米，正线铺轨5990千米，站线铺轨1095千米，公路2714千米，通信线路19099千米，供电线路12040千米，轻轨12.5千米，地铁230千米，房屋施工面积13101万平方米，房屋竣工面积1008万平方米。（申　毅　荆彩萍）

【生产经营计划】　股份公司编制印发2015年生产经营执行计划，确定2015年新签合同额计划8196亿元、企业总产值计划6190亿元的目标值，并以中国铁建经计〔2015〕9号文正式下达所属各单位执行。（荆彩萍）

【政府机构统计】　股份公司完成向国家统计局、北京市统计局及海淀区统计局的建筑业统计月报、季报和年度综合报表工作；完成住房和城乡建设部建筑业企业主要指标月度快速调查的定报任务，确保各项统计数据的准确性、完整性及报送的时效性。在北京市海淀区2015年度建筑业依法统计工作评比中，中国铁建股份有限公司被评为先进单位，荆彩萍被评为先进工作者。（荆彩萍）

【参加2015年建筑业统计培训班和第二届建筑业统计分析优秀论文交流活动】　为进一步加强建筑业统计工作，提高统计从业人员的业务能力，股份公司按照住房和城乡建设部建计统函〔2015〕64号文的要求，根据所属各单位的实际工作需要，组织所属部分单位106人分期参加2015年建筑业统计培训班的学习和讨论。同时，为进一步激发统计从业人员进行统计分析研究的积极性，引导广大统计工作者提高学习能力和统计工作水平，充分发挥统计工作的信息咨询和监督作用，股份公司组织推荐11篇优秀统计论文参加住建部组织的第二届建筑业优秀统计论文评比活动，其中10篇文章获奖，分别为一等奖1篇、二等奖2篇、三等奖3篇、优秀奖4篇。中国铁建股份有限公司获优秀组织奖。（荆彩萍）

【企业生产经营统计快报及咨询服务】　编辑完成中国铁建全系统生产经营情况统计快报并编制完成企业《统计信息》月刊，及时对当期、当年及开累完成的生产经营数据统计分析，定期报送股份公司领导和机关相关部门，为企业管理和领导决策提供重要依据，并按照机关各职能部门及所属各单位的需要，及时提供相关资料及咨询服务工作；根据中国证监会、国资委监事会的要求和股份公司董事会及办公室的安排，为上市公司年度报告、半年度报告、季度报告、企业社会责任报告、企业年度工作会提供相关资料。（荆彩萍）

【企业生产经营情况统计年报编制】　2015年4月，编制完成中国铁建2014年度统计年报系列资料，并装订成册下发各单位，同时作为档案资料提供给股份公司档案馆保存使用。（荆彩萍）

【企业生产经营计划统计管理系统建设】　按照股份公司企业生产经营计划统计管理系统整体开发推进计划，

股份公司于3月27日组织召开计划统计管理系统研讨会,对启动企业生产经营计划统计管理系统中的“计划”模块设计开发应用及统计系统升级改造工作进行讨论研究和计划安排,并编制《经营计划业务系统升级改造项目可行性研究报告》。12月,“计划”模块正式运行,2016年1月“统计”模块正式启用。 (荆彩萍)

【企业投资统计】 2015年,全系统完成本企业投资316亿元,完成本企业年度投资计划415亿元的76%。其中,固定资产建设项目2015年实际完成投资17.18亿元,完成年度计划22.09亿元的78%。房地产项目完成投资428亿元,其中续建项目完成投资269亿元,土地储备完成投资159亿元,分别完成计划的77%和61%。企业自有资金完成投资129.73亿元,完成年度计划135.57亿元的96%。设备购置14285台(套),购置金额44.76亿元,当年实际投入资金37.7亿元。实际购置金额占2015年计划金额81.2亿元的56%,实际投入资金占2015年计划投入资金74.6亿元的51%。资本运营项目2015年142个资本运营项目投入资金304.71亿元,完成年度投资计划368.02亿元的83%,其中,股份公司投入资金130.58亿元,完成年度计划179.75亿元的73%;项目公司融资和其他股东投入资金174.13亿元。信息化建设项目完成投资11533万元、平均每单位312万元,完成年度计划26671万元的43.2%,比上年同期降低1.3%。

(包 辉)

【“十二五”期间企业投资情况】

“十二五”期间中国铁建投入资金汇总

年 份	设备购置(亿元)	信息化建设(亿元)	固资建设项目(亿元)	资本运营(亿元)	房地产(亿元)	合计(亿元)
2011	32.97	1.40	6.78	58.92	164.90	264.97
2012	33.50	0.71	10.18	63.78	135.15	243.32
2013	34.98	1.00	11.41	147.00	143.74	338.13
2014	36.10	1.20	9.50	91.80	144.10	282.70
2015	37.70	1.15	17.18	130.58	129.73	316.34
“十二五”共计	175.25	5.46	55.05	492.08	718.06	1445.46
年平均	35.05	1.09	11.01	98.42	143.52	289.09
占总投资比例(%)	12.12	0.38	3.81	34.04	49.65	

(制表:包 辉)

【上报国资委2015年企业投资完成情况和2016年投资计划】 2015年,中国铁道建筑总公司完成投资1015024万元,完成年度计划966791万元的105%。其中固定资产完成560333万元,完成计划562715万元的99.6%,包括企业自建自用固定资产建设项目171829万元、信息化建设项目11533万元和施工机械购置376971万元;股权完成454691万元,完成年度计划404076万元的112.5%。房地产完成投资4275456万元,未计入投资完成总值。

2016年计划投资1500848万元,包括固定资产投资886086万元和股权(产权)投资614762万元。房地产计划投资6257875万元,未计入投资计划总值。

固定资产投资中,固定资产建设实际投入资金265954万元,其中企业自有资金253407万元,银行贷款12547万元。设备固定资产购置计划投入资金581781万元,全部为企业自有资金。境内计划投入480790万元,境外计划投入100991万元。信息化建设投入资金38351万元,全部为企业自有资金。股权计划投资614762万元,全部为主业投资,资金来源为自有资金,全部为境内投资。 (包 辉)

【申请棚户区改造配套设施建设补助资金】 2015年,总公司向国家申请棚户区改造配套设施建设补助资金1802万元。其中,大桥局株洲二区百翔佳园482万元;二十一局西宁枢纽站改棚户区改造800万元;二十三局攀枝花基地改造520万元。 (包 辉)

【印发企业境外固定资产建设项目投资管理暂行办法】 2015年11月25日,股份公司为规范企业境外固定资产建设项目管理行为,明确各单位投资决策权限,规范投资行为,防范投资风险,根据《中华人民共和国公司法》等有关规定,制定《中国铁建股份有限公司企业境外固定资产建设项目投资管理暂行办法》,印发各单位遵照执行。规定境外固定资产建设项目投资必须遵循“先规划研究、上报审批、再核准或备案、后开工建设”的程序进行。 (包 辉)

【固定资产建设业务培训】 2015年5月5至8日，在股份公司北京培训中心对从事固定资产建设和购置项目的计划、统计人员和报建人员进行业务培训。主要培训内容：一是对铁建家园规划、建设、修缮相关政策法规和基本常识进行培训；二是系统介绍铁建家园固定资产建设投资计划业务、统计业务、报建业务，以及铁建家园数据库的构建与积累；三是通过典型案例分析，增强经济活动分析预测能力，提高尽职调查报告质量和队伍整体素质；四是研讨"棚改""三供一业"新规定以及固定资产国家新的投资统计制度和方法。

（包　辉）

房地产开发与监管

【房地产开发部】 主要职责：贯彻国家房地产经营法律、法规和政策，开展国内房地产业发展趋势的分析和研究，动态监测房地产市场整体发展状况；负责股份公司房地产发展战略和规划的制定、完善和组织实施，并指导各集团公司房地产发展战略的制定和落实；负责股份公司系统内房地产开发管理工作和股份公司房地产领导小组的日常工作，组织对房地产项目的考察分析、市场研究、投资评价、过程监管等工作；负责组织协调处理和解决系统内房地产企业遇到的有关问题；负责房地产风险管理与内控工作，推进房地产业务信息化建设，构建科学、规范、高效的房地产运营管理体系；负责编制房地产板块年度投资计划和业务发展计划，对房地产各项经济指标完成情况进行统计分析，对相关企业进行动态对标分析和研究；负责建立与政府相关部门之间的联系和沟通；参与股份公司总体发展战略及中长期规划的研究制定工作；参与股份公司社会责任报告的编撰、全面风险管理和内控、绩效考核、责任成本管理、投资收购论证、投资后评价工作、全面预算管理、信息化建设等工作。负责制定海外房地产开发相关管理制度和办法；负责海外房地产开发项目的审批、监管和业务指导；负责协调和解决海外房地产开发遇到的有关问题。

（楼　翱）

【中国铁建股份有限公司房地产开发与经营领导小组】 由股份公司领导和董事会秘书局、发展规划部、经营计划部、房地产开发部、资本运营部、财务部、审计监事局、法律合规部等相关部门领导组成。房地产开发与经营领导小组负责全系统房地产业务的整体协调与管理，负责涉及房地产业务的重大事项和新项目审批，负责研究和处理有关房地产业务发展过程中的重大问题。房地产开发部负责领导小组会议的具体事宜和日常工作。2015年召开会议17次，形成会议纪要17份，下达批复13份。

2月13日，领导小组召开2015年第1次会议，听取中铁十四局潍坊白浪绿洲项目和中铁二十二局集团太原国际城2号地块项目有关情况的汇报。会议形成房地产领导小组会议纪要。

3月13日，领导小组召开2015年第2次会议，听取中铁地产成都成华区踏水片区B地块项目和中铁二十二局集团有限公司太原国际城项目有关情况的汇报。会议形成房地产领导小组会议纪要。

4月20日，领导小组召开2015年第3次会议，听取中铁地产合肥高新区NE1－3商住用地项目、KF5居住用地项目、北京密云十里堡双井村地块项目和北京海淀区中关村永丰产业基地F1地块项目有关情况的汇报。会议形成房地产领导小组会议纪要。

5月12日，领导小组召开2015年第4次会议，听取中铁地产关于合肥高新区NE1－3商住用地项目竞买补充材料、合肥市经开区084－1号居住用地项目和上海市宝山区大场镇W121301单元38－02地块有关情况的汇报。会议形成房地产领导小组会议纪要。

6月17日，领导小组召开2015年第5次会议，听取中铁十四局泰安市康复路14号地块和中铁地产南京市雨花台区凤凰三二期项目有关情况汇报。会议形成房地产领导小组会议纪要。

6月28日，领导小组召开2015年第6次会议，听取中铁地产与中铁十二局关于太原市山西中医学院项目的汇报以及地产集团关于南京市江宁区江宁街道G14居住用地、南京市玄武区恒嘉路以东G16居住用地、北京市大兴区瀛海镇东地块和西地块、北京市房山区拱辰街道荷园西街东区项目和西区项目有关情况的汇报。会议形成房地产领导小组会议纪要。

7月11日，领导小组召开2015年第7次会议，听取中铁地产关于北京市丰台园东区三期1516－12A商业地块项目有关情况的汇报。会议形成房地产领导小组会议纪要。

7月20日，领导小组召开2015年第8次会议，听取中铁地产关于合肥市滨湖区BH2014－05号居住用地项目和成都市龙泉驿区果壳西侧项目有关情况的汇报。会议形成房地产领导小组会议纪要。

8月24日，领导小组召开2015年第9次会议，听取中铁地产关于杭州市萧山区萧政储出〔2015〕9号地块、南京市江宁区南站站西片区34－35号住宅用地、南京市江宁开发区天元路以南项目、北京市朝阳区东坝金驹家园北侧F1地块、北京市朝阳区孙河K地块居住养老用地、北京市丰台区石榴庄二期地块，济南市历城区华山北片区项目和广州市南沙区政府西侧地块8个项目有关情况的汇报。会议形成房地产领导小组会议纪要。

9月11日，领导小组召开2015年第10次会议，听取房地产开发部《关于对股份公司房地产业务投资决策权限进行适度调整的建议》的汇报；同时对中铁地产上报的北京市丰台区石榴庄二期地块项目竞买补充材料、上海市宝山区大场镇W121301单元08－02地块和大场镇W121601单元B3－03地块、上海市青浦区淀山湖大道北侧53－04地块、杭州市拱墅区国际城南侧地块和萧山区萧政储出〔2015〕12号地块，成都市成华区胜利村2、3组住宅地块，广州市增城区国际花园西侧022和023地块、广州市海珠区石岗路AH050906和AH051025居住用地和广州市白云区水泥厂三宗居住用地，南京市浦口区江浦街道谢营2号住宅用地，中铁地产集团与成都铁路局方面签署合作协议开发成都、重庆、贵阳5个地块有关情况的汇报。会议形成房地产领导小组会议纪要。

9月25日，领导小组召开2015年第11次会议，听取中铁十四局关于海南乐东龙沐湾C区项目；中铁地产关于北京市门头沟S1线区域03地块北部一期居住用地、上海市杨浦区新江湾城地块、成都市武侯区半边街住宅地块和南宁市经开区那洪大道南侧80666.7平方米商住用地项目有关情况的汇报。会议形成房地产领导小组会议纪要。

10月14日，领导小组召开2015年第12次会议，听取中铁地产关于北京市丰台区花乡四合庄1516－12－B、1516－28－A和1516－28－B地块，北京市丰台区花乡樊家村危改项目、北京市昌平区南邵镇地铁站南侧07和54号地块、北京市顺义区后沙峪村居住医院用地、南京市江宁区禄口街道住宅项目有关情况以及与成都铁路局合作开发成都、贵阳、重庆项目补充材料的汇报。会议形成房地产领导小组会议纪要。

10月26日，领导小组召开2015年第13次会议，听取中铁地产关于上海市奉贤区南桥新城15单元05A－02A地块、北京市丰台区南苑槐房村A组团地块、北京市丰台区南苑槐房村B组团地块、南京市雨花台区南站商务区20－21号地块、南京市栖霞区金马路站上盖物业北地块、杭州市萧山区义桥镇地块、杭州市西湖区三墩北单元地块，杭州市滨江区R21－6、7地块，杭州市滨江区中心单元R21－06地块项目有关情况的汇报。会议形成房地产领导小组会议纪要。

11月11日，领导小组召开2015年第14次会议，听取中铁地产关于成都市龙泉驿区公园大道以西住宅地块、北京市朝阳区长营F1地块、北京市通州区台湖镇B－07地块、北京市门头沟S1线区域组团05地块西南侧用地、北京市门头沟S1线区域组团03地块北部二期用地、上海市杨浦区新江湾城N091104单元C1－02(D7)地块、北京市昌平区北七家镇沟自头村两宗居住用地、北京市房山区阎村镇04街区商住体育用地、北京市房山区长阳镇稻田站C地块、广州市荔湾区广钢新城两宗居住用地、广州市荔湾区百花香料厂居住用地、南宁市兴宁区昆仑大道以北GC2015－159商住用地、西安大明宫地块项目有关情况以及广州市南沙区政府西侧地块项目补充材料的汇报。会议形成房地产领导小组会议纪要。

11月24日，领导小组召开2015年第15次会议，听取中铁地产关于上海市宝山区大场镇W121301单元08－02地块、成都市成华区北湖3号地块和武汉市汉阳区四新联通港等项目有关情况的汇报。会议形成房地产领导小组会议纪要。

12月3日，领导小组召开2015年第16次会议，听取中铁地产关于成都市武侯区铁佛村和七里村两宗土地、上海市奉贤区南桥镇地块，合肥市高新区KP2－1、2居住用地项目情况以及中铁地产与二十二局关于武汉市汉阳区四新连通港项目补充资料的汇报。会议形成房地产领导小组会议纪要。

12月16日，领导小组召开2015年第17次会议，听取中铁地产关于北京市大兴区旧宫兴盛嘉苑北侧居住养老用地、北京市顺义区仁和镇胡各庄村双限房居住地块、合肥市庐阳区N1508号商住用地、合肥市包河区十五里河S1507居住用地项目、上海市闵行区马桥镇地块以及上海市奉贤区南桥镇地块补充材料情况的汇报。会议形成房地产领导小组会议纪要。

（赵文晴）

【房地产项目销售收益】 2015年，股份公司房地产板块实现销售金额366亿元，销售面积367万平方米。其中，中铁地产实现销售金额281亿元，销售面积251万平方米。在全年的销售中，中铁地产销售金额占房地产板块的76.7%；北京项目销售金额96.3亿元，占房地产板块的26.3%。（赵文晴）

2015 年中国铁建房地产项目销售金额超过 5 亿元的项目排名

序号	单位名称	项目名称	销售金额(万元)	销售面积(万平方米)
1	中铁地产	中国铁建·北京通瑞嘉苑	235725	16.37
2	中铁地产	中国铁建·贵阳国际城	162655	26.81
3	中铁地产	中国铁建·合肥国际城	155157	21.03
4	中铁地产	中国铁建·天津国际城	154779	9.46
5	中铁地产	中国铁建·南京青秀城	145686	8.36
6	中铁地产	中国铁建·成都西派国际	129427	8.54
7	中铁地产	中国铁建·北京环保嘉苑	121297	6.38
8	十一局	中国铁建·武汉梧桐苑	119667	16.26
9	中铁地产	中国铁建·上海青秀城	119559	5.74
10	中铁建设	中国铁建·北京耀中心	116711	4.46
11	中铁地产	中国铁建·杭州江南国际城	108719	6.90
12	中铁地产	中国铁建·杭州国际城	86489	4.88
13	中铁地产	中国铁建·北京原香漫谷	81904	6.16
14	中铁地产	中国铁建·武汉国际城	78167	9.09
15	中铁地产	中国铁建·成都锦江国际花园	71320	8.95
16	中铁地产	中国铁建·大连青秀蓝湾	70310	7.34
17	中铁地产	中国铁建·北京青秀尚城	65042	2.98
18	中铁地产	中国铁建·北京兴盛嘉苑	62737	4.25
19	十一局	中国铁建·重庆玖城壹号	62501	9.74
20	中铁地产	中国铁建·南宁江湾山语城	59818	8.93
21	中铁地产	中国铁建·北京国际花园	58952	2.78
22	中铁地产	中国铁建·杭州青秀城	58624	3.93
23	中铁地产	中国铁建·北京山语城	56571	2.50
24	中铁地产	中国铁建·成都北湖国际城	56189	7.36
25	中铁地产	中国铁建·合肥青秀城	56036	6.67
26	中铁地产	中国铁建·佛山国际公馆	54940	3.52
27	中铁地产	中国铁建·北京原香嘉苑	54235	5.08
28	中铁地产	中国铁建·广州增城国际花园	52915	5.39
29	中铁地产	中国铁建·北京国际城	50137	1.84

（制表:夏　冀）

【各单位销售金额分析】 2015 年,中铁地产以 281 亿元的销售金额占股份公司销售业绩的 76.7%。在开展房地产业务的其他单位中,中铁建设、十一局、十八局、二十一局等单位的销售业绩在系统内处于前列,销售业绩均超过 5 亿元。

2015 年中国铁建各单位销售业绩排名

序号	单位名称	销售金额(万元)
1	中铁地产	2805974
2	中铁建设	230432
3	十一局	182168
4	十八局	78105
5	二十一局	54902
6	二十局	47109
7	十四局	41515
8	二十二局	29671
9	十九局	27813
10	十五局	26951
11	十六局	24877
12	铁四院	24200
13	大桥局	21546
14	铁一院	19532
15	重庆铁发公司	19140
16	十七局	15500

（制表:夏　冀）

【土地储备情况】 2015 年，股份公司在北京、上海、武汉、成都、太原等 14 个城市获取 27 宗 1.675 平方千米土地，规划总建筑面积 643 万平方米，土地成交总价 365 亿元（权益土地总价 215 亿元）。其中，房地产集团全年获取 20 宗土地，规划建筑面积 541 万平方米（权益建筑面积 365 万平米），土地成交总价 352 亿元（权益土地总价 203.7 亿元），土地储备建筑面积和投入金额分别占到整个房地产板块的 84.1% 和 96.4%。

截至 2015 年底，股份公司开展北京、上海、广州、天津、重庆、杭州、南京、成都、武汉、西安、长沙、贵阳、南宁、长春、大连、南昌、珠海等 48 个国内城市 140 个项目开发建设，总建设用地面积 1389 万平方米，总建筑规模约 4248 万平方米。

2015 年中国铁建系统新获土地情况

时间	单位名称	地块名称	地块位置	建设用地面积（万平方米）	地价款（万元）	楼面地价（元/平方米）	权益（%）
1 月 6 日	十七局	西安市浐灞生态区地块	西安	2.67	13200	1393	100
1 月 23 日	二十二局	湖北荆门原 3326 厂一期	荆门	6.00	8000	476	70
3 月 10 日	十八局	武汉武昌区中北春天项目	武汉	2.35	19100	2179	100
1 月 29 日	二十二局	太原国际城 2 号地块	太原	2.93	29140	1984	70
3 月 19 日	二十二局	太原国际城 3 号地块	太原	1.68	16910	2055	70
4 月 29 日	中铁地产	合肥高新区 NE1 -3商住用地	合肥	4.76	48300	4174	100
6 月 26 日	城建集团	长沙岳麓区洋湖垸项目	长沙	4.32	23859	1546	100
6 月 30 日	中铁地产	南京市江宁区江宁街道 G14 居住用地	南京	5.28	23900	2265	100
7 月 3 日	中铁地产、十二局、万科	太原市万柏林区山西中医学院地块	太原	5.95	91960	4543	70
7 月 23 日	中铁地产、绿地、新希望	成都市龙泉驿区果壳西侧项目	成都	8.98	53900	2000	40
8 月 3 日	十四局	泰安市康复路 14 号地块	泰安	3.28	16107	2455	100
8 月 26 日	中铁地产、平安、德信	杭州萧山区萧政储出〔2015〕9 号地	杭州	5.19	85718	7505	35
8 月 31 日	中铁地产、方兴、保利、首开	北京市丰台区石榴庄二期地块	北京	8.50	502500	30198	25
10 月 9 日	中铁地产、保利、远洋、碧桂园、华润、越秀	广州市白云区水泥厂居住项目	广州	6.76	255800	12060	17
10 月 22 日	中铁地产、滨江、平安	杭州市萧山区萧政储出〔2015〕12 号地块	杭州	9.06	191045	7531	34
10 月 27 日	中铁地产	杭州市西湖区三墩北单元地块（杭政储出〔2015〕35 号地块）	杭州	6.10	150000	8523	100
10 月 28 日	中铁地产、万科	杭州市萧山区义桥镇地块（萧政储出〔2015〕19 号地）	杭州	8.00	37900	1886	50

续表

时间	单位名称	地块名称	地块位置	建设用地面积（万平方米）	地价款（万元）	楼面地价（元/平方米）	权益（%）
10月30日	中铁地产、新城、保利	南京市江宁区禄口街道住宅项目	南京	9.56	69000	3846	38
11月18日	中铁地产、万科	北京市门头沟05街区商服及F1用地	北京	6.60	460000	18254	50
9月16日	中铁地产、保利	上海宝山区大场镇08－02地块	上海	6.56	410000	22314	51
11月27日	中铁地产	成都成华区北湖3号地	成都	9.06	102600	3012	100
11月30日	中铁地产、保利、时代地产、旭辉、电建	广州市荔湾区香料厂地块	广州	3.19	201100	14004	19
12月3日	中国铁建南沙投资公司	广州南沙区政府西侧地块一期地块	广州	4.05	66360	4099	100
12月4日	中铁地产	成都市武侯区铁佛村七里村6号住宅地块	成都	10.32	172700	6212	100
12月4日	中铁地产	成都市武侯区铁佛村七里村7号住宅地块	成都	11.02	189000	6342	100
12月17日	中铁地产	上海市奉贤区南桥镇D－01－13地块	上海	11.01	380000	19173	100
12月17	中铁地产、大桥局	长春市高新南区众恒路居住用地	长春	4.40	32500	4310	100
总　计				167.59	3650599	7723	

（制表：刘建光）

【强化库存管理】　2015年，面对房地产板块较大的库存压力，股份公司印发《关于确保房地产板块2015年销售目标的通知》，要求各单位高度关注重点项目，强化库存管控，抓住市场契机，实现全年业绩目标。根据各项目库存情况，建立黄色、橙色和红色分级预警机制，进一步增强对房地产项目库存管控的主动性和前瞻性。同时，通过进一步建立和完善房地产项目销售激励机制，加快项目资金回笼。全年实现销售金额366亿元，创历史新高。（楼　翱）

【区域布局更趋合理】　2015年4月，印发《中国铁建房地产板块区域布局管理暂行办法》，积极实施区域经营战略。进一步加大在北京、上海、广州等国内一、二线重点城市的投入比重，市场份额大幅提升。新获取的27个项目中，北京、广州和杭州等一、二线城市新增的规划总建筑面积614万平方米，占到新增总量643万平方米的95.5%，投入的土地储备金额363亿元，占到投入总量365亿元的99.4%。

截至2015年底，股份公司进入48个国内城市及其他区域，持有137个项目，总建设用地面积1372万平米，总建筑规模约4331万平方米。年内在国内布局3个一线城市、19个省会城市和26个其他城市，从而形成以一、二线城市为重点，三、四线城市为补充的梯次布局，房地产板块的区域布局更趋合理和完善。

（刘建光）

【土地经营】　2015年，房地产板块仍然坚持“广研究，多参与”“审慎稳妥、宁可错过，不可拿错”的土地储备策略，理性对待土地市场，不盲目追高。股份公司房地产领导小组年内召开17次会议，对国内30多个城市的102个项目（10.482平方千米土地，计容建筑面积2401万平方米）进行研究和审议。6个单位分别在西安、武汉和北京等14个城市，获取27个房地产项目，平均溢价率36%，其中以出让底价成交的有16个项目，平均楼面地价7723元/平方米。（刘建光）

【系统内外合作】 面对国内部分一、二线热点城市市场竞争日趋激烈,土地价格快速攀升的实际情况,为有效提高公司房地产项目的获取能力,顺势而为,积极推进系统内单位与外部有实力、有能力的企业开展全方位的项目合作开发。同时,在系统内部,努力推动各单位之间通过股权、土地和资金等方式开展项目合作,尽快提升房地产板块的整体专业化管理水平。

获取项目 27 个,其中 13 个通过内外部企业合作方式获得,16 个项目以底价获取。按照会议决策地价上限计算,采用合作方式为企业节约拿地资金 18.76 亿元。

中铁地产与万科、保利、金茂、华润、首开、远洋、碧桂园、平安、滨江等行业内知名企业,分别在北京、广州、杭州、成都、太原等城市开展深度合作。(楼　翔)

【产业协同】 2015 年,为进一步推进板块协同发展,发挥股份公司全产业链优势,制定《学习绿地模式,推进板块协同业务推进计划》,积极推进各业务板块的协同联动发展。股份公司重点推进的广州南沙总部基地及土地综合开发项目、成都铁路局合作开发项目、济南华山北片区综合开发等多个房地产板块与其他板块间的协同项目稳步推进。(刘建光)

【商业地产取得实质进展】 截至 2015 年底,房地产板块拥有商业地产规模 400 多万平方米。11 月,股份公司在武汉组织召开商业地产开发研讨会,专题研究商业地产发展战略,提出《中国铁建商业地产发展研究报告》,明确商业地产发展思路和发展方向。

(傅志跃)

【重点项目管控】 2015 年,确定《股份公司关注的重点房地产项目清单》,重点监管投资额大、库存量高、存在一定开发困难的房地产项目。通过实地考察、调研、督导等监管方式,积极推动各单位建立和完善以销售和资金管理为核心的绩效考核体系,加大奖惩力度,分解和细化各自责任,要求各项目在开发过程中要强化库存监控、预警和应对。

对十一局开发的重庆玖城一号、铁发遂渝开发的北碚山语城、大桥局的天津滨海新城项目、十四局济南国际城等 20 多个项目进行考察调研和现场督导,并对各项目的开发分别提出有针对性的意见和建议,为项目梳理开发思路,明确下一阶段的工作重点和方向。

(刘建光)

【房地产板块海外布局】 2015 年 4 月,为研究海外房地产业务发展情况,分析公司房地产业务走向海外的可行性,结合中土集团和国际集团在美国跟踪的房地产项目,前往美国考察,并对美国房地产市场进行调研。

(楼　翔)

【系统内外培训】 为进一步提升各单位房地产业务发展水平,有效搭建房地产板块沟通交流平台,2015 年举办 3 次全系统范围的业务培训和交流;推进房地产专家库建立。

3 月,联合地产集团举办房地产业务规划设计培训及交流会,对促进各单位规划设计能力的提升起到较好作用。6 月,在北京大兴宾馆举办全系统第二次高级管理人员培训班,邀请行业内土地经营、规划设计、财税管控、商业地产运营等有关方面的专家进行授课。11 月,在武汉举办商业地产研讨会,邀请商业地产的专家进行授课,并组织系统内 8 个商业项目进行经验交流,进一步提升房地产板块商业地产开发能力。

为充分发挥内部专家的积极作用,印发《关于建立中国铁建房地产业务专家库的通知》,选拔一批在土地经营、规划设计等方面有经验、有能力、有业绩的房地产从业人员,建立房地产业务专家库。

(傅志跃　赵文晴)

【《房地产简报》】 股份公司每季度向全系统发布《房地产简报》,通报和分析房地产板块发展情况,传递有效政策信息,引导全系统房地产管理者采取有效应对措施。《房地产简报》分要闻概览、土地储备、销售快报、政策聚焦、权威发布、市场动态等 6 个板块。2015 年发布 4 期简报。(傅志跃)

资本运营与管理

【资本运营部】 主要职责:贯彻执行国家资本管理的法律法规;落实国有资产管理委员会有关资产管理的规定;制定中国铁建股份有限公司资本发展战略和运作制度;负责组织研究国内外宏观、微观经济形势和相关产业运行状况,定期向股份公司领导提出分析报告;负责股份公司总部境内外经营性固定资产投资(含矿业投资)、权益性资本投资管理工作;负责国内外投资考核指标的下达,组织股份公司对外经营性投资项目的选择、咨询、论证、评估;负责投资项目股权管理和项目实施过程的监管;负责实物资产管理工作。承办中国铁道建筑总公司及总公司锦鲤资产管理中心相关工作职能。部门定员13人,设部长1人、副部长1人、总经济师1人;下设咨询评估处、投资管理处、矿产资源处、资产管理处。（张沛然）

【资本运营项目概况】 2015年,中国铁建系统有资本运营项目143项,其中总公司本级1项、股份公司142项。

总公司1项本级资本运营项目为BOT项目,总投资39.19亿元,企业应投入资本金9.59亿元,总公司已投入资本金9.59亿元。

股份公司142项资本运营项目中,BOT、PPP项目21项,BT项目95项,土地一级开发项目7项,股权类投资项目(包括矿产资源、开发区项目)19项,计划总投资3213.86亿元,股份公司应投入资本金1109.62亿元,已累计投入资本金527.36亿元。BOT、PPP项目计划总投资1427.21亿元,股份公司应投入资本金327.74亿元,股份公司已投入资本金97.51亿元。BT项目计划总投资1223.79亿元,其中本企业应投入资本金560.10亿元,已投入资本金339.01亿元。年内,BT项目实际回购款170.23亿元。土地一级开发类项目计划总投资417.91亿元,股份公司应投入资本金99.93亿元,已投入资本金24.20亿元。股权类投资项目(包括矿产资源和自贸区项目)计划总投资144.95亿元,其中本企业应投入资本金121.86亿元,已投入资本金66.64亿元。（张红彦）

2015年中国铁道建筑总公司本级资本运营项目投资情况

项目名称	投资方式	项目总投资（万元）	项目资本金（万元）	企业应投资本金（万元）	企业已投资本金（万元）
合　计		391900	137000	95900	95900
京承高速公路二期	BOT	391900	137000	95900	95900

（制表:张红彦）

2015年中国铁道建筑总公司资本运营投资情况统计

项目名称	项数	项目总投资（亿元）	企业应投入资本金（亿元）	企业累计已投入资本金（亿元）
合　计	117	2432.74	859.55	484.28
中国铁道建筑总公司本级	1	39.19	9.59	9.59
BOT项目	1	39.19	9.59	9.59
中国铁建股份有限公司	142	3213.86	1109.62	527.36
BOT、PPP项目	21	1427.21	327.74	97.51
BT项目	95	1223.79	560.10	339.01
土地一级开发项目	7	417.91	99.93	24.20
参股项目	19	144.95	121.86	66.64

（制表:张红彦）

2015年中国铁建系统资本运营投资情况

序号	单位名称	项目数量	投入情况		
			项目计划投资（万元）	本企业应投资本金（万元）	本企业本年投入资本金（万元）
	合　计	142	32138568	11096227	1305791
1	中国铁建投资集团有限公司	25	16545519	5097304	521857
2	中国土木工程集团有限公司	4	572769	211335	42214
3	中铁十一局集团有限公司	12	784532	784532	236195
4	中铁十二局集团有限公司	2	214739	117370	
5	中国铁建大桥工程局集团有限公司	6	409462	221313	23733
6	中铁十四局集团有限公司	8	971552	581848	72822
7	中铁十五局集团有限公司	7	289994	184226	8000
8	中铁十六局集团有限公司	22	1093623	1054558	111878
9	中铁十七局集团有限公司	9	764462	388562	3000
10	中铁十八局集团有限公司	4	353662	353662	16594
11	中铁十九局集团有限公司	3	541723	197240	42928

续表

序号	单位名称	项目数量	投入情况		
			项目计划投资（万元）	本企业应投资本金（万元）	本企业本年投入资本金（万元）
12	中铁二十局集团有限公司	8	245898	173050	22616
13	中铁二十一局集团有限公司	1	42000	42000	
14	中铁二十二局集团有限公司	3	48767	12000	3000
15	中铁二十四局集团有限公司	2	229395	120445	
16	中铁建设集团有限公司	3	82461	82461	38300
17	中国铁建房地产集团有限公司	1	7562	7562	
18	中铁第一勘察设计院集团有限公司	1	38000	7500	
19	中铁第四勘察设计院集团有限公司	2	175875	72362	
20	中铁物资集团有限公司	7	3503110	292099	99833
21	中国铁建港航局集团有限公司	5	296439	79265	54821
22	云贵指挥部	2	192500	192500	
23	重庆铁发遂渝高速公路有限公司	5	4734525	823034	8000

注:部分项目由系统内两家单位共同投资建设,故项目数量计数存在重复情况。　　（制表:张红彦）

2015 年中国铁建股份有限公司新开工项目情况

序号	投资主体	项目名称	投资模式	项目计划总投资		累计投入资金		
				合计（万元）	其中：本企业应投入资本金（万元）	本年合计（万元）	本企业投入（万元）	项目公司（万元）
1	中国铁建投资集团有限公司	北京市兴延高速公路 PPP 项目	PPP	1309598	340800	305619	155619	
2	中国铁建投资集团有限公司	成都经济区环线都江堰—德阳—简阳段(北绕、东绕)BOT项目	BOT	2957400	739350	5880	5880	
3	中国铁建投资集团有限公司	央企供应链互联网融资服务平台	股权项目	2000	2000	2000	2000	
4	中铁十一局集团有限公司	云南 G356 线昭阳区烟堆山至鲁甸县新街段公路改造工程	BT	30000	30000	30000	30000	
5	中铁十一局集团有限公司	武汉至十堰铁路孝感至十堰段	股权项目	200000	200000			
6	中铁十一局集团有限公司	遵义高铁新城	股权项目	120000	120000			
7	中国铁建大桥工程局集团有限公司	南昌市绕城高速公路南外环项目	BT	138570	48499	28961	15518	1810
8	中国铁建大桥工程局集团有限公司	棋盘洲长江公路大桥	BT	22634	22634	2300	2300	
9	中国铁建大桥工程局集团有限公司	石首长江大桥	BT	23000	23000	8337	2048	6289
10	中国铁建大桥工程局集团有限公司	武穴长江公路大桥	BT	31580	31580	2150	2150	
11	中铁十四局集团有限公司	云南 G356 线昭阳区烟堆山至鲁甸县新街段公路改造工程	BT	20000	20000			

续表

序号	投资主体	项目名称	投资模式	项目计划总投资		累计投入资金		
				合计（万元）	其中 本企业应投入资本金（万元）	本年合计（万元）	本企业投入（万元）	项目公司（万元）
12	中铁十四局集团有限公司	余杭15省道至临安02省道连接线改建工程（临安段）BT项目	BT	2250	2250			
13	中铁十四局集团有限公司	芜湖城南过江隧道项目	PPP	435022	103318	3000	2850	
14	中铁十六局集团有限公司	南昌市经开区空港花园安置房二期一批BT项目	BT	48500	48500			
15	中铁十六局集团有限公司	昌市经开区道路排水工程和双港、港口村安置房BT项目	BT	31318	31318			
16	中铁十六局集团有限公司	南昌市经开区龙潭、青岚安置房工程BT项目	BT	48500	48500			
17	中铁十六局集团有限公司	南昌市经开区赤府村安置房BT项目	BT	49860	49860			
18	中铁十六局集团有限公司	南昌市经开区空港花园安置房二期三批BT项目	BT	31750	31750			
19	中铁十六局集团有限公司	南昌市经开区空港花园安置房二期二批BT项目	BT	49600	49600			
20	中铁十六局集团有限公司	南昌市经开区小微企业工业园标准厂房BT项目	BT	29000	29000			
21	中铁十七局集团有限公司	石家庄地铁3号线一期两边段土建及相关工程和正定新区市政预留工程	BT	209000	105000			
22	中铁二十局集团有限公司	宜爱欢乐城停车库项目	PPP	2674	2674			
23	中铁二十局集团有限公司	新建地方铁路瓮安至马场坪线PPP项目	PPP	43938	43938			
24	中铁二十局集团有限公司	天津5号地块立体停车库项目	PPP	6638	6638			
25	中铁二十二局集团有限公司	投资参股贵州茅台集团健康产业西丰有限公司项目	股权项目	3000	3000	3000	3000	
26	中铁二十四局集团有限公司	湖北省枣阳至潜江高速公路ZQ－3标段	BT	20445	20445			
27	中铁建设集团有限公司	三亚海棠湾健康公园项目	股权项目	13000	13000	13000	13000	
28	中国铁建房地产集团有限公司	大连市甘井子区东海路棚改地块一级开发项目	土地一级开发	7562	7562			
29	中铁物资集团有限公司	成都地铁5号线工程投融资建设项目	BT	1700000	100000	85000	85000	
30	中铁物资集团有限公司	南昌九龙湖新城起步区市政基础设施B标段二期工程BT项目	BT	46560	4749	13782	3514	6892

续表

序号	投资主体	项目名称	投资模式	项目计划总投资		累计投入资金		
				合计（万元）	其中 本企业应投入资本金(万元)	本年合计（万元）	本企业投入（万元）	项目公司（万元）
31	中国铁建港航局集团有限公司	南宁市邕宁水利枢纽工程	BT	107980	22076	41250	520	40730
32	重庆铁发遂渝高速公路有限公司	重庆梁平至黔江高速公路石柱至黔江段	BOT	1246300	199408			
33	重庆铁发遂渝高速公路有限公司	渝黔高速公路扩能（重庆境）	BOT	1625000	260000			
34	重庆铁发遂渝高速公路有限公司	南充至大足至泸州高速公路(重庆境)	BOT	1174800	187968			

（制表：张红彦）

【资本运营效益情况】 2015 年，股份公司资本运营项目完成营业收入 308.99 亿元，实现收益 64.83 亿元，其中投资收益 16.55 亿元、工程承包等收益 48.28 亿元。（张红彦）

【资本运营投资拉动情况】 2015 年，既有资本运营项目对股份公司主业拉动效果明显：拉动工程承包 333.61 亿元，其中含物资采购 31.55 亿元、设计咨询 1.33 亿元、设备制造及其他 0.47 亿元。（张红彦）

【调整资本运营项目审批事宜】 根据《中国铁建股份有限公司对外投资管理制度》规定，结合企业实际和发展需要，自 9 月 16 日起，调整资本运营项目相关审批事宜，授权集团公司董事会审批 5 亿元以内的 BT、BOT、PPP 类资本运营项目。（张红彦）

【调整结构中标运营管理类项目促转型升级】 2015 年，股份公司以 PPP 模式中标北京兴延高速公路项目；以 BOT + EPC 模式中标成都外环高速公路都江堰—德阳—简蒲段；中标重庆渝黔高速公路重庆段扩能、黔江至石柱、南充至大足至泸州重庆段 3 条高速公路；以 PPP 模式中标安徽省芜湖长江隧道项目。（张红彦）

【金融等行业企业股权投资】 2015 年，股份公司完成信达财产保险股份有限公司 6.67% 股份的股权收购；投资 5 亿元参与铜陵有色金属集团股份有限公司非公开发行票；投资 5 亿元参与发起设立新疆银行、占股 10%，投资 2 亿元参与兰州银行增资扩股事宜；投资 2000 万元参与成立中央企业互联网供应链金融公司；分析论证战略入股攀枝花商业银行，并与四川省攀枝花市对接洽商；与中国信达资产管理有限公司就推进产融结合、重组金谷信托公司公司等事宜达成多项共识。（张红彦）

【项目评审会议和备案项目】 2015 年，组织 12 次项目评审会，57 个投融资项目通过评审，投资规模 1515.17亿元。其中，武汉市轨道交通 21、27 号线一期项目，长沙轨道交通 4 号线一期项目，重庆曾家岩嘉陵江大桥 PPP 项目未中标，投资规模 94.8 亿元；实行备案项目 6 项（由局集团公司董事会决策），投资规模 8.7亿元。（张红彦）

【总结汇编项目案例和指导性文件】 2015 年，股份公司对重庆遂渝高速公路 BOT 项目、长沙磁浮项目、南宁邕江水利枢纽、贵阳机场项目等 9 个既有投融资项目进行总结分析，编辑印发《中国铁建股份有限公司资本运营案例汇编》。深入学习研究 PPP 模式，先后编写起草《基础设施 PPP 模式运作与管理》《基础设施 PPP 项目案例及政策文件选编》《轨道交通 PPP 项目操作指南》3 本资料；结合股份公司实际，起草《中国铁建股份有限公司 PPP 项目投资管理指引（征求意见稿）》，编制轨道交通 PPP 项目建议方案。（张红彦）

【资本运营业务培训班】 2015 年举办 PPP 项目投资业务培训视频会和投融资经营管理业务培训班。参加人员为各集团公司资本运营业务骨干。邀请相关专家，从法律、实际操作、融资等方面进行讲解，提高业务水平，培训效果明显。（张红彦）

财 务 管 理

【财务部】 负责股份公司财务管理、会计核算、资金管理、资产产权管理、财务信息化管理和会计监督的综合职能部门。主要职责:制定和实施财务内控,推动国家财经法律法规贯彻执行;组织制定和实施公司财务发展战略;负责公司全面预算管理工作;按照会计准则规定,制定和实施公司财务会计规章制度;负责董事会对总裁及总裁对子公司负责人的绩效考核工作;负责公司资金管理及融资信贷管理工作;负责公司产权管理工作;负责公司财务监察工作;负责公司财务信息化工作;负责公司财会队伍建设及会计人员培训工作;负责组织开展财务分析及对标分析工作;依法编制和及时提供财务会计报告;协助做好公司信息披露相关工作;建立和完善财务、汇率、利率、资金风险防范预警与控制机制;负责上市公司股权管理、金融资产投资与管理相关工作;制定和完善公司产融结合管理制度,负责全系统产业融资业务审批及工作指导;负责产业基金的设立、管理工作;负责公司总部各项纳税申报及税收筹划工作;负责总公司财务学会日常工作;负责国务院国资委派驻公司监事会事务的协调配合和服务工作;负责总公司及锦鲤资产管理中心、战备资产、基建财务管理与核算工作;参与公司总体发展战略及中长期规划的研究制订工作;参与公司社会责任报告的编撰并提供相关资料;参与全面风险管理和内控相关工作;参与投资收购、并购重组论证工作;参与投资后评价工作;参与经营计划指标测算下达工作。下设财务处、会计处、机关财务处、产权处、预算考核处、成本管理处、资金管理中心、融资管理处。定员 35 人,现员 30 人,设部长 1 人、副部长 3 人。 (曹锡锐)

【年度工作综述】 2015 年,面对宏观经济下行、稳增长压力加大、中国经济步入“双中高”新常态的大环境,全系统财务工作以“十二五”财务发展战略为引领,以安全发展、健康运行为基础,以提质增效、落实保增长任务为目标,积极作为,多措并举,着力夯实基础管理,强化财务管内控,持续推进降本增效,力促效益不断提升,积极加强和创新资金管控模式,提升资金运作水平和创效能力,全力加强清收清欠,有效控制“两金”占用,进一步强化全面预算管控,发挥全面预算管理的刚性约束作用,持续改进绩效考核,充分发挥业绩考核的导向作用,稳步推进共享中心建设和财会队伍全面建设,推动财务综合管理水平不断提升,在规模扩张受限、内外部压力增大等考验和挑战下,实现效益水平明显提升、经营性现金流有效改观、财务状况持续改善的目标,为企业经济运行的健康发展做出积极贡献。

(高继红)

【资金集中及内部调剂情况】 截至 2015 年底,全系统资金中心和财务公司集中资金 1457 亿元,总体资金集中度 85.4%,财务公司全口径资金集中度52.6%。全系统内部调剂资金 1362 亿元,较 2015 年初增加 172 亿元,增长 14%。其中,集团公司资金中心调剂资金 1181 亿元,财务公司提供内部调剂余额 269 亿元。

(乔国英)

【会计信息披露和配合审计工作】 2015 年,股份公司在上海证券交易所和香港联合证券交易所及时、准确、完整地披露季度报告、半年度报告、年度报告等各项会计信息,完成国资委、财政部财务决算报告的编制和报送。在完成 4 个季度财务报告编制的同时,配合股份公司董事会完成财务信息披露、资料整理、路演数据本的制作等工作,包括主要会计数据的计算摘录,每股收益的计算,非经常性损益的分析认定,业务板块的划分及毛利率的分析计算,主要经济指标大幅增减原因的分析、解释,担保、收购、兼并等重要事项的确认,整理、更新路演数据资料。股份公司系统财务决算审计机构有 5 家,年内审计 769 家法人单位。2015 年内退人员精算报告在韬睿事务所、股份公司人力资源部的协助下顺利完成。 (丁亚杰)

【财务制度建设】 2015 年,制定《中国铁建股份有限公司差旅费管理办法》,进一步贯彻落实中央八项规定精神,加强和规范差旅费管理,从严控制差旅费开支,降低企业管理成本。制定《中国铁建股份有限公司公务接待管理规定》,着力纠正企业存在的“四风”问题,规范公务接待管理,严格公务接待开支。为进一步完善固定资产管理及会计核算,制定《中国铁建股份有限公司固定资产管理及会计核算办法》。为加强股份公司信贷风险管理,提升信贷风险控制能力,完善财务风险预警管理体系,为企业信贷业务管理提供依据,制定《中国铁建股份有限公司信贷风险评价办法》。为进一步加强股份公司信贷业务管理，规范业务流程，加强风险管控，制定《中国铁建股份有限公司信贷规模管理办法》。为规范股份公司境外子企业及非法人机构、非经营性机构财务管理，维护公司合法权益，保障境外资产安全完整和保值增值，制定《中国铁建股份有限公司境外财务管理办法》。（王　磊）

【股份公司表彰财务工作先进单位与个人】

2015 年度股份公司财务工作先进单位

中铁十一局集团有限公司
中铁十二局集团有限公司
中铁十八局集团有限公司
中国铁建电气化局集团有限公司
中铁第四勘察设计院集团有限公司
中国铁建重工集团有限公司
中国土木工程集团尼日利亚有限公司
中国土木工程集团埃塞工程有限公司
中铁十一局集团第一工程有限公司
中铁十一局集团物资贸易有限公司
中铁十二局集团第一工程有限公司
中铁十二局集团建筑安装工程有限公司
中国铁建大桥工程局集团第四工程有限公司
中国铁建大桥工程局集团第五工程有限公司
中铁十四局集团第二工程有限公司
中铁十四局集团隧道工程有限公司
中铁十五局集团第七工程有限公司
中铁十五局集团物资工程有限公司
中铁十六局集团电务工程有限公司
中铁十六局集团地铁工程有限公司
中铁十七局集团第一工程有限公司
中铁十七局集团建筑工程有限公司
中铁十八局集团隧道工程有限公司
中铁十八局集团石济铁路客运专线项目经理部
中铁十九局集团第五工程有限公司
中铁十九局集团第七工程有限公司
中铁二十局集团第四工程有限公司
中铁二十局集团第七工程有限公司
中铁二十一局集团路桥工程有限公司
中铁二十一局集团新建陶鄂铁路工程指挥部
中铁二十二局集团第三工程有限公司
中铁二十二局集团京沈客专辽宁段 TJ－13 标项目经理部
中铁二十三局集团第一工程有限公司
中铁二十三局集团第三工程有限公司
中铁二十四局集团浙江工程有限公司
中铁二十四局集团有限公司路桥分公司
中铁二十五局集团第三工程有限公司
中铁二十五局集团第六工程有限公司
中铁建设集团有限公司武汉分公司
中国铁建电气化局集团南方工程有限公司
中国铁建电气化局集团第三工程有限公司
中国铁建港航局集团第三工程分公司
中国铁建房地产集团上海置业有限公司
中铁第一勘察设计院集团陕西逸博置业有限公司
中铁第四勘察设计院集团设备设计研究处
中铁第五勘察设计院集团东北分院
中铁上海设计院集团上海先行建设监理有限公司
中铁物资集团港澳有限公司
中国铁建高新装备北京瑞维通工程机械有限公司
中国铁建重工集团道岔分公司
中国铁建（加勒比）有限公司
中铁城建集团第一工程有限公司
中铁建四川简蒲高速公路有限公司
中铁国际航空服务有限公司

2015 年度股份公司决算工作先进单位

中铁十六局集团有限公司
中铁二十四局集团有限公司
中铁第五勘察设计院集团有限公司
中铁城建集团有限公司

2015 年度股份公司预算工作先进单位

中铁十二局集团有限公司
中铁十九局集团有限公司
中铁第一勘察设计院集团有限公司
中国铁建投资集团有限公司

2015 年度股份公司资金管理先进单位

中铁十六局集团有限公司
中国铁建电气化局集团有限公司
中铁第四勘察设计院集团有限公司
中国铁建重工集团有限公司

2015 年度股份公司财务信息化先进单位

中铁十二局集团有限公司
中铁十五局集团有限公司
中铁十七局集团有限公司

中铁十八局集团有限公司

2015 年度股份公司财务工作先进个人

中国土木工程集团有限公司

田　野　李德超　汤　欢　李金辉　王雪峰　黄成全

中铁十一局集团有限公司

周　浩　李廷军　范素彬　张延惠　孟海波　何传瑞　任　俊　涂海波　蔡文彬

中铁十二局集团有限公司

马晓辉　李晓文　牛君辉　祁良泉　王　睿　张卫华　罗　茵　曹松明

中国铁建大桥工程局集团有限公司

郑开军　张正兵　李君武　段红玉　李　娟　占广华　刘　永　李　刚　陈再超

中铁十四局集团有限公司

刘小奎　闫文哲　党同霞　贾增杰　刘凤鲁　索冬梅　李　强　张　鹏

中铁十五局集团有限公司

王明航　狄倩倩　朱心梅　张贵修　张　玮　王付清　李　拓　张跃平

中铁十六局集团有限公司

相光明　张绪礼　张　熊　顾晓东　温玉奎　孙晓兵　李星桦　蒋建奎　王伟健

中铁十七局集团有限公司

秦志刚　苟建刚　郑良虎　何　英　谭森林　宋刘学　杨　帆　刘善祥　李建军　张艳霞　王铭浩

中铁十八局集团有限公司

刘　纬　曾　漫　李玉兰　董珊珊　田志秋　黄志学　王树童　代勇明

中铁十九局集团有限公司

向　宇　赵福忱　张天彪　唐文贺　姜世成　张　乾　王　席　李旭光

中铁二十局集团有限公司

赵新卫　李　雄　杨明欣　王　铸　周先明　姜小海　王秀萍　刘　冰

中铁二十一局集团有限公司

吴增喜　刘荣良　余雨珊　赵　梅　沈　蓉　王晓洁

中铁二十二局集团有限公司

贺毓陶　刘　捷　柏广军　张国防　李　丽　成宝红　钮永跃

中铁二十三局集团有限公司

杨照群　何艳梅　谭思崇　苏跃魁　戴光远　王国正

中铁二十四局集团有限公司

王学杰　丁忠幼　卢文彩　夏志超　陶　铸　周艳丽

中铁二十五局集团有限公司

刘富云　马允韬　蔡春福　胡　平　张　文　张　燕

中铁建设集团有限公司

王　雁　刘俊涛　肖　芳　李凤玲　孙　晨　冯文钊

中国铁建电气化局集团有限公司

鲍红星　罗清竹　赵伟哲　董　娣　柴军强　郭春青　辛　主

中国铁建港航局集团有限公司

胡　琪　薛坚荣　高凯生　李志平

中国铁建房地产集团有限公司

李　刚　刘才义　祁自周　李　磊　林雅敏

中铁第一勘察设计院集团有限公司

段　飞　孟祥嘉　张晓凤　蔡　晖

中铁第四勘察设计院集团有限公司

杨　奎　周兴元　郑　洪　钟运刚

中铁第五勘察设计院集团有限公司

詹　欣　岳　丽　孟志强　陈　钰

中铁上海设计院集团有限公司

顾　青

中铁物资集团有限公司

高　浩　王　智　张　莉　闫小兵　焦英伟

中国铁建高新装备股份有限公司

陈龙欧　张　玉　杨　燕　余　伟

中国铁建重工集团有限公司

谢　金　赵晓慧　邱　虹　尹运丰

中国铁建国际集团有限公司

李竹转

中铁城建集团有限公司

张志贤　朱知秋　张志瑾　李栋梁

中国铁建投资集团有限公司

张　星

中国铁建财务有限公司

张国智　陈　匀　钟妙宁

诚合保险经纪有限责任公司

王　璞
中铁建商务管理有限公司
褚士伟
重庆铁发遂渝高速公路有限公司
周晓宏
中国铁建股份有限公司北京培训中心
王　磊
北京通达京承高速公路有限公司
杨　冰
中国铁建股份有限公司福建指挥部
申　鸣
中国铁建兰州轨道交通工程指挥部
王德晟
中国铁建股份有限公司财务部
李　彤　蔡梅君　王宗刚　王　薇

（林雅敏）

【会计人员】 截至2015年底，全系统有持证在岗会计人员18073人，比2014年增长1.65%。其中，男性8367人，占46.30%，比2014年增长2.02%；女性9706人，占53.70%，比2014年增长1.34%。25岁以下3285人，占18.18%；26岁至35岁8999人，占49.79%；36岁至50岁4453人，占24.64%；51岁以上1336人，占7.39%。高中及以下559人，占3.09%；中专684人，占3.78%；大专5561人，占30.77%；本科10822人，占59.88%；硕士441人，占2.44%；博士6人，占0.03%。高级会计师1229人，会计师2383人，助理会计师7976人，会计员3398人，其他专业技术职务人员707人，无专技术职务人员2380人。（林雅敏）

【全面预算管理】 1月，组织股份公司所属单位对2015年度全面预算进行汇审，完成全面预算报告，提交董事会审议并获得通过，并向国资委上报总公司2015年度预算报告。3月，根据国务院国资委对总公司预算批复要求，结合股份公司管理重点，对所属子公司2015年度全面预算进行逐个单位批复，批复年度主要财务指标预算和业务预算，并指出各单位2015年全面预算管理工作中需要重点关注和改进的问题，要求各单位进一步强化责任成本管理和资金管理，充分发挥全面预算管理在资源配置和防范风险等方面的作用。4月，根据2015年度决算数据及业务部门统计数据，通报各单位2014年度预算执行情况。5月，通报所属单位2015年一季度预算执行情况。7月，根据快报数据，对半年主要经济指标预算执行进度严重滞后的单位进行约谈。9月，通报所属单位2015年二季度预算执行情况。10月，股份公司召开全系统预算管理工作视频会议，传达国资委2016年全面预算编报的基本要求，安排2016年全面预算管理工作，要求各单位紧紧围绕“抓发展、促改革、调结构、稳增长”工作目标，持续优化预算管理体系，全面提升预算管理水平；突出产业结构调整，提高资源配置效率，不断促进公司提质增效升级，全力保障中国铁建做强做优做大。11月，根据所属各单位上报的2015年度主要经济指标预计完成情况，结合对2016年度建筑行业形势的预判及股份公司“十二五”战略规划，向国务院国资委上报总公司2016年度主要经济指标预报表。12月，下达子公司2016年度预算指导数，为编制2016年度全面预算奠定基础。（张鸿斌）

【财务工作会议】 股份公司2015年度财务工作会议于2015年11月27至28日在北京召开。国有重点大型企业监事会第八办事处主任陶永山，股份公司总会计师王秀明、监事会主席黄少军出席会议。

会议确定2016年财务工作总体思路：以“稳增长、控风险、提质量、促发展”为根本目标，以财务信息化为手段，以夯实基础工作为抓手，以加强财会队伍全面建设为突破口，突出预算刚性和绩效引领，狠抓资金管控和清收清欠，重视税改应对和风险防范，努力保持营业收入、利润、毛利率平稳增长，持续改善资产负债率、经营性现金流、资产运营效率指标。

王秀明总会计师作题为《认清形势，明确目标全面提升财务管理工作能力和水平》的财务工作报告。回顾“十二五”以来股份公司转型发展、经营业绩快速攀升的发展历程，并指出：在股份公司管理提升、转型升级的过程中，各级财务部门苦练内功，着力夯实财务基础管理，提升会计信息质量；不断强化资金、成本管理，建立健全全面预算管理体系，持续加强财务内控，各项工作得到全面发展。5年间，推动设立财务公司，打造资金管理新平台，全系统资金集中度由“十二五”期初的63.3%上升到80.9%，“十二五”期间通过资金集中、内部调剂和低成本融资节约资金成本117.9亿元；筹备设立铁建蓝海产业基金，新设融资管理处，积极推进产融结合；谋划设立金融租赁公司，致力于打造新的效益增长点；全力应对“营改增”税制改革，合理开展税务筹划,“十二五”期间通过税务筹划降低税收成本95.6亿元;推进设立诚合保险,建立保险资源集中平台,“十二五”期间通过保险集中采购,节省保费7.6亿元;5年累计申请获得政府财政补贴15.5亿元;大力推进财务信息化建设,管理手段不断创新,从法人一套账到账表一体化,再到财务共享服务中心,企业财务管理插上互联网的翅膀,管控效率大幅提升;5年来,财会队伍建设全面发展,人员学历结构大幅改善,中高级会计人员比重快速升高,注册会计师数量不断增加,打造一支专业素质好、职业修养高、综合能力强的财会队伍的目标基本实现;5年来,财会理论研究取得长足进展,累计有88个财会研究课题获得省部级奖励,学术研究的氛围明显增强。在肯定成绩的同时,王秀明总会计师要求各级财务部门在今后的工作中要坚持以效益为中心,以创新为驱动,对标国际、国内标杆企业,以改革创新的精神,科学规划好“十三五”财务发展愿景和目标。会议表彰2015年度财务工作先进单位和先进个人,部署资金管理、财务决算和年度工作报告编报等有关工作。各集团公司总会计师,财务部长,资金管理、决算工作负责人以及机关有关人员近180人参加会议。 (李　鲲)

【业绩考核】 1月,制定子公司负责人2015年度绩效考核主要指标方案,在股份公司2015年度工作会上,由总裁代表股份公司与各子公司董事长签订2015年度绩效合约书。2月,总公司2015年度经营业绩考核指标建议值上报国务院国资委,经审核获得批复。4月,上报国务院国资委2014年度业绩考核测试评价目标值分析报告;股份公司董事会评定总裁2014年度业绩考核结果为A级,审议通过对总裁2015年度绩效考核实施方案。7月,国务院国资委评定总公司2014年度经营业绩考核结果为A级;股份公司完成所属子公司负责人2014年度绩效考核结果的认定,中铁十二局、电气化局和铁四院被评为2014年度业绩考核优秀单位;制定下发《子公司负责人2015年度绩效考核实施方案》,明确年度考核指标、权重及具体目标。11月,上报国务院国资委《2015年度和2013—2015年任期业绩考核完成预评估情况的报告》及业绩考核工作总结。12月,参加国务院国资委召开的中央企业负责人经营业绩考核工作会议。 (李　鲲)

【财务共享中心建设】 2015年,完成十二局、大桥局、十六局、二十一局、中铁建设5个共享中心的建设,并把十四局二公司纳入试点范围。截至2015年底,累计完成12个财务共享中心建设,上线用户近17万人,全国大约有7700多个核算单位纳入共享服务中心。各财务共享中心以700名员工完成以前分散在7000多名财务人员手中的会计核算工作,2015年累计完成500万笔的会计业务核算业务。11月18日,中国铁建获CGAM2015年度“最佳共享服务中心”最高级别大奖。 (岳云飞)

【资金集中管理】 2015年,股份公司全系统坚持资金集中管理原则不动摇,持续推进业务体系建设,资金集中管理成效显著。各级资金中心与财务公司密切协作,通过强化内部结算、网银结算、银行联动资金池、区域资金池、内外部结算向财务公司转移、专项账户授权等措施,全面推进账户授权与结算集中等工作,取得良好成效。截至2015年底,全系统资金中心和财务公司共集中资金1457.6亿元,较年初增加424.2亿元,总体资金集中度85.4%,较年初提升6.1个百分点;财务公司全口径资金集中度52.6%,较年初提高12.3个百分点。

股份公司经申请并取得中国人民银行《跨国企业集团开展跨境人民币资金集中运营管理业务的备案通知书》,即取得人民币跨境双向资金池业务资格,打通了境内外资金流动渠道,对外放款无限额,跨境人民币资金净流入上限额度373.61亿元。 (东润宁)

【融资信贷管理】 以保障生产经营亟需、确保资金链安全为核心,全面加强同金融机构合作,全方位、多途径拓展融资渠道。截至2015年底,全系统获得银行综合授信8732亿元。股份公司及所属各单位实际取得国家发改委批复的国开发展基金(基础设施建设专项基金)9.8亿元,期限15年,利率1.08%;取得中国进出口银行优惠贷款20亿元,期限3年,现执行利率2.9%,3年累计可节约利息支出1.1亿元;股份公司总部、十一局、十二局、大桥局、十五局、十七局、十九局、二十一局、铁建重工等单位共办理总额约186亿元优惠贷款,贷款利率较同期基准下浮30%。 (东润宁)

【公司信用评级】 2015年度,中债资信评估有限责任对股份公司评级结果为AAA,评级展望为稳定。中诚信国际信用评级有限责任公司对公司发债主体进行评级,对存续债项进行跟踪评级,信用等级均为AAA,评级展望为稳定。

公司聘请的国际信用评级机构穆迪和标普对公司境外存续债券进行主体跟踪评级,穆迪评级A3,评级展望为稳定,标普评级A-,评级展望为稳定。

(陈　英)

【产业基金投资管理】 2015年,股份公司通过全资子公司——中铁建资产管理有限公司与建信信托有限责任公司全资子公司——建信(北京)投资基金管理有限责任公司各出资1000万元,共同发起成立铁建蓝海广德投资管理有限公司,负责发起成立投资产业基金,向社会募集资金,主要用于BT、BOT、城市综合体开发、房地产项目等投资项目。通过铁建蓝海发起成立3支产业基金,分别为:北京铁建蓝海邕水投资中心(有限合伙),投资港航局和二十局联合中标的南宁市邕宁水利枢纽项目,持有项目公司股权比例96%,项目总投资额32亿元;北京铁建蓝海兴产投资中心(有限合伙)投资地产集团北京大兴区旧宫房地产开发项目,持有项目公司股权比例57%,项目总投资额43亿元;广德铁建蓝海丰建投资中心(有限合伙)投资集团北京丰台区东铁营棚户区改造项目,持有项目公司股权比例57%,项目总投资额152亿元。(陈　英)

【担保情况】 2015年,经股份公司第三届董事会第10次会议审议批准,核定2015年对全资子公司担保总额度500亿元,股份公司对子公司的担保严格按照核定额度办理。截至2015年12月31日,股份公司为中铁十一局、十四局、十五局、十六局、十八局、十九局、二十三局、投资集团、房地产集团、中土集团、大桥局、铁建宇翔、铁建宇鹏有限公司提供担保181.42亿元。

2015年末对外担保7.876亿元,其中,为参股公司四川纳叙铁路有限责任公司,按出资比列,累计提供担保1.176亿元,为中铁铜冠与国家开发银行、中国农业银行和中国银行签订贷款合同;与进出口银行签订的担保合同,按照30%的投资比列提供保证担保6.70亿元。

(蔡梅君)

【产权管理】 2015年,通过在H股市场分拆上市,募集资金23.28亿元;在A股市场非公开发行12.42亿股新股,募集资金99.36亿元,有效降低资产负债率1.32个百分点。在债券市场成功发行中期票据、短期融资券、超短期融资券、定向债等各类债券844.6亿元,平均成本4.95%,平均期限2.13年,低于平均银行同期贷款基准利率0.97个百分点,年节约财务费用3.85亿元。在产权市场公开挂牌转让国有资产40.25亿元,增值额14.72亿元,平均增值率57.66%。连续3年获得北京产权交易所颁发的规范交易奖、公平交易奖和最佳产权交易组织奖,实现产权管理规范操作和国有资产保值增值。(邓　凯)

【企业年度工作报告】 总公司及所属37家单位完成2015年度《企业年度工作报告》的填报工作。各单位领导高度重视年度报告填报工作,不断完善工作机制,填报工作人员认真负责,围绕企业改革发展中心任务,坚持问题风险导向编制年度报告,填报质量较高,被国资委评为2015年度填报工作优秀企业。

《企业年度工作报告》是全面展现企业工作成果的重要载体也是企业支持配合监事会有效履职的重要基础。如实反映企业生产经营管理和改革发展的新情况、新变化,深入分析产生的主要问题及原因,充分揭示存在的风险及隐患;详尽反映企业负责人履职行为、重大投资、内控体系建设以及境外国有资产管控等重要事项。

(阎　宇)

【股份公司总部财务管理】 完成总公司、股份公司、锦鲤资产管理中心、中铁建资产管理公司、基建办、战备资产等核算单位的报销审核、账务处理、报表编制、会计档案整理、日常业务查询、备用金清理、人员工资及各单位离退休人员统筹外费用的发放等工作;对2015年度的总部经费开支情况进行及时分析,对2016年总部经费预算进行安排;配合用友公司进行NC报销系统的升级改造。同时,配合中介机构完成年报审计、税务审计、内控审计和评价工作;完成国资委审计组对公司负责人的任中审计配合工作;完成对机关固定资产的清查盘点和处理工作;完成公安缺口经费的上报拨付工作等。

(李　鲲)

【会计人员继续教育】 7月10至29日,在中国铁建北京培训中心举办5期驻京单位会计人员继续教育培训班,1435名中、初级会计人员参加培训。按照国务院机关事务管理局提出的培训要求,设置"营改增"政策解读及其对施工企业影响分析、《企业会计准则》相关问题及施工项目会计核算讲解、规范经济行为讲解、财会人员职业素养与服务意识等课程。圆满完成2015年驻京单位中、初级会计人员继续教育培训任务。（刘新龙）

【财会学会工作】 参加《铁道财会》课题研讨活动，获二等奖16项、三等奖24项。组织参加《铁道财会》优秀论文研讨活动，参赛的两篇论文分别获二等奖和优秀奖。（刘新龙）

经济管理

【经济管理部】 1月16日，股份公司印发《关于设立经济管理部的通知》（中国铁建发展〔2015〕2号），在股份公司整治亏损项目办公室的基础上设立经济管理部。主要职责：贯彻落实国家经济政策法规；负责建立健全系统内经济管控与运行体系，制定相关经济管理制度；理顺内部经济关系，确立科学合理的经济管理模式；负责全系统成本管理及降本增效相关工作；负责全系统业绩考核相关制度的制定和组织实施；负责国资委对总公司业绩考核及股份公司对二级子公司、直管项目（项目公司）业绩考核工作；负责全系统二次经营工作；牵头负责亏损企业、亏损项目的整治工作；负责工程项目清收中债权确权管理；指导、督促所属单位加强工程项目合同管理工作；负责工程项目专业分包、劳务分包的选择及管理工作；负责本级工程项目中标签订合同以后的合同管理；负责直管项目收尾管理及后评价工作；负责经济运行分析工作；参与公司总体发展战略及中长期规划的研究制定工作；参与公司社会责任报告的编撰并提供相关资料；参与全面风险管理和内控相关工作；参与经济对标工作；参与投资收购论证工作；参与投资项目后评价工作；参与信息化建设工作。经济管理部定员12人，设部长1人、副部长1人。内设经济管理与考评处、成本管理处、经济合同管理处。（王旭永）

【整治亏损项目】 2015年2月17日，股份公司印发《中国铁建股份有限公司亏损项目动态监控办法》（中国铁建经管〔2015〕43号），对亏损项目进行定义和分类，确定监控范围，明确各级监控职责及责任追究等有关规定，对亏损项目实行全面监控和管理。5月，组织开展第二阶段股份公司领导督导联系整治亏损项目活动，分13个督导组对15个集团公司开展整治亏损项目督导工作。（郭双来 张超群）

【亏损企业专项治理】 2015年7月10日，股份公司成立以中国铁建总裁庄尚标任组长，总会计师王秀明任常务副组长，总经济师赵晋华和总经济师孙公新任副组长及股份公司机关相关部门领导为成员的亏损企业专项治理工作领导小组，领导小组下设亏损企业专项治理办公室。明确领导小组和亏损企业专项治理办公室的工作职责，组织股份公司全面开展亏损企业专项治理工作。8月24日，股份公司制定《中国铁建股份有限公司亏损企业专项治理工作方案》（中国铁建经管〔2015〕102号）。方案确定将2014年亏损法人169人其中70人纳入专项治理范围，明确亏损额3年分别下降10%、20%和20%的工作目标，制定详细的工作步骤和主要措施。（郭双来 张超群）

【部署稳增长工作】 根据国务院国资委10月19日召开的中央企业调研座谈会议精神，股份公司印发《关于加大力度确保完成全年稳增长目标任务的通知》（中国铁建经管〔2015〕126号），明确2015年稳增长工作目标，提出稳增长工作的具体措施。10月27日，在北京召开稳增长督导工作会，会议通报股份公司一至三季度生产经营情况，并要求进一步强化执行，强力落实稳增长的各项举措；要求各单位进一步落实责任，保质保量完成稳增长任务目标。股份公司领导、股份公司部门及以上领导，各集团公司董事长、总会计师和财务部长参加会议。（郭双来 张超群）

【项目责任成本管理工作会议】 2015年4月2日，股份公司在北京召开项目责任成本管理工作会议。会议提出今后2年要围绕“狠抓项目成本管理、企业降本增效”两项任务的总体思路，使项目成本创效能力稳步提升，成本管理考评指标体系逐步健全。

总会计师王秀明就如何抓好全系统责任成本管理工作，提出8项要求。一是全系统各级单位要明确定位，认真落实各级成本管控责任，形成“四位一体、上下协同”的责任成本管理体系。二是突出成本预控、过程管控、责任预算3个核心，全面提升项目成本管控能力。三是夯实基础，健全优化成本管控体系。四是开展分析对标,着力提升劳务分包管控、成本责任分解落实等成本管控短板弱项。五是加强督导和考评,切实加强成本管理监督考核工作。六是实施统筹安排,深入推进资源集中管理、管理费用控制、资产运营效率、财税降负增效等各项工作。七是持续深化主线,加快推进非工程承包板块责任成本管理工作。八是充实储备人才,努力提升责任成本管理队伍整体素质。

会议出台《项目责任成本管理指导意见》《关于加强工程项目绩效考核的几点意见》2 个管理文件,印发《成本预控模板及案例》和《成本分析模板及案例》,十一局、十二局、十四局、十九局 4 家单位做经验交流。50 名“中国铁建创效功臣”、32 个先进单位、32 个先进项目部以及 118 名先进个人受到通报表彰。

股份公司机关部门正职以上负责人,各二级单位主管及相关工作负责人 225 人在主会场参加会议。

(郭双来　城　云)

【蒙华铁路项目成本预控专题座谈会】 2015 年 12 月 11 日,股份公司在湖北襄阳召开蒙华铁路项目成本预控交流座谈会。会议旨为督察 2015 年项目责任成本管理工作会议中提出的项目成本预控落实情况,并部署蒙华铁路项目成本管控后续工作。

总会计师王秀明就抓好蒙华铁路项目责任成本管理提出 4 项要求。一是各参建单位积极适应业主要求,倒逼自身加强管理,提升管控水平。二是重点加强方案、劳务队伍、物资材料、机械设备和“大成本”管控。三是加强二次经营创效、成本责任链接和考核兑现工作。四是健全成本预控体系、落实成本预控责任,突出预控重点、紧抓关键环节,实施有效监控、确保预控实效。

会上,十一局、十二局集团蒙华铁路项目部围绕前期成本预控实施情况先后作典型经验交流,12 家参建项目分别发言。总会计师王秀明出席会议并讲话,副总经济师郝趁义主持会议,股份公司有关部门负责人就相关工作做了发言。　(郭双来　城　云)

【二次经营工作座谈会】 2015 年 1 月 19 日,股份公司在西安二十局总部机关召开二次经营工作座谈会,总经济师孙公新总结 2015 年二次经营工作的开展情况,分析企业面临的形势,安排和部署下一步的工作和目标,并对各单位的二次经营工作提出具体要求。会议研讨《铁路施工图招标项目合同管理及二次经营工作要点》,系统内 4 个先进单位和 2 个项目进行交流发言,表彰先进单位和先进个人。股份公司分别于 4 月 21 日、8 月 5 日、11 月 13 日按季度召开二次经营工作座谈会议,就各季度重点工作进行研究部署。

(刘延华　王青志)

【二次经营工作】 2015 年,股份公司全方位强化对系统内变更索赔工作的管理,通过加强二次经营管理体系、制度建设,狠抓督导培训、帮扶协调工作,积极推动铁路销号项目概算梳理和重点项目、重大变更有关费用问题的解决。全系统变更索赔工作取得历史最好成绩。据统计,全系统 2015 年实现变更索赔 842.41 亿元,变更索赔率 16.27%,其中年度批复 Ⅰ 类变更 113.57 亿元。　(刘延华　周本敏)

【责任成本管理培训】 2015 年 5 月 11 日、8 月 17 日,股份公司在北京培训中心分别举办 2 期责任成本管理高级培训班。各集团公司、工程公司、各级项目部的分管领导、业务负责人及业务骨干 560 人参加培训。培训班聘请系统内外专家,以需求为导向,以提高为目的,注重理论联系实际,重点讲解具有中国铁建特色的责任成本管理体系,《项目责任成本管理指导意见》与《关于加强工程项目绩效考核的几点意见》2 个管理意见以及优秀的责任成本管理案例,研讨责任成本管理、工程项目审计与常见法律问题及应对措施。

(郭双来　城　云)

【二次经营培训】 2015 年 9 月 16 日至 25 日,股份公司举办全系统二次经营高级管理人员培训班,各集团公司、工程公司、各级项目部的分管领导、业务部门领导及业务骨干 213 人参加培训。　(刘延华　王青志)

【研究重大铁路项目施工定额课题】 2015 年 5 月 28 日,股份公司参与《铁路施工职业病防治与保险的相关课题评审》和《铁路轨道弹性支撑块补充定额相关课题研究》的审查会议,该课题的研究成果为铁路工程定额的进一步完善提供基础资料。　(刘延华)

【铁路竣工项目结算、在建项目投资梳理】 2015 年,股份公司组织有关人员对沪昆铁路(湖南段)、莞惠城际铁路、九景衢铁路、福平铁路等工程进行督导帮扶,在现场召开二次经营工作推进会，梳理、汇总各单位施工费用存在的问题，向中国铁路总公司及相关地方政府进行汇报、沟通。11 月 2 日、3 日，股份公司分别向中国铁路总公司上报《中国中铁、中国铁建关于请求解决拉日铁路项目工程费用有关问题的函》《中国铁建股份公司关于沪昆铁路（湖南段）概算清理有关问题的报告》，积极推动解决重难点工程有关费用问题。

（刘延华）

审计监事

【审计监事局】 负责中国铁建股份有限公司（以下简称公司）内部审计及监事会、董事会审计与风险管理委员会的工作机构。定员 15 人，现员 13 人。经公司总裁办公会批准，分别在北京、西安、长沙设立 3 个审计分局，定员 52 人，现员 23 人。主要职责：负责对全系统内部审计工作的监督、指导、服务和对审计分局的直接管理、监督、把关；贯彻国家内审、监事会工作法律法规，制定内审制度和监事会工作制度及有关规定；负责对公司及所属企业（单位）财务收支、财务预算、财务决算、资产质量、经营绩效以及建设项目等有关经济活动的真实性、合法性和效益性进行审计监督和评价；负责对公司高级管理人员、所属企业负责人收入进行审计监督评价；负责管理和组织实施公司内部经济责任审计、绩效复核审计及日常审计工作；负责审计信息化应用。承办公司直管项目公司、项目部（指挥部、协调组）和锦鲤资产管理中心的内部审计工作。负责对审计分局审计项目实施的督导工作。负责董事会审计与风险管理委员会会议相关议案的准备工作，会议决议的起草、执行和执行情况反馈工作；全面负责监事会日常工作；负责监事会会议的筹备、组织工作，会议决议的起草、执行和执行情况反馈工作；负责组织会计师事务所对股份公司年度财务决算的审计工作，并对会计师事务所的审计质量情况进行监督检查；负责内部审计学会工作，组织审计人员后续教育、业务培训和审计理论研究；总结审计工作，交流、推广审计经验，评选和表彰审计先进单位和先进个人；参与公司总体发展战略及中长期规划的研究制定工作；参与公司社会责任报告的编撰并提供相关资料；参与全面风险管理和内控相关工作；参与绩效考核工作；参与全面预算管理工作；牵头组织配合协调外部审计工作。

（黄少军）

·审计工作·

【综述】 2015 年，中国铁建系统完成审计项目 3686 项。其中，经济责任审计 494 项、工程项目审计 1402 项、财务收支及效益审计 452 项、年度绩效审计 51 项、内控审计 69 项、企业基建审计 67 项、各类专项基金专项审计及其他专项审计调查 1151 项。全系统提交审计报告 3284 份。经审计，为企业挽回经济损失和促进被审计单位增收节支 1.79 亿元；给予党纪、政纪处分 103 人；移送纪检监察 55 人；移送司法机关 3 人。开展中国土木集团公司，中铁十八局、二十二局集团公司，中铁物资集团公司、中国铁建财务公司、中铁建商务管理公司、北京铁城建设监理公司、重庆铁发遂渝高速公路有限公司、北京通达京承高速公路有限公司、北京培训中心的经济责任审计和绩效复核审计；开展总公司机关大院安防监控改造工程、中铁建游泳馆改建项目工程等 10 项基建项目的决算审计和北京铁城建设监理公司的移交审计。

（沈晓霞）

【审计机构和审计人员】 截至 2015 年底，中国铁建系统设立内部审计机构 191 家，专职审计人员 694 人，其中高级职务 244 人、中级职务 252 人、初级职务 191 人。

（沈晓霞）

【审计制度】 制定《中国铁建股份有限公司亏损项目跟踪审计管理暂行办法》和《中国铁建股份有限公司审计作业与管理系统应用管理办法》，起草《中国铁建股份有限公司境外资产审计管理办法》（征求意见稿）。

（沈晓霞）

【审计项目】 （1）经济责任审计 494 项，提交报告 461 份。通过审计，纠正违规违纪金额 132747 万元，促进增收节支 830.55 万元。（2）工程项目审计 1402 项，提交报告 1324 份。通过审计，纠正违规违纪金额 43311.7万元，促进增收节支 6447.47 万元。（3）财务收支审计 144 项，提交报告 128 份。通过审计，纠正违规违纪金额 1506.35 万元，促进增收节支 1387.02 万元。（4）经济效益审计 308 项，提交报告 303 份。通过审计，纠正违规违纪金额 35320.6 万元，促进增收节支 3880.14 万元。（5）内部控制审计 69 项，提交报告 43 份。通过审计，纠正违规违纪金额 144 万元，促进增收节支 140 万元。（6）基建审计 67 项，提交报告 67 份。通过审计，纠正违规违纪金额 20.24 万元，促进增收节支 217.25 万元。（7）后续审计 50 项，提交报告 45 份。通过审计，纠正违规违纪金额 7458.39 万元。（8）专项审计调查 833 项，提交报告 772 份。通过审计，纠正违规违纪金额10187.4万元,促进增收节支4854.39万元。(9)其他审计项目319项,提交报告141份。通过审计,纠正违规违纪金额6158.27万元,促进增收节支176.7万元。 (沈晓霞)

【审计理论研究及培训】 2015年,中铁二十局集团公司审计中心报送的《无形的"血口子"—某铁路项目设备租赁专项审计案例》、中铁二十一局集团公司审计处报送的《施工企业收尾工程项目物资管控专项审计案例》入选中国内部审计协会开展的2015年百佳案例。年内,全系统举办审计管理与作业系统专项培训6期,600余人参训。 (沈晓霞)

【审计信息化建设】 2015年1月,中国铁建审计管理系统软件正式启动并投入试运行。 (沈晓霞)

【中国铁建审计工作先进单位和先进工作者】 2015年,中国铁建表彰审计工作先进单位44个、先进工作者71人。名单如下:

2015年度中国铁建审计工作先进单位

中铁十一局集团公司审计部
中国铁建大桥工程局集团公司审计部
中铁十六局集团公司审计部
中铁十九局集团公司审计处
中铁二十局集团公司审计部
中国铁建房地产集团公司审计部
中国铁建国际集团公司审计部
中铁十一局集团一公司审计部
中铁十一局集团四公司审计部
中铁十二局集团一公司审计科
中铁十二局集团七公司审计科
中国铁建大桥工程局集团四公司审计部
中国铁建大桥工程局集团五公司审计部
中铁十四局集团三公司审计部
中铁十四局集团五公司审计部
中铁十五局集团一公司审计科
中铁十五局集团七公司审计科
中铁十六局集团一公司审计部
中铁十六局集团四公司审计部
中铁十七局集团一公司审计督察部
中铁十七局集团六公司审计监察部
中铁十八局集团五公司审计部
中铁十八局集团房地产开发公司审计法务部
中铁十九局集团二公司审计科
中铁十九局集团轨道交通工程公司审计部
中铁二十局集团四公司审计部
中铁二十局集团五公司审计部
中铁二十一局集团六公司审计部
中铁二十一局集团路桥公司审计部
中铁二十二局集团四公司审计部
中铁二十二局集团电气化公司审计部
中铁二十三局集团一公司审计部
中铁二十三局集团六公司审计部
中铁二十四局集团浙江公司审计部
中铁二十四局集团上海铁建工程公司审计部
中铁二十五局集团四公司审计部
中铁二十五局集团六公司审计部
中铁建设集团山西分公司审计部
中铁建设集团天津分公司审计部
中国铁建电气化局集团二公司审计部
中国铁建电气化局集团北方公司审计部
中铁物资集团西南公司预算与风险管理及审计部
中铁建城建集团一公司审计科
中铁建城建集团三公司审计部

2015年度中国铁建审计工作先进工作者

刘　莹　王志刚　李　贤　聂卫平　刘　凯
张志明　赵建锋　常大炜　王　杰　薛　阳
张　坤　翟永军　李　伟　姜守君　赵　军
白国涛　成鹏飞　黄利吉　温　虹　董景霞
闫治平　宁　博　高虎虎　温新生　王瑞林
孙保旲　王　伟　陈　巍　汪红英　李森丽
王耀军　王克玺　文杰豪　杨秀兰　连　琪
刘叙平　张彦锋　赵高山　李　颖　刘志卫
孙玉萍　孙英宝　宗冠春　沈　斌　陈邦晋
黄智皎　余　慧　易朝辉　虞　塘　浦晓辉
任广宇　杜　军　刘德松　肖兴强　程守昌
郝宪军　景　忠　杨　奕　史　超　于　斌
吴卫国　石兴祥　胡蓓蓓　曲　勇　刘彩莲
王海威　王华明　张　杰　周　鹭　苏瑞芬
曹福刚
(沈晓霞)

·监事会工作·

【中国铁建股份有限公司监事会】 由3名监事组成,其中股东代表监事2名、职工代表监事1名。股东代表担任的监事由股东大会选举和罢免,职工代表担任的监事由公司职工民主选举和罢免。第三届监事会股东代表监事:黄少军、李学甫,黄少军担任第三届监事会主席;2015年7月21日,中国铁建股份有限公司召开一届六次职工代表大会第一次联席会议,张良才被选为公司第三届监事会职工代表监事,任期自选举产

生之日起至第三届监事会任期届满时止。全年召开现场会议5次,审议表决通过议案11项。 (邹 兵)

【中国铁建股份有限公司第三届监事会第4次会议】 3月30日在中国铁建大厦14层第2会议室召开。会议审议通过《中国铁建股份有限公司2014年度财务决算报告》《中国铁建股份有限公司2014年度利润分配方案》《中国铁建股份有限公司2014年年报及其摘要》《中国铁建股份有限公司2014年度内部控制评价报告》《中国铁建股份有限公司2014年度监事会工作报告》《中国铁建股份有限公司监事会2015年工作要点》的议案。 (邹 兵)

【中国铁建股份有限公司第三届监事会第5次会议】 4月29日在中国铁建大厦14层第2会议室召开。会议审议通过《中国铁建股份有限公司2015年第一季度报告》的议案。 (邹 兵)

【中国铁建股份有限公司第三届监事会第6次会议】 7月29日在中国铁建大厦12层第6会议室召开。会议审议通过《关于公司以募集资金置换预先投入募投项目自筹资金》《关于公司使用部分闲置募集资金暂时补充流动资金》的议案。 (邹 兵)

【中国铁建股份有限公司第三届监事会第7次会议】 8月28日在中国铁建大厦14层第2会议室召开。会议审议通过《关于公司2015年半年报及其摘要》的议案。 (邹 兵)

【中国铁建股份有限公司第三届监事会第8次会议】 10月30日在中国铁建大厦14层第2会议室召开,会议审议通过《关于公司2015年第三季度报告》的议案。 (邹 兵)

【监事会检查监督】 2015年,监事会通过参加经济责任审计和境外项目审计、子企业拆分上市、巡视及落实"两个责任"检查、民主生活会等活动,开展公司重要境外项目、重大投资项目、重要骨干子企业、重要事项综合调研检查。年内,综合调研中国铁建埃塞俄比亚、吉布提分支机构(工程项目)经营管理状况、政治法律环境和税收征管政策等情况,就调研检查中发现的问题和相关风险提出相应的意见和建议。 (邹 兵)

【监事会程序监督】 2015年,监事会按规定出席股东大会、监事会会议,列席历次董事会、总裁办公会和公司重要会议。通过参加会议,全面了解公司重大经营管理事项,参与相关议案的审议和讨论。有效监督董事会、高级管理层的决策、执行程序及董事、高级管理人员的履职行为。 (邹 兵)

【监事培训】 2015年,黄少军监事会主席、李学甫监事、张良才监事参加北京证监局组织的上市公司董事、监事培训班,系统学习上市公司法人治理、上市公司信息披露、内控流程及风险管控等内容。 (邹 兵)

·审计与风险管理·

【中国铁建股份有限公司审计与风险管理委员会】 由5名独立董事组成,主要负责提议公司外部审计机构的聘请、更换;公司内部审计制度的监督;公司内外部审计的沟通、监督和核查;财务信息及其披露的审阅;内控制度的审查;公司风险管理策略和解决方案的制定,重大决策、重大事件、重要业务流程的风险控制、管理、监督和评估等工作。2015年,公司审计与风险管理委员会召开8次会议,其中两次会议有1名董事因公缺席,所有董事均出席其余6次会议。

(陈永龙)

【中国铁建股份有限公司三届董事会第3次审计与风险管理委员会会议】 2015年3月9日召开。会议听取安永华明会计师事务所(特殊普通合伙)(以下简称安永华明)关于公司2014年度年报审计进展情况的汇报(第二次沟通),听取审计监事局关于公司2015年度审计思路和审计计划的汇报,会议审议通过公司2014年度年报审计费用的议案。 (陈永龙)

【中国铁建股份有限公司三届董事会第4次审计与风险管理委员会会议】 2015年3月28日召开。会议听取安永华明关于公司2014年度年报审计进展情况的汇报(第三次沟通),听取公司2014年度内部控制评价工作开展情况及对外披露2014年度内部控制评价报告的汇报,会议审议通过公司2014年度财务报告、公司支付2014年度内部控制审计费用及2015年内控机构选聘议案、公司2015年度年报审计中介机构选聘议案。 (陈永龙)

【中国铁建股份有限公司三届董事会第5次审计与风险管理委员会会议】 2015年4月28日召开。会议审议通过公司2015年第一季度财务报告,并提出2点要求:一是加强公司经营性净现金流状况分析;二是采取措施扭转个别子公司业绩不佳的局面。

(陈永龙)

【中国铁建股份有限公司三届董事会第6次审计与风险管理委员会会议】 2015年6月1日召开。会议同意公司2015年度全面风险管理报告,肯定报告内容全面,风险客观,策略合理,并提出4点建议:一是深入研究风险策略和解决方案,进一步细化;二是认真落实、执行风险策略和措施;三是建立完善重大事项的专项风险评估制度;四是进一步补充完善对国资委的建议部分。会议对2016年的全面风险管理工作提出3点要求:一是全面风险管理时间要提前,要与全面预算管理同步进行;二是要研究完善统计调查风险的方法;三是要对风险管理策略和方法要进一步细化,描述要具体,要有针对性和操作性。 (陈永龙)

【中国铁建股份有限公司三届董事会第7次审计与风险管理委员会会议】 2015年8月26日召开。(1)会议同意公司2015年上半年财务报告。会议肯定公司在经营性现金流和盈利水平方面稳步提升,并提出6点建议:一是加强两金占用的管理,加大清收力度;二是在房地产业务板块要加大去库存力度;三是继续加强对物资集团的分析,采取切实有效的办法控制物资贸易方面的风险;四是加强公司战略布局研究,探索新的商业模式,实现创新,提升盈利水平;五是认真分析宏观经济形势,结合公司实际情况研究对策,制定措施,抓好落实;六是进一步完善财务分析指标,加入成本费用利润率指标,结合同行业数据进行比较等。(2)会议同意公司2015年度内部控制评价工作方案,公司肯定发展规划部做的大量工作,提出2点建议:一是加强缺陷整改,原则上发现的缺陷都要在评价年度内整改完成;二是在工作安排的时间进度上适当提前,以更利于缺陷整改工作。 (陈永龙)

【中国铁建股份有限公司三届董事会第8次审计与风险管理委员会会议】 2015年10月29日召开。会议同意公司2015年第三季度财务报告和三季度报告,肯定公司前三季度做的大量工作,并提出4点建议:一是四季度需要进一步加强收入和利润指标的相关工作,力争完成各项指标任务;二是两金占用增幅较大,公司要严格控制好财务风险;三是公司要进一步研究如何有效控制三项费用;四是子公司合并范围的变更,需要在三季度财务报告和三季度报告中进行说明。

(陈永龙)

【中国铁建股份有限公司三届董事会第9次审计与风险管理委员会会议】 2015年12月4日召开。会议同意安永华明关于公司2015年度年报审计及内控审计计划,肯定安永华明和公司管理层做的大量工作,并提出5个方面的建议:一是内控缺陷整改,包括3个方面:第一,2014年发现的内控缺陷整改了一部分,还有一部分仍在整改过程中,对于重复出现和重要性缺陷要请管理层给予充分重视;第二,2015年发现的内控缺陷,要提出切实可行的办法及时整改;第三,加强信息系统建设,进行信息系统顶层设计,减少信息孤岛的形成。二是海外项目审计方面,安永华明根据海外项目审计具体情况,给予足够重视,能够现场审计的,尽量现场审计,确实无法现场审计的,也要收集足够的材料,揭示海外项目风险,提出客观的审计意见。公司管理层也应对海外项目风险给予足够的重视。三是资本运营方面,对于公司是新的业务,面临新的机遇、新的风险,公司BT、BOT、PPP项目越来越多,风险也相应增大,安永华明在审计时,要注意资本运营项目可能存在的相关风险,审计监事局在内部审计中要予以重点关注。四是资产减值方面,公司管理层和安永华明要从公司长远运营的角度考虑,高度重视资产减值情况,客观评估公司资产存在的风险,足额计提各项资产减值准备。五是金融板块方面,安永华明在2015年审计过程中,要重视金融业务方面的风险。 (陈永龙)

【中国铁建股份有限公司三届董事会第10次审计与风险管理委员会会议】 2015年12月28日召开。会议审议通过关于拟订2016~2018年持续关连交易上限和续签《服务提供框架协议》的议案,并提醒管理层注意上述议案内容要得到有效贯彻落实,防止出现损害中小股东利益的情况。 (陈永龙)

2015年5月26日,中铁第一勘察设计院集团有限公司在西安承办茅以升科技教育基金会第二十四届颁奖大会暨第五届桥梁与隧道工程技术论坛。中国铁建董事长、基金会副主任孟凤朝出席并讲话。图为董事长孟凤朝在颁奖大会上介绍茅以升科学技术奖评审情况。(高 俊 摄)

综合管理

特载	大事记	概况	董事会工作	工程施工	海外经营 境外工程	经营管理	综合管理	科技管理	党的工作	工会 共青团	所属单位	人物	统计资料	文献辑要	附录

机关政务 行政事务

【办公室】 主要职责：负责中国铁建股份有限公司（以下简称“公司”）领导日常工作的统筹服务工作；负责综合协调机关职能部门之间的有关工作，并为机关和下属单位提供有关服务工作；负责传达、督办经理层领导有关决定和指示，编制、督办行政部门月度重点工作计划；负责起草综合性文件、报告，以及总裁办公会议记录、整理纪要等文秘工作；负责公文处理、印信管理，以及文件和会议材料的排版印刷工作；负责公司政务信息的收集、整理、编辑和上传下达，以及公司网站的信息管理工作；负责机关行政管理、办公类固定资产管理、安全保卫和有关接待工作；负责总裁办公会和年度工作会等综合性会议的组织协调安排等会务工作；负责公司档案管理系统的业务指导与评价、年鉴和各类史志编写工作，以及机关档案、图书馆管理；负责公司信访管理系统的业务指导以及机关来信来访接待、沟通、协调等工作；负责本部门业务的建章立制、风险内控和内审贯标工作；负责部分市场、国内外经济形势以及系统内有关工作的调研、信息收集和分析研判工作；负责部分有关国家部委、地方政府、机构和企业的联系对接工作；参与公司总体发展战略和规划的研究制订工作；参与公司全面风险管理和内控相关工作；参与公司社会责任报告的材料提供和编撰工作；参与公司突发事件的处置工作；履行总公司办公厅职能；完成公司领导交办的其他工作。定员30人，设主任1人，副主任2人；下设秘书处、文书处、信息调研处、行政保卫处、信访处、档案馆。（冯　伟）

【中国铁建二届一次职工代表大会暨2016年工作会议】 2015年1月26—28日在北京召开。国有重点大型企业监事会主席李克明出席会议并讲话，监事会第八办事处主任陶永山出席会议。中国铁建董事长孟凤朝作题为《加强战略引领，精心谋划未来，为实现中国铁建伟大梦想而努力奋斗》的主旨讲话，党委书记齐晓飞作《凝心聚力抓党建，从严从实转作风，为企业的改革发展营造良好政治生态》的党的建设和反腐倡廉工作报告，总裁张宗言作题为《着力地质增效，加快转型升级，努力开创新常态下企业改革发展新局面》的行政工作报告。总会计师王秀明作《关于财务收支及经济运行情况的报告》《关于业务招待费用使用情况的报告》，副总裁夏国斌作提案工作报告。1月28日上午，召开第二次全体大会，大会举手表决通过行政工作报告、《关于财务收支及经济运行情况的报告》《关于业务招待费用使用情况的报告》，以及提案工作报告的决议。中国铁建所属集团公司、设计院等单位签订年度绩效合约和安全包保责任书。副总裁刘汝臣，纪委书记李春德参加会议。（冯　伟）

【秘书工作】 2015年，起草和整理总裁年度工作报告、专题会议讲话、各类通知等文字材料，近100篇计60余万字。围绕企业发展中的重点、难点、热点问题和领导交办事项，随同公司领导或组织有关人员开展调研活动，先后赴系统内30多家单位调研，并将调研成果及有关单位所提建议，适时向股份公司领导进行反映，并体现在有关材料中，为领导决策和工作部署提供第一手资料和参考依据。坚持每月收集、汇总、整理机关各部门工作计划及完成情况，汇总、整理办公室各处工作计划和会议纪要，定期收集、整理机关各部门重点工作进展情况。根据《督查督办工作管理办法》，结合有关会议精神及各部门职责，建立分级负责、相互协作的督办工作机制，形成《督查督办情况通报》3期，明确199项重点督办事项，其中，完成153项督办工作。组织筹办17次总裁（总经理）办公会，收集总裁办公会议题126项，整理总裁办公会议纪要17份、总经理办公会议纪要6份。领导秘书积极做好服务领导工作，较好地完成陪同领导出差或现场办公以及有关日程安排、商务接待、文件呈转、文稿撰写等有关工作。服务领导、参政辅政能力进一步提高。严格按照相关规定，做好会议室和贵宾室的协调、服务工作，全年安排、协调会议室2200余次，满足了机关部门的工作需要。（冯　伟）

【公文管理】 2015年，接收上级单位和外部单位来文1408份、接收下级文件2273份，分发文件3068份，清退文件6000余份；审核行政公文、公函870件；排版文件2571份，排版会议材料680份约181万字，印刷制版4640张，印刷材料近万份；扫描文件956份；交换文件百余次，交换文件万余份；整理归档文书档案18卷183件、文书资料6卷112件。（郝慧晶）

【印信管理】 2015年，接待盖章人员1716人次，加盖印章25000余次；为股份公司直管项目部刻制印章22枚，赴项目投标现场盖章20次；开具公司介绍信21份。（郝慧晶）

【涉密传输网建设】 按照国资委要求，股份公司搭建密码传输网，配置计算机终端设备并摆放到位。（郝慧晶）

【文印管理制度建设】 出台《中国铁建股份有限公司总部机关行政印章管理暂行办法》，规范股份公司行政职权范围内的公司印章、机关部门印章、业务专用章、股份公司区域指挥部及直管项目公司（指挥部）等冠名“中国铁建股份有限公司”的印章管理。根据机关部门设置调整情况，修订印发“中国铁建股份有限公司机关发文字号表”。 （郝慧晶）

【政务信息】 全年向国务院国资委报送信息55条篇，采用12条篇；编辑《铁建信息》41期。对全系统政务信息工作进行考核评比，评选二十一局等15家先进单位为年度政务信息工作先进单位，评选惠勇等25人为年度政务信息工作先进个人。

2015年度政务信息工作先进单位

中铁二十一局集团有限公司
中铁十九局集团有限公司
中国铁建大桥工程局集团有限公司
中铁十八局集团有限公司
中国铁建港航局集团有限公司
中铁十一局集团有限公司
中铁第四勘察设计院集团有限公司
中铁十七局集团有限公司
中国土木工程集团有限公司
中铁第一勘察设计院集团有限公司
中铁二十局集团有限公司
中铁十四局集团有限公司
中国铁建房地产集团有限公司
中国铁建国际集团有限公司
中铁第五勘察设计院集团有限公司

2015年度政务信息工作先进个人

惠　勇　中铁二十一局集团有限公司
王春锐　中铁十九局集团有限公司
康　勇　中国铁建大桥工程局集团有限公司
彭福刚　中铁十八局集团有限公司
龙婷婷　中国铁建港航局集团有限公司
杨新凯　中铁十一局集团有限公司
谢瑞丰　中铁第四勘察设计院集团有限公司
武宝君　中铁十七局集团有限公司
李　想　中国土木工程集团有限公司
张　巍　中铁第一勘察设计院集团有限公司
高明德　中铁二十局集团有限公司
周　峰　中铁十四局集团有限公司
曾芳君　中国铁建房地产集团有限公司
刘海龙　中铁第五勘察设计院集团有限公司
苏全泽　中国铁建国际集团有限公司
李建平　中铁十二局集团有限公司
孙　帆　中铁二十三局集团有限公司
余锦平　中铁十六局集团有限公司
金贤庆　中铁物资集团有限公司
刘　佳　中铁城建集团有限公司
张新颖　中国铁建重工集团有限公司
章　梅　中铁建设集团有限公司
李　婷　中铁二十五局集团有限公司
李雪芳　中铁二十四局集团有限公司
韩　笑　重庆铁发遂渝高速公路有限公司

（雷　勇）

【网站管理】 加强公司网站的日常维护和管理，积极配合股份公司各项工作，制作相关网络专题，全年发布企业新闻7585篇；向国务院国资委网站报送信息141篇，采用108篇。 （雷　勇）

【行政管理】 （1）会议接待服务。行保处加强对监管单位的业务督导，保障机关各项接待服务工作需要。股份公司机关会议服务接待3484次、63560人次。其中，接待格鲁吉亚总理等重要外宾及省部级以上客人的重要会议52次；安排贵宾接待用车调度管理工作306次。（2）机关办公用房管理，根据中央八项规定和国资委党委的要求，及时清理、调整办公用房90余间；为机关集中采购办公设备80台，办公家具128件（套），办理更换电话、换号、布网线等电话业务168次。对机关办公电话号码表进行更新。（3）配合内控审计工作。针对内控审计工作发现的内部控制缺陷提出整改措施。完成股份公司机关本级固定资产盘查工作。对各部门报废的办公设备进行清理，残值清交财务部。（4）加强机关服务单位监管力度。按照股份公司领导意见，为改进完善商务公司服务工作，提高服务质量，成立由办公室牵头，机关有关部门参加的测评领导小组，组织开展对商务公司服务质量满意度测评和安全满意度测评工作。经过2次测评，商务公司相关单位服务质量和服务水平得到进一步提升，达到预期效果。（5）安全保卫管理。一是加强总部机关安全保卫。认真部署并落实安全保卫工作的各项措施，对铁建大厦严格出入凭证和来客登记管理。落实两会、中央全会等重大活动期间的安保要求。二是协助处置突发信访事件。行保处积极配合信访、公安部门，针对群体性上访事件提前做好预案。配合信访部门处置上访事件226起1207人次。三是坚持每日安全巡查制度。铁建大厦实行24小时监控和不间断巡逻，做到每日巡查工作都有记录。四是落实消防和防汛等工作。加强消防安全管理，督促机关物业管理中心做好对消防设备的维护检测工作，做好检测记录。注重节日期间消防安全检查。全年组织铁建大厦安全大检查18次，检验灭火器1478具。组织消防演练、防汛演练各1次。股份公司机关无刑事治安案件、无火警事故、无治安灾害事故。（戴 红）

【受理来信来访】 2015年，全系统受理来信来访6192件次。其中，各类申诉131件次；集体经济134件次；揭发检举148件次；工资福利458件次；离退休待遇674件次；劳动就业209件次；医疗改革468件次；伤残病亡待遇155件次；工程款拖欠2248件次；征地拆迁131件次；职工生活330件次；工程质量22件次；精简下放308件次；遗留问题373件次；各种建议41件次；环境保护5件次；其他357件次。（邵长亮）

【信访立案】 2015年，中国铁建系统信访立案973件次。其中，上级交办104件次；本级立案835件次。结案931件次，结案率95.7%。（邵长亮）

【规范信访事项受理办理程序】 根据国务院国资委印发的《中央企业规范信访事项受理办理程序引导来访人依法逐级走访实施细则》（国资发〔2015〕20号）要求，股份公司结合信访工作自身实际，进行贯彻落实。提出：一要认真学习，努力提高认识；二要结合实际，逐步依法治访；三要凝聚共识，重在落在实处。按照要求，引导来访人依法逐级走访。（邵长亮）

【北京重大活动期间信访工作】 2015年是中国人民抗日战争暨世界反法西斯战争胜利70周年，中央决定9月3日在北京举行纪念大会、阅兵式等重大活动。为确保北京和谐稳定，股份公司发出通知，要求所属各单位：一要认真开展矛盾纠纷集中排查化解工作；二要认真解决职工群众正当合理诉求；三要密切关注不稳定群体，切实维护北京地区信访秩序；四要强化值班应急处置工作；五要做好信息报送工作。（邵长亮）

【通报信访工作情况】 为依法合规从源头上减少信访存量，解决信访人的正当合理诉求，更好地运用法治思维和法治方式解决问题、化解矛盾，进一步强化各级领导机关和部门处置信访问题的能力，根据领导指示，对元旦、春节和上半年、下半年股份公司接待职工群众的来访情况进行了通报，并提出要求：一要一如既往地贯彻落实党中央、国务院、国资委和股份公司、股份公司党委对信访工作做出的各项指示精神；二要继续抓好对群体性信访问题的解决力度；三要继续做好对疑难信访问题的疏导处置工作；四要继续抓好对初信、初访问题的处理力度，加大基层化解矛盾的能力，从源头上减少信访问题的发生；五要进一步落实领导责任制，规范信访秩序，引导上访人员依法逐级走访，建立健全信访民作机构，加强信访工作力量。（邵长亮）

【档案统计】 截至2015年底，中国铁建系统有立档单位277个，专职档案人员458人，其中女性391人；兼职档案人员6923人。专职档案人员中，研究馆员8人，副研究馆员21人，馆员25人，其他高级技术职务32人、中级技术职务97人；研究生7人，大学本科257人，大专154人，中专27人，高中11人，初中及以下2人；50岁以上36人，35～50岁243人，35岁以下179人。全系统馆存档案及资料1684192卷，其中馆存科技档案705686卷；录音录像2540盘，照片117884张，光盘9894张，底图4138875张。（张 红）

【参加中央企业档案职业技能大赛】 按照国务院国资委《关于举办中央企业职工技能大赛第一届档案职业技能竞赛的通知》（国资发〔2014〕142号）要求，股份公司选拔6名选手参赛。第一届档案职业技能大赛于9月22—24日在深圳大亚湾核电站基地举办。中国铁建代表队获得团体优胜奖，中铁十四局集团有限公司孟宪景、中国铁建港航局集团有限公司李育华被评为优秀选手。（晋爱萍）

【档案工作评价】 按照《中央企业档案工作评价办法》要求，完成27个立档单位的档案工作评价的考核认定工作。（晋爱萍）

【档案安全专项检查】 8月26日，转发国家档案局《关于开展档案安全专项检查的紧急通知》，要求所属单位组织力量进行一次全面、细致的安全专项检查，特别是库房核心区、电气线路等重点部位和设施设备进行全面彻底检查，切实做到档案安全管理，确保档案的绝对安全。（晋爱萍）

【总部机关文件资料归档】 2015年，总部机关文件资料归案1517卷5360件、照片1085张。其中，文书档案234卷2445件；房地产档案33卷345份；科研档案3卷51件；会计档案299卷299件；股改上市档案948卷2220件。归档资料74册。年内全部整理上架。编制档案案卷目录、卷内文件目录70册、移交目录40册。（晋爱萍）

【开展"国际档案日"纪念活动】 为纪念6月9日"国际档案日"，按照国家档案局和国务院国资委办公厅的要求，在全系统开展"档案——与你相伴"为主题的活动，所属档案部门运用档案知识答题、图片展览等形式开展档案文化宣传活动，传播档案文化，宣传档案的历史传承和见证作用，宣传档案法律法规，宣传档案资源体系建设、利用体系建设和安全体系建设，宣传档案部门坚持改革创新、坚持科学发展，服务企业生产经营和全面推进依法治企的新经验新举措，努力打造企业档案文化精品。 （晋爱萍）

·史志鉴工作·

【《中国铁建年鉴(2014)》出版】 2015年11月，第22卷《中国铁建年鉴(2014)》由中国铁道出版社出版发行。全书收集资料360余万字，图片500余幅；编辑成书165万字，选用图片200余幅。年鉴设类目16个、分目89个、次分目43个，记载条目1511条、表格96份、文章25篇。全面、翔实地记述了中国铁建2013年度企业改革发展、生产经营、科技文化、党群工作等方面的主要成果、经验和重要活动信息，充分展示了中国铁建的企业面貌和整体实力。 （杨启燕）

【编辑《中国铁建年鉴(2015)》】 5月，分别下发铁建年鉴(2015)框架设计及编写分工、图片和人物条目征集通知。编辑工作11月底开始。截至12月底，完成“特载”“大事记”“概况”“董事会工作”“海外经营 境外工程”“工程管理”“附录”6个栏目的编辑。

（杨启燕）

【向国家有关部委提供年鉴资料】 10月，按照《国资年鉴》《中国建筑业年鉴》《中国建设年鉴》2015卷的撰写通知要求，参照股份公司2015年工作会议讲话及2014年年度报告、社会责任报告等资料组织条目内容，编写“企业基本情况”“主要财务指标完成情况”“经营情况”“企业管理”“改革发展”“技术创新”“工程创优”“国内工程”“房地产开发”“工业制造及大型设备”“物流与物资贸易”“党建工作”“履行社会责任”13个条目8000余字。年内，杨启燕被评为2014年度《中国建筑业年鉴》优秀撰稿人。 （杨启燕）

【《国资年鉴》征订】 按照国务院国资委办公厅有关《国资年鉴(2014)》征订通知的要求，7月下发《关于做好〈国资年鉴(2014)〉征订工作的通知》，共征订《国资年鉴》132册，圆满完成征订任务。 （杨启燕）

【参加国资委《国资年鉴》编辑部举办的志鉴培训班】 4月底，向所属单位转发《国资年鉴》编辑部举办第二期年鉴、志书专题培训班的通知。5月13—15日，培训班在海南省海口市中国(海南)改革发展研究院国际学术交流中心举办。中央企业、地方国资委及其监管企业参加培训，中国铁建所属单位15人参加培训。培训班围绕“在新常态下如何提高年鉴志书撰稿能力和编纂质量”“在年鉴志书编纂创新中借助‘互联网+’的重要性与必要性”“如何编纂企业年鉴及年鉴志书在企业经营管理中的作用”“解读国家经济发展战略与企业改革发展应对之策”“中国经济转型升级的趋势与挑战”5项课题进行专题讲座。在培训班上，中国铁建被《国资年鉴》社授予“优秀工作站”称号。

（杨启燕）

【《中国铁建年鉴(2013)》获全国第五届年鉴编纂出版质量评比特等奖】 4月21—23日，全国第五届年鉴编纂出版质量评比颁奖大会在浙江省杭州市召开。《中国铁建年鉴(2013)》在评比中，获综合特等奖及框架设计、条目编写、装帧设计3项特等奖。全国年鉴编纂出版质量评比由中国出版工作者协会主办，中国出版工作者协会年鉴工作委员会承办，是中国年鉴界参与性最广、公信度最高、影响力最大的评奖活动之一。《中国铁建年鉴》连续两届获此殊荣。 （杨启燕）

【杨启燕获“明鉴春秋”银质纪念章】 10月21—23日，第十四届全国年鉴学术年会暨中国年鉴学会组织建立30周年座谈会在陕西省西安市召开。会议对从事年鉴工作时间较长的年鉴编辑人员和对中国年鉴事业发展有突出贡献的业内人士进行表彰，颁发“明鉴春秋”金、银奖。中国铁建股份公司办公室杨启燕从事年鉴编辑工作18年，荣获“明鉴春秋”银质纪念章，并在会上作题为《强化责任意识，弘扬担当精神，是企业年鉴工作再上新台阶的前提条件》的交流发言。

（杨启燕）

人力资源

【人力资源部】 主要职责：在股份公司党委领导下，贯彻党管干部、党管人才的原则，负责制定并组织实施股份公司人才发展战略、人力资源规划及各项管理制度、办法；协助国资委对总公司(股份公司)领导班子和领导人员管理；负责所属单位领导班子成员、总部机关及派出机构工作人员的任免、调配、考核、晋升、劳动合同签订与解除等工作；负责管理权限内人员档案管理、出国(境)政审及在公安机关出入境管理部门因私出国(境)登记备案工作;负责公司人才队伍建设,建立健全人才发现、引进、培养、使用、评价、考核、晋升制度体系;负责公司专家的选拔、推荐、申报等工作;负责制定公司职称评审工作管理办法,组织开展职称评审工作,对所属单位开展职称评审工作进行指导、监督和检查;负责贯彻落实国家有关政策,制定公司高校毕业生接收办法,对所属单位高校毕业生接收工作进行指导、监督和检查;负责公司员工总量控制工作;负责总部机关及所属在京单位从京外选调人员、毕业生接收、解决两地分居人员备案工作;负责贯彻落实中央关于从严管理干部、加强干部监督政策;负责领导干部报告个人有关事项核查、兼职报备和审批、跨集团调动审核(批)等工作;负责贯彻国家劳动法律、法规和政策规定;负责制订公司劳动合同管理、劳动用工、薪酬分配等制度;负责公司工资总额预算管理及对工资收入分配进行指导、监督和检查;负责公司高级管理人员、所属单位领导班子成员、总部机关及派出机构员工薪酬管理;负责公司履职待遇、业务支出管理、指导和监督工作;负责公司劳动关系管理、指导工作;负责公司员工教育培训管理的整体规划、制度建设、宏观指导、督促检查;负责公司人才开发、员工培训、职业技能鉴定和考核工作;负责组织开展高端、紧缺、应急、创新人才的培养以及执业资格等业务培训;负责贯彻国家有关社会保险法律、法规和政策规定,指导、协调、监督全系统(含外部劳务)养老、失业、医疗、生育、工伤保险的建立及开展工作;负责公司企业年金管理工作;负责公司总部机关员工健康体检工作;负责公司人才资源、劳动工资、离退休干部、退役士兵接收安置信息统计、军转干部信息采集数据库汇总等工作。参与公司总体发展战略及中长期规划的研究制订工作;参与公司全面风险管理和内控相关工作;参与公司社会责任报告的编撰并提供相关资料;参与绩效考核工作;参与经济对标工作;参与责任成本管理工作;参与整合并购重组的论证与实施工作;参与信息化建设工作。负责承办总公司人事、劳动工资等相关工作。定员 23 人,设部长 1 人、副部长 2 人,下设领导干部处、人事处(人才中心)、劳资处、社会保险管理处、培训与技能鉴定处(职业技能鉴定中心)、干部监督处,现有人员 19 人。

(鲁　斌)

【总公司暨股份公司领导班子建设】 2015 年 1 月 12 日,国务院国资委党委研究,同意提名齐晓飞为中国铁建股份有限公司副董事长人选,不再担任中国铁建股份有限公司纪委书记职务;李春德为中国铁建股份有限公司党委常委、纪委书记人选;彭树贵不再担任中国铁建股份有限公司副董事长、董事、党委副书记、党委常委职务(国资党委干二〔2015〕6 号)。2 月 10 日,国务院国资委党委决定,提名齐晓飞为中国铁道建筑总公司总经理人选;孟凤朝不再担任中国铁道建筑总公司总经理职务(国资党任字〔2015〕9 号)。2 月 15 日,国务院国资委党委研究,同意提名齐晓飞为中国铁建股份有限公司党委书记人选;孟凤朝为中国铁建股份有限公司党委副书记,不再担任中国铁建股份有限公司党委书记职务(国资党委干二〔2015〕40 号)。4 月 20 日,国务院国资委党委决定,王秀明经一年试用,转正担任中国铁道建筑总公司党委常委(国资党任字〔2015〕26 号)。6 月 29 日,国务院国资委党委决定,免去张宗言中国铁道建筑总公司党委书记、党委常委职务(国资党任字〔2015〕49 号)、董事职务(国资任字〔2015〕68 号),7 月 13 日,国务院国资委党委研究,同意免去张宗言中国铁建股份有限公司执行董事、总裁、党委副书记、党委常委职务。11 月 30 日,国务院国资委党委研究,任命庄尚标为中国铁道建筑总公司党委书记(国资党任字〔2015〕120 号)、董事(国资任字〔2015〕141 号)。12 月 8 日,国务院国资委党委决定,李春德经一年试用,转正担任中国铁道建筑总公司党委常委、纪委书记(国资党任字〔2015〕121 号)。12 月 14 日,国务院国资委党委研究,同意提名庄尚标为中国铁建股份有限公司总裁、党委副书记人选(国资党委干二〔2015〕281 号)。调整后,总公司、股份公司共有领导班子成员 7 人。

(邹光剑)

【所属单位领导班子建设】 2015 年,股份公司、股份公司党委严格按照《党政领导干部选拔任用工作条例》《中央企业领导人员管理暂行规定》《中国铁建股份有限公司企业领导人员管理暂行办法》明确的程序和企业干部队伍建设实际,进一步加强所属二级单位领导班子建设。二级单位的领导班子能力进一步增加,管理水平进一步提高,在生产经营和企业发展中的作用进一步增加。截至 2015 年底,股份公司所属二级单位领导班子 52 个,其中 38 个二级公司、1 个党校(培训中心)、11 个区域性指挥部、2 个分公司。领导班子成员 416 人,平均年龄 50 岁,其中 45 岁以下 72 人、45~50 岁 132 人、51~55 岁 179 人、56 岁及以上的 33 人;具有高级专业职务 388 人(其中教授级高级工程师 182 人),大学本科以上学历 380 人。

所属单位领导班子建设特点:一是领导干部选拔更加规范、透明。确立公司主要领导集体研究动议提名酝酿干部选任机制。5 月,公司党委确立以书记碰头会的形式集体研究动议提名酝酿干部选任机制,同时要求重点做好动议阶段的纪实工作,让动议环节在阳光下运行。二是创新选人用人方式。根据所属单位实际情况，分别采取不同选拔任用形式。其中，采用提名考察方式选拔任用干部28人，民主推荐考察方式选拔任用干部23人，差额推荐考察方式选拔任用干部12人，公开招聘股份公司所属单位总会计师后备人选10人。三是规范公司总部三总师副职的设置和使用。取消4名总裁特别助理的设置，2名转任总经济师，1名转任工会主席，1名调任二级单位主管领导；对2名兼任二级单位主管领导职务的三总师副职进行规范调整，只保留二级单位职务，不再兼任三总师副职；调整三总师副职的使用，选用1名新闻发言人和1名总裁助理任公司党委巡视组组长，负责开展巡视工作；取消三总师副职中的新闻发言人设置，改由党委宣传部部长负责新闻发言人工作；严格执行退休制度，对到达退休年龄的3名三总师副职，按规定办理退休。经过一系列调整，股份公司总部三总师副职人数减少11人，从原有的26人减少到15人；后提拔任用3人，现18人。四是加大领导干部交流力度。重点对单位领导班子成员地域过于集中的单位正职领导，所属单位纪委书记、总会计师等领导干部进行交流。交流调整领导人员71人次，其中正职25人次，副职46人次。五是加强对“为官不为”“为官乱为”现象的治理。通过公司党委开展巡视，发现有关单位存在的突出问题，及时调整8名工作不胜任、业绩差或违反规矩、群众反映比较集中的主管领导。六是加大领导干部监督管理力度。加强对领导干部的日常管理。通过约谈所属单位主要领导和纪委书记等方式，进一步强化各单位党委、纪委的责任意识；严格执行制度，敢于碰硬解决问题。对触犯个人有关事项报告核实和档案审核相关规定的，严格按规定处理。公司党委管理的干部中，有16人因个人有关事项未如实报告，受到处理。其中7人被暂缓提拔，4人被调整工作岗位，3人改任非领导职务，2人给予党纪处分，同时由纪委和干部部门对其诫勉谈话；建立新任领导干部谈话和大会表态签字归档制度。

（汪显东）

【所属单位领导人员调整】 中国土木工程集团有限公司：6月24日，袁立任董事长、党委副书记；吴江主持党委工作；郝毅忠任巡视员；免去吴万良副董事长、董事、党委副书记、党委委员职务。7月8日，免去赵仲宁党委委员职务，不再担任副总经理职务。7月29日，中铁建中非建设有限公司再次并入中国土木工程集团有限公司，重新任命中国土木工程集团有限公司全部领导班子成员，袁立任董事长、党委副书记；孙勇任党委书记、副董事长；曹保刚任副董事长、党委副书记，为总经理人选；郝毅忠任董事、党委委员、巡视员（兼），为副总经理人选；初厚才任董事、党委委员，为副总经理人选；薛立智任董事、党委委员，为副总经理、总会计师人选；丁维利、严学斌、张文锦、池长贵、吕晶任党委委员，为副总经理人选；胡社忠任党委委员，为副总经理、总工程师人选；吴江任党委副书记、纪委书记、监事会主席，为工会主席人选；陈志杰、赵仲宁任副巡视员。12月21日，王伟任党委委员，为副总经理人选；吴江任巡视员，免去党委副书记、党委委员、纪委书记、监事会主席职务，不再担任工会主席职务；免去郝毅忠董事、党委委员职务，不再担任副总经理职务。

中铁建中非建设有限公司：6月24日，曹保刚任董事长，为总经理人选；孙勇任党委书记、副董事长，不再担任总经理职务。7月29日，中铁建中非建设有限公司再次并入中国土木工程集团有限公司，故中铁建中非建设有限公司原领导班子成员职务自然免除。

中铁十一局集团有限公司：1月5日，凌汉东任党委委员，为副总经理人选；免去荆山党委委员职务，不再担任副总经理职务。8月28日，彭兴文任党委副书记；臧丹任副巡视员；免去付裕董事、党委委员职务，不再担任副总经理、总会计师职务。

中铁十二局集团有限公司：1月5日，李国强任党委副书记；方永利为副总经理人选。9月15日，方永利、薛如明任董事；高治双、祁玺剑任党委常委。

中国铁建大桥工程局集团有限公司：1月5日，迟荣益任党委委员，为副总经理人选；杨萍任党委委员，为副总经理、总会计师人选；免去刘树山党委委员职务，不再担任副总经理职务。3月10日，赵文祥、赵华免职退休。6月24日，吴建顺主持董事会、党委工作；许兰民任董事、党委副书记，为总经理人选；免去梁君党委书记、副董事长、董事、党委常委、委员职务。8月28日，吴建顺任董事长、党委书记；杨萍任董事。11月25日，梁君免职退休。

中铁十四局集团有限公司：1月5日，王国栋任党委副书记、纪委书记。6月24日，张挺军任董事长、党委书记，不再担任总经理职务；吴言坤任董事、党委副书记，为总经理人选；免去杨有诗董事长、董事、党委书记、党委常委、委员职务；免去许兰民党委委员职务，不再担任副总经理职务。10月27日，陈保京免职退休。

中铁十五局集团有限公司：1月5日，免去刘正昶党委委员职务，不再担任副总经理、总会计师职务。7月8日，李国欣免职退休。8月28日，免去裴璐辉（女）顾问职务。10月27日，王小川任党委委员，为副总经理人选；谢丰成任副巡视员。11月23日，史保魁任副巡视员，免去董事、党委副书记、党委常委、党委委员职务。

中铁十六局集团有限公司：1月5日，缪江梅（女）任党委副书记、纪委书记；勾文青任党委副书记；刘正昶任党委委员，为副总经理、总会计师人选；董梁、罗生宏、向大强、王宜柱任党委委员，为副总经理人选；免去张夕和党委委员职务，不再担任副总经理、总会计师职务。11月9日，赵瑞亮任巡视员。11月23日，江拔其任副巡视员，免去董事、党委委员职务。12月28日，吴秀义免职退休。

中铁十七局集团有限公司：1月21日，卢朋任董事长、党委书记，不再担任总经理职务；文珂主持经理层工作；免去段东明董事长、董事、党委书记、党委常委、党委委员职务。4月21日，韩贤文免职退休。5月8日，文珂、杜水波任董事职务。8月21日，朱龙江任党委副书记、纪委书记、监事会主席；免去张学安纪委书记、监事会主席职务，为工会主席人选。10月21日，文珂任党委副书记，为总经理人选；郑力任党委副书记。10月27日，孙中林免职退休。

中铁十八局集团有限公司：5月6日，范成国、刘洪德免职退休。8月28日，李兰勤、杨国良任副巡视员。

中铁十九局集团有限公司：1月5日，张夕和任党委委员，为副总经理、总会计师人选。6月24日，王学忠任董事长；赵国旗任党委书记、副董事长；王必军任党委委员，为副总经理人选；崔吉林任副巡视员；免去葛永利董事长、董事、党委书记、党委常委、党委委员职务；免去吴言坤党委委员职务，不再担任副总经理职务。7月8日，施化祥免职退休。

中铁二十局集团有限公司：7月8日，王玉松任副巡视员，免去董事、党委委员职务，不再担任副总经理职务。11月23日，郭祥君任副巡视员，免去党委委员职务，不再担任副总经理职务。

中铁二十一局集团有限公司：1月5日，朱健任党委委员，为副总经理、总会计师人选。8月28日，李金生任党委副书记、纪委书记、监事会主席；免去张超民党委副书记、党委常委、党委委员、纪委书记、监事会主席职务。10月27日，李让平、齐宇旗任副巡视员。

中铁二十二局集团有限公司：1月5日，徐冬青、孙锡寿任党委委员，为副总经理人选；曲宝臻任副巡视员。

中铁二十三局集团有限公司：10月21日，肖红武任董事、党委副书记，为总经理人选；喻丕金任党委委员，为副总经理人选；徐明新不再担任总经理职务。10月27日，刘衍堂任副巡视员，免去党委委员职务，不再担任副总经理职务。12月28日，钱振地免职退休。

中铁二十四局集团有限公司：吴为爱、林志勇、王肖文任党委委员，为副总经理人选；雷涛任党委委员，为副总经理、总会计师人选；刘宝剑任副巡视员。12月28日，叶建国任党委副书记。

中铁二十五局集团有限公司：1月5日，孙传福任党委委员，为副总经理人选。6月24日，张建国主持全面工作；免去梁毅董事长、董事、党委副书记、党委常委、委员职务，不再担任总经理职务。8月28日，张建国任董事长；张超民任党委副书记、纪委书记、监事会主席；免去任国华党委副书记、党委常委、党委委员、纪委书记、监事会主席职务；免去臧丹党委委员职务，不再担任副总经理职务。9月14日，苏建斌任党委常委，主持经理层工作；明思义任党委副书记，不再担任副总经理职务；11月23日，免去冼海燕董事、党委常委、党委委员职务，不再担任副总经理、总会计师职务。

中铁建设集团有限公司：1月5日，王闯任党委委员，为副总经理人选。

中国铁建电气化局集团有限公司：6月24日，郑斌任董事长，不再担任总经理职务；冯学彬任党委书记、副董事长，不再担任副总经理职务；万传军任董事、党委副书记，为总经理人选；王汉林免职退休。

中国铁建港航局集团有限公司：4月21日，段长江免职退休。6月2日，何秀春任副巡视员，免去党委委员职务，不再担任副总经理职务。10月27日，蹇宏任党委委员，为副总经理人选。12月28日，王永东任董事；李法胜任党委委员，为副总经理人选。

中国铁建房地产集团有限公司：1月5日，易善键任副董事长，不再担任副总经理、总会计师职务；李兴龙任党委委员，为副总经理人选；杨德昭（女）任党委委员，为副总经理、总会计师人选。6月24日，吴仕岩任董事长、党委书记；免去李黎董事长、董事、党委书记、党委委员职务。7月29日，吴宏晋任党委委员，为副总经理人选。8月17日，张杰、陈方正、严晓建、楼翱任第三届董事会外部董事。11月9日，免去宫良国党委委员职务，不再担任副总经理职务。

中铁第一勘察设计院集团有限公司：3月16日，郑群棣免职退休。9月25日，丁力任副巡视员，免去党委副书记、党委常委、党委委员、纪委书记、监事会主席职务，不再担任工会主席职务。10月27日，余洁任党委委员，为副院长人选；黄超为副院长人选；安光保免职退休。

中铁第四勘察设计院集团有限公司：1月5日，荆山任党委委员，为副院长人选；免去凌汉东党委委员职务，不再担任副院长职务。8月28日，免去汤友富董事、党委常委、党委委员职务，不再担任副院长职务。

中铁第五勘察设计院集团有限公司：8月12日，王立新任董事长、党委书记，不再担任院长职务；汤友富任董事、党委副书记，为院长人选；刘培硕免职退休。

北京铁城建设监理有限责任公司：1月5日，李志锋、王健任党委委员，为副总经理人选。1月21日，敬廷银免职退休。7月29日，贾晖东主持工作；免去王鉴董事长、董事、党委副书记、党委委员职务，不再担任副总经理职务。

中铁上海设计院集团有限公司：10月27日，钟国钢为副院长人选。

中铁建大桥设计研究院：8月28日，谢维鎏任党委书记。

中铁物资集团有限公司：11月3日，吴婧萍（女）任党委委员、纪委书记、监事会主席；董细俭任党委副书记；免去孔庆林党委副书记、党委委员、纪委书记、监事会主席职务。

昆明中铁大型养路机械集团有限公司：1月5日，任延军任董事长；童普江任党委委员，为副总经理人选；免去马云昆董事长职务。

中国铁建高新装备股份有限公司：5月15日，昆明中铁大型养路机械集团有限公司因拆分上市，更名为中国铁建高新装备股份有限公司。6月15日，任延军任董事长、党委副书记，为总经理人选；马云昆任党委书记、执行董事；童普江任党委委员，为副总经理人选；江河任党委委员，任执行董事，副总经理人选；余园林任执行董事、党委委员，为副总经理人选；纳鹏杰、于家和、黄显荣任独立非执行董事；李学甫、伍志旭任非执行董事；杨朝凯任党委副书记，为副总经理、工会主席人选；黄兆祥、胡斌、孙国庆、张忠、陈永祥任党委委员，为副总经理人选；吕检明为职工监事、监事会主席人选；王华明、张主民任监事会股东代表监事；上述人员的原昆明中铁大型养路机械集团有限公司相应领导职务自然免除；莫斌任党委委员，纪委书记。7月31日，孙林夫任独立非执行董事。

中国铁建重工集团有限公司：1月5日，刘飞香任党委书记，不再担任总经理职务；周海祥任董事、党委副书记，为总经理人选，不再担任职工董事职务；赵晖任党委委员，为副总经理人选；程永亮为总工程师、职工董事人选；王全生任巡视员，不再担任总工程师职务；免去刘华军董事职务。6月24日，免去王守慧党委委员职务，不再担任副总经理职务。

中国铁建国际集团有限公司：1月5日，边双元任党委委员，为副总经理、总会计师人选；董立巍任副巡视员；黄健民不再担任总会计师职务。7月29日，周天想任副董事长、党委副书记，为总经理人选；卓磊不再担任总经理职务。8月6日，田晓宇为监事人选；免去赵勇监事职务。12月21日，冯来刚任党委副书记，为工会主席人选；赵光明、杨晋军任党委委员，为副总经理人选；赵佃龙不再担任工会主席职务。

中铁城建集团有限公司：8月28日，免去陈培荣党委委员职务，不再担任总会计师职务。

中国铁建投资集团有限公司：1月5日，免去王闯党委委员职务，不再担任副总经理、总会计师职务；周京波任党委委员，为副总经理、总会计师人选；公司名称为：中国铁建投资有限公司。7月8日，李宁任董事长、党委书记；王巍任董事、党委副书记，为总经理人选；李振刚任董事、党委委员，为副总经理人选（正职待遇）；谭振武、申伟、刘虎军、刘青林、李卫华、范永芳任党委委员，为副总经理人选；上述人员的原中国铁建投资有限公司相应领导职务自然免除；王泽泉任党委委员、纪委书记。

中国铁建财务有限公司：1月5日，彭长林任党委副书记，为工会主席人选；果秀娟（女）任党委委员，为副总经理、总会计师人选。

中铁建商务管理有限公司：11月9日，贾晖东任党委书记、董事；免去周步科党委书记、党委委员、副董事长、董事职务。（邹光剑）

【领导人员培训】 2015年度选送12名所属单位领导人员参加中央党校培训班的培训。（邹光剑）

【总部机关及直属机构人员管理】 人员结构。截至2015年底，总部机关（含报社、指挥部）共有职能部门30个，正式人员306人，其中报社13人。学历分布：博士研究生6人，硕士研究生33人，研究生18人，大学本科237人，大学专科8人，专科以下4人。职称分布：正高级职称47人，高级职称195人，中级职称45人，初级职称9人，未聘专业职务8人，技师2人。40岁及以下74人，41～45岁62人，46～50岁58人，51～54岁61人，55岁以上51人，平均年龄46.3岁。

调配情况。完成总部机关部门副职及以上共16人的职务调整和任免调配事项；组织对机关部门副职、相同职级及以上职务有关人选共29人进行考察；办理经营计划部3名二级机构负责人的调入和任职手续；报经股份公司领导批准，对相关部门呈报的16名二级机构负责人人选进行考察，考察结果向股份公司领导进行书面呈报，办理任免手续；完成蒙华通道领导协调小组、南宁地铁、深圳地铁6号线、青岛地铁2号线、芜湖长江隧道有限责任公司等直属指挥部人员的任职调配工作；组织审计分局部分岗位人员的公开招聘，为北京、西安、长沙3个审计分局招聘19名工作人员。（王　谐）

【总部机关工作人员年度绩效综合考核评价】 根据《股份公司总部机关员工2015年度绩效综合考核评价工作实施方案》，对机关部门和员工进行综合考核评价测评。考核评价部门30个，其中股份公司部门27个、总公司部门3个；被考核评价员工274名，其中部门以上人员14人、部门正职22人、部门副职38人、部门副职以下人员200人。30个部门中，评定优秀3个、良好24个、称职3个；274名员工个人中，评定优秀56人、良好214人、称职4人。（王　谐）

【所属单位职工总量调控】 组织所属单位开展2014年度员工招收情况自查和2015年度职工总量调控计划申报工作，根据各单位生产经营和人才队伍建设情况，对2015年度职工总量计划进行批复，职工总量年度同比增长1%。（王　谐）

【在京单位从京外调配人员和高校毕业生】 2015年，就在京单位从京外调配人员和高校毕业生接收情况，多次与人社部人力资源市场司沟通协调。按照人社部对已上报待批复的97名备案人员、376名2014年高校毕业生、106名2015年高校毕业生逐个进行在岗访谈和考察的要求，整理访谈考察材料，组织办理其他审核通过的高校毕业生落户手续，报批3名留学回国研究生的接收落户手续。上报《关于申请重新启动从京调配人员备案工作的报告》和申请2015年从京外调配人员指标的报告，重新启动相关工作。利用2012、2013年调配指标上报的备案人员陆续得到人社部批复，绿色通道办理备案的工作正常开展。（王　谐）

【专业技术职务任职资格评审】 调整股份公司工程、经济、会计3个系列评审委员会报人社部备案，政工系列评审委员会报国资委备案，授权中铁城建集团公司组建工程系列高级专业技术职务评审委员会。在全系统建立评审纪实制度和学历、成果等网络查证制度，突出评审过程的监督。通过评审，2015年有211人取得教授级高级工程师任职资格，1947人取得高级工程师任职资格，112人通过高级经济师任职资格，11人取得企业二级法律顾问任职资格，135人取得高级会计师任职资格，120人取得高级政工师任职资格，股份公司专业技术人才队伍建设得到进一步加强。（王　谐）

【专家和人才队伍建设】 作为中央企业代表，参加国家外国专家局组织的第十三届中国国际人才交流大会，大力宣传企业科技成果和引智情况，受到马凯、胡春华等中央领导的肯定，中央电视台进行报道，企业知名度和美誉度得到提高。组织开展百千万人才工程国家级人选等专家的选拔推荐工作，铁五院王立新获百千万人才工程国家级人选、国家有突出贡献中青年专家称号。开展股份公司海外专家的推荐评选，60名熟悉海外经营管理相关工作的人员被评为股份公司海外专家，初步形成股份公司海外经营管理的咨询和协调智库。（王　谐）

【挂职交流干部选派和军转干部安置】 根据中央组织部要求，选拔3名村第一书记人选，分派到定向扶贫的河北省尚义县、万全县和青海省甘德县开展工作。参加国务院军转工作会议，按军转干部接收指标和要求组织接收工作。在京单位接收军转干部3人。（王　谐）

【按副省（部）长级标准报销医疗费待遇人员报批】 根据中组部、国务院国资委有关文件精神，对企业抗战时期及以前参加革命工作的离休干部享受待遇情况进行核查，13人经中组部批复，获按副省（部）长级标准报销医疗费待遇。（王　谐）

【人力资源信息统计】 （1）人才资源统计工作。截至2015年底，总公司共有在岗人员254366人。其中，管理人才52472人，占总人数的20.63%；专业技术人才（不含在管理岗位的）111418人，占43.8%；技能人才90476人，占35.57%。

2015年中国铁建系统人员按年龄分布

年龄	35岁及以下	36～40岁	41～45岁	46～50岁	51～54岁	55岁及以上
人数（人）	134187	32879	31663	18448	21115	16074
比例（%）	52.75	12.93	12.45	7.25	8.30	6.32

2015年中国铁建系统专业技术职务分布

技术职务级别	高级专业技术职务	中级专业技术职务	初级专业技术职务	未聘任专业技术职务
人数（人）	20811	40144	72535	13691
比例（%）	14.14	27.28	49.28	9.30

2015年中国铁建系统人员学历分布

学历	研究生	大学本科	大学专科	中专	高中及以下人数
人数（人）	7209	109116	59540	24985	53516
比例（%）	2.83	42.90	23.41	9.82	21.04

2015年中国铁建系统专业技术人员分类

专业类别	人数（人）	比例（%）
工程技术人员	117320	75.68
卫生技术人员	1714	1.11
经济人员	11293	7.29
会计人员	15355	9.91
科学研究人员	488	0.31

续表

专业类别	人数(人)	比例(%)
翻译人员	346	0.22
政工人员	7849	5.06
其他类别人员	646	0.42
总　计	140718	100.00

(2)军转干部统计。组织2015年度军转干部统计业务专项培训视频会议,对升级后军转干部系统进行培训讲解,完成所属单位涉及单位信息、员工信息、工资、社保近4万条信息录入工作,统计军转干部10600人。

(3)离退休人员统计。向国资委上报2015年度离退休干部统计。截至2015年底,全系统有退休干部25365人、离休干部551人。(王　谐)

【因私出国(境)专项治理】 开展因私出国(境)证件专项治理和因公出国境违规情况专项治理工作。组织完成全系统13458名干部备案信息、持照情况、因私出国(境)、公款旅游等情况的核查,对763人次违规情况进行通报,制定专项整改方案。(王　谐)

【干部档案专项审核】 开展干部档案专项审核工作。印发《关于开展干部人事档案改版和专项审核工作的通知》,对280多名从事档案管理的业务人员进行为期2天的相关业务培训。组织专门人员对股份公司管理的700余卷干部档案进行初审、复审工作。(王　谐)

【农民工工作】 2015年12月24日,被国务院农民工工作领导小组评为"全国农民工工作先进集体",获通报表彰、荣誉证书和奖牌。(张介鹏)

【工资预算管理】 根据国务院国资委《关于中国铁道建筑总公司试行工资总额预算备案制管理的批复》(国资分配〔2014〕815号),2015年,股份公司制定印发《工资总额预算管理暂行办法》,积极推进企业内部分类管理,全面贯彻国资委对工资总额预算管理的各项要求,严格按照效益导向原则,在实现利润预算目标的前提下,工资总额与经济效益联动,力求做到工资增长与企业经营状况和发展战略相适应。

完成总公司2014年工资总额清算方案的报告和2015年度工资总额预算方案报告;完成对所属各单位2014年工资总额清算工作。国务院国资委批复总公司2014年度职工工资总额2357205.73万元。(邹　磊)

【股份公司领导薪酬管理】 根据国务院国资委分配局《关于做好2014年度董事会企业高管人员薪酬确定有关事项的函》,2015年10月13日,股份公司第三届董事会第18次会议审议通过《关于2014年度高管人员薪酬方案的议案》,股份公司领导正职2014年度薪酬总额102.5万元,其中基薪31.2万元、绩效薪71.3万元;年度考核为A级的副职领导年薪90.69万元,其中基薪26.52万元、绩效薪64.17万元;年度考核为B级的副职领导年薪87.13万元,其中基薪26.52万元、绩效薪60.61万元。股份公司领导年度绩效薪的30%延期兑现。(张介鹏)

【履职待遇、业务支出管理】 2015年,公司领导班子成员自觉从严从紧控制履职待遇、业务支出,实际开支低于年度预算,8名公司领导班子成员履职待遇、业务支出开支为170.63万元,其中车辆运营费用34.57万元、业务招待费7.44万元、国内差旅费用109.52万元,因公临时出国(境)费用16.33万元、通讯费2.77万元,比上年实际开支减少了20%。认真落实《中共中央办公厅、国务院办公厅印发〈关于合理确定并严格规范中央企业负责人履职待遇、业务支出的意见〉的通知》(中办发〔2014〕51号)和国务院国资委《关于印发〈中央企业负责人履职待遇、业务支出管理办法〉的通知》(国资发分配〔2015〕5号)等文件精神,坚持厉行节约,反对铺张浪费,取得明显成效。一是参照党政机关工作人员的标准,结合企业实际制定《公司负责人履职待遇、业务支出管理办法》《公司总部员工履职待遇、业务支出管理办法》《子公司负责人履职待遇、业务支出管理办法》,明确公司负责人等各类人员履职待遇、业务支出管理规定和标准,指导监督所属单位建立健全履职待遇、业务支出制度体系。二是对照管理办法明确的标准,组织开展公司负责人和子公司负责人履职待遇、业务支出自查自纠,完成公司负责人办公用房改造,并将贯彻执行履职待遇、业务支出管理制度作为落实"两个责任"监督检查内容,督促所属单位认真对照检查和整改。三是推进实施子公司负责人履职待遇业务支出预算管理。(张介鹏)

【子公司负责人薪酬管理】 2014年9月15日,股份公司印发《关于做好子公司负责人2014年度薪酬结算工作的通知》，根据所属各单位2014年度绩效考核结果，结算各子公司主要负责人2014年度薪酬。实行年薪制的33家二级子公司主要负责人（正职领导）2014年度年薪平均值为94.286万元，最高为160.835万元，最低为26.49万元，其中基薪24万元、平均绩效薪酬70.286万元，子公司领导年度绩效薪酬的30%延期兑现。

根据铁发公司2014年度绩效考核得分233.3分计算，2014年度铁发公司总经理年薪为90.66万元，其中基薪24万元、绩效薪酬66.66万元（绩效薪酬中46.66万元当期兑现，20万元延期支付）。

根据通达公司2014年度绩效考核得分113.02分计算，2014年度通达公司总经理年薪为52.17万元，其中基薪24万元、绩效薪酬28.17万元（绩效薪酬中19.72万元当期兑现，8.45万元延期支付）。

（张介鹏）

【五险一金及统筹外费用缴纳】 2015年，中国铁建系统五项社会保险上缴地方社保75.78亿元，住房公积金上缴33.67亿元，企业补充养老保险资金收入6.87亿元，补充医疗保险计提资金3.96亿元。其中，基本养老保险296324人参保，参保率100%；失业保险244696人参保，参保率82.58%；基本医疗保险314386人参保，参保率100%；工伤保险304407人参保，参保率100%；生育保险262091人参保，参保率88.45%；住房公积金253390人参保，参保率85.51%；补充养老保险191596人参保，参保率64.66%。企业支付各项费用6.62亿元，支付17.12万人次，其中统筹外费用3.13亿元、补充医疗保险1.23亿元、补充养老保险2.26亿元。全系统已有工伤人员5274人，其中一级伤残60人、二级伤残98人、三级伤残153人、四级伤残486人、五级伤残251人、六级伤残469人、七级伤残435人、八级伤残567人、九级伤残906人、十级伤残883人、十级以下伤残966人。（李　倩）

【保险缴费基数核定及最低工资】 北京市2015年1—6月社会保险缴费基数上限17379元，下限2317.2元；2015年7—12月社会保险缴费基数上限19389元，下限2834元；农民工社会保缴费基数按照本人上年月平均工作确定，上限按照北京市上年职工月平均工资300%确定，下限按照北京市上年职工月平均工资40%确定。（李　倩）

【健康体检】 2015年，总部机关与北京铁建医院联系协调，组织在职员工和离退休人员841人进行健康体检。其中，在职员工280人（男性223人、女性57人）；离退休及内退人员561人（男性381人、女性180人）。

（张雪琴）

【企业年金实施工作】 8月10日，中国铁建企业年金管理委员会召开第1次会议。会议由年金管委会副主任鲁斌主持，副主任史道泉宣读《关于成立中国铁建股份有限公司企业年金管理委员会的通知》。建设银行养老金部精算师高云超博士介绍人社部、国资委及税务方面有关企业年金的政策，并对股份公司企业年金相关制度和方案设计情况作详细说明。鲁斌介绍《股份公司企业年金管理办法》《股份公司企业年金方案》《股份公司机关企业年金方案实施细则》《股份公司年金管委会工作规则》简要内容。与会委员对股份公司企业年金相关制度文件进行深入的讨论，提出具体修改意见。会议全票通过《中国铁建股份有限公司企业年金管委会工作规则》《中国铁建股份有限公司企业年金管理办法》《中国铁建股份有限公司企业年金方案》《中国铁建股份有限公司机关企业年金方案实施细则》4个文件。会上，年金管委会庄尚标主任就如何更好地做好企业年金工作提出要求。

12月8日，由年金管委会委员组成的评委小组，通过公开招标方式，选定中国人寿养老保险股份有限公司为中国铁建企业年金基金受托人。

12月14日，收到国务院国资委《关于中国铁道建筑总公司试行企业年金制度的批复》（国资分配〔2015〕1295号），原则同意中国铁建报送的企业年金方案，自2015年1月1日起实施企业年金制度。

（程相辉）

【教育培训】 2015年，股份公司教育培训工作针对企业调结构、促转型、强管理的需要，坚持以干部需求为导向，以能力建设为核心，以岗位技能培训和干部更新知识培训为重点，实施企业领导人员、经营管理人员、专业技术人员、党群管理人员和技能人员五大类培训，培训员工228328人次。其中，企业领导干部培训2076人次，经营管理人员培训25830人次，专业技术人员140674人次，党群管理人员28243人次，技能人员31505人次。

（1）领导干部培训。在股份公司北京党校举办二级、三级领导班子培训班4期，693人参加培训。股份公司领导、部门领导登台讲课，对强化各级领导的执行力，确保企业上下协调一致，取得很好的效果。

（2）专业培训。在股份公司北京党校举办市场经营、海外经营、项目经理、变更索赔与成本管理、投融资管理、财务管理、法律合规、企业文化建设与宣传报道8个培训班，培训人数1265人。举办一级注册建筑师、结构师和建造师等注册资质专业人员考前培训班和继续教育培训，1523人参加培训，满足企业特级资质就位和投标需要。完善一线关键工种作业人员和特殊作业人员的培训和持证上岗制度，培训测量、试验、质检、安全、设备、材料、标准员等3420人，增强一线操作人员的技术水平。（刘爱波）

【海外培训】 为落实高铁“走出去”“一带一路”倡议的实施，进一步加大海外工程管理人才的培训力度，与清华大学、同济大学、北京外国语大学、西安外国语大学、石家庄铁道大学等高校联合举办工程英语、国际工程管理、葡萄牙语、法语、西班牙语等7期培训班，培训354人。（刘爱波）

【职工技能大赛】 为大力实施“人才强企”发展战略，加快培养和建立一支作风优良、技艺精湛的高技能人才队伍，中国铁建参加由国资委、人力资源和社会保障部在天津共同举办的2015年中国技能大赛——中央企业职工技能大赛工程测量工决赛。选派的10名参赛选手获金奖3人、银奖5人、铜奖1人。

决赛第二名（金奖），全国技术能手

郝后安　中铁二十四局集团有限公司

决赛第四名（金奖），全国技术能手

顾东芝　中铁二十四局集团有限公司

决赛第五名（金奖），全国技术能手

邹符良　中铁二十局集团有限公司

决赛第七名（银奖），中国铁建技术能手

孟令叶　中铁十二局集团有限公司

决赛第九名（银奖），中国铁建技术能手

殷炳玺　中铁二十局集团有限公司

决赛第十名（银奖），中国铁建技术能手

汤宪海　中铁十二局集团有限公司

决赛第十三名（银奖），中国铁建技术能手

张建军　中铁第四勘察设计院集团有限公司

决赛第十四名（银奖），中国铁建技术能手

何　虎　中铁十二局集团有限公司

决赛第二十五名（铜奖），中国铁建技术能手

顾连杰　中铁十八局集团有限公司

（刘爱波）

【职业技能鉴定计划】 按照职工个人自愿申请、所在企业推荐、职业技能鉴定主管部门批准的原则，根据人力资源和社会保障部职业能力建设司授权，2015年，股份公司下达职业技能鉴定计划23554人（调整后），其中初级工1590人、中级工10541人、高级工9151人、技师1752人、高级技师520人。（苗振林）

【组建重工集团职业技能鉴定考核站】 3月，根据重工集团《关于申请组建国家职业技能鉴定站的请示》（公司人〔2015〕19号），经股份公司报请国家人力资源和社会保障部职业能力建设司批准，同意组建中国铁建重工集团有限公司职业技能考核站，机构代码为00015021。（苗振林）

【股份公司统一组织职业技能鉴定】 2015年，股份公司统一组织高级技师、四电技师职业技能鉴定。314名考生参加高级技师考核，涉及建筑材料试验工、工程测量工等46个职业，268人考核通过；50名考生参加四电技师考核，涉及接触网工、铁路通信工等5个职业，48人通过考核。（苗振林）

【聘任职业技能鉴定考评员】 许红军等201人经所在单位审核、推荐，参加2015年人力资源和社会保障部职业技能鉴定考评员、高级考评员资格考核，并通过人力资源和社会保障部职业技能鉴定中心资格认证。根据国家和中国铁建职业技能鉴定实施办法，聘任许红军等111人为中国铁建企业职工职业技能鉴定高级考评员；聘任隆海建等90人为中国铁建企业职工职业技能鉴定考评员。聘期3年，从2015年4月至2018年4月。（苗振林）

【高级技师职业资格认定】 314名员工（含5名重新评审人员）参加2015年度股份公司高级技师职业技能鉴定，268人鉴定成绩合格。依据股份公司高级技师评审委员会评审意见，批准陈广雄等252人高级技师任职资格。（苗振林）

【四电技师职业资格认定】 50名员工参加2015年度股份公司四电专业技师考评，48人鉴定成绩合格。依据股份公司技师评审委员会评审意见，批准孙成蕴等

48 人技师任职资格。（苗振林）

【专项技能人才培训】 3 月 11—30 日，股份公司分别在十二局、十四局、二十局培训中心举办电工、盾构机操作工、焊工培训班，117 名学员参加培训。（苗振林）

【岗位培训】 6 月、7 月、9 月，分别在十二局、二十局培训中心举办公路工程造价员和施工员岗位培训，1300 人参加。8 月、9 月、10 月，股份公司在十二局培训中心举办建筑业八大员和测量员、试验员、预算员岗位培训，近 3000 人参加培训并取得岗位培训合格证。（苗振林）

【首届技术能手评选】 根据《中国铁建股份有限公司技术能手评选表彰管理办法（试行）》（中国铁建人〔2014〕172 号），经各集团公司推荐，并经专家评审，股份公司决定授予李雪松等 10 人为首届股份公司技术能手称号，并分别颁发荣誉证书和 1000 元奖金。（苗振林）

【国家高技能人才基地】 依据评选条件，中铁十三局集团技师学院、中铁二十局集团技工学校分别经吉林省、陕西省推荐，国家人力资源和社会保障部、财政部审批并确定为国家高技能人才培养基地。（苗振林）

【股份公司技能人才评价】 2015 年，股份公司完成 22751 人职业技能鉴定，其中初级工 546 人、中级工 11648 人、高级工 9212 人、技师 1031 人、高级技师 314 人，完成年度计划的 96.6%。21343 人取得职业资格证书，其中初级工 519 人、中级工 11010 人、高级工 8678 人、技师 872 人、高级技师 264 人，通过率 93.8%。（苗振林）

【干部监督】 按照上级要求，2015 年股份公司领导干部个人有关事项报告工作延伸到处一级，全系统有 7722 人上报个人有关事项，其中股份公司管理的干部 527 人、所属各单位管理的干部 7195 人。全系统随机抽查 812 人，重点抽查 25 批次 1209 人。

按照上级部署，5 月开展全系统因私出国证件的清理，9 月开展裸官的摸底排查和清理，四季度集中开展对 13 人个人有关事项重点核实验证专项工作。

8 月 17 日，股份公司党委印发《关于对跨集团调动干部进行审批和集团内提拔干部实行备案的规定》，有效规范了一些单位跨集团调动和干部提拔乱象。（张瑞全）

信息化建设

【信息中心】 主要职责：组织制定股份公司整体信息化规划和年度计划；组织股份公司机关各业务部门和所属单位完成相关信息系统的建设、运行、技术支持和维修、维护任务；指导、监督所属单位的信息化工作；整体推进中国铁建信息化的运用与管理，并保持持续改进与完善，实现信息化对主营业务的支持；承担国家有关部委、股份公司下达的信息系统科技攻关任务；承担股份公司系统信息化专业人员的技术培训。定员 7 人，设主任、副主任各 1 人；下设规划需求处和建设运维处。（张一鸣）

【重点信息项目建设】 经过 5 年的努力，中国铁建信息化建设初步实现从无到有的跨越，并形成向全面推进的态势，信息化水平有了质的飞跃。基本建立各级信息化管理机构和信息化规划体系、管理制度体系、标准体系，信息化管理基础工作得到全面开展与加强。股份公司组织建成 20 多个统建系统，规划的“五纵”基本成型。分步实施的财务共享中心，标志着财务信息化进入新阶段；施工项目综合管理系统的全面推广应用，标志着核心业务信息化的大面积探索；各业务板块信息化进程不断深入，规划的“四横”之业务运营平台建设初具规模，并投入运营。基础设施不断完善，信息化硬件环境不断改善。以信息系统等级保护为抓手，全面开展信息安全建设，确保 5 年来信息安全零事件。在国资委中央企业信息化水平评价中，从 2009 年的 C 级、总排名第 68 名，到 2013 年的 A 级、行业第 2 名，并取得 92 项软件著作权、15 项专利、79 项省部级与股份公司级奖励。2015 年，完成的信息化工作主要有：

（1）启动信息化总体设计，为“十三五”信息化规划奠定技术基础。通过从股份公司整体层面梳理业务及其关联，规划出应用与数据架构，进而设计出技术架构，用于定义业务系统、指导技术平台建设，从而奠定在各自建设基础上集成共享的建设管理基础条件。截至 2015 年，完成调研访谈与综合评价工作。

(2)有序推进信息系统建设,优化完善核心业务系统的建设与应用。在指导各单位推广应用施工项目综合管理系统的同时,选择二十三局展开3期功能应用试点,并协助业务部门在成本管理主线上,进一步优化完善核心业务系统,同时协助7家单位顺利通过特级资质申报,力推的财务共享中心在多家单位得到推广应用。铁建重工投入巨资实施SAP的ERP系统,有序地开展包括战略规划、科技设计、施工调度、固定资产、计划统计、审计管理、物资专项审计、产权、资本运营(二期)、外事(二期)、共青团、工会奖励、B座机房改造、OA系统等业务系统的建设、验收、培训与推广应用。

(3)保护知识产权、预防法律风险,全面推进使用正版软件工作。在全系统全面推进使用正版软件工作,取得了积极进展。颁布《推进使用正版软件暂行管理办法》,编制完成《软件资产管理暂行办法(送审稿)》《总部机关软件资产管理实施细则(送审稿)》,对二、三级有关人员进行推进使用正版软件工作培训247人次,在解决存量非正版软件方面取得较大进展和阶段性成果。

(4)"走出去、请进来",进一步加强交流与培训。组织包括二级单位5名副总经理、4名三副总师、12名信息化管理部门主管以及机关5个部门共27人,到阿里巴巴参观学习云技术与大数据应用,到华三了解云与数据中心的解决方案与产品,到宝钢集团考察学习央企信息化的先进经验。组织二级单位成本与信息化管理有关人员67人,邀请中国建筑、中水二局、福建公路一公司、中油龙慧等单位交流项目成本管理的成败得失,邀请专家进行信息资源规划培训。组织各单位对国务院《关于积极推进"互联网+"行动的指导意见》及其解读材料和实践案例进行学习,提升"互联网+"对催生实体经济新形态的本质认识,思考企业在互联网环境下核心竞争力的获取思路。组织全系统79家驻京单位进行专项信息安全培训,加强在京单位应对信息安全的思想意识。

(5)完善制度和标准,进一步夯实信息化基础。编制发布《信息化项目建设管理实施细则》,进一步清晰和明确信息化项目管理的职责、流程与要求,优化完善信息化项目管理制度,为更好发挥和调动业务部门在信息化建设与推广应用中的决定性作用提供规范性保障。同时,发布37项信息化标准、3项信息系统应用管理办法。持续开展信息系统安全等级保护工作,新增28个二级等保信息系统顺利通过评审。中铁第一勘察设计院集团有限公司获国家科技部批准组建轨道交通工程信息化国家重点实验室,并积极参与中国铁路BIM联盟相关标准的制定工作。全系统新增软件版权13项和信息化奖励11项。 (张一鸣)

法律事务

【法律合规部】 主要职责:负责中国铁建股份有限公司法律合规工作;贯彻执行国家法律、法规,参与公司重大经济活动的规划,提出减少、避免法律风险的措施和法律意见;审核、修改经济合同、协议和重要规章制度;代表公司处理诉讼、仲裁、行政复议案件;参与处理公司债权债务的清理和追收工作;参与企业的重组、分立、并购、兼并、注销、撤销、合并、破产、解散、投融资、担保、租赁、产权转让、投招标等重大经济活动,处理有关法律事务;负责选聘律师,并对其工作进行监督和评价;开展法律咨询;指导公司本级境外公司、项目部的法律工作;负责公司合规风险管理,组织拟订、制定公司合规政策,主动识别、评估、检测和报告公司合规风险,并提出有效的风险处置方案;负责组织提供上市公司规范运作的法律服务。参与公司总体发展战略及中长期规划的研究制订工作;参与公司社会责任报告的编撰并提供相关资料;参与全面风险管理和内控相关工作;参与绩效考核工作;参与投资收购、并购重组、投资后评价相关工作;参与概预算梳理、设计变更、经济索赔工作;参与信息化建设工作。承办总公司相关法律事务。定员8人,设部长、副部长各1人,下设法律处和合规处。 (文荣周)

【以总法律顾问制度为核心的企业法律顾问制度全面建立】 决策层的领导实现专职化,总法律顾问制度在全系统全面建立,34家二级子企业100%设立总法律顾问,其中专职总法律顾问21家;285家三级子企业设立总法律顾问,占75%。总法律顾问履职保障进一步夯实,总法律顾问制度写入股份公司章程,总法律顾问或法律机构负责人参加决策会议形成常态化制度。

管理层的部门实现专门化,34家二级子企业100%设立法律机构,其中22家为一级部门、7家为合署办公、2家为二级机构、3家配备专职法律人员;254家三级子企业设立法律合规机构,其中216家为一级职能部门。

执行层的人员实现专业化，全系统法律合规工作人员从2009年初的168人增加到1069人，全面推行项目法律联络员制度，在全系统4237个在建项目设立4160名兼职法律联络员，其中项目兼职总法律顾问的1010人，占在建项目的58%。培训辅导形成常态化，大部分二级子企业建立法律资格证书专项补贴制度。（文荣周）

【风险防范机制关口前移】 在全系统普遍建立规章制度、经济合同、重要决策和授权委托书“四项法律合规审核”制度并严格执行，部分单位增加对印章使用、财务付款的法律审核。公司本级法律合规审核率均实现100%，重要子企业四项法律合规审核率分别为100%、99%、100%、100%。

企业规章制度建设走上规范化、程序化、合法化轨道，决策随意、管理粗放、经营违规现象受到遏制，不签、签不好合同致使企业利益受损的事件不再频发，不当授权、滥用授权等行为被有效控制。法律合规审核把关为保障企业依法稳健经营和国有资产安全发挥重要作用。（文荣周）

【境外项目法律风险管理基本规范】 制定《境外法律事务管理办法》，推动各级境外机构比照国内子企业建立健全法律风险管理体制。全系统132个境外机构或在建项目配备专职法律人员26人、设立法律联络员122人，48家境外机构聘用外部律所，整理发布涉及187个国家和地区的12000余部法律法规和国际条约的目录清单，印发《海外项目代理协议法律风险防范指引》，指导规范海外项目代理人聘用和管理行为。初步建立按地区、专业分类的涉外律师库。组织编写51个国家或地区的境外法律环境调查。加强懂法律、懂外语、懂管理的国际化法律人才培养，组织为期3个月、50人参训的涉外法律与英语培训班。（文荣周）

【法律纠纷案件处理】 建设工程领域历来法律纠纷案件高发，股份公司始终重视和不断加强法律纠纷案件处理，减损增效成绩显著，有效扭转不利市场因素导致法律纠纷发案居高不下的态势。因违规经营导致的重大法律纠纷案件基本杜绝。不少单位通过法律手段收回大量拖欠款，取得良好效果。内部经济纠纷协调机制有效建立，3年来妥善解决内部单位之间经济纠纷31件、金额约4.5亿元，挽回或避免违约金、利息、诉讼费、律师费等间接损失在1500万元以上，有效制止内部伤和气、毁诚信、损形象的事件发生。（文荣周）

【工程项目法律风险防范】 工程承包是中国铁建的主营业务，工程项目既是经济效益的来源点，也是法律风险的易发地。全系统将工程项目作为法律合规工作重点领域，加强基层项目法律风险管理，将法律风险防范关口前移到现场一线。一是参与亏损项目整治。公司法律合规部协助分管领导对口督导一家二级子企业亏损项目治理，并选派10名法律专职人员分别参加公司亏损项目整治专项审计工作小组，对全系统40余个重大亏损项目开展审计工作，通过为亏损项目提供合同、法律支持，保障整治活动措施合法合规，协调亏损项目重大法律纠纷案件处理，降低债务风险及减少诉讼损失。二是推动建立项目部法律联络员制度。设立法律联络员4308人，其中项目兼职总法律顾问的1010人，开展上传下达、提示督促、参与决策等基础性涉法工作。三是开展项目检查。各级子企业将项目法律风险防范检查作为重点工作内容常抓不懈，对发现的问题发出风险告知，情形严重的进行通报。四是组织项目法律维权。部分子企业组织开展在建项目依法维权活动，通过诉讼途径清理一批恶意分供商，对发案频率较高的项目，现场召开分析处理会议，对类似纠纷提出防控措施，有效遏制发案上升趋势。（文荣周）

【法律风险预警、提示作用进一步加强】 编写中国铁建年度诉讼案件分析报告，编制全系统诉讼案件统计报表，对法律纠纷案件的数量、金额、案由、特点及所采取的措施和效果进行分析，总结全系统法律纠纷案件发案的趋势、原因及有效措施。编辑《典型案例汇编》，分析原因、总结教训、指导实践。汇编全系统法制文章72篇33万字，加强理论学习交流。（文荣周）

【法律全程参与服务】 中国铁建以法律服务和合规监督为法制工作重点，逐步深入到资本运营、境外项目、证券融资、改制重组、招标投标等重要业务领域，公司法律合规部直接派员参与非公开发行A股股票、昆明中铁分拆上市、墨西哥高铁项目后续索赔相关工作、十八局科威特保函扣划事宜处理、长春地铁2号线谈判、西安洛克大厦整体出租方案论证、芜湖过江隧道PPP项目谈判等重大项目，适时、及时提供法律服务保障。建立法律专家库，按财务、涉外、经营计划、工程勘察设计、物流贸易、房地产、资本运营等领域分类管理，对一些重大疑难事项集思广益、共同研讨，发挥积极作用。制定知识产权法律保护一系列办法，推进建立知识产权法律保护长效机制。发布合资公司股东协议示范条款、章程示范条款、工程投标联合体协议中单方解除合作的示范条款，加强合资公司管控和规范合作项目管理。印发《BT/BOT 项目法律风险防范指引》，从投资人角度规范、指导投资行为。25 家二级子企业在投资、采购、并购重组、劳动关系、安全生产等重大经营管理领域制定法律风险管理指引或业务操作指南。

（文荣周）

【审批事项集中清理】 在 2015 年首次全面清理和集中公布中国铁建审批事项 308 项，推动 31 家二级单位开展审批事项清理的基础上，分阶段、按计划组织总部各部门、所属各单位对中国铁建审批事项进一步清理精简，实现深化改革、简化流程和强化管控的目的。

（文荣周）

【规章制度“立改废”专项清理】 为推进企业依法经营、合规管理，进一步加强内部规章制度建设，公司法律合规部牵头开展公司规章制度“立改废”专项清理工作，按照“谁主管，谁制订，谁清理，谁负责”的原则，组织各部门、各单位认真、全面对现有制度办法进行全面系统的梳理、完善，真正形成便于遵循、便于落实、便于检查的制度体系，切实有效发挥规章制度的规范引导、监督约束和支持保障作用。（文荣周）

【“六五”普法】 培养合规文化。全系统结合“六五”普法工作，通过宣传展板、报纸专栏、专题讲座、知识竞赛、研讨培训以及中心组学习等形式，广泛开展法制宣传教育。一是针对子企业领导人员进行法制授课。二是每月更新发布与企业有关的新法律法规。三是每周定期在机关多媒体发布法律小常识。四是在《中国铁道建筑报》开设法制专栏，宣传法律合规工作。五是开展“12·4”全国普法宣传日活动，制作宣传展板在总部机关开展法制宣教活动，营造“六五”普法良好氛围。

开展“六五”普法总结。2015 年是“六五”普法总结验收年，股份公司根据国务院国资委普法办通知要求，在全系统开展总结验收工作。庄尚标等 5 人、中国铁建股份有限公司等 4 家单位被国务院国资委评为 2011—2015 年中央企业法制宣传教育先进个人和先进单位。股份公司表彰 2011—2015 年法制宣传教育先进单位 8 家，先进个人 65 人。（文荣周）

【法制宣传教育先进单位和先进个人】 2015 年 12 月 22 日，国务院国资委印发《国资委关于表彰 2011—2015 年中央企业法制宣传教育先进单位和先进个人的决定》，表彰在“六五”普法工作中，作出突出贡献的先进单位 288 家、先进个人 316 人。其中，中国铁建获评先进单位 4 家、先进个人 5 人。

中央企业 2011—2015 年法制宣传教育先进单位

中国铁建股份有限公司

中国土木工程集团有限公司

中铁十二局集团有限公司

中铁二十一局集团有限公司

中央企业 2011—2015 年法制宣传教育先进个人

庄尚标　中国铁建股份有限公司执行董事、总裁、总法律顾问

刘　兵　中国铁建股份有限公司法律合规部副部长

解金辉　中铁十五局集团有限公司总法律顾问

方文军　中铁十八局集团有限公司副总法律顾问

张　宏　中铁二十二局集团有限公司副总法律顾问兼法律合规部部长

（文荣周）

【中央企业“十佳百优”总法律顾问、法律顾问和法律事务先进工作者】 国务院国资委印发《关于表彰中央企业“十佳百优”总法律顾问、法律顾问和法律事务先进工作者的决定》，对 4 年来工作突出的“十佳”总法律顾问、“十佳”法律顾问，“百优”总法律顾问、“百优”法律顾问，以及 490 名法律事务先进工作者予以表彰。其中，中国铁建获评“十佳”法律顾问 1 名，“百优”总法律顾问 1 名，先进工作者 22 名。

中央企业“十佳”法律顾问

王甲国　中国铁建股份有限公司法律合规部部长

中央企业“百优”总法律顾问

丁　薇　中铁二十局集团有限公司副总法律顾问

中央企业法律事务先进工作者

王　菲　中国土木工程集团有限公司法律事务部部长

孙红波　中铁十一局集团有限公司法律合规部法律顾问

张林平　中铁十二局集团有限公司法律事务办公

室副主任

高云鹏 中国铁建大桥工程局集团第五工程有限公司总法律顾问

赵晓民 中铁十四局集团有限公司法律事务部部长

张忠孝 中铁十五局集团第一工程有限公司总法律顾问

孙奎月 中铁十六局集团有限公司法律合规部部长

周全兵 中铁十七局集团有限公司法律事务部副部长

陈水军 中铁十八局集团有限公司法律事务部部长

吕民祥 中铁十九局集团有限公司副总法律顾问、法律合规处处长

陈壮凌 中铁二十二局集团有限公司法律合规部法律顾问

王恒锋 中铁二十三局集团有限公司副总法律顾问兼法律事务部部长

李敬升 中铁建设集团有限公司副总经济师、副总法律顾问兼法务合约部部长

汪友顺 中国铁建电气化局集团有限公司董事会秘书兼副总法律顾问、法律事务部部长

徐大闩 中国铁建港航局集团有限公司副总法律顾问兼合约法规部部长

孙立晓 中国铁建房地产集团有限公司法律合规部部长

王维朝 中铁第四勘察设计院集团有限公司总法律顾问、董事会秘书

王 蕾 中国铁建国际集团有限公司法律合约部副总经理

李连华 中国铁建投资集团有限公司法律合规部副总经理

文荣周 中国铁建股份有限公司法律合规部合规处处长

王裕溪 中国铁建股份有限公司法律合规部高级经济师

朱光耀 中国铁建股份有限公司法律合规部经济师

（文荣周）

【法制宣传教育先进单位和先进个人】 股份公司于11月26日印发《关于表彰2011—2015年法制宣传教育先进单位和先进个人的通报》，对中铁十六局集团有限公司等8家单位、顾肖岳等65人予以表彰。

中国铁建2011—2015年法制宣传教育先进单位

中铁十六局集团有限公司

中铁十七局集团第二工程有限公司

中铁十八局集团有限公司

中铁十九局集团轨道交通工程有限公司

中铁建设集团有限公司

中国铁建房地产集团有限公司

中铁第四勘察设计院集团有限公司

中国铁建投资集团有限公司

中国铁建2011—2015年法制宣传教育先进个人

顾肖岳 许岩竹 杨俊林 胡 伟 肖秀珠
梁俊国 刘 嘉 杨 帆 张 辰 刘福国
李大斌 吕现园 刘宏伟 孙奎月 邓 雷
郭喜军 李 伟 王 莉 李军红 吕民祥
刘国华 张文弓 石莺歌 李春波 程 盼
张 宏 邹长林 杨陈怡 凌光华 唐 忠
邹红有 沈 曼 马光辉 张荣华 秦振英
李跃先 徐大闩 苏顺正 孙立晓 黄炳蔚
周仲华 姚 斌 王维朝 王 月 王 勋
沈 吟 武 茜 郭迎霄 文嘉茂 柳文尧
赵勤砚 陈远飞 张 杰 李 珊 周怡君
郭培义 常 郁 赵晓旭 吴俊峰 马锋先
黄晓宇 周立云 尚冬岩 文荣周 岳向文

（文荣周）

【法治工作先进单位和先进个人】 股份公司于11月26日印发《关于表彰2015年度法治工作先进单位和先进个人的通报》，中铁十四局集团有限公司等10家单位、姬蒙等56人被评为2015年度法治工作先进单位和先进个人。

2015年度中国铁建法治工作先进单位

中铁十四局集团有限公司

中铁二十局集团有限公司

中铁二十三局集团有限公司

中国铁建电气化局集团有限公司

中铁第一勘察设计院集团有限公司

中铁十五局集团第一工程有限公司

中铁十六局集团地铁工程有限公司

中铁二十二局集团第二工程有限公司

中国铁建房地产集团合肥置业有限公司

中国铁建股份有限公司沙特分公司

2015年度中国铁建法治工作先进个人

姬 蒙 马 斌 姚 远 赵永金 张冬平
潘军一 刘小刚 李志民 李国伟 刘 赛
王乃领 时海宇 姜晓蕾 王光阵 肖 云

范利鹏　费王斌　刘　锐　郭李鹏　孙　鹏
门栩卉　余　波　王建虎　魏德刚　李　轶
陈壮凌　张红军　王恒锋　杜桦杨　万　丹
董　莉　陈梦颖　赵　巧　李敬升　关东卓
张国俊　李金华　祝汉新　于庆彦　申智宝
刘　岩　叶国东　王丽洁　王海华　李福兵
马腾飞　文嘉茂　赵勤砚　张　强　王　超
王　婵　常　郁　赵晓旭　倪训付　王裕溪
孙逸文

（文荣周）

机关房地产管理

【机关房地产管理中心】 代表总公司行使业主权利的职能部门和办事机构。主要职责：负责总公司机关房地产管理、建筑物维修、更新改造和新增项目的建设管理工作；负责制定总公司机关基本建设计划，提出基建方案，办理基建、房屋翻建、改造项目审批手续；负责机关基建项目的规划，参与论证、分析，及时向总公司领导提供有价值的情况和数据，并在工程立项后组织实施工作；负责总公司机关调整配售住房工作委员会及其办公室有关住房调整配售决议案的组织实施和房屋日常管理具体工作；负责总公司机关房地产租赁使用的监督管理；负责对职工住房上市交易相关事项的审批及办理；负责机关院内地下车库销售的组织实施和有关手续的办理；负责办理职工住宅的不动产登记证和变更过户手续；负责总公司机关与地方政府有关部门及周边单位有关事务的协调处理工作；代表总公司人民防空委员会负责总公司机关及中铁十六局等10个总公司驻京单位人防工程的日常管理工作，负责总公司机关人防工程的维护工作。定员8人，现员9人，设主任1人（兼任总公司人防委副主任）、副主任1人。下设基建处（总公司人防办公室）、房地产管理处。（杜学文）

【固定资产投资计划实施】 （1）游泳馆改造装修。机关游泳馆改造装修由中铁二十二局施工，北京铁城建设监理公司负责监理，2014年12月1日开始施工，2015年2月10日竣工。该项目最终结算审计于2015年11月完成，共计119.5万元。

（2）总公司领导办公室改造。2015年3月3日，总公司机关基础设施办公会要求对中国铁建大厦A座14、15层总公司领导办公室进行分隔改造，以达到国资委对国企领导办公室面积的要求。改造工作3月20日开始，由中铁建设集团承担施工，包括领导办公室8间增加隔墙、开设门洞、拆除吊顶、重新分隔布局、改移空调口、改移烟感等消防设施，改移墙面及地面插座、网络、有线电视，重新贴壁纸，增加实木门及更改门禁系统；拆除隔墙，木地板地面，扩大会议室，配投影设备等。5月15日完成。（童联合）

【设备更新改造】 更换游泳馆已经连续运行15年的电梯。采用KONE N MINISPACE电梯，7层7站，投资24.1万元。由中铁电梯工程有限公司施工。（童联合）

【机关2015年大修项目实施】 2015年6月29日，总公司机关房屋大修项目审核会议汇报大修项目31项，通过20项，投资260.15万元，2015年完成工程15项，完成投资180万元。（童联合）

【总公司机关大院住宅建设】 2015年，机关住宅建设启动。前期通过摸清家底，分工分组落实责任，通过与北京市规划委、中央军委政治工作部玉泉路老干部服务管理局的协商和沟通，明确规划报规程序和合作建设框架。通过13次机关住宅建设例会，在报规的程序和内容上具体细化，并结合北京市城市功能定位的规划政策进行相关调整，积极稳步向前推进机关住宅建设项目。（童联合）

【总公司人民防空委员会及办公室工作】 2015年，总公司人防办紧密围绕“加强地下空间的综合整治”开展工作。

（1）组织培训。7月2日，中国铁道建筑总公司2015年地下空间知识培训班在北京举行，12家驻京人防委员单位70人参加培训，中央国家机关人防办公室副主任刘桂国出席开班仪式，人防设施维护管理总站副站长王拥军、副处级调研员张秀兰和业务与通讯处徐洪洋分别授课。

（2）督促办理。9月，向驻京各人防单位下发《关于对地下空间继续进行综合整治的通知》，针对各单位不同情况，要求总部机关及人防大户做好表率。重点督查总部机关、十六局、二十二局的地下空间规范使用的办证手续。总部机关铁建大厦 A 座、B 座取得地下空间及人防工程使用证和停车场使用证。十六局、二十二局取得中央国家机关人民防空办公室地下空间及人防工程使用证。

(3)安全检查。为保证 2016 年春节期间地下空间的安全,落实《关于对地下空间继续进行综合整治的通知》精神,总公司人防办从 12 月开始,对每个驻京人防单位的每处地下空间进行全面安全检查,规范使用、不留死角、不留盲区,完成中土集团、中铁物资、二十二局、铁五院、党校、十九局等单位的检查。

(童联合)

【督促法院执行腾退住房】 申请法院对孙某、李某腾退住房案的执行,向北京市海淀区法院递交书面报告,法院领导督促执行庭加快执行。经与执行庭多次协商沟通达成一致意见。在总公司出钱为李某租用两居室住房(租期半年)的前提下,4 月 17 日,执行庭派出多名法警,完成对该腾退住房的强制执行。4 月 21 日,海淀区法院执行庭法官到铁建大院召开对李某、孙某的安抚会,部门相关人员出席并解答法官及李某的相关提问。之后,李某又向北京市检察院提出申诉,要求对她腾退住房案重新审查。按市检察院一分院要求,前去接受问询并递交相关书面材料。该院经审查,于 11 月 6 日作出终止审查的决定。 (杜学文)

【办理房产证及相关事项】 1. 18 号楼。(1)注销原住户 204 户房产证。(2)5 次去海淀区房管局办理审核修改住户资料。(3)协助海淀区房管局现场制证,5 月,173 户住户领取房产证。

2. 散户。(1)协调国管局批复总公司上报的 231 户散户办理房产证相关事宜,3 月底获得批复。(2)协调海淀公安分局和永定路派出所办理楼牌号证明,解决现楼牌号和原房产证地址不统一问题。(3)办理资金证明,请财务部帮助查阅总公司在丰台资金中心存取款明细账目,经过多方努力,于 7 月获办海淀区、石景山区和丰台区所需资金证明。

3. 协助 78 号楼部分贷款住户办理还款手续。

(杜学文)

【办理职工住宅上市交易】 办理职工住宅上市交易 25 户、抵押贷款 6 户,开具各类住房证明信 113 封。

(杜学文)

【清理摸底住房情况】 总公司东院 24、88 号楼和西院 1、2、5、6 号楼摸底登记。6 月底完成全部摸底登记,7 月上旬完成综合统计,印制登记册。对 18 和 78 号楼地下室住房情况摸底。7 月中旬开始,组织相关专人组成工作小组,对该 2 栋楼地下室逐户入户登记,截至 12 月底,除个别住户未找到住户本人外,基本结束摸底工作。 (杜学文)

【铁建大厦 B 座房屋及车位租赁管理】 商务用房租赁。1 月上旬,收回 2014 年度国际集团房租费 3449709.90 元,投资集团房租费 6617654.40 元。11 月下旬,收回房地产集团欠交的 2014 年度房租费 13157815.65 元。

地下车位租赁。与房地产集团、国际集团和投资集团签订 2015 年地下车位租赁合同,租赁车位 110 个,收回年租金共 462000 元。 (杜学文)

【物业管理】 审核并报销 2014—2015 采暖季取暖费及 2015 年股份公司档案馆、铁道兵纪念馆冷气费,包括总公司办公区、总公司和股份公司机关职工住宅等 3954338.66 元。审核报销 2015 年度物业费,包括总公司办公区、总公司和股份公司机关职工住宅等 8114118.11 元,其中总公司支出 6059629.61 元,股份公司支出 2054488.50 元。审核并报销 2015 年前三季度水电费,包括股份公司机关办公区、档案馆和总公司办公区及公共场所、铁道兵纪念馆等 2453200.08 元。

(杜学文)

【协助国管局完成中铁建设拆迁工作】 全力配合中铁建设完成玉渊潭乡潘庄部级干部住宅楼项目的拆迁工作。经过多方努力,1 月底完成拆迁工作。国管局房管司领导对中铁建积极配合、保证任务按期完成给予充分肯定,为中铁建大院下一步的改造工作奠定良好基础。 (杜学文)

离退休职工管理

【总公司机关离退休职工管理部】 主要职能:负责总公司机关离退休人员、内部退养职工的日常管理和服务工作。定员 15 人,现员 16 人。设部长、党总支书记

1 人,副部长 2 人。下设事务管理处、生活服务处、健康服务处和组织宣传处。

截至 2015 年 12 月 31 日,总公司机关有离退休、内部退养职工共 611 人。其中,离休干部 13 人、退休人员 556 人,内部退养人员 42 人;党员 508 人。参加活动人数 972 人,含直属单位 360 人、遗属 1 人。 (赵兰芳)

【离退休职工管理与服务】 落实离退休职工政治待遇。认真落实机关党委关于深入贯彻党的十八届三中、四中、五中全会精神的指示,全年发放学习资料 612 份;抓好“两室”、办好“两报”,阅览室订阅报刊杂志 120 种,向离退休及内部退养人员赠送《中国老年报》,阅文室更换文件 295 份。全年出黑板报 12 期,更换墙报 30 块。开展创先争优活动,表彰 3 个先进党支部、52 名优秀共产党员,28 户和谐家庭。组织离退休职工开展纪念世界反法西斯战争暨中国人民抗日战争胜利 70 周年征文活动,56 篇征文获奖。

落实离退休职工生活待遇。走访慰问原铁道兵老首长、总公司老领导及遗属 36 人,困难及重病职工家庭 120 户,慰问年满 70、80 整岁老职工 42 名,慰问住院病人 96 人;发放节日慰问补助金 1237000 元;组织 100 人到北京市退休职工之家疗养,协助人力资源部为 8 名残疾离退休职工落实相关政策,为 7 名老职工补办“北京市退休企业军转干部生活补贴”相关资料的填报、审核;组织离退休人员体检,并建立其健康基本信息电子档案;开展健康讲座 5 次,协助变更定点合同医院 41 人次、协助办理特殊病种年度申请 7 人次;为离休干部办理住院手续并借住院支票 12 人次,报销医疗费用 790459.74 元;为离退休职工初核、粘贴医疗单据 15910 张;协助办理 9 位去世人员丧事宜并发放直系亲属病故丧葬补助金。

组织离退休职工开展文体活动。全年参加桥牌、歌舞、游园、钓鱼等室内外文体活动人数约 62000 人次,组织举行比赛 24 次。 (赵兰芳)

公安移交善后工作

【铁道建筑公安局移交善后工作组】 2015 年,在铁路公安局和总公司党政的正确领导下,始终以十八大精神为指导,以开展“三严三实”专题教育活动为载体,以公安改革为契机,求真务实、勇于担当,继续强化队伍管理,保持队伍稳定,大力推进分离移交,妥善处置来信来访等善后事宜,较好地完成了上级交给的各项任务,有效维护公安队伍稳定、辖区治安稳定,努力为企业保驾护航,服务企业发展大局,为构建安全稳定的社会环境做出了应有贡献。 (常金光)

【抓好“三严三实”教育加强民警队伍管理】 (1)抓好“三严三实”专题教育活动。各单位坚持领导带头、坚持问题导向,在深化学习思考、查摆突出问题,不断加强民警的党性修养,多举措“拧紧”民警思想和行动的“总开关”。(2)多渠道并行,稳定民警思想,提高工作效率。各单位认真学习传达国家政策和移交工作进展情况,充分沟通,适时交流,及时解决问题。按照“三严三实”指导精神,把工作落到实处。民警思想得到稳定,工作积极性得到提高,服务意识大大增强。

(常金光)

【强化善后工作】 2010 年 1 月 1 日正式成立铁道建筑公安局移交善后工作组并开始运作。不同性、历史性遗留问题增多,处理铁道兵时期的铁道兵保卫部,铁道兵军事检察院,铁道兵军事法院曾经办的 6000 余起各类案件的案卷卷宗整理录入移交及其来信来访问题;成立铁建公安机关以后公安部、铁道部公安局和本局的各类案件卷宗整理录入移交;各类重要文件、命令整理录入移交;完成移交单位所有公章收缴、管理、整理、留模、录入、移交。2015 年来信来访大幅上升。全年接待处理来访信件 56 件,来访人员 77 人次,来访电话 90 余次,调解各类纠纷 190 起。均比上年同期有较大幅度上升。 (常金光)

【主要业绩】 协调和协助查破案件 42 起,查处违法犯罪人员 31 名,挽回和避免经济损失折款 700 万元;接待处理来访信件 56 件,来访人员 77 人次,来访电话 90 余次,调解各类纠纷 190 起;组织爆炸物品安全检查 24 次、检查工地 95 个(次),发现隐患 23 处,当场整改 12 处,限期整改 11 处;组织消防检查 28 次,发现隐患 16 处,督促整改 16 处,签订消防自查自改承诺书 132 份,检验灭火器 512 个,更换失效灭火器 130 个。为职工群众代办户籍 452 份;代发第二代居民身份证 1266 个;开具各类公安证明信 250 余份。 (常金光)

【移交工作】 铁道建筑公安机关的分离移交工作接

近尾声。针对存在问题,攻坚克难认真分析问题原因,及时采取有效措施,本着对组织负责,对民警负责的工作态度,始终坚持“三个满意”“四个不”的工作思路,力争使移交工作达到民警满意、企业满意、地方政府满意;力争使移交工作做到不留后遗症、不留遗憾、不留隐患、不带病移交。主动与相关地方政府、所在企业和相关公安机关联系,调研敦促推进移交工作,取得明显成效。在移交前的1492名民警中,完成移交1442人,占移交总数的96.6%。尚有2个公安分处4个派出所共50名民警未完成移交。为进一步推进移交,针对未移交单位在移交当中存在问题结合民警实际情况,对补充协议进行进一步的完善和修改,确定移交的具体时间表。（常金光）

【治安防范】 布建院区自防网,捣毁传销窝点。积极布建院区“自防网”,切实提高对治安动态的掌控力;建立处理突发事件快速反应网。各级公安机关严格执法,遵章守纪,慎用警力、警械,慎用强制措施,讲策略,巧处置,构建一张由公安民警到企业各部门的“快速反应”网。由警卫室接警报告,公安民警快速反应现场处置,企业有关领导和部门协调配合,共同参与;构筑阵地防控网,确保企业安全稳定。为解决24小时巡逻警力覆盖不到位、防控有盲区的问题,采取“分区巡逻、区域联防、重大时节,重点布防”的方式,做到点、线、面巡逻相结合,延时、错时巡逻相结合。同时,在重大节日、案件多发时段,指挥协调院区保安开展“联勤联防”巡逻,用心密织机关基地“阵地”防控网。（常金光）

【雷管炸药管理】 爆炸物品管理无小事,为防止涉爆案件和事故的发生,严格雷管炸药使用各流程环节,确保雷管炸药管理零事故、零差错。一是摸清雷管炸药库底数等信息,贯彻落实雷管炸药库备案制度。二是与爆炸物品使用点项目经理逐一签订责任状,将爆炸物品管理纳入项目领导主要工作之中认真落实。三是采取“电话询查”“出差随查”“节前专查”等方式,对工地进行不同形式,不定期安全检查,及时堵塞各类隐患漏洞。（常金光）

【消防监管】 始终坚持以防为主的原则。一是广泛开展消防安全教育,充分利用企业报刊、院区宣传栏、标语图片等形式普及防火灭火、火场逃生常识。二是加强电工、电气焊等特种作业人员消防技能培训,邀请当地消防部门专业人员来工地教育授课,严格执行安全培训考试合格上岗制度。三是定期进行消防检查,以查楼房灭火设施是否齐备、查工地用火用电是否安全为重点,相继开展“基地消防检查”“工地消防自查”活动,对在检查过程中发现的火灾隐患及违章行为,依法责令其进行整改,坚决消除各类火灾隐患。（常金光）

【公安组织人事和警衔管理】 根据铁路公安局的统一部署,5月、12月参加铁路公安局在成都铁路警察训练支队举办的2015年上半年全路公安警衔会审暨培训班,在北京铁路警察训练支队举办的2015年下半年警衔会审暨公务员年度统计培训班。认真做好警衔申报工作,向铁路公安局呈报晋升警衔审批材料10人(套),下发和补发23人的警衔命令和相关审批手续。学习掌握新的政治工作信息系统,进一步建立和完善警衔档案和信息数据管理维护工作。（常金光）

2015 年 9 月 30 日，中铁第一勘察设计院集团有限公司“轨道交通工程信息化国家重点实验室”获国家科技部批准建设。图为海外技术人员参观其中的真实场景铁道协同设计平台。（张孟桥 摄）

科技管理

2015年中国铁建科技管理

【科技设计部(技术中心办公室)】 主要职责:贯彻国家科学技术、勘察、设计发展的方针、政策、法规;执行国家规范和标准;组织制定和修订中国铁建科技、设计发展战略规划以及技术中心、科研、技术、勘察设计、学术组织和科技激励的有关规章制度和办法;负责科技创新体系的建设;参与企业科技人才队伍的建设;负责技术中心办公室日常工作;负责年度科技发展项目计划、科研项目资助经费计划并组织实施;负责科技成果鉴定、技术方案审查;负责成果、工法、专利、标准、勘察设计“四优”成果、优秀工程咨询成果、中国土木工程詹天佑奖、中国建设工程施工技术创新成果奖、优秀科技论文等科技奖项的归口管理工作;组织科技攻关、新技术的推广应用和成果转化及国内外技术合作、交流、研讨工作;负责系统内全国建筑业创新技术应用示范工程和全国建筑业绿色施工示范工程的归口管理;归口铁路产品生产技术条件管理;负责勘察设计单位咨询资质的申报、认定、升级和管理工作;负责北京轨道建筑学会日常管理各类科技社团的相关工作;负责科技管理信息化建设的协调和技术中心网站的管理;组织企业内各种科技成果汇编、出版和发行;负责科技设计宣传管理;编写年度科技设计工作总结;指导集团公司科技工作建设。设创新建设处、科研处、技术处、设计咨询管理处、学会处。定员17人,现员14人。

(王清明)

【科技工作综述】 2015年,紧紧围绕“十二五”科技发展规划目标,明确年度科技工作重点,持续狠抓科技创新平台建设,加强专利导航和科技成果转化,努力夯实科技管理基础工作,取得显著的成绩,在技术领域为中国铁建做大做强做优做实起到服务、支撑和引领作用,超额完成中国铁建“十二五”科技发展规划目标,为“十三五”科技发展规划的开展奠定坚实的基础。中国铁建系统全年投入科技经费1001020万元,其中,外部资助10417万元,股份公司本级投入科技经费11211万元。“轨道交通工程信息化国家重点实验室”获批建设,标志国家重点实验室实现零的突破,大桥局、二十一局和二十三局集团企业技术中心通过国家认定,国家级创新平台17家。主持国家“863”和科技支撑计划项目4个共6个课题;共有395项科技成果通过省部级鉴定、验收和股份公司评审;新增国家科技进步奖2项,其中特等奖1项,首次获国家技术发明奖1项;获省部级科技进步奖101项。共获省部级以上勘察设计咨询奖191项,其中国际奖7项、全国奖13项、省部级奖171项。新增26项国家级工法。获中国土木工程詹天佑奖7项。PCT专利申请4件,新增授权专利1300件,其中发明专利279件;获3项中国专利优秀奖。通过国家知识产权示范企业认定,是唯一一家建筑企业。

(王清明)

【平台建设】 在科技部下达的第三批企业国家重点实验室新建立项中,依托铁一院建设的轨道交通工程信息化国家重点实验室获批立项建设,标志着股份公司将成为我国轨道交通工程信息化研究工作的领军者;3家国家级企业技术中心通过认定,分别为大桥局、二十一局和二十三局;截至2015年12月31日,股份公司国家级创新平台增至17家。十一局组建湖北省城市轨道交通建设工艺与技术工程研究中心;十二局与铁三院、天津大学等单位联合申报城市轨道交通工程建设工艺与技术国家工程实验室;十四局组建山东省交通机电施工技术工程技术研究中心;十五局组建市桥隧施工工程技术研究中心,省级创新平台呈现全面开花良好态势。

(张育红)

【博士后科研工作站】 股份公司有8家博士后科研工作站,大桥局进站博士4人,出站3人,在站6人。十八局博士后科研工作站以桥梁、岩土、TBM专业为重点方向充实和加强工作站建设。结合TBM实验室建设,依托“兰渝铁路”西秦岭隧道,博士后课题《TBM可掘进性多领域参数优化匹配机理研究》完成针对TBM复杂地质条件下的可掘进性系统与定量研究,并将所建模型应用于工程实践,基本具备结题条件,进一步增强基础理论方面科研攻关的软实力。(张育红)

【高新技术企业】 中国铁建不断加大科研力度,股份公司高新技术企业实现全面覆盖。截至2015年底,集团公司层面高新技术企业15家,工程公司层面高新技术 51 家,其中电气化局 10 家、十六局 7 家。通过高新技术企业认定,享受国家税收优惠政策,高新技术企业减免税额 39195.72 万元,享受(加计扣除)其他优惠政策减免税务额 13234.3 万元。 (张育红)

【科技投入】 2015 年,股份公司科技投入 1001020 万元;其中,外部资助 10417 万元,股份公司本级投入科技经费 11211 万元。以股份公司为引导,集团公司为主体,社会资金为补充的科技投入机制不断稳固。为研发项目的顺利实施提供有力的保障,也为股份公司科技创新能力的提升提供物质条件。 (张育红)

【专利导航】 2015 年,股份公司通过国家知识产权示范企业认定(是唯一一家建筑企业);在中央企业 2015 年科技创新管理培训班上作专利先进经验交流。在股份公司党校举办为期 1 个月的专利骨干培训班,培训 187 名专利研发、管理和代理人才。引入助教培训模式,为系统内全面展开专利培训搭建师资队伍,助教制模式成为国家知识产权局在全国推广的典型案例;有 90 名受训人员获知识产权管理体系内审员。圆满完成 3 项国家知识产权局课题:"中国高速铁路海外专利战略推进研究(轨道技术)""铁道建筑行业技术标准中的专利运营研究""实施企业运营类专利导航项目"。国家知识产权局高度赞扬课题取得的成果,股份公司专利工作走在央企前列,成为全国专利导航和知识产权示范企业的典范。开展订单式专利研发,股份公司依托铁四院在中低速磁悬浮铁路领域开展订单式研发,以检索分析为基础,在 F 型导轨、轨道梁、接触网等 15 个技术分支,构建中低速磁悬浮技术领域专利池,开发申请核心专利及外围专利近 300 件。出席中国第六届专利信息年会,董事长孟凤朝应国家知识产权局申长雨局长的邀请在开幕式致辞,总工程师韩风险在年会上作《创新、合作,共享,探索建筑企业专利工作的新模式》专题演讲,国家知识产权局网站及微信公众号全文转载演讲材料,并在中国知识产权报上刊发,提升企业的知名度和美誉度。 (张育红)

【有效专利数量与质量】 截至 2015 年底,累计专利 4962 件,其中,发明专利 696 件,占专利总量的 14%;申请专利 7388 件,其中,发明专利 2224 件,占总量的 30.1%;PCT 专利申请 4 项;获专利授权 1300 件,其中,发明专利 279 件。 (张育红)

【中国优秀专利奖】 2015 年,股份公司通过本级申报中国专利奖 3 项,均获中国优秀专利奖,分别是铁四院的"一种双层盾构隧道";十七局的"一种小曲线铁路箱梁架桥机";铁建重工的"一种喷射机械手",获奖项目历届最高。 (张育红)

【中国铁建优秀专利奖】 2015 年,中国铁建优秀专利奖收到 85 项申请材料,评选出 10 项优秀发明专利、20 项优秀实用新型专利。评出中国铁建股份有限公司优秀发明专利 10 项、实用新型专利 20 项,引入国家知识产权局专家参加评审会,实现股份公司专利奖评审工作与中国专利奖评审同步(程序同步,内容同步,标准同步)。 (张育红)

【绩效考核】 《中国铁建股份有限公司科技创新考核管理办法》作用显著:以第一类铁一院、铁四院为代表的勘察设计咨询板块创新能力持续加强;以第二类昆明中铁、铁建重工为代表工业装备制造板块技术研发实力不断提升;以第三类十一局、十二局、大桥局、十四局至二十五局、中铁建设、电气化局、港航局、城建集团、铁五院和上海院为代表工程总承包板块科技基础工作进一步夯实。 (张育红)

【技术中心网站】 全年在技术中心网站共发布科技动态、科技咨询、重点工程宣传和最新成果 346 篇。网站继续与万方数据库合作,新增 73 种经济、物流、地产等类学术期刊内容,新增内容记录数量约 40 万条,学术会议数据库 29871 篇、学位论文数据库 57810 篇,学术期刊近 900 种;学位论文 49779 条,会议论文 593458 条,中外标准 33123 条,科技成果 826366,政策法规 700341 条。以上数据定期更新,均免费提供用户全文下载。新增标准规范 45 本,其中,交通行业标准规范 8 本、铁路行业标准规范 14 本、建筑行业标准规范 23 本。新增中国铁建 2014 年工程建设工法汇编 121 篇。新增 2010、2011、2012 年度工程建设优秀科技论文选编 410 篇。 (彭京渝)

【《科技信息》编辑发行】 收集 2015 年度中国铁建科技信息,编辑、印刷、内部发行《科技信息》杂志 6 期 3000 余册,旨在内部交流科技信息与资讯。(彭京渝)

【在研省部级及以上课题】 2015 年,中国铁建全系统承担国家、省部级在研项目 92 项,其中新立课题 22 项,资助金额 1674 万元(包括中国铁路总公司课题 9 项,资助 355 万元)。 (丁正全)

【股份公司课题立项】 2015 年,股份公司新立项课题 89 项,其中 A 类 3 项、B 类 2 项、C 类 84 项,计划资助经费 2500 万元。 (丁正全)

【主要课题进展】 依托国家科技支撑计划“盾构施工煤矿长距离斜井关键技术研究与示范”、国家863计划“大直径全断面硬岩掘进机关键技术研究及应用”“长距离大坡度斜井TBM关键技术研究”等项目，结合试验工程地质条件开展关键技术研究和科技攻关，铁四院、铁建重工、十一局等单位在煤矿斜井施工从工程设计、装备制造到工程施工上实现协同创新的重大突破，改变中国乃至世界煤矿矿井建设模式。依托国家“863”计划课题“大直径硬岩隧道掘进装备（TBM）关键技术研究及应用”，研制出国内首台大直径TBM，顺利完成目标工程超6000米的掘进任务，创造月进尺1209米的最高速度。（丁正全）

【科技成果鉴定与评审】 中国铁建全系统有277项科技成果通过省部级鉴定、验收和股份公司评审，其中股份公司组织评审166项。成果水平评价为国际领先水平32项，国际先进水平106项，国内领先水平94项，国内先进水平30项。（程博华）

【国家科学技术进步奖】 铁四院、十二局、十七局参与的京沪高速铁路工程获国家科学技术进步特等奖，铁一院、十二局参与的“高速铁路大断面黄土隧道建设成套技术及应用”获国家科学技术进步二等奖，徐润泽（大桥局）、王寿强（十四局）参与的“砂卵石地层盾构隧道施工安全控制与高效掘进技术”获国家技术发明二等奖，这是中国铁建首次获国家技术发明奖。（程博华）

【省部级科学技术进步奖】 2015年，获省部级科技进步奖127项，其中，特等奖2项、一等奖15项、二等奖51项、三等奖59项；获各省（自治区、直辖市）科技进步奖43项，其中一等奖7项、二等奖12项、三等奖24项；获中国铁道学会科学技术奖81项，其中特等奖2项、一等奖7项、二等奖38项、三等奖34项；获中国公路学会科学技术奖二等奖1项；获教育部科学技术奖一等奖1项；获中国机械工程学会三等奖1项。获中国施工企业管理协会科学技术奖110项，其中，一等奖18项、二等奖55项、先进企业17家、先进个人23位。（程博华）

【总公司科学技术奖】 2015年度获科学技术奖159项，其中，特等奖2项、一等奖34项、二等奖56项、三等奖67项，奖金86.7万元。（程博华）

【高速铁路建造成套技术】 在保持传统高速铁路建造技术领先的同时，中国铁建积极拓展高纬度、高寒区、热带海洋区高速铁路建造技术。7月，中国铁建（十六、二十、二十二、二十三、大桥局）独立承建的哈齐高铁试运行，哈齐高铁成为中国最北端、纬度最高的高寒高速铁路，大量高寒地区高铁施工世界级难题的攻克，为中国高寒地区铁路施工技术积累宝贵经验，为中国高铁进军俄罗斯等高寒地区国家市场提供重要的技术支撑；12月，中国铁建（十四、十七、十九、二十一、二十五局和中铁建设）参建的海南西环铁路通车运营，组成全球第一条环岛高铁，解决海南岛独立、多台风、多雷暴的气候特点以及热带自然环境保护技术难题，为中国热带高铁建设积累宝贵经验，尤其对东南亚热带海洋地区国家高铁建设具有良好的借鉴意义，成为中国高铁走向世界的一个重要样板。（李庆民）

【新型城市轨道交通建造技术】 12月，国内首条中低速磁浮（长沙）轨道交通首次全线试跑，中国铁建以“投融资＋设计施工总承包＋采购＋制造＋运营管理＋后续综合开发”的独创性建设模式，承担国内首条中低速磁悬浮交通轨道交通，为业主提供中低速磁浮轨道交通一站式解决方案。中国铁建全面开展桥梁、低置线路结构、道岔、轨道结构、供电驱动系统、通信控制系统以及运营维修等关键技术研究，系统地掌握设计、研发、施工、产品制造、运营维护、联调联试等全产业链技术。中低速磁浮轨道交通具有噪音小、振动低、加减速快、爬坡能力强、曲线半径小、环保安全等优点，且车辆及建造技术完全国产化，其具备良好的推广价值。（李庆民）

【城市地下综合管廊建造技术】 国内城市地下综合管廊处于研究和试验建设阶段。依托长沙市京港澳高速公路辅道综合管廊项目，十一局、十四局、四院、铁建重工、城建集团等积极推进综合管廊项目设计、施工、设备制造相关技术攻关，其中，城建集团开展“城市综合管廓预制拼装技术”；十四局完成管廊预制拼装技术研究和验证。依托贵阳市贵安新区综合管廊工程，十七局与北京城建设计发展集团、深圳华瀚科技控股有限公司合作展开管廊技术研究，力求早日开花结果，将技术转化为生产力，在工程中得到实质性应用和推广，解决在规划技术、设计技术、施工技术方面的短板。（张立青）

【桥梁建造技术】 在建的湖北石首长江公路大桥主跨820米，建成后居世界斜拉桥第七跨度，居中国第四跨度；云桂铁路南盘江特大桥主跨416米，刚构、T构合拢，建成后居世界混凝土（含劲性骨架）拱桥第二跨度，亦为中国第二跨度，更是当前世界铁路中最大跨度的上承式钢筋混凝土拱桥；重庆市鹅公岩长江轨道专用桥主跨600米，建成后将为世界上跨度最大的自锚式悬索桥；大理至瑞丽铁路怒江特大桥主跨490米上承式钢桁拱，建成后将取代印度Chenab桥（主跨485米）位居世界钢拱桥第六跨度，为世界最大跨四线铁路钢桁拱桥。这些桥梁工程投资大、科技含量高、施工难度大，代表了中国铁建、全国乃至世界斜拉桥、混凝土拱桥和悬索桥建设的先进水平。（贾志武）

【隧道及地下工程建设技术】 随着"高原地区最长高速公路东毛高速公路六盘山隧道""世界最大断面的公路隧道珠海拱北口岸管幕工程""世界上海拔最高的公路长拉山隧道""采用TBM施工断面我国最大（掘进里程最长）的兰渝铁路西秦岭隧道""首座穿越秦岭高速铁路特长老安山隧道""过天水城区的万米宝兰客专渭河隧道""穿国内最大城中湖武汉东湖隧道（全长6522米）"，以及国内最大、最复杂地下交通枢纽"光谷广场综合体"等隧道顺利贯通，中国铁建在高原隧道、大断面隧道、TBM隧道、水下隧道的施工技术持续保持国内领先地位。十一局承建中国第一座采用全断面隧道掘进机（TBM）施工的煤矿斜井——神华神东补连塔矿2号副井顺利贯通，设备采用铁建重工研制的、国内首创长距离大坡度煤矿斜井TBM，填补中国TBM在长距离大坡度煤矿斜井建设领域的技术空白，开创煤矿斜井施工新模式。（许和平）

【高层建筑施工技术】 广西九州国际（建筑高度317.6米）、吉隆坡四季酒店（建筑高度342.5米）等一批超高层、大跨度的建筑工程，标志着中国铁建在特殊地基处理、超深基础、高烈度条件下大跨度钢结构施工仿真、超高层建筑施工、装配式住宅等方面逐步形成具有自主知识产权的核心技术。（李庆民）

【"四电"技术】 具有自主知识产权的中低速磁浮导电轨成套产品研制及其安装调整技术取得新突破，满足大西时速385千米试验段高强高导铜合金绞线、具有世界先进水平的530MPa、560MPa铜镁合金接触线实现批量生产；成功应用于兰新二线高铁接触网工程的大风区段接触网线材防舞动技术、整体防风式支持装置精确计算及安装调整技术，解决大风区段高速铁路接触网机械稳定性技术难题；接触网双绝缘腕臂安装、远距离软定位安装调整等成套技术成功应用在苏州现代有轨电车接触网工程；研发的铁路牵引变压器局部放电新型试验设备及方法，应用于高速铁路220千伏牵引变电工程，国内领先。（张立青）

【工业制造技术】 通过自主研发，世界首台永磁同步驱动盾构机在铁建重工下线，提升传动效率，降低整机综合能耗，引领盾构驱动技术革新；首台盾构整机出口伊朗，标志着盾构装备达世界先进水平；自主研制出国产首台大直径铁路盾构机（开挖直径8.85米）和国内首台双护盾硬岩TBM填补国内空白，创立长距离超前地质加固技术、自动泥浆保压技术、管片一次吊运技术等成套技术，攻克施工距离长、岩石硬度高、沿线地层多变、埋深大、涌水、岩爆、地热等掘进技术难题，适用于围岩破碎、稳定性差的岩层条件，实现国产大型高端装备制造领域又一重大突破。依托国家"863"计划"大直径硬岩隧道掘进装备（TBM）关键技术研究及应用"，研制出国内首台大直径TBM，实现目标工程超6000米顺利掘进，创造最高月进尺超1000米，最高日进尺86.5米的国内TBM施工记录。（张立青）

【技术重难工程项目管理】 2015年，继续加强技术重难项目的管控力度，根据工程项目所采用的技术、材料、设备、工艺情况及安全风险等情况，确定"武汉轨道交通2号线南延线工程光谷广场综合体"等32项工程为中国铁建2015年技术重难点工程，其中新立项目16项，延续项目16项。对"武汉轨道交通2号线南延线工程光谷广场综合体""武汉市轨道交通8号线徐家棚—黄埔路越江隧道""南宁良庆大桥"等项目技术方案管理情况进行现场督导；组织进行海坛海峡北东口水道特大桥、阿尔及利亚贝佳亚连接线高速公路等项目施工技术方案审查，为重难项目搭建技术攻关平台，提供技术支撑。（李庆民）

【中国铁建优秀工法管理】 组织2015年度中国铁建工法关键技术评审会，评审工法关键技术项目144项，为中国铁建优秀工法和更高等级工法的申报打好基础。组织2015年度中国铁建优秀工法评审工作，对全系统申报的235项工法进行评审，评选出优秀工法134项，其中，一等59项、二等75项。（李庆民）

【国家级工法】 组织召开国家级工法申报培训及审核会议，通过各方渠道（本年度国家级工法实施更加严格的限额申报和限额通过）积极申报2013—2014年度国家级工法59项，新增26项国家级工法，通过率高于平均水平16个百分点，继续保持工法相对优势。（张立青）

【技术标准工作】 积极推动"中国铁建企业技术标准体系构建与实施建议研究"，努力打造中国铁建企业技术标准体系。对《铁路桥梁钢结构设计规范》等20

余项(次)行业标准和10余项(次)铁总标准开展意见征求工作。各单位积极主持和参与《公用电网电能质量限值及其评估方法(IECTS62749)等8项国际、行业和地方技术标准,《铁路桥梁施工程工机械配置技术规程》(Q/CR9225-2015)等5项铁总标准和团体(协会)标准的编制工作;在编国家标准25项、行业标准52项、地方标准14项、铁总标准48项。根据《中国铁建股份有限公司技术标准管理办法》,对2014年度各单位主持制订和修订行业标准给予资金奖励,对行业标准《建筑工程裂缝防治技术规程》(JGJ/T317-2014)等4项技术标准共奖励资金6万元。(张立青)

【优秀科技论文工作】 根据《中国铁建股份有限公司优秀科技论文管理办法》,组织中国铁建2015年度优秀科技论文评审工作,各单位申报论文286篇,评选出优秀科技论文143篇,其中,一等奖49篇、二等奖94篇。积极参加各学会、协会组织的优秀科技论文评选,其中推荐首届中国建筑业协会优秀科技论文评选70篇。(张立青)

【中国土木工程詹天佑奖】 股份公司推荐11项工程参加第13届中国土木工程詹天佑奖评选,创历史新高,经评选7项工程获奖,其中主持项目3项、参建项目4项,分别为:十四局承建、铁四院设计、中国铁建参建的南京长江隧道;十八局承建的天津市滨海新区中央大道海河隧道;中铁建设承建的厦门北站;十二局参建的武汉天兴洲公铁两用长江大桥正桥工程;十四局、十二局、十九局、十一局参建的北京地铁9号线;十四局参建、铁四院设计的南京地铁10号线穿越长江盾构隧道工程;铁五院参与设计的北京轨道交通亦庄线。(李庆民)

【全国建筑业绿色施工示范工程】 2015年,中国建筑业协会对全国建筑业绿色施工示范工程实施限额申报,经沟通协调,经股份公司渠道共向中国建筑业协会申报第五批全国建筑业绿色施工示范工程项目17项。2015年股份公司加大对系统内全国建筑业绿色施工示范工程过程检查力度,先后参与“北京地铁16号线工程土建施工02合同段”等10余项工程的过程检查,并完成百度科技园一期工程等9个项目的验收。(张立青)

【中国铁建超大管幕施工技术交流会】 2015年1月22—23日,由股份公司主办,十八局承办的中国铁建超大管幕施工技术交流会在珠海海召开。所属各单位技术负责人、科技部部长及相关专业技术人员130余人参加会议。技术交流会依托十八局承建的港珠澳大桥珠海连接线拱北隧道施工现场召开。交流会观摩管幕管节加工、拱北隧道曲线管幕顶进施工、珠澳口岸人工岛施工、前山河大桥波形钢腹板连续梁施工,邀请十八局、十四局及城建集团相关专家作《港珠澳珠海连接线拱北隧道施工技术》《港珠澳大桥珠海连接线拱北隧道曲线管幕顶管施工技术》《前山河特大桥波形钢腹板施工技术》《不停航机场跑道下大断面隧道修建技术》等专题报告。(李庆民)

【南盘江大桥技术交流会】 2015年8月17—18日,由股份公司主办、十八局承办的中国铁建南盘江大桥技术交流会在十八局承建的云桂铁路南盘江大桥工地现场召开。所属各单位桥梁技术骨干近百人参加技术交流会。会议邀请十八局直接参与云桂铁路南盘江大桥方案编制和项目实施的一线桥梁技术专家,对南盘江大桥施工技术作专题报告,并参观南盘江大桥施工现场。股份公司科技设计部部长王清明与会并发表讲话。(张立青)

【超高层建筑暨绿色施工技术交流会】 2015年9月22—23日,中国铁建超高层建筑暨绿色施工技术交流会在中铁建设承建的广西九洲国际大厦和南宁龙光国际大厦施工现场召开。技术交流会由股份公司主办、中铁建设集团和北京轨道建筑学会房建专业委员会共同承办。系统各单位总工程师、科技部部长和房建专业技术人员130余人参加技术交流会。会议邀请中铁建设副总经理兼总工程师贾洪和直接参加广西九洲国际大厦、南宁龙光国际大厦方案编制与项目实施的7名一线技术专家,对超高层建筑和绿色施工技术作专题报告,并参观广西九洲国际大厦和南宁龙光国际大厦施工现场。股份公司总工程师韩风险出席会议并讲话。(李庆民)

【工程咨询单位资格认定】 2015年,完成8家单位的工程咨询单位资格认定工作,全系统拥有工程咨询资格的单位增至19家,其中甲级13家。(徐惠纯)

【获省部级以上勘察设计奖励191项】 2015年,全系统获各类省部级以上勘察设计咨询奖191项,其中国际咨询奖励7项、全国勘察设计奖励13项、省部级171项。(徐惠纯)

【中国铁建勘察设计咨询奖励评选】 根据中国铁道建筑总公司《优秀工程勘察设计评选奖励办法》《优秀工程咨询成果奖评选奖励办法(试行)》的有关规定和

要求，组成完成2015年度中国铁建优秀工程勘察设计咨询成果奖励评审会，评出2015年度中国铁建优秀工程勘察20项、优秀工程设计102项、优秀工程咨询成果42项。 （黄　宁）

【签订地理信息共享合作框架协议】 与国家测绘地理信息局签订地理信息共享合作框架协议并开展相关业务，为股份公司所属单位开展勘察设计咨询工作创造有利条件，提升勘察设计业务竞争力。 （徐惠纯）

【股份公司学会平台建设】 2015年12月，中国铁道学会六届十六次理事会会议（通讯）审议通过，同意设立中国铁道学会轨道交通工程分会，挂靠在中国铁建股份有限公司。 （李小和）

【学术交流活动】 2015年2月6日，学会和中土集团在北京组织召开澳门轻轨C350标段小曲线高架桥施工技术方案研讨会，会议针对中土集团正在实施澳门轻轨C350项目R47米小曲线高架桥施工技术难题组织专题研讨。4月23—24日，学会和吉林大学在长春联合举办跨行业的岩土与地下工程新技术与新装备研讨会，中国铁建重工集团承办研讨会。来自吉林大学、辽宁省交通规划设计院、吉林省交通规划设计院、松辽委水保局、中水一局等30家单位100名代表参加研讨会。8月20日，学会铺架专业委员会成立仪式暨流动式架桥机技术交流会在呼和浩特举行，学会各会员单位的专委会委员、科技管理和专业技术人员70人参加会议。9月24—25日，由中国交通运输协会新技术促进分会、北京轨道建筑学会、中国公路学会隧道工程分会、盾构及掘进技术国家重点实验室联合主办的“十三五”综合交通建设市场论坛暨第三届中国桥梁与隧道建设新技术论坛在北京举行，铁建系统38人参会，中国铁建设备物资部总机械师沙明元、大桥局总工程师宋伟俊作为特约嘉宾应邀出席，并分别作专题报告。11月26日，北京轨道建筑学会地路专委会第一届年会暨学术交流会在江城武汉市召开，来自铁建系统的设计院、工程局及港航局、铁建重工和高新装备等19家学会成员单位，2家新材料生产应用厂家，56名委员和代表参加会议。12月19—20日，大桥局和学会桥梁专业委员会在福建省福清市召开桥梁施工技术交流会，中国铁建总工程师、学会常务副理事长韩风险出席并讲话，会议结合大桥局承建的福平铁路跨海大桥等技术复杂桥梁进行施工技术交流，并观摩福平铁路跨海大桥施工现场，200余名专家和代表参加交流会。学会组织会员单位参加9月17—18日在北京召开的智慧城市与智慧建造高峰论坛，20人参会，十四局电务公司专家在会上作报告。 （李小和）

中国铁建股份有限公司获第13届中国土木工程詹天佑奖情况

序号	获奖工程名称	获奖单位
1	南京长江隧道	中铁十四局集团有限公司、中铁第四勘察设计院集团有限公司、中国铁建股份有限公司
2	天津市滨海新区中央大道海河隧道	中铁十八局集团有限公司
3	厦门北站	中铁建设集团有限公司
4	武汉天兴洲公铁两用长江大桥正桥工程	中铁十二局集团有限公司
5	北京地铁9号线	中铁十四局、十二局、十九局、十一局集团有限公司
6	南京地铁10号线穿越长江盾构隧道工程	中铁十四局集团有限公司、中铁第四勘察设计院集团有限公司
7	北京轨道交通亦庄线	中铁第五勘察设计院集团有限公司

（制表：李庆民）

2015 年中国铁建股份有限公司获省部级及以上科技进步奖情况

序号	获奖项目名称	奖励等级	授奖机关	获奖单位
1	京沪高速铁路工程	特等奖	国务院	铁四院、十二局、十七局
2	高速铁路大断面黄土隧道建设成套技术及应用	二等奖	国务院	铁一院、十二局
3	砂卵石地层盾构隧道结构安全与高效掘进技术	二等奖	国务院	大桥局、十四局
4	高速铁路 CRTSⅢ型板式无砟轨道技术系统研究	特等奖	中国铁道学会	十九局、铁一院、铁四院
5	严寒地区高速铁路建造与维护关键技术	特等奖	中国铁道学会	铁一院
6	沙漠戈壁地区高速铁路无砟轨道施工关键技术	一等奖	中国铁道学会	十一局
7	复杂条件下非完整岩体变形破坏分析方法与控制关键技术	一等奖	山东省	十四局
8	北京地铁 10 号线穿越重大风险工程关键控制技术及其工程应用示范	一等奖	北京市	十六局
9	中央大道海河沉管隧道关键技术问题研究	一等奖	天津市	十八局
10	季节性冻胀路基在列车载荷下稳定性研究	一等奖	中国铁道学会	二十二局、十七局
11	高烈度大高差梯级山区高速公路建设支撑技术	一等奖	四川省	二十三局
12	高速铁路路基不均匀沉降控制理论和技术	一等奖	教育部	二十四局
13	京石武高速铁路高可靠性接触网成套装备与集成关键技术	一等奖	北京市	电气化局
14	兰新铁路大风区接触网系统关键技术研究	一等奖	中国铁道学会	电气化局
15	基于真实感场景的线路协同设计平台研究	一等奖	陕西省	铁一院
16	青藏高原高地温隧道建设成套技术及应用	一等奖	中国铁道学会	铁一院、十二局、二十一局
17	高速铁路路基工程地基沉降控制技术研究	一等奖	中国铁道学会	铁一院、铁四院
18	高速铁路 500 米长焊接钢轨生产系统集成创新与应用	一等奖	湖北省	铁四院
19	高速铁路水下盾构法隧道设计关键技术	一等奖	中国铁道学会	铁四院、十二局
20	高速铁路空气动力学基础研究与安全技术	一等奖	中国铁道学会	铁四院、铁一院
21	CRTSⅡ型板式无砟轨道注浆抬升技术	二等奖	中国铁道学会	十一局
22	狮子洋隧道复合地层盾构掘进姿态控制与对接技术	二等奖	山西省	十二局、铁四院
23	天平山隧道大断面软弱围岩施工关键技术	二等奖	山西省	十二局
24	富水砂土复合地层大断面隧道变形控制关键技术研究	二等奖	山西省	十二局
25	带状深风化富水陡倾软弱构造隧道修建技术	二等奖	山西省	十二局
26	高流变性软土地层地铁车站基坑修建关键技术	二等奖	浙江省	大桥局
27	复杂环境下扣大拱脚 CRD 法暗挖车施工技术站	二等奖	吉林省	大桥局
28	高铁 64 米双线预应力混土简支箱梁预制拼装技术	二等奖	吉林省	大桥局
29	台风区大跨度连续钢桁梁柔性拱桥设计与施工关键技术	二等奖	中国铁道学会	大桥局、铁四院
30	严寒地区粘性土隧道建设关键技术研究	二等奖	中国公路学会	大桥局

续表

序号	获奖项目名称	奖励等级	授奖机关	获奖单位
31	城市复杂环境下富水砂卵石地层明挖长隧道施工关键技术研究	二等奖	中国铁道学会	十四局
32	中心城区盾构长距离连续穿越敏感建构筑物向微振动控制技术	二等奖	北京市	十四局、十八局
33	不停航机场跑道下大断面隧道修建技术	二等奖	北京市	十六局、中铁城建
34	高速铁路双线特长隧道富水复杂地质与环境综合施工技术	二等奖	云南省	十六局
35	富水复杂地质与环境双线特长隧道施工关键技术	二等奖	中国铁道学会	十六局
36	城市铁路大直径盾构隧道系统技术研究	二等奖	中国铁道学会	十六局
37	沪昆客专沅江大跨刚构连续梁桥综合施工技术	二等奖	中国铁道学会	十七局
38	客运专线站场湿陷性黄土地基变形特性及沉降控制深化研究	二等奖	中国铁道学会	十七局
39	非饱和地区高铁地基工后沉降预测模型及其应用	二等奖	中国铁道学会	十九局
40	曲线新型柱板式空心超高墩施工技术研究	二等奖	中国铁道学会	二十局
41	复杂岩溶地质条件下大口径钻孔桩综合施工技术研究	二等奖	中国铁道学会	二十局
42	新疆高温差地区连续箱梁转体施工技术研究与应用	二等奖	新疆维吾尔自治区	二十一局
43	先张法预应力体系无砟轨道结构系统试验研究	二等奖	中国铁道学会	二十三局
44	翼环式型钢混凝土结构梁柱节点受力性能及施工技术研究	二等奖	中国铁道学会	中铁建设
45	新建高铁有砟轨道接触网链形悬挂整体不可调吊弦技术开发及应用	二等奖	中国铁道学会	电气化局、铁四院
46	青藏高原高温地热区铁路修建关键技术	二等奖	西藏自治区	铁一院
47	大跨度铁路钢—混凝土组合桁架结构关键技术试验研究	二等奖	中国铁道学会	铁一院
48	中天山特长隧道 TBM 施工关键技术研究	二等奖	中国铁道学会	铁一院、十八局
49	中天山特长隧道修建技术	二等奖	中国铁道学会	铁一院、十八局
50	20 千米及以上特长隧道贯通误差研究	二等奖	中国铁道学会	铁一院
51	戈壁地区高速铁路路基关键技术	二等奖	中国铁道学会	铁一院
52	兰新第二双线高标准铁路沙害防治对策	二等奖	中国铁道学会	铁一院
53	基于多源网络地理信息的铁路选线设计关键技术及其应用系统	二等奖	中国铁道学会	铁四院
54	向莆铁路长大隧道勘察技术研究	二等奖	中国铁道学会	铁四院
55	昌九城际轨道交通工程 128 米刚架系杆拱桥关键技术研究	二等奖	中国铁道学会	铁四院、二十局
56	铁路通信漏泄同轴电缆直流隔断器设置标准的研究	二等奖	中国铁道学会	铁四院
57	高速铁路过江隧道水淹灾害防治技术研究	二等奖	中国铁道学会	铁四院
58	铁路桥梁球型支座	二等奖	中国铁道学会	铁四院
59	高速铁路全并联 AT 牵引网综合接地技术及工程应用	二等奖	中国铁道学会	铁四院
60	高铁隧道高性能新型纤维混凝土关键性能、寿命预测与应用技术	二等奖	中国铁道学会	铁四院

续表

序号	获奖项目名称	奖励等级	授奖机关	获奖单位
61	“十二五”铁路通信网规划研究	二等奖	中国铁道学会	铁四院
62	高速铁路大跨度转体施工独塔斜拉桥设计施工技术研究	二等奖	中国铁道学会	铁四院
63	大跨度铁路钢箱混合梁斜拉桥关键技术研究	二等奖	中国铁道学会	铁四院
64	高速铁路隧道缓冲结构关键技术	二等奖	中国铁道学会	铁四院
65	高速铁路牵引供电系统接地深化研究及其与大型接地系统的匹配规律分析	二等奖	中国铁道学会	铁四院
66	高速铁路无缝线路钢轨纵向应力监测技术及标准研究	二等奖	中国铁道学会	铁四院
67	绿色铁路理论及应用	二等奖	中国铁道学会	铁四院
68	铁路低高度平战结合多用途钢便梁研究	二等奖	中国铁道学会	铁五院
69	土耳其安伊高速铁路电气化设计成套技术研究	二等奖	中国铁道学会	铁五院
70	单线铁路桥梁大跨度连续梁—拱组合结构设计研究	二等奖	中国铁道学会	上海院、十一局
71	复合式土压平衡盾构设备研制及其应用	二等奖	中国铁道学会	铁建重工
72	特大桥高墩大跨连续刚构梁中边跨同时合龙施工技术	三等奖	湖北省	十一局
73	特大体量岩溶隧道溃水灾害防治关键技术	三等奖	中国铁道学会	十一局
74	CRTSⅢ型板式无砟轨道恒压灌注施工技术	三等奖	中国铁道学会	十一局
75	重载铁路连续刚构施工控制关键技术	三等奖	中国铁道学会	十二局
76	高速铁路大型客站密排菱形钢管桁架空中累积滑移多次合拢成套技术研究	三等奖	中国铁道学会	十二局
77	强风区高速铁路大跨度下承式连续梁拱组合体系桥施工技术	三等奖	中国铁道学会	十二局
78	重庆市铁路枢纽复杂环境岩石路堑与浅埋隧道安全控爆技术	三等奖	重庆市	十二局
79	高寒湿地地区吹填砂路基施工技术研究	三等奖	天津市	大桥局
80	小净距空间交叉隧道施工技术及安全性研究	三等奖	天津市	大桥局
81	大坡度900吨箱梁架设施工技术研究	三等奖	中国铁道学会	十五局
82	DPG25型铺轨机研制技术	三等奖	中国铁道学会	十五局
83	隧道围岩的冲击力学特性及管棚支护监测	三等奖	河南省	十五局
84	海滨强震区复杂地质条件下水下双线管管廊修筑关键技术	三等奖	河北省	十五局
85	高风险暗挖地铁车站施工关键技术	三等奖	北京市	十六局
86	滨海软土地区近接运营高铁顶进铁路立交桥综合施工技术	三等奖	中国铁道学会	十六局
87	黄河流凌河段桥梁深水基础施工综合技术	三等奖	山西省	十七局
88	长大隧道施工作业环境治理技术研究	三等奖	河北省	十七局
89	基于单护盾的复合式TBM在城市轨道交通中应用与研究	三等奖	天津市	十八局
90	高原高寒高地应力区特长高速铁路隧道施工关键技术研究	三等奖	天津市	十八局

续表

序号	获奖项目名称	奖励等级	授奖机关	获奖单位
91	大型复杂地下洞室群高强度交通运输系统仿真优化与运行管理	三等奖	天津市	十八局
92	大坡度并小半径曲线穿越建筑群盾构法施工技术研究	三等奖	天津市	十八局
93	南钦铁路三岸邕江特大桥钢桁拱架设、合龙关键技术研究与应用	三等奖	中国铁道学会	十九局
94	小间距隧道间新建隧道施工安全监控技术研究	三等奖	云南省	十九局
95	黄土地区土石分界富水隧道施工技术研究	三等奖	中国铁道学会	二十局
96	青藏高原特殊地质条件下单线特长铁路隧道施工技术	三等奖	西藏自治区	二十一局
97	跨既有线及湟水河高速铁路 128 米连续梁综合施工技术	三等奖	青海省	二十一局
98	兰新第二双线强风段戈壁路基填料特性、施工技术研究及应用	三等奖	新疆维吾尔自治区	二十一局
99	新建向莆铁路近海地区特大桥综合施工技术研究	三等奖	中国铁道学会	二十一局
100	青藏高原特殊地质条件下单线特长铁路隧道施工技术	三等奖	中国铁道学会	二十一局
101	兰新高铁戈壁、大温差、大风环境下耐久性混凝土配制技术及应用	三等奖	中国铁道学会	二十一局
102	冲击钻机自动控制施工技术应用研究	三等奖	贵州省	二十三局
103	严寒地区桥梁现浇大体量混凝土冬期施工技术	三等奖	中国铁道学会	二十三局
104	向莆铁路青云山超长隧道综合施工技术研究	三等奖	中国铁道学会	二十三局
105	铁路站房绿色施工技术研究与应用	三等奖	中国铁道学会	中铁建设
106	三亚站房 ETFE 膜结构施工技术	三等奖	中国铁道学会	中铁建设
107	拱结构与空间网壳组合屋盖施工技术研究	三等奖	中国铁道学会	中铁建设
108	法截面子午线椭球工程应用研究	三等奖	陕西省	铁一院
109	扁铲侧胀试验及旁压测试技术在黄土地区的应用研究	三等奖	陕西省	铁一院
110	电气化铁路电能质量预测与对策分析研究	三等奖	中国铁道学会	铁一院
111	客运专线梁桁组合结构设计研究	三等奖	中国铁道学会	铁一院
112	高原电气化铁路牵引供电系统关键技术研究	三等奖	中国铁道学会	铁一院
113	高频大地电磁法判释深埋隧道围岩级别方法研究	三等奖	湖北省	铁四院
114	武广客运专线噪声治理综合技术研究	三等奖	湖北省	铁四院
115	城际轨道交通桥梁关键技术研究	三等奖	中国铁道学会	铁四院
116	铁路综合接地系统测量方法研究	三等奖	中国铁道学会	铁四院
117	四线客运专线超长联连续梁关键技术	三等奖	中国铁道学会	铁四院
118	无碴轨道 80 米钢管混凝土推力拱桥设计研究	三等奖	中国铁道学会	铁四院
119	铁路运输房建设备大修维修标准深化研究	三等奖	中国铁道学会	铁四院
120	广深港高速铁路无砟轨道服役状态监测及减振效果评估技术研究	三等奖	中国铁道学会	铁四院

续表

序号	获奖项目名称	奖励等级	授奖机关	获奖单位
121	大跨度连续钢桁梁柔性拱组合桥关键技术研究	三等奖	中国铁道学会	铁四院、大桥局
122	大型养路机械运用检修设施集成化创新与应用	三等奖	中国铁道学会	铁四院
123	铁路工程文物振动及沉降评价与防治技术研究	三等奖	中国铁道学会	铁四院
124	铁路工程水下隧道消防系统关键技术研究	三等奖	中国铁道学会	铁四院
125	铁路运输房建设备大修维修规则	三等奖	中国铁道学会	铁四院
126	无砟轨道组合式轨排法施工技术及装备研究	三等奖	北京市	铁五院
127	既有路基快速检测及评估技术研究	三等奖	中国铁道学会	铁五院
128	新建公路桥梁上跨高速铁路防护安全技术标准研究	三等奖	中国铁道学会	上海院
129	轨道交通网通信系统网络化工程与关键技术	三等奖	上海市	上海院
130	ZTS6250 泥水平衡盾构设备研制及应用	三等奖	中国机械工程学会	铁建重工

（制表：程博华）

2015 年中国铁建股份有限公司获省部级以上勘察设计“四优”及其他勘察设计咨询奖情况

序号	项目名称	完成单位	评选单位	奖励类别	获奖等级
1	哈大铁路客运专线工程	铁一院	国际咨询工程师联合会	FIDIC 工程项目奖	优秀奖
2	广深港铁路客运专线狮子洋隧道	铁四院	国际咨询工程师联合会	FIDIC 工程项目奖	优秀奖
3	大西铁路客运专线晋陕黄河桥	铁一院	国际咨询工程师联合会	FIDIC 工程项目奖	提名奖
4	成渝高速公路复线（重庆境内）	铁一院	国际咨询工程师联合会	FIDIC 工程项目奖	提名奖
5	宜万铁路总体设计	铁四院	国际咨询工程师联合会	FIDIC 工程项目奖	提名奖
6	武汉轨道交通 2 号线总体设计	铁四院	国际咨询工程师联合会	FIDIC 工程项目奖	提名奖
7	广深港客运专线福田站及相关工程（隧道工程部分）	铁四院	国际隧道与地下空间协会	2015 年度重大工程	提名奖
8	北京地铁 5 号线工程	铁一院	中国勘察设计协会	第十四届全国优秀工程勘察设计奖	金质奖
9	北京地铁 10 号线一期工程	铁四院 铁一院	中国勘察设计协会	第十四届全国优秀工程勘察设计奖	银质奖
10	武广铁路客运专线精密控制测量	铁四院	中国勘察设计协会	第十四届全国优秀工程勘察设计奖	银质奖
11	新建西安至成都铁路西安至江油段可行性研究报告	铁一院	中国工程咨询协会	全国优秀工程咨询成果奖	一等奖
12	关中城市群城际铁路网规划研究报告	铁一院	中国工程咨询协会	全国优秀工程咨询成果奖	二等奖
13	新建铁路中川至马家坪线可行性研究报告	铁一院	中国工程咨询协会	全国优秀工程咨询成果奖	三等奖
14	武汉市轨道交通 8 号线一期工程可行性研究报告	铁四院	中国工程咨询协会	全国优秀工程咨询成果奖	二等奖
15	蒙西至华中地区铁路煤运通道工程三门峡至荆门段可行性研究报告	铁四院	中国工程咨询协会	全国优秀工程咨询成果奖	二等奖
16	北京市房山区良乡体育中心二期建设工程可行性研究报告	铁五院	中国工程咨询协会	全国优秀工程咨询成果奖	三等奖
17	杭长铁路客运专线精密控制测量	铁四院	中国测绘地理信息学会	全国优秀测绘工程奖	白金奖

续表

序号	项目名称	完成单位	评选单位	奖励类别	获奖等级
18	宜万铁路精密控制测量	铁四院	中国测绘地理信息学会	全国优秀测绘工程奖	铜奖
19	周达流域水环境综合整治项目	铁四院	中国水土保持学会	水土保持与景观设计奖	二等奖
20	北江(乌石至三水河口)航道扩能升级工程可行性研究	港航局	中国水运建设行业协会	水运工程优秀咨询成果奖	三等奖
21	深圳北站	铁四院	香港建筑师学会	香港建筑师学会两岸四地建筑设计论坛大奖	银奖
22	哈大铁路客运专线第二松花江特大桥工程地质勘察	铁一院	国家铁路局	铁路优质工程(勘察设计奖)	一等奖
23	西平铁路永寿梁隧道侏罗系软岩工程地质勘察	铁一院	国家铁路局	铁路优质工程(勘察设计奖)	二等奖
24	西康二线秦岭翠华山特长隧道工程地质勘察	铁一院	国家铁路局	铁路优质工程(勘察设计奖)	三等奖
25	哈大铁路客运专线(哈沈段)精密工程控制测量	铁一院	国家铁路局	铁路优质工程(勘察设计奖)	三等奖
26	哈尔滨至大连铁路客运专线总体设计	铁一院	国家铁路局	铁路优质工程(勘察设计奖)	一等奖
27	新建兰州北编组站工程设计	铁一院	国家铁路局	铁路优质工程(勘察设计奖)	一等奖
28	哈大铁路客运专线长春西站站房设计	铁一院	国家铁路局	铁路优质工程(勘察设计奖)	一等奖
29	兰新铁路嘉乌阿段电气化改造工程设计	铁一院	国家铁路局	铁路优质工程(勘察设计奖)	一等奖
30	哈尔滨西客站框架式深路堑桩板挡土墙工程设计	铁一院	国家铁路局	铁路优质工程(勘察设计奖)	二等奖
31	集包第二双线工程古城湾特大桥简支钢桁梁设计	铁一院	国家铁路局	铁路优质工程(勘察设计奖)	二等奖
32	集包第二双线工程霸王河1号特大桥设计	铁一院	国家铁路局	铁路优质工程(勘察设计奖)	二等奖
33	新建铁路柴达尔至木里线冻土区斜坡路基设计	铁一院	国家铁路局	铁路优质工程(勘察设计奖)	三等奖
34	集包第二双线工程大黑河4号大桥设计	铁一院	国家铁路局	铁路优质工程(勘察设计奖)	三等奖
35	京包线集宁至包头段增建第二双线电力、电气化工程设计	铁一院	国家铁路局	铁路优质工程(勘察设计奖)	三等奖
36	南疆线库野段信号工程设计	铁一院	国家铁路局	铁路优质工程(勘察设计奖)	三等奖
37	西安至安康铁路增建第二线电力、电气化工程设计	铁一院	国家铁路局	铁路优质工程(勘察设计奖)	三等奖
38	哈密货车南环线工程哈密东站给排水专业施工图设计	铁一院	国家铁路局	铁路优质工程(勘察设计奖)	三等奖
39	向莆铁路长大复杂隧道(青云山隧道、高盖山隧道、戴云山隧道等奖)工程地质勘察	铁四院	国家铁路局	铁路优质工程(勘察设计奖)	一等奖
40	厦深铁路(广东段)精密控制测量	铁四院	国家铁路局	铁路优质工程(勘察设计奖)	一等奖
41	石武铁路客运专线郑州至武汉段漯河至驻马店特大桥工程地质勘察	铁四院	国家铁路局	铁路优质工程(勘察设计奖)	二等奖
42	广深港铁路客运专线狮子洋隧道工程地质勘察	铁四院	国家铁路局	铁路优质工程(勘察设计奖)	二等奖
43	向莆铁路精密控制测量	铁四院	国家铁路局	铁路优质工程(勘察设计奖)	二等奖
44	广州至深圳高速铁路精密控制测量	铁四院	国家铁路局	铁路优质工程(勘察设计奖)	三等奖
45	宁杭铁路客运专线精密控制测量	铁四院	国家铁路局	铁路优质工程(勘察设计奖)	三等奖
46	北京至石家庄至武汉铁路客运专线总体设计	铁四院	国家铁路局	铁路优质工程(勘察设计奖)	一等奖

续表

序号	项目名称	完成单位	评选单位	奖励类别	获奖等级
47	广深港铁路客运专线狮子洋隧道	铁四院	国家铁路局	铁路优质工程(勘察设计奖)	一等奖
48	南京至杭州铁路客运专线总体设计	铁四院	国家铁路局	铁路优质工程(勘察设计奖)	一等奖
49	南京枢纽大胜关长江大桥南京南站及相关工程	铁四院	国家铁路局	铁路优质工程(勘察设计奖)	一等奖
50	石武铁路客运专线郑州东站站场设计	铁四院	国家铁路局	铁路优质工程(勘察设计奖)	一等奖
51	杭州枢纽杭州东站扩建工程设计	铁四院	国家铁路局	铁路优质工程(勘察设计奖)	一等奖
52	霍尔果斯铁路口岸站	铁四院	国家铁路局	铁路优质工程(勘察设计奖)	一等奖
53	宁杭铁路客运专线京杭运河特大桥	铁四院	国家铁路局	铁路优质工程(勘察设计奖)	一等奖
54	广珠铁路虎跳门特大桥	铁四院	国家铁路局	铁路优质工程(勘察设计奖)	一等奖
55	石武铁路客运专线郑州至武汉段特殊路基工程设计	铁四院	国家铁路局	铁路优质工程(勘察设计奖)	一等奖
56	广深港铁路客运专线牵引供电及电力供电系统	铁四院	国家铁路局	铁路优质工程(勘察设计奖)	一等奖
57	石武铁路客运专线郑州至武汉段通信信号信息及防灾系统	铁四院	国家铁路局	铁路优质工程(勘察设计奖)	一等奖
58	深圳北站工程	铁四院	国家铁路局	铁路优质工程(勘察设计奖)	一等奖
59	武汉大功率机车检修基地工程	铁四院	国家铁路局	铁路优质工程(勘察设计奖)	一等奖
60	向塘至莆田(福州)铁路总体设计	铁四院	国家铁路局	铁路优质工程(勘察设计奖)	二等奖
61	广深港铁路客运专线广深段无砟轨道工程设计	铁四院	国家铁路局	铁路优质工程(勘察设计奖)	二等奖
62	广深港铁路客运专线沙湾水道特大桥	铁四院	国家铁路局	铁路优质工程(勘察设计奖)	二等奖
63	广珠铁路西江特大桥	铁四院	国家铁路局	铁路优质工程(勘察设计奖)	二等奖
64	广深港铁路客运专线复杂路基工点特殊设计	铁四院	国家铁路局	铁路优质工程(勘察设计奖)	二等奖
65	石武铁路客运专线郑州至武汉段牵引供电及电力供电系统	铁四院	国家铁路局	铁路优质工程(勘察设计奖)	二等奖
66	杭甬铁路客运专线通信信号信息及防灾系统	铁四院	国家铁路局	铁路优质工程(勘察设计奖)	二等奖
67	汉口站站房改扩建工程	铁四院	国家铁路局	铁路优质工程(勘察设计奖)	二等奖
68	石武铁路客运专线郑州至武汉段给排水设计	铁四院	国家铁路局	铁路优质工程(勘察设计奖)	二等奖
69	上海金山铁路支线改造工程设计	铁四院	国家铁路局	铁路优质工程(勘察设计奖)	三等奖
70	石武铁路客运专线郑州至武汉段无砟轨道工程设计	铁四院	国家铁路局	铁路优质工程(勘察设计奖)	三等奖
71	广深港铁路客运专线水田中桥	铁四院	国家铁路局	铁路优质工程(勘察设计奖)	三等奖
72	杭州至宁波铁路客运专线萧山特大桥	铁四院	国家铁路局	铁路优质工程(勘察设计奖)	三等奖
73	广州至珠海铁路江门水道特大桥	铁四院	国家铁路局	铁路优质工程(勘察设计奖)	三等奖
74	宁安铁路宁芜线青弋江特大桥	铁四院	国家铁路局	铁路优质工程(勘察设计奖)	三等奖
75	广州至珠海铁路江门隧道	铁四院	国家铁路局	铁路优质工程(勘察设计奖)	三等奖
76	杭州至宁波铁路客运专线牵引供电及电力供电系统	铁四院	国家铁路局	铁路优质工程(勘察设计奖)	三等奖

续表

序号	项目名称	完成单位	评选单位	奖励类别	获奖等级
77	地震区时速200千米客货共线铁路隧道复合式衬砌(普通货物运输)	铁四院	国家铁路局	铁路优质工程(勘察设计奖)	二等奖
78	地震区时速200千米客货共线铁路明洞(普通货物运输)	铁四院	国家铁路局	铁路优质工程(勘察设计奖)	三等奖
79	田德铁路岩溶地区选线设计	铁五院	国家铁路局	铁路优质工程(勘察设计奖)	二等奖
80	新建锦州至赤峰铁路信号设计	铁五院	国家铁路局	铁路优质工程(勘察设计奖)	二等奖
81	新建德保至靖西铁路选线设计	铁五院	国家铁路局	铁路优质工程(勘察设计奖)	三等奖
82	接触网软横跨安装图	铁五院	国家铁路局	铁路优质工程(勘察设计奖)	二等奖
83	铁路电力箱式变电所标准设计	铁五院	国家铁路局	铁路优质工程(勘察设计奖)	三等奖
84	合蚌铁路客运专线总体设计	上海院	国家铁路局	铁路优质工程(勘察设计奖)	一等奖
85	西宝铁路客专宝鸡南站房及站台雨棚设计	铁一院	陕西省住房和城乡建设厅	陕西省优秀工程勘察设计奖	一等奖
86	青海省玉树地震灾后重建琼龙路住宅小区设计	铁一院	陕西省住房和城乡建设厅	陕西省优秀工程勘察设计奖	三等奖
87	重庆轨道交通6号线一期工程通信、信息工程设计	铁一院	陕西省住房和城乡建设厅	陕西省优秀工程勘察设计奖	一等奖
88	西安地铁1号线半坡—纺织城站区间设计	铁一院	陕西省住房和城乡建设厅	陕西省优秀工程勘察设计奖	一等奖
89	重庆地铁1号线2站单拱大跨暗挖车站设计	铁一院	陕西省住房和城乡建设厅	陕西省优秀工程勘察设计奖	一等奖
90	重庆轨道交通6号线一期工程设计	铁一院	陕西省住房和城乡建设厅	陕西省优秀工程勘察设计奖	一等奖
91	西安地铁2号线行政中心站工程设计	铁一院	陕西省住房和城乡建设厅	陕西省优秀工程勘察设计奖	一等奖
92	重庆地铁6号线大龙山、冉家坝同台平行换乘车站设计	铁一院	陕西省住房和城乡建设厅	陕西省优秀工程勘察设计奖	一等奖
93	天津地铁2号线红旗路换乘车站(含商业开发)工程综合设计	铁一院	陕西省住房和城乡建设厅	陕西省优秀工程勘察设计奖	一等奖
94	西安市地铁1号线一期工程信号系统设计	铁一院	陕西省住房和城乡建设厅	陕西省优秀工程勘察设计奖	二等奖
95	上海市嘉闵高架路(春申铁路段)工程设计	铁一院	陕西省住房和城乡建设厅	陕西省优秀工程勘察设计奖	二等奖
96	西安地铁2号线体育场站—小寨站—纬一街站—会展中心站3区间工程设计	铁一院	陕西省住房和城乡建设厅	陕西省优秀工程勘察设计奖	二等奖
97	西安地铁2号线会展中心站及站后配线间工程设计	铁一院	陕西省住房和城乡建设厅	陕西省优秀工程勘察设计奖	二等奖
98	重庆轨道交通6号线一期工程大竹林车辆段与综合基地设计	铁一院	陕西省住房和城乡建设厅	陕西省优秀工程勘察设计奖	二等奖
99	西安地铁1号线供电系统工程设计	铁一院	陕西省住房和城乡建设厅	陕西省优秀工程勘察设计奖	二等奖
100	广州轨道交通6号线一期工程东山口站设计	铁一院	陕西省住房和城乡建设厅	陕西省优秀工程勘察设计奖	二等奖
101	西安地铁1号线综合枢纽纺织城站设计	铁一院	陕西省住房和城乡建设厅	陕西省优秀工程勘察设计奖	二等奖
102	西安地铁1号线浐河站设计	铁一院	陕西省住房和城乡建设厅	陕西省优秀工程勘察设计奖	二等奖
103	重庆轨道交通6号线一期工程光电园站—礼嘉站高架区间设计	铁一院	陕西省住房和城乡建设厅	陕西省优秀工程勘察设计奖	三等奖
104	成渝高速复线(重庆境)竹林沟特大桥设计	铁一院	陕西省住房和城乡建设厅	陕西省优秀工程勘察设计奖	三等奖
105	斯里兰卡A09公路(Galkulama至Jaffna段)工程设计	铁一院	陕西省住房和城乡建设厅	陕西省优秀工程勘察设计奖	三等奖

续表

序号	项目名称	完成单位	评选单位	奖励类别	获奖等级
106	哈尔滨市轨道交通1号线一、二期工程供电系统设计	铁一院	陕西省住房和城乡建设厅	陕西省优秀工程勘察设计奖	三等奖
107	重庆轨道交通6号线一期低压配电及照明系统工程设计	铁一院	陕西省住房和城乡建设厅	陕西省优秀工程勘察设计奖	三等奖
108	重庆轨道交通6号线一期工程高架车站设计	铁一院	陕西省住房和城乡建设厅	陕西省优秀工程勘察设计奖	三等奖
109	兰新高铁精密工程控制测量	铁一院	陕西省住房和城乡建设厅	陕西省优秀工程勘察设计奖	一等奖
110	郑西铁路客运专线渭河盆地区域地质选线	铁一院	陕西省住房和城乡建设厅	陕西省优秀工程勘察设计奖	二等奖
111	成渝高速公路复线(重庆境)隧道及高边坡工程地质勘察	铁一院	陕西省住房和城乡建设厅	陕西省优秀工程勘察设计奖	三等奖
112	集包三四线集宁隧道工程地质勘察	铁一院	陕西省住房和城乡建设厅	陕西省优秀工程勘察设计奖	三等奖
113	西平铁路太峪大桥	铁一院	陕西省住房和城乡建设厅	陕西省优秀工程勘察设计奖	一等奖
114	哈大铁路客运专线二松特大桥设计	铁一院	陕西省住房和城乡建设厅	陕西省优秀工程勘察设计奖	一等奖
115	哈大铁路客运专线伊通河特大桥设计	铁一院	陕西省住房和城乡建设厅	陕西省优秀工程勘察设计奖	一等奖
116	大西高铁晋陕黄河特大桥设计	铁一院	陕西省住房和城乡建设厅	陕西省优秀工程勘察设计奖	一等奖
117	哈大铁路客运专线沈哈段通信、信号、信息系统工程设计	铁一院	陕西省住房和城乡建设厅	陕西省优秀工程勘察设计奖	一等奖
118	哈大铁路客运专线(沈哈段)路基防冻胀设计	铁一院	陕西省住房和城乡建设厅	陕西省优秀工程勘察设计奖	一等奖
119	西宝铁路客运专线电力及电气化工程设计	铁一院	陕西省住房和城乡建设厅	陕西省优秀工程勘察设计奖	一等奖
120	西宝铁路客运专线常兴渭河特大桥设计	铁一院	陕西省住房和城乡建设厅	陕西省优秀工程勘察设计奖	二等奖
121	郑西铁路客运专线客运北环线咸阳渭河特大桥设计	铁一院	陕西省住房和城乡建设厅	陕西省优秀工程勘察设计奖	二等奖
122	西康二线通信、信息系统工程设计	铁一院	陕西省住房和城乡建设厅	陕西省优秀工程勘察设计奖	二等奖
123	西宝铁路客运专线通信、信号、信息系统工程设计	铁一院	陕西省住房和城乡建设厅	陕西省优秀工程勘察设计奖	二等奖
124	集包二线通信、信号、信息系统工程设计	铁一院	陕西省住房和城乡建设厅	陕西省优秀工程勘察设计奖	二等奖
125	集包第二双线包头客运站综合设计	铁一院	陕西省住房和城乡建设厅	陕西省优秀工程勘察设计奖	二等奖
126	京包线集宁至包头增建第二双线工程路基设计	铁一院	陕西省住房和城乡建设厅	陕西省优秀工程勘察设计奖	二等奖
127	哈尔滨铁路枢纽新建哈尔滨西客运站电力工程设计	铁一院	陕西省住房和城乡建设厅	陕西省优秀工程勘察设计奖	二等奖
128	西平铁路漠谷河2号大桥	铁一院	陕西省住房和城乡建设厅	陕西省优秀工程勘察设计奖	三等奖
129	西平铁路田家窑2号大桥	铁一院	陕西省住房和城乡建设厅	陕西省优秀工程勘察设计奖	三等奖
130	西康二线铁路关庙大桥设计	铁一院	陕西省住房和城乡建设厅	陕西省优秀工程勘察设计奖	三等奖
131	西康二线秦岭翠华山隧道设计	铁一院	陕西省住房和城乡建设厅	陕西省优秀工程勘察设计奖	三等奖
132	西康二线信号系统工程设计	铁一院	陕西省住房和城乡建设厅	陕西省优秀工程勘察设计奖	三等奖
133	西宝铁路客运专线宝鸡南站工程设计	铁一院	陕西省住房和城乡建设厅	陕西省优秀工程勘察设计奖	三等奖
134	西康二线旬阳北车站桩基承台扶壁式路肩挡土墙及边坡防护工程设计	铁一院	陕西省住房和城乡建设厅	陕西省优秀工程勘察设计奖	三等奖
135	兰州北编组站车辆段工程设计	铁一院	陕西省住房和城乡建设厅	陕西省优秀工程勘察设计奖	三等奖

续表

序号	项目名称	完成单位	评选单位	奖励类别	获奖等级
136	城市轨道交通数字选线系统	铁一院	陕西省住房和城乡建设厅	陕西省优秀工程勘察设计软件奖	一等奖
137	人力资源管理系统	铁一院	陕西省住房和城乡建设厅	陕西省优秀工程勘察设计软件奖	一等奖
138	铁路建设项目地理信息系统	铁一院	陕西省住房和城乡建设厅	陕西省优秀工程勘察设计软件奖	二等奖
139	城市轨道建设项目信息管理系统	铁一院	陕西省住房和城乡建设厅	陕西省优秀工程勘察设计软件奖	二等奖
140	铁路接触网腕臂结构设计软件	铁一院	陕西省住房和城乡建设厅	陕西省优秀工程勘察设计软件奖	三等奖
141	高速铁路路基沉降计算软件	铁一院	陕西省住房和城乡建设厅	陕西省优秀工程勘察设计软件奖	三等奖
142	工程监理综合信息管理系统	铁一院	陕西省住房和城乡建设厅	陕西省优秀工程勘察设计软件奖	三等奖
143	经营项目投标报价计算与分析系统	铁一院	陕西省住房和城乡建设厅	陕西省优秀工程勘察设计软件奖	三等奖
144	长沙市轨道交通 2 号线一期工程	铁四院	湖南省勘察设计协会	湖南省优秀工程设计奖	一等奖
145	昆明市轨道交通首期工程大梨园车辆段与综合基地	铁四院	云南省住房和城乡建设厅	云南省优秀工程设计奖	二等奖
146	扬州瘦西湖隧道工程	铁四院	江苏省住房和城乡建设厅	江苏省城乡建设系统优秀勘察设计奖	一等奖
147	苏州市轨道交通 2 号线工程	铁四院	江苏省住房和城乡建设厅	江苏省城乡建设系统优秀勘察设计奖	一等奖
148	南京地铁 10 号线工程	铁四院	江苏省住房和城乡建设厅	江苏省城乡建设系统优秀勘察设计奖	一等奖
149	苏州市轨道交通 2 号线工程盾构区间隧道设计	铁四院	江苏省住房和城乡建设厅	江苏省城乡建设系统优秀勘察设计奖	二等奖
150	苏州轨道交通 2 号线工程火车站	铁四院	江苏省住房和城乡建设厅	江苏省城乡建设系统优秀勘察设计奖	三等奖
151	兰新铁路第二双线(新疆段)设计咨询	铁四院	湖北省工程咨询协会	湖北省优秀工程咨询成果奖	一等奖
152	武汉轨道交通机场线工程可行性研究报告	铁四院	湖北省工程咨询协会	湖北省优秀工程咨询成果奖	二等奖
153	南昌至赣州铁路客运专线可行性研究报告	铁四院	湖北省工程咨询协会	湖北省优秀工程咨询成果奖	三等奖
154	国家铁路“十三五”华中、华东及华南地区规划	铁四院	湖北省工程咨询协会	湖北省优秀工程咨询成果奖	三等奖
155	新建隆昌至黄桶铁路叙永至毕节段预可行性研究评估报告	铁四院	湖北省工程咨询协会	湖北省优秀工程咨询成果奖	优秀奖
156	山西中南部铁路通道施工图设计咨询	铁四院	湖北省工程咨询协会	湖北省优秀工程咨询成果奖	优秀奖
157	前抚铁路新建工程	铁五院	黑龙江省住房和城乡建设厅	黑龙江省优秀工程设计奖	一等奖
158	杭州市青年路过江隧道工程项目建议书	铁五院	北京市工程咨询协会	北京市优秀工程咨询成果奖	一等奖
159	锦州港至白音华铁路扩能工程可行性研究报告	铁五院	北京市工程咨询协会	北京市优秀工程咨询成果奖	一等奖
160	北京市大兴区采育镇区 01 - 0009 及 01 - 0049 地块二类居住、商业金融用地项目申请报告	铁五院	北京市工程咨询协会	北京市优秀工程咨询成果奖	一等奖
161	北京市通州区中西医结合医院建设工程可行性研究报告评估报告	铁五院	北京市工程咨询协会	北京市优秀工程咨询成果奖	一等奖
162	新建铁路连云港至镇江线可行性研究报告	铁五院	北京市工程咨询协会	北京市优秀工程咨询成果奖	二等奖
163	新建和顺至邢台铁路节能评估报告	铁五院	北京市工程咨询协会	北京市优秀工程咨询成果奖	二等奖
164	北京通州运河核心区市政配套工程北关大道跨北运河桥梁工程项目建议书评估报告	铁五院	北京市工程咨询协会	北京市优秀工程咨询成果奖	二等奖

续表

序号	项目名称	完成单位	评选单位	奖励类别	获奖等级
165	北京工商大学良乡校区二期工程项目建议书评估报告	铁五院	北京市工程咨询协会	北京市优秀工程咨询成果奖	二等奖
166	贵州省铜仁市碧江新区道路工程(环东大道)可行性研究报告	铁五院	北京市工程咨询协会	北京市优秀工程咨询成果奖	三等奖
167	中心城区排水管网改造二期工程项目建议书评估报告	铁五院	北京市工程咨询协会	北京市优秀工程咨询成果奖	三等奖
168	北京市中心城区供水管网改造四期工程项目建议书评估报告	铁五院	北京市工程咨询协会	北京市优秀工程咨询成果奖	三等奖
169	中关村科技园区电子城北扩土地储备3号地项目建议书评估报告	铁五院	北京市工程咨询协会	北京市优秀工程咨询成果奖	三等奖
170	密云县马北路支线(京承高速司马台立交—司曹路一期)道路工程项目建议书评估报告	铁五院	北京市工程咨询协会	北京市优秀工程咨询成果奖	三等奖
171	合蚌高速线运营期精测网复测及沉降变形监测	上海院	上海市勘察设计协会	上海市优秀工程勘察奖	二等奖
172	宿淮线京杭运河特大桥工程地质勘察	上海院	上海市勘察设计协会	上海市优秀工程勘察奖	三等奖
173	上海市轨道交通16号线工程	上海院	上海市勘察设计协会	上海市优秀工程设计奖	一等奖
174	合蚌铁路客运专线九龙岗特大桥(76+160+76)米连续梁拱组合结构	上海院	上海市勘察设计协会	上海市优秀工程设计奖	二等奖
175	合蚌铁路客运专线官沟特大桥	上海院	上海市勘察设计协会	上海市优秀工程设计奖	三等奖
176	时速350千米高速铁路无砟轨道预制后张法预应力混凝土简支箱梁(单线)	上海院	上海市勘察设计协会	上海市优秀标准化设计奖	二等奖
177	时速350千米高速铁路单线圆端形实体桥墩	上海院	上海市勘察设计协会	上海市优秀标准化设计奖	三等奖
178	阜阳北站扩能改造工程可行性研究	上海院	上海市工程咨询协会	上海市优秀工程咨询成果奖	一等奖
179	新建铁路连云港至镇江线节能评估报告	上海院	上海市工程咨询协会	上海市优秀工程咨询成果奖	一等奖
180	天津地铁4号线工程可行性研究报告	上海院	上海市工程咨询协会	上海市优秀工程咨询成果奖	二等奖
181	改建铁路符夹线扩能工程符离集至新河段环境影响报告	上海院	上海市工程咨询协会	上海市优秀工程咨询成果奖	二等奖
182	申张线青阳港段航道整治工程京沪铁路昆山—陆家浜段改建工程可行性研究	上海院	上海市工程咨询协会	上海市优秀工程咨询成果奖	二等奖
183	铜陵西站地块配套市政开发公铁交通改造方案研究	上海院	上海市工程咨询协会	上海市优秀工程咨询成果奖	二等奖
184	上海浦东机场三期扩建工程项目旅客捷运系统方案专题研究报告	上海院	上海市工程咨询协会	上海市优秀工程咨询成果奖	二等奖
185	绍兴县G104国道—镜水路互通式立交桥工程可行性研究	上海院	上海市工程咨询协会	上海市优秀工程咨询成果奖	三等奖
186	220千伏五洲—北湖输电线路更换OPGW光缆工程跨越京沪高铁可行性第三方安全性评估	上海院	上海市工程咨询协会	上海市优秀工程咨询成果奖	三等奖
187	改建铁路青阜线电气化改造工程可行性研究	上海院	上海市工程咨询协会	上海市优秀工程咨询成果奖	三等奖
188	新建铁路南昌昌北铁路货运物流项目可行性研究	上海院	上海市工程咨询协会	上海市优秀工程咨询成果奖	三等奖
189	国投宣城电厂专用铁路扩能改造工程可行性研究	上海院	上海市工程咨询协会	上海市优秀工程咨询成果奖	三等奖
190	劳龙虎水道航道整治工程	港航局	广东省勘察设计协会	广东省优秀工程设计奖	二等奖
191	东江下游(惠州—东江口)航道整治工程	港航局	广东省勘察设计协会	广东省优秀工程设计奖	三等奖

(制表:徐惠纯)

2013—2014 年中国铁建股份有限公司获国家级工法目录

序号	工法名称	完成单位	主要完成人
1	大跨度预应力钢筋混凝土空腹网架施工工法	中铁建设集团有限公司	刘传林 宋璟毅 于占福 刘珊珊 周海洋
2	高层钢结构自承式可拆卸楼承板施工工法	中铁城建集团有限公司	王忠良 武 军 徐建平 张海林 张训虎
3	巨型悬挑“水滴”状双曲面玻璃幕墙施工工法	中铁建设集团有限公司	韩 锋 江志远 胡春晓 王 强 肖 洪
4	糜棱岩大断面隧道大拱脚超短四台阶施工工法	中铁十六局集团有限公司	孙明彪 王晓岭 常志军 龙 彬 邓雄武
5	CRTSⅢ型板式无砟轨道恒压灌注施工工法	中铁十一局集团有限公司	刘守成 姚海涛 罗国景 孙浩林 杨 阳
6	CRTSⅢ型板式无砟轨道施工工法	中铁十八局集团三有限公司	朱 科 李亚军 陆晓峰 赵丰功 黄 波
7	大跨度大悬臂T型刚构转体施工工法	中铁十一局集团有限公司	代华伟 张军林 刘育鸿 罗朱柠 姜 攀
8	机场跑道不停航条件下超长管幕保护超浅埋大断面暗挖施工工法	中铁城建集团有限公司	张晓峰 陈佑新 孙国著 羿生钻 段英丽
9	一次性扣拱暗挖逆作施工工法	中铁十四局集团有限公司	谢晋水 黄美群 苗春刚 付款峰 冯振鲁
10	地铁装配式车站施工工法	中国铁建大桥工程局集团六公司	谢辕轩 陈久恒 刘宏宇 贲 林 隋秀龙
11	青藏高原单线特长铁路隧道快速施工工法	中铁二十一局集团有限公司	祁 贤 尹建勋 蒲荣宇 王天亮 黄炬银
12	整体式大型沉管管段预制施工工法	中铁十八局集团五公司	代敬辉 王朝辉 李建芳 肖刚刚 梁素琴
13	严寒地区隧道衬砌防排水防冻融冻胀施工工法	中铁十一局集团五公司	李 勇 王元清 管 强 方 兵 李 鹏
14	高地应力软弱围岩大变形隧道超长扩大头锚索施工工法	中铁十一局集团五公司	张旭东 吴占瑞 汪 婧 何 磊 王更峰
15	复杂环境下盾构近距离穿越既有地铁车站变形控制施工工法	中铁十八局集团有限公司	黄广锴 姜华龙 李铁绪 营 升
16	高海拔高应力高速铁路特长板岩隧道大变形控制施工工法	中铁十八局集团有限公司	翁振华 高永亮 李亚军 闫利亚 高 颖
17	整体移动式模架浇筑电缆沟槽施工工法	中铁十九局集团有限公司	巴福隆 孙茂明 周卫霞 阮 翔 杨胜多
18	强震后瓦斯隧道塌方段重建施工工法	中铁二十一局集团有限公司	房 军 苏红岭 王周理 陈 运 马红叶
19	先张法预应力混凝土简支薄壁结构U形梁施工工法	中铁二十三局集团有限公司	黄 静 潘微旺 张 磊 张长春 黎开政
20	竖曲线钢箱梁跨大型铁路站场步履式顶推施工工法	中铁二十四局集团有限公司	来国祥 来培荣 余小勇 魏昌基 左维强
21	曲线新型柱板式空心超高墩施工工法	中铁二十局集团三公司	田 杰 朱朋刚 何 东 田大业 仲维玲
22	大型双壁钢围堰填砂筑岛、吹砂下沉施工工法	中国铁建大桥工程局集团六公司	李志辉 刘宏宇 张 庆 贲 林 任延龙
23	复杂条件下单孔大跨度钢桁梁纵移拖拉横移就位施工工法	中铁二十局集团有限公司	李宏强 尚宗柱 王建富 王永丽 严朝锋
24	大坡度900吨箱梁架设施工工法	中铁十五局集团有限公司	段玉顺 马俊勇 杨立新 郭 华 王 鹏
25	PC梁预应力管道三维一体精确定位施工工法	中铁城建集团有限公司	郭 英 张庆华 彭 飞 田晋伟 昝世辉
26	大跨度拱桥劲性骨架吊装扣锚系统施工及索力控制工法	中铁十八局集团有限公司	樊秋林 杨继明 于长彬 贺常松 刘 利

（制表：张立青）

2015 年中国铁建股份有限公司获省部级工法目录

序号	工法名称	编写单位	认定机构
1	CRTSⅢ型板式无砟轨道恒压灌注施工工法	中铁十一局集团一公司	国家铁路局
2	900 吨运梁车配合 600 吨桥机转场架梁施工工法	中铁十一局集团六公司	国家铁路局
3	混合砂自密实混凝土劲性结构施工工法	重庆建工住宅建设公司、中铁十一局集团五公司	重庆市建委
4	利用岔心技术实现既有铁路快速拨接施工工法	中铁十一局集团五公司、中铁十一局集团三公司	重庆市建委
5	城市轨道交通现浇连续盆式梁施工工法	中铁十一局集团五公司	重庆市建委
6	城市轨道交通预制盖梁施工工法	中铁十一局集团五公司	重庆市建委
7	富水隧道综合防排水系统施工工法	中铁十一局集团五公司	重庆市建委
8	严寒地区隧道衬砌防排水防冻融冻胀施工工法	中铁十一局集团五公司	重庆市建委
9	混凝土密肋梁空腔楼盖施工工法	中铁十一局集团公司、中铁十一局集团建筑安装公司	湖北省住房和城乡建设厅
10	超低净空既有线跨线桥接触网施工工法	中铁十一局集团公司、中铁十一局集团电务公司	湖北省住房和城乡建设厅
11	城市轨道交通既有接触网割接施工工法	中铁十一局集团公司、中铁十一局集团电务公司	湖北省住房和城乡建设厅
12	CRTSⅢ型板式无砟轨道施工工法	中铁十一局集团公司、中铁十一局集团一公司	湖北省住房和城乡建设厅
13	旋挖钻孔回填钢板桩围堰施工工法	中铁十一局集团公司、中铁十一局集团四公司	中国公路建设行业协会
14	旋挖钻孔回填钢板桩围堰施工工法	中铁十一局集团公司、中铁十一局集团四公司	中国公路建设行业协会
15	利用岔心技术实现既有铁路快速拨接施工工法	中铁十一局集团公司、中铁十一局集团三公司	湖北省住房和城乡建设厅
16	利用 900 吨架桥机改造架设 450 吨并置箱梁施工工法	中铁十一局集团公司、中铁十一局集团三公司	湖北省住房和城乡建设厅
17	SLJ900 型流动式架桥机提运架一体化施工工法	中铁十一局集团公司、中铁十一局集团六公司	湖北省住房和城乡建设厅
18	城际铁路连续超大下坡运架梁施工工法	中铁十一局集团公司、中铁十一局集团六公司	湖北省住房和城乡建设厅
19	高墩简易自升式爬架配合翻模施工工法	中铁十一局集团公司、中铁十一局集团二公司	湖北省住房和城乡建设厅
20	高原冻土公路隧道洞口工程保温开挖施工工法	中铁十一局集团公司、中铁十一局集团二公司	中国公路建设行业协会
21	钢支撑与贝雷梁现浇拱桥施工工法	中铁十一局集团公司、中铁十一局集团二公司	中国公路建设行业协会
22	高原冻土公路隧道洞口工程保温开挖施工工法	中铁十一局集团公司、中铁十一局集团二公司	中国公路建设行业协会
23	钢支撑与贝雷梁现浇拱桥施工工法	中铁十一局集团公司、中铁十一局集团二公司	中国公路建设行业协会
24	地铁工程渗漏水治理施工工法	中铁十一局集团公司、中铁十一局集团轨道公司	湖北省住房和城乡建设厅
25	外置推进式盾构机过站施工工法	中铁十一局集团公司、中铁十一局集团轨道公司	湖北省住房和城乡建设厅
26	土压平衡盾构机穿越密集建筑物下富水砂卵石地层施工工法	中铁十一局集团公司、中铁十一局集团轨道公司	四川省住房和城乡建设厅
27	旋挖钻孔回填钢板桩围堰工法	中铁十一局集团公司	湖北省住房和城乡建设厅
28	高原冻土公路隧道洞口工程保温开挖工法	中铁十一局集团公司	湖北省住房和城乡建设厅
29	三吊机协同拆除上跨既有线简支梁施工工法	中铁十一局集团安装公司	国家铁路局

续表

序号	工法名称	编写单位	认定机构
30	三吊机协同拆除上跨既有线简支梁施工工法	中铁十一局集团安装公司	湖北省住房和城乡建设厅
31	深基坑桩锚支护拉力分散型预应力锚索施工工法	中铁十一局集团安装公司	湖北省住房和城乡建设厅
32	戈壁干旱地区无砟轨道混凝土防开裂施工工法	中铁十一局集团一公司、中铁十一局集团四公司	湖北省住房和城乡建设厅
33	高速铁路双线变单线异型箱梁架设施工工法	中铁十一局集团六公司	国家铁路局
34	SLJ900型流动式架桥机提运架一体化施工工法	中铁十一局集团六公司	国家铁路局
35	SLJ900型流动式架桥机提运架一体化施工工法	中铁十一局集团六公司	湖北省住房和城乡建设厅
36	城际铁路连续超大下坡运架梁施工工法	中铁十一局集团六公司	湖北省住房和城乡建设厅
37	城市轨道交通既有接触网割接施工工法	中铁十一局集团电务公司	湖北省住房和城乡建设厅
38	超低净空既有线跨线桥接触网施工工法	中铁十一局集团电务公司	湖北省住房和城乡建设厅
39	临近铁路深基坑双预应力钢管斜抛撑施工工法	中铁十二局集团公司、中铁十二局集团安装公司、中铁城建集团公司	国家铁路局
40	全护筒钻孔灌注桩施工工法	中铁十二局集团公司、中铁十二局集团安装公司	山西省住房和城乡建设厅
41	深基坑微型钢管桩与锚喷网联合支护施工工法	中铁十二局集团公司、中铁十二局集团安装公司	山西省住房和城乡建设厅
42	地铁供电系统直流设备绝缘安装施工工法	中铁十二局集团公司、中铁十二局集团电气化公司	山西省住房和城乡建设厅
43	山区运输索道施工工法	中铁十二局集团公司、中铁十二局集团电气化公司	山西省住房和城乡建设厅
44	混凝土预制构件工厂化生产工法	中铁十二局集团公司、中铁十二局集团一公司	国家铁路局
45	小断面隧洞有压裂隙水发育地段超前排水施工工法	中铁十二局集团公司、中铁十二局集团一公司	山西省住房和城乡建设厅
46	轻型单壁大刚度底板钢吊箱施工工法	中铁十二局集团公司、中铁十二局集团一公司	山西省住房和城乡建设厅
47	寒冷地区冬季电伴热保温养护桥梁施工工法	中铁十二局集团公司、中铁十二局集团一公司	山西省住房和城乡建设厅
48	高墩组合型垂直通道及作业平台安全设施施工工法	中铁十二局集团公司、中铁十二局集团一公司	山西省住房和城乡建设厅
49	钢管拱非原位拼装、整体顶推纵移就位施工工法	中铁十二局集团公司、中铁十二局集团四公司	国家铁路局
50	隧道断层突水涌泥溃口封堵及清淤施工工法	中铁十二局集团公司、中铁十二局集团四公司	国家铁路局
51	富水软土地铁车站深基坑开挖风险控制工法	中铁十二局集团公司、中铁十二局集团四公司	山西省住房和城乡建设厅
52	大吨位预制箱梁移、运一体化施工工法	中铁十二局集团公司、中铁十二局集团四公司	山西省住房和城乡建设厅
53	反锚全液压往复新型轨排生产施工工法	中铁十二局集团公司、中铁十二局集团三公司	国家铁路局
54	高瓦斯隧道全封闭复合式衬砌仰拱整体式弧形模板快速施工工法	中铁十二局集团公司、中铁十二局集团三公司	山西省住房和城乡建设厅
55	绳锯法拆除上跨营业线桥梁施工工法	中铁十二局集团公司、中铁十二局集团七公司	山西省住房和城乡建设厅
56	支架整体现浇连续梁内模预组装施工工法	中铁十二局集团公司、中铁十二局集团七公司	山西省住房和城乡建设厅
57	CRTSⅡ型板式无砟轨道低塑性混凝土支撑层快速成型施工工法	中铁十二局集团公司、中铁十二局集团二公司	国家铁路局
58	CRTSⅡ型板式无砟轨道滑动层自平整施工工法	中铁十二局集团公司、中铁十二局集团二公司	国家铁路局

续表

序号	工法名称	编写单位	认定机构
59	小半径超宽轨距火箭垂直转运轨道精密测量施工工法	中铁十二局集团公司、中铁十二局集团二公司	山西省住房和城乡建设厅
60	严寒地区隧道保温防水层施工工法	中铁十二局集团公司、中铁十二局集团二公司	山西省住房和城乡建设厅
61	边角交会法测设平面控制网施工工法	中铁十二局集团公司、中铁十二局集团二公司	山西省住房和城乡建设厅
62	自行研制混凝土喷射车施工工法	中铁十二局集团公司、中铁十二局集团二公司	山西省住房和城乡建设厅
63	隧道机械安装钢拱架施工工法	中铁十二局集团公司、中铁十二局集团二公司	山西省住房和城乡建设厅
64	地铁车站高边墙组合模板支撑架施工工法	中铁十二局集团公司、中铁十二局集团二公司	山西省住房和城乡建设厅
65	长大区间泥水盾构穿越粘土层施工工法	中铁十二局集团公司、中铁十二局集团二公司	山西省住房和城乡建设厅
66	大型中庭式地铁车站Y型铸钢结合钢管柱施工工法	中铁十二局集团公司、中铁十二局集团二公司	山西省住房和城乡建设厅
67	地铁车站异型钢结构柱内混凝土顶升施工工法	中铁十二局集团公司、中铁十二局集团二公司	山西省住房和城乡建设厅
68	多台阶预留核心土顺次开挖施工工法	中铁十二局集团公司、中铁十二集团三公司	国家铁路局
69	TJ165架桥机快速调头施工工法	中铁十二局集团公司、中铁十二集团三公司	国家铁路局
70	旋喷咬合桩处理隧道干燥粉细砂地层初支变形施工工法	中铁十二局集团公司、中铁十二集团三公司	国家铁路局
71	隧道二次衬砌钢筋精确控制施工工法	中铁十二局集团公司、中铁十二集团三公司	国家铁路局
72	站场混凝土铺面传力杆支架后置施工工法	中铁十二局集团公司、中铁十二局集团安装公司、中铁城建集团公司	国家铁路局
73	盖挖逆作地铁车站叠合墙施工工法	中铁十二局集团七公司	湖南省住房和城乡建设厅
74	复杂海域深水裸岩区大跨度栈桥快速施工工法	中国铁建大桥工程局集团公司	天津市
75	深海钢吊箱围堰整体吊装就位施工工法	中国铁建大桥工程局集团公司	天津市
76	高原地区纤维泥炭地层地铁盾构施工工法	中铁十三局集团五公司、云南路建集团宏程路桥公司	云南省
77	小净距空间交叉隧道爆破施工工法	中铁十三局集团五公司	国家铁路局
78	利用洞室(或通道)进行盾构机整体始发与接收施工工法	中国铁建大桥工程局集团一公司	辽宁省建筑业协会
79	台风区深海裸岩钻孔平台施工工法	中国铁建大桥工程局集团一公司	辽宁省建筑业协会
80	高速铁路大跨度节段拼装预应力混凝土简支箱梁施工工法	中国铁建大桥工程局集团一公司	辽宁省建筑业协会
81	短气囊封堵大管径雨水管道施工工法	中国铁建大桥工程局集团四公司	黑龙江省住房和城乡建设厅
82	严寒地区钢混叠合梁上部结构施工工法	中国铁建大桥工程局集团四公司	黑龙江省住房和城乡建设厅
83	高寒地区防冻融防腐蚀混凝土施工工法	中国铁建大桥工程局集团四公司	黑龙江省住房和城乡建设厅
84	季节性冻土地区复杂地质条件下富水公路隧道冬季施工工法	中国铁建大桥工程局集团四公司	黑龙江省住房和城乡建设厅
85	季节性冻土地区复杂地质条件下富水公路隧道保温出水口施工工法	中国铁建大桥工程局集团四公司	黑龙江省住房和城乡建设厅
86	多平衡综合式顶管机顶进穿河冲积砂(卵)土层大直径长距离顶管施工工法	中国铁建大桥工程局集团三公司	辽宁省建筑业协会
87	V型桥墩支架施工工法	中国铁建大桥工程局集团三公司	辽宁省建筑业协会

续表

序号	工法名称	编写单位	认定机构
88	市政排水管网注塑检查井施工工法	中国铁建大桥工程局集团三公司	辽宁省建筑业协会
89	新型室内环保电采暖施工工法	中国铁建大桥工程局集团三公司	辽宁省建筑业协会
90	采光顶安全玻璃的设计与施工工法	中国铁建大桥工程局集团三公司	辽宁省建筑业协会
91	地铁装配式车站施工工法	中国铁建大桥工程局集团六公司	吉林省建筑业协会
92	大型双壁钢围堰填砂筑岛、吹沙下沉施工工法	中国铁建大桥工程局集团六公司	吉林省建筑业协会
93	大跨度螺栓球形网高空散装法施工工法	中国铁建大桥工程局集团六公司	吉林省建筑业协会
94	水工隧洞极狭窄空间盾构机分体始发施工工法	中国铁建大桥工程局集团六公司	吉林省建筑业协会
95	超长无支撑 V 型斜柱施工工法	中国铁建大桥工程局集团六公司	吉林省建筑业协会
96	异型基坑砼鱼腹梁组合支撑体系施工工法	中国铁建大桥工程局集团六公司	吉林省建筑业协会
97	大跨度跨河带封闭罩连续槽形梁施工工法	中铁十四局集团公司	国家铁路局
98	长江近海口复杂地质条件下特大型电厂取水隧道沉井及盾构施工方法	中铁十四局集团公司	江苏省住房和城乡建设厅
99	长江入海口江底取水隧道内顶升法施工特大型取水立管综合技术	中铁十四局集团公司	江苏省住房和城乡建设厅
100	入海口复杂技术条件江面大型沉井法及江底承压水控技术	中铁十四局集团公司	江苏省住房和城乡建设厅
101	超大直径盾构隧道高精度管片预制工法	中铁十四局集团公司	江苏省住房和城乡建设厅
102	超大直径盾构在大曲率小半径曲线上精准接收施工工法	中铁十四局集团公司	江苏省住房和城乡建设厅
103	单管双层超大直径盾构内部结构快速施工工法	中铁十四局集团公司	江苏省住房和城乡建设厅
104	分段前进式高压注浆施工工法	中铁十四局集团公司	中国公路建设行业协会
105	单线隧道 CRTS Ⅰ 型减振板式无砟轨道施工工法	中铁十四局集团公司	中国铁道工程建设协会
106	TLJ900 吨架桥机架设城际铁路预制箱梁施工工法	中铁十四局集团公司	中国铁道工程建设协会
107	客运专线铁路长枕埋入式无砟道岔铺设施工工法	中铁十四局集团公司	中国铁道工程建设协会
108	四六导洞组合 PBA 法修建复杂环境条件下浅埋富水大跨度暗挖地铁车站施工工法	中铁十五局集团七公司	河南省建筑业协会
109	CRTS Ⅰ 型双块式无砟轨道道床板机械轨排法施工工法	中铁十六局集团公司、中铁十六局集团一公司	国家铁路局
110	复杂地质钻孔桩超前预钻孔辅助成孔施工工法	中铁十六局集团公司、中铁十六局集团一公司	中国公路建设行业协会
111	大断面土压平衡盾构浅覆土、小间距平行始发施工工法	中铁十六局集团公司、中铁十六局集团五公司	国家铁路局
112	30 吨轴重重载铁路 96 米钢桁梁无导梁拖拉施工工法	中铁十六局集团公司、中铁十六局集团五公司	国家铁路局
113	沿海地区大体积钢筋混凝土沉井基础排水法施工工法	中铁十六局集团公司、中铁十六局集团五公司	中国公路建设行业协会
114	复杂多样截面、无缝道岔现浇梁支架结构施工工法	中铁十六局集团公司、中铁十六局集团四公司	国家铁路局
115	淤泥质软土地层超深地下连续墙施工工法	中铁十六局集团公司、中铁十六局集团地铁公司	国家铁路局
116	盾构隧道内深孔注浆加固地层施工工法	中铁十六局集团公司、中铁十六局集团地铁公司	国家铁路局

续表

序号	工法名称	编写单位	认定机构
117	单侧高边墙新型移动模架施工工法	中铁十六局集团公司、中铁十六局集团地铁公司	中国公路建设行业协会
118	泥水盾构细微颗粒泥水分离施工工法	中铁十六局集团公司、中铁十六局集团地铁公司	中国公路建设行业协会
119	立体交叉凹凸支点法施工工法	中铁十六局集团公司、中铁十六局集团地铁公司	中国公路建设行业协会
120	淤泥质软土地层超深地下连续墙施工工法	中铁十六局集团公司、中铁十六局集团地铁公司	中国公路建设行业协会
121	大面积深埋锚索地下狭小空间拔除施工工法	中铁十六局集团公司、中铁十六局集团北京轨道公司	中国公路建设行业协会
122	地下连续墙穿越既有管线施工工法	中铁十六局集团公司、中铁十六局集团北京轨道公司	中国公路建设行业协会
123	条带状岩溶裂隙富水区全断面径向注浆施工工法	中铁十六局集团公司	国家铁路局
124	糜棱岩大断面隧道大拱脚超短四台阶施工工法	中铁十六局集团公司	国家铁路局
125	带副拱中承式菱形变截面钢管混凝土系杆拱桥主拱肋安装施工工法	中铁十六局集团三公司、中铁十六局集团公司	中国公路建设行业协会
126	地铁隧道下穿异型板桥梁桩基自动化控制托换施工工法	中铁十六局集团地铁公司	北京市住房和城乡建设委员会
127	软土地层浅埋隧道横穿多股运营铁路明盖挖结合施工工法	中铁十六局集团地铁公司	国家铁路局
128	无缝线路移动闪光焊低温插焊短钢轨施工工法	中铁十七局集团铺架分公司	山西省住房和城乡建设厅
129	城市浅埋隧道数码电子雷管与导爆管毫秒雷管爆破组合法开挖施工工法	中铁十七局集团公司	山西省住房和城乡建设厅
130	城市浅埋隧道机械与数码电子雷管爆破组合法开挖施工工法	中铁十七局集团公司	山西省住房和城乡建设厅
131	大跨度异型钢管桁架梁整体吊装施工工法	中铁十七局集团建筑公司	山西省住房和城乡建设厅
132	330千伏输电线路铁塔主角钢插入式基础施工工法	中铁十七局集团电气化公司	山西省住房和城乡建设厅
133	利用定向钻穿越铁路施工工法	中铁十七局集团电气化公司	山西省住房和城乡建设厅
134	拉V塔整体组立施工工法	中铁十七局集团电气化公司	山西省住房和城乡建设厅
135	超大断面渐变段隧道导坑超前施工工法	中铁十七局集团一公司	山西省住房和城乡建设厅
136	新建铁路小净距上跨运营铁路隧道加固施工工法	中铁十七局集团一公司	山西省住房和城乡建设厅
137	高速公路双肢薄壁实心高墩自爬模施工工法	中铁十七局集团五公司	山西省住房和城乡建设厅
138	湿陷性黄土地区客专站场路基智能沉降观测系统埋设安装工法	中铁十七局集团四公司	山西省住房和城乡建设厅
139	高原深谷地区大跨度索道桥施工工法	中铁十七局集团四公司	山西省住房和城乡建设厅
140	石灰处治土柔性搭板施工工法	中铁十七局集团三公司	河北省土木建筑学会
141	跨既有线大吨位门式墩钢盖梁拼装及限时吊装施工工法	中铁十七局集团三公司	河北省土木建筑学会
142	桩筏结构穿越隧道隐伏串珠型溶洞施工工法	中铁十七局集团三公司	河北省土木建筑学会
143	CRTS－Ⅰ型轨道板工厂化施工工法	中铁十七局集团三公司	河北省土木建筑学会
144	CRTSⅡ型轨道板更换施工工法	中铁十七局集团三公司	河北省土木建筑学会
145	玄武岩纤维SMA改性沥青路面施工工法	中铁十七局集团三公司	河北省土木建筑学会
146	岩溶隧道地下水引流封堵加固施工工法	中铁十七局集团三公司	河北省土木建筑学会

续表

序号	工法名称	编写单位	认定机构
147	桥梁挤扩盘钻孔灌注桩施工工法	中铁十七局集团三公司	河北省土木建筑学会
148	硬岩地层无振动组合取芯桩基成孔施工工法	中铁十七局集团三公司	河北省土木建筑学会
149	隧道仰拱移动模架分段快速施工工法	中铁十七局集团三公司	河北省土木建筑学会
150	下穿大型车站旅客地道拆除及新建施工工法	中铁十七局集团三公司	山西省住房和城乡建设厅
151	大跨度双层贝雷片现浇梁支架搭设施工工法	中铁十七局集团六公司	福建省住房和城乡建设厅
152	长大隧道空压机与变压器进洞施工工法	中铁十七局集团六公司	福建省住房和城乡建设厅
153	三维排水柔性生态边坡防护施工工法	中铁十七局集团六公司	国家铁路局
154	多跨40米现浇梁软土地基支架连续搭设施工工法	中铁十七局集团六公司	国家铁路局
155	单壁锁扣钢围堰施工工法	中铁十七局集团六公司	国家铁路局
156	大截面薄壁空心高墩砼布料机施工工法	中铁十七局集团六公司	山西省住房和城乡建设厅
157	大横坡宽幅梁异形三角挂篮施工工法	中铁十七局集团六公司	山西省住房和城乡建设厅
158	水工隧洞矮边墙移动模架施工工法	中铁十七局集团二公司	山西省住房和城乡建设厅
159	黄河流凌河段桥梁深水基础施工工法	中铁十七局集团二公司	山西省住房和城乡建设厅
160	大吨位小半径曲线双幅连续梁跨多线电气化铁路平转施工工法	中铁十七局集团二公司	山西省住房和城乡建设厅
161	房建隧道式模板施工工法	中铁十七局集团二公司	山西省住房和城乡建设厅
162	高海拔高地应力高速铁路特长板岩隧道大变形控制施工工法	中铁十八局集团公司中铁十八局集团三公司	中国铁道工程建设协会
163	高速铁路大跨钢管劲性拱桥拱座混凝土施工工法	中铁十八局集团公司中铁十八局集团二公司	中国铁道工程建设协会
164	大跨度拱桥劲性骨架吊装扣锚系统施工及索力控制工法	中铁十八局集团公司	天津市城乡建设和交通委员会
165	复杂环境下盾构近距离穿越既有地铁车站施工工法	中铁十八局集团公司	天津市城乡建设和交通委员会
166	大跨度、大高差钢管内高标号混凝土抽真空辅助一次连续压注施工工法	中铁十八局集团公司	天津市城乡建设和交通委员会
167	大跨度拱桥劲性骨架吊装扣锚系统施工及索力控制工法	中铁十八局集团公司	中国铁道工程建设协会
168	基于单护盾的复合式TBM施工工法	中铁十八局集团隧道公司、中铁十八局集团有限公司	中国公路建设行业协会
169	海域先岛后隧人工筑岛施工工法	中铁十八局集团一公司	河北省土木工程学会
170	旋挖钻机应用于矩形锚固桩成孔的施工工法	中铁十八局集团一公司	河北省土木工程学会
171	无砟轨道预应力混凝土连续梁支架现浇施工工法	中铁十八局集团一公司	河北省土木工程学会
172	大跨度波形钢腹板PC连续梁施工工法	中铁十八局集团一公司	河北省土木工程学会
173	大跨浅埋不良地质地铁车站多层双侧壁导坑施工工法	中铁十八局集团一公司	天津市城乡建设和交通委员会
174	大直径曲线管幕钢管节制作施工工法	中铁十八局集团一公司	天津市城乡建设和交通委员会
175	软基条件沉管隧道岸壁保护结构施工工法	中铁十八局集团五公司、中铁十八局集团公司	中国公路建设行业协会
176	软弱地基沉管隧道基础注浆施工工法	中铁十八局集团五公司、中铁十八局集团公司	中国公路建设行业协会

续表

序号	工法名称	编写单位	认定机构
177	整体式大型沉管管段预制施工工法	中铁十八局集团五公司、中铁十八局集团公司	中国公路建设行业协会
178	内河沉管隧道管段浮运沉放施工工法	中铁十八局集团五工程有限公司、中铁十八局集团公司	中国公路建设行业协会
179	软弱地基沉管隧道轴线干坞施工工法	中铁十八局集团五公司、中铁十八局集团公司	中国公路建设行业协会
180	整体式大型沉管管段预制施工工法	中铁十八局集团五公司	天津市城乡建设和交通委员会
181	内河沉管隧道管段浮运沉放施工工法	中铁十八局集团五公司	天津市城乡建设和交通委员会
182	斜靠钢箱系杆拱一次合拢施工工法	中铁十八局集团五公司	中国公路建设行业协会
183	拱结构支撑钢结构景观桥“飘带”施工工法	中铁十八局集团五公司	中国公路建设行业协会
184	新轨道交通工程嵌入式导向轨施工工法	中铁十八局集团四公司、中铁十八局集团公司	中国公路建设行业协会
185	大坡度并小半径曲线软土盾构操作及建筑群沉降控制施工工法	中铁十八局集团四公司	天津市城乡建设和交通委员会
186	HDPE 膜在道路防渗施工中的应用工法	中铁十八局集团四公司	中国公路建设行业协会
187	盾构管片自动化流水线施工工法	中铁十八局集团四公司	中国公路建设行业协会
188	非开挖铺管一次成孔长大管棚施工工法	中铁十八局集团三公司	河北省土木工程学会
189	现浇钢筋混凝土空间异形斜墩施工工法	中铁十八局集团三公司	河北省土木工程学会
190	地铁一次扣拱暗挖逆作法施工工法	中铁十八局集团三公司	河北省土木工程学会
191	PCCP 管道安装施工工法	中铁十八局集团三公司	河北省土木工程学会
192	CRTSⅢ型板式无砟轨道底座板施工工法	中铁十八局集团三公司	河北省土木工程学会
193	CRTSⅢ型板式无砟轨道自密实混凝土填充层施工工法	中铁十八局集团三公司	河北省土木工程学会
194	CTRSⅢ型板式无砟轨道施工工法	中铁十八局集团三公司	天津市城乡建设和交通委员会
195	陡坡地形处下倾式隧道锚碇出碴施工工法	中铁十八局集团二公司	河北省土木工程学会
196	多跨连续刚构一次合拢施工工法	中铁十八局集团二公司	河北省土木工程学会
197	陡坡地形处的拱桥深基坑开挖施工工法	中铁十八局集团二公司	河北省土木工程学会
198	高速铁路 416 米跨钢管劲性拱桥拱座混凝土施工工法	中铁十八局集团二公司	河北省住房和城乡建设厅
199	大跨度重载荷缆索吊架设施工工法	中铁十八局集团二公司	河北省住房和城乡建设厅
200	大跨度钢筋混凝土劲性骨架钢管拱加工制作施工工法	中铁十八局集团二公司	河北省住房和城乡建设厅
201	深水基础新型锁口钢管桩围堰施工工法	中铁十八局集团二公司	河北省住房和城乡建设厅
202	高瓦斯隧道施工通风与检测施工工法	中铁十八局集团二公司	河北省住房和城乡建设厅
203	大跨度拱桥劲性骨架钢管拱加工制作施工工法	中铁十八局集团二公司	天津市城乡建设和交通委员会
204	水上桥梁裸岩区“环切法”植入钢管桩施工工法	中铁十九局集团公司、中铁十八局集团公司	中华人民共和国城乡和住房建设部
205	切削式全护筒跟进施工工法	中铁十九局集团公司	辽宁省住房和城乡建设厅
206	盾构机穿越大范围孤石群及基岩突起施工工法	中铁十九局集团公司	辽宁省住房和城乡建设厅

续表

序号	工法名称	编写单位	认定机构
207	盾构机二次到达接收施工工法	中铁十九局集团轨道公司	辽宁省住房和城乡建设厅
208	超近距离盾构隧道施工工法	中铁十九局集团轨道公司	辽宁省住房和城乡建设厅
209	大跨浅埋隧道极软岩富水界面段施工工法	中铁十九局集团一公司	辽宁省住房和城乡建设厅
210	托架式内模支撑系统施工工法	中铁十九局集团五公司	辽宁省住房和城乡建设厅
211	高原冻土地区柔性加筋土路基护坡施工工法	中铁十九局集团三公司	辽宁省住房和城乡建设厅
212	透明式数字信号电缆地下接续工法	中铁二十局集团公司	陕西省住房和城乡建设厅
213	复杂条件下单孔 156 米简支钢桁梁拖拉架设工法	中铁二十局集团公司	陕西省住房和城乡建设厅
214	复杂环境下浅孔控制爆破桥梁基坑开挖工法	中铁二十局集团一公司	国家铁路局
215	加筋布袋注浆桩施工工法	中铁二十局集团一公司	国家铁路局
216	重型轨道环氧胶泥填充修复施工工法	中铁二十局集团五公司	国家铁路局
217	曲线大跨度框架桥工便梁架空施工工法	中铁二十局集团四公司	国家铁路局
218	曲线新型柱板式空心超高墩施工工法	中铁二十局集团三公司	国家铁路局
219	黄土地区土石分解富水隧道施工工法	中铁二十局集团三公司	陕西省住房和城乡建设厅
220	富水Ⅵ级围岩浅埋暗挖隧道上 CD 下台阶法施工工法	中铁二十局集团六公司	国家铁路局
221	跨河拱桥装配式组合钢支架施工工法	中铁二十局集团六公司	陕西省住房和城乡建设厅
222	大跨度钢箱梁可升降自行式连续顶推施工工法	中铁二十一局集团公司	国家铁路局
223	高温差大风隧道 CRTSI 型双块式无砟轨道施工工法	中铁二十一局集团一公司	新疆维吾尔自治区住房和城乡建设厅
224	新疆高温差地区连续箱梁转体施工工法	中铁二十一局集团一公司	新疆维吾尔自治区住房和城乡建设厅
225	黄土路堑高边坡桩板墙施工工法	中铁二十一局集团五公司	国家铁路局
226	不规则空间管桁架结构制作和安装施工工法	中铁二十一局集团四公司	青海省住房和城乡建设厅
227	城市建筑密集区域城轨隧道近距离下穿高层建筑物基础施工工法	中铁二十一局集团二公司	国家铁路局
228	隧道衬砌台车快速定位系统施工工法	中铁二十二局集团公司、中铁二十二局集团一公司	国家铁路局
229	跨海大桥滨海滩涂深淤泥钻孔桩成桩施工工法	中铁二十二局集团公司、中铁二十二局集团三公司	国家铁路局
230	铁路 T 型梁整体钢筋笼制安及整体模板立拆系统施工工法	中铁二十二局集团四公司、中铁二十二局集团公司	国家铁路局
231	升级改造后的 SVM1000 型铺轨机组应用施工工法	中铁二十二局集团二公司、中铁二十二局集团公司	国家铁路局
232	深水钢板桩围堰内大管井降水无封底混凝土承台施工工法	中铁二十二局哈尔滨铁路建设公司、中铁二十二局集团公司	国家铁路局
233	超大球型钢支座安装施工工法	中铁二十二局哈尔滨铁路建设公司、中铁二十二局集团公司	国家铁路局
234	双线铁路连续刚构拱卧拼及竖转施工工法	中铁二十二局哈尔滨铁路建设公司、中铁二十二局集团公司	国家铁路局

续表

序号	工法名称	编写单位	认定机构
235	东北地区有机与无机双发泡体复合屋面保温技术—JK泡粒混凝土层面施工工法	中铁二十二局哈尔滨铁路公司、哈尔滨市第二建筑工程公司五公司	黑龙江省住房和城乡建设厅
236	四线客专单箱四室连续梁6片主桁架挂篮设计施工工法	中铁二十二局哈尔滨铁路建设公司	黑龙江省住房和城乡建设厅
237	超大球型钢支座安装施工工法	中铁二十二局哈尔滨铁路建设公司	黑龙江省住房和城乡建设厅
238	现代城市有轨电车轨道板施工工法	中铁二十三局集团公司	四川省住房和城乡建设厅
239	编组场内组合式龙门吊使用工法	中铁二十三局集团公司	四川省住房和城乡建设厅
240	高速公路钢波纹管涵施工工法	中铁二十三局集团公司	四川省住房和城乡建设厅
241	公轨两用连续刚构桥不对称大体积0号块施工工法	中铁二十三局集团公司	四川省住房和城乡建设厅
242	铁路站场内线间保温涵管埋设施工工法	中铁二十三局集团公司	四川省住房和城乡建设厅
243	高铁路基连续压实控制技术施工工法	中铁二十三局集团公司	四川省住房和城乡建设厅
244	应用尼龙定位装置固定铁路岔枕Ⅲ型套管工法	中铁二十三局集团公司	四川省住房和城乡建设厅
245	先张法预应力CRTS III型轨道板生产工法	中铁二十三局集团公司	四川省住房和城乡建设厅
246	预应力砼连续梁切割拆除施工工法	中铁二十四局集团浙江公司	浙江省建筑业管理局
247	下穿高铁低净空架梁施工工法	中铁二十四局集团浙江公司	浙江省建筑业管理局
248	改造趸船打桩船施工大直径钢管斜桩施工工法	中铁二十四局集团公司、中铁二十四局集团上海公司	国家铁路局
249	高铁隧道接触网预埋槽道二次定位施工工法	中铁二十四局集团福建公司	福建省住房和城乡建设厅
250	困难条件下既有铁路上架设D型施工便梁施工工法	中铁二十五局集团公司	国家铁路局
251	单线铁路隧道中桥梁施工工法	中铁二十五局集团公司	国家铁路局
252	软弱覆盖层下伏中等强度基岩大直径钻孔桩旋挖施工工法	中铁二十五局集团公司	国家铁路局
253	高速铁路岩溶地区桥梁超长桩桩基施工工法	中铁二十五局集团公司	国家铁路局
254	既有电气化铁路增建雨棚施工工法	中铁二十五局集团公司	国家铁路局
255	上跨电气化铁路桥梁拆除施工工法	中铁二十四局集团浙江公司	浙江省建筑业管理局
256	防辐射混凝土施工工法	中铁建设集团山西分公司	山西省住房和城乡建设厅
257	隐藏支架桥架制作安装工法	中铁建设集团公司、中铁建设设备公司	国家铁路局
258	大跨度弧形钢桁架屋盖累积滑移施工工法	中铁建设集团公司	国家铁路局
259	铁路站房雨棚钢结构船形张拉索施工工法	中铁建设集团公司	国家铁路局
260	拱桁架与空间多曲面单层方管网壳组合屋盖施工工法	中铁建设集团公司	国家铁路局
261	隐框式索膜结构(ETFE膜)安装施工工法	中铁建设集团公司	国家铁路局
262	配电所盘柜新型安装施工工法	中国铁建电气化局集团四公司	湖南省住房和城乡建设厅
263	接触轨调整一次到位施工工法	中国铁建电气化局集团四公司	湖南省住房和城乡建设厅

续表

序号	工法名称	编写单位	认定机构
264	新建客专有砟轨道接触网链形悬挂整体不可调吊弦施工工法	中国铁建电气化局集团公司、中国铁建电气化局集团南方公司	国家铁路局
265	客运专线接触网腕臂分体式预配工法	中国铁建电气化局集团公司、中国铁建电气化局集团三公司	国家铁路局
266	GSM－R 核心网设备安装调试工法	中国铁建电气化局集团公司、中国铁建电气化局集团二公司	国家铁路局
267	煤炭集运站移动接触网安装调试施工工法	中国铁建电气化局集团公司、中国铁建电气化局集团二公司	国家铁路局
268	地铁车站通风系统施工工法	中国铁建电气化局集团二公司	山西省住房和城乡建设厅
269	运煤专线 18 号道岔接触网调整施工工法	中国铁建电气化局集团二公司	山西省住房和城乡建设厅
270	地铁车站低压配电系统施工工法	中国铁建电气化局集团二公司	山西省住房和城乡建设厅
271	高速铁路接触网 N18 线岔非标安装调整施工工法	中国铁建电气化局集团二公司	山西省住房和城乡建设厅
272	高速电气化接触网区间成锚段线索更换施工工法	中国铁建电气化局集团北方公司	国家铁路局
273	地下管线非开挖定向穿越铁路施工工法	中国铁建电气化局集团北方公司	国家铁路局
274	大型风力发电机组吊装施工工法	中国铁建电气化局集团北方公司	山西省住房和城乡建设厅
275	营业线快速更换整组软横跨施工工法	中国铁建电气化局集团北方公司	山西省住房和城乡建设厅
276	一体化缆线埋设机施工工法	中国铁建电气化局集团北方公司	山西省住房和城乡建设厅
277	隧道通风风机集中控制施工工法	中国铁建电气化局集团北方公司	山西省住房和城乡建设厅
278	营业线接触网承力索更换改进施工工法	中国铁建电气化局集团北方公司	山西省住房和城乡建设厅
279	临近铁路深基坑双预应力钢管斜抛撑施工工法	中铁城建集团公司	国家铁路局
280	站场混凝土铺面传力杆支架后置施工工法	中铁城建集团公司	国家铁路局
281	导轨点振式混凝土斜屋面施工工法	中铁城建集团一公司	山西省住房和城乡建设厅
282	局部铺设聚苯板基础垫层错台施工工法	中铁城建集团一公司	山西省住房和城乡建设厅
283	卡箍式铸铁管与 PVC－U 管柔性连接施工工法	中铁城建集团一公司	山西省住房和城乡建设厅
284	TM 无机防水保温材料面砖饰面外墙保温施工工法	中铁城建集团一公司	山西省住房和城乡建设厅
285	混凝土叠合箱网梁楼盖施工工法	中铁城建集团三公司	国家铁路局
286	铁路多种非标 T 梁集中预制施工工法	中铁城建集团二公司	国家铁路局
287	大跨度人字形弧形网架安装施工工法	中铁城建集团二公司	国家铁路局

（制表：张立青）

2015年中国铁建股份有限公司科研项目通过省部级鉴定、评审项目目录

序号	完成单位	项目名称	评价	类别
1	十二局	复杂条件下多区间盾构连续掘进施工关键技术研究	国际领先	鉴定
2	十二局	新建承德机场深孔台阶爆破优化与高填方稳定性控制关键技术	国际领先	鉴定
3	十二局	预应力混凝土梁检测评估关键技术研究	国际领先	鉴定
4	十五局	隧道突泥体及扰动围岩注浆加固技术研究	国际领先	鉴定
5	十六局	高海拔高水压特长关角隧道快速施工技术	国际领先	鉴定
6	十八局	复杂条件下长距离大直径曲线管幕综合施工技术研究	国际领先	鉴定
7	铁一院	青藏高原高温地热区铁路修建关键技术	国际领先	鉴定
8	铁四院	高速铁路500米长焊接钢轨生产系统集成创新与应用	国际领先	鉴定
9	铁四院	CRTSⅢ型板式无砟轨道布板、制造和铺设一体化软件	国际领先	鉴定
10	铁四院	高频大地电磁法判释深埋隧道围岩级别方法研究	国际领先	鉴定
11	铁建重工	ZTT7565双模式斜井全断面隧道掘进机(TBM)	国际领先	鉴定
12	铁建重工	YQC7000中心轴式预切槽机	国际领先	鉴定
13	十二局	承压水软土地层地铁盾构隧道施工关键技术	国际先进	鉴定
14	十二局	东北严寒地区膨胀土路堑边坡稳定性评价与处治技术研究	国际先进	鉴定
15	十二局	超浅埋大断面双线铁路隧道火山灰地层施工技术研究	国际先进	鉴定
16	十二局	峡谷地区大跨度高墩桥施工关键技术	国际先进	鉴定
17	十二局	高原多年冻土地区道路施工技术研究	国际先进	鉴定
18	大桥局	小净距空间交叉隧道施工技术及安全性研究	国际先进	鉴定
19	大桥局	复杂环境重载铁路高墩大跨桥梁施工关键技术研究	国际先进	鉴定
20	大桥局	沿海富水区不良地质地铁隧道综合施工技术	国际先进	鉴定
21	大桥局	高承压水软流塑地层既有大型地下工程拆除重建技术及应用	国际先进	鉴定
22	十四局	既有线近接施工安全风险评估与智能监控关键技术	国际先进	鉴定
23	十四局	全断面硬塑膨胀性粘土层超大直径泥水盾构隧道施工关键技术	国际先进	鉴定
24	十四局	膨胀土地区深基坑工程综合施工技术研究	国际先进	鉴定
25	十四局	高海拔寒冷地区软岩长大隧道安全环保施工关键技术	国际先进	鉴定
26	十五局	城市轨道工程U型梁生产与安装技术	国际先进	鉴定
27	十五局	郑机城际铁路双梁并置现浇箱梁与变截面连续箱梁桥施工关键技术	国际先进	鉴定
28	十六局	无砟轨道精密施工测量系统研究与应用	国际先进	鉴定
29	十七局	瓦斯地层小断面钢护筒支护通风竖井快速施工技术	国际先进	鉴定

续表

序号	完成单位	项目名称	评价	类别
30	十七局	高速铁路加筋土挡墙结构行为及施工技术研究	国际先进	鉴定
31	十七局	CRTS Ⅰ 型双块式无砟轨道工具轨法施工关键技术研究	国际先进	鉴定
32	十七局	变质片岩隧道大变形防治技术研究	国际先进	鉴定
33	十七局	WE－SC900H 型运架一体机架设技术改进研究	国际先进	鉴定
34	十七局	库区大卵石覆盖层桥梁深水基础施工技术	国际先进	鉴定
35	十七局	桥墩侧向堆载位移后加固复位技术	国际先进	鉴定
36	十七局	含油气地层大跨度隧道综合施工技术	国际先进	鉴定
37	十八局	大跨度针形独塔钢斜拉桥施工关键技术	国际先进	鉴定
38	十八局	废轮胎胶粉改性沥青及混合料成套技术研究	国际先进	鉴定
39	十八局	复杂空间钢结构航站楼运营条件下扩容改造技术	国际先进	鉴定
40	十八局	水平缓倾岩层大断面隧道安全快速施工方法研究	国际先进	鉴定
41	二十一局	浅埋薄层破碎硬质岩石地层中道岔区“两小扩一大”隧道暗挖施工技术研究与应用	国际先进	鉴定
42	二十二局	兴源隧道软岩大变形控制技术及施工方法研究	国际先进	鉴定
43	二十三局	先张法无砟轨道板设计及制造技术研究	国际先进	鉴定
44	电气化局	兰新铁路大风区接触网抗风技术应用与研究	国际先进	鉴定
45	铁四院	CTCS－2 列控区段电码化设计系统	国际先进	鉴定
46	铁四院	地铁屏蔽门车站空调负荷计算系统	国际先进	鉴定
47	铁四院	轨道桥梁工程量处理及协同管理系统	国际先进	鉴定
48	铁四院	武广客运专线噪声治理综合技术研究	国际先进	鉴定
49	铁四院	联锁表与列控进路信息表集成设计系统	国际先进	鉴定
50	十一局	高寒隧道衬砌隔热保温层和防排水施工关键技术	国内领先	鉴定
51	十一局	隧道防排水工程“分段排水、分区减压、侧沟防渗”关键技术	国内领先	鉴定
52	十二局	大断面软弱围岩隧道开挖方法和稳定性控制技术研究	国内领先	鉴定
53	十二局	分片区视频监控联网技术研究	国内领先	鉴定
54	十二局	高速公路特长隧道地下通风洞节能施工技术研究	国内领先	鉴定
55	十五局	郑机铺架 DF550 架桥机单线箱梁架设施工技术	国内领先	鉴定
56	十五局	有砟长轨铺轨器及有砟长轨直铺法技术研究	国内领先	鉴定
57	十五局	无砟道岔铺设施工技术研究	国内领先	鉴定
58	十五局	高速铁路 113 米简支系杆拱桥施工关键技术	国内领先	鉴定
59	十七局	SK－2 型双块式混凝土轨枕制造技术创新研究	国内领先	鉴定

续表

序号	完成单位	项目名称	评价	类别
60	十七局	JQ170 架桥机山区单线铁路铺架施工技术研究	国内领先	鉴定
61	十七局	(48 100 48)米加劲拱连续梁施工技术研究	国内领先	鉴定
62	十七局	长大隧洞主洞无轨运输与大坡度斜井有轨运输联合出渣技术	国内领先	鉴定
63	十七局	跨越涪江复杂水文条件下桥梁施工技术	国内领先	鉴定
64	十七局	水泥稳定砂砾基层双层连铺施工关键技术	国内领先	鉴定
65	十八局	富水重载铁路特长隧道综合施工技术研究	国内领先	鉴定
66	二十一局	薄层破碎硬质岩石地层中大倾角扶梯通道反向开挖施工技术研究与应用	国内领先	鉴定
67	二十一局	沈河特大桥承压水地层钻孔桩施工技术研究	国内领先	鉴定
68	二十一局	深厚松软盐渍土地区螺杆桩复合地基关键施工技术及铁路路基沉降变形特性研究	国内领先	鉴定
69	二十一局	大型设备小电阻值接地网的研发及施工方法	国内领先	鉴定
70	二十一局	超大跨度平板结构钢网架屋架整体提升施工技术研究	国内领先	鉴定
71	二十一局	钢管桩加固隧道仰拱软土地基施工技术研究与应用	国内领先	鉴定
72	二十三局	向莆铁路青云山超长隧道综合施工技术研究	国内领先	鉴定
73	电气化局	一体化缆线埋设机施工关键技术	国内领先	鉴定
74	电气化局	大型风力发电机组吊装施工关键技术	国内领先	鉴定
75	电气化局	运煤专线 18 号道岔接触网调整施工关键技术	国内领先	鉴定
76	电气化局	高速铁路接触网 N18 线岔非标安装调整施工关键 6 技术	国内领先	鉴定
77	铁一院	基于牵引变电所测试数据的供电系统参数分析	国内领先	鉴定
78	铁一院	铁路工程地质信息管理与应用系统	国内领先	鉴定
79	铁一院	接触网设计系统平台及基础数据库开发——地铁钢性悬挂软件开发扩展	国内领先	鉴定
80	铁建重工	功率回收式液压元件测试试验台	国内领先	鉴定
81	十二局	基于动态设计的预应力钢支撑安装及实验研究	国内先进	鉴定
82	十七局	旧桥板式橡胶支座更换施工关键技术	国内先进	鉴定
83	十七局	沼泽地区 330 千伏输电线路综合施工技术	国内先进	鉴定
84	二十一局	既有铁路桥梁柔性墩体系转换成套加固施工技术研究	国内先进	鉴定
85	二十一局	既有铁路站改封闭点内道岔整组更换施工技术研究	国内先进	鉴定
86	二十三局	单线铁路大跨度连续刚构桥关键施工技术研究	国内先进	鉴定
87	电气化局	隧道通风风机集中控制施工关键技术	国内先进	鉴定
88	电气化局	营业线快速更换整组软横跨施工关键技术	国内先进	鉴定
89	电气化局	地铁车站通风系统施工关键技术	国内先进	鉴定

续表

序号	完成单位	项目名称	评价	类别
90	电气化局	高速铁路牵引变电设备基础浇筑整体钢模施工关键技术	国内先进	鉴定
91	电气化局	地铁车站低压配电系统施工关键技术	国内先进	鉴定
92	电气化局	营业线接触网承力索更换改进施工关键技术	国内先进	鉴定
93	铁一院	接触网腕臂安装 CAD 软件	国内先进	鉴定
94	铁一院	隧道 BIM 模型自动拼装软件	行业领先	鉴定
95	铁一院	公路箱形梁钢筋布置软件	行业先进	鉴定
96	铁一院	青藏高原特长隧道修建关键技术	国际领先	评审
97	上海院	南京地铁 3 号线大明路站配线段超小净距隧道暗挖技术研究	国际先进	评审
98	铁建重工	客专道岔用辊轮的自主化技术研究	国际先进	评审
99	铁建装备	JDZ－160 接触网检修作业车	国内领先	评审
100	铁建装备	GCS－80 轨道除沙车	国内领先	评审
101	铁一院	南疆二线铁路隧道内弹性支承块整体轨道关键技术深化研究	通过	验收
102	铁一院	复杂地质特长隧道安全施工综合技术研究	通过	验收
103	铁一院	高寒地区高速铁路隧道防冻害技术研究	通过	验收
104	铁一院	黔张常铁路岩溶特殊地质区综合选线技术研究	通过	验收
105	铁一院	车载接触网除冰装置技术研究	通过	验收
106	铁一院	高原电气化铁路牵引供电系统关键技术研究	通过	验收
107	铁一院	铁路节段拼装胶接箱梁成套技术研究	通过	验收
108	铁一院	深厚层强湿陷性黄土地基处理新技术研究	通过	验收
109	铁四院	通信网传输与组网技术研究	通过	结题
110	铁四院	高速铁路防灾系统综合检测关键技术研究	通过	结题
111	铁四院	高速铁路延续进路深化研究	通过	结题

（制表：程博华）

2015年中国铁建股份有限公司获得发明专利授权目录

序号	专利名称	专利号
1	真空作用重力式基坑支护体系及施工方法	ZL201210295813.9
2	对称悬拼桥梁支座端假悬拼施工方法	ZL201410094947.3
3	防脱绝缘门吊线轨	201310524872.3
4	用于加固变形桥桩的锚杆桩加固承台结构及施工方法	ZL201410008376.7
5	一种隧道爆破管	201110062929.3
6	一种混凝土标高坡度控制器	201210103157.8
7	一种铁路自密实混凝土移动灌注机	201310037714.5
8	用于长大箱涵的模板台车施工工艺	ZL201210186161.5
9	一种大楔形多重复式掏槽施工工艺	ZL201210184261.4
10	一种SMW工法桩盾构洞门防渗水结构及其施工方法	ZL201410166717.3
11	一种用于无砟轨道施工的一体化吊装运输设备	ZL201210244680.2
12	一种城市地铁泥岩地层联络通道与盾构掘进平行施工方法	ZL201210522929.1
13	用于支护隧道拱部的拱顶钢架与隧道施工方法	ZL201310425531.0
14	一种孤石群明挖暗埋突变空间盾构接收前移施工方法	ZL201210523129.1
15	隧道折叠式加宽台车	ZL201210106122.X
16	加固干燥粉细砂层隧道的浆液配比及施工方法	ZL201210226828.X
17	一种适用于不良地质隧道控制拱墙脚沉降的综合施工方法	ZL201210286063.9
18	一种隧道仰拱整幅浇筑的施工方法	ZL201210467569.X
19	一种过江大直径泥水盾构掘进与二衬平行施工方法	ZL201210522926.8
20	一种不整合面地层盾构掘进施工纠偏方法	ZL201210522930.4
21	一种盾构接收洞门环梁与盾构过站平行施工方法	ZL201210522922.X
22	一种封闭式车站盾构解体提升转移到换乘线吊出的方法	ZL201210522928.7
23	一种岩溶富水地质地下结构防水施工渗水控制施工方法	ZL201310336129.5
24	一种盾构后配套台车井下折叠式始发方法	ZL201310372372.2
25	一种盾构过站掘进与车站平行施工方法	ZL201210522921.5
26	隧道拱架的安装施工方法	ZL201310424410.4
27	盖挖逆作地铁车站叠合墙施工方法及移动式侧墙模板台车	ZL 201410311428.8
28	明挖预制装配式地下结构施工方法	201410136708.X
29	铁路双端圆形墩圆弧模板调节装置	ZL201310303189.7
30	预应力孔道检测器	ZL201210112211.5
31	强波流力倾斜裸岩大直径护筒精确植入方法	201410378819.1

续表

序号	专利名称	专利号
32	一种后张预应力孔道清孔穿索器及清孔穿索方法	201310724269. X
33	一种用于过江施工的箱式浮船及其施工工艺	ZL201210163962. X
34	一种预应力管道检测器	ZL201310164745. 7
35	地连墙接头、与其相配套的夹持装置以及地连墙施工方法	ZL201410166105. 4
36	路基温度场测试传感器元件保护箱	ZL201310308637. 2
37	一种用于悬索桥的展索盘	ZL201310317090. 2
38	绝缘接触网悬挂装置	ZL201210141404. 3
39	一种异形基坑的砼支撑加鱼腹梁的组合支撑体系及施工方法	ZL201310643389. 7
40	一种软弱地层地下连续墙浅层槽壁加固方法	ZL201210335525. 1
41	接触轨膨胀接头	ZL201210077843. 2
42	高强度纤维材料楔形锚固装置及其施工方法	201310295594. 9
43	一种大型钢吊箱新型内支撑结构及其施工工艺	201410379168. 8
44	盾构机仰拱块运输系统中的旋臂吊机	201410173449. 8
45	泥水盾构刀盘冲刷系统	201410103414. 7
46	跨越铁路主干线的钢箱梁落梁施工方法	ZL201310555114. 8
47	一种能提高双线 T 梁大桥架梁速度的施工方法	ZL201310285460. 9
48	一种架桥机高度调整装置	ZL201310426918. 8
49	一种斜拉桥钢箱梁节段的吊装方法	ZL2012100983916
50	盾构始发反力架及其安装使用方法	ZL201410166581. 6
51	一种拉森钢板桩围堰合拢施工方法	201410623346. 7
52	混凝土抗裂膨胀剂	ZL201310441629. 5
53	一种大型桥梁支座灌浆模架	ZL201410623347. 1
54	一种地下洞室球冠状穹顶的开挖施工方法	201310188633. 5
55	负弯矩波纹管孔道压浆施工方法	201310438805. X
56	一种隧道掘进扇形转体施工方法	201310246831. 2
57	一种利用反光片的支架现浇梁预压观测方法	201310139499. X
58	一种隔震橡胶支座施工方法	201210262736. 7
59	高程控制器	201210290318. 9
60	一种 CRTS Ⅱ 型无砟轨道水泥乳化沥青砂浆灌注封边装置	201310438723. 5
61	一种新型快速止水及土体改良的方法	201310314231. 5
62	一种桥梁横向架空跨度线路架空的施工方法	201310306341. 7
63	一种立体交叉凹凸支点施工方法	201310191120. X

续表

序号	专利名称	专利号
64	一种顶桥后补刃角混凝土灌注施工方法	201310306344.0
65	富水软弱糜棱岩大断面隧道围岩加固及开挖方法	201310188613.8
66	硬斜岩中孔爆破钻孔桩施工方法	201010199094.1
67	上覆砂土微风化石灰岩中地下连续墙的有效成槽施工方法	201310322485.1
68	微风化花岗岩中地下连续墙的高效成槽施工方法	201410055023.2
69	混凝土胶凝材料掺配比例的确定方法	ZL201310281395.2
70	带挂檐现汇混凝土防撞护栏的施工方法	ZL201210567516.5
71	双块式无碴轨道现浇混凝土计量装置	ZL201310284953.0
72	一种双块式无碴轨道施工的轨距校正方法	ZL201310365685.5
73	一种可调式三角托架的施工方法	ZL201310538855.5
74	一种铁路架桥吊运梁机取梁方法	ZL201310065580.8
75	一种隧道通风施工用充气式隔离装置	ZL201310266221.9
76	板式无碴轨道铺设精度保持方法	ZL201410357660.5
77	城市地下圆形雨水管道疏通装置	ZL201310252944.3
78	接触网梯车快捷固定卡	ZL201310475007.4
79	接触网梯车自动防倾器	ZL201310474741.9
80	简易组合门架高空重物吊装装置	ZL201310249388.4
81	基于软基下大型沉管隧道基础水下注浆浆液及其注浆工艺	ZL201210311054.0
82	地铁盾构井单层主体结构的施工工艺	ZL201310600760.1
83	富水砂层浅埋暗挖地铁车站洞桩机械施工方法	201110403221.X
84	移动模架现浇箱梁混凝土自动养生设备	201210433571.5
85	无砟道床底座板混凝土整平装置	201310478141.X
86	全站仪点位精确对中指示仪	201310070096.4
87	高空跨越电缆施工架	201210521693.X
88	冲击钻用钻孔灌注桩桩基组合护筒	201310482503.2
89	双块式无砟轨道底座板凹槽模板的精确定位装置	201310482501.3
90	连续梁直线段与边跨合拢段的浇筑模具系统及其搭建方法	201310478131.6
91	轨道板板腔预检测装置及预检测方法	201310478128.4
92	底座板模板快速转运装置及其快速转运工艺	201310478139.2
93	T形梁桥面系湿接缝施工方法	201310472261.9
94	挂篮桁架静载试验装置及静载试验方法	201310478118.0
95	桩孔环切系统及桩孔环切方法	201210454188.8

续表

序号	专利名称	专利号
96	一种串珠式岩溶地区钻孔桩钻孔施工方法	ZL201310468728.2
97	一种岩溶地区桥梁水中墩钻孔桩施工方法	ZL201310468085.1
98	反应器三重安全防爆装置及防爆方法	ZL201310534304.1
99	大跨度预应力砼连续梁深水桥墩施工工艺	ZL201210241127.3
100	一种钢桁梁拼装架设施工工艺	ZL201310664474.1
101	一种曲线超高型桥墩墩身的养护结构及养护方法	ZL201310693618.6
102	曲线超高型空心柱板式桥墩墩顶实心段模板的安装方法	ZL201310445084.5
103	抛物线形柱板式空心桥墩墩身的养护结构及养护方法	ZL201310382494.X
104	一种混凝土改性用柔性材料及其制备工艺和应用	ZL201310698916.4
105	一种泥炭质软土地层地铁车站施工工艺	ZL201310617874.7
106	桥墩用分离式减隔震支撑体系的施工方法	ZL201310401507.3
107	路桥混凝土浇筑预留孔或预埋件自动定模脱模装置	201410312750.2
108	含水量低于液限盐渍土地段铁路路基的施工方法	201310176137.8
109	电气化铁路强风区接触网钢管支柱基础螺栓定位模具	ZL201310284020.1
110	快速吊装钢桁梁杆件的使用方法	ZL201310539479.1
111	基于三维数字隧道平台的隧道施工安全预警方法与系统	201110208350.3
112	一种高强度可伸长锚杆	201310371802.9
113	深基坑受力稳定性远程智能监测及三维预警系统	201210511855.1
114	深基坑稳定性远程智能监测三维数字综合预警系统与方法	201310007314.X
115	单线铁路隧道托架式钢轨法施工整体道床的方法	201310374030.4
116	隧道初期支护受力稳定性远程数字安全预警方法与系统	201210206495.4
117	竖向钢绞线锚固端限位保护装置	201210511877.8
118	深基坑变形稳定性远程智能监测三维预警方法与系统	201210512149.9
119	表面位移法高边坡稳定性远程三维数字预警方法	201210512069.3
120	滑面法高边坡稳定性远程三维数字预警系统	201210512061.7
121	戈壁大风区域可自动调整抗风沙方向的路基防风沙设施	201110394913.2
122	高边坡综合稳定性远程三维数字安全预警方法与系统	201310007315.4
123	轨排铺轨机及其铺轨方法	ZL201310139038.2
124	一种暗挖地铁车站的双向开洞方法	ZL201210413259.X
125	一种地铁机电工程综合管线碰撞优化方法	ZL201310049282.X
126	用于长钢轨现场焊接接头冷却的冷却器及其使用方法	ZL201110233768.X
127	一种隧道导管注浆装置	ZL201210402825.7

续表

序号	专利名称	专利号
128	一种隧道拱墙二衬定型端头模板	ZL201310001507.4
129	无砟道岔板及其生产工艺以及无砟道岔床和无砟道岔轨道	ZL201210301157.9
130	邻近既有线陡峻山体松动控制爆破施工方法	ZL201310690879.2
131	液压破碎锤开挖软弱围岩隧道施工方法	ZL201310683759.X
132	一种向下输送混凝土的装置	ZL201210514053.6
133	一种焊接用工装及焊接方法	ZL201210291733.6
134	一种用于防治水体青苔的生物制剂及其制备方法	ZL201410205077.2
135	一种改性树脂除汞吸附剂的制备方法	ZL201310552298.2
136	一种板式无砟轨道维修结构及其维修方法	ZL201210391049.5
137	一种轨道减震降噪复合橡胶颗粒垫及其制造方法以及应用	ZL201210426011.7
138	桁架梁的对接方法	ZL201210330403.3
139	铁路双线隧道水沟电缆槽快速施工方法	ZL201310667659.8
140	用于弯曲桥梁的桁架梁异位拼装就位方法	ZL201210272946.4
141	现代化铁路隧道浅埋段爆破方法	ZL201310671152.X
142	公路隧道照明工程施工方法	ZL201310654520.X
143	斜高墩大跨径连续梁的线形控制方法	ZL201310658917.6
144	一种管廊现浇施工整体移动式模架	ZL201210540956.1
145	车辆减速器的安装方法	ZL201310703553.9
146	一种独立式盾构台车轨枕及其施工方法	201210580983.1
147	一种列车脱轨报警系统及其应用方法	201210582624.X
148	一种大跨度非落地式现浇梁膺架及其施工方法	201310163620.2
149	孔桩水下混凝土浇筑定位装置及其定位方法	201210582057.8
150	一种涵节顶进的引导结构及利用该引导结构的顶进方法	201210532740.0
151	门式起重机在大角度坡道上走行和作业的方法	201210580675.9
152	一种钻孔灌注桩微扰动施工方法	201210242665.4
153	预穿限位梁顶进方法	201210582591.9
154	隧道围岩变形实施连续监测报警方法	201210573894.4
155	一种四肢薄壁桥墩防船撞设施及其施工方法	201410189192.5
156	一种制造薄壁空心墩的施工方法	ZL201210219650.6
157	一种隧道中心水沟和侧沟的成型设备及其成型工艺	ZL201210372470.1
158	一种防止拱架在拖拉过程中侧翻的装置	ZL201410002753.6
159	一种适用不同跨度的非标准T型梁的制造方法	ZL201310071734.4

续表

序号	专利名称	专利号
160	一种箱型钢结构轨道式全位置焊接机器人	ZL201310201215.5
161	一种减振消能嵌套水箱	ZL201310046339.0
162	一种标准单元装配式耗能减震结构体系	ZL201310103594.4
163	一种超高层建筑水势能发电和热回收系统	ZL201310042830.6
164	一种塑钢复合方木及其生产设备	ZL201310035373.8
165	可自调控房间温度的温控—流量分档调节分户热计量系统	ZL201210111725.9
166	一种轻型井点降水管成孔装置及其方法	ZL201310395319.4
167	防火抗震防松脱切底铆栓及连接结构	ZL201310332922.8
168	一种防震防火承重管箍	ZL201310026203.3
169	一种用于顶推施工的弹性支承滑动装置	ZL201310444853.X
170	一种智能化屋面除雪和遮阳装置	ZL201310042465.9
171	钢结构高空吊顶施工平台	ZL200910180517.2
172	合成异氰酸酯 - 环糊精共聚物的紫外光照射装置和方法	ZL201310035033.5
173	一种浅部地层多点沉降实时监测装置与方法	ZL201210360020.0
174	一种多功能安全型管箍	ZL201310025852.1
175	塔机安全运行控制方法	ZL201410154013.4
176	大直径大长度线材在线连续电镀方法及装置	ZL201210442450.7
177	一种升降梯子	ZL201210483101.X
178	腕臂工厂化预制平台及其预制方法	Zl201210293721.7
179	一种桩头节点防水处理装置及其施工方法	201310585692.6
180	一种超长管幕无中继间顶进施工装置及方法	201210283223.4
181	超长顶管减阻浆分仓填充机构	201210256580.1
182	一种暗挖地铁的双向开动方法	ZL201210413259.X
183	地铁双柱高架车站型钢混凝土转换结构钢骨及其施工方法	201410288061.2
184	防落石钢筋混凝土明洞结构	201210182184.9
185	一种铁路地道各节段地基不均匀沉降的整治方法	201310337171.9
186	基于平推法实施的铁路混凝土连续梁及其施工方法	201310404928.1
187	特长隧道独立施工控制网的建立方法	201310448494.5
188	钢—RPC 组合桥梁	201310552717.2
189	铁路预应力混凝土部分斜拉桥梁端伸缩缝	201310600122.X
190	铁路预应力混凝土槽型梁部分斜拉桥	201310602276.2
191	富水隧洞超前长距离大口径降水通道及其施工方法	201410033986.2

续表

序号	专利名称	专利号
192	隧道工程坍塌的多层套管救援系统及其实施方法	201410065997.9
193	山岭软基隧道超前双导洞及其施工方法	201410066080.0
194	矩形大断面钢结构拼装临时支撑管节顶进机构	201310042229.7
195	阻尘道砟覆盖层	201310063600.8
196	竖向活动横向限位支座	201310079868.0
197	电气化铁路装煤漏斗仓下刚性可移动接触网	201310134704.3
198	移动式临时预应力张拉锚块	201310149624.5
199	一种预应力连续梁底板崩裂的加固方法	201310165835.8
200	地铁车站组合式水膜蒸发空调冷却装置	201310210492.2
201	主洞拱墙开附属隧洞的接口钢架支撑体系及其施工方法	201310216783.2
202	桩板组合型基坑开挖防护结构及其施工方法	201310288435.6
203	双模式复合盾构试验机	ZL201310010256.6
204	不中断铁路运营的既有路基改为隧道的方法	ZL201210198866.9
205	处理运营前铁路软土路基沉降超标的加固方法及加固结构	ZL201210495038.1
206	一种隧道通过软弱地层的分区加固方法	ZL201210592200.1
207	快速公交系统通行能力的预测方法	ZL201210281542.1
208	盾构隧道浅覆土始发方法	ZL201210300855.7
209	用于软土地区高速铁路无砟轨道路基的纠偏方法	ZL201410070311.5
210	筏板基础底部土体脱空变形监测装置	ZL201310226393.3
211	基于土拱效应的路堑边坡框架锚杆墙施工方法	ZL201310285857.8
212	时速350千米客专双线挖方桥台	ZL201210508537.X
213	一种深厚层松软土地区的路基结构	ZL201310226639.7
214	隧道岩层产状三维测量方法	ZL201310129397.X
215	一体化生活污水处理装置	ZL201410167398.8
216	一种车钩三态作用及防跳性能试验与检修多功能工作台	ZL201310492333.6
217	PFF整体式复合反滤层及其施工方法	ZL201310286742.0
218	一种全球层次细节网格三维地形图像叠置方法	ZL201310062959.3
219	一种深厚层松软土地区的桥路过渡段路基结构	ZL201310287891.9
220	一种短轨式电分段结构	ZL201310183768.2
221	零间距不对称双洞隧道结构及其施工方法	ZL201310436924.1
222	可活动折叠的反光围挡	ZL201310285704.3
223	非饱和土长期固结试验保湿方法	ZL201210210250.9
224	提高公路隧道有效断面使用率的施工方法	ZL201410007536.6
225	一种风系统易调节均匀分风装置	ZL201310061391.3

续表

序号	专利名称	专利号
226	高铁人行天桥减振吊顶装置及其加工方法	ZL201310303989.9
227	大跨度铁路斜拉桥主梁结构	ZL201310593742.5
228	用于软土地区运营高速铁路无砟轨道路基的纠偏结构	ZL201410071492.3
229	道砟直接作用下铁路钢桥面防水防护层及施工工艺	ZL201210594663.1
230	一种盾构始发接收的密封防水装置	ZL201310392677.X
231	空气弹簧缓冲挡车器	ZL201210402957.X
232	公铁同层大悬臂钢箱梁	ZL201310602935.2
233	高效客货共用换轮工艺	ZL201210423308.8
234	双排四斜腿钢结构门式墩	ZL201310583286.6
235	横向弹性限位纵向液压熔断阻尼组合支座体系	ZL201310610419.4
236	后插钢筋笼水泥粉煤灰碎石桩及其成桩方法	ZL201210116281.8
237	建立在网络地图上的工程在线选线交互设计系统及方法	ZL201210594664.6
238	一种先墙后拱交叉中隔壁的隧道施工方法	ZL201310544705.5
239	跨越式异形扶壁 L 型挡墙结构	ZL201310228966.6
240	一种多工位卷闸式升降自动防淹挡板结构	ZL201310313081.6
241	一种基于机载激光雷达三维的危岩落石调查方法	ZL201310496899.6
242	地下有害气体排出装置	ZL201210592227.0
243	环向粘滞阻尼支座	ZL201310602995.4
244	连续墙遇地下管线逆做的施工方法	ZL201310603008.2
245	自密实混凝土扩展时间自动测试装置	ZL201410103376.5
246	排架组装调节方法及装置	ZL201410083873.3
247	拱架管棚钻机	ZL201310065423.7
248	既有路基密室状态检测仪	ZL201210093457.2
249	全自动精调扳手	ZL201310314725.3
250	快速平板载荷试验方法	ZL201310328834.0
251	灰土挤密桩与 CFG 刚性桩联合处理湿陷性黄土的装置和方法	ZL201410090891.4
252	一种地铁通道承轨墙墙体开洞方法	201210075225.4
253	轨道维护基点平面测量方法	201310049538.7
254	一种水害地段增建棚洞接触网施工方法	201310203260.4
255	一种既有铁路桥梁的改造加固方法	201310203305.8
256	一种小型高速无砟轨道修复设备的锁定机构	201310154602.8
257	一种集成重力和旋风除尘的集污装置	201210446071.5
258	挖掘底梁开合自动控制装置、方法及过程	201210502735.5

续表

序号	专利名称	专利号
259	适用于钢轨修磨的移动式数控磨削装置及其控制方法	201210336900.4
260	一种集成重力和袋式除尘的集污装置	201210445732.2
261	一种可调压力和流量的缓冲液压缸、控制方法及液压系统	201210445480.3
262	一种正线道岔稳定车及其作业方法	201210538737.X
263	一种高速无砟轨道小型铣削设备	201210539509.4
264	一种小型高速无砟轨道的钻孔设备	201210534755.0
265	一种非标准轨距车的转运小车及转运方法	201210310932.7
266	线路捣固稳定车及道岔稳定方法	201210159590.3
267	一种装备旋风过滤除尘器的磨粉收集装置	201210139832.2
268	棒料加热后自动分选装置	201310315743.3
269	扣件疲劳试验方法	201210534269.9
270	螺栓压型自动排序装置	201310320317.9
271	一种用于滚丝机长螺栓滚丝全自动上料卸料机	201410101497.6
272	一种棒料自动上料机	201310318641.7
273	斜井隧道掘进机的管片快速卸载装置	201210223036.7
274	一种用于道岔转辙器的滑动装置	201310090064.0
275	用于测试液压缸的控制阀块系统及方法	201310086014.5
276	一种用于隧道掘进机的物料吊运装置	201310161760.6
277	一种适用于长距离大坡度斜井隧洞施工的双模式刀盘	201210474726.X
278	搓丝机光杆道钉送料装置	201410101549.X
279	一种用于螺栓制丝的多级联动全自动给料机	201310743975.9
280	一种热加工自动化L型汽缸夹持机构	201310589326.8
281	用于铁路活动心轨辙叉的滑动构件	201310087459.5
282	用于泥水式盾构机的泥浆门及其填充系统	201310162898.8
283	一种用于深立井全断面掘进机的出渣系统及方法	201310110085.4
284	一种用于盾构涌水事故抢险的紧急密封装置	201310026277.7
285	一种用于斜井隧道中的卷扬运输系统	201310302266.7
286	一种用于土压平衡盾构螺旋输送机的驱动装置	201410068894.8
287	一种便于调整的辊轮结构	201410087610.X
288	一种用于泥水平衡盾构机管路延伸系统的闭塞器装置	201410192596.X
289	一种热加工自动化汽缸夹持机构	201310589230.1
290	ω型弹条摆动式上模架	201410112039.2
291	用于盾构隧道的管片倒运装置	201310362561.1

（制表：张育红）

2015年中国铁道建筑总公司科学技术奖项目目录

序号	项目名称	完成单位	奖励等级
1	关角隧道修建关键技术	中铁第一勘察设计院集团公司、中铁十六局集团公司、青藏铁路公司、中铁隧道集团公司、石家庄铁道大学、北京交通大学、西南交通大学、兰州交通大学	特等奖
2	高速铁路无缝线路系统技术与工程应用	中铁第四勘察设计院集团公司	特等奖
3	高精度机载激光雷达技术在埃塞俄比亚铁路勘测中的应用研究	中土集团福州勘察设计研究院、中国土木工程集团公司、铁道第三勘察设计院集团公司	一等奖
4	复杂条件下多区间盾构连续掘进施工关键技术研究	中铁十二局集团公司、中铁十二局集团二公司	一等奖
5	膨胀性上覆湿陷性黄土隧道大变形演化机理及施工关键技术	中铁十四局集团公司、中铁十四局集团二公司	一等奖
6	既有线近接施工安全风险评估与智能监控关键技术研究及应用	中铁十四局集团公司、武汉理工大学、武汉光谷北斗控股集团公司、中铁十四局集团二公司	一等奖
7	地铁大直径泥水盾构长距离穿越长江建造技术	中铁十四局集团公司、中铁十四局集团隧道公司	一等奖
8	全硬塑膨胀性粘土层超大直径泥水盾构单管双层隧道施工关键技术	中铁十四局集团公司	一等奖
9	干旱风沙大温差戈壁地区高速铁路综合施工技术	中铁十六局集团公司、中铁十九局集团公司、中铁十六局集团二公司、中铁十六局集团四公司、中铁十六局集团铁运公司	一等奖
10	隧道顶管救援成套技术和工艺研究	中铁十七局集团公司、中国铁建股份公司	一等奖
11	111米彩针形斜拉桥逆向竖转施工技术	中铁十八局集团公司、中铁十八局集团五公司、中建钢构江苏公司	一等奖
12	盾构法隧道与浅埋暗挖法隧道并行及叠交段施工技术研究	中铁十九局集团轨道公司、中铁十九局集团公司	一等奖
13	兰新高铁碎屑流及薄层板岩隧道施工变形控制技术	中铁二十局集团公司、北京交通大学	一等奖
14	高速铁路大跨度混凝土连续梁—钢桁组合结构桥综合施工技术	中铁二十一局集团公司、重庆大学	一等奖
15	四线客专深水大跨连续梁拱组合桥梁施工技术研究	中铁二十二局集团公司、中铁二十二局哈尔滨铁路建设公司、石家庄铁道大学	一等奖
16	先张法无砟轨道板设计及制造技术研究	中铁二十三局集团公司、中铁二十三局集团二公司	一等奖
17	模块化装配式高层住宅钢结构成套技术研发(1期)	中铁建设集团公司、北京工业大学	一等奖
18	中天山隧道接触网刚性悬挂综合施工技术研究	中国铁建电气化局集团有限公司、中国铁建电气化局集团一公司	一等奖
19	超长大直径组合管桩预制及恶劣海况条件下沉桩施工技术	中国铁建港航局集团公司	一等奖
20	动车组三、四、五级高级修总体方案及其关键设备配置研究	中铁第一勘察设计院集团公司	一等奖
21	中天山特长隧道修建技术	中铁第一勘察设计院集团公司	一等奖
22	大风区高速铁路接触网防风关键技术及工程应用	中铁第一勘察设计院集团公司	一等奖
23	青藏高原高地温隧道建设成套技术及应用	中铁第一勘察设计院集团公司、拉日铁路建设总指挥部、西南交通大学、西安建筑科技大学、兰州交通大学、中铁十二局集团一公司	一等奖
24	铁路路基边坡极限状态设计方法研究	中铁第一勘察设计院集团公司	一等奖
25	高原电气化铁路牵引供电系统关键技术研究	中铁第一勘察设计院集团公司	一等奖
26	铁路节段拼装胶接箱梁成套技术研究	中铁第一勘察设计院集团公司、中铁第五勘察设计院集团公司、中铁二十二局集团公司	一等奖
27	16辆编组高速动车同步架车技术	中铁第四勘察设计院集团公司、北京铁道工程机电技术研究所、武汉大学、武汉动车段	一等奖

续表

序号	项目名称	完成单位	奖励等级
28	高速铁路牵引供电系统接地深化研究及其与大型接地系统的匹配规律分析	中铁第四勘察设计院集团公司、武汉大学	一等奖
29	铁路客运站房照明专项设计研究	中铁第四勘察设计院集团公司、北京清华同衡规计设计研究院	一等奖
30	四线铁路独塔钢箱混合梁弯斜拉桥关键技术研究	中铁第四勘察设计院集团公司、中南大学、西南交通大学、同济大学	一等奖
31	大跨度铁路钢箱混合梁斜拉桥关键技术研究	中铁第四勘察设计院集团公司、西南交通大学、同济大学、中南大学	一等奖
32	高速铁路隧道缓冲结构关键技术	中铁第四勘察设计院集团公司、西南交通大学	一等奖
33	高速铁路延续进路技术研究	中铁第四勘察设计院集团公司	一等奖
34	高速铁路站台门集成化创新与应用	中铁第四勘察设计院集团公司、宁波南车时代传感技术公司	一等奖
35	高速铁路路基边坡压实质量检测技术研究	中铁第五勘察设计院集团公司	一等奖
36	功率回收式液压元件测试试验台	中国铁建重工集团公司	一等奖
37	福州江阴港软基处理综合技术的试验与理论研究	中土集团福州勘察设计研究院公司、福州大学、南昌铁路局福建港口铁路支线建设指挥部、中铁七局集团福州江阴港铁路支线项目经理部	二等奖
38	承压水软土地层地铁盾构隧道施工关键技术	中铁十二局集团公司、中铁十二局集团四公司	二等奖
39	新建承德机场深孔台阶爆破优化与高填方稳定性控制关键技术	中铁十二局集团公司、中铁十二局集团二公司、山东大学	二等奖
40	预应力混凝土梁检测评估关键技术研究	中铁十二局集团公司、中铁十二局集团二公司、山东大学	二等奖
41	复杂环境下扣大拱脚 CRD 法地铁暗挖车站施工技术研究	中国铁建大桥工程局集团一公司、中国铁建大桥工程局集团公司、中国铁建大桥工程局集团六公司、大连海事大学	二等奖
42	复杂环境条件下浅埋富水大跨度地铁车站综合施工技术研究	中铁十五局集团公司、中铁十五局集团七公司	二等奖
43	无砟轨道精密施工测量系统研究与应用	中铁十六局集团公司	二等奖
44	复杂环境下大直径泥水盾构穿越软土地层施工综合技术研究	中铁十六局集团公司、中铁十六局集团地铁公司	二等奖
45	大跨度高低塔“倒八字”斜拉桥施工技术	中铁十六局集团公司、中铁十六局集团一公司	二等奖
46	高速铁路加筋土挡墙结构行为及施工技术研究	中铁十七局集团公司、中铁十七局集团六公司、中铁十七局集团三公司、石家庄铁道大学	二等奖
47	岩溶隧道地下水防护及安全施工技术研究	中铁十七局集团三公司	二等奖
48	WE－SC900H 型运架一体机架设技术改进研究	中铁十七局集团三公司	二等奖
49	财务共享服务中心在建筑企业的应用研究	中铁十七局集团公司、中国铁建股份公司、北京久其软件公司	二等奖
50	复杂空间钢结构航站楼运营条件下扩容改造技术	中铁十八局集团公司、中铁十八局集团安装公司	二等奖
51	水平缓倾岩层大断面隧道安全快速施工方法研究	中铁十八局集团公司、西南交通大学、中铁二院工程集团公司	二等奖
52	富水重载铁路特长隧道综合施工技术研究	中铁十八局集团公司、西南交通大学、中铁十八局集团一公司	二等奖
53	高速铁路复杂地质条件下特长岩溶富水隧道综合施工技术	中铁二十局集团二公司、中铁二十局集团公司	二等奖
54	垂直零换乘下穿龙洞堡机场隧道综合施工关键技术研究	中铁二十一局集团公司	二等奖
55	寒区隧道复合式衬砌层间防水防冻失效机理与抑制技术	中铁二十二局集团一公司、中铁二十二局集团公司、中南大学	二等奖
56	向莆铁路青云山超长隧道综合施工技术研究	中铁二十三局集团公司	二等奖

续表

序号	项目名称	完成单位	奖励等级
57	隧道岩爆多通道微震监测预警技术研究	中铁二十四局集团福建铁路建设公司、中铁二十四局集团公司	二等奖
58	钻孔灌注桩废弃泥浆泥水分离关键技术研究	中铁建设集团公司、北京工业大学、中铁建设集团市政工程公司	二等奖
59	超大跨度悬挑异型钢结构及双层双曲面玻璃幕墙施工成套技术研究	中铁建设集团公司	二等奖
60	基于物联网的施工现场标准化试验管理系统的技术研究	中铁建设集团公司	二等奖
61	大型剧院空调系统降噪、隔振及气流组织技术应用研究	中铁建设集团公司	二等奖
62	基于水泥组分分析的混凝土配合比设计方法研究	中铁建设集团公司、武汉理工大学	二等奖
63	地铁刚性悬挂导电膏涂抹装置的研制及应用	中国铁建电气化局集团公司、中国铁建电气化局集团五公司	二等奖
64	兰新铁路大风区用抗风型铜锡合金接触线	中国铁建电气化局集团公司、中铁建电气化局集团康远公司	二等奖
65	牵引变电所变压器局部放电交接性试验技术研究	中国铁建电气化局集团公司、中国铁建电气化局集团二公司	二等奖
66	苏州有轨电车接触网施工技术研究	中国铁建电气化局集团公司、中国铁建电气化局集团一公司	二等奖
67	复杂地质条件下大直径钢顶管顶进入海技术	中国铁建港航局集团公司	二等奖
68	大西客专晋陕黄河特大桥 2×108 米单 T 刚构加劲钢桁组合结构关键技术研究	中铁第一勘察设计院集团公司	二等奖
69	高速铁路路基工程湿陷性黄土沉降控制技术研究	中铁第一勘察设计院集团公司	二等奖
70	大风区高标准铁路防风明洞关键技术研究	中铁第一勘察设计院集团公司	二等奖
71	牵引变电所防雷、防过电压技术研究	中铁第一勘察设计院集团公司	二等奖
72	高速铁路桥梁技术深化研究——大跨度连续钢桁梁柔性拱组合桥关键技术研究	中铁第四勘察设计院集团公司、厦深铁路广东公司、中国铁建大桥工程局集团公司、西南交通大学	二等奖
73	高速铁路大跨度转体施工独塔斜拉桥设计施工技术研究	中铁第四勘察设计院集团公司、沪昆铁路客运专线湖南公司、中南大学、中铁三局集团公司	二等奖
74	列控系统过渡方案研究	中铁第四勘察设计院集团公司	二等奖
75	贵广铁路主跨 230 米四线客货共线铁路钢桁斜拉桥方案技术研究	中铁第四勘察设计院集团公司、中南大学、同济大学、中国铁道科学研究院铁道建筑研究所	二等奖
76	支挡结构墙背新型渗排水反滤层研究	中铁第四勘察设计院集团公司	二等奖
77	非对称异形深基坑围护结构设计关键技术研究	中铁第四勘察设计院集团公司	二等奖
78	物流园区盈利模式与腹地需求分析研究	中铁第四勘察设计院集团公司、西南交通大学	二等奖
79	高铁车站交通枢纽地区 TOD 规划研究	中铁第四勘察设计院集团公司	二等奖
80	现代有轨电车车辆段关键技术研究	中铁第四勘察设计院集团公司	二等奖
81	瘦西湖隧道关键技术研究	中铁第四勘察设计院集团公司	二等奖
82	基于欧洲标准的钢—混组合梁桥设计实践及指南	中铁第四勘察设计院集团公司	二等奖
83	自锚上承式拱桥大吨位转体施工监控仿真分析研究	中铁第五勘察设计院集团公司	二等奖
84	城市轨道交通环境振动分析与减隔振设计研究	中铁第五勘察设计院集团公司	二等奖
85	电气化铁路接触网绝缘子外绝缘研究	中铁第五勘察设计院集团公司	二等奖

续表

序号	项目名称	完成单位	奖励等级
86	采空区注浆效果检测与评价方法研究	中铁第五勘察设计院集团公司	二等奖
87	轴流风机并联与变频运行在地铁不同系统与气流工况下	中铁上海设计院集团公司	二等奖
88	改建铁路宁启线海安县站复杂站场信号联锁系统方案研究	中铁上海设计院集团公司、北京交大微联科技公司	二等奖
89	QJ－280 桥梁检查车研制	中国铁建高新装备股份公司	二等奖
90	非对称断面钢轨跟端锻压段加长工艺研究	中国铁建重工集团公司	二等奖
91	YQC7000 中心轴式预切槽机	中国铁建重工集团公司	二等奖
92	特大异型深基坑施工关键技术研究	中国铁建投资公司、中铁十四局集团公司、中铁十五局集团公司、中国人民解放军理工大学国防工程兵学院	二等奖
93	30 吨轴重重载铁路弹性支承块研制开发	中铁十一局集团桥梁公司	三等奖
94	高地应力软弱围岩大变形隧道超长扩大头锚索施工技术	中铁十一局集团公司、中铁十一局集团五公司	三等奖
95	超浅埋大断面铁路隧道火山灰地层施工技术研究	中铁十二局集团公司、中铁十二局集团一公司	三等奖
96	富水软土地层地铁车站深基坑施工技术	中铁十二局集团公司、中铁十二局集团四公司	三等奖
97	西部山区滑坡泥石流频发区域高陡边坡双洞隧道快速施工技术	中国铁建大桥工程局集团五公司、中国铁建大桥工程局集团公司、西南交通大学	三等奖
98	寒区浅埋软塑粘土地层地铁隧道综合施工技术	中国铁建大桥工程局集团公司、中国铁建大桥工程局集团四公司	三等奖
99	郑机城际铁路双梁并置现浇箱梁与变截面连续箱梁桥施工关键技术	中铁十五局集团公司、中铁十五局集团五公司、河南科技大学	三等奖
100	大坡度 900 吨箱梁架设施工技术研究	中铁十五集团公司、中铁十五局集团六公司	三等奖
101	复杂施工条件下大跨度连续梁—拱桥及道岔变宽连续梁综合施工技术	中铁十六局集团公司、中铁十六局集团四公司	三等奖
102	黄河冲洪积平原含粉砂质地层城市超大超深基坑群综合施工技术研究	中铁十六局集团公司、中铁十六局集团北京轨道公司、华北水利水电大学	三等奖
103	办公建筑节能绿色化改造技术研究与工程示范	中铁十六局集团公司	三等奖
104	穿越起伏基岩的盾构隧道修建关键技术研究	中铁十七局集团公司、中铁十七局集团六公司、西南交通大学	三等奖
105	新中梁山隧道大断面渐变段及近接既有隧道综合施工技术	中铁十七局集团公司、中铁十七局集团一公司	三等奖
106	客专桥梁偏压位移后加固复位技术	中铁十七局集团一公司	三等奖
107	库区大卵石覆盖层桥梁深水基础施工技术	中铁十七局集团一公司	三等奖
108	城市轨道交通机电工程管线施工技术研究及应用	中铁十七局集团电气化公司	三等奖
109	瓦斯地层小断面钢护筒支护通风竖井快速施工技术	中铁十七局集团公司、中铁十七局集团四公司	三等奖
110	含油气地层大跨度隧道综合施工技术	中铁十七局集团有限公司、中铁十七局集团二公司	三等奖
111	复杂地质环境下浅埋暗挖大跨地铁车站的施工力学行为及变形控制研究	中铁十八局集团有限公司、中铁十八局集团一公司	三等奖
112	单护盾 TBM 在城市轨道交通中综合施工技术研究及应用	中铁十八局集团公司、中铁十八局集团隧道公司	三等奖
113	废轮胎胶粉改性沥青及混合料成套技术研究	中铁十八局集团公司、中铁十八局集团五公司	三等奖
114	宁波市轨道交通盾构隧道注浆抬升技术研究	中铁十九局集团公司、中铁十九局集团轨道公司、宁波市轨道交通集团有限公司	三等奖

续表

序号	项目名称	完成单位	奖励等级
115	跨越强透水性断裂带的地下车站关键技术研究	中铁十九局集团轨道公司、中铁十九局集团公司	三等奖
116	单拱大跨暗挖地铁车站变形与爆震控制技术研究	中铁十九局集团公司、中铁十九局集团五公司、西南交通大学	三等奖
117	多用户地形图快速更新及空间交互设计技术研究与应用	中铁十九局集团公司、中铁十九局集团矿业公司、中国矿业大学(北京)	三等奖
118	四联拱 PBA 地铁车站扣拱施工技术	中铁二十局集团一公司、中铁二十局集团公司	三等奖
119	软岩地质条件下大断面双线公路隧道快速施工技术研究	中铁二十局集团三公司、中铁二十局集团公司	三等奖
120	骨料对水泥混凝土弹性模量的影响研究	中铁二十局集团三公司、中铁二十局集团公司	三等奖
121	BIM 技术在西咸空港项目施工的应用与研究	中铁二十局集团六公司、中铁二十局集团公司	三等奖
122	陡峭悬崖大跨径拱桥无支架缆索施工综合技术研究	中铁二十局集团二公司、中铁二十局集团有限公司	三等奖
123	超大跨度平板结构钢网架屋架整体提升施工技术研究	中铁二十一局集团四公司	三等奖
124	大型设备小电阻值接地网的研发及施工方法	中铁二十一局集团二公司	三等奖
125	深厚松软盐渍土地区螺杆桩复合地基关键施工技术及铁路路基沉降变形特性研究	中铁二十一局集团五公司	三等奖
126	城市建筑密集区域环境及富水岩层条件下城际轨道工程隧道施工关键技术	中铁二十一局集团二公司	三等奖
127	兴源隧道软岩大变形控制技术及施工方法研究	中铁二十二局哈尔滨铁路建设公司、中铁二十二局集团公司、兰州交通大学	三等奖
128	大型养路机械全线路激光测量整道关键技术	中铁二十二局集团二公司、中铁二十二局集团公司	三等奖
129	桥式盾构下穿铁路顶进施工关键技术研究	中铁二十四局集团公司、中铁二十四局集团南昌铁路公司	三等奖
130	复合式掘进机长距离煤矿巷道综合施工技术	中铁二十四局集团公司、中铁二十四局集团上海铁建公司	三等奖
131	大跨度斜交框构网格多支点连续转移法顶进过轨施工工艺及技术研究	中铁二十五局集团公司、中铁二十五局集团三公司	三等奖
132	城镇闹市区进行控制爆破施工工艺及技术研究	中铁二十五局集团公司、中铁二十五局集团三公司	三等奖
133	基坑工程中注浆钢花管工法与受力特性研究	中铁建设集团公司、武汉理工大学	三等奖
134	大型铁路站房精益建造管理施工技术研究与应用	中铁建设集团公司	三等奖
135	BIM 技术在工程实践中的应用研究	中铁建设集团公司	三等奖
136	250 千米/小时接触网有砟轨道弹性链型悬挂计算调整技术	中国铁建电气化局集团公司、中国铁建电气化局集团南方公司	三等奖
137	张力可控式弹性吊索紧线器的研制与应用	中国铁建电气化局集团公司、中国铁建电气化局集团二公司	三等奖
138	地铁限界激光检测装置的研制及应用	中国铁建电气化局集团公司、中国铁建电气化局集团北方公司	三等奖
139	刚性接触网用汇流排及其附件的研制	中国铁建电气化局集团公司、中国铁建电气化局集团常州轨道公司	三等奖
140	深厚软基超长防波堤筑岛法施工关键技术	中国铁建港航局集团公司	三等奖
141	环板逆作—中心岛顺作法施工技术	中铁城建集团公司、中铁城建集团北京公司	三等奖
142	兰新第二双线铁路大风观测试验研究	中铁第一勘察设计院集团公司	三等奖
143	高寒地区高速铁路隧道防冻害技术研究	中铁第一勘察设计院集团公司	三等奖

续表

序号	项目名称	完成单位	奖励等级
144	瞬态面波方法适用性研究	中铁第一勘察设计院集团公司、甘肃铁道综合工程勘察院公司	三等奖
145	智能低压配电系统在城市轨道交通中的应用研究	中铁第一勘察设计院集团公司、西安理工大学	三等奖
146	机车北斗卫星、GPS 双模定位方案研究	中铁第一勘察设计院集团公司	三等奖
147	大风区高速铁路桥梁挡风结构关键技术研究	中铁第一勘察设计院集团公司	三等奖
148	基于 LTE 的轨道交通移动宽带无线传输方案研究	中铁第四勘察设计院集团公司	三等奖
149	隧道衬砌雷达检测全自动伺服系统研究	中铁第四勘察设计院集团公司、中国地质大学(武汉)	三等奖
150	设置机场城市值机点的轨道交通 AFC 系统方案研究	中铁第四勘察设计院集团公司	三等奖
151	铁路大跨度转体 T 构桥关键技术研究	中铁第四勘察设计院集团公司	三等奖
152	宁安客专中低压缩性黏性土地基的工程特性及沉降控制方法研究	中铁第四勘察设计院集团公司	三等奖
153	桥建合一框架结构整体分析计算研究	中铁第四勘察设计院集团公司	三等奖
154	基于欧洲标准的上承式钢箱拱桥设计施工关键技术研究	中铁第四勘察设计院集团公司	三等奖
155	地铁运营线路的轨道养护维修技术研究	中铁第四勘察设计院集团公司	三等奖
156	利用小基线集干涉测量方法监测高速铁路区域地表形变	中铁第四勘察设计院集团公司	三等奖
157	刚果(布)国家 1 号公路路面损坏机理及路面设计方法研究	中铁第四勘察设计院集团公司	三等奖
158	新建公路桥梁上跨高速铁路防护安全技术标准研究	中铁上海设计院集团公司	三等奖
159	南京地铁 3 号线大明路站配线段超小净距隧道暗挖技术研究	中铁上海设计院集团公司	三等奖

(制表:程博华)

2015 年中国铁道建筑总公司勘察设计“四优”、优秀工程咨询成果项目目录

序号	项目名称	完成单位	奖励类型	奖励等级
1	兰新高铁精密工程控制测量	铁一院	优秀工程勘察	一等奖
2	青藏铁路西格二线关角特长隧道工程地质勘察	铁一院	优秀工程勘察	一等奖
3	拉日铁路雅鲁藏布江峡谷区综合地质选线	铁一院	优秀工程勘察	一等奖
4	杭州至长沙客运专线工程地质勘察	铁四院	优秀工程勘察	一等奖
5	大西客专晋陕黄河特大桥工程地质勘察	铁一院	优秀工程勘察	二等奖
6	杭长客专精密控制测量	铁四院	优秀工程勘察	二等奖
7	新建杭州至长沙铁路客运专线工程勘测	铁四院	优秀工程勘察	二等奖
8	贵广铁路贺广段工程地质勘察	铁四院	优秀工程勘察	二等奖
9	贵阳至广州客运专线贺州至广州段工程勘测	铁四院	优秀工程勘察	二等奖
10	新建铁路衡茶吉线云阳山隧道勘察	铁五院	优秀工程勘察	二等奖
11	新建铁路宿州至淮安线京杭运河特大桥工程地质勘察	上海院	优秀工程勘察	二等奖
12	青藏铁路西格二线关角隧道综合物探	铁一院甘肃院	优秀工程勘察	三等奖
13	大西客专渭洛河特大桥工程地质勘察	铁一院	优秀工程勘察	三等奖
14	兰新高铁 DK855 + 900—DK870 + 912 段胶结层工程地质勘察	铁一院	优秀工程勘察	三等奖
15	兰新高铁百里风区工程地质选线	铁一院	优秀工程勘察	三等奖
16	杭州钱江隧道及接线工程岩土工程勘察	铁四院	优秀工程勘察	三等奖
17	厦门至深圳铁路广东段工程地质勘察	铁四院	优秀工程勘察	三等奖
18	新建赣州至韶关铁路梅岭隧道综合勘察	铁五院	优秀工程勘察	三等奖
19	上海市新五线轨道几何状态验收检测	上海院	优秀工程勘察	三等奖
20	合蚌高速线运营期精测网复测和沉降监测	上海院	优秀工程勘察	三等奖
21	西宝客专电气化工程设计	铁一院	优秀工程设计	一等奖
22	改建铁路南疆线吐鲁番至库尔勒段增建第二线中天山特长隧道	铁一院	优秀工程设计	一等奖
23	大西客专运城至西安北段通信、信号、信息系统工程设计	铁一院	优秀工程设计	一等奖
24	拉日铁路年楚河特大桥设计	铁一院	优秀工程设计	一等奖
25	重庆轨道交通 6 号线二期工程设计	铁一院	优秀工程设计	一等奖
26	哈大客专长春车站改扩建工程设计	铁一院	优秀工程设计	一等奖
27	新建拉萨至日喀则铁路工程设计	铁一院	优秀工程设计	一等奖
28	宁波铁路枢纽北环线甬江特大桥	铁四院	优秀工程设计	一等奖
29	杭州至长沙客运专线长沙南枢纽南西联络线	铁四院	优秀工程设计	一等奖
30	南京站增建北站房	铁四院	优秀工程设计	一等奖
31	贵广铁路贺广段路基设计	铁四院	优秀工程设计	一等奖
32	杭州至长沙客运专线牵引供电及电力供电系统	铁四院	优秀工程设计	一等奖
33	杭州至长沙客运专线总体设计	铁四院	优秀工程设计	一等奖

续表

序号	项目名称	完成单位	奖励类型	奖励等级
34	杭州至长沙客运专线路基工程设计	铁四院	优秀工程设计	一等奖
35	扬州瘦西湖隧道工程	铁四院	优秀工程设计	一等奖
36	长沙市轨道交通 2 号线一期工程	铁四院	优秀工程设计	一等奖
37	无锡轨道交通 1 号线工程	铁四院	优秀工程设计	一等奖
38	新建向塘至莆田(福州)铁路总体设计	铁四院	优秀工程设计	一等奖
39	郑州市轨道交通 1 号线一期工程	铁四院	优秀工程设计	一等奖
40	广深港客运专线广深段总体设计	铁四院	优秀工程设计	一等奖
41	亦城科技中心	铁五院	优秀工程设计	一等奖
42	上海市轨道交通 16 号线工程信号系统设计	上海院	优秀工程设计	一等奖
43	重庆轨道交通 6 号线一期工程大竹林车辆段与综合基地总体设计	铁一院	优秀工程设计	二等奖
44	兰新铁路嘉乌阿段电气化改造工程设计	铁一院	优秀工程设计	二等奖
45	西平铁路田家窑 2 号大桥设计	铁一院	优秀工程设计	二等奖
46	西安至宝鸡客运专线工程设计	铁一院	优秀工程设计	二等奖
47	玉树地震灾后重建项目玉树州藏医院设计	铁一院	优秀工程设计	二等奖
48	西宝客专信号系统工程设计	铁一院	优秀工程设计	二等奖
49	大西客专运城至西安段工程设计	铁一院	优秀工程设计	二等奖
50	西康二线路基工程设计	铁一院	优秀工程设计	二等奖
51	郑西客专客运北环线咸阳渭河特大桥曲线上钢轨伸缩调节器轨道设计	铁一院	优秀工程设计	二等奖
52	西安至宝鸡客专路基工程设计	铁一院	优秀工程设计	二等奖
53	贵广铁路思贤窖特大桥	铁四院	优秀工程设计	二等奖
54	贵广铁路东平水道特大桥	铁四院	优秀工程设计	二等奖
55	贵广铁路北江特大桥	铁四院	优秀工程设计	二等奖
56	舟山市沈家门港海底隧道工程	铁四院	优秀工程设计	二等奖
57	武汉市轨道交通 4 号线一期工程	铁四院	优秀工程设计	二等奖
58	昆明轨道交通首期工程	铁四院	优秀工程设计	二等奖
59	澳门大学横琴校区越海隧道消防设计	铁四院	优秀工程设计	二等奖
60	杭州至宁波客运专线总体设计	铁四院	优秀工程设计	二等奖
61	武汉至咸宁城际铁路	铁四院	优秀工程设计	二等奖
62	南京市轨道交通 10 号线一期工程	铁四院	优秀工程设计	二等奖
63	贵阳至广州客运专线贺州至广州段总体设计	铁四院	优秀工程设计	二等奖
64	无锡地铁 1 号线供电系统	铁四院	优秀工程设计	二等奖
65	贵广铁路通信、信号、信息、防灾系统工程设计	铁四院	优秀工程设计	二等奖
66	杭州至长沙客运专线通信、信号、信息、防灾系统工程设计	铁四院	优秀工程设计	二等奖
67	苏州市轨道交通 2 号线工程	铁四院	优秀工程设计	二等奖

续表

序号	项目名称	完成单位	奖励类型	奖励等级
68	新建石家庄至武汉客运专线新乡东站	铁五院	优秀工程设计	二等奖
69	巴准线巴图塔至点岱沟段总体设计	铁五院	优秀工程设计	二等奖
70	松陶铁路路基下穿哈大高铁 U 型槽工程	铁五院	优秀工程设计	二等奖
71	朱盖塔区段站接触网系统设计	铁五院	优秀工程设计	二等奖
72	北京地铁 7 号线工程达官营站及相邻大跨、配线区间设计	铁五院	优秀工程设计	二等奖
73	新建铁路衡茶吉线信号系统工程设计	铁五院	优秀工程设计	二等奖
74	宿淮线京杭运河特大桥	上海院	优秀工程设计	二等奖
75	上饶·天集信江明珠住宅施工设计(一期工程)	上海院	优秀工程设计	二等奖
76	南京地铁 3 号线大明路站暗挖配线段工程	上海院	优秀工程设计	二等奖
77	青海玉树地震灾后重建工程琼龙路住宅小区设计	铁一院	优秀工程设计	三等奖
78	广州轨道交通 6 号线一期工程东山口站设计	铁一院	优秀工程设计	三等奖
79	郑西客专客运北环线咸阳渭河特大桥设计	铁一院	优秀工程设计	三等奖
80	西宝客专通信、信息系统设计	铁一院	优秀工程设计	三等奖
81	西康二线秦岭翠华山特长隧道设计	铁一院	优秀工程设计	三等奖
82	成渝高速公路复线云雾山隧道设计	铁一院	优秀工程设计	三等奖
83	大西高铁联络左线特大桥设计	铁一院	优秀工程设计	三等奖
84	西宝客专宝鸡南站工程设计	铁一院	优秀工程设计	三等奖
85	西宝高铁咸阳西立交特大桥设计	铁一院	优秀工程设计	三等奖
86	西安至安康铁路增建第二线工程设计	铁一院	优秀工程设计	三等奖
87	拉日铁路通信信息系统设计	铁一院	优秀工程设计	三等奖
88	西宁客车车辆段(含客整所)工程设计	铁一院	优秀工程设计	三等奖
89	内蒙古鄂尔多斯酒业集团有限公司热动力车间设计	铁一院	优秀工程设计	三等奖
90	重庆轨道交通 6 号线一期工程轨道系统设计	铁一院	优秀工程设计	三等奖
91	湿陷性黄土地区高填方四线无砟轨道路基桩板结构设计	铁一院	优秀工程设计	三等奖
92	西康二线 H 型桩板墙加固工程设计	铁一院	优秀工程设计	三等奖
93	成渝高速公路复线(重庆境内)工程设计	铁一院	优秀工程设计	三等奖
94	重庆地铁 6 号线一期暗挖车站(红土地、花卉园)设计	铁一院	优秀工程设计	三等奖
95	西安地铁 1 号线半坡站—纺织城站区间设计	铁一院	优秀工程设计	三等奖
96	西康二线电力、电气化工程设计	铁一院	优秀工程设计	三等奖
97	武黄城际铁路余家湾上行特大桥	铁四院	优秀工程设计	三等奖
98	无锡地铁控制中心及配套设施工程	铁四院	优秀工程设计	三等奖
99	郑州市轨道交通 1 号线一期工程供电系统	铁四院	优秀工程设计	三等奖
100	武汉铁路局洗涤基地工艺设计	铁四院	优秀工程设计	三等奖

续表

序号	项目名称	完成单位	奖励类型	奖励等级
101	武汉至黄石城际铁路轨道工程设计	铁四院	优秀工程设计	三等奖
102	郑州至开封城际铁路总体设计	铁四院	优秀工程设计	三等奖
103	太原局湖东和谐机车检修基地工程	铁四院	优秀工程设计	三等奖
104	昆明市轨道交通首期工程严家山车辆段与综合基地	铁四院	优秀工程设计	三等奖
105	郑州地铁 1 号线新郑州站(郑州东站)	铁四院	优秀工程设计	三等奖
106	杭州至长沙客运专线引入长沙南站疏解区及武广场改造设计	铁四院	优秀工程设计	三等奖
107	武汉至黄石城际铁路	铁四院	优秀工程设计	三等奖
108	厦门至深圳铁路广东段路基设计	铁四院	优秀工程设计	三等奖
109	南京青奥轴线地下工程	铁四院	优秀工程设计	三等奖
110	无锡地铁 1 号线三阳广场站	铁四院	优秀工程设计	三等奖
111	无锡地铁 1 号线通信、信号系统工程设计	铁四院	优秀工程设计	三等奖
112	长沙市轨道交通 2 号线一期工程通信、信号、自动售检票、综合监控系统工程设计	铁四院	优秀工程设计	三等奖
113	巴准线新建海勒斯壕南机务段工程	铁五院	优秀工程设计	三等奖
114	新建铁路衡茶吉线电气化工程设计	铁五院	优秀工程设计	三等奖
115	衡茶吉铁路新衡阳上行疏解线特大桥	铁五院	优秀工程设计	三等奖
116	北京经济技术开发区路东区 E14R－1、E14R－2 地块项目	铁五院	优秀工程设计	三等奖
117	赣韶铁路韶关疏解线跨浈江特大桥	铁五院	优秀工程设计	三等奖
118	新建铁路宿州至淮安线(江苏段)工程设计	上海院	优秀工程设计	三等奖
119	上海市轨道交通 16 号线轨道工程设计	上海院	优秀工程设计	三等奖
120	上海轨道交通 11 号线北段工程(安亭站—花桥站)通信系统设计	上海院	优秀工程设计	三等奖
121	宣汉县洋烈水乡·风情小镇	二十三局设计院	优秀工程设计	三等奖
122	包兰线包头东至惠农段通信光缆扩容改造工程	电气化局设计院	优秀工程设计	三等奖
123	西安铁路枢纽西安站改扩建工程可行性研究	铁一院	优秀工程咨询成果	一等奖
124	新建铁路格尔木至库尔勒线可行性研究	铁一院	优秀工程咨询成果	一等奖
125	新建黔江至张家界至常德铁路可行性研究	铁一院	优秀工程咨询成果	一等奖
126	武汉市三阳路公铁合建越江隧道工程可行性研究	铁四院	优秀工程咨询成果	一等奖
127	南昌至赣州客运专线可行性研究	铁四院	优秀工程咨询成果	一等奖
128	广州东客运站车站运营仿真研究	铁四院	优秀工程咨询成果	一等奖
129	国家铁路“十三五”华东、华中及华南地区规划	铁四院	优秀工程咨询成果	一等奖
130	厦门轨道交通 2 号线一期工程越海隧道线位及工法研究专题报告	铁四院	优秀工程咨询成果	一等奖
131	新建徐州至淮安至盐城铁路项目建议书	铁五院	优秀工程咨询成果	一等奖
132	新建铁路金华至台州线预可行性研究报告	铁五院	优秀工程咨询成果	一等奖
133	北京市通州区中西医结合医院建设工程可行性研究报告评估报告	铁五院	优秀工程咨询成果	一等奖

续表

序号	项目名称	完成单位	奖励类型	奖励等级
134	阜阳北站扩能改造工程可行性研究	上海院	优秀工程咨询成果	一等奖
135	天津地铁 4 号线工程可行性研究报告	上海院	优秀工程咨询成果	一等奖
136	新建铁路北屯至阿勒泰线节能评估报告	铁一院新疆院	优秀工程咨询成果	二等奖
137	阳安铁路增建第二线可行性研究	铁一院	优秀工程咨询成果	二等奖
138	兰州市城市轨道交通 1 号线一期工程(陈官营—东岗段)可行性研究	铁一院	优秀工程咨询成果	二等奖
139	新建铁路黔江至张家界至常德线环境影响报告书	铁一院	优秀工程咨询成果	二等奖
140	新建乌鲁木齐铁路集装箱中心站可行性研究	铁一院	优秀工程咨询成果	二等奖
141	新建铁路格尔木至库尔勒线环境影响报告	铁一院	优秀工程咨询成果	二等奖
142	西安市地铁 5 号线一期工程(和平村—纺织城火车站)可行性研究	铁一院	优秀工程咨询成果	二等奖
143	西宁市城市轨道交通线网规划	铁一院	优秀工程咨询成果	二等奖
144	蒙西至华中地区铁路煤运通道工程(江西境内)地质灾害危险性评估报告	铁四院	优秀工程咨询成果	二等奖
145	镇江颐高广场基坑工程对沪宁城际铁路的影响评估	铁四院	优秀工程咨询成果	二等奖
146	贵广铁路广西段地质灾害危险性评估	铁四院	优秀工程咨询成果	二等奖
147	衢州至宁德铁路可行性研究	铁四院	优秀工程咨询成果	二等奖
148	杭长客专 DK263 + 600—DK271 + 275 岩溶基础施工对既有浙赣铁路影响评估	铁四院	优秀工程咨询成果	二等奖
149	长江经济带铁路网规划方案研究	铁四院	优秀工程咨询成果	二等奖
150	合肥枢纽总图规划	铁四院	优秀工程咨询成果	二等奖
151	兰新铁路第二双线(新疆段)施工图设计咨询	铁四院	优秀工程咨询成果	二等奖
152	南海新型公共交通系统线网规划	铁四院	优秀工程咨询成果	二等奖
153	沿江铁路通道能力及主要港口铁路集疏运系统研究	铁四院	优秀工程咨询成果	二等奖
154	福州市城市轨道交通线网规划	铁四院	优秀工程咨询成果	二等奖
155	郑州至徐州客运专线徐州地区煤矿采空区稳定性评价报告	铁四院	优秀工程咨询成果	二等奖
156	杭州地铁 5 号线一期工程可行性研究报告	铁四院	优秀工程咨询成果	二等奖
157	新建衢州至宁德铁路水土保持方案报告书	铁四院	优秀工程咨询成果	二等奖
158	新建蒙西至华中地区铁路煤运通道工程环境影响报告书	铁四院	优秀工程咨询成果	二等奖
159	锦州港至白音华铁路扩能工程项目申请报告	铁五院	优秀工程咨询成果	二等奖
160	新建长春(开安)至西巴彦花铁路可行性研究报告	铁五院	优秀工程咨询成果	二等奖
161	新建铁路和顺至邢台线环境影响报告书	铁五院	优秀工程咨询成果	二等奖
162	绍兴县 G104 国道—镜水路互通式立交桥工程可行性研究	上海院	优秀工程咨询成果	二等奖
163	220 千伏五洲—北湖输电线路更换 OPGW 光缆工程跨越京沪高速铁路可行性第三方安全性评估咨询报告	上海院	优秀工程咨询成果	二等奖
164	北江(乌石至三水河口)航道扩能升级工程可行性研究	港航局设计院	优秀工程咨询成果	二等奖

(制表:黄　宁)

2015 年中国铁建股份有限公司优秀工法名单

序号	工法名称	完成单位	完成人	奖励等级
1	中低速磁浮轨道铺设施工工法	中铁十一局集团公司、中铁十一局集团三公司	唐希峰 张军林 王　军 柯尊鸿 雷鹏飞	一等奖
2	繁忙铁路干线上插铺 42 号道岔施工工法	中铁十四局集团公司、中铁十四局集团五公司	刘立新 颜海建 丛义营 郭广山 张洪星	一等奖
3	短距离线路长钢轨直铺施工工法	中铁十五局集团公司、中铁十五局集团六公司	段玉顺 王四虎 张康乐 陈延军 王　鹏	一等奖
4	CRTSIII 型先张法预应力混凝土轨道板制造施工工法	中铁十七局集团公司、中铁十七局集团物资公司	胡　毅 刘建新 贺　斐 张维鹏 王　青	一等奖
5	既有线有砟路基扩能改造为无砟整体道床施工工法	中铁十八局集团第三工程公司、中铁十八局集团公司	李亚军 冯晓斌 苏　成 田茂国 庄乾涛	一等奖
6	大面积吹填浮泥区软基处理新型分区隔离带施工工法	中国铁建港航局集团公司	王汉杰 颜　俊 陈雪芹 李　辉 何海群	一等奖
7	加固桩间土钉墙绿色边坡支护结构施工工法	中铁第四勘察设计院集团公司、中铁二十二局集团公司	王　祥 金海元 周宏元 谭远发 刘汉勇	一等奖
8	巨型薄壁壳模结构预制施工工法	中铁十一局集团公司	唐达昆 王　鹏 杨滢涛 王　伟 李运喜	一等奖
9	厚覆盖层深水独立钻孔固定平台建造技术工法	中国铁建大桥工程局集团公司	张立东 樊立龙 池忠波 于　雷 孙彦涛	一等奖
10	双层三桁刚性悬索加劲钢桁梁架设与安装施工工法	中铁十四局集团公司、中铁十四局集团五公司	刘立新 颜海建 丛义营 杨　勇 张新广	一等奖
11	波形钢腹板箱梁施工工法	中铁十五局集团公司、中铁十五局集团四公司	魏俊龙 赵东海 巩学玉 张　留	一等奖
12	复杂条件下大跨度连续梁—拱桥先梁后拱施工工法	中铁十六局集团公司、中铁十六局集团四公司	王景斌 田小路 李　征 樊克辉 李永刚	一等奖
13	戈壁大风区高性能混凝土保温保湿养护施工工法	中铁十六局集团公司、中铁十六局集团二公司	任运仲 李广庆 秦金德 范国相 刘海涛	一等奖
14	钢管拱拱肋高支架原位拼装施工工法	中铁十六局集团公司、中铁十六局集团二公司	刘景齐 王　帅 黄瀚 刘叶行 邓中伟	一等奖
15	“倒八字”斜拉桥悬臂现浇主梁施工工法	中铁十六局集团一公司、中铁十六局集团公司	李俊杰 张长亮 陈宝华 王洪生 冷江涛	一等奖
16	全漂浮体系斜拉桥主梁施工工法	中铁十七局集团公司、中铁十七局集团五公司	王泽升 唐永祥 徐兴伟	一等奖
17	彩针形独塔斜拉桥卧拼逆向竖转施工工法	中铁十八局集团公司、中铁十八局集团五公司	李文广 罗金山 王守立 宋佳杰 刘建华	一等奖
18	大跨度拱桥钢筋混凝土拱圈斜拉扣挂加分环分段组合施工工法	中铁十八局集团公司	杨继明 刘　利 贺常松 尹　黔 田万东	一等奖
19	大跨径悬索桥主缆分段往复式架设施工工法	中铁十八局集团二公司、中铁十八局集团公司	李　勇 王维新 蒋大伟 王春生 罗志敏	一等奖
20	砼—钢桁组合结构中钢桁拼装施工工法	中铁二十一局集团公司	韩大栋 马建会 宣建军 张仲涛 周明升	一等奖
21	平原架桥机架设桥隧相连地段 900 吨双线整孔箱梁施工工法	中铁二十一局集团路桥公司	律百军 张　辉 周秀兰 兰　岚	一等奖
22	四线客专三拱肋系杆拱连续梁空间曲面拱脚施工工法	中铁二十二局集团公司、中铁二十二局哈尔滨铁路建设公司	高　鹏 李　军 张长江 周　磊 刘常超	一等奖
23	中低速磁浮轨道梁安装施工工法	中铁二十三局集团公、中铁二十三局集团轨道公司	张　召 黄　静 谭　斌 黄　姗	一等奖
24	混凝土连续梁等比例调坡整体顶升施工工法	中铁二十四局集团公司、中铁二十四局集团路桥公司	朱克宏 盛灿军 胡小忠 刘　杨 赵祺清	一等奖
25	石质河床急流深水地段双壁钢围堰施工工法	中铁二十五局集团三公司、中铁二十五局集团公司	尹育文 李昶忻 李喜程 伊曙光 黄　敏	一等奖
26	深水大潮差水下固定测点快速精测施工工法	中国铁建港航局集团公司	郭　超 刘　飞 孙　波 田春荣 朱世彬	一等奖
27	铁路节段预制胶接拼装箱梁施工工法	中铁第五勘察设计院集团公司、中铁二十二局集团公司	李　华 李　亮 郭晓宝 杨长青 宋来存	一等奖
28	强挤压围岩渐变断面分岔隧道施工工法	中铁十一局集团公司、中铁十一局集团四公司	张旭东 吴占瑞 汪　伟 何　磊 王更峰	一等奖

续表

序号	工法名称	完成单位	完成人	奖励等级
29	复杂环境下盾构钢套筒接收施工工法	中铁十一局集团公司、中铁十一局集团轨道公司	刘　波　杨　梅　曹铁军　王　天　罗友华	一等奖
30	长大区间泥水盾构穿越粘土层施工工法	中铁十二局集团公司中铁十二局集团二公司	安宏斌　毋海军　牛志轩　曹志勇　郭　波	一等奖
31	超大直径盾构隧道单洞双层内部结构同步快速综合施工工法	中铁十四局集团公司	戴洪伟　陈　健　张　斌　徐兴居　陈建福	一等奖
32	超高地热条件下特长引水隧洞施工工法	中铁十四局集团公司、中铁十四局集团建筑公司	王述磊　李新胜　袁培国　王孝波　王伟伟	一等奖
33	大直径盾构连续侧穿多种建（构）筑物安全控制施工工法	中铁十六局集团地铁公司、中铁十六局集团公司	李建旺　张广鹏　周明祥　张玉宝　王　彪	一等奖
34	铁路隧道基底隐伏岩溶处理工法	中铁十六局集团一公司、中铁十六局集团公司	刘万生　杨金歌　焦冬梅　陈丽敏　董宝成	一等奖
35	瓦斯地层小断面通风竖井反井钻法快速掘进施工工法	中铁十七局集团公司、中铁十七局集团四公司	张　磊　岳嵩山　姚　帆	一等奖
36	小半径盾构隧道无反力架半环始发施工工法	中铁十七局集团公司、中铁十七局集团六公司	陈　锋　郑礼均　花树立　涂齐亮　郑青松	一等奖
37	复杂条件下长距离大直径曲线管幕施工工法	中铁十八局集团一公司、中铁十八局集团公司	潘建立　高海东　马胜利　刘应亮　李　刚	一等奖
38	狭小全封闭空间内盾构机转体及平移施工工法	中铁十八局集团三公司、中铁十八局集团公司	熊子凯　赵广资　王忠仁　张孝虎　詹　涛	一等奖
39	四联拱 PBA 地铁车站扣拱施工工法	中铁二十局集团公司、中铁二十局集团一公司	刘　冰　刘召臣　王　广　唐培明　袁　刚	一等奖
40	高铁大断面隧道穿越碎屑流地层施工工法	中铁二十局集团公司	任少强　王平安　吴应明　谢江胜　仲维玲	一等奖
41	预制综合管廊安装施工工法	中铁二十二局集团三公司、中铁二十二局集团公司	张习文　刘四德　尚　鑫　伍　进　赵雄清	一等奖
42	特长铁路隧道长距离独头通风施工工法	中铁二十三局集团公司、中铁二十三局集团向莆工程指挥部	李　铎　奚　成　刘延龙	一等奖
43	掘进机始发拖拉牵引施工工法	中铁二十四局集团公司、中铁二十四局集团上海铁建工程有限公司	余　刚　张彦鹏　陈永红　李建伟　蒋晓峰	一等奖
44	复杂地质条件下大直径钢顶管顶进入海施工工法	中国铁建港航局集团公司	何海群　李廷就　李远超　王亚飞　段　勇	一等奖
45	基于模块化临时支撑的空间拱形屋面钢结构安装施工工法	中铁十一局集团公司、中铁十一局集团六公司	李　青　郭吉祥　艾小军　王　星　孙玉启	一等奖
46	旭格单元体幕墙施工工法	中铁十六局集团建设公司、中铁十六局集团公司	梁怀刚　刘　强　王宜柱　段英丽　苏德志	一等奖
47	超大跨度平板结构钢网架屋架整体提升施工工法	中铁二十一局集团四公司	杨金卫　张　琦　王俊峰　黄　强　张思博	一等奖
48	高铁站房十字转圆形钢柱转换节点施工工法	中铁建设集团公司	王俊民　郑允嘉　申　力　王　成　王　强	一等奖
49	多向可调节柔性连接式异形曲面石材幕墙施工工法	中铁建设集团公司	程普强　高　炼　黄高照　周　权　李照祺	一等奖
50	超大跨度悬挑弧形钢结构施工工法	中铁建设集团公司	韩　锋　江志远　张江华　张甲强　王　强	一等奖
51	双曲面钢龙骨隐框玻璃幕墙施工工法	中铁建设集团公司、北京中铁装饰工程公司	孟　达　李景刚　邢世春　江期洪　施　龙	一等奖
52	地下室超深基坑环板逆作—中心岛顺做施工工法	中铁城建集团公司、中铁城建集团北京公司	蔡文冠　李留安　高明德　任兆兵　王　博	一等奖
53	高速铁路接触网 N18 无交叉线岔安装调整工法	中国铁建电气化局集团公司、中国铁建电气化局集团二公司	马昊博　李　勇　彭竟涛　王小坤　陶　青	一等奖
54	现代有轨电车接触网坠砣内置式补偿装置预配安装工法	中国铁建电气化局集团公司、中国铁建电气化局集团一公司	孟　元　李宗新　蔡　景　刘　向　夏玮东	一等奖

续表

序号	工法名称	完成单位	完成人	奖励等级
55	运煤专线 18 号道岔接触网调整施工工法	中国铁建电气化局集团公司、中国铁建电气化局集团二公司	刘二江　牟　珂　霍晓东　王延俊　张旭有	一等奖
56	27.5 千伏接触网刚性悬挂膨胀接头安装工法	中国铁建电气化局集团公司、中国铁建电气化局集团一公司	张桂平　侯绪永　袁海林　金　刚　苏　成	一等奖
57	隧道多孔式打孔及精确植栓施工工法	中国铁建电气化局集团公司、中国铁建电气化局集团一公司	张桂平　侯绪永　袁海林　金　刚　苏　成	一等奖
58	现代有轨电车接触网小张力放线施工工法	中国铁建电气化局集团公司、中国铁建电气化局集团一公司	孟　元　李宗新　蔡　景　刘　向　夏玮东	一等奖
59	牵引供电高压电缆精细化防护敷设施工工法	中国铁建电气化局集团公司、中铁建电气化局集团南方公司	柴正均　罗林生　袁玉红　许　雄　彭龙虎	一等奖
60	30 吨轴重重载铁路弹性支承块式预制工法	中铁十一局集团公司、中铁十一局集团桥梁公司	曾　鸣　刘继仁　王　瑜　刘　俊　叶孔晟	二等奖
61	CRTSⅢ型无砟轨道板自密实混凝土侧面单边灌注施工工法	中铁十一局集团四公司、中铁十一局集团公司	刘　明　刘素云　刘志中	二等奖
62	旋挖钻机应用于铁路路基接触网支柱基础施工工法	中铁十八局集团公司、中铁十八局集团一公司	马迎春　刘　浩　齐鹏飞　马文俊　徐　辉	二等奖
63	废轮胎胶粉改性沥青混合料施工工法	中铁十八局集团公司、中铁十八局集团五公司	周晓辉　王海军　张进增　李晓林　郭金柱	二等奖
64	大风干旱大温差戈壁环境下无砟轨道高性能混凝土施工工法	中铁二十一局集团四公司	党振峰　俞　栋　段荣福　朱昌岳　杨亚妮	二等奖
65	铁路深厚松软盐渍土地区螺杆桩施工工法	中铁二十一局集团五公司	卫永毅　杨前进　朱全泉　申国顺　万鹏洲	二等奖
66	城市轨道交通板式道床铺设施工工法	中铁二十四局集团公司、中铁二十四局集团轨道公司	周本宏　徐新明　叶盛旺　宋文涛　李兴杰	二等奖
67	预制砼 U 型梁安装架设施工工法	中铁十六局集团三公司、中铁十六局集团公司	俞冀红　王法庭　潘寿东　冯义涛　楼　敏	二等奖
68	二重式袖阀管注浆施工工法	中铁十八局集团二公司、中铁十八局集团公司	李　勇　王维新　陈国胜　蒋大伟　韩志强	二等奖
69	海上系梁式整体承台采用联体钢吊箱施工工法	中铁十九局集团五公司、中铁十九局集团公司	寇海军　宋立峰　李旭东　杨丽霞　张　伟	二等奖
70	桥面人行道板整体浇筑施工工法	中铁十九局集团公司、中铁十九局集团五公司	朱清东　苗博宇　程良军　孙海亮　金煜堃	二等奖
71	预应力混凝土梁双孔同步穿棒施工工法	中铁十九局集团五公司、中铁十九局集团公司	张　森　高禄巍　王建广　李　刚　孙志东	二等奖
72	软土地区高速铁路特大桥桥墩纠偏施工工法	中铁二十四局集团公司、中铁二十四局集团浙江公司	陈恒刚　王云江　巩金锐　朱　赟　强　军	二等奖
73	桥式盾构下穿铁路顶进施工工法	中铁二十四局集团公司、中铁二十四局南昌公司	杨楼城　聂继昌　向怀铁　孙宗良　朱晨亮	二等奖
74	中承式钢管混凝土拱桥钢管拱肋浮吊吊装与扣挂安装施工工法	中铁二十五局集团四公司	李勇良　周　龙　谢光雄　梁华平　高壮力	二等奖
75	墩顶转体法施工连续梁可重复使用球铰施工工法	中铁二十五局集团一公司、中铁二十五局集团公司	刘　锋　李桂兰　鲁智安　李文辉　钟锐锋	二等奖
76	大跨度无拱连续梁挂篮施工线形监控施工工法	中铁二十五局集团一公司、中铁二十五局集团公司	曾志新　禹　威　鲁智安　阳昭军　李桂兰	二等奖
77	宽幅式斜腹板预应力连续箱梁整体现浇施工工法	中国铁建港航局集团公司	刘忠平　包　珍　李永龙　何海群　徐彬彬	二等奖
78	简支梁旧桥墩柱接高和梁板拆卸再利用施工工法	中国铁建港航局集团公司	刘忠平　何海群　潘光强　吴清云　陈春平	二等奖
79	提梁机配合流动式架桥机提梁施工工法	中铁十一局集团　公司、中铁十一局集团六公司	石宗响　王锦玉　吴家宏　鄢秀军　杨　旭	二等奖
80	移动沙丘地区旋挖钻钢护筒跟进干法成孔施工工法	中铁十一局集团一公司	陈林生　史艳波　张　雷　舒　凯　尹斌全	二等奖

续表

序号	工法名称	完成单位	完成人	奖励等级
81	PJ165 架桥机既有线车站调头施工工法	中铁十四局集团公司、中铁十四局集团五公司	颜海建 丛义营 陈忠锋 邵光灿 王春亭	二等奖
82	DF550 单线架桥机标准跨施工工法	中铁十五局集团公司、中铁十五局集团六公司	段玉顺 陈延军 马俊勇 王 鹏 闫继国	二等奖
83	上下同宽花篮形 0 号块异形悬臂梁挂篮快速施工工法	中铁十六局集团公司、中铁十六局集团二公司	刘景齐 王 帅 黄 瀚 刘叶行 程子佳	二等奖
84	复杂地质条件下深水超长桩基施工工法	中铁十六局集团五公司	安德柱 白剑峰 周兴颖 杨志伟 孙春刚	二等奖
85	斜拉桥主塔上横梁 60 米高落地钢管支架施工工法	中铁十七局集团公司、中铁十七局集团五公司	王泽升 唐永祥 徐兴伟	二等奖
86	大跨度混凝土—钢桁梁组合结构大型钢构预埋施工工法	中铁二十一局集团公司	韩大栋 马建会 宣建军 张仲涛 周明升	二等奖
87	湿陷性黄土地区承压水地层钻孔灌注桩施工工法	中铁二十一局集团五公司	卫永毅 朱全泉 杨前进 申国顺 宋克鹏	二等奖
88	逆作车站砼钢管柱全钢护筒自动定位免振施工工法	中铁二十二局集团一公司、中铁二十二局集团公司	刘治宝 汤贵海 刘恒东 李 斌 何小送	二等奖
89	销孔牵引大型沉箱滚运上船施工工法	中国铁建港航局集团公司	丁世伟 李 猛 李光超 张盖新 左光磊	二等奖
90	严寒地区隧道衬砌防排水防冻融冻胀施工工法	中铁十一局集团公司、中铁十一局集团五公司	李 勇 王元清 管 强 方 兵 李 鹏	二等奖
91	AM 桩施工工法	中国铁建大桥工程局集团公司	张百岩 郭海洋 严 冬 任延龙 何 巍	二等奖
92	地铁暗挖车站扣大拱脚分层 CRD 快速开挖施工工法	中国铁建大桥工程局集团一公司	史洪涛 王 钊 张志伟 张广耀 刘梦君	二等奖
93	膨胀性黄土隧道“桥式”大锁脚施工工法	中铁十四局集团公司、中铁十四局集团二公司	路 刚 王其升 王永余 王学敬 周 强	二等奖
94	大盾构隧道高性能高精度管片预制制作施工工法	中铁十四局集团公司	陈 健 王玉亮 戴洪伟 王承震 代洪波	二等奖
95	大直径泥水盾构在小半径曲线上精准接收综合施工工法	中铁十四局集团公司	陈 健 张 斌 王承震 陈建福 孔玉清	二等奖
96	富水砂卵石地层联络通道冷冻法施工工法	中铁十八局集团三公司、中铁十八局集团公司	赵广资 董肖龙 李春林 朱军武 周城华	二等奖
97	基于“拱盖法”理念的大断面暗挖地铁车站 CD 法开挖施工工法	中铁十八局集团一公司、中铁十八局集团公司	张 斌 李生海 吉小伟 张树生 张 军	二等奖
98	隧道断层破碎带铣挖法开挖施工工法	中铁十九局集团二公司、中铁十九局集团公司	隋丰年 曹树强 张 松 肖 毅 解佳飞	二等奖
99	隧道软岩变形段塌方“反吹沙法”综合处理施工工法	中铁十九局集团七公司、中铁十九局集团公司	刘国强 王海亮 王建伟 王世辉 王相臣	二等奖
100	地铁暗挖车站单层四导洞 WBA 工法	中铁十九局集团轨道公司、中铁十九局集团公司	吕 兵 韩永乐 周 泓 李庆鑫 姜丙南	二等奖
101	盾构法施工填仓开仓作业工法	中铁十九局集团轨道公司、中铁十九局集团公司	孔令威 蒋应省 谷永赛 蔡文达 段晓辉	二等奖
102	复杂的异形深基坑施工工法	中铁二十局集团公司、中铁二十局集团三公司	任高峰 朱朋刚	二等奖
103	锚桩在隧道洞身段穿越泥石流堆积体中控制变形施工工法	中铁二十五局集团一公司	张建慈 杨 云 万永昌 李文辉 王建兴	二等奖
104	高瓦斯隧道全封闭复合式衬砌仰拱整体式弧形模板快速施工工法	中铁十二局集团公司、中铁十二局集团四公司	罗旭阳 林福地 郭志玉 靳雄伟 吕国康	二等奖
105	地铁车站异型钢结构柱内混凝土顶升施工工法	中铁十二局集团公司、中铁十二局集团二公司	王冬胜 支卫东 朱义城 刘丽花	二等奖
106	大型中庭式地铁车站 Y 型铸钢结合钢管柱施工工法	中铁十二局集团公司、中铁十二局集团二公司	王冬胜 支卫东 李光耀 刘广钧 刘丽花	二等奖
107	高承压水地质条件下三重管双高压旋喷桩施工工法	中铁十五局集团公司，中铁十五局集团四公司	魏俊龙 赵东海 董 莹 张 留 吴平涛	二等奖
108	无水砂卵石地层盾构常压开舱换刀工法	中铁十六局集团地铁公司、中铁十六局集团公司	胡光华 田先玉 李 媛 史晓欧 李	二等奖

续表

序号	工法名称	完成单位	完成人	奖励等级
109	封堵灵水压复合爆破施工工法	中铁十六局集团公司、中铁十六局集团四公司	席小武　王会兵　曹会栋　朱成发　印永进	二等奖
110	富水圆砾地层泥水盾构短套筒接收施工工法	中铁十六局集团北京轨道公司	齐　勇　于兴国　郑中刚　陈　科　李振勇	二等奖
111	盾构隧道锚索拔除施工工法	中铁十七局集团公司、中铁十七局集团上海轨道公司	周　华　李永雄　吕贻坤　陈　辉	二等奖
112	小断面深竖井钢护筒壁后注浆支护施工工法	中铁十七局集团公司、中铁十七局集团四公司	张　磊　岳嵩山　姚　帆	二等奖
113	隧道纵向中埋式止水带施工工法	中铁十七局集团公司、中铁十七局集团二公司	窦海波　郑伯强　鲍远君	二等奖
114	浅埋破碎岩层地铁车站拱盖一桩锚组合施工技术	中铁十七局集团公司、中铁十七局集团一公司	秦志斌　陈学龙	二等奖
115	复杂环境大断面隧道快速支护施工工法	中铁二十局集团四公司、中铁二十局集团公司	周玉兵　胡立正　徐　磊　岳　阳　杨武涛	二等奖
116	T76S 高强度自钻式管棚超前支护工法	中铁二十局集团公司、中铁二十局集团二公司	冯军武　罗宗帆　岐峰军　王志军　祝建周	二等奖
117	滑移支座式大跨度阳光板幕墙施工工法	中铁十七局集团公司、中铁十七局集团建筑公司	李周明　郭志强　张宝刚　曹　翔	二等奖
118	不规则曲面网壳结构分块施工工法	中铁十七局集团公司、中铁十七局集团建筑公司	刘　杰　贾　超　唐　菘　郭志豹　宋治伟	二等奖
119	大坡度筒仓漏斗施工工法	中铁十八局集团公司、中铁十八局集团安装公司	张晓鹏　龚信斌　张　永　王成良　赵彦森	二等奖
120	高铁车站高大空间雨棚重型灯具施工工法	中铁建设集团公司	刘　勇　倪晓东　卢显朋　康绍杰	二等奖
121	古建和玺彩画施工工法	中铁建设集团公司	何小飞　邓玉萍　李　进　崔　洁　黄旭东	二等奖
122	钻孔桩泥浆无害处理工法	中铁建设集团公司	翟玉新　刘瑞平　何　丹	二等奖
123	机电综合管线支架装配化施工工法	中铁建设集团公司、中铁建设集团安装公司	赵春元　杜喜军　申光申　许凯旋　宗东旭	二等奖
124	大跨度大直径钢管拱混凝土浇筑施工工法	中铁城建集团公司、中铁城建集团北京公司	高明德　刘志强　梁志伟　鲍　健　李　慧	二等奖
125	大型深基坑多种支护技术综合应用施工工法	中铁城建集团公司、中铁城建集团二公司	朱艺锋　刘　华　曾湘澜　罗永明　王俊河	二等奖
126	接触悬挂在四线桥上硬横跨处下锚施工工法	中国铁建大桥工程局集团电气化公司	肖敬帅　刘铁兵　苏晓明　杨　龙　顾伟斌	二等奖
127	山地重丘地形风机发电机组防雷接地系统施工工法	中铁二十二局集团电气化公司、中铁二十二局集团公司	郭忠祥　吴春友　王立明	二等奖
128	大型风力发电机组吊装施工工法	中国铁建电气化局集团公司、中国铁建电气化局集团北方公司	高斌文　曹万雄　李春田　王充希　邬　涛	二等奖
129	营业线接触网承力索更换改进施工工法	中国铁建电气化局集团公司、中国铁建电气化局集团北方公司	高斌文　肖　环　王　波　王建东　郭晓峰	二等奖
130	现代有轨电车小曲线半径接触网远距离软定位安装工法	中国铁建电气化局集团公司、中国铁建电气化局集团一公司	孟　元　李宗新　蔡　景　刘　向　夏玮东	二等奖
131	地铁牵引降压变电所GOOSE 选跳保护调试工法	中国铁建电气化局集团公司、中国铁建电气化局集团南方公司	袁　林　王　娟　何翠芬　付　进　刘俊峰	二等奖
132	利用吊车迁改跨铁路高等级电力线路施工工法	中国铁建电气化局集团公司、中国铁建电气化局集团三公司	贺明明　李瑞青　李升东	二等奖
133	一体化缆线埋设机施工工法	中国铁建电气化局集团公司、中国铁建电气化局集团北方公司	高斌文　朱春甫　徐丽艳　武　宁　杨明华	二等奖
134	隧道区间地铁通信无线 AP 定位安装技术	中国铁建电气化局集团公司、中国铁建电气化局集团五公司	马　龙　苏　猛　韦安克	二等奖

（制表：李庆民）

2015 年中国铁建股份有限公司科技成果目录

序号	单位	项目名称	评价
1	铁一院	兰新铁路第二双线防风技术研究	国际领先
2	铁一院	重庆地铁复合式 TBM 及长大复杂区间关键技术研究	国际先进
3	铁一院	高寒地区高速铁路隧道防冻害技术研究	国际先进
4	铁一院	兰新第二双线防风明洞试验段现场试验研究	国际先进
5	铁一院	中天山隧道敞开式 TBM 施工及高压富水处治技术研究	国际领先
6	铁一院	高边坡支挡结构设计应用研究	国内先进
7	铁一院	兰新第二双线铁路大风观测试验研究	通过
8	铁一院	兰渝线盖家阴山滑坡稳定性评价及防治研究	国内先进
9	铁一院	黔张常铁路岩溶发育规律及地质选线的研究	国际先进
10	铁一院	铁路风沙防治 CFD 计算机模拟技术及阿联酋地区治沙方案研究	国际领先
11	铁一院	铁路路基边坡极限状态设计方法研究	国际先进
12	铁一院	高速铁路路基工程湿陷性黄土地基沉降控制技术研究	国际领先
13	铁一院	戈壁区高速铁路路基地基变形低压及沉降控制技术研究	国际领先
14	铁一院	城市群综合交通线网规划研究	国内领先
15	铁一院	现代铁路货运中心(物流中心)规模确定与配套设施研究	国内领先
16	铁一院	机车北斗卫星、GPS 双模定位方案研究	国内领先
17	铁一院	瞬态面波方法适应性研究	国际领先
18	铁一院	场地土钻孔剪切波速度拾取方法研究项目	国内领先
19	铁一院	动车组三、四、五级高级修总体方案及其关键设备配置研究	国际先进
20	铁一院	动车检修段检修工厂室内管线及综合吊支架布置研究	国内先进
21	铁一院	铁路接触网腕臂及吊弦系统预配技术研究	国内先进
22	铁一院	隧道口及不同挡风结构过渡段接触网涡流风场风致振动及防风措施研究	国际先进
23	铁一院	铁路光伏发电应用技术研究	国内领先
24	铁一院	牵引变电所防雷、防过电压技术研究	国内领先
25	铁一院	轨道交通再生能量利用研究	国内领先
26	铁一院	牵引变电所智能变电站研究	国内先进
27	铁一院	接触网抗风稳定性结构设计及参数确定	国内领先
28	中土集团	轨枕胶套框架式拉拔试验装置及方法	国内先进
29	铁五院	城市轨道交通环境振动分析与减隔振设计研究	国际领先
30	铁五院	自锚上承式拱桥大吨位转体施工监控仿真分析研究	国际先进
31	铁五院	高速铁路路基边坡压实质量检测技术研究	国际先进

续表

序号	单位	项目名称	评价
32	铁五院	新型水锤泵设计与研究	国际先进
33	铁五院	电气化铁路接触网绝缘子外绝缘研究	国内领先
34	铁五院	铁路节段预制胶接拼装箱梁施工技术研究	国际领先
35	铁四院	高速铁路大跨度转体施工独塔斜拉桥设计技术研究	国际先进
36	铁四院	四线铁路独塔钢箱混合梁弯斜拉桥关键技术研究	国际先进
37	铁四院	大跨度连续钢桁梁柔性拱组合桥关键技术研究	国际先进
38	铁四院	贵广铁路主跨 230 米四线客货共线铁路钢桁斜拉桥技术研究	国际先进
39	铁四院	运营高速铁路路基检测评估技术研究	国际先进
40	铁四院	支挡结构墙背新型渗排水反滤层研究	国际先进
41	铁四院	宁安客专中低压缩性黏性土地基的工程特性及沉降控制方法研究	国际先进
42	铁四院	岩土热物理参数测试方法研究	国内领先
43	铁四院	基于 LTE 的轨道交通移动宽带无线传输方案研究	国内领先
44	铁四院	设置机场城市值机点的城市轨道交通 AFC 系统方案研究	国内领先
45	铁四院	MSTP 传输系统承载铁路业务系统组网方案研究	国内领先
46	铁四院	列控系统过渡方案研究	国内领先
47	铁四院	铁路工程文物保护控制技术研究	国内领先
48	铁四院	水下铁路隧道消防系统关键技术研究	国内领先
49	铁四院	大跨度铁路钢箱混合梁斜拉桥关键技术研究	国际领先
50	铁四院	铁路大跨度转体 T 构桥关键技术研究	国际先进
51	铁四院	隧道衬砌雷达检测全自动伺服系统研究	国际先进
52	铁四院	深埋隧道围岩完整性新的评价参数及数据采集方法研究	国际领先
53	铁四院	广深港高速铁路无砟轨道服役状态监测及减振效果评估技术研究	国际先进
54	铁四院	高速铁路隧道缓冲结构关键技术	国际领先
55	铁四院	城际铁路运营组织与财务可持续性研究	国内领先
56	铁四院	物流园区规划技术规范研究	国内领先
57	铁四院	物流园区盈利模式与腹地需求分析研究	国际先进
58	铁四院	大型养路机械检修设施集成化创新与应用	国际领先
59	铁四院	大跨度公铁两用三塔悬索桥关键技术研究	通过
60	上海院	城市轨道交通轨道基础控制网研究	国内领先
61	二十四局	复合式掘进机长距离煤矿巷道综合施工技术	国际先进
62	二十四局	软土地区高铁桥墩偏移成因及纠偏施工技术	国内领先
63	二十四局	桥式盾构下穿铁路顶进施工关键技术研究	国内领先

续表

序号	单位	项目名称	评价
64	中铁建设	模块化装配式高层住宅钢结构成套技术研发(1期)	国际先进
65	中铁建设	超大跨度悬挑异型钢结构及双层双曲面玻璃幕墙施工成套技术研究	国际先进
66	中铁建设	建筑垃圾及废旧混凝土综合利用研究	国内领先
67	中铁建设	基于水泥组分分析的混凝土配合比设计方法研究	国际先进
68	中铁建设	钻孔灌注桩废弃泥浆泥水分离关键技术研究	国际先进
69	中铁建设	基坑工程中注浆钢花管工法与受力特性研究	国际先进
70	中铁建设	BIM 技术在工程实践中的应用研究	国内领先
71	中铁建设	基于物联网应用的分布式标养试验室智能管理系统	国际先进
72	中铁建设	自动爬升出料平台开发	国内领先
73	中铁建设	大型铁路站房精益建造管理施工技术研究与应用	国际先进
74	中铁建设	太阳能热水系统远程监控技术研究	国内领先
75	中铁建设	大型剧院空调系统降噪、隔振及气流组织技术应用研究	国际先进
76	十九局	客运专线双线 64 米节段预制拼装箱梁施工技术	国内领先
77	十九局	干旱风沙地区无砟轨道施工质量控制关键技术	国内领先
78	十九局	深路堑高边坡稳定性的监控及预警技术	国内领先
79	十九局	上跨既有隧道条件下隧道安全施工控制技术研究	国内领先
80	十九局	复杂地质条件下控制爆破研究	国内领先
81	十九局	盾构法隧道与浅埋暗挖法隧道并行及交叉段施工技术研究	国际先进
82	十九局	断裂带及花岗岩残积地层对地下车站施工影响研究	国内领先
83	十九局	宁波轨道交通盾构隧道注浆抬升技术研究	国际先进
84	十九局	多用户地形图快速更新及空间交互设计技术研究与应用	国际先进
85	二十局	兰新高铁碎屑流及薄层板岩隧道施工变形控制技术	国际领先
86	二十局	软岩地质情况下特长双线公路隧道快速施工技术	国内领先
87	二十局	四联拱 PBA 地铁车站扣拱施工技术研究	国内领先
88	二十局	全断面硬岩地层大直径盾构综合施工技术	国际先进
89	二十局	浅埋、偏压、小净距、洞口段穿越堆积体隧道施工技术研究	国际先进
90	二十局	高速铁路特长大岩溶涌水隧道综合施工技术	国际先进
91	二十局	BIM 技术在西咸空港项目施工全过程的应用与研究	国内领先
92	二十局	骨料对水泥混凝土弹性模量的影响研究	国际先进
93	二十局	陡峭悬崖大跨径拱桥无支架缆索施工综合技术研究	国内领先
94	二十局	透明式数字信号电缆地下接续技术研究	国内领先
95	投资集团	特大异型深基坑施工关键技术研究	国内领先

续表

序号	单位	项目名称	评价
96	中土集团	高精度机载激光雷达技术在埃塞俄比亚铁路勘测中的应用研究	国际先进
97	十六局	大跨度高低塔“倒八字”斜拉桥施工技术	国际先进
98	十六局	铁路客运专线大跨度连续梁—拱组合桥非对称施工关键技术研究	国际先进
99	十六局	水上大跨变截面连续钢箱梁桥建造关键技术	国内先进
100	十六局	干旱风沙大温差戈壁地区高速铁路综合施工技术	国际领先
101	十六局	隧道爆破对千年古建筑物的振动影响及控制技术研究	国内先进
102	十六局	湖域明挖隧道综合施工技术研究	国内领先
103	十六局	隧道掘进封堵灵水压复合爆破应用效果研究	国内领先
104	十六局	黄河冲洪积平原含粉砂质地层城市超大超深基坑群综合施工技术研究	国际先进
105	十六局	复杂环境下大直径泥水盾构穿越软土地层施工综合技术研究	国际先进
106	十六局	建筑物群区富水地层地铁隧道爆破开挖关键技术研究	国内先进
107	十六局	办公建筑节能绿色化改造技术研究与工程示范	国际领先
108	港航局	复杂地质条件下大直径钢顶管顶进入海技术	国内领先
109	港航局	超长大直径组合管桩预制及恶劣海况条件下沉桩施工技术	国际先进
110	铁四院	地铁运营线路的轨道养护维修技术研究	国际先进
111	铁四院	高速铁路无砟轨道结构使用寿命研究	国内先进
112	铁四院	海中围堰明挖法隧道综合修建技术研究	国际先进
113	铁四院	扬州瘦西湖隧道关键技术研究	国际领先
114	铁四院	非对称异性深基坑围护结构设计关键技术研究	国际先进
115	铁四院	BIM 技术在新股山隧道设计中的应用研究	国际先进
116	铁四院	桥建合一框架结构整体分析计算研究	国际先进
117	铁四院	昆明南站结构工程关键技术研究	国际领先
118	铁四院	市域铁路车站建筑技术标准研究	国内领先
119	铁四院	高铁车站交通枢纽地区 TOD 规划研究	国际先进
120	铁四院	有轨电车车辆段关键技术研究	国际先进
121	铁四院	高速铁路站台门集成化创新与应用	国际领先
122	铁四院	利用小基线集干涉测量方法监测高速铁路区域地表形变	国际先进
123	铁四院	鲁北盐渍土地区高速公路路基填料改良和隔断处理研究	国内领先
124	铁四院	基于中外规范对比的刚果(布)国家 1 号公路路面损坏机理及路面设计方法研究	国际先进
125	铁四院	基于现行欧洲标准的钢—混组合梁设计研究	国际先进
126	铁四院	基于欧洲标准的上承式钢箱拱桥设计施工关键技术研究	国际先进
127	铁四院	铁路客运站房照明专项设计研究	国际先进

续表

序号	单位	项目名称	评价
128	十七局	财务共享服务中心在建筑企业的应用研究	国际领先
129	十七局	隧道顶管救援成套技术和工艺研究	国际先进
130	十七局	复杂地质条件下隧道扩挖施工技术	国际先进
131	电气化局	苏州有轨电车接触网施工技术研究	国内领先
132	电气化局	中天山隧道接触网刚性悬挂综合施工技术研究	国内领先
133	电气化局	张力可控式弹性吊索紧线器的研制与应用	国内领先
134	电气化局	地铁限界激光检测装置的研制及应用	国内领先
135	电气化局	牵引变电所变压器局部放电交接性试验技术研究	国内领先
136	电气化局	地铁刚性悬挂导电膏涂抹装置的研制及应用	国内领先
137	电气化局	高铁接触网新型运输吊装机具的研制及应用	国内领先
138	电气化局	施工现场物资管理系统软件研发及应用	国内先进
139	电气化局	250 千米/小时接触网有砟轨道弹性链型悬挂计算调整技术	国内先进
140	二十五局	城镇闹市区进行控制爆破施工工艺及技术研究	国内领先
141	二十五局	大跨度斜交框构网格多支点连续转移法顶进过轨施工工艺及技术研究	国际先进
142	二十五局	石质河床急流深水段双壁钢围堰施工工艺及技术研究	国内领先
143	中铁地产	绿色节能技术在商业建筑中的设计与应用研究	国内先进
144	二十二局	大型养路机械全线路激光测量整道关键技术	国际先进
145	二十二局	寒区隧道复合式衬砌层间防水防冻失效寒区隧道复合式衬砌层间防水防冻失效机理与抑制技术机理与抑制技术	国际先进
146	二十二局	浅埋暗挖隧道近距离侧穿地表建筑物的爆破施工及减振技术	国内先进
147	二十二局	四线客专深水大跨连续梁拱组合桥梁施工技术研究	国际先进
148	铁一院	车载三维激光扫描技术在铁路运营及养护维修测量中的应用研究	国际先进
149	铁一院	岩溶特殊地质区综合选线辅助决策系统研究	国内领先
150	铁一院	城市群城际铁路网规划方法研究	国际先进
151	铁一院	黄土湿陷特性及隧道洞口段边仰坡稳定性评价研究	国内先进
152	铁一院	木寨岭特长隧道炭质板岩等软弱岩体变形机理研究	国内领先
153	铁一院	兰渝线长大隧道复杂围岩水文地质条件定量评价研究	国内先进
154	铁一院	胶接缝节段拼装简支箱梁设计关键技术研究	国际先进
155	铁一院	新型柱板式空心高墩关键技术研究	国际先进
156	铁一院	兰新第二双线风—车—桥耦合动力分析	国际先进
157	铁一院	大跨度无砟轨道再分式简支钢桁梁建造技术	国内领先
158	铁一院	高墩大跨度部分斜拉桥关键技术研究	国内领先
159	铁一院	渝黔线新白沙沱长江大桥主桥结构分析	国内先进

续表

序号	单位	项目名称	评价
160	铁一院	蒸发冷却通风降温系统在地铁工程中的应用研究	国际先进
161	铁一院	BIM 技术在站房设计中的应用研究	国内领先
162	铁一院	BIM 技术在站场、轨道设计中的应用研究	国内领先
163	铁一院	BIM 技术在桥梁、隧道设计过程中的应用研究	国内领先
164	铁一院	基于 BIM 的弱电设计技术研究	国内领先
165	铁一院	BIM 技术在电力专业设计中的应用研究	国内领先
166	铁一院	无砟轨道轨道板精调评估新方法研究	国内领先

（制表：程博华）

“七一”前夕，中铁十四局集团有限公司额哈铁路项目部在 DK204 + 300 铺轨施工现场，组织参加“建功蒙新大通道，立业亚欧新丝路”劳动竞赛的党员突击队员重温入党誓词。（尹　辉　摄）

党的工作

综 合 工 作

【总公司党委】 中国共产党中国铁道建筑总公司委员会(以下简称"总公司党委")是国务院国有资产监督管理委员会党委领导下的对下属单位党组织实行统一领导的党组织。总公司党委在企业中处于政治核心地位,发挥政治核心作用。主要负责统一领导并组织实施总公司党的建设和思想政治工作,担负党风廉政建设主体责任。总公司党委常委由庄尚标(2015 年任)、孟凤朝、齐晓飞、张宗言(2015 年免)、彭树贵(2015 年免)、夏国斌、刘汝臣、王秀明、李春德 9 人组成。庄尚标(2015 年 11 月任)、张宗言(2015 年 6 月免)分别任党委书记,孟凤朝、齐晓飞(2015 年 5 月任)、彭树贵(2015 年 1 月免)任党委副书记。总公司党委职能机构设党委办公室、组织部、宣传部、干部(人事)部。总公司纪委是总公司党委和国务院国有资产监督管理委员会纪委领导下的纪检监察机关,履行党的纪律检查和行政监察两种职能,担负党风廉政建设监督责任,党委常委李春德任纪委书记。总公司工会接受总公司党委和中华全国铁路总工会的领导,党委副书记彭树贵(2015 年 1 月免)、史道泉(2015 年 7 月任)分别任工会主席。 (赵登善)

【股份公司党委】 中国共产党中国铁建股份有限公司委员会(以下简称"股份公司党委")是中国铁道建筑总公司党委领导下的对下属单位党组织实行统一领导的党组织。股份公司党委在企业中处于政治核心地位,发挥政治核心作用。主要负责统一领导并组织实施股份公司党的建设和思想政治工作,担负党风廉政建设主体责任。股份公司党委常委由齐晓飞、孟凤朝、庄尚标、张宗言(2015 年 7 月免)、彭树贵(2015 年 1 月免)、夏国斌、刘汝臣、王秀明、李春德 9 人组成,齐晓飞(2015 年 2 月任)、孟凤朝(2015 年 2 月免)分别任党委书记,庄尚标(2015 年 12 月任)、张宗言(2015 年 7 月免)、彭树贵(2015 年 1 月免)任党委副书记。股份公司党委职能机构设党委办公室(直属机关党委)、组织部、宣传部(企业文化部)、党委干部部(人力资源部)。党委常委李春德任纪委书记,党委副书记彭树贵(2015 年 1 月免)、史道泉(2015 年 7 月任)分别任工会主席。根据《中国铁道建筑总公司、总公司党委关于中国铁建股份有限公司成立后需明确的有关问题的通知》和总公司党委《关于成立中国铁建股份有限公司党委、纪委和工会、共青团组织的通知》文件精神,总公司党委委员、纪委委员、工会委员、团委委员同为股份公司党委委员、纪委委员、工会委员、团委委员。

根据中组部和原中央企业工委及国资委党委批复和指示精神,基于总公司主营业务整体上市和局集团公司均为股份公司全资控股子公司,股份公司分布在全国各地的下属单位,党的领导关系由股份公司党委和所在省、自治区、直辖市党委双重领导,以股份公司党委垂直领导为主。按照中共中央有关文件规定,在 36 家下属单位中,20 家单位的领导班子成员实行以股份公司党委管理为主,地方党委协助管理,其余单位由股份公司党委实行全面管理。 (赵登善)

【工作综述】 股份公司党委坚决贯彻中央和国资委党委的决策部署,带领各级党组织主动适应经济发展新常态,以落实"两个责任"为主线,以"三严三实"专题教育为抓手,坚持党要管党,从严治党,践行改革创新,依法治企,推动党建工作与企业发展深度融合,为股份公司"十二五"规划的顺利收官提供坚强的思想保证、政治保证和组织保证。

(1)狠抓领导班子建设,发挥党委政治核心作用。一是强化理论学习,深化思想认识。股份公司党委组织 20 多次党委中心组学习,深入掌握领会习近平总书记系列重要讲话精神、《党章》《准则》《条例》及依法治国、国资国企改革相关文件精神。所属单位的中心组学习抓紧抓实、注重效果,各级党委管党治党意识明显增强。二是开展专题教育活动,大力转变作风。在开展以"严以修身""严以律己""严以用权"为主题的学习研讨基础上,领导班子成员带队到基层征求意见,列出问题清单,形成对照检查材料,召开高质量的专题民主生活会。股份公司党委把解决"不严不实"问题与群众路线教育实践活动整改工作紧密结合,开展整改自查自纠"回头看"。三是创新党委分工模式,拓展党委议事领域。股份公司党委创新思路,探索党建工作分工新模式,并拓宽党委常委会议事领域:一方面打破行政副职领导不具体分管党务工作的惯例,对行政副职的党委常委,分工负责相关党群工作,另一方面规范党委常委会、总裁办公会的议事程序和规则,拓宽议事领域,充分发挥党委的政治核心作用。

(2)矫正选人用人导向,不断优化企业政治生态。一是坚持党管干部原则。一方面,强化领导干部对选拔任用工作的原则、标准、条件、程序、监督的认识;另一方面,通过创新党委常委分工模式,增强班子成员的主体责任意识。在此基础上,股份公司党委对动议提名、民主推荐、民主测评、考察、公示、讨论决定、任职等干部选任各个环节进行规范,把党管干部原则和民主集中制贯穿于选人用人的全过程。二是坚持正确的选人用人导向。严格执行“20 字”好干部标准,注重德才兼备。在选拔二级单位主管领导时,特别强调要具有三级单位的主管任职经历。三是坚持规范的选人用人程序,注重完善制度,严格坚持程序规范。在酝酿提名环节,建立以书记碰头会为核心的“五人小组”工作机制,党委书记召集书记碰头会,与董事长、总裁一起研究干部任免初始方案,3 名主管共同发挥主导作用,意见不一致方案不得确定,纪委书记参加会议酝酿,严格履行监督职责,党委干部部长参加会议,在主管领导下做材料及预案准备,并进行选人用人纪实。书记碰头会前,主管领导还要充分征求分管领导和相关二级单位主管等的意见,将民主集中制原则贯穿其中。在考察推荐环节,坚持科学制定考察方案,严格执行预告发布、民主推荐(包括大会推荐和谈话推荐)、考察公示或任前公示、深入考察等程序,考察对象所在单位党委、纪委必须对人选的党风廉政情况进行“背书”。在研究任用环节,党委书记、董事长、总裁再次充分听取分管领导、纪检以及相关二级单位主管等各方面的意见后,才正式提交党委集体讨论研究,作出任免决定,并依法依规按照程序办理。四是坚持创新选人用人方式。在内部选拔部分二级单位总会计师后备人选和 19 名审计分局工作人员,通过二级单位党委研究差额推荐副职人选、股份公司党委组织差额考察的方式,在 6 个单位优选 20 名领导班子副职,加大推动主管领导交流任职,纪委书记提拔交流任职工作。五是坚持抓好干部日常管理。坚持新任职干部任前谈话和廉政谈话制度,建立新任主管领导干部大会表态签字归档制度,坚持谈话提醒和函询诫勉。做好干部年度综合考评,根据考核结果,督促加强管理。认真组织好民主生活会,积极开展批评与自我批评。六是坚持从严监督管理干部,加强纪委对干部选拔任用工作全过程监督。加大对巡视、审计等各种监督成果的运用,以问责推动整改,加强干部个人有关事项监督,加强对领导人员和所属单位干部选任工作的监管,要求各单位调入副处以上干部和项目经理,必须报批,提拔正处及以上干部,必须报备。

(3)落实全面从严治党,强化执纪监督问责。一是细化责任目标、推进落实“两个责任”。股份公司党委出台《落实“两个责任”意见》《归口派驻纪检组工作方案》等 9 个配套措施。重新修订细化《党风廉政建设责任书》,列出责任清单和 6 项责任底线,并明确责任追究办法和考核等级。组织 4 个督导检查组,对所属 8 个二级单位和 8 个三级单位“两个责任”落实情况开展督查,对存在问题提出整改意见。二是强化监督检查,推动正风肃纪。加大纪律审查力度,强化案件查办。强化对违反中央八项规定精神和“四风”问题的执纪监督。研究制定股份公司本级和二级单位领导人员履职待遇、业务支出管理办法,细化方案和配套措施。三是加强巡视工作,提升巡视效果。派出 9 个巡视组,对 9 家施工承包板块二级单位开展巡视,通过线索移交和案件查办,严肃问责并限期整改,确保通过巡视利器,对“四风”问题和腐败问题形成有力震慑。

(4)加强基层组织建设,充分发挥战斗堡垒作用。一是建立健全组织,完善规章制度。落实“四同步”要求,实现基层党组织与生产经营机构同步设置,梳理业务流程,规范党建台账,编印工作指南,推动基层党建工作再上新台阶。二是结合基层实际,创新工作机制。各级党组织结合企业实际,因地制宜、因时制宜、因势制宜抓党建,不断创新工作机制,激发基层党组织的生机和活力。三是增强党务干部素质,提升党建水平。各级党委采取培训、轮岗等方式,增强基层党务干部综合素质。组织项目部青年党务干部到机关党群部门助勤,发挥对下的传帮带作用。

(5)注重精神文明引领,塑造宣传思想文化品牌。一是凝聚力量,思想政治工作效果显著。广泛开展“学法纪、守制度、创新业”主题教育实践活动,增强全员依法治企意识。股份公司党委派出“年中工作会暨‘两个责任’促进会精神”巡回宣讲组,先后在 8 家单位现场宣讲,助推二级单位落实责任。二是示范引领,精神文明建设取得突破。围绕培育和践行社会主义核心价值观,全面开展精神文明创建活动,扎实推进思想道德建设。开展首届“永远的铁道兵杯”十大楷模和第四届“十佳道德模范”评选活动,积极参加“北京榜样”“首都道德模范”“最美央企人”等外部选树活动,“道德讲堂”品牌凸显。三是外树形象,舆论引导能力逐步增强。股份公司修订完善了企业视觉识别系统。铁道兵纪念馆充分发挥辐射作用,获第二届“企业社会责任中国文化奖”最佳影响力奖。发挥《中国铁道建筑报》、网站作用,开通官方微博、微信提升企业品牌形象。

(6)注重和谐聚力,工会共青团工作取得新收获。一是发挥职能作用,工会工作扎实推进。依托“基层工会组织建设年”活动,工会组织主动融入中心,服务大局。通过走访、慰问、座谈等形式,深入开展基层调研。支持建家建线工作,推进基层工会组织建设。组织开展“铁建·富强”“铁建·健康”“铁建·书香”三大主题活动,丰富职工群众文化生活。构建和谐劳动关系,推进企业民主管理。认真做好劳动争议矛盾纠纷排查和调处工作,帮助基层党政排忧解难。二是创新活动载体,共青团工作蓬勃开展。在全系统评选“十大杰出青年”和“十佳青年技术能手”,深化“导师带徒”活动,组建铁建青年篮球协会等社团组织,开展中国铁建“改革创新,青年先行”等主题实践活动,创

建“青年文明号”、组建“青年突击队”，不断拓宽青年成长成才平台。 （耿仁胜）

【党委办公室】 总公司和股份公司党委的综合职能部门，协助党委领导处理日常工作的机构。党委办公室定员8人，设主任1人、副主任1名（为保密办公室专职主任，同时肩负党委办公室有关工作），下设秘书处、调研处和保密办公室。主要职责：负责党委会和党委召开的全局性会议的筹备工作和会务工作，协助领导组织会议决定事项的实施；协助党委领导组织制订和起草工作计划、总结、报告和有关会议文件、材料等；审核以党委或党委办公室名义发布的公文；督促检查党委各部门和下属单位党委对中央和上级重要指示、决议和重要会议精神以及党委领导同志有关指示的执行落实情况，并跟踪调研，及时反馈信息；协调党群各部门之间的工作关系；协助党委领导组织处理需由党委直接处理的突发事件和重大政治事故；组织政治工作专题调查研究；了解掌握下属单位党委的工作情况和政治工作动态，做好政工信息的收集、整理、上报、通报，编发《政工情况》；负责股份公司维护稳定工作领导小组、党委保密委员会、国家安全工作领导小组和扶贫开发工作领导小组的日常工作；负责党委和党委领导的文电收发运转、党委印鉴和信件管理等工作。

党委办公室围绕生产经营中心开展工作，牢固树立为领导服务、为机关服务、为基层服务的“三服务”思想，注重与机关各部门作好协同，注重发挥本部门职工的积极性、主动性和创造性，注重在办文、办会、办事上力求精细，取得较好成效。

（1）参与党委中心工作。充分发挥参谋作用，抓好党委常委会的筹备工作，确保“三重一大”决策制度落实；积极参与股份公司党委“三严三实”专题教育，同时组织开展直属机关党委的“三严三实”专题教育巡视督导，有效推动机关的作风建设；参与落实“两个责任”督导检查，总结先进典型经验，并在股份公司“四会”上作经验交流。

（2）做好文字工作。起草党委二届十次全会、一届六次职代会暨工作会、国资委专项治理大会、项目责任成本管理工作大会等领导讲话；完成党委领导个人和领导班子述职报告；对全委会和职代会报告重点工作责任分解；撰写贯彻国资委党委文件精神的情况报告等；编发《政工情况》45期；2015年撰写各类文稿103份，约30万字；审核股份公司、总公司公文、公函138件。

（3）加强制度建设。协同纪委起草并印发股份公司党委《关于落实党风廉政建设主体责任和监督责任的意见》及9个配套办法，并参加督导检查组，撰写专题报告，推动“两个责任”的落实；编印《党建有形化建设规范实务手册》《工程项目部党建工作手册》，促进直属项目党建工作的规范化和标准化。

（4）统筹调研工作。组织召开由8家二级单位党委书记参加的党建工作研讨会，结合“两个责任落实年”和各集团所处的专业板块，进行年度工作调研，并征求对股份公司党委工作的意见建议；配合股份公司领导督导联系二十三局治亏工作，起草调研实施方案并完成治亏督导报告，并提出治亏的建议措施。

（5）强化保密工作。认真执行党的保密工作方针和国家保密法规，深入贯彻国资委《关于加强中央企业保密工作的指导意见》，及时补充和调整保密工作领导机构；指导所属各单位结合自身实际完善和细化措施办法，使公司保密工作朝着制度化、规范化、专业化方向发展；加强对全体干部职工保密意识教育；加强对涉密信息传输保密理和涉密载体保密管理；及时查找工作中的薄弱环节，有针对性地采取措施，加强管理，堵塞漏洞，全系统的保密工作得到整体加强。

（6）维护安全稳定。参加北京市国家安全局组织的安全工作会议并落实会议精神；按照国安部门要求，协助调查国外项目安全工作；印发做好维护稳定工作的意见，加强维护稳定工作的组织领导，抓好维护稳定工作的重点难点，推进维护稳定工作的源头预防，维护企业和谐稳定的发展环境；在国际集团员工在马里遇袭后，第一时间参与协调处置和走访慰问遇袭人员家属，做好善后工作。

（7）提升办会水平。承办、协办或参加股份公司二届党委十次全会、一届六次职代会暨工作会、春节团拜会、党委常委会、总部机关全体党员学习报告会、国资委专项治理自查自纠大会、传达徐才厚严重违纪违法案及其教训通报会、总部机关反腐倡廉教育大会等会议103次，其中，有的属于紧急会议，在最短的时间内完成会务工作，确保有条不紊，紧凑有效。

（耿仁胜）

【保密工作】 认真执行党的保密工作方针和国家保密法规，深入贯彻国资委《关于加强中央企业保密工作的指导意见》，努力研究保密工作面临的新情况新问题，全系统保密工作得到整体加强。

（1）高度重视，落实责任。始终坚持把保密工作摆上重要议事日程，纳入部门工作整体规划，同部署、同检查、同总结、同考核，常抓不懈。一是坚持抓基础。及时补充和调整保密工作领导机构，形成有力的组织领导和管理工作体系。二是坚持抓保证。贯彻国资委保密委的部署安排，完善和细化措施办法，使公司保密工作朝着制度化、规范化、专业化方向发展。三是坚持抓专项。组织专题学习,深刻分析中央通报6起案例,增强保密意识,强化信息发布的审查和清理。

(2)健全制度,强化教育。一是坚持抓常态教育。各单位组织学习保密工作规定和保密宣传教育材料,加强对全体干部职工保密意识教育。二是积极开展专项活动。坚持保密工作与业务工作相结合,坚持做好保密工作就是保核心、保重点、保安全、促发展。在公司经营管理人员实战培训班上,专门增加保密攻防演示课程。在涉密和涉军项目的经营活动中,出具保密鉴定意见。各级坚持做到执行保密制度,不携带涉密文件回家或到其他公共场所,不私自存放、复制涉密文件,不在非有关人员中谈及或在私人通信中涉及秘密。

(3)措施到位,严格管理。加强对涉密信息传输保密管理和涉密载体保密管理。一是加强"三密"文件资料的管理。对"三密"文件实行专人管理、专人负责,责任到人,无有丢失文件现象。二是建立健全信息上报审核制度,严格遵守"谁公开、谁审查""谁审查、谁负责""先审查、后公开"的原则,明确信息的收集、整理、编辑、审核、发布、更新过程中每个人员的具体责任。门户网站和微博在公开前,坚持分管领导保密审查制度。对公司信息设有专人报送,严格网上保密报送制度,确保公司信息安全。三是提高计算机保密维护。总公司和股份公司总部做到涉密计算机不上网,上网计算机不涉密,操作人员保密意识强,对优盘、移动硬盘等介质严格区分,坚决做到不在网上误传或错传涉密信息。

(4)加强检查,抓好落实。针对自查中发现的苗头性问题,制定措施,加强整改,及时消除可能导致泄密的隐患。通过自查整改,进一步规范门户网站、"两微"和涉密文件的管理,严格执行处理程序和传阅范围的规定,做到登记清楚、处理及时、运转规范、管理严格、保管安全,确保不发生失泄密事故。(梁树峰)

【扶贫工作】 总公司和股份公司定点扶贫与对口援助工作,坚决贯彻习近平总书记重要指示和国资委扶贫工作部署,遵循"真心扶贫、精准扶贫、共赢扶贫,创新扶贫"的工作方针,坚持政府主导与企业辅助相结合,坚持互惠共赢与扶贫攻坚相结合,坚持整体推进与重点突破相结合的原则,开展富有实效的帮扶和援助工作。2015年,派出9名定点扶贫与援疆援藏援青干部,分任河北、西藏、青海、新疆四地六县区挂职领导。全年直接投入资金300万元,间接引进资金1000余万元,落实援助项目20余个,精准扶贫工作措施正在稳步推进。(梁树峰)

【政工信息】 各级党委认真贯彻落实国务院国资委党委工作部署,紧紧围绕股份公司党委工作思路,围绕落实"两个责任",深入开展"三严三实"专题教育,促进企业稳健发展等,突出信息的服务功能,提高信息数量和质量,2015年,编发《政工情况》45期,刊发各类信息215条,在服务决策、交流经验、推动工作中发挥重要作用。(韩秀珍)

【文印管理】 按照股份公司党委对文件、公章的管理规定,党委办公室2015年审核总公司党委、股份公司党委公文、公函138件;收发上级、本级、下级文件497件,党委领导传阅文件231件,党办传阅文件266件(其中,机密文件58件、秘密文件68件);在OA上传阅文件640件。党委办公室2015年归档文件9盒100件,其中,永久卷5盒37件、30年卷2盒53件、10年卷2盒10件。加盖总公司党委、股份公司党委印章7844枚次。(韩秀珍)

·机关党务·

【直属机关党委】 直属机关党委是股份公司党委领导下的对直属机关和直属项目部实行统一领导的党组织。直属机关党委由赵登善、余兴喜、郭品云、白晶、张良才、鲁斌、戴开扬、马吉财8名委员组成,赵登善任党委书记。直属机关党委主要负责统一领导并组织实施股份公司机关党的建设和思想政治工作。主要职责:组织机关和直属项目部党员认真学习马列主义、毛泽东思想、邓小平理论和"三个代表"重要思想,学习贯彻科学发展观,深入开展创先争优活动;学习和宣传党的路线、方针、政策,按照国资委党委、股份公司党委的部署及指示精神,结合股份公司机关和直属项目部实际情况,及时提出贯彻落实意见;对党员进行教育、培训、考评、管理和监督;负责表彰党内先进工作;培养入党积极分子和发展新党员;指导所属党总支、党支部的换届选举工作;负责党费的收缴、管理和使用工作;负责党内统计和党员组织关系的接转工作;负责直属机关计划生育、社会救助和募捐工作;做好股份公司党委民主生活会的服务工作;指导监督直属机关各支部和项目党工委开好民主生活会;做好思想政治工作,努力转变工作作风,充分发挥机关党组织的战斗堡垒作用和党员的先锋模范作用。(赵登善)

【"三严三实"专题教育】 一是6月上旬,直属机关党委向机关各党支部及时发出通知,要求认真学好"一个方案、一个讲话和四本书籍"(即《关于印发〈中国铁建党委关于开展"三严三实"专题教育工作方案〉的通知》《习近平谈治国理政》《习近平关于党风廉政建设和反腐败斗争论述摘编》《优秀领导干部先进事迹选编》《领导干部违纪违法典型案例警示录》),抓好学习研讨,并做好信息报送工作。二是召开直属项目"三严三实"专题教育推进会,传达中国铁建"三严三实"专题教育党课精神,对直属项目"三严三实"专题教育进行安排部署,确定今后直属项目党建的工作重点并提出相关要求。 (耿仁胜)

【建立健全组织机构】 指导总部机关有关支部和新成立的直属项目建立健全组织机构,先后批复成立福建党工委厦门市轨道1号线一期土建1标、2标项目部党支部,昆明绕城高速公路东南段A标项目经理部党支部,昆明轨道交通3号线工程指挥部党支部,经济管理部党支部,批复党委宣传部党支部的改选结果,为加强总部机关和直属项目党建工作奠定组织基础。 (耿仁胜)

【机关作风建设】 一是组织召开专项治理自查自纠工作会议,贯彻落实《关于认真学习贯彻习近平总书记重要指示精神,进一步加强党风建设和反腐败工作的通知》(国资党委〔2015〕19号)文件精神,并结合企业实际,细化"五个方面"问题为25条具体内容,制成"中国铁建总部机关领导干部专项治理自查自纠对照检查表",组织总部机关150名副处级以上党员干部如实填写,进行对照查找问题。二是组织总部机关全体党员学习观看山西腐败典型案例警示教育片,组织召开党委中心组学习扩大会,进一步学习领会中央领导和国资委领导的重要讲话精神,全面推进机关作风建设。三是起草对《机关作风建设满意度测评征求意见的通知》《机关作风建设满意度测评表》,组织实施二级单位对总部机关各部门作风建设进行满意度测评,并形成测评情况报告。四是为总部机关每名党员购买《准则》《条例》,要求广大党员牢固树立党规党纪意识,自觉在廉洁自律上追求高标准,在严守党纪上远离违纪红线,形成尊崇制度、遵守制度的良好风尚。 (耿仁胜)

【直属项目标准化建设】 在实地调研基础上,编印《工程项目部党建工作指导手册》和《项目党建有形化建设规范实务手册》,提升直属项目部标准化和规范化建设水平。 (耿仁胜)

【慰问机关困难党员】 贯彻落实股份公司党委关于慰问生活困难党员的精神要求,从总部机关党费中筹集资金近3万元,走访慰问总部机关25个党支部和2个直属项目29名生活困难党员,把关怀和温暖送到基层。 (耿仁胜)

【党组织工作状况】 机关党委下设1个党总支、50个党支部。其中机关支部24个、项目部支部9个、离退休支部17个。党员810名。其中,在岗职工党员299人、离退休人员(含内退)508人、其他人员3名;管理人员、专业技术人员296人、工人3人;35岁以下党员36人、36岁至45岁102人、46至55岁133人、56至60岁74人、61岁以上465人;研究生学历69人、大学本科359人、大学专科136人、中专102人、高中43人、初中及以下101人。 (刘立新)

组 织

【党委组织部】 股份公司党委主管党的建设工作的职能部门。主要职责:认真贯彻执行党中央、国资委党委和股份公司党委关于加强党的建设的指示精神,研究制定本系统党建工作规划、制度、规定和措施;负责领导班子思想政治建设、民主集中制建设,指导各单位召开领导班子民主生活会和"四好领导班子"创建活动;负责党的委员会建设,指导各单位按期召开党员代表大会,进行党委换届选举;指导各单位抓好工程项目部党组织建设、党支部建设、党员教育管理和发展党员工作,开展创建"五好党支部""六好共产党员"等党内"创先争优"活动;抓好全系统党内表彰奖励和先进典型选树工作;负责党内统计、党费收缴和管理、党员组织关系接转、党内教育培训、党群系统组织机构设置和编制定员等工作。组织部定员7人,下设组织处和党员教育管理处,设部长1人、副部长1人、组织员1人。 (张良才)

【党组织和党员队伍状况】 截至2015年12月31日,全系统有党委742个,党总支218个,党支部7411个。

党员137693人。其中,在岗职工党员104650人;离退休党员33007人;预备党员3192人;女党员19555人。党员队伍专业结构:在岗职工党员104650人。其中,企业管理人员和专业技术人员党员85523人、工人党员19127人。35岁以下的45726人,占党员总数的33%;36岁至45岁的28789人,占党员总数21%;46至55岁的22904人,占党员总数的17%;56至60岁的18152人,占党员总数的13%;61岁以上的22122人,占党员总数的16%。研究生学历4987人、大学本科学历49948人、大学专科学历30564人、中专

学历10621人、高中学历20044人、初中及以下21529人。（刘立新）

【“三严三实”专题教育】 根据中央和国资委党委部署，从2015年5月底开始，股份公司党委结合工作实际，组织全系统处以上领导干部开展“三严三实”专题教育。

（1）精心组织，制定工作方案。印发《中国铁建党委关于开展“三严三实”专题教育工作方案》，明确“三严三实”专题教育的总体要求、具体方法步骤。股份公司专题教育领导小组办公室还专门制定详细的工作推进计划，进一步明确3个专题学习的详细时间节点，为顺利推进专题教育，完成各项工作任务制定详细的路线图。各级党组织也按照中央和股份公司党委的要求，结合本单位实际，制定工作方案。多家基层单位为细化专题教育推进步骤，制定具体的工作推进计划，为专题教育有序推进奠定基础。

（2）以上党课的形式启动“三严三实”专题教育。5月25日，中国铁建党委以视频会议形式举行“三严三实”专题党课暨专题教育部署会议，党委书记齐晓飞以“践行‘三严三实’要求，推动企业科学发展”为题为全系统处级以上领导干部及党员讲专题党课，并对全系统开展“三严三实”专题教育作出安排部署。所属各级党组织也按照股份公司党委要求，由党委书记以讲党课的方式启动本单位的“三严三实”专题教育。

（3）认真组织集体学习和专题辅导。为增强学习效果，帮助党员干部深刻理解3个专题的内涵，在“三严三实”学习中，股份公司党委多次请有关专家教授到总部机关进行专题理论辅导。中国铁建党委以召开中心组学习暨机关党员领导干部学习报告会形式，邀请中央党校王杰教授、焦裕禄干部学院张冲教授、中央党校王立峰教授等作专题辅导讲座，增强学习教育效果。所属单位党组织也借助各种教育资源，请地方党校和有关方面理论专家作专题辅导报告，帮助党员干部加深对3个专题理论内涵的理解，为进行专题研讨夯实思想和理论基础。

（4）做好专题学习研讨。股份公司领导班子成员先后围绕“严以修身，加强党性修养，坚定理想信念，把牢思想和行动的总开关”“严于律己，严守党的政治纪律和政治规矩，自觉做政治上的明白人”“严以用权，真抓实干，实实在在谋事创业做人。树立忠诚、干净、担当的新形象”等主题进行集中学习研讨。所属各级党组织，按照中央关于3个专题研讨内容的要求，结合本单位实际，认真开展好专题研讨交流。各级党员领导干部通过研讨交流，进一步加深对“三严三实”理论内涵及践行“三严三实”要求重要性、必要性的认识，进一步增强践行“三严三实”的自觉性。

（5）开好专题民主生活会。按照中央要求，股份公司全系统各级领导班子都以践行“三严三实”为主题召开民主生活会。会上，首先由领导班子进行对照检查，重点查摆领导班子在平时工作中存在的不严不实的问题，提出今后整改的工作思路和具体措施。广大党员领导干部，在专题民主生活会上开展批评和自我批评。（王子利）

【建立领导班子成员工作联系点】 根据股份公司党的群众路线教育实践活动长效机制的规定，各级领导班子成员普遍建立工作联系点，每位班子成员每年联系1个基层单位，帮助解决1～2个突出问题或实际困难。“三严三实”专题教育启动以来，股份公司党委把帮扶联系点纳入“三严三实”，作为立行立改的一项重要工作。为确保取得实实在在成效，股份公司7位班子成员都确定1个二级或三级单位作为自己的工作联系点。从2015年上半年开始，班子成员陆续带领相关责任部门，深入联系点调研，与联系点单位班子成员、党员干部、职工代表进行座谈，倾听他们的声音，实地了解和掌握联系点单位需要帮助解决的问题或困难。（杨　赳）

【召开“三严三实”专题民主生活会】 按照中央关于开好“三严三实”专题民主生活会的通知要求，各级党委紧扣“三严三实”主题，精心组织、认真准备。为开好专题民主生活会，各级党委普遍采用发征求意见函、开座谈会、个别访谈等多种方式广泛征求各方面意见建议。股份公司班子成员都先后深入所属二、三级单位和项目现场召开座谈会征求意见建议。在广泛征求意见的同时，各级班子成员深入开展谈心谈话活动，互相交换意见、沟通情况。普遍做到班子主官与副职之间、班子副职与副职之间、班子成员与分管部门负责人之间“三必谈”。专题民主生活会结束后，各级党委立即召开专门会议，安排专门人员研究制定整改方案，就班子对照检查材料中所列的问题清单，逐项制定出切实可行的整改措施，规定整改时限，落实整改责任领导和责任部门，真正把整改工作落到实处、抓出成效。（杨　赳）

【国资委党委工作组到土耳其高铁项目调研】 5月，以国务院国资委党建局局长卜玉龙为组长的国资委党委工作组到股份公司土耳其高铁项目部调研海外党建工作。工作组对中国铁建土耳其公司及所属土耳其高铁项目部适应海外特点，因地制宜、灵活开展党建和思想政治工作给予充分肯定，认为中国铁建海外党建工

作搞得扎实有效，为企业落实国家“走出去”和“一带一路”倡议提供坚强保证。（杨 赳）

【评比表彰“四好领导班子”】 11月4日，股份公司党委、股份公司作出决定，批准中铁十一局集团有限公司、中铁二十四局集团有限公司、中铁建设集团有限公司、中国铁建电气化局集团有限公司、中铁第四勘察设计院集团有限公司、昆明中铁大型养路机械集团有限公司、中国铁建重工集团有限公司、中国铁建国际集团有限公司8个单位领导班子为股份公司2014年度“四好”领导班子。（杨 赳）

【昆明中铁集团党群组织更名】 股份公司党委发出通知，鉴于昆明中铁大型养路机械集团有限公司整体改制更名为中国铁建高新装备股份有限公司，经研究，就昆明中铁大型养路机械集团有限公司更名后，公司党委、纪委和工会、共青团等党群组织更名有关问题通知如下：“中国共产党昆明中铁大型养路机械集团有限公司委员会”更名为“中国共产党中国铁建高新装备股份有限公司委员会”，“中国共产党昆明中铁大型养路机械集团有限公司纪律检查委员会”更名为“中国共产党中国铁建高新装备股份有限公司纪律检查委员会”，“中国铁路工会昆明中铁大型养路机械集团有限公司委员会”更名为“中国铁路工会中国铁建高新装备股份有限公司委员会”，“中国共产主义青年团昆明中铁大型养路机械集团有限公司委员会”更名为“中国共产主义青年团中国铁建高新装备股份有限公司委员会”。公司改制更名后，中国铁建高新装备股份有限公司党委、纪委和工会、共青团组织组成人员为原昆明中铁大型养路机械集团有限公司党委、纪委和工会、共青团组织组成人员。（杨 赳）

【中铁建(北京)商务公司党群组织更名】 股份公司党委发出通知，鉴于中铁建(北京)商务管理有限公司经北京市工商行政管理局海淀分局核准，名称变更为中铁建商务管理有限公司，按照有关规定，中铁建(北京)商务管理有限公司党群组织应相应更名，具体如下：“中国共产党中铁建(北京)商务管理有限公司委员会”更名为“中国共产党中铁建商务管理有限公司委员会”，“中国共产党中铁建(北京)商务管理有限公司纪律检查委员会”更名为“中国共产党中铁建商务管理有限公司纪律检查委员会”，“中国铁路工会中铁建(北京)商务管理有限公司委员会”更名为“中国铁路工会中铁建商务管理有限公司委员会”，“中国共产主义青年团中铁建(北京)商务管理有限公司委员会”更名为“中国共产主义青年团中铁建商务管理有限公司委员会”，更名后，党委、纪委、工会、团委组成人员不变。（杨 赳）

【投资公司党群组织更名】 股份公司党委发出通知，鉴于中国铁建投资有限公司更名为中国铁建投资集团有限公司，按照有关规定，投资公司党群组织应相应更名：“中国共产党中国铁建投资有限公司委员会”更名为“中国共产党中国铁建投资集团有限公司委员会”，组成人员不变。“中国共产主义青年团中国铁建投资有限公司委员会”更名为“中国共产主义青年团中国铁建投资集团有限公司委员会”，组成人员不变。（杨 赳）

【京承公司成立党委】 股份公司党委发出通知，决定成立中国共产党北京通达京承高速公路有限公司委员会。娄德兰、铁建伟、李朝东为党委委员，娄德兰为党委书记，铁建伟为党委副书记。根据有关规定和工作需要，决定成立中国铁路工会北京通达京承高速公路有限公司委员会。在工会成立前，先成立工会筹备委员会。（杨 赳）

【投资集团成立纪委】 股份公司党委发出通知，决定成立中国共产党中国铁建投资集团有限公司纪律检查委员会。同意王华明、王泽泉、李连华、张秋华、徐度斌(按姓氏笔画为序)为纪委委员，王泽泉为纪委书记。（杨 赳）

【福建指挥部增补党工委委员】 股份公司党委研究决定，同意免去唐昭霖福建指挥部党工委委员职务，增补张刘保、解秀涛、庞继高为党工委委员。（杨 赳）

【李金城、许敬银参加抗日战争胜利70周年纪念观礼活动】 9月3日上午，纪念中国人民抗日战争暨世界反法西斯战争胜利70周年大会在北京天安门广场举行。中共中央总书记、国家主席、中央军委主席习近平发表重要讲话并检阅受阅部队。中国铁建李金城作为第六届“中国青年五四奖章”获得者代表，许敬银作为中央企业系统党的十八大代表，受邀参加观礼活动，2名代表分别参加团中央和有关部门组织的座谈会等活动。（杨 赳）

【基层党组织书记培训情况】 根据《中共中央组织部关于对基层党组织书记进行集中轮训的通知》(组通字〔2015〕8号)精神和股份公司党委下发的《2014—2018年党员教育培训工作规划》要求，各单位围绕增强政治意识、组织意识、民主意识、法治意识、服务意识，提高组织引领能力、岗位履职能力、依法治企能力、服务党员能力、联系群众能力，分期分批对基层党组织书记进行集中轮训，组织广大基层党组织书记学习习近平总书记系列重要讲话精神和党的十八大以来党和国家的重大方针政策，党章、党史、党的基本知识和党内有关纪律规定，依法治企的基本要求、基本规章和基本程序，基层党组织书记的基本岗位职责和主要工作方法。股份公司本级根据《关于加强和改进工程项目部党的建设的决定》精神，按照2015年年初召开的股份公司党委全委会作出的工作部署要求，为着力推进基层党组织建设，着力提高项目创誉创效能力，培养一支政治坚定、作风过硬、业务精通，具有凝聚力的党的基层工作的带头人，分别于3月23日至31日以及8月25日至9月1日期间，在党校举办第十二、十三期工程项目书记培训班，收到良好效果。所属各级党组织也充分利用自身及社会培训资源，组织对基层党组织书记、生产一线工程项目部党组织书记及其他党务工作者进行理论和业务培训，着力提升基层党组织书记和党务工作者的综合能力素质，为加强和改进企业党建工作奠定骨干基础。全系统开办培训班412期，培训基层党组织书记8565人次。其中，股份公司培训班2期，培训390人次；集团公司培训班52期，培训2711人次；工程公司培训班358期，培训5358人次。送外培训106人。（刘　留　王子利）

【长沙磁浮工程设计施工总承包项目部成立党工委】 股份公司党委决定，成立中国共产党中国铁建股份有限公司长沙磁浮工程设计施工总承包项目部工作委员会，由王朝晖、田宝华、江拔其、林全荣、徐炳清、郭志勇、谢海林、鄢巨平（按姓氏笔画为序）8人为党工委委员，谢海林为党工委书记。（刘　留）

【福建指挥部成立党工委】 股份公司党委决定，成立中国共产党中国铁建股份有限公司福建指挥部工作委员会，刘学庆、张会东、孟文林、唐昭霖、黄晓宇（按姓氏笔画为序）5人为党工委委员，孟文林为党工委书记。（刘　留）

【兰州轨道交通工程指挥部成立党工委】 股份公司党委决定，成立中国共产党中国铁建股份有限公司兰州轨道交通工程指挥部工作委员会，由马锋先、王德晟、李茂松、董伯让（按姓氏笔画为序）4人为党工委委员，李茂松为党工委书记。（刘　留）

【新疆指挥部成立党工委】 股份公司党委决定，成立中国共产党中国铁建股份有限公司新疆指挥部工作委员会，由王占军、石锋、石龙海、刘金桥、陈伟、房光辉、赵启全、姚长文、隆星（按姓氏笔画为序）9人为党工委委员，房光辉为党工委书记。（刘　留）

【制定发展党员年度计划】 按照中央“控制总量、优化结构、提高质量、发挥作用”的总体要求，制定上报股份公司2015年发展党员计划。按照国资委党委组织部下达的2015年发展党员指标，对所属各单位的发展党员计划进行认真审批，批复全系统2015年度发展党员2745人。同时，要求各级党组织切实加强对发展党员工作的领导，在工作实践中，努力把企业各条战线上的优秀分子吸收到党内来，把党员队伍建设成为企业发展的中坚力量，保持党员队伍的先进性和纯洁性。（高学存）

【发展党员工作】 全系统各级党组织认真执行中办发〔2013〕4号文件和《中国共产党发展党员工作细则》，按照“严格标准、严格培养、严格程序、严格调控”的目标，坚持把发展党员工作重点放在优秀专业技术人才、管理人才和高技能人才上，突出在生产、工作一线艰苦环境、关键岗位上的优秀人才中发展党员。2015年全系统发展新党员2738人，占股份公司下达计划的99.7%。其中，女党员403人。发展新党员中，35岁以下的2163人，占发展总数的78.9%；大学本科以上学历1737人，占发展总数的63.4%；大专学历749人，占发展总数的27.4%；生产工作一线中发展党员2521人，占发展总数的92.1%；专业技术人员和管理人员中发展党员2544人，占发展总数的92.9%。（高学存）

【入党积极分子队伍建设】 培养一支数量充足、质量较高的入党积极分子队伍是保证发展新党员质量的重要基础。各级党组织认真落实《中共中央办公厅关于印发〈中国共产党发展党员工作细则〉的通知》（中办发〔2014〕33号），认真做好在企业生产经营一线担当重任的优秀管理人才、优秀专业技术人才和优秀高技能人才的教育培养工作，对工作表现突出、积极向党组织靠拢、愿为党的事业和企业改革发展不懈奋斗的员工吸收到入党积极分子队伍中进行重点培养教育。对列为入党积极分子的员工，指定2名党员进行联系培养。截至2015年底，全系统申请入党的人员17940人，经上级党组织批准，将10884人列为入党积极分子，有效的保证为党组织不断输入新的生机与活力。（高学存）

【国资委党委组织部检查贯彻落实发展党员细则工作】 7月3日，国务院国资委党委组织部检查组深入股份公司和十六局机关，对贯彻落实《中国共产党发展党员工作细则》和发展党员工作情况进行全面检查，检查组组长、国资委党委组织部党员教育管理处处长李小云，对中国铁建发展党员工作给予充分肯定和赞扬。（高学存）

【追授刘新来荣誉称号】 5月8日，股份公司党委作出决定，追授十四局原副总经济师刘新来“心系企业、无私奉献的优秀共产党员”称号。5月20日，股份公司党委在十四局机关召开命名表彰大会，股份公司党委组织部部长张良才宣读股份公司党委表彰决定，股份公司党委常委、纪委书记李春德讲话，号召全系统各级党组织、广大共产党员和党员领导干部要认真学习刘新来先进事迹，大力弘扬刘新来同志的拼搏奉献精神，深入开展“三严三实”专题教育，推进中国铁建持续健康发展。表彰会上，李春德代表股份公司党委向刘新来之子颁发慰问金。（高学存）

【追授周天想等3人优秀共产党员称号】 11月20日，马里首都巴马科丽笙酒店突然遭遇恐怖袭击，正在执行与马里交通部洽谈马塞（马里—塞内加尔）铁路达喀尔至巴马科段修复改造工程项目任务的中国铁建国际集团有限公司总经理周天想、副总经理王选尚、西非公司总经理常学辉3人不幸遇难，因公殉职。他们是中国铁建海外业务的优秀人才和核心骨干，也是中国铁建实施“走出去”和落实中央“一带一路”倡议践行的精英和先锋，他们的遇害是中国铁建的重大损失。为弘扬英雄的事迹和精神，2015年11月26日，股份公司党委作出决定，追授周天想、王选尚、常学辉3人“优秀共产党员”称号。（高学存）

【慰问生活困难党员和老党员】 按照国务院国资委党委部署，股份公司党委决定，在2015年春节前对生活困难党员和老党员进行慰问。慰问重点是新中国成立前（1949年前）入党的生活困难党员、下岗职工中生活困难党员和获中国铁建及以上荣誉称号的生活困难的党员。国务院国资委下拨慰问款442000元，股份公司党委从本级留存的党费中拨出638000元，共计1080000元，对全系统40名老党员和1000名生活困难党员进行慰问。（王子利）

【对领导班子成员交纳党费情况进行自查】 按照股份公司党委组织部2015年工作要点部署，各单位在2015年6月底之前对局、处两级班子成员交纳党费情况进行一次全面自查。8月10日股份公司党委组织部又下发《关于填报2014年度领导班子成员交纳党费情况调查表的通知》。大多数单位党委按照规定，根据月薪、绩效收入情况按要求和比例足额缴纳；进一步建立和完善各种规章制度，促进党费收缴管理工作的制度化、规范化。（王子利）

宣　传

【党委宣传部（企业文化部）】 股份公司党委宣传部，又称企业文化部，既属公司党委工作部门，又属行政工作部门。主要职责：负责股份公司意识形态工作；负责股份公司党委和所属各级党委的思想理论建设和职工的政治理论教育；负责股份公司本级党委中心组学习，指导检查所属单位党委中心组学习；负责全系统施工生产中的思想政治工作和对职工经常性思想教育的宏观指导；负责企业改革的宣传教育和时事政策教育；组织指导股份公司系统精神文明建设；负责党建思想政治工作研究；负责反邪教工作；负责企业文化建设、品牌文化建设工作；负责本级重大活动的宣传报道和对全国性报刊、电台、电视台及网络媒体的新闻报道；负责突发事件中的新闻处置；负责企业电视宣传片、专题片的摄制；负责中国铁建书法家协会日常管理工作；协同有关部门进行普法教育和综合治理方面的宣传教育；负责铁道兵纪念馆暨中国铁建展览馆工作；负责中国铁建官方微博、微信平台的内容采编、运营维护和日常管理工作，指导全系统新媒体日常管理工作。定员12人，设部长兼党建政研会秘书长1人，巡视员1人，副部长1人，副秘书长1人，现员9人；下设宣传教育处、企业文化处、新闻舆情处、铁道兵纪念馆暨中国铁建展览馆。

中国铁建的宣传思想文化工作以邓小平理论、“三个代表”重要思想、科学发展观为指导，以学习宣传贯彻党的十八大和十八届四中、五中全会精神为主线，认真落实股份公司“四会”精神，凝心聚力，开拓创新，大力加强思想政治工作和精神文明建设，深化企业文化建设，加大正面宣传和典型宣传力度，不断增强舆论引导力，为促进企业和谐稳定、推动企业科学发展营造良好的舆论环境，提供强大的精神文化力量。（刘树山）

·宣传思想教育·

【强化党委中心组理论学习】 中国铁建党委率先垂范，认真落实学习制度，2015年先后集中20次，就十八届四中、五中全会精神，习近平总书记系列重要讲话精神、《中国共产党纪律处分条例》、国资国企改革等内容，直面现实问题，加强实践探索，落实力度空前。中国铁建党委中心组抓学习的相关做法在国资委专题会议上作了交流，并在央企系统转发推广。

（刘志强）

【主题教育活动】 在广泛开展“学法纪、守制度、创新业”，文明出境、文明旅游，社会主义核心价值观动画视频“梦娃”展播等主题教育实践活动的基础上，党委宣传部（企业文化部）会同党委干部部、纪委案件检查室组成“年中工作会暨‘两个责任’促进会精神”巡回宣讲组，先后在8家单位现场宣讲，听众达1500人，并下发宣讲视频光盘，对增强广大员工“稳增长、保发展”的信心和底气产生积极的影响。（刘志强）

【推进文明创建】 围绕培育和践行社会主义核心价值观，全面开展精神文明创建活动，扎实推进思想道德建设。5家单位获“全国文明单位”称号，11家单位保留“全国文明单位”称号，4家单位获省、市、自治区“文明单位标兵”称号，23家单位获省、市、自治区“文明单位”称号，十四局李传营获“首都精神文明建设奖”，十六局王元华被评为“2015北京榜样”。（刘志强）

【选树典型弘扬正能量】 4月13日，在全系统开展首届“永远的铁道兵杯”十大楷模和第四届“十佳道德模范”评选活动，系统内外40多万人参与票选，从30个二级单位党委推荐的42名“十大楷模”候选人、84名“十佳道德模范”候选人中推选出“十大楷模”“十佳道德模范”，相关事迹以微电影、纪录片、海报等形式，进单位、进社会、进社区，11月2日以股份公司、股份公司党委名义集中表彰。积极参加“北京榜样”“首都道德模范”“最美央企人”等选树活动。国际集团盛建慧入选中央企业“最美一线工人”，并参加国资委举行的《一线英雄传》新书发布会，3篇交流材料入选国资委企业经典宣传经验与案例汇编《榜样的力量》。

（刘志强）

【“道德讲堂”活动】 全系统“道德讲堂”建设由全国（省部级）文明单位向基层单位有序铺开。在中国铁建官方网站开设专题刊载活动动态，上传精品课堂供各单位学习借鉴。同时，加强与国资委的联系，加强对二级单位的现场指导，协助其他央企现场观摩，打造道德高地和文化名片。中铁建设集团已形成品牌效应，吸引中国民航信息集团、清华大学高级研修班等单位前来观摩，《工人日报》作了深度报道。中国铁建高新装备股份有限公司成为云南省“道德讲堂”示范点。

（刘志强）

【围绕中心工作深入开展政研】 围绕企业改革发展中心工作，各级政研会员单位进一步加强对重大理论和实践问题的深入研究。一是深入调查摸底。2次开展员工思想情况调查，对如何引领员工思想，凝聚员工共识提出合理化建议。二是围绕热点立项。2015—2016年度的课题中，遴选126项确定立项，选送8项课题申报中央企业党建政研会立项课题并全部获批，并组织13家相关单位召开党建政研重点课题研究暨牵头单位工作会，成功承办国资委第十一课题组开题会议。三是抓好重点课题，把《强化项目思想政治工作为提质增效提供有力保证》列为重大课题。四是政研成果丰硕。全系统在中央企业优秀研究成果评选中获一等奖1篇、三等奖2篇，股份公司政研会主持撰写的《中国铁建海外队伍思想工作的实践与思考》获中国政研会优秀课题研究成果二等奖，创历史佳绩。

（刘志强）

【编印政研成果文集】 组织专家组对股份公司2013—2014年度政研课题进行评审，表彰优秀成果和组织单位，并在此基础上编印《党建思想政治工作优秀研究成果文集（2013—2014）》。（刘志强）

【编辑《铁建政工》】 全年出版《铁建政工》6期。刊物及时反映股份公司党委党建思想政治工作重大活动，推进思想政治工作研究，交流先进经验，推广典型做法。各二级单位领导班子成员积极在《铁建政工》上发表政研论文、学习体会文章，较好发挥理论引领作用。

（刘志强）

【反邪教工作】 按照上级组织要求，及时向京内单位传达国资委相关会议精神，并配发相关书籍和光盘。主动联合公安机关，对原“法轮功”人员情况进行全面排查，细化防范措施，2015年未发生负面事件。

（刘志强）

·新闻宣传·

【对外宣传报道】 2015年在中央级主流媒体刊播稿件2000余篇，有效提升中国铁建的社会影响。福平铁路平潭海峡公铁两用跨海大桥、宁夏城际快速铁路、港珠澳大桥、沪昆高铁等均在中央电视台主要频道播出。同时，结合实施“走出去”战略和“一带一路”建设，《中国铁建：以质量和诚信闯世界》《安哥拉纪事》《中国铁建:走得出、立得住、叫得响》等一大批有分量、影响大的宣传报道,在人民日报、中央电视台等主流媒体刊播,极大地提升“中国铁建”国际化品牌形象。

(付玉忠)

【安哥拉铁路建设备受关注】 1月12—18日,中央电视台《朝闻天下》《新闻直播间》栏目连续7天播出《行进中国,精彩故事——安哥拉纪事》,讲述中国铁建5000多名建设者忍受非洲极端气候和战争遗留地雷的威胁,坚守10年实现本格拉等铁路通车的感人故事,并从1月19日开始在《新闻联播》中相继播出3集,在全社会和海内外引起强烈反响,受到国家相关部委的高度关注以及中央电视台领导的充分肯定。

(付玉忠)

【土耳其安伊高铁的宣传】 习近平主席出席土耳其G20峰会前夕,中央电视台选取中国铁建作为“走出去”企业典型代表,从2015年11月14—17日先后在《焦点访谈》《东方时空》《中国新闻》《晚间新闻》《24小时》等栏目播出6条报道,深度剖析中国铁建在海外承建的首条高铁——土耳其安伊高铁历程,树立中国品牌,提升中国企业形象。 (付玉忠)

【《神州问答》栏目组走进中国铁建】 8月29日,国家人力资源和社会保障部副部长杨志明、凤凰卫视金牌主持人吴小莉,率领《神州问答》栏目组走进十六局北京地铁建设工地,实地采访中国企业“走出去”背后的故事。节目于2015年9月19日在凤凰卫视中文台《神州问答》栏目播出。 (关　翔)

【国资委专项调研中国铁建新闻宣传工作】 7月21日,国务院国资委副秘书长周渝波、宣传局局长卢卫东一行11人,对中国铁建新闻宣传工作进行专项调研。中国铁建党委书记齐晓飞介绍了加强党的建设,强化党委班子成员主体责任意识,履行好“一岗双责”的情况。副总裁夏国斌汇报了近几年新闻宣传工作的主要成绩、存在的不足和今后安排。周渝波对中国铁建新闻宣传工作取得的成绩给予充分肯定,称赞中国铁建在内鼓士气、外扬名气上有许多可圈可点可资借鉴的做法。卢卫东称赞中国铁建是一座新闻“富矿”,在利用传统主流媒体进行正面宣传上走在了央企的前列。

(黄　煊)

【舆情监测及处置到位】 全系统加强舆情监测力度,处置较大以上负面舆情30多起,及时化解风险、疏导舆情,有效维护企业形象。全系统启动邀请省市新闻宣传主管部门领导、专家学者走进中国铁建活动,修订印发《中国铁建股份有限公司舆情处置办法》。

(黄　煊)

·企业文化建设·

【分组开展企业文化建设专题研究】 为加强分类指导,促进系统内部单位间的沟通交流,整合力量深入研究各业务板块、各专题企业文化建设的特点和规律,积极探索深化企业文化建设的新途径、新方法和新举措,2015年5月11日,党委宣传部(企业文化部)印发《关于建立企业文化建设专题工作小组的通知》,并在各单位自愿报名的基础上,于6月29日印发《关于深入开展企业文化建设专题研究的通知》,在全系统围绕品牌文化、人本文化、跨文化管理等7个专题成立10个企业文化建设专题工作小组,分板块、分专题开展企业文化建设深化工作。各小组迅速行动,积极筹备,采取专家授课、外出学习、现场观摩、内部经验分享、专题深入探讨等多种形式,将研究逐步引向深入。这一作法受到国务院国资委宣传局的高度评价和充分肯定。

(钱东锋)

【曹保刚当选“最美央企人”】 4月,国务院国资委宣传局印发《关于开展“最美央企人”微信评选活动的通知》,中国铁建推荐的中土集团总经理曹保刚成功入选60名候选人名单。6月1日至7月15日,全系统广大宣传干部广泛发动系统内外力量进行投票,将微信投票活动作为一次文化传播之旅。曹保刚最终以47065票位列候选人第5名,成为10名“最美央企人”之一。 (钱东锋)

【各级机关办公楼统一悬挂“中国铁建”】 为进一步打造中国铁建统一的品牌形象,2015年1月初,党委宣传部(企业文化部)下发《关于在办公楼统一悬挂“中国铁建”字样的通知》,要求在中国铁建全系统所有有条件的机关办公楼统一悬挂“中国铁建”四个大字。各单位高度重视,在6月份基本全部安装完毕。从机关到项目,从城市到乡村,“中国铁建”的霓虹大字同时闪烁,彰显“中国铁建”的品牌力量,强化着中国铁建的整体形象。 (钱东锋)

【中国企业文化促进会在中国铁建召开】 6月28日下午,在中国铁建召开,会长、副会长及副会长单位领导、常务理事等25人参加会议。第十届全国政协委员、原铁道部副部长蔡庆华,第十二届全国政协委员、中华全国总工会原副主席倪健民出席会议并作讲话。

中国铁建董事长孟凤朝致欢迎词，中国企业文化促进会会长吕德文报告换届情况及今后工作设想，与会的副会长及副会长单位领导、常务理事对下一步工作提出意见和建议。与会人员参观了铁道兵纪念馆暨中国铁建展览馆，加深对中国铁建文化的了解，对铁道兵的辉煌业绩、中国铁建的转型发展给予高度赞誉，充分肯定中国铁建深入开展企业文化建设取得的丰硕成果。

（钱东锋）

【国资委调研跨文化管理情况】 10月23日上午，国务院国资委宣传局副局长韩天、副巡视员金思宇、企业文化处处长闵玉清一行7人到中国铁建就跨文化管理情况进行专题调研。中国铁建副总裁夏国斌参加座谈并介绍中国铁建的跨文化管理工作情况。中国铁建党委宣传部（企业文化部）部长刘树山主持座谈会。中土集团总经理曹保刚、国际集团党委书记赵佃龙分别汇报本企业在海外生产经营中经历的跨文化管理冲突、积累的经验和工作体会。韩天对中国铁建的跨文化管理工作给予充分肯定。中国铁建有关部门负责人参加调研座谈。 （钱东锋）

【介绍跨文化管理经验】 11月9日，国务院国资委在京举办中央企业跨文化管理经验交流；11月12日，中国企业文化促进会在长沙举办企业文化促进会工作年会。中国铁建在两个大会上作题为《跨文化管理作支撑“一带一路”当先锋》的经验交流。 （钱东锋）

【制定《企业文化建设管理办法》】 为贯彻落实中国铁建发展战略，推动企业文化建设深入、持续开展，充分发挥企业文化在引领企业发展中的作用，10月，制定印发《中国铁建股份有限公司企业文化建设管理办法》。该办法7章24条，明确企业文化建设的指导思想、遵循原则、工作目标，以及股份公司、集团公司、工程公司（子、分公司）和项目经理部各个层面承担的管理职责，并对管理内容、管理措施、考核评价、保障措施等进行明确，使企业文化建设工作有章可循、有规可依，推动全系统企业文化建设工作规范化、制度化。

（钱东锋）

【组织好参观接待】 铁道兵纪念馆2015年接待各类参观21000多人次，参观者来自美国、俄罗斯、澳大利亚、法国、印度、委内瑞拉、新加坡等50多个国家，以及中联部、国资委、外交部、商务部、发改委、文化部、新华社等单位和国内各省（自治区、直辖市、特别行政区）。其中，接待商务性参观活动241次3200多人，新老员工12000多人次，社会各界知名人士和散客6000多人次。 （毕中喜）

【加强藏品的收集和整理工作】 通过多种方式，收集、鉴选各类藏品539件，制作、发放收藏证书23本、荣誉证书22本。对2/3的藏品进行系统整理，完成编号、登记、影像采集等工作，并报国家博物馆备案，录入国家文物管理系统。收集的“1948年8月10日东北军区司令部令字第五十六号命令”“1948年5月22日东北人民解放军护路军政治部通知”等一批珍贵历史文献极大完善了藏品体系。5月28日，铁道兵纪念馆举办以“高铁之根”为主题的第三次捐赠仪式。

（毕中喜）

【开展“铁道兵精神”宣讲工作】 到石家庄铁道大学、十七局四公司、十八局隧道公司和十八局黔张常铁路项目部开展“高铁之根——光荣的历程、辉煌的业绩”主题宣讲，加深学生、员工对铁道兵历史的认识，扩大“铁道兵精神”的影响。与石家庄铁道大学、河北省现代铁路技术科普基地联合举办“永远的铁道兵暨中国铁建文化主题展览”。 （毕中喜）

【开展学术研究和社会交流工作】 3月2日，参加中央新闻纪录片电影制片厂大型文献纪录片《大三线》开机仪式和社科院国史学会三线建设研究分会召开的“三线建设研讨会暨攀枝花三线建设博物馆开馆仪式”，铁道兵纪念馆成为“三线建设”研究课题成员单位。积极开展基于藏品的学术研究，先后发表4篇研究文章，其中1篇收录于《中国铁道学会铁路文化与博物馆工作委员会2015年度论文集》。 （毕中喜）

【推进铁道兵纪念馆网站建设】 为扩大展览受众范围，继续开展铁道兵纪念馆网站建设工作，陆续编辑上传1200多万字资料、2000多张图片和30多段短片，并对网页进行审核、修改。 （毕中喜）

【设计、制作企业宣传片、画册】 走访数十个重点工程工地拍摄大量高清镜头，制作高清企业宣传片中英文各1版。制作中文企业宣传折页2版、英文宣传折页1版，宣传画册中英文各1版。 （毕中喜）

【建立中国铁建近年工程图片库】 收集近年来所属各单位相关领导关怀、工程建设、党团重大活动等图片38220张，并对各单位图片进行了系统分类整理。

（毕中喜）

【做好场馆管理工作】 与机关各部门及所属单位及

时协调，完善参观预约制度，完成2万多人次的参观造册。制定铁道兵纪念馆设备巡检与维修制度，较好地完成展览设施、设备的维护、维修和保养。与商务公司协调，做好场馆安保及防火检查。提供各单位及机关各部门需要的文字及图片资料。（毕中喜）

【召开宣传思想文化工作会议】 11月2日，在京召开2015年宣传思想文化工作会议，总结经验，分析形势，部署工作。国务院国资委宣传工作局局长卢卫东、中国铁建党委书记齐晓飞、副总裁夏国斌出席会议并讲话。中国铁建党委宣传部（企业文化部）部长刘树山作工作报告，8个单位作经验介绍。会上，表彰首届“永远的铁道兵杯”十大楷模、第四届“十佳道德模范”和第二届优秀思想政治工作者；齐晓飞、夏国斌与中国铁建纪委书记李春德共同启动中国铁建官方微博微信；推出中国铁建微动漫《小铁钉是怎样炼成的》。中国铁建机关有关部门负责人、所属各单位党委书记和全系统110名宣传干部参加会议。会后进行为期4天的集中培训。（关　翔）

【开通中国铁建官方微博微信】 8月17日，开通新浪官方微博和腾讯官方微信公众号，11月2日正式运营。利用互联网的思维、语言和手段，探索企业与广大干部职工和社会大众的沟通新途径，构筑企业对外宣传、舆情应对、危机公关和品牌建设信息通道，在企业重大主题传播和信息发布上发挥积极作用。2015年微博共发布图文消息53条，总阅读数逾700万；微信共发布91次167条，图文阅读数230余万次，粉丝数2.8万人。获评国资委与清华大学新媒体研究中心“2015最具影响力中央企业新媒体”。二级单位15家开通官方微博、28家开通官方微信，中国铁建新媒体矩阵初步形成。下发《关于开通中国铁建官方“两微”与报送新媒体联络员的通知》《关于建立中国铁建新媒体宣传员体系的通知》《中国铁建“两微”管理办法》。（刘志强）

纪检监察

【中国铁建股份有限公司纪律检查委员会与监察局】 为合署办公机构，是中国铁建股份有限公司执纪、监督、问责组织，履行党的纪律检查和行政监察两项职能，对股份公司党委和行政全面负责。股份公司纪委在党委和上级纪委的双重领导下开展工作。主要职责和任务：维护党的章程和党内其他法规，检查党的路线、方针、政策、决议和国家法律法规以及企业规章制度的执行情况，协助党委和行政领导加强党风建设和组织协调反腐败工作；监督党员领导人员行使权力，检查和处理管理权限内的领导人员违纪案件；受理党员的控告申诉，保障党员的权利；按照党委要求组织开展巡视工作；进行效能监察和专项执法检查等，为企业的改革发展和稳定提供纪律保证。

股份公司纪委、监察局领导任职及组织机构设置情况：纪委书记李春德，纪委副书记王兆刚、由建。内设机构为“三室六处”，纪委办公室，下设综合处和审理处；执法和效能监察室（巡视办公室），下设监察一处和监察二处；案件检查室，下设案检一处、案检二处，编制18人。

设立中国铁建纪委派驻第一纪检组和第二纪检组，每组编制各9人。第一纪检组负责履行对房地产集团、投资公司、铁城监理公司、商务公司，以及总公司、股份公司直属项目部、区域指挥部的监督职责；第二纪检组负责履行对中土集团、国际集团、中非建设、财务公司、诚合保险、培训中心（党校）等单位的监督职责。（公相鹏）

【把纪律和规矩挺在前面】 把严明政治纪律和政治规矩摆在首位。中国铁建各级党委、纪委深入学习习近平总书记系列重要讲话精神、王岐山书记关于“把纪律挺在前面”的重要讲话，坚决贯彻中央的决策部署和国资委党委的要求，把思想和行动统一到中央精神上来。注重日常教育，坚持抓早抓小。各级党委、纪委深刻领会把纪律挺在前面的内涵和要求，强化对党员干部的日常教育、监督，对苗头性倾向性问题及时谈话提醒、警示诫勉，防止小问题酿成大错误。股份公司领导利用“走下去”调研检查的机会，宣讲形势、强调纪律、提出要求，进一步提高党员干部的思想认识，增强纪律自觉；针对违反组织人事纪律、违反中央八项规定精神等问题，将8家二级单位的24名主管领导和纪委书记“请上来”进行约谈，提出批评、督促整改。各二级单位普遍加大约谈力度，共谈话、提醒领导人员662人次。

突出监督重点，切实正风肃纪。一是突出把违反中央八项规定精神问题作为监督重点。在巡视和日常监督上着力发现顶风违纪问题，坚持从严执纪、从重处理。全系统共查处此类问题54个，党纪政纪处分86人、组织处理20人。股份公司纪委对违反中央八项规定精神的6名集团公司领导给予纪律处分，对24人点名道姓通报。二是突出把违反组织人事纪律作为监督重点。按照股份公司党委的要求，股份公司纪委加大对选人用人的监督，严把廉洁从业关口，对39名二级单位领导干部选拔任用和15名二级单位总会计师公开招聘进行监督，对6名拟提拔人选的问题线索进行调查核实，对其中3名向党委提出不予提拔的建议。同时，加大对下属单位执行组织人事纪律的监督，对存在问题的8家单位在全系统通报。三是突出把履职待遇和业务支出规定执行情况作为监督重点。各单位按照上级要求出台规定，对办公用房、公务用车、差旅费、奖金、津补贴等开展清理整改。通过正风肃纪，有力推动了企业风气的好转。（公相鹏）

【推动“两个责任”落实】 坚持以上率下，层层传导压力。股份公司党委、纪委在2015年年初党风建设和反腐倡廉工作会、年中工作会暨“两个责任”促进会上对落实“两个责任”进行动员再动员、部署再部署。出台《落实“两个责任”指导意见》，与35个二级单位签订“党风廉政建设责任书”。各二级单位按照股份公司党委的指导意见，结合实际出台具体实施办法。各级党委层层分解责任、明确责任清单，全系统共签订责任书7046份。

开展自查自纠，加强督导检查。按照国资委党委要求，股份公司党委在全系统开展专项治理自查自纠活动。各级党委迅速传达部署，对照“五个方面”的问题，主动查摆，积极整改，使“两个责任”在自查自纠中得到巩固提升。股份公司纪委先后到15家二级单位和10家三级单位检查“两个责任”落实情况；2015年年底，组成4个工作组，对不同业务板块的16家二、三级单位落实“两个责任”等情况进行监督检查。

（公相鹏）

【推进巡视工作】 高悬巡视利剑，着力发现问题。股份公司开展3轮对9家单位的巡视。第一轮巡视了大桥局、二十局、二十五局，第二轮巡视了十六局、十九局、二十二局，第三轮巡视了二十一局、二十三局、二十四局。共发现党的领导弱化、“两个责任”缺失、违反中央八项规定精神、违反“三重一大”决策制度、违规选人用人、利益输送等方面的问题线索1097件，向股份公司纪委和相关部门移交问题线索119件，向被巡视单位阶段性移交问题线索283件、提出意见建议183条。

坚持立行立改，深化成果运用。巡视单位根据巡视组指出的问题，及时采取措施，整改问题287项。股份公司党委听取巡视情况汇报后，纪委及时跟进，派出工作组对有关问题线索进行调查核实。巡视反馈后，被巡视单位共制订整改措施399项，初核问题线索338件，立案128件，组织处理154人，党政纪处分348人，移送司法机关4人。

开展监督检查，确保整改实效。股份公司纪委对十七局、十八局巡视整改情况进行监督检查，共发现7个方面的21个问题，重点对纪律处分中存在的“宽、松、软”和追责不到位问题开展督导。十七局、十八局迅速行动、深入整改，对检查组指出的问题在1个月内整改完毕。十二局、二十一局、二十三局等单位也按照股份公司党委的要求对98家所属单位组织开展常规巡视或专项巡视，对发现的715件问题线索及时进行核实、整改、问责。（公相鹏）

【强化“不敢腐”的氛围】 保持惩治腐败的高压态势，严格案件查办，加大惩治力度。全系统共受理信访举报1227件，初核线索685件，谈话函询170人次，立案615件，结案616件，党政纪处分1311人，移送司法机关18人，刑事处理20人，挽回经济损失8761万元。其中，股份公司纪委受理信访举报725件，转二级单位办理502件，本级办理223件，初核18件，谈话函询46人次，立案13件，结案12件，党纪处分12人，挽回经济损失1310万元。此外，顺利完成国资委纪委交办2起案件的调查工作。

推进检企联动，化解企业风险。各级纪委积极推进与区域内铁检机关在预防职务犯罪等方面的沟通联系配合。股份公司纪委组织16家驻沪二、三级单位与上海铁检院建立联系配合工作机制；参与最高检铁检厅组织的铁路建设单位职务犯罪预防巡回演讲和16个重点工程项目督导检查工作；配合司法机关对有关案件开展调查，有效化解企业经营风险7起，涉及25人。

围绕亏损治理，加大问责力度。坚决查处人为原因导致的项目亏损和亏损背后的腐败问题。十一局、十六局、十七局等17家单位纪委处理相关责任人836人次，其中，党纪处分23人，政纪处分386人，移送司法机关4人，经济赔偿637万元。（公相鹏）

【建设过硬队伍】 股份公司纪委大力推进二级单位纪委书记“不兼职、不分管”工作，出台二级单位纪委书记、副书记提名考察办法，提名考察、交流任用二级单位纪委书记5人。所属单位提名考察、交流任用纪委书记和副书记72人次。从全系统遴选231名相关专业的优秀人才，组建案件查办和巡视工作人才网络中心。整合内部监督资源，设立2个归口派驻纪检组。全系统举办业务培训班25次，培训716人；先后派出100多人参加中央纪委和国资委纪委举办的业务培训；从系统内抽调66人参加巡视和案件查办工作，以干代训，提升能力。（公相鹏）

【党风建设和反腐倡廉工作会议】 1月29日,中国铁建2015年党风建设和反腐倡廉工作会议在股份公司总部机关召开。各集团公司、公司、党校、直管项目部等单位的主管领导、纪委书记、监察处长和股份公司纪委委员及总部机关部门正职以上(含)领导参加会议。会上,股份公司党委书记、董事长孟凤朝讲话,党委副书记、总裁张宗言主持会议并讲话,党委副书记、副董事长记齐晓飞传达十八届中央纪委第五次全会和中央企业反腐倡廉建设工作会议精神,党委常委、纪委书记李春德作题为《强化责任,勇于担当,努力开创党风建设和反腐倡廉工作新局面》工作报告。股份公司领导庄尚标、夏国斌、刘汝臣、王秀明,国资委纪委副书记夏忠仁出席会议。 (公相鹏)

新闻工作

【中国铁道建筑报社】 《中国铁道建筑报》于1948年10月15日创刊,是中国铁道建筑总公司主管,中国铁道建筑报社主办的行业性报纸。目前报社定员23人,实际人数13人,下设办公室、新闻部、政文部、美术摄影部、广告部“四部一室”。

2015年,中国铁道建筑报社积极践行马克思主义新闻观,为企业可持续发展提供强大的舆论支持和精神动力。以中国铁建“四会”精神为指引,紧扣“做强做优做大”这一主题,主动适应“新常态”,扎实推进“三严三实”专题教育,落实“两个责任”,开辟专栏,策划专题,服务生产经营大局,促进企业文化建设,为企业转型升级,扭亏创效营造良好舆论氛围,圆满完成全年的宣传报道任务。 (何大成)

【先进典型宣传】 弘扬主旋律,激发正能量。2015年,《中国铁道建筑报》以典型引路,将心系企业、无私奉献的优秀共产党员刘新来作为巩固和拓展群众路线教育实践活动成果、全面开展“三严三实”专题教育期间推出的一个重大先进典型,刊发长篇通讯《一位让人仰视的共产党员》,配发评论《“三严三实”的践行者》,在中国铁建系统内外引发强烈的反响,不少读者深受震撼和触动,纷纷来稿。推出10位创效英雄,使来自中国铁建基层的众多项目经理纷纷走进读者视野,引起广泛共鸣,产生强烈反响。

同时,抓住“五一”“七一”等节日时机,以中国铁建首届“十佳道德模范”评选活动为契机,展现系统内劳模、先进共产党员、铁道兵老职工等一批先进典型的风采,鼓励创业、激励创新,弘扬奉献。此外,还继续在一、三版“美丽铁建人”栏目刊登优秀人物事迹,宣传全国劳动模范事迹,传递企业正能量。 (何大成)

【重要工作宣传】 按照中宣部和新闻出版总署的要求,《中国铁道建筑报》积极开展对党的十八届五中全会精神的宣传报道。在一版转发十八届五中全会、全国政协十二届三次会议、十二届全国人大三次会议消息,并全文转发政府工作报告、中共中央关于制定国民经济和社会发展第十三个五年规划的建议,组织策划和编发系统内各单位学习贯彻会议精神的稿件,发挥了积极的舆论引导作用。

2015年1月,报社全体员工以中国铁建“四会”报道为工作重点,多次召开策划会,明确专刊主题,反复打磨稿件,强调文章的故事性,相继出版32个版的“四会”专刊,全方位、多角度地报道企业的发展成果。对相继召开的“四会”“两个责任”促进会、海外经营座谈会、国内经营工作座谈会等重要会议及时跟进报道,增强时效性,并在二、三版用专题形式对会议的重点内容进行全面解读和报道,收到较好的宣传效果。此外,在一版开辟贯彻落实“四会”精神访谈录,刊发各集团公司负责人推动企业持续健康快速发展的举措,为各集团公司搭建交流平台,取得很好的宣传效果。

5月,中国铁建启动“三严三实”专题教育,报社及时跟进,由专人负责相关报道,刊发系列评论,开辟专栏,编辑刊发系统内各单位推动“三严三实”专题教育稿件。根据专题学习的部署,刊发系列评论《严以修身,锻造坚强党性》《严以律己,永葆政治本色》《严以用权 牢记责任担当》;在一版《今日视点》栏目刊登“三严三实”学习评论,三版《求是》刊登各单位主管论文,《群言堂》刊登践行“三严三实”言论和学习体会;策划4期“国学·探微”专版,引导员工们汲取国学精髓、践行“三严三实”,形成强势引导,有力促进活动的深入推进。

为深入贯彻中国铁建“两个责任”落实年,推动此项工作顺利开展,刊发《强化“两个责任” 构建“两个常态”》等评论,并在三版开设“落实‘两个责任’访谈录”专版,各集团党委书记、纪委书记、董事长、总经理现身说法,为打造“阳光央企”,营造风清气正发展环境提供舆论支撑。

在日常报道亮点不断的同时,各版专题策划也精彩纷呈,《我为自己的作品点赞》《工地年味别样浓》《春节,他们在工地度过》《一样的春节,不一样的年味》《又到春暖花开,美丽人生正当时》《当好测量员》《情系留守儿童,共享一片蓝天》《又是一年教师节》《中国,站在七月的高地》等专题策划深受读者好评。

《行业瞭望》专版深度解读企业专项施工能力，策划推出铁路运营、财务公司、长沙中低速磁浮铁路建设、城市轨道交通建设、高铁“四电集成”技术、建筑企业与“互联网+”等专题。

中国铁建参建的合福高铁、哈齐高铁、吉图珲高铁相继开通运营，报社在一版重要位置刊发相关消息，助力区域经济社会协调发展。作为“一带一路”建设的排头兵，中国铁建坚定“走出去”步伐，相继刊发中国修建最长海外铁路安哥拉本格拉铁路建成通车运营、海外首条采用全套“中国技术标准”修建的电气化铁路——埃塞俄比亚吉布提铁路全线铺通等消息，并依托评论和通讯，全景展示海外员工攻坚克难、不畏艰险，用责任播洒现代文明，构筑精品工程的决心。

为配合企业“亏损项目治理年”活动，以“创效光荣，亏损可耻”“向亏损项目说不”“向责任成本管理要效益”等栏目为载体，加强企业管理提升的专题报道。

（何大成）

【专刊策划】 11 月 20 日，中国铁建 3 名员工在马里恐袭中不幸遇难，《中国铁道建筑报》设立特刊，寄托哀思，告慰英雄，对该事件进行全程报道。转载新华社关于习近平李克强针对此事的重要批示；刊发 11 篇消息，对习近平李克强作出重要批示，外交部明确表态，马里总统授予中国铁建 3 位殉职员工国家勋章，国务院国资委、中国铁建紧急部署，中国铁建集体默哀、慰问关怀家属进行广泛报道，并刊发评论《坚定“走出去”步伐不动摇》，号召中国铁建全员擦干眼泪，化悲痛为力量，以成绩告慰逝者。

9 月，为纪念中国人民抗日战争暨世界反法西斯战争胜利 70 周年，前身为铁道兵的中国铁建以多种形式开展纪念活动，报社积极策划人民铁军纪念抗战胜利 70 周年专版，展示新时期铁建人风采，铸造中国品牌。

（何大成）

【打造大路品牌】 第十七届大路画展于 2015 年 4 月 22 日在中国美术馆展出，来自 37 个国家 55 位驻华使节，其中大使 20 位，出席开幕式并参观画展。有 1 幅作品被中国美术馆收藏，创历届画展以来最好成绩。作为承办单位，中国铁道建筑报社与大路美术家协会积极打造大路品牌，统筹各项工作，召开第十七届大路画展作品改稿会，组建画展检查组审阅重点作者作品，严把作品质量关，充分展示中国企业走出去、中国高铁走出去、中华文化走出去的风采。

（何大成）

【党和国家领导人以及省部级领导视察中国铁建宣传】 中国铁建一直深受党和国家领导人的厚爱和关注。《中国铁道建筑报》2015 年 1 月 23 日刊发《习近平考察中国铁建昆明火车南站项目》，4 月 25 日刊发《习近平为巴基斯坦国会大厦太阳能供电项目揭牌》。还报道国务院副总理马凯于 4 月 11 日到中国铁建北京铁城监理公司监理的渝黔铁路新白沙沱长江特大桥，以及十二局正在施工的重庆西站施工现场调研，对中国铁建的工作予以充分肯定。5 月 30 日，农业部部长韩长赋在阿布贾视察中非建设尼日利亚阿卡铁路项目，表示“相信你们在这个西非大国一定会有更美好的前程”。此外，刊发《铁四院河南高铁规划获国家领导人点赞》，展现中国铁建的设计实力。

（何大成）

【外国领导人、代表访问中国铁建宣传】 《中国铁道建筑报》在显要位置刊发消息《贝宁总统亚伊出席飞法基桥通车仪式》《尼日利亚总统乔纳森视察中铁建中非建设有限公司阿布贾城铁项目》《刚果（布）总统德尼·萨苏·恩格索考察二十局集团本格拉铁路》《盖莱总统出席吉布提新国际机场开工典礼》。中国铁建与马来西亚陆路公共交通委员会主席赛·哈密德、阿尔及利亚民族院议长本·萨拉赫、英国阿特金斯全球总裁克鲁格、马来西亚华人公会总会长、马来西亚交通部部长廖中莱、洛文尼亚国民委员会主席米蒂亚·贝尔瓦尔、安哥拉交通部部长奥古斯都·托马斯、委内瑞拉国家石油公司董事会董事、社会主义玻利瓦尔中央工会主席、石油天然气工人联合会主席威尔斯·兰赫尔以及几内亚共和国政府代表团、瑞典议会交通与通讯委员会代表团等活动方面的报道，加强了与友国的沟通交往，坚定了“走出去”的步伐，有力地提升了中国铁建的国际形象。

（何大成）

【企业安全生产宣传】 报社紧抓安全质量管理报道，通过消息、新闻故事、漫画、杂文、论文等多种形式，对安全生产工作进行报道。报道中国铁建安全生产工作视频会议，对清华大学附属中学体育馆及宿舍楼工程重大生产安全事故等进行报道。先后策划 3 期安全生产专题，二版“美丽铁建安全为天”作为安全长期报道专题栏目，共刊发近 300 篇文章，从不同角度，不同侧面强调安全重要性，宣传安全管理经验，传授安全管理有效措施。

（何大成）

【企业社会责任宣传】 中国铁建作为“共和国长子”，在谋求企业发展的同时，勇担央企“经济、政治、社会”三大责任，不断深化资源节约型和环境友好型企业建设，积极履行社会责任，热心参与公益事业，投身灾后重建，实现企业与社会、企业与环境的协调发展。《中国铁道建筑报》先后报道阿尔及利亚遭遇 10 年来破坏性最大降雨，中国铁建伸援手奋勇救灾；天津港“8·12”爆炸事故后，中国铁建在津单位配合相关单位第一时间参加抢险救灾等事件。报道中国铁建在履行责任的同时，不断创新活动形式，将金秋送暖、爱心助学等活动与世界反法西斯战争胜利70周年结合起来，开展一系列重走抗联路共圆中国梦，加强正能量的传播。家是社会的细胞，中国铁建在全系统倡导和弘扬“夫妻和睦、尊老爱幼、科学教子、勤俭持家、邻里互助”的家庭美德，《中国铁道建筑报》配合工会“幸福家庭”评选活动，从获奖的80户家庭中选取其中6个家庭的幸福故事，体现文明风尚，提升职工幸福指数，促进企业和谐发展。（何大成）

【作风建设常态化】《中国铁道建筑报》高度重视员工思想作风建设和工作作风建设，强调抓作风、带文风、振社风。以编辑的作风影响记者队伍的作风，带动记者的文风和社风的转变，更好地服务企业发展。通过导师带徒、现场培训等形式，培训记者、通讯员近千人次。落实新闻出版总署规定，严格记者证颁发及记者队伍考核管理。（何大成）

【广告经营】 2015年，签订合同120份，完成全年的广告经营任务。广告版面新颖、立意明确，得到领导和客户的好评。（何大成）

【2015年中国铁建新闻报道十佳、十优记者】

十佳记者

王秉良　杨广臣　徐云华　伍　振　边均安
赵守民　邓昆伦　文　雄　陈树青　刘新红

十优记者

张振宇　孙进修　李美华　李有忠　叶玲玲
庞曙光　刘德联　王崇燕　陈桂芳　周　鹏

（何大成）

【中国铁建新闻报道先进单位和优秀通讯员】 2015年《中国铁道建筑报》评出中国铁建新闻报道先进单位65家、优秀通讯员100名。（何大成）

2015 年 5 月 4 日，中铁十四局集团郑徐客运专线指挥部举行“青年突击队”授旗仪式。　（刘德君 提供）

工会 共青团

工　会

【股份公司工会】 股份公司工会同时履行公司总部机关工会职能，在股份公司党委领导下，依据《工会法》《中国工会章程》《中国铁建股份有限公司章程》独立自主地开展工作。动员和组织职工参加企业的改革和生产经营管理活动，代表和组织职工参与企业民主管理；民主监督企业领导人员和经营管理人员履行职责情况；教育职工不断提高道德修养和科学文化素质，建设“四有”职工队伍；维护职工合法权益；负责全国和省(部、市)劳动模范和各类先进的评选、推荐、审核，以及公司劳动模范的评比、表彰工作；负责公司总部机关工会日常工作。下辖中国土木工程集团有限公司，中铁十一、十二局集团有限公司，中国铁建大桥工程局集团有限公司、中铁十四至二十五局集团有限公司、中铁建设集团有限公司、中国铁建电气化局集团有限公司、中国铁建港航局集团有限公司、中国铁建房地产集团有限公司，中铁第一、第四、第五勘察设计院集团有限公司、中铁上海设计院集团有限公司、中铁物资集团有限公司、中国铁建高新装备股份有限公司、中国铁建重工集团有限公司、中国铁建国际集团有限公司、中铁城建集团有限公司、中国铁建财务有限公司、中铁建(北京)商务管理有限公司、北京培训中心及直属机关工会。股份公司工会主席史道泉，股份公司工会副主席白晶；下设生产综合部、组织权益和女工部。股份公司工会另设体协理事会、工会经费审查委员会、女职工委员会。　(于　斌)

·生产综合·

【生产综合部】 负责股份公司工会的综合协调和文秘工作；负责工会系统的宣传教育、劳动竞赛、“创争”活动、合理化建议和技术改进评审、评先树模、工地文化建设工作；负责统战和侨联工作。定员5人，下设综合处、生产宣教处。　(于　斌)

【群团工作调研】 为贯彻落实中央党的群团工作会议精神，按照中国铁建党委要求，股份公司工会、团委于2015年9—11月组织为期3个月的慰问、走访、调研活动。调研组先后走访中土尼日利亚公司、十二局一公司、大桥局福平铁路平潭大桥项目部、十四局北京地铁6号线西延6标项目部、十五局六公司、十六局成贵项目部、十七局二公司、十八局港珠澳大桥项目部、二十局五公司、二十一局二公司、二十二局哈建公司、二十三局二公司、二十四局南昌公司、二十五局六公司、中铁建设西安分公司、中铁地产四川公司、铁一院地路处、铁四院长沙地铁项目部、中铁物资西北公司、铁建装备、铁建重工道岔分公司、城建集团南昌公司、铁发遂渝公司23个基层单位，看望慰问劳模代表、先进职工代表、困难职工代表110人，并采取调查问卷、看现场、听汇报和召开职工座谈会等形式，广泛收集职工群众的诉求以及对中国铁建群团工作的意见和建议，撰写专题调研报告，为新形势下加强和改进工会、共青团工作奠定了基础。　(李智伟)

【工会主席座谈会】 为研究探讨2016年工会工作思路，2015年12月30日在股份公司机关14层第二会议室，召开所属单位工会主席座谈会。会上十八局、十九局、二十四局、铁四院作典型发言，十一局、十二局介绍蒙华铁路项目工会工作情况，会议对2016年中国铁建工会工作主要思路和具体措施进行研讨和座谈交流，为安排部署新一年的工作提供重要参考意见。

(李智伟)

【文印管理】 完成日常文件处理，提供各部处所需资料，准确完成发文审核盖章工作，2015年办理文电1870份，整理完成永久卷长期卷和短期卷的文书档案、科技档案、合理化建议档案、财务档案归档工作，印章遵循严肃认真审核登记制度，确保全年无差错使用管理。　(程　玉)

【体协工作】 中国铁建体协于2015年4月召开体协秘书长会议，确立年度体协工作的指导思想、总体要求和各项任务，提出要把全员健身和体育竞赛有机结合，统筹安排单项竞赛与综合性竞赛，以“中国铁建一起走”等活动为龙头，重点带动一般，特色促进常项，促进全系统职工体育工作全面提升、纵深发展。“中国铁建一起走”系列活动由专业体育机构为中国铁建量身打造，包括“《自豪的建设者》手杖操”“持杖行走5千米竞赛”，以及“平板支撑”“不倒的森林”“动力火车”“四方拔河”等趣味体育比赛活动，2015年5—11月，以长沙、上海、太原、天津四大片区为基站，依次分培训、大区赛、网络赛及展演4个阶段进行。中国铁建各级体协，加大全民健身运动推广力度，积极开展全民健身活动，努力做到项目吸引群众，设施方便群众，活动普及群众，健康惠及群众。全系统职工体育工作得到长足发展，其中，中土集团先后举办第四届职工运动会和第三届职工羽毛球赛，500余人参与活动；十一局在重庆市举办第十七届门球赛,在湖北襄阳市举办第二十届钓鱼比赛,承办襄阳市春季门球赛,并在决赛中获得第2名的好成绩;十二局代表陕西省参加全国女子门球比赛获第16名,参加陕西省女子柔力球比赛获第2名;大桥局、铁建高新等单位组织以“健康生活、快乐工作”为主题的职工趣味运动会;十四局举行第十九届职工门球赛,参加山东省职工乒乓球和羽毛球赛,羽毛球比赛获全省第8名,乒乓球获得优秀组织奖;十六局举办集团第六届“奋进杯”男子篮球赛,开展“庆五一、迎五四”全民健身系列活动;十七局引进健身操、柔力球、103式太极拳、扇子舞、健身秧歌等健身活动新项目,组队参加山西省直第二十九届老年门球赛,获第1名,参加石家庄第一届“地铁杯”足球友谊赛,获第2名;十八局常年举行门球、气排球、乒乓球、羽毛球、趣味运动会、扑克、象棋等小型比赛活动,在职代会召开期间连续4年举办春节联欢晚会和“和谐杯”职工篮球赛;二十局组织参加昆明市第六届“外来务工人员健身运动会”,参加西安市老年体协“噢博隆杯”柔力球大赛获奖,集团公司老年体协门球队参加2015年“陕西省妇女门球赛”获团体第1名;铁一院开展“三次创业十周年”系列体育活动;铁四院举办“全民健身杯”职工乒乓球、桥牌、网球、毽球、羽毛球等系列比赛活动,推广颈椎健身操运动,参加全国铁路职工桥牌锦标赛获团体第5名。 (于　斌)

【劳动竞赛】 各单位认真贯彻党的十八届三中、四中全会精神,全面落实国务院国资委、中华全国铁路总工会和股份公司指示精神,广泛开展多种形式的劳动竞赛,极大地激发了广大职工的生产热情和创新精神,为全面完成企业生产经营任务,促进企业又好又快发展发挥了重要作用。

2015年5月21日,股份公司决定对2014年在劳动竞赛中取得突出成绩的单位和个人予以表彰,授予十一局西成铁路客运专线(陕西)12标段项目部等12个单位“劳动竞赛综合优胜单位”和中国铁建“工人先锋号”称号并颁发奖牌、证书,各奖励30000元;授予中土阿尔及利亚55千米铁路复线项目部等13个单位“劳动竞赛单项优胜单位”称号并颁发奖牌、证书,各奖励10000元;授予中土吉布提铁路项目部等30个单位“劳动竞赛先进单位”称号并颁发奖牌、证书;授予十八局、二十五局“劳动竞赛优秀组织单位”称号并颁发奖牌、证书,各奖励30000元。授予徐洪新等24人中国铁建“工人先锋号标兵”称号并颁发证书,各奖励2000元;授予李继福等70人“劳动竞赛优秀组织者”称号并颁发证书,各奖励1000元。

重点工程劳动竞赛综合优胜单位、工人先锋号

中铁十一局西成铁路客运专线(陕西)12标段项目部

中铁十二局佛山西站项目部

中铁大桥局长春地铁1号线红咀子车站及区间项目部

中铁十四局北京地铁昌平线项目部

中铁十七局郑徐客专ZXSD标指挥部

中铁十八局贵阳龙洞堡机场T1航站楼扩容改造项目部

中铁二十局莞惠城际项目部

中铁二十一局中川铁路项目部

中铁二十三局哈齐客专项目部

中铁中铁建设贵阳北站项目部

重点工程劳动竞赛单项优胜单位

·工程质量单项优胜单位·

中土集团阿尔及利亚55千米铁路复线项目部

·安全生产单项优胜单位·

中非建设尼日利亚公司阿卡铁路项目部

·工程进度单项优胜单位·

中铁二十四局金温扩能改造指挥部

·科技创新单项优胜单位·

中铁城建集团北京公司首都机场T3E-T2联络通道项目部

·文明施工和节支降耗单项优胜单位·

中铁十五局二公司国道318线林拉公路项目部

·竞赛管理单项优胜单位·

中国铁建国际集团沙特麦加轻轨项目部

·共建共享单项优胜单位·

中铁十一局渝万铁路土建6标项目部

重点工程劳动竞赛先进单位

中土集团吉布提铁路项目部

中铁十二局西成客专项目部

中铁十二局三公司四川雅康项目部

大桥局福平铁路FPZQ-4标项目部

大桥局京沈客专辽宁段TJ-10标项目部

中铁十四局青荣城际铁路指挥部

中铁十四局呼准鄂铁路项目部

中铁十五局七公司天津滨海新区西外环项目部

中铁十六局成贵铁路项目部

中铁十七局安哥拉RED项目部

中铁十八局兰渝铁路西秦岭TBM项目部

中铁十八局三公司西安地铁项目部

中铁十九局成兰铁路指挥部

中铁十九局盘锦辽滨疏港高速公路项目部

中铁十九局石济铁路项目部
中铁二十局宝兰客专项目部
中铁二十局哈齐客专项目部
中铁二十一局宝兰客专兰州枢纽项目部
中铁二十一局宝兰客专甘肃段项目部
中铁二十三局二公司牡绥项目部
中铁二十三局三公司米攀项目部
中铁二十五局贵广南广铁路广州枢纽项目部
中铁二十五局三公司长株潭城际铁路综合 III 标湘潭工区
中铁二十五局四公司贵阳北站功能区路网工程二项目部
中铁建设合肥南站项目部
中国铁建港航局福平铁路 FPZQ－4 标项目部
中国铁建港航局日照钢铁项目部
中国铁建港航局潍坊森达美港项目部
中铁城建集团一公司昆铁家园住宅(2 标段)项目部
中铁城建集团三公司青岛蓝色硅谷城际轨道项目部

勘察设计劳动竞赛综合优胜单位、工人先锋号

铁一院线路运输处
铁四院武汉地铁项目部

勘察设计劳动竞赛先进单位

·设计质量单项优胜单位·

铁四院煤运通道三门峡至荆门段总体组

·设计安全单项优胜单位·

中铁上海设计院新建铁路连云港至镇江线设计项目组

·设计进度单项优胜单位·

铁一院陕勘公司银西铁路定测勘察项目部

·科技创新单项优胜单位·

铁四院杭黄铁路总体组勘察设计项目部

·竞赛管理单项优胜单位·

铁四院长沙磁悬浮设计施工总承包项目部

·共建共享单项优胜单位·

铁一院兰州铁道设计院

·勘察设计劳动竞赛先进单位·

中铁上海设计院成都地铁 10 号线设计项目组

重点工程、勘察设计劳动竞赛工人先锋号标兵

徐洪新　中铁十一局一公司西成项目部助理工程师
游维良　中铁十一局一公司西成项目部助理工程师
刘　泳　中铁十二局佛山西站项目部技术员
楼献鹏　中铁十二局佛山西站项目部技术员。
薛燕东　大桥局长春地铁 1 号线红咀子车站及区间项目部工程部部长
李　岩　大桥局长春地铁 1 号线红咀子车站及区间项目部工程部技术员
靳兆豪　中铁十四局北京地铁昌平线项目部总工程师
赵文亮　中铁十四局北京地铁昌平线项目部工区经理
任维锋　中铁十七局郑徐客专 ZXSD 标指挥部三项目部副经理兼总工程师
薛延军　中铁十七局郑徐客专 ZXSD 标指挥部工程部副部长
曾海波　中铁十八局贵阳龙洞堡机场 T1 航站楼项目部办公室主任
郭志栋　中铁十八局贵阳龙洞堡机场 T1 航站楼项目部队长
朱建锋　中铁二十局莞惠城际项目部三队总工程师
吕　岩　中铁二十局莞惠城际项目部盾构二队总工程师
马碎学　中铁二十一局中川项目部二分部工班长
郑东来　中铁二十一局中川项目部一分部工班长
张凤华　中铁二十三局哈齐客专指挥部轨道板厂总工程师
杨建明　中铁二十三局哈齐指挥部五工区项目部经理
樊　军　中铁建设贵阳北站站房项目部高架架子队队长
胡继强　中铁建设贵阳北站站房项目部西站房架子队队长
马文辉　铁一院线运处线二所副所长
陈海平　铁一院线运处交规所副总工程师
范宏宇　铁四院武汉地铁项目部 11 号线总体高级工程师
俞浪林　铁四院武汉地铁项目部 1 号线总体高级工程师

重点工程、勘察设计劳动竞赛优秀组织者

李继福　中铁十一局西成客专项目部党工委书记
罗仕强　中铁十一局西成客专项目部总工程师
石栋昌　中铁十二局佛山西站项目部党工委书记兼副经理
王青山　中铁十二局佛山西站项目部副经理
陈　锐　大桥局长春地铁 1 号线红咀子车站及区间项目部经理
文延城　大桥局长春地铁 1 号线红咀子车站及区

间项目部总工程师

厉铁军　中铁十四局北京地铁昌平线项目部书记

刘　伟　中铁十四局北京地铁昌平线项目部副经理

贾培亮　中铁十七局郑徐客专 ZXSD 标指挥部指挥长

丰科勇　中铁十七局郑徐客专 ZXSD 标指挥部二项目部经理

刘　刚　中铁十八局贵阳龙洞堡机场 T1 航站楼项目部副经理

白安生　中铁十八局贵阳龙洞堡机场 T1 航站楼项目部副总工程师

孙长江　中铁二十局莞惠城际项目部经理

魏龙刚　中铁二十局莞惠城际项目部总工程师

赵进忠　中铁二十一局中川项目部经理

黄　秦　中铁二十一局中川项目部总工程师

王守彬　中铁二十三局哈齐客专指挥部常务副指挥长

曹学良　中铁二十三局哈齐客专指挥部党委书记

罗智团　中铁建设贵阳北站站房项目部副经理

王　硕　中铁建设贵阳北站站房项目部总工程师

王　杰　铁一院线运处副处长

李明炜　铁一院线运处站二所所长

周小华　铁四院武汉地铁项目部副经理、7 号线总体高级工程师

赵　强　铁四院武汉地铁项目部 2 号线北延线总体、城地院线站所所长

劳动竞赛优秀组织单位

中铁十八局

中铁二十五局

年度劳动竞赛优秀组织者

王忠星　中土集团吉布提铁路项目部工程部部长

王尧浩　中土集团南方建设公司副总经理

陈志明　中铁十一局一公司总经理

崔幼飞　中铁十一局三公司总经理

雷　军　中铁十二局西成客专项目部经理

陈志高　中铁十二局三公司总经理

李庆丰　大桥局副总工程师兼安质部部长

莫春义　大桥局兰州中川铁路项目部党工委书记兼纪工委书记、工委主任

李晓峰　中铁十四局建筑公司工会主席

陈　丽　中铁十四局房地产公司工会主席

王东欣　中铁十五局广深港项目部三工区项目经理

戴宏平　中铁十五局四公司宁西项目部常务副经理

李庚许　中铁十六局兰渝铁路项目部常务副经理

王景斌　中铁十六局成贵铁路项目部常务副经理

卢　朋　中铁十七局党委书记、董事长

王学斌　中铁十七局安哥拉 RED 项目部经理

彭仕国　中铁十八局董事长、总经理

宋庚银　中铁十八局郑徐客专项目部经理

解佳飞　中铁十九局二公司总经理

张中明　中铁十九局五公司总经理

高忠杰　中铁二十局莞惠城际项目部工会主席

刘文武　中铁二十局宝兰客专项目部经理

陈向军　中铁二十一局宝兰客专兰州枢纽项目部总工程师

窦　涛　中铁二十一局宝兰客专甘肃段项目部总工程师

戴杏丽　中铁二十二局五公司工会主席

刘忠波　中铁二十二局赣龙铁路指挥部党工委副书记兼工会工委主任

杜东旭　中铁二十三局二公司工会主席

解文惠　中铁二十三局三公司工会主席

贺绍均　中铁二十四局福建公司京台项目部党工委书记、工会主席

赵　峰　中铁二十四局上海公司昆山正仪林场定销房项目部经理、党支部书记

聂海云　中铁二十五局二公司工会主席

李　彬　中铁二十五局六公司湘桂 7 标第一项目部党支部书记、支工会主席

常　民　中铁建设铁路工程总指挥部党委书记、工会主席

张文虎　中铁建设南宁分公司党委书记、工会主席

杜志祥　电气化局贵广铁路四电工程指挥部党工委书记

王广恩　电气化局西成客专（陕西段）指挥部党工委书记

刘　飞　中国铁建港航局日照钢铁项目部经理、党支部书记

费洪伟　中铁地产北京第六大洲房地产开发公司总经理、党支部书记

韩金河　铁一院工会生产保障部部长

胡晓兵　铁四院线站处党委书记、工会主席

朱国超　中铁物资工会副主席兼党委工作部部长、机关党委书记

罗学方　昆明中铁工会工作部部长

徐华祥　中国铁建国际集团副总经济师兼阿尔及利亚公司常务副总经理

韩振明　铁城监理昆明南站站房监理部总监理

邱　林　中非建设副总经理

李靖滨　中铁城建集团一公司昆铁家园住宅小区项目部经理

（于　斌）

【在省市和全路劳动竞赛中受到表彰】 2015年，在省市组织的劳动竞赛中，中国铁建系统有22个、13个、28个单位分别获综合竞赛第一、二、三名，有33个、47个、61个单位分别获省市单项竞赛第一、二、三名，在各铁路局开展的客运专线、高速铁路劳动竞赛表彰中，中国铁建系统有250个、221个、194个单位，分别获综合竞赛第一、二、三名，323个、275个、408个分别获劳动竞赛单项第一、二、三名，有617名先进个人受到表彰，202名先进个人获劳动竞赛优秀组织者，126个单位获劳动竞赛优秀组织单位，单位获劳动竞赛奖金17033.5万元，在中华全国铁路总工会对2015年铁路建设先进集体和先进个人的专项表彰中，中国铁建有14个先进集体获火车头奖杯，78名先进个人获火车头奖章。（李青颖）

【劳动保护工作】 中国铁建工会认真落实中华全国总工会、铁路总工会关于做好劳动保护工作的指示要求，认真做好各类事故预防工作，大力推行以“一法三卡”“岗位安全检查表”为主要内容的各种安全防范措施，积极与行政联手进行安全大检查。各级工会独立组织和参与行政安全大检查1255次，2984人次，参与处理工伤事故67起，发现事故隐患并提出建议4218条，被行政采纳3679条，举办专兼职劳动保护监察员培训班300个，培训人员5232人，外送培训劳动保护人员878人。全系统集团和子（分）公司现有工会劳动保护监督检查员1061人，段队工会有劳动保护监督检查员4935人，工会小组有劳动保护监督检查员10769人。全总和国家安全总局组织的“安康杯”竞赛获奖中，中国铁建26个单位获全国“安康杯”竞赛优胜企业、11个单位获全国“安康杯”竞赛优胜单位、9个集体获全国“安康杯”竞赛优胜班组、1个单位获全国“安康杯”竞赛示范单位、3人获全国“安康杯”竞赛安康企业家、3人获全国“安康杯”竞赛先进个人称号。

（李青颖）

【庆祝“五一”国际劳动节暨表彰劳动模范和先进集体大会】 4月30日，在北京召开。中国铁建6名全国劳动模范，2015年火车头奖章、奖杯获得者，中国铁建劳动模范、先进集体等132人和55个集体受到表彰。

大会由中国铁建董事长孟凤朝主持，党委书记齐晓飞讲话，副总裁夏国斌宣读《关于2015年中国铁建荣获上级表彰的先进个人和集体的通报》，执行董事、副总裁、总法律顾问庄尚标宣读《关于表彰中国铁建劳动模范和先进集体的决定》，副总裁刘汝臣、纪委书记李春德出席。全国劳动模范詹必秀、孙吉东作事迹报告。中国铁建机关、驻京单位的226人在主会场参加会议；34个分会场2265人收看会议。（于　斌）

【2015年全国劳动模范获得者】

詹必秀　中铁十一局集团建筑安装公司房建十六部党支部书记兼南宁江湾山语城项目项目经理

孔凡成　中铁十八局隧道公司锦屏项目经理

孙吉东　中铁十九局重庆北站项目经理

王少华　中铁二十一局四公司玉树项目部施工员

刘争平　铁一院地质路基处教授级高级工程师

蒋再秋　铁四院董事长、院长、党委副书记

（于　斌）

【2015年火车头奖杯获得单位】

中铁十一局集团京津冀指挥部

中铁十二局集团建筑安装工程公司安哥拉项目部

大桥局福平铁路项目部

昆明中铁昆明奥通达铁路机械公司机电项目部

中国铁建重工集团掘进机事业总部掘进机研究院

（于　斌）

【2015年火车头奖章获得者】

郁　葱　中土集团澳门公司总经理

陈良君　中铁十一局电务公司电力电化事业部总工程师

李卫民　中铁十二局三公司石太铁路技改项目部项目经理

孙长志　大桥局一公司专家办公室总工程师

周建芳　中铁十四局五公司副总经理兼总经济师

刘小锋　中铁十五局一公司西藏措国项目部项目经理

李建旺　中铁十六局地铁公司副总经理兼项目经理

贾培亮　中铁十七局公司郑徐客专ZXSD标项目指挥部指挥长

徐　浚　中铁十八局国际公司项目部项目经理

吕金焕　中铁十九局宝兰客专甘肃段7标项目部技术员

井洪涛　中铁二十局经营计划部部长

李鸿云　中铁二十一局副总工程师

汪新立　中铁二十二局茅台酒扩建工程总承包指挥部总工程师

曹德岗　中铁二十三局一公司执行董事党委书记

章小华　中铁二十四局浙江公司总经理助理、项目部经理

曾水长　中铁二十五局副总工程师、湘桂线Ⅶ标指挥部常务副指挥长

张德训　中铁建设南宁分公司总经理

张海军　电气化局三公司董事长党委书记

林凤臣　中铁地产广西公司执行董事党支部书记

杨沛敏　铁一院勘察设计院副总工程师

朱孟君　铁四院勘察设计院道路院总工程师

黄　群　铁五院勘察设计院线路运输设计院副院长

周小兵　中铁上海设计院线站处线路所党支部书记、总工程师

郑　军　中铁城建集团一公司执行董事、党委书记

孙庆卫　北京铁城建设监理公司总经理助理

常维君　中非建设尼日利亚公司副总经理

（于　斌）

【中华全国总工会表彰名单】

全国五一劳动奖状

中铁十一局一公司

铁一院新疆铁道勘察设计院

全国工人先锋号

中铁十八局三公司西安地铁 3 号线 TJSG－14 标项目部盾构队

中铁二十一局中川铁路项目部

电气化局兰新铁路第二双线项目部三工区

铁一院新疆铁道勘察设计院 EPC 项目管理分处

全国五一劳动奖章

·劳动竞赛·

蔡维栋　大桥局一公司福平铁路 FPZQ－4 项目经理部二分部项目经理

王东欣　中铁十五局广深港客专 ZH－4 标项目部三工区项目经理

·追授·

周天想　中国铁建国际集团总经理、高级工程师

王选尚　中国铁建国际集团副总经理、教授级高级工程师

常学辉　中国铁建国际集团西非公司总经理、翻译

【中华全国铁路总工会表彰名单】

劳动竞赛授予火车头奖杯

中铁十一局新建福厦线增开惠安西站项目部

中铁十二局张唐铁路项目部

中铁十四局额哈铁路项目部

中铁十六局西格二线指挥部

中铁十九局拉日铁路指挥部

中铁二十一局一公司吐库二线项目部

中铁二十一局电务电化公司兰新铁路第二双线项目部

中铁十九局大西铁路客运专线指挥部

中铁二十二局哈齐客专项目部江桥分部

中铁建设东莞东站房改造项目部

电气化局大西铁路客运专线四电指挥部

电气化局兰新铁路第二双线项目部

铁一院地质路基处

铁四院杭长建设指挥部

劳动竞赛授予火车头奖章

赵建歧　中铁十一局华南指挥部高级工程师

王全柱　中铁十一局津保铁路项目部常务副经理

傅建军　中铁十一局三公司山西中南部铁路通道 ZNTJ－7 标项目部三分部经理

王祖华　中铁十一局哈佳铁路 4 标项目部经理

陈　忠　中铁十一局杭长客专浙江段项目部副经理

孙　昱　中铁十一局广清城际 2 标项目部项目经理

韩宇琪　中铁十一局贵广铁路站房工程指挥部常务副指挥长

黄明华　中铁十一局渝万铁路站前 6 标项目部副经理

刘红合　中铁十二局 HKJX－FJ2 标项目部总工程师

雷　军　中铁十二局西成客专项目部经理

张伟民　中铁十二局大西客专指挥部第三项目部总工程师

张理远　中铁十二局郑徐客专指挥部总工程师

张　隽　中铁十二局二公司项目部经理

姜朋军　中铁十二局宁西二线工程指挥部副指挥长

张瑞森　中铁十二局吉图珲客专 JHSⅥ标项目部副经理

邓旭辉　大桥局沈丹客专项目部副经理

孙　峰　大桥局宝兰客专甘肃段 2 标项目部工程师

路　刚　中铁十四局二公司副总经理

刘成和　中铁十四局青荣城际铁路指挥部总工程师

张　磊　中铁十五局五公司广深港项目部经理

刘万生　中铁十六局成贵铁路项目部分部经理

降金琦　中铁十六局赣龙铁路 GL－4 标工程指挥部指挥长

张　波　中铁十六局渝黔铁路站前 3 标项目部总工程师

刘成兰　中铁十六局沪昆客专云南段项目经理部嵩明梁场场长

李庚许　中铁十六局兰渝铁路 LYS－2 标段项目部教授级高级工程师

张传安　中铁十六局兰新铁路第二双线项目部高级工程师

雒向荣　中铁十七局敦格铁路项目部一工区隧道队队长

张友祥　中铁十七局成兰铁路西成指挥部副指挥长

李宝忠　中铁十七局建筑公司京福闽赣客专项目经理

庞建康　中铁十八局吐库铁路二线指挥部高级工程师

华　冰　中铁十九局石济铁路项目部副经理

陈广伯　中铁十九局蒙冀铁路呼张项目部经理

吴　琼　中铁十九局天平铁路项目部队长

周宝春　中铁十九局成兰项目部指挥长

牛洪方　中铁十九局西成客专项目部工区经理

李　伟　中铁二十局宁西二线 3 标项目经理

蒋晓伟　中铁二十局四公司工程部副部长

温　杰　中铁二十一局路桥公司锡乌铁路项目总工程师

李　龙　中铁二十一局副总工程师、津保铁路项目指挥长

王天亮　中铁二十一局拉日指挥部副指挥长

邵志远　中铁二十二局牡绥铁路 1 标项目部副经理

汪益斌　中铁二十二局松陶铁路项目部副经理

张广利　中铁二十二局二公司黄韩侯项目部经理

郭立军　中铁二十二局滨北线松花江公铁两用桥改建工程 II 标段常务副经理

刘树芳　中铁二十三局二公司副总经理、牡绥铁路 2 标项目部项目书记

汤　波　中铁二十五局建安公司长昆客专 CKFJ－I 标项目部经理

胡　波　中铁二十五局一公司莞惠城际 GZH－8 标项目部常务指挥长兼项目经理

王　伟　中铁建设合肥南站项目部经理

孟　啸　中铁建设昆明南站站房项目部经理

任纪宏　中铁建设长沙分公司项目部总工程师

张国平　中铁建设铁路工程总指挥部项目经理

左三良　电气化局三公司项目经理

许明春　电气化局青荣城际铁路指挥部总工程师

马宝平　电气化局一公司副总工程师

穆建军　电气化局山西中南部铁路通道 ZNZH－2 标项目部二分部项目经理

刘永进　电气化局兰新铁路第二双线项目部常务副经理

西　穷　电气化局兰新铁路第二双线项目部二工区电力专业工程师

李　凯　电气化局贵广铁路四电工程指挥部副指挥长

岳克杰　铁一院工程咨询监理公司云桂项目部总监理工程师

王正邦　铁一院兰新铁路新疆段指挥部高级工程师

胡　涛　铁一院拉日铁路指挥部综合部部长

刘　桢　铁一院副总工程师

袁　娟　铁一院通号处兰新铁路新疆段信号专册

王　颢　铁一院电化处处副总工程师

徐　川　铁四院技术中心副总工程师

刘云强　铁四院建筑院副总工程师

王培峰　铁四院经计部副总调度长

胡明星　铁四院线站处高级工程师

张学东　铁四院线站处设计副总体

刘　鑫　铁四院监理咨询公司玉林至铁山港铁路工程监理部工程师

刘华全　铁四院桥梁处桥梁专业设计册负责人

杨元明　铁四院线站处高级工程师

李大军　铁四院线站处高级工程师

李会杰　铁五院四电设计院项目总体

冯海歧　北京铁研建设监理公司渝万铁路监理 3 标项目部副总监理工程师

周光忠　北京中铁建北方路桥公司经理

杨熊斌　上海设计院线站处站场所长

刘建红　上海设计院教授级高级工程师

廖　毅　北京铁城监理公司西成客专四川段工程监理项目部第三监理组组长

追授火车头奖章

周天想　中国铁建国际集团总经理、高级工程师

王选尚　中国铁建国际集团副总经理、教授级高级工程师

常学辉　中国铁建国际集团西非公司总经理、翻译

（李青颖）

【18 部作品获“中国梦·劳动美·幸福路”微电影大赛奖】 由全国总工会宣教部、国务院国资委新闻中心、国家新闻出版广电总局电影局、求是杂志影视中心、全国妇联中国妇女发展基金会举办的第二届“中国梦·劳动美·幸福路”微电影大赛，于 2015 年 12 月 15 日结束，中国铁建工会在本届全国职工微电影故事片、宣传片、纪实片大赛中再创佳绩，全系统 18 部作品获奖，其中十七局、二十三局和国际集团获金奖，大桥局、十七局、中铁地产、城建集团和物资集团获最佳创意奖、最佳制作奖。

中国铁建获奖影片

故事片

·最佳创意奖·

《幸福》 中铁十七局集团

·组委会特别奖·

《筑梦青春》 中铁城建集团一公司

《青春颂歌》 大桥局

《有你在，我能行》 中铁地产

·铜奖·

《在路上》 中铁地产

宣传片

·金奖·

《承诺责任》 中国铁建国际集团公司

·最佳制作奖·

《中国铁建中铁物资集团有限公司》 中铁物资集团

·铜奖·

《情系业主 从心开始》 中铁地产

《中铁城建》 中铁城建集团

纪实片

·金奖·

《追梦磁悬浮》 中铁二十三局集团

《用生命点亮梦想的灯塔》 中铁十七局集团

·组委会特别奖·

《中国铁建我的家》 中铁十七局集团

·铜奖·

《最美长相守》 中铁城建集团南昌公司

《中国铁建我的家》 中铁十七局集团

优秀影片奖

《高秀勤》 中铁十七局集团

《共筑未来》 中铁地产

《大家小家》 中铁地产

《共筑未来》 中铁地产

（李青颖）

【合理化建议和技术改进评奖】 2015 年，全系统围绕“节能降耗、增收节支、挖潜增效”主题，以劳模创新工作室为主要载体，引导、动员、组织广大职工广泛开展技术改进、技术创新、技术攻关和合理化建议活动，总结探索形成一大批有价值的合理化建议和创新成果并推广应用。

为进一步加快推进企业转型升级和技术创新成果应用，不断提升企业核心竞争力，股份公司合理化建议和技术改进评审委员会组织有关部门，对 2015 年度各单位申报的 177 项合理化建议和技术改进项目进行认真评审，评选出二等奖 8 项、三等奖 57 项。（于 斌）

2015 年中国铁建合理化建议和技术改进项目获奖名单

序号	项目名称	单 位	主要作者	股份公司评级
1	降低岩溶桩基础超方率及岩溶回填成本的措施	中铁十一局一公司广清项目部	孙 昱 许平华 杨 立 费建新	二等
2	BIM 技术在城市轨道交通机电安装工程中的应用	中铁十一局电务公司	王新海	二等
3	三阶段九步骤二十七流程实施办法	中铁十二局二公司郑州轨道 5 号线土建 02 标项目部	刘广钧	二等
4	关于在地铁机电安装工程中应用 BIM 技术的建议	中铁十四局电气化公司	曹汝庆 高仕琦	二等
5	水幕降尘净化空气系统	中铁十四局隧道公司	冯振鲁 李 栋	二等
6	地铁车站主体结构侧墙移动式模板台车	中铁十七局一公司	尹成虎 李东江	二等
7	空间曲面肋梁钢结构施工技术改进	中铁二十局六公司	何 琳 刘 林 耿 秦	二等
8	城镇闹市区进行控制爆破施工工艺及技术研究	中铁二十五局三公司	周 烽 谌荣华 尹育文 付德伟 申志明 黄 攀	二等
9	利用地铁罐车进行区间联络通道后浇段道床施工的建议	中铁十一局三公司宁波地铁二号线项目部	吴奇峰	三等

续表

序号	项目名称	单　　位	主要作者	股份公司评级
10	静压植桩机预掘技术在大跨度桥梁施工中的运用	中铁十一局四公司江汉铁路三分部	余金江	三等
11	隧道大跨施工锚索注浆浆体配比改进	中铁十一局四公司兰渝项目部	付建伟	三等
12	利用GOOGLE地球软件协助项目前期策划	中铁十一局四公司黔张常铁路项目部	杜　琛	三等
13	水中墩钢护筒改制制式钢管立柱	中铁十二局一公司广佛环城际铁路项目部	郝　锐	三等
14	格栅拱架“8”字节加工工艺的改进	中铁十二局二公司钢结构工程分公司	成显珠	三等
15	一种用在真空吸盘上自动辨别管片大小块的检测装置	中铁十二局二公司安徽混凝土制品有限公司	成义勇	三等
16	后张法箱梁压浆真空密封施工技术改进	中铁十二局四公司渝北制梁厂	崔衍刚	三等
17	异型结构钢筋胎具设计及应用	大桥局六公司第一工程指挥部	郑建伟	三等
18	双线铺轨龙门吊提高工作效率	大桥局六公司郑州地铁项目部	温吉利　房　震	三等
19	控制注浆工艺在封堵隧道涌水施工中的应用	中铁十四局二公司	苏科举	三等
20	“一拉四顶”限位凹槽模板在CRTSIII型板式无砟轨道底座板施工中的应用	中铁十四局三公司	周少聪	三等
21	斜井衬砌台车的液压走行系统	中铁十四局三公司	王　柱	三等
22	钢板(槽钢)吊钳安全指示灯设计优化	中铁十四局三公司	成体鲁	三等
23	自制螺旋筋加工机具	中铁十四局四公司	朱栋心　王志男　朱　陈	三等
24	针对中风化岩层对拔桩套管的改造应用	中铁十四局四公司	韩再冰　马宁宁　张立平	三等
25	DJ168架桥机1号柱过孔用钢支撑的设计与应用	中铁十四局五公司	邵小良　丁文长　刘元宝　朱贵胜	三等
26	铁路T梁架设稳梁夹板器的设计与应用	中铁十四局五公司	丁文长　张印浩　刘元宝　朱贵胜	三等
27	“穿梭法”穿T梁橡胶管	中铁十四局五公司	孙云龙　王修叶　晁代军	三等
28	牛角泵改造革新	中铁十四局隧道公司	苏　庆　张　琪　李彦明	三等
29	整孔简支预制箱梁后浇翼缘板施工工艺研究	中铁十四局房桥公司	贺国锁　张学栋、唐弘等	三等
30	电梯井道施工平台在银丰项目的应用	中铁十四局建筑公司	孙丰彪　王伟清　储如蝉	三等
31	隧道水沟电缆槽移动模架	中铁十五局四公司	刘晓宝	三等
32	大号码无砟道岔施工关键技术研究与应用	中铁十五局六公司	高之磊　李　杰	三等
33	盾构机电气设备改造	中铁十五局城轨公司	赵跃进	三等
34	改进拔除柱排式钻孔灌注桩施工方法	中铁十六局轨道公司新建郑州机场至郑州南线连接线项目部	胡锦华　葛执礼	三等
35	富水圆砾地层泥水盾构短套筒密闭接收施工工法	中铁十六局轨道公司南宁轨道交通1号线土建10标项目部	于兴国	三等
36	CRTSⅢ型无砟轨道限位控制及灌注工装改进技术	中铁十六局四公司武冈项目部	胡志宏　杜　亮	三等
37	机车空转故障检测装置	中铁十六局铁运公司	彭显银	三等
38	铁路T梁螺旋筋制作机构	中铁十六局铁运公司	郭小龙	三等

续表

序号	项 目 名 称	单 位	主要作者	股份公司评级
39	跨越电气化铁路钢结构天桥顶推工艺改进	中铁十七局建筑公司	乔 军	三等
40	地铁车站深基坑后拆钢支撑端头防渗漏技术	中铁十七局上海轨道公司	赵 东 唐伟轩	三等
41	隧道内 JQ170 架桥机低臂位拖喂三层轨排工艺改进	中铁十七局铺架分公司	张翼腾 张 衡	三等
42	轨道板水养池调节技术	中铁十七局物资公司	胡 毅 张维鹏	三等
43	预制梁场龙门吊施工用电	中铁十八局石济客专项目部	王 超 杨 煜	三等
44	水稳底基层施工工艺	中铁十九局三公司路面一项管部	吴占鹏	三等
45	高速铁路隧道仰拱背模安装台车自动调节定位装置	中铁十九局三公司云桂 8 标四分部	张成雷	三等
46	大断面暗挖区间衬砌台车 CD 法中隔壁体系应力转换时间差整拼进洞方案	中铁十九局五公司青岛蓝色硅谷城际轨道 01 标项目部	牟俊杰	三等
47	SXJ900 架桥机主梁改造架设异型梁	中铁十九局六公司石济客专 3 标六分部	尹振海 曹森森 房 亮 高宏伟 文 斌	三等
48	轨枕方枕器的创新	中铁十九局六公司铺架一公司锦赤铁路 PJ－01 项目部	卢少辉 郭太禹	三等
49	SXJ900 架桥机组装、解体改进工法	中铁十九局六公司石济客专 3 标六分部	尹振海 孔祥仁 曾宪博	三等
50	长大隧道清污分流的建议	中铁十九局七公司第十项管部	高 勇	三等
51	河床下盾构施工填仓更换刀箱作业的技术改进	中铁十九局轨道公司南京地铁 4 号线 TA14 标项目部	邓向平 蒋应省 谷永赛 孔令威	三等
52	“捆扎式”排烟风管防火板包覆技术改进项目	中铁十九局电务公司沈阳地铁项目部	孟 健	三等
53	移动式满堂脚手架在大断面衬砌施工中的应用工艺	中铁二十局四公司	周玉兵 徐 磊 胡立正 岳 阳	三等
54	改进接触网车梯动力化 确保施工加速度显成效	中铁二十一局电务电化公司中川项目部	李永华	三等
55	自制小型补砟车补砟改进措施	中铁二十一局五公司邯长铁路扩能改造工程指挥部	袁 涛	三等
56	龙城板场张拉台座技术改进方案	中铁二十三局轨道交通公司	徐 闯 林晓波 郑红彬	三等
57	挂篮行走轨道的改进	中铁二十三局一公司济鱼高速公路项目部	李兆龙	三等
58	大跨度斜交框构网格多支点连续转移法顶进过轨施工工艺及技术研究	中铁二十五局三公司	李红斌 蔡文胜 周 烽 尹育文 文雪峰 杨先友	三等
59	建筑垃圾再利用	中铁建设混凝土分公司	刘加文	三等
60	水下测量辅助系统	港航局三公司日照钢铁项目部	郭 超	三等
61	异型挖掘机在短距离小型构件安装中的应用	港航局连云港项目部	蔡东旭	三等
62	设计评审	中铁地产四川公司	萧 军	三等
63	轻轨预应力盖梁二期张拉、封端施工作业平台	中铁城建集团三公司	路 建	三等
64	金刚石绳锯拆除混凝土内支撑	中铁城建集团一公司	李靖滨	三等
65	手动简洁式螺旋清孔器	中铁城建集团三公司	路 建	三等

（制表：于 斌）

·组织权益·

【组织权益和女工部】 主要职责：负责股份公司各级工会组织建设工作，制定基层工会组织建设规划和制度，指导和推进基层工会组建工作；负责监督检查《工会法》《中国工会章程》的贯彻执行；负责工会代表大会、全委会、常委会有关人事问题的组织工作及换届选举；负责工会干部教育培训工作，承办协助党委管理工会干部的具体工作。负责指导基层工会开展建设“职工之家”活动和评选表彰活动；负责本级和指导各级工会开展以职工代表大会为基本制度的民主参与、民主管理、民主监督工作，推动企务公开；负责组织民主推荐职工董事、职工监事。负责职工保障机制的建立和完善，实施职工帮扶救助工作的开展，参与涉及职工利益的各项企业规章制度的制定，指导和组织实施送温暖工程，维护特困职工和困难职工群体的合法权益。负责推动各级工会组织建立平等协商、集体合同制度和监督保证机制的工作，指导各级工会参与工资集体协商工作，指导和推动企业构建和谐劳动关系；负责工会劳动争议和劳动法律监督工作，指导和承担工会法律援助与法律服务工作，配合有关部门开展普法宣传教育工作。负责工会经费的预、决算管理和资产管理。负责全系统女职工工作，参与有关女职工合法权益特别是特殊权益的企业规章制度的制定；指导维护女职工合法权益的工作；指导各级女职工组织的建设工作；参与侵害女职工合法权益重大事件的调查处理。定员5人，下设组织处和保障财务处。（李　红　翟国堂）

【工会组织建设】 截至2015年底，全系统职工会员320202人，其中女职工会员62448人。全系统建立工会组织5138个，其中，股份公司工会1个；集团公司（公司）工会33个；工会筹委会4个；子公司、分公司、分院（处级）工会496个；项目部、工程队、车间工会4604个；工会小组8430个。（李　红　翟国堂）

【工会干部队伍状况与培训】 截至2015年底，全系统专职工会干部1180人，其中，女干部467人；兼职工会主席4098人。各级培训工会干部4576人次，其中，7月13—17日，组织29名副处以上工会干部，参加铁路总工会在铁道党校举办的2015年第三期工会主席任职培训班；11月15—21日，史道泉主席参加全总第二期地市级工会主席培训班；12月12—14日，中国铁建工会在股份公司党校举办基层干部培训班，100名来自全系统各基层单位的工会干部参加培训。

（李　红　翟国堂）

【指导基层工会组织建设】 二十三局按规定完成工会换届工作；财务公司召开工会第一次代表大会，工会组织正式成立。（李　红　翟国堂）

【职代会制度建设】 应建立职工（代表）大会制度的集团公司、子公司532个，召开职代会508个单位，评议领导干部503个单位，实行投票表决制503个。评议集团公司领导干部333人，优良率100% 53人，占评议总数的15.92%；优良率90%～100%（不含100%）253人，占75.97%；优良率80%～90%（不含90%）24人，占7.21%；优良率70%～80%（不含80%）3人，占0.9%。股份公司一届六次职代会共收集整理职工代表提案155条，及时呈交各相关部室抓好处理，提案答复率100%，代表满意率100%，评选出10条优秀提案和10条优秀处理落实提案。

（李　红　翟国堂）

【中国铁建一届六次职工代表大会】 1月27—29日在北京总部召开，职工代表269人，其中，企业领导人员69人，占代表总数的25.65%；技术管理人员140人，占代表总数的52.05%；生产一线人员54人，占代表总数的20.07%；青年职工6人，占代表总数的2.23%；男性代表229人，占代表总数的85.13%；女性代表40人，占代表总数的14.87%；少数民族7人，占代表总数的2.60%。职工代表组成20个代表团。大会主要议题：听取和审议《行政工作报告》《关于财务收支及经济运行情况的报告》《关于业务招待费使用情况的报告》《提案工作报告》，审议通过《企业年金方案》《企业年金管理办法》，调整职代会专门委员会委员，通过大会有关决议。（李　红　翟国堂）

【职代会提案工作】 工会生产综合部综合处作为职工代表大会提案工作委员会办公室，负责提案的征集、立案、处理、落实、反馈、归档工作，发挥监督、协调和服务作用。

1月20日，提案工作委员会根据《中国铁建一届职工代表大会提案工作委员会工作制度》的有关规定，组织评选出股份公司一届五次职代会10条优秀提案，10条优秀处理落实提案，每条优秀提案和优秀处理落实提案各奖励2000元。

1月27日，股份公司一届六次职工代表大会在京召开。截至11月18日，155条提案全部处理答复完毕，并由所属单位工会反馈至提案人，提案答复率100%。

（刘永胜）

【中国铁建工会一届七次全委（扩大）会议】 7月21日在北京召开，参加会议人员49人，其中全委会委员

35 人，经审委员 4 人，列席人员 10 人。股份公司工会主席史道泉作《坚持正确政治方向，发挥桥梁纽带作用，团结带领广大职工为实现“中国铁建梦”作出新的贡献》工作报告。会议同意彭树贵、薛瑞林、朱元生、吴建顺、孔庆林 5 人不再担任中国铁建工会第一届委员会委员；同意史道泉、张凤华、王宜柱、金学锋、董佃俭、邱卫、彭长林 7 人增替补为中国铁建工会第一届委员会委员；选举史道泉为股份公司工会主席。

（李　红　翟国堂）

【职工监事】 7 月 21 日，召开中国铁建一届六次职代会第一次联席会议，55 名职工代表参加，选举张良才为股份公司第三届监事会职工监事。

（李　红　翟国堂）

【获铁路工会“三有”创新成果奖】 中国铁建工会《六普遍民主管理机制》经验材料获中华全国铁路总工会最佳“三有”创新成果奖。（李　红　翟国堂）

【铁路工会第十四次代表会议】 5 月 25—27 日，在北京召开，中国铁建 15 名代表参加，陈有忠、陈戈当选为中华全国总工会第十四届执行委员会委员，白晶当选为中华全国总工会第十四届经费审查委员会委员。

（李　红　翟国堂）

中国铁建股份公司一届五次职工代表大会优秀提案

序号	提案名称	提案单位	提案人
1	加大海外人才培养力度	中土集团	袁　立
2	关于提高铁建系统整体制造能力的若干意见	十一局	张增胜
3	制定政策吸引优秀管理或技术人员向安全管理岗位流动的提案	十四局	徐　磊
4	关于加强各集团公司间经营工作区域合作的提案	十五局	孟银生
5	多形式深入探索“导师带徒”活动，真正取得实效	十七局	尹艳玲
6	建立物资设备集采区域配送中心	二十二局	倪振利
7	关于建立健全股份公司资本经营项目运作管理机制的提案	铁一院	刘为民　周仲华
8	发挥劳模示范作用，在全系统推广建立“劳模创新工作”室	铁四院	刘家美
9	关于建议股份公司统一规划创新方向和课题的议案	铁五院	王立新
10	关于制订“百人计划”，培养海外项目管理高端人才的提案	国际集团	赵佃龙

（制表：李　红　翟国堂）

中国铁建股份公司一届五次职工代表大会优秀处理落实提案

序号	提案名称	提案单位	处理落实单位（股份公司）
1	加大效益货币化考核制度	中土集团	财务部
2	关于提高铁建系统整体制造能力的若干意见	十一局	设备物资部
3	进一步加强海外项目的过程监管工作，提高风险防控水平	十一局	国际部
4	重塑企业管理风气，打造百年老店	十四局	纪委办公室 党委宣传部
5	关于加强各集团公司间经营工作区域合作的提案	十五局	经营计划部
6	适应海外建筑市场发展，加强海外人才素质培养	二十一局	人力资源部
7	关于建立健全股份公司资本经营项目运作管理机制的提案	铁一院	资本运营部
8	进一步加强对广大干部职工的安全生产思想教育	铁建重工	安全质量监督部
9	关于完善股份公司内部应收账款清收工作的提案	铁建重工	法律合规部
10	关于制订“百人计划”，培养海外项目管理高端人才的提案	国际集团	人力资源部

（制表：李　红　翟国堂）

【组织民管工作调研】 5—8 月，对全系统工程项目部“职工之家”建设、职代会建设、农民工入会、工会干部教育培训工作 4 个方面的情况进行调研检查。

（李 红 翟国堂）

【职工之家建设】 全系统获全国模范职工之家红旗单位 1 个、全国模范职工之家 9 个、全国模范职工小家 11 个、全国优秀工会工作者 7 人；获全路模范职工之家 7 个、全路模范职工小家 11 个、全路优秀工会工作者 6 人；中国铁建工会表彰模范职工之家 65 个、模范职工小家 45 个、优秀工会工作者 65 人。

全国模范职工之家红旗单位

中铁十八局工会

全国模范“职工之家”

中铁十一局五公司工会
中铁十一局六公司工会
中铁十二局建安公司工会
中铁十七局国际建设工程分公司工会
中铁二十一局一公司工会
中铁二十三局工会
中铁地产工会
铁四院线站处工会
铁建重工工会

全国模范职工小家

中铁十一局六公司汉江重工工委
中铁十四局北京房桥公司轨枕车间工会分会
中铁二十局郑徐铁路客运专线工程指挥部工会分会
中铁二十一局德盛和置业公司工会
中铁二十一局四公司机械化公司工会
中铁二十三局轨道交通公司苏州公司工会分会
港航局船舶工程分公司铁建砼 01 工会小组
铁建重工掘进机制造总厂装配车间工会支会
铁一院地路处工会分会
铁四院桥梁处第二设计研究所工会
铁四院广州院桥隧所工会

全国优秀工会工作者

田艳君 中铁十一局四公司工会女工委主任
白国峰 中铁十二局二公司工会主席
王子贵 中铁十四局工会主席
匡龙华 中铁二十局一公司工会主席
黄 亮 中铁二十局三公司工会主席
罗福平 中铁二十五局工会组织权益部部长
刘家美 铁四院纪委书记、工会主席

全路模范职工之家

中铁二十三局工会
中铁建设工会
中铁地产工会
铁四院南宁设计院工会
铁五院市政工程设计院工会
中铁物资工会
中铁城建集团二公司工会

全路模范职工小家

中土集团埃塞俄比亚铁路项目经理部支会
中铁十一局电务公司上海项目部工会
中铁十五局一公司桩基架子队工会
中铁十六局电务公司呼和浩特市惠新苑公租房小区项目部工会
中铁十八局三公司黄延高速公路项目经理部工会
中铁二十局深茂铁路 JMZQ－4 标工程指挥部工会
中铁二十二局三公司贵州茅台酒扩建工程项目经理部工委
中铁二十四福建公司福州铁建工程质量检测公司工会
港航局船舶分公司“铁建砼 01”工会小组
铁一院兰州铁道设计院公司工会
铁建重工掘进机制造总厂装配车间工会支会

全路优秀工会工作者

侯仰红 中铁十二局四公司工会主席
何得江 大桥局工会组织权益部副部长
刘慧云 中铁十四局隧道公司工会主席
郑玉宇 中铁十七局上海轨道交通公司工会主席
王 军 中铁十九局工会副主席
丁 艺 电气化局工会工作部部员

全路会员评家优秀单位

铁四院工会

中国铁建模范职工之家

中土集团福州勘察设计研究院公司工会
中土集团尼日利亚公司工会
中铁十一局四公司工会
中铁十一局建安公司工会
中铁十一局桥梁公司工会
中铁十二局二公司工会
中铁十二局电气化公司工会
中铁十二局中心医院工会
大桥局一公司工会
大桥局二公司苏州工程指挥部工会
大桥局京沈客专项目部工会
中铁十四局五公司工会
中铁十四局建筑公司工会
中铁十四局市政分公司工会

中铁十五局一公司工会
中铁十五局七公司工会
中铁十五局华东指挥部工会
中铁十六局一公司颍东区众兴花苑项目部工委
中铁十六局三公司苏州西山岛通道项目部工委
中铁十六局铁运公司工会
中铁十七局一公司工会
中铁十七局六公司工会
中铁十七局建筑公司工会
中铁十八局二公司工会
中铁十八局四公司工会
中铁十八局五公司工会
中铁十九局三公司工会
中铁十九局五公司工会
中铁十九局矿业公司工会
中铁二十局七公司工会
中铁二十局房地产公司工会
中铁二十局西安工程机械公司工会
中铁二十一局轨道公司工会
中铁二十一局勘察设计院工会
中铁二十二局一公司工会
中铁二十二局哈建公司工会
中铁二十三局电务公司工会
中铁二十三局轨道交通公司工会
中铁二十四局路桥分公司工会
中铁二十四局房地产公司工会
中铁二十五局四公司工会
中铁二十五局六公司工会
中铁建设北京分公司工会
中铁建设南宁分公司工会
电气化局南方公司工会
电气化局北方公司工会
港航局三分公司工会
中铁地产(成都)开发公司工会
铁一院航测遥感设计处工会
铁一院甘肃铁道综合工程勘察院工会
铁四院建筑与城市规划设计研究院工会
铁四院(湖北)工程监理咨询公司工会
铁五院工会
铁五院铁城监理中港路通公司工会
上海院南昌院工会
中铁物资北京中铁工业公司工会
中铁物资兰州公司工会
高新装备恒源商务服务公司工会
铁建重工中铁隆昌铁路器材公司工会
国际集团阿尔及利亚公司工会
中铁城建集团一公司工会
中铁城建集团三公司工会
中铁建商务公司物业公司工会
投资集团中铁建桂林投资公司工会
财务公司工会
中国铁建模范职工小家
中土集团南方公司珠海西部中心城区(B 片区)第一项目经理部工会
中土集团博茨瓦纳公司工会
中铁十一局二公司周转器材管理中心工委
中铁十一局三公司合芜铁路项目部工委
中铁十二局一公司福州绕城 A7 合同段项目部工会
中铁十二局三公司连盐铁路工程指挥部工会
大桥局三公司乌市轨道交通 1 号线 02 标项目部工会
大桥局四公司天津地铁 5 号线 R6 合同段项目部工会
中铁十四局隧道公司北京地铁 6 号线西延 6 标项目部工会
中铁十四局西安建设投资公司工会
中铁十五局二公司林拉项目部工会
中铁十五局七公司铁道京广家园项目部工会
中铁十六局四公司南昌工程指挥部工委
中铁十六局地铁公司北京地铁 16 号线 15 标项目部工委
中铁十七局铺架分公司张唐项目部工会
中铁十七局物资公司石油公司工会
中铁十八局建安公司中北春天项目部工委
中铁十八局房地产公司湖北博瀚置业公司工委
中铁十八局北京地铁工程指挥部工委
中铁十九局六公司呼张铁路项目部工委
中铁十九局轨道交通公司广州地铁 13 号线 10 标项目部工委
中铁二十局二公司蒙华铁路 MHSS－1 标段项目部工委
中铁二十局电气化公司黄韩侯四电指挥部工委
中铁二十一局路桥公司郑州综合交通枢纽地下交通工程(东广场)项目部工委
中铁二十二局二公司哈佳铁路项目部工委
中铁二十三局四公司养马河分公司桥轨车间分会
中铁二十四局电务电化公司城轨事业部工会
中铁二十五局四公司成兰铁路项目部工会
中铁建设济南分公司第二十二项目部工会
电气化局科技公司生产车间工会小组
港航局船舶分公司“铁建砼 01”工会小组

中铁地产中铁建(北京)物业公司成都分公司工会
铁一院交通与市政工程设计研究院工会
铁四院苏州轨道交通项目部工委
铁五院线路运输设计院线路设计所工会小组
上海院天津分院北京项目部工会小组
中铁物资港澳公司珠海华铁商贸实业公司工会
高新装备制造总厂结构分厂工会支会
重工集团特种装备制造总厂第一支会
国际集团沙特公司工会
中铁城建集团三公司北辰项目部工会
中铁建商务公司北京铁建医院理疗室工会小组
投资集团南方公司机关工会小组
诚合保险经营部工会小组
中国铁建培训中心(党校)教育培训处第二工会小组

中国铁建优秀工会工作者

许 征 李九林 王贤俊 宋连英 赵小红
单传学 王冬生 胡长海 倪洪波 王振东
郭春会 王子贵 郭晓红 牛忠霞 张长春
丁志强 田春梅 孙春刚 黄继娟 朱京启
嘉世芳 郁小桃 宗丽芸 谷振伟 韦元良
王维亚 胡彦茹 李忠民 景光明 李 滢
张瑞娥 马新民 赵永宏 徐卫红 胡国良
戴杏丽 晏 萍 杜东旭 毛祖杭 戴志琴
黄 玮 刘德萍 辛宁海 付结实 谢书贞
张 云 于 强 范昕宇 刘守智 毛传福
高国庆 韩 冰 黄孝民 赵 巍 杨金明
糜 蕾 潘银军 刘志敏 梁智坚 张大学
孙孝飞 黄韶文 王永红 王楚怡 刘爱波

(李 红 翟国堂)

【女职工组织建设】 截至2015年12月31日,全系统建立女职工委员981个,配备女工委主任841人,其中专职177人。各级职代会代表中女代表人数2451人,占代表总数的13.5%。建档特重困女职工家庭1026户,发放救助金496万元。 (李 红 翟国堂)

【先进女职工集体和个人】 “三八国际劳动妇女节”期间,全系统5个集体获“全国五一巾帼标兵岗”;12人获“全国巾帼建功标兵”“全国五一巾帼标兵”;3个集体获“全国铁路先进女职工集体”;3人获“全国铁路先进女职工个人”;2个单位获“全国铁路先进女职工组织”;2人获“全国铁路先进女职工工作者”;中国铁建工会表彰巾帼标兵岗17个、巾帼标兵83人、先进女职工组织10个、先进女职工工作者20人。

全国五一巾帼标兵岗

中铁十五局六公司财务部
中铁十八局三公司涿州机械厂焊工班
中铁二十一局四公司财务部
中铁二十一局德盛和置业有限公司营销部
铁一院新疆铁道勘察设计院经分处

全国巾帼建功标兵

蔡丽娜 国际集团阿尔及利亚公司总经理助理

全国五一巾帼标兵

陈玉英 中铁十一局桥梁公司工程师
张春荣 大桥局三公司副总工程师
王亚丽 中铁十四局隧道公司项目副总工程师
涂海燕 中铁十五局五公司江北项目部实验室主任
关改玉 中铁十七局铺架分公司邯黄项目部探伤技工
陕 娟 中铁二十局五公司副总经理
覃婉嘉 中铁二十三局轨道交通公司项目总工程师
乔建敏 电气化局设计院副总工程师
殷俊章 铁一院桥梁隧道处桥一所总工程师
杨艳丽 铁四院线站处轨道所副所长
李红梅 铁四院电化处副总工程师

全国铁路先进女职工集体

大桥局一公司大连工程指挥部财务科
中铁十七局中心医院妇产科
中铁城建集团北京工程公司财务部

全国铁路先进女职工

寻红霞 中铁十七局工会综合管理部部长、女工委主任
洪 梅 中铁地产审计部部长
陈 卓 铁五院检测公司桥梁结构检测部部长

全国铁路先进女职工组织

中铁二十局四公司工会女职工委员会
中铁二十四局工会女职工委员会

全国铁路先进女职工工作者

隋丽春 中铁十八局人力资源部高级经济师兼机关女工委主任
李明芝 昆明中铁工会女工干事

中国铁建巾帼标兵岗

中铁十二局电气化公司人力资源部
大桥局一公司大连工程指挥部财务科
中铁十四局一公司党群工作部
中铁十六局一公司市场开发部
中铁十八局建安公司党委宣传部

中铁二十局二公司经营部

中铁二十二局二公司黄韩侯项目部龙门吊女工班组

中铁二十四局上海电务电化公司财务部

中铁建设物资公司综合管理部

港航局勘察设计院港口设计所总图组

中铁地产北京正达置业公司营销部

铁一院城建院设备所

铁五院四电设计院信号所

昆明中铁物流中心仓储工段

重工集团中铁隆昌铁路器材公司工务器材车间质检班

中铁城建集团二公司办公室

中国铁道建筑报社

中国铁建巾帼标兵

卢　洁　张丽君　李　琪　刘　霞　樊淑红
许海霞　李　洁　潘　馥　战丽娜　王丽红
李　敏　相兆芹　张凤杰　徐爱梅　李　颖
马金荣　关小强　王尼尼　朱基萍　王桂玲
解丽丽　张　岩　肖　静　郝　蕊　苏晓艳
王秀燕　翟淑萍　赵凤琴　桑晓洁　方　萍
纪春艳　刘利萍　汪百春　马　娜　方　英
沈以珍　孔得超　刘　丹　余美仙　李艳丽
成旭霞　卢　晶　郄红梅　张　楠　晏　萍
柴丽丽　刘　萍　韩佩利　李　英　杨玉荣
刘晓佩　周亚平　邓爱东　梁芙蓉　邱瑞宏
周德恒　秦振英　刘春平　孟凡红　叶丽娅
钟竞进　鲁　曼　张华莹　张金花　徐鸿燕
徐瑰麟　于宝宏　王　静　刘虹云　王珂莉
漆　健　蔡丽娜　高彩燕　董肖华　黄韶文
陈玉凤　徐晓东　张佳玉　张苗苗　李　英
刘　芳　王爱芬　丁亚杰

中国铁建先进女职工组织

中铁十一局电务公司工会女职工委员会

大桥局三公司工会女职工委员会

中铁十五局六公司朔黄铁路运输处工会女职工委员会

中铁十七局四公司工会女职工委员会

中铁十九局五公司第八项目管理部工会女职工委员会

中铁二十一局一公司诚而信工程检测中心工会女职工委员会

中铁二十三局四公司工会女职工委员会

中铁二十五局三公司工会女职工委员会

电气化局一公司工会女职工委员会

中铁城建集团三公司工会女职工委员会

中国铁建先进女职工工作者

田艳君　杨　玲　孟　兵　张　清　孙胜玲
陈红云　苏玉霞　黄旭东　栾学彬　张瑞娥
李　瑛　宋艳玲　佟　欣　蔡雪芳　刘德萍
杜　鹃　房　玮　范昕宇　李　中　张　敏

（李　红　翟国堂）

【征集困难女职工心愿卡活动】　母亲节期间，各级工会女职工组织创新帮扶形式，针对困难女职工，开展征集“心愿卡”活动。通过征集“微心愿”活动、认领“微心愿”、圆梦“微心愿”活动，为每位困难女职工送上“量身定制”的温暖，共同助力困难女职工圆梦。7 月 21 日，中国铁道建筑报第三版整版介绍开展此项活动的成果。（李　红　翟国堂）

【家规家训征集和家书征文活动】　5—11 月，中国铁建工会在全系统开展以“弘扬文明家风、争做幸福家庭”为主题的家规家训征集和家书征文活动。各级工会组织高度重视、精心策划，开展形式多样的教育培训引导活动和家庭文化建设活动。广大职工通过整理家规家训、晒家书、讲好家风故事、晒好家风照片、秀好家风梦想等形式，营造出人人崇尚好家风、共同培育好家风的浓厚企业氛围，提升职工幸福指数，促进家庭和美，推动企业和谐发展。活动评选出优秀家规家训一等奖 10 名、二等奖 20 名、三等奖 30 名、优秀奖 24 名；优秀家书一等奖 15 名、二等奖 20 名、三等奖 30 名、优秀奖 31 名。（李　红　翟国堂）

【全路第一届“书香铁路”女职工读书征文活动】　在全国铁路总工会女工委举办的第一届书香铁路女职工读书活动中，中国铁建工会女工委获最佳组织奖，有 5 篇征文分别获一、二、三等奖，3 篇获优秀奖。

（李　红　翟国堂）

【铁路工会第五届女职工委员会第一次全体会议】
12 月 27—28 日，中国铁路工会第五届女职工委员会第一次会议在北京召开，白晶、陈玉平当选铁路工会第五届女职工委员会委员。（李　红　翟国堂）

【“三不让”帮扶】　全系统各级继续开展“三不让”帮扶救助，进一步完善和修订有关困难职工帮扶救助管理办法和细则，对因病、因残、因灾、因学等致贫致困的员工进行重点帮扶。2015 年各级工会共筹集专项资金 8513 万元，救助困难职工家庭 10256 户次，资助困难职工子女入学 2537 人次，救助患病职工 31648 人次。（吕向东　张晓川）

【“三不让”帮扶救助工作先进集体和个人】 全系统2个单位获全路“三不让”帮扶救助工作先进集体;5人获全路“三不让”帮扶救助工作先进个人。

全路“三不让”帮扶救助工作先进集体

中铁十四局集团有限公司工会

中铁二十一局集团有限公司工会

全路“三不让”帮扶救助工作先进个人

张凤华 中铁十二局工会主席

李海林 大桥局集团公司工会财务

王显俊 中铁十六局工会权益保障部部长

陈玉平 中铁十八局工会副主席

官国强 中铁二十三局工会生产保护部部长

郭 俊 中铁二十四局新余工程公司工会主席

杜 鹃 中铁建设集团工会女工委主任

贺荣木 铁四院离退休部部长、党委书记

(吕向东 张晓川)

【送温暖活动】 元旦、春节期间,全系统各级继续开展送温暖活动,重点慰问特重困职工、受灾职工、伤病职工,艰苦地区和关键岗位及重点工程建设项目职工,以及对企业发展做出重要贡献的劳动模范、先进职工等,帮扶覆盖面大幅提升,让广大员工切实感受到组织的关心和关怀,共享企业发展成果。多渠道筹集送温暖资金,全系统共筹资金6787万元,慰问困难职工家庭23915户,其中慰问劳模、离退人员、一线职工和农民工47148人,有1813名工程公司级以上领导参加慰问活动。(吕向东 张晓川)

【集体合同工资集体协商】 全系统集体合同工资集体协商工作继续有序推进,各集团公司、工程公司均建立工资集体协商制度,签订工资专项协议实现全覆盖。职工工资协商共决、正常增长和支付保障机制逐步完善。全系统集体合同签订率100%,兑现率和职工满意度96%以上。(吕向东 张晓川)

【工会财务工作竞赛评比】 股份公司工会进行2014年度工会财务工作竞赛评比,通报表彰特等奖单位1个;一等奖单位10个;二等奖单位16个;三等奖单位2个,有效促进工会财务工作规范化建设水平。

特等奖单位

中铁第四勘察设计院集团有限公司工会

一等奖单位

中铁十六局集团有限公司工会

中铁十八局集团有限公司工会

中铁二十局集团有限公司工会

中铁二十一局集团有限公司工会

中铁建设集团有限公司工会

中国铁建房地产集团有限公司工会

中铁第一勘察设计院集团有限公司工会

中铁第五勘察设计院集团有限公司工会

中国铁建重工集团有限公司工会

中铁建商务管理有限公司工会

二等奖单位

中国土木工程集团有限公司工会

中铁十一局集团有限公司工会

中铁十二局集团有限公司工会

中国铁建大桥工程局集团有限公司工会

中铁十四局集团有限公司工会

中铁十五局集团有限公司工会

中铁十七局集团有限公司工会

中铁十九局集团有限公司工会

中铁二十二局集团有限公司工会

中铁二十三局集团有限公司工会

中铁二十四局集团有限公司工会

中铁二十五局集团有限公司工会

中国铁建电气化局集团有限公司工会

中铁上海设计院集团有限公司工会

中国铁建高新装备股份有限公司工会

中国铁建国际集团有限公司工会

三等奖单位

中铁物资集团有限公司工会

北京铁城建设监理有限责任公司工会

(吕向东 张晓川)

【经审工作规范化考核和优秀审计项目评选】 2015年,股份公司工会经审会进行2014年度集团公司级工会经审工作规范化建设考核和工会优秀审计项目评选,通报表彰5个A级标准单位;18个B级标准单位;3个C级标准单位和4个优秀审计项目,促进经审工作有效开展。

2014年度中国铁建集团公司级工会经审工作规范化建设考核结果

·A级标准单位·

中铁十八局集团有限公司工会

中铁建设集团有限公司工会

中铁第一勘察设计院集团有限公司工会

中铁第四勘察设计院集团有限公司工会

中铁第五勘察设计院集团有限公司工会

·B级标准单位·

中国土木工程集团有限公司工会

中铁十二局集团有限公司工会

中国铁建大桥工程局集团有限公司工会

中铁十四局集团有限公司工会
中铁十六局集团有限公司工会
中铁十七局集团有限公司工会
中铁十九局集团有限公司工会
中铁二十局集团有限公司工会
中铁二十一局集团有限公司工会
中铁二十二局集团有限公司工会
中铁二十三局集团有限公司工会
中铁二十四局集团有限公司工会
中铁二十五局集团有限公司工会
中国铁建电气化局集团有限公司工会
中国铁建房地产集团有限公司工会
中国铁建高新装备股份有限公司工会
中国铁建重工集团有限公司工会
北京铁城建设监理有限责任公司工会

·C级标准单位·

中铁十一局集团有限公司工会
中铁十五局集团有限公司工会
中铁建商务管理有限公司工会

2014年度中国铁建工会优秀工会审计项目

中铁十二局集团第三工程有限公司2012至2013年度经费收支审计

中铁十八局集团第二工程有限公司2012至2013年度经费收支审计

中铁二十二局集团第四工程有限公司原工会主席孙于力任期经济责任审计

中铁二十四局集团江苏工程有限公司原工会主席白耀良任期经济责任审计

（吕向东　张晓川）

【经费收支和离任审计】 股份公司工会经审会办公室组成12个审计组，对中土、十五局、十七局、二十局、二十二局、二十三局、二十四局、电气化局、上海院、国际集团、商务公司11个单位工会进行了工会经费收支审计；受股份公司工会组织权益和女工部委托，对十六局工会进行工会主席任期经济责任审计；按照审计方案，审计中延伸审查7个三级单位工会。审计组向股份公司工会经审会提交审计报告12份，下发审计意见书12份；被审计单位工会按要求认真整改，并在规定时间上报整改情况报告，多数审计意见得到较好整改和落实。（吕向东　张晓川）

【工会财务、经审工作先进单位】 大桥局工会、二十四局工会被全国总工会被评为“工会财务工作先进单位”；股份公司工会经审会上报的“中铁建商务管理有限公司2013—2014年度工会经费收支审计”项目获全国总工会优秀审计项目；股份公司工会（本级）在中华全国铁路总工会财务工作竞赛评比和经审工作规范化考核中，分获特等奖和一等奖；十六局工会、十八局工会、二十三局工会、电气化局工会被中华全国铁路总工会被评为“工会财务工作先进单位”。

（吕向东　张晓川）

【有线电视管理】 机关工会负责复兴路40号院10余户单位和1400余户居民的有线电视维护管理工作。1月1日，歌华公司收回有线电视维护权限，机关工会负责协调管理。为保障机关大院有线电视用户收视权益，避免与歌华公司维护工作重叠，同时兼顾部分用户对机关自办卫星节目的收视需求，从3月1日起，将自办的8套付费卫星节目改为播放4套免费卫星节目，停止收取机关自办卫星节目收视费。（刘永胜）

【机关工会四届六次会议】 2月3日，股份公司机关工会召开四届六次全委会，选举第四届委员会副主席。会议应到委员7人，实到委员7人，经选举，全票通过吕向东同志为股份公司机关工会第四届委员会副主席，并将选举结果上报股份公司工会。2月11日，股份公司工会下发（中国铁建工组〔2015〕8号）同意机关工会选举结果。（吕向东　刘永胜）

【机关女职工趣味体育比赛】 3月6日，为庆祝“三八”国际劳动妇女节105周年，丰富机关女职工生活，股份公司机关工会和机关女工委在中国铁建总部机关举办女职工趣味体育活动，机关60多名女职工参加活动。比赛分别进行个人跳绳、踢毽子、定点投篮和集体跳绳4个项目。（吕向东　刘永胜）

【机关职工健步行走】 4月23日、9月25日，股份公司机关工会在北京永定河休闲森林公园组织春、秋两季“中国铁建·一起走”健步走活动，2次活动参加职工420人次。在4月23日的活动中，邀请中国越野执杖行走的开创者、国家体育总局体育科学研究所越野行走推广中心主任、国际越野行走协会中国委员会副主任、总教练姚新新向大家讲授越野执杖健步行走常识和技巧，参加职工初步了解和掌握了执杖健步行的科学知识和基本要领。（吕向东　刘永胜）

【实行机关职工年休假制度】 为贯彻实施国务院《职工带薪年休假条例》（国务院令第514号）和国家人力资源和社会保障部《企业职工带薪年休假实施办法》（人社部令第1号），规范股份公司机关职工带薪年休假管理，股份公司人力资源部、机关工会制定《中国铁建股份有限公司机关职工带薪年休假实施办法(试行)》,经2015年8月13日股份公司机关职工代表会审议通过后,机关工会印发《关于印发〈中国铁建股份有限公司机关职工带薪年休假实施办法(试行)〉的通知》(中国铁建机工〔2015〕2号),于2015年8月14日正式实行。 (吕向东 刘永胜)

【开展机关职工思想状况调研】 机关工会于2015年12月,针对总部机关的实际情况,专题编印机关职工思想状况调查问卷,对机关全体干部职工进行问卷调查,共发放问卷340份,回收231份,回收率78.54%。并于12月15日,组织召开机关职工专题座谈会。对问卷调查和座谈会上机关干部职工反映比较集中的10个具体问题,提交相关部门处理。

(吕向东 刘永胜)

团 委

【股份公司团委】 股份公司团委在股份公司党委和中央企业团工委的领导下开展共青团和青年工作,对下实施垂直管理,主要负责全系统团组织建设、干部队伍建设、团的生产活动及团员青年的思想政治工作。股份公司团委下辖34个集团公司、公司团委(团工委)。全系统有1002个基层团委,140个团总支,3587个团支部。专职团干部314人,兼职团干部5705人,团员52013人,35岁以下青年职工123992人。股份公司团委定员3人,下设青年工作处,现员2人,其中团委书记1人。

中国铁建各级团组织认真学习贯彻落实中央党的群团工作会议精神与《中共中央关于加强和改进党的群团工作的意见》精神,坚持青年思想引导,团员青年思想政治素质不断提高;坚持加强团的自身建设,扎实开展"团干部如何成长大讨论"、基层团干部培训和基层团青工作调研活动,团的组织建设得到夯实,团干部队伍能力得到提升;坚持服务青年成长成才,大力开展"十大杰出青年""十佳青年技术能手"评选、导师带徒和青工培训等活动,青年成长成才平台进一步拓宽;坚持围绕中心、服务大局,积极创建"青年文明号"、组建"青年突击队",广泛开展"改革创新 青年先行""青春建功铁建梦——青年安全在行动"等主题实践活动,团结带领广大团员青年充分发挥生力军和突击队作用,为打胜中国铁建"十二五"收官之战做出积极贡献。2015年全系统有4名青年获团中央表彰。

(闫国良)

【基层组织组建与调整】 股份公司团委指导城建集团成立了团委,指导十八局如期召开团代会,调整十一局、大桥局、铁五院、铁建装备集团、物资集团、中非建设集团的团组织负责人。 (闫国良)

【中国铁建团委二届二次全委(扩大)会】 2015年3月10日,中国铁建团委二届二次全委(扩大)会在北京召开,股份公司党委书记齐晓飞出席会议并讲话,股份公司所属近40名集团公司级团组织负责人参加会议。会议传达上级有关会议精神和中央企业团工委工作要点;部署2015年中国铁建共青团重点工作;各集团公司级团组织负责人用PPT方式汇报2014年度单位最具特色的共青团工作。 (闫国良)

【推优入党】 全系统826名团员在团组织推荐下加入中国共产党。 (闫国良)

【学习贯彻落实中央党的群团工作会议精神】 中央党的群团工作会议召开后,股份公司团委要求广大团员青年通过报刊、电视、手机、网络等渠道,及时了解、关注会议的进展并学习领悟会议精神。各级团组织带领广大团员青年通过举办专题讲座和座谈会、撰写学习心得等形式认真学习宣传贯彻落实党的群团工作会议精神,提高了团员青年的思想政治觉悟。为更好地贯彻落实会议精神,股份公司团委在基层团干部培训班期间专门对会议精神进行学习传达和解读,针对会议上提到的共青团和青年工作存在的问题进行深入讨论;联合股份公司工会到20余个基层单位调研会议精神的学习贯彻落实情况和群团工作开展情况,并认真听取基层党组织、团组织和团员青年对加强和改进中国铁建共青团工作的意见和建议。 (闫国良)

【学习齐晓飞书记"五四"寄语】 "五四"期间,股份公司党委书记齐晓飞撰文《弘扬"五四"精神,勇担铁建改革发展重任》寄语青年,股份公司团委组织全系统各级团组织和广大团员青年认真学习领会精神,并在广大团员青年中征集读后感,适时将优秀文章在铁建青年网上进行刊载。 (闫国良)

【"提信心、当良将、奋斗的青春最美丽"主题报告会】

股份公司团委以贯彻股份公司董事长孟凤朝视察十五局时的寄语为主题,举办"提信心、当良将、奋斗的青春最美丽"主题报告会。股份公司党委书记齐晓飞、股份公司机关人员、十五局有关领导及在京单位团员青年共240余人参加大会。报告团成员精彩的演讲,弘扬正能量,激发大家的斗志和士气,提升企业的凝聚力。（闫国良）

【“清明祭英烈 共铸中华魂”主题宣传教育活动】 为更好的传承铁道兵精神,在清明节期间,股份公司团委围绕“清明祭英烈,共铸中华魂”主题,重点开展“网上祭英烈,共铸中华魂”网页献花留言活动,发动团员青年积极参与“清明祭英烈”话题讨论,开展祭扫烈士陵园活动,特别是祭扫铁道兵烈士陵园活动,向为祖国铁路事业献出宝贵生命的铁道兵前辈致敬。（尤家民）

【群团工作基层调研活动】 加强和改进企业群团工作,按照股份公司党委要求,股份公司团委与工会于2015年9—11月深入20余个集团公司子公司或项目部开展基层工会、共青团工作调研暨走访慰问基层一线员工活动。通过调研,详细了解各基层单位学习贯彻中央群团工作会议精神情况,全面掌握共青团工作开展情况,并听取各方面对共青团的意见和建议,为进一步加强和改进共青团工作提供了依据。（尤家民）

【“团干部如何健康成长”主题培训班】 2015年7月13—18日,股份公司团委举办“团干部如何健康成长”主题培训班,股份公司党委常委、总会计师王秀明出席开班仪式并讲话,150名各集团公司及子公司团干部参加培训。培训包括机关部门领导的授课、知名教授的专题讲座、课堂教学、互动讨论、室内文体活动和户外团队拓展。（闫国良）

【“团干部如何健康成长”大讨论活动】 为深入学习贯彻习近平总书记系列重要讲话精神,全面落实《中共中央关于加强和改进党的群团工作的意见》精神,聚焦团干部成长中存在的突出问题,股份公司团委开展以各集团团组织、所属二级单位团干部和各级专职团干部为重点,带动兼职团干部广泛参与的“团干部如何健康成长”大讨论活动。股份公司团委组织参加团干部培训班的基层团干部进行深入讨论,并参与指导大桥局、十七局和十九局团委的大讨论活动。（闫国良）

【“导师带徒”活动】 为更好地总结、推广2014年各单位“导师带徒”活动好的做法和经验,指导2015年“导师带徒”活动,团委编印《2014年中国铁建“导师带徒”活动集锦》下发至各单位。各单位全部开展新毕业大学生“导师带徒”活动,导师带徒合同签订率达100%。（尤家民）

【“对话青春榜样,奉献海外事业”专题讲座】 为提高中国铁建青年员工外语学习能力和对外交往能力,着力培养一批视野广、外语强、善沟通、会管理的复合型青年人才,适应新形势,满足新要求,2月4日下午,股份公司团委在三层报告厅举办“对话青春榜样,奉献海外事业”专题讲座,特邀请习近平总书记的专职翻译、外交部翻译室副处长孙宁为全系统的外经人员和青年员工带来一场精彩纷呈的讲座。（闫国良）

【“团组织就在我身边”关爱行动】 春节前,股份公司团委从“中国铁建青年爱心金”中划拨5.8万元关爱22名平时工作表现突出且生活相对困难的团员青年,帮助他们解决实际生活困难,让他们度过了一个欢乐祥和的新春佳节。（尤家民）

【青年社团组织】 为进一步加强企业文化建设,展示铁建青年风采,搭建活动交流平台,促进青年身心健康,提升企业凝聚力,股份公司团委成立中国铁建青年足球、篮球、羽毛球协会。各单位按照要求建立相应的球队,并将球队队员名单上报股份公司团委作为协会会员。（尤家民）

【“改革创新 青年先行”主题实践活动】 股份公司团委于2015年4—12月开展中国铁建“改革创新,青年先行”主题实践活动。各集团公司团组织根据股份公司团委的要求,全面开展主题宣教活动、组织开展“我为铁建改革发展献良策”征集活动和积极推动创新实践活动。（闫国良）

【“青春建功铁建梦——青年安全在行动”主题实践活动】 股份公司团委开展中国铁建“青春建功铁建梦——青年安全在行动”主题实践活动。各级团组织按照股份公司团委的安排和部署,大力开展“青春建功铁建梦——青年安全在行动”“五个一”活动,即开展一次安全生产宣传活动、开展一次安全生产隐患排查整改活动、开展一次安全事故反思活动、开展一次安全生产技能学习活动、开展一次安全生产“五小”攻关活动,引导和激励广大团员青年为实现股份公司安全管理目标作贡献。（闫国良）

【青年创新创效活动】 为进一步激发青年的创新热情和创造活力,全系统各级团组织广泛开展科技攻关和“五小”成果评选表彰等活动,为提升企业创新力、提高企业经济效益做出积极贡献。经股份公司团委推荐,2 项青年创新成果获第二届全国铁路青年科技创新奖。

第二届全国铁路青年科技创新奖名单

《移动式气压焊轨车改进及线上焊研究》

孙俊鑫　吴新丰　　中国铁建高新装备股份有限公司

《真实感场景模型制作工艺创新》

王　玮　　中铁第一勘察设计院集团有限公司

（闫国良　尤家民）

【宣传工作】 股份公司团委进一步加大宣传工作力度,有效提升共青团工作的影响力,先后在《中国铁道建筑报》刊登 4 个青年工作专版,在“中国铁建青年网”审核、发布信息 2848 条,在“中央企业青年网”“中国铁建股份有限公司网站”和《中国铁道建筑报》等媒体发布信息 500 余条。为更好地利用新媒体宣传共青团工作,股份公司团委还开通“铁打的营盘”微信公众号,并利用公众号进行中国铁建第七届“十大杰出青年”“十佳青年技术能手”候选人的公示和投票工作。

（闫国良）

【安排香港大学生实习】 根据中央企业团工委的安排,6 名香港大学生到中国铁建实习,经股份公司团委研究并报请股份公司党委领导同意,安排到国际集团实习,为香港大学生安排丰富的实习活动,得到中央企业团工委和香港青联的认可与赞扬。（尤家民）

【安排台湾中华青年企业家协会交流】 8 月 14 日上午,应国台办邀请来京参访的台湾中华青年企业家协会交流团和部分中国青年企业家协会会员到访中国铁建。中国青年企业家协会副秘书长张华,国台办政党局一处处长李永刚,台湾中华青年企业家协会理事长、国民党青年部副主任、交流团团长张渊翔,中国铁建党委常委、总会计师王秀明,新闻发言人钱桂林,团委书记沈玉泉,以及双方企业家代表 40 余人参加了铁道兵纪念馆的参观和座谈活动。（闫国良）

【参加抗日战争 90 周年活动】 按照团中央的通知要求,曾获中国青年五四奖章的中央候补委员、铁一院副院长李金城作为国资委系统 2 名青年代表之一参加抗日战争 90 周年有关活动,股份公司团委配合团中央做好李金城参加活动的相关工作。（尤家民）

【安排中央企业牵手西藏各族青少年融情实践营参观】 为加强西藏各民族青少年与内地及中央企业的交往交流交融,展示中央企业的改革发展成就和中华传统历史文化魅力,中央企业团工委、国资委援扶办暑假期间在北京举行“2015 年中央企业牵手西藏各族青少年融情实践营”活动。活动期间,股份公司团委组织实践营的 45 名西藏自治区的青少年参观了铁道兵纪念馆,得到中央企业团工委领导的好评,中央企业团工委还专门为此项工作发来感谢信。（闫国良）

【第七届“十大杰出青年”“十佳青年技术能手”评选活动】 股份公司团委在全系统开展中国铁建第七届“十大杰出青年”“十佳青年技术能手”评选活动。经各单位推荐候选人、机关有关部门审核、网上公示、群众网上投票、机关各部门投票和党委审定,最终评选出中国铁建第七届“十大杰出青年”“十佳青年技术能手”各 10 人,其他参评候选人获提名奖。

中国铁建第七届“十大杰出青年”

阳　松　中土集团援外部副总经理兼南太公司总经理

沈显才　中铁十一局集团一公司兰州中川铁路项目部经理

骆文学　中铁十二局集团山西中部引黄 14 标项目部经理

刘明才　中铁十四局集团潮惠高速项目部经理

耿永旺　中铁十六局集团五公司副总经理

刘　岩　中铁十七局集团电气化公司赞比亚项目部经理

胡恒千　中铁十八局集团三公司副总经理兼长春项目部经理

李　锐　中铁十九局集团二公司总经理助理

汪新立　中铁二十二局集团茅台扩建工程总承包指挥部副指挥长兼总工程师

王海松　铁四院集团线站处线路室副主任、山东郓城煤矿铁路总承包项目部经理

中国铁建第七届“十佳青年技术能手”

温家礼　中铁十一局集团三公司焊轨分公司探伤工长

曹国强　中铁十二局集团三公司贡泽公路项目试验室主任

徐　斌　大桥局三公司外环线项目测量班长

雷秀英　中铁十五局集团七公司黄延项目试验室主任

马胜利　中铁十八局集团一公司港珠澳大桥珠海连接线项目副总工程师兼工程部部长

邹符良　中铁二十局集团三公司计量测试中心测量部员

郭志浩　铁一院集团甘肃勘察院测量工程师

姚洪锡　铁四院集团地路处工程师

杨治能　中国铁建高新装备股份公司制造总厂总装分厂调试技术员

魏　东　中国铁建国际集团（北京）国际贸易公司贸易事业二部审计师

中国铁建第七届“十大杰出青年”提名奖

李　兵　周冠南　杨金山　叶长松　党振峰
杨　毅　王飞球　舒　丹　张学臣　徐元成
郭忠海　王晓飞　王　俊　陈　坚　周小兵
陆　强　蔡昌胜　龙　斌　尤丁剑　刘德辉
陈　文　王文斌

中国铁建第七届“十佳青年技术能手”提名奖

凌长龙　郑灿伟　郑中刚　唐　菘　李文园
王立博　曾伟峰　刘中义　邓海军　孙仲云
王　强　李　凯　黄文辉　殷晓博　包宏涛
王文庆　许彦旭　杨　浩　李进荣　杨　瑾

（尤家民）

【表彰“两优两红”】　“五四”期间，股份公司团委表彰优秀共青团员 71 人，优秀团干部 78 人，“五四”红旗团委 47 个，“五四”红旗团支部 45 个。

中国铁建优秀共青团员（2014—2015 年）

王维威　张良剑　赵江峰　王　沛　孟源海
殷智明　郝牛儿　胡志野　严　怡　武美平
高　南　安建栋　林贞婕　陈敏强　唐　堂
李　鑫　费　敏　徐学西　艾　雯　张莉媛
贺　斐　檀泽来　汪国贤　李春汶　韩继爽
刘道晨　王　岩　李霁彬　马　军　杨瀚文
刘彤辉　何应龙　马　勇　杨　勇　张春燕
刘　丹　王有为　赖忠岩　陈湘坤　张锁宇
杨　洋　莫　天　王　磊　马　奇　肖来东
林文静　苗　帅　赵春雨　尹祖平　曹　光
韦永生　付艳斗　常　青　陈　昆　南海超
梁展铭　赵元初　毛文欢　张　杰　唐东清
周朝凤　顾钊军　马　潜　许丹琪　黄　凯
祁陈军　姬晓琳　刘婧琦　周　婷　穆亚征
张青敏

中国铁建优秀共青团干部（2014—2015 年）

国　测　胡家玮　樊鹏超　宋永浩　麻英瑞
卫　楠　王海涛　安少楠　高健华　黄平夫
孙洪刚　王　月　石广超　霍胜彬　李艳青
韩　强　苏　燕　许家安　李莎莎　王思佳
康　燕　付宇飞　吴仙贵　李雅男　李贝雨
李慧楠　李文园　王连丽　徐　威　刘　丹
李晓鹏　陈卫国　廖　惠　王　艳　姚　涛
宋　强　王玉兰　刘漫漫　郝　斌　陶辉亮
王　伟　秦文俊　晏红云　刘霖青　王树峰
李　溪　肖　阳　张　斌　丰顺朋　冯　霞
李良彬　尧　稆　李俊娜　武　斌　张　恒
赵　飞　袁　菁　孟祥嘉　卞友艳　李光凤
蒋珊珊　王　凡　曹　飞　王锐超　王　媛
袁　野　罗庆倩　盘梦琳　孙　鹏　张　杰
李远航　崔玉龙　周丙全　蔡　华　张　帆
姜妮娜　孙次郎　李湘美

中国铁建五四红旗团委（2014—2015 年）

中土集团福州设计院团委
中铁十一局集团二公司团委
中铁十一局集团四公司武汉地铁天河机场站项目团工委
中铁十二局集团电气化公司团委
中铁十二局集团七公司团委
中铁建大桥局集团一公司团委
大桥局六公司团委
中铁十四局集团五公司团委
中铁十四局集团北京中铁房山桥梁公司团委
中铁十五局集团公司团委
中铁十五局集团七公司团委
中铁十六局集团轨道交通工程建设公司团委
中铁十六局集团地铁工程建设公司团委
中铁十七局集团二公司团委
中铁十七局集团物资公司团委
中铁十八局集团二公司团委
中铁十八局集团轨道交通公司团委
中铁十九局集团二公司团委
中铁十九局集团五公司团委
中铁十九局集团六公司团委
中铁二十局集团房地产公司团委
中铁二十局集团安哥拉国际公司团委
中铁二十一局集团二公司团委
中铁二十一局集团电务电化公司团委
中铁二十二局集团二公司团委
中铁二十二局集团北京中铁天瑞机械公司团委
中铁二十三局集团三公司团委
中铁二十三局集团轨道公司团委
中铁二十四局集团上海公司团委
中铁二十四局集团路桥公司团委
中铁二十五局集团公司团委
中铁二十五局集团南宁枢纽指挥部团工委
中铁建设集团铁路工程总指挥部团委
中铁建设集团市政分公司团委
电气化局四公司团委
港航局勘察设计院团委
铁一院集团公司团委

铁四院集团线站处团委
中铁物资集团中南公司团委
昆明中铁集团广维通公司团委
重工集团制造供应中心团工委
国际集团中铁建(北京)国际贸易公司团委
中铁城建集团一公司团委
中非建设尼日利亚公司团委
中国铁建财务公司团委
诚合保险经纪公司团委
重庆铁发遂渝高速公路公司团委

中国铁建五四红旗团支部(2014—2015 年)

中土集团中土澳门公司团支部
中铁十一局集团三公司运输三队团支部
中铁十一局集团五公司米攀项目团支部
中铁十二局集团三公司四川雅康项目部团支部
中铁十二局集团南龙铁路项目部团支部
大桥局苏州 IV-TS-06 标项目团支部
大桥局三公司浙江工程指挥部团支部
中铁十四局集团四公司成绵乐南站项目部团支部
中铁十四局集团房地产开发公司“中国铁建·明山秀水”项目团支部
中铁十五局集团三公司成贵铁路项目团支部
中铁十五局集团六公司神朔铁路运输处团支部
中铁十六局集团二公司阜阳项目团支部
中铁十六局集团四公司昆明工程指挥部团总支
中铁十七局集团上海轨道公司苏州地铁 4 号线 18 标项目团支部
中铁十七局集团中心医院内科团支部
中铁十八局集团六公司北京项目管理部团支部
中铁十八局集团房地产公司湖北博瀚置业公司团支部
中铁十九局集团三公司房建项目管理部大众天津项目团支部
中铁二十局集团雅都商务酒店团支部
中铁二十局集团技工学校 2013 级电工班团支部
中铁二十一局集团三公司雁白黄河大桥项目部团支部
中铁二十一局集团四公司西宁市火车站下穿隧道 III 标项目部团支部
中铁二十二局集团五公司茅台团支部
中铁二十二局集团电气化公司哈尔滨电务工程分公司信号三项目部团支部
中铁二十三局集团二公司哈尔滨分公司团支部
中铁二十三局集团六公司重庆轻轨 PC 梁项目团支部
中铁二十四局集团安徽公司砀山县宴嬉路上跨陇海铁路立交桥项目团支部
中铁二十四局集团浙江公司九景衢二分部团支部
中铁二十五局集团四公司云桂二分部团支部
中铁二十五局集团西北分公司简蒲高速项目部团支部
中铁建设北京分公司第二十六项目(617 地块)团支部
电气化局轨道交通器材公司团总支
中铁地产合肥置业公司团支部
铁一院集团桥梁隧道处团总支
铁四院集团建筑院团总支
铁五院集团地质路基勘察设计院团支部
中铁上海院集团杭州院团支部
中铁物资集团华东公司第二团支部
昆明中铁集团制造总厂机加工分厂团支部
重工集团技术中心电气技术研究院团支部
国际集团安哥拉分公司团支部
中铁城建集团北京工程公司五分公司团支部
中非建设尼日利亚公司北区经理部团支部
商务公司北京铁建物业管理公司团支部
重庆铁发遂渝高速公路公司书房坝收费站团支部

(尤家民)

【争创“青年文明号”、争当“青年岗位能手”活动】 2015 年,股份公司团委在全系统广泛开展争创“青年文明号”、争当“青年岗位能手”活动,带领广大团员青年奋战施工一线,充分发挥生力军和突击队的作用。4 名青年被评为“全国青年岗位能手”,股份公司团委本级共评选 100 个“青年文明号”、119 名“青年岗位能手”。

全国“青年岗位能手”(2015 年)

邹符良　中铁二十局集团第三工程公司
朱启辉　中铁二十局集团安哥拉国际有限公司
郝后安　中铁二十四局集团浙江工程有限公司
顾东芝　中铁二十四局集团浙江工程有限公司

中国铁建“青年文明号”(2015—2016 年)

中土集团埃塞俄比亚有限公司阿瓦萨工业园项目部
中铁十一局集团一公司宝汉公路项目部
中铁十一局集团二公司南龙铁路项目部
中铁十一局集团三公司北京地铁项目部
中铁十一局集团五公司南环项目部
中铁十一局集团桥梁公司抚州工业分公司
中铁十二局集团大瑞铁路项目部一分部
中铁十二局集团山西中部引黄工程施工 13 标项目部
中铁十二局集团济青高铁项目经理部

中铁十二局集团电气化公司敦格铁路四电项目部测量班

中铁十二局集团七公司佛山西站工程 SG1 标项目经理部

大桥局三公司南外环项目部

大桥局四公司蒙华铁路项目部

大桥局五公司简蒲高速公路项目部

大桥局福平铁路项目部

大桥局蒙华铁路项目部

中铁十四局集团二公司沪通铁路项目部

中铁十四局集团三公司贵阳地铁项目部

中铁十四局集团五公司北辰制梁场

中铁十四局集团太仓 BT 项目管理指挥部

中铁十四局集团武汉轨道交通 8 号线一期土建 3 标指挥部

中铁十五局集团五公司宝汉项目部

中铁十五局集团六公司神朔铁路运输处

中铁十五局集团七公司京广家园项目部

中铁十五局集团城轨公司武汉轨道项目部

中铁十五局集团都匀公司杭黄项目部

中铁十六局集团一公司富民安置区项目部

中铁十六局集团轨道公司天津地铁 5 号线 12 标项目部

中铁十六局集团电务公司成贵铁路 CGQG－1 标项目部

中铁十六局集团路桥公司南昌经济开发区市政项目部

中铁十六局集团铁运公司包神铁路运营指挥部

中铁十七局集团一公司成兰项目部

中铁十七局集团五公司沙坪坝枢纽项目部

中铁十七局集团建筑公司阿尔及利亚项目部

中铁十七局集团物资公司营销中心

中铁十七局集团中心医院药剂科门诊药房

中铁十八局集团二公司大瑞铁路项目部

中铁十八局集团五公司市政项目管理部 302 队

中铁十八局集团隧道公司引汉济渭项目部

中铁十八局集团轨道交通公司山西中部引黄工程 TBM1 标项目部

中铁十八局集团黔张常铁路项目部

中铁十九局集团成贵铁路项目部

中铁十九局集团三公司兰渝铁路工程项目部三工区

中铁十九局集团五公司青岛蓝色硅谷城际轨道交通工程 1 标项目部

中铁十九局集团广州地铁 4 号线南延段 3 标项目经理部

中铁十九局集团国际公司沙特第五期军营项目部

中铁二十局集团财务共享服务中心

中铁二十局集团怀邵衡铁路项目部

中铁二十局集团简蒲高速公路土建 12 标项目部

中铁二十局集团深茂铁路工程指挥部

中铁二十局集团五公司西安地铁 4 号线项目部

中铁二十一局集团三公司简蒲高速 10 标项目部

中铁二十一局集团四公司西宁基地建设工程项目部

中铁二十一局集团轨道公司兰州西站北广场项目部

中铁二十一局集团电务电化公司宝兰客专兰州枢纽四电集成项目部

中铁二十一局集团铁建馨苑职工经济适用房项目部

中铁二十二局集团一公司长春地铁项目部

中铁二十二局集团二公司哈佳铁路项目部

中铁二十二局集团三公司中铁海峡大厦项目部

中铁二十二局集团四公司京沈客专（辽宁段）项目部

中铁二十二局集团房地产公司海南书香小镇项目公司

中铁二十三局集团一公司铜万项目部

中铁二十三局集团二公司哈佳铁路项目部

中铁二十三局集团三公司格鲁吉亚现代化铁路项目部

中铁二十三局集团四公司深茂铁路项目部

中铁二十三局集团轨道公司深圳地铁 6 号线项目部

中铁二十四局集团福州铁建工程质量检测有限公司

中铁二十四局集团安徽公司人力资源部

中铁二十四局集团南昌公司贵阳地铁项目部

中铁二十四局集团设备安装公司宁西铁路增建二线Ⅰ标工程第五项目部

中铁二十四局集团上海公司第六项目部

中铁二十五局集团一公司深茂铁路项目部

中铁二十五局集团三公司贵阳北站功能区路网工程项目部

中铁二十五局集团四公司资兴项目部

中铁二十五局集团五公司阳安二线二项目部

中铁二十五局集团四川简蒲高速公路 5 标制梁场

中铁建设集团华东分公司东航技术应用研发中心

中铁建设集团南宁分公司广西九洲国际项目经理部

电气化局二公司西成铁路客运专线四电工程指挥部

电气化局四公司磁浮项目部

中铁地产贵州中泓房地产开发有限公司贵阳国际城项目管理部

铁一院集团桥梁隧道处西成客专桥梁设计组

铁一院集团线路运输处站一所

铁四院集团南宁院建规所

铁四院集团海峡公司福厦客专项目组

铁五院集团徐宿淮盐项目部

上海院集团上海轨道交通调线调坡测量项目部

中铁物资集团中南公司郑州分公司

高新装备制造总厂物流中心仓储配送工位

高新装备奥通达公司小机项目部组装工段

重工集团掘进机制造总厂总装二班

重工集团道岔分公司质检班

国际集团加勒比公司

中铁城建集团三公司第18项目部

投资集团四川简蒲高速公路项目公司

中国铁建财务公司信贷部

诚合保险经纪公司陕西分公司

商务公司大厦服务中心客服部礼仪部

重庆铁发遂渝高速公路公司璧山北收费站

中铁建四川简蒲高速公路施工总承包指挥部

中国铁建"青年岗位能手"(2015—2016年)

廖剑锋　娄书元　郭藩威　朱本兵　杨邵波
董　威　杨　凯　张宏权　赵攀峰　曹　帅
韩进川　张跃佳　刘　志　杨　泊　杨伟东
孙　宇　王巨杰　张成来　董宗保　黄建军
郭寿海　邓立钊　李　伟　许庆各　刘朋真
胡冰雪　胡玉彪　党　东　汪海龙　寿可尉
陈　方　杨立伟　白雪峰　陈利东　冯　亮
李红伟　杨　乐　薛炳乐　董敏忠　苗　斌
万晓伟　彭　磊　王　军　王广波　王海森
孟俊文　杨　勇　揣宏磊　赵成龙　刘广超
唐国文　李　凯　高　鹏　李腾飞　安　鹏
李宗辉　白峰喜　毛志勇　刘忠厚　胡俊茂
苗承君　周育伟　兰峰涛　李鸿鹏　王　峰
李　超　刘　杨　侯永福　衣志伟　张晓飞
相陈亮　郭晓远　秦　兵　李　杰　郑宗长
赵洪峰　顾东芝　张部伟　王利军　匡成义
曾祥锋　黄　平　何　成　范洪义　尚　蔚
黄　倩　李怡锋　陈可宁　吴景润　夏智强
杨细初　蒋英波　陈泽远　黄　勇　王　峰
李经伟　倪　勇　余　行　李万竹　刘大伟
柏　锋　孙　勇　王　魏　马庆明　史天亮
陈玉武　李银山　李　强　韩佳霖　王夏平
刘　涛　陈　喆　陈宇为　张训虎　张红超
贺正天　方苏菲　辛雄飞　孙同欣　刘　伟
赵艳明　董文静　李小香　李　征

(尤家民)

【朱启辉当选第二季全国"最美青工"】 5月,经过全国各级共青团组织4个月的广泛寻找发动,历经海选、终选和专家评审委员会的最终评审,由团中央发起的第二季寻找全国"最美青工"评选结果揭晓,中铁二十局集团安哥拉国际有限公司首席翻译朱启辉被评为第二季全国"最美青工"。(尤家民)

【团委人员变动】 5月,闫国良任团委青年工作处处长;11月,团委书记沈玉泉转岗到中国铁建培训中心(党校)任党委书记、常务副主任(常务副校长)。

(尤家民)

2015年2月14日，中铁二十局集团公司承建、中铁上海设计院集团公司设计，中国进出口银行提供信贷支持建设的安哥拉本格拉铁路建成通车。图为安哥拉总统若泽·爱德华多·多斯桑托斯、刚果民主共和国总统约瑟夫·卡比拉、赞比亚总统埃德加·伦古为通车剪彩。（王昌尧 摄）

所属单位

中国土木工程集团有限公司

【简况】 中国土木工程集团有限公司(以下简称“中土集团”)是铁路工程施工总承包特级,房屋建筑、市政工程施工总承包一级,土石方、城市轨道交通和建筑装修装饰工程专业承包一级资质企业;拥有香港地区房建、道路及渠道、地盘平整、海港和桩基础工程最高级别资质,坦桑尼亚建筑一级资质,阿拉伯联合酋长国桥梁、隧道工程施工特级及房建、钢结构一级资质,埃塞俄比亚一级总承包商资质。总部驻北京市海淀区北蜂窝4号。前身为铁道部援外办公室。1979年6月1日,经国务院批准,在铁道部援外办公室的基础上成立中国土木工程公司;1996年12月更名为中国土木工程集团公司;2000年9月与铁道部脱钩,先后划归中央企业工委、国资委管理;2003年9月并入中国铁道建筑总公司,2007年12月企业改制改称中国土木工程集团有限公司。

下辖中土国际贸易有限公司、中土凯明工程咨询有限公司、北京中土大厦、中土国际旅行社有限公司、中土集团北方建设有限公司、中土海外(北京)人力资源管理有限公司、中铁建中非建设有限公司、汉晟工程管理咨询(北京)有限公司、珠海新铁城建筑工程有限公司、海南基冠房地产开发(香港)有限公司、海口烨主物业管理有限公司、中土集团乐清建设有限公司、中土集团福州勘察设计研究院有限公司、中土埃塞俄比亚工程有限公司、中国土木工程集团吉布提有限公司、中土尼日利亚有限公司、中土东非有限公司、中国土木阿尔及利亚有限公司、中国土木工程博茨瓦纳有限公司、中非建设有限公司、中非尼日利亚莱基自贸区有限公司、中非尼日利亚物流莱基自贸区有限公司、中国土木工程集团(肯尼亚)有限公司、中国土木工程集团(纳米比亚)有限公司、中国土木工程(赞比亚)有限公司、中国土木工程集团(津巴布韦)有限公司、中国土木工程(莱索托)有限公司、中国土木工程集团莫桑比克有限公司、中铁建中非建设莫桑比克有限公司、中国土木工程集团(南非)有限公司、中国土木工程集团有限公司埃及分公司、中国土木工程集团塞拉利昂有限公司、中国土木工程集团(几内亚)有限公司、中国土木工程集团(布隆迪)有限公司、中国土木工程集团(加纳)有限公司、中国土木工程集团(科特迪瓦)有限公司、中国土木工程集团(加蓬)有限公司、中国土木工程集团乍得有限公司、中国土木工程集团(尼日尔)有限公司、中国土木工程集团(贝宁)有限公司、中国土木工程集团刚果(布)有限公司、中铁建喀麦隆股份有限公司、中铁建塞内加尔股份有限公司、中国土木工程集团卡塔尔有限公司、中国土木(新加坡)有限公司、中国土木工程集团(巴布亚新几内亚)有限公司、中国土木工程集团(香港)有限公司、中国土木工程(澳门)有限公司、中铁(澳门)有限公司、中国土木工程集团(波兰)有限公司、中国土木工程集团罗马尼亚有限公司、中土巴西国际商业有限公司、中国土木工程集团(俄罗斯)有限责任公司、中国土木工程集团南太平洋有限公司、鑫诺帕拉贡发展有限公司、阿久巴尼日利亚有限公司、世纪科技有限公司、中土工业有限公司、中国土木房地产尼日利亚有限公司、优质设计咨询有限公司、中土尼铁有限公司、中铁建石油天然气有限公司、中铁建中非建设南非商贸物流有限公司、中土工程(香港)有限公司、顺瀑投资有限公司、基冠有限公司、中铁建中非建设(香港)有限公司、中国土木(香港)工程有限公司、昌汇投资有限公司、中土港澳建筑工程(澳门)有限公司、豪生有限公司、中土物业管理有限公司、百汇地产投资有限公司、珠海中铁实业发展有限公司、正合工程有限公司,中国土木工程集团有限公司沙特阿拉伯分公司、阿联酋分公司、迪拜分公司、伊拉克分公司、以色列分公司、新加坡分公司、巴基斯坦分公司、厄瓜多尔分公司、玻利维亚分公司、塔吉克斯坦分公司、深圳分公司、珠海分公司、广州分公司、临沂分公司,中国铁道建筑总公司土耳其分公司,中国土木工程集团有限公司驻尼日利亚办事处、驻吉布提办事处、驻坦桑尼亚办事处、驻卢旺达办事处、驻乌干达办事处、南苏丹办事处、驻博茨瓦纳办事处、驻阿尔及利亚办事处、驻利比亚办事处、驻科威特办事处、驻黎巴嫩办事处、驻也门办事处、驻沙特阿拉伯代表处、驻卡塔尔办事处、驻越南办事处、驻柬埔寨办事处、驻尼泊尔办事处、驻泰国办事处、驻马来西亚办事处、驻印度尼西亚代表处、驻日本代表处、驻德国代表处、驻塞尔维亚代表处、驻波兰代表处、驻罗马尼亚代表处、驻美国办事处、驻巴西办事处、驻俄罗斯联邦代表处,中铁建中非建设驻南非办事处、津巴布韦代表处、几内亚办事处等122个境内外法人公司和办事机构。

截至2015年底,公司及所属各单位有中方员工2730人,其中,正式员工1328人、专业技术干部1217人。资产总值256.49亿元。其中,机械设备11056台(套),固定资产原值43.06亿元,净值5.97亿元,总功率110.1万千瓦,人均动力829.04千瓦/人,设备成新率13.86%,技术装备率44.96万元/人。

2015年,新签合同额504.35亿元,完成营业额

172.7 亿元,实现营业收入 132.19 亿元,实现净利润 10.26 亿元。职工年人均收入 16.2 万元。净资产收益率22.49%,资产负债率 80.49%。再次入选 250 家最大国际承包商和全球承包商,排名第 47 位和第 93 位。

中土集团先后获"中国最大 500 家服务企业""中国国有企业 500 强""中国行业百强""中国建筑业功勋企业"等称号;在世界最大 250 家国际承包商评选中,连续 18 年居世界百强之内;是中国对外承包工程商会、中国铁道学会、中国铁道工程建设协会、中国国际贸易促进委员会、中国国际经济合作协会理事,中国施工企业管理协会、中国国际工程咨询协会常务理事,中国机电产品进出口商会、中国招标投标协会、中国土木工程学会会员;被评为"对外承包工程优秀企业""对外劳务合作 AAA 级信用等级企业""中国境外成套工程 AAA 级信用企业",拥有中国商务部对外援助物资项目 A 级企业资格。

(孙慧娟　刘世宇　姜　华　成喜庆　任　嘉)

【领导人员】

董事会

董事长　　袁　立(6 月任)
副董事长　　吴万良(主持工作,6 月免)
孙　勇(7 月任)
曹保刚(7 月任)
董事　　吴万良(6 月免)
周天想(7 月免)
郝毅忠(12 月免)
初厚才(7 月任)
薛立智(7 月任)

监事会

监事会主席　　吴　江(12 月免)
监事　　许云彪
职工监事　　王庆忠

经理层

总经理　　周天想(7 月任,7 月调离)
曹保刚(8 月任)
副总经理　　周天想(主持工作,7 月免)
郝毅忠(12 月免)
初厚才(8 月任)
丁维利
赵仲宁(7 月免)
胡社忠
严学斌
薛立智(8 月任)
张文锦(8 月任)
池长贵(8 月任)
吕　晶(8 月任)
王　伟(12 月任)
吴宏晋(7 月免)
巡视员　　郝毅忠(6 月任)
吴　江(12 月任)
副巡视员　　陈志杰
赵仲宁(7 月任)
总工程师　　胡社忠(兼)
总会计师　　薛立智(兼,8 月任)

党群领导

党委书记　　孙　勇(7 月任)
党委副书记　　袁　立(6 月任)
吴万良(主持工作,6 月免)
吴　江(6 月主持党委工作,12 月免)
周天想(7 月免)
曹保刚(7 月任)
纪委书记　　吴　江(12 月免)
工会主席　　吴　江(12 月免)

(王　涛　王晓红)

【职工队伍】　截至 2015 年底,公司及所属各单位共有中方员工 2730 人(其中正式员工 1328 人)。在正式员工中,公司部门助理以上干部 324 人,占职工总数的 24.40%。专业技术干部 1217 人,占职工总数的 91.64%,其中,高级职称 407 人,中级职称 431 人,初级职称 354 人。大学本科以上学历 1152 人,占职工总数 86.75%,大专学历 56 人,占职工总数 4.22%。干部中,35 岁及以下 776 人,36~40 岁 145 人,41~50 岁 215 人,51~59 岁 155 人。注册在集团公司的一级注册建造师 76 人(铁路专业 19 人),设计类注册人员 11 人。

(王　涛　赵伟元　王晓红)

【境外工程施工】　阿尔及利亚 55 千米铁路新线工程

阿福龙至黑密斯 55 千米铁路新线工程是阿尔及利亚北方铁路干线的组成部分。2009 年 6 月 8 日签约,7 月 18 日开工,合同工期 30 个月。合同投资 4.3 亿欧元。截至 5 号补充协议生效,合同投资增至 7.23 亿欧元,工期增加 28 个月,延长至 2014 年 5 月 17 日。采用欧洲标准,轨距 1435 毫米,设计时速客车 160 千米、货车 100 千米。主要工程量:土石方 607 万立方米;路基 44.6 千米;隧道 2 座 10210 延长米;铁路桥梁 10 座 960.4 延长米,公路桥梁 12 座 996 延长米;涵洞 70 座 1558.3 横延米,框架通道 22 座 550 横延米;站场 6 处;有砟道床 56.7 千米;正线铺轨 113.4 千米,站线铺轨 31.6 千米;制梁 150 榀,架梁 150 榀;车站 6 座。项目由CCECC—OZGUN组成项目联合体，中土集团占89.76%的份额。工程由中国土木阿尔及利亚公司组织实施，中铁十二局集团公司、中国土木阿尔及利亚公司承担工程施工，中土集团福州勘察设计研究院和法国SETEC公司承担工程设计。截至2015年底，累计完成投资15.56亿元。

阿尔及利亚175千米铁路电气化新线工程　布拉里季堡至特尼亚175千米电气化铁路新线工程是阿尔及利亚北方铁路干线的组成部分，跨越布迈戴斯、布依哈和布拉里季堡3省。2009年4月15日签署框架合同，合同投资17.28亿欧元，合同工期48个月；5月27日，一期应用合同签约；7月18日开工。合同投资1.24亿欧元。采用欧洲标准，轨距1435毫米，设计时速客车160千米、货车100千米。主要工程量：土石方3280万立方米，铁路高架桥76座22810延长米，单洞双线隧道22座16540延长米，车站改建和新建9座2.2万平方米，电气化轨道351千米。工程由CCECC—OZGUN组成项目联合体，中土集团占84%的份额。工程由中国土木阿尔及利亚公司组织实施，中铁十二、十四、十九局集团公司及中国土木阿尔及利亚公司承担工程施工，中国铁建第四勘察设计院集团公司和中国中铁二院工程集团公司承担工程设计。2013年7月15日，业主下达停工令。2015年9月23日，联合体签署框架合同2号补充协议以及二、三期应用合同文本，9月30日签署合同附件。截至2015年底，累计完成投资0.42亿欧元。

阿尔及利亚67千米铁路复线工程　位于黑密斯至乌德福达路段，是阿尔及利亚北方干线铁路的一部分。2006年11月4日签约，12月5日开工，合同工期18个月。合同投资0.61亿美元。采用欧洲标准。由中国土木阿尔及利亚公司组织实施。主要工程量：土石方62.6万立方米；路基56.4千米；桥梁2座39延长米，涵洞80座120横延米；站场10处；有砟道床56.4千米；正线铺轨51千米，站线铺轨5.4千米；制、架梁84片；车站5座，联锁道岔35组。2012年9月15日完成施工，10月23日签署临时验收纪要。项目处于最终验收阶段，等待业主关门协议批复。截至2015年底，累计完成投资2.97亿元。

阿尔及利亚东西高速公路M6标段工程　位于阿尔及利亚谢里夫省境内，标段长24.213千米。采用欧洲标准，设计时速120千米，双向6车道。2006年9月2日签约，2007年5月19日开工，合同工期32个月。合同投资2.31亿美元。主要工程量：土石方400万立方米；桥梁10座1028延长米，涵洞58座，架梁340片；路面75.7万平方米。2013年3月17日签订补充合同，合同投资4514.53万美元，合同工期12个月，主要工程量：多管网、重建道路，2座互通桥。中铁第一勘察设计院集团公司、中交第一公路勘察设计研究院有限公司承担工程设计，中国土木阿尔及利亚公司组织实施。截至2015年底，累计完成产值5.08亿元。

阿尔及利亚奥兰房建工程　位于阿尔及利亚东部奥兰和艾因泰穆尚特2省，为360套、228套、324套和684套安居房建设。2012年签约，合同投资0.55亿美元。2015年变更合同内容，增加258套安居房建设工程，合同投资增加至0.64亿美元。中国土木阿尔及利亚公司组织实施。截至2015年底，累计完成投资2.34亿元。

阿尔及利亚西部区域2900套房建工程　由位于阿尔及利亚西迪贝拉贝斯省2000套住房和奥兰省900套房建项目组成。2014年8月签署900套房建项目，2015年3月16日重新开工，合同投资2572万美元，合同工期30个月。2015年7月5日2000套住宅项目开工，合同投资0.52亿美元，合同工期至2017年12月。截至2015年底，西部区域2900套房建项目完成施工产值458.48万元。

土耳其安卡拉至伊斯坦布尔高速铁路二期工程　为买方信贷项目，是中国铁路行业首次获得的海外高速铁路电气化工程。合同投资12.7亿美元，采用欧洲标准。中土集团组织实施，中国铁建土耳其安卡拉分公司负责项目管理。工程线路长158千米，变更后147千米，由2个标段组成，工期均为730天。1标段2008年10月21日开工，2012年6月13日竣工，延期604天；2标段2008年9月22日开工，2012年5月26日竣工，延期730天。2013年9月全线铺轨贯通，2014年12月31日竣工。2015年，项目进入收尾阶段。

吉布提铁路工程　起自吉布提首都吉布提市，终点至吉布提与埃塞俄比亚的边境处，与埃塞俄比亚新建铁路相接。线路长82千米。2012年1月19日签约，为EPC工程总承包项目，合同投资5.05亿美元，合同工期60个月；11月7日签订补充协议，合同投资增加至5.79亿美元。2013年9月16日开工。主要工程量：土石方1178万立方米，桥梁4237延长米，涵洞6965横延米，正线铺轨95.805千米，站线铺轨43.73千米。由中土埃塞俄比亚公司组织实施。截至2015年底，累计完成投资30.2亿元。

埃塞俄比亚米埃索至迪雷达瓦至达瓦利铁路工程　从埃塞俄比亚米埃索开始，途经迪雷达瓦至达瓦利（与吉布提接壤的边境城市），全长339.1千米。2011年12月16日签约，合同投资86亿元，合同工期42个月。采用中国标准，由中土埃塞俄比亚公司组织实施。主要工程量：路基土石方2320万立方米，桥梁57座7250延长米，涵洞498座，道砟110万立方米，铺轨

360 千米。2012 年 11 月签订埃塞铁路的补充协议,工程量、铁路等级修改,合同投资增加至 100.71 亿元。截至 2015 年底,累计完成投资 85 亿元。

埃塞俄比亚阿瓦萨工业园区工程　位于距埃塞俄比亚首都以南 200 千米的南部重镇阿瓦萨市区东郊,占地 130 万平方米。2015 年 7 月 1 日签约,合同工期 9 个月加 3 个月宽限期,合同投资 16.70 亿元。业主 IPDC,监理 MHE。该工业园区道路工程采用埃塞俄比亚民主共和国公路设计、施工标准,其他的厂房、建筑均采用中华人民共和国国家标准或行业标准并参考埃塞国家标准进行设计、施工。主要工程量:厂房 38 栋(建筑面积 30 万平方米),单体房建 18 栋(建筑面积 30393 平方米),园区外线综合管网(外水 82 千米管线、外电 91 千米电缆)、道路和停车场(27 万平方米)、绿化(38 万平方米)。该工业园区项目采用总分包模式实施,下设设计、房建施工、钢构施工、管网施工、道路施工、景观施工、污水处理厂施工 7 个专业。截至 2015 年底,有 9 家投资商入驻园区,累计完成投资 4.59 亿元。

尼日利亚铁路现代化项目阿布贾至卡杜纳段工程　业主为尼日利亚联邦政府。2006 年 10 月 30 日签约,合同投资 83 亿美元,合同工期 4 年,由中土集团公司设计、施工总承包。该项目为新建一条从尼日利亚南部城市拉各斯至北部城市卡诺的双线标准轨铁路,长 1315 千米,设计时速 150 千米。全部采用中华人民共和国铁路技术标准,是中国首次全面向外输出中国铁路技术标准的铁路工程项目,也是中国国际工程承包单体合同额最大的项目。因尼方原因,2008 年 10 月 3 日收到业主暂时停工令。经过双方近 1 年的反复磋商和谈判,同意保留尼铁现代化项目原合同,项目采取分段实施,先期启动阿布贾至卡杜纳和拉各斯至伊巴丹段。2009 年 10 月签订阿布贾至卡杜纳分段实施补充协议,是尼铁现代化项目分段实施的第一段工程。阿布贾至卡杜纳段单线铁路总长 186.5 千米,变更后合同投资 10.576 亿美元。主要工程量:土石方 1400 万立方米,9 个车站,30 座铁路桥梁,29 座公路桥,204 个涵洞。2010 年 12 月 20 日,尼日利亚铁路现代化项目阿布贾至卡杜纳段 5 亿美元优惠贷款协议在北京签署,标志着尼铁阿卡段施工及尼铁现代化项目重新启动。截至 2015 年底,累计完成投资 9.13 亿美元。中土尼日利亚有限公司承担工程建设。

尼日利亚阿布贾城市铁路工程　业主为尼日利亚首都地区部交通局,工程咨询为比利时 Transurb Technical Consult Limited。2007 年 5 月 25 日签约,合同投资 8.4 亿美元,合同工期 4 年,全长 60.67 千米。以设计施工总承包方式实施,采用中国技术标准。2009 年 5 月 28 日开工,中标里程增加到 77.782 千米,计划 2013 年 5 月竣工。2011—2012 年,因政府预算不到位,项目处于半停工状态。为促进中国进出口银行的 5 亿美元优贷的批复,2 月向业主提出分期施工逐段推进的方式分阶段完成全线施工方案。2012 年 8 月 24 日与业主签订补充 1 号协议,合同投资 51.3 亿元,由中国进出口银行优惠贷款 38.8 亿元。一期工程线路范围为 45.245 千米,合同工期 3 年。主要工程量:全线 26 座车站。一期土石方 636.3 万立方米,11 座简支梁桥,3 座框架桥,7 座公路桥 40 个涵洞。截至 2015 年底,累计完成投资 5.69 亿美元。中土尼日利亚有限公司承担建设。

尼日利亚拉各斯蓝线轻轨工程　位于尼日利亚拉各斯州。由尼日利亚拉各斯的 OKOKOMAIKO 至 MARINA,线路长 28 千米,设计时速为 100 千米。项目业主为拉各斯州政府,咨询公司为英国 NEXANT 公司。合同投资 73.08 亿元,合同工期 36 个月。主要工程量:10 个落地站、2 个高架站、8 千米高架桥(含 640 米跨海桥)、20 千米路基工程。先期施工段为歌剧院站至 MILE2 站之间 8 千米范围内的工程,主要工程量:4 座车站,2.737 千米高架桥及 5.263 千米路基工程。截至 2015 年底,累计完成投资 7.49 亿美元。中土尼日利亚有限公司承担建设。

尼日利亚拉各斯巴达格瑞高速公路工程 2 标段 A 段　自尼日利亚拉各斯,沿大西洋向西至贝宁、科特迪瓦、加纳方向,是尼日利亚的交通大动脉,也是西非国家互通的重要门户。业主为拉各斯州政府工程局,咨询为 AEC 公司。线路全长 14.8 千米,为既有线改扩建工程。2011 年 12 月 29 日授标,合同投资 58.6 亿元,双向 10 车道,中间为 15 米轻轨通道,标准断面宽 100 米,线路走向与拉各斯蓝线轻轨重叠,扩建完成后将成为西非国家等级最高的高速公路。主要工程量:14.8 千米道路红线范围内房屋、电力设施、通讯设施拆迁、标准断面 100 米宽度内道路土方及 10 车道沥青混凝土路面,21 处箱涵,82700 延长米水沟,5 个收费站,16 个公交车临时停靠站,4 个带收费站的换乘立交桥,10 座人行天桥,3 座主道跨线立交桥,2 处高速路中间服务区,1 座公交车总站。中土尼日利亚有限公司承担建设。截至 2015 年底,项目一期完成,累计完成投资 2.86 亿美元。

坦桑尼亚塔博拉 51.98 千米公路工程　2010 年 7 月 31 日签约,合同投资 3.44 亿元,2011 年 1 月 5 日开工,合同工期 24 个月。中土东非公司承担建设。主要工程量:清除表土 23 万立方米,开挖土石方 17.5 万立方米、回填 102.2 万立方米,路面 56.2 万立方米。截至 2015 年底,累计完成实体工程量的 76.1%,累计完成投资 2.15 亿元。

坦桑尼亚玛特芒噶—屯都鲁公路工程　东起坦桑尼亚南部屯都鲁，西至玛特芒噶，线路全长 58.7 千米。2014 年 2 月 17 日签约，合同投资 2.18 亿元，合同工期 26 个月，维修期 12 个月。2014 年 3 月 26 日开工。业主为坦桑尼亚国家公路局，资金来源于非洲发展银行和日本国际协力机构。主要工程量：1 座 20 米混凝土桥，1 座 104 米钢混桥，管箱涵 57 座，双表施工 595000 平方米。截至 2015 年底，累计完成实体工程量的 46.64%，累计完成投资 1.07 亿元。

坦桑依林加 74.1 千米公路工程　位于坦桑尼亚伊林加省，是马分噶至伊加瓦道路升级项目的第 1 标段，全长 74.1 千米的沥青混凝土公路。2015 年 3 月签约，业主为坦桑尼亚公路局，合同投资 3 亿元，合同工期 30 个月。截至 2015 年底，累计完成投资 0.15 亿元。

坦桑尼亚中央线铁路 89 千米换轨工程　位于坦桑尼亚塔博拉地区，距离塔博拉城区约 170 千米。合同投资 1.38 亿元，2012 年 9 月 1 日开工，合同工期 12 个月。由中土东非公司组织实施。主要工程量：正线换铺 77 千米，更换新钢轨、木枕道岔 8 组，机械化养路 89 千米。2015 年 11 月 16 日竣工。

坦桑尼亚达累斯萨拉姆姆哈斯医疗中心大楼工程　2014 年 5 月 1 日签约，合同投资 1.15 亿元，合同工期 21 个月，2014 年 5 月 10 日开工。资金来源坦桑尼亚和韩国政府。中土东非有限公司负责实施。主要工程量：医疗中心的主体结构和装修工程，室外停车场工程和绿化工程。工程建筑占地面积 5700 平方米，地下 1 层，地面以上 10 层。截至 2015 年底，累计完成投资 0.64 亿元。

坦桑尼亚姆万扎森格拉玛镇供水工程　2014 年 10 月 7 日签约，合同投资 0.74 亿元，合同工期 450 天。业主为姆万扎水利局，资金来源于非洲发展银行。主要工程量：新建引水口、水处理厂、5 座蓄水池及 3 座增压泵站，铺设 71.3 千米供水管线，3 座蓄水池改造，1 座污水处理厂，1 座垃圾掩埋坑，4 栋学生厕所及暴雨排泄沟等。截至 2015 年底，累计完成投 0.27 亿元。

坦桑尼亚水利部大楼工程　2014 年 11 月 10 日签约，合同投资 1.39 亿元，合同工期 24 个月。业主为坦桑尼亚水利部，资金来源于世界银行和坦桑尼亚水利部。主要工程量：新建 1 座 15 层的办公大楼，建筑面积 1.8 万平方米，包括水电及配套设施安装，装修以及室外附属工程等。截至 2015 年底，累计完成投资 531.2 万元。

坦桑尼亚中央银行姆万扎分行办公楼工程　2015 年 8 月 19 日签约，合同投资 0.91 亿元，建设一座银行综合办公楼及地下金库。截至 2015 年底，累计完成投资 29.44 万元。

乌干达 65 千米公路修复工程　2015 年 1 月 22 日，中土东非有限公司签约乌干达 65 千米公路修复项目。业主为乌干达国家公路局，资金来源为乌干达政府，合同投资 1.28 亿元，线路全长 65 千米。

肯尼亚蒙巴萨南部旁城路一段公路工程　2015 年 1 月 29 日签约，合同投资 8.32 亿元，合同工期 36 个月。业主为肯尼亚高速公路局，资金来源为日本协力资金（JICA）。主要工程量：修建 11 千米公路以及 3 座立交桥。

卢旺达远景城工程　2013 年 10 月 4 日签约，合同投资 6.37 亿元，资金来源为卢旺达社保基金。占地面积 33 万平方米，一期建筑面积 11 万平方米。截至 2015 年底，累计完成投资 2.86 亿元。

卢旺达地区信息交流中心工程　2015 年 5 月 13 日签约。业主为卢旺达发展局，资金来源为非洲发展银行。合同投资 0.79 亿元，合同工期 12 个月。建筑面积约 1 万平方米，主要工程量：新建 1 座 3 层的教学楼和附属设施，以及道路、停车场、照明等室外工程。

布隆迪科贝勒边关设施建造工程　2014 年 6 月 20 日签约，合同投资 0.37 亿元，合同工期 12 个月。业主为布隆迪国家税务局。由东非公司负责组织实施。主要工程量：承建布隆迪与坦桑尼亚边境科贝勒边关设施，包括边检站及配套停车场、道路等分项工程。工程为布隆迪政府 2015 年发包的最大房建项目，是中土集团公司进入布隆迪市场的标志性工程。

纳米比亚内政与移民部总部大楼工程　纳米比亚有限公司与纳米比亚当地公司 Oshilongo Investments CC. 组成的联营体于 2015 年 2 月 26 日投标，3 月 13 日中标，3 月 31 日签约，4 月 1 日开工。项目业主为纳米比亚内政与移民部，资金来源为国家财政预算，合同投资 3.97 亿元，合同工期 3 年。

纳米比亚哈达普地区政府新办公园区工程　位于纳米比亚哈达普省省会马林塔尔市。纳米比亚有限公司与当地公司 Oshilongo Investments CC. 组成的联营体参与哈达普地区政府新办公园区项目的投标，并于 2015 年 9 月 22 日中标。于 2015 年 10 月 8 日签约并移交现场，同日开工。项目业主为哈达普省工程运输部，使用业主为纳米比亚哈达普地区政府，项目资金来源为国家财政预算，合同投资 0.59 亿元，合同工期 769 天。

赞比亚 28.25 千米道路升级改造工程　位于赞比亚东北部穆钦加省查玛市。2015 年 12 月 3 日签约，合同投资 2512 万美元，合同工期 18 个月。主要工程量：全长 28.25 千米，道路设计宽度 10.5 米，路面为沥青碎石双表处置。道路基层为水泥稳定砾石土，厚度 15

厘米，水泥参量3%，圆管涵计3856米，排水系统为浆砌水沟、混凝土水沟等。

赞比亚84千米道路升级改造工程第4标段　位于赞比亚东北部穆钦加省查玛市。2015年12月28日签约，合同投资6808.8万美元，合同工期24个月。

沙特北南线铁路工程　业主为沙特财政部下属的沙特铁路公司。全长2400千米，分4个标段。2009年9月12日，中土集团与当地2家公司组成联合体中标第4标段，合同投资45.71亿元，合同工期3年，中土集团占20%的份额。第4标段从沙特首都利雅得国际机场出发，向西北到Al Makhram附近与第1标段相交，线路长509千米，设计时速250千米，采用1435毫米标准轨距。沿线多为戈壁滩。中土沙特分公司承担建设。主要工程量：铺轨509千米。截至2015年底，累计完成投资3.87亿元。

沙特麦麦高铁一期线下桥梁工程　位于沙特吉达市中心，连接沙特麦加—吉达—麦地那，主要为全世界穆斯林朝觐期间往返麦加和麦地那两大穆斯林圣城服务，分线下工程一期和线上工程二期2部分，设计时速250千米，业主是沙特铁路总局，由沙特财政部提供资金。沙特麦麦高铁一期项目合同额110.5亿元。合同投资9.19亿元，2013年2月3日签约。由15个结构单体组成，包括6个地下通道、8座公路桥及1座铁路高架桥。截至2015年底，累计完成投资4.42亿元。

沙特CTW400铁路工程　合同投资0.66亿美元，业主为沙特铁路公司，资金来源为沙特财政部公共投资基金，主要工程量为线上工程的施工。截至2015年底，已交验全部正线、3个车站(10千米)以及19组道岔。

沙特麦麦机修库和小机库建造工程　麦麦高铁机修库项目的2个建造工程。分别于2014年1月、8月签订实施合同，合同投资1.16亿元，主要工程量：混凝土方量4.67万立方米，钢筋0.48万吨，模板2.02万平方米。

沙特吉达阿齐兹地下道工程　位于吉达市交通枢纽路段，毗邻美国驻吉达领事馆及沙特王室行宫，线路全长1.4千米，是沙特分公司第1个总承包市政工程。2013年11月22日中标，2014年1月9日签约。合同投资5.2亿元，合同工期3年。2014年4月3日开工，5月12日收到预付款。由于业主对地下道部分走向进行设计变更，7月20日部分路段停工，2015年2月4日复工。

沙特利雅得阿哈立交桥工程　全长1.2千米，15跨现浇混凝土多室箱桥梁。2014年8月27日签订工程合同，合同投资3.16亿元，合同工期18个月。由于业主变更项目实施地址，2014年12月9日下达停工令。2014年，项目部完成市政协调、开工令申请、交通导流设计方案、安全质量计划、施工组织计划、现场测量、土壤测试分包商资格预审和价格谈判等复工前的各项准备工作。项目20%合同额的预付款于2015年3月5日到账。

沙特纳吉兰2桥工程　位于沙特南部与也门边境相邻城市纳吉兰，业主是该市市政厅。阿布巴克尔地下道全长474米，双向4车道，采用预制吊装施工方案。穆特阿布王子地下道全长490米，双向6车道，采用预制吊装施工方案。2015年2月中标签约，合同投资分别为0.88亿元和0.94亿元，合同工期均为24个月。前期由于沙特与也门的紧张局势耽误项目进展，截至2015年底，工程处于前期启动阶段，已开始市政改移和交通导流工作。

以色列卡里巴地铁换乘站施工工程　2015年6月25日签约，为施工总承包合同，工期48个月，合同投资1.48亿美元。主要包括连接红线和绿线的3层地下车站主体、1个汽车地下通道和1个行人地下通道。主要工程量：车站位置既有立交桥拆除、车站及连接竖井等结构物的开挖和支护、地下连续墙施工、地下结构物防水施工、车站等结构物的混凝土主体结构施工及其他土建工程。

以色列特拉维夫红线轻轨东标段工程　2015年12月29日签约，合同投资4.26亿美元，合同工期73个月。工程包括3个地铁车站。

黑山铁路修复改造Kolasin－Kos段工程　2015年10月26日签约，合同投资743万美元，合同工期15个月。由欧洲复兴开发银行提供资金。主要工程量：Kolasin－Kos段既有铁路改造，全长9.86千米的路基处理、修补挡土墙等线下工程；更换道碴、木枕等轨道工程；接触网线、回流导线、地线等调整工程。设计施工采用欧盟技术标准。

巴基斯坦达苏水电站喀喇昆仑公路改线工程　合同投资1.44亿美元，业主为巴基斯坦水利电力发展署，为世界银行贷款项目，项目含25.2千米正线及1.961千米连接线，主要工程量：3座中桥，路基工程，路面工程，排水和防护工程，附属工程以及涵洞。

巴基斯坦达苏水电站右岸进场道路工程　合同投资0.27亿美元，业主为巴基斯坦水利电力发展署，为世界银行贷款项目，工程量主要印度河右河岸便道施工项目，长度约12千米，桥梁3座。

新加坡万礼车辆段桩基工程　合同投资0.43亿美元，业主为裕廊工程有限公司，主要工程量：3700支钻孔桩和1883支预制打入桩。

（董时超　刘　军　李　焘　曹少峰　乔卓贤　刘峰鸣　刘思聪　张　宁　郭勇鹏　宁　波　郑　彬　李文涛　单思远）

【优惠贷款和援外工程】 安提瓜和巴布达 V. C. 伯德国际机场新航站楼一期及二期工程 位于安提瓜岛东北部，离首都圣约翰约 6.44 千米，新航站楼位于现有航站楼东侧毗邻而建。该项目主要包括新航站楼及附属用房、停车场等工程，其中新航站楼建筑面积 2.39 万平方米，设备用房等附属用房建筑面积 0.103 万平方米，共计 2.49 万平方米。合同投资 5.8 亿元。2011 年 4 月签约，2015 年 6 月 8 日竣工，同年 8 月 20 日正式移交安巴机场管理局。

援安提瓜和巴布达五岛中学工程 位于安提瓜首都圣约翰五岛学校南侧，距市中心约 10 千米，总建筑面积 0.68 万平方米。2013 年 10 月 20 日签约，合同投资 0.75 亿元，资金来源为中国政府对外援助资金。中华人民共和国商务部是本项目的主管部门，项目施工总承包单位为中国土木工程集团有限公司、项目设计单位为中国建筑东北设计研究院有限公司、项目监理单位为广东铁路建设监理有限公司。2013 年 12 月 19 日正式开工，2015 年 7 月 9 日竣工。

安提瓜和巴布达圣约翰港现代化工程 2014 年 12 月 22 日签约，合同投资 15.9 亿元，资金来源为中国进出口银行优惠贷款，合同工期 36 个月，主要工程量：港口航道维护性疏浚、2 个 1 万总载重吨多用途泊位、1 个 15 万总载重吨邮轮泊位、1 个 1 千总载重吨客货滚装泊位、陆域配套设施、港池停泊水域疏浚、助航设施、陆域形成及地基处理、堆场道路铺砌、水工建筑物、陆域护岸、生产及辅助生产建筑物、装卸工艺设备购置及安装、市政公用工程，以及 1 个游艇码头、景观护岸、景观平台铺砌、港口酒店及海事信息中心等工程。业主为安巴港务局，承包方式为设计施工总承包。

瓦努阿图共和国公路升级改造工程二期 2015 年 1 月 6 日签约，合同投资 3.5 亿元，资金来源为中国进出口银行优惠贷款，合同工期 60 个月，主要工程量：45 千米公路升级改造项目。业主为瓦努阿图工程部，承包方式为设计施工总承包。

援摩洛哥建筑与公共工程职业学校技术合作工程 2015 年 4 月 8 日签约，合同投资 0.18 亿元，资金来源为中国政府援助，合同工期 24 个月，主要工程为提供一部分教学仪器设备，派出 6 名专家进行教学合作，接待 2 个访问团来华考察。业主为商务部国际经济合作事务局，承包方式为总承包。

援阿塞拜疆清洁车辆项目 2015 年 6 月 2 日签约，合同投资 0.298 亿元，资金来源为中国政府援助，合同工期 12 个月，主要工程为提供压缩垃圾车、清洗车、扫路车、吸粪车等。业主为商务部国际经济技术交流中心，承包方式为总承包。

库克拉罗汤加供水管网升级改造工程补充合同 2012 年 11 月签约，合同投资 1.17 亿元。由中土集团援外部组织实施。

坦赞铁路第 15 期技术合作项目 2012 年 12 月签约，合同投资 9950 万元。由中土集团援外部组织实施。

援安提瓜和巴布达板球场三期技术合作项目 2012 年 11 月签约，合同投资 540 万元。

援多米尼克板球场技术合作三期项目 2011 年 12 月签约，合同投资 659 万元。由中土集团援外部组织实施。

援科摩罗机场技术合作二期项目 2011 年 12 月签约，合同投资 637 万元。由中土集团援外部组织实施。

坦赞铁路第 14 期技术合作项目 2009 年 12 月签约，合同投资 2.7 亿元。由中土集团援外部组织实施。

汤加供水项目 2015 年 6 月 22 日签约，合同金额 0.21 亿元，资金来源为亚洲开发银行，合同工期 10 个月，主要工程量：新建 18 口井，移除 4 口废弃井，移除 11 台柴油发电机泵和附近被污染土壤，提供 31 套井上设备，包括各种阀门和管件以及泵房的建设，提供和安装 28 个潜水泵和 8 个离心泵，新建 12.7 千米的管道铺设以及阀门附件的连接，新建 1 个 150 千瓦的柴油发电机以及配电箱和遮雨棚，修复 7.5 千米的石料铺设道路和 1.2 千米的围栏建设，设计并建造 4000 立方米的蓄水池，并修复 8 个蓄水池。业主为汤加水利部，承包方式为施工总承包。

汤加 Popua 村道路改造项目 2015 年 8 月 14 日签约，合同投资 23.81 万元，资金来源为中国驻汤加大使馆，合同工期 1 个月，主要工程量：将 280 米长的乡村土路升级为沥青单表路面。承包方式为施工总承包。

援喀麦隆职业技术中学工程 2013 年 8 月 22 日签约，建筑面积 0.8 万平方米，合同投资 0.71 亿元。

瓦努阿图公路升级改造项目一期工程 2013 年 7 月 12 日签约，合同投资 3.5 亿元。

古巴供水管道防漏水工程设备项目 2013 年 6 月 19 日签约，合同投资 2697 万元。

援科摩罗莫罗尼机场第三期技术合作项目 2013 年 12 月 13 日签约，合同投资 438 万元。

援多米尼克体育场第四期技术合作项目 2013 年 12 月 13 日签约，合同投资 446 万元。

古巴城市环保设备项目 2014 年 1 月 26 日签约，合同投资 3819 万元。

援厄立特里亚科技学院项目一期工程 2014 年 6 月 24 日签约，合同投资 14896 万元，合同工期 720 天。

主要工程量:新建科学学院图书馆、行政楼、实验室、教学楼、设备用房等,并提供部分教学家具和设备,总建筑面积为1.8万平方米。由中土集团公司援外部组织实施。

中国驻瓦努阿图大使馆馆舍新建工程　2014年10月18日签约,合同投资5637万元,合同工期540天。主要工程量:为中国驻瓦努阿图大使馆新建馆舍,建筑面积4595平方米。由中土集团公司援外部组织实施。

瓦努阿图马拉库拉道路修复项目　2015年7月22日签约,合同投资411.12万元,资金来源为澳新援助,合同工期6个月,主要工程量:现场清理,刮平;土方工程;料场堆料1.08立方米;10.1千米路基基层施工。业主为瓦努阿图工程部,承包方式为施工总承包。

瓦努阿图私人自住房项目　2015年9月8日签约,合同投资274.18万元,资金来源为私人,合同工期9个月,主要工程量:土建工程(基础及主体施工)、屋面工程、装修工程、水电工程,建筑面积441.6平方米。业主为私人,承包方式为施工总承包。

瓦努阿图市政道路改造项目　2015年9月4日签约,合同投资353.30万元,资金来源为澳新援助,合同工期5个月,主要工程量:现场清理2677平方米,总计需清理1018立方米;管道开挖土方520立方米;900毫米管道安装141米;300毫米管道安装62米;施工上人孔8个,检修孔4个,15厘米通风管道256米;路基基层土方502立方米;路面混凝土554立方米及附属结构施工。业主为瓦努阿图基础设施部,承包方式为施工总承包。

汤加退休基金委员会新办公楼工程　2014年11月26日签约,合同投资2662万元,合同工期210天。主要工程量:新建1800平方米的3层钢筋混凝土框架结构办公楼(包括土建、装修、中央空调、大型发电机、奥的斯电梯、监控、消防预警、给排水等专业工程)、530平方米的场内混凝土地面停车位及路面、400平方米的砌块砖路面以及水塔、化粪池、场地围墙、大门。由中土集团公司援外部组织实施。　(郑　浩)

【港澳工程】　澳门台山中街公共房屋建造工程　位于澳门青洲大马路、花地玛教会路。业主为澳门特别行政区政府建设发展办公室。合同投资0.58亿美元,合同工期2011年8月29日—2013年9月21日。工程由1栋32层塔楼、3层裙楼及3层地库组成,建筑面积4.95万平方米。中国土木工程(澳门)公司承担建设。2013年就项目停工向业主形成中期结算报告。截至2015年底,获得业主停工损失赔偿3120万元。

澳门轻轨C350项目　合同工期从2015年4月延长至2017年4月。截至2015年底,累计完成投资3.6亿澳门元,其中,车站主体结构全部完成;652片预制梁已全部生产完毕,架设550片;3198片挂板全部生产完毕,安装2000片;前期遗留重难点IS14－P19小半径施工方案,经讨论通过并提交业主,等待设计正式批复。

警察局交通厅扩建工程　该政府工程于2014年10月27日开工,合同投资7502万澳门元,共扩建2幢办公楼,目前B2幢主体结构已完成,正在装修阶段;B1幢正在进行地下停车库的基坑支护与开挖施工。截至2015年底,累计完成产值3127万澳门元。

青州海关浮桥工程该政府工程　于2015年1月30日开工,于7月21日通过临时接收,合同投资1475万澳门元,处于2年保固期内。　(尚书仁)

【境内工程】　莞惠城际轨道交通项目GZH－13标段工程。位于广东省惠州市惠城区,线路沿线经过鹅岭北路、惠州西湖、云山西路和惠州大道,全部为隧道工程。线路共分2段,正线长3845双线延长米,线路沿线经过鹅岭北路、惠州西湖、云山西路和惠州大道,全部为单线双洞隧道工程。采用矿山法、明挖法施工,其中暗挖隧道3561双线延长米、明挖隧道284双线延长米。合同投资6.52亿元,工期为866天,2009年9月18日开工。由中土集团珠海分公司承建。2014年4月2日,暗挖隧道全线贯通;7月25日,完成全线暗挖隧道二衬施工。累计完成投资8.84亿元。

乐清新农村建设旧城改造“二区五路”工程安置房工程　位于浙江省乐清市,开发市中心G－a12、G－a13号地块,建设26栋高层住宅、2481套安置房,总建筑面积46.61万平方米,为BT(建设—转让)项目。2011年12月21日签约,2012年4月17日开工。合同投资14.71亿元。合同工期自2012年4月17日起算,其中G－a13号地块工期911天,G－a12号地块1276天。中土集团开发建设。G－a13地块于2015年12月10日完成竣工验收。G－a12地块主体结构于2015年8月5日全部封顶。截至2015年底,工程开工累计完成投资12.42亿元。

山东临沂御山河项目一期工程　由临沂假日星瀚置业有限公司投资开发,建筑面积33万平方米,合同投资8亿元。中土集团南方公司中标一、二期工程,其中一期合同投资6500万元,2012年7月7日签约,合同工期365天;二期合同投资6500万元,2013年9月20日签约,合同工期330天。截至2015年底,累计完成投资11517万元,已通过竣工验收。

珠海市西部中心城区首期开发区域(B片区)基

础设施工程　珠海西部中心城区地处珠海西区，地跨斗门、金湾2个行政区和航空产业园1个功能区，东至天生河、泥湾门水道，南至珠海机场，西至机场高速、鸡啼门水道，北至粤西沿海高速，总面积342平方千米。西部中心城区首期开发区域（B片区）位于金湾区红旗镇中部，东到双湖路、西至机场北路、南邻中心河、北抵红心路，面积7平方千米。施工标段有Ⅰ标段、Ⅴ标段、、Ⅵ标段、Ⅸ标段、Ⅹ标段。Ⅰ标段为建设1条城市主干道，道路红线宽度50米，包含软基工程、道路工程、管线工程、照明工程、安监工程、绿化工程等。其软基工程包括63万米CFG基桩及273万米塑料排水板施工，道路工程包括4.3万平方米的沥青混凝土路面。Ⅴ标段为建设6条城市道路，总长度为4200米，包括软基处理、道路工程、管线工程、照明工程、安监工程、绿化工程等。软基工程包括塑料排水板施工340万米、砂垫层11万立方米。Ⅵ标段为填土工程，共需填土496万立方米。Ⅹ标段为场地软基处理工程，主要工程量有塑料排水板施工486万米，堆载预压土方量103万立方米。合同投资8.3亿元。2013年8月20日签约，2013年9月30日开工，合同工期84个月。累计完成投资3.1亿元，批复验工计价金额2.9亿元。

广州增城国际花园建造工程　位于广州市增城朱村街凤岗村。建设单位是广州增城中铁房地产置业有限公司。项目地块总用地面积69089.96平方米，本合同段为7栋塔楼及北区地下室，建筑面积12.68万平方米。合同投资3.04亿元，合同工期530天。所有7栋塔楼均封顶，土建工程量完成90%以上，正在进行外立面施工以及收尾工作。截至2015年底，累计完成投资1.74亿元。（徐海强）

【生产经营】（1）经营指标完成情况。新签合同额504.35亿元，其中对外承包工程业务版块486.77亿元。完成营业额172.7亿元，其中对外承包工程业务版块144.7亿元。

（2）项目承揽。2015年，中土集团公司新签项目142个，其中尼日利亚奥贡州城际铁路，合同投资35亿美元；尼日利亚巴耶萨州阿吉54千米公路，合同投资7.2亿美元；吉布提新建国际机场，合同投资6亿美元；尼日利亚巴耶萨州恩贝41千米公路，合同投资4.9亿美元；以色列红线轻轨，合同投资4.3亿美元；吉布提多哈雷多功能港口一期，合同投资4.2亿美元；安提瓜和巴布达圣约翰港现代化项目，合同投资2.6亿美元；印度尼西亚钢轨道岔二期采购项目，合同投资2.3亿美元；尼日利亚阿巴41千米公路，合同投资2.2亿美元；尼日利亚巴耶萨20千米公路，合同投资1.7亿美元；以色列特拉维夫红线轻轨卡利巴地下车站，合同投资1.5亿美元；巴基斯坦达苏水电站喀喇昆仑公路，合同投资1.4亿美元；肯尼亚蒙巴萨南部旁城公路，合同投资1.3亿美元；厄瓜多尔3条公路，合同投资1亿美元；深圳城际轨道项目和珠海西部中心城区开发项目，合同投资10亿元；中标朔黄铁路第二批大中修项目，合同投资0.66亿元。2015年，公司在近70个国家和地区开展经营工作，签署约旦国家铁路、乌干达西线及南线标准轨铁路、南苏丹朱巴—阿维尔铁路、俄罗斯图瓦铁路、孟加拉佩拉新港铁路、亚美尼亚南部矿区铁路等多个项目的合作备忘录或框架合同，总规模约251亿美元。（任　嘉）

【市场开发】　中土集团根据股份公司“大海外”战略，统筹配置优势资源，新开拓15个国别市场，截至2015年底，在66个国家和地区有在建项目或经营机构。以“一带一路”倡议为导向，以承揽交通基础设施建设项目为重点，充分利用政府融资支持，成功进入黑山共和国、印度尼西亚、巴基斯坦、白俄罗斯、塔吉克斯坦、埃及市场，并在阿塞拜疆、摩洛哥设立分支机构，初步完成在亚、非、欧交通要道关键节点上的基本布局。以构建非洲“三网一化”战略和国家“产能合作”政策为指引，充分利用东部、西部和南部非洲区域中心市场的辐射作用，加快新市场开拓步伐，在肯尼亚、喀麦隆、塞内加尔、津巴布韦、斯威士兰、马拉维设立分支机构，向非洲市场“全覆盖”的目标又迈进一步。公司响应中拉论坛首届部长级会议提出的合作倡议，签署并启动厄瓜多尔3条公路项目，顺利进入南美洲基建市场，为实现公司全球布局战略提供有力支撑。（任　嘉）

【在建项目管理】　公司通过加大项目集中管控力度，持续推行成本、进度、质量及安全精细化管理，项目管理水平和盈利能力稳步提升。经济管理卓有成效。公司将25家经营单位的307个项目（总计合同额1445亿元）统一纳入责任成本管控体系。通过持续加强亏损项目治理，累计完成减亏额1.18亿元，减亏比例52%，为年度计划的140%；通过增收节支，实现增利额4.85亿元；以二次经营为突破，实现变更索赔26.15亿元，为年度计划的116%。“三重”项目监控到位。在强化三层监管体系的基础上，公司明确31个“三重”项目（合同总额1869亿元，占在手项目总规模的71%），其中，埃塞俄比亚—吉布提铁路和沙特CTW400铁路按计划全线铺通，取得阶段性进展。安全质量责任明确。公司始终强调安全质量管控制度化、规范化、程序化。通过开展隐患排查工作，并将安全责任落实到人，确保2015年无重大安全事故发生；通过加强对境内外项目质量的巡查和指导，确保在建项目质量可控。中土澳门公司承建的关闸边检大楼项目,获“2014—2015年度中国建筑工程鲁班奖”。设备物资管控提升。公司继续强化设备物资集中管控,进一步理顺并明确管理和采购的职责分工。通过实地调研,不断加强对项目设备物资采购和调拨的监管和指导,供给和利用效率持续提升。（任　嘉）

【多元化经营】 密切与中国进出口银行、国家开发银行、中国工商银行等金融机构的合作,利用公司良好的资信,巩固和发展“两优贷款”“商业贷款”项目,并积极探索IPC(分期验工)融资、特定合同保险等新模式,丰富融资手段,推动项目落地。融资类项目累计收款8.95亿美元。自贸区和工业园建设初显成效,尼日利亚莱基自贸区建设开发进展顺利,各项配套基础设施持续完善,累计投资约1.3亿美元;招商引资步伐加快,已为103家中外企业办理营业执照,43家企业完成投资协议的签署并正式入园,3家上规模企业2015年签约并启动建设;中非莱基经营指标全面完成,实现税前利润360万元,再次向股东分红。埃塞俄比亚阿瓦萨工业园的建设进度和工程质量受到当地政府的充分肯定,获邀参与后期运营;德雷达瓦工业园也完成园区开发、运营的初步规划。房地产开发项目运行良好。公司房地产业务取得较快发展,专业化团队初步形成,经营规模不断扩大,截至2015年底,累计完成投资额4.87亿元,累计完成租售合同额1.23亿元。坦桑尼亚奥斯特贝公寓项目进入出租运营阶段,签订出租合同总计656万元;成都铁建广场项目轻资产化方案取得实质性进展;尼日利亚皇廷佳苑项目一期建设顺利完成,销售工作稳步推进;塞拉利昂大西洋花园别墅项目也于埃博拉疫情结束后全面复工建设。投资板块风险可控。出台相关制度,进一步明晰投资项目各阶段的责任主体和管控程序。在境外直接投资项目规模约2.44亿美元,在境内约15.17亿元。吉布提铁路项目完成股权投资,正积极筹划项目的后期运营;西芒杜铁矿项目着手铁路部分的银行级可行性研究(BFS),为项目启动奠定基础;乐清BT项目南区一期顺利验收,收回2期回购款5.42亿元。在紧抓既有投资项目的同时,继续筛选跟踪符合战略发展方向、预期收益良好、风险可控的投资项目,参与北京大柳树棚户区改造项目,筹划参股国家开发银行主导的海外基础设施开发投资公司。设计咨询领域务实创新。福州院继续做强勘察设计、工程项目管理和工程监理3个核心板块,进一步提升综合竞争力。铁路运营板块扎实推进。利用项目建设的先期优势,积极推动参与后期运营。为实现优势互补,公司与深圳地铁集团运营总部签署《阿布贾城铁系统运营与维护服务管理项目前期合作协议》,并已完成运营方案。此外,公司还在稳步推进尼日利亚铁路现代化阿布贾—卡杜纳段和埃塞俄比亚—吉布提铁路等项目的运营筹备工作。酒店管理与商贸物流业务开展有序。中土大厦通过北京市旅游委四星级复核检查工作。海南华发大厦、广州凯源酒店租赁业务总体平稳。中土国贸积极参与铁路总公司利用外资贷款投标业务,新签合同额2.26亿元。南非红酒年度销量超万瓶,销售总额约131万元。尼日利亚阿久巴公司利用“绿色清关通道”资质,在保障项目生产的同时,承揽对外业务,并为莱基自贸区入园企业提供优质服务。（任　嘉）

【合并重组】 2015年8月,股份公司将中土集团与中非建设合并重组。相关工作按要求全部完成,企业和员工队伍总体保持稳定,各项经营生产工作有序推进。同时,公司对组织架构进行优化调整,新成立海外税务、投资管理、融资管理、经济管理等部门,提升专业化、精细化管理水平;重新划分区域市场,设置相应的事业部,以满足深耕全球市场的需要;对各经营单位进行优化配置,整合机构,形成布局合理、资源集中、精干高效的经营生产网络。（任　嘉）

【企业管理】 财务工作持续稳健。公司继续强化财务内控和落实清收降债工作,确保资金链的稳固;通过整合,资金集中度和使用效率进一步提高;加强与金融机构的协调,更新和申办授信额度272亿元,为公司的业务发展提供坚实保障;进一步紧抓海外市场税务调研,统一督导内、外账工作,严防财税风险;持续开展各项审计工作,促进公司资产保值增值和健康发展。人力资源管理有序。公司围绕各岗位工作需求,在有限的时间内,完成总部机关部门调整和370人次的岗位调配,保证重组过程中工作的连续性和职工队伍的稳定性;通过集中委托高校、外请专家、与国际名企开展交流等多种方式,有针对地组织各类培训91批次,1286人次参与,为人才培养提供有力保障。科技研究取得成果。公司持续强化设计管理,提高项目设计方案评审质量,从方案优化中挖掘效益;总结科研成果,3项专利获得国家知识产权局的授权;参加中国工程院重大咨询研究项目“中国铁路‘走出去’发展战略研究”,以及组织系统内设计单位编制非洲铁路网总体规划,进一步提升公司科研能力,对国际铁路市场开拓具有重要指导意义。内控和风险管控不断提升。强化规章制度体系建设,提升管理水平,完善决策程序,细化操作流程,持续加强“事前风险识别与防范、事中风险监测与完善、事后风险监督与整改”的全过程管控机制,有效防范和化解各类风险。坚持践行依法治企、合规经营。公司以建设“法治中土”为目标，高度重视培养全体干部职工的守法经营意识，同时加强各级单位法律合规机构建设，确保“四项审核”（授权委托、经济合同、规章制度、重大决策）工作得以有效实施，进一步完善法律风险防范机制。服务保障准确到位。公司坚持按规定、按制度、按程序办理出国（境）手续，审批办理因公出国（境）团组840批，派出2986人次；审批邀请来华访问团组47批，201人次。加强劳务合同管理和选审工作，外派劳务人员的综合素质和服务水平得到整体提升。持续加强专业化采购能力，采购成本进一步降低，供给效率进一步提高，为境外项目采购、发运设备物资331批次，货值1.11亿美元，实现退税1.47亿元。对办公场地进行整体优化调整，扩容改建无线局域网络，新的内外门户网站和业务流程管理系统（BPM）上线，改善公司办公软硬环境。综合治理工作取得新成绩，公司被评为北京市交通安全先进单位。（任　嘉）

【品牌建设】 2015年，公司在经营生产、绿色环保、创造就业、社区共建、抢险救灾等各方面切实履行应有的社会责任，在追求经济效益的同时，注重企业社会价值的实现，参加社会公益事业，以自身发展影响和带动当地经济的振兴，促进企业与当地社会的和谐发展。公司不少单位和个人受到驻在国政府的表彰和嘉奖。随着土耳其安卡拉至伊斯坦布尔高速铁路等一批具有国际影响力的重大项目建成和签约，公司获国内外主流媒体的高度关注。特别是在G20峰会和中非合作论坛期间，中央电视台在多个频道多个栏目密集报道公司承建的铁路项目和履行社会责任情况，CCECC的品牌形象和企业知名度日益提高。（任　嘉）

【党的工作】 公司党委下辖党委5个，党总支3个，党支部64个，党员1120人，其中在职党员864人。2015年发展党员22人。（朱伟国）

【组织建设】 2015年，公司将企业管理部党支部、法律合规部党支部合并为联合党支部，将经济管理部党支部、投标报价部党支部合并为联合党支部，新设立巴基斯坦分公司党支部。组织开展一期入党积极分子培训班。指导32个基层党组织完成换届工作。加强党员党费收缴工作，出台《中土集团公司党委关于进一步规范党费收缴和使用的通知》（中土党〔2015〕39号文），对党费收缴工作不规范情况进行整改。（沈　湘）

【思想宣传】 （1）思想政治。组织集中学习、派出宣讲组赴境内外经营单位宣讲、编辑出版《党委中心组学习参考》等多种方式，及时传达中央、国资委党委、股份公司党委精神，股份公司党风建设和反腐倡廉工作会议精神等。结合企业中心工作，正在开展铁路“走出去”条件下思政政治工作保障等3个课题研究。做好海外安全的思想政治工作，编辑出版《忆天想》。

（2）企业文化。开通集团公司微博、微信公众号，多渠道展示集团公司发展成果，进一步规范企业标识使用。从集团公司总部到境内外各经营单位，逐步完成“中国铁建”“中国土木”品牌标识的安装和推广工作，推动集团公司品牌形象得到进一步规范和推广。

（3）新闻报道。紧扣“一带一路”“铁路走出去”机遇，在中央及省部级以上媒体、大型门户网站发稿超过100篇，在系统内部的中国铁道建筑报、股份公司网站、股份公司微信、微博等发稿超过200篇。其中，中央电视台的G20峰会特别节目6次报道土耳其安伊高铁项目；中非合作论坛期间，《新闻联播》连续3天展示集团公司扎根非洲、奉献非洲的责任与担当。（刘英才）

【“三严三实”专题教育活动】 按照“严以修身、严以用权、严以律己，谋事要实、创业要实、做人要实”的要求，严格按照规定动作推进专题教育活动：以党委书记讲党课启动，并聚焦“严以修身、严以用权、严以律己”3个专题举行专题研讨，要求集团公司党委委员利用工作和出差的机会，到分管部门和分管经营单位讲党课，保证专题教育的良好效果。围绕“三严三实”这个主题，集团公司领导班子和所属各经营单位领导班子开展“三必谈”，并分别组织召开征集意见座谈会，了解一线职工的所思所想。民主生活会上，各级领导班子成员之间开展批评与自我批评；征集意见和建议100多条，汇总为五大类39条。（王思宇）

【落实全面从严治党责任】 集团公司党委把守纪律讲规矩放在突出位置，从严上入手、从实处着力，按照股份公司、股份公司党委下发的各项规章制度，结合集团公司实际，制定出台多项制度，明确集团公司党政领导干部和非领导职务的选拔标准、任用程序，规范集团公司各级领导干部的履职待遇、业务支出、境内外差旅费标准等，使选人用人、用权、用钱有章可依，有据可循。（王思宇）

【纪检监察】 中土集团公司纪委下设纪委办公室和纪检监察室（监察部）。1月29日，参加股份公司2015年党风建设和反腐倡廉工作会议。起草完成年度纪委工作报告。2月9日，会同党工部组织召开2015年中土集团党委扩大会议暨党风建设和反腐倡廉工作会议。2月,组织完成由集团公司党政主管领导、纪委书记与公司各部门、境内外各单位的党政一把手签订“党风廉政建设责任书”工作,共计49份。完成2014年公司落实中央八项规定的自查报告。组织召开2次纪委会议,分别对有关人员违纪违规问题进行立案、听取调查情况汇报及研究处理意见,并上报集团公司党委审核。完成纪检监察有关工作自查整改报告。完成集团公司自查自纠综合报告,并上报股份公司纪委。完成对集团公司总部落实党风廉政建设“两个责任”等情况监督检查工作,向股份公司检查组上报需要明确的相关情况和问题,陪同检查组赴福州设计院进行现场监督检查。完成并上报“纪检监察基本业务统计表”“2015年中央企业党风建设和反腐败工作有关情况统计表”。受理信访举报9件次。完成开展增收节支情况报告以及2014年企业工作报告相关内容。配合人力资源部完成部分拟提拔干部的考核工作。向集团公司上报2014年企业年度工作报告中与监察部有关的内容;向股份公司纪委上报《2014年案件检查工作总结》《2014年党风廉政建设责任制情况报告》及有关附件资料。对收到的案件线索进行调查了解,并按相关规定分类管理;对股份公司交办的案件进行调查处理,并移交案件审理;协助股份公司纪委对有关案件线索进行调查了解。参加由集团公司设备物资集采中心或设备物资部组织的集团公司范围内物资、设备及四电相关采购的开标和评标会议24次,其他各类专题会议17次。 (王筱洁 张仁华)

【工会工作】 公司工会下辖8个基层组织,11家境外职工之家,12家境外职工小家,会员1400人。建立健全工会组织,在公司重组划转后及时完成在北京工会小组长、工会联络员的推选和增(替)补工作,以及京外、境外各工会委员会的换届选举或委员增替补工作;组织召开公司二届三次职工代表大会,做好干部民主测评和职工代表提案落实等工作;开展工资集体协商,2015年职工工资在原有基础上增长10%;签定公司集体合同;为职工办实事,继续保持与“明天十幼”(铁路园)和北京市57中学的牵手关系,及时向职工通报入园、入学信息。改善职工办公环境,在机关办公楼卫生间安装热水设备;重视境外职工之家建设,加强基层走访调研,切实推进“三项工程”建设和安全生产大检查;开展劳动竞赛、技能比拼等活动,团结带领广大职工为公司发展建功立业;开展创先争优,选树典型,做好公司先进集体、先进个人和优秀工作者评比,参与股份公司各类评先表彰;组织举办第四届职工运动会、第三届职工羽毛球赛、在京职工春游、秋游活动、“缘来是你 我和春天有个约会”青年拓展联谊活动等;做好女工“四期保护”,开设“女工保健室”。组织女工参加“家规家训家书”征集、“幸福家庭”评比、“三八”节女工田园采摘活动等。规范公司独生子女费和独生子女父母奖励费的发放;进一步规范工会财务管理,对各单位工会经费的收缴和上解情况进行清理和催缴,加大对基层工会经费的审计监督力度。 (陈莉莉)

【共青团工作】 公司团委下辖团委5个、团总支4个、团支部51个,团员626人。2015年,公司团委以铁建团委二届二次全委(扩大)会精神为指引,立足企业发展、服务青年职工,发挥团组织职能作用,为凝聚青年智慧力量,助推企业稳定发展作出积极贡献。在公司门户网站开设品牌特色栏目。对原有“真我风采”栏目进行改版,下设成“身边榜样”“感悟随笔”“缘来是你”“印象中土”4个主题栏目。在门户网站开设专栏,陆续登载新员工在“入职感悟”“成长定位”“团青工作之我见”“企业发展之我言”等方面的个人心声;认真开展公司2014年度“青年文明号”“青年岗位能手”“优秀共青团员”“优秀共青团干部”“五四红旗团支部”评选活动,选树典型,发挥榜样作用。并对2014—2015年度“导师带徒”活动先进集体和优秀师徒进行评选和表彰;发挥青年在安全责任、爱心活动中的作用。6—12月,开展“安全万里行青年在行动”为主题的“五个一”活动。10月,公司团委批转中土集团福州勘察设计研究院有限公司团委《关于向福建省宁德市寿宁县下党学校捐助的倡议书》,向公司全体职工发出倡议,截至11月底,公司团委共筹集爱心款约13.45万元;开展丰富多彩的活动。“五四”期间,公司团委组织在京青年参观北京顺义焦庄户地道战遗址纪念馆。境内外团组织相继开展各具特色的“五四”活动。5月底,公司团委联合工会开展“缘来是你 我和春天有个约会”青年拓展联谊活动。在新员工入职培训期间,配合人力部门组织开展新老员工篮球赛和主题素质拓展训练。团委按照中央企业团工委《关于开展助力区域化团建“双报到”工作的通知》要求,集团公司团委加入海淀区羊坊店青年汇,组织公司青年职工参加青年汇开展的登山、篮球友谊赛等活动。

(陈莉莉)

【北京中土大厦】 驻北京市海淀区北蜂窝6号。是集住宿、餐饮、娱乐、写字间、会议、健身于一体的涉外四星级饭店,是中央国家机关政府采购中心北京地区党政机关会议定点饭店,持有北京市公安局颁发的《特种行业许可证》,可接待国内外宾客。酒店建筑面积4万平方米,拥有客房183间,会议室11间。党支部书记、执行董事、法定代表人何明武,总经理冯东。职工260人。完成营业收入5326万元,人均收入4.77万元。（北京中土大厦）

【中土国际贸易有限公司】 驻北京市海淀区北蜂窝甲8号中雅大厦C座16层。前身是中国土木工程集团公司贸易部,1998年5月14日注册成立,具有独立法人资格的有限责任公司,注册资本金2100万元。总经理钱铁军,副总经理张欣淋。职工15人,其中正式职工4人,社聘职工11人。资产总额1.09亿元,固定资产原值139万元,净值10.7万元,流动资产1.06亿元,长期股权投资160万元。

2015年,新签合同额2.26亿,完成营业额2.22亿。实现利润118.58万元,人均创利9.85万元,人均资产729.44万元,全员劳动生产率37.32万元/人·年,职工年人均收入20.98万元。国有资本保值增值率103.86%,净资产收益率3.84%,投资回报率5.65%,资产负债率71.61%,应上缴款完成率100%。新签项目为云桂铁路(交直流系统)项目,云桂铁路(接触网)项目,渝黔项目(简支T梁钢支座)项目,贵广接触电缆、承力电缆、电缆电缆头增补项目,兰渝铁路项目,南广铁路项目和铁路安全提升(四)项目。

（康振甲）

【中土集团北方建设有限公司】 驻北京市海淀区北蜂窝甲8号中雅大厦C座2层。2011年10月,由中土集团国内工程部、北京中铁建总国际经贸有限公司和中土凯明工程咨询有限公司合并成立。执行董事、总经理谭里明(3月免)、胡瑞海(8月任),党委书记房炳杰(3月免)、姚明东(4月任,8月免)、吴久义(8月任)。中方人员289人。

2015年,新签合同额3.45亿元,完成营业额4.3亿元。在建项目有埃塞铁路项目、吉布提铁路项目、尼日利亚七公顷房建项目、尼日利亚阿卡铁路项目、尼日利亚阿布贾城铁项目、包头万方煤炭经销、乐清房建项目、尼日利亚驻华使馆官邸项目和朔黄铁路项目,下属单位有北京中土欣欣物业管理中心。（北方公司）

【中土集团南方建设有限公司】 2011年8月30日,上海中土实业有限公司与中国土木工程集团有限公司珠海分公司合并;2012年2月7日正式成立。公司驻广东省珠海市香洲区香工路18号金地门道B2区43栋。下辖浙江乐清旧城改造安置房BT工程、莞惠城际轨道GZH-13标段工程、横岗车辆段上盖保障性住房工程、山东临沂御山河工程、湛江港散货铁路工程、广州增城国际花园工程、珠海市技工学校新校址施工工程、珠海市西部中心城区首期开发区域(B片区)基础设施工程ZHSG-1标段工程8个项目部。董事总经理朱小刚,党委书记李继江。员工186人。

新签合同额14.42亿元,完成营业额4.55亿元。资产总额25.83亿元。其中:流资产25.49亿元,固定资产原值0.43亿元。

（徐海强）

【中土集团福州勘察设计研究院有限公司】 驻福建省福州市晋安区火车站沁园支路41号。原为上海铁路局福州勘测设计院,1958年8月成立;2004年2月划归铁道第四勘察设计院管理,更名为铁道第四勘察设计院福州勘察设计院;2010年6月22日改为现名。系铁道行业甲(Ⅱ)级勘测设计单位,拥有市政行业(轨道交通工程)专业甲级、建筑行业(建筑工程)甲级、市政行业(道路、桥梁)乙级、工程勘察专业类岩土工程甲级、测量工程甲级、铁路工程监理甲级、房屋建筑工程监理乙级、市政公用工程监理乙级、铁路、建筑(编制项目建议书、编制项目可行性研究报告、项目申请报告、资金申请报告、工程设计)甲级、铁路(规划咨询)乙级、城市轨道交通(编制项目建议书、编制项目可行性研究报告、项目申请报告、资金申请报告、工程设计)乙级,铁路(评估咨询)乙级资质和对外承包工程资格。下设线路站场设计所(含信号设计室)、桥梁隧道设计所、地路设计所、工程经济所、建筑设计所(下设房建设计室、给排水设备设计室、电气设计室、通信设计室)、四电设计所、测量队7个生产部门,下辖岩土工程公司、监理分公司、工程总承包部3个非法人子公司。董事、党委书记高嵩(兼),总经理郭重凤。员工256人。资产总额0.82亿元。

新签合同额1.15亿元,完成营业额1.11亿元,完成营业收入1.14亿元,实现净利润606万元。

（高　磊）

【中土集团公司朔黄铁路项目部】 成立于2015年9月,为集团公司派出的项目管理机构,负责朔黄铁路项目的工程施工、安全质量、工程验收、工程档案等全面建设管理工作。总经理兼党支部书记谭里明。

（任　嘉）

【中土东非有限公司】 驻坦桑尼亚首都达累斯萨拉姆市。2007年1月1日成立。拥有坦桑尼亚房建工程承包一级资质、土建工程承包一级资质、空调承包一级资质、水承包一级资质、电力承包一级资质,乌干达、卢旺达工程承包资质。管辖东部非洲4个国别市场:坦桑尼亚、乌干达、卢旺达和布隆迪。下辖坦桑尼亚达累斯萨拉姆市地区、摩洛哥罗地区、多多马地区、塔博拉地区和姆万扎地区5个地区经理部，乌干达和卢旺达2个国别经理部，58千米公路工程项目和74千米公路工程项目2个项目部。总经理姜义高。中方员工421人，其中正式员工42人，社聘管理人员93人，技术工人286人，当地雇员及工人5000人。东非公司资产总额10.64亿元，其中固定资产原值2.59亿元，固定资产净值1.12亿元，流动资产8.78亿元。机械运输设644台(套)，现值0.75亿元，总功率8.15万千瓦，人均动力1811.56千瓦，技术装备率81%，设备完好率88%，利用率89%。

2015年，签合同额16.29亿元。完成营业额4.59亿元，净利润0.15亿元。全员劳动生产率100.86万元，职工年人均收入13.81万元。实现变更索赔0.92亿元，国有资本保值增值率-2169.82%，净资产收益率123.96%，产值利润率-17.10%，投资回报率123.96%，资产负债率105.95%。2015年责任成本实现收益率-20.83%，开工累计收益率10.63%。新签项目为乌干达65千米公路修复项目、肯尼亚蒙巴萨南部旁城路一段公路项目、坦桑尼亚依林加74.1千米公路项目、卢旺达地区信息交流中心项目和坦桑尼亚中央银行姆万扎分行办公楼项目。

(刘斯聪　孙令雷　孙大伟　姚　希　李　刚　杨嘉林)

【中土埃塞俄比亚工程有限公司】 驻埃塞俄比亚首都亚的斯亚贝巴市。2012年3月9日注册成立埃塞俄比亚米埃索—达瓦利铁路项目经理部；6月19日，注册成立中土埃塞俄比亚工程有限公司。拥有埃塞俄比亚一级总承包商资质。下辖单位和直属项目为：埃塞铁路项目经理部、吉布提公司、索马里项目部、保利协鑫项目部、中土南苏丹公司、中土肯尼亚公司以及中土肯尼亚蒙巴萨项目经理部。总经理兼党总支书记李吾良。正式职工56人，社聘人员148人。公司所属各项目的分包单位上场中方人员1963人，雇佣当地员工9819人。

新签合同额82亿元，完成营业额50亿元，实现营业收入44亿元，实现利润7.36亿元。　(李　焘)

【中土尼日利亚有限公司】 驻尼日利亚阿布贾机场路10千米立交桥西北角。拥有土建工程承包D级资质。经营范围涉及铁路、公路、桥梁、市政、房建、水工、机场航站楼、实业投资、物流贸易、房地产开发等领域。尼日利亚公司总经理、党委副书记李庆勇；尼日利亚公司党委书记、副总经理彭根方。中方员工1053人，其中管理人员534人，劳务人员519人，当地雇员8483人。公司拥有12个碴场、10个沥青拌和站、1个钢结构厂、1个大型修理厂、1个梁枕厂、1个门窗厂。机械类设备7688台(套)，设备原值为29.98亿元，净值为5.52亿元。施工、运输及生产设备总功率950115.2千瓦，人均动力651.46千瓦，技术装备率49.3万元/人，主要机械设备完好率91%，设备使用率52%，公司机械化施工程度80%以上，年施工能力61.57亿元。

2015年，完成合同额354.4亿元，营业额67.1亿元，营业收入46亿元，实现利润7.4亿元，国有资本保值增值率198.22%，净资产收益率97.81%，产值利润率11.39%，营业利润率15.90%，投资回报率97.81%，资产负债率89.12%，应上缴款完成率100%。正在实施的项目总计97个，合同额81.1亿美元，分布在尼日利亚36个州的28个州。阿布贾地区经理部共有在建项目9个，合同总额26.69亿美元。阿卡铁路项目完成工程量占总工的99%；阿布贾城铁完成工程量占总工程的73%；6个航站楼项目中4个航站楼完成工程量67%；巴达格瑞公路项目年度完成产值0.45亿美元。　(尼日利亚公司)

【中国土木工程集团塞拉利昂有限公司】 驻塞拉利昂蓝茉莉海滩"西非阳光"小区。2011年4月11日设立。2015年5月13日，塞拉利昂有限公司获得塞拉利昂工程部签发的工程建筑行业最高资质。下辖矿山铁路维护项目部、Dangote水泥厂项目部及大西洋花园别墅项目部3个项目经理部。正式员工10人，社聘员工18人，当地员工135人。总经理兼党支部书记张志臣，副总经理刘宗超、杨之骏。固定资产原值1.16亿元，净值0.38亿元。设备391台(套)，其中铁路项目固定资产原值0.94亿元，净值0.31亿元。

新签合同额3687.55万元，营业收入3997万元，利润总额563万元。3个在建项目为非洲矿业铁路维护项目，合同额1550万美元；DANGOTE水泥厂项目，合同额800万美元；大西洋花园别墅项目，合同额1271万美元。　(汤　欢　何彦伟)

【中国土木工程集团(加纳)有限公司】 驻加纳首都阿克拉。2008年底注册成立，2012年7月派人常驻。经理钟晶。在册中方员工1人，当地雇员1人。

(彭少华)

【中非莱基投资有限公司】 2006年3月，在北京注册成立，资本金11.43亿元，资产总额12.98亿元，公司驻北京市海淀区复兴路40号中国铁建大厦A座8层，职工14人。由中国铁建股份有限公司(持股57.29%)、中国土木工程集团有限公司(持股17.18%)、中非发展基金有限公司和南京江宁经济技术开发总公司共同合资组建。2006年5月，中非莱基与尼日利亚拉各斯州政府、莱基全球投资有限公司，在尼日利亚合资组建莱基自贸区开发公司（以下简称莱基开发），位于尼日利亚拉各斯州伊柏九莱基区莱基沿海路，注册资金400万美元（折合人民币2448万元）。莱基开发资产总额2733.14万元。莱基自贸区项目选址于尼日利亚拉各斯州东南部的莱基半岛，占地30平方千米，规划发展为综合性工业新城，于2007年被商务部批准为国家级“境外经济贸易合作区”。

截至2015年底，莱基自贸区累计完成投资10.65亿元。43家企业入区兴建或投产，65家企业签署投资意向书，协议投资总额39.33亿元。中非莱基总经理郑军，职工12人。莱基开发总经理丁永华，在册员工118人，其中中方员工19人，尼日利亚员工99人。中方员工中，中土集团正式员工4人。中非莱基资产总额12.99亿元，固定资产原值147.64万元，净值40.70万元，流动资产4.85亿元，其他资产8.14亿元，净利润359.8万元；莱基开发资产总额0.27亿元，固定资产原值0.13亿元，净值0.11亿元，流动资产674.61万元，其他资产918.49万元。（孙明宇　木迪乐）

【中国土木工程博茨瓦纳有限公司】 驻博茨瓦纳哈博罗内市特鲁昆。1991年7月成立。拥有博茨瓦纳房建E级资质、小区发展E级资质、乡村供水和给排水E级资质和公路、桥梁E级资质。管辖单位：纳米比亚有限公司、莫桑比克有限公司、津巴布韦代表处、莱索托有限公司及安哥拉、马达加斯加并科摩罗市场。中方职工28人，当地员工88人。总经理、党总支书记管嘉欣。机械工程设备数量为259台，原值金额为4667.21万元。

2015年，完成营业额2000万元。博茨瓦纳市场在建项目为潘达马腾加农业水利项目，合同额6761万元。收回博茨瓦纳沙卡维高级中学项目全部扣款，中标2个纳米比亚大型房建项目，签约津巴布韦2015英雄住房项目，签约合同额19.3亿美元。（李海群）

【中国土木工程（赞比亚）有限公司】 2009年4月，中土集团授权博茨瓦纳有限公司在赞比亚设立常驻机构，注册中土赞比亚有限公司。公司驻赞比亚ROMA 609/02, VILLAS COSTA PLENTY, LUSAKA, ZAMBIA。办公室驻213－214, FOXDALE COURT PHASE 2, 609 ZAMBEZI ROAD, LUSAKA, ZAMBIA。拥有1级B类房建施工资质、1级C类土木工程施工资质及1级R类道路和土方工程施工资质。下辖K/C项目经理部、查马项目经理部、卡夫河供水项目经理部和萨姆菲亚项目经理部等4个项目经理部。职工92人，干部47人，当地雇员267人。总经理丁建伟，副总经理刘青松。机械设备455台（套），设备原值1.43亿元，设备净值0.76亿元，完好率43.44%，利用率90%。

新签合同额1.397亿元，完成营业额3.348亿元，净利润－1.169亿元。签约项目项目6个，分别为机场跑道项目、查玛市政10.98千米道路升级改造项目、ISOKA－25千米公路项目、穆维尼隆加16.1千米市政道路升级改造项目、曼萨市政道路升级改造项目和查玛—隆达济公路项目，合同金额11.29亿元。

（葛海超）

【中土纳米比亚有限公司】 驻BRIDGEVIEW OFFICES AND APARTMENTS, 3906, DR 千瓦 AME NKRUMAH, KLEIN WINDHOEK。2012年2月注册成立，2012年3月博茨瓦纳有限公司派员到纳米比亚市场常驻，正式经营。总经理朱庆连。中方员工62人，当地人员315人。

新签合同额4.01亿元，完成营业额0.39亿元。机械设备51台（套），原值886万元。2个在建项目为内政与移民部总部大楼项目和哈达普地区政府新办公园区项目。1个完工项目为奥沙卡蒂市内政与移民部办公室项目。（张　宁）

【中国土木工程津巴布韦有限公司】 驻20 CAMERON ROAD, BORROWDALE, HARARE。2015年4月，签约2015英雄住房工程项目商业合同，合同额19.3亿美元。7月28日，成立代表处。8月14日，代表处以“中铁建中非建设有限公司”的名义在津巴布韦公司注册局完成公司的注册工作。2015年12月，更改为现名。拥有津巴布韦建委土木工程A级资质，建筑工程A级资质。负责人蒋坤。职工2人，当地人员1人。（于文龙）

【中国土木工程集团莱索托有限公司】 2013年9月4日注册成立。公司驻Victoria Hotel Offices Suite 211－212, Block B Kingsway, Maseru, Lesotho。

（莱索托有限公司）

【中国土木工程集团莫桑比克有限公司】 2013年12月注册。驻Bairro Central, Av. Vladimir Lenine, No. 174, Maputo, Mozambique。中方职工4人，当地人员2人。（谢文龙）

【中铁建中非建设有限公司南非办事处】 2011年9月19日注册成立。总经理贾山，工程经理王明法。中方员工3人。注有中铁建中非建设外部营利公司和中铁建中非建设南非商贸物流有限公司。

（南非办事处）

【中国土木阿尔及利亚有限公司】 驻阿尔及利亚首都阿尔及尔。前身为中土阿尔及利亚办事处，2003 年设立；2007 年 9 月改制为现名。主要经营铁路、水利、房建和大型公共工程及土木工程的承包施工及设计，工程设备租赁，相关领域技术建立和咨询等。下辖 55 千米铁路复线项目部、175 千米铁路电气化新线项目经理部、东西高速公路项目 M6 标段项目部、奥兰房建项目部、西部区域 2900 套房建项目经理部。总经理陈振河、党委副书记兼副总经理李银辉。职工人数 1859 人，其中中方 896 人，外籍员工 963 人。资产总额 8.24 亿元；固定资产原值 1.47 亿元，净值 274 万元，流动资产8.21 亿元。设备 298 台（套），净值 552 万元，总功率 4.13 万千瓦；人均动力 897.50 千瓦，技术装备率 12.01 万元/人；设备完好率 55%，利用率 40%。

新签合同额 5.32 亿元，完成营业额10.15 亿元。实现利润 -1.37 亿元，人均创利 -90.87 万元，全员劳动生产率 -75.87 万元/人·年，职工年人均收入33.6 万元，国有资本保值增值率 148.99%；净资产收益率 66.70%，产值利润率 -15.25%，投资回报率55.74%，资产负债 129.88%。

（董时超）

【中国土木工程集团有限公司利比亚分公司】 2011 年 2 月以中土集团利比亚分公司名义经营，所用企业资质为中土集团公司的资质。当地注册的全资子公司（CCECC IN LIBYA）经营范围为：铁路、房建、大型公共工程及土木工程的承包、实施及设计；劳务。单位驻地 2011 年 2 月因利比亚内部战争全部撤离（原驻在利铁机构的总营地被占）。1983 年集团公司进入利比亚市场追踪项目，并设立代表处。2008 年 3 月，为适应形势发展以及更好的实施利比亚铁路项目由原中土利比亚代表处变更为中土集团利比亚分公司。与利比亚铁路机构保持联系，关注利比亚的政治局势，协助有关部门做好利比亚铁路项目的善后工作。

（刁立民）

【中国土木工程集团（几内亚）有限公司】 驻几内亚首都科纳克里，前身是成立于 2012 年 5 月 30 日的中国铁建中非建设几内亚办事处。2014 年 9 月 17 日公司注册名称变更为中国铁建几内亚有限公司（CRCC GUINEE SA），公司股东变更为中国土木工程集团有限公司。主要业务是立足西非法语区建筑市场环境，以几内亚市场为主攻目标深度经营公路、铁路、桥梁、房建、市政等基础设施建设项目。几内亚公司同时还负责开拓马里等周边国家市场。总经理刘长松，员工 6 人，其中正式员工 2 人，当地员工 4 人。

（陈海洋）

【中铁建喀麦隆股份有限公司】 驻喀麦隆雅温得市。2015 年 7 月 2 日注册成立，主要业务为代表中铁建在喀麦隆进行工程承包和业务拓展，开发乍得等周边市场。总经理田树斌，员工 7 人，其中正式员工 3 人，社聘员工 1 人，当地员工 3 人。

（田树斌）

【中国土木工程集团刚果（布）有限公司】 位于刚果共和国首都布拉柴维尔，成立于 2014 年 5 月 4 日，经营范围：承包铁路工程、大型公共工程、水利工程、房建及各类土木工程设计和施工，出租各类工程机械设备、技术监理及咨询。重点业务为跟踪刚果（布）大洋铁路、刚果（金）新农村等项目，同时负责开拓刚果（布）、刚果（金）、加蓬等国市场。员工 4 人，其中正式职工 2 人，当地员工 2 人，负责人冯超。

（王　能）

【中国土木工程集团（科特迪瓦）有限公司】 驻科特迪瓦阿比让市，2013 年 12 月注册成立。副总经理郝晓帆，员工 7 人，其中正式职工 2 人，社聘职工 2 人，当地员工 3 人。

（王之丰）

【中土集团公司阿拉伯联合酋长国分公司】 驻阿拉伯联合酋长国阿布扎比市。1985 年经外经部批准组建，1986 年 6 月对外注册为中土公司阿布扎比分公司。拥有桥梁、隧道和地下道等混凝土结构工程特级资质和房建、钢结构工程一级资质。下辖新 Reem 岛桥梁、阿尔法拉城市立交桥和阿布扎比至迪拜新路 A 标段工程等 3 个项目经理部。总经理亓世军。

（阿联酋分公司）

【中土集团公司沙特阿拉伯分公司】 驻沙特阿拉伯首都利雅得市。1999 年 2 月设立沙特代表处，2008 年 8 月 16 日注册成立中土集团公司沙特阿拉伯分公司。下辖南北铁路 CTW400、机修库、吉达阿齐兹地下道、利雅得阿哈立交桥、吉达麦麦高速铁路桥梁 5 个项目经理部。总经理文武，党支部书记沈铁峰。员工 988 人，其中中土正式员工 31 人、社聘员工 377 人，沙籍及第三国劳务人员 580 人。资产总额 4.84 亿元，比上年度资产增长1.58%；其中，固定资产原值 1.95 亿元，固定资产净值 0.33 亿元，流动资产 4.51 亿元。机械设备 336 台（套），总值 1.97 亿元，设备完好率 100%，利用率 100%。

新签合同额 1.87 亿元，完成营业收入3.77 亿元。完成 16 个项目的投标工作，其中中标并签约项目 2 个，中标合同额 1.82 亿元。正在实施的项目为：沙特南北铁路 CTW400 项目、麦麦高铁桥梁项目、机修库项目、吉达阿齐兹地下道项目、利雅得阿哈立交桥项目、纳吉兰两桥项目。（宁 波）

【中国土木工程集团有限公司伊拉克分公司】 2015 年,由于受国内反恐战争和国际原油价格的影响,伊拉克逐步陷入经济危机,政治、安全形势也趋于恶化,导致在建现汇项目停工和新项目招标中断。（柳 木）

【中国土木工程(香港)有限公司】 驻香港九龙尖沙咀漆咸道南 39 号铁路大厦 23 楼。1986 年设立。主要经营工程承包、房地产及贸易等业务。主要以 3 间公司对外开展经营活动,分别是:1988 年 3 月注册的中国土木工程公司,持有政府公共工程最高资质 C 牌;1986 年 11 月注册的中土工程(香港)有限公司;1986 年 11 月注册的中国土木工程集团(香港)有限公司。总经理郁葱(兼),副总经理刘若男。员工 4 人,其中内派员工 2 人,当地员工 2 人。（刘若男）

【中国土木工程(澳门)有限公司】 驻澳门宋玉生广场 263 号中土大厦 22 楼 C－H 座。为中土集团全资子公司,1989 年 6 月以中土香港公司名义在澳门登记注册,2001 年 11 月 26 日正式成立。拥有澳门土木工程建筑牌照。由 5 家公司组成:中国土木工程(澳门)有限公司(工程总承包)、中土港澳建筑工程(澳门)有限公司(资本运营)、百汇地产投资有限公司(地产发展)、中土物业管理有限公司(物业管理)、正合工程有限公司(专业承包)。主要经营业务:工程承包、设计咨询、地产发展、物业管理、资本运营等。董事总经理郁葱,副总经理吴敏、冯旭。员工 46 人,其中中土集团公司派出人员 17 人,内地聘用人员 20 人,雇用当地人员 9 人。资产总额 2.29 亿元,其中固定资产原值 1.4 亿元,净值 0.2 亿元,流动资产 2.09 亿元。

新签合同额 3.06 亿元,完成营业额 1.71 亿元,完成营业收入 1.63 亿元,实现利润总额 0.2 亿元。在建项目:新城填海区 E1 填土及堤堰建造工程、重建沙梨头街市工程、横琴国际生科城项目、林茂海边大马路 J 地段行人天桥建造工程、大丰银行机房装修项目。（弋 丹）

【中铁(澳门)有限公司】 驻澳门友谊大马路南方大厦 1 楼。1989 年 6 月成立,1993 年经国家批准正式注册。先后隶属铁道部工程指挥部、中国铁道建筑总公司海外公司、中国土木工程集团公司。下辖中铁(澳门)职业介绍所有限公司、珠海中铁实业发展有限公司 2 个全资子公司。总经理、党支部书记马天罡(2 月任),副总经理、总会计师杨平(11 月任)。职工 55 人。资产总额 1.79 亿元。其中固定资产 0.14 亿元,流动资产 1.65 亿元。

新签合同额 0.18 亿元,完成营业额 1.49 亿元。在建项目:澳门轻轨 C350 项目,开工累计完成产值3.6 亿澳门元;警察局交通厅扩建工程,累计完成产值0.31 亿澳门元。青州海关浮桥工程,于 7 月 21 日通过临时接收,合同总额 0.15 亿澳门元,处于 2 年保固期内。（于玉兰）

【中国土木工程集团印度尼西亚代表处】 2012 年 5 月注册,2014 年 7 月获得印尼公共工程部颁发的建筑许可证和建筑咨询设计许可证。职工 2 人,代表刘博,商务部经理岳巍。

2015 年,完成合同额 14 亿元。9 月 30 日签约印尼爪哇岛和苏门答腊岛铁路改造和新建项目钢轨和道岔采购二期项目,合同额 14 亿元。（岳 巍）

【中国土木(新加坡)有限公司】 2013 年 12 月设立,注册资本 100 万新币,为中土集团公司全资子公司。拥有新加坡建筑管理局(BCA)分包建筑商执照,特殊建筑商桩基、钢结构、预制件及地基加固等专业分包执照。中土新加坡分公司于 2014 年 11 月设立,分公司与有限公司一套人马,两块牌子,持有新加坡 BCA 颁发的 CW02B1 总包执照。下辖中土工程(马来西亚)有限公司(1993 年 8 月 24 日注册成立,注册资本金为 50 万马币)、中土集团公司泰国办事处(2012 年 8 月 15 日注册,注册资本为 1000 万泰珠)。管理人员 48 人,其中公司员工 9 人,中方社聘员工 6 人,系统内合作单位 15 人,当地员工 18 人。聘用机手及工人 71 人,其中机手 14 人,雇佣工人 57 人。总经理王会(8 月免)/焦通(9 月任),党支部书记王会(4 月任,8 月免),副总经理贾鹏。资产总额 0.78 亿元,固定资产原值 0.52 亿元,净值 0.29 亿元。设备 56 台(套),原值 0.58 亿元,净值 436 万元,总功率 4616 千瓦,人均动力 38.79 千瓦,技术装备率 48.79 万元/人,设备完好率 80%。

2015 年,完成营业额 1.4 亿元,实现利润额－0.35 亿元,人均创利－26.2 万元,全员劳动生产率 11.47 万元/人·年,职工年人均收入 12.78 万元,国有资本保值增值率 100.00%,净资产收益率 200.41%,资产负债率 145.24%。（单思远）

【中土集团巴基斯坦分公司】 2015 年 5 月注册。签约达苏公水电站喀拉昆仑公路改线一期(KKH－01)及右岸进场道路一期项目(RAR－01),合同额10.5 亿元,8 月 24 日开工。（李文涛）

【中土日本代表处】 驻日本东京市。1984年设立。代表蔡宇。 （代表处）

【中国铁建土耳其安卡拉分公司】 驻土耳其安卡拉市。2006年6月注册成立。下辖土铁中土项目部、合包集团项目部（中方人员）、安卡拉分公司。总经理姜爱民，副总经理兼总会计师、总法律顾问刘林。中方员工29人，其中集团公司人员12人，包括管理人员3人，技术人员9人；外聘人员8人，均为技术人员。聘用当地员工37人。固定资产原值0.19亿元、净值192万元；流动资产4.04亿元。机械运输设备29台（套），设备净值195.34万元，总功率1587.5千瓦，人均动力49.61千瓦，技术装备率6.1万元/人，设备完好率100%。

2015年，完成营业额1.5亿元，实现利润111万元，职工年人均收入25.76万元，国有资本保值增值率102.6%，净资产收益率4.152%，产值利润率0.05366%，资产负债率106%。截至2015年底，累计完成施工产值3.99亿美元。 （刘　军）

【中国土木工程集团（波兰）有限公司】 驻波兰首都华沙。1993年注册成立波兰代表处，1995年8月成立中土波兰有限公司，1997年1月更名为波兰华锐发展有限公司，2007年9月更为现名。法人代表刘晓平。职工7人，其中内派人员2人，当地雇员5人。在华沙拥有30套别墅，建筑面积8316平方米，土地面积0.96万平方米。资产总额0.24亿元。其中，固定资产原值0.24亿元、净值917万元；流动资产652万元。

2015年，签出租、续租别墅合同25份，合同额364.95万元，完成营业额518.28万元。 （刘晓平）

【中土集团公司以色列分公司】 成立于2007年1月29日，驻以色列特拉维夫市。总经理姜爱民（11月免）、杨裕元（11月任），副总经理白凤波。员工14人，其中集团公司员工4人。

2015年，新签合同额9.27亿元，完成营业额1.03亿元，实现利润0.15亿元，全员劳动生产率336万元/人·年，净资产收益率396.67%，产值利润率14.38%，资产负债率94.04%，应上缴款完成率100%。6月25日中标红线轻轨卡利巴车站项目，12月29日中标红线轻轨东标段项目。 （杨　曦）

【中土集团公司欧洲代表处】 驻德国法兰克福市。1984年注册设立；2005年11月划归土耳其安卡拉至伊斯坦布尔高速铁路Ⅱ期项目经理部，更名为土铁项目驻欧洲代表处；2013年划归中土集团管理，更为现名。总经理田丰，职工3人，其中，中土集团公司正式职工2人，社聘职工1人。

2015年，新签合同额5032.63万元。9月29日，中标黑山Kolasin至Kos段9千米铁路修复改造项目，中标金额5032.63万元。 （章艳林）

【中土集团公司罗马尼亚代表处】 2015年7月10日，罗马尼亚有限公司注册成立。公司驻罗马尼亚伊尔佛夫县沃伦达瑞市扬古尼古拉英雄大街83号。罗马尼亚代表处与罗马尼亚有限公司为同一地址，罗代处保持正常运行。总经理斯海洋（兼），职工4人。

2015年12月17日，与中国驻罗使馆签订《使馆羽毛球场馆改造合同》。 （斯海洋）

【中土巴西国际商业有限公司】 驻巴西圣保罗市。1994年设立巴西代表处，1997年7月注册成立中土（巴西）国际商业有限公司，是中土集团在巴西的全权代表机构，主要负责中土集团在巴西及南美地区工程、贸易项目的追踪和承揽，并代表中土集团向巴西小门德斯工程公司催收欠款。法人李宪翔，代表处代表王凯。成员2人。 （李宪翔）

【中国土木工程集团（俄罗斯）有限责任公司】 驻俄罗斯莫斯科市。2004年9月注册，是中土集团的全资子公司。法人代表、总经理彭明宽。资产总额20万美元。 （时　星）

【中国土木工程集团有限公司塔吉克斯坦分公司】 2015年7月3日注册成立，驻塔吉克斯坦杜尚别鲁达基大街127号鲁达基大厦910室。总经理王昕晖。员工4人。固定资产总额0.65万元。

2015年，完成营业额2.07亿元。与中铁十九局以联合体的形式实施塔吉克斯坦瓦赫达特—亚旺铁路项目，合同额7199万美元，2015年5月12日开工。 （周　明）

【重要记载】

▲2月9日　中土集团召开2015年党委扩大会议暨党风建设和反腐倡廉工作会议。

▲2月9—10日　中土集团二届三次职工代表大会暨2015年工作会议在北京召开。

▲3月3日　中土澳门公司与澳门新建业集团签订战略合作框架协议。

▲3月12日　吉布提中国商会成立大会在吉布提经济商务参赞处召开。中土集团吉布提公司当选吉布提中国商会第一届会长单位，总经理丁兆军当选商

会首任会长。

▲4月12日　中土集团在开罗与埃及交通部属埃及国家铁路局签署埃及国家铁路网轨道更新项目框架合同。

▲同日　中土东非有限公司被中国驻坦大使馆授予“2014—2015年度公共外交先进单位”称号。

▲4月20—21日　在中国国家主席习近平对巴基斯坦进行国事访问期间，巴基斯坦官方英语报纸《新闻报》和发行量最大的乌尔都语报纸《詹格报》以专版形式为集团公司刊发专题报道。

▲4月25日　中土东非有限公司被中国驻坦桑尼亚大使馆授予最佳雇主奖。

▲5月8日　中土集团与俄罗斯图瓦能源工业有限公司签署《关于俄图瓦埃列格斯特—克孜勒—库那金罗铁路及远东港口项目合作谅解备忘录》。

▲6月11日　由中土集团实施的埃塞俄比亚—吉布提铁路正式完成铺轨施工，实现全线贯通。

▲6月18日　中土集团副董事长吴万良出席第19届俄罗斯圣彼得堡国际经济论坛，并签署《关于卡累利阿共和国小型水电站建设项目意向协议》。

▲7月22日　中土集团董事长袁立与俄罗斯彼得世界集团股东安德烈·德曼科举行会谈。

▲7月31日　中土集团召开干部大会。股份公司党委书记齐晓飞、副总裁夏国斌、总裁助理兼人力资源部(党委干部部)部长鲁斌出席会议。夏国斌副总裁宣读“股份公司、股份公司党委关于中国土木工程集团有限公司与中铁建中非建设有限公司合并重组的决定”。鲁斌总裁助理宣读股份公司、股份公司党委关于集团公司领导班子的任命决定。

▲同日　中土集团董事长袁立会见来访的国家开发银行企业局局长魏维。

▲8月21—22日　中非莱基联手福建省晋江市商务局、外商投资企业协会在晋江举办“晋江—尼日利亚莱基自贸区经贸合作交流活动”，并签署战略合作框架协议。

▲8月27日　集团公司入选2015年度ENR“最大250家国际承包商”排行榜，名列第47位；同时，入选2015年度ENR“最大250家全球承包商”排行榜，名列第93位。

▲8月30日　中土埃塞公司在吉布提首都吉布提市举行埃塞—吉布提铁路项目试运行仪式。

▲同日　中土集团沙特分公司承建的沙特CTW400铁路项目全线贯通，并举行开通仪式。

▲10月14日　集团公司总经理曹保刚会见中国驻乌干达大使赵亚力，双方就乌干达市场现状及乌干达西线铁路项目等进行交流。

▲同日　中央电视台在北京中土大厦录制节目《聆听：家书战歌英雄志抗战精神励后人——CCTV与观众面对面活动走进中国铁建》，中国铁建宣传部部长刘树山、中土集团总经理曹保刚、中央电视台总编室副主任赵文江等参加。

▲10月27日　中土集团董事长袁立出席在北京召开的英国土木工程师学会(ICE)2015年亚太年会，并作题为《埃塞俄比亚—吉布提铁路，一次共赢合作》的演讲。

▲11月10日　中土集团董事长袁立接受中央电视台记者采访，以“合作共赢”为主题，向央视记者介绍安伊高铁项目的建设历程，并结合“一带一路”倡议阐述安伊高铁的建成对中国高铁走出去的重要意义。

▲11月11日　中土集团澳门公司承建的澳门关闸边检大楼建造及扩建工程获得2015年中国建设工程鲁班奖(境外工程)。

▲11月19—20日　中土集团副总经理胡社忠率团参加由集团公司协办的“一带一路土木工程国际论坛”，中土集团代表作特邀报告介绍非洲铁路网规划的研究。

▲11月20日　马里首都巴马科丽笙酒店发生袭击事件，包括中土集团原总经理周天想在内的3名中国铁建国际集团员工因公殉职。

▲同日　中土埃塞公司将国际社会援助埃塞俄比亚干旱灾区的首批1125吨粮食通过埃塞俄比亚—吉布提铁路从吉布提发出，并于次日运抵埃塞俄比亚。

▲12月21日　集团公司董事长袁立赴亚美尼亚推动项目追踪工作，拜会中国驻亚美尼亚田二龙大使和经商处参赞王世才，并与亚北南走廊公路公司总经理阿托·萨基斯杨举行会谈。

▲同日　博茨瓦纳有限公司作为EPC总承包商承建的博茨瓦纳历史上第一座采用FIDIC设计+施工模式发包的大型综合性房建项目博茨瓦纳国际科技大学取得业主颁发的履约证书。

▲12月23日　尼日利亚交通部部长罗蒂米·阿米奇、国务部长西利卡·哈迪等一行视察由集团公司承建的尼日利亚拉各斯机场航站楼项目。

▲12月30日　集团公司董事长袁立在总部会见吉布提交通部长穆萨·阿哈迈德·哈桑。（任　嘉）

中铁十一局集团有限公司

【简况】　中铁十一局集团有限公司(以下简称“集团

公司”)具有铁路工程、建筑工程、市政公用工程施工总承包特级资质;公路工程、利水电工程、通信工程、机电安装工程总承包一级资质;矿山工程总承包二级资质;桥梁工程、隧道工程、公路路面工程、机场场道工程、城市轨道工程、地基与基础、水工隧道、铁路铺轨架梁、土石方、铁路电务、电气化、送变电、钢结构、建筑装修装饰专业承包一级资质;地质环境治理及地质灾害防治、锅炉安装、管道安装、砼预制、岩土工程勘察、铁道行业设计、建筑工程设计、爆破、环保、安防、A 级起重机安装、改造、维修、B 级起重机制造、房地产开发等各类资质 121 项,劳务分包资质 15 项,试验资质四类 31 项,测绘资质 1 项。拥有国家专利授权 266 项,其中发明专利 26 项,国家认定企业技术中心 1 个,国家级工程实践教育中心 1 个,博士后科研工作站 1 个,省级企业技术中心 4 个,省级高新技术企业 4 家。集团公司驻湖北省武汉市武昌区中山路 277 号。前身为中国人民解放军铁道兵第一师,诞生于 1948 年,1984 年兵改工后改编为铁道部第十一工程局,1999 年 12 月更名为中铁第十一工程局。2001 年 8 月改制为现名。公司机关设行政、党群职能部门 22 个。下辖一至六公司、电务、建安、桥梁、城轨、房地产开发、物资贸易、汉江重工、物业管理 14 个全资子公司,京津冀、东北、华东、东南、华南、云贵、川渝藏、西北、新疆、内蒙古、鲁豫、武汉 12 个国内区域指挥部,泰国、马来西亚、缅甸、东非、西非、南非 6 个国际区域指挥部,新加坡分公司、黄石公司、勘察设计院和襄阳管理部。集团公司现有正式员工 18013 人,其中高级职称人员 1054 人(教授级高级工程师 74 人),中级职称人员 2729 人;一级注册建造师 428 人,一级注册建筑师 4 人,一级注册结构工程师 5 人,注册土木工程师(岩土)4 人,注册电气工程师 4 人,注册暖通工程师 1 人,注册公用设备工程师 2 人;享受国务院特殊津贴 9 人。拥有固定资产净值 36.95 亿元,机械设备 4576 台(套),其中单价 200 万元以上的大型施工机械 202 台(套),各类型盾构机 28 台(套),技术装备率 12.24 万元/人,动力装备率 237.88千瓦/人。企业年施工能力 500 亿元以上,在建工程项目 400 余个,分布在全国除港澳台以外的所有省、直辖市、自治区以及海外。

2015 年,承揽工程任务 188 项,合同投资 668.29 亿元;完成施工总产值 508.9 亿元,其中施工产值 502.3 亿元。职工年人均收入 70358 元。完成主要实物工程量:土石方 7934 万立方米,隧道 124658 延长米,桥梁 169583 延长米,铁路架梁 4521 孔,公路架梁 7806 片,地铁 57728 米,公路 91 千米,公路路面 3820 万平方米,房屋建筑面积 20 万平方米,通信线路 400 千米,供电线路 774 千米,电气化接触网 644 条千米。工程质量合格率 100%,无施工安全责任伤亡事故。公司获国家优质工程银质奖 4 项、全国市政金杯 1 项、省部级优质工程 9 项;获全国工程建设优秀质量管理小组奖 18 项,获省部级优秀质量管理小组奖 53 项。国家级优秀 QC 成果 18 项、省部级优秀 QC 小组 47 项,省部级及以上科技进步奖 6 项、省部级工法 18 篇,授权专利 42 项。 (郭 琳)

【领导人员】

董事会

董事长	何义斌
董事	张树海
	付 裕(8 月免)
职工董事	彭新文
秘书	王政松

监事会

监事会主席	(暂缺)
监事	阮祥杰
职工监事	李 俊

经理层

总经理	张树海
副总经理	谢敬平
	荆 山(1 月免)
	宫建岗
	龙信桥
	凌汉东(1 月任)
	雷位冰
	张 成
	李小红
	张丕界
	付 裕(8 月免)
	刘华军
总工程师	张丕界(兼)
总会计师	付 裕(兼,8 月免)
副巡视员	臧 丹(8 月任)

党群领导

党委书记	何义斌
副书记	张树海
	彭新文(8 月任)
纪委书记	(暂缺)
工会主席	彭新文

(隆仁燕)

【工程项目指挥机构】 湖北城际铁路工程指挥部驻湖北省武汉市东湖高新区;常务副指挥长李伙明、党工委书记贺林。

津保铁路工程项目部　驻河北省容城县；项目经理王金柱，党工委书记郑平良。

昆明枢纽工程指挥部　驻云南省昆明国家经济技术开发区；指挥长包晓东，党工委书记胡士华。

沪昆客专湖南段工程项目部　驻湖南省娄底市；项目经理兼党工委书记宫建岗，常务副经理熊安祥。

杭长铁路客专工程项目部　驻浙江省义乌市；项目经理雷位冰，党工委书记、常务副经理甘胜银。

京福铁路客专闽赣I标工程项目部　驻江西省婺源县；项目经理郝生德，党工委书记朱明春。

合福铁路安徽段站前7标工程项目部　驻安徽省绩溪县；项目经理李文俊。

宿淮铁路工程指挥部　驻江苏省宿迁市；指挥长兼党工委书记胡昌虎。

山西中南部铁路通道工程项目部　驻山西省洪洞县；项目经理、党工委书记李小红，常务副经理肖海涛。

吉图珲客运专线项目经理部　驻吉林省蛟河市；项目经理龙信桥，党工委书记、常务副经理曾国升。

兰新铁路甘青段工程项目部　驻甘肃省瓜州县；项目经理余霖，党工委书记陈建荣。

麻竹高速公路项目经理部　驻湖北省南漳县；项目经理、党工委书记韩锡燕。

渝黔铁路土建11标项目经理部　驻贵州省息烽县；项目经理兼党工委书记谢敬平，常务副经理汪满建。

成贵铁路项目经理部　驻贵州省贵阳市；项目经理谢敬平，党工委书记黄仕典，常务副经理刘西文。

连盐铁路项目经理部　驻江苏省连云港市；项目经理封明君，党工委书记赵良奎。

石济铁路客运专线项目经理部　驻河北省藁城市；项目经理王金柱，党工委书记郑平良。

天仙及潜江JHSG－1标项目部　驻湖北省天门市；项目经理袁定安，党工委书记段邦顺。

武汉市轨道交通机场线土建BT项目经理部　驻湖北省武汉市；项目经理兼党工委书记谢敬平。

蒙华铁路项目经理部　驻湖北省襄阳市；项目经理李文俊，党工委书记韩锡燕。

昌赣客专项目经理部　驻江西省南昌市；项目经理刘守成，党工委书记张书玉。

拉林铁路工程指挥部　驻西藏自治区拉萨市；项目经理吴启新，党工委书记黄云海。

黔张常铁路项目经理部　驻湖北省桑植县；项目经理、党工委书记宫建岗，常务副经理杨兵。

光谷综合体项目经理部　驻湖北省武汉市；项目经理郝生德，党工委书记朱明春。　（穆飞军）

【职工队伍】　职工总数18723人。干部12152人，占职工总数的64.90%；专业技术干部10006人，占干部总数的82.34%；研究生以上学历180人、本科学历9084人、专科学历1749人、中专学历249人、高中及以下学历890人；30岁及以下人员6809人，31～35岁1902人，36～40岁1032人，41～45岁788人，46～50岁357人，51～54岁519人，55岁及以上745人。专业技术干部中，教授级高级工程师85人，高级职务1054人，中级职务2919人，初级职务5948人。

工人总数6571人，占职工总数的35.10%；技术工人5432人，占工人总数的82.67%。本科学历150人、专科学历653人、中专591人、高中、技校2379人、初中及以下学历2798人；30岁以下人员719人，31～35岁692人，36～40岁931人，41～45岁711人，46～50岁261人，51～54岁1172人，55岁及以上2085人。技术工人中，初级工136人，中级工1406人，高级工3483人，技师317人，高级技师90人。

2015年，集团公司接收应届“985”“211”和重点一本大学生1002人。　（张红月）

【铁路工程施工】　在建铁路工程139项，合同投资761亿元。

渝黔铁路土建11标　位于贵州省贵阳市息烽县及白云区，全长39.9千米，合同投资33.75亿元，合同工期2013年5月1日—2017年6月30日。主要实物工程量：桥梁32座11879.02延长米，隧道15座11969延长米，路基16千米，路基土石方420万立方米，涵洞57座，T梁制架2984孔，铺轨454千米，道岔92组。2015年完成投资6.26亿元，开工累计完成投资18.35亿元。

成贵铁路CGZQSG－16标　位于贵州省贵阳市白云区，全长31.66千米，合同投资25.57亿元，合同工期2014年1月1日—2018年12月31日。主要实物工程量：路基土石方253万立方米，桥梁25座12790延长米，涵洞14座524横延米，隧道16座15370延长米，箱梁制架419孔，铺轨547.9千米，双块式无砟道床65.3千米，道岔19组。2015年完成投资7.53亿元，开工累计完成投资10.26亿元。

石济铁路SJZ－1标　位于河北省藁城市，全长31.3千米，合同投资16.94亿元，合同工期2014年1月1日—2017年9月30日。主要实物工程量：路基8.4千米，桥梁2座22800延长米，涵洞4座118延长米，箱梁制架702孔，正线铺轨368千米，道砟15万立方米，道岔61组。2015年完成投资8.54亿元，开工累计完成投资13.02亿元。

连盐铁路LYZQ－II标　位于江苏省连云港市，全长40.79千米，合同投资23.3亿元，合同工期2013年

12月1日—2016年12月31日。主要实物工程量:路基土石方144万立方米;桥梁15700延长米,涵洞1655横延米,隧道1座4615延长米,T梁预制3020孔,架设5864孔,铺轨378千米,无砟道床4.62千米,道岔205组,拆除道岔42组。2015年完成投资4.83亿元,开工累计完成投资9.2亿元。

西成客专XCZQ-12标　位于陕西省西安市,全长15.541千米,合同投资17.961亿元,合同工期2013年3月1日—2016年11月30日。主要实物工程量:桥梁4座20881延长米,涵洞10座375横延米,路基5.4千米,无砟道床31.47千米,T梁制架221孔,铺轨25千米,道岔58组。2015年完成投资6.07亿元,开工累计完成投资14.32亿元。

云桂线引入昆明枢纽工程　位于云南省昆明市,全长34.2千米,合同投资34.8亿元,合同工期2010年6月1日—2014年5月31日。主要实物工程量:桥梁33座12490延长米,涵洞53座1887横延米,隧道7座8912延长米,路基土石方1069.7万立方米,铺轨122.43千米,T梁制架489孔,道岔158组,道砟33.5万立方米。2015年完成投资15.42亿元,开工累计完成投资35.21亿元。

京沈客专JSJJSG-7标　位于河北省承德市,全长29.5千米,合同投资18.48亿元,合同工期2014年7月1日—2019年6月30日。主要实物工程量:路基土石方54.33万立方米,桥梁4532.48延长米,涵洞201.92横延米,隧道23467.95延长米,现浇箱梁108孔,悬灌连续梁6联,无砟轨道59千米。2015年完成投资7.5亿元,开工累计完成投资8.05亿元。

杭黄铁路HHXQZQ-2标　位于安徽省歙县,全长25.413千米,合同投资10.13亿元,合同工期2014年6月1日—2018年6月30日。主要实物工程量:路基土石方65万立方米,桥梁12866.55延长米,涵洞464横延米,隧道4481延长米,制架箱梁303孔。2015年完成投资4.32亿元,开工累计完成投资8.82亿元。

长株潭城际铁路四电集成工程　位于湖南省长沙市,全长95.513千米,合同投资10.7亿元,合同工期2014年10月1日—2017年6月30日。主要实物工程量:通信线路95.51千米,连锁道岔86组,自动闭塞93.85千米,供电线路95.5千米,变配电所43座,接触网268.69条千米,牵引变电所7座,2015年完成投资3.34亿元,开工累计完成投资3.34亿元。

昌赣客专CGZQ-3标　位于江西省丰城市,全长37.64千米,合同投资26.28亿元,合同工期2015年7月15日—2019年12月31日。主要实物工程:桥梁14座25045延长米,预制和架设箱梁732孔;涵洞43座1139.87横延米,路基12.6千米,路基土石方225.09万立方米,CRTSⅢ型轨道板预制24540块,CRTSⅢ型板式无砟道床铺设72.79千米,正线铺轨388.49千米、站线铺轨24.78千米、铺新岔76组,铺设粒料道床12.815万立方米。2015年完成投资3.41亿元,开工累计完成投资3.41亿元。

蒙华铁路MHTJ-20标　位于湖北省襄阳市,全长69.388千米,合同投资29.04亿元,合同工期2015年8月1日—2020年3月1日。主要实物工程量:桥梁26座23663.6延长米,小桥16座3631.2顶平方米,隧道1座123延长米,路基47.44千米,路基土石方1033.48万立方米,涵洞134座4226.74横延米,道砟60万立方米。2015年完成投资3.61亿元,开工累计完成投资3.61亿元。

拉林铁路LLZQ-1标　位于西藏自治区拉萨市,线下土建任务全长10.222千米,线上铺架工程内容主要为1819单线孔T梁制架及全线铺轨,合同投资15.47亿元,合同工期2015年7月1日—2021年11月30日。主要实物工程量:桥梁3座5143.88延长米,隧道1座4373延长米,路基0.705千米,路基土石方12.58万立方米,涵洞3座,T梁制架1819孔,铺轨461.67千米,铺新岔180组。2015年完成投资0.67亿元,开工累计完成投资0.67亿元。

黔张常铁路QZCZQ-6标　位于湖南省张家界市,全长32.57千米,合同投资21.39亿元,合同工期2015年3月15日—2019年11月30日。主要实物工程量:桥梁22座8253.38延长米,隧道14座20152.37延长米,路基4.576千米,路基土石方405.8万立方米,涵洞7座,T梁制架468孔,CRTSⅠ型双块式无砟道床12.89单线千米。2015年完成投资4.38亿元,开工累计完成投资4.38亿元。　（何　超）

【路外工程施工】　在建路外工程226项,合同投资795万元。其中,公路207亿元,城市轨道412亿元,房建工程113亿元,市政、水利、电力等其他工程63亿元。

新加坡大士西延长线　位于新加坡,合同投资25亿元,合同工期2011年11月21日—2016年7月29日。主要实物工程量:C1686项目主要包含EW32和EW33 2座高架车站以及单层铁路高架桥1.8千米,C1687项目主要包含EW31 1座高架车站,单层公路高架桥1.2千米,公铁两用双层高架桥2.2千米,5座公路匝道总计2.9千米,双孔涵洞660米。2015年完成投资7.69亿元,开工累计完成投资19.81亿元。

麻竹高速MZTJ-3标　位于湖北省南漳县,全长63.48千米,合同投资35亿元,合同工期2013年4月28日—2015年10月30日。主要实物工程量:路基挖方710万立方米，填方1021万立方米，桥梁42座12778延长米，涵洞187座，隧道8座13567延长米，沥青砼路面60.2千米，水泥砼路面3.344千米。2015年完成投资11.13亿元，开工累计完成投资33.76亿元。

福建利嘉中心项目　位于福建省福清市，合同投资20亿元，合同工期2013年11月23日—2015年11月13日。主要实物工程量：12幢主楼和5幢裙楼，总建筑面积102万平方米，其中地上建筑面积64万平方米，地下建筑面积38万平方米。2015年完成投资3.3亿元，开工累计完成投资5.45亿元。

武汉机场线BT项目　位于武汉市东西湖区、黄陂区，合同投资24.9亿元，合同工期2014年10月1日—2016年3月31日。主要实物工程量：机场线正线高架桥4座5509延长米，盾构段4段6722双延长米，路基439米，明挖暗埋段5段1357米，U型槽4段858米，桩板结构1处289米，盾构井2座，风井兼盾构接收井1座，车站5座；天河停车场及出入线明挖暗埋段51米，高架桥1座963延长米，U型槽396米，停车场1座；常青车辆段东咽喉段路基及出入线高架桥1座195延长米。2015年完成投资21.21亿元，开工累计完成投资23.22亿元。

武汉市光谷广场综合体工程　位于武汉市洪山区，合同投资22.19亿元，合同工期2014年12月1日—2018年11月10日。主要实物工程量：2号线南延线光谷广场—珞雄路站区间，珞雄路站，9号线车站及相邻的区间预埋段、11号线车站，地铁主变电缆通道，2号线连接通道，鲁磨路隧道与地下空间共建段，珞瑜路隧道与地铁工程共建段，以及光谷广场地下空间的建筑、结构。2015年完成投资2.51亿元，开工累计完成投资2.51亿元。

青岛地铁辽阳东车辆基地　位于山东省青岛市，合同投资18.98亿元，合同工期2015年10月1日—2017年6月30日，实际开工2015年11月1日。主要实物工程量：总建筑面积24万平方米，11幢单体结构，站场土石方工程186.69万立方米，桩基工程量3013根，隧道260延长米，铺轨22.4千米，道岔55组。2015年完成投资1.34亿元，开工累计完成投资1.34亿元。

江门至罗定高速公路第12标段　位于广东省云浮市，起止里程正线长度9.09千米，南盛连接线长6.602千米，合同投资10.7亿元，合同工期2013年11月23日—2016年5月23日。主要实物工程量：路基土石方304万立方米，隧道2座4335延长米，桥梁11座3877延长米，涵洞35座597横延米，箱梁、T梁制架1260孔。2015年完成投资1.05亿元，开工累计完成投资9.5亿元。

青岛蓝色硅谷城际轨道交通工程13标　位于山东省青岛市，承建中国海洋大学停车场和大田路车辆段与综合基地土建施工、设备安装以及全线轨道铺设，工程总造价14.67亿元，合同工期2013年11月23日—2016年5月23日。主要实物工程量：减振道床117千米，道岔53组，高架线路44.325千米，地下线路（含U型槽地段）5.11千米，山岭隧道5.816千米，路基2.2千米，接触轨139千米。2015年完成投资2.72亿元，开工累计完成投资3.43亿元。

莞惠城际GZH－3标　位于广东省东莞市，全长4.86千米，合同投资11.34亿元，合同工期2009年9月18日—2015年5月15日。主要实物工程量：地下车站1座，长272米；区间盾构隧道2370双延米，区间暗挖隧道1993双延米，暗挖竖井1座，盾构始发井1座，吊出井1座，原材料集中加工厂1座；管片预制厂1座，总生产量7612环；无砟道床4747双延米。2015年完成投资1.69亿元，开工累计完成投资9.75亿元。

青海共玉高速A7标　位于青海省海南藏族自治州，全长15.58千米，合同投资8.91亿元，合同工期2011年5月1日—2013年7月30日。主要实物工程量：路基挖方395781立方米，路基填筑806300立方米，大桥6座1122.96延长米，中桥3座179.48延长米，小桥4座121.16延长米，涵洞45道，隧道2座5785延长米，其中姜路岭隧道左幅2925米，右幅2860米。2015年完成投资1.69亿元，开工累计完成投资8.97亿元。

成都地铁5号线9标　位于四川省成都市，全长3.8千米，合同投资7.2亿元，合同工期2015年9月30日—2019年9月30日。主要实物工程量：3个明挖车站和4个盾构区间及一段明挖区间，为神仙树站—石羊立交站区间、石羊立交站—市一医院站区间、市一医院站—交子大道站区间、交子大道站—锦城大道站区间（其中盾构区间双线长度约2442米，明挖区间约550米），石羊立交站（地下2层，面积约14076平方米）、市一医院站（地下2层，面积约13715平方米）、交子大道站（地下2层，面积约12610平方米）。

（何　超）

【经营管理】　任务承揽。承揽任务188项，新签合同额668.29亿元，完成股份公司年度计划480亿元的139.23%，创历史最高水平。其中：铁路331.13亿元，总额占比49.55%；公路111.54亿元，总额占比16.69%；城市轨道132.80亿元，总额占比19.87%；房建18.12亿元，总额占比2.71%；水利电力10.83亿元，总额占比1.62%；市政9.09亿元，总额占比1.36%；机场码头0.29亿元，总额占比0.04%；工业制造9.71亿元,总额占比1.45%;物贸25.45亿元,总额占比3.81%;房地产18.22亿元,总额占比2.73%;勘察设计0.14亿元,总额占比0.02%;其他0.98亿元,总额占比0.15%。湖北省新签合同额突破100亿元,在集团公司各省市新签合同额中排名第一,驻地优势明显。(隋英姿)

【资本运营】 集团公司中标新建武汉至十堰铁路孝感至十堰段项目HSSG-4标段、G356线昭阳区烟堆山至鲁甸县新街段公路改造第3标段、重庆市嘉陵江磁井段防洪护岸综合整治工程(清水溪至特钢段)等3个项目,中标总额69.78亿元。截至2015年底,集团公司在建的资本运营项目(BOT、BT、股权投资)13个。其中,BOT项目1个,即黄石山南铁路项目;BT项目7个,分别是武汉东湖保税区项目、洛阳西环路高新区段工程、云南麻昭高速公路项目、黄石月亮山隧道BT项目、黄石山南铁路新港货运支线项目、温州龙湾保障房项目和武汉地铁机场线BT项目;股权投资项目5个,分别是西北煤炭交易中心、宜昌紫云铁路、呼和浩特市管片厂、新建武汉至十堰铁路孝感至十堰段项目HSSG-4标段和G356线昭阳区烟堆山至鲁甸县新街段公路改造第3标段。(曾艳辉)

【安全质量】 以国家、行业标准规范和上级有关安全质量精神为指导,坚持提高自身素质、创新工作方式,在安全质量制度建设、安全质量教育培训、隐患排查治理、工程质量专项整治、优质工程申报、信用评价管理等方面下功夫,实现集团公司安全质量总体水平处于同类先进地位的年度指标。并具有"包保责任有新样本、教育培训有新要求、隐患整治有新抓手、应急救援有新装备、创先争优有新突破、标准化施工提升新层次"的具体特色。紧紧围绕安全生产、工程质量、信用评价等工作重心,健全各项规章制度,夯实基础,扎实开展各项监督检查工作,忠实履行部门职能,安全、质量、贯标及企业信用评价等各项工作有序推进,运行平稳,有效保证集团公司施工生产和正常经营活动的顺利开展。集团公司未发生重大设备损坏和重大经济损失事故;未发生火工品爆炸、丢失事故;未发生火灾事故;员工因工责任伤亡事故率控制在年度安全生产目标之内,实现年度安全工作目标。集团公司被评为湖北省2015年度安全生产"红旗单位",一公司邢汾高速公路邢台至冀晋界段工程被交通运输部、国家安全生产监督管理总局授予"公路水运平安工程",二公司大连胜利路星海融汇工程项目部被中国工程建筑标准化协会评为"建筑施工安全标准示范单位",4个项目部被授予股份公司2015年度安全质量标准工地称号。2015年,集团公司获国家优质工程银质奖4项(含补奖2012年国家优质工程1项)、全国市政金杯1项、省部级优质工程11项、股份公司"铁建杯"优质工程11项,奖励金额360万元。获全国工程建设优秀质量管理小组奖18项,获省部级优秀质量管理小组奖53项。集团公司、电务公司同时获评"2015年全国工程建设质量管理优秀企业"。2015年全集团公司在建工程分项工程、单位工程检查评定合格率均达到100%,未发生质量等级事故。2015年集团公司在中国铁路总公司铁路施工企业信用评价中上半年名列第2位,下半年名列第9位,连续12次进入"A类"施工企业行列,水利水电行业信誉评价继续保持水利建设市场主体信用评价"AAA级"单位,公路施工企业信用评价获得"A级";贯标工作顺利通过再认证审核,继续保持"三标"认证资格。(仇效兵)

【项目管理】 坚持以重难点工程为主线,优化方案、配足资源、强化管控、攻坚克难,重难点工程取得较大突破,施工生产平稳有序。开通铁路项目方面:年度开通的15个铁路重点项目,除乌锡铁路、神大铁路等2个项目因建设单位工期调整外,其余13个项目顺利开通,其中开通的铁路客运专线有京福闽赣、合福安徽、哈齐客专、吉图珲客专、成渝客专、津保铁路、大连铁路枢纽,敦格铁路、织纳铁路、张唐铁路,以及宁安四电、惠安西站、织毕四电部分工程等站后项目也按期安全开通。箱梁运架施工方面:渝万铁路、杭黄客专运架梁顺利完成,为运架设备提前转场到新项目创造条件,广清城际、张呼铁路、武九客专等项目按期开始架梁。无砟道床施工方面:织纳铁路、佛肇城际、张唐铁路施工完成。铁路常规铺架方面:大连枢纽、敦格铁路、乌锡铁路已完成铺架施工,昆明枢纽、连盐铁路、渝黔铁路、哈佳铁路、西成客专、合芜铁路已开始铺架。城轨重点项目方面:马来西亚项目顺利完成,新加坡大士西线铁路架梁全部完成,C1686标基本完成,进入收尾阶段;长沙磁悬浮工程全线精调完成,开始试运行;成都地铁4号线一期工程土建5标、昆明3号线二工区省博物馆站至文化宫站盾构区间、郑州1号线3标盾构、莞惠城际3标、广佛1标新城东站至东平站区间、郑州机场线07标等项目克服下穿闹市区施工建筑物多、下穿既有隧道、河流等困难,在地质复杂、工期紧张、安全风险大的情况下,实现盾构区间顺利贯通。房建重点项目方面:31栋高层主体结构封顶,其中超过100米的超高层14栋。佛山中海寰宇天下3栋塔楼高180.6米,12月16日顺利通过竣工验收,创造公司及集团公司房建领域新高度,福清利嘉中心A区5栋超高层全部封顶,佛山万锦熙岸6栋超高层顺利封顶,2栋通过竣工验收,4栋即将组织竣工验收。桥梁施工方面:密涿高速跨京哈铁路2×68米双幅T构于2015年9月15日转体成功,武汉机场BT线高架桥梁于11月25日全部完成。隧道施工方面:共玉高速公路B6标高寒冻土隧道雁口山隧道、潮惠高速象鼻山隧道、张承高速桦皮岭隧道、麻竹高速高家坪隧道等重难点工程顺利完工。（何 超）

【财务工作】 实现净利润12.38亿元。公司坚持"保增长、提质增效"不放松,以资金管理和提高效益为重点,促进财务价值创造。一是集团公司两级机关和项目部已全部实现费用预算的刚性控制,期间费用预算执行得以固化、落地;二是重新修订《资金集中结算工作奖惩办法》,推进资金集中率进一步提高,资金集中度达到90%;三是以应收账款保理、保函置换、公关协调、法律诉讼、债权转让等创新方式,及时收回债权,创新清收清欠工作手段,实际账面债权余额较年初下降24.5%;四是通过调研、反复开会研讨,确定财务共享中心实施方案与推进计划,完善制度建设与选址工作,成立中心领导小组和工作机构,全面推进财务共享中心建设;五是制定印发《"营改增"工作推进方案》,有序推进各单位、机关业务部门积极开展"营改增"前期准备工作,主要包括"营改增"后管理架构、工程报价、劳务队伍选用、外包单价、物资采购、设备管理、财务核算等方面的对策和措施;六是集团公司以《中铁十一局集团有限公司财务队伍建设"十二五"发展规划》为抓手,不断强化财务人员管理,积极推进财务队伍建设。（汪应兵）

【审计工作】 公司审计工作精心组织、稳步推进。审计监察力度不断加大,监督问责持续深入,全集团开展经济责任、财务收支、经济效益、物资专项调查等审计269项,审计纠正违规金额3602万元,促进增收节支4950万元,利用审计结果追责44人次,有效净化发展氛围。（曹仪秋）

【科研成果】 集团公司本级科研立项107项;完成股份公司科技立项10项;完成中施企业、湖北省科技进步奖申报4项;截至2015年11月,集团公司立项在研课题共计30项(国家科技支撑计划1项,建设部4项,湖北省建设厅8项,武汉市建委4项,武昌区人力资源局1项,神华集团1项,股份公司11项),其中,可结题3项,接近结题要求4项,正在推进17项。

2015年,获国家级工法4篇(严寒地区隧道衬砌防排水防冻融冻胀施工工法、高地应力软弱围岩大变形隧道超长扩大头锚索施工工法、CRTSⅢ型板式无砟轨道恒压灌注施工工法、大跨度大悬臂T型刚构转体施工工法),省部级工法18篇,股份公司工法10篇,获省部级及以上科技进步奖6项,授权专利42项,其中发明专利7项、实用新型专利34项、软件著作权1项。北京地铁9号线获中国土木协会詹天佑奖,中海锦城国际花园项目获中国土木协会住宅指导委员会詹天佑奖。国家科技支撑计划"盾构施工煤矿长距离斜井关键技术研究与示范"顺利推进,编制完成《国家科技支撑计划由神华新街转移至神东补连塔实施策划书》,按股份公司统一协调组织实施。（汪 婧）

【内部保卫与综合治理】 集团公司党政主管对信访工作高度重视,针对机关部室人事变动,及时调整信访领导小组成员,明确责任分工;拨出专款6万多元,建立专门的信访接待中心;认真批阅信访函件,对重要的群众来信来访亲自过问、部署和督办,保证信访工作的有序开展。集团公司信访部门针对重大节日、重要活动,提前部署,做到发现早、处理好,对重要事件、重大问题坚持督办,对于多次上访、缠访人员做到教育和疏导,并充分发挥机关各业务部门的职能作用,确保企业的平安稳定。接待处理群众来信和上访47次,做到件件有回应,事事有落实,杜绝群访和闹访事件,深受来信来访人员的好评,2015年度被湖北省国资委评为信访稳定工作先进单位。（万 峰）

【党的工作】 集团公司党委下辖二级党委15个,党总支5个,党支部479个,党工委228个,现有党员8885人,发展新党员180人。加强领导班子建设。安排党委中心组集中学习12次、专题研讨交流3次、邀请专家授课3次,领导干部政治纪律和政治规矩意识明显增强。开展"四好"领导班子创建活动,修订《创建"四好"领导班子活动实施办法》,集团公司领导班子获得2014年度股份公司"四好"班子,一、三、城轨、桥梁公司获2014年度集团公司"四好"领导班子。坚持民主集中制,严格执行"三重一大"制度,集体决策"三重一大"问题115项。坚持"四同步"原则,及时建立完善海外工程事业部和勘察设计院2个党委和武汉光谷综合体、黔张常、蒙华、拉林、昌赣5个项目党工委,实现基层党组织和党建工作全覆盖。修订《党组织工作实施意见》,指导各级党组织更加规范标准地开展工作。以创建"国有企业示范基层党组织"、建设"三型"党组织为推手,动员组织各级党组织和广大党员干部开展"守纪律,讲规矩,作表率""学法规,守纪律,创新业""机关服务基层"等主题活动,顺利完成党组织晋位升级、党员公开承诺、民主评议党员和党委书记抓党建工作述职评议等工作,有力促进集团公司基层党组织建设。采取集中培训、选送培训和分层培训等方式,轮训479名基层党组织书记,基层党务工作者综合素质不断提升。集团公司本级和第一、二、四工程有限公司4个党委获湖北省国资委第一批"国有企业示范基层党组织"。开展"一优两先"评选工作,表彰20个先进基层党组织、40名优秀共产党员和15名优秀党务工作者。坚持党管干部、党管人才原则,深化干部人事制度改革,制定《企业中层领导人员选拔任用暂行规定》,严格按照程序调整提拔155名企业中层干部,树立正确的选人用人导向。开展"三严三实"专题教育,围绕"严以修身、严以律己、严以用权",开展专题学习研讨交流,深入查摆问题,认真分析整改,通过开展谈心谈话、召开座谈会和基层调研等方式,收集下级单位和党员干部职工意见建议221条,梳理汇总成16条,为开好专题民主生活会做足准备。结合路线教育"两方案一计划"和领导干部整改措施,深化"四风"整治,集团公司领导班子"两方案一计划"中的22个整改问题、4个专项整治事项、19个制度建立完善计划,除企业产业结构不合理、管理粗放和核心竞争力不强3个长期整改项目外,全部完成。加强党风廉政建设,召开党风廉政建设和反腐倡廉工作会、执纪问责工作会和落实党风廉政建设"两个责任"工作促进会,层层落实党委主体责任和纪委监督责任。开展专项治理自查自纠,加大对亏损项目整治、安全质量管理、物资设备采购租赁、外部劳务选用审计监察力度,有效加强对权力的制约与监督。聚焦违反中央"八项规定"精神和"四风"问题,开展禁止收送"红包"监督检查,陆续出台相关办法,认真整改办公用房、公务用车、业务支出、差旅费用等超标问题,规范履职待遇和业务支出。 (陈　勤)

【工会工作】 各级工会组织紧紧围绕企业中心工作,深入开展劳动竞赛、技能比武、"安全在我心中,督导我在现场"主题教育活动、大力开展工会安全监督检查员培训、积极推行"一法三卡"工作法,增强职工安全意识,提高安全操作技能,规范安全行为。并先后开展"大干二季度,实现双过半""大干四季度,完成产值150亿元"劳动竞赛,圆满完成集团公司工会三届二次全委(扩大)会议部署的各项工作任务。公司工会拿出60余万元慰问一线职工,促进劳动竞赛广泛深入开展,有效地调动广大职工发展企业的积极性,维护企业和社会的稳定。获全国模范职工之家1个、模范职工小家1个,湖北省模范职工之家1个、模范职工小家1个,全路模范职工之家1个,全国优秀工会工作者1人,湖北省优秀工会工作者1人、百优工会好干部1人;股份公司模范职工之家4个、模范职工小家4个、劳模6人、优秀工会工作者3人;全国五一劳动奖状1个,湖北省五一劳动奖章1人;省级工人先锋号2个;全国劳模1人,湖北省劳模1人;火车头奖杯2个,火车头奖章9人。 (董世峙)

【共青团工作】 集团公司团委下辖二级团委12个,团工委203个,团总支1个,团支部160个。35周岁以下青年9606人,团员3880人。各级团组织以生产经营为中心,以服务企业、服务青年为根本,以增强共青团的学习能力、服务能力、凝聚能力和战斗能力为重点,夯实团的自身建设,围绕大局,融入中心,积极开展特色实践活动,各项工作在继承中发展,在开拓中前进,广大团员青年立足岗位,团结一心,充分展现生力军和突击队作用,为企业科学发展作出积极贡献。

(1)结合企业形势,开展青年思想引导。一是结合党的群众路线以及"三严三实"教育实践活动,在全体团员青年中大力开展"交心谈心"活动,通过谈心,及时了解青年员工的思想动态,解决团员青年的实际困难,引导团员青年正确认识和把握企业发展所面临的内外部环境,坚定企业发展信心。二是围绕青年工作现状,在施工一线项目部开展为期2个月的课题调研,完成题为《解读青年思想 把握企业未来》调研报告。三是认真组织开展集团公司第五届"十大杰出青年""十佳青年技术能手"的评选活动。四是利用特定日期开展"学雷锋""缅怀英烈"等主题活动。在3月5日学雷锋纪念日期间,集团公司号召各级基层团组织带领团员青年以实际行动谱写新时代雷锋赞歌。各公司、项目部结合自身实际开展义务献血、慰问敬老院孤寡老人以及"保护环境,爱护家园"为主题的青年志愿者活动。

(2)坚持围绕中心工作,为服务企业改革发展作贡献。一是以青年突击队为载体,先后在成贵、杭黄、天仙、武九客专、华岩等重难点工程组建青年突击队,在急、难、险、重的突击任务中充分发挥生力军和突击队作用。二是结合安全质量管理,组织青年开展创"青年文明号""青年安全生产示范岗"活动,全集团创建股份公司和湖北省青年文明号9个,创建青年安全生产示范岗7个,进一步增强一线青年员工的安全质量意识。一公司杨连弟队、三公司铺架运输二队被评为湖北省青年文明号,城轨公司成都地铁4号线项目部被评为湖北省青年安全生产示范岗,五公司华岩项目部被评为重庆市青年安全生产示范岗。三是在基层项目部开展"我为重点工程作贡献"、发掘"金点子"打造"新亮点"等主题实践活动,引导项目青年围绕技术方案、技术改造、降低成本、安全生产、管理创效等主题开展提合理化建议、技术攻关等活动。

(3)立足青年所需,开展实践活动。一是扎实推进"导师带徒"活动,依据《集团公司"导师带徒"活动实施办法》,签入职型师徒990对,成长型师徒407对,新分大学生导师带徒合同签订率100%,增强青年人才的培养功能。二是组织青年员工参加湖北省企业团工委第八届"缘来是你"单身青年联谊活动,促进青年员工交流;参加湖北省企业团工委举办的"青春助力国企改革发展"征文活动,四公司刘升琛撰写的《始终拥有梦想的绿水青山》、五公司张绍辛撰写的《让青春飞扬在奋斗的路上》获优秀奖;参加湖北团省委举办的2015年度青年职业技能大赛,汉江重工杜小刚在维修电工比赛项目中,进入决赛,并被授予"优秀选手"称号。三是成立青年文体协会,并组建足球、篮球、羽毛球、乒乓球、摄影、文学6个专业协会,吸纳会员1342人,开展活动4次,向股份公司推荐优秀会员63人。组织开展职工讲坛、素质拓展及各类文体活动,并利用五一、五四、七一、国庆、元旦等重大节日组织机关员工开展篮球、乒乓球、拔河、自行车等各类文体比赛活动,丰富员工业余文化生活,调动工作积极性和主动性。

(4)加强自身建设,提高工作能力。一是顺利完成"中国铁建共青团信息化办公软件"基础数据、基础信息统计工作,为共青团信息化的开展打下坚实的基础。二是4月,组织工程公司团委书记到一公司洛阳西环项目部现场学习青年讲堂、导师带徒以及大学生岗位学习交流等青年人才培养方面的做法和先进经验,以点促进全面团的工作。带领团干部参加省企业团工委、股份公司团委组织的"团干部如何健康成长"主题培训班,提升工程公司团干部自身素质。三是在铁建青年网、铁建工人报及集团公司网站发表各类青年活动宣传报道文稿330篇。全集团公司共有24个团组织、21名团员青年获得股份公司及以上表彰。

(高　鹏)

【第一工程有限公司】 公路、市政公用工程施工总承包一级,铁路工程施工总承包二级,地基与基础、桥梁、隧道、公路路面、公路路基工程专业承包一级资质企业。公司驻湖北省襄阳市航空路73号。前身为铁道兵第一师第一团,1984年1月1日集体转业并入铁道部,改称为铁道部第十一工程局第一工程处;1999年12月1日更名为中铁第十一工程局第一工程处,2001年9月26日改制改称为中铁十一局集团第一工程有限公司。执行董事、总经理魏加志,党委书记刘碧萍。下辖2个机运队、10个专业队、物业管理中心、混凝土管理中心、周转材料管理中心,派出工程项目部49个。职工总数2383人,其中,干部1480人、工人903人;专业技术干部1338人,占干部总数的90.4%;技术工人765人,占工人总数的84.7%。资产总额398940.2万元,其中固定资产原值99584.3万元、净值22945.1万元;流动资产374412.1万元,其他资产1583万元。机型运输设备共计497台(套),设备原值22202万元、净值9440万元,设备成新率42.52%,设备总功率62622千瓦,技术装备率3.9万元/人,动力装备率26.08千瓦/人。年施工能力60亿元以上。

2015年,新签合同额88.82亿元,完成企业总产值68.70亿元,实现利润6575万元。国有资本保值增值率102.274%,净资产收益率11.92%,产值利润率1.11%,资产负债率84.64%。全员劳动生产率288.27万元/人·年,人均创利27591.3元,职工年人均收入65307元。完成主要实物工程量:路基土石方2207.69万立方米、隧道21387.19延长米、桥梁27220.04延长米;铁路无砟轨道18.5千米、地铁2192延长米;公路45.06延长千米,其中高速42.6千米;房屋建筑面积76491平方米。

(戴　燕　朱杰雄)

【第二工程有限公司】 公路工程、市政公用工程施工总承包一级,铁路工程、建筑工程、水利水电工程施工总承包二级,公路路基工程、公路路面工程、桥梁工程、隧道工程专业承包一级资质企业。公司驻湖北省十堰市白浪中路99号。前身为中国人民解放军铁道兵第一师第二团。1984年1月1日集体转业并入铁道部,改编为铁道部第十一工程局第二工程处;2001年9月18日企业改制改称中铁十一局集团第二工程有限公司。执行董事、总经理王胜祖,党委书记谭发刚。下辖5个工程队、2个专业队和路面分公司、机械化分公司、造桥分公司、设备管理中心、周转器材管理中心、混凝土拌合站管理中心、西宁物资设备配送中心、物资集中采购供应中心、铁源公司、铁建医院、生活服务中心。派出工程项目部72个。职工2145人,其中,干部1197人、工人948人。资产总额35.13亿元。其中,固定资产原值7.83亿元,净值3.09亿元;流动资产31.79亿元,非流动资产3.34亿元。机械运输设备326台(套),其中机械设备249台(套),运输设备77台。固定资产原值2.7亿元、净值1.30亿元,总功率49228千瓦,动力装备率22.95千瓦/人,技术装备率6.04万元/人,设备完好率91%,利用率76%。年施工能力85亿元。

承揽任务总额6780亿元,全员劳动生产率48.47万元/人·年,职工年人均收入6.63万元。国有资产保值增值率116.16%,净资产收益率16.11%,产值利润率0.94%,资产负债率87.86%,上缴款完成率100%。完成主要实物工程量:路基土石方2066.16

万立方米，隧道30401.2延长米，桥梁69599.2延长米，涵渠8884横延米，房屋建筑面积65646平方米，铺轨85.35千米，铺道岔22组，公路制梁4973片，公路架梁2993片，路面3778万平方米。实现连续安全生产2226天。（范　莉）

【第三工程有限公司】 铁路、市政公用、公路工程施工总承包一级，房屋建筑施工总承包二级，矿山工程施工总承包二级，铁路铺轨架梁、公路路基、桥梁、隧道工程专业承包一级，混凝土预制构件工程专业二级资质及爆破施工资质企业。公司驻湖北省十堰市武当路15号。前身为铁道兵第一师第三团，1984年1月1日集体转业并入铁道部，改编为铁道部第十一工程局第三工程处；2001年9月26日企业改制改称中铁十一局集团第三工程有限公司。执行董事兼总经理陈志明，党委书记任继红。下辖新疆、黄石区域经营事业部，铺架2个队，运输3个队，轨排3个队，铺轨运输2个队，桥涵、机修、机械、黄石综合运输等14个队；大机养、运架梁、焊轨、道岔、混凝土、电务6个专业化分公司，老河口设备物资基地、鹰潭、十堰房产管理部。派出工程项目部49个；在武汉、北疆、山西、内蒙古、乌鲁木齐设有经营网点。职工2879人。固定资产原值11.6亿元，净值3.3亿元。机械运输设备796台（套），资产总额39.01亿元。

实现营业收入60.28亿元，实现净利润6634万元。完成主要实物工程量：土石方529.66万立方米，桥梁23809延长米，涵洞2435.65横延米，隧道9976延长米，铺轨560.82千米，铁路制梁2807片、架梁5157片，铺道岔397组，公路制梁889片、架梁1089片。（王　雁）

【第四工程有限公司】 拥有公路工程总承包一级、市政公用工程总承包一级、铁路工程总承包二级、房建工程总承包二级和矿山工程二级五项总承包资质；土石方专业承包一级、桥梁工程专业承包一级、隧道工程专业承包一级、公路路面工程承包一级、公路路基工程专业承包一级和环保工程专业承包一级专业承包资质以及钢结构工程专业承包二级资质、四级营业性爆破作业许可资质。公司驻湖北省武汉市东湖开发区佳园路21号。前身是冀鲁豫军区一分区基干五团，组建于1945年8月，后于1981年3月，整编为铁道兵第一师四团，1984年1月1日集体转业并入铁道部，改编为铁道部第十一工程局第四工程处；2001年9月，企业改制改称为中铁十一局集团第四工程有限公司。执行董事兼总经理余霖，党委书记唐清明。下设8个中心、2个工程队、2个管理部，派出工程项目部45个。职工2851人。其中，管理人员和专业技术人员1424人、工人1427人。资产总额36.38亿元，其中固定资产净值2.50亿元，流动资产33.5亿元。机械设备541台（套），总功率76307.5千瓦，动力装备率22.6千瓦/人，技术装备率2.46万元/人。年施工能力71.74亿元。

承揽工程任务75.02亿元，完成施工总产值71.74亿元，实现净利润7418万元。国有资产保值增值率119.64%，净资产收益率19.09%，资产负债率89.02%。完成主要实物工程量：土石方1857万立方米，桥梁39900延长米，涵洞5704横延米，隧道32574延长米，无砟轨道19780千米，公路制梁2754片、架梁3056片，铁路制梁19片、架梁21片，公路路面207900平方米，房屋建筑面积17000平方米。连续安全生产4185天。（张　艳）

【第五工程有限公司】 拥有市政公用工程施工总承包一级，建筑工程施工总承包一级，公路工程施工总承包一级，铁路工程施工总承包二级，水利水电工程施工总承包二级，桥梁工程专业承包一级，隧道工程专业承包一级，公路路基工程专业承包一级，钢结构工程专业承包三级资质。公司驻重庆市沙坪坝区新桥新村71号。前身为铁道兵第29团。1984年1月1日集体转业并入铁道部，改编为铁道部第十一工程局第五工程处；2001年9月28日企业改制改称中铁十一局集团第五工程有限公司。执行董事兼总经理蒋国云、党委书记朱勇（5月任）。下辖6个专业性施工队伍、5个子分公司、59个派出机构。职工1770人，其中干部1425人。机械设备687台（套），设备利用率88.32%，完好率95.45%，技术装备率22.69万元/人，动力装备率63.53千瓦/人。

完成营业收入61.5亿元，实现净利润8696.4万元；承揽任务106.82亿元。资产总额437992.2万元，其中固定资产原值95814.9万元，净值37706.2万元，流动资产395867.6万元；国有资产保值增值率114.60%，利润总额增长率38.02%，权益净利率14.08%，资产负债率85.41%，营业总收入增长率1.84%。（邓　豪）

【第六工程有限公司】 以建厂建段和工业制造为核心主业，集机电设备安装、铁路和轻轨运架梁、无砟轨道、矿山、风电、水利水电等专业为一体的综合性施工生产企业。公司驻湖北省襄阳市七里河路2号。前身是组建于1959年的中国人民解放军铁道兵第一师修理营，1984年1月1日集体转业，改称为铁道部第十一工程局机械厂，先后更名为铁道部第十一工程局工程机械厂、基建安装工程处、中铁十一局集团有限公司基建安装工程分公司;2007年2月企业改制改称为中铁十一局集团第六工程有限公司。执行董事兼总经理刘德兵(6月任),党委书记孔凡华(6月任)。公司拥有机电总承包、环保专业承包一级,房建、矿山、市政总承包二级,管道、起重、钢结构专业承包二级;铁路总承包三级、消防专业承包三级资质。拥有A级、B级门式起重机械、C级桥式起重机械、900吨架桥机、450吨通用门式起重机制造许可证,A级起重机械安装改造维修许可证,CA砂浆搅拌车生产许可证10项施工资质。职工1085人,其中,干部766人、工人319人。资产总额10.86亿元,其中,固定资产原值46858.1万元,净值15839.3万元,流动资产90266.5万元。国有资产保值增值率107.9%,净资产收益率10.83%,产值利润率2.75%,资产负债率74.78%,实现利润2867.6万元,应上缴款完成率100%。拥有设备411台(套),原值2.92亿元,净值1.25亿元。总功率21337.6千瓦,设备完好率96%,利用率81%,成新率42.8%。

2015年,新签合同额38.62亿元,其中施工承揽33.16亿元,工业承揽5.65亿元。完成产值15.86亿元,其中施工产值12.82亿元、工业产值3.04亿元,实现净利润3483万元。（刘　革）

【电务工程有限公司】 拥有通信工程施工总承包一级、机电工程施工总承包一级、建筑工程施工总承包二级、电力工程施工总承包二级;专业承包资质:铁路电务工程专业承包一级、铁路电气化工程专业承包一级、输变电工程专业承包一级、电子与建筑智能化工程专业承包一级、建筑装修装饰工程专业承包一级9项建筑业资质;其他资质4项:通信信息网络系统集成甲级、电力设施承装(修、试)二级、安防工程一级、公司计量测试中心国家级。公司驻湖北省武汉市东湖新技术开发区佳园路19号。前身为铁道兵直属通信信号第三工程营,组建于1969年,1984年1月1日集体转业并入铁道部,改编为铁道部第十一工程局电务工程段;1986年4月改为电务工程处,2001年9月26日企业改制改称为中铁十一局集团电务工程有限公司;2009年7月22日,中铁十一局集团电务工程有限公司主体划转到中国铁建电气化局集团南方工程有限公司,保留资质。执行董事、总经理吴刚,党委书记严新金。下辖项目管理中心、通信信号事业部、电气化事业部、电力机电事业部、上海项目部,南京、长沙、宁波3个城市项目部,北京、西安、内蒙古、重庆、上海、广州、武汉、成都8个区域项目部,派出工程项目部36个。职工652人,其中,干部540人、工人112人。

完成企业总产值24.1亿元,完成主要实物工程量:通信线路707千米,联锁道岔474组,自动闭塞309千米,电力线路1322千米,变配电所34座,接触网852条千米,牵引变电所28座,通信迁改1084处,电力迁改823处,城市轨道交通机电安装16站15区间等。完成营业收入23.28亿元,实现净利润1.58亿元。资产总额18亿元,其中固定资产原值1.50亿元、净值9743.87万元,流动资产1.69亿元,其他资产1048.36万元。

人均创利22.3万元,全员劳动生产率167.59万元/人·年,职工年人均收入9.09万元,国有资产保值增值率187.15%,净资产收益率65.78%,产值利润率9.92%,资产负债率83.39%,应上缴款完成率100%。机械运输设备113台(套),总功率13652千瓦。（易　婷）

【建筑安装工程有限公司】 拥有房屋建筑、市政公用工程施工总承包一级资质,地基与基础、机电安装、钢结构、装修装饰工程专业承包一级资质,铁路、机电设备安装工程总承包、环保工程专业承包、消防设施及建筑幕墙施工设计一体化二级资质和营业性爆破四级资质。公司驻湖北省襄阳市长虹北路3号。前身为中国人民解放军铁道兵第一师设计科,1984年1月1日集体转业并入铁道部,改编为铁道部第十一工程局勘测设计研究院;1996年6月改称建筑安装工程处,2001年9月20日企业改制改称中铁十一局集团建筑安装工程有限公司。公司执行董事、总经理王发明,党委书记刘建波。公司驻湖北省襄阳市长虹北路3号。下辖物资设备租赁公司、武汉物业管理服务中心、襄阳物业管理服务中心、职工培训服务中心及若干个工程项目部。职工1482人,其中,干部1239人、工人243人。资产总值42.04亿元,其中固定资产原值23.85亿元、净值9157万元,流动资产40.9亿元。机械运输设备221台(辆),总功率20488.8千瓦,动力装备率13.82千瓦/人,技术装备率2.35万元/人。

承揽工程任务31.34亿元,完成企业总产值47.20亿元,其中施工产值47.20亿元。完成主要实物工程量:土石方365.7万立方米,房屋建筑面积153.5万平方米。分项工程合格率100%。全员劳动生产率304064.56元/人·年,人均创利60039元,职工年人均收入58918元。国有资产保值增值率122.15%,净资产收益率21.89%,产值利润率6.79%,资产负债率93.29%,实现利润6101万元,应上缴款完成率100%。（王晓颖）

【桥梁有限公司】 集高速铁路箱梁、T梁、U型梁、轨道板、轨枕、城市轻轨PC梁、铁路、公路节段梁等预制品及其配套产品生产、物资贸易、仓储、战备器材管理于一体，公司具有桥梁工程专业承包一级资质、钢结构工程专业承包三级资质。公司驻江西省鹰潭市月湖区南站路24号。前身为铁道兵鹰潭仓库，组建于1954年6月。1984年1月1日集体转业并入铁道部，改称为铁道部工程指挥部鹰潭材料总厂，1989年更名为鹰潭战备材料总厂。2001年11月28日划转中铁十一局集团有限公司所属。2003年7月1日改制改称为中国铁道建筑总公司鹰潭战备材料总厂有限公司。2007年8月10日更名为中铁十一局集团桥梁有限公司。执行董事、总经理廖宏斌，党委书记王荃荃。下辖铁路制品分公司、物业管理分公司、器材租赁分公司、多种经营分公司、抚州工业分公司及新加坡项目部、设备管理中心、渝黔项目部、渝万项目部、敦格项目部、广清城际铁路项目、连盐项目部、石济项目部、成贵项目部、张呼项目部、杭黄项目部、江汉项目部、武九项目部、成昆项目部、黔张常项目部、昌赣项目、汉十4标项目、汉十5标项目、商合杭项目、徐盐项目、济青项目、德兴轨枕场、东方制枕场、丹东轨枕场、蒲城轨枕场、佳木斯制枕场、正镶白旗轨枕场。职工551人，其中，干部422人、工人129人。资产总额14.9亿元，流动资产1.25亿元，固定资产原值4.86亿元、净值2.07亿元。机械运输475台(套)，拥有铁路专用线5条3.747千米，料场、库房10余万平方米，年最大吞吐能力40万吨。

实现营业收入18.05亿元，其中桥梁产值12.94亿元，轨枕产值5.07亿元，其他业务产值400万元。

（杨汉思）

【城市轨道工程有限公司】 拥有市政公用工程施工总承包一级、隧道工程专业承包二级、地基基础工程专业承包一级、防水防腐保温工程专业承包一级和爆破作业资质四级承包资质。公司驻武汉市东湖开发区佳园路23号。前身为中铁十一局集团广州地铁工程指挥部、广州分公司、城市轨道工程公司，2007年8月，企业改制为中铁十一局集团城市轨道工程有限公司。执行董事、总经理周晗，党委书记张平。下辖3个二级公司，派出工程项目部50个。职工1354人，其中，干部1258人、工人96人。资产总额43.16亿元，其中固定资产原值15.11亿元、净值8.7亿元，流动资产34.20亿元，净资产3.95亿元。机械运输设备385台(套)，总功率80307.85千瓦，动力装备率59.31千瓦/人，技术装备率51.89万元/人。

新签合同额67.63亿元，完成企业总产值48.19亿元，施工产值48.19亿元，实现利润7514.5万元，净利润7051.1万元。国有资产保值增值率102.21%，净资产收益率17.87%，产值利润率1.56%，资产负债率90.86%，投资收益上缴率100%。全员劳动生产率41万元/人·年，人均创利5.57万元。职工年人均收入72783元。实现连续安全生产2964天。

（邓光明　赵珍珍）

【房地产开发有限公司】 主要从事房地产开发建设、商品房销售、物业管理；兼营房地产项目策划、信息咨询、技术开发等业务。2010年3月成立，公司驻湖北省武汉市武昌区中山路277号。执行董事兼总经理、党委书记代峪。职工38人。资产总额30.86亿元，其中净资产4303万元。

（程　希）

【汉江重工有限公司】 从事机械装备研发、设计、制造、服务于一体的专业化企业。2013年9月4日在湖北襄阳注册成立，与中铁十一局集团第六工程有限公司实行“一套机构，两块牌子”的管理模式。公司驻湖北省襄阳市樊城区航空航天工业园中航大道22号。拥有襄阳市樊城区航空航天工业园区、老河口市、新疆乌鲁木齐市和江西省丰城市4个生产制造基地，占地面积32万平方米，生产场地12万平方米，设计年生产能力10亿元以上。拥有A/B级门式起重机械、C级桥式起重机械、900吨架桥机、450吨提梁机超大吨位起重设备制造、A级起重机械制造/安装/维修、CA砂浆车生产许可证，货物及技术进出口及贸易、中国钢结构制造企业一级资质。公司执行董事、总经理刘德兵，党委书记孔凡华，常务副总经理易俊新。下辖一、二、三分厂、新疆4个分公司和1个机电设备安装分公司。职工296人，其中管理及技术研发人员237人。机械设备324台(套)，原值2987万元、净值1804万元，总功率9961千瓦。

（段健美）

【勘察设计院】 6月1日挂牌成立。驻湖北省武汉市武昌区丁字桥路47号。建筑行业(建筑工程)甲级、建筑行业(人防工程)甲级、铁路行业甲(Ⅱ)级、工程勘察专业类(岩土工程)乙级、测绘乙级资质企业。院长、党委书记聂桂良。下辖线路站场设计所、桥梁隧道所、地质路基所、房屋建筑设计所、设备设计所、工程经济所、工程技术勘测(探)大队、工程检测中心8个生产部门。职工91人，其中专业技术人员91人。资产总额2391万元，其中固定资产原值102万元、净值100万元，流动资产2183万元。

完成承揽任务1600万元，实现营业收入615万元；职工年人均收入183210元。

（邵　玉）

【物资贸易有限公司】 主营工业与民用建筑、商业设施及公共基础设施建设的物资综合配套供应和国际进出口贸易业务。2012年7月成立。公司执行董事、总经理廖宏斌，党委书记王荃荃。下辖华东、华中、北方、东北、西北、昆明、川渝贵、华南、进出口贸易9个分公司。职工111人，其中干部96人、工人15人。

完成承揽额33.20亿元，销售额22亿元，实现净利润5428万元。（杨汉思）

【武汉物业管理有限公司】 2012年9月成立，驻武汉市武昌区中山路小东门277号。具有物业管理二级资质。党委书记兼总经理代峪。下辖中铁大厦物业项目部、蕲春物业项目部、中国铁建·梧桐苑物业项目部3个项目。（程　希）

【黄石建设管理有限公司】 成立于2013年6月8日，驻湖北省黄石市大泉路39号预备役高炮三团院内。执行董事兼总经理李占楹。职工4人。经营范围为工程建设管理、咨询，建筑业、运输业、旅游业开发投资等。2013—2015年公司以BT模式承揽黄石市政工程任务108990万元，向工商银行融资6.3亿元，其中支付工程款4亿元，支付征地拆迁款2.3亿元。完成主要实物工程量：路基土石方3万立方米，隧道3115延长米，立交桥35延长米。实现连续安全生产1005天。（吴志明）

【襄阳管理部】 2003年12月成立，2006年9月与襄樊基地资产管理开发中心合并。2009年12月30日主体划转并入第六工程有限公司，继续保留和使用中铁十一局集团有限公司襄樊管理部名称。下辖襄阳管理分部。2010年12月2日，襄樊市更名为襄阳市，原襄阳区更名为襄州区，集团公司于2011年1月4日研究决定襄樊管理部更名为襄阳管理部，所属襄阳管理分部更名为襄州管理分部。公司驻湖北省襄阳市七里河。党委书记兼主任黄仕典。职工140人。资产总额1204万元，其中固定资产原值104万元（不含锦鲤项目资产）、净值20万元，流动资产1184万元。（陈　莉）

【重要记载】

▲1月7日　中国铁路总公司副总经理卢春房赴桥梁公司东方制枕场检查指导工作。

▲2月2日　集团公司党委二届十二次全委（扩大）会在武汉召开。集团公司党委书记、董事长何义斌代表集团公司党委常委会作题为《以改革创新精神全面加强党的建设，为提高企业发展质量和效益提供坚强政治保证》的工作报告，集团公司党委副书记、总经理张树海主持会议并通报集团公司党的群众路线教育实践活动整改落实工作进展情况。

▲3月6日　桥梁公司杭长项目部经理陈玉英获“全国五一巾帼标兵”称号。

▲4月25日　一公司获全国优秀施工企业。

▲5月13日　中国铁建董事长孟凤朝一行到五公司简浦高速公路项目调研。

▲5月28日　内蒙古自治区政府主席巴特尔赴集团公司承建的呼和浩特至张家口铁路客运专线建设工地考察。

▲6月5日　由蒙冀铁路有限责任公司组织的张呼铁路2015年上半年安全质量现场观摩会，在集团公司管段张呼6标项目部召开。

▲6月29日　中国铁建党委书记齐晓飞一行赴城轨公司承建的成都地铁10号线1标项目检查指导工作。

▲7月1日　国有重点大型企业监事会主席李克明一行赴三公司长沙磁浮GD标项目检查调研。

▲7月24日　汉江重工与国际集团国际贸易有限公司合作组建沙特钢结构项目部签约仪式在北京举行。

▲10月14日　湖北省委常委、武汉市委书记阮成发赴武汉地铁香港路站调研，集团公司董事长、党委书记何义斌，党委副书记、工会主席彭新文陪同调研。

▲10月16日　三公司铺轨施工的中国首条具有完全知识产权的中低速磁浮铁路——长沙磁浮铁路完成铺轨。

▲11月17日　中国铁建独立（外部）董事葛付兴、王化成、承文、路小蔷，在中国铁建董事会秘书余兴喜、等陪同下赴集团公司调研。

▲12月2日　（武）汉十（堰）高铁全线开工建设动员大会在集团公司承建的汉十高铁官山河特大桥工地举行。湖北省委书记李鸿忠、省长王国生，中国铁路总公司副总经理卢春房，中国铁建副总裁刘汝臣出席动员大会。

▲12月11日　中国铁建蒙华铁路项目成本预控交流座谈会在集团六公司召开。中国铁建党委常委、总会计师王秀明出席会议并讲话。会议由中国铁建副总经济师郝趁义主持。

▲12月19日　中泰铁路合作项目在泰国大城府清惹克依调度中心正式启动。中国国务委员王勇、泰国副总经理代表两国政府出席会议，并分别宣读中国总理李克强、泰国总理巴育的贺信。中国铁建董事长孟凤朝，集团公司董事长、党委书记何义斌，副总经理龙信桥参加仪式。

▲12月22日　集团公司承建的中国首座采用全断面隧道掘进机（TBM）施工的煤矿斜井——神华神东补连塔2号副井顺利贯通。中国铁建副总裁夏国

斌、集团公司总经理张树海出席贯通仪式并讲话。

▲12 月　集团公司获“湖北省(最佳)文明单位”称号。

(郭　琳)

中铁十二局集团有限公司

【简况】　中铁十二局集团有限公司是具有铁路工程和房屋建筑工程施工总承包“双特级”、铁道行业和建筑行业设计“双甲级”资质企业,同时具备公路、水利水电、市政公用、通信工程等施工总承包一级,隧道、桥梁、路基、路面、地基与基础、机场场道、铺轨架梁、轨道交通、机电设备安装、地质灾害治理等专业承包一级等各类资质近百项,拥有对外承包工程资格和对外劳务合作经营资格。公司驻山西省太原市万柏林区西矿街130号。下辖第一、第二、第三、第四工程有限公司,建筑安装工程有限公司、电气化工程有限公司、第七工程有限公司、海南振海工程有限公司、市政工程有限公司、铁路养护工程有限公司、国际工程有限公司、物资有限公司、房地产开发有限公司、投资管理有限公司、山西铁道大厦有限公司,华南、华东、西北、川渝、云贵、北京、东北、华中工程指挥部,湘潭铁路工程学校、中心医院、兴城疗养院、物业管理中心、资金调度中心、北京办事处等单位。职工 16262 人,其中,干部 10057 人、工人 6205 人;各类专业技术干部 9636 人,占干部总数的 95.81%;技术工人 4297 人,占工人总数的 69.2%。资产总额 400.46 亿元,其中固定资产 30.63 亿元,流动资产 356.58 亿元,货币资金 81.71 亿元。资本金收益率 130.28%,净资产收益率 23.4%,产值利润率 3.18%,资产负债率 83.38%。拥有各类施工机械、运输设备、生产设备总台数 7129 台(套),总功率 836243 千瓦,固定资产原值 415272.6 万元、净值 135924.8 万元,技术装备率 7.45 万元/人,动力装备率 45.8 千瓦/人。大型设备完好率 93.2%、利用率 70.5%;综合机械化施工水平 90.2%。年施工能力 500 亿元以上。

2015 年,承揽工程任务 237 项,合同总额 717.06 亿元。完成企业总产值 505.7 亿元,完成施工产值 486.7 亿元。实现利润总额 16.16 亿元,净利润 13.82 亿元,在岗职工年人均收入 88938 元。完成主要实物工程量:土石方 7061 万立方米,隧道 188238 延长米,桥梁 137654 延长米,房屋建筑面积 142.1 万平方米,公路路面 998.4 万平方米,铁路铺轨 1000 多千米,电气化接触网 992 千米。工程质量合格率 100%,2015 年无施工安全责任伤亡事故。获国家科技进步特等奖和二等奖各 1 项,获中国土木工程詹天佑奖 2 项、国家优质工程 2 项、全国工程建设优秀管理质量小组 5 个,获省部级优质工程 4 项、省部级及以上科技进步奖 10 项。集团公司被评为 2015 年度全国优秀施工企业。

(张　诚)

【领导人员】

董事会

董事长	宋津喜
董事	宋津喜
	霍玉华(8 月免)
	王锦友
	薛如明(9 月任)
	方永利(9 月任)
职工董事	张凤华
监事	张乐卿
	张金才

经理层

总经理	宋津喜
副总经理	霍玉华(8 月免)
	薛如明
	高治双
	祁玺剑
	向远华
	谭雷平
	孙圣杰
	方永利(1 月任)
	雷　军
	支卫清
总工程师	高治双(兼)
总会计师	方永利(兼)
副巡视员	和万春
	原　军

党群领导

党委书记	王锦友
党委副书记	宋津喜
	张凤华
	李国强(1 月任)
纪委书记	李国强
工会主席	张凤华

(赵宏旺)

【工程项目指挥机构】　成贵铁路工程指挥部　驻云南省镇雄县。指挥长祁玺剑,常务副指挥兼党工委书记邸建玄。

西成客专项目经理部　驻陕西省佛坪县。项目经理兼党工委书记尚红卫。

广佛环城际项目经理部　驻广东省佛山市。项目经理兼党工委书记王光勇，党工委副书记赵轶。

蒙华铁路11标项目经理部　驻山西省河津市。项目经理兼党工委书记胡建国，党工委副书记平旭辉。

哈牡客专项目经理部　驻黑龙江省哈尔滨市。项目经理张瑞森，党工委书记张仲理。

徐淮盐铁路工程指挥部　驻江苏省徐州市。指挥长兼党工委书记向远华，常务副指挥郝晋峰。

大临铁路项目经理部　驻云南省大理州。项目经理刘建佳，党工委书记刘成木。

京沈客专辽宁段项目经理部　驻辽宁省朝阳市。项目经理刘运泽，党工委书记崔世平。

衢宁铁路福建段项目经理部　驻福建省宁德市。项目经理徐上进，党工委书记朱亚胜。

大瑞铁路工程项目经理部　驻云南省保山市。项目经理许继琪，党工委书记周立功。

汉十铁路项目经理部　驻湖北省谷城县。项目经理洪成林，党工委书记陈银周。

连盐铁路指挥部　驻江苏省盐城市。指挥长张建斌，党工委书记池帮多。

济青高铁项目部　驻山东省青岛市。项目经理李卫民，党工委书记卢武。

渝黔铁路项目经理部　驻重庆市。项目经理成继国，党工委书记张怀江。

大张高速铁路项目经理部　驻山西省大同市。项目经理韦昌学，党工委书记杨凤忠。

安六铁路项目经理部　驻贵州省水城县。项目经理韩壮龙，党工委书记林德国。

重庆西站项目部　驻重庆市。项目经理贺歌今，党工委书记叶国胜。

广东仁新高速公路项目经理部　驻广东省韶关市。项目经理裴树林，党工委书记郑忠林。

北京兴延高速公路总承包部　驻北京市昌平区。指挥长王晋生，党工委书记李进兵。

郑州航空港棚户区4标项目经理部　驻河南省郑州市。项目经理朱国平，党工委书记支红臣。

（张　诚）

【职工队伍】　职工16262人，其中干部10057人，各类专业技术干部9636人，占干部总数的95.81%；研究生以上163人，大学本科7956人，大专1765人，中专927人，高中2344人，技校571人，初中以下2536人；24岁以下1513人，25～29岁3434人，30～34岁2328人，35～39岁1692人，40～44岁1712人，45～49岁971人，50～54岁2150人，55岁以上2462人；工人总数6205人，占职工总数的38%，其中技术工人4297人，占工人总数的69%。30岁以下270人，31～40岁1369人，41～50岁1224人，51～60岁3342人。有具备国家职业资格证书的技术等级人员3786人，其中，初级工250人、中级工517人、高级工2051人、技师731人、高级技师237人，高级工及以上人员占技术等级工人总数的80%。

（浦晋东）

【工程施工】　在建项目271项，其中铁路77项、公路73项、市政10项、城市轨道工程34项目、水利工程13项、房建38项，其他26项。在建隧道157座592千米，桥梁542座235千米。

成蒲铁路CPZQ－3标　位于四川省成都市，线路长40.983千米。合同投资14.13亿元，合同工期2013年9月1日—2016年2月29日。主要工程量：区间路基土石方659万立方米，站场路基土石方175万立方米；桥梁32座，其中，特大桥8座10700.76延长米，大桥11座2979.1延米；框架式桥10座182.214延长米；涵洞117座2499.85横延米，制架梁及桥面系施工357孔。2015年完成产值45016万元。

新建北京至沈阳铁路客运专线JSLNTJ－2标　位于辽宁省朝阳市，全长28.35千米。合同投资20.17亿元，合同工期2014年7月1日—2019年2月28日。主要工程量：路基3.047千米，桥梁11座5516延长米，隧道9座19.764延长米，无砟道床56.29铺轨千米（含轨道精调）。2015年完成施工产值81126万元。

新建铁路成都至贵阳线乐山至贵阳段CGZQSG－11标　位于云南省昭通市，线路长26.633千米。合同投资22亿元，合同工期2014年1月1日—2018年4月30日。主要工程量：土石方93.9万立方米、大桥6座1055.75延长米、中桥2座104.14延长米，涵洞9座344.19横延米，隧道8座23412延长米。2015年完成施工产值59864万元。

广通至大理铁路扩能改造工程站前4标　位于云南省楚雄州，全长21.086千米。合同投资12.79亿元，合同工期2012年12月1日—2017年6月30日。主要工程量：隧道6座17074延长米，桥梁6座2066延长米，路基2001米，涵洞9座273.26横延米。2015年完成产值46369万元。

成（都）兰（州）铁路CLZQ－8标　位于四川省阿坝市，全长18.19千米。合同投资13.70亿元，合同工期2012年12月17日—2017年7月16日。主要工程量：茂县隧道3803延长米，核桃沟大桥171.209延长米，榴桐寨隧道左线14214延长米，右线13397延长米。2015年完成施工产值46401万元。

新建西安至成都铁路西安至江油段 XCZQ－4 标段　位于陕西佛坪、宁陕县，全长 31.176 千米。合同投资 22 亿元，合同工期 2012 年 12 月 1 日—2016 年 11 月 30 日。主要工程量：双线隧道 5 座 29982.8 延长米，桥梁 4 座 1266.91 延长米，车站 1 座。2015 年完成施工产值 65343 万元。

新建怀邵衡铁路站前 2 标　位于怀化市鹤城区及洪江市安江镇，全长 18.974 千米，联络线长 0.535 千米。合同投资 12.83 亿元，合同工期 2014 年 6 月 30 日—2018 年 12 月 31 日。主要工程量：双线隧道 4 座 18656 延长米，联络线单线隧道 1 座 3230 延长米，涵洞 4 座 102.59 横延米。2015 年完成施工产值 50245 万元。

新建川藏铁路拉萨至林芝段 LLZQ6 标　位于西藏自治区山南市，全长 13.357 千米。合同投资 74586 万元，合同工期 2014 年 6 月 30 日—2018 年 12 月 31 日。主要工程量：巴玉雅鲁藏布江三线大桥和巴玉隧道，其中巴玉隧道长 13073 延长米，巴玉雅鲁藏布江三线大桥长 283.3 延长米连续梁（高墩、大跨、桥隧相连）。2015 年完成施工产值 12120 万元。

新建郑州至徐州铁路客运专线 ZXZQ09 标　位于徐州市，全长 22.274 千米。合同投资 21.74 亿元，合同工期 2012 年 12 月 10 日—2016 年 12 月 9 日。主要工程量：正线特大桥 1 座（徐州特大桥）22274 延长米，联络线单线特大桥 2 座 4682 延长米，钢轨铺设 321.32 千米，制存梁场 1 个（箱梁 750 孔），900 吨架运机械 1 台（套），铺轨基地 1 处。2015 年完成施工产值 66303 万元。

成昆铁路米易至攀枝花段第 5 标　位于四川省攀枝花市和云南省永仁县，全长 23.325 千米。合同投资 14.11 亿元，合同工期 2013 年 12 月 20 日—2019 年 6 月 20 日。主要工程量：土石方 129.38 万立方米，单线大桥 2 座 354.24 延长米、双线大桥 1 座 156.5 延长米，中桥 1 座 91.16 延长米，框架小桥 1 座 17.3 横延米，隧道 3 座 38757 延长米，涵洞 6 座 211.42 横延米。2015 年完成产值 46876 万元。

新建宝鸡至兰州铁路客运专线甘肃段站前工程 BLTJ－4 标　位于甘肃省天水市，线路长 14.663 千米。合同投资 16.60 亿元，合同工期 2013 年 2 月 1 日—2017 年 12 月 31 日。主要工程量：路基土石方 36296 立方米，特大桥 1 座 2263.8 延长米、大桥 1 座 342.5 延长米，隧道 3 座 11703.653 延长米，涵洞 2 座 42.18 横延米。2015 年完成施工产值 58527 万元。

黎湛铁路电气化改造工程 LZDH－2 标　位于广西自治区玉林市，全长 145.1 千米。合同投资 78715 万元，合同工期 2015 年 1 月 1 日—2016 年 11 月 30 日。主要工程量：土石方 101 万立方米，新建中桥 3 座 277.32 延长米，新建涵洞 41 座，改建涵洞 24 座，公路跨线桥 7 座，人行天桥 2 座，房屋建筑面积 8150 平方米，正线铺新轨 21.35 千米，拨移线路 18.84 千米，新铺道岔 30 组，电气化施工 145.1 千米，路基声屏障 6.6 万平方米。2015 年完成施工产值 28101 万元。

改建铁路南平至龙岩线扩能改造工程 NLZQ－Ⅰ标　位于福建省南平市，线路长 24.826 千米。合同投资 19.65 亿元，合同工期 2013 年 12 月 1 日—2017 年 11 月 30 日。主要工程量：路基及站场土石方 176.7 万立方米，特大桥 4 座 4351.09 延长米，大桥 8 座 2434.31 延长米，中桥 1 座 70.84 延长米，隧道 9 座 36002 延长米，框架涵 12 座 353.59 横延米，涵洞 3 座 121.87 横延米和外南线改线 4.39 千米。2015 年完成施工产值 86426 万元。

重庆至贵阳铁路扩能改造工程 5 标段　位于重庆市綦江区，全长 32.48 千米。合同投资 20.22 亿元，合同工期 2013 年 5 月 1 日—2016 年 12 月 27 日。主要工程量：路基土石方 225 万立方米，桥梁 9 座 4123 延长米，隧道 8 座 25696 延长米，车站 2 座，轨枕预制厂 1 处。2015 年完成施工产值 48526 万元。

重庆西站　渝黔铁路重庆枢纽的新建车站，在既有重庆东站的站址上建设，新建站房建筑面积 119944 平方米，主体站房地上 2 层、地下 1 层，局部设置夹层。主体面宽 276 米、进深 500 米，高架候车厅南北面宽 150 米、东西面宽 276 米，进深 438 米。出站层面积 31750 平方米，站台层建筑面积 17553 平方米，高架层建筑面积 70641 平方米。合同投资 23.20 亿元，合同工期 2014 年 12 月 1 日—2017 年 5 月 31 日。2015 年完成产值 53246 万元。

雅安至康定高速公路二郎山隧道土建施工 C2 标　位于四川省甘孜州，主线长 9.116 千米，泸定互通式立交 1 座，泸定连接线长 4.906 千米。合同投资 12.95 亿元，合同工期 2012 年 6 月 1 日—2017 年 11 月 30 日。主要工程量：大桥 8 座 2888.94 延长米，中桥 14 座 693.75 延长米，隧道 4 座 14935 延长米，斜井隧道 2 座 3444 延长米，连接线隧道 1 座 1608.78 延长米。2015 年完成施工产值 32072 万元。

厦门市轨道交通 1 号线一期土建工程 1 标二工区　包含三站两区间：分别是湖滨东路站、文灶站、将军祠站及湖滨东路站—文灶站区间、文灶站—将军祠站区间。合同投资 59165 万元，合同工期 2013 年 11 月 1 日—2016 年 10 月 31 日。2015 年完成产值 15291 万元。

厦门市轨道交通 1 号线 2 标二工区　位于厦门市集美区，线路长 2.484 千米。项目含两站两区间，分别为软件园站、集美大道站、诚毅广场站—软件园站区间、软件园站—集美大道站区间。合同投资34532万元,合同工期2013年10月20日—2016年11月30日。2015年完成产值15292万元。

中国铁建·南宁江湾山语城　位于南宁市邕宁区,合同投资87940万元,合同工期2014年11月1日—2017年7月31。总建筑面积391625平方米。2015年完成施工产值21049万元。　（张林祥）

【经营管理】　(1)任务承揽。始终坚持以"两路"、城市、海外三大市场为主攻方向,铁路市场充分发挥信誉优势,通过大量的工作成功扭转被动局面;公路市场在保持原有优势省份的基础上取得新突破;大力推进"进城"战略,城市市场在多个领域实现重大突破;海外市场深化合作关系,加大海外项目的跟踪承揽力度,在阿尔及利亚、以色列等国家实现滚动发展;积极探索投资运营模式,代表股份公司成功运作实施徐州地铁2号线PPP项目;通过加快经营资源整合,不断优化经营布局,经营承揽取得历史性突破。2015年,承揽工程任务237项,合同总额717.06亿元。其中,铁路22项,合同额291.09亿元,占总额的40.6%;公路41项,合同额171.33亿元,占总额的23.9%;地方铁路及专用线18项,合同额11.27亿元,占总额1.6%;房建31项,合同额86.22亿元,占总额的12.0%;市政22项,合同额27.31亿元,占总额的3.8%;轨道交通18项,合同额68.86亿元,占总额的9.6%;水利水电7项,合同额8.91亿元,占总额的1.2%;机场9项,合同额9.84亿元,占总额的1.4%;其他工程66项,合同额24.48亿元,占总额的3.4%;海外工程3项,合同额17.25亿元,占总额的2.4%。

(2)项目管理。坚持每季度对全集团在建项目系统梳理,进一步强化保开通项目进度管理,吉图珲、宁安、张唐、宁西、海南西环等16个铁路项目顺利开通;通过对问题项目及时进行督导,优化管理模式,增强管理力量,较好地把握施工管理的主动权,万荣隧道、成贵、广大等铁路项目扭转不良施工态势,步入良性运转;加大重难点桥隧项目的督导帮扶力度,老安山、渭河、野马梁、康家楼、六盘山、大坪地等隧道胜利贯通,左黎高速鱼跃口大桥、宝兰客专渭河特大桥成功完成转体施工;针对新上项目多、生产要素紧张等特点,加强对新上项目上场组织,合理调配资源要素,哈牡、蒙华、衢宁、大张、济青等项目有序推进;积极推进片区施工监管,集团公司、区域性经营机构和工程公司进行有效联动监控,现场管理状况明显改观,全面扎实开展"施工管理整顿年"活动,确保在建项目有序受控。

(3)安全质量。坚持以"安全质量反思月"活动为抓手,深入开展"安全生产大检查""打非治违"专项行动、"全国质量月"和质量创优、标准工地建设、铁路项目信用评价等系列活动,扎实开展铁路营业线施工、隧道及地铁施工、塔吊施工、汛期施工、铺轨架梁及特种设备和集体场所安全生产、节假日和季节性施工安全等专项检查活动,两级机关、区域性经营机构、一次性指挥部全面加强对现场隐患的排查整治,增强项目对安全质量管理的重视程度,促进现场规范化管理,没有发生影响企业信誉的安全质量责任事故,工程质量总体受控,质量创优成效显著。2015年,获国家优质工程2项、省部级优质工程4项,铁建杯优质工程14项;获全国工程建设优秀质量管理小组5个、省部级优秀质量管理小组9个;获得全国AAA级安全文明标准化工地2项、省部级安全文明工地4项,股份公司安全质量标准工地5项;集团公司和各工程公司顺利通过质量、环境、职业健康安全管理体系认证审核,继续保持认证证书的有效使用。铁路信用评价取得上半年第一、下半年第二的好成绩。

(4)财务管理。围绕降本增效主线,以资金管理为首要任务,强降"两金"占用,严控各类成本支出,做实做优资产,促进集团主要经济指标稳健增长,实现营业收入507.93亿元,实现净利润13.82亿元。一是加强资金管控。强化资金预算为生产经营提供保障;加强资金集中管理,聚集资金87亿元;狠抓清收清欠工作,进一步压减"两金"占用比例,完成工程款清欠456.69亿元,收回质量保证金及验交款32.4亿元。二是坚持规范化管理,规避财务风险。全面梳理工程流程,制定和完善相关管理办法;以落实"八项规定"为契机,严格控制费用开支,减少非生产性开支;扎实开展财务大检查并及时进行整改,夯实管理基础。三是强化税费管理,大力推进"营改增"工作。积极利用各种税费优惠政策降低企业税负;积极推动"营改增"模拟运行,深入研究相关政策,组织第五期培训班。四是加快财务信息化建设。以财务共享服务中心建设为平台,协同久其、浪潮等软件公司积极推进信息化建设,成功研发升级版的网报系统和资金管理系统、债权债务系统、报表系统、影像系统,对所有系统进行整合并逐步推广应用,促进财务管理的标准化和流程化,降低财务风险。

(5)经济管理。一是重点狠抓二次经营工作。进一步明确目标和方向,加大帮扶指导,强化基础管理工作,通过超前谋划,奋力突破,二次经营工作持续发力,经营额和经营率分别比上年增长20.99亿元和4.65%。二是强化成本管理工作。印发《工程项目成本预控模板与案例》,加强项目的成本预控;强抓扭亏增盈工作,全面治亏扭亏,纪委、审计、财务、经管等系统综合用力，治亏堵漏，年度扭亏目标得以实现，全集团32个过程性亏损项目中10个扭亏为盈，减亏4.39亿元；加强收尾项目管理，加大确权清收工作力度，完成12个局指项目242亿元的业主结算工作。三是创新资本运营模式，大力推进投融资工作。本着“积极运作、慎重决策”的方针，代表股份公司成功运作徐州地铁近170亿元的投资项目，按照小投入撬动大项目的整体思路，先后中标兴延公路、都德简公路等PPP项目。

（6）审计监督。一是配合国家审计部门的审计检查，认真配合国家审计署和地方审计厅（局）完成全集团20多个项目的审计工作，未发生重大审计案件。二是配合股份公司的审计检查，一方面结合股份公司要求开展物资管理专项审计活动，共组织248个项目参加物资管理专项审计调查，对44个项目进行重点抽查工作，有21个项目参加物资集中采购专项审计调查，进一步规范物资集中采购管理；另一方面配合国资委对股份公司的经济责任延伸审计工作。三是在集团内开展经济责任、竣工项目和绩效考核等系列审计工作，对振海公司、云贵指挥部进行离任经济责任审计，配合完成北京指挥部组建的审计工作；对一、三、四、国际公司按照“三年一轮审”的原则实施任中经济责任审计；完成对武汉天兴洲大桥项目、包西铁路项目、广深港铁路等项目的竣工审计；对中心医院、湘潭技校、铁道大厦等单位进行2014年度绩效复核审计。全面强化监督管理工作。（张　诚）

【科技成果】 集团公司确立科技研发项目70项，各子公司科技研发项目172项，计划投入开发经费28.6亿元。京沪高速铁路工程和高速铁路大断面黄土隧道建设成套技术分别获国家科技进步特等奖和二等奖；武汉天兴洲公铁两用长江大桥正桥工程、北京地铁9号线工程获中国土木工程詹天佑大奖；获省部级及以上科技进步奖10项；有12项科技成果通过省部级鉴定，获国家专利局专利授权专利76项（其中发明专利16项）；有47项工法被评为省部级工法；郑西客运专线西安北站房工程等3个项目获全国工程施工项目绿色施工及节能减排达标竞赛活动银奖。（张　诚）

【党的工作】 截至2015年底，有各类基层组织1061个。其中，党委314个、党总支1个、党支部746个；党员8540名。其中，正式党员8332名、预备党员208名。（1）领导班子建设。在全集团处级以上领导干部中深入开展“三严三实”专题教育，通过讲党课、专题研讨、召开民主生活会和对照检查等措施改进工作作风；强化党委中心组学习，集团领导班子组织12次集中学习；建立并认真实施《领导班子成员工作联系点制度》，集团公司13名领导班子成员到16个单位召开座谈会，听取327名职工475条意见建议；在领导干部选任方面制定“三个原则、三条红线”标准，提拔15个单位的领导干部62人次。（2）党组织建设。对全集团党组织进行梳理，对47个党委、党工委进行撤销，规范党组织管理；分两期对全集团292名基层党组织书记及后备干部进行轮训，提升基层党组织书记的整体素质；大力推行“四项制度”，进一步强化党组织的作用；印发《企业党建业务规程》，促进党建工作的规范性和可操作性。（3）思想文化及宣传工作。在传承“实干兴企、实干增值”企业文化的基础上，开展“十六字方针”“两种意识”“三创两增”等活动，加强企业文化建设；加大在省部级以上新闻媒体的宣传力度，在报纸、电视、电台、网络等媒体发表新闻稿件2000余篇，其中中央级媒体刊稿235篇，《中国铁道建筑报》刊稿180余篇，中国铁建其他媒体142篇；以“两微一网一刊”为阵地，组织策划“政治论坛”“一带一路”“丝绸之路”“创效英雄”等系列专栏；加强宣传队伍建设，培训133名新闻报道骨干。（4）党风廉政建设。强化党风廉政建设宣传教育，认真落实党风廉政建设的主体责任和纪委的监督责任；主动巡视、查找问题、积极整改，对5个单位进行常规巡视，其中延伸至项目部58个，个别谈话1539人次，问卷调查1952人次，收到信访举报25件，发现案件线索36件；积极开展专项检查，派出29个检查组对299个项目进行“五不准三公开”“十条禁令”、亏损项目问责等专项检查，发现问题1632条，避免经济损失1115万元；加大案件查办力度，2015年查办违反八项规定、失职渎职等案件70件，处分158人。（张　诚）

【工会工作】 一是劳动竞赛活动。开展以“项目争先、个人增值”为主题的系列劳动竞赛活动，先后在重庆西站、蒙华项目召开现场推进会，助推施工生产；围绕施工生产中心动员职工创新创效，成立3个工作室，上报合理技改成果62项，为生产提供动力。建安公司被评为全国“安康杯”竞赛优胜单位；有4个项目获“工人先锋号”称号，2个项目获火车头奖杯，1人获评“榜样山西·最美劳动者”年度人物称号，同时被授予山西省五一劳动奖章，另有2人被授予山西省五一劳动奖章；1人获湖南省“劳动模范”称号，5人获火车头奖章。二是民主管理工作。各项目职工大会测评项目班子成员1929人；讨论通过《职工互助合作保险实施暂行办法》《亏损工程项目问责办法》；引导职工参与民主管理，征集职工代表提案65件，立案40件并进行答复；进一步规范推进企务公开工作。三是职工维权工作。集团及各单位工会签订《2015—2017年集体合同》,抽检履约率达到95%以上;推动《员工带薪休假管理规定》出台并逐步落实;加强对新上项目建家建线指导帮扶,积极开展各类文化活动,丰富职工业余生活,维护权益。建安公司被评为全国"模范职工之家",集团公司被评为股份公司"模范劳动关系和谐企业",有3个单位被股份公司评为"职工模范之家"。四是服务职工建平台。组织开展"学习·提素·增值"主题读书活动,建立存量300册以上职工书屋120多个;通过开展联谊会、建立交流群等帮助青年职工解决婚姻问题;帮助困难职工建立救助平台,筹集178万元慰问困难职工694户,为51人发放金秋助学金9.8万元;积极推行新的职工互助合作保险办法。（张　诚）

【共青团工作】 一是青年思想教育。结合形势强化青年理论学习,通过发放调查问卷了解青年想法;组织青年项目经理"金鹰奖"获得者进行宣讲,发挥激励引导作用;开展"清明祭英烈,共筑中华魂"主题教育,共有31个集体300余名团员青年参与。二是各类青年活动。先后开展青年读书、青年安全在行动、导师带徒、"青"字号等多项活动,为助推施工生产、促进安全质量管理、维护企业荣誉等作出积极贡献。上报7项优秀青年"五小"成果,评审奖励青年"五小"成果108项;获全国青年文明号1个,省级文明号11个,5人被评为省级青年岗位能手。三是团的自身建设。召开集团公司团委五届四次全委(扩大)会,指导集团所属单位团委换届选举;组织"团干部如何健康成长"讨论活动,撰写体会文章11篇;组织5名团干部参加股份公司干部培训;各级团组织利用铁建青年网平台,积极宣传团的重点工作和主要活动,刊稿337篇。（张　诚）

【第一工程有限公司】 铁路、公路工程施工总承包一级,桥梁、隧道、公路路面、公路路基、水工隧洞工程专业承包一级资质企业。公司驻陕西省西安市灞桥区柳雪路368号。董事长、总经理许超英,党委书记崔耀华。公司机关设职能部门22个,下辖90个项目部,1个工程设备管理中心、4个专业化公司和5个基地以及泰丰公司、职工医院等附属单位,职工2445人。资产总额80.05亿元,其中固定资产净值5.23亿元,流动资产74.54亿元。主要施工机械设备981台(套),原值70355.8万元,净值19883.0万元,总功率123941千瓦,技术装备率5.8万元/人,动力装备率36.2千瓦/人。年施工能力90亿元以上。

2015年,承揽工程任务17项,任务总额110.7亿元。完成施工产值91.4亿元,实现利润总额3.5亿元,在岗职工年人均收入72142元。完成主要实物工程量:土石方1437.6万立方米,隧道及引水洞12983延长米,桥梁23155延长米,涵洞3850横延米,铁路制梁1194孔(片),铁路架梁1202孔,建成公路86.8千米,完成公路路面铺设796万平方米。（刘　星）

【第二工程有限公司】 具有铁路工程、公路工程、建筑工程、市政公用工程、矿山工程、水利水电工程施工总承包资质,以及隧道工程、桥梁工程、公路路基工程、钢结构工程、铁路铺轨架梁专业承包资质。公司驻山西省太原市小店区人民南路19号。董事长、总经理武明静,党委书记王耀常。下辖8个专业化分公司及75个工程项目部。职工2968人,其中,干部1649人、工人1319人;专业技术干部1472人,占干部总数的89.27%,技术工人772人,占工人总数的58.53%。资产总额91亿元,其中流动资产87.23亿元,固定资产净值5.35亿元。主要施工机械1126台(套),动力装备率45.21千瓦/人,技术装备率13.26万元/人,机械化施工程度86%以上。年施工能力85亿元以上。

承揽工程任务18项,合同总额122.8亿元。完成施工产值86.3亿元,实现利润468.42万元,在岗职工年人均收入65892元。完成主要实物工程量:路基土石方490.3万立方米,隧道88001延长米,桥梁11126延长米,地铁9603米,房屋建筑面积22660平方米,公路17.9千米。（郭志勇）

【第三工程有限公司】 公路、市政公用工程施工总承包一级,铁路工程施工总承包二级,桥梁、隧道、公路路基、铁路铺轨架梁工程专业承包一级,城市轨道交通工程专业承包资质企业。公司驻山西省太原市万柏林区西线街39号,董事长、党委书记梁彬彬,总经理陈志高。公司下辖77个项目部及13个专业化公司及直属单位。正式职工2966人,其中,干部1574人、工人1392人。企业资产总额79.04亿元,其中固定资产原值9.4亿元、净值4.25亿元,流动资产73.33亿元,净资产8.19亿元。机械设备1982台(套),总功率19.5万千瓦,动力装备率59.67千瓦/人,技术装备率10.98万元/人。年施工能力90亿元以上。

承揽工程任务23项,合同总额134亿元,完成施工产值94亿元,实现利润8005万元,在岗职工年人均收入77182元。完成主要实物工程量:铺轨964千米,道岔355组,桥梁50千米,隧道46千米,土石方1611万立方米;铁路制梁2546片、架梁1181孔,公路制梁4757片、架梁2857片。（刘玮钰）

【第四工程有限公司】 具有公路、市政公用工程施工总承包一级,铁路、房屋建筑、矿山工程、港口与航道工程施工总承包二级,隧道、桥梁、土石方、公路路基、机场场道工程专业承包一级资质。公司驻陕西省西安市未央区徐家湾红旗东路3号。董事长、总经理李天胜,党委书记梁健。公司下辖8个建制单位及专业化公司。现有工程项目部59个。职工2842人,其中,干部1527人、工人1315人。资产总额66.43亿元,其中流动资产62.47亿元,固定资产原值6.8亿元,固定资产净值2.8亿元。机械设备639台(套),总功率98675千瓦,技术装备率8.4万元/人,动力装备率34.42千瓦/人。综合机械化程度90%。年施工能力80亿元以上。

2015年,承揽工程任务28项,合同总额149.8亿元,完成施工产值80.11亿元,实现利润8503万元,在岗职工年人均收入77920元。完成主要实物工程量:路基土石方1569.5万立方米,桥梁32960延长米,隧道35690延长米,涵洞4370横延米,铁路预制梁1412片(榀),公路预制梁3522片,房屋竣工面积9291平方米。

(唐叶超)

【建筑安装工程有限公司】 具有房屋建筑、市政公用、机电安装工程施工总承包一级,铁路工程施工总承包二级,地基与基础、钢结构、机电设备安装、建筑装饰装修工程专业承包一级,建筑幕墙工程设计与施工二级资质。公司驻山西省太原市西矿街130-1号。董事长、总经理何国民,党委书记时诒敬。下辖36个项目经理部、专业分公司。职工1547人,其中,干部1085人、工人462人。资产总额60.24亿元,其中固定资产净值0.83亿元,流动资产59.31亿元。机械运输设备355台(套),原值4389.23万元,净值1921.24万元,总功率12565.3千瓦,技术装备率1.2万元/人,动力装备率7.86千瓦/人。年施工能力50亿元以上。

2015年,承揽工程任务44项,合同总额105.57亿元,完成施工产值51.95亿元。实现净利润2.85亿元,在岗职工年人均收入93771元。完成主要实物工程量:房屋建筑面积139.84万平方米;房屋竣工面积29.59万平方米。

(王亦凝)

【电气化工程有限公司】 具有通信、房屋建筑、机电安装工程施工总承包一级,铁路电气化、铁路电务、送变电工程专业承包一级,公路交通工程专业承包通信、监控、收费综合系统工程资质,以及承装(修)一级电力许可证和电力系统设备试验测试资格。公司驻天津空港经济区环河北路与中心大道交口空港商务园西区12号楼。董事长、党委书记李保国,总经理辛东红。下辖48个施工项目部。职工732人,其中,干部562人、工人170人。资产总额46.1亿元,其中货币资金17.9亿元,固定资产净值4.3亿元。机械设备157台(套),新购接触网作业车2台,轨道起重车3台,设备原值10016.24万元,净值5298.28万元,总功率20772千瓦,设备利用率95%。年施工能力35亿元以上。

承揽工程任务35项,合同总额30.9亿元。完成施工产值29.06亿元,实现净利润3.1亿元,在岗职工年人均收入125203元。完成主要实物工程量:接触网771条千米,电力电缆1234.6千米,通信光缆1642千米,信号电缆3398.9千米,联锁道岔319组,房屋建筑面积77034.6平方米。

(王　盼　陈金萍)

【第七工程有限公司】 具有铁路、公路、市政公用工程施工总承包一级,房屋建筑工程施工总承包二级,桥梁、隧道工程专业承包一级,公路路基、公路路面工程专业承包三级资质,具备爆破设计施工资质,以及桥梁预制、对外承包工程经营资格。公司驻湖南省长沙市天心区友谊路202号。董事长、总经理杜湘豪,党委书记崔红琴。下辖5个分(子)公司。职工1129人。资产总额27.58亿元,流动资产26.72亿元,固定资产净值8351.46万元。机械设备254台(套),总功率27243千瓦,技术装备率2万元/人,动力装备率26千瓦/人。年施工能力30亿元以上。

承揽工程任务14项,合同总额65.62亿元。完成施工产值33.51亿元,实现净利润5920.13万元,在岗职工年人均收入88215元。完成主要实物工程量:土石方712万立方米,桥梁18074延长米,隧道2685延长米,公路架梁3447片,房屋建筑面积51458平方米。

(彭清平　卢大伟)

【振海工程有限公司】 具有铁路、房屋建筑、公路、市政公用工程施工总承包三级,公路路面、公路路基、港口与海岸工程专业承包三级资质。公司驻海南省海口市面前坡东村1号。公司董事长、总经理徐德才,党委副书记周长风(主持日常工作)。下辖8个工程项目部。职工142人,其中,干部116人、工人26人。资产总额50926万元,其中固定资产原值3636万元,固定资产净值854万元,流动资产49993万元。机械运输设备47台(套),固定资产原值858.98万元、净值347.12万元,设备完好率90%,利用率100%,综合机械化施工水平80%。年施工能力3亿元以上。

承揽工程任务4项,合同总额4.67亿元。完成施工产值2.9亿元,实现利润77万元,在岗职工年人均收入9.1万元。完成主要实物工程量:路基土石方填方327万立方米、挖方299万立方米,涵洞712横延米,隧道867延长米;桥梁276延长米,机场道面11万平方米。

(许钦凯)

【市政工程有限公司】 具有市政公用工程施工总承包一级,桥梁、路面、路基工程专业承包二级,房建、土石方、公路、工程总承包三级资质。公司驻广东省珠海市香洲区吉大情侣南路158号。董事长、总经理徐峰,党委副书记刘光传。下辖7个工程项目部。职工104人。资产总额57029万元,其中流动资产56045万元,固定资产原值2951万元。年施工能力3亿元以上。

承揽工程任务8项,合同总额13.03亿元。完成施工产值3.21亿元,实现利润419.33万元。在岗职工年人均收入58032元。完成主要实物工程量:土石方330.7万立方米,桥梁1594.6延长米,公路路面8万平方米。 (邓晓红)

【铁路养护工程有限公司】 具有市政公用、房屋建筑工程施工总承包三级,公路路基工程专业承包三级资质。公司驻西藏拉萨经济技术开发区林琼岗路13-1号。董事长、总经理左志明,党委书记张从凯。下设安多、那曲、当雄、拉萨、曲水、日喀则6个线路车间,另设机械化项目部、仁布桥隧车间、检测车间,下辖青藏铁路公司职工保障性住房工程项目经理部和青藏铁路公司拉萨工务段项目部。职工总数653人,其中正式职工146人。资产总额64204.39万元,固定资产净额4907.91万元。公司主要担负青藏铁路唐南段养护任务和拉日铁路全段养护任务。年施工能力3.5亿元以上。

实现营业收入42492.48万元,完成施工产值39738万元,实现利润5898.09万元,净利润5350.8万元。在岗职工年人均收入129243元。 (罗 维)

【国际工程有限公司】 具有铁路工程施工总承包三级资质,2012年9月在北京注册。公司驻北京市大兴区亦庄经济技术开发区科创十三街锋创科技园18号。董事长、党委书记张占军,总经理李吉根。下设1个办事处、1个房建事业部、5个工程项目部和5个专业化公司。职工293人。资产总额8.76亿元,其中固定资产原值8.03亿元,净值1.58亿元。机械运输设备1280台(套),原值6.49亿元,总功率200956.8千瓦,技术装备率12.95万元/人,动力装备率674.35千瓦/人。

承揽工程任务1项,合同额7.6亿元。实现营业收入10.4亿元,实现净利润1929万元。在岗职工年人均收入91015元。 (马 坤)

【物资有限公司】 负责物资供应和物资营销的专业化子公司,对内履行集团公司物资供应管理职能,对外积极开拓市场参与竞争。公司驻山西省太原市西线街27号。董事长、总经理杨雷生,党委书记王玉敏。下辖8个实体公司和18个项目部。职工132人,资产总额10.93亿元。

物资经营承揽21.91亿元,实现营业收入13.38亿元,完成经营产值5161万元,实现净利润1404万元,在岗职工年人均收入119358元。 (王 卉)

【重要记载】

▲2月3—4日 集团公司三届六次党委(扩大)会议、四届三次职工代表大会、2015年工作会议、党风建设和反腐倡廉工作会议在铁道大厦召开。

▲4月11日 国务院副总理马凯赴集团公司重庆西站调研,中国铁路总公司总经理盛光祖、副总经理卢春房,重庆市委副书记张国清等领导随行调研。

▲4月25日 一公司被评为2014年度全国优秀施工企业,一公司许超英获评中国工程建设优秀(高级)职业经理人、二公司李光耀和三公司王晋生获评全国工程建设优秀项目经理。

▲9月9日 拉萨至林芝高等级公路建成段开通典礼在集团公司承建的达孜西互通举行。中共中央政治局常委、全国政协主席、中央代表团团长俞正声,西藏自治区党委书记陈全国等参加开通仪式。

▲10月20—23日 四公司测量队工程师汤宪海在2015年中国技能大赛—中央企业职工技能大赛工程测量工决赛中获银牌。

▲11月12日 国家铁路局副局长朱望瑜在蒙华铁路公司董事长、总经理张梅等领导的陪同下,赴集团公司承建的蒙华铁路万荣隧道现场检查安全工作。

▲12月8—9日 国有重点大型企业监事会主席李克明赴集团公司以色列项目部调研。

▲12月18日 集团公司参建的广深港客专广深段工程和山西龙源神池继阳山风电工程分别获2014—2015年度国家优质工程奖。

▲12月 集团电气化公司承建的兰新二线电气化铁路供电项目获2015年度国家电网优质工程奖。

(张 诚)

中国铁建大桥工程局集团有限公司

【简况】 中国铁建大桥工程局集团有限公司是铁路、公路工程施工总承包资质特级(含设计),市政公用、房屋建筑、水利水电等工程施工总承包一级,桥梁、隧道、公路路基、公路路面等工程专业承包一级，城市轨道交通工程专业承包、对外工程行业管理资质及地质灾害防治工程甲级资质企业，同时拥有援外工程A级资质。集团公司驻天津自贸区（空港经济区）中环西路32号。前身系中国人民解放军铁道兵第三师，1984年1月1日集体转业并入铁道部，改编为铁道部第十三工程局；1999年12月1日更名为中铁第十三工程局，2001年6月企业改制改称中铁十三局集团有限公司；为促进股份公司产业结构调整，打造专业化桥梁建设集团，提升企业综合实力和核心竞争能力，股份公司决定将中铁十三局集团有限公司改建为大桥建设专业集团公司，2013年12月26日企业更名为中国铁建十三局集团有限公司，2014年3月27日企业最终更名为中国铁建大桥工程局集团有限公司，注册资本金增至20亿元。下辖第一、二、三、四、五、六、电气化、园林环境工程有限公司、中铁株洲桥梁、津桥工程检测、房地产开发、物资贸易、靖江桥梁科技产业园公司及安哥拉分公司、中铁现代勘察设计院、技师学院（培训中心）、物业管理分公司，北京、华东、华北、南方、广西、西南、东北、西北、新疆区域指挥部及海外指挥部。职工15590人，其中在职职工11543人。在职职工中，干部7878人，工人3655人。资产总额3019544万元，其中固定资产原值548456万元、净值266282万元，流动资产2598698万元，无形资产17221万元。大中型机械车辆3941台（套），原值27.6亿元、净值10.8亿元，总功率427185千瓦，动力装备率29.82千瓦/人，技术装备率7.52万元/人，完好率93%、利用率74%，综合机械化程度85%以上。

新签合同额4507233万元，完成企业总产值2855918万元，其中施工产值2778464万元。实现利润25371万元，人均创利19445.98元。全员劳动生产率41.8万元/人·年，职工年人均收入54564元。国有资本保值增值率106.48%，净资产收益率6.66%，产值利润率0.9%，资产负债率87.53%，应上缴款完成率100%。完成主要实物工程量：土石方5309.95万立方米，隧道72306.61延长米，桥梁101093.93延长米，正线铺轨250.94千米，站线铺轨85.27千米，道岔39组，铁路制梁980片、架梁675片、无砟轨道55.73千米，地铁33090延长米、车站9.33座，轻轨960延长米，公路207延长千米、架梁2834片，通讯线路445.83千米，供电线路46.54千米，接触网113.23条千米，牵引变电所14处，变配电所3处，房屋建筑施工面积3905148平方米。2015年，获国家优质工程奖2项，全国市政金杯示范工程奖3项，铁路优质工程1项。集团公司获“全国公路建设行业诚信百佳企业”“北京市政行业诚信企业”“上海市用户满意施工企业”称号。 （姜　楠）

【领导人员】

董事会

董事长	吴建顺（6月任）
	姜永军（6月免）
董事	许兰民（6月任）
	井耀明
	吴焕通
	杨　萍（8月任）

监事会

监事会主席	刘　敏
监事	王家福
	谢小成

经理层

总经理	许兰民（6月任）
	姜永军（6月免）
副总经理	吴焕通
	臧守杰
	任汉波
	李素清
	纪尊众
	刘俊民
	韩再明
	周明星
	迟荣益
	杨　萍
总工程师	宋伟俊
总会计师	杨　萍（兼）

党群领导

党委书记	吴建顺（兼，6月任）
党委副书记	许兰民（兼，6月任）
	井耀明
纪委书记	刘　敏
工会主席	井耀明（兼）

（孙立伟）

【工程项目指挥机构】 北京区域指挥部　驻北京市石景山区远洋山水31号楼。指挥任汉波。

华东区域指挥部　驻上海市青浦区新府中路1331号19号。指挥吴焕通。

华北区域指挥部　驻天津市空港经济区中环西路32号。指挥李素清。

南方区域指挥部　驻湖北省武汉市武昌区秦园东路水岸星城B区。指挥迟荣益。

广西区域指挥部　驻广西壮族自治区南宁市青秀区滨湖路66号8栋502。指挥臧守杰。

西南区域指挥部　驻四川省成都市高新区世纪城

路 418 号龙湖世纪峰景 2 栋。指挥韩再明。

东北区域指挥部　驻吉林省长春市二道区岭东路 2138 号。指挥苏宝伶。

西北区域指挥部　驻甘肃省兰州市安宁区深安路 360 号中集理想国际 12 楼。指挥张子清。

新疆区域指挥部　驻新疆维吾尔自治区乌鲁木齐市新市区西环北路昊元上品小区 14 号楼 1 单元 2101 室。指挥陈伟。

海外指挥部　驻天津市空港经济区中环西路 32 号。指挥任汉波。

锦屏项目部　驻四川省西昌市航天大道 3 段 46 号。项目经理吴焕通,常务副经理马天昌,党工委常务副书记韩文起。

贵广铁路工程指挥部　驻广西壮族自治区贺州市钟山县北门桥小区。指挥长臧守杰,常务副指挥张福国。

兰渝铁路工程指挥部　驻甘肃省陇南市宕昌县旧城坝 27 号。指挥长李素清,常务副指挥王平,党工委常务副书记李子明。

合福铁路项目经理部　驻安徽省巢湖市居巢区碧桂园。项目经理兼党工委书记吴焕通,常务副经理王涛,常务副书记曹菊泉。

沪昆客专贵州段工程指挥部　驻贵州省黔西南州晴隆县莲城镇东街。指挥长兼党工委书记臧守杰,常务副指挥赵国祝,常务副书记苏如成。

金温扩能改造工程指挥部　驻浙江省温州市瞿溪镇三溪路 16 号。指挥长兼党工委书记吴焕通,常务副指挥綦彦波,常务副书记罗秋生。

宝兰客专甘肃段项目经理部　驻甘肃省天水市麦积区马跑泉东路 6 号黄河啤酒厂。项目经理王保国,党工委副书记包涵。

兰州中川铁路项目经理部　驻甘肃省兰州市安宁区沙井驿东兴铝厂对面。项目经理张子清,常务副经理王忠双。

福平铁路项目经理部　驻福建省平潭县翠园北路滨海中学科技楼 2 楼。项目经理兼党工委书记纪尊众,党工委副书记王登田。

京沈客专项目经理部　驻辽宁省锦州市黑山县小东镇。项目经理张德伟,党工委书记李敬。

怀邵衡铁路项目经理部　驻湖南省怀化市中方县光荣福利院。项目经理刘绍石,党工委书记王宝明。

蒙华铁路项目经理部　驻河南省三门峡市湖滨区涧南社区金昌路 7 号 61489 部队院内中国铁建大桥局。项目经理李庆丰,党工委书记莫春义。

安六铁路项目部　驻贵州省六盘水市六枝特区发改局培训宾馆。项目经理赵国祝,党工委书记张福国。

商合杭铁路项目经理部　驻安徽省巢湖市碧桂园翠山映麓苑二街 6－2。项目经理兼党工委书记吴焕通,常务副经理王涛,常务副书记曹菊泉。

延吉综合管廊工程指挥部　驻吉林省延吉市长白西路怡华家园旁中国铁建大桥局。指挥长兼党工委书记苏宝伶,常务副指挥尹传金。　（王彦军）

【职工队伍】　职工总数 15590 人,在职职工 11543 人。其中,干部 7878 人、工人 3655 人。专业技术干部 7827 人,占在职干部总数的 99.4%。其中,高级职务 1276 人(含教授级 98 人)、中级职务 1946 人、初级职务 3203 人。工程系列 5753 人、会计系列 862 人、经济系列 686 人、政工系列 407 人、卫生系列 66 人、教育系列 31 人、统计系列 3 人、其他系列 19 人。博士学历 8 人、研究生学历 84 人、本科 5392 人、大专 1894 人、中专 287 人、高中及以下 162 人。

技术工人 2439 人,普通工人 1226 人。技术工人占在职工人总数的 66.5%。其中,高级技师 167 人、技师 528 人、高级工 834 人、中级工 688 人、初级工 222 人。35 岁以下 508 人、36～40 岁 908 人、41～45 岁 696 人,46～50 岁 363 人,51～54 岁 974 人,55 岁以上 216 人。　（王彦军）

【铁路工程施工】　在建铁路工程 59 项,竣工 23 项,完成施工产值 105.4 亿元,占施工总产值的37.9%。完成土石方 1600.9 万立方米,桥梁 41546.6 延长米,隧道 42474.8 延长米,涵渠 3837.9 横延米,房屋建筑面积 8.4 万平方米。

新建兰州至重庆铁路夏官营(不含)至广元(不含)段土建工程 LYS－4 标段工程　位于甘肃省宕昌县,标段长 66.948 千米,工程措施调整后,合同投资变更为 410341 万元。合同工期 2009 年 2 月 28 日—2016 年 12 月 31 日,2009 年 4 月 18 日开工。截至 2015 年底,累计完成桥梁 21233 延长米,占设计量的 100%;轨道板 54.4 千米,占设计量的 100%;2015 年完成投资 29655 万元,累计完成投资 390631 万元,占合同投资的 95%。

沪昆客运专线贵州段 11 标段工程　位于贵州省黔西南布依族苗族自治州,标段长 41.89 千米,工程措施调整后,合同投资变更为 330123 万元。合同工期 2010 年 10 月 1 日—2015 年 4 月 15 日,2010 年 10 月 1 日开工。截至 2015 年底,累计完成土石方13.2万立方米,占设计量的 100%;桥梁 972.9 延长米,占设计量的 100%;隧道 40809 延长米,占设计量的 100%。2015 年完成投资 27364 万元,累计完成投资 315786 万元,占合同投资的 96%。

金华至温州铁路扩能改造工程 JWSG－V 标段工程　位于浙江省丽水市，标段长 32.756 千米，疏解线长 8.1 千米，工程措施调整后，合同投资变更为 216198 万元。合同工期 2010 年 9 月 12 日—2013 年 1 月 16 日，2010 年 10 月 16 日开工。截至 2015 年底，累计完成土石方 42.6 万立方米，占设计量的 100%；桥梁 8740 延长米，占设计量的 100%；隧道 27106 延长米，占设计量的 100%。2015 年完成投资 36397 万元，累计完成投资 208794 万元，占合同投资的 96.5%。2015 年 12 月 26 日正式开通运营。

新建宝鸡至兰州铁路客运专线甘肃段站前工程 BLTJ－2 标段工程　位于甘肃省天水市，标段长 32.415千米，工程措施调整后，合同投资变更为 176964 万元。合同工期 2013 年 2 月—2017 年 12 月，2013 年 2 月 15 日开工。截至 2015 年底，累计完成土石方30.7 万立方米，占设计量的 96.5%；桥梁140.4延长米，占设计量的 100%；隧道 28896 延长米，占设计量的 94.5%。2015 年完成投资 59194 万元，累计完成投资 154762 万元，占合同投资的 87.5%。

新建九景衢铁路江西段 JQJXZQ－6 标段工程　位于江西省上饶市，标段长 42.77 千米，合同投资 201844 万元。合同工期 2014 年 6 月—2016 年 6 月，2014 年 8 月 10 日开工。截至 2015 年底，累计完成土石方 460.2 万立方米，占设计量的 88.6%；桥梁 8848 延长米，占设计量的 70.1%；隧道 17860 延长米，占设计量的 82.8%；涵洞 1250 横延米，占设计量的 85.2%。2015 年完成投资 110292 万元，累计完成投资 162055 万元，占合同投资的 80.3%。

新建福州至平潭铁路站前工程 FPZQ－4 标段工程　位于福建省平潭县，标段长 17.535 千米，其中公铁合建长 5.287 千米，合同投资 369288 万元。合同工期 2013 年 11 月 1 日—2019 年 4 月 30 日，2013 年 11 月 1 日开工。截至 2015 年底，累计完成桥梁 5398.35 延长米，占设计量的 57.8%；隧道 1061.67 延长米，占设计量的 57%；土石方 84.27 万立方米，占设计量的 21.9%；涵洞 143.81 横延米，占设计量的65.2%。2015 年完成投资 131437 万元，累计完成投资 224826 万元，占合同投资的 60.9%。

新建北京至沈阳铁路客运专线辽宁段站前工程 JSLNTJ－10 标段工程　位于辽宁省阜新市，标段长 30.907 千米，合同投资 169845 万元。合同工期 2014 年 7 月—2019 年 3 月，2014 年 8 月 13 日开工。截至 2015 年底，累计完成土石方 298 万立方米，占设计量的 100%；桥梁 15172 延长米，占设计量的93.6%；隧道 440 延长米，占设计量的 100%；涵洞 682 横延米，占设计量的 100%。2015 年完成投资 102977 万元，累计完成投资 132548 万元，占合同投资的 78%。

新建怀化至邵阳至衡阳铁路站前工程 HSHZQ－1 标段工程　位于湖南省怀化市，标段长 24.613 千米，工程措施调整后，合同投资变更为 154130 万元。合同工期 2014 年 10 月 1 日—2018 年 12 月 30 日，2013 年 11 月 1 日开工。截至 2015 年底，累计完成土石方 104.28 万立方米，占设计量的 40.1%；桥梁 2883.96 延长米，占设计量的54%；隧道 5030.5 延长米，占设计量的 35.5%；涵洞 840.45 横延米，占设计量的93.4%。2015 年完成投资 74755 万元，累计完成投资 78617 万元，占合同投资的 51%。

蒙华铁路 MHTJ－13 标段工程　位于河南省三门峡市，标段长 12.832 千米，合同投资 341978 万元。合同工期 2015 年 8 月 1 日—2020 年 3 月 1 日，2015 年 10 月 11 日开工。截至 2015 年底，累计完成桥梁 33.5 延长米，占设计量的 0.3%。2015 年完成投资 9227 万元，占合同投资的 2.7%。

长春至白城铁路扩能改造工程（站前先期开工段）CBSG－5 标段工程　位于吉林省大安市，标段长 44.077 千米，合同投资 72876 万元。合同工期 2014 年 12 月—2018 年 6 月，2015 年 3 月开工。截至 2015 年底，累计完成土石方 145.5 万立方米，占设计量的 71.7%；桥梁 4758 延长米，占设计量的 62.1%；涵洞 310.6 横延米，占设计量的 80.1%。2015 年完成投资 32460 万元，占合同投资的 44.5%。

（朱伟业　侯晓文）

【路外工程施工】　在建路外工程 281 项，竣工 114 项，完成施工产值 172.4 亿元，占施工总产值的62.1%。完成路基土石方 2073 万立方米，桥梁 44444.2 延长米，隧道 47128.8 延长米，涵渠 10801.8 横延米，房屋建筑面积 73 万平方米。

南京地铁 4 号线一期工程土建施工 D4－TA10 标段工程　位于江苏省南京市，线路长 3.699 千米，工程措施调整后，合同投资变更为 26889 万元。合同工期 2012 年 11 月 1 日—2014 年 12 月 31 日，2012 年 12 月 7 日开工。主要实物工程量：一站一区间，其中盾构区间总长 3699 米，车站总面积 15436 平方米。截至 2015 年底，区间开工累计完成 3699 米，占设计量的 100%；车站开工累计完成 15436 平方米，占设计量的 100%。2015 年完成投资 4093 万元，累计完成投资 26889 万元，占合同投资的 100%。

苏州市轨道交通 4 号线及支线工程土建施工项目（第三批）Ⅳ－TS－10 标段工程　位于江苏省苏州市，线路长 3.362 千米，工程措施调整后，合同投资变更为 56425 万元。合同工期 2013 年 1 月 2 日—2015 年 10

月30日,2013年4月6日开工。主要实物工程量:二站二区间,其中区间左右线总长5439米,车站总面积27651平方米。截至2015年底,区间累计完成5439延长米,占设计量的100%;车站开工累计完成26246平方米,占设计量的94.9%。2015年完成投资18800万元,累计完成投资54823万元,占合同投资的97.2%。

北京轨道交通燕房线工程土建施工05合同段工程　位于北京市房山区,工程措施调整后,合同投资变更为38093万元。合同工期2014年3月1日—2015年12月20日,2014年6月25日开工。主要实物工程量:包括停车列检库、洗车库、镟轮库、联合检修库、综合楼等16个单体工程,建筑总面积为58535平方米。截至2015年底,库房累计完成55980平方米,占设计量的95.6%。2015年完成投资25571万元,累计完成投资36175万元,占合同投资的95%。

西安市地铁4号线TJSG-6标段工程　位于陕西省西安市,线路长1.375千米,工程措施调整后,合同投资变更为46586万元。合同工期2014年7月—2017年6月,2014年7月31日开工。主要实物工程量:二站一区间,区间左右线总长2487米,车站总面积33285平方米。截至2015年底,累计完成989延长米,占设计量的39.7%;车站8849平方米,占设计量的26.6%。2015年完成投资14110万元,累计完成投资15908万元,占合同投资的34.1%。

天津地铁5号线R6标段工程　位于天津市西青区,合同投资162658万元。合同工期2014年8月—2016年6月,2014年9月10日开工。主要实物工程量:包括梨园头车辆段工程、上盖结建工程及试车线工程、梨园头车辆段铺轨工程,土石方130万立方米,车辆段面积158049平方米,铺轨21.3千米。截至2015年底,累计完成土石方80.6万立方米,占设计量的62%;车辆段40500平方米,占设计量的25.6%。2015年完成投资63809万元,累计完成投资71389万元,占合同投资的43.9%。

上海轨道交通17号线工程10标段土建施工工程　位于上海市青浦区,线路长18.28千米,合同投资27945万元。合同工期2014年11月30日—2015年12月30日,2015年1月5日开工。主要实物工程量:桥梁27座3390.9延长米。截至2015年底,累计完成桥梁3152延长米,占设计量的93%。2015年完成投资25848万元,占合同投资的92.5%。

重庆黔江至湖北恩施段高速公路项目工程　位于重庆市黔江区,线路长3.758千米,工程措施调整后,合同投资变更为52852万元。合同工期2012年1月1日—2015年12月31日,2012年4月1日开工。主要实物工程量:土石方182.74万立方米,桥梁6座2440.1延长米,隧道1座2702延长米,涵洞9座277.42横延米,路面基层42.22万平方米,路面面层143.91万平方米。截至2015年底,累计完成路基面层143.91万平方米,占设计量的100%。2015年完成投资23692万元,累计完成投资51610万元,占合同投资的97.7%。12月30日正式通车。

宝汉高速坪汉段2标段工程　位于陕西省宝鸡市,线路长5.937千米,工程措施调整后,合同投资变更为56737万元。合同工期2014年7月—2016年8月,2014年7月1日开工。主要实物工程量:土石方91万立方米,桥梁12座7659延长米,隧道3座2751延长米,涵洞6座110.5横延米。截至2015年底,累计完成土石方82.5万立方米,占设计量的90.7%;桥梁5868延长米,占设计量的76.6%;隧道2414.8延长米,占设计量的87.8%;涵洞50横延米,占设计量的45.2%。2015年完成投资38629万元,累计完成投资45651万元,占合同投资的80.5%。

天津外环线东北部调线工程1标段工程　位于天津市东丽区,标段长2.066千米,工程措施调整后,合同投资变更为115530万元。合同工期2013年11月1日—2015年5月31日,2013年11月1日开工。主要实物工程量:桥梁19座8465延长米,现浇梁8465米。截至2015年底,累计完成桥梁2669延长米,占设计量的31.5%。2015年完成投资52056万元,累计完成投资57384万元,占合同投资的49.6%。

大连普湾新区16号路跨海桥BT项目工程　位于辽宁省大连市,标段长2.9千米,合同投资147078万元。合同工期2013年3月—2015年10月,2013年5月30日开工。主要实物工程量:土石方20万立方米,桥梁7座3363延长米。截至2015年底,累计完成桥梁1404延长米,占设计量的41.7%。2015年完成投资7860万元,累计完成投资58760万元,占合同投资的40%。

重庆市轨道环线二期土建7标鹅公岩长江大桥工程　位于重庆市南岸区,标段全长2.632千米,合同投资83662万元。合同工期2014年4月1日—2017年2月28日,2014年4月1日开工。主要实物工程量:鹅公岩长江轨道专用桥全长1650米,主跨为600米的双塔双索面、自锚式悬索桥,桥面宽度为22米,其中主桥长1120米,车站总长160米,区间长度801米。2015年完成投资22268万元,开工累计完成投资40200万元,占合同投资的48%。

中国铁建·国际城5A地块(瑞庭凤苑)项目施工总承包工程　位于天津市河北区,建筑面积98100平方米,合同投资21922万元。合同工期2014年9月—2015年11月,2014年9月15日开工。截至2015年底，累计完成91139平方米，占设计量的93%。2015年完成投资14046万元，开工累计完成投资20366万元，占合同投资的93%。（朱伟业　侯晓文）

【海外工程施工】 安哥拉卡赞卡2号地一期基础工程　位于安哥拉罗安达市，工程措施调整后，合同投资变更为80688万元。合同工期2011年1月27日—2013年1月27日，2011年3月28日开工。主要实物工程量：基础设施道路及地下各种管网等配套工程，土方25.8万立方米，道路142740平方米，相应配套给排水、电气管网约40000米，办公大楼、学校、医院、图书馆、市场等公用房建工程。2015年完成投资21692万元，累计完成投资61895万元，占合同投资的76.7%。

埃塞俄比亚铁路工程　位于埃塞俄比亚市内，集团公司承建从Aysha到埃吉边境线下工程，包括Dawanle车站，线路长42.6千米，合同投资24104万元。合同工期2013年3月1日—2015年3月1日，2013年3月8日开工。主要实物工程量：路基土石方359万立方米，大中桥9座1609.76延长米，框架桥5座791.6顶平方米；涵洞127座2801.13横延米，区间防护工程混凝土4835立方米，M7.5浆砌片石33407立方米。2015年完成投资6424万元，累计完成投资24104万元，占合同投资的100%。

马来西亚沙巴州KK市市政桥梁部分工程　位于马来西亚沙巴州首府KK（Kota Kinabalu）市内的主干道上，项目为既有线路车道扩宽和十字路口增加立交桥项目，包括桥梁5座，其中大桥2座、小桥2座、加宽铁桥1座，合计1612延长米，合同投资15276元。合同工期2015年6月7日—2017年6月7日。截至2015年底，累计完成桥梁274延长米，占设计量的17.9%；2015年完成投资2920万元，占合同投资的19.1%。（张春玉　朱伟华　宋　凯）

【经营管理】 （1）市场开发。承揽工程项目137项，新签合同额4085374万元，二次经营421859万元。新增工程板块任务中，铁路工程1157724万元，占总额的28.76%；公路工程1276434万元，占总额的31.71%；机场码头3272万元，占总额的0.09%；水利电力108461万元，占总额的2.69%；房建工程94052万元，占总额的2.34%；城市轨道1152844万元，占总额的28.64%；市政工程229988万元，占总额的5.71%；其他工程2296万元，占总额的0.06%。境外项目449657万元，占总额的11.01%。

（2）企业发展。集团公路特级资质成功获批，形成铁路、公路的“双特”资质，为拓宽经营领域、扩大市场份额提供强有力支撑。在经营管理方面，坚持工程经营和资本经营两种方式并举，路内、路外、海外三个市场并重，通过采取优化经营机构、明确经营责任、调整经营策略、强化经营基础工作等各种举措，实现经营布局战略性调整，重新明确和划定国内9个区域经营指挥部及海外指挥部。按照“建筑为本、相关多元”的原则，积极调整企业产业格局，强化产业协同发展，形成工程承包、勘察设计咨询、科研检测、地产开发、资本运营、园林环保、物资贸易等相关产业格局，提升集团总承包能力，初步实现从施工环节向产业链条纵深发展的转变。先后中标BT模式的石首、武穴、棋盘洲3座长江大桥、PPP模式的德简高速公路和EPC模式的延吉地下综合管廊项目，涉足新兴领域，拓宽经营渠道，提升盈利空间。集团公司与铁四院组建成立中铁建大桥设计研究院，桥梁科技产业基地落户江苏靖江并开工建设，集团总部成立桥梁设计事业部和重点桥梁建设指挥部等，通过采取一系列举措，使集团以桥梁为核心的竞争力优势得到进一步加强。

（3）经济管理。召开责任成本管理暨二次经营工作推进会、铁路项目二次经营推进会，加大二次经营管理力度，实现二次经营额42.2亿元；强化铁路收尾销号项目管控，建立清概项目“六项管控制度”，对列入铁总年度销号计划的10个项目实施集中管控，确保铁路项目清概效果；进一步开展项目指标对比分析活动，对10个地铁项目的承包模式、实现收益、成本开支等经济指标进行分析对比，为提高经营管理水平提供决策资料；加强项目评估工作，评估项目314项，评估项目占应评估项目总数的83.51%；重新修订下发专业承包及清包红线指导单价，实现对下承包红线单价的全覆盖；深入铁路施工一线，对京沈铁路小型预制块及沪昆铁路轨道板铺装消耗进行现场测定、数据采集、分析，补充企业成本定额的缺项和红线成本控制单价。

（4）物资设备管理。主要围绕计划审批、集中采购、资产调剂、督查审计等四项主要职能开展物资管理工作。通过电子商务平台审批上报设备购置计划61批次355台（套），金额4.9亿元；审批物资申请计划447批次，金额64.74亿元。参与股份公司设备集采200台（套），价值3.9亿元；集团公司集采66台（套），价值1.02亿元；组织采购供应大宗物资1291295万元，其中，钢材1052985吨、木材14554立方米、水泥3408179吨、油料52152吨、炸药9454吨。集团公司集采中心（不含工程公司集采分中心）组织物资设备集采招标97项次，金额4.64亿元，节资3000万元，节资率6%。发布周转材料闲置信息12期，可调剂闲置设备信息4期。完成40余个项目的物资设备管理督查，发现管理问题四大类60余项，全部整改落实完毕；完成8个项目的物资专项审计、13个项目的物资集采供应专项审计,并对38个项目物资集采供应专项审计数据进行复核;完成28个项目的物资设备安全管理检查工作。

(5)安全质量管理。坚持"安全第一、质量为本、预防为主、综合治理"的方针,以"安全无事故、质量无缺陷"为目标,以健全和完善各项安全质量监督管理制度办法为核心,以持续安全质量监督检查为抓手,深入开展安全质量生产大检查和隐患排查治理活动,建立《工程项目安全风险分级管控制度》,实行工程项目安全风险分级管控,安全质量全面受控,2015年未发生安全质量生产责任事故。获国家优质工程奖2项、全国市政金杯奖3项、铁路优质工程一等奖1项。获全国工程建设优秀QC小组成果10项、全国铁道行业优秀QC小组成果1项、总公司优秀QC小组5项,其他省部级优秀QC小组成果19项。集团公司获中建协评选的2015年度全国工程建设质量管理优秀企业奖。

(6)财务和审计。集团公司被评为股份公司系统内首家AA+级信用单位,为发行10亿元永续债奠定基础。充分利用高新技术企业、西部大开发和研发费加计扣除政策,通过税务筹划,降低企业税负。推进收尾项目清理,对138个收尾项目开展清理工作,年底销号30个、并账52个。进一步推进共享中心建设,全集团所有在建项目和常设单位均已纳入共享平台集中核算,通过集中核算,增强财务管控能力。审计工作方面,确立以内部控制和风险管理为导向的审计理念,贯彻落实"离任必审、关口前移"的要求,不断提高审计成果利用率,促进审计信息公开化,推行基础工作标准化。审计中特别把握业务控制环节,尤其是重大业务事项和高风险业务领域。完成审计项目145个,其中经济责任审计42项(含工程项目审计19个),经济责任审计42个,经济效益审计10个,专项审计67个,其他审计26个。审计工作累计投入6667工天,提交审计报告117份,提出审计建议846条。

(姜 楠 崔鹏霞 卢宏志 张春玉 王 欣 李 刚 安卫智 李志刚 陈 琦)

【科技教育】 (1)科技工作。坚持以提高企业核心竞争力为目标,持续加大科技创新力度,在桥梁、隧道和城轨交通工程等领域多项施工技术达到国内外先进水平。获国家技术发明二等奖1项(为股份公司系统首次),科技进步奖省级6项、市级4项,获国家级工法2项、省级工法25项。集团获授权专利86项,其中发明专利19项。通过科技成果关键技术鉴定5项,均为国际先进。集团公司获国家企业技术中心认定,一公司通过国家火炬中心高新技术企业认定。同时,根据科技立项情况,集团招收4名博士进站从事博士后科研工作。在天津市纪念中国博士后制度30周年活动中,周冠南博士作为全市建筑施工行业唯一代表,接受天津市人社局安排的个人专访,事迹在全市进行展示宣传。集团公司博士后工作站和管理工作者获天津市人力资源与社会保障局的通报表扬。

(2)教育培训。制定并下发《2015年集团公司教育培训工作计划》,结合集团公司人才引进与培养实施方案,制定集团公司2015—2017年员工教育培训规划。全集团送培、自培共356期13354人次,其中送培209期1904人、自培147期11450人次。干部参训8737人次,工人3468人次,农民工1149人次。532人通过2015年中高级专业技术职务评审,其中高级160人(含教授级高级12人),中级372人。

(张 庆 张海英)

【党的工作】 集团公司党委通过开展专项治理、"三严三实"专题教育及创建四好领导班子、五好党支部、六好共产党员等活动,不断加强各级领导班子建设、基层党组织建设、党员队伍建设,强化基础,求实创新,扎实开展各项工作,为企业持续健康发展提供组织保证。(1)领导班子建设。增强领导班子政治意识,贯彻落实民主集中、"三重一大"集体决策制度,坚持中心组学习制度,注重班子整体功能的发挥,不断提高领导班子的执行力、控制力、创新力和凝聚力。(2)党组织及党员队伍建设。2015年,党组织40个,其中,子分公司党委15个、工程项目部等党委25个。党支部356个,党员6249人,在职党员4695人。2015年发展党员125名。在基层党组织建设上,持续深化基层书记队伍建设工作,全集团基层书记队伍的"三率一化"(设置率、专职率、正职率和年轻化)明显提升。深入进行党群干部培训工作,首次采用"六式培训法"(集中授课式、现身说法式、主题辩论式、情景教学式、现场问答式、联谊交流式),从培训内容和形式上进行突破和创新,增强互动性和参与性,提高培训效果。(3)思想宣传教育工作。坚持"贴近实际、贴近基层、贴近职工"原则,开展"最美大桥人"《道德讲堂》等形式的思想宣传教育活动,并有针对性地推出一批重点报道,在对内、对外宣传方面均取得较好成绩。在全国各大报刊网站媒体刊稿、图片3351篇(幅),编辑出版《铁道前锋》35期,在门户网站编辑文字新闻565篇、新闻图片846张。分别于8月28和9月8日开通官方微博和微信,拓宽新媒体宣传渠道,适应时代发展需要。(4)企业文化建设。通过反思研讨、问题查摆整改和提炼新的企业文化理念三个环节,深入开展企业文化反思研讨工作,尤其是在集团机关开展"转作风、强管理、提效能”作风整顿活动，积极培育“六种意识”（大局、责任、执行、窗口、纪律、学习），营造积极向上的正能量企业文化，助推企业稳健发展。积极组织参加中国美术家协会与股份公司第十七届大路画展参评工作，共报送51幅作品，其中8幅作品获奖，集团公司被评为优秀组织奖。印发《集团公司2015年版项目文化建设规范手册》，使驻地企业标志名称使用以及各类标识标牌等得到进一步规范。印发《集团公司突发事件新闻媒体危机应对指导手册》，有效提高集团舆情处置能力。(5)纪检监察工作。以落实“两个责任”（党委主体责任、纪委监督责任）为目标，加强作风建设和党风廉政建设。认真贯彻中央八项规定精神和集团公司改进作风二十条规定，大力倡导“新四风”。以巡视整改工作为中心，坚持以治理亏损项目为重点，狠抓效能监察和案件查办工作。集团成立16个专项巡视整改小组，整理出83个问题，制定120项整改措施，形成各分项整改方案。

（姜　楠　郭冬雪　尹希惠　孟长江　刘海国　吴　闯）

【工会工作】　集团公司工会下辖处级工会组织32个，专职工会干部34人，兼职工会干部215人，会员17176人，职工入会率100%。2015年，工会以“维护权益，建功立业，和谐发展”为工作思路，全面履行工会各项职责，在推进企业全面建设和加快发展中发挥重要作用。劳动竞赛效果显著，集团公司工会继续深入开展“承揽杯、产值杯、效益杯”竞赛，3个项目部获股份公司劳动竞赛评比“综合优胜单位”及“先进单位”称号。同时，积极参加天津市第五届“工人发明家”“职工先进操作法”评选活动，上报11项工法，1项工法被评为先进操作法。劳动保护深入有效，五公司被评为2015年度全国“安康杯”竞赛优胜单位。争先创模深入推进，集团创建了5个“劳模创新工作室”，并通过验收；4个单位分别获“火车头奖杯”“天津市工人先锋号”“股份公司先进集体”称号。11人获火车头奖章、天津市“五一”劳动奖章、全国“五一”劳动奖章、股份公司劳动模范。文体活动丰富多彩，组织开展集团首届“职工智力体育比赛”“中国铁建一起走”培训班，四公司拍摄的微电影《青春颂歌》在全国总工会等部门主办的第二届“中国梦·劳动美·幸福路”微影视大赛中，获故事片类组委会特别奖，六公司工会开展的“每周志愿服务两小时，志愿服务两个人”志愿服务活动，被吉林省评为“优秀志愿者团队”；积极参与股份公司家规家训征集和家书征文活动，6篇获奖。积极参与股份公司模范职工之家（小家）以及“金牌模范职工之家”的评比，4个单位获股份公司“模范职工之家（小家）”称号。通过开展群团工作巡视质询活动、开通“工会主席电子信箱”，职工权益得到深入维护。此外，集团工会通过及时调整职代会职工代表、民主评议领导干部、评选优秀提案、开展职工董事、职工监事活动、落实企务公开等方式，民主管理得到稳步推进。

（姜　楠　郭冬雪　尹希惠　孟长江　刘海国　吴　闯）

【共青团工作】　团委以实字当头，围绕企业核心工作开展活动。以福平铁路、鹅公岩长江大桥、蒙华铁路等一批重难点项目为依托，广泛开展“青春建功大桥局”主题实践活动，成立21支重难点项目“青年突击队”，其中1支获天津市优秀青年突击队称号；组织开展“改革创新 青年先行”“企业发展 青年献策”主题实践活动，形成各类创新成果151项，收到有价值的建议84项，其中1项获第二届全国铁路青年科技创新奖；开展“青春建功大桥梦——青年安全在行动”主题实践活动，建立“青年安全监督岗”27个；开展“导师带徒”“新入职员工职业生涯导航”等专题迎新活动，集中签订导师带徒协议，帮助青年科学规划职业发展方向；组织、参加各类团干部培训活动3次，参训人数72人，在集团范围内开展“团干部如何健康成长”大讨论活动，加强培训和交流；开展以“清明祭英烈 共铸中华魂”为主题的教育纪念活动，使团员青年接受爱国主义教育。开展单身青年联谊活动，切实解决青年职工婚恋问题；组织“奋斗的青春”励志故事分享会，邀请4名青年代表亲身讲述奋斗经历，徐斌被评为股份公司第七届“十佳青年技术能手”，姜君被推选为中央企业团工委“崇义友善好青年”候选人。集团公司1个青年集体获国务院国资委“五四”表彰，9个青年集体、11名青年获得股份公司“五四”表彰。

（姜　楠　郭冬雪　尹希惠　孟长江　刘海国　吴　闯）

【第一工程有限公司】　具有公路工程、房屋建筑工程、市政公用工程施工总承包一级，港口与航道工程施工总承包二级，铁路工程、水利水电工程施工总承包三级，钢结构、桥梁、隧道、公路路面、公路路基工程专业承包一级资质。公司驻辽宁省大连市沙河口区沙跃街9号。执行董事、党委书记张幸六，总经理骆学良。下辖4个工程指挥部，1个分公司，12个项目部，1个工程队，3个中心。职工2406人，其中，干部1363人、工人1043人；技术干部1337人，占干部总数的98.09%；技术工人872人，占工人总数的83.6%。资产总额389546万元，其中固定资产原值79574万元、净值39094万元，流动资产32918万元，无形资产1064万元。机械运输设备299台（套），原值5.00亿元、净值2.55亿元，总功率49309.13千瓦，动力装备率19.89千瓦/人，技术装备率10.3万元/人，设备完好率

92%、利用率63%。综合机械化施工程度85%。

新签合同额107.4亿元,完成企业总产值611387万元,实现利润3651万元。全员劳动生产率38.72万元/人·年,人均创利24068.43元。职工年人均收入53561元。国有资本保值增值率100%,净资产收益率4.85%,产值利润率0.79%,资产负债率82.05%,应上缴款完成率140%。完成主要实物工程量:土石方1800.6万立方米,隧道21996.7延长米,桥梁29585.8延长米,铁路正线铺轨0.46千米,铁路制梁602片、架梁443孔、无砟轨道33.64千米,城市轨道960延长米,公路68.20千米,公路架梁296片,房屋建筑面积965832平方米。工程质量合格率100%。

(姜　楠　王玉荣)

【第二工程有限公司】 具有市政公用工程、公路工程施工总承包一级,桥梁、隧道、公路路基程专业承包一级资质。公司驻广东省深圳市盐田区东海大道盐田港9号小区。执行董事兼总经理徐润泽,党委书记曹晓东。下辖2个专业公司,13个工程指挥部,4个盾构事业部,38个直属项目。职工2054人,其中,干部1121人、工人933人;技术干部1116人,占干部总数的99.5%;技术工人710人,占工人总数的76.0%。资产总额442851万元,其中固定资产原值118806万元、净值47153万元,流动资产394547万元,无形资产785万元。机械运输设备663台(套),原值9.36亿元、净值2.57亿元,总功率72549.00千瓦,动力装备率35.20千瓦/人,技术装备率12.45万元/人,设备完好率91.5%、利用率86.0%。综合机械化施工程度91.8%。

新签合同额49亿元,完成企业总产值372256万元,实现利润1193万元。全员劳动生产率39.29元/人·年,人均创利7349.06元。职工年人均收入59882元。国有资本保值增值率101.66%,净资产收益率1.67%,产值利润率0.34%,资产负债率86.56%,应上缴款完成率100%。完成主要实物工程量:土石方96.48万立方米,隧道3949.57延长米,桥梁15743延长米,地铁25759延长米,地铁车站3.33座,公路10.37千米,房屋建筑面积89198平方米。工程质量合格率100%。

(姜　楠　赵晓莉)

【第三工程有限公司】 具有铁路工程、房屋建筑工程、公路工程、市政公用工程、矿山工程施工总承包一级资质,桥梁工程、隧道工程、公路路基工程、铁路铺轨架梁工程、土石方工程专业承包一级资质。公司驻辽宁省沈阳市沈河区方家栏路60号。执行董事兼总经理郭宏伟,党委书记张立青。下辖11个工程指挥部(分公司)、9个直属项目部。职工2277人,其中干部1006人,工人1175人;技术干部703人,占干部总数的69.88%;技术工人642人,占工人总数的54.63%。资产总额632146万元,其中固定资产原值47592万元、净值17195万元,流动资产491010万元,无形资产资产215万元。机械设备753台(套),原值2.81亿元、净值1.13亿元,总功率66032.5千瓦,动力装备率28.41千瓦/人,技术装备率4.77万元/人,设备完好率90%、利用率68%。综合机械化施工程度89%。

新签合同额51.4亿元,完成企业总产值430788万元,实现利润90万元。全员劳动生产率39.7元/人·年,人均创利496.63元。职工年人均收入60659元。国有资本保值增值率100%,净资产收益率0.01%,产值利润率0.02%,资产负债率90.21%,应上缴款完成率112%。完成主要实物工程量:土石方727.4万立方米,隧道2767.8延长米,桥梁20918延长米,铁路正线铺轨234千米,站线铺轨11.70千米,道岔37组,地铁3395延长米,地铁车站3座,公路29.20千米,公路架梁2257片,供电线路11.50千米,房屋建筑施工面积622086平方米。工程质量合格率100%。

(姜　楠　于得水)

【第四工程有限公司】 具有公路工程、水利水电、市政公用施工总承包一级,桥梁工程、隧道工程、公路路面、公路路基、机场场道专业承包一级,房屋建筑、铁路工程总承包三级资质。公司驻黑龙江省哈尔滨市道外区先锋路459号。执行董事兼总经理廖福兴,党委书记佟显涛。下辖1个分公司、3个办事处、内部施工队伍27个。职工1825人,其中,干部1202人、工人623人;技术干部1176人,占干部总数的97.84%;技术工人504人,占工人总数的80.9%。资产总额587648万元,其中固定资产原值82315万元、净值47430万元,流动资产494567万元,无形资产资产1468万元。机械设备275台(套),原值2.28亿元、净值0.81亿元,总功率41838.28千瓦,动力装备率22.79千瓦/人,技术装备率4.44万元/人,设备完好率82.5%、利用率81.6%。综合机械化施工程度86%。

新签合同额61.3亿元,完成企业总产值491332万元,实现利润2108万元。全员劳动生产率32.16万元/人·年,人均创利12615.26元。职工年人均收入54807元。国有资本保值增值率101.43%,净资产收益率2.52%,产值利润率0.4%,资产负债率87.79%,应上缴款完成率100%。完成主要实物工程量:土石方1461.6万立方米,隧道11634.24延长米,桥梁7540.34延长米,铁路正线铺轨11.9千米,站线铺轨69.3千米,铁路制梁980片、架梁232孔、无砟轨道1.7

千米,地铁722延长米,公路85.4千米,公路架梁93片,供电线路4.77千米,房屋建筑施工面积301704平方米。工程质量合格率100%。 （姜 楠 张小明）

【第五工程有限公司】 具有市政公用工程、公路工程、建筑工程施工总承包一级,铁路工程、水利水电工程总承包二级,桥梁、隧道、公路路基、钢结构、建筑机电安装专业承包一级资质。公司驻四川省成都市新都区学院路东路289号。公司执行董事兼党委书记陈明荣,总经理兼党委副书记张新柳。下辖6个工程指挥部和13个直属项目部。职工1689人,其中,干部1037人、工人652人;技术干部826人,占干部总数的79.65%;技术工人389人,占工人总数的59.66%。资产总额339251万元,其中固定资产原值43212万元、净值19246万元,流动资产318826万元,无形资产资产100万元。机械设备510台(套),原值2.34亿元、净值0.86亿元,总功率90533千瓦,动力装备率54.87千瓦/人,技术装备率5.68万元/人,设备完好率84%、利用率82%。综合机械化施工程度80%。

新签合同额59.82亿元,完成企业总产值296153万元,实现利润1769万元。全员劳动生产率37.23万元/人·年,人均创利12094.8元。职工年人均收入58214元。国有资本保值增值率103.14%,净资产收益率3.13%,产值利润率0.69%,资产负债率84.30%,应上缴款完成率100%。完成主要实物工程量:土石方548.44万立方米,隧道13524.8延长米,桥梁14951.1延长米,铁路正线铺轨1.27千米,站线铺轨1.78千米,道岔2组,铁路无砟轨道20.39千米,地铁1534延长米,地铁车站1座,公路12.77千米,房屋建筑面积95224平方米。工程质量合格率100%。

（姜 楠 周四梅）

【第六工程有限公司】 具有公路、房建、市政、水利水电等工程施工能力。公司驻地吉林省长春市二道区岭东路2138号。公司执行董事、党委书记刘玉清,总经理末丙岩。下辖3个工程指挥部及周转材料管理中心、卫星路基地和17个直属项目。职工1080人,其中,干部848人、工人232人;技术干部637人,占干部总数的75.1%;技术工人204人,占工人总数的80%。资产总额266544万元,其中固定资产原值44344万元、净值14157万元,流动资产251843万元。机械设备418台(套),原值2.11亿元、净值0.83亿元,总功率51234.4千瓦,动力装备率47.4千瓦/人,技术装备率19.54万元/人,设备完好率85%、利用率90%。综合机械化施工程度90%。

新签合同额38.16亿元,完成企业总产值203064万元,实现利润2464万元。全员劳动生产率38.90万元/人·年,人均创利26433.2元。职工年人均收入67557元。国有资本保值增值率106.76%,净资产收益率7.05%,产值利润率1.22%,资产负债率86.86%,应上缴款完成率100%。完成主要实物工程量:土石方532.32万立方米,隧道3120.24延长米,桥梁8275.75延长米,铁路正线铺轨3.31千米,站线铺轨2.49千米,地铁1680延长米、车站2座,公路1.06千米,架梁188片,房屋建筑面积965832平方米,房屋建筑竣工面积1341104平方米。工程质量合格率100%。

（姜 楠 宁纪娅）

【电气化工程有限公司】 具有通信工程、机电安装、市政公用工程施工总承包一级、房屋建筑工程施工总承包二级、电力工程施工总承包三级,铁路电务工程、铁路电气化、送变电、建筑装修装饰工程专业承包一级、公路交通工程专业承包通信、监控、收费综合系统工程、承装(修、试)承包四级等11项资质。公司驻天津市空港经济区中环西路32号。执行董事、党委书记康仕恒,总经理王长军。下辖网络信息公司、租赁公司及25个项目部。职工529人,其中,干部288人、工人179人;技术干部269人,占干部总数的93.4%;技术工人173人,占工人总数的96.6%。资产总额110775万元,其中固定资产原值4030万元、净值1488万元,流动资产107903万元。机械运输设备106台(套),原值1765万元,净值325万元,总功率8033.5千瓦,动力装备率15.13千瓦/人,技术装备率0.87万元/人,设备完好率95.17%、利用率94.34%。综合机械化施工程度85%以上。

新签合同额7.07亿元,完成企业总产值71924万元,实现利润1017万元。全员劳动生产率19.93万元/人·年,人均创利22400.63元。职工年人均收入6.3万元。国有资本保值增值率102.6%,净资产收益率2.65%,产值利润率1.36%,资产负债率68%,应上缴款完成率140%。完成主要实物工程量:桥梁45延长米,通讯线路445.83千米,供电线路30.27千米,接触网113.23条千米,牵引变电所4处,变配电所3处,房屋建筑面积19042平方米。 （姜 楠 武登春）

【中铁株洲桥梁有限公司】 具有桥梁工程专业承包二级资质,是国内预应力混凝土制品行业中集施工、研发、生产为一体的专业骨干企业。公司驻湖南省株洲市建设北路487号。执行董事、党委书记刘勇,总经理李源。下辖9个项目部(分公司)。职工1673人,其中,干部285人、工人1388人;技术干部114人,占干部总数的40%;技术工人185人,占工人总数的13.3%。

资产总额73841万元，其中固定资产原值22644万元、净值7243万元，流动资产56341万元，无形资产8064万元。机械运输设备678台（套），原值10823万元、净值1926万元，总功率11303.5千瓦，动力装备率6.7千瓦/人，技术装备率1.14万元/人，设备完好率87%、利用率85%。综合机械化施工程度85%。

新签合同额3.46亿元，完成企业总产值44008万元，实现利润859万元。全员劳动生产率92130元/人·年，人均创利7368.7元。职工年人均收入29776元。国有资本保值增值率102.95%，净资产收益率2.95%，产值利润率2.3%，资产负债率65.51%，应上缴款完成率100%。完成主要实物工程量：普枕687108根、双块式552593根、地铁枕74157根、过渡枕735根、岔枕743.36组、大板24组、管片8421环。工程质量合格率100%。（姜 楠 冯 玉）

【安哥拉分公司】 以房建为专业特色的综合性工程公司。公司驻天津市空港经济区中环西路32号。总经理王全良，党委书记兼纪委书记、工会主席姜群。下辖5个项目，其中国内项目4个，国外项目1个。职工162人，其中，干部149人、工人13人；技术干部119人，占干部总数的79.8%；技术工人9人，占工人总数的69.2%。资产总额55846万元，其中固定资产原值3186万元、净值903万元，流动资产54942万元。机械设备58台（套），原值1970万元、净值516万元，总功率4734.7千瓦，动力装备率29.05千瓦/人，技术装备率3.17万元/人，设备完好率90%、利用率85%。综合机械化施工程度80%。

新签合同额7.69亿元，完成企业总产值45925万元，实现利润2641万元。全员劳动生产率36.5万元/人·年，人均创利162025元。职工年人均收入59950元。产值利润率5.68%，资产负债率95.27%，应上缴款完成率105.15%。完成主要实物工程量：土石方2.18万立方米，房屋建筑面积470153平方米。工程质量合格率100%。（姜 楠 刘 凯）

【园林环境工程有限公司】 园林绿化一级资质，市政公用工程施工总承包二级、房屋建筑工程施工总承包三级、园林古建筑、环保工程专业承包二级资质企业。公司驻宁夏回族自治区银川市中山北街571号。公司执行董事兼总经理王学民，党委书记罗俊。下设14个直属项目部。职工306人，其中干部235人，工人71人；技术干部229人，占干部总数的97.44%；技术工人52人，占工人总数的73.2%。资产总额35499万元，其中固定资产原值2950万元、净值2620万元，流动资产32859万元，无形资产2950万元。机械设备93台（套），原值6789万元、净值4539万元，总功率5337.9千瓦，动力装备率17.62千瓦/人，技术装备率2.2万元/人，设备完好率87.5%、利用率85%。综合机械化施工程度85%。

新签合同额19.71亿元，完成企业总产值120802万元，实现利润5万元。全员劳动生产率32.69万元/人·年，人均创利851.95元。职工年人均收入9.7万元。国有资本保值增值率104.46%，净资产收益率0.02%，产值利润率0.1%，资产负债率43.55%，应上缴款完成率100%。完成主要实物工程量：土石方27.85万立方米，桥梁602.4延长米，房屋建筑面积805平方米。工程质量合格率100%。（姜 楠 赵 培）

【中铁现代勘察设计院有限公司】 轨道交通工程专业、建筑工程设计、工程勘察甲级，市政行业、工程测量、风景园林专项乙级，城乡规划编制乙级，铁路工程咨询丙级资质企业。公司驻天津市空港经济区中环西路32号。执行董事兼院长王学哲。下辖1院和3所。职工69人。资产总额8840万元，其中固定资产原值524万元、净值95万元，流动资产8730万元，无形资产15万元。

新签合同额8332万元，完成企业产值2198万元，实现利润150万元。国有资本保值增值率100.01%，净资产收益率0.01%，产值利润率0.04%，资产负债率42.3%，应上缴款完成率100%。

（姜 楠 慕 群）

【房地产开发有限公司】 房地产开发二级资质企业。公司驻天津市空港经济区中环西路32号。公司党委书记杨萍，执行董事兼总经理宋春英。职工26人，其中干部25人，占职工总数的96%；技术干部23人，占职工总数的92%。资产总额100003万元，其中固定资产原值184万元、净值63万元，流动资产99940万元。

新签合同额1.27亿元，完成企业总产值16494万元，实现利润162万元。全员劳动生产率27.53万元/人·年，人均创利12094.8元。职工年人均收入10万元。国有资本保值增值率100%，净资产收益率1.2%，产值利润率0.67%，资产负债率89.45%，应上缴款完成率100%。（姜 楠 李鸿燕）

【中铁津桥工程检测有限公司】 国家计量认证检测资质，吉林省测绘工程乙级，吉林省地基基础工程、建筑工程见证取样、市政工程见证取样检测资质，吉林省公路水运工程试验检测机构综合乙级资质，吉林省公安厅爆破作业单位许可证一级、建设厅爆破与拆除工程专业承包三级资质企业。公司驻长春市二道区岭东路2072号。执行董事兼经理、党委副书记惠中华，党委书记兼纪委书记、工会主席王玉向。公司设10个在建项目中心试验室，5个监控量测项目部，2个第三方检测项目部。职工94人，其中干部84人，工人10人。

新签合同额2916万元，完成企业产值3000万元。国有资本保值增值率100%，产值利润率0.01%，资产负债率30.72%，应上缴款完成率100%。

（姜　楠　司洪亮）

【物资贸易有限公司】 驻深圳市盐田区深盐路1012号。执行董事兼总经理戴文革，党委书记董建平。职工16人，其中，干部14人、工人2人。资产总额12055万元，其中固定资产原值1186万元、净值745万元，流动资产8654万元，无形资产1087万元。

完成企业总产值2350万元，实现利润197万元。国有资本保值增值率101.73%，净资产收益率2.21%，产值利润率8.40%，资产负债率29.11%，应上缴款完成率143%。（姜　楠　张万中）

【靖江桥梁科技产业园有限公司】 驻江苏省靖江市康桥路2号。执行董事周明星。职工5人。资产总额300.38万元。职工年人均收入6.97万元。2015年9月完成工商注册登记。产业园12月28日正式开工建设，建成后将成为桥梁施工船舶停靠码头、桥梁施工装备和周转材料整修存放基地、桥梁重钢结构制造研发基地及物贸进出口基地。（姜　楠　朱文来）

【技师学院】 拥有3个国家级示范专业，4个省级示范专业和6个市级品牌示范专业。学院驻吉林省长春经济技术开发区兴隆山。院长安锦春，党委书记杨立新。职工184人，在校学生3799人。学院是国家中等职业教育改革师范学校、国家级重点技工学校、国家级重点中等职业学校，全国最佳就业率学校、全国德育管理先进单位、是国家级汽车维修、测量与试验专业高技能人才培养基地。2015年，招生1584人，安置就业1387人。（姜　楠　魏茂娟）

【物业管理分公司】 物业服务及物业有偿综合服务三级资质企业。公司驻吉林省长春市二道区岭东路2138号。经理张爱民。职工11人，其中，干部6人、工人5人。技术干部6人，占干部总数的100%；技术工人3人，占工人总数的60%。（姜　楠　迟万信）

【重要记载】

▲1月14日　集团公司被评为全国公路建设行业诚信百佳企业。

▲1月31日—2月2日　集团公司三届四次职代会、2015年党委扩大会、工作会暨党风廉政建设会在天津铁建大厦召开。

▲3月8日　三公司副总工程师兼新疆工程指挥部副经理、兰新铁路项目经理张春荣被中华全国总工会授予“全国五一巾帼标兵”称号。

▲同日　一公司大连工程指挥部财务科被中华全国铁路总工会授予“全国铁路先进女职工集体”“全国铁路巾帼标兵岗”称号，并获火车头奖杯。

▲3月19日　集团公司工会三届三次全委（扩大）会在天津铁建大厦召开。

▲3月　集团公司机关办公楼——天津铁建大厦获天津市建筑工程质量最高奖金奖海河杯。

▲3月　集团公司承建的上海S26－4－1标获上海市优质结构工程奖。

▲3月　集团公司被评为上海市QC小组活动优秀企业。

▲3月　集团公司被评为北京市政行业诚信企业，集团公司董事长、总经理姜永军被评为北京市政行业优秀企业家。

▲4月　一公司参建的大连普湾新区14号路跨海桥工程被评为全国市政金杯示范工程。

▲5月20日　集团公司成为全国首批获评水利安全生产标准化一级单位评级的单位。

▲5月　集团公司新地质灾害治理工程施工甲级资质获批。

▲5月　三公司承建的牡丹江东四跨江桥二期阳明泡大桥被评为全国市政金杯示范工程。

▲5月　集团公司福平铁路北东口水道特大桥B0—B58工程被评为全国建筑业绿色示范工程。

▲6月4日　中国铁建独立（外部）董事葛付兴、王化成、承文、路小蔷在董事会秘书余兴喜及董事会秘书局有关人员陪同下，来到集团公司调研。

▲7月5日　中国铁路总公司副总经理卢春房一行视察四公司承建的满洲里站改造工程。

▲7月7日　三公司胡惠元堤项目填砂路基施工QC小组获全国工程建设优秀质量管理小组二等奖。

▲7月23日　集团公司被授予天津港保税区天津空港经济区百强企业奖杯。

▲7月　集团公司领取国家住房与城乡建设部颁发的公路工程施工总承包特级资质证书和公路设计行业甲级资质证书。至此，集团形成铁路、公路的“双特”资质。

▲8月　一公司福平铁路项目《提高深海区钢管桩施工定位精度》及大连普湾新区十六号路跨海桥项目《提高近海混凝土桥梁防腐涂层成膜厚度合格率》

QC成果获全国工程建设优秀质量管理小组二等奖，四公司贵阳轨道交通1号线金阳车辆段QC小组及同江铁路大桥Ⅰ标质量控制QC小组获三等奖。

▲9月8日　集团公司获评AA+级信用等级，成为中国铁建系统首家获得信用评级AA+的单位，标志着集团公司在拓宽融资渠道、降低融资成本方面取得突破性进展。

▲9月　四公司执行董事兼总经理廖福兴获全国优秀施工企业家。

▲10月16日　集团公司获长春市地铁工程建设“五比五创”吊焊测配技能大比武团体第一名。

▲10月22日　在德阳投资推介会暨重大项目签约仪式上，集团公司董事长、党委书记吴建顺及联合单位负责人分别与德阳市政府、成都市政府、资阳市政府签署“成都经济区环线高速德阳至简阳段项目投资协议”，股份公司董事长孟凤朝见证签约仪式。

▲11月6日　以集团公司中铁现代勘察设计院和铁四院桥梁设计研究处为主体组建的中铁建大桥设计研究院在武汉成立，中铁现代勘察设计院院长王学哲任副院长。

▲12月18日　六公司承建的集团公司总部机关大楼——天津铁建大厦及二公司承建的深圳南坪快速路（二期）工程（新屋隧道—西丽货场段）获国家优质工程奖。

▲12月21日　集团公司获得国家企业技术中心认定，一公司通过国家火炬中心高新技术企业认定。

▲12月28日　集团公司靖江桥梁科技产业园项目举行开工仪式。靖江市委书记倪斌、市长赵叶及四大班子成员、各委办局领导，集团公司董事长、党委书记吴建顺、总经理许兰民、副总经理吴焕通、李素清共同参加开工仪式。

▲12月29日　集团公司参建的重庆市白居寺长江大桥、曾家岩嘉陵江大桥等百亿路桥隧项目集中开工，重庆市副市长陈和平、重庆市政府副秘书长唐慎、股份公司总裁庄尚标、集团公司总经理许兰民等领导出席开工仪式。

▲12月30日　重庆市首推的“总承包模式”及股份公司系统内首条采用集团公司总承包模式施工的黔（江）恩（施）高速公路竣工通车。重庆市政府陈和平副市长，重庆高速集团有关负责人，中国铁建总裁庄尚标、总经济师孙公新，集团公司总经理许兰民等参加通车仪式。

▲12月　四公司同江中俄大桥项目拍摄的微电影《青春颂歌》获全国总工会宣传教育部、国家新闻出版广电总局电影局、国务院国资委新闻中心、求是杂志影视中心、全国妇联中国妇女发展基金会主办的“中国梦·劳动美·幸福路”全国职工微电影大赛故事片类组委会特别奖。

（郭晓东）

中铁十四局集团有限公司

【简况】　具有铁路工程施工总承包特级、房屋建筑工程施工总承包特级、市政公用工程施工总承包特级，同时具有铁道行业甲（Ⅱ）级、建筑行业甲级、市政行业甲级工程设计资质；还具有公路、水利水电工程施工总承包一级，桥梁、隧道、公路路基、公路路面、钢结构工程专业承包一级，机电工程施工总承包二级，矿山工程施工总承包三级，建筑装饰装修、建筑幕墙工程专业承包二级等增项资质；国土资源部核准的地质灾害防治工程施工甲级资质，公安部核准的爆破作业单位许可证（营业性）一级资质；国家测绘地理信息总局颁发的测绘甲级资质；经国家商务部批准享有对外经营权。公司驻山东省济南市和平路1号。现辖11个全资子公司、3个分公司、12个区域经营指挥部，以及宁启复线、云桂铁路、沪昆客专贵州段、长株潭城际铁路、青荣城际铁路、津保铁路、张唐铁路、中国铁建·国际城、贵广铁路、云桂铁路、石济客专、武汉轨道交通8号线、黔张常铁路等17个在建直属工程指挥部。职工15295人。资产总额307.02亿元。其中，流动资产260.44亿元，占资产总额的84.83%；固定资产净值31.25亿元，占资产总额的10.18%；无形资产4.9亿元，占资产总额的1.59%；应收款项170.24亿元，占资产总额的55.45%。集团公司拥有机械动力设备3888台（套），固定资产原值44.87亿元、净值21.88亿元。设备成新率48.78%，总功率555013.4千瓦，动力装备率36.29千瓦/人，技术装备率14.31万元/人，资产增长率13.50%，设备资产利润率14.0%。

新签合同254项，合同总额637亿元。其中一次经营新签合同578亿元，二次经营补充合同59亿元。完成营业收入387.95亿元，实现利润5.96亿元，净利润4.86亿元。有息负债总额为56.19亿元，资产负债率88.22%。截至2015年12月，完成主要实体工程量：路基278.66千米，路基土石方9405万立方米，路面8131.66千米，桥梁119905.2延长米，隧道113908.88延长米，有砟道床铺设925.97千米，无砟道床铺设261.1千米，正线铺轨1017.41千米，站线铺轨105.73千米，房屋建筑面积1040105.28平方米。2015年，获国优金奖1项、国优奖1项、鲁班奖1项、山东省“泰山杯”工程4项、江苏省“扬子杯”工程3项、上海市市政金杯1项、上海市“申安杯”1项、北京市竣工长城杯1项、铁建协铁路优质工程2项、“中国铁建杯”6项;全国优秀QC小组3项、省部级优秀QC小组8项、中国铁建优秀QC小组6项。获国家级工法1项,省部级工法29项,授权专利43项,其中发明专利7项;申报专利29项,其中发明专利8项。 (刘德君)

【领导人员】

董事会

董事长	杨有诗(6月免)
	张挺军(6月任)
董事	张挺军
	吴言坤(6月任)
	王子贵

经理层

总经理	张挺军(6月免)
	吴言坤(6月任)
副总经理	许兰民(6月免)
	王红卫
	周长进
	姜　伟
	孟繁亚
	薛　峰
副总经理、总工程师	王　焕
副总经理、总会计师	郭洪伟

党群领导

党委书记	杨有诗(6月免)
	张挺军(6月任)
党委副书记	张挺军(6月免)
	吴言坤(6月任)
	刘庆民
	王国栋(1月任)
工会主席	王子贵
纪委书记	王国栋(兼,1月任)

非领导职务

顾问	陈保京(10月免)
副巡视员	张海舟
	曹希彬
	郑修杰

(李兴刚)

【工程项目指挥机构】 太仓BT项目管理指挥部　驻江苏省太仓市。指挥长公绪论,党工委书记孙成新。

石济铁路客运专线指挥部　驻河北省武邑县。集团公司副总经理、总工程师王焕兼项目经理,集团公司纪委副书记王波馨兼项目党工委书记。

成绵乐铁路工程指挥部　指挥长李孝南;党工委书记袁绪宏。

云桂铁路项目部　驻广西省田东县。项目经理程相华,党工委书记沈银贵。

沪昆客专贵州段工程指挥部　党工委书记马天明(2015年8月改任指挥长)。

长株潭城际铁路项目部　驻湖南省长沙市。项目经理戴尊勇,党工委书记史佩光。

津保铁路JBSG-2标段　驻天津市北辰区。指挥长岳耀群,党工委书记闫绳健。

张唐铁路ZTSG-7标　驻河北省唐山市。项目经理石宗峰,项目书记牛之。

青荣城际铁路项目部　驻山东省青岛市。指挥长王维民,党工委书记曾庆超。

西安建设投资有限公司　驻陕西省西安市。执行董事兼总经理法人代表人丁玉忠。

中国铁建国际城工程　驻山东省济南市。指挥长冯国森,工委主任兼纪检组长彭树君。

武汉轨道交通8号线一期土建3标段指挥部　驻湖北省武汉市。指挥长张哲,党工委书记兼总工程师陈健。

蒙华铁路MHTJ-23标　项目地跨越湖北省荆门市和荆州市,项目经理刘志波,项目部党工委书记殷勇。

新建成兰铁路CLZQ-11标　驻四川省阿坝藏族羌族自治州。项目经理张伟,项目书记张敬义。

穗莞深城际SZH-5标　属一公司代局指项目。项目经理张立岩,党工委书记帅德安。

曹妃甸项目　属二公司代局指项目。项目经理路刚,项目部党委书记任宪和。

潮惠高速TJ17标土建工程　属二公司代局指项目。项目经理刘明才,项目部党委书记赵付升。

沪通铁路1标　属二公司代局指项目。项目经理孙焕重,项目总工李强。

海南西环铁路5标段项目部　属二公司代局指项目。项目经理田文凯,项目书记曹晶。

新建宝兰BLTJ-13标　属三公司代局指项目。驻甘肃省兰州市。项目经理邱志勇,项目书记董林绍,项目总工马传飞。

新建额济纳至哈密铁路EHSG-1标项目部　属三公司代局指项目。项目经理刘时光,项目书记李玉德。

郑徐铁路客运专线ZXZQ05标项目部　属三公司代局指项目。项目经理翟继虎,党工委书记张新勇。

呼准鄂铁路项目部　属五公司代局指项目。项目经理刘立新,党工委书记轩云志。

龙烟铁路项目部　属四公司代局指项目。项目经理张万国,党委书记兼工委主任王元。

穗莞深城际 SZH－8 标　属四公司代局指项目。项目经理王剑,党工委书记王统江。

青岛蓝色硅谷项目部　属市政公司代局指项目。驻山东省青岛市崂山区,项目经理吴云杰,项目书记葛庆福。

（贺　亮　商圣爱　樊治甬　王　月　刘　峰　裴艳娥　王　静　王　宇　张卫华　刘德君）

【职工队伍】　员工总数 15295 人,其中,男 11401 人、女 3894 人;在岗 13946 人,不在岗 1349 人。研究生及以上学历 131 人,本科学历 6602 人,大专(高职)3796 人,中专 913 人,中专以下学历 3853 人。25 岁以下 1429 人,26～30 岁 3545 人,31～35 岁 2378 人,36～40 岁 2403 人,41～45 岁 2102 人,46～50 岁 927 人,51～55 岁 1365 人,55 岁以上 1146 人。专业技术人才总数 8829 人,其中,高级职称 1416 人、中级职称 2968 人、初级职称 4445 人。技能人才共 2524 人,其中,高级技师 129 人、技师 378 人、高级工 1329 人、中级工 651 人、初级工 37 人。　（李兴刚）

【工程施工】　集团公司完成施工产值 384.83 亿元,其中铁路项目完成 130.55 亿元。47 项重难点工程年累计完成产值 167.34 亿元。

宁启铁路复线电化工程Ⅰ标　驻江苏省南京市。合同工期 2009 年 1 月—2012 年 12 月 31 日。年累计完成产值 71721 万元,占年度计划的 127.96%,开工累计完成产值 37.19 亿元,占合同额的 98.80%。正线铺轨 214.10 千米,占设计的 94.73%。

长株潭城际铁路 CZTZH－2 标　驻湖南省长沙市。合同工期 2010 年 9 月—2014 年 3 月 31 日。年完成产值 113096 万元,占年度计划的 125.66%,开工累计完成产值 39.85 亿元,占合同额的 97.28%。

沪昆客专贵州段 CKGZTJ－7 标段　驻贵州省平坝县。合同投资 295896 万元。原合同开通工期 48 个月改为 66 个月执行(2010 年 10 月 1 日—2016 年 3 月 31 日)。年完成产值 69631 万元,占年度计划的 110.53%,开工累计完成产值 34.30 亿元,占合同额的 99.17%。

津保铁路 JBSG－2 标段　驻天津市北辰区。合同工期 2010 年 9 月—2013 年 2 月。年完成产值 95992 万元,占年度计划的 123.73%,开工累计完成产值 19.51 亿元,占合同额的 80.26%。

云桂铁路(广西段)　驻广西省田东县。合同工期 2010 年 5 月—2013 年 12 月。年完成产值 20918 万元,占年度计划的 120.22%,开工累计完成产值 19.96 亿元,占合同额的 92.99%。3 标 12 月 11 日顺利开通。

张唐铁路 ZTSG－7 标　驻河北省唐山市。合同工期 2010 年 9 月—2014 年 8 月 31 日。年完成产值 127886 万元,占年度计划的 100%,开工累计完成产值 27.80 亿元,占合同额的 100%。12 月 30 日顺利开通。

新建成兰铁路 CLZQ－11 标　驻四川省阿坝藏族羌族自治州。合同工期 2013 年 1 月 4 日—2017 年 9 月 3 日。年完成产值 42954 万元,占年度计划的 122.72%,开工累计完成产值 84418 万元,占合同额的 56.96%。

新建宝兰客专 BLTJ－2 标段　驻甘肃省天水市。合同工期 2013 年 2 月 1 日—2017 年 12 月 31 日。年完成产值 22758 万元,占年度计划的 108.42%,开工累计完成产值 61437 万元,占合同额的 87.37%。

新建宝兰 BLTJ－13 标段　驻甘肃省兰州市榆中县三角城乡。合同工期 2013 年 8 月 20 日—2017 年 12 月 31 日。年完成产值 55175 万元,占年度计划的 142.65%,开工累计完成产值 13.15 亿元,占合同额的 85.06%。

准鄂铁路 ZESG－1 标　驻内蒙古自治区鄂尔多斯市。合同工期 2013 年 9 月 1 日—2016 年 9 月 30 日。年完成产值 69111 万元,占年度计划的 95.99%,开工累计完成产值 11.01 亿元,占合同额的 54.32%。

龙烟铁路 zq－1 标　驻山东省烟台市。合同工期 2013 年 11 月 16 日—2016 年 11 月 15 日。年完成产值 42466 万元,占年度计划 113.82%,开工累计完成产值 80007 万元,占合同额的 62.27%。

石济客专 SJZ－4 标　驻河北省衡水市。合同工期 2014 年 1 月 1 日—2017 年 12 月 31 日。年完成产值 120503 万元,占年度计划 104.79%,开工累计完成产值 20.05 亿元,占合同额的 76.69%。

额哈铁路 1 标段　驻内蒙古自治区。合同工期 2014 年 6 月 30 日—2015 年 12 月 31 日。12 月 1 日顺利开通。

沪通铁路 1 标段　驻江苏省南通平潮镇(新国税大楼海五线东)。合同工期 2014 年 8 月 5 日—2019 年 4 月 28 日。年完成产值 64117 万元,占年度计划 106.50%,开工累计完成产值 66072 万元,占合同额的 59.72%。

穗莞深城际 SZH－5 标　驻广东东莞道滘镇马州工业区。合同工期 2013 年 12 月 16 日—2015 年 6 月 16 日。年完成产值 39639 万元,占年度计划的 98.48%,开工累计完成产值 79372 万元,占合同金额的 56.02%。

穗莞深城际 8 标　年完成产值 45288 万元,占年度计划的 112.73%,开工累计完成产值 48734 万元,占合同金额的26.43%。

武汉地铁8号线3标　年完成产值41237万元，占年度计划的166.30%，开工累计完成产值45783万元，占合同金额的34.64%。

北京地铁8号线三期工程土建施工03标　驻北京市东城区。合同工期2013年7月10日—2017年12月30日。年完成产值10762万元，占年度计划的93.65%，开工累计完成产值18496万元，占合同金额的33.01%。

青岛市地铁(2号线)2标01工区　驻山东省青岛市。合同工期2012年12月1日—2015年10月31日。年完成产值17373万元，占年度计划的119.30%，开工累计完成产值30333万元，占合同金额的55.46%。

厦门轨交2号线一期1标二工区　驻厦门市海沧区。合同工期2015年3月1日—2018年6月30日。该工程为芦坑站至五缘湾站，全长26.1千米。

兰州地铁1号线一期工程土建Ⅰ标段二工区　驻甘肃省兰州市。合同工期2014年4月13日—2016年10月1日。年完成产值14489万元，占年度计划的86.52%，开工累计完成产值24982万元，占合同金额的41.18%。

贵阳地铁一号线　驻贵阳市云岩区。合同工期2013年11月10日—2016年2月10日。年完成产值20004万元，占年度计划的108.19%，开工累计完成产值28595万元，占合同金额的66.45%。

武汉天河机场三期扩建公路工程　驻湖北省武汉市。合同工期2014年11月20日—2016年12月31日。完成产值44570万元，占年度计划127.34%，占合同额的42.55%。

广东省潮州到惠州高速公路TJ17合同段　驻广东省惠州市。合同工期2013年8月12日—2016年11月12日。本合同段全长15.5千米，年完成产值49216万元，占年度计划的100.11%，开工累计完成产值92552万元，占合同金额的49.79%。

国家高速公路网昆明绕城高速东南段建设项目第A2工区　驻昆明市嵩明县。合同工期2014年12月3日—2018年6月4日。年累计完成产值23958万元，占年度计划的110.32%，开工累计完成产值27087万元，占合同金额的27.98%。

重庆快速路一横线歇马至蔡家段中梁山歇马隧道工程　驻重庆市北碚区。合同工期2014年6月17日—2017年12月16日。年累计完成产值32929万元，占年度计划的107.94%，开工累计完成产值41930万元，占合同金额的45.74%。

港珠澳大桥珠海连接线第二合同段　驻广东省珠海市。合同工期2013年6月28日—2016年3月28日。全长3.485千米，年累计完成产值16559万元，占年度计划的92.10%，开工累计完成产值40485万元，占合同金额的82.66%。

广中江高速公路项目第TJ08合同段　驻广东省中山市。合同工期2013年9月1日—2016年5月30日。年累计完成产值5086万元，占年度计划的87.97%，开工累计完成19388万元，占合同金额的38.32%。

（苗孔杰）

【境外工程】　(1)竣工工程。贝宁阿博公路1标　该公路是科托努港口向贝宁北部及尼日尔、布基纳法索、马里等内陆国运送货物的必经之路，线路总长12.3千米。合同投资1.4亿元，合同工期2年，2015年4月竣工。

援佛得角体育场道路　全长1.52千米，合同投资2180万元。2014年12月开工，2015年5月竣工。

贝宁飞法基大桥　位于科托努市区，全长600米。合同投资4229.7万元，合同工期16个月，2015年7月竣工。

贝宁科托努立交桥河道整治及绿化　包括土方工程、河道整治、景观绿化、照明工程、桩基础5个部分。合同投资3369.3万元，合同工期12个月，于2014年6月开工，2015年6月竣工。

(2)在建工程。厄瓜多尔洋洒洒医院项目　位于厄瓜多尔萨莫拉钦其佩省洋洒洒市北侧，总建筑面积11183平方米，占地面积24688平方米，2013年3月中标，中标价1679万美元。

厄瓜多尔1号上山公路　是米拉多铜矿项目的交通先导工程，全长5436.3米，项目中标价919万美元，于2014年9月开工。

厄瓜多尔5号上山公路　全长1075米，2015年10月开工，合同工期5个月，合同投资4197万元。

贝宁阿博公路2标　起点位于格鲁吉贝机场平交口处，道路全长19.26千米，合同投资2.82亿元，合同工期36个月，于2013年12月开工。年累计完成产值12607.4万元，开工累计完成产值21273.1万元，占合同额的89.6%。

援尼泊尔武警学院　位于尼泊尔首都加德满都市区西南，占地面积约1.68万平方米，总建筑面积15353.4平方米。2015年4月开工，工期25个月。

阿富汗使馆馆舍扩建　位于喀布尔市，合同投资3447.5万元，2015年4月开工。公寓楼总建筑面积2036平方米。

援阿富汗总统府多功能中心技术合作　合同投资794.3万元，合同工期24个月。负责对总统府多功能中心供水、供电、电梯等设备进行维修和保养、就地培训阿方技术人员，并提供部分维修零配件。

援阿富汗科教中心技术合作　位于喀布尔市，合同投资1460万元，合同工期24个月。对阿富汗国家科教中心设备设施的使用和维护进行技术指导，现场培训阿方技术人员，并提供部分设备零配件。

援阿富汗共和国医院技术合作　对医院发电照明、弱电信号、暖通供水等系统和医疗设备进行维修维护，以及对阿方技术人员开展培训，2年期合作金额总计1641万元。作为集团公司首个海外医疗扶持项目，开拓性意义重大。

东西高速公路补充合同工程　原来承建的阿尔及利亚东西高速公路工程的收尾工作、新签高速公路合同的剩余工程。预计2016年完成整个工程验交工作。

175铁路项目工程　阿尔及利亚北方铁路干线布拉里季堡至特尼亚间电气化铁路复线设计与施工总承包项目，APD设计全线总长约158.575千米。中土集团阿尔及利亚有限公司和土耳其奥兹贡公司组成联合体负责项目工程的具体实施，联合体下设4个施工分部，十四局集团为第一分部负责该项目PK25+200—PK83+200段计约58千米范围内的铁路线下工程。封顶价问题基本解决，二、三期应用合同正在签署中，现在已基本具备开工条件。

贝佳亚100千米连接线工程　由CRCC-SAPTA联合体中标，线路全长100千米。主要是为实现贝佳亚省港口直至东西高速公路哈尼夫互通立交(布依哈Bouira省)的通联。十四局集团公司承担PK75—PK100区间25千米的路基、桥涵、路面工程。

44千米东西高速公路路面改造工程　为东西高速公路的改造维修工程。十四局集团担负其中MN1、MN2，合计44千米的两个路段的工程施工。

比斯卡拉省2000套房建工程　十四局集团承建的集设计、施工于一体的项目。总建筑面积20万平方米，合同工期28个月(其中图纸设计4个月，施工期为24个月)，共84栋楼，投资额4.4亿元。

姆西拉省530套房建工程　十四局集团承建的集设计、施工于一体的项目。总实用面积3.5万平方米，合同工期24个月，共23栋楼。合同投资1.17亿元。

(李　霖　马金波)

【经营管理】　(1)经营承揽。2015年，新签合同254项，合同额总计637亿元。其中，一次经营新签合同578亿元、二次经营补充合同59亿元。完成股份公司新签合同计划的148.2%。新签合同总额在股份公司系统位列第6名，国内工程板块以537亿元排名第四，其中国内公路板块以191.3亿元排名第一、国内水利电力板块以22.1亿元排名第二、国内城市轨道交通板块以91亿元排名第三、国内市政工程板块以30.4亿元排名第三。

(2)资本运营。2015年，运作的资本经营项目8个(不含股份公司牵头项目)，投资总额120.05亿元。项目资金投入9.54亿元，完成营业收入10.78亿元，完成建安产值8.2亿元，回购款收入19.59亿元，年度实现利润0.93亿元，产值利润率11.36%。

(3)清收清欠。集团公司清收清欠目标值380.05亿元，清收清欠考核完成值391.88亿元，清收清欠目标完成率103.11%。

(4)安全质量。创优工作获国优金奖1项、国优奖1项、鲁班奖1项、山东省泰山杯工程4项、江苏省扬子杯工程3项、上海市市政金杯1项、上海市申安杯1项、北京市竣工长城杯1项、铁建协铁路优质工程2项、中国铁建杯6项；全国优秀QC小组3项、省部级优秀QC小组8项、中国铁建优秀QC小组6项；有14项股份公司以上质量管理荣誉。铁路总公司铁路施工企业信用评价中，集团公司上半年在51家参评单位中排名A级第6名，下半年在53家参评单位中排名A级第10名，首次蝉联A级；2014年度，集团公司及所属各单位在交通运输部公路(水运)工程施工企业信用评价中，在青海、湖北、新疆、内蒙古、广东、河南、安徽、云南、福建、安徽获得AA级；在交通部及各省、自治区、直辖市获得22项A级。11月6日，集团公司顺利取得质量、职业健康安全和环境管理体系复评换发的新证书。集团公司获山东省“安全生产先进单位”称号，3项工程荣获住建部“AAA级安全文明标准化工地”。3项工程获山东省市政工程安全文明工地，2个工程获辽宁省安全标准示范工程，1个项目获江苏省建筑施工标准化文明示范工地，1个项目获山东省安全文明工地，1个项目获北京市绿色安全工地。

(周学敏　倪瑞洁　梁艳丽　邹佳光　杨战勇　文家珍)

【科技教育】　“砂卵石地层盾构隧道施工安全控制与高效掘进技术”获国家技术发明二等奖，是集团公司首次获此殊荣。“南京长江隧道”“北京地铁9号线”“南京地铁10号线穿越长江盾构隧道工程”3项工程获第十三届詹天佑土木工程大奖。南京长江隧道工程获国家优质工程金奖，该项目赢得这一工程领域的大满贯，在国内尚属首次。“复杂条件下非完整岩体变形破坏分析方法与控制关键技术”获山东省技术发明一等奖，获中国铁道学会科技进步二等奖1项，获股份公司科技进步奖4项，北京市科技进步二等奖1项，中国建筑业协会科技进步三等奖1项，“既有线近接施工安全风险评估与智能监控关键技术”等4项科技成果通过专家鉴定,均为国际领先水平。获国家级工法1项,省部级工法29项,授权专利43项,其中发明专利7项;申报专利29项,其中发明专利8项。隧道公司获中国施工企业管理协会“技术创新先进单位”称号、1人获中国施工企业管理协会的先进个人;获詹天佑人才奖、成就奖各1人。组织评审出集团公司科技进步奖18项、优秀工法17项和优秀论文257篇。集团公司技术中心顺利通过国家认定企业技术中心复审,成绩优良。新增四公司技术中心和铁正公司技术中心2个济南市认定企业技术中心。铁正公司通过高新技术企业认定,北京中铁房山桥梁有限公司和电气化公司通过高新技术企业复查。研究与开发费投入76078万元。列入总公司科技发展C类项目3项;列入集团公司技术开发项目55项,其中集团公司资助项目8项,资助金额20万元,承担山东省技术创新项目48项。

教育培训。组织集团公司部门正职和子分公司党政主管52人,参加股份公司领导干部岗位培训。选送2名副处级领导干部参加省委党校省直分校副处级干部进修班,选送2人参加国资委秋季中铁建处级干部进修班培训。组织参加股份公司国际工程管理培训3人、英语培训2人、法语培训2人、西班牙语培训2人、葡萄牙语培训1人。组织参加股份公司电工培训班5人,参加盾构机操作工培训班1人,参加高技能人才继续教育研修班工程测量专业和建材试验专业各8人。组织478名2015年度土木类专业大学毕业生进行为期10天的岗前培训。 (李秀东　李兴刚)

【党的工作】 全集团公司有基层党组织652个,其中党委148个;党工委12个;党支部492个。党员7983人,其中正式党员7791人,预备党员192人;在岗职工党员6309人,占党员总数的79%;离退休党员1674人,占党员总数的21%;女党员1018人,占党员总数的12.8%。在岗职工党员职业结构:企业管理人员2302人,占在岗职工党员总数的36.5%;企业专业技术人员2890人,占在岗职工党员总数的45.8%;工人1117人,占在岗职工党员总数的17.7%。

“三严三实”专题教育。6月开始,在集团公司领导班子成员和机关部门副职以上管理人员,所属各单位领导班子成员中同步开展。

党员队伍管理。推出刘新来重大先进典型。在集团公司党委追授刘新来“敬业奉献的模范共产党员”,广泛深入开展刘新来学习活动基础上,股份公司党委追授刘新来“心系企业、无私奉献的优秀共产党员”称号,并召开命名表彰大会。在“三严三实”专题教育期间,刘新来作为股份公司的重大先进典型进行推出,他的先进事迹中国铁建系统引起强烈反响。春节前夕,开展“送温暖”工程,走访慰问建国前老党员和生活困难党员160人,下拨慰问金278000元(其中含股份公司党委下拨慰问款100000元、集团公司108000、子分公司70000元)。

宣传工作。在中央和省(部)级报刊台网刊播稿件2860篇;2人获中国铁建首届“永远的铁道兵杯”十大楷模、第四届“十佳道德模范”称号;股份公司党委追授刘新来“心系企业、无私奉献的优秀共产党员”称号;隧道公司获“全国文明单位”称号。集团公司党委深入学习并严格落实“两个责任”,深入学习落实社会主义核心价值观建设任务,推荐阅读《习近平总书记系列重要讲话精神学习读本》《习近平谈治国理政》等10本书籍。出刊12期(总发行246期),约300万字,图片500余幅。重点报道“三严三实”专题教育、扭亏创效、经营典型、技术创新等,出版一期纪念刘新来专辑。

纪检监察工作。加强群众路线教育“两方案一计划”整改落实,开展“清账行动”,两级班子共完成整改项目481项,修订完善制度414项。查处通报违反中央八项规定案件3起。狠抓领导人员履职待遇和业务支出整改,全集团共补交超标准差旅费差价67.7万元,封存进口高档轿车4辆,取消相对固定公务用车24辆,整改超标准办公用房16处。开展自查自纠专项治理,查找五大类问题399项,并依纪依规,快查快结。开展亏损项目整治、三项招标等专项巡视和治理,对90多个单位进行检查,发出监察建议书178份,指出各类问题293项,督促建章立制45项,挽回和避免经济损失2607万元。开展“四类问题”专项治理,排查出“四类问题”469个,直接立案查处30个,初步核查83个,组织处理和整改356个。开展“严明纪律规矩,永葆清廉本色”主题谈心谈话活动,各层级共谈话2324次,接受谈话5012人;组织反腐倡廉教育412场次;领导作反腐倡廉报告48人次。加大案件查办力度,查办案件27件,党政纪处分44人。开展“纪律处分决定落实月”活动,对全集团近5年130多名违规违纪违法人员的处分决定落实情况进行专项检查,发现处分决定落实不到位、不规范问题37项。

(刘瑞江　梁栋方　郑大伟)

【工会工作】 下辖11个子公司工会,3个专业分公司工会,2个区域工程指挥部工会,5个直属单位工会;集团公司工会机关设组织权益部(和女工保障部一门两牌)、生产综合部(和火车头体协一门两牌)。截至2015年底,全集团公司有专职工会干部87人,工会会员15772人。各单位共组织各种类型的劳动竞赛320余场次，12人获省部级劳动模范和劳动奖章，7个单位获省部级“工人先锋号”及标兵，5个单位获中国铁建先进集体和劳动竞赛优胜单位，4人获中国铁建“劳动竞赛优秀组织者”。征集到职工合理化建议、技术改进、“金点子”等523项，有2项职工合理化建议和技术改进项目获股份公司二等奖，4项成果获三等奖。集团公司工会连续保持“山东省职代会优秀星单位”称号。集团公司获中国铁建“模范劳动关系和谐企业”称号。“劳模创新工作室”工作有序推进，挂牌成立15个劳模创新工作室。举办集团公司先进模范座谈会和“中国梦·劳动美”职工演讲比赛和讴歌劳动美诗词征文。举办各种文体活动500多场次，举办2次“玫瑰之约”未婚青年交友联谊活动，建设项目职工书屋120多个。出版《工会信息》12期，刊发各类信息60多篇，在股份公司情况通报、铁建报、山东工人报等以上刊发消息400多篇、条。筹集送温暖资金401万元，走访慰问困难职工家庭720户；慰问为企业做出突出贡献的劳模105人，离退休人员1052人。办理职工互助合作保险389人次，发放补偿款75万元。“金秋助学”活动为52名学生发放助学款8万元。（胡青山）

【团委工作】 下辖二级团委13个、基层团总支1个、团支部233个、团工委14个。全集团有专职团干部31人，35岁以下青年6124人，共青团员2516人。集团公司团委定员2人，设团委书记1人，团委办公室主任1人。隧道公司贵广工程指挥部第一项目部获“全国青年文明号”，铁正公司获“山东省青年文明号示范集体”，石济客专项目部、职业教育培训中心2个集体获“山东省青年文明号”，建筑公司安哥拉纳米贝项目部等3个集体获“山东省青年安全生产示范岗”。

（白晓亮）

【第一工程发展有限公司】 组建于2005年7月28日，位于山东省日照市海曲东路66号。注册资本金1.2亿元。执行董事、党委书记吴昭，总经理杨俊泉。具有国家住建部核准的市政公用工程施工总承包一级、公路工程施工总承包一级、桥梁工程专业承包一级、公路路面工程专业承包一级资质。年施工能力35亿元以上。现有员工1200余人，其中技术工人397人。

新签合同额36.67亿元，完成施工产值26.51亿元，实现营业收入33.66亿元，实现净利润2231万元，资产负债率92.91%。机械运输设备202台(套)，设备原值12450.71万元，净值7639.97万元。设备总功率28099千瓦，设备成新率61%，动力装备率32.14千瓦/人，技术装备率14.24万元/人。（综合办）

【第二工程有限公司】 具有公路工程施工、市政公用工程、房屋建筑施工总承包一级，铁路施工总承包二级，公路路基、公路路面、桥梁工程、隧道工程、机场场道专业承包一级资质。公司驻山东省泰安市东岳大道西首。执行董事兼总经理孙亮，党委书记刘小果。现有在册员工2260人。固定资产原值17003.62万元，净值10136.85万元，流动资产361007.01万元，资产总额400944.49万元。各类大中型设备383台(套)，总功率44883.20千瓦，技术装备率4.43万元/人，动力装备率19.62千瓦/人。

新增任务储备56亿元，其中，自主承揽任务合同总额33.77亿元。（王　涛）

【第三工程有限公司】 具有铁路工程、公路施工、市政公用工程3个施工总承包一级资质，公路路基、公路路面、桥梁工程、隧道工程、机场场道工程5个专业承包一级资质，水利水电施工总承包二级资质及爆破作业三级资质。具有国家乙级试验资质，测试水平达省部级标准。公司驻山东省兖州市北护城河路51号。执行董事、党委书记冯复兴，总经理刘美良。现有员工2100人，其中专业技术人员1067人。资产总额33.26亿元，其中固定资产原值2.25亿元，流动资产31.01亿元。拥有各类大中型施工设备540台(套)，总功率68182千瓦，机械设备原值23845万元，净值10512万元，动力装备率30.38千瓦/人。年施工能力52亿元以上。

新签合同额45.6亿元，完成施工产值52.3亿元。

（办公室）

【第四工程有限公司】 拥有市政公用工程施工总承包一级、公路工程施工总承包一级、矿山工程施工总承包一级、铁路工程施工总承包二级、建筑工程施工总承包三级资质，桥梁工程施工专业承包一级、隧道工程施工专业承包一级、公路路面工程施工专业承包一级、公路路基工程施工专业承包一级、爆破作业单位许可证(营业性)三级资质。年施工能力55亿元以上。执行董事兼总经理李旭，党委书记徐宝廷。公司驻山东省济南市市中区英雄山路267号。下辖54个项目部、2个物业中心、1个设备租赁中心、1个爆破技术中心、1所职工门诊。职工2252人。资产总额518728.99万元，其中固定资产原值82731.14万元、净值38487.71万元，流动资产476839.72万元。机械运输设备277台(套)，原值2.21亿元、净值8273.06万元，设备完好率93%，使用率85%。

2015年，新签合同额61.8亿元，完成施工产值55.43亿元。（葛文超）

【第五工程有限公司】 具有公路工程、市政公用工程施工总承包一级,铁路工程和水利水电工程施工总承包二级,房屋建筑工程和矿山工程总承包三级资质,同时具有桥梁工程、隧道工程、铁路铺轨架梁工程和公路路基、路面工程专业承包一级资质。年施工生产能力30亿元以上。公司驻山东省济宁市兖州区金谷路80号。执行董事、党委书记侯景德,总经理李方东。下辖40余个工程项目部,现有员工1652人,其中工程技术、经济管理人员766人。资产总额310334万元,净资产29648万元,机械设备固定资产原值70628.45万元、净值26547.41万元。

新签合同额46.1亿元,完成施工产值55.71亿元。 (刘传国)

【电气化工程有限公司】 具有机电安装施工总承包一级,市政公用工程施工总承包一级,通信工程施工总承包一级,建筑工程、电力工程施工总承包三级,铁路电气化工程、铁路电务工程、消防设施工程专业承包一级,输变电工程专业承包二级,公路交通工程机电工程分项一级资质。公司驻山东省济南市和平路16号。执行董事、党委书记郑洪星,总经理陈风国。下辖人才管理中心、财务管理中心以及通信中心、物业管理中心、电气化分公司等。现有员工755人,其中干部471人、工人286人。资产总额81984万元,固定资产原值7544万元、净值1376万元,机械运输设备104台(套),机械设备固定资产原值3679万元、净值420万元,总功率3680千瓦,动力装备率4.86千瓦/人,技术装备率0.56万元/人,机械化程度达到70%以上。

公司完成企业总产值12.43亿元,实现利润2108万元,职工年人均收入75015元,国有资本保值增值率113.87%,总资产报酬率2.66%,应上缴款完成率100%。 (刘红梅)

【隧道工程有限公司】 具有市政公用工程施工总承包一级,隧道工程、地基与基础工程、机场场道工程专业承包一级,装修装饰工程专业承包三级,城市轨道交通工程专业承包资质。公司以隧道和地下工程为主营业务,同时具备桥梁、土石方等综合施工能力。公司驻山东省济南市市中区二环南路兴隆山庄29号。执行董事马军,党委书记徐磊,总经理王寿强。拥有一级注册建造师102人、注册安全工程师33人、注册造价工程师5人,27人进入北京、山东等地城市轨道交通专家库,12人评为国家级优秀项目经理、19人评为省部级优秀项目经理。企业资产总额348548万元,其中固定资产原值174822万元、净值75962万元,流动资产261851万元,长期资产86697万元。国有资本保值增值率97.04%,净资产收益率16.11%。

新签合同额132.7亿元,完成施工产值40.54亿元,实现利润6086万元。 (何　康)

【北京中铁房山桥梁有限公司】 具有市政公用工程施工总承包一级,桥梁工程专业承包一级,混凝土预制构件专业二级,钢结构工程专业承包三级,金属门窗工程专业承包三级,预应力工程专业承包二级资质。公司驻北京市房山区阎村镇房山科技工业园区燕房园8号。原系中国人民解放军第6012工厂,1954年成立于广西黎塘,1984年随铁道兵并入铁道部,2002年8月28日由原中国铁道建筑总公司房山桥梁厂改制成立。执行董事、总经理赵誉,党委书记王光祥。下设3个车间、2个分公司、15个项目部。职工841人。固定资产原值36233万元、净值15184万元,流动资产111979万元。机械运输设备1963台(套),总功率33146千瓦,设备完好率96.1%,利用率74.6%,动力装备率41.64千瓦/人。

新签合同额19.95亿元,完成施工产值15.52亿元,实现营业收入15.05亿元,实现利润9582.32万元。职工年人均收入96357元。国有资本保值增值率114.34%,净资产收益率2.46%,产值利润率7.61%,资产负债率61.49%,应上缴款完成率100%。

(黄梅英)

【房地产开发有限公司】 前身为中铁十四局集团凯华置业有限公司,2001年3月27日成立,2014年10月8日更名。为中铁十四局集团全资子公司,主要从事房地产开发和经营。执行董事、总经理张清仙,党委书记李斌。下辖9个子、分公司。房地产开发资质二级企业。公司驻山东省济南市历下区经十路13777号中润世纪广场A3座。

公司实现营业收入81015万元,实现利润4002万元,净利润3138万元。 (顾亚楠)

【山东铁正工程试验检测中心有限公司】 公司驻山东省济南市和平路16号。1998年在山东省工商局注册,2007年改制,具有独立法人资格。执行董事、总经理鲁爱民,党委书记吴新萍。拥有国家计量认证合格工程试验机构资质认定、中国合格评定国家认可委员会实验室认可、公路工程综合甲级试验检测、公路工程桥梁隧道工程专项试验检测、建设工程质量检测、测绘甲级资质、质量管理体系认证等资质。职工214人,其中,干部156人、工人58人。资产总额8307万元,主要仪器设备2700余台(件),原值4458万元。

完成产值13093万元，实现净利润2951万元。

（刘晓丽）

【建筑工程有限公司】 2014年8月，中铁十四局集团有限公司水利水电工程分公司与中铁十四局集团建筑安装工程分公司合并组建并重新注册为中铁十四局集团建筑工程有限公司。拥有轨道交通工程专业承包资质和房建施工总承包二级资质。公司驻山东省济南市历下区解放路30号东源大厦14层。执行董事、总经理李清泰，党委书记代显奇。职工1114人，其中干部854人、工人260人。运输机械设备112台（套），固定资产原值2612.12万元，净值1376.04万元。技术装备率1.1万元/人，动力装备率3.59千瓦/人，机械设备成新率52.68%，总功率3964千瓦。

新签合同额53.07亿元。（丁 雪）

【海外工程分公司】 2001年12月28日成立。代表集团公司行使对外经济合作、境外工程承揽、建设与管理、进出口贸易、劳务输出等工作，归口管理集团公司外事工作和境外机构。公司驻山东省济南市历下区和平路16号。总经理杜瑞海，党委书记苏伟洪。职工257人。

新签合同额12亿元，完成产值4.2亿元，实现利润2224万元。（李 霖）

【北非建设分公司】 2012年11月20日成立。负责集团公司在北非建筑市场的经营投标、施工管理、设备物资进出口及派遣劳务管理等工作。公司驻阿尔及利亚BBA省毕邦镇。总经理郑茂旺，党委书记刘正航。现有在册员工14人，助勤人员11人，外聘员工9人。公司拥有施工设备765台（套），原值37567万元、净值357万元。（马全波）

【市政工程分公司】 前身为青岛工程公司、青岛办事处，成立于2002年5月。驻山东省青岛市崂山区。2014年6月16日变更注册为中铁十四局集团有限公司市政工程分公司，成为专业化分公司。总经理吴云杰，党委书记葛庆福。下设青岛蓝色硅谷城际轨道交通指挥部、黄岛疏港道路交通工程指挥部，11个项目经理部。现有职工249人，其中，干部178人、工人44人。资产总额7.11亿元，其中流动资产6.77亿元，固定资产原值6273.5万元、净值3234.75万元。

公司承揽任务总额15.94亿元，完成产值10.1亿元，实现利润1527万元，在岗员工年人均收入7.87万元。（李 腾）

【重要记载】

▲1月6日 集团公司技术中心顺利通过国家发改委组织的“国家认定企业技术中心”认定。

▲1月7日 中国铁路总公司副总经理卢春房赴集团公司承建的海南西环铁路5标检查指导工作。

▲1月9日 在北京召开的2014年度国家科学技术奖励大会上，依托集团承建的南京长江隧道工程，科研课题《高水压浅覆土复杂地形地质超大直径长江盾构隧道成套工程技术》获国家科技进步奖二等奖。

▲1月22日 在山东省科学技术奖励大会上，集团公司依托南京地铁研制的“地铁大直径盾构长距离穿越长江建造技术”获山东省科学技术进步奖一等奖；依托太兴铁路研制的“膨胀性上覆湿陷性黄土隧道大变形演化机理及施工关键技术”获二等奖。

▲2月10日 集团公司四届三次职代会暨2015年工作会在济南集团公司机关召开。集团公司董事长、党委书记杨有诗作题为《适应新常态，奋力新作为，坚持以提高经济质量和效益为中心，推动集团公司持续健康快速发展》的工作报告，总经理张挺军作题为《新常态，新机遇，新发展，为集团公司成功转型升级而努力奋斗》的工作报告。

▲2月28日 在北京人民大会堂召开的全国精神文明建设工作表彰暨学雷锋志愿服务大会上，集团隧道公司获“全国文明单位”称号。

▲5月8日 股份公司党委追授刘新来“心系企业、无私奉献的优秀共产党员”称号。

▲5月27日 由集团公司承建的中国海拔2000米以上高原地区最长高速公路隧道六盘山隧道全线贯通。

▲6月1日 集团公司获房屋建筑工程施工总承包特级资质和建筑行业甲级资质。

▲6月26日 十四局集团房桥公司住宅产业化预制构件生产线试投产。

▲9月3日 集团公司总经理吴言坤、副总经理周长进一行拜会来京出席抗战胜利日纪念活动的刚果（金）总统约瑟夫·卡比拉。双方就加强基础设施建设合作进行洽谈。

▲10月23日 集团公司与台湾沃华国际投资控股集团有限公司在济南就投融资建设施工项目建立战略合作伙伴协议。中国台湾致公党主席、沃华国际投资控股集团有限公司总裁陈柏光一行3人，集团公司董事长、党委书记张挺军，总经理吴言坤等参加签约仪式。

▲11月12日 中国铁路总公司副总经理卢春房赴额哈铁路调研，集团公司总经理吴言坤陪同调研。

▲11月13日 芜湖长江隧道有限责任公司在安

徽芜湖举行揭牌仪式，标志着安徽省最大 PPP 项目——芜湖城南过江隧道工程成功落地。

▲11 月 23 日　一公司承建的世界上海拔最高的公路隧道——长拉山隧道建成通车。

▲12 月 4 日　集团公司承建的黄大铁路黄河特大桥项目最大悬臂 180 米，成功采用连续钢桁梁顶推施工，刷新国内钢桁梁无支墩顶推施工的最大悬臂记录。

▲12 月 18 日　集团公司承建的南京长江隧道获国家优质工程金质奖，新建铁路广深港客运专线广深段工程获国家优质工程银质奖。

▲12 月 30 日　集团公司承建的新建张家口至唐山铁路(张唐铁路)建成通车。

▲同日　集团公司承建的海南环岛高铁西段开通运营，与 2010 年 12 月开通运营的海南环岛高铁东段实现连通，标志着全球首条环岛高铁建成。（刘德君）

中铁十五局集团有限公司

【简况】　是铁路工程施工总承包特级、公路工程施工总承包特级；铁道行业甲(II)级工程设计、公路行业甲级工程设计；房屋建筑工程施工总承包一级，水利水电工程施工总承包一级，市政公用工程施工总承包一级，桥梁工程专业承包一级，隧道工程专业承包一级，公路路面工程专业承包一级，铁路铺轨架梁工程专业承包一级，地质灾害治理施工甲级资质企业。公司驻上海市静安区共和新路666 号。董事长、党委书记武宪功，总经理张喜胜。前身系中国人民解放军铁道兵第五师，1984 年 1 月 1 日集体转业并入铁道部，改编为铁道部第十五工程局；1999 年 12 月更名为中铁第十五工程局，2001 年 10 月 12 日企业改制改称现名。下辖第一至第七工程有限公司、都匀桥梁工程有限公司、城市轨道交通工程有限公司、电气化工程有限公司、物资工程有限公司、四川勘察设计有限公司、河南置业有限公司、济阳迎宾黄河大桥有限公司 14 个子公司和海外、京津、华北、东北、华东、华中、中南、华南、西南、西北、新青藏指 10 个区域指挥部和 1 个海外工程指挥部；大西客运专线指挥部、郑开城际铁路工程指挥部、广深港客运专线项目部、太原西南环项目部、沪昆客运专线项目部、哈齐客专项目部、郑机城际铁路工程指挥部、石长铁路指挥部、成贵铁路项目部、杭黄铁路项目部、澳门公司、湖州投资开发公司、福州投资开发公司等直管项目部以及河南四通检测有限公司、资产管理中心、职工培训中心等。职工 19998 人，其中干部 9140 人，工人 8797 人，内退 2061 人；干部中各类专业技术人才 8529 人，占干部总数的 93.3%，工人中技术工人 6140 人，占工人总数的69.8%。资产总额 2325595 万元，其中固定资产原值 579429 万元、净值 246028 万元，流动资产 2005541 万元，其他资产 74026 万元。机械设备、车辆 5920 台(套)，设备原值 391896 万元、净值 152339 万元，总功率 730059 千瓦，技术装备率7.74 万元/人，动力装备率 37.08 千瓦/人。新度系数 38.87%，设备完好率 90%，利用率 62%。年施工能力 400 亿元以上。

承揽工程任务 330.92 亿元，完成企业总产值 261.98亿元，其中施工产值 224.12 亿元。实现利润 5.75亿元，全员劳动生产率 15.12 万元/人·年，职工年人均收入 50086 元。国有资本保值增值率 107.87%，产值利润率 0.72%，投资回报率 13.6%，资产负债率90.58%，净资产收益率 5.33%，应上缴款完成率 100%。完成主要实物工程量：土石方 3475.21 万立方米，隧道 53602 延长米，桥梁 68260 延长米，正线铺轨 349.95 千米，站线铺轨 22.27 千米，铁路制梁 2214 片，铁路架梁 1733 孔，房屋建筑面积 638961 平方米，公路 353.67 千米。

改制以来，获中国建设工程鲁班奖 7 项，中国土木工程詹天佑奖 6 项，国家优质工程奖 28 项，省部级优质工程奖 129 项，中国铁建优质工程奖 151 项。相继创造铁路日铺轨 10.688 千米和公路隧道掘进318.33 米等全国纪录 7 项。获国家 AAA 级信用企业、全国重合同守信用企业、全国优秀施工企业、全国质量效益型先进企业、全国精神文明建设先进单位、全国五一劳动奖状、全国工程建设质量管理优秀企业、河南省建筑业技术创新先进企业、河南省优秀施工企业等称号，连续 14 年蝉联全国“安康杯”竞赛优胜企业。（郑凤华）

【领导人员】

董事会

董事长	武宪功
董事	张喜胜
	史保魁
	张海亮
	陈　戈

监事会

监事会主席	丁　力
监事	张贵修

经理层

总经理	张喜胜
副总经理	张海亮

	陈文秀
	金国海
	黄明玉
	王文举
	许建付
	王小川(10 月任)
总工程师	许建付

党群领导

党委书记	武宪功
党委副书记	张喜胜
	史保魁
	陈　戈
纪委书记	丁　力
工会主席	陈　戈

(祝新芝)

【工程项目指挥机构】 海外工程指挥部　驻北京市石景山区政达路 2 号 CRD 银座 A 座 8 楼。指挥长兼党委书记王文举。

京津指挥部　驻北京市石景山区政达路 2 号 CRD 银座 A8 层。指挥长王建军,党委书记邹刚波。

华北指挥部　驻山西省太原市南中环街 461 号中创国际大厦 4 楼。指挥长宫元生,党委书记苏举。

东北指挥部　驻辽宁省沈阳市大东区东北大马路 337 号 B 座 5 层。指挥长贾会刚,党委书记王辉(6 月任)。

华东指挥部　驻上海市闵行区莘沥路 232 号。指挥长王小川,党委书记田璐郅。

华中指挥部　驻江苏省南京市江宁区将军大道 129 号。指挥长李飞(6 月任),党委书记程金泉。

中南指挥部　驻江西省南昌市红谷滩新区凤凰中大道 1000 号万达中心写字楼 B1 栋 1801 室。指挥长罗斌,党委书记胡克明。

华南指挥部　驻广东省广州市天河区龙口东路 354 号天诚广场 315 室。指挥长张晓宏,党委书记黄艳阳(12 月任)。

西南指挥部　驻云南省昆明市西山区福景路 38 号。指挥长胡海清,党委书记谢磊(6 月任)。

西北指挥部　驻陕西省西安市友谊东路 6 号。指挥长赵中华,党委书记高德全。

新青藏指挥部　驻新疆维吾尔自治区乌鲁木齐市青海路 123 号。指挥长王占军,党委书记王波。

大西铁路客运专线工程指挥部　驻山西省介休市朝阳路中鑫东苑 3 号楼。指挥长兼党委书记田兴柏。

郑开城际铁路工程指挥部　驻河南省郑州市航空港区鑫港花园。指挥长齐春峰,党委书记曾井琴。

广深港铁路客运专线项目部　驻深圳市福田区中康北路 73 号中康创业园 3 楼。项目经理张海亮,党委书记张骎。

太原西南环项目部　驻山西省太原市晋源新区龙山大街。项目经理张汉民(7 月任),党委书记岳昌茂(6 月任)。

沪昆高速铁路项目部　驻江西省上饶市上饶县工业园区一舟大道西人武部民兵基地。项目经理、党委书记王令振。

哈齐客专项目部　驻黑龙江省大庆市让胡区喇嘛甸镇新华二道街爱舍空间宾馆。项目经理黄明玉,常务副经理张启亮,党委书记张骎(6 月调离)。

郑机城际铁路工程指挥部　驻河南省郑州市航空港区鑫港花园。指挥长李红星,党委书记马振民(12 月离任)。

石长铁路指挥部　驻湖南省益阳市金山南路 249 号。指挥长胡良贵,党委书记陈永祥。

成贵铁路项目经理部　驻贵州省毕节市大方县大海坝。项目经理金国海,党委书记杨俊。

杭黄铁路项目部　驻安徽省宣城市绩溪县绩溪宾馆。项目经理胡志广,党委书记任贵成。

澳门公司　驻澳门特别行政区冼星海大马路81－121 号金龙中心。总经理别永红。

湖州投资开发公司　驻浙江省湖州市吴兴区太湖旅游度假区通湖路 524 号。总经理、党委书记杨磊。

福州投资开发公司　驻福州市台江区海润滨江花园 B 区 23 号楼 2201 室。法人代表、董事长陈戈,总经理、党委书记李为民。　(郑凤华)

【职工队伍】 职工 19998 人(含内退 2061 人),其中,在岗员工 17937 人、在职干部 9140 人。干部中,各类专业技术人才 8529 人。其中,工程专业 6304 人,占 73.9%;经济专业 525 人,占 6.15%;会计专业 920 人,占 10.79%;政工专业 564 人,占 6.6%;其他专业 216 人,占 2.56%。具有高级专业技术职务任职资格 979 人,占专业技术人才总数的 11.48%;中级 2455 人,占 28.78%;初级 5095 人,占 59.74%。工人 8797 人,技术工人 6140 人,其中,高级技师 116 人、技师 571 人、高级工 2014 人、中级工 1970 人、初级工 1469 人。

(祝新芝)

【工程施工】 在建项目 200 个,其中完工项目 107 个,合同额 300.33 亿元;新增项目 74 个,合同额 238.34 亿元。在建项目 167 个,合同额 633.78 亿元,其中,铁路工程 40 个 303 亿元,公路工程 55 个 192.3 亿元,市政工程 20 个 25.47 亿元,城轨工程 18 个 76.77 亿元,房建工程15个26.71亿元,水利水电工程14个(7.98亿元),其他工程5个(1.53亿元)。完成主要工程量:土石方3475.21万立方米,隧道53602延长米,桥梁68260延长米,正线铺轨349.95千米,站线铺轨22.27千米,铁路制梁2214片,铁路架梁1733孔,房屋建筑面积638961平方米,公路353.67千米。

(时伟生　杨凯荣)

【铁路工程施工】　广深港客运专线福田站及相关工程ZH－4标段　线路长11.429千米,合同投资502576万元,合同工期2008年10月—2012年8月,调整后工期2008年12月—2015年9月。重点工程为"一站两隧",福田车站1023米,益田路隧道6236延长米,黄岗隧道3942延长米。2015年完成投资5011万元,累计完成投资517778万元,占合同额的103%。该项目于12月30日正式开通。

新建杭州至黄山铁路客运专线前期Ⅷ标段　线路长46.599千米,合同投资313839.23万元,合同工期2014年9月—2018年6月。重点工程为峰高岭隧道9087延长米,里巧川隧道3725延长米,扬之水特大桥562.7延长米,三阳站特大桥639.5延长米。2015年完成投资93103万元,累计完成投资116920万元,占合同额的37.25%。

新建哈尔滨至齐齐哈尔铁路客运专线土建工程(站前)4标段　正线线路长44.4千米,合同投资218420万元。主要工程量:路基24.73千米,特大桥7座19670千米,涵洞39座971横延米,站线铺轨4.19千米,铺设道岔5组。合同工期2009年10月—2014年12月。2015年完成投资1092万元,累计完成投资253311万元,占合同额的116%。该项目已完工,并于8月17日开通运营。

新建铁路成都至贵阳线乐山至贵阳段站前13标段　线路全长33.068千米,合同投资188864万元,主要工程量:隧道8座16992延长米,桥梁26座7896.85延长米,涵洞16座378横延米,路基8.179千米,无砟道床67.02千米。合同工期2014年1月—2018年3月。2015年,完成投资76200万元,累计完成投资103400万元,占合同额的54.7%。

太原铁路枢纽新建西南环线工程XNHS－2标　全长33.57千米,合同投资265000万元。主要工程量:土方392万立方米,隧道8840延长米,桥梁5503延长米,T梁架设1088片,涵洞1690.7横延米,正线铺轨84.16千米,站线铺轨14.35千米。合同工期2009年10月—2014年12月,调整后工期2009年10月—2019年10月。2015年完成投资6960万元,累计完成投资198236万元,占合同额的74.8%。

石门至长沙铁路增建第二线工程站前工程　正线线路长262.842千米,合同投资245622万元。主要工程量:路基73.6千米;特大桥6座8996延长米;涵洞403座6614横延米;隧道18座5184延长米。合同工期2010年4月—2015年3月。2015年完成投资71288.444万元,累计完成240552.444万元,占合同额的97.9%。

新建郑州至新郑机场城际铁路站前工程ZJZQ－11标段　正线全长34.237千米,合同投资106273万元。主要工程量:桥梁6座18.64千米;路基1.8千米;铺设无缝线路50.531千米。合同工期2012年8月—2016年1月。2015年完成投资9680万元,累计完成投资107268万元,占合同额的100.9%。该项目于12月31日全线贯通。

宁西铁路西安至合肥段增建第二线工程NX4标段　线路长17.7千米,合同投资81060万元。合同工期2012年9月—2016年3月。2015年完成投资40182.62万元,累计完成投资77946.31万元,占合同额的96.2%。该项目于12月21日全线贯通。

渝黔铁路土建5标三工区　全长9.753千米,合同投资62487万元。主要工程量:老周岩隧道出口段3771米,陈家坡隧道进口段3031米,赶水东四线道岔特大桥532.9延长米,涵洞2座105.4横延米;站场900米及区间路基351.88米。合同工期2013年5月—2016年12月。2015年完成投资16503万元,累计完成投资38310万元,占合同额的61.3%。

新建天门至仙桃铁路及潜江铁路支线项目JHSG－2标段　线路长度27.753千米,合同投资84044万元。主要工程量:软土路基15段20.131千米,特大桥3座8068延长米。合同工期2014年9月—2017年8月。2015年完成投资45389.32万元,累计完成投资59029.94万元,占合同额的70.2%。

福平铁路站前工程FPZQ－4标　集团公司与十三局联合中标福平铁路,正线全长17.535千米。其中集团公司主要承建标段岛内线下工程,全长11.2千米。合同工期2013年11月—2019年4月。2015年完成投资16074.65万元,累计完成投资25163.39万元,占合同额的44.93%。

新建九景衢铁路浙江段站前工程JQZJZQ－1标段　全长10.689千米,合同投资60000万元;主要工程量:隧道7座8682.57延长米,桥梁4座903延长米;路基8段1103.26米。合同工期2014年1月—2017年6月。2015年完成投资29408万元,开工累计完成投资46994.6万元,占合同额的78.32%。

改建铁路成都至昆明线永仁至广通段扩能工程站前4标民太隧道进口工区　全长17.819千米,合同投资27544万元。集团公司承建进口工区和1号斜井工区施工任务,长度5638米。合同工期2014年3月—2017年3月。2015年完成投资4653万元,累计完成投资9300万元,占合同额的33.82%。

郑徐客运专线ZXSD标　位于商丘市境内,施工里程段为商丘特大桥(全长3995米)及商杭下行联络线兼折返线特大桥(全长1729.875米)。合同工期2013年10月—2015年4月。2015年完成投资6677.28万元,累计完成投资17274.782万元,占合同额的78.52%。（王赞霞）

【铁路外工程施工】　国道318线林芝至拉萨段公路改造工程　线路全长28.403千米,合同投资125540万元。主要工程量:路基土石方272.2万立方米,桥梁15座6163延长米,涵洞13道。合同工期2013年9月—2015年7月。2015年完成投资38631万元,开工累计完成投资126531万元,占合同额的100.79%。该工程建成通车。

广东揭阳至惠来高速公路A1合同段　线路全长10千米,合同投资55947.96万元。主要工程量:隧道1座3004延长米;桥梁19座4293.5延长米;涵洞、通道25道1014横延米;路基挖方86万立方米,填方182万立方米。合同工期2014年1月—2016年6月。2015年完成投资23210.5万元,累计完成投资42101万元,占合同额的75.25%。

厦门至成都高速公路贵州织金至纳雍段高速公路8标　主线全长5.075千米,合同投资52820万元。主要工程量:路基挖方14.9万立方米,填方1.6万立方米;大桥2座809延长米、特大桥1座1087延长米;隧道1座2844延长米。合同工期2012年7月—2015年1月。2015年完成投资13333万元,累计完成投资52820万元,占合同额的100%。已于10月底全部完工。

广中江高速公路第TJ10标　线路全长5.331千米,合同投资57103.96万元。合同工期2013年11月—2016年2月。2015年,完成投资11739万元,累计完成投资16576.8万元,占合同额的29.03%。

湖北省保康至宜昌高速公路向阳段BYXYTJ-3合同段　线路长度7.68千米,合同投资59093万元。合同工期2012年12月—2015年12月。2015年完成投资17080.6万元,累计完成投资57030万元,占合同额的96.51%。该项目于12月全部完工。

广西资源(梅溪)至兴安高速公路BOT项目ZXTJ-06标段　线路长度15.64千米,合同投资68888万元。合同工期2014年1月—2016年12月。2015年完成投资28332.9万元,开工累计完成投资38841.4万元,占合同额的56.38%。

涡河三桥建设工程　施工长度1234.577米,合同投资14570万元。原合同工期2011年7月1日—2013年3月22日,调整后合同工期2011年7月1日—2016年3月31日。2015年完成投资1210.6万元,累计完成投资12076万元,占合同额的82.88%。

滨海新区西外环高速公路(津汉高速—海景大道)工程11标段　标段全长1640米,合同投资35916万元。本标段施工内容为除预应力小箱梁预制外的全部主体及附属施工。合同工期2011年6月—2014年9月。2015年完成投资6663万元,累计完成投资31917.5万元,占合同额的88.88%。

樟树市赣江二桥　线路全长4.188千米,合同投资66363万元。主要实物工程量:桥梁1座2529延长米;路基挖方2.9万立方米,填方23.5万立方米。合同工期2014年3月—2017年2月。2015年完成投资14530万元,累计完成投资22620万元,占合同额的34.09%。

北京地铁16号线19标段　主要为一站一区间,合同投资41633万元。合同工期2013年6月—2016年12月。2015年完成投资10560.55万元,累计完成投资11975.56万元,占合同额的28.76%。

北京地铁14号线工程土建施工12合同段　合同投资25107万元。合同工期2010年5月—2014年12月。2015年完成投资11899万元,累计完成投资29729万元,占合同额的118.41%。该工程全部完工。

武汉地铁3号线17标　为一站两区间,合同投资32311.5429万元。合同工期2013年5月—2015年9月。2015年完成投资12299万元,累计完成投资27745万元,占合同额的85.87%。该工程已完工。

贵阳轨道交通1号线第七工作段　线路总长1.624千米,合同投资35200万元。工程包括“一站两区间”,合同工期2014年2月—2015年12月。2015年完成投资18899.1万元,累计完成投资25929万元,占合同额的73.66%。

武汉地铁7号线11标　线路长度1.948千米,合同投资64452.86万元。合同工期2014年6月—2016年9月。2015年完成投资17501.93万元,累计完成投资27013.38万元,占合同额的41.91%。

成都地铁10号线一期工程施工土建3标　左线长度1.271千米,右线长度1.325千米,合同投资23800万元。合同工期2014年8月—2016年12月。2015年完成投资13947.27万元,累计完成投资16203.95万元,占合同额的68.08%。

广州市轨道交通14号线工程17标　主要包括一车站一区间,合同投资49297.3万元。合同工期2013

年12月—2016年8月。2015年完成投资9693万元，累计完成投资11919万元，占合同额的24.18%。

郑州地铁5号线1标　主要包括一站三区间，合同投资97506.89万元。合同工期2014年9月—2018年12月。2015年完成投资10510万元，累计完成投资10510万元，占合同额的10.78%。

广州市轨道交通21号线工程22标　道路全长844米，包括增城广场站土建工程、广汕公路道路改造工程，合同投资35492万元。合同工期2013年11月—2015年12月。2015年完成投资6422万元，累计完成投资10244万元，占合同额的28.86%。

乌鲁木齐市地铁1号线17标合同段　全长1222.8米，合同投资37500万元。合同工期2014年3月—2018年12月。2015年完成投资17741万元，累计完成投资17741万元，占合同额的47.31%。

（王赞霞）

【港澳工程】　香港高铁826标—皇岗至米铺隧道　隧道设有2座竖井，皇岗公园工作井至福田南工作井矿山法施工120米、单孔双线盾构法施工1398米；皇岗公园工作井香港方向由单孔双线隧道向双孔单线隧道过渡矿山法施工374米、双孔单线盾构法施工3346米。合同工期2010年3月—2015年5月。2015年完成投资16278万元，累计完成投资130055万元，占合同额132511万元的98.15%。

C370－轻轨一期氹仔口岸段建造工程　合同工期2012年6月—2015年12月。2015年完成投资7056万元，累计完成投资19666万元，占合同额21159万元的92.94%。

（王赞霞）

【境外工程】　松巴万加—马太—卡桑加港口公路　全长112千米。合同工期2010年1月—2013年1月。2015年完成投资11418万元，累计完成投资37191万元，占合同额61982万元的60%。

（王赞霞）

【经营管理】　(1)工程经营。全集团完成经营承揽额330.92亿元，其中，新签合同总额302.13亿元，二次经营额28.79亿元，占股份公司年度计划的103.4%。其中：国铁110.37亿元，占承揽任务总额的33.35%；地方铁路及专用线19.12亿元，占承揽任务总额的5.78%；公路54.89亿元，占承揽任务总额的16.59%；水利水电4.94亿元，占承揽任务总额的1.49%；房建22.44亿元，占承揽任务总额的6.78%；市政22.96亿元，占承揽任务总额的6.94%；轨道交通26.44亿元，占承揽任务总额的7.99%；海外工程11.28亿元，占承揽任务总额的3.41%；其他1.36亿元，占承揽任务总额的0.41%；物流25.41亿元，占承揽任务总额的7.68%，房地产销售2.70亿元，占承揽任务总额的0.81%；勘察设计0.22亿元，占承揽任务总额的0.07%；二次经营完成28.79亿元，占承揽任务总额的8.70%。

(2)企业管理。7月23日，取得公路工程施工总承包特级和公路工程行业甲级设计资质证书，成为与上海建工齐名的驻沪双特级资质建筑企业；进行营业执照经营范围暨“三证合一”的变更申请。

(3)安全质量。狠抓安全隐患治理平台建设，设定“12·5”安全警示日，强力落实安全生产责任制，严肃约谈安全失稳单位主管，施工生产实现全程安然无恙，集团公司第14次蝉联全国安康杯；共创国优工程2项、省部级优质工程4项、中国铁建优质工程10项、全国优秀QC小组7个、全国工程建设质量管理优秀企业1个、上海市用户满意施工企业1个。

(4)财务管理。截至2015年底，资产总额2325595万元，负债总额2106534万元，全集团流动比率1.11、速动比率0.57，实现营业收入2109864万元。全集团实现利润总额4.69亿元。产值利润率0.72%，投资回报率13.6%，资产负债率90.58%，国有资本保值增值率107.87%，净资产收益率5.33%。缴纳各项税款67575.17万元。

(5)人才队伍建设。接收二本以上毕业生462人，其中，博士研究生1人、硕士研究生15人、一本242人、二本126人。开展首届“363”培养模式。9月，与石家庄铁道大学、兰州铁道大学2016年毕业生67名签订就业协议。

(6)审计工作。全集团完成审计项目256项。投入审计工作日4068天；发现问题金额81496.1万元，其中，违规违纪金额47860.2万元，损失浪费金额25963.6万元，不良资产金额692.28万元，其他问题金额6980.03万元。纠正违规金额27192万元，促进增收节支金额1151.15万元；提交审计报告255份，提出审计建议1339条，被采纳1227条。通过内部审计提升1人、交流17人、降职2人、免职12人。（郑凤华）

【科技教育】　累计投入科技资金39320万元。顺利通过上海市高新技术企业认定。有8项重点创新项目通过科技成果鉴定或评审，通过河南省科技厅组织的成果鉴定7项，通过股份公司工法关键技术评审1项。其中，2项成果达到国际先进水平、5项成果达到国内领先水平。新增国家级工法1项、河南省省级工法1项、股份公司优秀工法4项、集团公司级工法8项。

教育培训。举办处级领导培训41人，施工员54人，造价员50人，注册工程考前培训66人，注册建造师考前培训15人,其他培训33人。

（宋晓蓉 王银生）

【党的工作】 全集团有基层党组织419个,其中所属单位党委45个,基层党支部374个;党员7931名。

党委政治核心作用。积极支持董事会、经理层工作,在“双向进入、交叉任职”的领导框架下,集团公司党委对重大问题提出意见和建议,以书面形式反馈给董事会、经理班子,或由进入董事会、监事会、经理班子的党委成员,通过多种方式分别反映党组织的意见,使党组织的主张在企业决策中得到重视和体现。召开党委常委(扩大)会8次,召开党委全委(扩大)会1次。

三严三实”专题教育。(1)正反结合抓教育。将正面引导和反面警示相结合,在抓好《优秀领导干部先进事迹选编》《党员干部违纪违法典型案例警示录》正反教材学习运用的基础上,通过组织观看《老虎苍蝇一起打》警示教育视频,通报周永康等一批落马高官严重违法违纪案例,引导各级党员领导干部深彻认清“不严不实”之害。同时,重点对“全国劳动模范”、创效英雄张九林,十八大代表、中央企业优秀共产党员许敬银等践行“三严三实”的鲜活典型进行大张旗鼓的宣讲、选树、表彰、学习,在企业上下进一步形成比学赶超、干事创业的好风尚。(2)聚焦问题抓研讨。坚持问题导向和效果导向,将违法乱纪、脱离群众、敷衍塞责、奢靡浮华、铺张浪费、我行我素、固步自封、弄虚作假、欺上瞒下等现实表现与“不严不实”对号入座,共梳理出6类32项问题。同时,引导领导干部在专题研讨中,切实将“三严三实”“十荣十不”要求、“不严不实”问题表现与本职工作对上号、挂上钩,通过畅谈认识、查摆问题、交流意见,进一步领会践行要求、辨明问题表现,自觉把“三严三实”要求作为干事创业的行为准则。

领导班子建设。调整单位领导班子50个次,晋升副处级及以上领导干部24人,为能力突出者搭建平台,班子结构得到进一步优化。在评比表彰上,以创建“四好”领导班子为抓手,通过制定创建规划、定期进行分析、加强检查考核,扎实推进各级领导思想政治和能力建设。7个单位的领导班子获评集团公司2014年“四好”领导班子。

人才队伍建设。接收二本以上学生462人,其中,石家庄铁道学院、郑州大学、长安大学、西安建筑科技大学、复旦大学、北京交大、长沙理工等重点院校311人,硕士研究生15人,博士研究生1人。对新接收优秀大学生,采取“三六三”培养模式,聘请人才测试专家开展人才测评,有针对性地做好职业规划,加快人才成长步伐。

基层党组织建设。(1)抓载体增活力。以“创岗建区”活动为载体,先后建立1507个“党员先锋岗”和130个“红旗责任区”。持续推进创建“五好”党支部、争当“六好”共产党员活动,考评表彰25个先进基层党组织、53名优秀共产党员和24名优秀党务工作者。(2)抓素质提能力。举办基层党组织书记培训班,对56名基层党组织书记进行集训。累计举办轮训班13场次,培训基层党支部书记324人。(3)抓联动搞联创。为适应集团公司机关搬迁上海新形势,将全集团7931名党员的组织关系从河南省委转移到上海建设交通工作党委。积极与原闸北区委区政府、芷江街道办党工委、灵光居委会党总支等各方联动,通过“党组织党员双报到”“社区微公益”等活动,有效参与和推进区域化党建、“上海市文明城区”创建。

企业文化建设和对外宣传。抓住重点工程建设及香港826标贯通、哈齐高铁通车、杭黄项目架设首片梁、拉林公路通车、城轨公司武汉地铁3号线17标项目隧道贯通、“12·5安全警示日”活动、集团公司搬迁上海1周年等企业重大新闻,全方位、立体式的宣传企业取得的新成就。成功处理舆论突发事件15起。在各类媒体上稿2902余篇,其中中央级媒体509篇,企业知名度和美誉度持续提升。企业文化建设不断深入。对新办公楼荣史馆进行规划布展,以图文展示、实物展示、多媒体互动展示等多种手段再现集团公司光辉历程、卓越业绩、厚重文化。集团公司欧阳继军、张红梅被评为中国铁建第四届“十佳道德模范”见义勇为模范和敬业奉献模范,在集团公司内部引起强烈反响。

党风建设和反腐倡廉工作。(1)修订完善相关制度。修订完善集团公司《党风廉政建设责任制实施细则》和“党风廉政建设责任书”。年初集团公司与所属38家单位主管、纪委书记签订“党风廉政建设责任书”;严格落实职代会述廉、民主生活会讲廉、年度报廉等制度,286名领导干部在“三严三实”专题民主生活会上述责述廉,报告个人廉洁自律情况。(2)案件查处。受理信访举报51件,初核线索49件,了结16件,立案调查33件,结案33件,给予党纪处分11人次,政纪处分30人次,受到司法机关处理9人次。

（包明明）

【工会工作】 集团公司工会下辖38个子公司、直属单位工会,383个项目工会(工委),725个工会小组;有工会会员19998人,专兼职工会干部382人。

劳动竞赛。全集团投入劳动竞赛费用1254万元,获劳动竞赛奖励1339万元。4个单位获河南省重点工程劳动竞赛优秀参建单位、股份公司重点工程劳动竞赛先进单位;4 人获河南省重点工程劳动竞赛先进个人、股份公司劳动竞赛优秀组织者。

评先创模。2 个项目部获省级工人先锋号,4 个集体获市级工人先锋号。1 人获全国五一劳动奖章,1 人获“贵州省劳动模范”称号,5 人获河南省五一劳动奖章,1 人获火车头奖章,8 人获市级五一劳动奖章和“中国铁建劳模”称号。

“安康杯”竞赛。深入开展“安康杯”竞赛,聘任 263 名工会安全监督检查员,深入开展安全生产“十个一”等群众性保安全活动,动员广大职工积极参与集团公司“12·5 安全警示日”活动。集团公司连续 14 年获全国安康杯竞赛优胜单位,一、二、四、五、六、七、物资公司和都匀桥梁公司 8 个子公司获全国安康杯竞赛优胜单位。

民主管理。(1)职代会。召开集团公司三届五次职代会,批复、指导 14 个子公司、9 个直管工程项目部、11 个区域指挥部按程序组织召开职代会或职工大会。评议领导干部 193 人。(2)集体合同。组织集体合同自查和抽查,召开集体合同平等协商会,完善集体合同文本,集体合同工作规范推进。(3)企务公开。各级管理部门充分发挥集团公司网站“公开窗口”功能,从物资设备招标采购、劳务队信用到企业生产经营情况,及时进行公开。

建线建家。向成贵、杭黄、宁启和徐淮盐铁路等重点项目投入建线建家费用 40 余万元。先后对香港 826 标等 11 个重点项目进行慰问和送清凉活动,下拨慰问金 20 余万元。

困难职工帮扶救助。元旦、春节共筹集资金 160 余万元,共走访慰问困难职工家庭、劳模先进等 806 户,一线职工、农民工 4000 余人次、一线班组 123 个。积极开展六一、金秋助学,困难职工生活补助、大病救助,下拨救助资金 120 万元,救助困难职工 598 人次,困难子女 215 人。

女职工工作。“三八”节期间,开展丰富多彩的系列庆祝活动,评选表彰 17 个巾帼建功先进集体、38 名女职工标兵。其中,1 个集体和 1 人获“全国五一巾帼标兵岗”和“全国五一巾帼标兵”,1 个集体和 1 人获“河南省五一巾帼标兵岗”和“河南省五一巾帼标兵”,2 个女工委获“河南省先进女职工委员会”,1 人获“河南省先进女职工工作者”。5 名女工、1 个集体受到股份公司工会表彰。

工会自身建设。(1)理论学习。通过集团公司工会全委会传达会议精神,工会干部培训班授课等深刻领会精神实质和核心要义,主动把中央的有关要求贯彻到企业发展和工会的各项工作中,汇聚起助推企业改革发展的正能量和强大动力。(2)工会组织建设。与上海市建交工会进行工作对接,积极融入市建交工会重点工作部署和要求。增、替补集团公司工会委员和副主席,指导 5 个子公司、1 个区域指挥部和 1 个直属项目部工会主席选举及工会工作委员成立。有 12 名工会干部参加铁总、市建交工会和股份公司工会干部培训班,有 36 名工会干部参加集团公司工会干部培训班。(3)财务工作。加强财务管理工作规范化建设,有效地控制经费开支。接受中国铁建工会例行审计,审计工作达到规范化建设标准要求。

(张长春　李建平)

【共青团工作】 集团公司团委下设 22 个基层团委,188 个团支部。14 个子公司团委。团员 6126 人,35 岁以下青工 10541 人,专职团干部 9 人。

1 人获“中央企业优秀共青团员”称号;1 个集体获“河北省青年文明号”称号;5 个集体获中国铁建“青年文明号”称号;5 名团员青年获中国铁建“青年岗位能手”称号; 6 个集体分别获河南省和中国铁建“五四红旗团委(支部)”称号;7 名团干和团员分别获河南省和中国铁建“优秀团干部(团员)”称号。

(张长春　李建平)

【第一工程有限公司】 具有公路工程施工总承包一级,市政工程施工总承包一级,水利水电工程施工总承包一级,铁路工程施工总承包二级,土石方工程施工专业承包一级,桥梁工程施工专业承包一级,公路路基工程施工专业承包一级,公路路面工程施工专业承包一级,隧道工程施工专业承包一级资质。执行董事、党委书记廖由联,总经理、党委副书记杨锋。公司驻陕西省西安市经济技术开发区凤城二路 13 号。前身为中国人民解放军铁道兵第五师第二十一团,1984 年兵改工并入铁道部,2001 年改称现名。注册资本金 50068 万元。下辖 13 个区域经营部、6 个直管单位、42 个在建项目部、19 个机关部门。职工 1910 人,其中,干部 1231 人、工人 679 人。资产总额 210887 万元,其中固定资产净值 6223 万元。机械设备 760 台(套),动力装备率16.06千瓦/人,技术装备率 1.66 万元/人。设备完好率 85%,利用率 60%。

承揽工程任务 32.14 亿元,完成施工产值 28.52 亿元,实现净利润 111 万元。国有资本保值增值率 100.2%,净资产收益率 0.22%,产值利润率0.06%,投资回报率 0.34%,资产负债率 75.958%。在岗职工年人均收入 63604 元。完成主要实物工程量:公路 74.3 千米,路基土石方 459.3 万立方米,桥梁 12067 延长米,隧道 5912 延长米,架梁 1933 片。(张玉环)

【第二工程有限公司】 公路、建筑、市政工程施工总承包一级,铁路、水利水电工程施工总承包二级和桥梁、隧道、公路路基、公路路面、建筑幕墙工程专业承包一级资质以及公路工程试验综合检测乙级、水利工程质量试验检测乙级资质的国有建筑施工总承包企业。执行董事、总经理万雨晴,党委书记张仁群。公司驻河南省焦作市工业路518号。前身为中国人民解放军铁道兵五师二十二团,组建于1942年5月。1984年元月,奉国务院、中央军委命令,集体转业并入铁道部,定名为铁道部第十五工程局第二工程处。1999年12月与铁道部脱钩,归入中央企业工委,更名为中铁第十五工程局第二工程处,2001年7月31日改称现名。下辖39个工程项目部,14个专业架子队,焦作、西安、上海3个基地建设办公室,焦作、西安、郑州3个物业管理中心,1个设备管理中心,1个宾馆。职工2927人,其中,干部1261人、工人795人,内退871人。资产总额264353万元,其中固定资产原值40035.28万元、净值16848.22万元。主要机械设备715台(套),设备原值20868.22万元、净值10694.40万元,动力装备率32.07千瓦/人,技术装备率3.66万元/人,设备完好率91.3%,利用率65.6%。

承揽工程任务270298万元,完成企业总产值292180万元,其中施工产值285137万元,实现利润105.38万元,在岗职工年人均收入66406元。国有资本保值增值率99.54%,净资产收益率0.2%,产值利润率0.13%,投资回报率0.74%,资产负债率80%。完成主要实物工程量:路基土石方544万立方米,桥梁10848延长米,涵渠3328横延米,隧道8127延长米,房屋建筑面积5601平方米,梁片预制1388片,梁片架设1876片。 (周雪茜)

【第三工程有限公司】 建筑工程施工总承包二级,公路工程施工总承包二级,水利水电工程施工总承包二级,矿山工程施工总承包二级,市政公用工程施工总承包二级,桥梁工程专业承包二级,隧道工程专业承包二级,钢结构工程专业承包二级,公路路面工程专业承包二级,公路路基工程专业承包二级资质企业。执行董事、总经理贺修军,党委书记古尊勇。公司驻四川省成都市郫县犀浦镇珠江东街16号。2013年12月18日,中铁十五局集团西北工程有限公司、中铁十五局集团成都建设工程有限公司、原中铁十五局集团第三工程公司施工板块合并重组为新的中铁十五局集团第三工程有限公司,公司专业定位突出高铁无砟轨道、水利水电施工。下辖34个项目部、1个机械化工程公司。职工1479人,其中,技术干部853人、技术工人358人。资产总额19.28亿元;机械设备车辆及检测仪器618台(套),原值2.34亿元、净值0.94亿元,设备总功率61923.8千瓦,动力装备率39.8千瓦/人,技术装备率6.27万元/人,设备完好率68.74%,利用率77%。

完成施工产值14.87亿元,承揽工作任务35.39亿元,实现利润86.08万元。职工年人均收入38787元。国有资本保值增值率100.54%,净资产收益率2.2%,产值利润率0.06%,投资回报率2.23%,资产负债率95.18%。完成实物工程量:隧道6789.34延长米,路基土石方530.89万立方米,桥梁7918.79延长米,制梁1765孔,架梁1790孔,房屋建筑面积1265平方米,渠道开挖28.6万立方米,涵洞73座4241.09横延米,管网工程760延长米。 (张 昕)

【第四工程有限公司】 公路工程、市政公用工程施工总承包一级,铁路工程、房屋建筑工程施工总承包二级,土石方、桥梁工程、隧道工程、公路路基工程、水土隧洞工程专业承包一级资质企业。公司驻河南省郑州市二七区新圃东街117号。执行董事、总经理高明星,党委书记李章国。前身系中国人民解放军铁道兵第五师二十四团,1984年1月1日集体转业并入铁道部,改编为铁道部第十五工程局第四工程处,2001年7月企业改制改称现名,2007年1月28日,与科技工贸公司合并重组。下辖科贸分公司、钢结构架子公司、侯马办事处;直管项目29个。职工2250人,其中,专业技术干部897人、技术工人1088人。资产总额196357.75万元,其中固定资产净值10444.67万元。机械设备、车辆426台(套),技术装备率2.74万元/人,动力装备率28.04千瓦/人。新度系数34.33%,设备完好率89%,利用率80%。年施工能力40亿元以上。

承揽工程任务47亿元,完成企业总产值144613.87万元,其中施工产值142284.84万元。实现利润137.79万元。职工年人均收入44002元。国有资本保值增值率100.53%,净资产收益率0.38%,产值利润率0.1%,投资回报率5%,资产负债率81.58%。完成主要实物工程量:土石方131.44万立方米,隧道15018.7延长米,桥梁4428延长米,房屋建筑面积2139平方米。 (蔡艳艳)

【第五工程有限公司】 公路、市政公用工程总承包一级,铁路工程施工总承包二级资质企业。执行董事、总经理李俊,党委书记马斌。公司驻河南省洛阳市瀍河区买家街123号院。前身为中国人民解放军铁道兵第五师第二十五团,1984年1月,改编为铁道部第十五工程局第五工程处;2001年11月企业改制改称现名。下辖51个在建项目部、机械设备管理中心。职工3539人(含内退人员478人),实际在岗3061人,其中,干部

1486 人、工人 1575 人。资产总额 280944 万元,其中固定资产原值 53319 万元、净值 20745 万元。主要机械设备 514 台(套),动力装备率 14.97 千瓦/人,技术装备率 4.28 万元/人,设备完好率 90%,利用率 87%。

承揽工程任务 19.18 亿元,完成施工产值 43.59 亿元,实现利润 173.51 万元。国有资本保值增值率 100.13%,净资产收益率 0.18%,产值利润率 0.04%,资产负债率 79.81%。完成实物工程量:土石方 1086.78 万立方米,隧道 13589.8 延长米,桥梁16736.6延长米,房屋建筑面积 134397 平方米,公路 71.848 千米,其中高速公路 71.549 千米,路面 3996686 平方米。

(张军涛)

【第六工程有限公司】 拥有铁路工程施工总承包一级,市政公用工程施工总承包一级,建筑工程施工总承包二级、水利水电工程施工总承包二级,公路路基、路面工程和隧道、桥梁工程专业承包一级,铁路铺架工程专业承包二级;兼营新建铁路临管运输,房屋租赁;铁路货运客运场站服务;铁路机车检修,铁路机车租赁,铁路货运代理,机械租赁资质;拥有公路水运实验检测乙级实验室资质和银行"3A"信用等级称号。执行董事、总经理薛学勇,党委书记许献德。公司驻河南省洛阳市邙山路 4 号院。前身是中国人民解放军铁道兵南疆铁路新线运输管理处。1984 年 1 月奉国务院、中央军委命令集体兵改工整编为铁道部第十五工程局新线铁路运输处;2001 年 12 月改称现名。下辖 5 个铁路运输处、9 个架子队、50 个项目(指挥)部,2 个管理中心和 1 个中心实验室。职工 2545 人,其中,在岗专业技术人员 713 人,非在岗管理人员和专业技术人员 122 名,在岗生产人员 1511 名。资产总额 224165 万元,其中,固定资产净值 38441 万元,拥有机械设备、汽车、机车 354 台(套),技术装备率 13.68 万元/人,动力装备率116.84 千瓦/人,设备新度系数 47%,主要施工设备完好率 96%,利用率 76%。

承揽工程任务 211252 万元,完成施工产值 127483 万元,实现利润 105 万元,在岗职工年人均收入 48641 元。国有资本保值增值率 99.81%,净资产收益率 0.29%,产值利润率 0.26%,资产负债率83.54%,投资回报率 0.35%。完成主要实物工程量:桥梁 1153 延长米,架梁 1387 孔,涵洞 782 延横米,路基土石方 453.3 万立方米,正线铺轨 386.733 千米,站线铺轨 34.755 千米,铺道岔 225 组,道砟铺设 111.45 万立方米。

(孙雪坤)

【第七工程有限公司】 拥有公路工程总承包一级、房屋建筑工程总承包一级、市政公用工程总承包一级资质,铁路工程施工总承包二级资质和桥梁、隧道、公路路面、公路路基、水工隧洞专业承包一级资质。执行董事兼总经理马中卫,党委书记孙彬。公司驻河南省洛阳市洛常路 6 号院。2001 年 8 月 16 日,由原中铁第十五工程局实业总公司、中铁第十五工程局机械化工程公司、中铁第十五工程局建筑工程公司改制重组而成。下辖 14 个架子公司、1 个物资设备公司、30 个项目部。现有在册员工 2048 人,其中,干部 884 人、各系列专业技术人才 958 人、技能工人 1164 人。机械运输设备 909 台(套),动力装备率 26.34 千瓦/人,技术装备率 2.44 万元/人,设备成新率 22%,利用率 92%。

承揽工程任务 37.59 亿元,完成施工产值 330147 万元,实现利润 5.1 万元。国有资本保值增值率 99.82%,净资产收益率0.01%,产值利润率0.03%,资产负债率 69.77%,投资回报率 0.17%。完成实物工程量:路基土石方 518.6 万立方米,桥梁 56169 延长米,隧道 8269 延长米,房屋建筑面积 67 万平方米,涵洞 1417 横延米。

(常万陶)

【都匀桥梁工程有限公司】 从事钢筋混凝土桥梁、轨枕及其他混凝土制品和钢结构构件的生产与销售等。执行董事、总经理任化庆(6 月任),党委书记宋建坤(6 月任)。公司驻江苏省南京市浦口区泰山街道向阳路(浦口枕轨)。前身为铁二局都匀混凝土预制厂,2003 年 3 月改称贵州中铁路桥工程有限公司,2013 年 11 月改称现名。下辖 5 个直属单位、19 个派出机构。职工 812 人,其中,干部 312 人、工人 500 人。资产总额 126451.7 万元,其中固定资产净值 16645.6 万元。机械运输设备 195 台(套),动力装备率 30.88 千瓦/人,技术装备率 9.51 万元/人,设备完好率 92%,利用率 60%。

承揽工程任务 23.37 亿元,实现利润 111.7 万元,完成产值 8.06 亿元。职工年人均收入 52012 元。国有资本保值增值率 100.79%,净资产收益率 0.79%,产值利润率 0.22%,投资回报率 1.08%,资产负债率 88.49%。全年生产各型桥梁 1671.5 孔,节段梁 170 片,轨枕 47 万根,商品混凝土 54 万立方米。

(王展翅)

【城市轨道交通工程有限公司】 前身为中铁十五局集团城市交通工程公司(分公司)。执行董事、总经理刘中欣(12 月任),党委书记马振民(12 月任)。公司驻河南省洛阳市瀍河回族区四通路 2 号院。2014 年 6 月 10 日在国家级自由贸易区——珠海市横琴区完成注册,注册资金 2 亿元。下辖在建项目 10 个。职工 777 人(内退 45 人),其中,干部 450 人、工人 282 人。

主要施工设备642台(套),技术装备率67.08万元/人,动力装备率71.16千瓦/人,设备完好率90%,利用率70%。

完成施工产值12.01亿元,新签合同额12.02亿元。产值利润率-0.1.37%。 (尉麒麟)

【河南置业有限公司】 2010年3月注册,隶属集团公司二级法人公司,开发建筑面积25万平方米以下房地产开发项目。董事长武宪功,总经理兼党委副书记李文兵,党委书记李广军。公司驻河南省郑州市二七区航海路197号索克世纪大厦。下辖3个项目公司。正式职工111人。

实现销售2.7亿元,营业收入4.56亿元,完成利润3598万元。国有资本保值增值率138.19%,净资产收益率33.39%,产值利润率8.89%,投资回报率5.27%。 (刘 刚)

【四川建筑勘察设计有限公司】 具有从事建筑工程甲级、市政乙级、勘察乙级、测量乙级、工程咨询乙级、风景园林乙级、城市规划丙级等多项资质。党委书记、执行董事杨光(6月免),党委书记张独远,总经理杨澜。公司驻四川省宜宾市翠屏区岳武里14号,是宜宾市建筑勘察设计院改制完成后,由中铁十五局集团有限公司全资收购后成立的科技型二级子公司。在职职工92人,其中,干部82人、工人10人。

新签合同额2210万元,完成总产值1558万元。国有资本保值增值率100.21%,净资产收益率0.21%,产值利润率0.38%,投资回报率0.26%。

(刘 卓)

【济阳迎宾黄河大桥有限公司】 2006年1月19日成立。经营范围:大桥的建设、管理、经营及维护。董事长、党委书记、总经理刘家寅。职工86人。

2015年累计通行车辆1445万台次,实现产值43371万元,实现净利润253.27万元。国有资产保值增值率101.39%,净资产收益率1.39%,产值利润率6.71%,投资回报率1.92%。 (陈 鹏)

【电气化工程有限公司】 2013年12月18日在上海市松江区九亭镇注册。拥有铁路电气化、铁路电务、机电设备安装、送变电工程专业承包三级资质。执行董事、总经理温海军。现有职工57人,其中,干部54人、工人3人。资产总额8647.36万元,其中固定资产净值51.83万元。拥有仪器仪表11台(套)、汽车15辆,总功率1953千瓦,动力装备率48.82千瓦/人。

2015年,承揽任务总额5.39亿元,完成施工产值生6014万元,实现利润60.12万元。国有资产保值增值率100.89%,净资产收益率0.01%。 (杜 毅)

【重要记载】

▲1月 二公司、五公司、七公司被授予全国守合同重信用企业称号。

▲3月10日 集团公司“提信心、当良将、奋斗的青春最美丽”主题报告会在中国铁建大厦报告厅中国铁建举行。中国铁建党委书记、副董事长齐晓飞,团委书记沈玉泉,集团董事长、党委书记武宪功等参加会议。

▲5月27日 中国铁建总裁张宗言拜会广东省佛山市市长鲁毅。双方就中国铁建与佛山市创新合作方式、加大合作力度等问题进行深入会谈。集团公司总经理张喜胜参加会谈。

▲5月28日 中国铁建总裁张宗言一行在新疆乌鲁木齐拜会,中共中央政治局委员、新疆维吾尔自治区党委书记张春贤。集团公司总经理张喜胜陪同拜会并参加座谈。

▲5月29日 中央党校常务副校长何毅亭、中国铁建党委书记齐晓飞赴集团公司承建的中央党校房建项目检查工作。集团公司董事长、党委书记武宪功,总经理张喜胜等陪同检查。

▲7月 集团公司获公路工程施工总承包特级资质。

▲7月 一公司被评为全国工程建设质量管理小组活动优秀企业。

▲9月9日 中共中央政治局常委、全国政协主席、中央代表团团长俞正声率中央代表团出席拉林公路建成段开通仪式。集团公司副总经理陈文秀代表集团公司应邀参加通车仪式。

▲9月24日 集团公司董事长、党委书记武宪功陪同中国铁建董事长孟凤朝拜会云南省委副书记、省长陈豪。

▲10月30日 广深港高铁香港段826标盾构隧道提前胜利贯通。央视、央广、新华社、深圳电视台等媒体到场采访。集团公司董事长、党委书记武宪功出席表彰会为贡献突出的集体和个人颁奖,并对后续工程施工提出要求。

▲11月26日 都匀桥梁公司南京混凝土制品有限公司顺利通过国家质检中心Ⅲa型、Ⅲc型预应力混凝土枕审查。

▲12月15日 集团公司中标徐盐铁路站前工程总承包XYZQ-Ⅲ标项目,中标价23.92亿元,合同工期1247天。

▲12月18日 二公司施工总承包的南水北调丹

江口库区郧县汉江公路二桥、五公司承建的灵山高速公路抢风岭隧道工程获国家优质工程奖。 （郑凤华）

中铁十六局集团有限公司

【简况】 系铁路、房屋建筑工程施工总承包特级，公路、市政公用、水利水电工程施工总承包一级，公路路面、建筑装修装饰、隧道工程施工专业承包一级，城市轨道交通工程专业承包和地质灾害防治工程施工甲级资质企业；同时拥有对外承包工程、劳务合作经营资质。公司驻北京市朝阳区红松园北里2号。前身系中国人民解放军铁道兵第十一、十三师合编后的铁道兵第十一师，1984年1月集体转业并入铁道部，改编为铁道部第十六工程局；2000年1月更名为中铁第十六工程局，2002年5月10日企业改制改称现名。下辖14个子公司、9个分支机构。职工19831人，其中，管理与专业技术干部11828人、工人8003人。资产总额3225750万元，其中流动性资产2736152万元，长期投资23308万元，固定资产265188万元，其他资产201103万元。拥有机械动力设备3395台（套），原值472702万元、净值240264万元。

新签合同总额606.6亿元，完成企业总产值386.8亿元，实现利润8.12亿元，实现营业收入362亿元，经营性净现金流8.7亿元，比2014年的－15.9亿元增加24.6亿元。资产负债率87.75%，应上缴款完成率92%。完成主要实物工程量：土石方5895万立方米，隧道127433延长米，桥梁91678延长米，无砟轨道634千米，铺轨60千米，房屋建筑面积112.58万平方米，铺设通信线路586千米、供电线路294千米、架梁6742片。

集团公司在“强大企业、幸福员工”理念的引领下，保持企业的持续快速平稳发展，安全生产和工程质量屡创佳绩，苏州轨道交通4号线2标获评全国AAA级安全文明标准化工地1项，北京地铁16号线15标等12个项目获评省部安全文明工地，安徽阜阳九鼎华苑一期工程等5个项目获评中国铁建安全质量标准工地；参建的1600兴城机场工程获国家优质工程奖，燕翔饭店改扩建项目等8个项目获评省部级优质工程，六沾铁路增建二线W3标天生桥双线特大桥等4项工程获中国铁建杯奖，4个QC小组获评全国优秀质量管理小组，19个QC小组获评省部级优秀质量管理小组。科技创新平台建设进一步加强，修订《技术中心专家管理办法》《工程公司、直管项目部负责人科技创新考核实施细则》，对集团公司技术中心信息管理系统进行升级改造，新增专家库、技术文件、知识产权管理模块；投入10.55亿元科研经费，围绕6项省部级、22项股份公司级、131项公司本级科研项目开展技术攻关，取得显著的成绩：20项科技成果通过鉴定和评审，其中9项成果达到国际先进及以上水平；“北京地铁10号线穿越重大风险工程关键控制技术及其工程应用示范”等6项成果获省部级科技进步奖，“高速铁路双线特长隧道富水复杂地质与环境综合施工技术”等6项成果获中施协、中建协、岩石力学学会科技进步奖，“关角隧道修建关键技术”等8项成果获股份公司科技进步奖；开发国家级工法1项、省部级工法26项、股份公司级工法12项；获授权专利55项，其中发明专利16项；获股份公司优秀论文8篇，在省部级核心技术期刊发表论文210篇；集团公司国家级企业技术中心顺利通过评价考核，三公司技术分中心通过浙江省企业技术中心认定；公司本级高新技术企业重新申报再次通过认定，铁运公司取得高新技术企业资质证书，二公司和地铁公司也已通过公示，企业享受高新技术企业优惠政策。 （刘承宝）

【领导人员】

董事会

董事长	孔令键
副董事长	周　富
董事	江拔其
	程红彬
职工董事	王宜柱

经理层

总经理	孔令键
副总经理	江拔其（11月免）
	程红彬
	马　栋
	杨哲峰
	黄昌富
	卢永堂
	向大强（1月任）
	罗生宏（1月任）
	董　梁（1月任）
	刘正昶（1月任）
总工程师	马　栋
总会计师	刘正昶（1月任）

党群领导

党委书记	周　富
党委副书记	孔令键
	缪江梅
	勾文青

纪委书记	缪江梅(1月任)
工会主席	王宜柱(1月任)
顾问	刘安全(8月免)
	吴秀义(12月免)
副巡视员	薛瑞林
	江拔其(11月任)

(刘承宝)

【工程项目指挥机构】 沪昆铁路客运专线湖南段项目部　项目经理兼党工委书记李志荣,常务副经理丁善晔。驻湖南省娄底市娄星区贤童街92号星源酒店3楼。

兰新铁路第二双线项目部　项目经理兼党工委书记程红彬,常务副经理张传安。驻新疆维吾尔自治区吐鲁番市老城路1069号地委党校至真楼。

贵广铁路工程指挥部　指挥长兼党工委书记张国辉。驻广东省广宁县南街镇东乡银湖山庄。

兰渝铁路LYS-2标段项目部　项目经理兼党工委书记薛瑞林,常务副经理李庚许。驻甘肃省陇西县巩昌镇永业大酒店。

成渝铁路客运专线项目部　项目经理卢永堂,党工委书记兼常务副经理吴红波。驻四川省资阳市大千路鑫阳商务酒店。

哈齐铁路客运专线项目部　项目经理马栋,党工委书记兼常务副经理任灿伟。驻黑龙江省大庆市开发区公安分局后侧。

赣龙铁路指挥部　指挥长降金琦,党工委书记黎时明。驻福建省连城县朋口镇工业集中区(官厅背)。

武冈城际铁路项目部　项目经理兼党工委书记方水保。驻湖北省鄂州市华容区丁桥街3号。

青藏铁路西格二线工程指挥部　指挥长兼党工委书记孙胜臣。驻青海省天峻县新源镇。

山西中南部铁路通道ZNTJ-18标项目部　项目经理樊志高,党工委书记朱发。驻山东省泰安市高新区长城路世纪温泉大酒店。

钦防铁路工程指挥部　指挥长王红伟,党工委书记卜锡权。驻广西壮族自治区防城港市港口区鱼峰路鱼峰大厦12楼。

成贵铁路项目部　项目经理卢永堂,常务副经理王景斌,常务副书记罗拥军。驻四川省兴文县太平镇工业园区九天物流园。

呼市西北线快速路工程指挥部　指挥长邱军,党工委书记郭亚杰。驻内蒙古自治区呼和浩特市回民区金海国际五金机电城1号楼9层。

南龙铁路工程指挥部　指挥长王义水。驻福建三明市三元区长安路23号。

蒙华铁路项目部　项目经理胡振潮,党工委书记李国英。驻河南省三门峡市灵宝市尹富市场东火车站道南100米。

昌赣客专CGZQ-8标项目经理部　项目经理赵永,党工委书记郝孟广。驻江西省泰和县澄江镇新池村(原319国道上田收费站)。　(刘承宝)

【职工队伍】 职工19831人。管理与专业技术干部11828人。其中,女性2650人,占22.4%;少数民族561人,占4.74%。研究生282人、大学本科7114人、大专3699人、中专436人、高中及以下297人,分别占2.38%、60.14%、31.27%、3.68%、2.51%。35岁以下8510人、36~40岁1114人、41~45岁681人、46~50岁421人、51~54岁528人、55岁以上574人,分别占71.94%、9.41%、5.75%、3.55%、4.46%、4.82%。有技术职务的10452人,占干部总数的88.36%,其中,高级职务1309人、中级职务3207人、初级职务5936人。工程技术9236人、经济587人、会计1150人、卫生技术107人、统计25人、政工系列716人、其他7人。工人8003人。获国家职业资格证书的技术工人5869人,其中,高级技师127人、技师789人、高级工3668人、中级工803人、初级工498人,持证人数占技术工人总数的73.33%。　(杨俊祥　张希超)

【机械设备及管理人员】 拥有机械动力设备3395台(套),原值472702万元、净值240264万元。新购机械设备319台,原值87212万元;报废机械设备112台,原值4831万元;设备大修74台,支出大修费1434万元。拥有大型施工机械设备288台(套),其中,铁路电力机车27台、内燃机车39台,盾构机42台,架桥机12台、运梁车9台、轮轨式提梁机13台、120以上混凝土拌和站127套,设备成新率51%。

现有设备专业人员4162人。管理人员1356人,其中,高级工程师165人、工程师281人、助理工程师370人、技术员330人、其他管理人员213人;设备操作技工1812人。举办专业培训22期,培训人员671人。

(李彦辉)

【工程施工】 施工产值完成情况。完成企业总产值386.8亿元,占集团公司年度计划400亿元的96.7%,占股份公司确保年度计划370亿元的104.5%。

兰渝铁路LYS-2标　合同投资432745.98万元。合同工期2009年2月18日—2016年12月31日,标段位于甘肃省渭源、漳县,全长69.96千米(含中铁十局15.902千米)。主要工程量:路基土石方158.85万立方米、站场土石方276.09万立方米,桥梁16座10.3千米,隧道13座49.326千米,车站2座37637.51平方米,无砟轨道48.92千米。截至2015年底,路基土石方、桥梁、隧道、无砟轨道、车站工程基本完成。

南龙铁路NLZQ-4标　合同投资200979万元。合同工期2013年12月30日—2017年11月30日,标段位于福建三明、永安,全长36.75千米。主要工程量:区间路基土石方22.7万立方米、站场土石方184.09万立方米;桥梁10座3.07千米;隧道15座31.16千米。截至2015年底,实际完成投资9.81亿元,占计划7.69亿元127.6%,开工累计完成投资16.51亿元,占合同投资的82.1%。

成贵铁路CGZQSG-8标　合同投资238058.67万元。合同工期53个月,标段位于四川省兴文县,全长34.367千米。主要工程量:桥梁19座10.966千米,隧道11.5座19.889千米,正线路基长3.512千米,涵洞11座405.83横延米,车站1座(兴文石海车站),制(存)梁场1处(兴文太平桥制梁场)。截至2015年底,完成投资132000万元。

黔张常铁路QZCZQ-8标　合同投资194255万元。合同工期2015年3月15日—2020年11月30日。标段位于湖南省张家界市,全长27.613千米。主要工程量:路基3033米,桥梁9座9627.47延长米,涵洞11座547.41横延米,隧道6.5座14952.04延长米,车站1座。截至2015年底,完成投资37830万元。

蒙华铁路MHSS-4标　合同投资158666.97万元。合同工期2015年5月10日—2020年2月1日。全长25.488千米。主要工程量:城烟隧道左线长2667.4延长米,右线长463.9延长米;城烟隧道左线长22751延长米、右线长22771延长米。

昌赣客运专线CZGQ-8标　合同投资211979.71万元。合同工期2015年10月30日—2019年12月31日。标段位于江西吉安。主要工程量:路基14.355千米,桥梁14座18.481千米,涵洞45座1028.16横延米,预制、架设箱梁566孔。截至2015年底,开工累计完成投资12506万元。

丽香铁路LXZQ-4标　合同投资115247万元。合同工期2014年12月20日—2020年1月20日,标段位于云南省香格里拉县,全长17.986千米。主要工程量:站场土石方17万立方米,桥梁3座327延长米;隧道3座17659延长米。

珠海市区至珠海机场城际轨道交通工程拱北至横琴段　合同投资113391万元。截至2015年底,开工累计完成投资43466万元。

沪昆客运专线云南段TJ3标　合同工期2010年10月1日—2016年6月30日,标段位于云南省昆明市,全长16.03千米。主要工程量:区间路基土石方195万立方米,站场土石方75万立方米,桥梁17座8.70千米,箱梁317片,隧道1座0.395千米。截至2015年底,路基工程全部完成,桥梁线下工程全部完成。

格库铁路新疆S1标　合同投资116101万元。合同工期2014年12月25日—2016年12月24日,标段位于新疆维吾尔自治区巴音郭楞蒙古自治州,全长140.64千米,主要工程量:区间路基土石方992.6万立方米、站场土石方187.6万立方米;特大桥1座772.75延长米、大桥5座1086.41延长米、中桥28座1827.58延长米、小桥35座492.23延长米;涵洞587座15.58千米。

(田　宇)

【经营管理】　坚持“质量规模第一”原则,实施总部经营整合高端资源、条块结合区域经营战略,坚持“高层运作、深度开发、信誉优良”三位一体,在经济下行压力加大、基建市场形势复杂的情况下,质量规模首次冲上600亿元大关。进一步明确区域指、子公司的发展定位和主体责任,落实“经营项目就是经营城市、经营市场”理念,坚持以干促揽、滚动发展,打造支柱市场、优势市场;响应国家发展战略和市场机制要求,撤并商务总部、华北、北京、地铁和地下工程指挥部,成立京津冀一体化指挥部,优化、完善区域经营格局,提升市场开发能力。坚持“优选区域、优选市场、优选业主、优选项目”的原则,杜绝未干先赔和高风险项目,订单平均预期收益率达到8.36%,工程承包板块预期收益都在5个点以上,其中8个点以上项目占59%,10个点以上项目占31%。海外经营取得突破,顺利签订澳门应来科创广场4.5亿元订单,跟踪8个重点项目,友发并购和海外布点、注册、人才培养等工作顺利推进。

(1)主要技术指标完成。新签合同总额606.6亿元,完成企业总产值386.8亿元,实现利润总额8.12亿元。完成营业收入362亿元,同比增长2.3%。经营性净现金流8.7亿元,比上年的-15.9亿元增加24.6亿元。2015年底资产负债率87.75%,比年初下降2.49个百分点。

(2)经营成果步入佳境。一是项目收益提升。集团公司始终做到有所为,有所不为,承揽的工程预期收益率均在规定的最低标准以上,其中有19个项目预期收益率较高。二是经营结构不断优化。积极创造优质大项目,全力打造“三大核心战略支柱”。承揽的项目5亿元以上35个,投资395.5亿元,占承揽总额的65.2%,比2014年多9个项目,投资多153.6亿元,占比提升18%。三是底线意识得到加强。在开展经营活动时主动放弃利润低和测算亏损的项目,确保良好的新签合同收益率和产值贡献率。地铁公司认真测算项目预期收益率,坚持宁缺勿滥,先后放弃山西小浪底引黄工程、沈阳地铁9号线和10号线等几个潜亏项目。四是属地经营效果好。子公司充分发挥“天时地利人和”的优势,积极开拓属地市场,取得较好成绩,二公司在天津地区承揽8个项目,三公司在浙江承揽13.5亿元,五公司在河北承揽达17.6亿元。

(3)在建项目进展顺利。兰渝铁路马家坡隧道于2015年8月12日率先贯通,业主在标段召开无砟轨道现场会会,编写的《兰渝铁路LYS-2标段工程完工自验标准化管理手册》在全线推广;京沈客专辽宁段线下工程基本完成,运架梁稳步推进,按业主要求工期提前4个月;渝黔铁路土建3标线下工程主体工程全部完成,为铺架工程奠定基础;成贵铁路兴文县城拆迁取得重大突破,受影响的“两桥一隧”积极组织施工,运架一体机提前8天完成首架方向架梁任务;永宁黄河公路大桥2个主塔合拢,主梁0、1号段完成;贵阳铁路枢纽摆龙村一号隧道于6月初实现贯通,为西南环全线第一座贯通的隧道。杭州紫之隧道于9月20日打到分界线,并支援对方标段200多米,受到业主称赞;兰州地铁12月31日“金城5号”盾构机成功抵达黄河南岸,为泥水盾构在地质复杂条件下施工积累了宝贵经验。

(4)经济质量实现质变。实现利润总额8.12亿元。资产负债率降低2.49个百分点。资金集中度和资金上存度分别达到89%和60%,在股份公司工程板块排名第一,被评为股份公司资金管理先进单位,资金集中管理创效达6120万元;经营性净现金流实现由负转正,企业利润增长快于营业收入增长22.7个百分点。持续打响“扭亏防亏、清欠防欠、效益支柱”三大战役。加强预控,明确项目责任,完善以理顺经济关系、明确经济责任的经济评估和分割交底制度,确保项目赢在起点。坚持“项目达不到预期收益的60%就是责任亏损”项目创效标准,把在建项目和新中标项目全部打造成效益支柱项目。通过推行“三集中两统一”和发挥物贸公司平抑物价功能,物管创利2.5%。全面筹划迎接“营改增”税制改革,努力强化财务价值创造功能,提高税务筹划和财务创效水平,创造直接和间接经济效益1.47亿元。深化和有关财团、金融机构合作,进一步拓宽融资渠道,提高融资能力,为企业生产经营和资本经营提供有力资金保障。财务共享中心全面建成,资金管控水平大大提高,在股份公司系统内第一家真正实现零现金管理。坚持过程联合审计制度,将零违法、零违规、零差错作为内审的标准,确保外审信誉、效益零损失。企业经济运行总体平稳,财务经济状况向好的方面转化。

(5)职工队伍建设进一步加强。集团公司领导班子成员全部配齐。集团公司坚持专家管企业、精英搞经营、专业的人干专业的事、把合适的人放在合适的岗位上,坚持打造公平公正阳光的机制和环境,对区域指挥部、直管项目要素岗位人员实行实职、弹性区间管理,明晰上升通道,明确岗位待遇;对有关子公司、区域指挥部、直管项目部领导班子进行优化和充实,一批靠得住、有作为、有潜力的干部进入重要岗位和广阔平台,大大增强企业管理的中坚力量。落实项目经理职业化要求,强化职业项目经理的评聘、培养、考核和调配任用,加快关键人才职业化、专业化建设步伐。本着满足发展急需和储备人才的原则,以专业、数量和质量协调统一为导向,接收毕业生966人。全集团有820人通过高级、中级职称评审。集团公司与华东交通大学、内蒙古民族大学、长沙理工大学建立产、学、研一体化战略合作关系,华东交通大学为集团公司量身订做、定向培养、送学上门,进一步拓宽企业高级人才的培养通道。集团公司涌现方水保、吴煊鹏、樊志高、孙胜臣、赵永、李志荣、安德柱等为代表的一批“大红大专”的项目和技术管理旗帜,涌现“四个十杰”“央企脊梁·员工榜样”等为代表的一大批“又红又专”的楷模。集团在做强做优主业的同时,努力发展其他创效板块,调整产业结构、产品结构、资产结构,向产业链上下游延伸,打造更多效益支柱,促进转变经济增长方式、提高经济增长质量。工程承包板块,铁路订单占21.4%,公路、市政、房建、城市轨道交通占比分别为16.95%、9.68%、24.75%和15.9%,各板块基本实现平衡发展。资本运营项目运作良好,实施的27个项目,投资控制、资金保证、施工进度、风险把控、实现回购情况均为良好,并成为企业重要的创效板块。铁路运营板块保持稳健发展势头。本着既积极又慎重的态度抢占首轮PPP项目制高点,成功运作宁夏城际铁路项目,其他项目也已进入洽谈、实施阶段。大型总承包项目、矿山项目、一体化项目积极运作。大直径盾构制造和施工领域实现新的突破,联合铁建重工研发、制造、下线首台具有中国完全自主知识产权的铁路大直径盾构,中标郑州机场至郑州南站12.8米大直径盾构工程(与铁建重工签署联合研发制造合同),兰州地铁首次成功穿越黄河、创国内第一。 (刘承宝)

【党群工作】 抓住“全面”“从严”这两个关键,扎实推进专项治理自查自纠、“三严三实”专题教育、巡视工作、班子建设、党组织建设和党员干部队伍管理,以及“党组织书记述职考评”、党委工作综合检查考核等重点工作,不断推动管党治党压力传导和责任落实。各级党组织严格落实“八项规定”,旗帜鲜明反“四风”,通过发现和立行立改巡视中的突出问题,促进广大党员干部保持先进性和纯洁性。各级党组织主要负责同志积极担当、主动作为,围绕维护党员形象、争做廉洁自律表率,学习党章、学习《廉洁自律准则》《纪律处分条例》,不断强化党员教育、挺牢纪律规矩。根据新形势、新要求,重新修订《机关员工、所属单位负责人履职待遇、业务支出管理办法》《差旅费管理办法》,严格规范领导人员履职待遇。通过开展"夺高产、创佳绩,喜迎公司党代会"活动,加大指导力度、规范会议流程,确保各子公司党代会的圆满召开。各级纪检监察组织以"铁的制度""刚的纪律",高质量、高效率地监督、执纪、问责。坚持源头防腐,加大节点警示,不断筑牢思想堤坝;持续加大亏损项目、"三项招标"、法人管项目的监控,不断深化效能监察力度;严肃追责问责,铁腕查办案件,不断彰显违纪必究、有案必查的鲜明态度和坚定决心。坚持思想引领、文化铸魂,凝聚发展共识,展示品牌形象。始终把独特企业文化作为核心竞争力来培育。组织开展"学法规、守纪律、创新业"以及"道德讲堂"等主题教育活动。精心策划、成功举办"央企脊梁·员工榜样"颁奖晚会,"家国情、强企梦"国庆文艺晚会,"强企梦、我的梦"视频短片大赛。打好新闻报道组合拳,央视《朝闻天下》同一天连续播报2条集团新闻,股份公司以"一不小心,作了《朝闻天下》头条君"在微信群进行重点推介。开通集团公司微信、微博和微电影,《赵总监正传》获北京国资委微电影大赛二等奖、最佳男配角奖项;《青城与铁建之恋》获"全国最美之声"企业歌曲银奖;《最美铁嫂》宣传视频成功入围"国企楷模·北京榜样"候选人,获中国铁建"十佳道德模范"称号。精神文明建设成果丰硕,路桥公司获"全国文明单位"称号,有5家单位获"首都精神文明创建先进单位"称号。

(1)纪检监察。全集团紧紧围绕企业中心工作,全面落实党风廉政建设责任制,严格监督、严肃执纪、严厉问责,推进企业重大决策部署和各项制度落实,党风廉政建设取得明显成效。全集团以党风廉政建设责任制为龙头,夯实"两个责任"。督导13个子公司党委中心组,开展落实"主体责任"专题学习,领学中央关于国有企业反腐败精神,讲学依法经营的内涵实质,要求班子成员以法治思维引领企业闯市场、创效益,切实履行"一岗双责"职责,做到"不甩手""不松手""敢出手"。集团公司下发"两个责任"实施意见、责任制考核办法、责任追究办法、巡视工作实施细则以及纪委对干部选拔考核的监督办法5项制度规定。集团两级签订党风廉政建设责任书550份,参与405名拟提拔干部的考核监督,否决9名尚在处分期、有责任事故、责任亏损等"硬伤"干部的提拔,21名群众意见大、有问题待核实及个人事项申报不实的干部被暂缓提拔,对456名新提拔人员进行任前廉洁谈话并签订"承诺书"。召开集团公司落实"两个责任"专题推进会,研究部署专项治理自查自纠,查找违规和"四风"问题462个,417个问题结合巡视得到纠正。组织子公司落实"两个责任"监督考核,约谈7个单位的党政主管领导、纪委书记27人次,指出问题46个,提出整改意见31条,倒逼主体责任、监督责任落实。构建反腐败惩防体系大格局,促进预防腐败工作的深化。以"学规定、守纪律、讲规矩"为主题开展第15个反腐倡廉宣传教育月活动,邀请最高检等14个检察机关,举办廉政课堂及风险防控讲座35场次,视频同步直播,播放13部宣教片,接受教育人数过万人;以"三严三实"专题教育及工程项目效能监察为载体,两级纪委书记讲案例、送党课66场次,受众近3000人;以企业内部刑事案件和重大案件为依托,深刻剖析30件典型案例并予以通报,警示教育党员干部恪守职业纪律和规范;以《廉洁自律准则》《纪律处分条例》出台为契机,开展学习辅导,两级中心组带头学、机关干部重点学、工程项目广泛学,唤醒各级党章党规党纪意识;以重大节日为关键时点,逢节必重申过节纪律,持续坚守、强化提醒,严防"节日腐败"。开展集团公司专项巡视。借助股份公司巡视下沉,成立2个工作组,对所属12个子公司本级开展"三重一大"决策制度执行情况专项巡视,直指集体决策和违纪违规问题,分析整理出76大项161个问题,抽丝剥茧提出整改建议96条。回应干部职工关切,认真反思纠错纠偏。配合股份公司完成巡视,顺利完成本级和22个单位的下沉巡视,得到股份公司巡视组高度评价。对巡视撤场首次移交的"四风"问题,迅速组织整改。退缴违规资金651万元,退还违规乘坐交通工具资金41.4万元,纠正违规使用车辆8台,停止5项制度规定的执行。对巡视组现场移交的问题线索速查速结,赢得主动,化解风险。集团公司的整改受到股份公司党委、纪委的一致认可好评。

全集团各级纪检监察组织,以治病救人为出发点,执纪监督聚焦纪律,处置问题线索116件,立结案71件、处分112人,同比分别增长62%和76%,为历年新高。其中,党纪处分20人(党内警告9人、严重警告6人、留党察看1人,开除党籍4人),政纪处分105人(警告44人、记过32人、记大过18人、降级2人、撤职3人、留用察看1人、解除劳动合同5人),党政纪双重处分13人,对52人实施经济处罚19.5万元。两级纪委成功化解外部风险17起,52人,其中涉及领导干部26人,最大限度地维护企业利益,保护敢于担当的企业干部。各工程公司纪委开展"材料集中采购""外租设备使用管理""合同管理""劳务队验工计价""亏损项目问责追究""私发乱发奖金"6个专题的效能监察。

11 个公司派出检查组 20 个，监察工程项目 177 个，提出监察建议 455 条，处理违规及追究责任人员 22 人，规范项目管理、协助建章立制 12 项，清退不合格劳务队 5 个，避免损失超过 1500 万元。纠正违规行为 67 项，挽回经济损失 326 万元。参与“三项招标”290 频次，节约金额超 3 亿元，调查处理 8 起集中采购出现的供应商反映的问题及举报。

（2）工会工作。用“维护核心，服务中心，凝聚人心”的工作理念引领工会工作，以促进企业发展为目的，以构建和谐劳动关系为主线，以建设职工之家活动为载体，以增强基层工会活力为重点，强化服务意识，提高维权能力，发挥特色优势，推动共建共享。按照“四个同步”的要求，坚持建管并举，一手抓工会组建，一手抓作用发挥。机关物业管理中心工会、财务共享中心工委、物贸公司工会先继成立，集团、公司、项目三级工会组织网络形成，工会组织实现全覆盖。按照“巩固、发展、提高”的要求，以职工满意不满意、工会作用发挥充分不充分为标尺，努力把基层工会建设成为职工群众信赖的“职工之家”。3 家单位被评为“中国铁建模范职工之家”，2 家单位被评为“中国铁建模范职工小家”，轨道公司广西指挥部被评为北京市“模范职工小家”，电务公司呼和浩特项目部被铁总评为“模范职工小家”。以开展“家国情、强企梦”主题教育活动为契机，打造职工素质工程。精心设计特色鲜明的五大活动载体，一步步把主题教育活动推向深入。5 月，举行“家国情、强企梦”主题教育赠书仪式；6 月、7 月、8 月，开展“家国情、强企梦”家规家训家书征文活动，并将获奖征文编辑成书，取名为《锦书阁》；9 月 29 日，举行“家国情、强企梦”主题演讲比赛；9 月 29 日，“家国情、强企梦”迎国庆文艺晚会在机关文化宫举行。10 月 19 日—11 月 5 日，第七届“职工美术书法摄影展览”在机关文化宫展出。通过加强对职工书屋的建设，不断购置新书充实书屋内容，推荐职工必读的书目，尝试建立电子书屋，为职工发放书籍，开办“流动书屋”，创立“知识专栏”，打造“书香企业”，使全员阅读成为一种潮流。在成贵铁路施工现场拉开“五比一创”劳动竞赛的大幕。工资集体协商有新进展。将维权工作作为启动职工幸福工程的关键，全面推行领导责任、分级履行、双重考核和奖罚等一整套有效履行集体合同机制。组织开展集团公司、公司工资集体协商，普遍签订“2015 年工资专项协议”“集体合同”，职工工资均保持 9% ~12% 的正常增长。集团公司工资集体协商的做法，成为北京总工会系统的集体协商范本，受到上级的好评。全面推行双重责任考核和奖罚制度，对各公司和局管项目部履行集体合同情况开展全面评比，8 个子公司被评为“创建和谐劳动关系模范企业”，6 个子公司和 10 个直管项目部被评为“履行集体合同先进单位”。集团公司连续 6 年获评北京市“创建和谐劳动关系先进企业”，获股份公司“模范劳动关系和谐企业”。送温暖继续保持较高水平。各级工会和女职工组织广泛开展“创新解难题、岗位作贡献”“大干劳动竞赛”“根在基层、青春担当”主题活动，积极为施工生产助威助力。铁运公司、轨道公司、地铁公司分别被评为全国和北京市“‘安康杯’竞赛优胜单位”“优秀组织单位”。获评铁路“模范职工小家”1 个，股份公司级“模范职工之家”3 个、“模范职工小家”2 个。各子公司都 100% 签订“工资专项协议”“集体合同”，全集团职工工资实现 9.8% 的增长。14 个子公司职工息工待岗率均控制在 3% 以内，其中 6 个子公司全部上岗。员工社会保险参保率 100%，缴费率 100%，2015 年上缴社保费 5.45 亿元，筹集送温暖和“三不让”基金 1020 万元。金秋助学 367 人，开支助学金 157.7 万元；慰问救助困难职工 2232 人，开支送温暖金 827 万元。持续推进职工住房建设，皮村二期和路桥公司棚改项目被列入北京市 15 个棚改项目；机关南院改造获国管局和北京市规委批准，并实现容积率和户型面积两大突破；一公司白各庄项目开工建设；青年路、铁运公司资兴基地等项目得到有序推进。

（3）共青团工作。集团公司团委带领所属各级团组织全面深入贯彻落实“四忠诚、五敬畏”行为准则，进一步凝聚团员青年，增强基层组织活力，提升服务青年、服务大局的能力。集团公司团委下辖二级团委 13 个、团工委 10 个，基层项目团组织 192 个。35 岁以下青年 8167 人，其中共青团员 4625 人。有专职团干部 8 人，兼职团干部 412 人。7 月，党中央召开第一次群团工作会议，集团公司党委、集团公司领导，要求各级团组织把学习贯彻党的群团工作会议精神作为当前和今后一个时期的首要政治任务。组织所属各单位团组织开展“团干部如何健康成长”大讨论征文活动，收到各级团组织报送文章 125 篇，8 名团干部参加股份公司举办“团干部如何健康成长”主题培训班。6—8 月，共有 18 名基层团干部参加团市委举办 2015 年北京市国有企业二级单位团干部轮训班。积极探索借助党建工作格局建团，要求新上场项目在项目党工委成立时，同步成立团组织，并明确组织负责人；团干部因工作等原因职务变动情况，及时进行调整。完成子公司及局指项目团组织变更 5 次；现场指导 10 个工程公司团委顺利进行换届选举工作，产生新一届工程公司团委班子，指导 2 个子公司和财务共享中心成立团组织；并按计划筹备召开集团公司第五次团代会。将开展“改革创新、青年先行”“团干部如何健康成长”主题教育实践活动作为团委重点工作，高度重视，精心组织，紧紧围绕主题教育实践活动开展丰富多彩的团青品牌活动。结合集团公司“大干120天”劳动竞赛活动部署，集团公司团委及所属各单位团组织通过开展青年突击队授旗、青年安全生产示范岗挂牌活动。结合集团公司人才兴企战略，团委开展以“服务企业发展、培养青年成才”为宗旨的导师带徒活动，完成800余对师徒的“导师带徒”结对仪式。为贯彻落实习近平总书记重要指示精神，积极响应团中央号召，团委开展“青年网络文明志愿者行动”，通过“五个一”活动助推青年网络文明志愿服务行动。组织开展“温暖衣冬”捐赠活动。“团组织就在我身边”关爱活动，在股份公司团委划拨5千元关爱金基础上，集团公司团委从“共青团关爱金”和团费中筹措5万元，77名生活上相对困难的团员青年给予每人600~1000元的资助。8月24—28日，由中央国家机关团工委主办、中铁十六局集团团工委配合组织的“根在基层、青春担当，走进中国铁建”调研实践活动在成兰、成贵铁路项目指挥部展开为期6天的实地调研活动。轨道公司云贵琼指挥部获中央企业团工委表彰，集团公司团委姚远书记获中央企业团工委优秀共青团干部，三公司刘鹏龙获北京市“优秀共青团员”称号。9个单位(集体、组织)和12名个人受到股份公司团委表彰。集团公司对96个单位(集体、组织)和208名个人进行表彰。

(曹　春　周夷琴　陈晓林　苏　燕)

【第一工程有限公司】 公路工程、市政公用工程施工总承包一级，房屋建筑工程、铁路工程施工总承包、建筑工程施工总承包、水利水电工程施工总承包二级，土石方工程、桥梁工程、隧道工程、公路路基工程、水工隧洞工程专业承包一级资质企业。公司驻北京市顺义区南法信镇顺畅大道1号B-013室。执行董事、总经理王红伟，党委书记高栋。下辖混凝土专业分公司、房建专业分公司，制运架梁专业分公司、物业管理中心、福州铁道大厦有限公司、福州瑞邦物业有限公司。职工1815人，其中，干部1157人、工人658人。技术干部1135人，占干部总数的98%；获国家职业资格证书的技术工人349人，占工人总数的53%。资产总额434686.25万元，其中固定资产净值23721.26万元，流动资产409625.65万元，其他资产1339.34万元。机械运输设备351台(套)，原值48728.58万元、净值10898.39万元，总功率52874千瓦，动力装备率25.42千瓦/人，技术装备率5.24万元/人，设备完好率97.44%，利用率88.6%，机械化施工程度98%。

2015年，承揽工程任务43.89亿元，完成企业总产值47.01亿元，实现利润1267.14万元。国有资本保值增值率103.15%，净资产收益率2.35%，产值利润率0.32%，资产负债率86.17%，应上缴款完成率100%。完成主要实物工程：土石方726.87万立方米，桥梁13850.8延长米，隧道16320延长米，房屋建筑面积460062平方米。

(李红叶)

【第二工程有限公司】 市政公用工程施工总承包一级、公路工程施工总承包一级、铁路工程施工总承包一级、土石方工程专业承包一级、桥梁工程专业承包一级、隧道工程专业承包一级、公路路基工程专业承包一级资质企业。企业注册资本金3.008亿元。公司驻天津市河东区万新村三区。执行董事、党委书记郭瑞(1月免)，刘生龙(1月任)、总经理缪为刚(1月任)。职工2741人，其中，干部1553人、技术干部1016人，工人1016人，技术工人1023人。资产总额347146.53万元，其中固定资产净值23769.13万元，流动资产320448.73万元，其他资产3.8万元。机械运输设备394台(套)，原值13455.79万元、净值2650.01万元，总功率53806.3千瓦，动力装备率18.55千瓦/人，技术装备率4.76万元/人，设备完好率95%、利用率85%，机械化施工程度98%。

2015年，完成施工产值44.58亿元。主要实物工程量完成情况：土石方644万立方米，桥梁19722延长米，隧道17980延长米，涵洞1934横延米，房屋建筑面积137839平方米。

(季　颖)

【第三工程有限公司】 具有公路工程施工总承包一级，市政公用工程施工总承包一级，房屋建筑工程施工总承包二级，铁路工程施工总承包二级资质，桥梁、隧道、机场场道、土石方、公路路基工程专业承包一级资质。同时，具备公路水运工程试验检测综合乙级资质及爆破作业许可四级资质。公司驻浙江省湖州市湖东路288号。执行董事、总经理王勤荣，党委书记沈志芳。下设9个建筑安装工程分公司和1个物业分公司。职工2023人，其中，专业技术干部1005人、工人780人。

2015年，完成施工产值47.09亿元，承揽工程任务35.03亿元。

(邱丽琴)

【第四工程有限公司】 具有公路工程、市政公用工程施工总承包一级，铁路工程施工总承包二级，桥梁、隧道、建筑装饰装修、公路路基和钢结构工程专业承包一级资质。职工2301人，其中，干部1545人、工人756人。

2015年，新签合同额41.69亿元，完成施工产值516518万元。

(蔡友兰)

【第五工程有限公司】 具有铁路工程施工总承包一

级，公路工程施工总承包一级，市政公用工程施工总承包一级，水利水电工程总承包一级，房屋建筑工程施工总承包二级，桥梁、隧道、公路路基铁路铺轨架梁工程专业承包一级资质。公司驻河北省唐山市丰润区光华道2号。公司执行董事、党委书记朱卫东，总经理杨晋文。公司下辖电务工程公司、物业管理中心、医院，桥梁一至五队、路基土石方一至四队、提运架一至二队，隧道一至八队，桩基队，无砟轨道队。职工3020人，其中，干部2381人、工人639人。资产总额341128万元，其中固定资产原值57794万元、净值23201万元，流动资产317685万元，其他资产242万元。设备327台(套)，利用率89%，设备总功率52444千瓦，动力装备率17.17千瓦/人，技术装备率3.76万元/人，综合机械化施工水平90%。

2015年，承揽工程任务36.28亿元，完成企业总产值42.28亿元，实现利润2752万元，人均创利1.01万元，职工年人均收入62040元。国有资本增值保值率104.77%，净资产收益率4.84%，产值利润率0.69%，资产负债率87.73%，应上缴款完成率100.59%。完成主要实物工作量：土石方776万立方米，桥梁18193延长米，涵洞3560横延米，隧道19948延长米，铺轨3.7千米，架梁853片，房屋建筑面积174528平方米。工程合格率100%。 (冯　爽)

【轨道交通建设有限公司】 市政公用工程施工总承包一级，房屋建筑工程施工总承包二级，地基与基础工程、起重设备安装工程专业承包一级，建筑防水工程专业承包二级，隧道工程专业承包一级，城市轨道交通工程专业承包资质企业。公司驻北京市通州区新华西街26号。执行董事、党委书记高宪民，总经理周阳宗。职工1715人，其中，干部1427人、工人288人。资产总额32.02亿元，其中固定资产原值14.96亿元、净值8.04亿元。拥有德产、日产盾构机23台(套)及日产顶管等机械设备721台(套)，总功率114743千瓦，技术装备率25.96万元/人，动力装备率72.26千瓦/人，设备利用率92.94%。

2015年，新签合同额66.9159亿元，完成企业总产值产值40.68亿元，营业收入40.16亿元，实现利润4061万元，净利润3553万元。国有资本保值增值率109.97%，净资产收益率10.12%，营业利润率0.94%，资产负债率89.05%，投资收益上缴率100%，应上缴款完成率100%。 (陶晓红)

【路桥工程有限公司】 市政公用工程施工总承包一级，公路路面、桥梁、隧道、土石方工程专业承包一级，预应力工程专业承包二级资质企业。公司驻北京市密云县新北路29号。执行董事兼总经理邱军、党委书记成和鹏。在职员工1209人，其中干部845人。资产总额221833万元，其中固定资产原值24465万元、净值9093万元，流动资产212484万元。主要机械运输设备66台(套)，总功率11954千瓦，动力装备率10.09千瓦/人，技术装备率0.41万元/人。

2015年，新签合同额20.6亿元，完成企业总产值391516万元，实现利润1345万元，净利润1001万元。国有资本保值增值率103.02%，净利润率0.34%，资产负债率74.25%。完成主要实物工程量：土石方687.59万立方米，隧道9340.56延长米，桥梁21004.5延长米，房屋建筑面积5254平方米，路面115万平方米。 (杨　颖)

【铁运工程有限公司】 铁路运输、工程施工、铺架与制运架梁(板)为一体的铁路工程施工总承包二级资质企业。公司驻河北省高碑店市兴华北路117号。执行董事、总经理赵雨章，党委书记夏吉胜。职工2568人。其中，劳务输出75人，非劳务输出2493人；在岗职工2254人，非在岗职工314人。资产总额93292.05万元，其中流动资产68006.17万元，固定资产原值54306.09万元、净值22663.05万元。 (王　震)

【电务工程有限公司】 铁路电务工程专业承包一级，建筑机电安装工程专业承包一级，电子与智能化工程专业承包一级，铁路电气化工程专业承包一级资质企业。公司驻北京市朝阳区金盏乡皮村北街十六号院3号楼。下辖7个分公司和通信服务中心。职工775人，其中干部518人。资产总额87268万元，其中流动资产84557万元，固定资产原值3316万元、净值2000万元。年施工能力10亿元以上。

2015年，承揽工程任务8.06亿元，完成产值10.345亿元，实现营业收入9.168亿元，净利润2107万元。 (刘　娜)

【地铁工程有限公司】 成立于2007年8月。公司驻北京市朝阳区惠河南街1008－A四惠大厦。下辖27个项目部。职工1142人，其中，干部1027人、工人115人。资产总额165079.59万元，固定资产净值30119.14万元，流动资产134480.5万元。资产负债率87%，国有资本保值增值率211.85%，净资产收益率9.47%，应上缴款完成率100%。全员劳动生产率245.71万元/年·人，职工年人均收入108696元。

2015年，承揽工程任务30.68万元，完成施工产值25.53亿元。机械设备396台(套)，原值85257.27万元，净值39136.31万元，总功率52284千瓦。设备

完好率92%,利用率90%。 (杜　松)

【置业投资有限公司】 2011年6月13日在北京注册成立。由原海南京博房地产有限公司、福建顺昌远宏地产有限公司、北京地产投资有限公司整合而成。下设海南京博房地产有限公司、海南椰竺置业有限公司、福建省顺昌远宏房地产开发有限公司、福建省邵武市博远农园科技有限公司、光泽战备仓库、北京地产投资开发有限公司、通辽首通房地产开发有限公司、梧州公司、北京博远技术培训有限公司、江西京诚房地产有限公司、皮村危改一期项目、海南京博房地产有限公司唐山分公司12个项目公司和海南雅豪、顺昌华兴、北京佳信、通辽首通立宏4个物业公司。职工227人,其中,干部196人、工人31人。 (袁梦杰)

【城市建设发展有限公司】 2014年4月28日在北京挂牌成立,具有建筑工程施工总承包一级、钢结构工程专业承包一级资质。公司驻北京市朝阳区红松园北里2号院19号楼(5—8层)。执行董事、总经理王强周,党委书记梁志科。下辖3个分公司及设计公司、北建精业公司、1个直管项目部以及青年路10号院管理中心。职工543人,其中,干部515人、工人28人。

2015年,承揽工程任务35.1亿元,完成施工产值58571万元。 (杨萍莉)

【物资贸易有限公司】 前身为北京铁龙物资贸易有限公司,2014年4月增资更名而成。公司驻北京市朝阳区红松园北星2号。下辖西南、西北、东北、华东4个区域分公司和地材、燃化2个专业分公司。主要经营范围包括物资招标代理、物资贸易、工程物流、物资仓储租赁、物资加工及物资进出口等业务。执行董事、总经理刘进波,党委书记肖桂平。职工62人,其中,干部58人、工人4人。资产总额69443.52万元,其中流动性资产69404.89万元,固定资产78.42万元。

2015年,承揽任务52.6亿元,完成产值18.2亿元,实现营业收入8.96亿元,净利润505.2万元。净资产收益率9.1%,资产负债率92.01%。 (郝戴军)

【建工机械有限公司】 主要从事施工机械设备制造、维修与租赁、钢结构加工、安装、盾构机配套设备维修保养、租赁、废旧机械、机具、钢结构回收等业务。职工302人。各类起重机械设备152台,设备固定资产1962余万元。公司驻北京市密云县新北路29号西门。执行董事、总经理吴庆红,党委书记唐嘉。资产总额8077万元,其中流动资产7270万元,固定资产421万元,无形资产303万元。

2015年,承揽任务5.6亿元。 (闫　超)

【重要记载】

▲3月　三公司顺利通过全国高新技术企业认定管理工作领导小组评审,正式被认定为国家级高新技术企业。

▲4月16日　全国建筑钢结构行业大会在上海举行,城市发展公司燕翔饭店项目改扩建项目获中国钢结构金奖。

▲4月　路桥公司执行董事、总经理邱军被评为全国工程建设优秀项目经理。

▲7月8日　中共中央政治局委员、广东省委书记胡春华赴集团公司广梅汕铁路增建二线施工现场视察调研,实地考察广梅汕铁路增建二线关键控制性工程梅溪河特大桥现场施工情况。

▲7月21日　中国工程院院士、隧道及地下工程专家王梦恕在杭州市城投公司领导陪同下赴轨道公司杭州紫之隧道Ⅱ标项目调研。

▲9月　由中央国家机关团工委主办、集团公司团委承办的"根在基层,青春担当,走进中国铁建"调研实践活动在集团公司成贵、成兰铁路项目部举行。

▲10月10日　五公司承建的宁夏首条城际铁路、第一条高速铁路——吴忠至中卫城际铁路开工建设。 (刘承宝)

中铁十七局集团有限公司

【简况】 中铁十七局集团有限公司拥有铁路施工总承包、房建施工总承包"双特双甲"资质,施工总承包一级资质23项、专业承包一级资质42项和地质灾害治理工程施工甲级,铁道行业设计甲Ⅱ级和建筑行业(建筑工程)设计甲级资质以及其他主(增)项资质112项。

集团公司总部驻山西省太原市。前身为中国人民解放军铁道工程第七师,1984年1月1日集体转业,改编为铁道部第十七工程局,2001年改制为中铁十七局集团有限公司至今。下辖第一至第六工程公司,以及建筑工程有限公司、电气化工程有限公司、上海轨道交通工程有限公司、物资有限公司、房地产开发有限公司、上海股权投资管理公司、贵州市政工程有限公司、西藏工程有限公司、铺架分公司、勘察设计院、国际建设分公司11个专业公司及中心医院、物业管理中心、隧道抢险救援队、锌兴检测中心、北京事业部等22个单位。

职工19142人,其中专业技术和管理人员8861

人。资产总额312亿元。机械动力设备6325台(套),总功率67.33万千瓦,动力装备率35.37千瓦/人,技术装备率7.21万元/人,设备成新率41.29%,完好率92.6%,利用率81.1%。

获中国建设工程鲁班奖16项、中国土木工程詹天佑奖6项、国家优质工程奖23项、省(部)优质工程132项;获国家科技进步奖4项、省部级以上科技进步奖54项,获国家专利281项,开发工法254项;先后被认定为山西省省级技术中心和高新技术企业,2013年被认定为国家级技术中心。集团公司先后获全国工程建设质量管理优秀企业、全国守合同重信用企业、全国优秀施工企业、全国精神文明建设工作先进单位、全国最具社会责任感优秀企业、全国模范劳动关系和谐企业、中国优秀诚信企业、全国文明单位、全国五一劳动奖状。 (赵 炜 孟庆财)

【领导人员】

董事会

董事长	卢 朋
董事	卢 朋
	文 珂
	杜水波

监事会

监事会主席	张学安
监事	朱龙江(11月任)

经理层

总经理	文 珂(10月任)
副总经理	王月幸
	成志宏
	杜水波
	罗玉华
	杜嘉俊
	宋志宏
	周建富
	孙中林(10月免)
	韩贤文(4月免)
总工程师	杜嘉俊(兼)
总会计师	宋志宏(兼)

党群领导

党委书记	卢 朋
党委副书记	文 珂(10月任)
	朱龙江(8月任)
	郑 力(10月任)
纪委书记	张学安(8月免)
	朱龙江(8月任)

(潘晓蓉 王向荣 芦安全 岳永秀)

【工程经营机构】 京津冀指挥部 驻北京市丰台区西四环中路112号阅园1区8号楼906。总经理张喜庚,党总支书记宗长春。

鲁豫指挥部 驻河南省郑州市农业南路90号尚书苑11号楼11层。总经理贾培亮,党工委书记谢林坤。

华南指挥部 驻广东省广州市天河区天府路东逸花园逸翠轩19-E。总经理周建富(兼),执行总经理曹支仁,党总支书记兼纪检专员陈春财。

华东指挥部 驻上海市浦东新区张杨路1515弄国际华城16号楼202。总经理周建富(兼),执行总经理黄绰,党总支书记兼纪检专员吴建军。

西北指挥部 驻陕西省西安市碑林区火炬路14号企图时代8楼B区810。总经理成志宏(兼),执行总经理兼党总支书记熊志强。

西南指挥部 驻重庆市渝北区人和金科中华坊15-4。总经理申育红,党总支书记兼纪检专员王家玉。

山西指挥部 驻山西省太原市平阳路84号。总经理张铁,党总支书记白玉亮。

内蒙古指挥部 驻内蒙古自治区包头市青山区体育馆道万达健康家园65栋3单元504。执行总经理赵维平。

东北指挥部 驻辽宁省沈阳市和平区南五马路183甲泰宸商务大厦B座903室。总经理罗玉华(兼),执行总经理温爱明,党工委书记兼纪检专员张国庆。

东南指挥部 2014年12月正式成立。驻福建省厦门市莲花南路7号8楼。总经理陈治波,党工委副书记付斌。 (岳永秀)

【工程项目指挥机构】 蒙华铁路MHTJ-4标项目经理部 驻陕西省榆林市靖边县张家畔镇寨山村方圆酒店。项目经理陈自明,党工委副书记侯仕斌。

贵港西南大桥项目经理部 驻广西贵港市港南区政府。项目经理姜涛,党工委书记冯静华。

南昌至赣州客运专线CGZQ-6标项目经理部 驻江西省吉安市吉水县城西工业园区亿丰电子厂内。项目经理眭爱宏,党工委书记蒋克荣。

敦格铁路甘肃段3标项目经理部 驻甘肃省敦煌市阳关西路22号,2015年9月前项目经理张秋生,党工委副书记马立新。

京沈客专辽宁段TJ-8标项目经理部 驻辽宁省阜新蒙古族自治县王府老年公寓。项目经理部项目经理牛耀文,党工委书记王步峰。

大张高铁1标项目经理部 驻山西省境内。项目经理姚帆,党工委书记高锋。

格尔木至库尔勒线(青海段)站前工程指挥部　驻青海省格尔木市乌图美仁乡。指挥长张立玉,党工委书记李强增。

广州铁路枢纽东北货车外绕线工程项目经理部　驻广东省广州市增城区新塘镇沙埔新誉南路88号骏盈物流园电商大厦2楼228室。项目经理吉天林,党工委书记刘旭。

成渝、渝黔项目经理部　驻重庆市沙坪坝区天陈路12号重庆师范大学综合实验楼8楼。项目指挥长郝军,党工委书记李志峰。

重庆沙坪坝铁路枢纽工程指挥部　驻重庆市沙坪坝烈士墓西南政法大学3号门。项目经理屈家奎,党工委书记李子勤。

宁西铁路西安至合肥段增建第二线工程(郑州局管段)站前工程项目经理部　驻河南省西峡县红苹果宾馆。项目经理伍从佳,党工委书记王孟钧。

郑徐铁路客运专线ZXSD标工程指挥部　驻河南省商丘市梁园区新兴路与和谐路交叉路口。指挥长贾培亮,党工委书记兼副指挥长张振清。

宝兰铁路客运专线甘肃段项目经理部　驻甘肃省秦安县西川镇神明川村晓园农林科技有限责任公司十七局宝兰项目部。项目常务副经理赵金华,党工委书记张勇。

宁安铁路工程指挥部　驻江苏省南京市江宁镇宁桥北路。指挥长刘新福,常务副指挥长刘庆华,党工委书记杨天勤。

宁波铁路枢纽工程项目经理部　驻浙江省宁波市恒春街75号。项目经理赵俊武,党工委书记程海田。

(岳永秀)

【职工队伍】　截至2015年底,全集团干部9509人。技术干部8861人,其中,工程技术人员6159人,经济管理人员797人,卫生技术人员342人,会计人员913人,统计人员13人,政工人员630人,教师7人。研究生学历95人、大学本科学历6216人、专科学历1653人。25岁以下1720人;26~30岁3425人;31~35岁1855人;36~40岁705人;41~45岁650人;46~50岁355人;51~54岁314人;55~59岁485人。工人总数8728人。工人队伍中技术工人6656人,其中拥有“职业资格证书”的初级工207人、中级工1446人、高级工2933人;技师939人,高级技师215人。

(李素敏　白希胜　桑　雷　岳永秀)

【工程施工】　2015年,国内在建项目270个。其中,铁路项目58个,公路项目96个,房建项目32个,市政项目29个,水利水电项目18个,地铁项目21个,其他项目16个,境外施工项目33个。2015年完成施工产值369.40亿元,同比上升2.4%,分别为股份公司年度计划的106.0%、集团公司年度计划的102.3%。铁路工程168.26亿元,占45.6%;公路工程102.35亿元,占27.7%;房建工程30.08亿元,占8.1%;市政工程24.31亿元,占6.6%;地铁工程32.24亿元,占8.7%。完成主要实物工程量为:土石方7881万立方米,桥梁160828延长米,隧道113003延长米,铺轨706千米、房屋建筑面积558278平方米,公路185千米。

(1)铁路工程。在建铁路工程58项,完成投资1680576万元。完成主要实物工程量:土石方1889万立方米,桥梁101060延长米,隧道74433延长米,正线铺轨622.89千米,站线铺轨83.46千米。

南京至安庆铁路工程NASZ-3标段　位于江苏省南京市。施工里程39.569千米,合同投资229134万元。合同工期2009年12月—2012年12月。主要实物工程量:路基土石方212.6万立方米;桥梁27座20762.7延长米(其中特大桥12座19121.1延长米、大桥5座1419.2延长米、中桥4座160.6延长米、小桥6座61.8延长米);王府山隧道375延长米,涵洞77座1941.1横延米;站场1个;轨道板32200块,正线铺轨156.55千米,站线铺轨9.69千米;“三电”迁改10千伏~500千伏96处、220伏及380伏240处,变压器、配电房14座,通讯线路488处,移动基站1座。截至2015年底,累计完成产值241794万元,工程结束并开通运营。

云桂铁路(云南段)站前工程5标段　位于云南省文山州、红河州。施工里程59.219千米,合同投资314832万元。合同工期2010年5月—2014年11月。主要实物工程量:路基区间土石方347.7万立方米,站场土石方67.6万立方米,路基附属浆砌及圬工29.6万立方米,土工合成材料37.8万平方米;桥梁13座4352.523延长米(其中特大桥2座1645.16延长米、大桥10座2586.219延长米、中桥1座111.144延长米);隧道9座36813延长米,涵洞52座1469.27横延米;无砟道床49.115千米,大临便道78.16千米;变电站2处,电力线路105.1千米,给水管路71千米。截至2015年底,累计完成产值330869万元。

山西中南部铁路通道汤阴东至日照南工程ZNTJ-20标段　位于山东省临沂市沂水县。施工里程32.49千米(其中十七局20.921千米、二十四局11.57千米)。合同投资240348万元。合同工期2010年9月—2013年12月。主要实物工程量:路基20.538千米,桥梁6座8570延长米,隧道3座3840延长米,制架T梁3423孔,铺轨460.436(单线)千米。截至2015

年底，累计完成产值295631万元。合同内工程全部完工并开通。新增工程车站改造1座2016年完工。

成都至重庆铁路客运专线工程施工总价承包CYSG－6标段　正线自重庆西左联络线起点至重庆站约17.202千米。引入重庆枢纽相关配套工程有重庆北联络线左线1.397千米、右线2.221千米，营业线2.141千米；重庆西联络线左线2.503千米、右线1.633千米。合同投资134824万元，变更增加至193276万元。合同工期2010年9月—2014年2月。主要实物工程量：路基土石方32.6126万立方米，站场土石方44.9573万立方米；特大桥1.5座2284.75延长米，大桥9座2239.04延长米，中桥2座121.46延长米，小桥1座24.61延长米；涵洞22座681.02横延米，隧道7座15327.4延长米。截至2015年底，累计完成产值176315万元。项目开工后，征地拆迁、施工干扰等问题造成工期滞后。

厦门前场铁路大型货场工程QCSG标段　位于福建厦门市，设计基线范围全长6100米，左联络线长3537.87米，右联络线长1637.87米。合同投资43320万元。合同工期2012年8月—2014年8月。主要工程数量：路基土石方552.32万立方米，其中填方203.76万立方米、挖方348.56万立方米；路基加固及附属工程6.21万立方米；站线桥梁3座204.98延长米，其中烧汤溪中桥2座166.16延长米，框架中桥1座66.12延长米；涵洞21座1237.71横延米；站线铺轨24.12千米，道岔38组，铺道砟5.3万立方米；房屋建筑面积81576平方米；电力及电力牵引供电24.12千米。截至2015年底，开工累计完成投资44586万元。主体工程结束。

宁西铁路西合段增二线（郑州局管段）NX2标　位于陕西省境内商南站至河南省南阳市西峡县屈原岗之间，全长78.55千米。国家Ⅰ级铁路，合同投资134930万元，合同工期2012年9月20日—016年3月20日。主要实物工程量：区间路基土石方4335212立方米，站场土石方489528立方米，附属土石方及加固防护289842.22立方米；桥梁61座，其中特大桥10座7303.8延长米，大桥34座9626.25延长米，中桥15座1243.52延长米；涵洞48座898.72横延米，改建涵洞206座2121.93横延米，隧道12座6385延长米；铺砟43893立方米，铺轨7.45千米，铺道岔59组。铺道床27304立方米；站台1780米，雨棚5346平方米。龙城专用线区间路基土石方23363立方米，站场土石方36930立方米；线路拆除并重铺0.619千米；铺站线轨枕2.7千米，铺道床6981立方米。截至2015年底，开工累计完成投资149526万元。主体工程全部结束。

西成铁路（陕西段）站前工程XCZQ－3标段　位于陕西省西安市户县和安康市宁陕县，全长30.295千米。合同金额231160万元。合同工期2012年12月—2016年11月。主要工程量：站场土石方1.95万立方米，桥梁4座1453.13延长米，隧道5座28877.19延长米。截至2015年底，开工累计完成投资191600万元。

新建织金至毕节铁路站前工程1标段　位于贵州省毕节市响水、大方县，全长39.329千米。合同投资113753万元。合同工期2012年12月—2015年2月。施工内容及工程量：迁改、路基、桥梁、涵洞、隧道等工程及运营生产设备、站场附属道路及排水、综合接地引入等工程。路基11.282千米，路基土石方574.8万立方米，其中区间土石方123.6万立方米、站场土石方451.2万立方米；桥梁17座4040.78延长米，其中大、中桥14座4040.78延长米，框架桥3座；涵洞34座1604.15横延米，隧道11座24006延长米。截至2015年底，开工累计完成投资125632万元，主体工程全部结束。

广通至大理铁路扩能改造工程站前7标　位于云南省大理市，全长25.480千米，其中新建双线17.466千米，增建二线8.014千米。合同投资115450万元。合同工期2012年12月—2016年7月。主要施工内容有路基、桥涵、隧道及站前站后专业接口工程（综合接地、路基段声屏障、电缆沟槽、连通管道、绿色通道、防护栏、桥梁墩台上接触网立柱基础、地界桩、线路安全标桩、连续梁）、道路改移等。主要实物工程数量：隧道3座12.917千米，桥梁7座1.49千米，路基11.075千米，车站2座（大理东站、大理站）。截至2015年底，开工累计完成投资82609万元

新建郑州至徐州铁路客运专线站前工程ZXZQ03标段　位于河南省开封市，全长52.679千米。合同投资356289万元，其中中铁十七局252028万元，中铁十八局104261万元。合同工期2012年12月—2016年12月。主要实物工程量：站场路基1.536千米，土石方489039立方米，特大桥1座51144延长米，框架中、小桥1856.42延长米，涵洞3座266.41横延米，无砟道床52.679千米。截至2015年底，开工累计完成投资263272万元。

新建成兰铁路成都至川主寺段站前工程CLZQ－7标段　位于四川阿坝藏族羌族自治州茂县，全长7.317千米。合同投资108314万元。合同工期2012年12月—2017年8月。主要实物工程量：路基土石方105万立方米，防护及支挡结构圬工26718立方米，桥梁3座1213.8延长米，隧道1座6110延长米，双块式无砟轨道129.8铺轨千米，站场道路7603平方米，茂县通站公路桥1座134.4延长米。截至2015年底，开

工累计完成投资 52427 万元。

新建铁路成都至兰州线成都枢纽相关站前工程　位于四川省成都市。工程由宝成线改造、北环上下行线改造、改扩建成都北派驻机车折返段、新建成都北机务折返段、大湾镇站货场扩建 5 个部分构成。合同投资 32280 万元。合同工期 2012 年 12 月—2017 年 8 月。主要实物工程量:区间路基土石方 28795 立方米,站场路基土石方 2290549 立方米,中桥 3 座 200.6 延长米,框架桥 6 座 109.1 延长米,涵洞 37 座 611.11 横延米,铺轨 28.66 千米,铺新岔 107 组。截至 2015 年底,开工累计完成投资 26819 万元。

沙坪坝铁路综合交通枢纽工程　位于重庆市沙坪坝区。主要工程:①成渝铁路客专沙坪坝站站场改造,既有沙坪坝站位置新建客运车站,线路长 1.414 千米。客运车站建筑面积 13985 平方米。②深基坑及物业开发配套工程,深基坑开挖 130 万立方米;深基坑加盖工程包括地铁车站及地下换乘厅、公交车站站场、出租车站站场、地下车库等面积 48 万平方米。③综合交通枢纽工程包括沙坪坝站站房、站场上盖、城市道路、公共交通换乘设施、景观绿化等,道路 5 段长 4.78 千米。④城市轨道交通工程包括地铁 9 号线沙坪坝站及地铁环线下穿铁路区段。合同投资 23 亿元。由于施工条件限制,合同工期一再延后,计划 2017 年底完工。截至 2015 年底,完成投资 27475 万元。

新建铁路宝鸡至兰州客运专线 6 标　位于甘肃省天水、秦安,全长 32.641 千米,合同投资 26.805 亿元。合同工期 2013 年 2 月—2017 年 12 月。中铁二十五局担负工程约 11.374 千米,投资 7.451 亿元,占中标总额的 27.8%。十七局负责 21.267 千米内所有工程及庞家庄梁厂 219 孔箱梁制、运、架施工,投资 19.354 亿元,占中标总额的72.2%。主要实物工程量:路基 2.8 千米,桥梁 9 座 15683 延长米,制架箱梁 451 孔,涵洞 4 座 114.5 横延米,隧道 2 座 12996 延长米,双块式无砟轨道铺设64.729千米,新建秦安车站 1 座。截至 2015 年底,开工累计完成投资 182788 万元。

西成铁路(四川段)站前工程 XCZQ-2 标段　位于四川省广元市,全长 15.744 千米。合同投资 194487 万元,合同工期 2013 年 3 月—2017 年 11 月。主要工程为西成兰渝上下行联络线 8.2 千米线下工程(不含铺架),169.928 千米无砟轨道,500 孔箱梁预制架设,广元站改建等。主要实物工程量:桥梁 14 座 5188.75 延长米,其中特大桥 2340.3 延长米、大桥 2509.35 延长米、中桥小桥 339.1 延长米;路基土石方 186.06 万立方米,双线路基 4.805 千米、单线路基0.847 千米;涵洞 9 座 352.4 横延米,双线隧道 9 座 6996 延长米。截至 2015 年底,开工累计完成投资 121956 万元。

敦格新建铁路(甘肃段)站前 3 标　位于甘肃省酒泉市阿克塞哈沙克自治县。全长 23.25 千米。合同工期 2013 年 4 月—2018 年 9 月。合同投资12.648亿元,其中隧道工程 11.326 亿元,占总额的89.5%。十七局担负施工里程 12.59 千米,投资金额 98478 万元。主要实物工程量:路基土石方 40.12 万立方米,涵洞 7 座 118.93 横延米,当金山隧道全长20.14千米,无砟轨道铺设 19.67 千米,会让车站 1 处。截至 2015 年底,开工累计完成投资 40830 万元。

重庆至贵阳铁路扩能改造引入重庆枢纽工程 CQSN-1 标　线路全长 40.774 千米,其中北碚区 5.1 千米、沙坪坝区 35.674 千米。合同投资 16.16 亿元。合同工期:2013 年 5 月—2016 年 5 月 31 日。主要工程为童家溪至重庆西客车线,K141 线路所至歌乐山联络右线、井口至歌乐山联络右线,歌乐山至双碑线路所左、右联络线。主要实物工程量:路基 8.41 千米,路基土石方 255.25 万立方米,防护工程 15.575 万立方米;改建歌乐山站、井口站和 K141 线路所,站场土石方 22.4 万立方米,防护工程 1.531 万立方米;桥梁 35 座 8.541 千米,框架桥 1 座 133.95 顶平方米,涵洞 17 座 308.47 横延米,隧道 11 座 16.167 千米;联络线有砟轨道 15.71 千米,新双碑隧道内无砟道床 18.47 千米。截至 2015 年底,开工累计完成投资 120764 万元。

新建张唐铁路 ZTSG-3 标段　位于河北省张家口市,合同投资 30.5 亿元,合同工期 2010 年 9 月—2014 年 8 月。正线全长 55.901 千米,主要实物工程量:区间路基土石方 223 万立方米,站场土石方 142 万立方米,隧道 14 座 39546.5 延长米,特大桥 6 座 5333.48 延长米,大桥 8 座 1907.38 延长米,中桥 1 座 78.35 延长米,涵洞 39 座 2070.36 横延米,铺轨基地 1 处,正线铺轨 311.9 千米,站线铺轨 29.5 千米,梁场 2 处,预制架设 T 梁 1161 孔、2322 片,站场房屋面积 2401 平方米。截至 2015 年底,开工累计完成投资 229538 万元。主体工程全部结束。

新建张家口至呼和浩特铁路站前工程 ZHZQ-2 标　位于河北省张家口市,合同投资 270595 万元,合同工期 2014 年 4 月—2018 年 3 月。主要实物工程量:路基全长 16.048 千米,区间、站场土石方约 2837 万立方米;桥梁 35 座全长 22.705 千米,其中特大桥 9 座 20451.33 延长米、大桥 6 座 1936.05 延长米、中桥 2 座 178.76 延长米、框架式中桥 3 座 1789 顶平方米、框架式小桥 15 座 2696.15 顶平方米;涵洞 45 个 1017.9 横延米,隧道 4 座 5.404 千米。截至 2015 年底,开工累计完成投资 146507 万元。

新建九景衢铁路江西 JQJXZQ-3 标　位于江西省上饶市鄱阳县、景德镇市浮梁县,线路全长 51.9 千米。合同投资171496万元。主要工程量:路基土石方644.56万立方米;站场土石方255.41万方立方米;桥梁35座22.80千米,其中特大桥8座15.10千米、大桥22座7.49千米、中桥2座0.19千米、小桥3座;隧道12座3.37千米。截至2015年底,开工累计完成投资132803万元。

新建北京至沈阳铁路客运专线站前工程TJ-8标 位于辽宁省阜新市,正线全长35.545千米。合同投资220760万元。合同工期2014年7月—2019年3月。主要工程量:路基土石方329.72万立方米,特大桥8座20960延长米,大桥3座702延长米,中桥1座55延长米,涵洞30座956横延米,框构小桥2座671顶平方米,隧道2座1645延长米,无砟道床68.47千米。截至2015年底,开工累计完成投资142153万元。

新建石家庄至济南铁路客运专线站前工程6标 位于山东省德州市,正线19.75千米,联络线长8.829千米。主要工程量:桥梁4座27022延长米,路基1.374千米,箱梁架设580片,T梁架设422片,现浇梁12孔,连续梁8联。合同投资117957万元,合同工期2014年7月—2017年2月。截至2015年底,开工累计完成投资84809万元。

新建成都至贵阳铁路乐山至贵阳段站前工程CG-ZQSG-14标段 位于贵州省大方县,线路全长7.782千米,合同投资53245万元。合同工期2014年1月—2017年6月。主要工程量:土石方6万立方米,特大桥1座755.11延长米,中桥1座109.55延长米,涵洞2座37.67横延米;隧道4座6326延长米。截至2015年底,开工累计完成投资31723万元。

新建连云港至镇江铁路站前工程LZZQ-6标段 位于江苏省扬州市,线路全长23.744千米。合同投资243959万元。合同工期2015年9月—2019年3月。主要工程量:桥梁0.5座23743.65延长米,框架中桥2座245.7顶平方米;正线铺新轨689.9铺轨千米,改建线路14.39铺轨千米,铺道砟176.1万立方米;站线铺新轨40.04铺轨千米,改建线路4.5铺轨千米,铺道砟13.4万立方米;铺新道岔174组,改建道岔17组;铺轨基地2座,箱梁制存梁场1处。截至2015年底,开工累计完成投资21042万元。

新建铁路格尔木至库尔勒线(青海段)站前工程(含"三电"及管线迁改工程)GKQHZHQ4标段 位于青海省海西蒙古族藏族自治州,线路全长94.806千米,设计标准为铁路Ⅰ级单线,设计速度120千米/小时。合同投资77172万元,合同工期2015年9月—2019年8月。主要工程量:路基土石方623.41万立方米;新建车站3座(那陵格勒站、塔尔丁站、甘森站);桥梁8128.74延长米,其中特大桥2座6533.21延长米,大、中、小桥共11座1595.53延长米;涵洞182座。截至2015年底,开工累计完成投资7330万元。

新建蒙西至华中地区铁路煤运通道土建工程MHTJ-4标段 位于陕西省延安市,全长30.92千米。合同投资228404万元。合同工期2015年7月—2020年3月。主要工程量:路基土石方120.3万立方米;桥梁16座2886.11延长米,其中大桥11座2522.87延长米、中桥5座363.24延长米;涵洞16座574.89横延米;隧道10座23937.84延长米;无砟道床52119米,粒料道床31787立方米;混凝土拌合站9座,填料拌合站1座。截至2015年底,开工累计完成投资15391万元。

新建川藏铁路拉萨至林芝段站前工程LLZQ-11标 位于林芝地区米林县,沿线途经扎绕、康莎、里龙,线路全长38.3千米。合同投资188408万元,合同工期2015年6月—2021年11月。主要工程量:路基土石方38.7万立方米;特大桥2座1775.4延长米,大桥3座949.1延长米;涵洞8座312横延米;隧道4.5座34335延长米;无砟道床32920米,粒料道床19696立方米;混凝土拌合站8座。截至2015年底,开工累计完成投资25494万元。

新建黔江至张家界至常德铁路站前工程QZCZQ-3标段 位于湖北省恩施州咸丰县,正线长度26.337千米。合同投资148518万元。合同工期2015年3月—2019年11月。主要工程量:路基土石方347.5万立方米;特大桥5座4986.41延长米,大桥13座3231.56延长米,中桥3座197.65延长米,箱型小桥1座429.9顶平方米;涵洞15座720.91横延米;T梁预制、架设共501单线孔;隧道15座12220.05延长米;新建车站(咸丰站)1座。截至2015年底,开工累计完成投资30055万元。

唐山至曹妃甸铁路工程第二部分TCSG-5标段 位于河北省唐山市,起讫里程唐曹正线全长72.733千米;新城支线左线长1.698千米;新城支线右线(含新城站)长14.959千米。合同投资149613万元。合同工期2015年2月—2016年12月。主要工程量:全线制架T梁1588单线孔、铺轨工程172.827千米、四电工程87.692千米。截至2015年底,开工累计完成投资9917万元。

新建南昌至赣州铁路客运专线站前工程CGZQ-6标段 位于江西省吉安市,线路全长41.604千米,设计时速250千米。合同投资264863万元。合同工期2015年7月—2019年12月。主要工程量:路基土石方428.94万立方米,新建车站2座(吉水西站、吉安西站);特大桥12座21689.9延长米,大桥6座1830.24延长米,中桥3座4638.59顶平方米;涵洞46座

1324.43 横延米;无砟道床铺设 84.37 千米,制架箱梁 663 片,CRTSⅢ型轨道板预制 26020 块等。截至 2015 年底,开工累计完成投资 44872 万元。

(2)主要路外工程施工。在建境内路外工程 212 项,完成投资 1793395 万元。完成主要实物工程量:土石方 5232.4 万立方米,隧道 38570.3 延长米,桥梁 58440.5 延长米。

十堰至房县高速公路 SFTJ－10 标段　位于湖北省房县。施工里程 4.06 千米,合同投资 21905 万元;因路基施工数量增加,合同投资调至 34646 万元。合同工期 2010 年 1 月—2012 年 6 月。主要实物工程量:挖方 2.32 万立方米,填方 14.61 万立方米,通道 49 米,隧道 2 座 6888 延长米。截至 2015 年底,累计完成投资 38583 万元。

青岛地铁 3 号线一期工程 2 标　位于山东省青岛市。施工里程 1.83 千米,合同投资 33204 万元。合同工期 2011 年 3 月—2016 年 6 月。主要实物工程量:2 站 2 区间。汇泉广场站主体结构 19085 立方米,附属结构 7696 立方米;中山公园站主体结构 19962 立方米,附属结构 13550 立方米;汇泉广场站至中山公园站区间左线 608.519 延长米、右线 588.093 延长米;中山公园至太平角公园站区间左线 817.198 延长米、右线 836.704 延长米。截至 2015 年底,完成投资 30473 万元。主体基本完工。

恩黔高速公路四工区工程　位于重庆市黔江区。全长 6.439 千米。合同投资 34106 万元。合同工期 2012 年 1 月—2014 年 12 月。主要实物工程量:路基挖方 107 万立方米、填方 123 万立方米;特大桥 1 座 1750 延长米,大桥 1 座 344 延长米,分离式立交桥 3 座 222 延长米,互通 A 匝道桥 1 座 55.08 延长米,天桥 1 座 46.08 延长米;涵洞及通道 12 座 644.33 横延米,隧道 1 座 2705 延长米。截至 2015 年底,累计完成投资 34106 万元。主体工程完工。

国家高速公路网 G85 渝昆高速麻柳湾至昭通段高速公路 C 标段　位于云南省昭通市。全长 7.7 千米。合同投资 46924 万元。合同工期 2013 年 3 月—2015 年 3 月。主要实物工程量:大桥 7 座2597.08延长米,中桥 3 座 280.2 延长米;预应力 T 型连续梁桥 6 座,T 梁架设 440 片;现浇连续箱梁桥 4 座 11 联。通道及涵洞 23 座 666.77 横延米;隧道 0.5 座 2636 延长米;路基挖方 2540772 立方米、填方 716110 立方米;挡墙浆砌圬工 19633 立方米,防护及排水圬工 31407 立方米。截至 2015 年底,开工累计完成投资 50210 万元。

国家高速公路网 G85 渝昆高速麻柳湾至昭通段高速公路第 13 合同段 C4 工区　位于云南省昭通市。全长 9.8 千米。合同投资 40645 万元。合同工期 2013 年 3 月—2015 年 3 月。主要实物工程量:路基挖方 242.68 万立方米、填方 53.03 万立方米;浆砌圬工 5.6 万立方米;大桥 11 座 2703.44 延长米,中桥 4 座 284.17延长米;涵洞、通道 22 座 695.94 横延米。截至 2015 年底,开工累计完成投资 51614 万元。主体工程结束。

闽台(福州)蓝色经济产业园道路(BT)工程　位于福清市。施工内容包括道路、桥涵、给排水、电气照明、交通设施及绿化景观等。主要有蓝色大道(含县道 172 改造段)、滨海大道和江华大道及连接线 3 条道路 17.415 千米。合同投资 131337 万元,合同工期 2013 年 4 月—2014 年 4 月。主要实物工程量:蓝色大道抛石挤淤 13.5 万立方米、换填海砂 8.5 万立方米、级配碎石 2.7 万立方米、水泥搅拌桩 1.9 万米;路基土石方填方 14 万立方米、挖方 0.6 万立方米;空心板梁桥 1 座桩基 100 根 7080 米、预制空心板 280 片。江华大道及连接线挖淤泥 20.73 万立方米、换填海砂 22.68 万立方米、水泥搅拌桩 54 万米、CFG 桩 30.6 万米;路基土石方 350281 立方米;中桥 3 座桩基 180 根,箱涵 4 座圆管涵 7 处;路面水泥稳定层 123673 平方米,沥青面层 109457 平方米。由于施工用地无法按期交付,工期延后。截至 2015 年底,累计完成投资 65569 万元。

广中江高速公路 TJ14 标　位于广东省江门市,线路全长3.32 千米,主要工程量:路基土石方 60.23 万立方米;桥梁 12 座,其中特大桥 1 座、大桥 11 座;隧道 1 座 341 延长米。合同投资 49515 万元。合同工期 2013 年 11 月—2016 年 2 月。截至 2015 年底,开工累计完成投资 42511 万元。

石家庄城市轨道交通 3 号线工程　位于河北省石家庄市,合同投资 265000 万元,合同工期 2013 年 4 月—2017 年 9 月。主要工程量:车站 6 座,区间 8 条。截至 2015 年底,开工累计完成投资 188407 万元。

引汉济渭秦岭隧道 7 号主洞　位于陕西省西安市,全长 8122.483 延长米,由施工完成的 7 号斜井两头掘进。其中上游方向掘进 3569.65 米,下游方向掘进 4552.833 米;该段包含 II 类围岩 2871.483 米,III 类围岩 1635 米,IV 类围岩 3016 米,V 类围岩 600 米。合同投资 33597 万元。合同工期 2013 年 10 月—2017 年 5 月。截至 2015 年底,开工累计完成投资 16485 万元。

G30 乌鲁木齐绕城高速(东线)公路项目第 WRDX－3 标段　位于新疆维吾尔自治区乌鲁木齐市,全长 29.2 千米。合同投资 116783 万元,合同工期 2011 年 5 月—2013 年 10 月。2014 年因建设手续停工 1 年。主要工程量:路基土石方 1222.24 万立方米;大中桥 29 座、小桥 14 座,其中现浇箱梁桥 18 座 2274 延长米;梁板预制1000片;涵洞、通道共153座,附属防护圬工3.2万立方米,水泥稳定路面118万平方米,沥青路面116万平方米;交通安全设施及收费站、管线工程及主线收费站房建1处。截至2015年底,开工累计完成投资117328万元。

(3)海外工程。施工项目33项。累计完成投资220017万元。项目主要是公路、房建、通信电力建设及其他项目施工。完成主要实物工程量:土石方749.73万立方米,桥梁1327.49延长米,房屋折合面积58214平方米。

阿尔及利亚贝佳亚公路项目　位于阿尔及利亚首都贝佳亚,合同投资110000万元,合同工期2013年12月—2016年12月,线路全长26.75千米。主要工程量:路基工程土石方976万立方米;桥梁18座,T梁336片;涵洞74座。截至2015年底,开工累计完成投资56155万元。

委内瑞拉社会住房项目　位于委内瑞拉首都加拉加斯迪乌纳,合同投资157963万元。合同工期2012年3月—2014年4月。①TIUNA地块:属于委内瑞拉社会住房项目,以中低档房为主,施工地点在委内瑞拉首都加拉加斯迪乌纳地块,该地块分为南区、北区2块工程采用钢筋混凝土现浇结构,楼板及屋面均采用现浇钢筋混凝土楼板体系,采用隧道模施工的B、D、J地块共有住宅34栋,其中T1、T2型16层住宅30栋,T3型12层住宅4栋,建筑面积33万平方米,合同金额2.44亿美元。②ARSENAL地块:住宅土建装修部分:34栋楼房的土建装饰工程,总建筑面积43860平方米(单栋建筑面积1290平方米),总金额218.73万美元;公建工程:幼儿园2座,中学1座,建筑面积5146平方米;预计合同金额411.68万美元。截至2015年底,累计完成投资81483万元。完成主要实物工程量:总体开工24栋,B区12栋达入住条件,8栋交付业主使用;D地块开工12栋、西南区1栋,主体全部封顶,累计完成装修6栋,完成42米宽城市主干道420米,B区小市政全部完工。

安哥拉RED－卢班戈房建项目　H1、H2、H3、H4 4种户型,设计总量4185套,总建筑面积43万平方米。合同投资155422万元。合同工期2012年7月—2014年8月。受拆迁影响,可施工2414套。其中H1户型674套,H2户型772套,H3户型776套,H4户型192套,总建筑面积24万平方米;市政道路工程54970.27米。截至2015年底,累计完成投资107582万元,开工累计折合完成房屋面积154223平方米。

援巴基斯坦国道公路网修复项目　合同投资54775万元,合同工期2013年3月—2015年12月。主要工程量:N35公路和N55公路修复共计174.424千米;N35和N55(北段)部分路段由路基、路面(沥青路面和水泥混凝土路面)、排水、防护(主要是挡土墙)以及桥涵组成,N55公路(北段)按照双向两车道二级公路标准修复31千米,无桥梁;N35公路按照山区三级公路标准,修复143.424千米,新建桥梁5座468.3米。截至2015年底,开工累计完成投资36418万元。

(付建军　岳永秀)

【经营管理】　承揽工程238项,新签合同602.8亿元。其中,铁路工程21项249.5亿元;公路工程38项173.6亿元;市政工程15项24.4亿元;城市轨道交通工程11项71.8亿元;房屋建筑工程13项35.4亿元;其他工程19项18.6亿元;物流贸易83项29.3亿元;勘察设计38项1556万元。工程经营474.3亿元,占总额的78.7%,资本经营60.2亿元,占总额的10%,海外经营68.4亿元,占总额的11.4%。2015年,完成施工产值369.40亿元,实现变更调差额55.84亿元,变更调差率为15.12%,2015年被股份公司评为年度二次经营工作先进单位。

(1)安全质量。认真贯彻国务院安全工作会议精神,坚持"安全第一,预防为主,综合治理"的方针,深入学习《安全生产法(修订版)》《特种设备安全法》《生产安全事故报告和调查处理条例》《安全生产许可证条例》等,认真落实上级安全管理的各项要求,积极开展多种形式的安全教育培训,深入开展安全生产专项整治、隐患排查治理和"全国安全生产月""安全生产万里行""安全大检查"等活动,落实各级安全生产责任制,强化施工现场检查监控,持续开展安全大检查,进一步增强广大职工的安全意识,消除事故隐患,安全生产稳定可控。石家庄市城市轨道交通3号线一期工程首开段、二公司西咸新区空港新城幸福里棚户区改造项目部、四公司大广高速公路(粤境段)S04合同段、六公司新建厦门前场铁路大型货场工程QCSG标段、建筑公司郑徐客专商丘站房ZXZFSF标段工程被授予2015年度中国铁建股份有限公司"安全质量标准工地(车间)"称号。2015年,组织4期公路工程、水利工程、建筑工程的施工安全管理人员培训班,393人参加培训。其中,25人取得建筑施工企业企业负责人安全生产考核合格证书,234人取得建筑施工企业项目负责人安全生产考核合格证书,134人取得建筑施工企业专职安全管理人员安全生产考核合格证书。集团公司获评优质工程25项;获鲁班奖1项;2项获国家优质工程;6项获省部级优质工程;10项获股份公司"铁建杯"优质工程。获评年度QC小组成果28项,其中一等奖3项、二等奖10项、三等奖15项;顺利通过北京华夏认证中心对集团公司质量、职业健康安全、环境一体化管理体系进行的年度监督认证审核，三体系运行持续有效。

（2）财务管理。2015 年，全集团授信额度为345.83 亿元，其中融资类授信额度 187.43 亿元，占授信总额的 54.2%；使用 97.58 亿元，占 52.06%。其他融资授信额度 158.4 亿元，占授信总额的 45.8%；使用 47 亿元（前期开立的函证及时进行撤销），占29.86%。基本保障企业生产经营的有序进行。集团公司有 10 家获中国建设银行山西省分行 2015 年度信用等级评定“AAA”级。继续拓展资金集中管理范围，2015 年归集银行账户 321 个，占具备归集条件的银行账户的 84.7%，归集资金 8.1 亿元，资金集中度为 74%，归集资金被调用 4.72 亿元，调用比率为 58.27%。资金池调节作用得到良好发挥。

（3）审计监督。集团两级审计机构完成审计项目 185 项，其中，经济责任审计 10 项，工程项目审计 100 项，财务收支审计 2 项，基建项目审计 9 项，内控制度审计 3 项，专项审计调查 50 项，其他审计 11 项。披露问题 740 条，提出审计建议 660 条。

（唐　虹　李　煜　卫建胜　陈　昱　岳永秀）

【科技开发】 新立科技研究开发项目 95 项，延续 120 项，合计 215 项，其中，线路及路基 48 项，桥梁工程 51 项，隧道及地下工程 67 项，房建工程 13 项，四电、信息工程 22 项，工程机械 1 项，试验检测 3 项，综合管理及信息化 10 项。承担中国铁建及省部级科研项目 11 项，获资助资金 125 万元。19 项科技成果通过鉴定。其中“财务共享服务中心在建筑企业的应用研究”达到国际领先水平；“桥墩侧向堆载位移后加固复位技术”“库区大卵石覆盖层桥梁深水基础施工技术”“含油气地层大跨度隧道综合施工技术”“CRTS Ⅰ 型双块式无砟轨道工具轨法施工关键技术研究”“瓦斯地层小断面钢护筒支护通风竖井快速施工技术”“高速铁路加筋土挡墙结构行为及施工技术研究”“变质片岩隧道大变形防治技术研究”“WE－SC900H 型运架一体机架设技术改进研究”“隧道顶管救援成套技术和工艺研究”“复杂地质条件下隧道扩挖施工技术”达到国际先进水平；“跨越涪江复杂水文条件下桥梁施工技术”“SK－2 型双块式混凝土轨枕制造技术创新研究”“JQ170 架桥机山区单线铁路铺架施工技术研究”“（48＋100＋48）米加劲拱连续梁施工技术研究”“长大隧洞主洞无轨运输与大坡度斜井有轨运输联合出渣技术”“水泥稳定砂砾基层双层连铺施工关键技术”达到国内领先水平；“沼泽地区 330 千伏输电线路综合施工技术”“旧桥板式橡胶支座更换施工关键技术”达到国内先进水平；18 项科技成果获中国铁建及以上科技进步奖，获省部级工法 34 项、中国铁建优秀工法 11 项；获国家优秀专利奖 1 项、中国铁建优秀专利奖 3 项；有 47 项专利获国家授权，其中发明专利 8 项，1 项专利获软件著作权。（王青蕊　岳永秀）

【教育培训】 以送外与内培 2 种形式组织职工参加各类教育培训 50020 人次。其中，岗位（业务）培训 47731 人次，执业资格培训 1152 人次，继续教育培训 749 人次，其他培训 384 人次。（潘兴祖　岳永秀）

【党的工作】 截至 2015 年底，集团公司党委下辖处级党委 17 个，其中子公司党委 11 个、分公司党委 3 个，中心医院、物业管理中心、集团公司机关党委各 1 个；集团公司辖项目党工委 16 个，区域指挥部党工委 12 个；子分公司辖党委 8 个、党总支 17 个、项目党工委 282 个、党支部 511 个。中共党员 8715 名，其中正式党员 8453 名、预备党员 262 名；在岗职工党员 7568 名，离退休职工党员 1147 名。35 岁及以下 3390 名，36～45岁 1580 名，46～55 岁 1294 名，56～60 岁 1497 名，61 岁及以上 954 名。

（1）领导班子建设。一是实行“双向进入，交叉任职”用人机制。在 17 个子（分）公司及直属单位中，8 个单位的党委书记任执行董事；8 个单位的执行董事、总经理（或院长）任党委副书记；7 个单位设立专职党委书记，实现 80% 以上的执行董事、经理层成员与党委成员交叉任职，逐步建起“一岗双责”党建工作新机制。选任各单位领导班子正职 12 人、副职 24 人，有 230 余名各类人才通过择优选拔任职到经营管理重要岗位。二是发挥党建引领，筑牢思想阵地。组织开展党的群众路线教育实践活动、“三严三实”专题教育系列活动；严格民主集中制、“三重一大”和党委议事规则制度；着力“建设高品质受尊敬旗舰型企业”。三是制定《关于优化完善集团公司董事会专门委员会运行机制的决定》《关于建立企业智囊团议事机制的决定》，进一步规范党组织在企业管理中的地位、作用、程序和方法。四是紧扣中心抓主题，突出党性实践活动实效性。在各级党组织和广大党员干部中组织开展“六讲、五比、四带头”主题活动。

（2）落实“两个责任”。严格执行中国共产党《纪律处分条例》《问责条例》，对违反中央“八项规定”精神的问题进行严肃查处；突出“四个必查”“四个从快”，持续加大对各类案件查办、特别是对亏损项目的问责追责力度，启动对各子分公司和直管项目的巡视工作，保持对违规违纪的“高压”态势。受理信访、话访举报 63 件（次），初核问题 76 件，立案 68 件，结案 60 件，党纪政纪处分 183 人（处级 5 人）。党纪处分 19

人，其中，刑事处理1人。通过办案挽回直接经济损失313.3万元。

（3）党组织建设。党委中心组精心组织学习15次，运用专家辅导、党委书记上党课、专题研讨、典型发言、经验交流、视频传播、扩大学习、现场考试、撰写理论文章等继承与创新相结合等多种形式，增强吸引力，扩大影响力，强化执行力，统一广大干部职工的思想认识。17个党工委中心组获集团公司表彰。

（4）宣传报道。在《中国铁道建筑报》刊稿544篇，各版头条及报眼刊稿61篇；在中国铁建网站刊稿193篇；在《人民铁道报》刊稿20篇；在《中国交通报》刊稿3篇；在其他省部级以上媒体刊稿132篇；在《铁建时报》刊稿1109篇；在集团公司网站刊稿1147篇。集团公司紧扣时代脉搏，围绕企业中心工作，开拓创新，积极进取，宣传舆论工作出现新气象。内部网站推出"一线报道在行动""新闻1+1"等适应新常态的特色专栏，搭建集团公司官方微信平台，不断加大在股份公司报纸、门户网站、官方微信的宣传报道力度，及时宣传集团公司"回归系统第一梯队"推进速度。围绕"城市地下综合管廊"这一新领域，在山西、贵州、陕西、河北、重庆等省级媒体上宣传十七局集团新品牌、新优势；铺架分公司关改玉先进事迹刊登在《工人日报》头条位置，在全社会引起强烈反响；建筑公司积极配合中央电视台全国"两会"献礼片《五年规划》的摄制工作，在中央主流媒体层面有力地宣传集团公司"高品质受尊敬旗舰型"企业形象。

（陈礼君　蒋　辉　李炜强　岳永秀）

【工会工作】 截至2015年底，集团公司工会下辖17个处级单位工会（含机关工会）、311个基层工会和588个工会小组。共有会员16683人，其中女会员3577人；专职工会干部43人，兼职工会干部267人。一是围绕"建设高品质受尊敬旗舰型企业"的战略发展目标，大力开展"六讲、五比、四带头"以及"守纪律、讲规矩、转作风"系列活动；开辟"劳模风采""最美劳动者"专栏，深入挖掘职工生活中快乐、安居乐业、热爱生活的题材，拍摄的《幸福》《用生命点亮梦想的灯塔》《中国铁建——我的家》等7部微电影，诠释新时期铁军精神，传递"劳动幸福、奉献光荣、职工最美"的正能量；宣传全国巾帼标兵获得者、铺架分公司探伤女工关改玉先进事迹的《贵在信念无裂缝》等稿件分别在《山西工人报》、山西省总工会网站以及股份公司网站、报刊发表。二是集团公司、子（分）公司两级共召开职代会25次，共征集提案561个，立案537个，落实率95.7%，1个提案获股份公司"十佳优秀提案"。集团公司、子（分）公司两级评议领导干部145人，职工满意率98.7%。三是完善《集团公司劳动竞赛评比办法》，在全集团5个赛区开展"五比五杯"劳动竞赛，6个子分公司、10个直管项目、7个托管理项目获综合评比优胜奖，2个单位获劳动竞赛先进单位，34个单位和项目获单项奖。集团公司、安哥拉RED房建项目分别获中国铁建劳动竞赛"优秀组织奖""先进单位"，郑徐商丘代建项目获中国铁建劳动竞赛"综合优胜单位"，被授予"工人先锋号"。集团公司再次获山西省总工会劳动竞赛表彰，并连续6年获"全国安康杯竞赛优胜企业"。四是为兵改工30年以来的410名省部以上劳动模范、"火车头"奖章和"五一"劳动奖章获得者在企业内部办理补充养老保险，截至2015年底，劳模保险资金128.99万元。五是2015年获省部级以上劳模表彰8人，获股份公司"劳动模范"称号7人。铺架分公司探伤女工关改玉荣获"全国五一巾帼标兵"称号，并作为山西省唯一先进女职工代表，出席全国先进女职工集体和个人表彰大会。六是2015年在各类报刊（网站）用稿385篇，其中国家级报刊（网站）3篇、省部级报刊（网站）11篇、总公司报刊（网站）77篇、集团公司报刊（网站）238篇。全集团规范完善固定"职工书屋"39个，流动"职工书屋"520个，"书香十七局"的目标逐步实现。七是推进企业技术创新创优，收集合理化建议和技术改进参评项目97项，评选出优秀合理化建议和技术改进项目26项；获股份公司奖项5项，创新成果申报铁总参加评比8项。八是投入267万元购置影像和文体器材，用于基层一线职工之家建设。获"全国模范职工之家"6个，"省级模范职工之家"9个，股份公司"模范职工之家"6个，集团公司工会获"全国会员评议职工之家工作先进单位"。九是获股份公司表彰优秀女职工5人。四公司女工委获股份公司"先进女职工组织"称号，中心医院妇产科获"全路先进女职工集体"。铺架分公司探伤女工关改玉获"全国五一巾帼标兵"称号。集团公司表彰"十杰女职工"10人、"巾帼标兵岗"先进集体20个、"巾帼标兵"30人、"先进女职工工作者"10人、"幸福家庭"10户。十是全集团工会资金进行集中管理，所属单位工会经费开户率100%，全部完成银行授权，资金归集率85%。行政拨缴工会经费2404万元，工会经费收缴率100%；当年拨付货币资金2198万元，拨缴经费兑现率91.42%。全集团工会经费总收入2769万元，比上年同期减少22万元，完成年度预算的95.74%；工会经费总支出1889万元，比上年同期增长241万元，完成年度预算的99.01%；收回历年拖欠经费1221万元，回收率48.28%。2015年度上缴股份公司工会经费192万元。参加中国铁建集团公司级工会经费审查工作规范化建设标准评审，集团公司工会经审会获B级标准

单位。（马碧芳　岳永秀）

【共青团工作】 集团公司团委下辖11个子公司、2个分公司和中心医院、物业管理中心15个团委，建立基层团组织（团总支、团支部）274个，专兼职团干部466人（其中专职团干部9人），注册团员4905人，35岁以下青工9908人。利用集体学习、"三会一课"、团内主题活动、微信公众平台等形式，传达学习《中共中央关于加强和改进群团工作意见的通知》，为团干部购发《习近平用典》学习书籍；组织开展"建设高品质受尊敬旗舰型企业，团员青年展作为比贡献"主题实践活动；创新共青团工作活动方式，分片区、多形式在全体团干部中开展"团干部如何健康成长"大讨论，进一步增强团组织内部互相学习、互相启发、共同监督、共同进步的良好氛围，收集整理意见建议50余条，取得良好效果；进行"十佳师徒"评选表彰，召开"导师带徒经验交流会"，师徒结对930对，签约率100%；紧紧围绕中心工作，大力开展"青年突击队"活动，授青年突击队旗36次；按照股份公司"青春建功铁建梦——青年安全在行动"主题实践活动要求，通过"安全知识竞赛""安全生产签名""安全隐患随手拍""安全应急演练""安全剪纸""安全漫画"等方式，强化青年职工安全生产意识，提高安全生产技能；开展征选优秀"五小"成果活动，涉及线路、桥梁、隧道、市政、矿山、房建、四电、机械、试验检测、工程测量、财务、综合及信息化等13个类别，召开集团公司2015年度"五小"成果评审会，107项申报"五小"成果中67项获奖；举办"我们'17'约会吧"青年联谊活动，16个单位的131名男女青年中有23对成功牵手；开展"弘扬雷锋精神，倡导文明新风""学雷锋"青年志愿者活动，受到《山西青年报》、山西电视台的新闻联播节目等媒体报道；开展"团组织就在我身边"关爱活动，在股份公司拨付5000元的前提下，自筹88300元爱心款，对81名困难团员青年进行帮扶；加大对青年兴趣的挖掘和培养，9月在集团公司网站"青年工作"栏目中创建"才艺青年信息平台"，将247名才艺青年纳入才艺库，涵盖声乐、舞蹈、绘画、乐器、球类、摄影、书法、美术、武术、田径、主持、演讲等专长，并向股份公司选拔推荐协会会员41人；继续开展"青年文明号"创建活动，承办山西省"青年文明号"活动组委会办公会议，指导11个省部级文明号集体顺利完成"2015—2016年度全国青年文明号"网络报备及创建工作，二公司委内瑞拉项目获2014年度"全国青年文明号"。召开第五届"十大杰出青年"评审会，电气化公司赞比亚项目经理的刘岩、建筑公司吉林大剧院项目副经理兼总工杨菘分别获中国铁建"十大杰出青年"称号和十佳青年技术能手提名奖。（王莉莉　岳永秀）

【第一工程有限公司】 铁路工程、公路工程、市政公用工程施工总承包一级，房屋建筑工程、港口与航道工程、水利水电工程、矿山工程施工总承包二级，桥梁工程、隧道工程、铁路铺轨架梁工程、公路路基工程专业承包一级，公路路面工程专业承包二级，公路工程综合乙级检测资质、乙级测绘资质企业。公司驻山西省太原市小店区人民北路18号，执行董事、党委书记张耀军，总经理秦志斌。公司下辖70个项目经理部、3个桥梁运架公司、2个制梁厂和非标加工公司、混凝土公司、钢筋加工公司、青岛公司、大同公司、物业服务公司等81个单位。职工3160人，其中，干部1689人、工人1471人；技术干部1287人、技术工人1343人。资产总额540935万元，其中，固定资产原值103853万元、净值28335万元；流动资产510975万元。机械运输设备1271台（套），原值52180万元，总功率93920千瓦，成新率60%，动力装备率25千瓦/人，技术装备率8.0万元/人，机械化施工程度85%。

2015年，新签合同额1111986万元，完成企业总产值633392万元，其中施工产值632960万元，实现利润2126万元。完成实物工程量：土石方979万立方米，桥梁12120延长米，隧道20316延长米，涵洞5970横延米，铺轨74.41千米，公路88千米，房屋建筑面积215107平方米。工程质量合格率100%。截至2015年底，实现安全生产7565天。（胡巧芬　岳永秀）

【第二工程有限公司】 公路工程、房建工程、市政公用工程、铁路工程、矿山工程施工总承包一级资质企业，水利水电工程施工总承包二级，土石方工程、桥梁工程、隧道工程、公路路基工程、公路路面工程专业承包一级，地质灾害治理工程丙级，营业性爆破作业四级，公路水运工程试验检测乙级及测绘乙级资质企业。公司驻陕西省西安市新城区咸宁中路55号，执行董事、总经理毕永清，党委书记洪锋。下辖41个项目经理部、19个专业公司（7个路桥工程公司、4个隧道工程公司、4个机运工程公司、2个矿山工程公司和2个桥梁运架公司、西宁铁建宾馆、忻州物业管理中心和西安物业管理中心。职工3263人，其中，干部1632人、工人1631人，技术干部1361人、技术工人1131人。资产总额521473万元，其中，固定资产原值169198万元、净值51078万元，流动资产468743万元，机械运输设备1332台（套），原值57068万元，动力装备率36.8千瓦/人，技术装备率7.06万元/人，综合机械化施工程度85%以上。

2015年，新签合同额831308万元，完成企业总产值694968万元，其中施工产值694480万元，实现利润9017.97万元。完成主要实物工程量：土石方2332万立方米，桥梁30118延长米，隧道29250延长米，铺轨9千米，公路487927千米，房屋建筑面积122673平方米。工程质量合格率100%，职工年人均收入55391元。国有资本保值增值率110.99%，净资产收益率10.66%，产值利润率1.36%，资产负债率84.58%，投资收益上缴率100%，应上缴款完成率100%。

（王文霞　王世平　岳永秀）

【第三工程有限公司】 拥有公路、市政工程施工总承包一级资质；房屋建筑工程、水利水电工程施工总承包三级资质；土石方工程专业承包一级；公路路基工程、公路路面工程、桥梁工程、隧道工程专业承包一级资质；乙级测绘资质（工程测量、精密工程测量、地籍测量、房产测量）；交通运输部公路工程试验检测综合丙级资质，国家计量认证资质（20类366个参数）。公司驻河北省石家庄市中山西路。执行董事、党委书记刘新福，总经理唐波涛。下辖55个单位、7个专业公司、3个基地。职工3125人，其中，干部1848人（含聘用391人）、工人1277；技术干部1774人、技术工人946人。资产总额533078万元，其中固定资产原值53730万元、净值19936万元，流动资产497905万元。机械运输设备737台（套），总功率60964千瓦，成新率35%，动力装备率20千瓦/人，技术装备率5.2万元/人；机械化施工程度82%。

新签合同506338万元，完成企业总产值564306万元，其中施工产值564306万元，实现利润2419万元。完成实物工程量：土石方1739.64万立方米，桥梁53168.3延长米，隧道23039.8延长米，铺轨78.54千米，公路57.585千米，房屋建筑面积3173平方米。工程质量合格率100%；实现安全生产7270天。职工年人均收入61959元，国有资本保值增值率102.99%，净资产收益率3.03%，产值利润率0.39%，资产负债率87.20%，投资收益上缴率100%，应上缴款完成率100%。（岳　蕾　岳永秀）

【第四工程有限公司】 国家建筑业一级企业，拥有公路工程施工总承包一级、市政公用工程施工总承包一级、水利水电工程施工总承包二级、房建工程施工总承包二级、铁路工程施工总承包三级、矿山工程施工总承包三级，公路路基工程专业承包一级、桥梁工程专业承包一级、隧道工程专业承包一级、地质灾害治理工程施工乙级资质。公司驻重庆市北部新区洪湖西路18号上丁企业公园。执行董事、党委书记王应权，总经理张涛。下辖49个工程项目和晋中分公司、战备仓库、达州基地。职工2952人。其中，干部1531人、工人1421人；技术干部1377人、技术工人1122人。资产总额512010万元，其中固定资产原值39526万元、净值13019万元，流动资产485972万元。机械运输设备564台（套），原值30121万元，总功率79900千瓦，成新率24%；人均动力装备率27.06千瓦、技术装备率10.2万元，综合机械化施工程度75%。

新签合同额966842万元，完成企业总产值519678万元，其中施工产值518422万元，实现利润4438万元。完成主要工程量：土石方1014万立方米，桥梁18354.7延长米，隧道22814延长米，铺轨77.8千米，房屋建筑面积19421平方米。工程质量合格率100%，实现连续安全生产3485天。（闫志浩　岳永秀）

【第五工程有限公司】 公路工程、市政公用工程施工总承包一级，铁路工程、水利水电工程、房屋建筑工程、矿山工程施工总承包二级，土石方工程、公路路基工程、隧道工程、桥梁工程专业承包一级，特种专业工程专业承包资质企业。公司驻山西省太原市小店区人民北路20号。执行董事、党委书记杨永宏，总经理聂武丁。下辖38个工程项目部、2个物业公司。职工2374人。其中，干部856人、工人1518人；技术干部798人、技术工人1128人。资产总额235434万元，其中固定资产原值47717万元、净值14802万元，流动资产218482万元。机械运输设备669台（套），价值3112.32万元，成新率47.95%，总功率72038千瓦，人均动力装备率31.38千瓦、技术装备率40700元，综合机械化施工程度85%。

新签合同额691637万元，完成企业总产值340589万元；实现利润4984万元。完成主要实物工程量：土石方548.58万立方米，桥梁44398.19延长米，隧道14125.95延长米，涵洞2998.91横延米，铺轨39.1千米，公路2.62千米，房屋建筑面积2480平方米。工程质量合格率100%。实现连续安全生产7665天。

（赵毅敏　岳永秀）

【第六工程有限公司】 公路工程施工总承包一级、市政公用工程施工总承包一级、铁路工程施工总承包二级、房屋建筑工程施工总承包三级，路基工程、桥梁工程隧道工程、土石方工程专业承包一级施工资质企业。执行董事、总经理李永珑，党委书记叶智锋。下辖42个工程项目部、唐城大厦、盾构公司、混凝土公司、桥梁公司、隧道一公司、隧道二公司、机运公司、房地产公司、华海劳务公司、华海劳务公司、物业公司等单位。职工1415人。其中，干部685人、工人349人；技术干部454人、技术工人174人。资产总额337771万元，其中固定资产原值71065万元、净值38157万元，流动资产300014万元。机械运输设备606台(套)，原值50577万元，总功率65809.90千瓦，成新率50.38%；人均动力装备率45.2千瓦、技术装备率17.5万元；综合机械化施工程度81%。

新签合同额444427万元，完成企业总产值355060万元，其中施工产值353521万元，实现利润2383万元。完成实物工程量：土石方891万立方米，桥梁20193延长米，隧道25867延长米，涵洞2097横延米，公路24.8千米。工程质量合格率100%，实现安全生产2864天。（罗义勇　岳永秀）

【建筑工程有限公司】　建筑工程施工总承包一级，市政公用工程施工总承包一级，机电安装工程施工总承包二级，地基与基础工程专业承包一级，钢结构工程专业承包一级，建筑装修装饰工程专业承包一级，起重设备安装工程专业承包二级，建筑智能化工程专业承包二级资质企业。公司驻山西省太原市小店区平阳南路34号。执行董事、党委书记杨琼东，总经理温爱明。下辖35个项目经理部和物业管理中心。职工1187人。其中，干部786人、工人401人；技术干部683人、技术工人194人。资产总额238083万元，其中固定资产原值34949万元、净值16564万元，流动资产220016万元。机械运输设备813台(套)，价值23579万元，总功率72606千瓦，成新率28%，动力装备率68千瓦/人，技术装备率6万元/人，完好率90%。

新签合同额208039亿元，完成企业总产值170040万元，其中施工产值169980万元，实现利润7260万元。完成主要实物工程量：隧道2440延长米，房屋建筑面积50.94万平方米。工程质量合格率100%，实现连续安全生产10513天。（韩风云　岳永秀）

【电气化工程有限公司】　机电工程施工总承包一级，公路交通工程(公路机电工程)专业承包一级，铁路电务工程专业承包一级，铁路电气化工程专业承包一级，输变电工程专业承包一级，建筑工程施工总承包二级，电力工程施工总承包二级，通信工程施工总承包二级，市政公用工程施工总承包二级，消防设施工程专业承包二级，建筑装修装饰工程专业承包二级，承装(修、试)电力设施许可二级资质企业。公司驻山西省太原市平阳南路34号。总经理尹建军(主持工作)。下辖41个工程项目经理部。职工395人。其中，干部349人、工人46人；技术干部300人、技术工人35人。资产总额103237万元，其中固定资产原值10450万元、净值3802万元，流动资产99430万元。主要机械运输设备467台(套)，价值7744.733万元，总功率69058千瓦，成新率24.63%，动力装备率74.83千瓦/人，技术装备率5.1万元/人，综合机械化施工程度78%。

新签合同额142856万元，完成企业总产值85156万元，其中施工总产值85156万元，实现利润2625万元。完成主要实物工程量：房屋建筑面积4.85万平方米；“四电”电力459处，通信1286处，管线迁改97处，综合接地176千米。工程质量合格率100%；实现连续安全生产3656天。（任志芳　周　艳　岳永秀）

【重要记载】

▲1月23—24日　召开党委常委(扩大)会议暨总经理办公会议、各子分公司主管领导会议。

▲2月5日　集团公司中标由中信建设总承包的委内瑞拉泛博办公大楼工程。

▲2月11日　集团公司党委二届六次全会、二届八次职工代表大会暨2015年工作会、党风建设和反腐倡廉工作会议在太原召开，258人参加会议。

▲2月11日　湖南省人民政府在长沙召开沪昆高铁湖南段建设专项表彰大会。集团公司获“沪昆高铁湖南段建设先进集体”；成华获湖南省“五一劳动奖章”并记个人一等功；高鹏、郑伯强分别记个人二等功。

▲2月26日　中国铁路总公司副总经理卢春房一行到集团二公司西成客专3标项目大秦岭隧道出口平导建设工地现场检查指导。

▲3月9日　江西省软科学研究会在南昌成立。集团公司副总经理文珂(主持经理层工作)出席成立大会，并当选为首届研究会副理事长。

▲3月25日　集团公司中标国家国际经济合作事务局援巴基斯坦国会大厦太阳能供电项目EPC实施任务。

▲4月12日　四公司负责施工的重庆两江新区水土高新技术产业园龙门大桥获2014年度全国市政金杯示范工程奖。

▲4月16日　在上海召开的2015年全国建筑钢结构行业大会上，建筑公司承建的吉林市人民大剧院钢结构工程获2014年中国钢结构金奖。

▲4月21日　国家主席习近平在巴基斯坦总理谢里夫、参议院主席拉巴尼和国民议会议长萨迪克的陪同下，共同为中铁十七局集团中标施工的巴基斯坦国会大厦太阳能光伏发电项目揭牌。王沪宁、栗战书、杨洁篪等领导出席揭牌仪式。

▲4月28日　在山西省国家税务局、地方税务局公布的“2014年度纳税信用A级纳税人名单”上，集团公司和一公司、五公司、建筑公司、电气化公司、物资公司共6个单位被评为“A级纳税人”，位列驻晋央企之首。集团公司已连续12年获此殊荣。

▲5月5日　福建省委书记尤权一行乘坐合福铁路客运专线(福建段)高速列车,实地视察线路运行试验情况。

▲6月1日　集团公司房屋建筑工程施工总承包特级(建筑行业设计甲级)资质获住建部核准,集团公司成功跻身"双特级"企业。

▲6月17日　阿尔及利亚总理萨拉勒为集团公司在阿尔及利亚建筑市场独立承揽的最大工程项目——马斯卡拉省3048套住房项目奠基。

▲7月21日　中国铁路总公司副总经理卢春房一行在集团公司副总经理文珂(主持经理层工作)陪同下检查建筑公司承建的吉图珲铁路客运专线珲春站工程。

▲8月28日　中国铁键副总裁刘汝臣赴晋参加"2015年中央企业山西行"活动。

▲11月11日　中国铁建城市地下综合管廊投资建设研讨会在十七局集团公司贵安新区项目召开,学习推广十七局集团在城市地下综合管廊领域成功做法。

▲11月17日　中国建筑业协会在北京召开2014—2015年度中国建设工程鲁班奖(国家优质工程)表彰大会,集团公司承建的山西省图书馆和郑州东站2项工程获中国建设工程鲁班奖。

▲12月9日　集团公司承建的广深港铁路客运专线和重庆鱼洞长江大桥2项工程获国家优质工程奖。

(岳永秀)

中铁十八局集团有限公司

【简况】　中铁十八局集团有限公司系铁路、房屋建筑工程施工总承包特级,公路、水利水电、市政公用工程施工总承包一级,隧道、桥梁、城市轨道交通、机场场道、公路路面工程专业承包一级,铁道行业设计甲II级,房屋建筑工程设计甲级、地质灾害治理施工和建筑专业甲级,测绘乙级资质企业,同时拥有对外承包工程资质和对外经营权。2010年被认定为天津市高新技术企业。总部驻天津市河西区大沽南路1519号。前身系中国人民解放军铁道兵第八师,诞生于1958年。1984年1月1日集体转业并入铁道部,改称铁道部第十八工程局;1999年12月1日更名为中铁第十八工程局,随后脱离铁道部,归属中央大型企业工作委员会管理;2001年4月18日改制注册为中铁十八局集团有限公司,2003年3月归属国务院国有资产监督管理委员会管理;2008年3月随中国铁建股份有限公司整体上市。2001年4月18日企业改制改称现名。下辖11个子公司、3个分公司、8个区域指挥部及20个工程指挥(项目)部。职工16684人,其中,干部11704人、工人4980人。资产总额3097915万元。其中,固定资产原值803618.98万元、净值406515.58万元;流动资产2591171.57万元。机械运输设备6863台(辆),原值514247.55万元、净值222471万元,总功率808081.34千瓦,动力装备率48.43千瓦/人,技术装备率13.33万元/人,新度系数43.26。机械化施工程度90%以上。其中大型设备205台(套),完好率92.63%,利用率84.5%。

新签合同额4798000万元,完成企业总产值3500000万元,其中施工产值3359000万元;实现利润65547万元。全员劳动生产率42.57万元/人·年,人均创利2.09万元,职工年人均收入6.79万元。国有资本保值增值率117.16%,净资产收益率19.42%,应上缴款完成率100%,资产负债率88.45%。完成主要实物工程量:土石方5069万立方米,隧道118100延长米,桥梁78200延长米,房屋建筑面积228.7万平方米,地铁轻轨22.7千米,铁路正线铺轨88.3千米,站线铺轨21.1千米。集团公司获中国建设工程鲁班奖1项、中国土木工程詹天佑奖1项、国家优质工程奖1项、中国钢结构金奖1项;省市及行业优质工程奖9项;省市级优质结构工程12项、股份公司"铁建杯"优质工程9项。获国家级优秀QC成果8项,获省部市级优秀QC成果27项、天津市优秀项目管理成果1项、股份公司优秀QC成果5项。集团公司获"全国文明单位""全国模范职工之家红旗单位""天津市共青团组织工作先进单位""天津市青年志愿者工作优秀组织奖""中国铁建2015年度安全生产达标单位";在天津市首届"优秀企业报刊"评选活动中,《中铁工人》报获"十佳企业报"荣誉和好设计版面三等奖。一公司、四公司、五公司被评为全国优秀施工企业。三公司西安地铁盾构队获全国班组安全建设与管理成果展示比赛特等奖,并获授全国"工人先锋号"称号。1人获全国五一劳动奖章,一公司、五公司获天津市五一劳动奖状、8人获天津市"工人先锋号"称号、25人获天津市五一劳动奖章、1人获中华全国铁路总工会火车头奖章,8人获全国优秀项目经理称号,1人获"天津市优秀项目经理"称号。

(阎世杰　杨　旭)

【领导人员】

董事会

董事长	彭仕国
副董事长	宋占波
董事	彭道富

	赵心昭
	马秀之

监事会

监事会主席	马培卿
监事	熊　晖
	徐锡国

经理层

总经理	彭仕国
副总经理	彭道富
	韩利民
	李铁翔
	马秀之
	陈建民
	薛新广
	余柏华
	崔连友
	童顺军
	闫广天
	孟文林
总工程师	韩利民（兼）
总会计师	马秀之（兼）

党群领导

党委书记	宋占波
党委副书记	彭仕国
	王兴周
	马培卿
纪委书记	马培卿（兼）
工会主席	赵心昭

（杨　勇）

【工程项目指挥机构】 华中区域指挥部　驻湖北省武汉市武昌区中北路109号中国铁建1818中心3901。指挥长兼党工委书记李铁翔（兼）。

西南区域指挥部　驻四川省成都市双流机场路土桥段14号。指挥长兼党工委书记闫广天（兼）。

华东区域指挥部　驻上海市闸北区芷园路417号。指挥长崔连友（兼）。

西北区域指挥部　驻陕西省西安市未央区凤城九路与明光路交叉口中登文景大厦11楼。指挥长兼党工委书记余柏华（兼）。

华南区域指挥部　驻广东省深圳市南山区丽山路西湖林语名苑3栋101-106。指挥长兼党工委书记彭道富（兼）。

津冀区域指挥部　原为华北区域指挥部，2014年10月更名为天津区域指挥部，2015年9月改称现名。驻天津市塘沽区临港路1396号。指挥长兼党工委书记陈建民（兼）。

北方区域指挥部　9月由原北京区域指挥部、东北区域指挥部、神华区域指挥部合并整合。驻北京市海淀区首体南路33号。指挥长兼党工委书记童顺军（兼）。

海外区域指挥部　驻天津市津南区双港乡中铁十八局集团办公楼12楼。指挥长兼党工委书记薛新广（兼，12月任）。

南疆吐库二线铁路工程项目指挥部　驻新疆维吾尔自治区吐鲁番市托克逊县人民西路安置房小区。指挥长杜万英。

兰渝铁路工程指挥部　驻甘肃省陇南市武都区汉王镇将军石桥油橄榄园。指挥长余柏华（兼），党工委书记江顺。

山西中南部铁路通道ZNTJ－12标项目经理部　驻河南省林州市红旗渠大道和苑和风院5－4－301。常务副经理张晓华。

云桂铁路云南段项目经理部　驻云南省弥勒市人民路中段。常务副经理杨继明，党工委书记矣成辉。

三南铁路工程指挥部　驻重庆市万盛经济开发区万盛宾馆二楼。指挥长张海龙，党工委书记刘文友。

田桓铁路TH－2标工程项目经理部　驻辽宁省本溪市桓仁满族自治县西关新屯5号办公楼。项目经理张馨，党工委书记赵文来（9月任）。

渝黔铁路土建2标项目经理部　驻重庆市九龙坡区华岩镇福园路7号。项目经理吴忠良，党工委书记黄振岐（9月任）。

福平铁路FPZQ－1标项目经理部　驻福建省福州市闽侯县尚干镇324国道旁兴大建材院内。项目经理杜卫军，党工委书记成贵宾。

石济铁路客运专线项目部　驻山东省德州市平原县平安大街桃园宾馆。项目经理王志杰，党工委书记刘丛勇。

成贵铁路CGZQSG－14标项目经理部　驻贵州省毕节市黔西县经济技术开发区。项目经理付彦生。

大瑞铁路怒江至龙陵段项目经理部　驻云南省保山市施甸县水长工业园区。常务副经理阎树欣，党工委书记李瑞显。

中铁建贵州安紫高速公路施工总承包指挥部　驻贵州省安顺市西秀区两所屯。指挥长兼党工委书记杨国良（7月免）郑艳（7月任）。

武九客专（湖北段）2标段项目经理部　驻湖北省黄石市阳新县经济技术开发区荻田。项目经理赵建宇，党工委书记高纯根。

黔张常铁路1标项目经理部　驻湖南省桑植县文明东路。项目经理李铁翔（兼），党工委书记杨廷玺。

拉林铁路工程指挥部　驻西藏自治区林芝市朗县洞嘎镇卓村。指挥长李正士(7月任),党工委书记宋祥武(12月任)。

蒙华铁路MHTJ-5标段项目经理部　驻陕西省延安市安塞县。项目经理高双涛(8月任),党工委书记谷振伟(8月任)。

郑万铁路河南段项目部　驻河南省平顶山市鲁山县。项目经理杨国良(12月任)。

商合杭铁路站前4标项目经理部　驻安徽省阜阳市清河东路468号。项目经理兼党工委书记彭亚飞(11月任)。 (阎世杰　杨　旭)

【职工队伍】 截至2015年底,集团公司职工16684人。干部11704人。其中,专业技术干部9859人,占干部总数的84%;女干部3520人,占干部总数的30%。专业技术干部中,初级职称6046人,中级职称2551人,高级职称1262人。工人4980人。其中,女工1334人,占工人总数的26.8%;技术工人3777人,占工人总数的75.8%。技术工人中,初级工173人,中级工801人,高级工1576人,技师640人,高级技师217人。 (李红燕　代京军　张俊超)

【铁路工程施工】 2015年,集团公司在建铁路工程42项,合同投资4010381万元,完成施工产值924857万元,占施工总产值的27.5%。

新建铁路云桂线(云南段)站前6标段工程　位于云南省红河州弥勒县,线路长52.4千米,合同投资357996万元,合同工期2010年9月—2015年2月。主要实物工程量:隧道9座31978延长米,桥梁16座8108.218延长米,涵洞35座1674.94横延米,无砟轨道33.28千米,有砟轨道19.12千米。2015年完成产值8424万元,开工累计完成投资375923万元,占合同投资的101.1%。

新建福州至平潭铁路FPZQ-1标段工程　位于福建省福州市,线路长25.475千米,合同投资188495万元,合同工期2013年11月—2019年4月。主要实物工程量:路基土石方50万立方米,单双线桥梁21座10558.2延长米,涵洞7座,隧道10座16055.8延长米。2015年完成产值48875万元,开工累计完成投资74429万元,占合同投资的39.5%。

新建大理至瑞丽铁路怒江至龙陵段站前土建1标段工程　位于云南省保山市,线路长6.927千米,合同投资158151.08万元,合同工期2014年7月—2019年2月。主要实物工程量:桥隧过渡段11.9米,怒江特大桥1座1024延长米,怒江车站,高黎贡山隧道进口正洞和平导,正线长5891米,平导洞5588米,隧道无砟道床安装5393米。2015年完成产值18722万元,开工累计完成投资18722万元,占总投资的11.8%。

新建蒙西至华中地区铁路煤运通道MHTJ-5标段工程　位于山西省延安市,线路长35.959千米,合同投资263474万元,合同工期2015年8月—2020年3月。主要实物工程量:路基土石方182.8万立方米,站场土石方175.4万立方米,桥梁24座3369.33延长米,隧道14座27358.82延长米,铺设无砟道床55069米,安装弹性支撑块17.4万块,铺道砟52492立方米,车站1座。2015年完成产值14321万元,开工累计完成投资14321万元,占合同投资的5.4%。

新建川藏铁路拉萨至林芝段LLZQ-9标段工程　位于西藏自治区林芝境内,线路长39.26千米,合同投资209856万元,合同工期2015年7月—2021年11月。主要实物工程量:路基土石方132万立方米,路基445米,隧道4座35813延长米,桥梁5座1258.45延长米,涵洞6座271.38横延米,站场3处,无砟道床33.194千米,有砟道床6.066千米。2015年完成产值20500万元,开工累计完成投资20500万元,占合同投资的9.8%。 (李立辉)

【铁路外工程施工】 2015年,集团公司在建路外工程368项,合同投资7960042万元,完成施工产值2217589万元,占施工总产值的66.0%。其中,公路工程52项,合同投资1552904万元,完成施工产值575728万元;其他工程316项,合同投资6407138万元,完成施工产值1641861万元。

北京地铁16号线8标段工程　位于北京市东城区,线路长2.424千米,合同投资56132万元,合同工期2013年6月—2016年12月。主要实物工程量:1站1区间,包括车站主体暗挖、车站附属、区间盾构、区间渡线段、区间附属工程及站前广场降水工程。2015年完成产值20800万元,开工累计完成投资36940万元,占总投资的65.8%。

北京地铁16号线16标段工程　位于北京市海淀区,线路长1.06千米,合同投资46877.36万元,合同工期2013年6月—2016年12月。主要实物工程量:1站1区间,包括车站273.9米,拱顶覆土厚度约12~13米,底板埋深约31.3米,区间782.4双线米,线间距17.2米。2015年完成产值14505万元,开工累计完成投资20216万元,占总投资的43.1%。

天津地铁5号线工程土建施工第15合同段　位于天津市河东区,线路长2.071千米,合同投资36987万元,合同工期2012年8月—2016年2月(变更)。主要实物工程量:1站2区间,车站总建筑面积13421.4平方米,底板埋深约20.83米,最深处达23米,区间双线长约2071米。2015年完成产值4193万元,开工累计完成投资19859万元,占总投资的53.6%。

长春地铁2号线一期工程5标段　位于吉林省长春市南关区,线路长3.1千米,合同投资89878万元,合同工期2013年4月—2017年4月(变更)。主要实物工程量:2站3区间,区间长3.1千米。2015年完成产值25094万元,开工累计完成投资30532万元,占总投资的34.0%。

武汉市轨道交通7号线一期工程第7标段土建工程　位于湖北省武汉市江北区,线路长3.413千米,合同投资98849万元,合同工期2013年12月—2016年12月。主要实物工程量:1站2区间及公路隧道。2015年完成产值21833万元,开工累计完成投资26693万元,占总投资的27.0%。

辽西北引水隧洞二段4标段工程　位于辽宁省抚顺市清原县境内,线路长22.294千米,合同投资64832万元,合同工期2012年6月—2016年5月。主要实物工程量:输水洞29365延长米,施工支洞5条。2015年完成产值16223万元,开工累计完成投资51362万元,占总投资的79.2%。

引汉济渭工程秦岭隧洞TBM施工段岭北工程　位于陕西省西安市周至县境内,线路长16.690千米,合同投资116493万元,合同工期2014年6月—2017年6月。主要实物工程量:TBM掘进施工段16096延长米。2015年完成产值23683万元,开工累计完成投资39622万元,占总投资的34.0%。

吉林省中部城市引松供水工程总干线TBM 2标段　位于吉林省吉林市永吉县境内,线路长22.6千米,合同投资84502万元,合同工期2014年2月—2019年12月(变更)。主要实物工程量:引水隧洞22600米、1号通风竖井、两个施工支洞及其他临时工程。2015年完成产值22057万元,开工累计完成投资29334万元,占总投资的34.7%。

山西省中部引黄工程TBM1标段　位于山西省吕梁市兴县境内,线路长24.802千米,合同投资45772万元,合同工期2013年3月—2016年11月。主要实物工程量:总干隧洞主洞TBM掘进施工21029.3米,TBM进洞支洞3773.3米,通风支洞1007.17米。2015年完成产值12380万元,开工累计完成投资18920万元,占总投资的41.3%。　(李立辉)

【境外工程施工】　2015年,境外工程34项,合同投资1091427万元,完成施工产值217009万元,占施工总产值的6.5%。

麦麦高铁第1标段工程　位于沙特阿拉伯麦加,线路长449千米,合同投资262239万元(变更),合同工期2009年4月1日—2015年12月31日。主要实物工程量:土石方12200万立方米,桥梁93座,沿线设有7个车站。2015年完成产值64455万元,开工累计完成投资211911万元,占总投资的80.8%。

(李立辉)

【经营管理】　(1)工程承揽。承揽项目233项,新签合同额4798000万元。其中,铁路工程1116000万元,占合同总额的23.3%;公路工程999600万元,占合同总额的20.8%;房屋建筑工程867000万元,占合同总额的18.1%;城市轨道交通工程727000万元,占合同总额的15.2%;市政工程668000万元,占合同总额的13.9%;水利电力工程300000万元,占合同总额的6.3%;其他工程120000万元,占合同总额的2.5%;海外工程111868万元,占合同总额的2.33%。

(2)企业管理。集团公司取得房建特级资质,成功迈入双特级企业行列。三公司、四公司分别取得集团第二个铁路一级资质、钢结构一级资质。轨道公司取得市政一级资质;注册成立集团物资贸易公司,完成三公司、四公司、五公司、高速公路项目管理公司4个公司注册资本金增资工作。积极贯彻股份公司《关于大力整合撤并三级、四级法人公司和分公司的通知》要求,完成集团内部四公司、六公司整合,北京地铁指、轨道公司整合,三公司涿州水泵厂、四公司蓟县机械厂划归物资公司等工作。集团公司水利市场信用等级评价获得天津市最高等级AAA级,建筑市场施工企业信用等级评价获天津市最高等级A级。2015年,集团公司被评为全国文明单位,实现历史性的突破。一公司、四公司和五公司被评为全国优秀施工企业。8人被评为全国优秀项目经理,1人被评为天津市优秀项目经理。

(3)安全质量管理。依据2015年度"安全质量包保责任书"有关内容,对实现年度包保目标的子公司、指挥部(项目部)、分公司及主管领导共计兑现奖励307.2万元,24个单位及48人获奖。推进施工现场安全质量标准化管理,4个项目被评为中国铁建安全质量标准工地。集团公司获国家级优秀QC成果8项,获省部市级优秀QC成果27项、天津市优秀项目管理成果1项;集团公司获国家级优质工程奖4项、省市及行业优质工程奖9项、省市级优质结构工程12项、中国"铁建杯"优质工程9项;

(4)财务资产管理。① 财务制度建设。印发《中铁十八局集团有限公司"营改增"销项税业务流程指导意见》《中铁十八局集团有限公司"营改增"进项税业务流程指导意见》《中铁十八局集团有限公司业务部门"营改增"职责分工考核暂行办法》等意见和办法,制定《子分公司负责人、区域指挥部及工程指挥

(项目)部2015年绩效考核财务综合指标考核实施细则》《中铁十八局集团有限公司2015年稳增长提效益特别奖惩办法》等细则与办法,进一步建立健全考核机制,规范企业财经行为,提升管理水平。② 财经状况核查。对所属各单位进行现场检查指导。根据集团公司综合管理督导方案及评分标准,进行严格打分,形成督导结论。及时发现各单位在法人治理和项目管理中存在的问题和短板,并提出具有针对性的整改意见及建议,有效地规避管理风险,堵塞管理漏洞。③ 资金管理。一是提高资金融通能力,降低有息负债规模。二是规范资金管理行为,提高资金使用效率。三是强化责任成本管理,通过强有力的财务管理手段为企业实现降本增效。致力于资金最大效率的利用和发挥效能,避免资金闲置,在能力范围内确保资金链条良性运转,为企业创造尽可能多的效益。④ 产权管理。将分散的产权管理职能进行梳理归并,推动集团层面产权管理职责统一,明确管理职能部门,落实各项工作责任主体。同时,按时完成日常产权登记工作,确保国有资产的安全与完整。⑤ 财务决算、预算。各单位实现按季度进行财务分析,强化对财务风险的监控,将风险反馈到决策层,达到预警目的。修订《全面预算管理暂行办法》,将预算的考核与子分公司领导人绩效考核挂钩,计划、控制、考评为一体全方位管理。一级对一级负责,确保预算的科学性和可操作性,促进企业管理水平不断提高。⑥ 财税筹划。通过税务筹划减免企业所得税10490万元,全集团综合企业所得税税率为14.66%。实现出口退税960万元。通过利用境外单位所得税的抵免政策,国际工程有限公司减少所得税支出1278万元。⑦ 财务信息化建设。共享中心建设目标初步实现,基本完成核算、支付、标准、内控落实的集中及统一,全集团上线项目913个,上线率97.96%。在途单据占提单量比率从上年年底的6.62%下降到2.04%。

(5)成本管理。① 过程控制。认真落实成本分析通报制度。坚持"四个上移"(包括劳务分包单价、材料采购、设备采购(租赁)单价、结算),具体执行"法人管项目"制度。合同审批程序逐步走向常态化管理态势,在项目正式签订各类经济合同之前都按照"四个上移"的具体要求进行相应的合同审批流程把控,有效规避各类合同风险。② 定额管理。把编制完成的集团公司劳务指导单价以红头文件下发,为现场定价和项目标前测算、责任预算编制服务。

(6)审计监督。全集团完成审计项目134项,完成年度审计工作计划的104.7%,其中,财务收支审计18项、效益审计14项、经济责任审计30项、内部控制评审10项、基本建设审计3项、其他审计59项。审计总金额3623380.79万元,提出建议意见被采纳511条。

(李　毅　李立辉　刘　纬　畅里爱　黄旭生　刘振武)

【科技教育】 (1)科技创新。集团公司实现TBM工程实验室孵化成型,信息化建设支撑双特级资质,获省部级科技进步奖6项,获中施企协科技进步奖4项;共完成专利受理70项,获专利授权104项;获国家级工法5项、省部级工法15项、股份公司工法12项;参编地方标准1项,股份公司企业标准2项;获批住建部绿色示范工程2项;获批天津市新技术示范工程1项;获股份公司优秀论文7篇。

(2)教育培训。举办(送培)各类员工培训班595期,培训14000多人次;73人参加股份公司举办的领导干部培训班,10名项目经理参加天津市建委组织的建筑业百名项目经理培训班,1362人参加股份公司组织的执业资格、项目经理、经营管理、责任成本管理、法律法规、"营改增"、关键岗位管理人员和关键工种基层作业人员等培训班;1135人参加交通部建设部的"三类人员"安全考核、建设部的"十一大员"、测绘产品质量检查员、财务共享服务中心建设与运营实战等培训班;组织907人举办BIM技术、经营人员、项目经理、物资管理,财务共享等培训班;组织9463人参加资质换证、工程施工技术、铁路工程试验检测人员等自办培训班;2015年建立农民工业校182所,举办各类农民工培训班971期,培训39693人次。

(刘玉飞　隋丽春)

【公安与综合治理】 立各类刑事案件44起,破获22起,破案率为50%,抓获犯罪嫌疑人11人(其中抓获外省逃犯1人),刑事拘留10人,取保候审2人,逮捕5人,移送起诉6人,收缴涉案财物3.5万元。其中,破获毒品案件3起,缴获冰毒、海洛因等毒品39.36克。为企业和职工群众挽回直接经济损失150多万元。查处治安案件62起,行政拘留22人,查处吸毒人员13人。及时处置,排查化解600多起各类矛盾纠纷和上访事件;协助企业办理解决难题3件,帮助职工群众解决困难、求助650件。 (张　宁)

【党的工作】 集团公司有各级各类党组织726个。其中,党委46个,党工委197个,党总支1个,党支部482个。共有党员8980人。其中,正式党员8780人,预备党员200人,少数民族党员274人。

(1)党建工作。制定印发《集团公司党委、集团公司关于进一步加强和改进领导班子思想政治建设的意见》,确保科学决策。继续开展"四好领导班子"创建活动,集团公司评出“四好领导班子”4个;制定印发“三严三实”学习教育活动宣传教育提纲,召开“三严三实”专题民主生活会,全体班子成员以“三严三实”为主题,分别到联系点单位为广大党员领导干部进行专题党课讲解,邀请中央党校教授作“三严三实”专题教育辅导讲座,选取10个先进单位和个人,进行学习交流推广,树立标杆和榜样。结合“三严三实”专题教育的开展,在全集团各级组织中开展学习党的十八大报告和党章党史活动;科学制定企业2015年党员发展计划,严格党员发展程序,发展党员185人。五公司的党建经验在中央企业基层党组织书记示范培训班交流活动中,受到国资委党建局领导的高度评价。党建工作经验被天津市建委党委收入中央驻津单位党建工作经验材料汇编,发放各单位学习交流。1项政研课题入选国资委,集团公司被股份公司评为“政研工作优秀组织单位”。制定印发《集团公司党委、集团公司关于进一步加强和改进领导班子思想政治建设的意见》,股份公司党委全文转发,并在中国铁建系统进行推广学习。

(2)宣传思想工作。组织召开天津港“8·12”瑞海公司危险品仓库特别重大火灾爆炸事故抢险救援表彰大会,对14个先进基层党组织、先进集体和41名优秀共产党员、先进个人进行表彰,先进集体和个人受到天津市委、市政府高度评价。组织召开践行“三严三实”先进事迹报告会,选树10个先进集体和个人。集团公司首次获“全国文明单位”称号。9人和5个集体受到股份公司和天津市建委表彰。深入推进“道德讲堂”活动开展。潘建立、于长彬分别获评股份公司“十大楷模”和“十佳道德模范”。五公司地铁项目书记郑卫红——“25年的坚守”先进事迹被国资委简报刊载,在全系统转发学习推广。一公司女职工虞灵芝入选“9月天津好人”。中央电视台及省、市电视台播发新闻109条的良好记录。其中,中央电视台播发新闻54条,联播14条,省、市55条。在主流媒体共刊发新闻报道3825篇,中央大报刊发新闻60篇,中央、门户网站刊发新闻787篇,省部级报纸、行业报和主流网站刊发2519篇,《中国铁道建筑报》刊发新闻350篇。集团公司连续5年获股份公司对外新闻报道第一名。

(3)党风廉政建设。制定实施《子分公司纪委书记、副书记提名考察办法》《廉政谈话办法》等系列制度规定,各级党委层层分解责任,共签订党风廉政建设目标责任书329份。强化提醒教育,对领导人员任前廉政谈话441人次;谈话提醒235人次;函询33人次;贯彻落实中央“八项规定”,把执行履职待遇和业务支出规定作为监督重点,立案审查违反“八项规定”问题1起,两级班子全部完成领导办公用房整改工作,共缩减面积1376平方米;核减超额配备、封存进口高档轿车10辆;个人补缴超标准乘坐交通工具和住宿费47万元,退回违规发放奖金276万元。受理信访举报49件,初核案件线索54件,立案42件,结案42件,处分95人,刑事处理3人,多人受到组织处理和责任追究,通过办案,直接挽回经济损失288万元,处罚赔偿137万元。派出执法效能监察组17个111人次,对104个项目进行监督检查,提出监察建议448条,清退不合格劳务队伍8个,责任追究58人,调整项目领导班子13个,撤换项目经理7人,实现减亏扭亏项目25个,避免和挽回经济损失2630万元。各级纪检监察部门参与设备物资招标监督把关190余次,为企业减少采购成本约1.5亿元。进一步落实巡视整改要求,全部完成巡视组移交的33条问题线索的调查核实工作,立案审查21件,结案21件,查处违纪违规人员32人,刑事处理3人,对17人经济罚款95.7万元,组织处理6人,诫勉谈话22人次,通报批评5家单位。问题线索核查率100%,立案率63.5%。

(齐彦飞　刘凤蓊　杨建华　李国臣　彭　婧　李鸿钧　赵玉环　张旻璇)

【工会工作】 集团公司有工会组织43个。其中,集团公司机关工会1个;子公司工会11个;分公司工会3个;区域指挥部工会8个;工程指挥部工会20个。会员16901人。召开集团公司三届四次职代会暨2015年工作会,修订《集团公司集体合同(补充条款)》《女职工权益保护专项集体合同(补充条款)》《2015年工资集体协商协议书》。各子分公司全部签订集体合同,签订率、平等协商召开率100%。召开二届八次全委(扩大)会暨女工委二届五次全委(扩大)会,表彰2014年度工会好班子、先进单位。召开三届四次职代会第二次提案处理会议,印发《关于职工代表巡视质询情况的报告》的通知。2015年,累计实现职工技术创新和合理化建议39项,取得国家授权专利9项。建立14个工会劳动法律服务监督和劳动争议调解组织,组建率100%;建成3个“全国职工教育培训示范点。其中四公司职工教育培训中心被确定为“全国职工教育培训优秀示范点”。认真实施“三不让”救助制度,资助困难职工家庭878户,帮扶困难职工子女124人,发放助学金11.423万元。深入开展“安康杯”竞赛活动,12家单位(集体)获省部级以上“安康杯”竞赛表彰,6项班组安全建设管理成果获天津市表彰,其中三公司西安地铁盾构队获全国班组安全建设与管理成果展示比赛特等奖,成为天津市和股份公司系统唯一获此殊荣的单位,并获全国“工人先锋号”称号。集团公司工会被评为天津市班组安全建设优秀组织单位。

2015年,集团公司表彰劳动模范和建设功臣各10人、工人先锋号10个、先进集体25个、先进工作者196人;推荐上报股份公司先进集体2个、工人先锋号标兵2人;全国五一劳动奖章获得者1人、中华全国铁路总工会火车头奖章获得者1人、天津市“五一”劳动奖章获得者12人;获天津市工人先锋号2个,一公司、五公司获天津市五一劳动奖状。

(齐彦飞　刘凤翥　杨建华　李国臣　彭　婧　李鸿钧　赵玉环　张旻璇)

【共青团工作】 大力开展“三严三实”、社会主义核心价值观、中国特色社会主义理论、习近平总书记系列重要讲话等4项专题教育活动,深入开展“学雷锋、展青春、促发展”活动,不断深化“岗手号”争创活动,创新开展青年突击队活动。24个青年集体、28名青年受到团中央、中央企业团工委及省部级团组织的表彰,1个集体获评“全国青年安全生产示范岗”,1个集体获评“中央企业青年文明号”,2个集体获评“中国铁建五四红旗团委”,集团公司团委获评天津市共青团组织工作先进单位,并获天津市青年志愿者工作优秀组织奖。

(齐彦飞　刘凤翥　杨建华　李国臣　彭　婧　李鸿钧　赵玉环　张旻璇)

【国际工程有限公司】 职工1079人,其中干部851人、工人228人。下辖8个分公司。其中,国内分公司1个,为大都工程公司;海外分公司7个,分别是马斯喀特公司(阿曼公司)、中国铁道建筑(泰国)有限公司(泰国公司)、迪拜工程公司、尼日利亚有限公司(尼日利亚公司)、马达加斯加公司(马达加斯加项目部)、沙特工程公司和科威特公司。资产总额296610.97万元,其中固定资产原值61208.91万元、净值28117.57万元,流动资产264836.6万元,非流动资产31774.37万元。机械设备1021台(套),总功率171272.54千瓦,动力装备率289.8千瓦/人,技术装备率31.5万元/人,年施工能力35亿元以上。

2015年,承揽工程任务111868万元,完成施工产值312396.16万元,实现利润2205.36万元,净利润901.26万元。 (马剑平　杨　旭)

【第一工程有限公司】 公路、市政公用工程施工总承包一级;铁路、水利水电工程施工总承包二级;隧道、桥梁、公路路基工程专业承包一级资质企业。公司驻河北省涿州市冠云西路128号。前身系中国人民解放军铁道兵第八师第三十六团,1984年1月1日集体转业并入铁道部,改编为铁道部第十八工程局第一工程处;2001年8月28日企业改制改称现名;2011年3月与集团公司下属中原公司整合重组。执行董事、总经理李兰勤,党委书记卫海宏(11月免)、孙贵生(11月任)。下辖40个项目(指挥)部和机械化工程公司、铁建社区医院、物业管理中心。职工2965人,其中,干部2017人、工人948人。资产总额268971万元。其中,固定资产原值89859万元、净值41525万元,流动资产223349万元,其他资产4097万元。机械运输设备1072台(套),总功率128120.75千瓦,技术装备率9.92万元/人,动力装备率43.2千瓦/人,机械化施工程度90%以上;年施工能力40亿元以上。

2015年,承揽工程任务569000万元,完成企业总产值331893万元,其中施工产值331302万元,实现利润3169万元。 (王大章　杨　旭)

【第二工程有限公司】 铁路、公路、市政公用、房屋建筑工程施工总承包一级资质,电力工程施工总承包二级,地基与基础、桥梁、隧道、铁路铺轨架梁工程专业承包一级资质企业。职工1702人,其中干部1088人、工人614人。资产总额268789万元。其中,固定资产原值40616万元、净值18303万元,流动资产248711万元。机械运输设备259台(套),总功率35490千瓦,动力装备率20.77千瓦/人,技术装备率2.88万元/人,年施工能力48亿元以上。

2015年,承揽工程任务482634万元,完成企业总产值411600万元,其中,施工产值333361.75万元,实现利润3035万元。 (丁潇洒　杨　旭)

【第三工程有限公司】 公路、铁路、市政公用、房屋建筑工程施工总承包一级,隧道、桥梁、公路路基、水工隧洞工程专业承包一级,送变电、公路路面工程专业承包二级资质企业。职工2670人,其中,干部1853人、工人817人。资产总额492060万元。其中,固定资产原值113492万元、净值57779万元,流动资产429180万元,其他资产62880万元。机械运输设备1008台(套),总功率114446.9千瓦,动力装备率42.86千瓦/人,技术装备率12.63万元/人,年施工能力50亿元以上。

2015年,承揽工程任务347497万元,完成企业总产值458031万元,其中施工产值451706万元,实现利润1527万元。 (梁淑芳　杨　旭)

【第四工程有限公司】 市政公用、房屋建筑工程施工总承包一级,钢结构、建筑装饰装修工程专业承包一级,混凝土预制构件专业承包二级,土石方工程专业承包二级,矿山工程施工总承包三级,爆破作业二级,房地产开发四级资质企业。下辖62个单位。职工1499

人，其中，干部1341人、工人158人。资产总额429141万元。其中，固定资产原值58465万元、净值30993.55万元，流动资产379585.76万元，其他资产18561.69万元。机械运输设备553台（套），总功率66893千瓦，动力装备率36.51千瓦/人，技术装备率7.00万元/人。年施工能力46亿元。

2015年，承揽工程任务635600万元，完成企业总产值460051万元，其中，施工产值459382万元，实现利润6000万元。（刘琛　杨旭）

【第五工程有限公司】 市政公用、公路、房建施工总承包一级，铁路工程施工总承包二级，桥梁、隧道、公路路面、公路路基专业承包一级，预拌商品混凝土专业承包二级资质企业。下辖30个单位。职工3721人，其中，干部1662人、工人2059人。资产总额507200万元。其中，固定资产原值104511万元、净值35768万元，流动资产450800万元，其他资产56434万元。机械运输设备872台（套），总功率89713千瓦，动力装备率30.44千瓦/人，技术装备率6.99万元/人，年施工生产能力60亿元以上。

2015年，承揽工程任务1096100万元，完成企业总产值530858万元，其中，施工产值530858万元，实现利润8260万元。（宋清宇　杨旭）

【建筑安装工程有限公司】 市政公用、房屋建筑、机电安装工程施工总承包一级，钢结构、管道、火电设备安装工程专业承包一级，铁路电务、铁路电气化工程专业承包三级，锅炉安装维修一级、压力管道安装GA1级、GB1（含PE专项）、GB2级、GC1级、起重机械安装维修A级、电梯安装C级特种设备施工许可资质企业。职工1012人，其中，干部487人、工人525人。资产总额124680万元，其中，固定资产原值10947万元、净值5409万元，流动资产96561万元，其他资产2958万元。机械运输设备626台（套），总功率19273.5千瓦，动力装备率28.2千瓦/人，技术装备率2.16万元/人，年施工能力30亿元以上。

2015年，承揽工程任务496965.53万元。完成企业总产值176330万元，其中施工产值163914万元，实现利润3275万元。（方笑笑　杨旭）

【房地产开发有限公司】 房地产开发二级资质企业。下辖7个单位。职工99人。其中，干部98人、工人1人。资产总额141180万元。其中，固定资产原值534万元、净值206万元，流动资产137520万元，非流动资产3660万元。

2015年，开发房地产项目3个，完成投资94991万元，实现利润9762万元，应上缴款完成率100%。（杨勤华　杨旭）

【隧道工程有限公司】 2011年3月，由原集团公司隧道工程公司与上海工程公司合并重组而成。职工1032人，其中，干部895人、工人137人。资产总额398677.46万元。其中，固定资产原值181212.51万元、净值115377.41万元，流动资产269301.43万元，非流动资产129376.03万元。机械运输设备1297台（套），总功率106336千瓦，动力装备率99.56千瓦/人，技术装备率102.59万元/人，年施工能力30亿元以上。

2015年，承揽工程任务686800万元，完成企业总产值305790万元，其中，施工产值305790万元。实现利润8219.9万元。（马明明　杨旭）

【轨道交通工程有限公司】 市政公用工程施工总承包二级、房屋建筑施工总承包、土石方、管道工程专业承包三级资质企业。职工1228人，其中，干部732人、工人496人。资产总额205701.68万元。其中，固定资产原值62635.07万元、净值38479.98万元，流动资产167074.65万元，其他资产147.05万元。机械运输设备344台（套），总功率26443千瓦，动力装备率为63.55千瓦/人，技术装备率33.12万元/人。年施工能力19亿元以上。

2015年，承揽工程任务283080万元，完成企业总产值194254.15万元，其中施工产值194212.55万元，实现利润858.52万元。（颜芹哥　杨旭）

【物资贸易有限公司】 2015年7月成立。职工104人，其中，干部62人、工人42人。资产总额69555万元，其中固定资产9万元，流动资产69546万元。（王瑞敏　杨旭）

【重要记载】

▲1月5日　集团公司和保利科技有限公司联合承建的苏丹北达尔富尔州乌姆卡达达至法希尔公路项目顺利实现主体168千米全线贯通。

▲1月17日　集团公司承建的国内首座高震区沉管隧道——天津市中央大道海河隧道全面建成。

▲2月6日　集团公司工会在天津市创新成果展示活动中，获天津市创新成果标兵单位、天津市五一劳动奖状。

▲2月28日　集团公司首次获全国文明单位称号。

▲3月5日　三公司涿州机械厂焊工班获“全国五一巾帼标兵岗”称号。

▲3月30日　乌干达—中国商务论坛在钓鱼台

国宾馆举行，集团董事长兼总经理彭仕国、副总经理薛新广应邀参加论坛。

▲5月28日　第一届中国海事金融（东疆）国际论坛在天津举行，集团公司与东疆港保税区管委会签订融资租赁公司及贸易公司落户协议。

▲6月19日　集团公司承建的沙特麦加至麦地那高速铁路工程项目被评为2014—2015年度沙特优秀中资项目。

▲6月23日　集团公司中标新建川藏铁路拉萨至林芝段站前工程LLZQ－9标项目，合同额209856万元。

▲6月24日　中国铁建总经济师赵晋华、集团公司党委书记宋占波一行在北京人民大会堂与天主教红衣主教、美国华盛顿大主教西奥多·麦卡里克会面，双方就美国至墨西哥输气管道项目及美洲、拉丁美洲地区基础设施项目进行深入会谈。

▲9月11日　苏丹共和国国家公路局为国际工程有限公司颁发"工程建设特优奖"奖牌，表彰其在建设苏丹乌姆卡达达至法希尔公路中的突出贡献。

▲10月23日　集团公司董事会研究决定，六公司整体并入四公司；轨道公司和北京地铁指挥部整体合并组建新的轨道交通工程有限公司；将三公司涿州水泵厂、四公司蓟县机械厂统一划归物资贸易公司。

▲11月8日　集团公司主办的《中铁工人》报获天津市首届优秀企业报刊——"十佳企业报"称号。

▲同日　五公司承建的海河隧道工程获中国建设工程鲁班奖。

▲11月23日　五公司承建的国内首座"飘带"型拱结构支撑的钢连接梁桥——经六路上跨蓟运河故道桥工程获国家优质工程奖。

▲12月8日　三公司西安地铁盾构队获全国班组安全建设与管理成果展示比赛特等奖。

▲12月　五公司承建的海河隧道获中国土木工程詹天佑奖。　（阎世杰　谭　征　杨　旭）

中铁十九局集团有限公司

【简况】　具有铁路工程施工总承包特级，铁道行业工程设计甲Ⅱ级，公路、矿山、市政公用、水利水电、房屋建筑工程施工总承包一级，公路路基、桥梁、隧道、铁路铺轨架梁工程专业承包一级，地质灾害治理工程施工甲级资质。具有承装（修、试）电力设施许可和爆破作业单位许可证（营业性）A级，同时拥有境外工程承包资质和对外经营权。前身系中国人民解放军铁道兵第九师，1984年1月1日集体转业并入铁道部，改编为铁道部第十九工程局；1999年12月改称中铁第十九工程局；2000年9月划归中央企业工委管理；2001年12月企业改制改称现名，归属国务院国资委管理。公司驻北京市经济技术开发区荣华南路19号。下辖第一、二、三、五、六、七工程有限公司和电务工程有限公司、轨道交通工程有限公司、矿业投资有限公司、房地产开发有限公司、国际建设分公司、物资总公司、计量测试中心、职工中心医院、辽阳基地，东北、西北、东南、西南、华南、华东、华北、北京、新疆、中原10个区域指挥部。施工领域分布在全国32个省（市、自治区）和北非、中东、中亚、东南亚国家。职工17720人。干部8637人，其中，技术干部8337人、工人9083人。资产总值3217047.56万元，固定资产原值671046.69万元、净值293252.80万元，流动资产2532153.32万。拥有单价5万元及以上设备4952台（套），原值44.36亿元、净值18.54亿元，成新率41.8%。，动力装备率34.4千瓦/人，技术装备率10.2万元/人。其中200万元以上大型设备321台，完好率90%，利用率78.4%。

新签合同额566.65亿元，完成施工产值338.64亿元，实现利润总额5.57亿元。职工年人均收入69605元。净资产收益率10.95%，产值利润率1.56%，资产负债率82.53%。在建工程330项，其中2015年完竣工76项。工程质量分项工程一次检查合格率100%，单位工程合格率100%。2015年，获国家优质工程银质奖1项、中国土木工程詹天佑奖1项、省部级优质工程8项、股份公司优质工程6项、省部级优质结构工程4项；获全国优秀QC小组4个、省部级优秀QC小组奖31个、股份公司优秀QC小组5个；获省部级和股份公司安全质量标准、文明工地12项。获得国家级工法1项、省部级工法16项、股份公司优秀工法7项；获辽宁省优秀论文8篇，股份公司优秀论文4篇；获国家级授权专利111件，其中发明专利13件；获股份公司优秀发明专利奖1项。截至2015年底，集团公司先后被授予"全国优秀施工企业""全国先进建筑企业""全国质量管理先进单位""全国工程建设管理先进单位""全国守合同重信用企业""全国建设施工企业设备管理优秀单位""全国思想政治工作优秀企业""全国精神文明建设工作先进单位""全国企业文化建设优秀单位""全国文明单位""全国工程建设质量管理优秀企业""全国科技创新优秀企业""北京市专利示范单位"等称号。所建工程先后获"古斯塔夫斯—林德恩斯"国际桥梁大奖1项、中国建筑工程鲁班奖12项、中国土木工程詹天佑奖14项、国家优质工程金奖8项、国家优质工程银奖27项、省部级优质工程172项。累计拥有国家级有效专利323件，发明专利22

件。集团公司及所属 8 家单位通过国家级高新企业认定。（张 莹）

【领导人员】

董事会

董事长	葛永利（6 月免）
	王学忠（6 月任）
副董事长	赵国旗（6 月任）
董事	葛永利（6 月免）
	王学忠
	赵国旗（6 月任）
	栾显国
职工董事	金学峰

监事会

监事会主席	亓 超
监事	张文忠
职工监事	王 军

经理层

总经理	王学忠
副总经理	栾显国
	王跃进
	刘明杰
	柏林成
	解方亮
	丰兴桥
	尚尔海
	张夕和（1 月任）
	吴言坤（6 月免）
	朱元生
	曲桂有
	李华伟
	王必军（6 月任）
总工程师	尚尔海（兼）
总会计师	张夕阳和（兼，1 月任）

党群领导

党委书记	葛永利（6 月免）
	赵国旗（6 月任）
党委副书记	王学忠
党委副书记、纪委书记	亓 超
党委副书记、工会主席	金学锋
副巡视员	崔吉林（6 月任）
顾问	施化祥（7 月免）

（王 跃 王玉青）

【工程项目指挥机构】 北京指挥部 驻北京市丰台区岳各庄北桥中堂紫熙台 8 号楼 1801，指挥长朱元生。

华北指挥部 驻河北省石家庄市桥西区吉恒街吉恒园 42－4，指挥长朱元生。

西北指挥部 驻陕西省西安市交大科技园区华尔兹花园 1 号楼 2 单元 2003 室，指挥长丰兴桥。

东北指挥部 驻辽宁省沈阳市浑南新区临波路 18 号浦江苑御品小区 7 号楼 1 单元 17 楼 1 号，指挥长刘明杰。

华东指挥部 驻江苏省南京市栖霞区万兴路 89 号兴卫山庄 10 栋，指挥长柏林成。

东南指挥部 驻福建省福州市晋安区福马路 168 号大名城 7 号楼 1006 室，指挥长王跃进。

中原指挥部 驻河南省郑州市郑东新区正光路 49 号晖达新领地 A12 楼一单元 9 楼东户，指挥长李华伟。

华南指挥部 驻广东省广州市萝岗区科学城科学大道 119 号科城大厦二期 401 室，指挥长李华伟。

西南指挥部 驻重庆市渝中区菜袁路 209 号新东福花园紫烟阁 10－1，指挥长曲桂有。

新疆指挥部 驻新疆维吾尔自治区乌鲁木齐市新市区西环北路 989 号昊元上品，指挥长金学峰。

吉图珲客专 JHSⅦ标项目经理部 驻吉林省珲春市龙源西街 2367 号，经理宋宝。

西成客专陕西段 XCZQ－7 标项目经理部 驻陕西省汉中市汉台区七里办事处七里村二组陕西电信汉中分公司新桥支局院内，经理李华伟。

兰渝铁路项目经理部 驻甘肃省定西市安定区内官营镇，经理曲桂有。

杭长客专 7 标（浙江段）项目经理部 驻浙江省江山市双塔街道凤栖苑 442 号，经理张振忠。

杭长客专 8 标（江西段）项目经理部 驻江西省萍乡市经济开发区郑和路 9 号，经理张明杰。

云桂铁路 4 标（广西段）项目经理部 驻广西壮族自治区百色市城东大道 182 号，经理刘亚东。

云桂铁路 8 标（云南段）项目经理部 驻云南省昆明市宜良县匡远镇土桥村村委会，经理赵永军。

兰新铁路项目指挥部 驻甘肃省玉门市幸福北巷 2 村 24 号，经理陈金荣。

大西铁路客运专线项目经理部 驻山西省运城市临猗县南环西路王村，经理刘智。

盘营客运专线项目经理部 驻辽宁省海城市浪潮金东方高科技发展有限公司，经理于涛。

天平铁路 TJ－2 标项目经理部 驻甘肃省平凉市华亭县原武装部，经理安文杰。

西康二线铁路项目经理部 驻陕西省旬阳县康华园小区 11 号楼 1－3－1，常务副经理王玉琦。

京福铁路客专闽赣Ⅲ标项目经理部 驻江西省上

饶市信州区新火车站北侧货场路海满港物流园4楼，经理赵胤辉。

昆明枢纽扩能改造工程项目经理部 驻云南省昆明安宁市温泉镇杨柳庄北桥村，经理李庆双。

重庆火车北站综合交通枢纽项目经理部 驻重庆市渝北区丁香路保利香槟B区3栋13-4，经理孙吉东。

新建新街至恩格阿娄铺架项目经理部 驻内蒙古自治区鄂尔多斯市伊金霍洛旗成陵草原情酒店，经理崔玉彬。

（张 莹）

【职工队伍】 2015年末，职工17720人。干部8637人，其中技术干部8337人。技术干部中硕士研究生60人，本科学历5006人，大专学历3168人，中专292人，高中学历及以下学历111人；35岁以下的5952人，36～40岁的832人，41～45岁的1043人。专业技术干部中高级职务1055人，中级职务2108人，初级职务4745人。

工人总数9083人，其中技术工人7230人，占工人总数的79.60%。本科以上学历689人，大专以上1430人，中专技校2116人，高中学历2399人，初中及以下学历2449人。30岁以下821人，31～40岁2848人，41～50岁2175人，技术工人中高级技师419人，技师1390人，高级工1925人，中级工487人。

（郭蕊民 刘 剑）

【工程施工】 2015年，集团公司在建工程330项，其中2015年完竣工76项。完成施工产值338.64亿元。合福客专、吉图珲铁路、牡绥铁路、天平铁路、丹大铁路、云桂铁路南百段均于2015年按计划开通。完成主要实物工程量：各类土石方2.38亿立方米；桥梁125.79千米；隧道（洞）折合成洞173.84千米；涵渠13076横延米；公路路面339.81万平方米；房屋建筑面积118.51万平方米；铁路正线铺轨170.54千米；制梁10812片；架梁4859孔。

新建兰州至重庆铁路夏官营（不含）至广元（不含）段土建工程LSY-1标 位于甘肃省定西市、榆中县，线路总长39.276千米，主要工程量：隧道5座、大中桥4座、路基1.4千米，站场1.5千米。管段内以隧道为主，5座隧道主洞总长35053延长米；大中桥4座640.9延长米。标段为集团公司与中铁十局联合体中标，集团公司单位自主承担合同投资31.4亿元。合同工期2009年2月18日—2016年11月。2015年累计完成产值54047万元，开工累计完成产值274779万元，占投资总额的95%。

新建西安至成都铁路西安至江油段（陕西境内）站前工程XCZQ-7标 位于陕西省汉中市，线路长34.739千米。合同投资26.0994亿元，合同工期2013年3月1日—2016年11月30日。主要工程量：路基土石方139.9万立方米，桥梁2座28700延长米，涵洞24座452横延长米，框构桥96.8顶平方米，制梁846片，架梁846孔。2015年累计完成产值54018万元，开工累计完成产值241450万元，占投资总额的92.5%。

云桂铁路（云南段）YNZQ-8标 项目为客货共运工程，位于云南省昆明市，线路长46.644千米。合同投资31.5亿元，合同工期2010年5月25日—2015年6月30日。主要工程量：路基土石方197万立方米，桥梁16座6246延长米，涵洞28座1280横延长米，框构桥1964顶平方米，制梁195片，架梁195孔，隧道34844延长米。2015年累计完成产值66748万元，开工累计完成产值316332万元，占投资总额的100.66%。

新建铁路天水至平凉铁路工程TJ-2标段 位于甘肃省东部天水和平凉市。正线长69千米。合同工期2009年3月15日—2015年9月30日。合同投资194383万元，集团公司承担投资162313万元。主要工程量：路基18.93千米，特大桥1座1.769千米，大中桥14座3.408千米，隧道14座44.958千米（其中特长隧道2座32.32千米），车站6处。2015年累计完成产值23425万元，开工累计完成产值173813万元，占投资总额的107.1%。

新建云桂铁路（广西段）站前工程YGZQ-4标 位于广西壮族自治区百色市，线路长103.34千米。2010年5月15日开工，南宁至百色（含）段2015年12月31日竣工，百色（不含）至省界段2016年12月31日竣工。合同投资76.5292亿元。主要工程量：路基土石方726.91万立方米，桥梁53座21058.993延长米，涵洞118座3556.48横延长米，制梁348片，架梁348孔，隧道69997延长米，无砟轨道119千米。2015年累计完成产值119154万元，开工累计完成产值739980万元，占投资总额的96.7%。

重庆火车北站综合交通枢纽工程 地上地下建筑面积255500平方米，广场面积118800平方米。2015年累计完成产值45901万元，开工累计完成产值107436万元，占投资总额的101.3%。

新建北京至沈阳铁路客运专线河北段站前工JSJJSG-8标 位于河北省兴隆县，正线全长27.186千米。合同工期2014年7月1日—2019年6月30日。合同投资180099万元。2015年累计完成产值51191万元，开工累计完成产值60376万元，占投资总额的33.5%。主要工程量：路基2561.95延长米；新设车站1座；桥梁9座2089.35延长米，涵洞21座1067.95横延米;隧道 8.5 座 22534.7 延长米;铺设无砟轨道道床 50.43 千米。

新建宝鸡至兰州铁路客运专线甘肃段站前工程 BLTJ-7 标　位于甘肃省秦安县和通渭县,线路长 24.268千米。合同投资 19.46 亿元,合同工期 2013 年 2 月 20 日—2018 年 1 月 19 日。主要工程量:路基土石方 1.1212 万立方米,桥梁 3 座 448.58 延长米,涵洞 1 座 19.08 横延长米,隧道 3 座。2015 年累计完成产值 75070 万元,开工累计完成产值 182087.09 万元,占投资总额的 95%。

新建成都至贵阳铁路乐山至贵阳段(贵州境内)站前工程 CGZQSG-12 标　位于贵州省毕节市,线路长 29.791 千米。合同工期 2014 年 5 月 1 日—2020 年 1 月 2 日。合同投资 254487.63 万元。主要工程量:路基土石方 324.92 万立方米,桥梁 20 座 9189.33 延长米,涵洞 9 座 405.95 横延长米,制梁 414 片,架梁 414 孔。2015 年累计完成产值 104845.11 万元,开工累计完成产值 140175.27 万元,占投资总额的 55.08%。

新建蒙西至华中地区铁路煤运通道重点控制工程 MHSS-7 标　位于江西省宜春市,线路长 15.648 千米。合同投资 7.8844 亿元,合同工期 2015 年 3 月 1 日—2020 年 2 月 29 日。主要工程量:路基土石方 2.788万立方米,涵洞 1 座 24.6 横延长米,隧道 15371 延长米。2015 年累计完成产值 9800 万元,开工累计完成产值 9800 万元,占投资总额的 12.43%。

成昆铁路永仁至广通段扩能工程 4 标　位于云南省楚雄州牟定县,线路长 92.009 千米。合同投资 111021.79 万元。合同工期 2014 年 2 月 15 日—2018 年 8 月 15 日。主要工程量:隧道 2 座 17.171 延长米,桥梁 2 座 299.64 延长米,涵洞 2 座 111.56 横延米,车站 1 座。2015 年累计完成产值 32827 万元,开工累计完成产值 46894 万元,占投资总额的 42.23%。

新建哈尔滨至佳木斯铁路宾西北至平安屯段站前工程 HJZQ-6 标　位于黑龙江省哈尔滨市,全长 50.32千米。合同投资 23.926 亿元,合同工期 2014 年 7 月 1 日—2018 年 12 月 31 日。主要工程量:路基土石方 834.09 万立方米,桥梁 21 座 17256.45 延长米,涵洞 97 座 3330.75 横延米,框构桥 872.01 顶平方米,制梁 3064 片,架梁 1532 孔,隧道 2 座 2245 延长米。2015 年累计完成产值 100654 万元,开工累计完成产值 122515 万元,占投资总额的 51.2%。

哈牡客专站前 SG-7 标　位于牡丹江海林市,线路长 49.4 千米。合同工期 2015 年 8 月 1 日—2019 年 6 月 15 日。合同投资 143735 万元。主要工程量:路基 10.154 千米。桥梁 13 座 10031 延长米,涵洞 27 座 950.09 横延米。隧道 4 座 4675 延长米。车站 1 处。2015 年累计完成产值 12208 万元,开工累计完成产值 12208 万元,占合同投资的 8.5%。

哈牡客专先行 2 标威虎山隧道段　位于牡丹江海林市,线路长 7.459 千米。合同投资 44051 万元,合同工期 2014 年 12 月 20 日—2018 年 3 月 19 日。主要工程量:威虎山隧道 1 座 7152 延长米、路基 0.307 千米,涵洞 2 座 40.21 横延米,无砟轨道底座 14.145 千米。2015 年累计完成产值 9269 万元,开工累计完成产值 9510 万元,占投资总额的 21.6%。

建沪通铁路站前 II 标　位于江苏省张家港市,全长 26.012 千米。合同工期 2014 年 8 月 6 日—2019 年 4 月 30 日。主要工程量:特大桥 5 座 22835.25 延长米、大桥 1 座 131.2 延长米、中桥 7 座 464.76 延长米、小桥 7 座 66.64 延长米、涵洞 12 座 83.68 横延米。路基 3.38 千米,设张家港北站、张家港高架站 2 个车站。2015 年,完成产值 10.12 亿元,开工累计完成投资 10.97亿元,完成合同投资的 52.98%。

新建西安至成都客运专线西安至江油段(四川省境内)XCZQ-1 标　位于四川省,线路长 38.925 千米。主要工程量:特大桥 3 座 5400.5 延长米、大桥 5 座 1519.9 延长米、中桥 2 座 186.2 延长米、涵洞 5 座 71.47 横延米,隧道 9 座 31.936 千米,区间路基长 0.422千米,中子站场长 1.579 千米,改建既有宝成铁路 2.298 千米。合同工期 2013 年 3 月 1 日—2016 年 8 月 31 日。2015 年累计完成产值 89842 万元,开工累计完成 244421 万元。占设计数量的 83.15%。

长春至白城铁路扩能改造工程 CBSG-3 标　位于吉林省,正线长 49.785 千米。主要工程量:区间路基土石方 539.12 万立方米,站场土石方 53.98 万立方米,特大桥 1 座 3682.04 延长米;框架涵 53 座 1094.46 横延米,公路及道路改移路基土石方 75.3 万立方米,沥青、水泥混凝土路面 8.798 万平方米,公路桥 16 座 1567.16 延长米。扩能改造站场 2 座(哈拉海、王府),站台面 31440 平方米,新建旅客地道 2 座。合同投资 10 亿元。合同工期 2015 年 6 月 1 日—2018 年 6 月 30 日。2015 年累计完成产值 19997 万元,开工累计完成产值 19997 万元,占投资总额的 19.95%。

新建衢州至宁德铁路(福建段)站前工程施工总价承包 QNFJZQ-4 标　位于宁德市蕉城区和周宁县,线路长 39.149 千米。主要工程量:区间路基土石方 192935 立方米、站场土石方 2220884 立方米;特大桥 2 座 2032.39 延长米,大桥 8 座 2174.19 延长米,中桥 3 座 170.12 延长米;小桥 3 座 1539.85 顶平方米;涵洞 12 座 638.26 横延米;隧道 13 座 31.490 千米;无砟道床铺设 26.18 千米;2 个车站和其他运营生产设备及建筑物。合同投资 14.74 亿元,合同工期 2015 年 9 月

25日—2019年6月20日。2015年完成投资0.54亿元。

新建准格尔至鄂尔多斯铁路铁路工程ZESG－2标　位于内蒙古自治区鄂尔多斯市，线路长30.265千米。主要工程量：路基7.583千米，特大桥8座5.097千米、大桥9座2.169千米，中桥1座0.091千米，涵洞30座1215.22横延米，隧道4座15334延长米。合同投资16.54亿元，合同工期2013年10月10日—2017年4月30日。2015年完成产值73537万元，开工累计完成产值130502万元，占投资总额的79%。

通让铁路电气化改造工程TRSG－2标　位于吉林省，线路长112.031千米。投资投资55902.756万元，合同工期2015年12月25日—2017年12月25日。主要工程量：路基土石方103.58万立方米，桥梁14座12239顶平方米，框构桥577.1顶平方米，制梁162片，架梁51孔。2015年完成产值560万元，开工累计完成产值650万元，占投资总额的1%。

新建北京至沈阳铁路客运专线辽宁段站前工程JSLNTJ－3标　位于辽宁省朝阳市，全长22.083千米。合同投资211856万元，合同工期2014年7月1日—2019年3月4日。主要工程量：路基土石方105.7581万立方米，桥梁4座5260.56延长米，涵洞6座323横延长米，框构桥399.8顶平方米，简支箱梁142片，连续梁4联682.6米，隧道22534.7延长米。2015年完成产值74122万元，开工累计完成产值101066万元，占投资总额的47.7%。

国道332线拉布大林至哈大图段一级公路　位于内蒙古自治区海拉尔市，线路长76.197千米。合同投资123035万元，合同工期2015年11月1日—2017年10月30日。2015年累计完成产值1956万元，开工累计完成产值1956万元，占投资总额的1.58%。

石家庄至济南客运专线3标　位于河北省衡水市，线路长38.459千米。合同投资23.5982亿元，合同工期2014年1月1日—2017年12月31日。主要工程量：路基土石方231万立方米，桥梁4座26692延长米，涵洞29座547.09横延米，框构桥6113.97顶平方米，制梁788片，架梁788孔。2015年完成产值106543万元，开工累计完成产值162852万元，占投资总额的69.01%。

东北东部铁路新建前阳至庄河段工程DT1标　位于辽宁省庄河市，线路长64.829千米。主要工程量：特大桥12座、大桥16座、中桥2座、公路立交桥3座；涵洞107座；框构小桥6座。制架T梁3658片，连续梁9联；路基填方489万立方米，挖方495万立方米；正线铺轨82.95千米，站线铺轨2.362千米，铺道岔8组，铺道碴22.68万立方米；房屋建筑面积21300平方米。合同投资28.7922亿元，合同工期2010年6月1日—2015年12月31日。2015年完成产值15988万元，开工累计完成产值285194万元，占投资总额的99.05%。2015年12月17日开通运营。

东北东部铁路通道登沙河至庄河段改造工程DZ1标　位于辽宁省，线路长43.119千米。合同投资16.6964亿元，合同工期2013年4月1日—2015年9月30日。2015年完成产值81624万元，开工累计完成产值171860万元，占投资总额的103%。于2015年12月17日正式开通运营。

锦承线朝阳至叶柏寿段扩能改造工程CY－1标　位于辽宁省朝阳市，全长45.27千米。合同投资9.79亿元，合同工期2014年12月25日—2017年12月24日。主要工程量：路基土石方327.1万立方米，桥梁12座2494.48延长米，涵洞74座1258.5横延米，框构桥2760顶平方米，制梁638片，架梁319单线孔。

新建连云港至镇江铁路站前工程LZZQ－4标段　线路长58.801千米。主要工程量：特大桥4座48.840千米，大桥1座113.7延长米，中桥8座349.97延长米，框架小桥10座156.41延长米，涵洞49座941.55横延米；路基4段9.77千米；在第三段路基处设宝应站。合同投资20.5084亿元，合同工期2015年9月1日—2018年7月31日。2015年完成产值15681万元，开工累计完成产值15681万元，占投资总额的7.56%。

新建川藏铁路拉萨至林芝段LLZQ12标段　位于西藏自治区林芝地区，线路长53.015千米。主要工程量：隧道6座18751延长米；桥梁21座12203.75延长米，桩基2732根，墩台413个；框架桥6座；框架涵及盖板涵81座。合同投资243417万元。合同工期2015年7月1日—2021年11月30日。2015年完成产值12178万元，开工累计完成产值12178万元，占投资总额的5.8%。

新建张家口至呼和浩特铁路站前工程ZHZQ－4标　位于内蒙古自治区乌兰察布市，线路长45.05千米。合同投资25.5亿元，合同工期2014年4月1日—2018年3月31日。主要工程量：路基土石方259.78万立方米，桥梁7座28796延长米，涵洞15座531.97横延米，框构桥991.14顶平方米，制梁852片，架梁852孔。2015年完成产值138217.51万元，开工累计完成产值235217.5万元，占投资总额的92.24%。

（陈天明）

【境外工程施工】　2015年，集团公司境外工程主要分布在阿尔及利亚、沙特、塔吉克斯坦、印尼。已完成施工产值141961万元。

阿尔及利亚奥兰省3800套住房项目　包括7个地块,总建筑面积36.37万平方米,合同工期2013年3月31日—2015年4月30日。工程内容为3800套住宅和其外线的设计及住宅主体工程的建设。开工累计产值41298万元,占总投资额的56.96%。

阿尔及利亚贝佳亚连接线S1项目　公司主要承担S1标段PK0-PK22共22千米施工及PK0-PK50沥青路面施工。合同工期2013年12月18日—2016年12月17日。开工累计产值25296万元,占总投资额的36.94%。

阿尔及利亚贝佳亚2000套房建项目　工程主要内容包括2000套保障房的设计施工,23栋楼,73个单元,总建筑面积191418平方米。合同工期2014年2月18日—2016年2月17日。开工累计产值6485万元,占总投资额的17.73%。

阿尔及利亚高速路面升级改造项目　项目起点为东西高速公路KHEMIS MILIANA,经AIN DEFLA和CHLEF省,73千米高速公路高模沥青路面升级工程。合同工期2015年4月1日—2016年4月1日。主要施工任务包括:路面病害的处理和新沥青路面施工。其中路面病害处理主要分2种:一既有路面铣刨3厘米后翻新,计78.2千米;二既有路面铣刨8厘米后翻新,计61.4千米。开工累计产值22153万元,投资额全部完成。

沙特达曼至利雅得段铁路大修项目　为沙特东部省达曼市至中部省利雅得市货运2号线的改造升级工程,标段全长78.4千米,分为15个翻新段,最长为21千米,最短为85米。合同工期2014年10月1日—2016年10月1日。主要工程量包括拆除既有轨道,回收至指定地点;更换道砟;更换新轨、新枕、扣件;道床整修,恢复无缝线路等。开工累计完成产值9145万元,占总投资额的45.83%。

塔吉克斯坦新建铁路瓦赫达特—亚旺铁路隧道与桥梁勘察设计施工项目　主要工程量:隧道3座3698延长米;桥梁5座712延长米;桥梁、隧道段道砟及轨道工程,总长4467米。合同工期2015年4月30日—2017年8月30日。开工累计完成产值20497万元,占总投资额的45.92%。

印尼西巴布亚熟料水泥生产线建筑工程项目　为印尼巴布亚2×3200吨/天熟料水泥生产线一期工程及配套2×20瓦兆燃煤电站建筑工程B标区,2部分土建总投资31093万元。项目工期2014年10月1日—2016年2月1日。开工累计完成产值17087万元,占总投资额的46.68%。　(白　露)

【经营管理】　(1)经营承揽。新签合同198项、总额566.65亿元,分别完成股份公司、集团公司年度计划的131.8%、105.3%。集团公司坚持路内与路外并重、海外与资本并进原则,坚定不移地推进区域经营和各板块协调发展。一是铁路市场得到进一步巩固。长白、拉林、连镇、衢宁、商合杭、梅汕等重点项目相继中标,承揽202.55亿元,同比增长18.5%。二是路外市场有新起色。中标项目覆盖全国30个省市,新签合同额282.61亿元,其中轨道交通承揽65亿元,同比增长122.6%,已先后进入全国28个城市轨道市场,公路、房建也实现同比增长。三是资本项目有新收获。为应对经营模式转变,开展PPP项目培训、市场调研和跟踪承揽,代表股份公司参与内蒙古古公路总承包项目运作,总额100亿元项目将在2016年全部落地。四是海外项目增长较快。新签合同额81.49亿元,完成年度计划212.2%,创历史新高。五是区域指挥部、工程公司经营能力逐步提升。区域指挥部组织协调中标同比提升2.7%,工程公司大力开展属地经营、滚动经营和优势经营,承揽总额同比提升20.4%。六是协同经营有新突破。集团公司与相关政府和企业签订7份战略合作协议,依托股份公司战略布局紧盯系统内投融资项目,新签合同额64.11亿元,占承揽总额11.3%,内外协同效果初显。

(2)工程管理。完成施工产值338.64亿元,同比增加9.9%,完成股份公司年度计划的100.1%,继续保持高位运行。集团公司以现场为中心,保安全、保质量、保工期、保增长,全力以赴抓好在建管理。一是施工能力进一步提升。集团公司指导工程公司加强方案评审、施工过程监控、资源优化配置、现场科研攻关,对重点项目现场帮扶,提升施工组织能力,完成实物工程量再创新高,登庄铁路连续创造单日运架32米T梁22片施工新记录,石济、张呼铁路成功完成大跨度转体梁作业。二是重点项目如期突破。对2015年开通项目和难点项目进行节点工期考核和现场督导,合福、丹大、吉图珲等8条线如期顺利开通,云桂8标等难点项目走入正轨,其他路外重点项目基本可控。三是履约能力进一步提升。17个项目受到业主通报表彰,21个项目被评为标准化管理先进单位。四是企业信誉进一步保持。上半年铁路信评保持A级,在铁总累计公布的19次信评中,12次保持A级;公路信评5个资质共取得5个AA级,12个A级,同比有进步;13个轨道交通项目在业主组织的40次全线检查中排名前3位。五是安全质量形势基本稳定。狠抓新《安全生产法》宣传、安全培训、安全检查和主辅材料质量抽查工作,未发生安全质量等级事故,竣工项目获国家级优质工程奖2项,省部级优质工程奖8项,省部级以上平安工程、文明工地8项,国家环保示范工程1项。六是海外在建监管逐步加强。成立海外事业部加强海外项目组织协调监管,定期通报情况并听取外经单位指导意见,组成专家组现场解决问题,保证海外项目基本受控。

(3)财务管理。实现利润总额5.57亿元,同比增长8%,完成股份公司年度预算的100.7%。在矿山板块受市场影响利润降低的不利情况下,集团公司挖掘内部潜力,向管理要效益,避免效益下滑。一是资金创效成果显著。通过贷款置换、债务打折、集中调剂实现资金创效2.51亿元,利用高新企业降税1.05亿元,降低企业社保缴费基数回退资金3637万元。二是加大全面预算管理力度。定期通报预算执行情况,对完成预算非合理性偏差较大的3家工程公司进行约谈。三是加大清收清欠力度。完善责任体系,对清收清欠滞后的3家单位进行督导和检查,“两金”降幅排名股份公司前列。四是创新资金融通方式。办理保函置换、应收保理加快资金回收,缓解资金流出,实现经营性现金流15.75亿元,同比正向流入12.29亿元,进入股份公司前列。五是集中管理进一步加强。资金集中度、上存度、保险集中度分别超额完成股份公司下达指标,并账111个项目,撤销账户53个,避免资金和效益流失。

(4)项目管理。集团公司从规范项目管理行为入手,狠抓过程管理,着力提升创效能力。一是进一步理顺经济关系。制定印发《托管铁路项目责任成本管理指导意见》,对托管铁路项目逐一下达分包差上缴刚性指标,继续推进直管项目挂账清理工作。二是加强合同管理。合同签约前审核、签约后评价跟踪工作逐步规范,修订劳务分包合同管理办法和合同范本,督导劳务队合同签订和结算审批权上移至工程公司,合同管理缺位问题得到明显改观。三是继续推进亏损整治工作。亏损项目识别、监控和预警体系进一步完善,对4家重点单位进行治亏督导,实现16个项目扭亏为盈,增盈4778万元;对10个工程公司进行企业亏损风险核实。四是深化二次经营。完成11个铁路新上项目策划、18个续建项目跟踪督导工作,对5个清概项目实施集中办公,强化信息跟踪督导,为项目扭亏作出贡献。五是逐步改善物资设备管理。集中采购工作日趋规范,加强物资设备基础工作,总结和部署“互联网+”采购模式。六是加强成本管理。建立责任成本管理九项预控定期报告制度并实时跟踪,工程公司对项目成本监控有所好转,轨道公司进入系统内工程公司效益20强,排名第七;集团公司对12个项目开展项目管理巡查,及时纠错纠偏,有效规范项目管理行为。

(5)基础管理。一是持续推进风险内控工作。汇编企业管理规章制度185项、流程204个、业务活动权限指引128项,两级机关的流程意识、制度意识大大提升。二是加强人力资源管理。组织各类培训班94期,参培人员3635人次;建立健全履职待遇、业务支出管理制度体系,组织开展自查自纠和整改工作;开展薪酬调研,为调整优化薪酬提供重要参考。三是提升依法合规能力。全集团法务部门参与各类审核3616次,依法监督管理进一步规范。四是稳步推进信息化建设。初步建成人力资源管理系统,3家工程公司建成使用OA管理系统,软件正版化有序推进。五是进一步加强档案管理。进馆各类档案14010卷,档案利用率、规范化水平显著提升,集团公司档案室成功通过中央企业B级评审。六是初步形成资质管理体系。换证复审和房建、公路特级资质就位工作抓紧推进,由资质就位带动相关工作逐步加强,培训操作人员1021名、管理注册人员884名、信息化培训59个项目729人次。七是科技工作成效显著。校企合作6个产学研项目落地,主持和参与国家、行业技术标准编制9项;获国家级工法1项,省部级科学技术奖和工法18项,获专利113项,排名股份公司前列;六公司通过高新企业认定,全集团高新技术企业8家。八是审计监督工作逐步加强。审计项目125个,助推企业规范管理和治亏工作,认真落实股份公司巡视整改要求,规范各级领导行为。

（张　莹）

【党的工作】 集团公司党委下辖党(工)委128个,党总支1个,党支部428个,党员8240人,发展党员170人。一是着力发挥政治核心思想引领作用。针对集团公司和工程公司主要领导变动较大的实际,党委主要领导深入基层调研,把握干部职工的思想动态、深层变化及各单位建设发展的基本情况,为确定集团公司管理思路、“十三五”规划以及集团公司经营管理重点和方向奠定基础。二是扎实开展“三严三实”专题教育。突出问题导向,两级班子围绕“严以修身、严以律己、严以用权”3个专题,结合企业经营、投资、清收清欠、重难点项目工期质量、成本控制、外带队伍稳定、企业全面建设等方面,开展专题研讨57次,坚持把认真查找和着力解决问题贯穿始终。三是着力于构建“责任文化”,增强履职能力,全面开展“讲责任、学业务、大练兵”主题活动。四是着力于素质提升。考核部分工程公司领导班子后备人选。落实领导干部个人有关事项报告制度,报告人员涉及436人,配合股份公司党委完成随机抽查及重点抽查工作。选送31人参加上级组织的领导人员培训班。组织各类培训班94期,参培人员3635人次。抓专家队伍建设,制定并出台《中铁十九局集团有限公司工程技术专家选拔和管理暂行办法》,初步筛选确定28名工程技术人员进入工程技术人员专家库。接收大学本科毕业生290人,推荐高级专业技术职务任职资格评审46人,工程系列专业职称评审393人,176名技师、85名高级技师集中进行职业技能鉴定。建立健全履职待遇、业务支出管理制度体系,实现全集团各层级人员履职待遇、业务支出管理全覆盖。五是着力基层建设。重点抓工程项目部“三重一大”决策制度落实,制定全集团所有项目部落实、规范、提高3年规划。夯实党建工作基础,选送23名党(工)委书记参加股份公司党委组织的基层党组织书记培训;选树十个优秀基层党组织,将其开展工作、内业资料、获得荣誉等情况分别制成视频,在全集团范围内巡展。六是着力企业文明建设。2015年3人获股份公司“第二届优秀思想政治工作者”称号。总结的《扎实开展“十星”达标创建活动,推进企业和谐稳定发展》经验,在股份公司交流。集团公司通过复查继续保持“全国文明单位”称号,获大路画展美术创作组织奖。轨道公司进入“首都文明单位”行列,六公司通辽基地管道工陈洪兴被评为中国铁建第四届“十佳道德模范”。集团公司在中央级媒体、门户网站、《中国铁道建筑报》、中国铁建网站新闻宣传实现新突破,进入股份公司先进行列。 (张　莹)

【纪检监察工作】　一是坚持落实党风廉政建设责任制,集团公司党委纪委与各工程公司、工程公司与基层项目部均签订责任书。二是坚持筑牢思想防线,深入开展案例条规教育、《职工违纪违规处分暂行规定》网络答题知识竞赛等,开展《中国共产党廉洁自律准则》《中国共产党纪律处分条例》教育。三是坚持强化领导人员作风建设,各单位党委纪委对办公用房、公务用车、差旅费、涉外招待费等履职待遇、职务消费进行自查自纠。四是坚持加大案件查办力度,全集团受理案件线索18件、立案18件、结案18件,党纪政纪处分41人。五是坚持规范项目管理行为,重点开展常态巡察,巡察项目12个,梳理归纳出项目管理13类37个问题。根据巡察情况,调整项目经理2人,清退管理用车21台,清退其他设备11台,清理人员70人。六是坚持重点监督,积极参与物资集中招标采购,监督物资集中招标采购9次(26个项目),妥善处理5个项目的6个投诉问题。配合股份公司,协调各方力量,保证巡视工作有序进行。 (张　莹)

【工会工作】　集团公司工会下辖处级单位工会13个,直管项目部工会5个,基层工会279个,工会小组475个,工会会员17720人。以“五个一”(签好一个责任状、建好一个台账、编好一本书、办好一个班、健全一个考核体系)为抓手,工会组织建设、组织保障、机制创新和维稳维权作用不断增强。以提升职工技能水平为目标,“六比六创新”劳动竞赛不断充实新内容、新规范,效果突出。成功举办首届“劳动杯”职工技能比武大赛,2人分别获“测量工状元”“试验工状元”称号。孙吉东当选全国劳模,有2个单位被评为全国“安康杯”竞赛优胜企业、全国“安康杯”竞赛优胜班组。以落实集体合同现场推进会为形式,各级工会,注重发挥维稳维权作用。全集团集体合同签订率100%、兑现率98%以上。集团公司工会2015年投入93.6万元,走访慰问项目18个、职工5100人;落实“三不让”承诺,实施职工互助补充保险和“三不让”承诺救助各2批,救助遇险会员290人,救助金额67.2万元。开展金秋助学活动,资助考上大专院校的困难职工子女31人,资助金额17.2万元。注重陶冶情操,开设“职工电子书屋”、未婚青年联谊、职工消夏文艺广场等活动,活跃基层职工文化精神生活。 (张　莹)

【共青团工作】　集团公司团委下辖基层团委84个、团支部177个、团员2529人。团委工作着力于发挥群团组织作用,重点关注特色活动,在服务大局上展示新作为,全力服务生产经营。组织重点开展“导师带徒”“创建学习型团组织、争做学习型青年”系列活动,开展“铁道兵,您好”主题团日活动,举办由732名青年参加的线上“青年安全生产知识竞赛”“青年好声音”歌曲比赛,进一步推进“青年安全生产示范岗”创建和“青年突击队”创建工作,开展青年施工绘图(网上)大赛活动、青年测量、试验大比武活动。各级团组织获得省部级以上级荣誉11项,增强共青团组织活力。

(张　莹)

【第一工程有限公司】　具有公路、房屋建筑、市政公用、机电安装工程施工总承包一级,铁路工程施工总承包二级,公路路基、钢结构、隧道、地基与基础工程、水工隧洞专业承包一级资质。主要经营范围包括特种设备安装改造维修(压力管道安装许可GC2级)、承装(修、试)电力设施(承装五级)、工程试验检测、机械设备租赁、道路普通货物运输;金属材料、建材、其他机械设备及电子产品、五金产品、其他化工产品、电器设备批发;提供施工设备服务;货物及技术进出口。执行董事、总经理李程,党委书记曲久彬,下辖一至十三项目管理部,成贵、云桂、京沈、宝兰、蒙华、西成、商合杭等铁路工区,辽阳房建、宁德、凯里、新疆鄯善、福平引水项目部,工程装备服务中心、辽阳基地、日照基地、小屯基地等单位。职工2860人,其中,干部1046人、工人1814人。资产总额245856.98万元。固定资产原值31205万元、净值10468万元;流动资产223860.59万元。机械设备运输820台(套),原值29429.93万元、净值9704.39万元,总功率75280千瓦,动力装备率26.31千瓦/人,技术装备率3.39万元/人。主要机械设备完好率88%,利用率72%,成新率33%。

新签合同额18.11亿元,完成产值454934万元,实现利润14661万元。全员劳动生产率36.84万元/人·年。职工年人均收入64620元。净资产收益率8.37%,产值利润率1%,资产负债率77.15%,应上缴款完成率101%。 (李爱民)

【第二工程有限公司】 具有公路、房屋建筑、市政公用、水利水电工程施工总承包一级,铁路工程施工总承包二级,机场场道、公路路基、公路路面、桥梁、隧道工程专业承包一级资质。执行董事、总经理解佳飞,党委书记廖爱生(4月免)。下辖30个工程项目部、17个分公司及道桥安装公司,铁赢工程检测有限公司、物业管理公司。职工2706人。其中,干部1153人、工人1553人;技术干部1320人、技术工人745人。资产总额438577.89万元。其中,固定资产原值59548.63万元、净值31404.20万元;流动资产404947.79万元。机械设备637台(套),原值24173.9万元、净值9267.89万元,总功率65431千瓦,动力装备率24.18千瓦/人,技术装备率2.54万元/人。

新签合同额71.66亿元,完成产值525170万元,实现利润5096万元。全员劳动生产率389021元/人·年,职工年人均收入57388元。净资产收益率12.62%,产值利润率0.95%,资产负债率89.34%,应上缴款完成率41.41%。完成主要实物工程量:土石方2743.3万立方米,隧道31899延长米,桥梁32903延长米,涵渠4388横延米,房屋建筑面积5.2万平方米,路面141万平方米,铁路梁预制752孔、架设470孔、公路梁预制150孔、架设154孔。 (刘英华)

【第三工程有限公司】 具有公路、市政公用工程施工总承包一级,铁路、水利水电工程施工总承包二级,房屋建筑、矿山工程施工总承包三级,隧道、桥梁、公路路面、公路路基工程专业承包一级资质。执行董事、总经理陈宝军,党委书记刘志军。下辖9个项目管理部、11个铁路工区、5个代局指项目(经理)指挥部、3个直属项目部及辽阳基地、四川金堂基地。职工2765人,其中,干部1133人、工人1632人。资产总额382021万元。其中,固定资产原值63183万元、净值24138万元;流动资产349452万元。机械设备760台(套),原值41400万元、净值9700万元,总功率87791千瓦,设备成新率24%,技术装备率3.47万元/人,动力装备率32千瓦/人,设备完好率90.2%,利用率71.3%。

新签合同额70.65亿元,完成产值439629万元,实现利润5023万元。净资产收益率6.79%,产值利润率1.03%,资产负债率82.39%。全员劳动生产率59万元/人·年。职工年人均收入6.62万元。完成主要实物工程量:路基土石方745.53万立方米,隧道24514延长米,桥梁7480.7延长米,涵洞3391.39横延米,路面180.6万平方米,房屋建设面积19.17万平方米,无砟轨道21千米。 (刘永华)

【第五工程有限公司】 具有房屋建筑、公路、市政公用工程施工总承包一级,铁路工程施工总承包二级,桥梁、公路路基、隧道工程专业承包一级,装饰装修工程和钢结构工程专业承包叁级资质。董事长兼书记王必军,总经理张忠明。下辖3个预制梁专业分公司、13个直属项目管理部、1个机械厂。职工1797人,其中,干部1059人、工人738人。资产总额222286万元。其中,流动资产208838万元;固定资产原值38760万元、净值10864万元。机械设备533台,原值32724.69万元、净值8859.68万元,成新率27%,动力装备率30.6千瓦/人,技术装备率4.95万元/人,设备总功率54742千瓦,设备完好率85.47%,利用率30.25%,成新率29.3%。

新签合同额15.15亿元,完成施工产值40.19亿元,实现利润4119万元。全员劳动生产率299383元/人·年,职工年人均收入71629元。净资产收益率8.32%,产值利润率1.03%,资产负债率79.16%。完成主要实物工程量:路基土石方797万立方米,桥梁29176延长米,涵洞1320横延米,隧道3751延长米,房屋建筑面积12.4万平方米,预制箱梁2003榀。

(赵艳萍)

【第六工程有限公司】 具有铁路、公路、市政公用工程施工总承包一级,房屋建筑工程施工总承包二级,桥梁、隧道、公路路基、铁路铺轨架梁、水工隧洞工程专业承包一级,预制构件的制造、加工、销售,仓储、设备租赁、房屋租赁等资质。公司驻江苏省无锡市新区香山路7号。执行董事兼总经理秦志军,党委书记王纯玉。职工2523人,其中,干部1114人、工人1409人。资产总额236894.90万元。其中,固定资产原值81001.5万元、净值27064.09万元;流动资产20288.02万元。机械设备733台(套),设备原值72842.9万元、净值22240.36万元,总功率101840千瓦,动力装备率40.36千瓦/人,技术装备率8.82万元/人。

新签合同额72.32亿元,完成施工产值40726.05万元,实现利润1111.33万元。全员劳动生产率477440元/人·年,职工年人均收入57900元。净资产收益率2.25%，产值利润率82.20%，资产负债率0.27%。完成主要实物工程量：路基土石方648.6万立方米，桥梁37383.03延长米，涵洞1383.479横延米，预制梁片4227片、架梁3122孔，铺轨228.47千米，隧道8589.31延长米，房屋建筑面积28687平方米。 （王林丽）

【第七工程有限公司】 具有建筑工程施工总承包一级，公路工程施工总承包一级，铁路、港口与航道、公路路基工程施工总承包二级资质。公司驻广东省珠海市拱北港昌路111号中铁大厦。执行董事、总经理姜长清，党委书记顾建朋(4月免)。职工864人，其中，干部520人、工人274人；技术干部391人、技术工人138人。资产总额134769万元。其中，固定资产原值19011万元、净值8390万元；流动资产125083万元，机械运输设备247台(套)，原值10958.86万元、净值4544.48万元，总功率24603.3千瓦，动力装备率28.51千瓦/人，技术装备率5.27万元/人。设备成新率41.47%，完好率92%，利用率75%。

新签合同额7.12亿元，完成产值268835亿元，实现利润3044万元。全员劳动生产率348230元/人·年。职工年人均收入77308元。净资产收益率1.13%，产值利润率10.15%，资产负债率87.9%。完成主要实物工程量：土石方656.12万立方米，桥梁8384.96延长米，现浇梁652米，制梁2635片、架梁487片，隧道12623延长米，涵洞5064.77横延米，房屋建筑面积5064.77平方米，正线铺轨7.8千米。

（李丽娜 刘 旸）

【矿业投资有限公司】 具有矿山工程施工总承包一级资质，土石方工程专业、爆破与拆除专业、钢结构三级资质。总经理姜建辉(2014年3月任)，党委书记王照华(2014年4月任)。下辖2个分公司，31个直管项目部，其中矿山项目25个，3个铁路工区，2个轨道板厂，1个南水北调项目。职工1241人，其中，干部619人、工人622人。固定资产原值184069万元、净值96839万元。机械设备210台(套)，原值13.04亿元，总功率279737千瓦，动力装备率216.34千瓦/人，技术装备率126.76万元/人。

新签合同额102亿元，完成施工产值30.4亿元，完成利润4137万元。净资产收益率5.67%，资产负债率76%，产值利润率4.94%。 （李广威）

【轨道交通工程有限公司】 具有市政公用、房屋建筑、机电设备安装工程总承包三级资质。执行董事、总经理陈友建，党委书记梅洪斌。职工1525人，其中专业技术人员933人。下设11个项目管理部和2个直属项目部。资产总额221797.4万元。其中，固定资产原值74203.6万元、净值44401.6万元；流动资产172674.1万元。机械设备320台，盾构机18台，原值72212.99元、净值42999.38万元，技术装备率28.07万元/人，动力装备率23.67千瓦/人。

新签合同额52.92亿元，完成施工产值306186万元，实现利润9021万元。净资产收益率19.24%，产值利润率2.95%，资产负债率72.24%。完成主要实物工程量：区间盾构18.598千米，区间隧道暗挖3.5千米，车站主体结构227582.2立方米。 （王倩玉）

【电务工程有限公司】 具有机电安装工程施工总承包一级，铁路电务、铁路电气化工程专业承包一级，消防设施、送变电工程专业承包二级资质。公司董事长、总经理崔吉林，党委书记耿庆宇。职工377人。其中，干部242人、工人135人；技术干部183人，技术工人135人。资产总额53305元。其中，固定资产原值3251万元、净值1951万元；流动资产50499万元。设备158台(套)，原值962.8万元、净值111.65万元，总功率2631千瓦，动力装备率7.29千瓦/人，技术装备率0.25万元/人。

新签合同额94447万元，完成产值66996万元，实现利润3256万元。全员劳动生产率177万元/人·年，职工年人均收入81465元。净资产收益率18.84%，产值利润率5.31%，资产负债率68.53%，应上缴款完成率100%。完成主要实物工程量：通信电缆敷设372.46千米，光缆敷设1305.3千米，信号电缆敷设197.07千米，自动闭塞41区间千米，联索道岔44组，高压架空线路15.82条千米，电力电缆敷设666.35条千米，变配电所、站安装18座，接触网架设345.9条千米，接触网设备安装1305套。 （李长城）

【房地产开发公司】 具有房地产开发、商品房销售、物业管理三级资质。董事长尚尔海，党委书记林占武。职工16人，其中，干部15人、工人1人。资产总额58873万元，其中流动资产56873万元。全员劳动生产率3789362元/人·年。房地产开发公司主要致力于徐往子铁兵新苑经济适用房及库房的销售、房屋产权证的办理、配套设施的完善和站前文化宫老城区改造项目前期手续的办理等工作。

（杨慧敏 王惠艳）

【国际建设分公司】 在原集团公司海外工程指挥部的基础上成立。总经理张永军，党委书记李尊忠。职工362人，其中干部302人。固定资产原值48134.72万元、净值17908.16万元。机械设备1067台(套)。

新签合同额40.16亿元,完成施工产值70577万元,实现利润1736万元。(侯　莹)

【物资总公司】 物资流通及贸易代理企业,主要经营用于构造建筑产品的生产资料,如机械及电子设备、金属材料、化工原料、五金、交电、煤炭及其制品等。公司驻辽宁省辽阳市白塔区和平路17号。1999年6月由局物资公司与机关物资处合并组建,2001年改制为集团公司直属分公司。副总经理刘乃鲁主持工作。2015年完成销售额5558万元。(姜雅文)

【辽阳基地】 集团公司机关2009年7月迁址北京后组建成立辽阳基地,正处级单位,隶属于集团公司。公司驻辽宁省辽阳市白塔区和平路17号。总经理助理兼基地主任郑云义,党委书记李文伯。下辖中铁十九局集团宾馆、维修队、居委会、职工餐厅、铁兵新苑综合管理小区。职工941人。

2015年,宾馆营业收入221万元,房屋出租收入83万元。(曳　雅)

【重要记载】

▲2月　南京地铁4号线14标项目被评为2014年度江苏省建筑施工标准化文明工地。

▲4月4日　阿尔及利亚公共工程部长阿卜代勒卡代尔·卡迪视察集团公司阿尔及利亚公路路面升级改造MN4项目。

▲4月8日　塔吉克斯坦总理科基尔·拉苏尔佐达在塔国交通部部长甘扎尔佐达、铁路局局长米尔佐阿里耶夫等陪同下,视察集团公司塔吉克斯坦瓦赫达特—亚旺铁路项目1号隧道进口施工现场。

▲4月　南京地铁4号线14标项目部被授予江苏省"工人先锋号"称号。

▲4月　三公司、五公司、轨道公司被评为2014年度全国优秀施工企业。

▲5月15日　集团公司承建的塔吉克斯坦共和国"瓦赫达特—亚湾"铁路项目开工,塔总统拉赫蒙与集团公司董事长、党委书记葛永利共同启动项目开工仪式。

▲5月　集团公司承建的北京地铁9号线机电安装工程获2013—2014年度中国安装工程优质奖(中国安装之星)。

▲5月　集团公司副总工程师孙吉东获"全国劳动模范"称号。

▲5月　矿业公司乌山项目部获中央企业"青年文明号"称号。

▲6月1日　轨道公司获"2012—2014年度首都文明单位"称号。

▲6月　集团公司京沈客专(辽宁段)项目部被授予第四批全国建筑业绿色施工示范工程称号。

▲7月22日　集团公司董事长、总经理王学忠在集团总部会见来访的塔吉克斯坦国家铁路局局长米尔佐阿里耶夫,就集团公司承建的塔吉克斯坦瓦赫达特—亚旺铁路项目工程有关情况进行会谈。

▲7月28日　北京地铁7号线7标项目被中国建筑业协会评为全国绿色示范工程项目。

▲8月24日　集团公司董事长、总经理王学忠应邀在塔吉克斯坦总统府拜会塔吉克斯坦总理拉苏尔佐达、铁路局局长米尔佐阿里耶夫。

▲10月20—23日　矿业公司应邀参展2015年中国国际矿业大会。

▲10月30日　集团公司五公司参建的全长6千米的国内首座海上双层地锚式悬索桥——大连南部滨海大道跨海大桥建成通车。

▲11月24日　中国铁路总公司副总经理卢春房到集团公司承建的丹大快速铁路前庄段和登庄段添乘指导。

▲12月13日　集团公司董事长、总经理王学忠在新疆乌鲁木齐会晤塔吉克斯坦总理拉苏尔佐达,双方就集团公司承建的瓦赫达特—亚湾铁路项目和中亚地区互联互通项目和其他基础设施项目进行交流。

▲12月　轨道公司宁和城际TA02标项目部获"江苏省文明工地"称号。

中铁二十局集团有限公司

【简况】 铁路工程、市政公用工程施工总承包特级,公路、房建、水利水电工程施工总承包一级,公路路基、地基与基础、隧道、桥梁工程专业承包一级资质企业,同时具有铁道行业甲(Ⅱ)级设计资质、爆破作业一级资质、房地产开发二级资质、城市轨道交通工程专业承包和境外工程承包资质。公司驻陕西省西安市未央区太华路89号。前身系中国人民解放军铁道兵第十师,1984年1月1日集体转业并入铁道部,改编为铁道部第二十工程局;1999年12月1日改称为中铁第二十工程局,2002年6月28日企业改制,改称为中铁二十局集团有限公司。下辖第一、二、三、四、五、六、市政工程有限公司和电气化工程有限公司、房地产开发有限公司、西安工程机械有限公司、安哥拉国际有限公司、陕西物资有限公司(海外工程保障中心)、中铁建设工程质量检测公司、阿达驻车投资建设管理有限公司、物业管理有限公司、莫桑比克有限公司、塞拉利昂有限公司、中铁建环保生态产业开发有限公司、中铁贵州工程有限公司、技工学校、咸阳基地管理处、北京办事处,以及12个区域指挥部和2个合资公司。职工18380人,资产总额321.298亿元,负债总额290.09亿元,股东权益31.21亿元。其中:流动资产279.88亿元,固定资产原值55.86亿元,净值19.62亿元;长期股权投资1.64亿元;无形资产1.82亿元。各类施工机械和运输设备3113台(套),原值21.03亿元,净值8.62亿元,技术装备率4.83万元/人;动力装备率30.69千瓦/人。其中,大型设备115台(套),原值8.44亿元,净值3.96亿元。设备总功率548342.19千瓦;大型设备资产闲置率20.35%;设备购置计划上报率100%,设备集采率100%。年施工能力300亿元以上。

2015年,承揽任务总额472.63亿元。完成企业总产值280.5亿元,其中,施工产值261.5亿元,附营产值19亿元。实现利润总额74373.3万元,职工人均创利3.22万元,全员劳动生产率52.7万元/人·年,职工年人均收入56240元。国有资本保值增值率122.97%,净资产收益率13.46%,营业利润率2.33%,资产负债率90.29%,上缴款完成率100%。完成主要实物工程量:土石方3455.26万立方米,隧道48550.02延长米,桥梁48617.65延长米;铁路正线铺轨586.45千米、站线铺轨73.52千米,铺设道岔76.5组,铁路无砟轨道118.01千米,铁路架梁1003孔;公路架梁5588孔;地铁5202米;公路681.74千米(其中高速公路353.42千米);路面1.46万平方米;房屋建筑面积1575556平方米。

兵改工以来,获国家和省部级优质工程133项,其中,中国建筑工程鲁班奖9项、中国土木工程詹天佑奖6项、国家优质工程23项、环境保护工程奖1项、全国用户满意工程奖3项、中国市政工程金杯奖3项;中国铁建优质工程120项;获国家和省部级科技进步奖63项,中国铁建股份公司级科技进步奖124.5项,集团公司"一级管理"模式获国家级管理创新成果奖;获国家和省部级优秀工法91项,中国铁建优秀工法76项。获国家和省部级QC小组415项,中国铁建QC小组86项。先后获全国优秀施工企业、全国守合同重信用企业、全国用户满意企业、全国精神文明建设工作先进单位、全国模范职工之家、全国对外承包工程30强企业、全国公路建设行业优秀企业、全国建筑业AAA级信用企业、全国公路建设市场主体信用评价A级企业、水利水电工程施工AAA级单位、全国施工企业设备管理优秀单位、全国工程建设"质量管理小组活动优秀企业、国家级优秀质量管理成果奖、中国工程建设协会质量安全管理先进单位、国家环境保护百佳工程、全国用户满意工程等。

2015年,集团公司获"全国重合同守信用企业""陕西省重合同守信用企业""陕西省建筑业百强企业"称号,二公司、五公司、房地产公司分别获全国和陕西省"安康杯"竞赛优胜单位称号,三公司邹符良获"全国技术能手"和"全国青年岗位能手"称号,五公司陕娟获"全国五一巾帼标兵"称号,安哥拉国际公司朱启辉获"全国最美青工"称号。　　(孟繁荣　刘文君)

【领导人员】

董事会

董事长、法定代表人	雷升祥
董事	邓　勇
	王玉松(7月免)
	李令选
	赵　斌

监事会

监事会主席	黄锦波
监事	朱宝林
	王启录

经理层

总经理	邓　勇
副总经理	王玉松(7月免)
	郭祥君(11月免)
	赵崇科
	任少强
	李令选
	王广建
	张文峰
	刘　峰
	苗文怀
总工程师	任少强(兼)

党群领导

党委书记	雷升祥
党委副书记	邓　勇
	黄锦波
	李胜义
纪委书记	黄锦波
工会主席	赵　斌
副巡视员	尤敦同
	王玉松(7月任)
	郭祥君(11月任)

(孟繁荣　刘文君)

【工程项目指挥机构】 沪(上海)昆(明)客专贵州段

CKGZTJ－9 标段项目部　项目经理冯军武，党工委书记王志军。驻贵州省安顺市黄果树风景区。

（东）莞惠（州）城际铁路项目部　项目经理孙长江，党工委书记高忠杰。驻广东省东莞市大朗镇银朗南路 399 号东正商务大厦。

集（宁）通（辽）铁路扩建改选工程 JTZQ－1 标项目部　项目经理梁月胜，党工委书记李俊。驻内蒙古自治区锡林郭勒盟正镶白旗火车站南 1500 米。

宁（南京）西（安）铁路增建第二线工程 NX3 标项目部　项目经理赵崇科，常务副经理韩建红。驻河南省南阳市内乡县城郦都大道鹏翔科技 5 楼。

麻（城）竹（溪）高速公路随州西段（MZTJ－1）项目部　项目经理苗文怀，常务副经理李善明，党工委书记何学义。驻湖北省随州市随县洪山镇。

新建郑（州）徐（州）铁路客运专线 ZXZQ04 标项目部　项目经理苗文怀，常务副经理张林，党工委书记段伟。驻河南省商丘市民权县冰熊大道 1 号冰熊集团。

西（安）成（都）客运专线站前 XCZQ－8 标项目部　项目经理雷卫东，党工委书记薛建武。驻陕西省汉中市南郑县。

新建怀（化）邵（阳）衡（阳）铁路站前工程 HSHZQ－4 标项目部　项目经理刘庭联，党工委书记林海。驻湖南省邵阳市洞口县洞口宾馆 3 楼。

深（圳）茂（名）铁路 JMZQ4 标项目部　项目经理邓宏法，党工委书记欧仕平。驻广东省开平市长沙区侨园三江东盛路 5 号。

新建成（都）贵（阳）铁路乐山至贵阳段站前工程 CGZQSG7 标项目部　项目经理赵崇科，常务副经理王国良，党工委书记陈选生。驻四川省宜宾市长宁县竹海路二段 146 号教育宾馆。　（孟繁荣　刘文君）

【职工队伍】　2015 年，职工人数 18380 人。干部 9462 人，其中女性 2390 人，占干部总数的 25.3%；本科以上文化程度 5517 人，占干部总数的 58.3%；专科文化程度 2790 人，中专及以下文化程度 514 人，占干部总数的 34.9%。有各类专业技术干部 8929 人，占干部总数的 94.4%，其中，高级职称 921 人（含教授级高工 58 人）、中级职称 2528 人、初级职称 4276 人、未聘职称 1204 人。工人 8918 人，其中女工 2132 人。初高中文化程度 4585 人，中专文化程度 2541 人，大专以上 1792 人。技术工人 7148 人。其中初级工 436 人、中级工 2456 人、高级工 2238 人、技师 599 人，高级技师 143 人。新增工人 101 人，接收安置复转军人 10 人，接收中专技校毕业生 2 人，其他 8 人。（孟繁荣　刘文君）

【铁路工程】　新建怀（化）邵（阳）衡（阳）铁路站前工程 HSHZQ－4 标　位于湖南省邵阳市。标段长 39.714 千米，合同投资 212995 万元，合同工期 2014 年 10 月—2018 年 12 月。设局指挥部，参与施工的单位有一、二、六公司。主要工程量：正线全长 39.71 千米，路基土石方 446.6 万立方米；桥梁 16 座 7.111 千米；隧道 5 座 16.538 千米；梁场 1 处，制梁 764 片，架梁 764 片；无砟轨道道床 26.788 千米。截至 2015 年底，开工累计完成投资 92564 万元。

阳（平关）至安（康）增建第二线站前工程 YAZQ－2 标　位于陕西省汉中市宁强县、勉县。标段长 36.2 千米，合同投资 105720 万元，合同工期 2015 年 1 月—2018 年 12 月。由四公司负责施工。主要工程量：正线全长 36.2 千米，路基土石方 225.3 万立方米；隧道 9 座 13.120 千米；桥梁 22 座 6.116 千米；新建站线 4.11 千米；新铺道岔 24 组；改建站线 5.66 千米；拆除道岔 20 组。截至 2015 年底，开工累计完成投资 23590 万元。

深（圳）至茂（名）铁路江门至茂名段站前工程 JMZQ4 标　位于广东省开平市。标段长 37.5 千米，合同投资 142597 万元，合同工期 2014 年 12 月—2017 年 11 月。设局指挥部，参与施工的单位有一、四公司。主要工程量：正线全长 37.51 千米，路基土石方 657.01 万立方米；桥梁 27 座 14.423 千米。截至 2015 年底，开工累计完成投资 88020 万元。

西安铁路站改　位于陕西省西安市。标段长 36.2 千米，合同投资 39312 万元，合同工期 2014 年 12 月—2016 年 6 月。由六公司负责施工。主要工程量：站场土石方 12.86 万立方米；框架涵 48.3 横延米；铺新轨及道床 13.31 千米；单开道岔 45 组；通信、信号及信息 27.2 千米；电力及电力牵引供电 56 千米；低压变电所、站 3 座；箱式变电站 7 座；灯柱 154 座；接触网 15.2 千米；生产及办公房屋 4.28 万平方米；居住及公共房屋 2.3 万平方米；给排水 7.94 千米。截至 2015 年底，开工累计完成投资 4800 万元。

宁西铁路二线小（林）至厉（山）联络线电气化扩能改造工程项目　位于湖北省随州市。标段长 73.523 千米，合同投资 39274 万元，合同工期 2014 年 4 月—2015 年 12 月。由二公司组织施工，电气化公司参建。主要工程量：站场土石方 119.21 万立方米；桥梁 5 座 1749.4 延长米；涵洞 1452.75 横延米；正线铺新轨 8.27 千米，铺粒料道床 2.3 万立方米；拆除线路 70.51 千米，换铺长钢轨 70.51 千米；站线铺轨 4.83 千米；铺新岔 27 组，拆除道岔 14 组；挖光、电缆沟 106.49 千米；敷设光、电缆 166.37 千米；10 千伏高压架空线路 7.92 千米；高压电缆线路 14.49 千米；低压电缆线路 40.96 千米;生产及办公房屋5584.24平方米。截至2015年底,开工累计完成投资20835万元。

新建成(都)贵(阳)铁路乐山至贵阳段站前工程CGZQSG7标段　位于四川省宜宾市。标段长41.37千米,合同投资243306万元,合同工期2014年1月—2018年1月。设局指挥部,参与施工的单位有一、三、四公司。主要工程量:路基土石方366万立方米;桥梁43座11.981千米;隧道11座18.552千米;梁场1处,制梁203片,架梁203片。截至2015年底,开工累计完成投资102950万元。

西安大机段　位于陕西省西安市。合同投资61587万元,合同工期2014年3月—2016年7月。由四公司负责施工。主要工程量:路基土石方259万立方米;桥梁4座6061顶平方米;涵洞11座958横延米;铺轨20.3千米;房屋建筑面积47447平方米。截至2015年底,开工累计完成投资51597万元。

沪(上海)昆(明)铁路客运专线贵州段CKGZTJ-9标段　位于贵州省安顺市。标段长63.745双线千米,合同投资497298万元,合同工期2010年10月1日—2015年2月26日。设局指挥部,参与施工的单位有二、六公司。主要工程量:隧道19座43.587千米;桥梁22座11.769千米;车站1座,路基7961米;铺设正线53.04铺轨千米,站线1.51铺轨千米,CRTSⅡ型无砟轨道预制106.507铺轨千米,运输、铺设75.904铺轨千米。截至2015年底,开工累计完成投资502948万元。

沪(上海)昆(明)铁路客运专线云南段TJ-2标段　位于云南省曲靖市。标段长54.6双线千米,合同投资305720万元,合同工期2010年10月1日—2015年9月20日。由一公司组织施工,五公司、电气化公司参建。主要工程量:桥梁41座22.696千米;隧道8座15.353千米;路基18.834千米;涵洞44座1151横延米;公路跨线桥5座276.6延长米,人行天桥2座106.4延长米;渡槽1处82.22米。截至2015年底,开工累计完成投资351685万元。

集(宁)通(辽)铁路扩建改选工程JTZQ-1标　位于内蒙古自治区锡林郭勒盟正镶白旗。标段长98.537千米,合同投资139536万元,合同工期2012年10月—2014年9月。设局指挥部,参与施工的单位有一、四公司。主要工程量:路基土石方907.07万立方米;桥梁5座595延长米;涵洞201座1620.89横延米;正线铺新轨97.993千米,道床34.84万立方米,改建铺轨35.358千米,道床22.2万立方米;站线铺轨8.976千米,道床4.96万立方米;道岔45组。截至2015年底,开工累计完成投资92175万元。

西(安)成(都)客运专线站前XCZQ-8标段　位于陕西省汉中市。标段长33.527千米,合同投资25.504亿元,合同工期2013年3月—2016年11月。设局指挥部,参与施工的单位有三、五、六公司。主要工程量:隧道7座17.081千米;桥梁2座16.456千米;站场土石方4.2万立方米;正线无砟道床66.5千米;站线无砟道床1.65千米。截至2015年底,开工累计完成投资221878万元。

(东)莞惠(州)城际铁路GZH-6标段　位于广东省东莞市。标段长5.86千米,合同投资96125万元,合同工期2009年10月—2011年12月。设局指挥部,参与施工的单位有五、六公司。主要工程量:隧道盾构段3272.5延长米,隧道暗挖段1559.5延长米,隧道明挖段275.7延长米。截至2015年底,开工累计完成投资133742万元。

佛(山)至(东)莞城际铁路广州南至望洪段FGZH-1标段　位于广东省广州市。标段长11.03千米,合同投资252858万元,合同工期2015年1月—2019年5月。五公司施工。主要工程量:隧道盾构段9340延长米,隧道明挖段885延长米,地下车站805延长米,盾构井3座。截至2015年底,开工累计完成投资27997万元。

蒙(西)至华(中)地区铁路运煤通道MHSS-1标　位于陕西省延安市。标段长11.67千米,合同投资70221万元,合同工期2015年3月—2020年2月。二公司施工。主要工程量:隧道1座11.668千米;正线无砟道床23.4千米。截至2015年底,开工累计完成投资18827万元。

蒙(西)至华(中)地区铁路运煤通道MHSS-7标　位于陕西省延安市。标段长35.7千米,合同投资261962万元,合同工期2015年8月—2020年3月。设局指挥部,参与施工的单位有二、四、六公司和市政公司。主要工程量:路基土石方42.99万立方米,桥梁11座3.1千米,隧道13座31.9千米。截至2015年底,开工累计完成投资20607万元。

长(春)至白(城)铁路扩能改造CBSG-2标　位于吉林省长春市。标段长65.85千米,合同投资132694万元,合同工期2015年6月—2018年6月。由二公司负责施工。主要工程量:路基土石方470.08万立方米,桥梁12座1.668千米,涵洞70座1393.33横延米,正线铺轨2.029千米,站线铺轨14.95千米,单开道岔76组,站场改造3座。截至2015年底,开工累计完成投资27166万元。

渝怀铁路涪(陵)至梅江段增建第二线工程站前4标　位于重庆市彭水县。标段长52.94千米,合同投资133665万元,合同工期2015年11月—2019年1月。由六公司组织施工,三公司、电气化公司参与。主要工程量：路基土石方 89.3 万立方米，桥梁 36 座 7.768千米，隧道 17 座 34.175 千米，正线铺新轨 30.839千米。截至 2015 年底，开工累计完成投资 3750 万元。（刘王平　孟繁荣　刘文君）

【铁路运输】　第一铁路运输分公司　驻陕西省神木县神木北站。经理叶长松、书记郭竞剑、总工王炎鑫。主营铁路运输，完成产值 4134 万元，累计完成产值 38222 万元；实现安全运营 4463 天。

第二铁路运输分公司　驻陕西省蒲城县西头乡。经理潘旭明、书记吴培力、总工彭晓忠。主营铁路运输，完成产值4706 万元，累计完成产值59512 万元；实现安全运营 5167 天。

电力运输分公司　驻陕西省神木县神木北站。经理陈献合、书记许青平。主营铁路运输，完成产值 5366 万元，累计完成产值 62303 万元；实现安全运营 5477 天。（贺春奎　孟繁荣　刘文君）

【铁路外工程】　湖北监利至江陵高速土建工程施工 JTTJ－3 标　位于四川省江陵县。线路长16.61 千米，合同投资 76991 万元，合同工期 2014 年 6 月—2016 年 4 月。四公司施工。主要工程量：路基土石方 243 万立方米，大中型桥梁 6 座 4819 延长米，特大桥 1 座 2461 延长米，制梁 2082 片，现浇梁 102 跨；涵洞 41 座 1471 横延米。截至 2015 年底，开工累计完成投资 71577 万元。

北京地铁 14 号线　位于北京市。标段长 1262.5 米，合同投资 23658 万元，合同工期 2010 年 5 月—2014 年 12 月。一公司施工。主要工程量：地铁1262.5 米，其中明挖 587.5 米（土石方约 18 万立方米），暗挖 675 米（土石方约 5 万立方米），回填土约 11.6 万立方米。2015 年 10 月，交付通车。

西安地铁 4 号线　位于陕西省西安市。合同投资 47636 万元，合同工期 2013 年 12 月—2016 年 3 月。五公司施工。标段负责 2 站 3 区间的施工，含元路站—大明宫站区间长 762 米，大明宫站长 207 米大明宫站—玄武路站区间长 1017 米，玄武路站长 202 米，玄武路站—曹家庙站区间长 808 米。截至 2015 年底，开工累计完成投资 21905 万元。

青岛地铁 2 号线　位于山东省青岛市。合同投资 34130.51 万元，合同工期 2012 年 11 月—2015 年 7 月。四公司施工。主要工程量：李村站—李村公园站区间 647 延长米，李村公园车站 1 座，李村公园站后折返线 206 米。截至 2015 年底，开工累计完成投资 28778 万元。

瑶湖总部经济港安置房　位于江西省南昌市。合同投资 18.5 亿元，合同工期 2015 年 1 月—2019 年 6 月。三公司施工。主要工程数量：D1 地块 24 栋楼，建筑面积 228500 平方米，其中地下 45058.9 平方米，地上 181991.14 平方米；D2 地块 23 栋楼，建筑面积 233102.71 平方米，其中地下 47303.5 平方米，地上 167272.01 平方米。截至 2015 年底，开工累计完成投资 15356 万元。

南宁市邕宁水利枢纽　位于广西壮族自治区南宁市。合同投资 270050 万元，合同工期 2015 年 3 月—2018 年 12 月。六公司施工。主要工程量：土方明挖 214 万立方米，石方明挖 128 万立方米，水下挖土石方 22 万立方米，土石方填筑 215 万立方米；混凝土 57.6 万立方米。截至 2015 年底，开工累计完成投资 12571 万元。（贺春奎　孟繁荣　刘文君）

【海外工程】　莫桑比克铁路　位于莫桑比克国家。1 标为莫阿蒂泽铁路环线枢纽和结构物 2 千米，有15.06 千米的新建铁路段，位于莫阿蒂泽铁路环线终端；6、7 标跨度 566.7 千米，分为 6、7A、7B、7C、7D、7E6 个区段，施工线路总长 179 千米；8、9 标起点为纳卡拉分支，终点为纳卡拉港口环路，线路总长 55.335 千米。设局指挥部，参与施工的单位有二、四公司。工程全部交付运营。（刘王平　孟繁荣　刘文君）

【经营管理】　（1）工程承揽。结合市场变化和自身实际，立足路内、路外市场，狠抓海外、非工程板块，聚焦主业，多元发展，新签合同与往年相比，涵盖多个专业领域，板块结构更为均衡。在巩固传统优势市场的同时，神华、国电、华能等央企市场得到巩固和拓展。新签合同额 472.6 亿元，占股份公司下达计划 400 亿元的 118.2%，占集团公司年度计划425 亿元的111.2%，同比增长 17.8%。其中，路内项目 109.5 亿元，占新签合同总额的 23.2%；路外项目300.4 亿元，占新签合同总额的 63.6%；非工程板块 20.4 亿元，占新签合同总额的 4.3%；变更索赔 42.3 亿元，占新签合同总额的 8.9%。

（2）企业管理。按照股份公司关于制定 3 年滚动发展规划的要求，结合企业发展实际，制定《中铁二十局集团有限公司 2015—2017 年滚动规划》，对集团中期规划目标进行调整，进一步明确企业近期的发展重点和实施计划。编制《集团公司“十三五”规划编制工作实施方案》。资质管理工作以“保级升特、优化结构”为工作重点，进一步完善资质结构，拓宽资质领域，取得市政公用工程施工总承包特级资质及市政行业设计甲级资质。全集团 93 项资质，施工资质 75 项（其中31 项总承包资质，专业承包资质44 项），设计资质5项,其他资质13项,为集团开拓相应市场提供良好"通行证"。集团公司具有一级注册建造师486人。集团公司获"全国重合同守信用企业""陕西省重合同守信用企业"、陕西省建筑业协会"陕西省建筑业百强企业"等称号。3人获评2015年度全国优秀项目经理、3人获评陕西省优秀项目经理、3人获评"全国工程建筑行业优秀通讯员及联络员"。

(3)经济管理。① 成本管理。根据集团公司整治亏损项目方案,认真落实治亏措施,持续加大责任成本督导力度。修定责任成本管理办法、项目评估管理办法、劳务分包管理办法、工程项目责任成本核算分析指导意见、项目成本预控指导意见等相关办法。对深茂铁路、南宁邕江项目、南泥湾阳山隧道项目、蒙华项目、渝怀铁路二线项目进行前期策划;对怀邵衡铁路、深茂铁路、成贵铁路、简蒲高速公路,以及五公司佛莞城际铁路项目及所属项目部(分部)进行责任成本督导。② 合同管理。全面实行全员岗位责任目标合同管理,逐级签订岗位责任目标合同。二十局所属各单位党政主管与集团公司党政主管签订年度生产经营目标合同,作为年度考核依据;各工程项目指挥部根据项目评估结果,指挥长、书记与集团公司党政主管签订工程项目承包经营责任目标合同,作为项目竣工的考核依据。各部门、直属单位签订"机关费用预算管理目标责任书",并对预算执行情况进行考核兑现。③ 设备管理。积极探讨研究设备管理新思路和现代化管理新手段,持续改进设备管理工作。全力推进设备租赁工作规范化,通过对设备租赁检查,从根本上清理设备租赁情况,形成内部工作正能量环境,堵住设备租赁工作中的漏洞,制定严禁租赁企业员工私人设备等红线规定;落实盾构机采购经济分析、技术论证、配置工作,投入资金约4亿元,购置盾构机6台,为城市轨道交通建设专业化公司发展奠定坚实地基础。股份公司、集团公司集采设备计160台套,预算总价43130.24万元,合同总价38167.59万元,在股份公司框架采购限价的基础上节约资金4962.65万元。企业总设备资产增长率5.26%;企业设备资产成新率41.03%。设备更新保持良好态势,设备资产的实力不断增强。④ 物资管理。各类原材料及能源收入836847.57万元、消耗836321.52万元、期末库存18306.44万元。集采中心完成集采总额153714.3万元,与上年同期83600万元比较增加1.84倍,降低采购费用合计7185.3万元,招标采购(租赁)成本降低率4.67%。⑤ 法律事务管理。进一步强化"四项审核"工作,始终坚持法律全程参与服务重大项目,促进法律管理与经营管理的有效结合。新发法律纠纷案件88起,涉案金额9189.83万元,结案74起,其中调解结案62起,案件和解率达到83%,较上年提升13个百分点,为企业减少或避免经济损失2100余万元。在所有案件的处理中,没有一起外聘律师,全部由各单位法律人员与涉案项目工作人员共同出庭应诉,大大降低企业的诉讼成本,避免因诉讼可能引发的负面影响。⑥ 信息化管理。完成PM系统二期完善工作,系统新增企务公开、招标中标信息、领导讲话及会议纪要、学习共享等功能,并实现与OA系统集成;实现PM系统移动办公,及手机收到PM系统发送的工作短信通知后,通过短信中的链接,即可进入办公界面签署意见;根据新的项目管理模式,调整PM系统有关功能和流程等。重点完善工程量、劳务、物资等核心功能,使其更符合项目应用需要。同时,在PM平台上开发完成设备租赁、B类物资招标、劳务资源管理等多个管理系统。这些新功能,将PM系统从企业的内部管理,延伸到外网,实现与供应商的互动。办公OA系统在所有子公司和直管项目部得到全面使用,实现两级机关及项目部收发文、呈批件、文件传阅、请(销)假、账务报销审批、出差审批、BT项目资金拨付申请、办理保函申请、保证金借款申请、内部借款申请、集团合同审批等全过程信息化,大大提高办公效率,降低管理成本。⑦ 社会责任管理。积极响应股份公司"节能有道节俭有德""低碳城市宜居可持续"活动主题,集团公司2015年6月13—19日从3个层次组织开展节能宣传周低碳日活动。组织机关青年走进秦岭,采取登高比赛与捡拾垃圾相结合,一方面通过捡拾垃圾,用实际行动宣传、倡导环保理念,践行绿色文明出行;另一方面通过开展青年登高比赛,增强活动的趣味性,激发机关青年的团队意识,倡导阳光健康的生活方式。各项目工点结合"四节一保"开展活动,坚决淘汰落后产能和高耗能、高污染工艺与装备,积极推广应用节能减排降碳新技术、新工艺,不断提高能源、资源利用效率,切实做好节能减排低碳发展的表率。建设"资源节约型、环境友好型"企业,实现节能减排和发展双赢目标。全集团参加养老保险19669人,缴纳养老保险金23330万元;参加职工医疗保险22112人,缴纳基本医疗保险费7694.46万元。参加生育保险15489人,缴纳生育保险费303.8万元;参加失业保险18493人,缴纳失业保险费1229.5万元;计提职工住房公积金5943万元,工伤保险逐步实现移交属地管理。对施工现场职业病危险因素和21个有害作业场所进行监督、监测、检查;落实职工健康监护制度,职工健康体检率达到85%以上。截至2015年底,全面完成"十二五"职工住房建设规划,其中竣工交付职工住宅楼9栋2234套,住宅面积26.19万平方米,在建职工住房10栋1840套,建筑面积20.95万平方米。认真履行央企职责,向"两联一包"定点扶贫单位——宁陕县广货街五台村拨付落实年度扶贫资金15万元，企业品牌的影响力进一步扩大。

（4）安全质量。坚持“安全第一，预防为主，综合治理”方针，牢固树立“以人为本，安全发展”理念，逐步形成“全员参与，各负其责，逐级包保，持续受控”工作格局，强化管控措施，全面开展“安全生产大检查、安全生产月，打非治违等”一系列专项活动，在工程项目全面自查自纠和工程公司全面检查的基础上，集团公司实施重点的督导检查，通过排查发现问题、分析研究、制定方案、明确责任、加大投入、限期整改复查、封闭验收和重点督查等措施，确保安全生产形势稳定。深入开展“质量月”“工程质量治理两年行动”等活动，建设质量文化，提高质量意识。2个单位获评省级安全生产先进单位，获评省级安全文明标准工地8个、股份公司安全质量标准工地4个；获评国家优质工程2项、省级优质工程6项、铁建杯优质工程7项；获评国家优秀质量管理小组4个，陕西省优秀质量管理小组及信得过班组共39个、股份公司优秀质量管理小组5个。

（5）财务审计。集团公司建立全面预算分析通报制度，及时发现预算执行差异，提出有效应对措施，保证预算执行的刚性约束，要求各单位按季度上报全面预算分析报告，集团公司将各单位主要经济指标完成情况与预算指标对标分析，对于预算完成差异率较大的单位要求分析原因并提出整改措施。规范所属各单位销售费用、管理费用预算管理，集团公司直接下达年度经费预算控制规模，各单位进一步细化执行。发布《2015年债务风险防控方案》，方案从加强经营承揽、推进二次经营、整治亏损项目、厘清经济责任、预算控制、防范BT回购风险、加快房地产“去化”进程、盘活现有资产、强力清收清欠、加大考核力度等十个方面为企业量身定制一套控制债务风险和优化财务状况的办法。通过对风险防控工作的长抓不懈，实现在释放历史负担的同时，企业有息负债规模增速放缓。积极争取国家税收优惠政策，合理进行纳税筹划，减少集团税负。为了优化财务状况，首次将清收清欠完成情况纳入企业负责人考核体系，其中工程公司所占权重30%，集团及所属子公司完成主管领导与副职领导清收清欠督导合同的签订工作。财务共享中心全面实现国内核算单位上线率、银行账户集中支付率100%目标，做到全集团财务核算一盘棋。全面完成审批流程的固化优化工作，使集团规章制度和管理办法有效落地，较好地堵塞漏洞，降低成本，提高效率，从业务层面有效防范管理风险，提升财务管控水平。开展各类审计231项，占2015年计划的112%，投入审计工天6149天，提出审计报告225份，提出审计建议1060条，采纳1054条。发现问题金额28694万元，其中违规违纪4502万元，损失浪费金额5073万元，不良资产15409万元，其他3711万元，纠正违纪问题3239万元，促进增收节支1370万元。向集团公司纪委移交审计线索173条，内网公示审计报告5份。

（孟繁荣　刘文君）

【科技工作】 研究开发的10项科技成果通过中国铁建股份公司的评审。“桥梁深水基础浮运平台双壁钢围堰施工技术研究”等5项科技成果获陕西省土木建筑学会科技奖，其中，二等奖3项、三等奖1项、优秀奖1项。“复杂条件下单孔156米简支钢桁梁纵向拖拉横移就位施工技术”等4项科研成果获中国施工企业管理协会科学技术奖，其中，一等奖1项、二等奖3项。“兰新高铁碎屑流及薄层板岩隧道施工变形控制技术”等7项科技成果获股份公司科学技术奖，其中，一等奖1项、二等奖1项、三等奖5项。《高原季节性冻土地区隧道防寒保温技术探讨》等7篇论文获股份公司优秀论文奖。“复杂条件下单孔156米简支钢桁梁拖拉架设工法”“跨河拱桥装配式组合钢支架施工工法”等4项工法被评为陕西省省级工法；“加筋布袋注浆桩施工工法”“重型轨道环氧胶泥填充修复施工工法”等6项工法被评为铁路建设工程部级工法。授权专利56项。

教育培训。通过企业内部培训、校企联合培训、外送培训、现场教学、技术讲座、技术交流、网络培训等多种培训形式，抓好培训计划的落实工作。集团公司本级共组织举办各类培训班28期，培训5638人次。为贯彻集团公司海外发展战略，专门组织一期海外项目管理综合培训班，培训海外项目管理团队12个，参训94人次；组织参加股份公司领导干部培训和外语、国际工程管理、高级经营管理等各类培训146人次；为确保企业资质申报和生产经营需要，组织施工企业关键管理岗位（十一大员）及主要技术工种技能等级取证培训6期，办理各类资格证书1500余本；所属各单位、项目部根据企业发展和施工生产需要组织各类职工培训5000余人次，外部劳务培训30000余人次。

（孟繁荣　刘文君）

【党的工作】 集团下辖各级党组织404个，其中党委26个，党工委41个，党总支2个，党支部335个。共有党员8100人，占职工总数的43.4%，其中女党员1298人，少数民族党员62人，大专以上党员4813人。

（1）领导班子建设。集团公司党委始终坚持将领导班子建设作为事关企业发展的关键环节来抓。一是分工授权更加明晰。2015年初，集团公司党委重新调整班子成员分工,明确每位班子成员的责权利和请示事项审批程序,营造分工负责、尽心合力、民主集中、风正气顺的和谐氛围。二是民主决策更加阳光。制定《关于贯彻落实"三重一大"决策制度实施办法》,加大《党委议事规则》《董事会章程》《总经理办公会议事规则》的落实力度,不断提高决策的民主性、科学性。召开董事会7次,党委常委(扩大)会15次,总经理办公会7次,重大问题均经过集体研究,坚持"集体领导、民主集中、个别酝酿、会议决定"的原则。三是民主决策措施更加刚性。利用集团公司财务共享服务平台,加强"联审联签"制度的落实,在OA审批流程设计中,使董事长、党委书记、总经理,项目经理、党工委书记的联审联批成为绕不过的刚性程序,让权力与责任有机的结合在一起,压力共享,风险共担。四是"四好"班子创建更加精细。经过严格评选,集团公司二公司、市政公司、咸阳基地3家单位被集团公司党委评为"四好"领导班子。五是"三严三实"专题民主生活会更加务实。根据股份公司党委2015年度专题民主生活会的要求,按照会前准备、会议阶段、会后整改三个方面对会议的关键环节进行梳理,制定2015年度专题民主生活会方案,建立"2015年度"三严三实"专题民主生活会关键环节进度表"。

(2)党组织建设工作。坚持把落实"四个同步"作为党建工作的基础性工作来抓。成立7个基层党组织(5个直管项目党工委,1个子公司党组织,1个区域指挥部党工委);为加强对党建工作的领导力量,针对部分子公司党委书记、董事长一肩挑的实际,强化专职党委副书记的配备;针对直管项目由集团公司领导班子成员兼任项目经理的情况,配强配齐专职党组织书记、副书记。对新上场的29个直管项目均同步配备项目党组织书记。

(3)党员队伍建设。坚持"三会一课"等组织生活制度,严格按照"控制总量、优化结构、提高质量、发挥作用"的总要求,严格执行发展党员计划,把发展党员工作做实做细。发展党员165人,一批政治素质优、工作能力强、模范作用强的优秀骨干将被各级党组织吸收入党。

(4)宣传思想工作。组织党委中心组集中学习10次,组织"三严三实"专题教育3次集中辅导和3次专题研讨活动。全方位协助中央电视台和国资委宣传局,拍摄35分钟的《穿越喀斯特》纪录片,成为股份公司唯一一家入选"讲述·建设者"栏目的单位;集团公司党委宣传部(企业文化部)提前策划,对本格拉铁路通车事件,广泛在央视新闻联播,新闻直播间、朝闻天下进行报道。配合《人民日报》《工人日报》《中国青年报》《中国报道》《中国外汇》等报刊,发表一系列有分量、有层次、有影响的通讯报道。新华网、人民网、中国新闻网、凤凰网、新浪网、搜狐网等门户网站首页显著位置登载新闻,全国近百家媒体转载。配合贵阳机场三期开工,瓮马铁路开工,贵州公司成立,沪昆客专大独山隧道、岗乌隧道贯通,贵阳地铁建设、简蒲高速建设突飞猛进等重大事件,在中央电视台一套、二套、新闻频道等频道播出,扩大企业的知名度。截至11月底,集团公司共在中央级媒体和各类门户网站刊稿920篇。重点工程宣传报道取得新成果,2015年,共在各级媒体刊登稿件3500多篇,其中,中央级1010多篇,省部级1521篇。《开路先锋》报当选为中国企业报协会理事和陕西企业报协会常务理事单位,3篇作品被中国企业报协会评为好稿件。1人被中国铁路新闻工作者协会评为全国铁路优秀新闻工作者,3篇作品被评为好稿件。12人被陕西省企业报协会评为优秀编辑、优秀新闻工作者、优秀基层通讯员,集团公司《开路先锋》报被评为优秀办报单位。

(5)党风廉政建设。坚持"三个"常态化教育:持续开展"每月一课"廉洁从业教育活动常态化、谈话常态化、重要节点的教育常态化。两级纪委共受理各类举报75件,初核案件线索82件,转立案56件,结案56件,处理违纪违规人员123人次。其中受党纪处分31人(党内警告19人,党内严重警告9人,撤销党内职务1人,开除党籍2人),受政纪处分96人(行政警告40人,行政记过32人,行政记大过13人,行政降级2人,行政撤职3人,解除劳动合同6人),受党纪、政纪双重处分4人。挽回经济损失109.4万元。从严从快查处违反"八项规定"精神案件。查处公款旅游、违规乘坐头等舱、报销娱乐洗浴场所发票、报销EMBA学费、举办孩子上学宴、操办丧事收受礼金等15起违反"八项规定"精神的问题,对27人给予党纪政纪处分,涉及7名副处以上领导干部,收缴、退回违规费用45.78万元;对查处案件进行实名通报,提高案件警示作用。纪委成立专项巡视组,利用1个月时间对集团2015年销号的二、五公司所属的11个亏损项目追责情况进行专项巡视。分别向二、五公司移交问题线索36件和42件。通过巡视和对三、四公司年底销号项目的督导,二、三、四、五公司共15个项目具备销号条件。11个亏损项目中已追责10人,拟追责29人。对2014年新上场的怀邵衡、深茂、阳安二线、西安铁路枢纽、简蒲高速公路、佛莞城际轨道6个项目进行效能监察,发现各类问题89个,并向问题单位提出整改要求,各类问题全部整改完毕。针对发现的问题,对《项目监督实施方案》检查内容进行细化分解。并与经管部联合印发《合同审批及合同外计价程序的紧急通知》,对验工计价提出"八必须八不得"硬性规

定，杜绝超计价问题。（孟繁荣 刘文君）

【工会工作】 工会会员 18649 人，有法人资格的两级工会委员会 14 个，项目部（工班）工会（含工会小组）270 个，专职干部 42 名，各级专兼职工会干部 317 名。1 月 31 日—2 月 2 日，召开集团公司四届二次职工代表大会暨工会三届二次会员代表大会。不断强化企务公开民主管理工作，通过开展企务公开职代会星级创建活动，健全以企务公开职代会为基本形式的民主参与、民主管理和民主监督机制，进一步完善企务公开职代会工作制度和组织制度，充分发挥两级职代会的作用，切实落实广大职工的知情权、表达权、参与权和监督权，促进集团公司的健康快速发展。以安全生产为重点，积极抓好"安康杯"竞赛及"一法三卡"工作法为主要内容的劳动保护工作，进一步强化职工安全生产"红线"意识，提高自我防护能力，坚定安全发展理念。二公司、五公司获全国"安康杯"竞赛优胜单位，四公司第二铁路运输分公司运用车间获全国"安康杯"竞赛优胜班组，房地产公司获陕西省"安康杯"竞赛优胜单位。2 个单位获"陕西省工人先锋号"称号，6 人获评"陕西省重点工程建设劳动竞赛先进个人"，6 人获评"陕西省劳动竞赛标兵"。切实履行"三不让"承诺，深入开展送温暖活动，加大帮扶救助力度，拨款 104 万元，对 23 个项目、58 名困难职工进行慰问，发放慰问金 17.4 万元。各子公司根据集团公司工会的安排部署，走访慰问职工 11142 人次，发放慰问资金 381.86 万元，为职工进行健康检查 8088 人次。集团公司在册女职工 5552 人，占职工总人数的 26.4%。各级女工委组织开展女职工才艺大赛、知识竞赛、体育比赛等一系列提素活动，并向全体女职工发起以"铁建书香"为主题的第二届女职工征文活动，活动共收到征文 67 篇，遴选 8 篇优秀作品上报股份公司工会参评。在 12 月 2 日召开的陕西省总工会"全省女职工读书活动成果推进会"上，作为经验典型单位作题为"营造书香文化，共建和谐企业"的经验交流。集团工会女工委还重点组织对困难女职工的帮扶工作，及时慰问一大批困难女职工家庭，并为 10 名两癌女职工给予 3 万元困难补助。（孟繁荣 刘文君）

【共青团工作】 中铁二十局团委下设 14 个基层团委，43 个团工委，1 个团总支，271 个团支部，其中 10 个直属团工委、3 个直属团支部；共青团员 3010 人，35 岁以下青年 9422 人；共有兼职团干部 290 人，专职团干部 11 人。公司团委继续深入开展"团课下基层"活动，开展以"团干部如何健康成长"为主题的大讨论活动，以及"奋斗的青春最美丽"事迹分享活动、"清明祭英烈，共铸中华魂"主题宣传教育活动和"纪念抗日战争胜利 70 周年"爱国主义教育活动。以"弘扬五四精神，展现青春风采"为主题，持续推进共青团"四大工程"，即团歌嘹亮工程、团旗飘扬工程、团课精彩工程、团青登高工程；在重难点工程项目上持续开展以个人名字命名的"青年突击队"授旗活动，充分发挥团员青年在急、难、险、重任务中的生力军和突击队作用；"一号多岗"成为青年建功立业的大舞台，促进青年成长成才。有效发挥典型的正面引领和榜样激励作用。六公司西咸空港综合保税区项目部和集团公司郑徐铁路客运专线指挥部获"陕西省青年文明号"称号、技工学校团委获评陕西省国资委系统"五四红旗团委"；2 个团委获评中国铁建"五四红旗团委"、2 个团支部获评中国铁建"五四红旗团支部"、5 个单位获中国铁建"青年文明号"称号。1 人获评第二届"全国最美青工"、2 人获评陕西省"优秀团干部"、3 人获评陕西省"优秀共青团员"；5 人获评中国铁建"青年岗位能手"、3 人获评中国铁建"优秀共青年团员"、3 人获评中国铁建"优秀团干部"。（孟繁荣 刘文君）

【第一工程有限公司】 具有公路、市政公用工程施工总承包一级，铁路工程施工总承包二级，房屋建筑工程施工总承包三级，桥梁、隧道、公路路面、公路路基工程专业承包一级，航道工程专业承包三级，预拌商品混凝土专业承包二级资质。董事长、党委书记严进喜，总经理、党委副书记石鸿江。下设 19 个专业工程队，架子队 12 个。职工 3233 人。其中，干部 1252 人（含退养干部 48 人），工人 1981 人；专业技术干部 1050 人，技术工人 1663 人。资产总额 360739 万元，其中固定资产原值 68924 万元、净值 23103 万元，流动资产 333682 万元。机械运输设备 83 台（套），原值 3209.68 万元、净值 409.5 万元。其中，主要施工设备 255 台，原值 25728.8 万元，净值 10272.7 万元；总功率 52825 千瓦，技术装备率 33800 元/人，动力装备率 16.33 千瓦/人，成新率 37.88%，完好率 90%，利用率 83%。年施工能力 40 亿元以上。

新签合同额 48.97 亿元，完成企业总产值 39.88 亿元，其中施工产值 39.79 亿元，附营产值 0.0923 亿元，实现利润 5061 万元。完成主要实物工程量：土石方 799 万立方米，桥梁 11635 延长米，隧道 5501 延长米，铁路架梁 350 孔、公路架梁 313 片，公路 18.77 千米。单位工程合格率 100%。职工年人均收入 50288 元。国有资本保值增值率 100.04%，资产负债率 89.17%，产值利润率 0.51%，净资产收益率 3.58%，应上缴款完成率 100%。（王 婷 孟繁荣 刘文君）

【第二工程有限公司】 具有公路、铁路、市政公用、矿山工程施工总承包一级,水利水电工程施工总承包三级,公路路面、公路路基、隧道、桥梁工程专业承包一级,混凝土预制构件专业承包二级资质。董事长、法定代表人刘文武,总经理刘文武(7月免)、张建升(7月任),党委书记万承茂(7月免)、刘文武(7月任)。公司下辖32个专业工程队(公司)。职工2683人,其中,管理人员1294人、工人1389人。资产总额398292.55万元。其中,固定资产原值70008.24万元、净值21076.39万元;流动资产367343.13万元。机械设备478台(套),原值26077.9万元、净值12438.3万元,成新率47.7%,总功率70939千瓦,技术装备率4.68万元/人,动力装备率26.68千瓦/人。

新签合同额50.1亿元,完成企业总产值45.03亿元,实现利润5366.52万元,全员劳动生产率171万元/人·年;职工年人均收入58076.28元。国有资本保值增值率109.16%,资产负债率86.05%,产值利润率1.17%。 (瞿敬超 孟繁荣 刘文君)

【第三工程有限公司】 具有市政公用工程施工总承包一级,公路工程施工总承包二级,桥梁、隧道、土石方工程专业承包二级,地基与基础工程专业承包三级资质。2006年2月由中铁二十局集团有限公司下辖的房地产开发公司、北京分公司、西安分公司、上海兴甬建筑市政工程公司合并组成;2007年5月,川渝分公司并入第三工程有限公司,房地产公司划出;2008年12月,上海兴甬公司从第三工程有限公司划出。公司驻重庆市南岸区黄桷垭镇崇文路28号附7号。董事长、总经理、法定代表人任霄,党委书记王宏伟。下辖11个工程队。职工1462人。其中,干部993人、工人440人;专业技术干部918人,技术工人326人。资产总额232924万元。其中,固定资产原值41123万元、净值23381万元;流动资产209492万元。机械运输设备112台(套),原值2636万元、净值534万元,总功率47408千瓦,技术装备率2.12万元/人,动力装备率32.43千瓦/人,成新率16.08%,完好率96%,利用率95%。年施工能力25亿元以上。

新签合同额55.05亿元,完成企业总产值21.04亿元。完成主要实物工程量:土石方602.62万立方米,桥梁2474.92延长米,隧道4286.15延长米,铁路制梁332片、架梁458片,公路架梁667片,房屋建筑面积7913平方米。职工年人均收入48163元。国有资本保值增值率529.31%,资产负债率88.62%,产值利润率1.02%,净资产收益率9.42%。

(吕 娜 孟繁荣 刘文君)

【第四工程有限公司】 具有铁路、公路、市政工程施工总承包一级资质,桥梁、隧道、公路路基、铁路铺轨架梁专业承包一级资质,刚结构专业承包二级资质,拥有独立对外承包工程经营资格,以及对外援助成套项目A级实施企业资格。公司驻山东省青岛市东海东路89号。董事长、党委书记、法定代表人黄小军(7月免)、樊立跃(11月任),总经理秦浩贤。下辖49个专业工程队和3个铁路运输分公司。在职职工4080人。其中,干部1602人、工人2478人;专业技术干部1289人,技术工人2478人。资产总额450804万元。其中,固定资产原值121075万元、净值27007万元;流动资产422394万元。机械运输设备598台(套),原值54821.10万元、净值18715.42万元。机械设备452台(套),总功率225560千瓦,技术装备率4.55万元/人,动力装备率54.89千瓦/人,成新率34.14%,完好率90%,利用率78%。年施工能力50亿元以上。

2015年,承揽合同额61.1292亿元,完成企业总产值52.022亿元,其中施工产值50.57亿元,附营产值1.34亿元,实现利润5686.27万元。完成主要实物工程量:土石方1878万立方米,桥梁14445延长米,隧道8397延长米,涵洞27000横延米,正线铺轨196千米,铺道岔70组,架梁(铁路、公路)4000孔(片),房屋建筑面积39000平方米,公路20千米。全员劳动生产率19.023万元/人·年,职工年人均收入54537元。国有资本保值增值率102.81%,资产负债率88.64%,产值利润率1.29%,净资产收益率9.6%。

(贺春奎 孟繁荣 刘文君)

【第五工程有限公司】 公司于2008年7月25日由第二工程有限公司更名为第五工程有限公司,2014年取得市政公用工程施工总承包一级资质。公司驻云南省昆明市官渡区国贸路星河明居A幢附属楼。法定代表人、董事长、总经理张云飞,党委书记郑润怀。下设昆明雅都商务酒店、南宁构件公司、6个工程队。职工1436人。其中,干部873人、工人563人;专业技术干部763人,技术工人285人。资产总额319618.7万元。其中,固定资产原值70368.4万元、净值39284.4万元;流动资产277177.4万元。机械运输设备382台(套),原值35394.45万元、净值21367.7万元,总功率47699千瓦,技术装备率148800元/人,动力装备率32.22千瓦/人,成新率60%,完好率95%,利用率90%。年施工能力30亿元以上。

2015年,承揽合同额37.12亿元;完成企业总产值30.04亿元,其中施工产值29.86亿元、附营0.19亿元。实现利润2524.76万元。完成主要实物工程量:土石方320.55万立方米,桥梁2096.6延长米,隧道 6936.8 延长米,铁路架梁 31 片,公路架梁 40 片,公路 8.402 千米。全员劳动生产率 209.21 万元/人·年。职工年人均收入 38400 元。国有资本保值增值率 106.53%,资产负债率 91.03%,净资产收益率 9.7%。

(汪军利　孟繁荣　刘文君)

【**第六工程有限公司**】 具有房屋建筑、公路工程、市政公用工程施工总承包一级资质,铁路工程施工总承包二级资质,装修装饰、桥梁工程、隧道工程、公路路基工程、土石方工程及钢结构专业承包一级资质。公司驻陕西省西安市未央区辛家庙 4 号,董事长、总经理、法定代表人周海军,党委书记董增强(7 月免)、张斌(12 月任)。公司前身系中国人民解放军铁道兵十师所属部队,始建于 1949 年 4 月。1984 年随铁道兵集体转业并入铁道部,先后改称铁道部第二十工程局新建铁路运输处、建筑公司、建筑工程处,1999 年 12 月 1 日改称中铁第二十工程局建筑工程处,2001 年 1 月改称中铁第二十工程局第六工程处,2002 年 7 月 18 日改制为现名称。公司下辖 1 个分公司、2 个区域指挥部、7 个城市项目部、56 个在建工程项目部(工程队),下设 40 个工程队,西安、咸阳 2 个家属基地。职工 2745 人。其中,干部 1502 人、工人 1243 人;专业技术干部 1193 人,技术工人 193。资产总额 41.7 亿元,其中固定资产原值 79219 万元、净值 28547 万元。机械设备 611 台(套),原值 30764 万元、净值 13430 万元。设备成新率 44%。总功率 69075.3 万千瓦,技术装备率 10.98 万元/人,动力装备率 24.67 千瓦/人。年施工能力 50 亿元以上。

新签合同额 51.34 亿元,完成企业总产值 52.01 亿元,实现利润 6285.58 万元,实现清收 15553.08 万元。完成主要实物工程量:路基土石方 358.21 万立方米,桥梁 5271.4 延长米,隧道 10819.3 延长米,预制梁 2194 片,架梁 2194 片,房屋建筑面积 49.3 万平方米。职工年人均收入 45822 元。全员劳动生产率 50.84 万元/人·年。国有资本保值增值率 102.81%,资产负债率 88.13%,产值利润率 1.21%,净资产收益率 9.96%,应上缴款完成率 91%。

(王　静　孟繁荣　刘文君)

【**市政工程有限公司**】 2012 年 12 月,由中铁二十局集团兰州商贸公司和原路桥分公司合并组建成立中铁二十局集团第七工程有限公司,2015 年 10 月,为加强专业化建设,公司更名为中铁二十局集团市政工程有限公司。公司具有水利水电工程施工总承包一级、市政公用工程施工总承包一级、房屋建筑工程施工总承包二级、土石方工程专业承包二级、地基与基础工程专业承包二级、钢结构工程专业承包二级、管道工程专业承包二级、特种工程专业承包(不分等级)资质。公司驻甘肃省兰州市城关区北龙口永新化工园区永新集团 5 楼,董事长、党委书记陈向鸿,总经理秦文。下辖兰州星锐建材公司,诚和分公司,甘青宁、河南、陕西、湘鄂赣、新疆、西南 6 个市场部,13 个专业工程队。职工 379 人。其中,干部 286 人、工人 93 人;专业技术干部 178 人,技术工人 72 人。资产总额 14.41 亿元。其中,固定资产原值 6595.9 万元、净值 4332.3 万元;流动资产 138393 万元;其他资产 5788.11 万元。机械运输设备 77 台(套),原值 4826.6 万元、净值 3790 万元,技术装备率 10.03 元/人,动力装备率 37.26 千瓦/人,成新率 78%,完好率 95%,利用率 85%。年施工能力 30 亿元以上。

新签合同额 30 亿元。完成企业总产值 14.1 亿元,其中施工产值 12.6 亿元、附营产值 1.5 亿元,实现利润 1.03 亿元。完成主要实物工程量:土石方 622 万立方米,桥梁 1709 延长米,隧道 167 延长米,涵洞 1747 横延米,架梁公路 305 片,房屋建筑面积 59899 平方米,给排水管路 68 千米,公路 41 千米。全员劳动生产率 372 万元/人·年。职工年人均收入 75992 元。国有资本保值增值率 161.84%,资产负债率 79.81%,净资产收益率 36.7%,应上缴款完成率 231.56%。

(张学龙　孟繁荣　刘文君)

【**电气化工程有限公司**】 具有铁路电务、建筑智能化、铁路电气化、送变电、机电设备安装工程专业承包一级,电信工程专业承包二级资质。公司驻陕西省西安市高新区新型工业园企业壹号公园 6 号。董事长、总经理、法定代表人王志义,党委书记李鲁杰。前身系警备五旅司令部侦通科及下辖通信队,组建于 1949 年 4 月;1950 年 5 月改名通信科,通信队改通信连;1954 年 8 月改编铁道兵第十师时,除保留通信科及通信连外,铁道兵独立桥梁团工程通信连改编为十师直属的独立工程通信连,业务归通信科管辖;1984 年 1 月 1 日撤编并部时,通信科改为铁二十局通信处,通信连改通信队,工程通信连改通信工程队;1985 年 12 月 26 日改名电务处,通信队改通信所,通信工程队改电务队;1988 年 10 月,局组建电力工程安装公司,定员 30 人,并入电务处编制序列;1999 年 9 月,更名为铁道部第二十工程局电务工程处;2002 年 6 月 29 日,电务工程处改制为中铁二十局集团电务工程有限公司;2006 年 2 月 18 日,电务工程有限公司和路桥工程公司重组合并,成立中铁二十局集团第五工程有限公司,同时保留电务工程有限公司机构,第五工程有限公司和电务工程有限公司为一套机构、两块牌子;2007 年 10 月 18

日,第五工程有限公司和电务工程有限公司重组整合,成立中铁二十局集团电气化工程有限公司。下辖12个专业工程队,其中电气化、电力、通号工程队各3个,土建工程队2个,牵引所施工队1个。职工661人,其中专业技术人员365名。资产总额94364万元。其中,固定资产原值7528万元、净值4655万元;流动资产91358万元。机械设备57台(套),设备原值2589.80万元,净值700.83万元,总功率6847.60千瓦,设备成新率27.06%,技术装备率1.06万元/人,动力装备率10.36千瓦/人。年施工能力8亿元以上。

新签合同额183823.87万元,完成企业总产值71130万元,其中施工产值71130万元,实现利润3695万元。完成主要实物工程量:敷设通信线路496千米,安装变配电所4处,通信设备19站,敷设供电线路194千米,接触网468条千米。职工年人均收入68471元,全员劳动生产率107.61万元/人·年。国有资本保值增值率108.1%,资产负债率56.38%,产值利润率5.09%,净资产收益率7.86%。

(田　华　孟繁荣　刘文君)

【房地产开发有限公司】 具有房地产开发二级资质。公司成立于2002年1月,2006年2月由房地产开发公司、上海兴甬建筑市政工程公司、北京工程公司、西安工程公司合并组建第三工程有限公司,2007年5月,房地产开发公司从第三工程有限公司划出,成为中铁二十局集团有限公司全资子公司。公司驻重庆市南岸区茶园新区同景路8号山水之星。董事长、总经理周玉山(6月免),董事长、法定代表人(11月任)、党委书记简军,总经理董增强(11月任)。职工57人,其中干部48人、工人9人。

新开工面积22.67万平方米,完成销售额4.71亿元,实现营业收入6.05亿元,实现利润0.4亿元。

(姬长征　孟繁荣　刘文君)

【西安工程机械有限公司】 具有大吨位振动压路机生产许可证、桥式起重机(电动单梁悬挂起重机DPK32)制造、安装改造维修B级资质、钢结构工程专业承包一级资质、管道专业承包二级资质。2015年取得机械式停车设备A级制造许可,机械式停车设备安装、改造、维修许可证,Ⅲa型、Ⅲc型、Ⅲqa型、Ⅲqc型轨枕生产许可证。前身系铁道兵第十师修理厂,1987年12月10日改称为铁道部第二十工程局机械厂,1999年12月1日改称为中铁第二十工程局工程机械厂,2007年12月企业改制改称为西安工程机械有限公司。公司驻陕西省西安市辛家庙广安路3619号。董事长、总经理王必强,党委书记何学义。下设3个车间、3个钢结构加工厂、3个项目部。职工556人。其中,干部276人、工人280人;专业技术干部253人,技术工人198人。资产总额63361万元。其中,固定资产原值4811万元、净值1865万元;流动资产27393万元。机械设备131台(套),原值2864.76万元、净值239.86万元,成新率8.37%,总功率3649.39千瓦,技术装备率0.43万元/人,动力装备率6.56千瓦/人。

2015年完成营业收入14770万元,职工年人均收入49698元。　(郭佳靖　孟繁荣　刘文君)

【陕西物资有限公司】 公司驻陕西省西安市华清东路125号。董事长、党委书记吴雪松,总经理马永强。下设3个直属机构、7个分公司。主要从事机械设备及配件、金属材料、建筑材料、橡胶、纯碱、轮胎、装饰材料、化工原料(危险品除外)、电信器材等销售,以及仓储(危险品除外)、装卸、普通货物运输、物流服务、机械加工及修理、铁路运输业务代理、管架租赁等业务。是中铁二十局唯一一家专业性的国际国内物流企业,通过ISO9001－2008国际质量体系认证。在职职工251人,其中,干部178人、工人73人。资产总额43333.22万元,其中固定资产原值2368.06万元,净值1386.4万元。机械设备9台(套),原值315.97万元,净值66.57万元,成新率21.07%,总功率1093.5千瓦,技术装备率0.24万元/人,动力装备率3.91千瓦/人。

新签合同额10.1亿元。完成营业收入4.81亿元,实现利润958万元。(张媛媛　孟繁荣　刘文君)

【技工学校】 位于渭南市向阳北街245号。校长杨建国,党工委书记赵小健。职工81人(含内退9人)。学校占地近面积20万平方米,其中校本部占地5.33万平方米、眉县基地占地14.27万平方米。固定资产5282万元。设有综合办公室、教学管理科、学生科(团委)、招生就业指导办公室、政工培训科、技能鉴定办公室、财务科7个职能科室,兼有测量公司和安全培训基地两大职能。　(鱼　娜　孟繁荣　刘文君)

【重要记载】

▲1月12—18日　反映中铁二十局广大员工在安哥拉吃苦奉献的7集电视纪录片《行进中国·精彩故事——安哥拉纪事》在中央电视台新闻频道播出。

▲1月15日　中铁二十局获评首批陕西省建筑施工企业AAA级信用企业。

▲2月1—2日　中铁二十局四届二次职工代表大会、工会三届二次会员代表大会、2015年工作会、党

委二届七次全委(扩大)会、纪检监察工作会在西安召开。

▲5月13—14日　中国铁建董事长孟凤朝一行赴中铁二十局施工总承包的成都经济区环线高速公路简阳至蒲江段项目检查指导,集团公司董事长、党委书记雷升祥等陪同。

▲5月15日　由中铁二十局等5家建筑企业与天津大学建筑设计规划研究总院组建的“规划设计—施工建设一体化联盟”在天大设计总院共同签署合作协议。

▲5月26日　中共中央政治局委员、国务院副总理汪洋在陕西省委书记赵正永和省长娄勤俭陪同下,到六公司承建的西咸空港保税事务服务办理中心工程施工现场调研。

▲6月8日　中铁二十局获“全国文明单位”称号。

▲7月3日　中铁二十局与厦门市政集团战略合作协议签约仪式在厦门举行。集团公司董事长、党委书记雷升祥,厦门市政集团董事长、党委书记陈永茂分别在协议书上签字。

▲7月21日　中铁二十局总经理邓勇、党委副书记李胜义陪同甘肃省委书记、省人大党委会主任王三运一行赴集团公司承建的兰州铁路综合货场项目调研。

▲9月17日　中铁二十局总经理邓勇在南宁市拜会参加第12届中国——东盟博览会的陕西省代表团团长、副省长王莉霞一行。

▲9月18日　中铁二十局总经理邓勇在广西人民会堂5楼会议厅参加泰国副总理、总理特使塔纳萨·巴迪玛布拉功上将与中国企业CEO圆桌对话会。

▲9月20日　中国铁建执行董事、副总裁庄尚标(主持经理层工作),在中铁二十局总经理邓勇陪同下,在铁建大厦会见四川省广元市委书记马华一行。

▲同日　中铁二十局董事长、党委书记雷升祥一行在南昌市拜会江西省常委、南昌市委书记龚建华,就双方进一步深度合作达成意向。

▲10月4日　中央电视台和国务院国资委宣传局赴沪昆客专贵州段拍摄35分钟的《穿越喀斯特》纪录片播出,中铁二十局成为股份公司唯一一家入选“讲述·建设者”栏目的单位。

▲10月22日　陕西省与中国银行在陕西宾馆举行全面支持陕西“一带一路”建设合作备忘录暨中国银行与陕西“走出去”企业合作签约仪式。中铁二十局总经理邓勇代表集团公司与中国银行陕西分行签署“‘走出去’企业合作协议”。

▲11月2日　四公司安哥拉项目总工程师熊国明获中国铁建“十大楷模”称号,中铁二十局党委书记、董事长雷升祥出席中国铁建首届“永远的铁道兵杯”十大楷模颁奖大会。

▲11月4日　中铁二十局再添新成员——总部位于国家级贵安新区的中铁贵州工程有限公司挂牌成立。

▲11月10日　中央电视台、人民网等8家中央媒体在陕西省银监局和中国工商银行陕西分行负责人的陪同下,赴中铁二十局机关就企业“走出去”及参与“一带一路”建设情况进行采访调研。

▲11月30日(当地时间)　中铁二十局总经理邓勇拜会安哥拉共和国本格拉省长若泽多斯·安若斯,双方就发展与合作展开会谈和交流。

▲12月9日　中铁二十局与巴基斯坦第二大建筑公司ZKB公司以联合体形式中标巴基斯坦卡拉奇至拉合尔高速公路(KLM)设计、采购、施工总承包项目。项目合同总额1486.54亿巴基斯坦卢比,约合人民币93.76亿元。

(孟繁荣　刘文君)

中铁二十一局集团有限公司

【简况】　具有铁路工程施工、建筑工程施工总承包特级、铁道行业工程设计、建筑行业甲级资质;公路、水利水电、矿山、市政公用工程施工总承包一级资质;桥梁、隧道、公路路基、铁路铺轨架梁工程专业承包一级资质;地质灾害治理工程甲级资格,对外承包工程经营资格和对外援助成套项目A级实施企业资格。总部驻甘肃省兰州市安宁区北滨河西路921号。2004年3月,由兰州铁路建设集团有限公司、乌鲁木齐铁路工程(集团)有限责任公司、中铁二十局集团第三工程有限公司整合重组组建而成。下辖第一、二、三、四、五、六工程有限公司,电务电化工程有限公司,德盛和置业有限公司,路桥工程有限公司,国际工程有限公司、轨道交通工程有限公司、甘肃铁鹰建筑质量检测有限公司12个全资子公司;勘察设计院1个分公司。下设新疆、内蒙古、甘青、西南、中原、华北、华南、华东、冀鲁、东北、东南11个区域工程指挥部。职工12726人。其中,干部6259人、工人6467人。机械动力设备3614台(套),设备原值143663.47万元、净值75444.74万元,动力装备率21.31千瓦/人。资产总额211.21亿元。其中,流动资产187.29亿元,占资产总额的88.67%;固定资产22.81亿元,占资产总额的10.80%。

2015年，完成企业总产值205.02亿元，完成股份公司下达调整计划180亿元产值计划的107.9%，完成集团公司计划指标210亿元的97.6%，完成集团公司调整计划205亿元的100.01%。新签合同额337亿元，完成股份公司下达指标270亿元的125%，完成集团公司300亿元指标的112.25%。

集团公司先后获中国建设工程鲁班奖4项，中国土木工程詹天佑奖2项、全国房地产业界“广厦奖”1项、国家优质工程金（银）奖5项、全国百项精品工程奖3项，全国五一劳动奖1次；全国优秀施工企业4次；获省（部）级优质工程奖43项；获国家、省部级科技进步奖32项，其中国家科技进步特等奖1项；获国家和省部级工法71项、专利129项，其中发明专利30项。

（高秋凤　陈　丽）

【领导人员】

董事会

董事长	孟广顺
董事	王继红
	黄庆华

监事会

监事会主席	李金生
监事	董文德
职工监事	周生贵

经理层

总经理	王继红
副总经理	黄庆华
	渠巨华
	赵彦旭
	高玉峰
	庄纪栋
	张天舒
	凌洪涛
	赵春锋
总工程师	赵彦旭（兼）
总会计师	朱　建（兼）

党群领导

党委书记	孟广顺
党委副书记	王继红
党委副书记、纪委书记	李金生

（陈　丽　齐宇旗　于梅芝）

【工程项目指挥机构】　积石山引水工程项目部　驻甘肃省临夏市。

西宁机务段机务整备能力加强工程项目部　驻青海省西宁市。

郑东新区龙湖区龙游桥（众意路跨龙湖桥）等4座桥梁及其连接道路工程施工第3标段项目部　驻河南省郑州市。

崔家大滩市政工程项目部　驻甘肃省兰州市。

铜鼓至万载高速公路B6标项目经理部　驻江西省铜鼓县。

新建黔张常铁路工程指挥部　驻湖南省常德市。

兰合铁路工程项目经理部　驻甘肃省兰州市。

神华宝日希勒矿建剥离工程项目部　驻内蒙古自治区呼伦贝尔市。

兰州西站北广场项目部　驻甘肃省兰州市。

新建乌车辆段客车整备工程项目经理部　驻新疆维吾尔自治区乌鲁木齐市。

新疆阿尔塔什水利枢纽工程项目经理部　驻新疆维吾尔自治区喀什地区莎车县。

榆中引洮供水配套工程3标项目经理部　驻甘肃省兰州市。

重庆轨道环线二期机电4标项目经理部　驻重庆市。

元氏供水及配套管网土建2标段工程项目经理部　驻北京市。

蒙华铁路MHTJ－8标段项目经理部　驻陕西省榆林市。

成都地铁5号线土建8标项目经理部　驻成都市。

湖南省瓦松铁路专用线工程WS3标段项目经理部　驻湖南省长沙市。

长兴岛郊野公园土地综合整治项目部　驻上海市。

喀和铁路公铁立交桥工程项目经理部　驻新疆维吾尔自治区阿克苏市。

引汉济渭秦岭隧洞黄三段Ⅰ标工程项目部　驻陕西省汉中市。

天福和园A区室外工程项目经理部　驻陕西省咸阳市。

黄河兰州市城区段防洪工程4标项目部　驻甘肃省兰州市。

商合杭铁路站前2标项目经理部　驻安徽省亳州市。

潘集选煤厂立交桥项目经理部　驻安徽省淮南市。

西安地铁5号线D5TJSG－14标项目经理部　驻陕西省西安市。

兰州新区西排洪渠工程施工1标段项目部　驻甘肃省兰州市。

新业佳苑一期室外及地下车库工程项目经理部

驻陕西省咸阳市。

北京地铁19号线一期工程土建施工08合同段项目经理部　驻北京市。

北京地区地铁工程指挥部　驻北京市。

济青高铁项目部　驻山东省潍坊市。

滁淮高速定长段DCLJ-03标项目经理部　驻安徽省滁州市。

新建格库铁路新疆段S3标项目经理部　驻新疆维吾尔自治区乌鲁木齐市。

（陈　丽　齐宇旗　闫国峰）

【职工队伍】　职工12726人。其中,干部6259人,占职工总数的49.18%;工人6467人,占职工总数50.82%。女职工2812人,占职工总数的22.1%。专业技术干部6099人,其中高级职务834人、中级职务1972人、初职务级3293人。工程系列专业技术人员4658人,其中高级工程师674人、工程师1652人、助理工程师及技术员2332人。

工人6467人,其中女工1500人。大专及以上文化程度1355人,中专文化程度365人,技校文化程度591人,高中文化程度1964人,初中及以下文化程度2192人。4143名职工具有国家职业资格等级证书。其中,高级技师102名、技师766名、高级工2504名、中级工645名、初级工126名。取得国家职业资格证书的技术工人4143名,占工人总数的64.06%。其中,高级技师102名、技师766名、高级工2504名、中级工645名、初级工126名。

（陈　丽　齐宇旗　于梅芝　王兰生　闫国峰）

【工程施工】　截至2015年底,在建项目132项,其中铁路项目54项,公路项目11项,房建项目25项,市政工程18项,城市轨道交通工程10项,水利水电工程10项,矿山3项,其他1项。2015年新开工项目57项,完工项目58项,竣工项目6项。

主要承担在建的铁路工程:黔张常铁路、蒙华铁路、昌赣客专、邯长铁路、津保铁路、贵阳枢纽、兰新第二双线兰州枢纽、兰渝铁路、天平铁路、宁西二线、广大铁路、宝兰客专兰州枢纽、宝兰客专甘肃段3标、中川铁路、海南西环铁路、大连铁路枢纽、干武二线、陶鄂铁路、丽香铁路、敦格铁路、柳敦铁路、格库铁路等项目共54项。

主要承担在建的公路工程:兰州南绕城高速、简蒲高速10标、内蒙古舍大二级公路、玉屏项目、铜万高速、济鱼高速、寻全高速A4标、省道304线WDSG-3标、省道121S5标、青海省共和至玉树公路11项。

主要承担的城际轨道交通工程项目有兰州轨道1号线十工区、七工区、沈阳地铁10号线16标、18标、莞惠城际轨道交通、贵阳轻轨、西安地铁4号线、温州地铁等10项。

主要承担的市政工程:雁白黄河大桥、崔家大滩市政基础设施道路工程、兰州1号疏解线、贵州石阡、海东大道3号桥、郑东新区龙游桥工程、海东大道2号桥、海东大道道路与给排水工程、龙湖森林公园3标段、三亚崖城站前广场、兰州新区科教研发、上海长兴岛郊野公园、元氏供水及配套管网土建施工2标段、照塘街、兴业街(下穿东南环线铁路段)道路建设工程、朱宏路—凤城四路立交工程、郑州综合交通枢纽地下交通工程、坪盐通道锦龙1标、兰州西站北广场18项。

主要承担的水利水电工程主要:阿尔塔什库区道路工程、兰州防洪4标、伊犁河干渠、引洮工程、西藏雅鲁藏布江中游大古水电站导流隧洞工程、引汉济渭秦岭隧洞黄三段1标、南水北调配套一单元土建3标、西咸新区新河大桥、清林径、定西农网10千伏I标工程10项。

房建及其他工程:新业佳苑室外及地下车库、天福和园、哈密质监局综合楼、和硕工务房屋工程、西北石油局集资楼地下安装工程、反恐怖训练基地、酒泉人防综合训练基地、兰州毅德城、国际城三期1标段、幸福港住宅小区、昶荣写字楼项目部、兰州新区鹏博商业风情广场项目、兰州新区石化园安置房、昆仑山二期、红山绿茵、盛世华城H区、拉日铁路拉萨电务段工程、西宁基地项目、七家庄变电站工程、华油研发制造中心、集宁铁东佳园、西安国际城3标、西安国际城2标、龙凤宫大酒店工程、汝州博易观光医疗产业园区等29项。

新建兰州至重庆铁路兰州东至夏官营、广元至重庆段土建工程及兰州东至重庆段铺架工程LYS-7标　线路经过夏官营、广元至重庆。正线长度29.989千米。合同投资249326万元,2009年7月20日开工,计划2016年6月26日竣工。主要实物工程量:路基土石方405.4万立方米,桥梁20座14718延长米,涵洞96座1779.96横延米,隧道3座6968延长米;轨道正线铺轨77.36千米,站线铺轨0.75千米。截至2015年底,开工累计完成产值228843万元,占合同总额的95.6%。

敦格铁路(青海段)DGQHZHQ2标段　新建本线至青藏铁路格尔木方向联络线,自饮马峡北至饮马峡西场新建线路长6.046千米,新建饮马峡站至饮马峡北下行疏解线7.942千米。合同投资173845万元,2013年4月1日开工,计划2016年2月29日竣工。主要实物工程量:路基土石方3623.4528万立方米;路基133.49千米;桥梁47座10732.68延长米,涵洞387座6398.82横延米;站场12处;制梁691孔/片(箱梁、

T 梁),架梁 380 孔/片(箱梁、T 梁)等。正线铺轨 133.49 铺轨千米,站线铺轨 33.625 铺轨千米。截至 2015 年底,开工累计完成产值 169047 万元,占合同总额的 97.24%。

新建宝鸡至兰州铁路客运专线兰州枢纽工程 BL-LZSN-1 标段　铁路客运专线工程,线路经过甘肃省兰州市。线路长度 15.137 千米,合同投资 207929 万元,2009 年 12 月 15 日开工,计划 2016 年 8 月 19 日竣工。主要实物工程量:路基土石方 36.89 万立方米;路基 2.013 千米;隧道 4 座 6823 延长米;桥梁 8 座 6383.05 延长米,制梁 164 孔箱梁,架梁 164 孔箱梁;无砟道床 30.5 千米,正线铺轨 30.5 铺轨千米,站线铺轨0.05 铺轨千米。截至 2015 年底,开工累计完成产值 175511 万元,占合同总额的 84.41%。

新建宝鸡至兰州铁路客运专线甘肃段站前工程 BLTJ-3 标段　铁路客运专线工程,线路经过甘肃省天水市。正线长度 26.777 千米,合同投资 219029 万元,2013 年 2 月 1 日开工,计划 2017 年 12 月 31 日竣工。主要实物工程量:区间路基土石方 29.53 万立方米,站场路基土石方 137.2 万立方米;特大桥 5 座 15685.54 延长米,大桥 3 座 890 延长米;新建框架涵 157.68 横延米;3 座隧道,其中西坪隧道 3519.624 延长米、兴仁隧道 199.4 延长米;正线无砟轨道道床 52588 米(不含双块式轨枕预制及装车)、站线无砟道床 1923 米(不含双块式轨枕预制及装车)、轨道精调 54511 米;生产及办公房屋、居住及公共房屋合计 10481.68 平方米。截至 2015 年底,开工累计完成产值 116646 万元,占合同总额的 53.26%。

新建郑州至徐州铁路客运专线站前工程施工总价承包 ZXZQ04 标段(分包自二十局)　铁路客运专线工程,线路经过河南商丘。正线长度 9.1 千米,合同投资 44195 万元,2013 年 1 月 31 日开工,计划 2016 年 12 月 9 日竣工。主要实物工程量:土石方 32.3 万立方米;路基 1.472 千米;桥梁 6 座 7617 延长米,涵洞 3 座 115.4 横延米;无砟道床 9.1 千米(轨道板型号 CRTS Ⅲ)。截至 2015 年底,开工累计完成产值 42500 万元,占合同总额的 96.16%。

成都经济区环线高速公路简阳至蒲江段 JPTJ-10 标段　路线全长 126.377 千米。合同投资 45276 万元,2014 年 10 月 20 日开工,计划 2016 年 10 月 20 日竣工。主要实物工程量:路基土石方 224.3 万立方米;路基 2.1 千米;桥梁 10 座 3082.4 延长米(其中主线大桥 2 座 2426.4 延长米,互通匝道桥 5 座 500 延长米,分离立交桥 1 座 56 延长米,人行天桥 2 座 100 延长米),涵洞 13 座 532.46 横延长米;制梁 906 片(T 梁),架梁 906 片(T 梁)等。截至 2015 年底,开工累计完成产值 25405 万元,占合同总额的 56.11%。

兰州市城市轨道交通 1 号线一期工程土建Ⅱ标施工总承包 TJⅡ-7 工区　位于甘肃省兰州市,主要包括车站 1 座,车站总建筑面积 41786.84 平方米,其中 1 号线建筑面积 17897.50 平方米,2 号线建筑面积 23889.34 平方米。合同投资 24851 万元,2014 年 7 月 25 日开工,计划 2017 年 12 月 30 日竣工。主要实物工程量:1 号线基坑围护桩 10124.5 米、喷射混凝土 10073 平方米、深基坑开挖 106496.37 立方米、主体结构砼 35063 立方米、防水卷材 6900 平方米;2 号线基坑围护桩 5236 米、喷射混凝土 5078.83 平方米 、深基坑开挖 70279.29 立方米、主体结构砼 20162.57 立方米、防水卷材 10754.48 平方米。截至 2015 年底,开工累计完成产值 11500 万元,占合同总额 46.28%。

兰州市城市轨道交通 1 号线一期工程土建Ⅱ标施工总承包 TJⅡ-10 工区　位于甘肃省兰州市,包括 2 站 2 区间,全长 2.280 千米。合同投资 56043 万元,2014 年 3 月 25 日开工,计划 2018 年 3 月 31 日竣工。主要实物工程量:西关什字站基坑围护桩 24671 米,基坑开挖土方 238200 立方米,主体结构混凝土 45685.14 立方米,施工缝防水 20890.22 米,卷材防水 2997 平方米,涂膜防水 852 平方米,填方 20448.32 立方米;西关什字站—省政府站区间盾构掘进 1598 米,预制钢筋混凝土管片 10275.6 立方米,管片设置密封条 1332 环,高压喷射注浆桩 20854 米;省政府站基坑围护桩 11287 米,基坑土方 140440 立方米,结构混凝土 28137 立方米,施工缝防水 14822 米,卷材防水 20827 平方米,涂膜防水 7005 平方米。截至 2015 年底,开工累计完成产值 18300 万元,占合同总额的32.65%。

(高秋凤　王　鹤)

【经营管理】　(1)经营承揽。2015 年,新签合同额 337 亿元。其中铁路工程 185.49 亿元(含二级市场及铁路专用线),占承揽总额的 55.09%;公路项目 49.32 亿元,占 14.64%;房建 34.24 亿元,占 10.17%;市政 31.1 亿元,占 9.24%;城市轨道交通 15.44 亿元,占4.59%;水利水电 4.57 亿元,占 1.36%;矿山 4.04 亿元,占 1.2%;电力 2.35 亿元,占 0.7%;房地产开发6.25 亿元,占 1.86%;工业制造 1.2 亿元,占 0.36%,勘查设计 0.2 亿元,占 0.06%,其他 2.54 亿元,占 0.75%。

(2)企业管理。编制印发《中铁二十一局集团有限公司三年(2015—2017 年)滚动发展规划》,确定集团公司按照"一二三四五六"发展思路,继续实施好"3321"总体发展战略,为实现"局强工富、内和外顺"目标打下坚实基础。为深化企业改革,理顺管理体制,优化资源配置,激活企业内生动力,集团公司对全局房地产板块、部分工程项目进行整合重组。撤并甘肃房地产公司,撤销中铁建投公司及所属项目公司,将一公司房地产项目公司、四公司2个置业公司一并划转德盛和置业公司;将3个铁路项目局指本级和3个铁路项目5个分部人员,统一划转六公司;将五公司代局管温州地铁项目全部划转轨道交通公司管理;设立海外经营处,撤销经营计划处海外科。二公司在纳米比亚注册子公司,三公司在肯尼亚、吉布提注册公司、一公司在哈萨克斯坦注册分公司,集团公司"走出去"战略的有效推进。房建特级资质申报顺利取得,使集团公司资质跻身于铁路、房建施工总承包双特级、铁道、建筑设计行业双甲级企业行列。

(3)安全质量管理。四公司乐都碧水园(安置区)A6标段"16号、17号楼"获国家AAA级安全文明标准化工地;11个工地获省级安全质量标准化示范工地,4个工地获股份公司安全质量标准化工地。2项工程获省部级优质工程,7项工程获股份公司"铁建杯"优质工程。二公司、四公司分别获全国质量管理小组活动优秀企业,3项成果(班组)获国家级优秀QC成果奖。6项成果获省部级优秀成果奖,2项成果获股份公司优秀成果奖。铁路工程信用评价工作稳步提升,上半年进入铁路建设工程施工企业B类前十名,在2015年下半年铁路信用评价中,集团公司重组以来首次进入A类第7名。

(4)资本运营。截至2015年底,房地产板块累计开发面积97.56万平方米,完成开发投资额61.48亿元,完成销售面积52.52万平方米,实现销售收入42.62亿元;实现营业收入32.56亿元,实现净利润4.5863亿元。完成投资4.8亿元,完成销售面积8.81万平方米,实现销售收入5.49亿元,实现营业收入9.53亿元,实现净利润1.3418亿元,占集团公司利润总额的42.46%。

(5)经济管理。截至2015年底,工程承包板块完成产值190.32亿元,共实现变更索赔额330497万元,变更索赔率17.37%。占年度计划296665万元的111.4%。铁路工程171620万元,公路工程42074万元,工民建工程95923万元,地铁及轻轨8869万元,水利电力10206万元,市政工程1805万元。

(6)审计工作。完成各类审计项目158项,占2015年审计计划的110.49%;出具审计报告158份,提出审计建议830条,有824条被采纳,采纳率99.28%;审计发现问题金额31439.03万元,其中,违纪违规问题金额16677.63万元,损失浪费金额14761.40万元;纠正违纪违规问题金额9260.44万元,促进增收节支金额983.94万元。

(陈　丽　陈丽杰　张万曌　赵江英　黄惠丽　侯玉玲　张　晨)

【科技教育】 获省部级科技进步奖6项,中国施工企业协会科学技术奖1项,总公司科技进步奖7项;获取专利授权37项(其中发明专利17项),受理专利13项;鉴定(评审)技术成果9项;省级技术中心通过国家认证为国家级技术中心。

教育培训。投入教育经费823万元。20411人次参加各级各类培训。其中,参加股份公司以上及外部机构组织的培训2638人次,集团公司和各公司组织的培训17773人次;岗位业务类16768人次,执业资格类622人次,继续教育类686人次,学历学位类217人次;项目经理参培84人次,执业注册人员参培535人次,特种作业人员参培35人次,"十一大员"关键岗位人员参培1034人次。28个工种的263人参加职业技能鉴定,235人鉴定合格取得相应等级的职业资格,鉴定合格率89.4%。其中,技师46人,高级工154人,中级工19人,初级工16人。参加股份公司高级技师鉴定4人、四电技师鉴定3人,均鉴定合格,通过率为100%。为满足资质升级需要组织324人参加鉴定考试,305人合格,合格率94.1%。其中高级工206人,中级工60人,初级工39人。截至2015年底,集团公司共有33个工种的4143名职工具有国家职业资格等级证书。

(陈　丽　李文波　唐瑛民)

【党群工作】 党的工作。截至2015年底,集团公司党的基层组织341个,其中党(工)委36个、总支部31个、支部274个。党员6299名,在岗职工党员4568名。①宣传思想工作。刊发新闻稿件1961篇。推荐参评"永远的铁道兵""楷模杯"候选人1名,推荐参评"中国铁建第四届道德"候选人2名。在股份公司党委开展的工程项目思想政治工作基本情况调研活动中,历时15天,组织1500名干部职工进行问卷答题;落实股份公司《关于征集企业宣传画册制作建议及上报相关图片的通知》,上报重点工程建设图片60幅,内容涉及集团公司承建的铁路、公路、城市轨道交通、房建、"四电"工程,机场、码头、市政等工程项目。为《中国铁道建筑报》策划大型报道《丝路专刊》提供文稿5篇,照片30幅。②纪检监察工作。集团公司所属12个单位共建立纪检监察机构11个,配备专职纪检监察干部46人。案件调查初核56件,其中了结28件,立案36件(其中上年未结案8件),结案34件,处理违纪人员187人次,其中党纪处分9人次(开除党籍5人),政纪处分178人次(降职撤职50人、留用察看2人、解除劳动合同4人),移送司法机关追究刑事责任3人,挽回经济损失335.7万多元。

工会工作。征集合理化建议21条,上报股份公司评比5条,获股份公司合理化建议成果三等奖2项。

筹集“三不让”专项资金865.15万元，帮助特、重困及一般困难职工家庭524人次，支出困难补助资金84.66万元；资助困难职工子女114人次，支出助学金20.41万元；救助患大病及一般患病职工707人次，支出医疗救助金207.84万元。集团公司工会“两节”共筹集资金270万元，对45户特困职工、205户重困职工、41名劳动模范、69名困难遗属、182名困难离退休职工、249名一般困难职工给予困难补助，慰问施工现场一线职工及农民工3308人次。1个单位获全国五一巾帼奖，1个单位获“全总模范职工之家”，2个单位获“全总模范职工小家”，1个单位获“铁路总工会三不让先进集体”。

共青团工作。集团公司下设11个基层团委(团工委)，团总支12个，团支部169个，基层团工委5个，专兼职团干部256人。35岁以下青年5535人，占职工总数的43%，28岁以下青年2621人，团员总数1959人，占员工总数的15%。团员年度注册1959人，收缴团费12100元，上缴股份公司团费5000元。19个先进青年集体和14名先进青年获中央企业团工委、团青海省委、团甘肃省委和股份公司团委“五四红旗团委”“五四红旗团支部”“青年文明号”“优秀共青团干部”“优秀共青团员”“青年岗位能手”称号。

(陈　丽　孙　健　周　鹏　邵贵川　乔贺清　辛　诚　孙久明　何　凯)

【第一工程有限公司】　铁路、房屋建筑、市政公用工程施工总承包一级，通信工程施工总承包二级，公路工程施工总承包二级，建筑装修装饰、土石方工程专业承包一级，铁路电务工程专业承包二级，建筑幕墙、铁路电气化工程专业承包三级资质企业。公司驻新疆维吾尔自治区乌鲁木齐市经济技术开发区河南西路275号。董事长、党委书记李启成，总经理吕鑫明。公司前身为乌鲁木齐铁路工程(集团)有限责任公司，2004年3月16日划归中铁二十一局集团有限公司，重组改制改称现名。下辖采石爆破有限责任公司、诚而信工程检测有限公司2个子公司，克拉玛依维管段、房地产物业管理中心、物资设备管理中心、房建工程队，以及新成立的南疆项目部、北疆项目部6个分支机构。2015年在建项目15个，收尾项目部12个，新成立项目部7个。职工1380人，其中，干部720人、工人660人。资产总额279302.2万元。其中，流动资产212977.3万元；固定资产9197.3万元；无形资产及其他资产57047.6万元。年施工生产能力20亿元。

2015年，新签合同额2.56亿元，完成产值11.1亿元。实现利润168.4万元，上缴国家税款3521.5万元。(高秋凤　陈　丽)

【第二工程有限公司】　房屋建筑、市政公用、机电安装工程施工总承包一级资质，铁路、公路工程施工总承包二级资质，水利水电工程施工总承包三级资质，钢结构、建筑装修装饰、地基与基础、消防设施专业承包一级资质，送变电工程专业承包二级资质，建筑施工企业试验甲级资质和测量丙级资质企业，还具备锅炉安装、压力管道安装、起重设备安装维修等综合施工能力。公司驻甘肃省兰州市城关区和平路63号。2004年3月成立，由原兰州铁路建设集团第一工程公司、实业有限公司、金轮建材公司、金诚混凝土搅拌站重组而成。董事长、党委书记张发祥，总经理卢长德。下辖兰州金诚铁路混凝土有限公司、兰州铁润物业有限公司、甘肃恒瑞工程检测有限公司3个子公司，水电安装公司、工程机械基础公司2个分公司。在建合同项目28个，其中房建13项，铁路11项，市政4项。职工1877人，其中，干部859人、工人1018人。资产总额271303.43万元。其中，流动资产262398.61万元；固定资产6582.65万元；无形资产130.54万元。年施工生产能力30亿元。

2015年，新签合同额21.88亿元，完成产值28.31亿元，实现净利润1880.57万元。(高秋凤　陈　丽)

【第三工程有限公司】　公路、市政公用工程施工总承包一级，铁路工程施工总承包二级，公路路基、桥梁工程、隧道工程、机场场道工程专业承包一级，城市轨道交通工程专业承包，房屋建筑工程施工总承包三级，营业性爆破作业四级资质企业。公司驻陕西省咸阳市迎宾大道。前身是中国人民解放军铁道兵第十师四十八团；1984年1月并入铁道部，更名为铁道部第二十工程局第三工程处；1999年12月划归中央企业工委，更名为中铁第二十工程局第三工程处，2002年3月改制为中铁二十局集团第三工程有限公司，2004年3月整合重组为中铁二十一局集团第三工程有限公司公司。董事长、党委书记庄乾理，总经理李光军。下辖物业公司、医疗保健中心，项目部21个。职工2640人，其中，干部1080、工人1560人。资产总额384754万元。其中，固定资产原值59846万元、净值22185万元；无形资产621万元。

2015年，新签合同额21.71亿元。

(高秋凤　陈　丽)

【第四工程有限公司】　房屋建筑、市政公用工程施工总承包一级，铁路、公路工程施工总承包二级；土石方、钢结构、桥梁工程专业承包一级，机电安装、路面、路基、隧道工程、起重设备安装工程施工专业承包二级，园林古建筑工程专业承包三级，建筑施工企业实验室一级资质企业。公司驻陕西省西安市高新区唐延路中段37号洛克大厦7楼、8楼、9楼。前身系兰州铁路第四工程公司。2002年4月改制更名为兰州建设集团第四工程有限责任公司，2004年3月企业整合重组改称现名。董事长、党委书记朱昌岳，总经理朱建军。职工1526人，其中，干部730人、工人796人。资产总额202031万元。其中，流动资产195596万元；非流动资产6435万元；固定资产原值19541万元、净值4839万元。

2015年，新签合同额7.56亿元，完成施工总产值25.07亿元。（高秋凤　陈　丽）

【第五工程有限公司】　铁路、房屋建筑、市政公用工程施工总承包一级，矿山、公路工程、水利水电施工总承包三级，桥梁、隧道工程专业承包一级，机械与人工拆除工程专业承包三级资质企业。公司驻地重庆市江北区港城工业园D区港安二路28号。董事长何颉（12月免）、吴兰青（12月任），党委书记王怀斌，总经理卫永毅。下辖26个专业工程项目经理部。年施工能力35亿元以上。职工1730人，其中，干部697人、工人1033人。资产总额28.68亿元。其中，流动资产27.36亿元；固定资产原值3.36亿元、净值1.19亿元；无形资产0.07亿元。

2015年，新签合同额4.84亿元，完成施工产值22.21亿元。（高秋凤　陈　丽）

【第六工程有限公司】　房屋建筑工程施工总承包一级，市政公用工程施工总承包一级，桥梁工程专业承包一级，隧道工程专业承包一级，钢结构工程专业承包三级，建筑装饰工程专业承包三级，机电设备安装工程专业三级资质企业。公司驻北京经济技术开发区科创十四街99号33幢A座。下设北京分公司和北京机械设备租赁分公司。职工515人，其中，干部347人、工人168人。资产总额158500.18万元，其中固定资产净值13897.48万元。机械运输设备267台（套），总功率20351.66千瓦，动力装备率40.38千瓦/人，技术装备率3.22万元/人，设备完好率50.94%，利用率65%。企业年施工能力17.4718亿元。（高秋凤　陈　丽）

【电务电化工程有限公司】　通信工程、电力工程总承包一级，铁路电务、电气化工程专业承包一级，机电设备安装工程、建筑智能化工程专业承包一级，送变电工程专业承包、房屋建筑工程、机电工程施工总承包二级，铁路工程施工总承包三级，承装（修、试）电力施工一级资质企业。公司驻甘肃省兰州市城关区红山根西村148号。下设2个分公司、7个分支机构。职工1359人，其中，干部627、工人732人。资产总额104704.42万元。其中流动资产100604.16万元；固定资产原值8010.2万元、净值2757.73万元；其他资产1342.53万元。机械设备259台（套）。年施工生产能力20亿元。（电务电化公司）

【德盛和置业有限公司】　成立于2008年，一级开发资质。公司驻陕西省西安市曲江新区曲江池北路曲江·梧桐苑17号楼。职工110名。2015年，实现主营业务收入13.85亿元，净利润1.334亿元。（高秋凤　陈　丽）

【路桥工程有限公司】　拥有市政公用工程施工总承包一级，桥梁工程专业承包一级，建筑工程施工总承包二级，公路工程施工总承包二级，机电工程施工总承包二级，铁路工程施工总承包三级，预拌混凝土专业承包不分等级，钢结构工程专业承包三级资质。公司驻陕西省西安市高新区唐延路37乙号中国铁建洛克大厦。公司前身为中铁二十一局集团晋江制梁场；2009年8月整合重组，成立中铁二十一局集团铺架工程公司；2011年8月10日在西安注册成为子公司，更名为中铁二十一局集团路桥工程有限公司。职工872人，其中，干部511人、工人361人。资产总额19.31亿元。其中，流动资产16.98亿元；固定资产原值5.82亿元、净值2.16亿元；无形资产1759.57万元。机械设备799台（辆）。

2015年，新签合同额1.69亿元，完成产值20.47亿元。（高秋凤　陈　丽）

【国际工程有限公司】　2012年9月28日组建成立。下设8个项目部，其中海外项目6个。职工37人。2015年，新签合同额3.493亿元。国内项目为济青高铁项目，合同金额2.66亿元。海外项目为：阿尔及利亚麦迪亚公路项目、阿尔及利亚大清真寺项目、阿尔及利亚卜利达省布依南新城5000套租售房项目、阿尔及利亚贝佳亚连接线公路项目、吉尔吉斯斯坦3200吨/天熟料新型干法水泥生产线项目。（高秋凤　陈　丽）

【轨道交通工程有限公司】　成立于2013年11月1日，具有城市轨道交通工程专业承包资质。公司驻山东省济南市槐荫区顺安路与烟台路交叉口西元大厦东楼18～21层。职工416人，其中，干部301人，工人115人。

2015年，新签合同额8亿元，实现净利润1867.21万元。（高秋凤　陈　丽）

【勘察设计院】 集工程设计、科研开发、工程技术咨询等于一体的国家甲级设计院。具有铁道行业甲Ⅱ级、建筑行业甲级设计、测绘乙级资质，年设计能力建筑工程100万平方米，铁路50千米，年设计产值1.1亿元以上。职工26人，其中干部26人。

2015年，新签合同额2117.65万元（含吉尔吉斯斯坦1210万元），完成产值505万元。

（高秋凤 陈 丽）

【甘肃铁鹰建筑质量检测有限公司】 集铁路、公路、建筑工程中材料、结构成品和半成品的质量检测和地基基础及主体结构的检测，同时具有压力、拉力、抗折和万能试验机的检定业务的企业。具有国家认证认可监督管理委员会颁发的计量认证资质、建筑工程检测甲级资质、地基基础和主体结构检测甲级资质、市政工程检测甲级资质、交通部公路工程综合检测乙级资质、计量标准考核证书。公司驻甘肃省兰州市城关区牟家庄497号。资产总额1404.3万元，其中流动资产1363.21万元，固定资产64.52万元。职工10人。

（高秋凤 陈 丽）

【重要记载】

▲1月20日 集团公司与武警甘肃森林总队启动警企共建机制。

▲1月27日 轨道公司同冀鲁指挥部正式入驻济南。

▲2月2—3日 集团公司召开党委二届三次全委（扩大）会议、党风建设和反腐倡廉会议、一届六次职代会暨2015年工作会议。

▲3月19日 集团公司2014年度优秀科技论文、工法、科技进步奖评审暨2015年度科技研发项目立项会议在兰州召开。

▲4月28日 集团公司召开内部报纸《新里程》创刊10年兰州片区座谈会。

▲5月8日 国务院国有资产监督管理委员会下发通知：经中央企业精神文明建设“五个一工程”评审委员会同意，中央企业文学专业委员会成立，中铁二十一局集团公司董事长、党委书记孟广顺被批准为副主任（委员）。

▲6月7—8日 中国铁建党委书记、副董事长齐晓飞，独立（外部）董事葛付兴、承文、路小蔷，在董事会秘书余兴喜及董事会秘书局等陪同下，赴集团公司考察调研。

▲7月10日 中华全国总工会党组成员阎京华在青海省总工会党组书记、常务副主席朗国清和副主席付东明的陪同下，赴集团公司四公司西宁基地项目部调研农民工入会和管理工作。

▲10月27日 集团公司完成的5项科技成果通过甘肃省建设厅组织的科技成果鉴定，其中3项成果达到国内领先水平，2项成果达到国内先进水平。

▲11月4日 中国铁建工会主席史道泉到集团公司机关和二公司调研工会和共青团工作，并走访慰问困难职工和劳模先进代表。

▲11月30日 集团公司工会获全国第三届“书香三八”读书活动优组织奖。

▲12月17日 集团公司昌赣客专12标项目经理部赣州制梁场一次性通过国家铁路产品质量监督检验中心生产许可审查认证。

▲12月29日 集团公司参建的鄂拉山隧道左线顺利贯通。

（高秋凤 陈 丽）

中铁二十二局集团有限公司

【简况】 系铁路工程施工总承包特级、建筑工程施工总承包特级；公路、市政公用、水利水电施工总承包一级，公路路基、桥梁、隧道、钢结构工程专业承包一级，铁道行业甲（Ⅱ）级设计资质、建筑行业甲级设计资质，矿山工程施工总承包三级，地质灾害治理工程甲级资质企业，同时拥有对外工程和境内国际招标工程的经营资质、对外派遣实施境外工程所需的劳务人员特许经营权。总部驻北京市石景山区石景山路35号。下辖9个子公司、铁路运营指挥部及22个工程（项目）部，2015年12月将北京、东北、华北、华东、华南、东南、中南、西南、西北、晋蒙宁、厦门特设指挥部11个区域指挥部调整为北京、东北、西部、华东、西南、华南6个区域经营指挥部。资产总额217.71亿元，其中，固定资产原值26.56亿元、净值12.07亿元，流动资产187.71亿元。实物设备资产8443台（套），设备原值15.29亿元、净值5.88亿元，设备成新率38.44%；其中集团公司拥有大型设备（原值≥200万）72台（套），原值5.25亿元、净值2.17亿元，占总资产的34.32%。集团公司累计新购设备274台，合同金额5031.44万元。

2015年，新签合同额285.6亿元，完成企业总产值182.7亿元，其中施工产值175.2亿元；实现营业收入185.4亿元；利润总额4.63亿元；净利润3.57亿元。国有资本保值增值率152.82%，净资产收益率

12.22%,产值利润率2.50%,投资回报率33.72%,资产负债率为72.14%。

完成主要实物工程量:路基土石方4489万立方米;344座桥梁70.1千米,特大桥48.5千米;113座隧道29.1成洞千米;公路26.1千米;房屋建筑面积70万平方米,竣工1087平方米;铁路制梁4107片,铁路架梁2840孔,公路架梁3539片;铁路正线铺轨679千米、站线铺轨49.5千米;机械化整道完成242.8千米;通信线路156.3千米,供电线路342千米;轨道交通车站完成15505平方米。

集团公司1项工程获国家优质工程银质奖,6项工程获省部级优质工程奖,5项工程获中国铁建杯优质工程奖,4项工程被评为股份公司安全质量标准工地,5项工程获中国铁建杯优质工程奖。2015年,集团公司被评为股份公司安全生产先进单位,获3个国家级、12个省部级优秀质量管理小组和4个股份公司级优秀质量管理小组。2015年上半年集团公司铁路信用评价再次进入"A"类企业行列。 (罗小慧)

【领导人员】

董事会

董事长	侯希承
副董事长	司家海
董事	王参军
	柴　纹
	韩传荣

经理层

总经理	侯希承
副总经理	王参军
	王在仁
	柴　纹
	李国华
	陈宏伟
	秦培文
	王爱国
	柴春明
	徐冬青
	孙锡寿
总工程师	王爱国(兼)
总会计师	柴　纹(兼)

党群领导

党委书记	司家海
党委副书记	侯希承
	王怀尧
	程文才
纪委书记	程文才(兼)
工会主席	韩传荣

(贾建国)

【工程项目指挥机构】 贵州茅台酒股份有限公司茅台酒"十二五"扩建技改工程指挥部　驻贵州省仁怀市茅台镇中华村沙子田组,项目负责人孙锡寿。

新建铜仁至玉屏铁路站前工程施工TYTJ-2标段东海岛铁路指挥部　驻贵州省铜仁市万山区,项目负责人司尚荣。

新建哈尔滨至佳木斯铁路工程的HJZQ-2标段工程　驻黑龙江省哈尔滨市宾县,项目负责人卢胜坤。

新建北京至沈阳铁路客运专线JSLNTJ-13标段工程　驻辽宁省沈阳市皇姑区,项目负责人曾见。

昆玉铁路1标工程指挥部　驻云南省晋宁县宝峰镇工业园区,项目负责人张金龙。

高台山至阜新至锦州铁路高台山至新邱段扩能改造工程　位于辽宁省锦州市黑山县,项目负责人杨旭书。

成昆铁路成都至峨眉段扩能改造工程Ⅰ标段工程　驻四川省成都市新津县,项目负责人贾汝银。

北京地铁6号线西延工程05标工程　驻北京市石景山区苹果园,项目负责人汤贵海。

长春地铁2号线一期工程6标段工程　驻吉林省长春市二道区,项目负责人韩震。

青岛地铁2号线一期工程土建工程　驻山东省青岛市崂山区,项目负责人周清福。

北京地铁昌平线二期轨道安装工程　驻北京市昌平区,项目经理孙恒毅。

哈尔滨南编组站综合自动化改造及相关配套工程　驻黑龙江省哈尔滨市,项目经理李春成。

成都经济区环线高速公路简阳至浦江段JPTJ-9标工程　驻四川省眉山市仁寿县,项目经理王东君。

上饶至万年高速公路B3标工程　驻江西省上饶市万年县项目经理李绿青。

新建铁路敦煌至格尔木线(青海段)站后工程　驻青海省海西蒙古族藏族自治州格尔木市,项目负责人程治平。 (陶　威)

【职工队伍】 截至2015年底,集团公司职工10925人。其中,干部7646人、工人3279人;男职工8657人、女职工2268人;大学本科及以上学历4356人、大学专科学历2858人;专业技术干部6418人(高级职称734人、中级职称1801人),技能人才1283人(高级技师14人,技师196人)。30以下4279人,30~39岁2636人,40~44岁1054人,45~49岁866人,50~

54 岁 1109 人,55 岁以上 981 人。 （贾建国）

【工程施工】 集团公司在建项目 165 个,合同总投资 1020 余亿元,剩余投资 290 余亿元。完成施工产值 175.2 亿元。

茅台酒厂扩建技改工程合同 位于贵州省遵义市,合同投资 1260000 万元,合同工期 2012 年 12 月 18 日—2018 年 12 月 31 日。主要实物工程量:建筑面积 1390000 平方米。制酒生产厂房 67 栋 9500 平方米;制曲生产房 5 栋 3718 平方米;酒库 97 栋 6375 平方米;其他配套房建 59 栋;房屋 228 栋;厂区道路 153860 平方米;河堤 4300 米;占地面积 145 万平方米。截至 2015 年底,开工累计完成投资 556921 万元,完成合同投资的 44%。

哈尔滨至满洲里铁路电气化改造工程 3 标 位于内蒙古自治区呼伦贝尔市扎兰屯市,标段长 210 千米。合同投资 95761.05 万元,合同工期 2014 年 10 月 25 日—2017 年 4 月 24 日。主要实物工程量:站前路基土石方 331 万立方米;隧道病害整治 4 座 7224 延长米;站场 8 处;制梁 276 片(箱梁、T 梁),架梁 276 片(箱梁、T 梁)等。轨道正线铺轨 57.97 铺轨千米,站线铺轨 21.2 铺轨千米;道岔 81 组。站后工程铁路房屋建筑面积 8668 平方米。截至 2015 年底,开工累计完成投资 28557 万元,完成合同投资的 29.8%。

昆明至玉溪铁路扩能改造工程站前 1 标 位于云南省玉溪市,标段长 18.4 千米。合同投资 186179 万元,合同工期 2010 年 11 年 11 日—2016 年 8 月 30 日。主要实物工程量:站前路基土石方 136.2 万立方米;路基 4.3 千米;隧道 3 座 9282 延长米;桥梁 10 座 6661.787延长米,涵洞 36 座 799.15 横延米;站场 1 处;制梁 839 孔/片(T 梁),架梁 839 孔/片(T 梁)等。无砟道床 14.166 千米,有砟道床 89.294 千米;正线铺轨 103.46 铺轨千米,站线铺轨 10.31 铺轨千米;道岔 41 组。截至 2015 年底,开工累计完成投资 168829 万元,完成合同投资的 95.8%。

新建北京至沈阳铁路专线 JSLNTJ－13 标 位于辽宁省沈阳市,标段长 25.7 千米。合同投资 211618 万元,合同工期 2010 年 9 月—2017 年 10 月。主要实物工程量:站前路基土石方 96.52 万立方米;路基 2.253 千米;桥梁 3 座 23845.6 延长米,涵洞 3 座 175.26 横延米;站场 1 处;制梁 704 孔/片(箱梁、T 梁),架梁 704 孔/片(箱梁、T 梁)等。无砟道床 51.48 千米;正线铺轨 50.12 铺轨千米,道岔 20 组。截至 2015 年底,开工累计完成投资 137192 万元,完成合同投资的 64.8%。

高台山至阜新至锦州铁路高台山至新邱段扩能改造工程 位于辽宁省锦州市,标段长 96.8 千米。合同投资 134138 万元,合同工期 2012 年 8 月—2016 年 10 月。主要实物工程量:小桥 1 座 25.03 延长米,中桥 6 座 322.7 延长米,大桥 4 座 842.45 延长米,特大桥 9 座 12010.64 延长米,框构桥 29 座 4261.4 顶平方米,涵洞 57 座 1493.8 延长米;路基长 87.221 千米,区间路基土石方 727.7 万立方米,站场路基土石方 74 万立方米。制梁 792 孔(T 梁),架梁 792 孔(T 梁)等。轨道正线铺轨 204.46 铺轨千米,站线铺轨 9.27 铺轨千米;道岔 124 组(新铺 67 组、改建 57 组)。截至 2015 年底,开工累计完成投资 112731 万元,完成合同投资的 84%。

成昆铁路成都至峨眉段扩能改造工程Ⅰ标段 位于四川省成都市,标段长 45.7 千米。合同投资 91542 万元,合同工期 2014 年 6 月—2016 年 12 月。主要实物工程量:站前路基土石方 184.0076 万立方米;路基 44.525 千米;隧道 1 座 310 延长米;桥梁 8 座 3085.222 延长米,涵洞 139 座 6691.37 顶平方米;涵洞 8 座 79.67 横延米;站场 5 处;架梁 84 孔/片(T 梁)。轨道筑面积有砟道床 57.663 千米;正线铺轨 44.341 铺轨千米,站线铺轨 13.322 铺轨千米;道岔 91 组。站后铁路房屋建筑面积 3854 平方米,其中车站 5 座 1161 平方米;接触网 116.346 条千米,改造牵引变电所 1 处,新建分区所 1 座,还建分区所 1 座;电力线路118.08千米,变配电所 2 处;通信线路 49.02 正线千米;自动闭塞 45.744 正线千米,联锁道岔 150 组。截至 2015 年底,开工累计完成投资 65036 万元,完成合同投资的 71%。

新建湛江东海岛铁路站前工程 DHZQ－1 标段工程 位于广东省湛江市,标段长 17.6 千米。合同投资 128313 万元,合同工期 2014 年 6 月—2016 年 12 月。主要实物工程量:站前路基土石方 358.17 万立方米;正线路基 5.5 千米、塘口南端疏解线路基 1.644 千米、湛海改建线路基 1.3 千米、联络线路基 1.831 千米;桥梁 5 座 8709 延长米,涵洞 54 座 1787 横延米;制梁 921 孔 T 梁,架梁 921 孔、T 梁,箱梁 6 孔等。轨道有砟道床 82.31 千米;正线铺轨 82.31 铺轨千米,站线铺轨 26.4 铺轨千米;道岔 98 组。截至 2015 年底,开工累计完成投资 22274 万元,完成合同投资的 17.4%。

新建铜仁至玉屏铁路站前工程施工 TYTJ－2 工程 位于贵州省铜仁市,标段长 25.8 千米。合同投资 121000 万元,合同工期 2013 年 12 月—2016 年 12 月。主要实物工程量:车站 1 座(万山站)、隧道 14 座 16.572千米,3 千米 < L≤4 千米的隧道 1 座,2 千米 < L≤3 千米的隧道 1 座,1 千米 < L≤2 千米的隧道 4 座,L≤1 千米的隧道 8 座;桥梁 17 座(其中特大桥 3

座,大桥9座,中桥5座)5.165千米;区间路基4.021千米,区间土石方81万立方米,站场面积7800平方米,土石方54万立方米,涵洞14座410横延米,水泥搅拌桩108438延长米,AB填料11万立方米,级配碎石87372立方米。总计混凝土75立方米,隧道Ⅲ级围岩10061米,Ⅳ级3671米,Ⅴ级3672米。截至2015年底,开工累计完成投资114670万元,完成合同投资的94.8%。

新建哈尔滨至佳木斯铁路工程的HJZQ-2标段工程　位于黑龙江省哈尔滨市,标段长28.6千米。合同投资181489万元,合同工期2014年6月—2018年12月。主要实物工程量:站前路基土石方459万立方米,其中区间土石方295万立方米,站场土石方164万立方米,路基21.649千米;桥梁11座7502延长米,路基附属圬工18.5万立方米,路基加固CFG桩23.5万米,螺杆桩8.1万米,涵洞38座1147.46横延米;站场1处;制梁1520孔/片(箱梁、T梁),架梁1520孔/片(箱梁、T梁)。轨道正线铺轨346.877铺轨千米,正线道床810860立方米;站线铺轨36.5铺轨千米;站线铺道床122180立方米;道岔127组;制梁场(占地约10.8万平方米)和铺轨基地(占地约9.5平方米)各1处。截至2015年底,开工累计完成投资67337万元,完成合同投资的37.1%。

新建铁路敦煌至格尔木线(青海段)站后工程　位于青海省格尔木市,合同投资50829万元,合同工期2014年3月—2017年3月。主要实物工程量:包括本工程施工图设计范围内的四电工程、房屋工程及站后配合相关辅助工程,包括通信、信号、信息、电力、牵引变电及相关房屋、站房、站场工程。截至2015年底,开工累计完成投资45931万元,完成合同投资的90.3%。

成都经济区环线高速公路简阳至浦江段JPTJ-9标　位于四川省梅州市。合同投资43667万元,合同工期2014年10月—2016年10月。主要实物工程量:路基挖方89万立方米,填方244万立方米,借方173万立方米,弃方17.6万立方米,桥梁13座1693.5延长米,分离式立交5处,分离式立交兼渡槽2座,渡槽兼人行天桥1座。截至2015年底,开工累计完成投资33599万元,完成合同投资的76.9%。

上饶至万年高速公路B3标工程　位于江西省上饶市,标段长14.2千米。合同投资31107万元,合同工期2015年1月—2016年8月。主要实物工程量:路基土石方392.27万立方米;路基14.517千米;桥梁12座1529延长米,涵洞94座3571.38横延米;站场3处;制梁465孔/片(箱梁、T梁),架梁465孔/片(箱梁、T梁)。截至2015年底,开工累计完成投资18608万元,完成合同投资的59.8%。

北京地铁6号线西延工程05标工程　位于北京市石景山区,标段长2.351千米。合同投资56000万元,合同工期2014年6月—2016年12月。主要实物工程量:包含1站(苹果园南路站)2区间(苹果园站—苹果园南路站区间、苹果园南路站—西黄村站区间)。截至2015年底,开工累计完成投资32582万元,完成合同投资的58.2%。

长春地铁2号线一期工程6标工程　位于吉林省长春市。合同投资68368万元,合同工期2014年4月—2017年3月。主要实物工程量:1站2区间,车站为烟厂站,全长211米,区间全长2088米分别为烟厂站至东盛大街站区间828米;南关站至烟厂站区间1268米。截至2015年底,开工累计完成投资15847万元,完成合同投资的23.2%。　(陶　威)

【经营管理】　(1)工程承揽。新签合同额285.6亿元。其中,工程承揽151项,合同金额255.2亿元;变更索赔额27.4亿元;房地产板块6项,合同金额(销售)3亿元。工程承包板块占比情况:铁路77项151.5亿元,占59.4%;房屋建筑22项27.5亿元,占10.8%;城市轨道8项33.9亿元,占13.3%;市政17项11.6亿元,占4.5%;公路11项21.8亿元,占8.5%;水利电力8项7.2亿元,占2.8%;其他8项1.7亿元,占0.7%。

(2)资本经营管理。纳入集团公司资本经营管理的既有项目计4个类别共14个项目,其中房地产开发项目9个,土地一级开发项目2个,BT项目2个,股权投资类项目1个。计划总投资约188亿元,开工累计完成投资约71亿元;2015年资本经营续建项目计划总投资约40亿元,实际完成投资额约16.3亿元。房地产板块完成投资额15.6亿元,完成销售金额3亿元,营业收入3亿元,实现净利润3278万元。2个BT项目完成全部回购款回收工作,处于项目销号阶段。参股贵州茅台健康产业有限公司,完成项目厂区建设。

完善资本经营管理制度和办法,加强重要流程的内部控制,积极稳妥开展新项目拓展工作及在手项目的管理,科学论证,审慎决策。编制《基础设施投融资项目(PPP)政策汇编》《基础设施PPP项目模式运作与管理汇编》《PPP项目案例及政策文件选编》《城市地下综合管廊投资建设政策资料汇编》等资料,为资本经营业务健康发展提供制度保障。多次召开评审会对投资项目进行论证分析。2015年6月上报茅台集团健康产业股权投资项目并获批复,并于7月注资参股。加强与当地政府的沟通协调,加快推进荆门公园3326项目的前期工作,2015年3月获取一期土地;兰州6413厂项目2015年完成摘牌筹备相应工作。武汉汉阳四新连通港项目,积极配合房地产集团,加快论证推进,2015年底获中国铁建批复。结合经济形式和国家大力推行PPP模式投融资的现实情况,对所属三公司跟踪的厦门翔安新机场综合管廊项目重点推进,获得股份公司跟踪主体单位授权。按照《中国铁建房地产板块区域布局管理暂行办法》中集团公司重点布局区域划分,本着"审慎选择、效益优先、滚动发展"的原则,集团公司积极经营上述地域和城市的土地市场。

(3)企业管理及信息化。11月,集团公司取得北京市建委和住建部新版资质证书,通过华夏认证中心审核组的审核,使集团公司贯标认证资格继续得以保持。12月通过房建特级申报材料经住房和城乡建设部审核并取得资质证书。集团公司设立党委办公室、党委组织部,完成2个部编制定员工作。策划办理三公司组建海峡集团公司事宜,办理厦门铁研工程科技检测有限公司和中铁京诚工程检测有限公司。

集团公司被中国施工企业管理协会评为2015年度"全国优秀施工企业"。获全国质量协会的"重质量守信用"单位。完成集团公司机关综合楼3楼会议室、办公楼2层、3层会议室,会议楼圆桌、多媒体、4楼会议室等6处办公点的无线网络覆盖,满足日常会议及培训的网络需求。完成会议楼4楼会议室改造。完善投影、麦克、音响、视频会议终端,音视频采集等六类基础设备,同时增加视频会议系统功能,实现会议楼4楼与综合楼3楼会议室同步联动,为60人以下的视频会议提供新的会议环境。依据集团公司制定的软件正版化年度计划具体实施方案,为提高软件正版使用率,统一协调,积极完成相关数据的收集、合同签订、支付购买、软件分发等工作。

(4)经济责任管理。起草、签订2015年各子公司生产经营责任状及当年度中标的铁路项目内部承包合同,与各子公司及亏损项目负责人签订2015年度亏损整治责任状。制定集团公司二次经营工作目标指标,并落实到具体责任单位,为各单位二次经营工作提供政策指引和参考依据;变更索赔专家组对松陶、津秦、邯黄、赣龙、东海岛、昆玉、哈佳、京沈、黄韩侯、铜玉、金温和滨北桥等项目进行变更索赔的策划和指导;组织召开设计院联络人座谈会,明确设计院联络人不仅要成为项目与设计院沟通的桥梁,同时更要协助项目推进二次经营工作。召开2015年度集团公司二、三次经营工作专题会议;印发《中铁二十二局集团有限公司经济管理办法》,进一步理顺内部经济关系,重点是工程项目收益分配关系,落实工程公司项目管理的主体责任,并在原绩效考核办法基础上,调整经济考核指标,分别制定并下发对子公司、局指挥部管理办法;制定《亏损项目整治办法》,力求在全局范围内系统、有效地开展亏损项目整治工作,使亏损项目亏损面和亏损额大幅度下降,提升亏损项目综合治理能力,稳步壮大企业经济实力;组织所属各单位集中研讨,对目前所有在建或近期已完工程实际分包单价进行汇总编制,印发《关于印发中铁二十二局集团有限公司劳务分包指导价的通知》;完成对滨州电气化改造、东海岛铁路、蒙华铁路、哈牡铁路等新中标项目进场初期的效益目标测算和变更索赔策划,为项目的增盈创效工作指明方向、制定目标;按照新的绩效考核办法对所属各单位2014年度各项经济指标完成情况进行考核兑现;组织开展2015年度责任成本达标考核工作,切实起到帮助提升工程公司或项目责任成本管理水平的作用。

(5)财务管理工作。深入推进及细化全面预算管理,提升预算管理水平。集团公司继续深化和推进全面预算管理工作,不断完善管理办法及措施,形成一个预算编制、监控、考核为一体的预算体系。第一,推进费用预算管理信息化建设。通过费用预算报销系统的培训及陆续实施,为各法人单位搭建预算费用管理的交流平台,促进各法人单位的费用预算管理工作,实现内部管控标准化,为管理会计工作的开展奠定基础。第二,深化全面预算的精细化管理。在深入分析需重点关注和改进的问题,进一步梳理主要经济指标,以"规范管理、降本增效"为目标,切实改善资产负债结构,努力提高经济效益。第三,加强预算过程管控,严格预算分析和考评。对各单位预算编制情况、预算指标完成情况进行统计和分析,在执行过程中出现的偏差及时提出修正意见及改进措施,为全面预算管理制度的完善以及严格的执行力提供信息,达到及时沟通、有效激励和严格控制的目的,使得全面预算管理进入一个良性循环。强化资金集中管理,加大资金调配力度。第一,加大银企合作,扩大授信范围和额度,集团公司被各个合作银行视为重点或战略客户并提供良好的服务,同时也连续获银建资信评估事务所3A信用等级评级,为集团公司生产经营快速发展提供有力的保障。第二,加强银行账户的管理,对联网外银行开户进行监管。第三,积极稳步推进资金集中管理系统的实施。要求凡新上项目首选在财务公司开户,并对内部借款进行严格管理,建立和完善内部借款管理制度,加强内部资金调度,减少外部资金使用,节约财务费用。第四,加强保险和商旅服务集采日常管理和统计分析,确保落实股份公司下达的集采目标。提前梳理税务管理关系,强力备战"营改增"。营改增对企业的经营成果、管理模式都有着很大的影响。集团公司为积极应对建筑业"营改增"做了大量的准备工作,积极参与股份公司组织的研讨会,及时掌握营改增工作动向,对全集团公司各项目准备情况进行摸底,组织各单位进行基础业务培训等,同时加强"营改增"的信息化建设,为集团公司税改平稳过渡奠定基础。利用信息化手段,以资金集中管理为核心,强化项目财务管理。集团公司财务部在局指资金集中管理的基础上,实施“法人—自管项目”资金管理模式。通过调研、实施和培训确立集团公司项目资金管理两大模式“局指—分部”和“法人—自管项目”,资金的规模效应显著,进一步优化业务流程,强化风险防范。强化领导、明确责任,全面落实清收清欠工作。第一,健全组织机构,成立工作小组,全面负责本单位清收清欠管理工作。第二,确定责任目标,实施过程督导。第三,强化基础工作,定期进行通报。对清收清欠报表实施月报制度,集团公司各单位每月对清收清欠情况进行分析,并形成分析报告。第四,召开清欠会议,研究部署工作,不断总结工作中的经验教训,促进集团公司整体清收清欠手段的提高。精心组织、合理安排,坚持开展财务监察工作。2015 年 10—11 月,集团公司财务部制定并有效组织财务监察工作,对各单位的内部控制制度建立和执行情况、会计基础、会计核算、资金管理、资产管理、税务管理、清收清欠、项目盈亏、财务风险预控以及“八项规定”等 10 个方面工作进行监察。本次财务监察进一步规范财务基础工作,使得财务人员更深刻的理解企业的经济运行状况,为强化财务管理工作,加强资金集中管控奠定更加坚实基础。

(6)审计工作。深入开展内部控制审计、经济责任审计、工程项目审计及其他专项审计调查,促进企业经济质量运行的有效提升。截至 2015 年底,集团公司下设独立审计机构 9 个,38 人。自风险内控工作纳入审计部门以来,所属各单位进一步加强审计部门力量,并设置专人负责风险内控工作,各单位同时对新进人员进行业务培训。完成审计项目 5 项,其中,根据国资委《中央企业经济责任审计管理暂行办法》《中国铁建股份有限公司经济责任审计管理暂行规定》及集团公司人力资源部委托,集团公司审计处 2015 年开展经济责任审计工作 3 项,分别为第一工程有限公司、第五工程有限公司、电气化工程有限公司原董事长的离任审计,对铜玉项目、京沈项目进行工程项目过程审计。2015 年,提交审计报告 5 份。3 月,配合股份公司审计监事局对原董事长刘国志的经济责任及绩效复核审计工作。在审计过程中派专人全程陪同、协调、沟通。3—5 月,开展物资管理专项审计调查工作。分别审核 43 个项目的物资管理情况,全面审查所有项目的物资计划、采购、合同、供应、现场管理、消耗管理等工作开展情况,重点对所属 8 个单位的物资管理情况进行现场审计调查,并出具专项审计报告。参加股份公司风险内控部组织的内部控制体系建设与风险评估业务培训班。为及时强化风险内控的宣贯工作,审计处随后在集团内组织风险内控培训,培训范围涵盖机关各职能部门负责人及风险内控联络人员、各公司分管风险内控工作领导、部门负责人及业务人员。完成 2014—2015 年控缺陷整改的部署、监督及反馈工作;组织完成 2015 年度内控本级自评及所属单价的复核评价工作,完成企业年度风险内控自我评价报告的编制、审核及上报工作。牵头组织 2015 年重大风险管控方案的落实工作,并印发《中铁二十二局集团有限公司 2015 年重大、重要风险管控方案》,组织落实专项风险监控及日常风险信息管理报表工作。2015 年下半年,配合完成股份公司的独立评价及安永会计事务所第三方内控审计任务。在现场独立评价及审计工作中,审计处分组配合、全程跟踪、协调,沟通,确保独立评价及内控审计工作的顺利进行。

(7)社会保险管理。截至 2015 年底,集团公司所属各单位养老保险参保人数 10728 人,离、退休人员 2824 人,基本养老保险缴费总额 16726 万元;参加基本医疗保险 12368 人(五公司、哈建公司含家属和退休人员),缴费金额约 6935 万元。集团公司工伤参保人数 10727 人,缴费金额 633.06 万元,现有工伤人员 145 人。参加生育保险 10727 人,缴费金额 431 万元。集团公司共为 1809 人建立补充养老保险,归集资金为 1332.9 万元。集团公司提取补充医疗保险 531.88 万元,当年支付补充医疗保险 235 人,支付报销金额 76.66 万元。集团公司共协助在京单位办理各类医疗、生育费用共计 268 人次,其中申办生育津贴、产检费及医药费报销 79 人,涉及费用 120 多万;为在职和退休 189 名职工办理医保二次报销,报销金额约 65 万元。集团公司经办处理 7 起工伤业务。2015 年申领的工伤保险金 80 余万元。办理 84 名职工的养老保险跨省市转移工作(本市城镇户口 8 人,外埠城镇户口 76 人)。根据股份公司要求,集团公司所属单位社会保险自管资金(含补充医疗保险、补充养老保险)实行统一集中管理,完成归集约 1448.63 万元。根据北京市人社局有关政策,2015 年,办理在北京已退休军转干部生活补助费申领 2 人,截至 2015 年 12 月,集团公司在北京已退休军转干部 32 人,均已在基本养老金基础上,按月领取生活补助,人均每人每月 500 元。按照集团公司房建特级资质申报启动会的指示精神,积极配合做好相关工作,新增参保人员 70 人,开具相关人员社保证明 700 多人次。积极配合经营部、区域、局指挥部,开具社保证明累计 60 多次,涉及人员 1380 多人次。为全面了解企业年金基础数据,做好企业年金测算工作,组织督促子公司(一公司、天瑞机械公司、电气化公司、房地产公司)做好企业年金职工信息采集及数据统计核对工作,顺利完成集团公司企业年金的职工信息采集表、养老费用情况表。截至 2015 年底，符合股份公司有关要求可以领取统筹外费用的离退休人员 1725 人，其中，离休人员 45 人、退休人员 1644 人、遗属 36 人。2015 年，审核申报离退休统筹外费用约 45 万余元。

（钱春元　阮敬科　马　珂　焦　雷　杨晓东　王志刚　殷文俊　徐　慧）

【安全质量】 进一步加大《安全生产包保责任书》的考核力度，明确“杜绝各类人员伤亡事故”的安全目标，细化四项考核指标，逐级签订安全包保责任书，直至作业队和一线作业人员，并将作业人员的收入与安全生产挂钩，进一步改善安全生产环境。紧紧围绕隧道与地下工程、营业线施工、大型设备安全、高墩大跨桥梁、深基坑作业、深路堑施工作为全年安全监控的重点，同时将隧道、路基质量惯性问题做为质量工作的重中之重。开展 2 次大规模安全质量综合检查，1 次营业线施工专项检查。集团公司以一公司为依托，成立隧道救援队，对集团公司所属范围内的常规山岭隧道及城市地下工程实施应急救援，并积极参与和配合股份公司的抢险救援任务。3 月底，水利协会专家对 3 个水利在建项目及集团公司机关进行水利安全生产标准化一级单位现场评审，并顺利通过专家审核。组织 6 期 411 人的安全质量培训、再教育和取证工作，其中安全质量管理干部培训 18 人、安全培训 269 人、质量培训 124 人。截至 2015 年底，集团公司委派安全总监 11 人，A 类安全人员（企业负责人）78 人，B 类安全人员（项目负责人）389 人，C 类安全人员（专职安全管理人员）631 人，注册安全工程师 119 人，专职质检员 756 人。安全质量持证人员基本满足全局施工生产、经营所需。

未发生亡人事故；未发生较大及以上安全责任事故；未发生重大责任交通、火灾、火工品及铁路行车险性事故。安全管理机构健全，安全管理人员到位；未发生重大施工质量事故，工程质量一次验收合格率 100%。集团公司被评为股份公司安全生产先进单位，有 4 项工程被评为安全质量标准工地，1 项工程获国家优质工程银质奖，6 项工程获省部级优质工程奖，5 项工程获中国铁建杯优质工程奖，获 3 个国家级和 12 个省部级优秀 QC 成果，铁路信用评价第二次进入 A 类。（任朝敏）

【科技成果】 新立科研课题 29 项，投入科研经费 225 万元。审核批准 26 项科研项目结题、49 项科研项目继续在研、4 项科研项目终止研究。“兴源隧道软岩大变形控制技术及施工方法研究”通过黑龙江省科技成果鉴定，成果水平评价为国际先进；7 项科技成果通过股份公司科技成果评审，其中国际先进水平 3 项，国内领先水平 1 项，国内先进水平 3 项。“季节性冻胀路基在列车荷载下稳定性研究”获 2014 年度中国铁道学会科学技术一等奖。“全断面触变可液化砂层盾构及冻结法施工综合技术研究”“曲线变截面钢箱梁的整体胎架拟桥位组装施工技术”“大风地区低温环境下墩身施工控制技术”“岩盐路基填筑施工技术研究”4 项成果获 2014 年度中国施工企业管理协会科技奖二等奖；二公司获评中国施工企业管理协会科技创新先进企业；三公司总工刘四德获评中国施工企业管理协会科技创新先进个人。获省部级工法 13 项，其中铁工程工法 7 项、黑龙江省级工法 3 项、福建省级工法 3 项。获股份公司科学技术奖 5 项，其中一等奖 2 项、二等奖 1 项、三等奖 2 项；股份公司优秀工法 4 项，其中一等奖 2 项，二等奖 2 项；股份公司优秀论文二等奖 4 篇。评定集团公司科学技术特等奖 2 项、一等奖 3 项、二等奖 1 项、三等奖 5 项。评定三级工法 13 项评定集团公司优秀论文一等奖 14 篇、二等奖 19 篇、三等奖 61 篇。集团公司受理专利 13 件，其中发明专利 3 件、实用新型专利 10 件。授权专利 18 件，其中发明专利 6 件、实用新型专利 12 件。“高寒地区运营铁路隧道渗漏水及冻害整治技术研究”“新建铁路隧道超小净距上跨既有高铁隧道综合施工技术”课题，列入股份公司科技研究开发计划项目，获经费资助 50 万元。归集研发经费 2273.04 万元，“加计扣除”减免企业所得税 284.13 万元。9 月 25 日，印发《中铁二十二局集团有限公司子公司科技创新工作指标考核办法》，对集团公司下属子公司科技创新工作直接负责人总工程师进行考核。3 月 31 日，由哈建集团主持编制的《黑龙江省建设工程施工操作技术规程》（DB23/T 1621.16 – 2015）经黑龙江省住房和城乡建设厅、黑龙江省质量技术监督局审查、发布，该技术标准是集团公司首次主持完成编制的地方性标准。（应爱武）

【法律事务】 2015 年，集团公司法律部门共审核各类合同 2108 份，其中局本级审核 74 份、各子公司审核 2034 份，为企业规避法律风险打下坚实的基础。法律合规部共审核委托书 692 份，其中局本级审核 73 份、各子公司审核 619 份，集团公司本级授权委托书的审核率达到 100%，有效保障企业合法权益。制定《中铁二十二局集团有限公司合同管理办法》，该办法对加强合同管理体系建设、规范企业基础管理有着极其重要的作用。6 月，组织召开 2015 年度法律合规工作会暨法律业务培训班，促进各级法律合规人员经验交流，提升法律合规工作人员的业务水平和员工防范法律风险的意识。截至2015年底,集团公司新发诉讼案件88起,诉讼标的额16721万元,结案67起、诉讼标的额8088万元,挽回经济损失约2300余万元。新发诉讼案件数量、金额呈总体下降趋势,因违法经营发生的重大法律纠纷案件基本杜绝,法律风险防控已经取得成效。
(赵 宇)

【党的工作】 (1)党委工作。集团公司各级各类党组织327个。其中党委39个、党总支7个、党支部281个。有党员4435人,2015年发展党员90人。集团公司党委在全系统组织开展"三严三实"专题教育。印发"三严三实"专题教育工作方案和《关于"三严三实"专题教育有关问题的备答》,制定"三严三实"专题教育推进计划表和学习研讨计划表;成立由主管领导挂帅的领导小组,15名领导班子成员建立25个工作联系点;局处两级领导班子成员讲党课108次,参加听课的党员干部3100人次,实现讲党课全覆盖;集团公司党委和各子公司党委领导班子以及班子成员围绕"三严三实"要求,查找"不严不实"的问题,高质量的召开专题民主生活会。

(2)党建基础工作。各级党委重视抓基层、打基础的工作,在完善制度、探索创新、发挥作用等方面迈出坚实的步伐。建立健全组织,完善规章制度,落实"四个同步"要求,促进党建工作与公司治理、项目管理的有机融合。各级党组织通过宣传贯彻党建制度,梳理业务流程,规范党建台账,编印工作指南,提升党组织参与决策,实施监督的能力,较好地发挥各级党组织和广大党员的"三个作用"。25个"先进基层党组织"、56名"优秀共产党员"和18名"优秀党务工作者"受到集团公司党委的表彰。集团公司所属各单位领导班子深入贯彻党的十八大和十八届三中、四中、五中全会精神,紧紧围绕企业改革发展稳定和生产经营中心,扎实开展"四好领导班子"创建活动。经集团公司党委、集团公司研究决定,授予一公司、房地产公司领导班子为集团公司2015年度"四好领导班子"。按照股份公司党委统一部署,集团公司党委在2015年春节前,对全集团公司生活困难党员和建国前入党的老党员进行慰问。股份公司下拨慰问款41000元,集团公司下拨慰问款50000元,慰问生活困难党员和建国前入党的老党员76人。

(3)宣传工作。积极投身"三严三实"主题教育活动,宣传部及时组织编写党委中心组学习材料汇编,为集团公司领导提供学习资料。定期组织中心组学习,开展专题学习讨论。新闻宣传工作取得突破,在各类媒体发稿1500多篇,其中全国性报刊台500多篇。集团公司再次获中国铁道建筑报社先进单位,在全系统各局中排名第一。7家子公司被中国铁道建筑报评为先进单位。宣传部部长王秉良在中国铁道建筑报十佳记者中排名第一,14人被评为中国铁道建筑报百佳通讯员,2人被授予"全国铁路优秀新闻工作者"称号,1人获股份公司对外宣传先进个人。2篇人物通讯被评为"中国铁路对外报道优秀新闻作品";推荐3人进入北京市"国企楷模、北京榜样"候选人,其中扎根一线近20年、巾帼不让须眉的女项目经理郄红梅成为60名优秀人物之一;微电影《踏遍青山人未老、一辈子奉献给铁路的"老铁"》跻身北京市53部入选优秀作品之一;用铁军标准铸就国酒品质的茅台项目、标准化管理树为样板工程的北京地铁6号线西延工程等优秀项目,收到良好的示范效应和宣传效果。集团公司开通微博、微信,注重内容建设,及时编发微博,做到每周都有内容更新,确保账号活力。对局刊《铁建纵横》杂志栏目进行大胆的革新和丰富。企业文化建设卓有成效。以新上重大项目为重点,深入到蒙华、京沈等重点项目,高起点规划企业文化建设工作。文化建设在融入管理、突出特色、实现创新上有所提高,提升企业的管理境界。按照股份公司要求,统一改换规范的企业名称,在项目上做好督导检查,杜绝不规范标识的出现,展现标准统一、规范大气的企业形象。开展道德讲堂活动,以道德讲堂为载体普及道德理念、讲述道德故事、弘扬道德精神、汇聚道德力量,各子公司或在机关,或在项目,紧贴企业实际,让"身边人讲身边事,身边事教身边人"收到良好教育效果。组织所属单位积极参加股份公司第十七届大路画展,协助办好画展的统筹工作,担纲文案策划、宣传报道,为中国铁建这一重要文化名片进一步扩展影响作出贡献。精神文明建设广泛、深入开展。引导全体员工学习"中国梦",践行"中国梦";有效组织中国铁建工程项目思想政治工作基本情况调查问卷等股份公司发起的各项活动。开展公民道德建设和精神文明创建活动,集团公司各单位多次组织捐款捐物活动,回馈社会。

(4)纪委工作。认真落实中央八项规定精神,结合"三严三实"专题教育,对准焦距、找准问题,全面开展公务用车、办公用房和超标准乘坐交通工具等专项整治。全集团共开展48次专项检查,涉及9家子公司,涵盖165个基层项目。发现各类违反作风建设相关规定的问题8个,对涉及4人违反工作纪律的一般性问题进行批评教育,对2家单位进行整改。严格规范履职待遇和业务支出,出台相关规定,开展清理、整改工作。机关本级和工程公司机关领导办公用房已整改完毕,共缩减面积577.4平方米;集团公司本级领导班子成员除主管领导外,一律取消专车。9—10月,股份公司党委巡视组对集团公司的党风廉政建设、领导班子建设和干部作风建设等情况进行为期57天的巡视。集团公司党委、纪委高度重视反馈问题的整改,对号入座,即知即改。开展企业领导人员任职和公务回避专项整治工作。印发《中铁二十二局集团有限公司党委关于开展领导人员任职和公务回避专项整治的通知》。结合集团公司《企业领导人员管理规定》,调整局管干部5人,调整子公司管理干部3人。进行处级以上领导人员超标准乘坐飞机头等舱、高铁商务座全面清查清理工作。认真处置巡视组阶段性移交问题线索。集团公司纪委成立2个案件调查组进行调查、初核。初核36件,立案15件,已做处理的5件,党纪处分13人,政纪处分23人,经济赔偿62.75万元,免职13人,诫勉谈话4人。所有子公司纪委与集团公司纪委建立电子监察台账,集团公司范围内所有信访案件资料实现对接。两级纪检监察机构共受理群众来信来电来访40件次,重复12件次,转办10件,初核28件;结合巡视移交问题线索,两级纪检监察机构初核线索80条,比上年增长185.71%;立案14件;给予党纪处分1人,政纪处分15人。有16名领导干部受到责任追究。推进企检联动,化解企业风险。集团公司两级纪检监察机构积极推进预防职务犯罪工作企检共建活动,全集团签订协议书15份;因属地检察院工作要求,另有3家单位采取培训宣教方式开展共建活动。集团公司和所属9家子公司全部与驻地检察院开展企检共建,覆盖率100%。先后配合3个司法机关查办案件,有效化解企业风险2次,涉及相关人员15人。深入开展反腐倡廉宣传教育,在集团公司范围内开展廉政党课和反腐倡廉宣传月活动。举办反腐倡廉宣教85场次,有7735人次参加。与集团公司党委共同组织《准则》《条例》的学习活动,向各单位党员发放书册4200本。8月,集团公司纪委网页正式上线,自有杂志《铁建纵横》同时开辟反腐倡廉专栏,完善党风廉政建设新闻宣传工作机制。两级纪委共警示提醒198人次,函询1人次,批评教育28人次,组织处理8人次。出台《关于落实党风廉政建设党委主体责任和纪委监督责任的实施意见》及2个配套办法,进一步在《党风廉政建设责任书》中细化党委主体责任和纪委监督责任的考核内容、标准及要求,全集团签订责任状259份,各级领导干部述职述廉290人次,有549人进行廉洁从业承诺,责任追究2人;对348人进行任前廉政谈话,两级纪委全程参与选人用人监督379人次,集团公司本级对新提拔的24名领导干部进行廉政考核,各级领导人员报告个人有关事项25人次;多数单位纪委书记均已不再分管、兼职与纪检监察无关的工作。及时对1家单位纪委书记调整岗位,另对4家单位的纪委书记调整分管工作项数,两级纪委部门退出与监督主业关联度不大的议事协调机构项数2个。制定下发《关于加强工程公司纪检监察组织建设的决定》,对工程公司纪检监察机构设置和人员配备作出硬性规定。2015年,新增设10个专门的业务部门,纪检监察人员由原来的36人增至44人,增编8人。集团公司纪委会同组织部门对1家子公司纪委书记进行提名考察。2015年,全集团共举办业务培训班7次,培训161人次,纪检监察队伍整体力量得到增强。

(刘　达　刘文杰　王　磊　乔英杰　刘　静)

【工会工作】 继续深化建家建线工作,所属各单位职工之家均已完成实体化建设,下拨基层建家补助资金140余万元。深入开展送温暖工程,落实三不让帮扶,慰问困难职工560余人次、模范先进人物80余人次、金秋助学90余名、单亲女职工120余人,累计发放慰问金200余万元。于6月23日和7月17日在哈佳铁路项目部和铜玉铁路项目部举办"建功杯""决胜杯"劳动竞赛及青年突击队竞赛誓师动员大会。一公司项目经理冯伟凯、哈建公司项目总工谢芳君获"北京市劳动模范"称号;集团公司连续5年获评"全国安康杯竞赛优胜单位",五公司、电气化公司获"北京市安康杯竞赛优胜单位",赣龙铁路指挥部获"全国安康杯竞赛优胜班组"。此外,茅台项目部工汪新立、松陶项目经理汪益斌等5人获火车头奖章,哈齐客专江桥分部获火车头奖杯。天瑞机械设备有限公司工会主席鲁德霞获北京市优秀工会工作者称号。制定下发《关于落实〈中华全国总工会办公厅关于加强基层工会经费收支管理的通知〉的实施意见》《集团公司兼职人员津贴补办法》,做到工会财务工作有序推进、稳步开展。积极组织开展"十佳贤内助"巡回演讲以及乒乓球羽毛球大赛等文体活动。

(刘　达　刘文杰　王　磊　乔英杰　刘　静)

【共青团工作】 组建"爱心志愿者团队"参加社会公益活动、文明创建活动、敬老助残等活动12次,125人次参与,受到北京团市委、石景山区团工委和石景山社会福利院的一致肯定,取得良好的社会效应。团委携手工会在哈佳铁路、铜玉铁路、茅台项目和哈齐项目举行"建功杯""决胜杯"劳动竞赛暨青年突击队竞赛活动启动仪式;分别在墩格电气化改造项目和兰州云公馆房地产项目部开展劳动竞赛暨青年突击队竞赛活动。2015年春节前夕对各公司青年团员进行一次普遍的摸底排查工作,并对13名困难团员进行慰问。各工程公司也根据困难程度不同,对生活相对困难的团员青年进行慰问。活动发放慰问金1万元。新白广轨道项目经理汪新立获中国铁建"十大杰出青年"称号。

（刘 达 刘文杰 王 磊 乔英杰 刘 静）

【第一工程有限公司】 市政公用工程施工总承包一级资质；隧道、桥梁、工程专业承包施工一级资质；房屋建筑、矿山、铁路施工总承包一级资质企业。公司驻北京市石景山区鲁谷路86号，下辖26个工程项目部，一个设备经租项目经理部。执行董事兼党委书记刘继鹏，总经理汤贵海。职工952人，其中，干部868人、工人84人。专业技术干部763人，占干部总数的87.9%；技术工人84人，占工人总数的100%。一级注册建造师43人，高级职称63人。资产总额145222万元；固定资产原值40523万元、净值18836万元；流动资产126188万元。公司拥有机械运输设备797台（套），设备原值28428万元、净值15074万元，总功率50324.9千瓦，动力装备率51.35千瓦/人，技术装备率15.38万元/人，设备完好率83.03%，利用率70%，机械化施工程度81%。

2015年，新签合同额437682万元，完成企业总产值177666万元，实现利润1963万元，完成上缴款1124万元，人均创利2.06万元。全员劳动生产率168.23万元/人·年，产值利润率1.12%、应上缴款完成率100%，职工年收入10.15万元，国有资本保值增值率105%，净资产收益率11.68%，资产负债率89.12%。

（亓 哲）

【第二工程有限公司】 铁路铺轨架梁工程专业承包一级、土石方工程专业承包二级资质的企业。公司驻北京市石景山区（中关村石景山科技园区）实兴大街30号院6号楼。执行董事、总经理杜以军，党委书记吴延江。下辖机械分公司、整道分公司和15个项目部。职工1023人，其中，干部661人、工人362人；技术干部579人，占干部总数的87.60%；技术工人161人，占工人总数的44.48%。资产总额157188.32万元。其中，固定资产原值33474万元，净值13005.95万元，流动资产144164.51万元，其他资产17.86万元。机械运输设备549台（套），原值29613万元，净值9574万元，总功率55508.40千瓦，动力装备率54.63千瓦/人，技术装备率9.42万元/人，设备完好率95%，利用率85%，机械化施工程度86%。年施工生产能力30亿元以上。

2015年，新签合同额82249万元，完成企业总产值337910.85万元，实现利润2781.15万元、净利润2211.10万元。全员劳动生产率79万元/人·年、职工年人均收入8.5万元。国有资本保值增值率109.11%，净资产收益率20.00%，产值利润率0.83%，应上缴款完成率100%。承建宁车沽永定新河特大桥获国家优质工程奖，获国家发明专利2项、实用新型专利3项。

（李 冰）

【第三工程有限公司】 拥有市政公用工程、房屋建筑施工总承包一级；公路工程、铁路工程、水利水电工程施工总承包二级；桥梁工程、隧道工程、地基与基础工程、机电设备安装工程专业承包一级、建筑装饰装修工程设计与施工二级和房地产开发资质。公司驻福建省厦门市观音山国际商务运营中心11号楼22层。执行董事兼党委书记孙桐林，总经理邹德松。下辖高速公路事业部，房地产事业部，房建事业部、市政事业部，海南、江西、四川、浙江经营办事处，福州区域指挥部、四川区域指挥部以及各直属项目部。职工1044人，其中，高级职称42人、中级职称146人、初级职称356人。资产总额21.66亿元，其中固定资产净值9178万元，机械设备921台（套），资产原值22694.59万元、净值6908.58万元；设备总功率36777千瓦；动力装备率35.95千瓦/人；技术装备率6.11万元/人；设备完好率95%，设备利用率90%，年施工能力200059.6万元。

2015年，经营承揽27项，新签合同额271000万元，完成企业总产值301000万元，实现利润总额6804万元，产值利润率2.42%，净资产收益率23.75%，应收款项周转率3.83次/年，人均创利6.8万元，全员劳动生产率298万元/人·年，职工年人均收入7.5万元，年净利润5285万元，资产负债率为90.69%，应上缴款完成率100%。2015年获股份公司"工程公司经济效益20强"、福建省龙头企业，获福建省"闽江杯"优质工程奖1项，获"铁建杯"优质工程奖1项，获国家实用新型奖励1项，通过国家专利1项。（汪爱凤）

【第四工程有限公司】 公路工程施工、房屋建筑工程施工、水利水电工程施工、市政公用工程施工等4个一级总承包资质，隧道工程、公路路基工程、铁路铺轨架梁工程、桥梁工程4个专业承包一级资质，铁路工程施工总承包、预应力工程专业承包二级资质企业。公司驻天津市武清开发区创业总部基地B16。执行董事、党委书记杨忠孝，总经理文路林。公司下辖第一、二、四、五、六指挥部、桥梁指挥部和16个项目经理部、生活服务中心、医院。职工3139人，其中，干部2085人、工人1054人。专业技术干部1669人，占干部总数的80%；资产总额31.03亿元，权益总额3.38亿元。固定资产原值6.78亿元、净值2.14亿元，流动资产27.91亿元，其他资产0.99亿元。2015年，实现营业收入27.94亿元，实现利润总额0.2457亿元，净利润0.1825亿元。职工年人均收入51363元，国有资本保值增值率105.37%、净资产收益率5.39%、资产负债率89.11%，应上缴款完成率100%。机械设备4064台，固资原值4.851601亿元，净值1.242371亿元，装备总功率66528.81千瓦，动力装备率21.19千瓦/人，技术装备率3.82万元/人，主要施工机械完好率72.53%，利用率86%，年施工生产能力50亿元。

2015年，新签合同额19.58亿元，局分配铁路任务19.77亿元；完成施工产值30.21亿元。2015年在建、新中标项目43项，其中15项工程相继完工。

（李　玲）

【第五工程有限公司】 市政工程总承包一级、公路工程总承包二级、房屋建筑工程总承包二级、隧道工程专业承包一级、公路路基工程专业承包三级、地基与基础工程专业承包三级、水利水电总承包三级资质企业。公司驻重庆市北碚区文长路2号。执行董事、党委书记刘福强，总经理王东君。下辖14个直属项目经理部，兼营北碚商场。职工778人。资产总额104315.83万元。其中，固定资产原值18506万元、净值6294万元；流动资产97702.19万元。机械运输设备373台（套），原值8598.30万元、净值3538.60万元，总功率32144千瓦，动力装备率41.31千瓦/人，技术装备率11.50万元/人，设备完好率89.81%、利用率84.72%。年施工生产能力23亿元。

2015年，新签合同额141400万元，完成施工总产值153186万元，实现利润总额1833.34万元，净利润1522.88万元。人均创利2.35万元，全员劳动生产率277万元/人·年。职工年人均收入8.2万元。国有资本保值增值率106.16%，资产负债率91.68%，净资产收益率18.06%，产值利润率1.11%，应上缴款完成率为100%。

（陈灵玲）

【哈尔滨铁路建设集团有限责任公司】 建筑工程施工总承包一级，铁路工程施工总承包一级，市政公用工程施工总承包一级，桥梁工程专业承包一级，钢结构工程专业承包一级，铁路铺轨架梁工程专业承包二级，建筑机电安装工程专业承包二级，公路工程施工总承包二级，预拌混凝土专业承包单位。执行董事周振兴、总经理熊钦武、党委书记刘滨。公司下设工程分公司13个单位。职工3583人，其中，全民职工2716人、集体职工867人；全民职工中干部1287人，行政1220人，政工67人；专业技术干部1258人，占干部总数的97.75%；工人1270人，技术工人1121人，占工人总数的88.27%。资产总额347767万元，固定资产原值32793万元，净值17720万元，流动资产326836万元；设备资产1885台（套），原值19342万元、净值8535万元，总功率77642千瓦，动力装备率28.36千瓦/人，技术装备率3.12万元/人，设备成新率44%，利用率89%。

2015年，承揽项目32项，新签合同额18.40亿元（含补充合同8项0.94亿元）。完成施工产值30.5亿元，实现净利润3147万元，占年度预算的104.59%。职工年人均收入47779元，国有资本保值增值率106.88%，净资产收益率6.71%，产值利润率0.61%，资产负债率93.63%。应上缴款完成率100%。

（齐　锐）

【电气化工程有限公司】 铁路电气化工程专业承包一级、铁路电务工程专业承包一级、建筑智能化工程专业承包一级、机电设备安装工程专业承包一级、送变电工程专业承包三级、通信工程施工总承包暂三级、《承装（修、试）电力设施许可证》二级承装类、四级承修类、三级承试类等专业工程资质等专业工程资质企业。公司驻北京市门头沟区永定镇龙兴南二路中国铁建梧桐汇S13号楼14～18层。执行董事兼党委书记杨金有，公司总经理程治平。下辖哈尔滨电务分公司、北京分公司、试验室、通信中心及34支直属项目部。职工663人，其中，干部448人、工人215人。专业技术人员398人，其中具有教授级高级职称2人、高级职称67人、中级职称120人、初级职称209人；工程技术人员共有343人。干部中研究生学历19人、大学本科学历301人、专科学历123人；工人215人、初级工12人、中级工13人、高级工97人。资产总额80669.73万元，其中固定资产原值11831万元、净值8760.05万元，流动资产71442.73万元，其他资产466.95万元。机械运输设备225台（套），原值3869.16万元、净值1345.91万元，总功率9698.5千瓦，人均动力装备力14.69千瓦/人，技术装备率20.39万元/人，设备完好率91.11%，利用率84.32%，成新率34.79%。

2015年，新签合同额18项，合同总额96222万元，工程合格率100%，优良率达到行业标准。完成企业总产值100256.77万元，其中施工产值99034.27万元、实现利润1200.28万元，人均创利2.47万元、全员劳动生产率24.57万元/人·年，国有资本保值增值率116.04%、净资产收益率16.19%、产值利润率1.64%、投资回报率1.66%、资产负债率90.64%、应上缴款完成率100%。2015年在建工程34项，其中路内工程26项，路外工程8项，合同总额为357471.71万元。

（韩　宇）

【北京中铁天瑞机械设备有限公司】 主要经营范围包括销售机械设备、建筑材料；建设工程项目管理；经济贸易咨询；企业管理咨询；基础软件服务、应用软件服务、技术咨询、技术开发、技术服务、技术转让;维修机械设备;租赁建筑工程机械;货物进出口、技术进出口、代理进出口;仓储服务。公司驻在北京复兴路40号92号楼,执行董事、党委书记(2015年10—12月)吴烨;总经理柯治国(2015年10—12月)。职工123人,其中,干部114人、工人9人、大专以上学历113人;高级职称16人、中级职称15人、初级职称63人;高级技师4人、技师1人、高级工人1人。资产总额236577万元,其中固定资产原值6105万元,净值5533万元。实现营业收入总额22559万元,实现净利润730万元,产值净利率3.24%,毛利率23.32%。(张 艳)

【房地产开发有限公司】 2011年2月成立。具有房地产开发二级资质,3A级信用企业。主要经营范围:房地产开发、物业管理、专业承包、技术服务、销售机械设备、建筑材料。公司驻北京市石景山区实兴大街30号院6号楼11层。执行董事、总经理熊乾,党委书记赵成堂。职工267人,研究生以上学历26人,占员工总数的10%;本科学历151人,占员工总数的57%;高级职称29人、中级职称36人、初级职称93人。资产总额186784万元,其中固定资产1936万元,流动资产184838万元。

2015年,完成投资33343万元,实现营业收入24382万元,实现净利润1519万元。人均创利16.04万元,全员劳动生产率43.60万元/人·年,职工年人均收入10.74万元。国有资本保值增值率4.9%,净资产收益率4.81%,投资回报率6.84%,资产负债率52.29%,上缴款完成率131.29%。(赵 璨)

【铁路运营指挥部】 1998年10月组建,2004年划归集团公司管理。指挥长杨继彤。职工4人。办公地点分别设在北京总公司机关和神朔铁路神木北车站。2015年运送重车12060列、货运量6066万吨,货物周转量822288万吨千米。机车平均运用率79.3%、全周时14.7小时。完成集团公司生产责任书安全质量指标、上缴55万元。(杨继彤)

【重要记载】

▲1月26日 京石铁路客运专线轨道工程获2014年度铁路优质工程奖。

▲2月2—4日, 集团公司党委二届六次全委(扩大)会议、三届一次职工代表大会暨2015年工作会议、党风建设与反腐倡廉工作会议于北京胜利召开。

▲3月 二公司被首都精神文明建设委员会评选为2012—2014年度"首都文明单位"。

▲4月29日 在北京市"五一"国际劳动节暨表彰劳动模范和先进工作者大会上,一公司五里坨供水厂工程项目经理冯伟凯、哈建公司宁西铁路项目部总工程师谢芳君2人获"北京市劳动模范"称号。

▲6月23日 集团公司"建功杯"劳动竞赛及青年突击队竞赛誓师动员大会在哈佳铁路施工现场举行。

▲7月28日 股份公司总工程师韩风险带领股份公司科技部及各集团公司副总经理、总工程师一行30余人赴由集团公司承建的茅台项目,就现场工程建设进行调研。

▲8月13日 集团公司在2015年上半年铁路建设项目施工企业信用评价中得分301.690,总排名第8名(参评企业51家),第二次进入A类企业。

▲9月20—21日 由集团公司工会主办、哈建公司承办的以"乒出干劲,羽你同行"为主题的"长白杯"乒乓球、羽毛球比赛在长白项目部胜利召开,

▲9月22日 股份公司纪委书记李春德一行莅临集团公司茅台扩建项目,就项目生产经营和党风廉政建设进行调研。

▲10月14日 股份公司总会计师王秀明,工会主席史道泉等,深入哈建公司就局、处两级工会、共青团工作开展情况进行调研,并看望慰问2名先进人物代表及6名困难职工。

▲10月16日 住建部城市建设司司长张小宏、建设司市政处副处长严盛虎、建设司水务处副处长牛璋彬等一行5人在厦门市副市长黄文辉、市政府副秘书长张权等领导陪同下赴三公司承建的翔安新城双浦路项目施工现场,对在建城市地下管廊建设情况进行调研。

▲11月2日 贵州省委书记陈敏尔带领贵州省委、省政府有关领导赴集团公司承建的贵州茅台酒"十二五"扩建工程施工现场进行调研。

▲11月4日 国有重点大型企业监事会主席李克明、监事会第八办事处主任陶永山一行,在中国铁建董事长孟凤朝、总会计师王秀明等陪同下,赴一公司承建的北京地铁6号线西延5标项目部检查调研。

▲11月18日 集团公司承建的津秦客专线宁车沽永定新河特大桥获2014—2015年度"国家优质工程奖"。

▲12月7日 中铁海峡建设集团有限公司成立大会在厦门隆重举行。中铁海峡建设集团由股份公司与中铁二十二局共同共资10亿元在厦门设立。厦门市副市长黄文辉、中国铁建总裁庄尚标共同为中铁海峡建设集团揭牌。厦门市政府与中国铁建战略合同洽谈会同日召开。

▲12月21日 在北京市国资委党委的2015年"国企楷模·北京榜样"颁奖晚会上,四公司副总经理郄红梅获评2015年"国企楷模·北京榜样"优秀人物。

▲12月23日　集团公司房建特级申报材料经住房和城乡建设部审核通过，并取得资质证书。

（贾建国）

中铁二十三局集团有限公司

【简况】　具有铁路工程施工总承包特级，公路、市政公用、水利水电、房屋建筑、机电安装、矿山工程施工总承包一级，援外工程A级，桥梁、隧道、公路路面、公路路基、钢结构、爆破与拆除、城市轨道交通工程专业承包一级，混凝土预制构件、铁路电务工程承包二级，具有建筑行业（建筑工程）甲级，城乡规划编制、工程勘察乙级，劳务类、市政设计丙级资质，同时具有对外经营权。2004年3月由原中铁路桥集团有限公司、齐齐哈尔铁路建设集团有限公司、中铁十四局集团第一工程有限公司、中铁十五局集团第三工程有限公司整合重组而成。集团公司驻四川省成都市二环路西二段10-1号。资产总额176.04亿元，其中固定资产原值32.75亿元、净值10.66亿元，流动资产159.34亿元，非流动资产16.69亿元。拥有机械运输设备12220台套，设备原值174002万元、净值58469万元，总功率280047千瓦，动力装备率23.94千瓦/人，技术装备率5万元/人，大型设备完好率93.9%、利用率40.28%。年施工能力200亿元以上。

2015年，新签合同额207.07亿元（不含二次经营30.8亿元），完成股份公司年度计划目标200亿元的103.5%；完成企业总产值170.03亿元。其中完成土石方6093万立方米，隧道34901延长米，桥梁46493延长米，正线铺轨25千米，站线铺轨41千米，铺道岔161组，铁路梁预制133片，铁路架梁178孔，铁路轨枕预制121万根，公路32千米，公路梁预制4988片，公路架梁5320片。实现营业收入152.3亿元，完成股份公司年度计划目标162.2亿元的93.9%。资产负债率94.43%，比初期88.74%增加5.69个百分点。集团公司技术中心通过国家级技术中心评定，使科技创新、税收减免有了国家级平台；新增国家专利28项，其中发明专利17项，实用新型专利11项；获国家级工法1项，省部级工法8项，省部级科技奖8项；获省市区专利等科技资助计85万多元，获股份公司立项课题资助50万元。集团公司连续7年获“全国‘安康杯’优胜单位”称号，三公司、六公司获“全国‘安康杯’竞赛优胜单位”称号；集团公司工会、苏州公司分工会被评为“全国模范职工小家”；集团公司、二公司获全国工程建设质量管理小组活动优秀企业和“科技创新先进企业”；2人获“四川省劳动模范”称号，1人获“全国五一巾帼标兵”称号。

（孙　帆）

【领导人员】

董事会

董事长	徐明新
副董事长	陈　涛
董事	徐明新
	陈　涛
	肖红武（11月任）
	田宝华
	孙秀安
职工代表董事	张庆军

监事会

监事会主席	李洪安
监事	夏福兵
职工监事	马　磊

经理层

总经理	徐明新（10月免）
	肖红武（10月任）
副总经理	田宝华
	袁全祥
	孙秀安
	杨　鑫
	师文有
	刘衍堂（10月免）
	王　武
	王明波
	喻丕金（10月任）
总工程师	田宝华（兼）
总会计师	孙秀安（兼）

党群领导

党委书记	陈　涛
党委副书记	徐明新
	肖红武（10月任）
	李洪安
纪委书记	李洪安（兼）
工会主席	张庆军（兼）

（古　艳）

【区域经营指挥部】　华南区域指挥部　驻广东省广州市番禺区桥兴大道737号。指挥长师文有。

华东区域指挥部　驻上海市普陀区中山北路2438号中瑞商务大厦5A座。指挥长金鑫。

东南区域指挥部　驻江西省南昌市红谷滩新区江报路69号唐宁街写字楼B座。指挥长袁全祥。

西南区域指挥部　驻四川省成都市金牛区茶店子路1号顶峰水岸汇景2栋2单元。指挥长刘衍堂(11月免),喻丕金(11月任)。

中原区域指挥部　驻河南省郑州市农业南路与福禄东路东瑞园社区10号。指挥长李志鼎。

西北区域指挥部　驻陕西省西安市新城区金花北路301号。指挥长杨鑫。

新疆区域指挥部　驻新疆维吾尔自治区乌鲁木齐市新市区长沙路1006号。常务副指挥长范庆乐。

北京区域指挥部　驻北京市丰台区大瓦窑北路假日风景小区2号。指挥长王明波。

华北区域指挥部　驻北京市石景山区八大处西山枫林四期6号。指挥长刘地阔。

东北区域指挥部　驻辽宁省沈阳市浑南新区朗月街6号。指挥长王武。

海南区域指挥部　驻海南省海口市龙华区南海大道28号。指挥长李长捷。

贵广铁路工程指挥部　驻广西壮族自治区桂林市阳朔县田园路1号。常务副指挥长袁勇。

厦深铁路工程指挥部　驻广东省惠东县太阳坳工业园A栋14号。指挥长文中秋。

南广铁路项目经理部　驻广东省德兴县龙母大街县委党校。项目常务副经理潘小文。

沪昆铁路客运专线指挥部　驻贵州省贵阳市乌当区新添大道南方汇通公司生活园区。指挥长赵永明。

哈齐铁路客运专线指挥部　驻黑龙江省齐齐哈尔站前大街180号。指挥长周才华。

兰渝铁路工程指挥部　驻重庆市北培新区培南大道88号军都酒店。指挥长王忠勋。

哈佳铁路工程指挥部部　驻黑龙江省佳木斯市向阳区杏林路372号。指挥长任平。

深茂铁路J米ZQ－7标工程指挥部　驻广东省阳江市阳西县永光路中铁二十三局集团深茂铁路指挥部。指挥长孙国臣。

格鲁吉亚现代化铁路项目经理部　项目经理陈文萍。

(王秀芬　古　艳)

【职工队伍】　职工11870人。其中,干部7114人、工人4756人;硕士研究生及以上学历58人、大学本科及以上人员2267人、大学专科及以下人员4789人;全局职工平均年龄为37.3岁。技术工人4047人,获国家职业资格证书2181人,占技术工人的53.9%;其中,高级技师105人、技师275人、高级工1071人。

(郭书军)

【铁路工程施工】　新建沪昆铁路客运线贵州段站前工程CKGZTJ－6标段　位于贵州省贵定县,标段长56.55千米,合同投资445700万元,合同工期2010年10月—2013年11月。主要工程量:隧道23座34275延长米,桥梁33座16728延长米,路基5.546千米,涵洞17座421.72横延米,制架梁424孔,无砟轨道114.016单线千米。2015年5月28日,主体工程、附属工程全部完工。2015年,完成投资10328万元,开工累计完成投资44570万元,占总投资的100%。沪昆客专于2015年6月18日开通运营。

哈齐客专HQTJ5标段　位于黑龙江省齐齐哈尔市,标段长26.5千米。合同投资218888万元,合同工期2009年10月—2014年9月。主要工程量:特大桥2座19673延长米,CFG桩754064.05延长米,站场土石方69.76万立方米,路基土石方223.79万立方米,框架涵20座,公路桥2座,轨道板4.5万块,轨道板铺设136千米(单线)。2015年,完成投资12886万元,开工累计完成投资213744万元,占总投资的97.65%,主体工程、附属工程全部完工。哈齐客专全线于2015年8月17日正式开通运营。

新建铁路大瑞线大理至保山段站前2标段　位于云南省大理州,标段长32千米。合同投资95366万元,合同工期2008年6月—2013年5月。主要工程量:路基土石方303万立方米,桥梁12座2890延长米,涵洞6座103横延米,隧道6座25232延长米。截至2015年底,开工累计完成投资55494万元,占总投资的58.19%。

改建铁路滨绥线牡丹江至绥芬河段扩能改造工程Ⅱ标段　位于黑龙江省大庆市,标段长44.55千米,合同投资216793万元,合同工期2010年5月—2013年10月。主要工程量:路基土石方257万立方米,桥梁15座6585延长米,架梁18孔,框构桥5座1395平方米,涵洞50座1342横延米,隧道6座9396成洞米,铺道碴12万立方米,铺轨13.6千米,铺道岔46组,房屋建筑面积25栋21398平方米。2015年完成投资55663万元,开工累计完成投资213134万元,占总投资的98.31%。该工程于2015年12月28日竣工通车。

成昆铁路米易至攀枝花段扩能改造工程站前工程米PZQ－3标　位于四川省攀枝花市,标段长30.25千米。合同投资159253万元,合同工期2013年12月—2019年6月。主要工程量路基土石方158.76万立方米,桥梁1346.95延长米,隧道27652延长米。2015年,完成投资49433万元,开工累计完成投资81070万元,占总投资的50.91%。

新建深圳至茂名铁路江门至茂名段站前工程J米ZQ－7标段　位于广东省茂名市电白区、阳江市阳西县,标段长 54.2 千米,合同投资 177151 万元,合同工期 2014 年 12 月 1 日—2017 年 11 月 30 日。主要工程量:区间路基土石方 644.323 万立方米,站场土石方 217.527 万立方米,双线桥梁 22 座 12835.925 延长米,框架中小桥 6 座 115.64 横延米;公跨铁桥梁 5 座 720 延长米;隧道 2 座 768 延长米;盖板箱涵 61 座 2397.14 横延米;框架涵 111 座 3079.22 横延米。2015 年,完成投资 101901 万元,开工累计完成投资 101901 万元,占总投资的 57.52%。

白阿铁路白城至镇西段扩能改造工程　位于黑龙江省白城市,线路长 50.51 千米,合同投资 107695 万元,合同工期 2014 年 8 月 1 日—2016 年 7 月 31 日。主要工程量:路基土石方 289.2 万立方米;桥梁 2 座 1971 延长米,框构桥 15 座 5867.9 顶平方米,涵洞 31 座 706.33 横延米;制架梁 279 孔/片;有砟道床 73.324 千米;正线铺轨 50.512 铺轨千米,站线铺轨 17.27 铺轨千米;道岔 66 组。2015 年,完成投资 44689 万元,开工累计完成投资 58143 万元,占总投资的 53.99%。

新建哈尔滨至佳木斯铁路平安屯至佳木斯段 HJZQ-8 标段站前工程　位于黑龙江省佳木斯市,线路长 11.84 千米,合同投资额 135409 万元,合同工期 2014 年 10 月 15 日—2018 年 12 月 30 日。主要工程量:土石方 358.55 万立方米,特大桥 1 座 7111.13 延长米,框构桥 6 座 5556.23 平方米,涵洞 25 座 1364 横延米,正线铺轨 357.711 千米,站线铺轨 89.248 千米,道碴 107.22 万立方米,道岔 325 组,旅客地道 2 座,行包通道 1 座,站台 7 座。2015 年,完成投资 59644 万元,开工累计完成投资 59644 万元,占总投资的 44.05%。

哈尔滨至满洲里铁路电气化改造工程 ZQTJ-II 标　位于黑龙江省,线路长 115.6 千米,合同投资 86747 万元,合同工期 2014 年 10 月 25 日—2017 年 4 月 24 日。主要工程量:路基土石方 133.66 万立方米;桥梁 3 座 4866.2 延长米,框架小桥 3 座 1176.67 顶平方米,公路桥 19 座 16477 平方米,公路涵 4 座 68.75 横延米,涵洞 18 座 228.77 横延米;站场 12 处;制梁 144 孔 T 梁,架梁 144 孔。正线铺轨 46.929 铺轨千米,站线铺轨 42.79 铺轨千米,铺道岔 234 组,道砟 37.88 万立方米;三电设备 114.422 正线千米;房屋建筑面积 1594 平方米。2015 年,完成投资 31139 万元,开工累计完成投资 31139 万元,占总投资的 35.90%。

（杨勇涛）

【铁路外工程施工】　广东潮州到惠州高速公路项目 TJ13 标　位于广东省汕尾市和陆丰市,线路长7.95千米。合同投资 17735 万元。合同工期 2013 年 8 月 16 日—2015 年 12 月 16 日。主要工程量:路基土石方 294.3 万立方米;路基 5.367 千米;桥梁 8 座1433.15延长米,涵洞 28 座 1145.8 横延米;制梁 141 片(箱梁),架梁 611 片(箱梁)等。截至 2015 年底,路基土石方、桥梁、涵洞、预制箱梁全部完成;箱梁架设 571 榀,占总量 93.5%。2015 年,完成 7459 万元,累计完成 17495 万元,占总投资 98.65%。

简(阳)蒲(江)高速公路 JPTJ-13 标　位于四川省成都市,线路长 7.511 千米,合同投资 45390 万元,合同工期 2014 年 11 月 1 日—2016 年 10 月 31 日。主要工程量:路基土石方 418 万立方米,桥梁 6 座 3245 延长米,隧道 1579 延长米。路基土石方开工累计完成 310.9 万立方米,占总量 418 万立方米的 74.4%;桥梁开工累计完成 1872 成桥米,占总量 3245 成桥米的 57.7%;涵洞开工累计完成 357 横延米,占总量 740 横延米的 48.2%;隧道开工累计完成 1394 成洞米,占总量 1579 成洞米的 88.3%;预制公路梁 364 榀,占总量 560 榀的 65%。2015 年,完成 28524 万元,开工累计完成 33004 万元,占总投资 72.71%。

云南平远至文山高速公路 2 标　位于云南省文山壮族苗族自治州,线路长 8.67 千米,合同投资 72267 万元,合同工期 2014 年 11 月 1 日—2016 年 10 月 31 日。主要工程量:路基土石方 231 万立方米,桥梁 2323.36 延长米,隧道 1395 成洞米,涵洞 664.25 横延米。土石方开工累计完成 203.88 万立方米,占总量 88.25%;隧道开工累计完成 1047 成洞米,占总量 75%;桥梁工程开工累计完成 2062.43 成桥米,占总量 88.77%。2015 年,完成 44869 万元,开工累计完成 50243 万元,占总投资的 69.52%。

成都地铁 10 号线土建 2 标　位于四川省成都市境内,线路长 1.34 千米,合同投资 26100 万元,合同工期 2014 年 11 月 1 日—2017 年 3 月 13 日。主要工程量:华兴车站右线长 235.6 米,左线长 306 米,为地下 2 层双柱三跨 14 米岛式站台车站,标准段宽度 23.1 米。簇锦站—华兴站盾构区间右线区间全长 1339.353 米;盾构区间左线区间全 1094.317 米。华兴站车站主体结构 31 块板于 2015 年 12 月 22 日全部施工完毕,顺利实现封顶。华兴站—簇锦站盾构区间,右线盾构机 2015 年 12 月 1 日始发,累计掘进 26 环;左线盾构机拼装调试。2015 年,完成 8217 万元,开工累计完成 11486 万元,占总投资的 44.01%。

（杨勇涛）

【经营管理】　累计承揽工程 87 项,承揽金额为 2070780.93 万元,占股份公司下达年度计划 200 亿元的 103.54%。其中,公路工程 1102345.29 万元;铁路工程 338114.34 万元;水电工程 137053.27 万元;房屋建筑工程 142993.48 万元；市政工程 82877.06 万元；城市轨道工程 117778.96 万元；其他工程 6197.53 万元；制品及销售 135768 万元；勘察设计类 7653 万元。

(1)工程项目管理。集团公司坚持深入推进“法人管项目”，全面落实集团公司“十个一律”要求，高度重视在建工程，项目总体有序可控，有效地化解项目过程风险，项目创效创誉水平明显提升。2015 年，完成施工产值 1700302 万元，为股份公司、集团公司年度计划 1700000 万元的 100%。2015 年，沪昆客专、哈齐客专、牡绥铁路、锡二铁路、长沙磁浮工程和大广高速公路等重难点项目按期开通运营；哈佳铁路圆满完成转场施工并顺利开通；深茂铁路 7 标圆满完成年度计划，保工期保开通节点目标实现，得到业主嘉奖；2015 年共收到业主贺电 10 份。

(2)财务成本管理。深入落实“创效是第一要务”，紧密结合生产经营实际。一是稳步推进清欠工作，签订责任合同、强化现场督导入手，对重点项目进行现场督导，做好资金调配与保障。二是以迎审自查整改活动为契机，做好迎审自查工作，对于自查或检查中发现的问题和风险点，及时组织相关部门进行研究，提出针对性整改措施，做到责任明确、整改及时，不断提升基础管理水平。三是严控非生产性成本开支，扎实做好成本管控工作。四是严格落实“法人管项目”，做实做细治亏减亏工作，明确集团公司、工程公司两级法人管理职责，加强责任成本管理，按照责任界定、指标考核与薪酬挂钩的原则强化项目经理责任，进一步发挥好工程公司在责任成本管理工作中的主体地位。五是应对税制改革，做好税收筹划，不断降低税负水平；强化会计队伍建设与财务信息化工作，加强“营改增”专题培训工作。实现综合收益 3.61 亿元，完成股份公司年度计划目标 2.66 亿元的 133.19%，实现二次经营 30.8 亿元。

(3)安全质量管理。按照集团公司监管服务、工程公司主体管理的项目管理体系，推动管理重心下沉，强化风险管控预案工作，积极推广安全生产督察制，切实强化安全质量管理。向莆铁路青云山隧道、九江长江公路大桥、青岛市重庆路快速路 3 项工程获“鲁班奖”；获国家优质工程奖 2 项、铁路优质工程奖 1 项、省级优质工程 2 项，国家级优秀 QC 成果 4 个、省部级优秀 QC 成果 4 个，集团公司和二公司被评为 2015 年全国工程建设质量管理小组活动优秀企业。产品质量稳中有升，产品生产控制严格，出厂合格率 100%；公路信用评价再上台阶，AA 级省份达到 4 个。在交通部获 A 级、在 4 个省份获 AA 级、在 6 个省份获 A 级。

(4)科技开发管理。坚持科技强企战略，以科技创新驱动市场，大力开展科技研发工作，深入推进科技创新。集团公司技术中心通过国家级技术中心评定，使科技创新、税收减免有国家级平台；新增国家专利 28 项，其中发明专利 17 项，实用新型专利 11 项；获国家级工法 1 项，省部级工法 8 项，省部级科技奖 8 项；获省市区专利等科技资助共计 85 万多元，获股份公司立项课题资助 50 万元，科技工作成果丰硕。

（王秀芬　古　艳）

【党群工作】　集团公司各级党组织紧紧围绕“创效是第一要务”的中心，直面困难，主动担当，以“两个责任”落实年为主线，以巩固党的群众路线教育实践活动成果为抓手，以“三严三实”教育为契机，不断加强基层党的建设，充分发挥政治工作优势，为企业持续发展提供有力保证。

(1)领导班子建设。深入贯彻落实“三重一大”集体决策制度、党委中心组学习制度、党员领导干部民主生活会和领导干部廉政建设制度，各级党组织认真进行教育学习、专题研讨和专项整改活动，对党员干部如何修身、律己、用权，如何谋事、做人、创业，进行深入研讨和对照检查。集团公司结合实际“边学边用、立行立改”，建立“三重一大”问题评估、上报、备案制度；通过“学、用”结合，真抓实干，切实解决工作中的一些“不严不实”问题，促进企业管理提升。

(2)严格落实“两个责任”，加强党组织建设。集团公司党委、纪委共同把“两个责任”扛在肩上，为企业营造良好的政治生态。纪委围绕“从业廉为荣”主题教育，组织采取的党规党纪教育、廉洁提醒短信、谈话提醒、领导干部述职述廉等措施，做到警钟长鸣；严格领导人员履职待遇、业务支出管理，清理整改超标办公用房、公务用车，清退超标报销飞机、高铁商务座票、高档烟酒票、旅游票，单位代交领导个人风险抵押金等行为，强化规矩意识；通过两级巡视，形成强大的震慑效应，彰显集团公司党委从严治党的决心，从严治企的氛围初步形成，风气逐步好转。

(3)夯实党建基础，党组织的凝聚力进一步提升。集团公司党委通过开展项目党建标准化建设和党组织“晋位升级”活动，使基层党建的基础建设，逐步趋于规范；组织全局党员围绕治亏创效，开展以“服务、担当”为主题的党员承诺活动和“我身边的创效先锋”征文活动，引导党员以身边的典型为榜样，立足岗位作贡献，建功立业当先锋，充分发挥党员的先锋模范作用；以“四个服务”为内容的“服务型党组织”创建活动，进一步加强机关和基层、组织和党员、党员和群众的联系，被四川省国资委党委命名为“基层服务型党组织示范点”；为切实提高政工队伍素质，集团公司党委开展党组织书记集中轮训活动，全局举办党组织书记培训班15个，培训政工干部375人。

（4）认真抓好宣传思想工作，企业软实力不断增强。宣传思想文化工作紧紧围绕“创效是第一要务”这一主题，组织开展“创效光荣，亏损可耻”大讨论活动，“学身边典型，比综合素质、比创效创新、比贡献大小”活动。有1项政研课题被国资委评为二等奖；围绕树立企业形象，加强建设“四型”企业的宣传，制作《搏浪奋进》《做精混凝土制品，打造差异化优势》等专题片，集中力量办好局处两级网站，新建集团公司官方微信、微博，并加入中国铁建的新媒体矩阵。在新闻报道方面，策划8次主题宣传活动，在社会媒体刊稿11891篇（幅），较好地发挥统一思想、引导行为、促进发展的作用。

（5）群团组织积极作为，劳动关系进一步改善。集团公司党委加强对工会、共青团组织的领导，工会、团委围绕中心抓服务，开展“五比四创夺五杯”“我为经营做贡献”、创建“工人先锋号”“导师带徒”等活动。开展劳动保护、劳模宣传、职工维权工作，其中《追梦磁悬浮》获得全国微影视大赛纪实片金奖，集团公司连续第7年被评为“全国‘安康杯’先进单位”，解决3个公司拖欠的工资1.11亿元，督促4个子公司缴纳拖欠的“五险二金”，督促局、处两级筹集送温暖资金174.56万元，救助帮扶困难职工1414户；筹集助学款19.49万元，救助131名困难职工子女；指导二公司困难职工开办服装加工厂，帮助100多户困难职工家庭，被全国铁路总工会授予“工会特色工作品牌”。

（王秀芬　古　艳）

【第一工程有限公司】　具有公路、市政工程施工总承包一级，铁路、水利水电、房屋建筑施工总承包二级，和桥梁、隧道、机场场道、公路路基及路面专业承包一级资质。执行董事、党委书记曹德岗，总经理惠希文。公司驻山东省日照市东港区黄海二路65号。2015年，公司共下辖32个项目经理部，2个机械化施工公司以及公路养护公司、混凝土设备管理公司、路面设备管理公司、铁鑫商品混凝土公司、物资租赁公司和物业中心等单位。员工2201人，其中，干部968人（其中技术干部892人）、工人1216人（其中技术工人645人）。2015年共接收本科毕业生85人。公司资产总额293900.57万元，其中固定资产净值11457.3万元，流动资产277146.39万元，其他资产5298.88万元。各类大中型机械、车辆、测试等固资设备2064台（套），净值8125.58万元；机械设备总功率58418.39千瓦，机械设备完好率70%、利用率75%；人均动力装备率26.54千瓦/人。

2015年，承揽任务23.3亿元，完成企业总产值231133.68万元，实现利润2423.59万元，净利润1812.83万元，人均创利1.101万元，职工年人均收入25398元。国有资本保值增值率108.73%，产值利润率1.05%，完成应上缴款2020万元。（一公司）

【第二工程有限公司】　具有铁路、房屋建筑工程施工总承包一级，市政公用工程施工总承包二级，桥梁、钢结构、铁路铺轨架梁工程专业承包一级，公路路基、铁路电务工程专业承包二级资质。公司驻黑龙江省齐齐哈尔市铁锋区站前大街270号。曹鹏程任执行董事并主持党委工作、倪修泉任总经理。下辖3个分公司、5个子公司、2个工程队。职工2866人，其中，干部1492人、工人1374人；技术干部1464人，占干部总数的98%；技术工人1206人，占工人总数的88%。资产总额253164万元，其中固定资产41662万元、净值15416万元。机械运输设备1153台（套），原值22342万元、净值7891万元，设备总功率46192千瓦，动力装备率16.15千瓦/人，技术装备率2.76万元/人，设备成新率35.32%，完好率97%，利用率63%，机械化施工程度75%。年施工能力30亿元以上。

2015年，承揽工程17.31亿元。（二公司）

【第三工程有限公司】　拥有市政公用工程施工总承包一级、水利水电工程施工总承包一级、建筑工程施工总承包一级、桥梁工程专业承包一级、隧道工程专业承包一级、铁路工程施工总承包二级、公路工程总承包二级、公路工程路面专业承包一级、公路工程路基专业承包二级、房地产开发三级资质。执行董事、党委书记李治强，总经理梅人俊。公司驻四川省成都市温江区天府街中段336号。注册资金20021万元，年施工生产能力逾40亿元；机关设20个职能部室，下辖34个项目部及机械化公司、租赁站、混凝土公司、成都分公司、天津分公司、基地管理委员会等单位；拥有员工2367人。资产总额41.89亿元，其中，固定资产原值4.69亿元、净值1.42亿元，流动资产39.79亿元，其他资产0.68亿元；公司各种大型机械设备703台套，总功率36459.85千瓦，原值15362.38万元、净值3700.87万元。人均动力装备率15.40千瓦，设备完好率67%，利用率74.3%，机械化程度达到76.7%。

2015年，新签合同额40.76亿元，完成企业总产值31.54亿元。全员劳动生产率138.15万元/人·年，职工年人均收入26583元；国有资本保值增值率38.44%，资产负债率97.25%，应上缴款完成率100%。（三公司）

【第四工程有限公司】　拥有房屋建筑、水利水电、市政公用3项施工总承包一级资质，桥梁、隧道、钢结构、建筑装饰装修、地基与基础工程5项专业承包一级资质，以及公路工程、公路路基2项二级资质。执行董事、党委书记周宏，总经理张教才。公司驻四川省成都市青羊区工业园区G区8栋A/B座。注册资本2.7亿元，资产总额28亿元；职工1602人，其中，中高级职称359人、一级注册建造师31名、注册安全及造价工程师22人。机械运输设备3390台（套），设备原值3.71亿元、净值1.29亿元，新增固定资产设备102台（套），新增固定资产原值286.05万元，设备总功率78472.67千瓦，技术装备率8.06万元/人，动力装备率48.83千瓦/人。企业年施工能力近30亿元。

2015年，中标项目19项，新签合同额38.216亿元。完成企业总产值280065万元，其中建筑业总产值251749万元。（四公司）

【轨道交通工程公司】 具有市政公用工程施工、房屋建筑工程施工总承包一级；建筑装修装饰工程、钢结构工程、环保工程、桥梁工程专业承包一级；混凝土预制构件施工承包二级；公路工程施工总承包二级等施工资质。公司驻上海市浦东新区惠南镇城南路335号。执行董事、总经理喻丕金（10月免），党委书记高炳荣。注册资金1.2亿元。职工587人。管理人员和专业技术人员369人、工人218人。具有各类专业技术人员336人，占干部总数的92%；专业技术干部中工程技术人员249人、经营人员27人、会计人员33人、其他专业及政工人员37人。高级职称人员29人、中级职称117人、初级职称165人。技术工人163人，固定资产原值45578.40万元、净值23925.59万元；流动资产133298.28万元；其他资产28257.34万元。机械运输设备378台（套），净值14841万元，成新率51.22%，总功率22384.69千瓦，动力装备率38.33千瓦/人、技术装备率25.41万元/人，完好率91%，利用率90%，施工机械化程度94%。

2015年，新签合同额201318.3万元，公司在建项目17个，完成企业总产值160757万元，实现利润12076.89万元，人均创利20.57万元，职工年人均收入6.3万元。国有资本保值增长率30.07%，投资回报率24%，资产负债率73.44%，应上缴款完成率188%。

（五公司）

【第六工程有限公司】 拥有市政公用工程施工总承包一级，房屋建筑工程施工总承包一级，桥梁工程专业承包一级，隧道工程专业承包一级，建筑装修装饰工程专业承包一级，公路工程施工总承包二级，环境污染治理甲级，公路养护工程施工二类甲级，试验检测资质。执行董事、总经理王义春，党委书记郭正伟，公司驻重庆市渝中区嘉滨路118号。公司资产总额149132万元，固定资产原值20696万元、净值9810万元；流动资产137675万元；非流动性资产11457万元。职工903人，其中干部742人（专业技术干部660人，占干部总数的88.9%），工人162人（中技学历以上的126人，占工人总数77.8%）。公司领导班子成员14人。机械设备总量722台，原值15406.96万元、净值4667.17万元；机械运输设备总量88台（套），原值2692.35万元，总功率3952千瓦，动力设备率3.6千瓦/人，设备完好率90%，利用率85%。年施工生产能力20亿元以上。

2015年，新签合同额189123.994万元。完成企业总产值205130万元，实现收益8363万元，消化以前年度潜亏8231万元，净利润132万元。职工年人均收入6.12万元。（六公司）

【电务工程有限公司】 拥有机电安装工程施工总承包一级资质；铁路电务工程、铁路电气化工程专业承包一级资质；房屋建筑工程施工总承包二级资质；消防设施工程、电子与智能化工程专业承包一级资质；输变电工程专业承包三级资质，以及压力管道（GC3级别）、压力容器（1级）特种设备安装改造维修许可；承装（试修）电力设施许可证（四级承装类）。执行董事、总经理杨佩宏，党委书记池洪旗，公司驻天津南开区密云一支路燕宇小区45号楼。职工在岗402人，非在岗92人；干部241人、工人253人；离退休（职）人数351人。资产总额3693.19万元。固定资产原值3398.30万元、净值981.41万元，流动资产35183.55万元；其他资产769.23万元。机械运输设备总台数224台，设备原值1735.74万元、净值169.40万元，设备总功率5340千瓦，动力装备率10.85千瓦/人，技术装备率0.34万元/人，设备完好率78%，设备利用率81%。

2015年，新签合同额6亿元，完成产值3.52亿元，实现企业总净利润1607万元，公司员工工资总额2945万元，职工年人均收入59620元。（电务公司）

【中铁建生态环境设计研究有限公司】 具有建筑设计、地质灾害勘察、地质灾害处理设计、地质灾害施工等四个甲级资质，城乡规划、风景园林、环境工程和市政公用设计四个乙级资质以及环境污染处理设施运营资质。执行董事、总经理张明革。驻地北京市大兴工业区金苑路20号。职工118人，资产总额39044.38万元。

2015年，完成产值18802.32万元，实现利润99.34万元，全员劳动生产率6.8万元/人·年，职工年均收入8.87万元，净资产收益率0.88%，产值利润率0.77%，资产负债率71.36%，应上缴款完成率100%。

10月获北京高新技术企业认证。（生态公司）

【建筑设计研究院有限公司】 拥有建筑行业（建筑工程）甲级；工程勘察专业类岩土工程，劳务类；地质测量；城乡规划服务；市政工程设计服务；园林景观工程设计服务；工程技术咨询服务资质。院长兼党委书记魏运鸿，驻四川省达州市通川区张家湾路2号。职工167人，其中技术干部157人，占总数的94%，工人10人，占总数的6%。

2015年，公司实现净利润328万元，完成营业收入5784万元，新签合同额7653万元。上缴货币资金220万元。（设计院）

【重要记载】

▲1月 集团公司申报的《集团施工企业基于管控效能提升的工程项目综合管理（P米）平台建设》获2014年度四川省企业管理现代化创新成果一等奖。

▲2月8—10日 集团公司召开集团公司工会第三次代表大会、三届一次职代会暨2015年工作会、一届十一次党委全委（扩大）会暨党风建设和反腐倡廉工作会。

▲4月8日 集团公司被广西壮族自治区交通运输厅评为2014年度自治区公路施工企业“AA”级最高等级企业，为进一步开拓广西市场奠定坚实的基础。

▲4月27日 四川省第七届劳动模范和先进工作者表彰大会在成都金牛宾馆举行。集团公司董事长、总经理徐明新，轨道交通公司长沙磁悬浮项目部项目经理黄静获四川省第七届劳动模范。

▲5月12日 集团公司被广东省交通运输厅评为2014年度广东省公路工程施工企业“AA”级信用等级，这是集团公司连续2年在广东省公路市场信用评价中获评AA级企业。

▲7月10日 格鲁吉亚总理加里巴什维利出席集团三公司担负施工的格鲁吉亚现代化铁路项目“咽喉”工程——T10隧道贯通仪式。

▲9月11日 集团公司董事长、总经理徐明新拜会宁夏回族自治区党委常委、银川市委书记徐广国，双方就如何加强合作实现企业和地方共赢发展进行深入交流和探讨，并在城市旅游轨道交通、基础设施建设、政企深度合作、有关PPP项目模式等方面构想达成意向。

▲9月26日 集团格鲁吉亚分公司荣膺“格鲁吉亚百强企业”第二名及首都“第比利斯百强企业”第一名，被格鲁吉亚国家企业排名组委会授予“2015经济领域领军企业”。

▲11月17日 集团公司承建的向莆铁路青云山隧道、九江长江公路大桥、青岛市重庆路工程获2014—2015年度中国建设工程鲁班奖（国家优质工程），创历史最好成绩。

▲11月27日 集团公司、集团三公司获“全国安康杯竞赛优胜单位”称号。

▲12月26日 集团轨道公司参建的国内首条低速磁浮工程——长沙磁浮快线开通试运行。

（王秀芬 古 艳）

中铁二十四局集团有限公司

【简况】 具有铁路工程施工总承包特级资质［含铁道行业甲（Ⅱ）级设计资质］；公路、房屋建筑、市政公用、机电安装工程施工总承包一级资质；电力、矿山工程施工总承包二级；水利水电、通信工程施工总承包三级；桥梁、隧道、公路路基、铁路铺轨架梁专业承包一级资质。同时，具有对外工程承包经营资格和对外援助成套项目A级实施资格。2004年3月16日，由原上海铁路局上海铁路建设（集团）有限公司、福建铁路建设（集团）有限公司和南昌铁路局南昌铁路工程集团有限责任公司三家企业经整合重组而成。下辖安徽工程有限公司、江苏工程有限公司、上海铁建工程有限公司、浙江工程有限公司、福建铁路建设有限公司、南昌铁路工程有限公司、新余工程有限公司，上海电务电化有限公司、贵溪桥梁厂有限公司、鹰潭设备安装工程有限公司、上海房地产开发有限公司、路桥分公司、轨道交通分公司；设立华东指挥部、华北指挥部、西北指挥部、西南指挥部、云桂湘指挥部、新疆指挥部、广东指挥部、苏皖指挥部、京津冀指挥部、东北指挥部、内蒙古指挥部、山东指挥部、甘肃指挥部、山西指挥部、陕西指挥部15个区域指挥部；设立海外、房建与房地产、新能源、轨道交通4个事业部；设立北京和厦门2个办事处。集团公司总部驻上海市会文路2号。职工10796人。资产总额1575692.6万元。其中，固定资产原值192410.1万元、净值70913.2万元；流动资产1389097.6万元。机械运输设备4898台（套），总功率14.67万千瓦，动力装备率13.59千瓦/人，技术装备率3.40万元/人。2015年更新设备259台（套），价值3247.52万元。

新签合同额3569000万元，完成企业总产值

1980464万元。其中,施工产值1941197万元,实现利润46104.5万元。全员劳动生产率183万元/人·年,职工年人均收入68796元,在岗职工人均收入70710元。完成主要实物工程量:土石方3155万立方米,隧道(洞)38273延长米,桥梁63470延长米,正线铺轨498千米,站线铺轨219千米,铁路架梁1047孔,公路架梁1743片,房屋建筑竣工面积37.8724万平方米,通信线路1391千米,供电线路182千米。工程质量合格率100%。集团公司获总公司科学技术奖3项、省部级优质工程奖4项、省部级科技进步奖一等奖1项、省级文明工地7项、省部级及以上优秀质量管理小组奖18项、省部级工法8项、发明专利7项、实用新型专利17项、中国施工企业管理协会科学技术奖3项;集团公司1项科技成果达到国际先进水平,6项达到国内领先水平。 (宋 洁)

【领导人员】

董事会

董事长	郭衍敬
副董事长	朱 赤
董事	郭衍敬
	朱 赤
	韩文忠
	郭富君
	叶建国

监事会

监事会主席	李 生
监事	李 生
	俞正云
	凌光华

经理层

总经理	郭衍敬
副总经理	韩文忠
	郭富君
	周光民
	许伟书
	王建民
	江如辉
	李金亭
	吴为爱(10月任)
	雷 涛(10月任)
	林志勇(10月任)
	王肖文(10月任)
总工程师	许伟书(兼)
总会计师	雷 涛(兼,10月任)

党群领导

党委书记	朱 赤
党委副书记	郭衍敬
	李 生
	叶建国(12月任)
纪委书记	李 生
工会主席	叶建国

(季益磊)

【工程项目】 合福铁路安徽段站前4标项目经理部 驻安徽省芜湖市南陵县经济开发区蓝领公寓7号楼101-1014室。常务副经理宋文胜。

京福铁路HFMG-Ⅳ标项目经理部 驻福建省武夷山市站前大道88号。项目经理江如辉。

上饶车站改扩建工程项目部 驻江西省上饶市信州区吉阳中路8号上饶丽城一栋2单元1501室。项目经理王谦。

白云至龙里北铁路工程指挥部 驻贵州省贵阳市龙洞堡小碧乡政府旁。常务副指挥长钟栋材。

渝黔引入贵阳枢纽指挥部 驻贵州省贵阳市南明区桃园路61号桃园盛世大酒店7楼。项目经理肖方锦。

金温扩能改造工程指挥部 驻浙江省永康市下园朱193号。指挥长赵喜科。

宁启复线电化工程项目部 驻江苏省泰州市姜堰市苏陈镇蓝天会馆。项目经理储著友。

成都天府新区正公路指挥部 驻四川省成都市双流县华阳街道伏龙路二段滨河花园B2-403室。指挥长王肖文。

宁西二线指挥部 驻安徽省六安市经济开发区经二路。指挥长许世旺。

皖赣铁路1标项目部 驻安徽省芜湖市芜湖县芜湖南路东升大酒店8321室。项目经理陆喜钢。

福平铁路2标项目部 驻福建省长乐市古槐镇雁塘工业区2号。项目经理温裕洪。

九景衢铁路浙江段站前Ⅰ标工程项目部 驻浙江省衢州市开化县华埠镇金三角大酒店。项目经理阚宏明。

贵州房建与市政工程总承包部 驻贵州省贵阳市花溪区花溪大道西站路口13号汇丰大酒店。经理张年胜。

九景衢铁路JQJXZQ-1标项目部 驻江西省湖口县三里大道26号。项目经理江政杰。

杭黄铁路站前Ⅲ标项目部 驻浙江省杭州市萧山区闻堰镇三江路100号。项目经理陈爱民。

蒙西华中32标项目部 驻江西省新余市仰天岗

西大道 800 号。项目经理王平。

连镇 8 标项目部　驻江苏省镇江市新区美林湾四和苑 23 幢。项目经理谢钦方。

商合杭铁路 17 标项目部　驻安徽省广德县清洁路 2 号。项目经理张百芹。（季益磊）

【职工队伍】 职工 10796 人。干部 5673 人，其中女干部 844 人、少数民族干部 76 人；干部中，专业技术干部 5543 人，占干部总数的 97.7%；高级职务 723 人、中级职务 1806 人、初级职务 3014 人。大学本科以上 3929 人、大专 1338 人、中专 268 人、高中及以下 138 人。35 岁以下 3679 人、36～45 岁 889 人、46 岁以上 1105 人。工程系列 4285 人、经济系列 424 人、会计系列 565 人、统计系列 6 人、教育系列 3 人、政工系列 255 人、其他系列 2 人。2015 年，接收高校毕业生 698 人，其中，研究生 16 人、大学本科 682 人。工人 5123 人，其中技术工人 3347 人，占工人总数的 65.33%。（严人杰）

【铁路工程施工】 宁启铁路复线电气化Ⅱ标工程　位于江苏省扬州、南通市。全长 95.35 千米，线上全长 129.3 千米。合同投资 384107 万元。合同工期 2009 年 3 月—2015 年 12 月。主要工程量：路基土石方 600 万立方米，桥梁 68 座 20957 延长米，正线铺新轨 195.84千米，站线铺旧轨 37.63 千米，预制梁 T 梁预制与架设 1304 孔。2015 年完成施工产值 22330 万元，为年计划 16704 万元的 133.9%，开工累计完成 356240 万元，占合同投资的 100.5%。

宁西铁路增建二线 1 标工程　位于安徽省六安市。全长 41.74 千米，2 条疏解线，含Ⅰ、Ⅱ标段铺架工程。合同投资 98389 万元，合同工期 2012 年 11 月 28 日—2015 年 12 月 31 日。主要实物工程量：特大桥 2 座 6903.76 延长米；大桥 7 座 1482.5 延长米；中桥 8 座 599.2 延长米；小桥 5 座 131 延长米；涵渠 245 座 3345.37 延长米。2015 年完成施工产值 20086 万元，为年计划 19573 万元的102.6%，开工累计完成 98389 万元，占合同投资的 100%。2015 年 12 月 8 日全线开通。

改建铁路重庆至贵阳扩能改造工程引入贵阳枢纽站前工程 1 标工程　位于贵州省贵阳市。标段长27.4 千米，合同投资 96753 万元。合同工期 2013 年 3 月—2016 年 12 月。主要实物工程量：路基土石方 96.2098 万立方米，路基 30.15 千米，隧道 10 座 11861 延长米，桥梁 19 座 5779 延长米，涵洞 31 座 655.13 横延米，倒虹吸管 4 座 48 米，站场 3 处，有砟道床 17.4 千米，正线铺轨 60.08 千米，站线铺轨 8.78 千米，道岔 49 组。2015 年完成施工产值 28755 万元，为年计划 34500 万元的 83.3%，开工累计完成 58392 万元，占合同投资的 60.4%。

新建福州至平潭铁路站前工程 FPZQ－2 标段工程　位于福州长乐市。线路长 33.94 千米。合同投资 253125.5 万元。合同工期 2013 年 11 月 1 日—2019 年 4 月 30 日。主要实物工程量：站前工程路基土石方 182.96 万立方米，路基 6.4 千米，隧道 6 座 16837 延长米，桥梁 18 座 10741 延长米，涵洞 15 座 365 延长米，站场 3 处，制梁 241 孔/片（T 梁），架梁 241 孔/片（T 梁），以及相关轨道、站后工程。2015 年完成施工产值 63934 万元，为年计划 58000 万元的 110.2%，开工累计完成 80317 万元，占合同投资的 31.7%。

皖赣铁路芜湖至宣城段扩能改造站前及相关工程 WGZQ－1 标工程　位于芜湖市至宣城市。全长 29.837千米。合同投资 187426 万元。合同工期 2013 年 12 月—2017 年 11 月。主要实物工程量：无砟道床 14.743 千米，特大桥 3 座 34.114 延长米，中桥 3 座 159.62 延长米，路基长 3.361 千米。2015 年完成施工产值 44808 万元，为年计划 60000 万元的 74.7%，开工累计完成 74899 万元，占合同投资的 39.9%。

新建九景衢铁路浙江段站前工程 JQZJZQ—1 标工程　位于衢州市。正线长 38.378 千米。合同投资 195888 万元，合同工期 2014 年 1 月—2017 年 6 月。主要实物工程量：桥梁 21 座 6080.48 延长米。其中，特大桥 4 座 2831 延长米；大桥 12 座 2924 延长米；中桥 5 座 325 延长米；涵洞 36 座 1441 延长米。隧道 23 座 26922 延长米。其中，杨林隧道 5540 延长米，为本标段的控制工程。车站 2 座，杨林站为越行站，开化站为县城中间站。2015 年完成施工产值 83250 万元，为年计划 80200 万元的 103.8%，开工累计完成 151337 万元，占合同投资的 77.3%。

新建九景衢铁路江西段站前工程 JQZJZQ—1 标工程　位于九江市。正线长 45.47 千米，合同投资 164060 万元，合同工期 2014 年 7 月—2017 年 6 月。主要实物工程量：新建涵洞 800.19 延长米，接长涵洞 691.72 延长米，复杂特大桥 1 座 1607.3 延长米，双线特大桥 2 座 2118.4 延长米，单线特大桥 2 座 2230.9 延长米，双线大桥 6 座 1849.69 延长米，单线大桥 6 座 796.76 延长米，中桥新建 109.26 延长米，中桥接长 203.05 延长米，新建框架小桥 66.76 延长米，制架梁 1596 孔，隧道 1 座 284 延长米，正线铺轨 155.85 千米，站线铺轨 13.7 千米。2015 年完成施工产值 72093 万元，为年计划 64968 万元的 110.9%，开工累计完成 116341 万元，占合同投资的 70.9%。

新建杭州至黄山铁路站前及相关工程 HHZQ－3 标工程　位于杭州市萧山区。正线长 30.647 千米。

合同投资203849万元,合同工期2014年10月—2017年4月。主要实物工程量:站前工程路基土石方6.14万立方米,路基0.567千米,隧道5座18109.74延长米,桥梁8座13166.49延长米,涵洞1座20延长米,制梁342孔/片(箱梁236孔、T梁106孔),架梁319孔/片(箱梁213孔、T梁106孔)等。轨道工程无砟道床50.007千米。2015年完成施工产值72690万元,为年计划79000万元的92.0%,开工累计完成77238万元,占合同投资的37.9%。

蒙华铁路煤运通道32标工程　位于江西省宜春市。正线长54.153千米。合同投资184862万元,合同工期2015年8月1日—2020年3月31日。主要实物工程量:区间路基土石方346万立方米,站场土石方394万立方米,桥梁26座10133延长米,铁路框架桥26座,涵洞126座。隧道14座15717延长米,铺设无碴道床9791立方米,铺设有碴道床20.35万立方米,新建车站4座(双林车站、观巢车站、新余西站、新余南站)。2015年完成施工产值9492万元,开工累计完成9492万元,占合同投资的5.1%。

新建连云港至镇江铁路站前LZZQ-8标段工程　位于江苏省镇江市。正线长33.989千米,镇江联络线长11.52千米,京沪改线长6.738千米。合同投资280110万元,合同工期2015年9月1日—2018年7月31日。主要实物工程量:特大桥13座,大桥1座,18联连续梁及2处道岔连续梁。其中(75+128+75)米连续梁、(76+136+76)米系杆拱连续梁、跨沪宁城际(48+80+48)米连续梁转体、跨解放路80米钢桁梁,总长34528.81米。钻孔桩8117根,承台1041个,墩台1041个,框架中桥12座,总长658.08米。小桥、涵洞49座,正线区间、站场、联络线、京沪改线路基总长20.033千米。新建大港站,横山线路所,改造丹徒站;预制(架设)箱梁930孔。2015年完成施工产值12633万元,开工累计完成12633万元,占合同投资的4.5%。

新建商丘至合肥至杭州站前工程SHZQ-17标段工程　位于安徽省宣城市。正线长44.588千米。合同投资246408万元。合同工期2015年11月18日—2020年10月30日。主要实物工程量:全线路基18.639千米,桥梁26.109延长米。其中,正线特大桥11座21.781延长米,大桥14座3584.35延长米,中桥7座623.45延长米,框架桥6座372.91延长米,框架涵61座527.34延长米,倒虹吸1座25.67延长米,全线设车站2座(广德南站、安吉站)。

成昆铁路成都至峨眉段扩能改造工程CEZX-2标工程　位于四川省成都市与乐山市所辖峨眉山市之间。线路全长45.61千米。合同投资109639.48万元。合同工期2014年3月18日—2016年12月10日。主要实物工程量:站前工程路基土石方395.95万立方米,路基10.845千米,桥梁19座4505.8延长米,涵洞142座,站场4处,制梁284孔/片。轨道工程有砟道床45.611千米,正线铺轨45.611千米,道岔164组等。站后工程铁路房建14594平方米,车站4座,接触网117.06条千米,牵引变电所3处,电力线路9千米,变配电所8处,通信线路59.488千米,自动闭塞73轨道区段,连锁道岔117组。2015年完成施工产值53024万元,为年计划40000万元的132.6%,开工累计完成94614万元,占合同投资的86.3%。

符夹铁路符岱段FJZQ-Ⅱ标工程　位于安徽省北部淮北平原。既有线线路全长84.7千米。合同投资73835万元,合同工期2015年5月—2016年4月。主要实物工程量:新建特大桥1座2795.63延长米,大桥2座445.7延长米,中桥15座558.6延长米,小桥涵60座,平交道口改立交18处,桥比8.6%。该段内分布有车站6个(岱河站、淮北站、濉溪站、青龙山站、宋町站、闸河站)。2015年,完成施工产值9344万元,开工累计完成9344万元,占合同投资的12.7%。

新建南昌至赣州铁路客运专线站前工程施工总价承包CGZQ-1标段工程　位于南昌市和丰城市。正线长11.79千米。合同投资166870万元。合同工期2015年11月16日—2019年12月31日。主要实物工程量:设计有南昌动车运用所及动走线工程,桥梁工程12座17492延长米,连续梁18联(其中:双线特大桥2座4881延长米,刚构双线大桥1座178延长米,单线特大桥8座11669延长米,单线大桥1座765605延长米),T梁预制架设444孔;框架桥3座326.92延长米(新建框架小桥2座187.72延长米,接长框架小桥1座139.2延长米),涵洞39座1663.09延长米(新建框架涵20座1203.5延长米,接长框架涵19座459.59延长米);路基16.932千米(土石方挖方540万立方米,填方444万立方米;高压旋喷桩20.49万立方米);有砟轨道铺设57.719千米,新铺道140组。2015年,完成施工产值1160万元,开工累计完成1160万元,占合同投资的0.7%。

新建连云港至盐城铁路站前工程LYZQ-Ⅱ标工程　位于江苏省连云港市。合同投资44795万元。合同工期2014年3月—2017年6月。主要工程实物量:桥涵工程复杂特大桥2座1990.17延长米,特大桥2座1860.565延长米,梁式大桥1座176.36延长米,梁式中桥2座215.64延长米,公铁立交1座459.34延长米,旅客地道1座2653.3延长米,行包地道1座3098延长米。2015年完成施工产值15642万元,为年计划13838万元的113.0%,开工累计完成24475万元,占合同投资的54.6%。

金温铁路扩能改造Ⅱ标段工程　位于浙江省金华、丽水市。线路全长40.142千米。合同投资234483万元。合同工期2010年9月—2015年12月。主要实物工程量:路基全长7.9千米,土方210233立方米、石方188330立方米、填改良土17228立方米、AB组填料154521立方米、级配碎石274523立方米;站场路基土方499200立方米、石方2405876立方米、AB组填料289643立方米、级配碎石57178立方米等。2015年,完成施工产值28632万元,为年计划30263万元的94.6%,开工累计完成238315万元,占合同投资的101.6%。2015年12月26日正式开通运营。

(瞿罗生)

【铁路外工程施工】　重庆轨交环线西湖路站洪湖东路站及区间隧道工程　位于重庆市北部新区。线路长2664.158米。合同投资57513万元。合同工期2014年1月—2016年12月。主要实物工程量:地下车站2座847.109米,地下(双洞单线)区间3座1817.049延长米。2015年,完成施工产值18800万元,为年计划35008万元的53.7%,开工累计完成30800万元,占合同投资的53.6%。

重庆市轨道交通环线二期工程土建4标工程　位于重庆市谢家湾车站。合同投资45436万元。合同工期2014年4月—2016年4月。主要实物工程量:车站2个(谢家湾站、奥体中心站)485平方米,桩基330根;区间2段(谢家湾站—奥体中心区间、奥体中心站—陈家坪站区间明挖段)1887平方米,桩基1304根。2015年完成施工产值31292万元,为年计划20000万元的156.5%,开工累计完成36209万元,占合同投资的79.7%。

贵阳轨道交通1号线5工作段工程　位于贵阳市中心城区。线路全长1.7千米。合同投资47777万元。合同工期2013年11月—2016年1月。主要实物工程量:车站工程(北京路车站、延安路车站),总建筑面积56014平方米;隧道工程(北京路站—延安路站区间、延安路站—中山路站区间)2个区间,北延区间左右线隧道线路长1269.8延长米,延中区间左右线隧道线路长1178.292延长米。2015年完成施工产值13054万元,为年计划12000万元的108.8%,开工累计完成17501万元,占合同投资的36.6%。

昆明绕城高速公路A5工区工程　位于昆明市宜良县。主线全长18千米。合同投资95337万元。合同工期2014年4月2日—2016年4月。主要实物工程量:路基土石方331.7万立方米,路基18千米,桥梁17座6928.24延长米,涵洞和通道50座2019.65延长米;制梁2006孔/片(箱梁、T梁),架梁2006孔/片(箱梁、T梁)等。2015年,完成施工产值34902万元,为年计划38000万元的91.8%,开工累计完成37853万元,占合同投资的39.7%。

成都经济区环线高速公路简阳至蒲江段路基土建JPTJ-7标段工程　位于仁寿县大化镇。主线全长6.51千米。合同投资49936万元。合同工期2014年10月20日—2016年9月30日。主要实物工程量:路基土石方110万立方米,路基2.3千米,隧道0.5座1143.5延长米,桥梁2座2410.36延长米,涵洞12座631.75延长米;制梁119/833片(40MT梁),架梁119/833片(40MT梁)等。2015年,完成施工产值35375万元,为年计划20000万元的176.9%,开工累计完成39681万元,占合同投资的79.5%。

厦门至沙县高速公路三明段路基土建A6合同段工程　位于福建省三明市。路线总长8.29347千米。合同投资49974万元。合同工期2014年12月16日—2016年12月16日。主要实物工程量:路基土石方225.5万立方米,隧道3座3005延长米,桥梁12座7187.735延长米,涵洞8座358.87延长米,制梁1090孔/片(T梁)等。2015年,完成施工产值21382万元,为年计划13500万元的158.4%,开工累计完成22088万元,占合同投资的44.2%。

广西资源至兴安高速公路ZXTJ-07标工程　位于广西壮族自治区柳州市柳州县、梧州市苍梧县。路线全长12.877千米。合同投资75299万元。合同工期2014年5月—2017年11月。主要实物工程量:路基土石方439万立方米,填方139万立方米,路基12.877千米,隧道1座845延长米,大中桥桥梁18座9444.2延长米,涵洞26座1354.88横延米;制梁1606孔/片(箱梁、T梁),架梁1606孔/片(箱梁、T梁)等。2015年,完成施工产值22414万元,为年计划24500万元的91.5%,开工累计完成32898万元,占合同投资的43.7%。

邳州市撤渡建桥工程—滩上京杭运河大桥PZTS-DQ-SG标段工程　位于邳州市邳城镇与赵墩镇之间邳苍分洪道上游侧。桥梁全长1752.2米。合同投资10762万元。合同工期2014年7月—2015年12月。主要实物工程量:桥梁1座1745延长米,站场4处,桩基169根,墩柱103根,系梁72个,承台8个,盖梁57个,肋板2个,预制箱梁196片,悬浇71块,现浇横梁接缝10联,桥面铺装11联,护栏11联,桥头搭板2个。2015年,完成施工产值3141万元,为年计划6211万元的50.6%,开工累计完成7691万元,占合同投资的71.5%。

鹰潭市余信贵大桥工程　西起余江片区规划经七路交叉口,跨越信江,东至信江新区规划的经一路。全长1251.39米。合同投资37900万元。合同工期2015年3月1日—2018年2月28日。2015年，完成施工产值12516万元，为年计划15000万元的83.4%，开工累计完成12516万元，占合同投资的33.0%。

合肥轨道交通1号线土建施工一、二期1标段工程　位于合肥市。合同投资31533万元。合同工期2012年8月—2015年5月。主要实物工程量：建车站1座及对应的道路、排水、路灯、绿化等工程。车站为岛式车站，地下3层双柱三跨结构，车站外包宽度23.1米~27.6米，车站外包总长147.3米，车站基坑深度24.9米~25.9米，有效站台中心处覆土约3.42米。车站包含4个出入口及人行通道、5个风亭。2015年，完成施工产值7743万元，为年计划7743万元的100%，开工累计完成31533万元，占合同投资的100%。

合肥轨道交通1号线土建9标工程　位于合肥市包河区。合同投资33040万元。合同工期2013年3月—2015年9月。主要实物工程量：3座车站、3个区间，车站为云谷路站、南宁路站、贵阳路站；区间为试验段终点—云谷路站区间、云谷路站—南宁路站区间、南宁路站—贵阳路站区间。2015年，完成施工产值8351万元，为年计划8351万元的100%，开工累计完成33040万元，占合同投资的100%。

新沂市北京路沭河景观大桥工程　位于江苏省徐州新沂市。合同投资20781万元。合同工期2012年12月—2015年8月。主要实物工程量：全桥4座。2015年，完成施工产值3382万元，为年计划3382万元的100%，开工累计完成20781万元，占合同投资的100%。（瞿罗生）

【海外工程施工】　尼日利亚钢结构加工厂工程　位于尼日利亚首都阿布贾伊都工业园区内。中铁二十四局集团设备安装公司承担钢结构加工任务。合同投资27981万元。合同工期2008—2016年。2015年，完成产值17590万元，为年计划7205万元的244.1%，开工累计完成67369万元。

尼日利亚哈尔科特航站楼工程　位于尼日利亚哈尔科特市境内。建筑面积25163平方米。合同投资66247万元。合同工期2014年3月—2016年2月。2015年，完成产值6174万元，为年计划25000万元的24.7%，开工累计完成产值36764万元，占合同额的55.5%。

阿尔及利亚塞提夫2000套租售房建项目工程　租售房77栋2424套，建筑面积267600平方米（平面图业主未审批）。合同投资48174万元。合同工期2014年10月—2016年12月。2015年，完成产值11210万元，为年计划18000万元的62.3%，开工累计完成产值14738万元，占合同额的30.6%。（瞿罗生）

【经营管理】　（1）工程承揽。2015年，承揽工程任务219项，新签合同总额3569000万元（新签合同额3254000万元、补签合同额315000万元）。其中，铁路43项1451000万元，占比44.6%；公路32项760000万元，占比23.4%；市政74项300000万元，占比9.2%；城市轨道4项45000万元，占比1.4%；房建20项607000万元，占比18.7%；工业制造14项66000万元，占比2.0%；其他32项24000万元，占比0.7%。新签合同额超过10000万元项目有48项。

（2）企业管理。印发《集团公司2015—2017年三年滚动规划》，制定《集团公司战略规划管理办法》，结合2015年奋斗目标，公布《关于调整集团公司“十二五”发展规划主要发展目标的通知》，启动《集团公司“十三五”发展战略与规划》。制定并细化各工程公司《专业化建设实施办法》。集团公司成立风险内控自我评价复核小组，优化风险内控体系建设。获住建部和各省住建厅核准资质9项，获股份公司企业管理现代化创新成果奖4项，获“2015年度全国优秀施工企业”“上海市五星级诚信创建企业”“上海市建筑业诚信企业”称号。

（3）安全质量。坚持以人为本、安全发展、和谐发展理念，以“安全第一，预防为主，综合治理”“百年大计、质量第一”方针为指导，以创建“质量安全型企业”为目标，全面落实安全生产责任制，加强技术保障和安全基础建设，深入开展安全质量培训、安全大检查、“安全生产月”“质量月”等活动，安全生产形势总体保持平稳，工程质量稳定可控。建立企业内部安全质量激励和约束机制，集团公司与所属单位签订安全质量包保责任书。质量、环境和职业健康安全管理体系通过监督审核。7项工程被评为省级文明工地、4项工程被评为股份公司安全质量标准工地；获省部级优质工程奖4项，中国铁建优质工程4项；获省部级及以上优秀质量管理小组奖18项，中国铁建优秀质量管理小组奖5项。

（4）财务管理。完成集团公司2015年度财务决算的编报工作，积极协调和配合北京立信大华会计师事务所（国内）和安永会计师事务所（国外）的审计工作，中审亚太会计师事务所对集团公司年度财务决算出具无保留的标准审计意见。成立清收清欠领导小组和办公室，制定印发《清收清欠管理及考核实施细则》，明确清收清欠职责、台账管理、清收清欠例会制度、分析通报制度，明确清收清欠考核实施细则，纳入绩效考核体系，实现闭环管理。为进一步贯彻落实中央八项规定精神,加强和规范差旅费管理,厉行节约反对浪费,降低企业管理成本,印发《中铁二十四局集团有限公司差旅费管理办法》,为集团公司规范财务信息披露奠定基础。强化债务风险管控,控制银行贷款规模,有效地降低资产负债率。加强资金管理,加大应收账款催收力度,收回应收帐款32.97亿元,同时在业主普遍存在资金拨付困难,工程项目进度又不能滞后的情况下,对项目发放内部借款26780万元,基本满足各项重点工程的施工生产。2015年集团公司获评股份“公司财务决算先进单位”。

(5)审计监督。以“查问题、控风险、促发展”为目标,重点开展亏损项目专项审计、任期经济责任审计工作。认真组织开展物资管理专项审计调查和物资集中采购专项审计调查工作。继续推进工程公司审计机构建设,稳步推行审计信息化系统,充分发挥内部审计在规范企业经营管理。继续改进和严格追究问责中的监督、预警、服务、鉴证作用。完成审计项目139项,出具审计报告139份。发现问题金额10581.83万元,纠正问题金额8826.83万元,提出审计建议545条。移交集团公司监察部门作进一步调查处理的违纪违规线索16起。

(魏　磊　邓珊珊　张　奇　王吉莉　沈　斌)

【科技教育】 科技开发。投入科研经费461万元,资助科研项目22项。积极与高校及科研院所开展科学研究与产品开发。编辑出版《工程科技》1期,收录论文43篇。集团公司获总公司科学技术奖3项、省部级科技进步奖一等奖1项、省部级工法8项;发明专利7项,实用新型专利17项,中国施工企业管理协会科学技术奖3项;集团公司1项科技成果达到国际先进水平,6项达到国内领先水平。

教育培训。7566人次参加各类培训,其中由集团公司直接组织举办培训班29期,培训人数2637人次;各基层单位自办培训班111期,培训人数5812人次;参加股份公司或社会培训机构培训596人次;其他管理人员参加各类培训(包括公司治理、战略规划、经营管理、工程技术、安全生产等)5416人次;施工员、预算员、质量检查员、安全员、材料员等11大员培训1444人次;特种作业人员培训276人次;农民工培训5344人次。

(王剑明　季益磊)

【党群工作】 党的工作。集团公司有党委22个,党总支12个,党支部(党工委)325个。党员5382名,其中在岗职工党员3793名,占在岗职工总数的35.13%。集团公司党委全面贯彻中央关于党要管党、从严治党的新要求,认真落实基层党建和党风廉政建设主体责任,用责任传导压力,用压力推动工作,有力促进企业发展。

(1)巩固党的群众路线教育实践活动成果,促进企业风气好转。一是兑现教育实践活动整改承诺,实施“整改清帐行动”。14项立行立改措施得到巩固;32个近期整改事项全部完成;14项长效制度均已建立;7个中长期整改事项完成6个,1个正在积极推进;4个专项整治项目完成3个,1个正在积极推进。二是认真组织专项治理自查自纠,取得良好效果。三是深入开展“三严三实”专题教育。40多个领导班子近300名领导干部通过专题教育提升党性修养和思想境界。四是严格规范领导人员履职待遇和业务支出。出台集团公司负责人、子分公司负责人、本部员工和直属机构员工履职待遇、业务支出管理办法,制定公务用车、差旅费、业务招待费和公务接待等管理办法,突出抓好领导人员制度执行情况的监督检查和逐一纠偏。五是抓好党委调研意见建议整改落实。

(2)加强干部人才队伍建设,增强干事创业能力。一是突出班子龙头作用。召开一届六次全委(扩大)会议,无记名推荐集团公司班子补员候选人,在股份公司的关心支持下,顺利完成班子补员。对8家公司领导班子进行调整,涉及班子正职岗位12个。组织党委中心组学习11次,参学率超过90%。制定实施《集团公司领导班子成员建立工作联系点暂行办法》,及时调整党员领导干部联系基层单位分工,推动班子成员把理论学习成果转化为帮助基层单位解决实际问题的能力。集团公司领导班子获2014年度中国铁建“四好”领导班子称号。二是强化干部队伍管理。首次在集团内部公开招聘工程公司总经理、民主推荐拟交流使用的工程公司纪委书记人选,在集团公司范围内交流任用纪委书记4名。首次组织235名正、副处职干部进行个人有关事项填报,并根据规定对52人进行抽查和重点核查。从严管理干部档案,完成集团公司直管干部人事档案的初审工作。三是强化人才队伍的引进与培养。引进各类专业技术和管理人员95人、高技能人员33人,录用应届高校毕业生698人;培养和储备各专业紧缺人员341人;选拔培养政工干部29人,7个单位建立党群干部后备队伍;完善八类人才信息库,入库人员2044人;首次组织开展企业内部项目经理等级评审和首席技师评选工作。

(3)落实“两个责任”,深化党风廉政建设。一是认真落实党委主体责任。把党风廉政建设纳入重要议事日程,在年初“四会”和年中工作会上与业务工作同考虑、同部署。与各单位党政主管签订“党风廉政建设责任状”“廉洁自律承诺书”,把责任与承诺覆盖到各级班子和关键岗位。制定集团公司党组织书记履行党建工作主体责任清单、领导干部和机关部门党风建设和反腐败工作职责清单。定期听取党风廉政建设和查信办案情况汇报,及时协调和督办重点案件,党政主要领导亲自批办举报信12件,督办违纪线索8件、追责事项5件。二是认真落实纪委监督责任。在教育上,组织反腐倡廉专题学习5次,党政主管主讲反腐倡廉专题党课2次,参学率超过90%;组织观看《山西腐败窝案》等3个警示教育片,通报8个典型案例;所属各单位先后邀请12名检察机关专家学者进行警示教育;全集团共组织开展169场专题教育活动,6738人次参加学习。在监督上,组织专项检查组深入相关单位,检查落实中央八项规定精神情况,及时回应职工群众关切,对4个单位主管和纪委书记进行党风廉政建设责任制约谈。在查处上,加大对群众反映问题的调查核实力度,及时查办顶风违纪、违反八项规定精神案件2起,处理违纪干部5名,并在全集团通报。三是加强反腐败体制机制创新和制度保障。制定《关于落实党风廉政建设主体责任和监督责任的实施意见及其配套办法》,创新推出所属单位党、纪组织责任清单和落实"两个责任"季度报告制度,形成以"六项制度、四项机制、三份清单、两份报表"为内容的责任落实体系。对所属单位落实两个责任情况和《党风廉政建设责任书》履行情况进行年终检查考核,考核评定为优秀5家、良好7家、合格1家,优良率92.3%。

(4)改进和创新基层党组织建设,提高基层党建科学化水平。一是实现全覆盖。坚持"四同步"原则,及时组建蒙华、连镇、商合杭等局直管项目党工委、纪工委,整合海外、新能源、房建等事业部党组织,加强工作指导,帮助规范工作流程,增强工作实效。以落实从严治党责任、履行党建工作责任制、"三重一大"问题集体决策为重点,对所属单位和派出机构党组织进行督导检查,总结经验、发现问题、落实措施、补强短板。二是创新区域指挥部党组织管理模式。将15个区域经营指挥部、2个办事处的党组织关系分别纳入华北、华东、西南、西北和云桂湘5个指挥部党工委管理,成立五大区域经营指挥部纪工委,并制定工作制度。三是推进基层党建创特色活动。组织开展"我身边的好党员"微故事、摄影作品、"晒晒我们的组织生活"DV短片征集活动;举办2014年度集团公司基层党建特色成果发布会;开展"打造战斗堡垒、争当建设先锋"示范点创建活动,指导所属单位开展集团公司示范点预申报工作,1个项目党组织获上海市建设交通系统首批"建设先锋"示范点。四是举办集团公司基层党组织书记轮训及党员教育培训示范班,80多名基层党组织书记通过培训提高思想认识、增强履职能力。

(5)推进宣传思想工作和企业文化建设,凝聚全员发展力量。一是强化思想政治和形势任务教育。组织学习十八届四中、五中全会精神、习总书记系列重要讲话精神,帮助干部职工深刻把握贯穿其中的马克思主义立场观点方法,用科学理论武装头脑。加强党性党风教育,突出抓好《中国共产党廉洁自律准则》《中国共产党纪律处分条例》的学习教育,帮助广大党员筑牢拒腐防变的思想防线。通过门户网站、集团报、内部期刊、工地宣传栏等各类宣传平台以及座谈会、演讲赛等各种形式,大力宣传集团公司年度目标和重点任务,聚人心、鼓士气。组织开展"稳增长、促发展"形势任务教育、"学法规、守纪律、创新业"主题学习教育和"创效光荣、亏损可耻"大讨论,营造守规矩、讲纪律、促发展的工作氛围。集团公司党委"破解施工企业征地拆迁难题的途径和方法研究"获股份公司2013—2014年度党建思想政治工作研究优秀成果一等奖。二是注重舆论引导。扎实做好对外新闻报道工作,完成通讯稿1400余篇,中央级媒体刊用12篇,省部级媒体刊用300余篇,集团公司获评"中国铁道建筑报社2014年度先进单位",1人获评"十佳记者"。门户网站获评2015年度全国工程建设行业二级优秀网站,集团报获2015年度全国工程建设行业报纸银页奖。三是推进企业文化建设。开展道德讲堂活动,通过身边人讲身边事,引导全局干部职工大力弘扬社会主义核心价值观和企业价值取向,汇聚奋发向上、崇德向善的正能量。组织内容丰富、形式多样的群众性精神文明创建活动,职工文明素质和企业文明程度进一步提升,安徽公司获"全国文明单位"称号。规范企业视觉识别系统,在集团公司和各单位机关办公大楼统一悬挂"中国铁建"字样,加强对新开项目驻地文化建设的指导,推动企业文化建设规范化。在股份公司第十七届大路画展中获1个银奖、2个铜奖、3个优秀奖、1个特别奖、13个入围奖,集团公司、浙江公司分别获评"美术创作先进单位"。

(6)构建和谐劳动关系,提升职工群众获得感。一是努力保障职工基本权益。修订薪酬改革方案,出台《本部员工带薪年休假管理办法》,完善《集团公司建家建线管理办法》,不断改善职工生产、生活、休息条件。下拨资金348万元,加大帮困救助和送温暖力度,切实保障困难群体的基本生活。推进民主管理,两级公司职代会召开率100%,项目部职代会召开率96%,《集体合同》签订率100%。加强履行劳动合同、集体合同的监督检查,努力维护和谐稳定的劳动关系。举办"中国梦、劳动美、创誉铁建、建功贵阳"大型文艺汇演,拍摄工地版《爸爸去哪儿了》微电影,组织开展各类文体活动,极大丰富职工精神文化生活。二是大力提升职工素质。依托135所工地大学、132所职工书屋、19个劳模创新工作室举办不同类型的短期培训，近两万人次参加。举办试验检测和安全技术2项技术比武，授予6名获奖选手集团公司“技术能手”称号。郝后安、顾东芝代表股份公司参加中央企业员工技能大赛，均获工程测量工决赛金奖。导师带徒和青年职业生涯导航活动持续深化，新员工导师带徒合同签订率100%。64支青年突击队在施工一线攻坚克难，充分发挥生力军作用，3支青年突击队被评为“上海市优秀青年突击队”，1个项目被评为“2014年度上海市优质青年工程”。三是全力维护企业和谐稳定。逐级落实维稳责任制，定期进行不稳定因素排查，强化工作预案。制定《听取处理职工意见和群众诉求实施细则》，进一步畅通职工群众诉求渠道，层层推动服务职工常态化和长效化。全集团共处理来信126件，接待来访642批/796人次，通过耐心疏导、细致工作，有效防范群体性事件和越级上访事件的发生。妥善处理与当地政府的关系，解决好农民工工资、分包队伍工程款、供应商货款等问题，妥善处理各类纠纷和诉讼，保证企业平安稳定。

工会工作。集团公司下辖基层工会组织26个，有工会专职干部53人，工会会员11337人。建立健全项目部工会组织，先后在商合杭、连镇、九景衢（江西段）等项目部建立工会组织，确保工会工作的有序开展。一是深化民主管理。全局职代会召开率100%，集体合同签订率100%。制定集团公司《模范劳动关系和谐企业评选表彰办法》，进一步规范和通畅民主管理渠道，强化民主监督。二是推进职工素质工程。进一步推进工地大学、职工书屋建设，深化技术比武活动，2个职工书屋被评为国家级示范点。制定《劳模创新工作室管理办法》，建立劳模创新工作室19个，充分发挥劳模的孵化和带动作用。三是加强人文关怀。加大职工之家建设力度，深化服务基层服务职工活动，走访慰问50多个项目部，投入资金40多万元，解决关系职工切身利益的实事210多件。下拨特困职工“三不让”资金248万元，保证困难职工生活和子女就学。举办“第三届东方铁建杯”桥牌、象棋比赛，广播操、健美操、广场舞培训，读书心得、摄影、汉字听写、经典诵读、媒体展播及文体进工地活动，丰富职工文化生活。四是广泛开展劳动竞赛。围绕重难点工程，制定下发劳动竞赛计划，并坚持对劳动竞赛进行指导、总结、表彰，“安康杯”竞赛成绩突出，有3个单位获全国“安康杯”竞赛优胜单位。杭黄、皖赣、九景衢（浙江段）指挥部被评为股份公司劳动竞赛先进单位；安徽、浙江公司各1个项目部受到中国铁建表彰；上海公司获评“上海市重点工程实事立功竞赛优秀公司”。五是开展评选表彰活动。集团公司党政工团联合组织对集团公司2015年度先进单位、先进集体、劳动模范、先进员工的评选表彰活动，浙江、路桥、桥梁公司、九景衢（浙江段）被评为先进单位，25个项目部被评为先进集体，57人被评为先进员工。同时，路桥公司柳明佳获全国“五一”劳动奖章，南昌公司的王均、电务公司的李存冬分别被获江西省和上海市“五一”劳动奖章，南昌公司项目经理王均获铁总“火车头”奖章。六是积极开展创建工人先锋号活动。2个项目部被股份公司授予“工人先锋号”集体，有2人被股份公司授予“工人先锋号”标兵。

共青团工作。团员2112人，建立团单位194个，其中包括基层团委14个，团工委2个，团总支2个，团支部165个。根据集团公司“四会”精神，围绕“服务企业，服务青年”主题，认真部署并切实推动各项工作持续开展，成效显著。22个青年集体和19位青年受到上级团委的表彰。（华彩红　马俊岭　白　雪）

【安徽工程有限公司】 具有市政公用、房屋建筑、铁路工程施工总承包一级、公路、机电安装工程施工总承包二级；桥梁、钢结构、隧道工程专业承包一级，城市轨道交通工程专业承包，路面、路基工程专业承包二级施工资质，对外承包工程资格证书，CMA计量资质及交通丙级资质，测绘丁级资质。公司驻安徽省合肥瑶海工业园区新海大道15号。执行董事、总经理张百芹，党委书记房明州。下辖5个分公司。职工1215人。其中，干部625人、工人590人；技术干部615人、技术工人220人。资产总额157332.76万元。其中固定资产原值32897.97万元，净值20075.19万元；流动资产133854.95万元。机械运输设备758台（套），总功率12755千瓦，动力装备率10.50千瓦/人，技术装备率6.80万元/人。

2015年，新签合同额287601万元，完成企业总产值263037万元。其中施工产值263037万元，实现利润4076.10万元。全员劳动生产率216万元/人·年，职工年人均收入65708元。国有资本保值增值率101.9%，净资产收益率16.81%，产值利润率1.55%，资产负债率88.46%。投资收益上缴率100%，应上缴款完成率100%。（巩国军）

【江苏工程有限公司】 市政公用工程施工总承包一级，铁路、公路工程施工总承包二级，房屋建筑工程施工总承包三级，桥梁工程专业承包一级，钢结构、预应力工程专业承包二级，港口与海岸、堤防工程专业承包三级资质企业。公司驻江苏省南京市栖霞区幕府东路339号。执行董事、总经理何卫东（12月免），党委书记陈江涛。执行董事、党委书记陈江涛（12月任），总经理王飞球(12 月任)。下辖 3 个分公司。职工 695 人,其中,干部 373 人、工人 322 人;技术干部 370 人、技术工人 145 人。资产总额 117403.29 万元。其中固定资产原值 4300.02 万元,净值 1093.75 万元;流动资产 113746.92 万元;其他资产 3656.36 万元。机械运输设备 228 台(套),原值 3005.84 万元、净值 847.02 万元,总功率 5648.37 千瓦,动力装备率 8.13 千瓦/人,技术装备率 1.22 万元/人。

2015 年,新签合同额 46851.58 万元,完成企业总产值 55151.5 万元。其中施工产值 54503.1 万元,附营产值 648.42 万元,实现利润 1025.65 万元。全员劳动生产率 79 万元/人·年,职工年人均收入 53730 元。国有资本保值增值率 147.33%,净资产收益率 7.23%,产值利润率 10.11%,资产负债率 89.53%。

(李良启)

【上海铁建工程有限公司】 市政公用、房屋建筑工程施工总承包一级,公路、铁路、机电安装工程施工总承包二级,水利水电工程施工总承包三级,桥梁工程专业承包一级,铁路铺轨架梁、地基与基础、预应力工程专业承包二级,钢结构工程专业承包三级资质企业。公司驻上海市闸北区共和新路 911 号。执行董事、总经理陈克望,党委书记刘建东。下辖 2 个子公司。职工 664 人。其中,干部 423 人、工人 241 人;技术干部 418 人、技术工人 225 人。资产总额 147512.73 万元。其中,固定资产原值 23716.55 万元、净值 6831.39 万元;流动资产 138828.85 万元。机械运输设备 94 台(套),总功率 18414.85 千瓦,动力装备率 27.73 千瓦/人,技术装备率 8.81 万元/人。

2015 年,新签合同额 248206 万元,完成企业总产值 211824 万元。其中施工产值 201824 万元,附营产值 10000 万元,实现利润 3443.2 万元。全员劳动生产率 319 万元/人·年,职工年人均收入 87747 元。国有资本保值增值率 115.76%,净资产收益率 15.74%,产值利润率 1.53%,资产负债率 89.99%,投资收益上缴率 90%,应上缴款完成率 100%。

(周　娴)

【浙江工程有限公司】 市政公用、房屋建筑工程总承包一级,铁路工程施工总承包二级,公路工程施工总承包三级,桥梁工程专业承包一级,隧道、建筑装修装饰、预应力、钢结构工程专业承包二级资质企业。驻浙江省杭州市上城区江城路 692 号。执行董事、总经理钱建忠,党委书记陈明。下辖 2 个子公司、3 个分公司。职工 767 人。其中,干部 445 人、工人 322 人;技术干部 433 人、技术工人 276 人。资产总额 141943.62 万元。其中固定资产原值 5790.35 万元、净值 1481.73 万元;流动资产 139570.7 万元。机械运输设备 281 台(套),原值 4478.03 万元、净值 988.63 万元,总功率 9967 千瓦,动力装备率 13.0 千瓦/人,技术装备率 1.3 万元/人。

2015 年,新签合同额 110200 万元,完成企业总产值 222400 万元。其中施工产值 222100 万元,实现利润 2298 万元。全员劳动生产率为 290 万元/人·年,职工年人均收入 73563 元。国有资本保值增值率 121.58%,净资产收益率 21.39%,产值利润率 1.84%,资产负债率 92.32%,投资收益上缴率 100%,应上缴款完成率 78.83%。

(付　正)

【福建铁路建设有限公司】 市政公用、铁路、公路、房屋建筑工程施工总承包一级,桥梁、隧道、地基与基础工程专业承包一级资质,铁路铺轨架梁工程专业承包二级资质,城市轨道交通工程专业承包资质企业,具有对外承包工程资格。公司驻福建省福州市晋安区沁园路 77 号。执行董事、总经理林志勇(12 月免),党委书记刘钦曙,总经理郑军锋(12 月任)。下辖 4 个分公司、3 个子公司、3 个办事处。职工 1908 人。其中,干部 1006 人、工人 902 人;技术干部 860 人、技术工人 474 人。资产总额 186869 万元。其中固定资产原值 38879 万元、净值 13347 万元;流动资产 169882 万元。机械运输设备 847 台(套),总功率 20358.8 千瓦,动力装备率 10.67 千瓦/人,技术装备率 3.83 万元/人。

2015 年,新签合同额 513000 万元,完成企业总产值 332600 万元。其中施工产值 331000 万元,实现利润 5700 万元。全员劳动生产率 174 万元/人·年,职工年人均收入 62431 元。国有资本保值增值率 121.55%,净资产收益率 19.13%,产值利润率 1.76%,资产负债率 87.12%,应上缴款完成率 72.73%。

(陈时光)

【南昌铁路工程有限公司】 市政公用、铁路、公路工程施工总承包一级,水利水电工程总承包三级;桥梁、隧道工程专业承包一级,铁路铺轨架梁专业承包二级资质企业。驻江西省南昌市二七南路 109 号。执行董事、党委书记李开明(12 月免),总经理王平(12 月免)。执行董事、总经理李开明(12 月任),党委书记吴明华(12 月任)。下辖 3 个子公司。职工 1832 人。其中,干部 810 人、工人 1022 人,技术干部 766 人、技术工人 464 人。资产总额 203355.1 万元。其中固定资产原值 8789.3 万元,流动资产 198818.5 万元,其他资产 4252.7 万元。机械运输设备 653 台(套),总功率 11899 千瓦,动力装备率 6.5 千瓦/人,技术装备率 0.73 万元/人。

2015 年,新签合同额 331302.89 万元,完成企业总产值 286883 万元。其中施工产值 280856 万元,工附业产值 6027 万元,实现利润 3571.1 万元。全员劳动生产率157万元/人·年,职工年人均收入51127元。国有资本保值增值率133.71%,净资产收益率25.45%,产值利润率1.81%,资产负债率91.37%,应上缴款完成率100%。(潘丽艳)

【新余工程有限公司】 市政公用、房屋建筑工程施工总承包一级,铁路、公路工程施工总承包二级,水利水电工程总承包三级,隧道、桥梁、土石方、建筑装修装饰工程专业承包一级资质企业。驻江西省新余市铁兴路216号。执行董事、总经理吴义良(12月免),党委书记吴明华(12月免)。执行董事、党委书记钟栋材(12月任),总经理喻文杰(12月任)。下辖5个分公司,1个管理中心,1个指挥部。职工1502人。其中,干部611人、工人891人;技术干部506人、技术工人825人。资产总额215279.1万元。其中固定资产原值6672.75万元、净值1961.32万元;流动资产211822万元。机械运输设备154台(套),总功率9114千瓦,动力装备率6.04千瓦/人,技术装备率0.82万元/人。

2015年,新签合同额224800万元,完成企业总产值200200万元。其中施工产值200200万元,实现利润2237万元。全员人均产值133万元/人·年,职工年人均收入49100元。国有资本保值增值率102.62%,净资产收益率21.08%,产值利润率4.99%,资产负债率94.18%,应上缴款完成率28.41%。(王　菲)

【上海电务电化有限公司】 铁路电务、电气化工程专业承包一级资质,铁路电信工程专业承包二级资质,送变电、机电设备安装工程专业承包三级资质,承装(修、试)电力设施许可证承装类、承修类、承试类四级企业资质企业。公司驻上海市静安区王家宅路40号。执行董事、总经理吴耘(12月免),党委书记云柏(12月免),执行董事、总经理黄仲戒(12月任),党委书记吴耘(12月任)。下辖4个分公司。职工822人。其中,干部378人、工人444人;技术干部376人、技术工人301人。资产总额88531.02万元。其中固定资产原值3560.11万元,净值1032.41万元;流动资产84926.87万元。机械运输设备51台(套),总功率5947.5千瓦,动力装备率7.18千瓦/人,技术装备率0.59万元/人。

2015年,新签合同额23865万元,完成企业总产值68780万元。其中施工产值68780万元,实现利润1320.23万元。全员劳动生产率84万元/人·年,职工年人均收入65565元。国有资本保值增值率108.48%,净资产收益率8.46%,产值利润率2.34%,资产负债率86.79%,投资收益上缴率100%,应上缴款完成率100%。(张笑松)

【贵溪桥梁厂有限公司】 市政公用工程施工总承包一级资质,混凝土预制构件专业承包二级资质,混凝土桥梁、轨枕、铁路、公路等工业与民用建筑混凝土构件许可生产企业。驻江西省贵溪市柏里路7号。执行董事、党委书记胡浩,总经理龚志辉。下辖4个分公司及12个制梁场。职工402人。其中,干部193人、工人209人,技术干部187人、技术工人76人。资产总额57174.06万元。其中,固定资产原值30314.64万元,净值9392.65万元;流动资产45097.86万元。机械运输设备1100台(套),总功率28269.04千瓦,动力装备率70.32千瓦/人,技术装备率13.24万元/人。

2015年,新签合同额50100万元,完成企业总产值71600万元。其中施工产值48020万元,实现利润1402万元。全员劳动生产率168万元/人·年,职工年人均收入61600元。国有资本保值增值率120.99%,净资产收益率15.16%,产值利润率3.3%,资产负债率79.33%,应上缴款完成100%。(廖祖煌)

【鹰潭设备安装工程有限公司】 机电安装工程施工总承包一级;钢结构、机电设备安装工程专业承包一级,起重设备安装工程专业承包二级;压力管道安装改造修理许可证,起重机械制造许可证,起重机械安装改造维修许可证,对外承包工程资格证,三标合一的整合型管理体系认证证书企业。公司驻江西省鹰潭市月湖区环城东路105号。执行董事、党委书记叶光灿,总经理文永兵。职工273人。其中,干部144人、工人129人、技术干部140人、技术工人106人。资产总额35686.99万元。其中固定资产原值20567.84万元、净值4889.32万元;流动资产29571.24万元,其他资产1226.43万元。机械运输设备60台(套),总功率10200千瓦,动力装备率37.37千瓦/人,技术装备率15.57万元/人。

2015年,新签合同额14700万元,完成企业总产值50091.5万元。其中施工产值49980.5万元,附营产值47.2万元,实现利润1080.5万元。全员劳动生产率183万元/人·年,职工年人均收入56093元。国有资本保值增值率114.67%,净资产收益率13.97%,产值利润率2.085%,资产负债率83.14%,投资收益上缴率100%,应上缴款完成率100%。(李明芬)

【上海房地产开发有限公司】 房地产开发企业三级资质,建筑装饰二级,物业管理三级资质企业,上海市房地产协会理事单位。驻上海市民德路20号。执行董事、总经理白圻业(12月免),党委书记顾德云(12月免)。执行董事、党委书记白圻业(12月任),总经理吴庆润(12月任)。职工70人。其中,干部55人、工人 15 人。资产总额 30353.53 万元。其中固定资产原值 665.78 万元、净值 308.68 万元;流动资产 30010.19 万元。

2015 年,新签合同额 165.6 万元,完成企业总产值 1809.45 万元。其中施工产值 1041.69 万元,实现利润 9.58 万元。全员劳动生产率 26 万元/人·年,职工年人均收入 98607 元。国有资本保值增值率 100.29%,净资产收益率 0.27%,产值利润率 0.47%,资产负债率 89.94%,投资收益上缴率 100%,应上缴款完成率 100%。 (李 强 倪建平)

【路桥分公司】 市政结构工程、公路及桥梁工程、铁路既有线上跨下穿立交桥、站场改造等施工的工程公司。驻上海市秣陵路 80 号华象大楼 15F。总经理刘宝剑,党委书记奚跃忠。下辖 18 个项目经理部。职工 107 人。其中,干部 99 人、工人 8 人;技术干部 97 人、技术工人 8 人。资产总额 78434 万元。其中,固定资产原值 1485 万元、净值 508 万元;流动资产 77924 万元。

2015 年,新签合同额 95082 万元,完成施工产值 96057 万元。其中施工产值 93197 万元,实现利润 2860 万元。全员劳动生产率 898 万元/人·年,职工年人均收入 136500 元。应上缴款完成率 100%。

(朱桂芳)

【轨道交通分公司】 驻上海市闸北区虬江路 1000 号聚源大厦 10F-11F。总经理钱大怀(12 月免),常务副总经理刘长春(主持工作,12 月任),党委书记朱亮来。职工 185 人。其中,干部 181 人、工人 4 人;技术干部 175 人、技术工人 4 人。资产总额 65285 万元。其中,固定资产原值 1267 万元、净值 371 万元;流动资产 64906 万元。机械运输设备 67 台(套),总功率 2458 千瓦,动力装备率 17.2 千瓦/人,技术装备率2.68万元/人。

2015 年,新签合同额 66600 万元,完成施工产值 71000 万元。全员劳动生产率 384 万元/人·年,职工年人均收入 112788 元。资产负债率 100%,应上缴款完成率 7%。 (戴 月)

【重要记载】

▲1 月 20 日 全国总工会副主席、书记处书记范继英一行赴合肥轨道交通 1 号线 9 标项目部送温暖。

▲2 月 12 日 中国铁路总公司副总经理卢春房在集团公司董事长、总经理郭衍敬等陪同下检查福建公司承建的婺源车站。

▲2 月 13 日 贵州省总工会副主席程安在集团公司工会主席叶建国等陪同下慰问沪昆客专指挥部并授予“工人先锋号”奖牌。

▲4 月 22—23 日 股份公司纪委书记李春德一行 3 人赴集团公司调研指导工作。

▲4 月 28 日 贵州省政协主席王富玉率省政协主席团在副省长刘远坤、贵阳市委书记陈刚陪同下,赴南昌公司贵阳城市轨道 1 号线项目部进行现场调研。

▲4 月 上海市“企业诚信创建”活动组委会审核,集团公司获评上海市“五星级诚信创建企业”。

▲5 月 集团公司申报的机电安装工程施工总承包一级,电力、矿山工程施工总承包二级,通信工程施工总承包三级等 4 项资质获住建部核准。

▲7 月 2 日 集团公司获评“上海市建设工程施工质量先进企业”。

▲7 月 集团公司在 2015 年上海市建筑施工企业优秀报刊评选活动中,获报纸类优秀奖。

▲7 月 集团公司被评为 2014 年度“上海市建筑业诚信企业”。

▲9 月 19—22 日 集团公司顺利通过河北英博认证有限公司的审核专家组一行对集团公司质量、环境和职业健康安全管理体系 2015 年度监督审核。专家组抽查九景衢铁路江西段 JQJXZQ-1 标、芜湖市弋江路快速化改造赤铸山路立交工程和上海轨道交通 17 号线工程 5 标段山周公路——嘉松中路站高架段土建工程项目部的施工现场和内业资料,并对集团公司机关有关部门进行审核。审核组保持集团公司质量、环境和职业健康安全管理体系的认证证书。

▲10 月 23 日 集团公司浙江公司郝后安和顾东芝分别获国资委、国家人力资源和社会保障部主办的“2015 年中国技能大赛——中央企业职工技能大赛工程测量工决赛”金奖。

▲11 月 10 日 股份公司工会主席史道泉等一行在集团公司工会主席叶建国、团委书记王炎的陪同下,赴南昌公司调研群团工作。

▲11 月 17 日 集团公司董事事、总经理郭衍敬在集团公司接见孟加拉 Spectra 集团董事局主席 Khan 先生一行。双方就孟加拉工程市场开拓方面的友好合作深入交换意见。 (宋 洁 魏 磊)

中铁二十五局集团有限公司

【简况】 具有铁路工程施工总承包特级,建筑工程、市政公用工程、公路工程施工总承包壹级,水利水电工程、机电安装总承包贰级、电力工程总承包叁级、矿山工程总承包叁级,桥梁、隧道、公路路基、铁路铺轨架梁工程专业承包壹级,铁路综合甲Ⅱ设计资质,对外承包工程资质,援外成套项目施工 A 级资质,地质灾害治理施工丙级资质。公司机关所在地位于广东省广州市越秀区中山一路 55 号。董事长张建国(8 月任),党委书记张建国。下辖第一、二、三、四、五、六工程有限公司、电务工程有限公司、房地产开发有限公司、南方实业开发有限公司(物业管理有限公司)、广州铁诚工程质量检测有限公司和西北分公司。职工 8405 人,其中,干部 5520 人,技术干部 5301 人,占干部总数的 96%;工人 2885 人,技术工人 2042 人,占工人总数的 71%。资产总额 126.88 亿元,其中,流动资产 114.28 亿元,投资性房地产 1.08 亿元,固定资产净值 6.4 亿元,无形资产 4.56 亿元。资产负债率为 89.94%。拥有机械设备 5786 台(套),原值 9.55 亿元,净值 4.33 亿元,总功率 17 万千瓦,技术装备率 5.16 万元/人,动力装备率 20.44 千瓦/人,成新率 45.37%,资产利润率 6.54%,主要施工机械设备完好率 89.21%,利用率 78.45%。大型施工设备 50 台(套),盾构机 2 台,700~900吨级架桥机 3 台、运梁车 3 台、提移梁机 6 台;900 吨级运架一体机 1 台、铁路架桥机 4 台;移动模架造桥机 4 台,大型养路机械 4 台,500 米长轨铺设及焊接设备 6 台套。年综合施工能力 200 亿元以上。

2015 年,承揽 124 个项目,承揽总额 222.6 亿元,完成营业收入 150.17 亿元,其中,完成施工产值 150.05 亿元。实现利润总额 7701.59 万元,净利润 6018.24 万元,同比下降 15.1%。人均创利 0.84 万元,职工年人均收入 75522 元,国有资本保值增值率 101.69%,净资产收益率 4.75%,产值利润率 4.68%。集团公司完成建安产值约 150.05 亿元,按建设性质分类,完成铁路工程 70.7 亿元、公路工程 18.6 亿元、房建工程 59.5 亿元、城市轨道工程 18.9 亿元、市政工程 24.5 亿元、水利水电工程 5.3 亿元、其他工程 21.8 亿元。

(马允韬　莫　劲　王慧贞　林　林)

【领导人员】

董事会

董事长	梁　毅(6 月免)
	张建国(8 月任)
副董事长	张建国
董事	王小青
	冼海燕(11 月免)
	李飞前(兼)

监事会

监事会主席	任国华(8 月免)
	张超民(8 月任)
监事	陈乐新
	凌勋伟(兼)

经理层

总经理	梁　毅(6 月免)
	张建国
	苏建斌
副总经理	苏建斌
	王小青
	况成明
	葛　斌
	臧　丹(8 月免)
	明思义(9 月免)
	冼海燕(11 月免)
总工程师	王小青(兼)
总会计师	冼海燕(兼,11 月免)

党群领导

党委书记	张建国
党委副书记	梁　毅(6 月免)
	任国华(8 月免)
	张超民(8 月任)
	明思义(9 月任)
纪委书记	任国华(8 月免)
	张超民(8 月任)
工会主席	李飞前

(夏早进)

【职工队伍】 截至 2015 年底,职工总数 8405 人,其中,干部 5520 人、工人 2885 人,职工中女职工 1580 人。专业技术干部 5301 人,占干部总数的 96%;技术工人 2042 人,占工人总数的 71%。29 岁及以下 2961 人,30~39 岁 1779 人,40~49 岁 2193 人,50~54 岁 929 人,55 岁以上 543 人。专业技术干部中,工程技术人员 4073 人、经济人员 430 人、会计人员 545 人、政工人员 237 人;高级职称 525 人、中级职称 1355 人、初级职称 2811 人;高技技师 24 人、技师 91 人、高级工 1172 人、中级工 156 人、初级工 276 人;员工中研究生以上学历 47 人、本科学历 3716 人、大专学历 1817 人、中专学历 545 人、高中学历 936 人、初中及以下学历 1344 人。2015 年接收应届高等学校毕业生 475 人。

(赖跃璇)

【铁路工程施工】 云桂铁路 YGZQ-2 标段　工程位于云南省文山州富宁县和广南县。标段长 55.38 千米,合同投资415000万元,2010年9月16日开工,合同工期57个月。主要实物工程量:土石方486万立方米,隧道13座46300延长米,桥梁15座5200延长米,涵洞9座888横延米,车站2座,预制、铺设轨枕240.5千米,铺设无砟道床101.8千米。截至2015年底,开工累计完成投资343821万元。

中铁二十五局南宁枢纽站前及部分站SN－3标段　合同投资276497万元,2010年5月开工,合同工期32个月。主要实物工程量:路基土石方1040万立方米,桥梁33座17798延长米,涵洞100座4019横延米,隧道2座626延长米,正线铺轨78.4千米,站线铺轨102.1千米,房屋建筑面积9.35万平方米。截至2015年底,开工累计完成投资377443万元。

湘桂铁路永州至柳州段扩能改造工程站前工程XG－7标段　合同投资324454万元,2009年4月10日开工,合同工期36个月。主要实物工程量:土石方1004.2万立方米,路基50.3千米,隧道1座340延长米,桥梁43座12826延长米,涵洞264座10338.6横延米,站场7处,有砟道床358.5千米,正线铺轨250.55千米,站线铺轨107.4千米,制架T梁888榀。截至2015年底,开工累计完成投资453976万元。

娄邵铁路扩能改造工程LSZQZH－I标段　全长46.91千米,合同投资196000万元,2010年8月1日开工,计划竣工时间2014年5月1日。主要实物工程量:路基土石方859.4万立方米,路基1.2千米,隧道16座18798延长米,桥梁21座16069延长米,涵洞64座2588横延米,站场3处。截至2015年底,开工累计完成投资214311万元。

赣州至龙岩铁路扩能工程GL－1标段　正线长54.948千米,标段内有赣县、罗坳、于都3个车站。合同投资304800万元,2010年9月1日开工,计划竣工时间2015年7月30日。主要实物工程量:路基土石方451.4万立方米;涵洞73座1909横延米,桥梁53座20500延长米,隧道21座24489延长米,制架梁603孔,铺轨123千米。截至2015年底,开工累计完成投资304800万元。

长株潭城际铁路综合Ⅲ标　地处长沙、株洲、湘潭城市群中心地带,线路正线全长40.975千米,共设车站8个。合同投资366692万元,2010年9月1日开工,计划竣工时间2016年12月31日。主要工程量:路基土石方337.4万立方米;路基9.81千米;隧道11座4245.14延长米;桥梁19座28004.42延长米,涵洞34座1186.5横延米;站场8处;制梁791孔,架梁791孔,有砟道床88.765千米;正线铺轨188.38铺轨千米,站线铺轨48.593铺轨千米,车站8座,电力线路9.01千米,通讯线路16.06千米。截至2015年底,开工累计完成投资293658万元。

深圳至茂名铁路江门至茂名段JMZQ－8标　合同投资241978万元,2015年4月7日开工,计划竣工时间2018年5月30日。主要工程量:深茂正线全长22.86千米,路基总长度16.229千米,桥梁总长6.039千米,涵洞75座1845横延米;广茂线增建二线工程全长6.253千米,路基总长度3.15千米,桥梁全长3.104千米,涵洞26座719.1横延米,公跨铁3座19893桥面平方,制梁T梁1293双线孔,新建正线铺轨273.969千米,站线铺轨26.541千米,铺岔92组。截至2015年底,开工累计完成投资50829万元。　（朱必礼）

【铁路外工程施工】　山西省左权至黎城高速公路路基、路面、桥隧工程　路线全长17.22千米,设计速度80千米/小时。合同投资85794万元,2013年4月1日开工,合同工期26个月。主要实物工程量:路基土石方333万立方米,分离式隧道2座5958延长米,桥梁11座4422延长米,服务区一处。截至2015年底,开工累计完成投资85794万元。

星悦南岸综合商业区一期A总承包工程　为一综合房地产发展项目,合同投资71786万元,2014年4月10日开工,合同工期18个月。占地面积239328平方米,总建造面积229173平方米。截至2015年底,开工累计完成投资75140万元。

贵阳火车北站功能区路网工程　由2个广场和7条道路组成,合同投资385811万元,2012年8月30日开工,合同工期36个月。主要实物工程量:路基22.7千米,土石方890万立方米,桥梁15座2478延长米,涵洞21座2422横延米,隧道3座3518延长米,房屋建筑面积35.98万平方米。截至2015年底,开工累计完成投资261880万元。

青岛蓝色硅谷城际轨道交通工程04标　标段长5940米,合同投资47213万元,2013年6月10日开工,合同工期36.6个月。主要工程数量:路基1段240米,特大桥2座5000延长米,隧道1座700延长米,设置车站1处建筑面积4284平方米。截至2015年底,开工累计完成投资7445万元。

山西省中部引黄工程施工05标　合同投资30292万元,2013年4月10日开工,合同工期32月。主要工程量:总干2号隧洞19985延长米;隧洞支洞6座长4343延长米。主洞净宽4.2米,净高5.1米,支洞净宽3.65米,净高3.2米,设计均为城门式洞型。截至2015年底,开工累计完成投资16029万元。

（朱必礼）

【境外工程】　科特迪瓦阿比让—大巴萨姆高速公路

建设项目　项目位于非洲西部科特迪瓦，合同投资3.3亿元。项目分为3个路段：路段一（城市加宽段）全长10.684千米；路段二（城际新建段）全长17.442千米；路段三（城际改建段）全长14.040千米。项目共有土方工程117.7万立方米，沥青面层54.5平方米；人行天桥5座，涵洞16道。项目2013年1月开始施工，2015年9月所有工程完成临时验收，工期32个月。截至2015年底，开工累计完成投资32987万元。

白俄罗斯明斯克区医院项目　项目位于白俄罗斯明斯克市，合同投资7492.683万元，合同工期18个月。主要工程量：总建筑面积7601.75平方米，其中，地上4层，建筑面积6298.5平方米，地下1层，建筑面积1303.25平方米。主要是建设1座170床位的住院部大楼，包括儿童内科病房、神经内科病房、心血管内科病房、检查科室和库房及设备用房等。截至2015年底，开工累计完成投资523万元。

援白俄罗斯学生公寓楼项目　项目位于明斯克市莫斯科区大学村，合同投资23898万元，合同工期24个月。项目建设用地面积13829.67平方米，工程建筑面积为23346.51平方米。总床位数为1038个，包括6个访客床位。该建筑物地上8层，局部9层（设备机房层），地下1层（主要为管道夹层，层高2.19米），建筑总高度30.4米。首层层高为5.4米，2～8层高为3.1米。首层集中有序布置食堂、厨房、医疗、办公用房、无障碍用房、活动室等用房，2～8层部分均为宿舍居住用房及必要的服务用房。截至2015年底，项目处于开工前准备阶段，暂无产值。

中白商贸物流园首发区（ZBSG－1标段）　中白商贸物流园位于白俄罗斯首都明斯克近郊的中白工业园内，是中白工业园第一个启动的项目。项目主要内容为3个标准仓库、1座能源中心、1座消防泵站、市政道路、露天堆场及其他相关附属工作，合同投资37442万元，合同工期13个月。项目为港航局、中土和集团公司共同承揽，集团公司承建内容包括1号、2号、3号钢结构物流仓库及附属用房、门卫室、能源中心、集装箱堆场、园区绿化、园区道路等，占合同额的60%。2015年12月11日，项目正式开工。截至2015年底，项目暂无产值。　（李学梅）

【经营管理】　(1)工程承揽。承揽124个项目，承揽总额222.6亿元（报股份公司246.16亿元，含二次经营）。在承揽的项目中，铁路工程70.7亿元，占新签合同总额的31.7%；房建工程59.5亿元，占新签合同总额的26.7%；市政工程24.5亿元，占新签合同总额的10.99%；公路工程18.6亿元，占新签合同总额的8.34%；水利水电5.3亿元，占新签合同总额的2.4%；城市轨道工程18.9亿元，占新签合同总额的8.48%；其他工程21.8亿元，占新签合同总额的9.79%；物流3.3亿元，占新签合同总额的1.6%。

(2)经营开发。优化区域经营布局，对区域指挥部进行调整，由原来的10个指挥部调整到现在的7个指挥部，其中云贵区域指挥部与西南区域指挥部整合成西南区域指挥部，具体负责云南、贵州、四川、重庆、西藏5省（自治区、直辖市）的地方市场及昆明局、成都局2个铁路局的经营承揽工作；北京区域指挥部与蒙晋区域指挥部整合成北京区域指挥部，具体负责北京、天津、河北、山西、内蒙古5个省（自治区、直辖市）的地方市场，以及央企和北京局、太原局、呼和浩特局3个铁路局的承揽工作；华东区域指挥部与东南区域指挥部整合成华东区域指挥部，具体负责江苏、浙江、上海、安徽、江西、福建6个省（直辖市）的地方市场以及上海局、南昌局2个铁路局的承揽工作。完善经营管理制度，出台《中铁二十五局集团有限公司经营承揽指标考核及单项中标奖实施办法（试行）》《关于下达2016年度各考核单位经营承揽指标及交纳风险抵押金额度的通知》等相关政策和办法。在高速公路、轨道交通、房建工程、市场工程、海外工程方面有新的进展；在水利水电工程方面取得重大突破，中标鄂北水资源配置工程1标，合同金额4.96亿元，这是集团公司首次以EPC形式中标的工程。

(3)企业管理。加强企业战略管理。在认真研究国内外经济与建筑市场形势的基础上，完成集团公司2015年度滚动发展战略规划的编制工作，制定企业3年滚动发展规划目标和实施计划与措施。加强企业内控风险管理。8月开展对三级公司内控风险工作的验收检查，查找不足，认真整改，提升三级公司内控风险工作的质量。完善风险内控制度体系，编制完成《集团公司规章制度汇编》《内控风险管理手册》初稿。加大内控体系的宣贯和培训力度，重视内控队伍建设及专业人员的培养。积极开展自我评价，配合完成第三方审计，突出缺陷整改，努力提升企业管理水平。加强企业基础管理。开展集团公司内部审核与管理评审工作，策划集团公司三标认证年度监督审核计划，协调全集团外部监督审核计划，顺利通过第三方认证公司监督审核。做好集团公司所属三级、四级子分公司清查及亏损企业清理工作。加强经营业绩考核工作，修订完善集团公司年度业绩考核办法，清理延期绩效薪金。加强资质管理，做好资质就位工作。集团公司先后与住房城乡建设部、广东省、广州市建设行政主管部门进行沟通联系，确定换证流程，督促各单位加强与本地建设行政主管部门沟通联系，做好换证工作。督促指导工程公司做好资质申报工作，2015年完成四公司与十五局公路一级资质互换工作。

(4)安全质量管理。集团公司建立健全安全生产管理体系、质量管理体系、应急管理体系,安全生产管理机构完整,职责明确。工程质量处于有序可控状态,主体工程内实外美,观感质量良好。工程交验合格率100%,实现集团公司年度质量目标。无重大工程质量事故,无业主及顾客质量投诉。集团公司安全生产形势总体平稳,未发生较大、重大、特大生产安全事故;未发生铁路交通一般B类及以上责任事故;未发生重大及以上道路交通事故、火灾爆炸事故。实现集团公司年度安全管理目标,被评为股份公司安全生产先进单位。1个项目获国家优质工程奖,5个项目获"中国铁建杯"优质工程奖,2个项目获省市级优质工程奖,4个项目获股份公司安全质量标准工地。

(5)资本经营管理。全力推进PPP项目,凤凰旅游基础设施及转型升级建设PPP项目、长春南溪湿地公园PPP项目、新建铁路朱家窑至中川线及配套工程PPP项目先后取得突破性进展,有望于2016年挂网招标。加强对投融资项目信息收集的筛选工作,通过全方位、多角度出击,不断收集项目信息,建立项目信息储备库。重点跟踪的项目20多个,均经过前期调研及评估分析,并编写可行性研究报告,与各项目合作方进行业务洽谈,确保项目顺利开展。转变思路,谋求创新,进行战略结盟,先后与多个地方政府平台签订合作框架协议,建立起立体的经营网络和多维的沟通渠道,可享有更好的投资机会和优惠政策。

(6)财务管理。细化预算管控方式,强抓费用预算管理。制定下发《中铁二十五局集团有限公司机关2015年度经费预算》《关于下达2015年度经营费用预算的通知》《关于下达2015年度各直属指挥部费用预算的通知》等文件,对集团公司机关、区域指挥部和直属工程指挥部费用支出项目进行严格控制。加大对费用预算的考核力度,一方面将机关费用分部门实行总额控制,对节超实行奖罚政策;另一方面将区域、直属指挥部费用开支纳入年度绩效考核,作为绩效考核的一项重要指标。加强资金集中管理,巩固资金集中管理效果。归集二级账户176户;银行账户归集比例41%,归集资金总余额24.86亿元,上存财务公司资金余额3亿元,资金上存度35.14%,资金集中度82.72%。集团公司内部调剂资金5亿元,节约利息支出2500万元。加强清收清欠管理和债务风险管控,加大项目治亏扭亏力度。2015年,集团公司应收账款余额为29.34亿元,较年初下降1.88亿元;应收客户56.10亿元,较年初上升10.21亿元;集团公司修正后的清收清欠目标完成值为139.92亿元,占年度清收清欠考核目标值的82.52%。加强税务筹划工作,不断降低企业税负。利用研发费用加计扣除、营业税分包抵免税等优惠政策共为企业节约税款2458万元。

(7)审计监事。完成审计项目131个,完成年度审计项目计划93个的140.86%。其中,经济责任审计17个、工程项目审计54个、财务收支审计1个、经济效益审计6个、年度绩效审计1个、专项审计调查52个;提出审计报告131份,发现问题金额33081.39万元,其中,违规违纪金额15378.42万元、损失浪费2479.02万元、不良资产167.23万元、其他15056.72万元;纠正违规金额15378.42元;提出审计建议697条,被采纳697条;通过纠正违纪违规增加留利533.55万元。通过审计工作,修订规章制度3个,新建规章制度5个。进行经济责任届满审计15项,提出审计报告15份。提升2人,平调7人,调出本单位6人。

(8)效能监察工作。派出27个工作组,135人次参与效能监察,重点检查54个工程项目,提出监察建议177条,作出监察决定12个,挽回和避免经济损失3561万元;开展"三项招标"监督94次,节约资金3447万元;协助清收工程欠款10119万元。以亏损项目整治为重点,两级纪检组织重点对21个亏损项目进行深入剖析,8个项目实现减亏,实现扭亏金额10618万元。

(王惠贞　周树沛　唐　映　冯　健　胡振虎　刘文如　唐名娟)

【科技成果】 加强科技攻关,加大科研费用投入,提升专利研发能力,为企业争创荣誉。集团公司获评"中国施工管理协会科技创新先进企业"、获评"2015年度全国工程建设质量管理小组活动优秀企业"、获评"2015年度广东省工程建设质量管理小组活动优秀企业"、有1人获中国施工管理协会科技先进个人。科技创新方面,获43项国家专利,其中发明专利4项,实用新型专利39项;获股份公司科技奖三等奖2项;股份公司优秀工法一等奖1项,二等奖4项;股份公司优秀论文二等奖2项。组织集团公司科研立项32项,申报股份公司2015年度科研立项并获得批准2项,获股份公司科研资金资助50万元。参与股份公司工法关键技术评审12项,其中5项达到国内领先水平。3项科研项目通过股份公司科技成果评审,其中1项达到国际先进水平,2项达到国内领先水平。1项科技成果获得中国施工管理协会科技奖一等奖,1项科技成果获中国施工管理协会科技奖二等奖,获铁道部级工法5项。积极参加国家、行业、地方标准制(修)订的立项申报工作。与中铁十一局展开合作,参与编制国家行业标准《城市轨道交通桥梁工程施工及验收规范》,为提升相关专业领域的技术水平,指导类似工程的建设,

具有十分重要的意义。有效推动科技税务筹划,积极研究科技优惠政策。科技研发经费加计扣除减免税2100多万元。 (朱亮明)

【党的工作】 (1)组织工作。集团公司党委下辖二级党委10个、党工委15个,党支部(党总支)264个,有党员5461人。推进"三严三实"专题教育活动,注重表率引领,强化作风建设,坚持问题导向,坚持从严整改。组织机关23个部门的21名负责人进行公开述职,由机关全体员工和部分子分公司员工进行投票评议,评议结果作为年度绩效考核的依据之一,有效促进机关作风转变。严格按制度管人、管事、管物,对超标交通费、公务车、办公用房等问题进行彻底清理整改。集团业务招待费较2014年下降27%,差旅费下降22.1%,会议费下降26.7%。扎实开展组织建设年活动。组织开展"党政是否重视、机构是否健全、活动是否正常、作用是否高效"的"四查"活动,进一步规范基层党组织设置,确保基层组织架构更加健全。修订、完善十余项组织建设相关制度和办法,健全党建工作责任制、党组织发挥保证监督作用工作制度、民主集中制、领导人员工作联系点制度等四项工作制度。突出抓好工程公司、工程项目部两级班子思想作风建设,深入开展创建"四好"领导班子、"五好"党支部、"六好"共产党员创建活动,表彰先进党委2个、先进基层党组织23个、优秀党务工作者24名、优秀共产党员63人。加强基层组织建设,强化党组织政治核心作用,对个别软弱涣散的基层党群组织进行清理整顿,帮助指导,限期整改。加强党员教育培训,组织轮训基层一线党员2400余人次,培训建党对象180人,发展党员110人。加强领导班子和人才队伍建设。一是抓学习。集团公司党委组织10多次党委中心组(扩大)学习,并通过开展专题教育、交流讨论、专家辅导讲座等多种形式,提高领导干部的政治素质。二是抓调整。对8个子公司的15名主管和撤并区域指挥部的11名主管进行调整,充实领导班子成员,优化班子整体结构。三是抓帮扶。集团公司党委通过约谈、面上指导、集体谈话等形式,分别对所属各单位班子进行帮扶。对7个子分公司班子进行考核,考核中,与49名所属单位班子成员逐个谈话,面对面点评,逐个提出整改意见。四是抓规范。规范程序、严格标准,选好用好干部,对子分公司领导班子成员42人、试用期满的领导29人进行考核,依据考核结果对2名处级干部进行诫勉,3名处级干部调离领导岗位。规范制度,严格要求,对拟提拔任用人员进行严格的廉洁从业调查,认真执行领导干部述责述廉、重大事项报告等制度,组织开展领导干部约谈、廉洁谈话,开展领导干部任前廉洁谈话167人次,诫勉谈话20人次。

(2)宣传工作。宣传思想文化工作围绕中心、服务大局,积极主动地做好铸魂凝心、聚力造势、提神鼓劲和塑形育人等工作,取得良好的成效。学规守纪,凝心聚力,扎实开展学习教育活动;在学习教育过程中,注重发挥"两个作用",即发挥好党委中心组学习的龙头作用和党委书记的表率作用,注重做到"两个强化",即强化规章学习,强化规矩意识。铸魂塑形,成风化人,深入推进企业文化建设,持续唱响"我是二十五局人"主旋律,认真开展"我是二十五局人"演讲比赛活动,继续开展"最美二十五局人"主题征文,积极做好集团公司、工程公司两级机关办公楼"中国铁建"广告大字的悬挂工作,继续开展企业文化示范点创建活动。突出特色,打造品牌,持续加强宣传报道和舆情处置工作;围绕"组织建设年"、扭亏增效、工程攻坚、管理提升等重点题材进行宣传报道;重点抓好图片和视频报道,2015年对外发表各类图片900余幅。对外发稿2785篇(件)、其中,中央级媒体发稿1233篇(件)、省部级媒体发稿743篇(件)。加强宣传载体建设,新开设集团公司的官方微信、微博,不断改进其他宣传载体。

(3)纪检监察工作。继续保持办案高压态势,严肃查办发生在项目管理中的腐败案件以及领导干部违反中央八项规定、贪污受贿、失职渎职、以权谋私案件。2015年立案42件,处分90人。坚持以"反腐倡廉宣传教育月"活动为契机,以"廉洁从业从我做起"为主题,通过讲廉洁党课、廉洁宣讲进项目、廉洁警示教育、廉洁短信大家创、读书思廉等活动载体,进行全员反腐倡廉教育。配合上级巡视工作,督促重点问题的整改,对巡视组移交的线索进行核查,查否5件,立案27件,结案26件。进一步加强纪检监察队伍建设,制定下发《关于加强纪检监察组织建设的决定》,对两级纪检监察机构的设立、人员编制、工作职责、书记和副书记的提拔使用、履职能力建设等均提出明确要求;进一步明确纪检监察组织的再监督、再检查的角色定位,出台《纪检监察组织监督工作实施细则》,明确纪委监督责任6个方面13项具体任务;修订《纪检监察综合考核办法》,对纪委各部室岗位职责和工作流程进行梳理,规范信访处置权、纪律审查权、定性量纪权的使用;出台《纪检监察干部行为规范》,提出"七必须、七不准、七禁止",严格规范纪检干部的行为,打造忠诚、干净、担当的纪检监察干部队伍。

(贺振宇 朱 艳 唐名娟)

【工会工作】 集团公司10个子(分)公司共设有138个基层工会组织,工会组建100%,工会会员9054人,职工入会率100%,职代会召开率100%,集体合同签订率100%。关注职工上岗就业问题,全集团职工息工待岗率控制在3%以下。各公司共举办工会主席接待日130余次,接待人数400余人,收集诉求150余件,得到落实解决的120余件。坚持困难职工帮扶,兑现"三不让"承诺。"两节"期间,各级工会共筹集送温暖资金176.87万元,慰问困难职工家庭1310户。在"金秋助学"活动中,全集团各级工会共发放助学金35.82万元,资助328名困难职工子女和21名困难农民工子女,保证190名大学生按时入学。在"夏送清凉"活动中,共筹集送清凉资金67.95万元,为4530名一线职工、农民工发放夏季防暑降温物品。坚持自办大病互补会和投保"两险"相结合,为32名患病职工发放大病救助款44.30万元。定制全体职工团体意外伤害和重大疾病保险保障计划,为全集团8804名职工投保"团体意外伤害险""重大疾病险"2项保险,申报保险20件,结案6件,赔付金额82万元,还有7件正在赔付中,预计赔付总金额可达193万元。开展形式多样的劳动竞赛。全集团参加劳动竞赛的员工5000多人次,组织各类劳动竞赛近40场。获评广东省劳动模范1人、广东省"五一"劳动奖章3人、湖南省"五一"劳动奖章2人、火车头奖章4人、青岛市劳动模范1人、中国铁建劳动模范3人。承办广东省工程试验职工技能竞赛。1人获评"广东省五一劳动奖章"、5人获"广东省技术能手""广东省经济技术创新能手"、45人获广东省高级职业资格证书。持续推进"安康杯"竞赛活动,组织开展新《安全生产法》知识普及和竞赛活动知识讲座21场次,知识竞赛8场次,3000多名一线职工学习培训。组织女职工参加全国"书香三八"活动,评选优秀征文69篇。为200名广州地区女职工办理续保和新参保广东省女职工安康计划。两级女工委筹集专项帮扶资金8.46万元,帮助86名女职工实现"微心愿"。组织开展"中国铁建一起走"系列活动。组织近千名职工参加执杖越野行走、四方拔河、平板支撑等系列活动。举办首届集团职工乒乓球、羽毛球比赛和第七届职工篮球赛。举办"创新谋发展,奋进普新篇"大型文艺晚会。成立集团公司老年体协组织,协助中国铁道建筑总公司老年体协举办二届七次年会。（白　艳）

【共青团工作】 集团公司团委下辖二级团委10个、团工委2个、团支部2个,三级团支部140个。35岁以下青年4305人,其中团员2104人。有12个集体、16名个人获中国铁建及省部级表彰,集团团委获评股份公司五四红旗团委。集团公司团委围绕生产经营中心工作,秉承"服务企业、服务青年"的宗旨,以"主题活动年"为主线,深化"提升团青素质、服务青年成长、夯实组织基础"三项重点工作。深化主题实践活动,广泛开展"改革创新,青年先行"主题实践活动,内容涵盖"走进青年"团干部恳谈、"我为集团改革发展献良策"征集、"降本增效当先锋,青春奉献强局梦""青"字号品牌创建等系列活动。全集团累计召开学习会、座谈会74次,参加活动2119人次;通过微博、微信、QQ群等收到意见建议211条;各级团组织开展"创效光荣,亏损可耻"大讨论34次和宣誓签名活动3次;成立青年突击队8支,分队36支。提升团青综合素质,相继开展凝心聚力主题活动、专题团课教育活动、"团干部如何健康成长"大讨论活动,进一步提高团员青年思想理论水平和政治素质。服务青年成长成才,开展集团公司第二届"十大杰出青年"评选活动,评选出10名"十大杰出青年"和11名"优秀青年",召开表彰大会进行隆重表彰。开展导师带徒活动,460名新员工签订导师带徒协议,活动签约率100%。举办"青春同行,缘聚你我"青年联谊活动,开通青年联谊微信、QQ群平台。落实"团组织就在我身边"关爱行动,为青年帮扶对象发放慰问金21000元。不断夯实组织基础,设立足球、羽毛球、篮球等青年文体社团,建立团青之家、青年书屋、青工夜校等青年活动中心,把团的工作覆盖到每名团员青年。组织7人参加股份公司"团干部如何健康成长"主题培训班。（王树峰）

【西北分公司】 成立于2010年8月21日,驻陕西省西安市碑林区东关正街70号招商局广场12楼。总经理李文涛,党委书记张天科。在职员工432人,其中中高级职称80人,各类专业技术人员397人。资产总额39386.9万元,其中,固定资产原值1144.8万元、净值774.8万元,流动资产37611.2万元。机械运输设备226台(套),设备原值4344.15万元、净值3658.50万元,设备完好率95%,利用率95%。

2015年,新签合同额4.24亿元,完成施工产值7.41亿元,比上年增长1.58亿元,完成公司年度预算的82.2%,同比增长27.2%,其中国内实现营业收入6.22亿元,海外实现营业收入1.19亿元,实现利润1600.20万元,产值利润率2.16%。职工年人均收入64260元,上缴职工五险两金894.55万元。（张　婷）

【第一工程有限公司】 市政公用工程施工总承包、铁路工程施工总承包、桥梁工程专业承包、隧道工程专业承包一级,建筑工程施工总承包、公路工程施工总承包、地基与基础工程专业承包、公路路基专业承包三级资质企业。主要从事铁路大型综合工程、高层房屋建筑、公路、市政、长大隧道和桥梁工程、大型土石方、铺轨架梁、城市轨道交通工程施工等。公司驻广州市越秀区解放北路桂花岗东2号,执行董事、党委书记张建慈,副总经理(主持经理层工作)杨云。下辖1个专业项目部、6个分公司、7个分支机构、39个直属项目部。现有员工1262人,干部807人(专业技术干部795人,占干部总数的99%),工人455人(技术工人243名,占工人总数的53%)。公司注册资本金1.5亿元,资产总值225282.46万元,其中固定资产原值46153.47万元、净值12814.43万元,流动资产301235.12万元,其他资产7502.27万元。机械运输设备1269台(套),设备原值33186万元、净值13194万元,总功率25250千瓦,设备完好率70.4%,利用率75.8%,动力装备率18.59千瓦/人,技术装备率9.72万元/人。年施工生产能力39.08亿元。

2015年,新签合同额35.98亿元,完成企业总产值401253.38万元,实现净利润401.03万元。

(秦秀娥)

【第二工程有限公司】 市政公用工程施工总承包一级,铁路工程施工总承包二级,建筑工程、公路工程施工总承包三级,桥梁工程专业承包一级、隧道工程专业承包二级,公路路基工程、输变电工程专业承包三级资质企业。驻湖南省衡阳市珠晖区乐群里166号。执行董事、党委书记彭思甜,总经理隋瑞凌。下辖34个工程项目部、混凝土综合工程队、桥梁综合工程队、物资设备租赁中心、物业管理部、广州分公司和贵州分公司。在岗职工1005人。其中,干部511人、工人494人,专业技术干部376人,占干部总数的73.58%;技术工人213人,占工人总数的43.12%。企业注册资本金10000万元。资产总额165413.7万元。其中固定资产原值12944.75万元、净值3790.12万元;流动资产158097.4万元。机械运输设备848台(套),设备原值8587.52万元、净值2702.51万元,总功率15960千瓦,动力装备率15.88千瓦/人,技术装备率2.69万元/人,设备完好率90%,利用率83%。年施工能力20亿元以上。

2015年,新签合同额14153万元,完成企业总产值88535万元,全员劳动生产率88.09万元/人·年,职工年人均收入55923元。

(代　辉)

【第三工程有限公司】 铁路、市政工程施工总承包一级,公路、房建工程施工总承包三级,桥梁、隧道工程施工专业承包一级资质企业。驻湖南省长沙市雨花区雨花路裕华名苑4栋大鸿杰座。执行董事、总经理李红斌,党委书记李章泽。公司下辖7个分公司和若干项目部。职工1394人,其中,干部802人,专业技术干部740人,占干部总数的92.2%;工人592人,其中技术工人441人,占工人总数的74.5%。企业注册资金1亿元。资产总额213640万元,固定资产原值19103万元、净值8806万元,流动资金15847万元,流动资产200823万元。机械运输设备339台(套),原值11493万、现值4614万元,总功率24662千瓦,动力装备率17.6千瓦/人,技术装备率3.3万/人,机械化施工程度80%以上。年施工能力30亿元以上。

2015年,新签合同总额209000万元,完成企业总产值255469万元,实现利润1063万元,其中消化历年潜亏13500万元。全员劳动生产率18.5万元/人·年,职工年人均收入64014元。净资产收益率9.8%,营业利润率0.23%,资产负债率94.79%。

(王凯辉)

【第四工程有限公司】 铁路、公路、市政公用、建筑工程施工总承包一级;桥梁、隧道工程专业承包一级;营业性爆破作业单位许可证二级资质企业。驻广西壮族自治区柳州市和平路138号。执行董事、党委书记、总经理纪青春。职工1111人,其中,干部683人、工人428人;专业技术人员610人,占干部总数的89.3%;技术工人395人,占工人总数的92.3%。资产总额228105万元,其中固定资产原值23158万元、净值5230万元,流动资产214726万元,其他资产8149万元。机械运输设备246台(套),原值8562万元、净值2187万元,总功率22938千瓦,动力装备率20.63千瓦/人,技术装备率1.97万元/人,设备完好率83.43%、利用率64.32%,机械化施工程度80%以上,年施工生产能力30亿元以上。

2015年,新签合同额33.6亿元,完成企业总产值201198万元,其中施工产值201200万元,实现利润总额347万元,人均创利2880.41元,全员劳动生产率14.98万元/人·年,职工年人均收入62371元,国有资本保值增值率100.04%,净资产收益率0.03%,产值利润率0.11%,资产负债率88.36%,应上缴款完成率44%。

(李水莲)

【第五工程有限公司】 市政公用工程施工总承包一级,桥梁工程专业承包一级,隧道工程专业承包一级资质企业。驻山东省青岛市崂山区科苑纬三路25号。总经理(主持工作)张旭海,党委副书记(主持工作)马国松。下辖5个专业分公司及1个租赁中心。职工759人,其中,管理人员(干部)179人、专业技术干部575人、工人5人(其中工人4人,技术工人1人)。资产总额177459万元,其中,流动资产155207万元,占资产总额87%;固定资产原值39242万元,占资产总额的22%；固定资产净值21109万元；其他资产1142万元，占资产总额的0.64%。机械运输设备761台(套)，设备原值17924.56万元、净值12501.85万元，设备总功率29760千瓦，动力装备率38.50千瓦/人，技术装备率16.15万元/人，设备完好率80.22%，设备利用率100%。机械化施工程度达到80%以上，年施工生产能力20亿元以上。

2015年，新签合同额20.95亿元，完成施工产值196292万元，实现营业利润56万元，净利润40万元。人均创利726.5元，职工年人均收入63874元。国有资本保值增值率100.19%，净资产收益率0.20%，产值利润率0.02%，资产负债率88.5%。 （杜 震）

【第六工程有限公司】 房屋建筑工程施工总承包一级、市政公用工程施工总承包一级、铁道工程施工总承包二级，同时还拥有建筑装修装饰、钢结构、消防设施、机电设备安装工程专业承包一级，建筑幕墙工程专业承包二级，地基与基础专业承包二级、公路总承包叁级、输变电专业承包三级、环保工程专业承包资质企业。驻广西柳州市红岩路二区75号。执行董事、总经理曾小勇，党委书记谌勍。职工927人，其中，专业技术人员553人、中高级以上技术人员186人、工人292人。资产总额88204万元，其中，流动资产79749万元，占资产总额90%；固定资产原值8036万元，占资产总额的9.1%；固定资产净值2640万元；其他资产5814万元，占资产总额的6.59%。机械运输设备590台(套)，设备原值2994.36万元，设备净值1241.17万元，设备总功率8670千瓦，动力装备率10.15千瓦/人，技术装备率1.45万元/人，设备完好率95.5%，设备利用率83%。机械化施工程度85%，年施工生产能力17亿元以上。

2015年，新签合同额26.7亿元，完成企业总产值17.56亿元，实现利润627.9万元。人均创利9076.1元，职工年人均收入81111元。国有资本保值增值率104.75%，净资产收益率4.49%，产值利润率0.51%，投资回报率4.24%，资产负债率83.22%，应上缴款完成率110.09%。 （贾 倩）

【电务工程有限公司】 铁路电务工程专业承包一级，铁路电气化工程专业承包一级，电子与智能化工程专业承包二级，输变电工程专业承包二级，通信工程施工总承包三级，建筑机电安装工程专业承包三级，承装(修、试)电力设施业务承装类四级、承修类四级许可资质企业。驻广东省广州市越秀区共和西路8号执行董事、总经理苏永雄，党委书记李建云。现有员工522人，其中，干部249人、含专业技术干部227人、高级职称33人、中级职称58人、初级职称134人；工人273人、含技术工人240人。资产总值44186万元，其中固定资产原值1118万元，净值227万元，流动资产43530万元。机械设备及仪器仪表128台(套)，设备原值770.6万元，净值167万元，总功率3100千瓦，动力装备率7.75千瓦/人，技术装备率0.42万元/人，设备完好率81.2%。年施工生产能力10亿元。

2015年，新签合同额7.28亿元，完成企业总产值4.31亿元，实现利润总额431.37万元，产值利润率1%，资产负债率88.56%，职工年人均收入81766元。

（陶思予）

【房地产开发有限公司】 主要从事房地产开发业务。驻广东省广州市越秀区中山一路57号。董事长、总经理邴凌(12月免)，主持董事会、经理层工作孙继民(12月任)；党委书记彭广华(12月免)，党委书记何政(12月任)。职工75人，其中专业技术干部40人，下辖2个子公司和1个项目部。资产总额36318万元，其中固定资产净值121万元，流动资产36059万元。

2015年，完成营业收入4400万元，实现净利润365万元。

（龚 凌）

【南方实业开发有限公司】 企业经营范围主要为房地产开发；铁路专用线运输；批发与零售业；仓储、停车场经营；物业管理；房地产中介；场地租赁；货运代理；货物装卸服务；餐饮、酒店住宿(旅业)及烟草酒类经营。驻广东省广州市越秀区共和西路8号。执行董事、总经理李新黎，党委书记彭广华。现有职工总数434人，其中，在岗343人(含待岗9人，离岗休息12人)、内退82人。在岗干部162名(专业技术干部147人，占干部总数的90%)、工人190名(技术工人48名，占工人总数的25%)。公司注册资本5024.42万元；资产总额为5324.42万元，其中固定资产原值8460.31万元、流动资产18243.29万元、其他资产25512.97万元。机械运输设备431台(套)，设备原值1333.08万元，净值221.38万元，设备总功率2133.00千瓦，动力装备率7.30千瓦/人，技术装备率0.76万元/人。

2015年，完成经营收入2.03亿元，实现利润910万元。职工年人均收入7.15万元。应上缴款完成率100%。

（王小西）

【广州铁诚工程质量检测有限公司】 国家认证监督管理委员会"CMA计量认证"，交通部基本建设质量监督总站"公路水运工程试验检测机构综合乙级资质"，广东省建设厅"建设工程质量检测机构资质证书"。

驻广东省广州市越秀区共和西路8号。执行董事兼总经理李杰。员工64人,其中,集团公司管理聘用人员8人、公司管理聘用人员56人、技术人员52人。公司2015年资产总额1844万元,固定资产原值851万元,净值242万元,其中机械运输设备94万元,净值18万元。

2015年,完成总产值1965万元,实现净利润531万元,人均创利8.28万元,全员劳动生产率30.7万元/人·年,职工年人均收入8.7万元,国有资本保值增值率114%,净资产收益率30.26%,产值利润率56.57%,资产负债率4.7%,应上缴款完成率100%。 (陈燕玲)

【重要记载】

▲2月10日 集团公司在广州召开二届一次职代会暨2015年工作会议。集团公司董事长、总经理梁毅作行政工作报告,党委书记张建国作重要讲话。

▲3月10日 在广东省总工会2015年度工业系统工会工作会议上,集团公司工会女工委被授予广东省总工会“女职工工作先进集体”称号。

▲5月10—14日 集团公司董事长、总经理梁毅抵达明斯克参加中国—白俄罗斯地方经贸合作交流系列活动。11日,习近平主席亲切接见梁毅与中国驻白俄罗斯大使馆工作人员及留学生代表。

▲5月26日 集团公司党委书记、副董事长张建国在广州会见来访的马来西亚拿督斯里达斯先生一行。集团公司党委副书记、纪委书记、监事会主席任国华,副总经理、总会计师冼海燕等领导参加座谈会。

▲6月9日 湖南省委副书记、省长杜家毫在副省长张剑飞,湘潭市委书记陈三新等领导的陪同下,视察三公司长株潭城际铁路项目荷塘车站施工现场。

▲6月26日 股份公司副总裁刘汝臣在集团党委书记、副董事长张建国的陪同下,赴六公司参建的南宁地铁3号线工地检查指导工作。

▲9月7日 中国驻白俄罗斯经济商务参赞处刘雪松参赞率队检查指导由西北分公司承建的援白俄罗斯明斯克区中心医院项目,参赞处二秘李朝晖等人员随行。

▲10月15日 全国铁路总工会主席余卓民一行在武汉铁路局相关领导的陪同下,添乘检查三公司孟平铁路项目站场改造工程。

▲11月8日 集团公司董事长、党委书记张建国一行到湖南湘西州开展考察投资工作,并与湘西州凤凰县签署战略合作框架协议。 (林 林)

中铁建设集团有限公司

【简况】 是房屋建筑工程施工总承包特级,市政公用、机电安装工程施工总承包一级,地基与基础、钢结构、机电设备安装工程专业承包一级,建筑工程设计甲级,建筑智能化、建筑装饰装修工程设计与施工一级,预拌商品混凝土专业承包二级(最高级)企业;注册资本25亿元。集团公司总部驻北京市石景山区石景山路20号中铁建设大厦;前身为中国人民解放军铁道兵独立建筑团,1984年1月集体转业,先后称铁道部工程指挥部建筑工程处、中国铁道建筑总公司北京工程公司、北京中铁建筑工程公司;2001年8月改制为北京中铁建设有限公司,2003年12月更名为现名。下辖15个区域分公司,11个专业公司,4个板块公司,共计30个二级单位;以及10个区域经营指挥部(派驻机构)。在岗职工8687人,专业技术人员4191人。资产总额为427.8亿元流动资产411.6亿元。机械设备851台(套),原值23173万元、净值7559万元,总功率5.2万千瓦,技术装备率0.94万元/人,动力装备率6.5千瓦/人,设备成新率32.62%,主要设备完好率100%,利用率100%。综合机械化施工程度75%,年施工生产能力超过5000万平方米。

2015年,新签合同额630.87亿元,完成营业收入339.7亿元,实现利润9.69亿元。国有资本保值增值率113.46%,净资产收益率12.84%,产值利润率2.93%,资产负债率87.28%。获各类优质工程126项,国家级16项、省部级65项;获125项股份公司级及以上优秀QC成果(小组),国家级24个、省部级82个;92项工程获文明安全施工单位,其中,国家级2项、省部(直辖市、自治区)级50项、地市级36项、股份公司级4项;获省部级科学技术奖3项,中国施工企业管理协会科学技术奖8项,中国建筑学会科技进步奖2项;获国家级工法2项,省部级工法7项;获授权专利89项,其中发明专利17项。获评2015年度全国工程建设质量管理优秀企业、2015年全国质量管理小组活动优秀企业、2015年度全国工程建设质量管理小组活动优秀企业、全国优秀施工企业、2014年度中国施工企业管理协会科学技术奖科技创新先进企业,中国AAA级信用企业、“十二五”企业文化建设优秀单位、北京市住建委“2015年度安全生产管理先进施工单位”。企业资信等级自评定以来一直为AAA级。

(章 梅)

【领导人员】

董事会

董事长	汪文忠
董事	赵　伟
	郭剑平
	陈有忠
	于久龙

监事会

监事会主席	张军柱
监事	贾学斌
	王曰亮

经理层

总经理	赵　伟
副总经理	郭剑平
	吴成木
	贾　洪
	陈有忠
	于久龙
	吴永红
	沈天丽
	王　闯(1月任)
	吴　笛
总工程师	贾　洪(兼)

党群领导

党委书记	汪文忠
党委副书记	赵　伟
	张军柱
纪委书记	张军柱
工会主席	陈有忠

(章　梅)

【职工队伍】　在岗职工8687人,其中女职工1281人。博士7人、研究生167人、硕士79人、本科4437人、大专1970人;各类专业技术职务人员4191人,正高级职称24人、高级职称338人、中级职称699人、初级职称2628人、员级职称400人、高级技师35人、技师67人。项目经理331人。2015年,接收应届大中专毕业生377人,其中研究生19人。社会招聘专业技术人员30人。

(申彦涛)

【工程施工】　在施总承包工程377个,在施面积4584万平方米,新开工面积997万平方米;竣工工程65个,竣工面积597万平方米。

广西九洲国际大厦工程　办公用房,框架—钢筋土核心筒混合结构,檐高301.6米,建筑面积21.4万平方米,合同投资80000万元,抗震设防烈度7度。开工日期2011年6月28日,计划竣工日期2016年10月3日。项目经理张学臣。2015年完成施工产值11961.67万元。工程处于主体结构施工阶段。

南宁五象新区前海人寿工程　超高层塔楼及裙房组成的大型综合体。塔楼结构形式为钢框架—钢筋砼核心筒混合结构,非塔楼部分为框架结构。塔楼的建筑高度T1楼249.6米,T2楼199.5米,T3楼158.1米,T4楼170米,T5楼149.8米,裙楼23.50米。建筑面积84万平方米。开工日期2014年4月8日,计划竣工日期2016年2月28日。项目经理伊亮。2015年,完成施工产值14816.32万元。工程处于主体结构施工阶段。

江西省总商会企业总部综合体工程3标段　核心筒结构,合同建筑面积22.33万平方米,檐高238米,合同投资78000万元。开工日期2014年7月1日,计划竣工日期2016年10月15日。项目经理林伟。2015年,完成施工产值4098万元。工程处于底板施工阶段。

北京朝阳区广华新城保障性住房617地块(北京)　住宅用房,剪力墙结构,地下车库为框架结构,檐高98.6米,建筑面积32.7万平方米,合同投资85701万元。开工日期2012年2月22日,计划竣工日期2016年5月30日。项目经理吴晋。2015年,完成施工产值21169万元。工程处于装饰装修阶段。

北京长城金融工程项目1标段(北京)　办公用房,钢—混凝土结构,檐高150米,建筑面积7.6万平方米,合同投资35919.32万元。开工日期2014年4月8日,计划竣工日期2016年10月30日。项目经理姜传伟。2015年,完成施工产值15104万元。工程处于装饰装修阶段。

昆明南站　特大型铁路枢纽,钢筋混凝土结构,檐高52.15米,建筑面积322003平方米,合同投资205233.6万元。开工日期2013年11月15日,计划竣工日期2016年6月30日。项目经理韩世春。2015年,完成施工产值92600万元。工程处于主体结构收尾阶段。

三亚海棠湾红树林七星度假酒店项目　超高层酒店,框架—剪力墙结构,檐高125.2米,建筑面积20.2万平方米,合同投资48634万元。开工日期2012年10月27日,计划竣工日期2017年5月1日。项目经理曹志永。2015年,完成施工产值6180万元,工程处于装饰装修阶段。

洛阳正大国际城市广场暨市民中心　框架核心筒、钢结构,建筑面积198484.13平方米,合同投资56370万元。开工日期2014年5月20日,计划竣工日期2016年4月28日。项目经理禚洪强。2015年,完

成施工产值14792.23万元。工程处于二次结构施工,穿插甲分包装饰装修阶段。(章　梅)

【海外工程施工】 2015年,海外新签合同额43.07亿元,在施及竣工项目10项。其中,巴布亚新几内亚莫尔兹比港SP啤酒厂、瓦咖尼二期、天景苑工程、运动员村餐厅4项工程竣工,麦克格莱格处于竣工收尾阶段。因主体设计变更等原因停工项目2项。

马来西亚四季酒店　集商业、公寓和酒店于一体的高端城市综合体,建筑面积23.1万平方米,合同投资146787万元,合同工期2014年7月—2017年7月。项目经理马占江。工程处于主体结构施工阶段。

巴布亚新几内亚莫尔兹比港海港写字楼工程　2栋写字楼,建筑面积19357平方米,合同投资36907万元,合同工期2012年2月—2015年8月。项目经理李坤。工程处于装饰装修阶段。

巴布亚新几内亚首都莫尔兹比港游戏机房与酒吧工程　文化、体育、娱乐用房,建筑面积1000平方米,合同投资3004万元,合同工期2014年12月—2016年2月。项目经理顾宗飞。工程处于装饰装修阶段。

沙特KAP5军营项目　政府军营用房,建筑面积311731.37平方米,合同投资282668万元,合同工期2015年1月—2018年12月。项目经理张健。工程处于基础施工阶段。

沙特阿美别墅项目　住宅用房,建筑面积99486平方米,合同投资107762万元,合同工期2015年3月—2017年5月。项目经理李章平。工程处于基础施工阶段。(李　净　章　梅)

【经营管理】 (1)经营承揽。全面推行区域经营,实行揽干分离。深入推进10个区域经营指挥部运营,集团分管领导亲自兼任指挥长,区域分公司总经理兼任副指挥长,区域经营承揽成效初显;注重承揽质量,先后承揽马来西亚四季酒店超高层项目、力上港中旅维景大酒店、长影海南生态文化产业园项目中国区等一系列标志性工程;加强经营人员素质建设,陆续开展经营制度、建筑钢结构施工、PPP专题等一系列培训;继续开展市场、客户、责任"三个细分"工作。主动回访老客户、开拓新资源;探索新的经营模式,引进有丰富投资经验的人才,参与湖南省湘江新区滨江国际金融中心、益州大道南二段等PPP模式项目。集团公司获股份公司2015年度经营工作先进单位。

(2)物流贸易。集团公司下属物资公司持续做大做强"钢材现货贸易、钢材工程服务贸易、工程物资系统集成"三大主业,优化管理,提升服务,竭力打造专业的物资流通平台。明确做大钢材现货销售的战略目标,锤炼高效衔接上下游产需的供应链管理实力。除京津2地,在广州、合肥、南昌、西安等地钢厂年协议量75万吨,成功聚集中国铁路物资、五矿钢铁、中铁物资集团、中铁物贸等大批优质客户,全国协议户超过100家。携手特乐意信息技术公司搭建建材电商平台,在此平台上成功实现在线闭环交易,线上招标采购、销售、对账、收付款等一系列工作流程。

(3)工程管理。持续推行标准化、制度化、程序化、信息化管理。着力推进施工分包集中管理、绿色施工和标准化施工,强化对二级单位和项目部的运行监控和管理提升,强化对重点工程和重点客户的管理。加强外部信用评价的管理,昆明南站在上半年的信用评价中在昆明铁路局排第一名。持续开展工程质量飞行检查及专项督查,对重点工程和重要质量问题实施跟踪调查,突出抓好关键工序质量,确定质量标准,推进精品集的编制。持续完善安全管理体系,安全生产形势稳定,无亡人安全生产责任事故发生。集团公司被北京市住房和城乡建设委员会评为"2015年度安全生产管理先进施工单位",90项工程获文明安全施工荣誉。完善集团公司、分(子)公司、项目部自上而下的三级节能环保管理体系,建立节能环保的指标体系、统计标准,确定考核机制,无环境污染责任事故发生。大力推进二级单位物资集中采购、物资消耗量管控、现场施工标准化和绿色施工,全面落实股份公司公务用车各项规定。

(4)企业管理。为提升企业设计水平,设立中铁建设集团有限公司BIM研究中心。为更好地开拓海外市场,设立中铁建设集团俄罗斯有限责任公司、中铁海外工程(马来西亚)有限公司。为优化资源配置,加快产业结构调整,集团公司与中铁十四局拟就相关资质进行划转,中铁十四局隧道工程有限公司的机场场道工程专业承包一级资质划转给集团公司,集团公司钢结构工程专业承包一级资质划转给中铁十四局,取得股份公司同意,相关资料报市建委和住建部审批。

(5)财务管理。加强风险管理和资金管控,以会计核算和全面预算为重点,加强基础管理和责任落实,强力推进清收清欠工作,提高经营性净现金流。推进分公司管理改革,发挥财务绩效考评导向作用,完成财务共享中心的建设工作。坚持推进资金集中管理措施,继续加大外部业主银行方和财务公司方的沟通协调力度,严控开户审批,将资金集中度、资金上存度纳入到过程考核指标中,探索在中国铁建财务公司开户模式,将结算业务平移到财务公司办理。下发一系列管理制度,加强和规范产权登记管理、无形资产管理与核算、资金收支监管、应收款项管理、债务管理和业务招待费等工作。修订内控管理手册,整合业务审批流程，实现全部审批事项网络审批和资源的高效利用。

(6)审计管理。印发《关于自审自查整改情况的通报》，对2014年迎审自查中发现的问题进行通报，明确整治整改完成的时间节点。完成审计项目47项，完成计划的100%。查处问题金额7969万元，提交审计报告47份，提出审计建议113条，发现的问题金额在审计中基本得到纠正。山西分公司审计部、天津分公司审计部被评为股份公司审计工作先进单位。

(7)综合管理。完善内控体系，将参与重大项目、重要决策的法律论证、审核作为法律服务工作重点；通过诉讼仲裁方式解决重大合同纠纷，清收确权4.5亿余元。建立企业内部清单管理系统，统一集团内部企业定额和指导价。发布微信企业号，实现微信企业号与移动门户的集成。首次开编《中铁建设年鉴》，并完成2012卷至2015卷的编写工作。完善档案、公文、印章管理信息系统，在中央企业档案工作评价中获A级单位，公文管理实现电子发文和上级来文网上传阅，用印申请全部实现网上审批。（章　梅）

【科技教育】　(1)科技创新。大力实施观念创新、科技创新、管理创新，继续做实做强技术中心，提升技术中心自主研发能力。集团下属3家单位中铁建设集团设备安装有限公司、中铁建钢结构有限公司、北京中铁装饰工程有限公司通过国家高新技术企业的认证。集团公司获"北京市高新技术转化示范企业"称号。新立股份公司课题C类课题3项。组织3项重大高危施工方案的审查。

(2)教育培训。开展领导干部培训、项目经理培训、入职三级培训和国际工程英语培训等各级各专业人员培训，教育培训工作各项要求得到有效落实。集团公司完成培训1554项，培训范围涵盖工程、质量、技术、安全、造价、财务、党群等各类专业，培训46554人次，平均满意度为96%，投入培训费306.9万元。

（李　蒨　黄梦妮　章　梅）

【党的工作】　深化"四风"整治，通过动员学习、查找问题、整改落实3个阶段开展自查自纠活动，全系统30个二级单位及其所属党支部同步实施，实现上下全覆盖。深入开展"三严三实"专题教育活动，制定专题教育方案和活动推进表，建立专题教育联系点制度，实现党建引领企业生产经营工作常态化。创新学习方式，利用APP软件、视频等学习习近平总书记讲话精神。开通微信公众平台，企业文化建设与"互联网+"有机融合，及时宣传集团公司重要活动、管理亮点和先进事迹，助力企业品牌建设。深入开展"两个责任落实年"活动，与下属29家单位签订"党风廉政建设责任书"。举办2期入党积极分子培训班，共组织113人次前往周恩来、邓小平纪念馆、西柏坡等红色基地进行教育，发展党员90人。补发、换发党员证106本。接收新入职大学生党员104人，离职党员54人；接收钢结构党员532人。（王　睿　章　梅）

【纪检监察工作】　2015年，所属各单位开展党章党规党纪教育活动664次，参加人数9534人。在反腐倡廉专栏刊发的教育信息350多篇。启动实施效能监察29项，成立效能监察工作组29个，监察覆盖三级项目200多个，发现管理问题215个，提出监察建议389条，规范完善各项规章制度27个。建立健全发现问题月报告和问题跟踪整改专项报告"双报告"制度，针对监察专员发现的问题，向总部相关业务部门发出监察建议书。上报重大问题21项；上报二级单位领导班子建设方面问题17项，提出建议21项；制度建设方面问题6项，提出建议10项；经营承揽与管理内控方面问题53项，提出建议60项；针对143个项目部提出项目管理问题417项，提出建议493项；上报潜亏项目24个；上报安全质量问题5个；参与亏损项目审计3项；跟踪督促96个下属单位336个问题的整改。开展6项专项监督，包括临时设施管理、分包管理、200元成本管控分析、主材消耗管控、完工与在施项目成本管控情况对比、项目混凝土灰砂砖控制等。（王　征　章　梅）

【工会工作】　集团公司工会会员8967人，31个二级工会组织，420多个三级工会组织。2015年1月，召开三届三次职工代表大会，审议并通过各项工作报告，签订2015年集体合同以及各专项合同。按期进行工会换届，职工入会率100%。加强工会资产管理和工会经费全面预算管理，形成上下统一的财务监管机制，集团工会财务被股份公司工会评为财务工作先进单位。开展形式多样的劳动竞赛，助力生产经营。通过合理化建议活动、项目管理策划、征求管理建议会、"诸葛亮会"等多种形式，充分征集职工好的管理意见和建议，做好企业民主管理。倡导职工观看"梦娃"系列公益宣传教育活动，践行社会主义核心价值观。继续推进员工"悦读会"活动成果，倡导"职工书屋"建设。积极引导职工开展劳动法律知识宣传学习活动，开展以《公司法》《工会法》《劳动法》《劳动合同法》为核心内容的法律知识竞赛。组织开展丰富多彩的文体减压活动，为职工娱乐、健身、沟通、交流、减压搭建平台。与"幸福果园"网站签订协议，为单身青年职工提供交友联谊平台。做好送温暖、"三不让"帮扶、职工互助合作保险、金秋助学、关爱退休职工等工作，累计各种帮扶救助145万多元。集团公司获中华全国铁路总工会授予的“全国铁路模范职工之家”称号。

（李泽文　章　梅）

【**共青团工作**】　举办“道德讲堂”活动，开设“青年大讲堂”专栏，为青年职工提供相互借鉴论点、进行思想碰撞的平台，发表232篇由青年职工撰写的读后感、观后感、入职体会等类型多样的文章。开展“改革创新、青年先行”活动，调动各级团组织和广大团员青年的积极性、主动性和创造性。为单身员工扩大交际范围、搭建健康的交友平台，组织50余名单身职工参加由石景山团区委主办的“相约石景山、你我不孤单”青年人才交友联谊活动。通过建立QQ群和微信群等新媒体交流平台组织工作，实现优秀的工作方法实时共享、创新的活动方式相互借鉴。（王　睿　章　梅）

【**北京分公司**】　2010年1月成立，驻北京市石景山区石景山路20号。职工1519人。资产77.76亿元（流动资产77.56亿元，固定资产净值0.13亿元），年施工生产能力52.56亿元。2013年3月成立同级子公司中铁建设集团北京工程有限公司。

2015年，完成企业产值57.77亿元，实现利润3.08亿元，协助完成承揽61.8亿元。获安全、技术质量等各类奖项67项，其中中石油钻井研发中心一号楼工程和丽都饭店改扩建工程分别获中国建筑工程鲁班奖和国家优质工程奖。（周京精　章　梅）

【**西安分公司**】　2002年3月成立，前身为中铁二十局城建总公司，2001年底划归集团公司。公司驻西安市高新区高新四路17号。职工538人。资产19.82亿元（流动资产19.58亿元，固定资产原值1.02亿元，净值2385万元）。机械运输设备13台（套），年施工能力200万平方米。2009年1月成立同级子公司—中铁建设集团西安工程有限公司。

2015年，新签合同额34.99亿元，完成企业产值14.11亿元，实现利润5030万元。（徐　旭　章　梅）

【**郑州分公司**】　2009年12月成立，驻郑州市郑东新区马庄街3号。职工462人。资产13.67亿元（流动资产13.59亿元，固定资产原值0.36亿元，固定资产净值0.08亿元）。

2015年，新签合同额37.98亿元，完成产值11.74亿元，实现利润3051万元。（夏美雷　章　梅）

【**武汉分公司**】　2009年3月成立，驻武汉市硚口区古田二路汇丰企业总部2号楼。职工549人。资产15.15亿元（流动资产15.12亿元，固定资产净值358.94万元），年施工生产能力16.56亿元。2009年7月成立同级子公司中铁建设集团湖北建设有限公司。

2015年，完成企业产值18.59亿元，实现利润5539万元，协助中南指挥部完成承揽18.78亿元。

（艾梦龙　章　梅）

【**济南分公司**】　2008年5月成立，驻济南市槐荫区经十路段店立交桥27180号。职工人数674人，资产24.74亿元（流动资产24.62亿元，固定资产原值0.61亿元，净值1158万元）。2011年12月成立同级子公司中铁建设集团济南工程有限公司。

2015年，新签合同额23亿元，完成企业产值20.5亿元，实现利润6168万元。（郭艳华　章　梅）

【**华东分公司**】　2009年12月成立，驻上海市闵行区莲花路1978号。职工597人。资产39.5亿元（流动资产33亿元，固定资产净值239万元），年施工生产能力26亿元。2011年9月成立同级子公司中铁建设集团华东工程有限公司。

2015年，新签合同额29.88亿元，完成企业产值25.85亿元，实现利润9809万元。（窦雪艳　章　梅）

【**昆明分公司**】　成立于2011年8月，驻昆明市官渡区经济开发区经开路7号。职工266人。资产13.77亿元（流动资产13.69亿元，固定资产净值753.29万元）。

2015年，新签合同额34.03亿元，完成产值9.57亿元，实现利润4228万元。（王桂兰　章　梅）

【**中铁建设集团房地产有限公司**】　2010年2月成立，房地产开发二级资质，注册资金5亿元，公司驻北京市石景山区石景山路20号。在岗职工120人。资产53.83亿元（流动资产53.32亿元，固定资产净值171.8万元）。

2015年，完成销售额21.64亿元，营业收入13.9亿元，实现利润2.63亿元。2015年，有6个开发项目，5个在建，1个清盘。总建筑面积217.14万平方米。

（彭艳芬　章　梅）

【**设备安装分公司**】　1990年1月成立，驻北京市丰台区张仪村路16号。职工402人。资产14.98亿元（流动资产14.92亿元，固定资产净值654万元）。2012年3月成立同级子公司中铁建设集团设备安装有限公司。

2015年，新签合同额16.06亿元，完成企业产值13.62亿元，实现利润10085万元。

（闫　芬　章　梅）

【北京中铁建工物资有限公司】 1993年12月成立，驻北京市丰台区张仪村路16号，注册资金3亿元。主营钢材现货贸易、钢材工程服务贸易、工程物资系统集成。职工210人。资产总额81.77亿元（流动资产81.76亿元）。运输挂车3辆，吊车2辆，龙门吊1台，价值近320万元。设有同级内部供应机构——物资供应站。

2015年，营业收入88.48亿元，实现利润1.5亿元。经销钢材300万吨。 （刘 浏 章 梅）

【市政工程分公司】 公司前身为中国人民解放军铁道兵独立建筑团汽车连，驻北京市丰台区张仪村路16号。在岗职工260人。资产114747.85万元（流动资产114513.96万元，固定资产净值206.94万元）。2012年6月11日成立同级子公司中铁建设集团市政工程有限公司。

2015年，新签合同额21.52亿元，完成施工产值5.02亿元，实现利润2708.85万元。

（王 征 章 梅）

【北京中铁装饰工程有限公司】 1999年9月成立，2015年4月注册资本金从3000万增加到10500万元。具有建筑幕墙工程专业承包一级、建筑幕墙工程设计专项甲级、建筑装饰工程设计专项乙级、建筑装修装饰工程专业承包二级资质，特种工程（钢结构补强）专业承包不分等级、钢结构工程专业承包三级资质，11月通过北京市2015年度第二批高新技术企业认定。公司驻北京市丰台区张仪村路16号。设有同时成立的同级分公司。职工472人。资产107246.39万元（流动资产106853.1万元，固定资产净值393.29元）。

2015年，新签合同额12.99亿元，完成施工产值85333.32万元，实现利润总额4355.62万元。

（陈 盼 章 梅）

【铁路工程总指挥部】 2010年2月成立，驻北京市石景山区石景山路20号。以铁路经营为主业方向，同时开拓路外房建市场。在岗职工416人。资产193323.25万元（流动资产191840.94万元），机械设备18台。

2015年，完成施工产值26.77亿元，完成营业收入23.21亿元。 （叶晓华 章 梅）

【中铁建设集团物业管理有限公司】 2009年1月成立，驻北京市石景山区石景山路20号。注册资本300万元。物业管理服务二级资质，2011年7月通过质量、环境、职业安全健康三体系认证。设有于2003年7月成立的同级分公司中铁建设集团有限公司房产膳食管理服务中心。在岗职工178人。资产2850.85万元（流动资产2817.24万元，固定资产净值33.6万元）。

2015年，完成企业总产值2633.97万元。

（龚雪红 章 梅）

【重要记载】

▲1月6日 集团公司在中铁建设大厦承办股份公司党委书记座谈会。中国铁建党委书记、董事长孟凤朝出席并讲话。

▲1月7日 中国铁路总公司副总经理卢春房赴海南分公司承建的新建海南西环铁路工程东方站检查指导。

▲1月16日 集团公司召开三届三次职工代表大会暨2015年工作会议。集团公司董事长、党委书记汪文忠作题为《超前谋划、主动作为、开创集团公司新常态发展局面》的讲话，集团公司总经理赵伟作题为《适应新常态、开创新局面、确保企业发展再上新台阶》的行政工作报告。

▲1月17日 集团公司召开2015年党风建设和反腐倡廉工作会议。集团公司董事长、党委书记汪文忠作题为《落实两个责任、严肃党纪企规、打造集团公司风清气正人廉的发展环境》的讲话，党委副书记、纪委书记张军柱作题为《创新监督机制、强化责任落实、为集团公司平稳健康发展提供有力保障》的工作报告。

▲1月20日 中共中央总书记、国家主席、中央军委主席习近平考察承建的昆明火车南站。

▲3月12—14日 中国铁建董事长孟凤朝赴超高层事业部马来西亚四季酒店项目部检查指导。

▲3月25日 安徽省委书记张宝顺赴铁总指黄山北站项目检查指导。

▲3月30日 云南省委书记、省人大常委会主任李纪恒，省委副书记、省长陈豪，贵州省委书记、省人大常委会主任赵克志及省委副书记、省长陈敏尔带领的党政代表团一行近80人赴昆明南站站房项目部考察。

▲4月2日 央视新闻联播中播出集团公司总经理赵伟在昆明南站站房项目部接受中央电视台记者采访的新闻。

▲4月15日 中共中央政治局委员、中央统战部部长孙春兰在云南省委书记、省人大常委会主任李纪恒的陪同下，视察铁总指承建的昆明南站。

▲5月7日 泰国交通部、外交部代表团30余人到铁总指承建的昆明南站考察。

▲5月14日 国务院副秘书长、国家信访局局长舒晓琴考察承建的昆明火车南站。

▲5月15日 中国铁建党委书记齐晓飞赴海南

分公司海口日月广场项目检查指导。

▲6月13日　中共中央政治局委员、国家副主席李源潮考察承建的昆明火车南站。

▲7月6日　美国前驻华大使、商务部部长骆家辉，美国前教育部助理副部长 Marina Tse(张曼君)赴武汉分公司南昌商联中心项目考察。

▲7月23日　中共中央政治局委员、北京市委书记郭金龙到房地产分公司开发、工程资源分公司承建的苹果园交通枢纽J地块商业金融项目考察。

▲同日　云南省总工会党组书记、常务副主席王惠萍，省工会副主席潘红伟率云南省总工会慰问组赴铁总指承建的昆明南站施工现场慰问工程建设者。

▲8月28日　集团公司与邯郸市人民政府签订战略合作协议。

▲9月16—21日　应澳大利亚联邦政府农业与水利部、工业与基础设施部邀请，集团公司董事长、党委书记汪文忠，副总经理、总工程师贾洪，前往澳大利亚，对澳大利亚建筑市场进行为期5天的商务考察。

▲10月15日　中国铁建副总裁刘汝臣到北京分公司承建的总政玉泉路干休所住房改造工程调研指导。

▲10月20日　中国铁建工会主席史道泉赴西安分公司，就基层工会、共青团工作进行调研指导，并慰问职工代表。

▲10月28日　中国铁建副总经济师戾守义赴装饰分公司参建的石家庄地铁3号线6标段工程项目调研指导。

▲11月2日　中国铁路总公司副总经理卢春房赴海南分公司承建的新建海南西环铁路项目尖峰站检查指导。

▲11月18日　原中共中央政治局常委、全国政协主席贾庆林在云南省委书记、省人大常委会主任李纪恒的陪同下，参观铁总指正在建设的昆明南站。

▲12月7日　海南省省长刘赐贵到海南分公司承建的新建海南西环铁路崖州站施工现场检查指导。

(章　梅)

中国铁建电气化局集团有限公司

【简况】　具有通信工程施工总承包一级，房屋建筑施工总承包一级，机电安装工程总承包一级，电气化、电务、电信、送变电、机电设备安装工程专业承包一级，电力工程施工总承包三级资质，是我国高速铁路“四电集成”总承包企业。公司驻北京市石景山区石景山路29号。2005年7月19日挂牌成立，由中铁十五局集团电务工程有限公司、中铁十七局集团电务工程有限公司、中铁十八局集团电务工程有限公司、中铁二十五局集团电务工程有限公司电气化分公司和柳州铁路工程有限公司电务分公司重组而成。2005年12月12日改为中铁建电气化局集团有限公司，2009年8月，股份公司将中铁十一局集团电务工程有限公司、中铁十二局集团电气化工程有限公司主体划转并入，2011年6月更名为中国铁建电气化局集团有限公司。集团公司主要从事铁路电气化、电务、通信、信号、电力和城市轨道交通、公路交通、机电设备安装、地方电信、送变电工程施工和高速铁路四电集成及接触网支柱、H型钢柱、接触线承力索、接触网零部件、钢结构的生产、研发、销售、工程设计及酒店管理、铁路新线“四电”运营维护管理等。集团公司下辖15个控股子分公司(分别是中国铁建电气化局集团第一、第二、第三、第四、第五工程有限公司，南方工程有限公司、北方工程有限公司、京燕饭店有限公司、西安电气化制品有限公司、科技发展有限公司、中铁建电气化设计研究院、城市轨道工程公司、轨道交通器材有限公司、康远新材料有限公司、新疆维管分公司)。职工10395人，其中干部4035人。干部中具有专业技术职称3796人(高级556人、中级1170人、初级1592人)，占干部总数的94.1%；工人6371人，技术工人3833人，占工人总数的60.2%。资产202.36亿元，其中固定资产净值8.13亿元、流动资产191.2亿元、其他资产1.95亿元。机械运输设备1556台(套)，成新率30.76%，完好率95.2%，利用率89.81%，总功率102476千瓦，技术装备率2.07万元/人，动力装备率11.39千瓦/人。

2015年，承揽工程271项，合同总额257.1亿元。完成企业总产值214.4亿元，施工产值203.52亿元，实现利润12.59亿元。净资产收益率31.35%，产值利润率5.86%，国有资本保值增值率132.89%，资产负债率79.58%，成本费用占营业收入比重的94.13%，投资回报率27.44%，应上缴款完成率100%。人均创利121116元，职工年人均收入86000元。2015年完成主要实物工程量：通信线路14322.79千米，自动闭塞3939.35区间千米，电气集中联锁道岔3617组，电力线路10162.93千米，变配电所190.77座，接触网6856.32条千米，牵引变电所191.11座，房屋建筑面积158990.72平方米。

公司先后参建近90条铁路干线的工程建设施工。包惠电化、武襄电化、襄胡电化、徐连电化、襄渝电化、洛张电化、京九南段电化、新菏兖日、兰新、太中银、包西、成灌、长吉城际和郑西客专、福厦客专、胶济客专、京石武客专、宁杭客专、广西沿海、邯长铁路、重庆枢纽、大西客专、兰新二线新疆段、贵广高铁、中南通道和青荣城际等重大项目均如期建成交付,运营良好;2015 年 9 月 1 日和 9 月 20 日开通的沈丹客专和吉图珲客专以提供所有联锁数据 100% 准确率的佳绩受到沈阳局通报表彰;12 月 11 日开通的南昆客专广西段被南宁局树为“标杆示范工程”;12 月 26 日开通运营的金丽温四电系统集成工程以“精心组织,科学谋划,高标准管控和精品工程立世”得到铁路总公司和上海局广泛赞同;同日运营的成渝客专多次受到建设单位表彰和奖励,在全线参建 9 家单位中各项指标综合排名第一。有 100 余项工程被评为国家和省部级优质工程,其中,获中国建筑工程鲁班奖和国优工程奖 11 项、省部级科技进步奖 6 项。公司先后获“全国重合同守信用”企业、“全国用户满意施工企业”“全国十佳道德建设先进单位”“全国五一劳动奖状”“全国模范职工之家”及铁道部“火车头奖杯”等 60 多项荣誉。2015 年,获国家优质工程 1 项,省部和股份公司优质工程 12 项;获国家、行业和企业级工法 39 项,获北京市科学技术奖 1 项、股份公司优秀工程设计奖 1 项,申报各级各类科技成果 27 项,首次获中国铁道学会科学技术一等奖。企业信用评价持续提升,各施工项目在各铁路局、铁路建设公司组织的信用评价中不断向好。同时集团公司获评北京市地税局、北京市国税局纳税信用 A 级企业和工商银行 AAA 级信用企业。 (邹国华)

【领导人员】

董事会

董事长	王汉林(6 月免)
	郑　斌(6 月任)
副董事长	郑　斌(6 月免)
	冯学彬(6 月任)
董事	王汉林(6 月免)
	郑　斌
	冯学彬
	万传军(6 月任)
	张国俊
	燕正安

监事会

监事会主席	宋旭东
监事	宋旭东
	何明海
	熊永军

经理层

总经理	郑　斌(6 月免)
	万传军(6 月任)
副总经理	冯学彬(6 月免)
副总经理、总会计师	张国俊
副总经理	王志国
	姜晋南
	郭志光
	寇宗乾
	万传军(6 月免)
	孟宪浩
	宋景奇
	罗世昌
	程庆海
总工程师	寇宗乾(兼)

党群领导

党委书记	王汉林(6 月免)
	冯学彬(6 月任)
党委副书记	郑　斌
	万传军(6 月任)
	燕正安
	宋旭东
纪委书记	宋旭东
工会主席	燕正安

(赵润莲)

【工程项目指挥机构】 新建成都至重庆铁路客运专线“四电”系统集成及设备房屋等相关工程、改建铁路重庆至贵阳线扩能改造引入重庆枢纽成渝代建部分“四电”及相关工程项目经理部　驻四川省成都市。项目经理冯学彬,常务副经理冯大立,党工委书记王杰。

新建长沙至昆明铁路客运专线贵阳北(不含)至富源北(不含)“四电”系统集成(含防灾)工程指挥部　驻贵州省贵阳市。指挥长刘兴晨,党工委书记杜志祥。

新建吉林至珲春铁路“四电”集成及相关工程 JHS Ⅷ标项目经理部　驻吉林省吉林市。项目经理万传军,常务副经理周建文,党工委书记田子亮。

新建山西中南部铁路通道(含吕梁至临县(孟门)铁路临县北至孟门段)“四电”系统集成及相关工程 ZNZH－2 标段项目经理部　驻山东省泰安市。项目经理李爱忠,党工委书记董维峰。

新建青岛至荣成城际铁路“四电”系统集成及相关工程(QRSD 标段)指挥部　驻山东省烟台市。指挥长宋景奇,常务副指挥长盛存银。

云桂铁路广西段 YGZH－1 项目部　驻广西壮族自治区南宁市。项目经理兼党工委书记黄国胜。

滨洲铁路电气化改造工程项目部　驻内蒙古自治区呼伦贝尔市。项目经理张德君，党工委书记毛哲轩。

新建铁路大西客运专线原平西至西安北段“四电”系统集成及相关工程（SDJC）标段指挥部　驻山西省太原市。指挥长寇震，党工委书记王广恩。

新建铁路西安至成都客运专线西安至江油段（陕西境内）“四电”系统集成工程指挥部　驻陕西省西安市未央区。指挥长燕正安，常务副指挥长寇震，党工委书记王广恩。

青荣城际引入青岛枢纽工程项目经理部　驻山东省青岛市。项目经理安玉涛，常务经理肖波，党工委书记陈明星。

南疆铁路吐鲁番至库尔勒段增建第二线工程 DS1 标段项目经理部　驻新疆维吾尔自治区库尔勒市托克逊。项目经理张海军，常务经理侯绪永，党工委书记朱群峰。

胶新铁路电气化改造工程项目经理部　驻山东省临沂市。项目经理寇震，常务经理孙克炎，党工委书记毛哲轩。

德龙烟德大铁路“四电”工程项目经理部　驻山东省滨州市。项目经理安玉涛，常务副经理刘宝东，党工委书记李刚江。

宁西二线（郑州局管段）NX8 标段项目经理部　驻河南省南阳市内乡县。项目经理靳广营，党工委书记张海军。

新建乌鲁木齐新客站工程站后及“四电”系统集成工程 ZH1 标段项目经理部　驻新疆维吾尔自治区乌鲁木齐市。项目经理张华峰，党工委书记付云峰。

新建铁路西安至成都客运专线西安至江油段“四电”系统集成 XCSDJC－1－2 标项目经理部　驻四川省广元市。项目经理王小坤，党工委书记枉大金。

改建铁路漯河至阜阳增建二线工程 LFSG－3 标段指挥部　驻河南省漯河市。指挥长任灵旺，党工委书记陈朝东。

新建准格尔至鄂尔多斯铁路站后工程 ZESG－4 标段项目经理部　驻内蒙古自治区鄂尔多斯市。项目经理缪剑，党工委书记李锋。

新建黄骅南至大家洼铁路三电迁改工程施工 2 标段项目经理部　驻山东省东营市。项目经理李佳，党工委书记戴得胜。

朔黄铁路牵引供电系统扩容改造工程第 1 标段项目经理部　驻山西省忻州原平市。项目经理古顺斌，党工委书记赵小乐。

新建铁路麟游矿区至宝鸡二电厂铁路专用线站后工程 ZH－K 标项目经理部　驻陕西省宝鸡市。项目经理霍晓东，党工委书记赵志华。

沈丹客专“四电”集成项目经理部　驻辽宁省本溪市。项目经理王勇，党工委书记姜祖光。

新建沈阳南站 SYNS－4 标段项目经理部　驻辽宁省沈阳市。项目经理焦国栋，党工委书记贺国林。

张唐铁路项目经理部　驻河北省唐山市。项目经理万传军，常务副经理兼党工委书记王付安。

秦沈客专防灾安全监控补强工程项目部　驻辽宁省锦州市。项目经理郭刚，党工委书记金正浩。

东通道登庄 DZ3 标项目经理部　驻辽宁省普兰店市杨树房镇。项目经理白俊刚。

天平铁路工程指挥部　驻甘肃省天水市。指挥长陈亮。

滨绥线牡丹江至绥芬河段扩能改造工程 1 标项目经理部　驻黑龙江省牡丹江市。项目经理兼党工委书记王永红。

新建杭州至黄山铁路站前及相关工程 HHZQ－5 标段三电迁改工程、杭黄铁路 V 标项目经理部　驻浙江省杭州市桐庐县。项目经理单锡海。

中国铁建电气化局集团有限公司（联合体）蒙华铁路 MHQG－1 标段项目经理部　驻陕西省延安市。项目经理李瑞青。

新建佛山至肇庆城际轨道交通“四电”系统集成 GZZH－11 标项目经理部　驻广东省佛山市。项目经理陈再红，项目副经理郭金峰，党工委书记吴从厚。

中国铁建电气化局集团第五有限工程有限公司巴达铁路站后工程项目经理部　驻四川省达州市。项目经理兼党工委书记李汉和。

新建贵阳枢纽白云至龙里北联络线站后“四电”系统集成及相关配套工程指挥部　驻贵州省贵阳市。指挥长吕彦伟，常务副指挥赵贵能，党工委书记陈世猛。

长昆客专引入贵阳枢纽贵阳北（不含）至清镇东（含）站后工程指挥部　驻贵州省贵阳市。指挥长赵贵能，党工委书记王小斌。

金华至温州铁路扩能改造工程站后“四电”集成及相关工程指挥部　驻浙江省丽水市。指挥长张学哲，党工委副书记李永和。

新建武汉至孝感城际铁路“四电”系统集成工程项目经理部　驻湖北省武汉市。项目经理陈兆庆，党工委书记冯永树。

宁西铁路增建二线工程 NXZH－2 项目经理部　驻河南省信阳市。项目经理兼党工委书记孙永武。

新建兰州至重庆铁路站后“四电”系统集成工程 LYSD－2 标段项目经理部　驻甘肃省兰州市。项目经理万传军，常务副经理廖小平，党工委副书记王文波。

中国铁建电气化局集团北方公司渝万铁路“四电”集成项目经理部　驻重庆市江北区。项目经理李道新,党工委书记兰晓东。

青岛蓝色硅谷城际轨道交通工程机电 01 标项目经理部　驻山东省青岛市。项目经理谢晖。

上海轨道交通 13 号线一期信号系统工程项目经理部　驻上海市。项目经理施亚辉,常务经理李磊,党工委书记谢仕清。

上海轨道交通 13 号线一期牵降变工程项目经理部　驻上海市。项目经理王振文,常务经理李宗新,党工委书记谢仕清。

郑州市轨道交通 2 号线一期工程城南车辆段机电安装工程项目经理部　驻河南省郑州市。项目经理周安义。

北京地铁 14 号线工程通信视频监控系统设备安装工程项目经理部　驻北京市。项目经理兼党工委书记王永刚。

成都地铁 4 号线一期工程供电系统集成与施工总承包项目经理部　驻四川省成都市。项目经理罗李,党工委书记李祥。

成都地铁 4 号线一期工程通信系统集成及施工总承包项目经理部　驻四川省成都市。项目经理刘成刚。

上海市轨道交通 12 号线工程接触网、干线电缆及杂散电流工程系统施工总承包项目经理部　驻上海市。项目经理胡泽新,党工委书记吕德强。

宁波轨道交通 2 号线一期工程供电标项目经理部　驻浙江省宁波市。项目经理付进,党工委书记刘俊峰。

昆明轨道交通 3 号线 110 千伏沙沟尾主变电站、110 千伏放马桥主变电站施工及设备采购总承包项目经理部　驻云南省昆明市。项目经理郭晓峰,党工委书记杨军。

青岛地铁一期工程(3 号线)机电安装 07 标项目经理部　驻山东省青岛市。项目经理郭帆,党工委书记季相红。

中国铁建电气化局集团有限公司联合体港珠澳大桥交通工程第 2 项目经理部　驻广东省珠海市。项目经理张晖,常务副经理许斌,党工委书记刘远桂。

长沙磁浮工程供电系统和低压配电系统施工安装工程项目经理部　驻湖南省长沙市。项目经理罗涛,党工委书记刘卫平。

G85 渝昆高速麻柳湾至昭通段高速公路隧道机电工程 SDJD2 标段工程项目经理部　驻云南省昭通市。项目经理唐文杰,党工委书记卫学才。　(李欣欣)

【职工队伍】　职工总数 10862 人,其中,在岗职工 10241 人、非在岗职工 621 人、干部 4035 人(不含内退)。女干部 937 人,占干部总数的 23.2%;少数民族 71 人,占1.8%;专业技术干部 3796 人,占干部总数的 94.1%。本科以上学历 2915 人、大专学历 799 人、中专及以下学历 321 人,分别占干部总数的 72.3%、19.8%、7.9%。30 岁以下的 1824 人,占干部总数的 45.2%;31~40 岁 1243 人,占干部总数的 30.8%;41~50 岁 680 人,占干部总数的 16.9%;51 岁以上 288 人,占 7.1%。专业技术人员中,高级职称 556 人,占专业技术干部的 14.7%。中级职称 1170 人,占专业技术干部 30.8%;初级职称 1592 人,占专业技术干部的 41.9%。专业结构中工程系列 2940 人、经济系列 201 人、会计系列 427 人、政工系列 208 人、其他系列 20 人、工人 6371 人;女职工 1312 人,少数民族 90 人;初中以下 1086 人、高中 1003 人、中专技校 2138 人、大专 1594 人、本科及以上 550 人。　(汪文革)

【工程施工】　截至 2015 年底,集团公司在建项目 122 个(不含 2014 年及之前完工但未竣工的项目),工程分布在 26 个省(市、自治区),实际投资总额(不含联合体及合作单位分包部分,包括变更部分)601.78 亿元,投资额在 5 亿元以上项目 32 个,开工累计完成 437.05 亿元。铁路项目 86 个,投资额 549.89 亿元,工累计完成 409.64 亿元,铁路总里程 15539.57 千米,其中高铁客专项目 27 个(含高铁迁改、防灾补强、视频等非四电集成项目 4 个),投资额 339.59 亿元,铁路里程 5265.76 千米;其他普速铁路项目 59 个,投资额210.29 亿元,铁路里程 10273.81 千米;铁路里程在 200 千米以上的有 33 个项目。另有路外工程 36 个,包括城轨工程 25 个(投资额 33.91 亿元,占集团公司在建项目投资总额的 5.63%,开工累计完成 22 亿元)、公路工程 3 个和通信、风电等其他类别工程 8 个。122 个项目中海外工程 2 个。年累计完成主要实物工程量为:通信线路 14322.79 千米;自动闭塞 3939.35 千米,联锁道岔 3617 组;电力线路 10162.93 千米,变配电所 190.77 座;接触网 6856.32 条千米,牵引变电所191.11 座;房屋 158990.72 平方米。

新建成都至重庆铁路“四电”系统集成及相关工程　成渝客运专线西起成都东客站(不含),终点重庆站(菜园坝站),正线建筑长度 308.45 千米。渝黔工程引入重庆枢纽成渝代建部分新建歌乐山至井口客车上行联络线、K141 线路所至歌乐山站上行联络线、歌乐山至双碑线路所客车上行/下行联络线,改扩建歌乐山、井口站、K141 线路所。合同投资 179574 万元。合同工期 2014 年 1 月 20 日—2015 年 6 月 30 日。开工累计完成投资额 185487 万元，占投资总额的 103.29%。2015 年 12 月 26 日，成渝高速铁路成都东至重庆北及相关联络线、成都南站正式开通运营。

新建长沙至昆明铁路客运专线湘黔省界至贵阳东（不含）段信息系统和贵阳地（不含）至富源地（不含）段“四电”系统集成（含示方案）工程正线全长 263.152 千米。合同投资 206109.1561 万元。合同工期 2015 年 3 月 1 日—2016 年 11 月 30 日。开工累计完成投资额 77493 万元，占投资总额的 35.8%。

新建铁路吉林至珲春客运专线 JHSⅧ标“四电”系统集成及相关工程　位于吉林省，正线全长 360 千米。合同投资 168741 万元。合同工期 2012 年 10 月 1 日—2014 年 8 月 31 日。至 2015 年 8 月已完成全部投资额。2015 年 9 月 20 日新建吉林至珲春铁路正式开通运营。

新建山西中南部铁路通道“四电”系统集成及相关工程 ZNZH－2 标段　线路起点为太行山隧道入口，终点为日照南，正线全长 521.122 千米。合同投资 284424 万元。合同工期 2013 年 10 月 1 日—2014 年 10 月 31 日。开工累计完成占投资总额的 92.08%。2015 年 1 月 20 日巨峰（含）以西段正式通车投入运营。中南通道引入济南枢纽核心网互联互通工程，于 2015 年 5 月 17 日开通。

新建青岛至荣成城际铁路四电系统集成及相关工程　青荣城际铁路纵贯山东半岛沿海地区，从青岛市引出，终点荣成市。正线线路长度 298.842 千米。合同投资 204374.167 万元。合同工期 2013 年 12 月 15 日—2014 年 8 月 15 日。开工累计完成投资额 168383 万元，占投资总额的 89.05%。

新建云桂铁路广西段“四电”系统集成工程　新建云桂铁路是西南至华南沿海地区铁路通道的骨干线路，跨云南、广西两省区，自云南省新昆明南站向东到达广西自治区南宁站，正线全长 710.3 千米。合同投资 143835 万元。合同工期 2014 年 7 月 1 日—2016 年 12 月 30 日。开工累计完成投资额 105035.14 万元，占投资总额的 73.02%。

滨州铁路电气化改造工程　标段正线自黑龙江与内蒙古古省界至满洲里，既有线长度 560.5 千米。合同投资 234152.5836 万元。合同工期 2014 年 10 月 25 日—2017 年 4 月 24 日。开工累计完成投资额 85566 万元，占投资总额的 36.54%。

新建原平至西安北段大西客运专线 SDJC 标段　标段线路自原平西（含）至西安北（不含）的通信、信号、电力、电气化、防灾、信息（不含客服）、及与其相关的独立房屋和配套工程，正线长度 655.41 千米（不含太原铁路局代建部分）。合同投资 452773.9140 万元。合同工期 2013 年 2 月 18 日—2015 年 6 月 30 日。开工累计完成投资额 451766.9 万元，占投资总额的 99.78%。

新建铁路西安至成都客运专线西安至江油段（陕西境内）“四电”系统集成工程　工程自西安北站引出，至陕川省界，正线全长 342.937 千米。合同投资 329579 万元。合同工期为 2014 年 9 月 1 日—2016 年 12 月 31 日。开工累计完成投资额 90420 万元，占投资总额的 28%。

青荣城际铁路引入青岛枢纽相关站后工程　新建线路长度为 17.401 千米。胶济货线改线线路长度 24.962千米，利用既有线长度 1.7 千米。工程包含通信、信号、信息、电力、电力牵引供电、防灾及“四电”独立房屋建筑等相关工程。合同投资 15127.03 万元。合同工期 2014 年 3 月 1 日—2015 年 8 月 31 日。开工累计完成投资额 7788 万元，占投资总额的 51.48%。

南疆线吐库增建二线工程 DS1 标段　吐鲁番至鱼儿沟双绕线路和鱼儿沟至塔塔尔（不含）中天山越岭新建双线段电力电气化工程。吐鲁番车站一类变更引起的相关电力电气化工程，全长 146.76 千米。合同投资 45791 万元。合同工期 2008 年 6 月 1 日—2011 年 3 月 15 日。至 2015 年 11 月已开工累计完成全部投资，2015 年 12 月 8 日竣工。

胶新铁路电气化改造工程　胶新铁路自山东省胶州市至江苏省新沂市。线路全长约 303 千米，现有车站（含线路所）29 个。合同投资 31213 万元。合同工期 2013 年 3 月 1 日—2014 年 8 月 31 日。开工累计完成投资额 31231 万元，占投资总额的 100%。2015 年 8 月 12 日胶新项目 K216＋000—K303＋000 一次性送电开通。至此，胶新线正线全线送电开通。

德龙烟铁路德大段“四电”工程　标段西起山东省德州市，从京沪线黄河涯站南端引出，利用既有益羊线引入至大家洼车站。全线长 257.529 千米。合同投资 26853 万元。合同工期 2013 年 8 月 6 日—2014 年 6 月 30 日。至 2015 年 9 月已开工累计完成全部投资，2015 年 9 月 28 日德大线顺利开通。

宁西铁路西安至合肥段增建第二线工程（郑州局管段，西安至南阳段）　位于河南省西南部西起郑（州）西（安）局，东至南阳西（不含），正线长度 157.06 千米。合同投资 28562 万元。合同工期 2013 年 9 月 1 日—2015 年 12 月 11 日。沿线既有的 7 个车站站场改造引起的接触网过渡改造工程为本线的重点工程，也是控制性工程。开工累计完成投资额 28562 万元，占投资总额的 100%。于 2015 年 12 月 21 日全线开通。

新建乌鲁木齐新客站工程站后及“四电”系统集成工程 ZH1 标段　主要负责动车所及走行线，新客站车场,乌鲁木齐站(不含)至新客站客车正线,新客站还建兰新线,车辆整备所,乌北车站改建,既有乌鲁木齐站兰州端既有兰新线改建,乌东还建硫酸专用线,机务折返段,北站还建局物资段等通信、信息、信号、电力、牵引变电、接触网、房建专业工程施工。全线长度7千米。合同投资54813.66万元。合同工期2013年3月1日—2015年9月30日。2015年12月22日新客站站场开通。

新建铁路西安至成都客运专线西安至江油段“四电”系统集成CSDJC-1-2标　陕川省界至江油站通信、信号、防灾监控、牵引供电、电力供电工程;桥梁照明工程、隧道照明及消防工程;客运服务系统;“四电”房屋及配套电力、暖通、给排水、消防及其他运营生产设备及建筑物工程,正线长165.836千米。合同投资142477.65万元。合同工期2014年9月1日—2016年12月31日。10千伏配电所外部电源工程、调度集中系统、牵引变压器运输、接触网隧道化学锚栓植入属于重难点工程。开工累计完成投资额13995万元,占投资总额的9.82%。

改建铁路漯河至阜阳增建二线工程LFSG—3标段　自漯河东站至郑郭站,位于河南省,正线长93.5千米。合同投资45910万元。合同工期2009年7月8日—2011年7月7日。工程的重点为孟庙、漯河车站站改。开工累计完成投资额44434万元,占投资总额的96.79%。

新建准格尔至鄂尔多斯铁路站后工程ZESG-4标段　准格尔地区大路西站(不含)至鄂尔多斯地区东胜东站(含),包括鄂尔多斯地区相关工程。新建正线长度84.835千米,联络线长度20.35千米。合同投资34653.5689万元。合同工期2015年4月15日—2017年2月28日。开工累计完成投资额3635万元,占投资总额的10.49%。

新建黄骅南至大家洼铁路“三电”迁改工程施工第2标段　正线长度174千米。合同投资20773.3164万元。合同工期2014年9月10—2015年9月10日。开工累计完成投资总额的11%。

朔黄铁路牵引供电系统扩容改造工程第1标段　工程范围为神池南(含)至三汲(不含),正线255.9千米。合同投资90257.07万元。合同工期2014年5月1日—2015年12月30日。开工累计完成投资额30424.42万元,占投资总额的33.71%。

新建铁路麟游矿区至宝鸡二电厂铁路专用线站后工程ZH-K标段　专用线在行政区划上隶属陕西省关中西部的宝鸡市。线路从宝中线凤翔站Ⅱ场南端引出,终点至麟游矿区郭家河装车站,线路全长87.02千米。合同投资10970.6416万元。合同工期2014年7月25日—2015年5月25日。至2015年10月已完成全部投资10970.9万元。

新建铁路沈阳至丹东客运专线“四电”系统集成及相关工程SDSD-1标段　位于辽宁省,全线设置8站1路所。新建线路全长205.705千米。合同投资150136.3171万元。合同工期2013年12月31日—2015年8月31日。2015年9月1日,沈丹客专正式开通运营。

新建沈阳南站工程SYNS-4标段　位于沈阳市浑南城区(东陵区),站场全长3.9千米。合同投资23704.78万元。合同工期2013年9月27日—2016年2月29日。开工累计完成投资额24512.1835万元,占投资总额的100%。

新建张家口至唐山铁路站后和站房工程ZTZH-2标段　正线全长292.779千米。合同投资59108.9868万元。合同工期2014年3月1日—2015年11月30日。开工累计完成投资额59682.1371万元,占投资总额的100%。2015年12月30日,新建张家口至唐山铁路正式开通运营。

秦沈客专防灾安全监控补强工程　工程正线全长391.155千米。合同投资73701.7478万元。合同工期2014年10月15日—2016年4月14日。开工累计完成投资额51724.3991万元,占投资总额的70.18%。

东北东部铁路通道登沙河至庄河段改造工程站后“四电”系统集成及配套房屋工程DZ3标段　工程位于辽东半岛、黄海之滨,正线长度85.183千米。合同投资45438.2382万元。合同工期2014年10月1日—2015年9月30日。2015年12月17日,东北东部铁路通道登沙河至庄河段正式开通运营。

新建铁路天水至平凉线工程TP-ZH标段　本线地处天水市麦积区、清水县、张家川县,平凉市华亭县,全长112.425千米。合同投资40943.7289万元。合同日期2009年3月26日—2012年9月26日。2015年12月30日开通运营。

滨绥线牡丹江至绥芬河段扩能改造工程　项目起点自牡丹江站(含)至绥芬河站(含),线路长度138.823千米。合同投资55837万元。合同工期2010年5月1日—2013年10月31日。开工累计完成投资额占投资总额的100%。

新建杭州至黄山铁路站前及相关工程HHZQ-5标段三电迁改工程　位于浙江省富阳、桐庐、建德,全长33.401千米。合同投资5308.25万元。合同工期2014年11月8日—2015年6月30日。开工累计完成投资额4508.25万元,占投资总额的84.93%。

新建蒙西至华中地区铁路煤运通道“三电”迁改MHQG-1标段　位于山西省运城市、河南省三门峡市、河南省南阳市,长度482千米,工程范围为山西省、河南省。合同投资31755万元。合同工期2015年3月20日—2018年11月30日。开工累计完成投资额14028.5万元,占投资总额的44%。

佛肇城际轨道"四电"集成工程　正线全长79.717千米。合同投资73905万元。合同工期2013年12月20日—2015年12月31日。2015年12月15日,佛肇引入广州站工程顺利开通。

新建巴中至达州铁路站后工程　位于川东北地区的巴中市、达州市境内,北起在建乐巴铁路终点巴中车站,向东南方向,接轨襄渝线覃家坝车站,轨覃家坝车站。正线全长99.65千米。合同投资39405万元。合同工期2014年6月1日—2015年6月30日。开工累计完成投资额42302万元,占投资总额的88.47%。

新建贵阳枢纽白云至龙里北联络线站后"四电"系统集成及相关配套工程　位于贵州省贵阳市与贵州省黔南州,正线线路长度53.559千米。合同投资87543万元。合同工期2014年1月1日—2015年3月31日。2015年9月20日新建贵阳枢纽白云至龙里北联络线贵阳东至龙里北(不含)段开通运营。

长昆客专引入贵阳枢纽贵阳北(不含)至清镇东(含)站后工程　长昆铁路引入贵阳枢纽作为沪昆客运专线的一段,长昆引入贵阳枢纽贵阳北(不含)至清镇东(含)段,正线全长23.862千米。合同投资19268万元。合同工期2015年1月1日—2015年12月31日。开工累计完成投资额550万元,占投资总额的2.85%。

金华至温州铁路扩能改造工程站后"四电"集成及相关工程　金丽温铁路位于浙江省西南部地区。新建金温双线,东孝站(含)—温州南站(含),线路全长188.812千米。合同投资144732.8266万元。合同工期2014年10月16日—2015年10月15日。开工累计完成投资额144732万元,占投资总额的100%。2015年12月26日开通运营。

新建武汉至孝感城际铁路"四电"集成工程　武汉至孝感城际铁路位于1+8武汉城市圈中北部地区。正线长约61.77915千米。合同投资40857万元。合同工期2010年9月11日—2011年12月21日。开工累计完成投资额18400万元,占投资总额的45.04%。

宁西铁路增建二线工程NXZH-2工程　宁西铁路西安至合肥段(武汉局管段)位于湖北省北部,河南省东南部。宁西正线全长236.8千米。合同投资27222.2158万元。合同工期2013年7月20日—2015年12月20日。宁西线于2015年12月26日开通。

新建兰州至重庆铁路站后"四电"系统集成工程LYSD-2标段 夏官营(不含)至广元(不含)段,正线全长463千米。合同投资121534万元。合同工期2014年8月1日—2016年05月31日。开工累计完成投资额21859万元,占投资总额的23.76%。

新建重庆至万州铁路"四电"系统集成及相关配套工程　新建重庆至万州铁路西起重庆市的重庆北站至万州北站,正线长247.256千米。合同投资153885.6328万元。合同工期2015年1月17日—2016年12月31日。开工累计完成投资额76994.02万元,已完成全部投资的50%。

青岛蓝色硅谷城际轨道交通工程机电01标　线路起点为苗岭路和深圳路交口处,终点为即鳌山湾站。线路全长约58.351千米,设置车站22座。标段负责起点至水泊站(不含),线路长度42.06千米。以高架敷设为主,苗岭路为起点段沿苗岭路、滨海大道向北,终点为水泊站(仅包含蓝色硅谷至水泊站的区间里程)。设置车站15座(4座地下站,11座高架站)。山岭隧道1处,西庵子隧道长度约730米;崂山隧道,长度为4580米,设区间风井1座。全线含海洋大学停车场1座。合同投资200000万元。合同工期2015年10月1日—2017年6月30日。

上海轨道交通13号线一期信号系统工程　包括金运路路站至南京西路站的14个车站(全部为地下站)、1个控制中心、1个停车场,线路总长约16.469千米。至2015年7月已开工累计完成全部投资6689万元。2015年7月1日开始进入列车上线调试阶段。2015年7月20日,江宁路站至南京西路站段列车运行。

上海地铁13号线一期牵降变工程　(施工产值10098万元)包括一期牵降变工程和世博园区专用交通联络线工程。至2015年9月开工累计完成全部投资10098万元。2015年7月1日开始进入列车上线调试阶段。2015年7月20日,江宁路站至南京西路站段列车运行。

郑州轨道2号线城南车辆段机电安装及装修工程　全长69.8千米。合同投资6785.7万元。合同工期2014年11月16日—2015年12月31日。开工累计完成投资总额的100%。2015年12月11日,运营人员入驻,工程竣工。

北京地铁14号线工程通信视频监控系统设备安装工程　线路全长47.4千米。合同投资7382.2754万元。合同工期2012年4月30日—2015年12月31日。开工累计完成投资额5621万元,占投资总额的76.14%。2015年12月26日,北京地铁14号线中段工程开通运营。

成都地铁4号线一期供电工程　工程起于非遗博览园站,止于万年场站,线路全长22.4千米。合同投资 36576.07 万元。合同工期 2014 年 1 月 1 日—2016 年 1 月 1 日。2015 年 9 月已开工累计完成全部投资额。2015 年 12 月 26 日全线试运营。

成都地铁 4 号线一期通信系统集成及施工工程　起于公平站，止于沙河站，线路长 22.034 千米，共设车站 16 座，其中换乘站 5 座，并设 1 座车辆段与综合基地。合同投资 4320.7517 万元。合同工期 2013 年 11 月 1 日—2015 年 8 月 10 日。开工累计完成投资额 4320.8 万元，占投资总额的 100%。

上海轨交 12 号线接触网、干线电缆及杂散电流工程　上海市轨道交通 12 号线全长约 40.417 正线千米，共 14 座车站，设 2 处停车场。线路正线接触网采用架空刚性悬挂，出入段线、出入场线，停车场采用柔性悬挂。合同投资 38691.04 万元。合同工期为 2012 年 1 月 1 日—2014 年 6 月 30 日。至 2015 年 6 月已开工累计完成全部投资，并于 2015 年 12 月 19 日通车运营。

宁波市轨道交通 2 号线一期供电系统安装工程　工程全长 28.35 千米，线路自西南向东北穿越宁波市主城区。至 2015 年 7 月开工累计完成投资额 22030 万元，2015 年 9 月 26 日正式开通运营。

昆明市轨道交通 3 号线 110 千伏沙沟尾主变电站、110 千伏放马桥主变电站工程　3 号线主变电站共 2 座变电所，分别为 110 千伏沙沟尾主变电站、110 千伏放马桥主变电站。合同投资 13480.47 万元。合同工期 2013 年 6 月 1 日—2014 年 2 年 6 日。开工累计完成投资额 4151 万元，占投资总额的 30.8%。

青岛市地铁一期工程（3 号线）机电安装 07 标段工程　工程范围包含 K24 + 374 到终点，青岛北站，青岛北站社会停车场及 3 号线、8 号线出入段线的通风空调，给排水消防及动力照明安装工程。合同投资 8716.3618 万元。合同工期 2013 年 10 月 1 日—2015 年 6 月 30 日。至 2015 年 12 月开工累计完成全部投资，2015 年 12 月 16 日开通 3 号线北段。

港珠澳大桥工程工程　主要包含自港粤分界线至珠澳口岸人工岛大桥管理区互通立交的安全设施、收费、通信、监控、通风、照明、消防、供配电、给排水、综合管线、系统集成等交通工程的施工及位于洪湾管理养护中心内的监控中心和主体工程至监控中心的通信管线的施工，以及包含在上述施工内容中的设备采购、运输、安装、调试（含联合调试）以及试运行。全线 30 千米。合同投资 120658.8 万元。合同工期 2015 年 4 月 1 日—2017 年 5 月 31 日。

长沙磁浮工程供电系统和低压配电系统施工安装工程　项目施工范围从长沙南站至黄花机场，全线 18.553 千米，含供电、动力照明、FAS/BAS/ACS 系统。合同投资 10347 万元。合同工期 2014 年 9 月 15 日—2015 年 11 月 15 日。2015 年 12 月 26 日，长沙磁浮工程试运行。

国家高速公路网 G85 渝昆高速麻柳湾至昭通段高速公路隧道机电工程第 SDJD2 合同段　工程为国家高速公路网 G85 渝昆高速麻柳湾至昭通段高速公路隧道机电工程第 SDJD2 合同段，正线 14.29 千米；主要负责通风、照明、供配电及隧道监控，通信设备的机电安装工程。合同投资 9808 万元。合同工期 2014 年 09 月 15 日—2015 年 9 月 15 日。开工累计完成投资额 9808 万元，占投资总额的 100%。2015 年 12 月 26 日，麻昭通车。

（李欣欣）

【经营管理】　（1）市场开发持续进步。新签合同额 257.1 亿元，完成股份公司年度计划的116.9%。其中铁路市场新签合同额 175 亿元；路外市场新签合同额 57 亿元；海外市场新签合同额 3 亿元；“三个市场”实现均衡有序发展。各区域指挥机构和各单位充分发挥主体作用，强化责任，主动加压，团结协作，奋发有为，市场经营由点到面向纵深发展。

（2）施工能力持续提升。超额完成年度施工生产任务，年内开通运营 25 项，铁路总里程 3512 千米，高铁客专 1146 千米，企业生产规模持续放大，施工能力切实提升。重大项目管控到位、如期开通，9 月 1 日和 9 月 20 日开通的沈丹客专和吉图珲客专以提供所有联锁数据 100% 准确率的佳绩受到沈阳局通报表彰；12 月 11 日开通的南昆客专广西段被南宁局树为“标杆示范工程”；12 月 26 日开通运营的金丽温四电系统集成工程以“精心组织，科学谋划，高标准管控和精品工程立世”得到铁路总公司和上海局广泛赞同；同日运营的成渝客专多次受到建设单位表彰和奖励，在全线参建 9 家单位中各项指标综合排名第一。重难点工程不断突破向前，路外、海外在建项目平稳可控，项目管控能力持续提升，完成实物工程量再刷历史新高。

（3）在建管理持续向好。一是安全质量管理稳定有序。无安全质量等级事故，股份公司安全隐患治理平台名列榜首，获各级优质工程 12 项、优秀质量管理小组 34 个、安全质量标准工地 4 个，集团公司首次获全国工程建设质量管理优秀企业；二是科技创新成果不断涌现。3 家技术中心获省级认定、12 家单位获高新技术企业认定、授权专利 33 项、软件著作权 1 项，获国家、行业和企业级工法 39 项，获北京市科学技术奖 1 项、股份公司优秀工程设计奖 1 项，申报各级各类科技成果 27 项，首次获中国铁道学会科学技术一等奖；三是企业信用评价持续提升，各施工项目在各路局、铁路建设公司组织的信用评价中不断向好。

(4)经济运行质量持续好转。无论是铁路项目、路外项目还是海外项目,无论是工程承包业务还是非工程承包业务,均突出经济创效、价值创造理念,严格考核管理,确保经济质量持续好转。企业无有息负债、无贷款。各单位坚持整体协同,强化过程管控,深入推进成本管理、集中管理、审计监督、效能监察等卓有成效工作,为企业经济质量持续好转提供有效保障。

(5)非工程承包业务持续增强。按照企业整体战略部署,扎实推进结构调整,加快转型升级步伐,非工程承包业务竞相发力,呈现出快速发展势头。工业产品的市场开发能力、自主创新能力、质量保障能力、产品供货与服务能力、综合管理能力大幅提升,新签合同额19.6亿元、营业收入16.8亿元。四大工业企业均已打造出自己的核心和拳头产品,为各自上下游业务拓展奠定基础、创造条件。

(6)基础管理工作持续改进。一是各单位按照集团公司统一部署,从各自发展实际出发,制定出台相应制度办法,强力推进基层架子队建设。新上场项目的架子队施工率达到7成以上。二是积极做好人力资源工作。接收引进高校毕业生318人,积极组织并举办职工参加各级各类业务培训,培训人员近1.5万人次,企业人员结构、人才结构在调整中不断改善和优化,队伍整体素质持续提升。薪酬制度改革迈出新步伐,进一步完善二级单位和项目部的薪酬管理制度。三是以全面系统平台建设为基础,按照互联网+的理念,不断扩展、持续改进、整合优化信息化建设,努力将信息化管理逐步内化为企业日常管理工作。四是以依法合规为基本准则,经营、财务、经管、安质、物资设备、审计、法律等业务相互配合,协调一致,全面推进风险防范体系建设,企业风险管控能力不断增强。五是积极做好稳定工作,认真处理来信来访,及时化解各种矛盾和纠纷,全力改善民生,促进企业和谐稳定。六是党政工团协同配合,深入推进反腐倡廉,弘扬优秀企业文化,广大职工全身心投入企业改革发展各项事业,恪尽职守、勤勉敬业,各条战线上涌现出一大批各级各类先进。

(邹国华)

【科技教育】 科技工作。科技研发立项283项。其中新立项目168项,续研项目115项。获批北京市课题1项——《中低速磁悬浮C型钢铝复合导电轨研制》,获资金资助200万元。3项课题列入股份公司C类科研课题计划,获股份公司资助52.5万元。获省部级科学技术奖2项、总公司科学技术奖9项,省部级工法17项,股份公司优秀工法14项、股份公司优秀论文5篇。获股份公司优秀实用新型专利1项。获股份公司优秀工程设计奖1项。集团公司获授权专利34项,其中发明3项、实用新型31项、软件著作权2项。主持修订国家铁路局铁路行业标准2项,分别是《高速铁路电力工程施工质量验收标准》《高速铁路电力牵引供电工程施工质量验收标准》,完成编制大纲和研究报告,获168万元资金支持。参与编制国家铁路局行业标准2项:《电气化铁路用铜及铜合金绞线》《电气化铁路用铜及铜合金接触线》。参与编制江苏省地方建设标准《城市轨道交通接触网(轨)系统工程质量验收规范》的送审稿,计划2016年实施,江苏省地方标准《城市轨道交通接触网系统维护与检修技术规范》完成立项工作,具体编制工作将于2016年完成。所属11个单位均被认定为高新技术企业。

教育培训。培训职工14785人次。其中干部6907人次,工人7878人次,有效地提高职工队伍的整体素质。

(陈 洁 汪文革)

【党群工作】 党的工作。党员3204人,有基层党委58个、党支部153个。集团公司领导班子连续获2013年度、2014年度股份公司"四好领导班子"称号。

(1)加强组织领导,"三严三实"专题教育取得新成效。局处两级领导班子成员讲党课115次;组织集中学习102次,开展专题研讨68次;集团公司及所属各单位都组织召开"三严三实"专题民生生活会,认真查摆"不严不实"问题,制定整改措施,明确努力方向。通过这次专题教育,集团公司各级领导干部在思想、作风、党性上又进行一次集中"补钙"和"加油"。

(2)坚持从严选用,干部人才队伍建设取得新成效。一是从严选拔干部。突出业绩导向和能力标准,严把考核关、步骤关、程序关。共调整、提拔处级领导干部9人,其中调整7人,提拔2人。二是从严管理干部。组织189名处级领导干部和集团公司班子成员申报个人事项;组织集团公司机关副处级以上及重要涉密岗位共计85人进行登记备案;制定出台企业领导人员履职待遇、业务支出等相关制度办法。三是加强业务培训。组织32人参加股份公司领导干部培训班,组织2人参加中央党校国资委分校处级干部培训班;举办多层次、多类别的内部培训班,培训干部6907人次;接收大学毕业生318人。

(3)积极开展争创"四好"领导班子、"五好"党支部、"六好"共产党员等特色活动,有10个先进基层党组织、11名优秀党务工作者、40名优秀共产党员受到集团公司党委表彰。2015年,发展党员88人。

(4)注重功能发挥,宣传思想文化工作取得新成绩。上报股份公司的政研论文"项目党组织有效发挥监督约束作用"获一等奖。围绕建局十周年庆典、重点项目开通、工业板块创效,在《人民日报》《人民铁道报》《中国铁道建筑报》等主流媒体刊发稿件 80 余篇。积极推进企业文化建设，启动《集团志》编纂工作。大力选树先进典型，集团设计院副总工程师乔建敏同志入选中国铁建“十大楷模”。

（5）狠抓责任落实，党风廉政建设取得新进展。集团公司各级党委、纪委认真贯彻落实“两个责任”，始终把纪律和规矩挺在前面，坚持惩防并举，强化执纪问责。注重抓早抓小，从严监督约束干部，签订廉洁从业承诺书 800 余份，建立干部廉政档案 126 份。局处两级纪委共查处违纪违规案件 14 起，处分 42 人次，有效发挥执纪问责、查办案件的震慑力。深化作风建设，持之以恒反对“四风”。集团公司招待费、会议费、差旅费同比下降 788 万元、223 万元、452 万元，“严”的政治生态正在形成，贯彻“八项规定”精神逐渐成为党员干部的自觉行动。

工会工作。下辖 16 个子、分公司工会，163 个基层工会，有工会会员 10952 人，专兼职工会干部 171 人，职工入会率 100%。

（1）民主管理。集团公司 16 个法人实体单位召开职代会率达到 98%；民主评议领导干部 113 人次，信任率 96% 以上；提案征集 83 条，答复率 100%；集体合同协商签订率和落实兑现率均达到 95%；企务公开率达到 98% 以上，民主监督作用有效发挥。

（2）开展“五个一”系列活动。围绕集团成立十周年，组织 1 次全集团书画摄影大赛，举办 1 次职工文化活动展演，表彰 26 名集团公司组建十周年劳动模范，开展 1 次篮球大赛，推进 1 职工之家升级。集团工会对所属基层工会职工之家建设达标升级活动进行调研考核，拨付建家建线专项资金465.38 万元。

（3）劳动竞赛。全集团开展劳动竞赛 21 次，发放奖金 582.61 万元。征集合理化建议 78 条，采纳 24 项，应用 17 项，技术革新 25 项，为企业降本增效创造价值 4803.15 万元。

（4）评先树模。有 16 个先进集体和 18 个先进个人分别受到全总、铁总、股份公司工会及所在地方省、市总工会的表彰。2 个单位获铁总“火车头”奖杯，5 人获铁总“火车头”奖章；1 人获铁总“优秀工会工作者”，3 人获股份公司劳动模范，2 人获股份公司工会劳动竞赛优秀组织者，3 个单位获股份公司“工人先锋号”称号。

（5）扶贫帮困“送温暖”。年初筹集送温暖资金 37521.95 万元，慰问特困职工 39 户，重困职工 119 户，一般困难职工 211 户，发放困难救济款 112.9 万元；慰问劳模先进、一线职工、离退休职工 3823 人，发放慰问救助款 230.21 万元；进行大病及其他疾病救助 56 人，发放救助金 34.56 万元；筹集“金秋助学”款 23.42 万元，资助困难职工、困难农民工子女 81 人。

共青团工作。下辖基层团委 14 个、团支部 115 个，专兼职团干部 195 人，其中专职团干部 43 人，注册团员 2277 人，35 岁以下青年职工 6600 人。团建工作得到强化，帮助 3 个工厂由原来的团总支提升创建为团委；通过举办团干部暨青年干部培训班，提高团干部、青年干部的素质；通过开展“燃青春之火，铸先锋团队，建精品工程”青年主题实践活动和青工“五小”成果评选表彰活动，充分发挥共青团组织党的助手和行政帮手的积极作用，为企业的安全生产、科技创新贡献智慧和力量。480 名 35 岁以下青年职工参加导师带徒活动，376 人通过年底考核。同时，团组织积极参加石景山团区委的第 4 次“温暖衣冬”活动，捐助 78 件御寒外套，树立共青团组织良好的形象。1 名青年员工获“中央企业优秀共青团员”，集团公司团委获“中央企业五四红旗团委”；1 名青年职工完成的“巧妙构思不断创造通过技术改进保证施工安全”获北京市首届安全管理大师赛实践大师铜奖，6 个集体和 1 名青年职工获北京市表彰。

（李文亮　丁　艺　丁晓毅）

【第一工程有限公司】　企业具有铁路电务工程专业承包一级、铁路电气化工程专业承包一级、公路交通工程专业承包、通信工程专业总承包一级、输变电工程专业承包一级、机电设备安装工程专业承包壹级资质企业。公司驻河南省洛阳市白马寺镇 18 号。董事长、党委书记李长波，总经理施亚辉。公司下辖通信信号分公司、电气化分公司及机械设备管理中心 3 个专业分公司（中心）及上海分公司，华东、山东、西北、中原 4 个区域经营指挥部和东北区域经营部，17 个项目经理部、1 个实验室及工程加工中心、通信分公司、物业中心、卫生所 4 个附属单位。职工 1616 人，其中，中高级技术人员 171 人、技术工人 580 人。注册资金 11000 万元，资产总额 139859 万元，其中固定资产原值 11926 万元、净值 4572 万元，流动资产 134786 万元。拥有“四电”专业成套机械 44 台（套），总功率 7291 千瓦，机械运输设备 94 辆（台），检试验设备 67 台，仪器仪表 91 台，技术装备率 3.05 万元/人，动力装备率 4.38 千瓦/人。年施工能力 30 亿元以上，具有承担时速 350 千米以上电气化铁路的“四电”集成系统施工和运营维护能力。

2015 年，承揽任务 96527 万元，完成总投资 190364 万元，施工产值 157327 万元，净利润 6195 万元，人均创利 39550 元，全员劳动生产率 20.77 万元/人·年，职工年人均收入 64589 元，国有资本保值增值率 134.71%，净资产收益率 34.81%，产值利润率

2.43%，资产负债率86.49%，上缴款完成率100%。

（高　伟）

【第二工程有限公司】　具有铁路电务工程专业承包一级资质、铁路电气化工程专业承包一级资质、电子与智能化工程专业承包一级资质、建筑机电安装工程专业承包二级资质、输变电工程专业承包二级资质、通信工程施工总承包三级资质、电力设施承装(修、试)施工许可证承装类三级资质、承修类四级资质。公司驻山西省太原市尖草坪区昌盛西街18号，公司董事长兼党委书记钟勇，总经理兼党委副书记李利军。下辖物业公司、北京办事处、福州工程分公司、设备分公司、电气化分公司、电力分公司、通信分公司、信号分公司、变电分公司、房建分公司和28个工程项目部。公司在册职工1388人，其中女职工301人；干部总数632人，其中技术干部471人，占干部总数的75%，工人总数756人，其中技术工人547人，占工人总数的72%。资产总额215528万元，其中固定资产原值11389万元、净值3608万元，流动资产211418万元。公司现有设备97台，原值9230.6万元、净值2691万元，总功率15604千瓦，动力装备率11.9千瓦/人，技术装备率1.93万元/人。2015年，机械设备完好率92%、机械设备利用率70%、现场主要机械设备故障率3%。

2015年，承揽任务46项，完成自揽合同额12.57亿元，完成年度自揽经营承揽计划的132.3%，完成企业总产值21.44亿元，全部为施工产值，实现利润8699万元，国有资本保值增值率117.94%，净资产收益率44.68%，产值利润率4.05%，人均创利64244.85元，全员劳动生产率22.36万元/人·年，总资产报酬率5%，资产负债率91.1%，职工年人均收入88854元，应上缴完成率100.21%。　（裴晓兰）

【第三工程有限公司】　铁路电务、电气化、输变电工程专业承包一级、通信工程施工总承包三级、消防设施工程专业承包二级、承装(修、试)电力设施许可证二级资质企业。公司驻河北省高碑店市兴华北路57号。董事长、党委书记张海军，总经理陈宪祖。下辖通信、信号、电力、电气化，土建5个专业分公司、5个区域办事处和在建项目26个。职工1310人。其中，干部498人、工人812人。技术干部382人、技术工人794人。公司总资产191718万元，固定资产净值5856万元(原值13400万元)。机械运输设备524台(套)，原值11289.49万元、净值4418.18万元，总功率19121千瓦。动力装备率14.6千瓦/人，技术装备率3.37万元/人，设备完好率72%，利用率80%。

2015年，承揽任务247004.6万元，企业总产值363715万元，施工产值360270万元，实现利润总额11002万元，净利润9934万元。人均创利7.58万元。全员劳动生产率12.1万元/人·年，职工年人均收入85739元，国有资本保值增值率134.16%，净资产收益率56.60%，产值利润率3.06%，投资回报率183.36%，资产负债率89.50%，应上缴款完成率100%。

（刘　森）

【第四工程有限公司】　具有铁路电务工程专业承包一级、铁路电气化工程专业承包一级、机电设备安装工程专业承包一级、建筑智能化工程专业承包一级、送变电工程专业承包三级、电力设施进网承装、承修类三级及承试类四级资质。公司驻湖南省长沙市雨花区中意一路728号。董事长、党委书记马金生，总经理谢文艺。下辖接触网、通信、信号、供电4个事业部和重庆分公司。职工933人，其中，干部388人、工人545人。技术干部269人，占干部总数的69.3%；技术工人396人，占工人总数的72.7%。资产总额110792元。其中，固定资产4705万元；流动资产106072万元；其他资产15万元。机械设备99台(套)，设备原值6568万元、净值1525万元，总功率13870千瓦，动力装备率16.21千瓦/人，技术装备率1.75万元/人，设备完好率88.5%、利用率90.1%。年施工能力20亿元以上。

2015年，承揽工程任务123100万元，完成企业总产值169342万元，其中施工产值168569万元。实现利润3775万元，人均创利40315.93元。全员劳动生产率16.03万元/人·年，职工年人均收入79523.44元。国有资本保值增值率135.02%，净资产收益率39.53%，资产负债率90.1%。应上缴款完成率100%。

（肖　波）

【第五工程有限公司】　具有通信工程施工总承包二级、铁路电务工程专业承包一级、铁路电气化工程专业承包二级、送变电工程专业承包二级施工资质。公司驻四川成都青羊区工业总部基地。于2005年12月15日成立，现任董事长、党委书记卫明博，总经理吕彦伟。公司下辖通号一分公司、通号二分公司、电气化分公司、城市轨道分公司、电力变电分公司5个专业分公司和1个铁路维管公司。主要从事铁路“四电”、城市轨道交通、公路机电、变电站、送变电以及新兴能源和铁路房建等工程项目的施工。现有职工1062人(含内退人员)，其中，干部498人、工人564人；专业技术干部437人，占干部总数87.75%；技术工人478人，占工人总数84.75%。公司资产总额142279.13万元，其中固定资产原值15001.65万元、净值9497.45万元，流动资产131528.01万元,其他资产1253.67万元。拥有机械运输设备总量100台(套),仪器仪表和实验设备94台。现值2192.95万元(原值6189.84万元),总功率9810千瓦,动力装备率9.8千瓦/人,技术装备率2.1万元/人,设备完好率88.8%,利用率98%。具有承担时速350千米电气化铁路“四电”建设的能力。年综合施工能力30亿元以上。

2015年,承揽工程任务112061.44万元,完成企业总产值205233.39万元,施工建筑业总产值205233.39万元,实现利润总额6614.84万元。2015年人均创利7.06万元,全员劳动生产率219.03万元/人·年,职工年人均收入82669元,国有资本保值增值率160.98%,净资产收益率53.35%,产值利润率3.22%,投资回报率110.25%,资产负债率90.60%,投资收益上缴率100%,应上缴款完成率57.79%。 (刘 颖)

【南方公司】 具有铁路电务工程、电气化工程专业承包一级、通信工程施工总承包二级、输变电工程、建筑机电安装工程专业承包三级资质。公司驻武汉市东湖开发区佳园路17号。主要从事铁路通信、信号、电力、电气化工程,城市轨道交通通信、信号、供电、接触网、机电设备安装工程的施工,以及公用通信、专用通信、工业与民用建筑等工程施工,年施工生产能力40亿元。董事长、党委书记万靖,总经理王培雄。下辖通信、信号、信控、电力、电气化、接触网、城轨、供电、房建、通电10个专业分公司,中南、西北、恒通3个自揽自干分公司,襄阳管理部和北京办事处。职工1495人,其中工程技术干部475人,占干部总数的61%;工人717人,其中技术工人608人,占工人总数的84.8%。企业资产总值206880.7万元,固定资产原值14029.2万元、净值5486.6万元、流动资产199697.1万元,其他资产1697.1万元。机械运输设备116辆(台),原值9126万元、净值2667万元。其中各种运输设备74辆,机械设备42台,总功率16607千瓦,动力装备率10.97千瓦/人,技术装备率1.76万元/人,设备完好率95%,利用率70%。

2015年,承揽任务130259万元,完成总产值337102万元、其中施工产值336888.3万元。实现利润12516万元。职工年人均收入80573元。国有资本保值增值率165.11%、净资产收益率55.75%、总资产报酬率6.82%,产值利润率4.12%。资产负债率87.50%、应上缴款完成率100%。 (黄明祥 刘 喆)

【北方公司】 具有铁路电气化工程、铁路电务工程、送变电工程、机电设备安装工程专业承包一级、承装(修、试)电力设施承装类、承试类二级和承修类三级资质。公司驻山西省太原市万柏林区迎泽西大街369号,董事长、党委书记马功民,总经理徐元成。下设电化、通号、建安、变电安装(计量测试中心)、机电安装和新能源6个专业分公司及电化宾馆,29个工程项目部以及广州、西安、成都、昆明4个区域经营办事处。在册职工1292人,其中,干部498人、工人794人。资产总额285425万元,其中固定资产原值18439万元、净值7443万元,流动资产277598万元,其他资产384万元。机械运输设备173台(套),原值12097.4万元、净值4613.4万元,总功率11814千瓦,动力装备率9.91千瓦/人,技术装备率5.81万元/人,设备完好率95.8%,利用率67.2%。年施工能力达到40亿元以上,机械化施工程度达到80%以上。

2015年,新签合同额64.30亿元,完成营业收入28.26亿元,实现利润总额8776万元。人均创利6.79万元,全员劳动生产率80.74万元/人·年,职工年人均收入7.62万元。国有资本保值增值率159.84%,净资产收益率51.62%,产值利润率3.06%,投资回报率141.35%,资产负债率91.57%,应上缴款完成率100%。 (李海鹏)

【北京京燕饭店有限公司】 驻北京市石景山区石景山路29号。系三星级涉外酒店,占地面积11706.31平方米,建筑面积36000余平方米,拥有客房269间,大小会议室8个,设有首层会议餐厅,商务餐厅和顶层阳光餐厅。总经理隋立华,党委书记高砚明。职工193人。在岗职工年均收入59443元。2015年,实现营业收入5907万元,实现利润总额632万元。上缴集团公司货币资金1144万元。

2015年,接待各种会议504次,旅游团队74个,签订协议公司客户28家,网络订房公司客户9家。客房出租率62.14%,比上年同期降低0.4个百分点,平均房价340元,比上年同期提高13元,进餐人数163924人次,比上年同期降低33760人次,餐饮人均消费104元,比上年同期增加19元。 (梅籽偲)

【西安电气化制品有限公司】 由中铁建电气化局集团有限公司和西安灞桥电气化电杆厂于2007年4月10日在陕西西安合资组建并注册。公司驻陕西西安市未央区文景路。公司董事长、党委书记、总经理黄兵。公司华县生产基地占地面积174667.54平方米,厂房建筑面积50000平方米,露天货场面积32000平方米,拥有铁路专用线2股道总计2.1千米。公司拥有混凝土产品生产线7条,钢结构制品厂房10000平方米。年产电气化铁路横腹杆式预应力混凝土支柱70000根、接触网环形混凝土电杆50000根、接触网环形等径预应力混凝土支柱50000根，其他水泥制品150000件；年产电气化铁路格构式钢柱12000根，H型钢柱24000根，硬横跨900组。职工253人，其中，干部62人、工人191人、技术干部44人、技术工人160人。资产总额42497万元；负债总额37851万元；所有者权益4646万元；净资产收益率15.24%；总资产报酬率3.35%；营业利润率4.50%；营业收入增长率-3.31%，营业利润增长率21.42%；资产增长率为4.01%；应上缴款完成率100%。有生产机械设备730台（套），原值2867万元，净值1908万元；拥有实验设备38台（套），原值43万元，净值31万元。总功率9000千瓦，动力装备率35.6千瓦/人，设备完好率100%，利用率95%。

2015年，新签合同额4.0388亿元，实现营业收入2.6026亿元，实现利润总额1156万元，实现净利润704万元；全员劳动生产率103万元/人·年，人均创净利润2.78万元。职工年人均收入5.6万元。

（白　雪）

【科技公司】 驻河北省高碑店市西大街建国胡同9号。董事长、党委书记孙维星；总经理白利军。公司下设生产车间、建安分公司、重庆项目部、青岛区域项目部、东南区域项目部、西北区域项目部、东北区域项目部、中南通道项目部、昆明区域项目部、新疆项目部。职工208人，其中，干部92人、工人116人。资产总额27547万元，其中固定资产净值1608万元，流动资产24496万元，无形资产净值686万元。设备总量144台，原值706.38万元、净值334.53万元，总功率3570.19千瓦，动力装备率17千瓦/人，技术装备率1.59万元/人，设备完好率83%，利用率94%。

2015年，实现任务承揽30352万元，实现营业收入31351万元，实现利润总额1406万元，职工年人均收入5.6万元。国有资本保值增值率120.02%，净资产收益18.76%，产值利润率4.48%，资产负债率76.32%，应上缴款完成率100%。（黄婷婷）

【北京中铁建电气化设计研究院】 2006年6月注册成立，具有铁道行业乙级和铁道通信信号、电气化专业甲级设计资质，铁路专业丙级咨询资质；具有质量、环境、职业健康安全管理体系认证证书；拥有国家专利13项，其中发明专利2项，实用新型专利11项；软件著作权3项，是北京市高新技术企业。公司驻北京市石景山区石景山路29号京燕饭店8层。下设电化分院、通号分院、站前综合院、办公室、计划经营部、技术开发部、财务部、人力资源部、工会工作部9个部门。院长、党委书记阚绍忠。职工133人。资产总额5860.73万元，其中固定资产原值252.61万元、净值56.78万元，流动资产5801.36万元，其他资产2.59万元。

2015年，签订合同19项，合同额4343.4312万元。完成企业总产值3353.77万元，实现利润248.55万元，全员劳动生产率25.22万元/人·年，国有资本保值增值率103.71%，净资产收益率15.75%，产值利润率7.41%，投资回报率24.86%，资产负债率72.58%，应上缴款完成率100%。（崔　喆）

【北京城市轨道工程公司】 驻北京市石景山区石景山路29号。总经理王俊杰，党委书记郭帆。

2015年，新签合同额26898.62万元，完成科研立项3项。（范秀珠）

【轨道交通器材有限公司】 成立于2008年，注册资本7000万元，总投资3亿元，位于江苏省常州市武进区高速铁路电气化产业园。公司隶属于生产制造行业，主要设计、制造及销售电气化铁路接触网零部件、城市轨道交通器材，引进德国力倍公司整套高速铁路接触网零部件生产制造技术，接触网零部件年产能力3000条千米，H型钢柱年生产能力30000根。公司测试中心顺利通过国家CNAS认证，具备对外开展试验检测业务的能力。公司党委书记、总经理冯晓河。职工371人。其中，干部人数96人、技术干部49人、工人226人、技术工人192人。职工年人均收入6.7万元，人均创利5.9万元，全员劳动生产率24.1万元。资产总额63992.55万元，其中固定资产原值19810.65万元，净值12771.16万元，流动资产49403.68万元，其他资产1817.71万元，产值利润率5.46%，资产负债率104.62%。公司账载设备共计606台（套），设备额定总功率近8000千瓦/小时，净值近4587.56万元，设备完好率99.36%，设备利用率75.25%。

2015年，承揽任务4.28亿元，总产值3.94亿元。成功进入城轨地铁市场，相继签订郑州轨道交通2号线、苏州有轨电车2号线、上海轨道交通12号线等20余个项目。（汤　洪）

【康远新材料有限公司】 铁路运输设备生产企业，准予生产和销售18种铜及铜合金接触线、14种铜及铜合金绞线；欧洲CE认证企业，公司产品可在欧盟市场销售。公司驻江苏省江阴—靖江工业园区人民南路88号。董事长、党委书记赵德胜，总经理杨玉军。职工211人。资产总额62746万元，其中固定资产净值7270万元、流动资产54556万元、其他资产920万元。机械运输设备6700万元，净值4600万元。机械运输总功率

6800 千瓦,其中机器设备 6400 千瓦,动力装备率 30.3 千瓦/人,技术装备率 30.3 万元/人,年生产能力 2 万吨、具备电气化铁路 5000 正线千米供货能力。

2015 年,承揽任务 70800 万元,完成企业总产值 62753 万元,实现利润 2176 万元。全员劳动生产率 297 万元/人·年;员工年人均收入 8.2 万元;资产负债率 76.9%;应上缴款完成率 100%。 (鲁衍任)

【新疆维管公司】 电气化局非独立法人分公司,公司驻新疆乌鲁木齐市乌鲁木齐市新市区铁路局八街小区 45 栋 2 单元 801 室(117 号)。总经理兼党委书记王春林。下辖精伊霍铁路维管段和奎北铁路维管段。公司职工总数 586 人,干部 55 人,占职工总数的 9.4%(其中管理干部 18 名,占干部总数的 32.7%,技术干部 37 名占干部总数的67.3%);工人 531 人,占职工总数的 90.6%(其中技术工人 29 人,占工人总数的 5.5%;普通工人 502 人,占工人总数的 94.5%)。资产总额 4363.3 万元,其中固定资产原值 272.74 万元、净值 80.22 万元,流动资产 4283.08 万元。机械运输设备 4 台(套),设备原值238.04万元、净值 50.73 万元,设备完好率 100%,利用率 100%。

2015 年,承揽任务 7469.14 万元,完成企业总产值 6910.55 万元,实现利润 242.09 万元,人均创利 0.41 万元,全员劳动生产率 11.75 万元/人·年,职工年人均收入 68539 元,净资产收益率 5.5%,产值利润率 3.6%,资产负债率 63%,应上缴款完成率 92%。

(刘海安)

【重要记载】

▲2 月 6—7 日 集团公司二届四次职代会、2015 年工作会暨党委扩大会、党风廉政建设和反腐倡廉工作会在北京京燕饭店召开,来自集团公司机关及下属各单位 211 名人员参加会议。

▲4 月 23 日 集团公司团委获 2014 年度“中央企业五四红旗团委”称号。

▲同日 集团公司南方公司信控分公司唐国权获评 2014 年度“中央企业优秀共青团员”称号。

▲同日 集团公司三公司赵波波完成的《巧妙构思不断创造,通过技术改进保证施工安全》获北京市安全管理大师赛实践大师铜奖。

▲同日 集团公司一公司上海分公司获“2014 年度北京市青年文明号”称号。

▲同日 集团公司三公司郭刚青年突击队获 2013—2014 年度“北京市优秀青年突击队标杆”称号;一公司电化六队刘道峰青年突击队、南方公司兰新二线项目陈军青年突击队获 2013—2014 年度“北京市优秀青年突击队”称号。

▲同日 南方公司青荣城际铁路二项目部、南方公司宁西项目部电气化分部获评 2014 年度“北京市青年安全生产示范岗”。

▲5 月 中国铁建电气化局集团第一、第二、第五工程有限公司承建的“新建铁路北京至武汉客运专线(河南段)四电集成工程”获铁路优质工程一等奖。

▲5 月 中国铁建电气化局集团南方工程有限公司承建的“新建铁路北京至武汉客运专线(湖北段)四电集成工程”获铁路优质工程一等奖。

▲5 月 中国铁建电气化局集团南方工程有限公司承建的“新建南京至杭州客运专线四电系统集成工程”获得铁路优质工程一等奖。

▲5 月 中国铁建电气化局集团北方工程有限公司、第三工程有限公司承建的“新建铁路北京至武汉客运专线(河北段)四电集成工程”获铁路优质工程二等奖。

▲9 月 24 日 湖南省政府副省长张剑飞视察长沙磁浮工程首例安装情况。

▲11 月 5 日 中国铁路总公司总经理盛光祖视察南宁枢纽项目部,检查南昆客专联调联试工作。

(邹国华)

中国铁建港航局集团有限公司

【简况】 (以下简称“集团公司”)拥有港口与航道工程施工总承包一级、房屋建筑工程施工总承包一级、公路工程施工总承包一级、市政公用工程施工总承包一级、铁路工程施工总承包二级、机电安装工程施工总承包二级、水利水电工程施工总承包三级、电力工程施工总承包三级、地基与基础工程专业承包一级、钢结构工程专业承包一级、桥梁工程专业承包一级、隧道工程专业承包一级、公路路基工程专业承包一级、特种专业工程(限结构补强)专业承包 14 项施工资质。2011 年 7 月 11 日成立,机关总部驻广东省珠海市前山翠峰街 189 号。截至 2015 年底,集团公司下辖 6 家子公司,6 家分公司及 6 家项目公司。分别是中铁建港航局集团路桥工程有限公司、中铁建港航局集团勘察设计院有限公司、中铁轨道工程研究设计有限公司、中铁建港航局集团钢结构工程有限公司、中铁建港航局集团岩土工程有限公司、中铁建港航局集团第三工程有限公司、中铁建港航局隆昌基础设施投资有限公司、中铁建港航局集团黄冈基础设施投资有限公司、中铁建港航局集团江门基础设施投资有限公司、中铁建港航局集团达州基础设施投资有限公司、中铁建港航局集团山东海洋建设有限公司、南宁市中铁建邕宁水利枢纽投资建设有限公司、中国铁建港航局集团有限公司第一、第二、第三、第四工程分公司、总承包分公司、船舶工程分公司。职工 2304 人,其中,干部 2052 人、工人 252 人。资产总额 801845.01 万元,流动资产 465299.99 万元,固定资产净值 29423.51 万元。固定资产施工设备总量 704 台(套),原值 56331 万元、净值 49528 万元,总功率 57860 千瓦,动力装备率 26.3 千瓦/人,技术装备率 25.6 万元/人,设备完好率93.96%,设备利用率92.75%;机械化施工率 100%;年施工能力 70 亿元以上。

2015 年,集团公司连续 3 年获广东省度守合同重信用企业。1 月,集团公司董事长、党委书记许四发获国务院颁发的政府特殊津贴和证书。8 月,集团公司总经理张小平荣获中国施工企业管理协会举办的“2015 年度全国施工企业领军人物”暨“2014 年度全国优秀施工企业家”称号。11 月,集团公司参建的连云港港疏港航道整治工程获中国水运行业建设协会“2014 年度水运交通优质工程奖”;12 月,集团公司被授予“珠海市人居环境建设突出贡献单位(优秀建筑施工企业)”称号,由集团公司承建的珠海香洲渔港改造工程(Ⅰ标段)项目被授予“中国人居环境范例奖优秀试点项目(优秀范例工程)”,集团公司总经理张小平被授予“珠海人居环境建设突出贡献个人”。

(陈志逸　胡连城　李育华)

【领导人员】

董事会

董事长　许四发

董事　许四发
张小平
金国亮
王永东(12 月任)
谭世霖

监事会

监事会主席　任保义

监事　任保义
程守昌
梁根林

经理层

总经理　张小平

副总经理　金国亮
王永东
刘齐辉
谭世霖
蹇　宏(10 月任)
李法胜(12 月任)
何秀春(6 月免)

总会计师　金国亮(兼)

总工程师　刘齐辉(兼)

党群系统

党委书记　许四发

党委副书记　张小平
任保义

委员　许四发
张小平
任保义
金国亮
王永东
刘齐辉
谭世霖
蹇　宏(10 月任)
李法胜(12 月任)
何秀春(6 月免)

纪委书记　任保义

纪委副书记　孟凡志

工会主席　任保义

(钟参军)

【职工队伍】　截至 2015 年底,集团公司职工 2304 人,其中,干部 2052 人、工人 252 人。专业技术干部 1672 人,占干部总数的 81%;女干部 374 人,占干部总数的 18%;专业技术干部中,高级专业技术职务及以上 268 人,占职工总数的 12%,中级专业技术职务 467 人,占职工总数的 20%,初级专业技术职务 937 人,占职工总数的 41%。大学本科及以上毕业 1759 人,占职工总数的 77%;专科毕业 308 人,占职工总数的 13%;大专以下 237 人,占总职工人数的 10%。30 岁以下 1230 人,占总职工人数的 53.4%;31～40 岁 543 人,占总职工人数的 23.6%;41～50 岁 449 人,占总职工人数的 19.5%;51 岁以上 82 人,占总职工人数的 3.5%。252 名工人中,高级技师 13 名、技师 22 名。　(钟参军)

【工程施工】　截至 2015 年底,在建项目 133 项,新开工项目 53 项,完工项目 50 项。其中,铁路项目 4 项、公路项目 37 项、水工项目 81 项、房建项目 5 项、其他工程 5 项。项目类型基本以港口与航道项目和公路项目为主。

镇江孟家港区陆域工程　位于镇江港高桥港区荷花池作业区,一期工程陆域道堆总面积 75.9 万平方米。工程沿南北方向布置8条散货堆场料线，单条料场宽度49米，堆场纵深1252米，宽度522.3米；年累计完成10083.91万元，自开工累计完成产值10083.91万元，占合同总额61488.76万元的16.40%。

龙怀38标　广东省龙川至怀集公路(以下简称龙怀高速)是国家高速公路网规划"71118"布局方案中第17横—汕头至昆明高速公路的重要路段，也是广东省"九纵五横两环"高速公路网规划主骨架中"一横"的重要组成部分。位于怀集县凤岗、汶郎，全长10.83千米。路基挖土方427.91万立方米，挖石方83.9万立方米，路基填筑利用土方404.04万立方米，利用石方91.16万立方米；软土路基处理长度为5650米，高液限土路基处理长度140米，岩溶路基处理长度300米；桥6座1972米，桩基356根，圆柱墩89根，薄壁空心墩50根，梁板504片；秧埇隧道1座，左幅长583米，右幅长481米；涵洞38道，其中盖板涵20道，盖板通道18道。年累计完成3518万元，自开工累计完成产值3518万元，占合同总额48849万元的7.2%。

南宁水利枢纽项目　郁江干流南宁邕江河段下游青秀区仙葫开发区牛湾半岛处。工程按水库库容划分属大型水库，枢纽工程级别为Ⅱ等，船闸级别为Ⅱ级。项目建设内容包含发电厂、四孔闸坝、九孔闸坝、航运过坝工程及防洪排涝专项工程、水土保护工程和环境保护工程6部分，正常蓄水位67米，总库容7.1亿立方米，电站装机容量57.6兆瓦，为灯泡贯流式机组，多年平均发电量2.206亿千瓦时，通航标准为2000吨级。年累计完成57463万元，自开工累计完成产值57463万元，占合同总额152774万元的37.6%。

潮漳3标　位于潮州市饶平县浮滨镇及樟溪镇，路线全长17.69千米。全线按双向4车道高速公路技术标准设计，设计速度100千米/小时，路基宽度26米。设有军寮隧道1座334延长米，大桥7座2485.1延长米，小桥1座35.6延长米，人行天桥1座，盖板涵44道，圆管涵14道。路基长度14.84千米，桥梁长度2520.7延长米，隧道长度334.5延长米，桥隧比16.1%。全线混凝土15.9万立方米，钢筋总数量1.3万吨。年累计完成12516万元，自开工累计完成产值12516万元，占合同总额51739万元的24.19%。

海坛海峡北东口公铁两用特大桥26号—38号墩下部结构工程　位于福建省平潭县，该桥为公铁两用桥。总长744.7米，13个墩位，总产值5.9亿元。主要施工为钢平台5145吨，钢护筒15879吨，桩基Φ2.5米合计1293米，桩基Φ2.8米合计4971米，桩基Φ3.0米合计6372米，承台钢筋4873吨(含架立骨架)，承台混凝土57913立方米(含封底砼)，墩身钢筋2822吨(含预埋钢筋)，墩身混凝土25623立方米(含填充砼)。年累计完成26386万元，自开工累计完成产值52904万元，占合同总额59000万元的89.7%。

江门市新会区基础设施投资建设一期工程　位于江门市新会区，项目包含新会区银鹭大桥新建工程、省道S271线小冈大桥扩建工程、新会区七堡大桥扩建工程3个施工点，双向6车道，设计路基宽35米，远期路线终点向西延伸可接省道S217南门公路。小冈大桥扩建工程全长1.5千米，起点位于梅冈沙，终点至胜冈，桥梁沿旧桥位置河流上游单侧加宽，新旧桥间隔2.0米。主桥为预应力混凝土连续箱梁，引桥采用双柱式桥墩，座板式桥台，主桥单薄壁空心墩，钻孔灌注桩基础。七堡大桥扩建工程全长2.4千米，主要工程有七堡大桥长999.98米，结构形式为20×16+2×30+(70+110+70)+2×30+19×16预应力砼小箱梁、空心板连续刚构，柱式墩，薄壁墩；小桥1座10延长米；涵洞3座；平交口1处；土方22.25立方千米，软土路基1.3千米。年累计完成16535.8万元，自开工累计完成产值33229万元，占合同总额52727万元的63%。

四川达州市金南大桥　经达州市通川区朝阳办事处金山社区和红岩社区。工程项目包括1座双塔双索面砼斜拉桥(金南大桥)，西外段引道，南外段引桥，排水、照明、综合管线，人行系统以及景观绿化等内容。道路总长2050米。其中金南大道西外段引道长度为869米，标准路幅宽度为50米；金南大桥长度为606米(含桥台宽度)，属特大型桥梁，采用双塔斜拉桥型方案，桥梁标准宽度为31.5米；金南大道南外段引桥长度为575米(含桥台宽度)，为引桥工程，采用预应力砼连续箱梁桥梁形式，桥梁标准宽度为28.5米。年累计完成18463.2万元，自开工累计完成产值25874.2万元，占合同总额51600万元的50.1%。

武汉新港唐家渡港区临港新城综合码头项目　位于唐家渡港区的钟家湾至蔡吴廖河段中段。本项目采用高桩梁板结构型式，水工建筑物包括码头平台、引桥及护岸3部分，陆域部分包括陆域形成、地基处理、堆场道路铺砌等。项目共有新建5000吨级件杂货泊位2个，年设计吞吐量80万吨；新建5000吨级货船的散货泊位2个，年设计吞吐量360万吨；建设相应的堆场、道路等生产、辅助生产建筑，配备相应的装卸、运输机械设备和供水、供电等设施等。码头水工建筑物的安全等级为Ⅱ级。年累计完成2973万元，自开工累计完成产值17670.23万元，占合同总额45871.66万元的38.52%。

广州至清远高速公路改扩建工程A04合同段　路线长8.098千米。主要工作内容包括新华高架特大桥、新街水大桥、路基5.308千米(不含分离式路基

1.302千米)、互通式立体交叉、立体交叉。控制性工程为新街水大桥331米、新华高架桥长1.807千米、新华互通式立体交叉。年累计完成8896.29万元,自开工累计完成产值38608.82万元,占合同总额46198.1663万元的86.05%。

包茂T11标 位于茂名市电白县、茂港区和高新区。主线长7.63千米,电白连接线长4.929千米。本标段共设2处互通立交,分别为茂名东互通立交和大昌口枢纽互通立交。年累计完成10107.19万元,自开工累计完成产值27291.4万元,占合同总额27291.4万元的100%。

简蒲高速公路工程项目 位处简阳市郊,全线采用双向6车道高速公路标准建设,占用土地1779.46亩,区间交通量53331辆/昼夜。设计时速100千米,路基标准宽度33.5米,停车视距160米。标段内挖方313.1019万立方米,填方298.8982万立方米。大桥2座314延长米;中桥5座210延长米;匝道桥1座、互通式立交2处;分离式立交1处(国道G318跨线桥);涵洞及通道56座;天桥5道;渡槽1道。年累计完成27222万元,自开工累计完成产值36222万元,占合同总额36600万元的98.97%。 (徐腾飞)

【境外工程】 尼日利亚哈尔克特船厂改造项目一期工程 项目位于尼日利亚哈尔克特,业主为中国船舶与海洋工程有限公司。工程由码头平台、架空引桥组成。其中舾装码头总长为123米,宽度为17米,码头高程+4.1米,为高桩梁板结构。引桥长度135.75米,架空引桥采用桩基排架结构,设计宽度9米。项目由中土集团和港航局合作经营并实施,合同投资1390万美元,是集团公司首个落地实施的海外项目,本着"首战即决战,一战定乾坤"的决心,公司上下克服工期紧、施工环境恶劣等困难,于2015年10月6日全面按期完工,获业主嘉奖,成功辐射经营尼日利亚拉各斯海军码头重建项目。

白俄罗斯中白商贸物流园首发区项目 项目位于白俄罗斯首都明斯克东部25千米处的中白工业园,首发区规划用地总面积29.23万平方米,总建筑面积约7.5万平方米,其中商务中心5500平方米,物流仓库面积5万平方米,展示交易中心面积2万平方米,以及纬五路、停车场、堆场、地下管网、绿化等。合同投资3.12亿元。本项目是国家"一带一路"的重点项目,中标后,集团公司组织专家对项目的人员配备、施工技术方案和施工计划、物资设备供应、劳务作业人员进场等关键性因素进行评审和优化,从源头上保证项目的进度、质量和安全可控。 (邵靓杰)

【勘察设计】 开展生产项目280个,其中,设计类项目80个、咨询项目138个、勘测测绘项目48个、其他类项目14个。设计文件交付履约率100%。

(唐苗苗)

【经营管理】 (1)战略管理。形成"十三五"企业发展战略与规划,明确企业总发展战略:"立足水工,相关多元,抓住大科研方向和大市场转变两条主线,不断完善大土木产品,建立健全"外全内专"的服务能力、差异化的竞争优势与高度市场化机制,发展成为水工特色突出,国内领先、初具国际竞争力的管理、技术、资本密集型现代企业集团公司"。到2020年实现主要经济指标翻一番,即"十三五"期间,力争实现承揽合同额超1000亿元、营业收入500亿元、净利润10亿元。发展成为具有现代化企业管理模式与较成熟的国际化经营机制,水工能力突出,同时具有提供全方位服务的大土木能力,拥有关键领域的自主知识产权的世界领先技术,业务、市场结构合理,商业模式多样化,高端业务占比明显提升,风险控制有效的国际化大型建筑企业。

(2)全面风险管理和内控工作。集团公司开展内控建设自查自纠,并协助所属总承包分公司梳理部门管理制度,建立业务流程手册、权限指引表以及风险数据库。同时,根据股份公司要求开展年度内控评价工作,制定《中国铁建港航局集团有限公司2015年度内部控制自我评价工作方案》,并细化底稿分工,明确责任部门(单位)。2015年12月底,为应对2016年重大重要风险,及时制定管控措施,集团公司针对中高层领导开展风险评估问卷调查工作。

(3)市场经营管理。完成新签合同126.83亿元,创效索赔增加额4.74亿元,完成年度目标150亿元的87.7%。新签合同中国内项目合同额125.53亿元,海外项目合同额1.29亿元;工程承包板块合同额125.97亿元,勘察设计板块合同额0.85亿元;水工项目合同额46.47亿元,公路桥梁项目合同额69.52亿元,市政项目合同额1.93亿元,房建项目合同额8.04亿元,勘察设计咨询合同额0.85亿元。国内新签合同的省份为13个,占比前5名分别为广东省(49.58%)、浙江省(13.57%)、山东省(8.87%)、江苏省(5.38%)和四川省(5.51%)。经营信息管理。发布各类经营指引文件25份,对重点项目经营、严格规范经营管理等方面及时作出监督指导和落实布署;高度重视信用评价申报工作,制定《中国铁建港航局集团有限公司公路水运工程设计和施工企业信用评价管理办法》,对所属单位开展信用评价工作作出具体规定。信用评价方面获得较好的等级,在地区行业信用评价中首次获AA

级评价。取得的成绩分别为重庆市水运AA级，全国公路A级，广东省公路、水运A级，江苏省公路、水运A级，政府建筑行业招投标信用评价中分别获得辽宁省AAA级和浙江省AA级；完成分布在22个省（自治区、直辖市）的备案15处。4月，完成投标资料库的更新工作，并及时下发所属单位，满足经营需要。

（4）海外经营管理。累计跟踪经营项目30余项，跟踪经营项目集中分布于东南亚、东非和西非，涉及40多个国家和香港特别行政区、澳门特别行政区。参与资审、投（议）标25项，中标2项，合计中标金额31619.685万元。其中，招商局在白俄罗斯投资的中白商贸物流园首发区项目使集团公司首次进入欧洲市场。与中土集团（原中非建设）签订战略合作协议，双方以尼日利亚哈克特船厂改造项目一期工程为依托，联合设立尼日利亚有限公司水工事业部，港航局和中土集团持股比例为49%∶51%，双方共同出资近亿元投入3艘工程船舶，利益共享、风险共担，重点开拓非洲区域水工市场。尼日利亚水工事业部顺利完成首个项目的施工，并实现滚动经营。

（5）工程项目管理。一是继续深化开展“项目管理规范年”活动，效果逐年提升。集团公司督促所属各单位对项目管理中存在的不足认真整改落实，同时从加强精细化管理，进一步提升项目盈利能力、夯实基础管理，从而把“规范化管理”落到实处。使项目规范管理长期化、常态化、系统化，工程项目规范化管理取得较好地成效。二是切实落实专家治理、策划先行，为项目良性运营引航。严格按照《集团公司项目策划专家管理办法》做好专家库的管理和维护，在全集团公司范围选取各类专家33人，通过大力推进项目专家治理，发挥专家在项目策划中的咨询作用，切实组织、实施好项目策划工作。新开工项目49个，所有项目均按照要求进行前期策划，策划覆盖率100%。大部分项目在策划过程中都组织策划专家和机关职能部门深入项目部，优化技术方案，合理配置资源，有效规避施工风险，降低施工成本，为项目的良性运营奠定基础。三是加强对重难点项目帮扶和监督。确定的重点项目和重点关注有16个，截至11月底，这些项目完成施工产值20.5亿元，占集团公司累计产值63.4亿元的32.3%。对这些项目进行全覆盖的巡视，深入施工现场帮助解决项目存在的各种困难和突出问题。四是通过实施标准化推动项目管理精细化。集团公司通过不断推进标准化管理来实现项目管理精细化，如潍坊森达美港项目和佛耳岩二期2个项目在管理标准化、现场标准化、工艺标准化上面狠下功夫，通过抓好物资管理，严把采购关，降低材料消耗；通过抓好安全质量，降低安全质量成本；通过抓好分包队伍选择与管理，控制分包单价，通过不断推进标准化管理，项目部实现精细化的控制目标。

（6）财务资金管理。围绕年度工作目标以及2015年财务工作要点，在落实稳增长目标任务、支撑企业运行发展、财务工作创新等方面作了大量工作，取得较好的成绩。实现营业收入661865万元，实现利税总额34872万元。年底资产总额80.18亿元，是年初的1.04倍；资产负债率79.19%，处于行业优秀值范围内。一是资金集中管理。资金中心共集中资金2.3亿元，资金集中度达81.73%，资金上存度达48.97%，内部单位模拟注资使用3.49亿元，内部拆借款8.68亿元。银企合作。集团公司获各家银行及财务公司综合授信额95亿元，对外融资9.16亿元，向财务公司融资9.1亿元。南宁市邕宁水利枢纽投资项目采用铁建蓝海产业基金方案成功实现融资，实现债权融资20亿元出表，成为股份公司系统内铁建蓝海产业基金模式的第一单；采用跨境直贷方式取得中国建设银行香港分行3年期贷款2.5亿元，置换中国建设银行珠海市分行长期贷款，直接降低利息支出367.78万元。二是税务管理。集团公司2015年首次获“A级纳税信用人”称号，这是税务系统评定的最高纳税信用等级，对市场经营、筹融资和企业形象起到推动作用。2015年，集团公司18个科研项目获批享受企业所得税税前加计扣除50%的税收优惠，发生的研究开发费加计扣除金额1831.46万元，减免企业所得税457.86万元。三是清收清欠管理。完成股份公司下达目标的99.12%，清收清欠应收款项73.29亿元，成功收回第一个BT项目（隆昌项目）第一笔回购款1亿元，清收清欠管理效果显著，加速资产周转，为资产负债率控制在80%以下起到重要作用。四是信息化建设。网上报账系统正式试运行，并与PM系统初步形成对接。珠海财务共享中心正式成立，颁布《集团公司财务共享中心管理办法》等8项制度。1个工程公司被评为中国铁建财务工作先进单位，4人被评为中国铁建财务工作先进个人。

（7）经济管理。经济管理以“加强成本管理，打造质量效益型企业”为工作重心，加强项目成本预控，抓好责任预算编审，规范分包管理流程，强化二次经营督导，推进项目完工结算，深化法律风险防范；制定《项目经济责任绩效考核办法》《责任成本管理考评暂行办法》，编制《水工项目责任成本管理工作指南》。新签项目经济责任书59份，分包招议标133次，二次经营4.7亿元，确权清收62.6亿元，58个项目进行，年度或完工绩效考核兑现，“五项”法律审核率达100%（“五项”即经济合同、重要决策、授权委托书、印章使用、规章制度）；1人获国资委“中央企业法律事务先进工作者”称号,2 人获中国铁建“2011—2015 年法制宣传教育先进个人”称号,1 人获中国铁建“2015 年度法治工作先进个人”称号。召开合同成本法务年度工作会议,强力推动依法合规企业管理新常态。

(陈志逸　左明星　邵靓杰　徐腾飞　李治鸿　叶中荣)

【科技教育】 科技工作。5 项科研课题获广东省交通运输厅立项,获资金 55 万元;3 项科研课题获中国铁建股份有限公司立项,获资金 75 万元。获中国施工企业管理协会科学技术奖科技创新成果一等奖 1 项,二等奖 2 项,中国铁道建筑总公司科学技术奖一、二、三等奖各 1 项;获中国铁建股份有限公司优秀工法 6 项;获广东省优秀工程设计二等奖、三等奖各 1 项,水运协会水运工程优秀咨询成果三等奖 1 项,中国铁道建筑总公司优秀工程咨询成果二等奖 1 项。申请专利 6 项,其中发明专利 2 项。2 项科技成果经中国铁建股份有限公司评审,分别达到国内领先水平和国际先进水平;7 项工法关键技术通过中国铁建股份有限公司评审,其中 5 项达到国内领先水平,2 项达到国内先进水平。集团公司被中国施工企业管理协会评为科技创新先进企业,1 人被评为科技创新先进个人。

质量工作。获全国工程建设优秀质量管理小组(二等奖)1 个、全国铁道行业优秀质量管理小组 1 个、中国铁建股份有限公司优秀质量管理小组 5 个;集团公司参建的连云港港疏港航道整治工程获国家优质工程奖,承建的长白特种船舶修造项目 2 号码头工程获中国铁建杯优质工程奖。

开展各类教育培训工作。截至 2015 年底,组织各类培训 49 次,参培员工 1969 人次;委外培训 38 次,参培员工 339 人次。

(梁晓烨　钟参军)

【党群工作】 领导班子建设。(1)集团公司局、处两级党委认真落实班子建设各项制度要求,坚持党委中心组学习制度,认真开好领导班子民主生活会,严格落实“三重一大”民主决策制度,通过强化理论学习,开展专项治理自查自纠、“三严三实”专题教育,推动教育实践活动整改落实,加强党风廉政建设,持续改进作风,领导班子的凝聚力和战斗力进一步得到提高。其中,第三工程分公司领导班子被评为港航局 2014 年度“四好”领导班子。(2)“三严三实”专题教育活动。根据中央集团公司党委组织开展“三严三实”专题教育。通过“严以修身”“严以律己”“严以用权”3 个专题学习,聚焦对党忠诚、个人干净、敢于担当,加强党性修养和锻炼,切实增强各级领导干部践行“三严三实”要求的思想自觉和行动自觉。通过召开局、处两级领导班子“三严三实”专题民主生活会,查找存在问题,制定整改措施,进一步增进班子团结,提升班子的整体合力。(3)党建工作。为加强党员教育管理,年初集团公司党委印发《党员手册》,进一步增强每个党员的党员意识和创先争优意识。集团公司党委先后选派 8 名同志参加股份公司工程项目党组织书记培训班;组织基层党支部书记及党务工作者 29 人参加党支部书记轮训班,进一步提升基层党组织书记的综合素质和履职能力;8 月,集团公司党委成功举办首期项目书记培训班,50 人参加为期 4 天的业务培训,对于做好项目党建工作具有重要的指导意义。6 月,集团公司党委评选出 7 个“五好”党支部、26 名“六好”共产党员和 9 名优秀党务工作者,进行表彰奖励;另外,2 人获 5 年评选一次的中国铁建第二届“优秀思想政治工作者”称号。12 月,集团公司党委成功举办首次项目(基层)党群工作现场推进会,会上总结交流一批近年来在基层党群工作方面取得的宝贵经验,现场观摩路桥公司达州项目部党群工作,为今后项目党群工作明确要求、指明方向。集团公司党委继续坚持对分子公司党群工作进行年度考核,做到考核结果与分子公司领导班子年度绩效薪酬挂钩,与班子成员年度干部考核挂钩,使党群工作成为真正的“硬”指标。

宣传工作。(1)创新思路,抓好思想政治工作,不断提高科学化水平。创新学习形式,提升局处两级中心组学习效果。根据党的群众路线教育实践活动中长期整改方案及措施,局处两级党委中心组学习在丰富学习内容、严格学习考勤、改进学习方式、突出学习重点上下功夫。集团公司党委开展 6 次中心组学习活动。抓好形势任务教育,深入开展主题学习宣贯。自上而下抓好“抓发展、稳增长”形势任务教育活动。通过局处两级中心组学习(扩大)会议,广泛开展“抓发展、稳增长”大讨论。开展“学法规、守纪律、创新业”主题学习教育活动,积极贯彻股份公司年中工作会暨“两个责任”促进会宣讲会指示精神。以先进模范、优秀典型为标杆,激发正能量。集团公司分别获“优秀海员”“道德模范员工”“优秀海嫂”“中央企业优秀共青团员”“中国铁建劳模”“中国铁建先进集体”等称号。强化内外宣传报道工作,提升企业知名度和美誉度。在中央及大型门户网站刊稿 38 篇,在十多家地市级媒体上刊稿 60 余篇。开通集团公司官方“两微”,拓宽宣传推广渠道。9 月,牵头开通并实名认证集团公司官方微信和官方微博公众号,顺利加入中国铁建微信矩阵。实时监控舆情动态,积极开展舆情危机处理工作。监测各类舆情 212 起。(2)开展调查研究,做好政研课题成果转化。在股份公司 2013—2014 年度优秀政研成果评比中,由集团公司政研会上报的 4 个课题全部获奖,其中由党委宣传部主持撰写的《国有建筑企业在并购重组中的文化整合问题探索》获一等奖。由第三工程分公司政研会组织撰写的《“四个结合”做优国企政工》一文在《思想政治工作研究》2015 年第 9 期发表。(3)内树品牌、外塑形象,积极推进企业文化建设工作。大力开展文化宣贯,企业文化建设,获中国企业文化建设(珠海)峰会“2015 年度企业文化建设先进单位”,2 人获“先进个人”称号,“铁建砼 01”船队获“2015 年度企业文化建设先进班组”称号。

党风廉政建设和反腐败工作。(1)2 月,集团公司召开落实党风廉政建设“两个责任”工作推进会。会议传达股份公司党风廉政建设“两个责任”工作促进会精神,解读集团公司《关于落实党风廉政建设主体责任和监督责任的指导意见》及其配套文件,集团公司党委书记、董事长许四发作重要讲话。(2)2 月,集团公司召开 2015 年党风建设和反腐倡廉工作会,集团公司副总经理、总会计师金国亮主持会议并传达股份公司 2015 年党风廉政和反腐倡廉工作会精神,集团公司党委书记、董事长许四发作重要讲话,集团公司党委副书记、工会主席、监事会主席任保义作题为《强监督严执纪敢问责勇担当确保新常态下党风建设和反腐倡廉工作取得新成绩》的工作报告。(3)不断加强纪检监察机构和队伍建设,集团公司及属各单位党委和纪委按照落实“两个责任”的工作要求,截至 2015 年底,所属单位纪委书记全部到位,集团公司专职纪检人员 19 人,兼职纪检人员 6 人,11 人参加各类纪检监察干部业务培训。规范部门业务管理,重要案件、重大问题坚持集体分析、集体研究和决策,累计召开纪委书记办公会、案件分析专题会议等 15 次。(4)强化党风廉政建设制度建设,规范监督执纪问责工作程序,制定实施《企业领导人员进行函询的暂行办法》《廉政谈话暂行办法》《印发“两个责任”指导意见及配套办法的通知》。(5)强化线索管理,严查违规违纪行为。收到信访举报线索 12 件,完成初步核实 8 件,立案 3 件,对违规违纪案件相关责任人员给予党纪和政纪处理。(6)积极主动参与监督,有效防范各类风险,参与亏损项目治理,对亏损问题调查和原因剖析;两级纪委积极主动参与“三项招标”监督,累计 40 余次,提出 15 条意见和建议;集团公司纪委参与选人用人监督累计 10 人次,1 人暂缓提拔;对 4 个单位的项目部进行财经纪律、劳务队伍的选用、合同和物资设备管理等方面的效能监察,发现问题和存在风险 97 个,提出意见 35 条,并进行整改落实。(7)深化作风建设,坚决反对和纠正“四风”,针对机关内部食堂职工反映强烈的问题,纪委联合办公室及时进行调查,并敦促及时整改;针对公车管理,纪委抽调有关人员利用公休期间进行突击检查,未用公车是否停放在车库,有效遏制公车私用行为;针对个别党员干部、职工对现场会议、视频会议迟到早退、甚至不参加的情况,纪委对 3 人次进行口头警告,使会风明显好转。(8)常抓党风廉政宣传教育和警示预防,构筑惩防体系,打牢思想防线,结合“三严三实”专题教育,认真学习党的十八大及历次中央全会精神和中纪委会议精神,学习习近平总书记和王岐山书记关于党风廉政建设的系列讲话精神,强化思想建设;学习《中国共产党廉洁自律准则》《中国共产党纪律处分条例》,编制印发《文件汇编》“口袋书”,便于党员干部随时学、随时用,深化党纪企规学习教育;及时转发股份公司、国资委等关于加强作风建设和监督的文件,在节假日和重要敏感时期通过文件、短信、邮箱等形式发送廉洁提示信息,累计转发提示文件 2 份,发送短信等 400 余条;持续开展案例警示教育,以案说法,开展“周、薄、徐、令、苏”等典型腐败案例的学习教育,及时转发股份公司案件检查通报,2 次对集团公司纪委案件检察进行通报,用身边的案例现身说法,强化警示作用。加强企检共建,深化预防职务犯罪教育,加强纪检监察业务交流和学习。

工会工作。(1)民主管理工作。2 月集团公司召开第一届三次职工代表大会,对集团公司领导班子成员进行民主测评;通过行政工作报告等 5 项决议;审议通过《工资专项协议》。(2)评先树模工作。1 个集体和 1 名女工被股份公司分别授予“巾帼标兵岗”和“巾帼标兵”称号。1 人获“中国铁建劳模”称号,1 个集体获“中国铁建先进集体”称号。1 人获股份公司“优秀工会工作者”称号,1 个单位获股份公司“模范职工之家”称号,1 个工会小组获股份公司“模范职工小家”称号。1 人获广东地区“优秀海员”“珠海市道德模范”称号;1 名船长家属获广东地区“优秀海嫂”称号。(3)建家建线工作。建立“职工书屋”37 个,56 个室内外活动室,藏书 12000 余册,创办“职工夜校”27 个;成功开展第二届汉字词语(成语)大赛、读书明星评选等活动;组织员工参加省总海员工会各项比赛等活动。9 月,集团公司在佛耳岩项目隆重举行“牵手巴渝,情系港航”首次工地集体婚礼,为青年员工搭建平台,体现企业的人文关怀。(4)劳动竞赛活动。全面深入组织开展“勇奉献、争先锋、展风采”劳动竞赛活动,局处两级开展各类型劳动竞赛 23 次,用于劳动竞赛奖励 246.35 万元。集团公司工会引导奖励广大职工积极创新工法、新工艺、新技术,积极鼓励职工进行小发明、小改革、小创造,有效地促进企业施工生产和经济效益提高。吸引着更多员工进入创新领域,实施合理化建议 10 项,创造经济价值 730 万元,技术创新 20 项,创造经济价值 3 千余万元。(5)扶危助困送温暖工作。

通过工会专项拨款、党委及行政联合筹集、“三不让”筹集，筹集并发放慰问金71.36万元。为建立职工人身意外伤害及重大疾病防范保障机制，有效化解风险，集团公司工会为全体在职职工购买团体重大疾病保险，作为其他保险的补充，参保2904人，其中职工家属479人、劳务派遣197人，缴纳保费31.944万元。(6)工会自身建设。集团公司外送培训的工会主席、工会干部10人次。新增《中国铁建港航局集团有限公司“港航先锋”系列奖项评选管理暂行办法》《中国铁建港航局集团有限集团公司劳动竞赛管理办法》2项制度，下发《工会财务制度汇编》，健全财务管理组织程序，上级工会的各项规章得到较好贯彻。(7)“三不让”承诺落实情况。筹集505735.27元，上年结余774075.21元，总资金额1279810.48元；支出87800元，慰问困难职工51户，金秋助学17人；累计结余1222231.26元。

共青团工作。集团公司团委下辖7个公司团委，40个项目团支部；专职团干部2人，兼职团干部65人，团员715人，35岁以下青年员工1537人。集团公司团委组织团员青年开展“祭先烈”、迎新篮球赛、演讲知识讲座等活动。借助项目书记培训班，开展共青团工作业务授课。9月，举办“企业发展·青年先行——我与企业共成长”主题演讲比赛活动。同时，按照中国铁建团委部署开展“改革创新·青年先行”主题实践活动、“青年建功铁建梦—青年安全在行动”主题实践活动、“提质增效·青年担当”主题实践活动。大力开展青年突击队授旗活动，开展劳动竞赛7次，成立17支青年突击队，涵盖所有重点项目；创建青年文明号活动7个；开展青年安全生产示范岗活动3次，创建示范岗8个，活动直接参与人数达650人。1个团体获“2014—2015年度中国铁建青年文明号”称号；2人获2014—2015年度中国铁建“青年岗位能手”；1个团委获“2014—2015年度中国铁建五四红旗团委”称号；1人获“2014—2015年度中国铁建优秀共青团员”称号；1人获“2014—2015年度中国铁建优秀团干部”称号。

（李　军　周宏威　陈达洪　蔡轶萍　武　斌）

【第一工程分公司】 驻广州市番禺区南村兴南大道118号1号楼。总经理谢国强，党委书记张兵。截至2015年底，有职工573人。

2015年，承揽任务24亿元；完成企业总产值206461.8万元。实现利润总额69万元；净资产收益率0.21%；产值利润率0.03%；资产负债率92.33%；应上缴款完成率28.91%；国有资本保值增值率63.08%；人均创利0.12万元；职工年人均收入9.47万元；全员劳动生产率360.32万元/人·年。（黄胜芳）

【第二工程分公司】 驻浙江省宁波市鄞州区泰康中路459号。党委书记陈立、总经理熊卫根。正式员工168人，大专及以上学历168人，占职工总数的100%，其中本科及以上学历153人，占职工总数的91%，；拥有中级以上技术职称人员46人，其中高级工程师16人，持一级建造师证20人。

2015年，新签合同额10.21亿元，是集团公司下达7亿元任务的146%，连续2年经营承揽稳固在10亿元以上；完成产值6.4亿元，同比增长106%，实现营业收入5.77亿元，同比增长148%；实现利润503万元。（刘欣欣）

【第三工程分公司】 公司驻山东省青岛市，党委书记李世春、总经理。2015年，公司承揽任务总量12.27亿元，完成施工产值10.34亿元，实现利润2706万元，人均创利12.7万元，全员劳动生产率497.2万元/人·年，职工年人均收入11.7万元，国有资本保值增值率160.96%，净资产收益率46.72%，产值利润率2.46%。（韩龙飞）

【第四工程分公司】 驻重庆市江北区港安二路28号冠陆两江汇谷D栋10～11楼。党委书记、总经理（负责人）李昆。职工183人（其中，本科及以上学历176人，占96.17%；中高级职称44人，占24.04%），劳务派遣员工25人，外聘员工97人，总从业人员305人。

2015年，新签合同额7.32亿元，完成施工产值7.24亿元，实现营业收入6.51亿元，实现利润总额3846万元；人均创利21.02万元，全员劳动生产率237.38万元/人·年，职工年人均收入8.2万元；国有资本保值增值率120.32%，净资产收益率18.45%，产值利润率5.31%，资产负债率65.18%；交工项目3个，一次验收合格率100%。（张　君）

【路桥工程有限公司】 驻广州市番禺区兴南大道118号。总经理冯忠，党委书记宾凌涛。2015年职工人数516人，其中，干部人数为386人，所占比例为75%；工人人数为130人，所占比例为25%。资产总额142347万元，其中流动资产117054万元，非流动资产25293万元；负债总额123733万元，其中流动负债123707万元，非流动负债26万元；所有者权益18614万元。其中注册资本7000万元，资本公积8661万元，盈余公积339万元，未分配利润2614万元。（潘丽媛）

【总承包分公司船舶工程分公司】 于2012年9月4日成立，注册地为广东省珠海市横琴新区。总经理程旭东，党委书记仲维华。职工256人。船舶14艘，原值55147.54万元、净值53688.16万元。

2015年，新签合同额12.76亿元，完成企业总产值44080亿元，全员劳动生产率229.58万元/人·年。职工年人均收入100640.4元。 （段海波）

【中铁建港航局集团勘察设计院有限公司】 驻广东省广州市番禺区兴南大道118号2号楼。国家高新技术企业，拥有水运行业工程设计甲级、工程勘察测量甲级、港口河海工程咨询甲级、岩土工程乙级、建筑行业（建筑工程）乙级、测绘乙级资质。执行董事、总经理刘吉福，党委书记杨世芳。下辖广西分公司、华东办事处、华中办事处、上海办事处、安徽办事处。本部职工156人（女职工38人），其中，研究生学历45人、本科学历90人、大专学历7人、中专及以下学历14人、退休35人。专业技术人员129人，其中高级职称以上39人，占30.2%；中级职称40人，占31%；初级职称50人，占38.8%。一级注册建造师2人，注册造价师3人，注册咨询工程师7人，注册土木工程师（港航）10人（包含退休返聘1人），注册监理工程师1人，注册公用设备（给排水）工程师1人，注册电气（供配电）工程师1人，注册岩土工程师2人，注册测绘工程师2人，高级技术职称39人，中级技术职称40人，初级技术职称51人。资产总额5673.04万元。其中，固定资产原值1132.11万元、净值409.58万元；流动资产5263.46万元。

2015年承揽任务8471万元（含下辖分公司），完成企业总产值9040.63万元，实现利润总额517.67万元，全员劳动生产率25.12万元/人·年，人均创利3.57万元，职工年人均收入13.35万元，国有资本保值增值率116.06%，净资产收益率15%，产值利润率5.44%，资产负债率38.96%，投资回报率15%，应上缴款完成率71.67%。 （唐苗苗）

【重要记载】

▲1月4日　中非建设董事长、党委书记曹保刚一行5人到访集团公司。许四发和曹保刚分别代表双方签署战略合作框架协议。

▲1月6日　集团公司成功获机电安装工程施工总承包二级、电力工程施工总承包三级资质。

▲1月15日　集团公司工会在广东省海员工会注册成功，并办理社团法人证及组织机构代码证。

▲1月16日　集团公司完成对中铁建港航局集团勘察设计院有限公司全资控股。

▲1月　集团公司作为第一主编单位申报的国家技术标准《软土地基路基监控规范》编制计划成功获批。这是集团公司首次主持编制国家技术标准，同时也是中国铁建系统在本批国家技术标准制定计划中唯一的一家主编单位。

▲2月5日　集团公司完成对航通公司股权收购，股权结构变更为集团公司出资320万元，占40%；宁波海港出资240万元，占30%；中交一航局第一工程有限公司出资240万元，占30%。

▲2月10—12日　集团公司一届十九次党委（扩大）会、一届三次职工代表大会、2015年工作会、2015年党风建设和反腐倡廉工作会议在珠海召开。

▲4月10日　中国铁建重点项目——京台高速公路宁德段控制性工程黄竹山隧道左、右洞同时全线贯通，黄竹山隧道是福建省目前单头掘进最长的隧道，也是福建省重点工程。

▲4月17日　中国铁建副总裁、总法律顾问庄尚标在集团公司副巡视员赵峰等有关领导的陪同下，赴南宁市邕宁水利枢纽工程项目工地调研。

▲5月24日　全国政协委员、中书协党组书记、副主席赵长青，全国政协委员、原中国铁建总裁赵广发一行赴集团公司调研指导工作。

▲6月4日　集团公司在山东省海阳市成立中铁建港航局集团山东海洋建设有限公司。

▲6月17日　广东省省长朱小丹在汕尾市政府、省交通集团、省高速公路有限公司等相关单位领导的陪同下赴一公司承建的潮惠高速公路TJ8标控制性工程水唇榕江特大桥施工现场进行调研。

▲6月23日　集团公司成功获由原轨道交通公司上移的铁道工程施工总承包二级资质；同时也获水利水电施工总承包三级资质。

▲6月25日　集团公司成功获2015年辽宁省投标企业信用评价最高AAA级荣誉。

▲7月16日　广西壮族自治区党委书记、人大常委会主任彭清华，党委常委、秘书长范晓莉，党委常委、南宁市委书记王小东，南宁市市长周红波一行赴邕宁水利枢纽工程项目视察。

▲7月27日　惠州市博罗县县委副书记、县长江菊莲和集团公司董事长、党委书记许四发分别代表双方签署《博罗县交通基础设施工程投资合作意向书》，估算总投资约34.19亿元。

▲7月　集团公司获浙江省发改委2015年AA级信用评价。

▲7月　集团公司获浙江省交通厅A级信用评价。

▲8月26日　集团公司在东莞与中汇融（北京）投资有限公司签订《东莞市长安新区填海工程项目投资建设施工合作框架协议》，项目静态投资估算129.93亿元。

▲9月25日　集团公司在珠海与广州资安商贸有限公司签订《海口市白沙门渔人码头工程填海项目合作意向书》,集团公司将负责项目填海 EPC,围填海造陆工程部分签约投资额7.5亿元。

▲10月　集团公司在山东省青岛市成立中铁建港航局集团第三工程有限公司。

▲12月31日　集团公司中标博罗县交通基础设施工程项目社会资本方,计划总投资41.79亿元,采取PPP的模式投资运营。该项目标志着集团公司,同时也是惠州市首个PPP项目正式启动。

▲12月12日　集团公司顺利通过广州地铁施工类投标人入库资格审查,正式成为广州地铁工程施工类明挖类投标人企业库(A库)、广州地铁工程施工类高架类投标人企业库(D库)成员企业。　(李育华)

中国铁建房地产集团有限公司

【简况】　专门从事房地产投资与开发业务,具有房地产开发企业一级资质,主要经营房地产开发建设、商品房销售、物业管理,兼营房地产项目策划、信息咨询、技术开发以及相关建筑材料、机械电器设备等业务。公司驻北京市海淀区复兴路40号中国铁建大厦B座。2007年4月20日,由中国铁建股份公司、中铁十二局集团有限公司、中铁建设集团有限公司和中铁第四勘察设计院集团有限公司共同出资组建中铁房地产开发有限公司,同年11月28日变更为中铁房地产集团有限公司,12月26日获得房地产开发一级资质;2008年7月,股份公司出资受让中铁十二局集团有限公司、中铁建设集团有限公司、中铁第四勘察设计院集团有限公司所持共计60%的股权,将中铁房地产集团有限公司变为股份公司的全资子公司;2008年8月18日、2011年8月18日股份公司2次以自有资金向集团公司增资,将注册资本金由人民币5亿元增至70亿元。2012年1月6日正式更名为中国铁建房地产集团有限公司。

2015年,集团公司下辖北京天太金海置业有限公司、中铁房地产集团长沙置业有限公司、徐州中铁房地产开发有限公司、贵州中泓房地产开发有限公司、长春中铁房地产开发有限公司、中铁地产(成都)开发有限公司、中铁房地产集团(广西)有限公司、中铁嘉业(北京)投资有限公司、湖南中盛嘉业房地产开发有限公司、中铁房地产集团合肥置业有限公司、北京第六大洲房地产开发有限公司、中铁房地产集团北京丰基置业有限公司、中铁房地产集团浙江京城投资有限公司、中铁房地产集团四川有限公司、中铁房地产集团北京正达置业有限公司、中铁房地产集团广州有限公司、中铁房地产集团(天津)置业有限公司、中铁房地产集团(贵州)有限公司、中铁房地产集团北京丰昊置业有限公司、中铁房地产集团宁波京城投资有限公司、中铁房地产集团武汉有限公司、中铁房地产集团北京顺捷金海置业有限公司、中铁建(北京)物业管理有限公司、中铁房地产集团上海置业有限公司、中铁房地产集团杭州京发置业有限公司、中铁房地产集团杭州京顺置业有限公司、中铁房地产集团北京金达世纪房地产开发有限公司、中铁建(大连)置业有限公司、中铁房地产集团合肥蜀山置业有限公司、中铁房地产集团广西江湾置业有限公司、中铁房地产集团北京海丰置业有限公司、中铁房地产集团江苏置业有限公司、中铁房地产集团北京浩达置业有限公司、成都中铁建投资有限公司、成都中铁建锦城投资有限公司、佛山中铁房地产置业有限公司、北京金郡兴盛置业有限公司、中铁房地产集团杭州京兆置业有限公司、广州增城房地产置业有限公司、成都中铁龙泰房地产开发有限公司、北京通瑞兴盛置业有限公司、广州中土实业发展有限公司、广州市万通大厦有限公司、广州市万凯市场有限公司、中铁房地产集团合肥蜀西置业有限公司、太原金郡同达房地产开发有限公司、中铁房地产集团南京江宁置业有限公司、杭州京平置业有限公司、中铁建南沙投资发展有限公司、北京鎏庄房地产开发有限公司、广州南沙中铁实业发展有限公司、杭州京滨置业有限公司、杭州京科置业有限公司、杭州京瑞置业有限公司、成都铁诚房地产开发有限公司、大连京诚置业有限公司56家全资或控股子公司。职工3585人(含物业公司1823人),资产总额为898.81亿元。

新增计容建筑规模523万平方米,完成营业收入216.73亿元,实现利润36.50亿元,净利润为27.77亿元;全员劳动生产率172.54万元/人·年;国有资本保值增值率118.64%,净资产收益率17.40%,总资产报酬率4.43%。　(王重珍　张　苹)

【领导人员】

董事会

董事长	吴仕岩(6月任)
	李　黎(6月免)
副董事长	易善健(1月任)
外部董事	张　杰(8月任)
	陈方正(8月任)

严晓建(8月任)
楼 翱(8月任)
曾庆道(8月免)
吴太石(8月免)
束克欣(8月免)
王文英(8月免)
王连印(8月免)

董事 赵红鹰
职工董事 易善健

监事会

监事会主席 陈建军
监事 洪 梅
职工监事 王 彪

经理层

总经理 赵红鹰
副总经理 梅洪亮
陈国芳
吴宏晋(9月任)
李兴龙(1月任)
杨德昭(1月任)
易善健(1月免)
宫良国(11月免)

总会计师 杨德昭(兼,1月任)
易善健(兼,1月免)

党群领导

党委书记 吴仕岩(6月任)
李 黎(6月免)
党委副书记 赵红鹰
陈建军
纪委书记 陈建军
工会主席 陈建军

(邓秋生)

【职工队伍】 截至2015年底,集团公司员工3585人(含物业公司1823人),比2014年增长4.8%,其中,女员工1328人,占员工总数的37.0%;大专以上学历2378人,占员工总数的66.3%;员工平均年龄为32.7岁。 (邓秋生)

【董事会工作】 (1)董事会组成。集团公司现任董事会为第三届董事会。2015年度董事会离任6人,新任5人。2015年1月1日—2015年9月11日期间董事会成员为8人,于2015年6月25日经中国铁建股份有限公司任〔2015〕48号文件通知,吴仕岩任公司董事长,同日,原董事长李黎因退休卸任公司董事长;2015年9月11日经中国铁建股份有限公司任〔2015〕80号文件通知,张杰、陈方正、严晓建、楼翱任公司第三届董事会外部董事,同日,曾庆道、吴太石、束克欣、王文英、王连印届满离任;2015年9月11日—2015年12月31日期间董事会成员为7人。

(2)董事会专门委员会。2015年9月24日,经第三届董事会2015年度第一次会议审议通过,重新组建战略与投资管理委员会、审计与风险管理委员会、薪酬与考核委员会、提名委员会4个专门委员会。

(3)董事会会议。2015年度召开董事会会议36次,其中正式会议3次,临时会议33次。审议152个议案,形成决议152项,其中149项决议为审议通过,3项决议为审议未通过。在形成的董事会决议中,土地经营方面122项,审议报告6项,机构设置与人选聘任12项,股权划转2项,融资担保决议5项,回购事项1项,绩效考核及奖金发放方案2项,组织体系改革1项和议案预审1项。

(4)召开专门委员会会议。召开专门委员会会议12次,形成16项决议提请董事会审议。其中,战略与投资委员会召开会议2次,提名委员会召开会议6次,薪酬与考核委员会召开会议2次,审计与风险管理委员会召开会议2次。 (孙丽萍)

【企业管理】 (1)城市公司建设落位。根据《城市公司发展指导意见》《中国铁建房地产集团有限公司第一届董事会2015年度第一次会议决议》《中国铁建房地产集团有限公司第一届董事会2015年度第八次临时会议决议》等文件要求,明确第六大洲、北京顺捷、北京丰昊、长沙置业4家公司的城市公司主体地位,并调整长沙置业的注册资本金,涉及北京金郡、北京丰基、北京海丰、北京浩达、湖南中盛5家子公司的股权划转和工商变更工作。(2)企业组织机构改革。集团公司推行组织机构改革,实施“4+6+X”战略,集团公司下设4个区域公司、6个专业公司和若干个大型项目公司。区域公司负责以住宅为主的房地产业务,专业公司负责围绕房地产业务提供专业服务和业务创新,大型项目公司负责中国铁建系统内部资源协同。同时,集团公司本级的组织机构亦进行相应调整,从20个部门精简为12个部门。(3)2015年度经营计划制定。以“资金管理”为中心,销售、在建投资、土地投资、租金收入、融资等各项经营指标均以季度进行安排,集团公司各业务部门统一配合,保证各项计划的协调性。(4)绩效考核。根据《集团公司2013—2014年度绩效考核实施方案》,组织实施2014年度绩效考核工作,于10月20日发布考核结果。

(张 苹 于庆彦 李迎春 王兰兰 曹薇薇)

【成本管理】 2015年,集团公司制定《成本评价预警管理办法》《防范项目亏损活动方案》,在进行成本预警管理的同时,建立健全防范治理长效机制;设立《成本内控指标》,提高成本管理深度和细度;积极推进成本过程管理,严控项目成本的下达和结果评价;同时,加大力度进行成本管理信息化建设,提高工作效率和成本数据分析处理能力。 （吴 霞）

【产品营销】 集团公司紧紧围绕着"现金为王、努力做大","降库存、去风险"工作思路,按照年初提出的"五转四管"和"能力建设年"要求,加快工作思路和管控模式的转变,采取各种措施,促进集团销售工作的开展。年销售业绩再创新高,全集团认购金额首次突破300亿元大关,正签金额292.69亿元。 （林 捷）

【财务管理】 资金管理方面,坚持资金集中管控、计划管控,多元化融资渠道,并逐步清理替换高息贷款;全面预算管理方面,加大预算关键指标控制,突出预算编制科学性、执行严肃性、控制约束性、监控及时和分析综合性;财务创效方面,大力推进财务创新转型,财务创效能力初显成功发行公司债;加强与铁建蓝海的合作;积极研究海外借壳上市的实施方案;税务管理方面,强化纳税筹划管理,营建融洽的税企关系,做好"营改增"的准备工作;财务信息化方面,重新梳理会计科目体系,制定房地产集团会计核算操作规范,增强会计核算的统一性、可操作性。 （刘才义）

【审计工作】 完成审计项目12个,提交审计报告12份,提出审计建议60条,被采纳60条。其中,成经济责任审计5个,提交审计报告5份,提出审计建议25条,被采纳25条。完成后续审计3个,提交报告3份,提出审计建议10条,被采纳10条。完成竣工项目审计4个,提交审计报告4份,提出审计建议25条,被采纳25条。完成配合审计项目2个,配合股份公司对集团公司原董事长李黎的离任经济责任审计;配合国资委对中国铁道建筑总公司经济责任审计延伸审计工作。 （谢 涛）

【法律事务】 法律合规部共审核规章制度6份、经济合同600份、重要决策126个、授权委托书7份;建成覆盖集团公司与城市公司两级的合同管理系统,实现合同评审从下至上全部信息化管理,并在系统中发布300余份合同示范文本;在内控审计中未发现重大、重要内控缺陷,内部控制管理整体有效。 （黄炳蔚）

【土地储备】 合肥市高新区NE1－3商住用地 2015年4月29日,合肥置业以676万/亩(合总价4.83亿元,溢价105%)竞得该宗地国有建设用地使用权。宗地位于合肥市高新技术产业开发区,用地性质为商住用地,建设用地面积4.76万平方米,计容建筑面积11.57万平方米。其中,住宅用地面积4.43万平方米,计容建筑面积11.08万平方米;商业用地0.33万平方米,计容建筑面积4950平方米。

南京市江宁区江宁街道盛江社区大山组居住用地(NO.2015G14) 2015年6月30日江苏置业以底价2.39亿元竞得该宗地国有建设用地使用权。宗地位于南京市江宁区江宁街道盛江社区,用地性质为二类居住用地,建设用地面积5.28万平方米,计容建筑面积10.55万平方米。

太原市万柏林区中医学院地块 2015年7月3日,集团公司与中铁十二局房地产公司组成联合体以总价9.196亿元竞得该宗地国有建设用地使用权。集团公司持股40%,十二局持股30%,万科持股30%联合开发。宗地位于太原市万柏林区,项目用地性质商住、小学、托幼,建设用地面积7.25万平方米,计容建筑面积21.51万平方米,其中居住18.22万平方米、商业2.02万平方米、小学1万平方米、托幼0.27万平方米。

成都市龙泉驿区果壳里的城西侧地块 2015年7月23日,绿地集团以400万元/亩(合总价5.39亿元,溢价38%)竞得该宗地国有建设用地使用权。四川地产参股40%,绿地集团及新希望集团分别参股30%合作开发。宗地位于成都市龙泉驿区龙工北路以南,果壳里的城项目西侧。用地性质为居住兼容商业用地,建设用地面积8.98万平方米,计容建筑面积26.95万平方米。

北京市石榴庄二期旧改项目 2015年8月31日,北京丰昊与北京丰亦联合体以总价50.25亿元(溢价50%)竞得该宗地国有建设用地使用权,北京丰昊参股51%,北京丰亦参股49%。宗地位于北京市丰台区南苑乡石榴庄村,南三环与南四环之间,用地性质为F1住宅混合公建(商住比3:7)、教育及医疗用地,建设用地面积8.5万平方米,计容建筑面积16.64万平方米。其中居住计容建筑面积8.37万平方米(含公租房1.86万平方米,回购价7000元/平方米),公建计容建筑面积3.59万平方米,无偿代建计容建筑面积4.68万平方米(其中基础教育2.18万平方米,医疗卫生2.5万平方米)。

杭州市萧山区萧政储出〔2015〕9号地块 2015年8月26日,浙江京城以底价8.57亿元竞得该宗地国有建设用地使用权。浙江京城参股35%,平安参股31%,德信参股34%合作开发。宗地位于杭州市萧山区市北西单元,项目用地性质为居住(含配套商业)用地，建设用地面积5.19万平方米，计容建筑面积11.42万平方米。

上海市宝山区大场镇W121301单元08－02地块 2015年9月16日，保利地产以总价41亿元竞得该宗地，并成立上海泓钧房地产有限公司进行该宗地的开发。上海置业参股51%，保利地产参股49%合作开发。宗地位于上海市宝山区大场镇，东至规划大场路，南至走马塘路，西至规划祁康路，北至大祈路。用地性质为商住用地，出让面积6.56万平方米，容积率2.8，计容建筑面积18.37万平方米，商业比例15%，要求自持商业部分的50%。

杭州市萧山区萧政储出〔2015〕12号地块 2015年10月22日，浙江京城以底价19.10亿元竞得该宗地国有建设用地使用权。浙江京城参股34%，平安参股33%，滨江参股33%合作开发。宗地位于杭州市萧山区北干街道荣星村，项目用地性质为居住（含配套商业）用地，建设用地面积9.06万平方米，计容建筑面积25.37万平方米。

广州市白云区水泥厂024地块 2015年10月9日，广州越秀以总价12.5亿元（溢价15%）竞得该宗地国有建设用地使用权。广州地产、保利地产、广州碧桂园、华润地产、远洋地产分别参股16.66%，广州越秀参股16.67%合作开发。宗地位于广州市白云区棠槎路，用地性质为二类居住用地，总用地面积2.4万平方米，计容建筑面积9.85万平方米。

广州市白云区水泥厂029地块 2015年10月9日，华润地产以总价4.7亿元（溢价15%）竞得该宗地国有建设用地使用权，广州地产、华润地产、保利地产、广州碧桂园、远洋地产分别参股16.66%，广州越秀参股16.67%合作开发。宗地位于广州市白云区棠槎路，用地性质为二类居住用地，建设用地面积0.9万平方米，计容建筑面积3.71万平方米。

广州市白云区水泥厂033地块 2015年10月9日，广州越秀以总价8.4亿元（溢价17%）竞得该宗地国有建设用地使用权，广州地产、保利地产、广州碧桂园、华润地产、远洋地产分别参股16.66%，广州越秀参股16.67%合作开发。宗地位于广州市白云区棠槎路，用地性质为二类居住用地，建设用地面积1.6万平方米，计容建筑面积6.54万平方米。

成都铁路局旧城改造等5个项目 2015年10月，集团公司与成都铁路局旧城改造中心签订合作协议，双方共同出资成立平台公司，股权比例50%：50%，共同开发成都、重庆、贵阳5个旧改项目。5个项目合计建设用地面积约36万平方米，计容建筑面积约131万平方米。成都八里庄项目：项目位于成华区八里庄路61号，成都市东北方向二环与三环之间，现状为铁路货场用地。项目建设用地面积18.9万平方米，计容建筑面积57万平方米。重庆中梁山项目：项目位于重庆市九龙坡区西风路，煤科院一侧，紧邻新建重庆西客站。项目建设用地面积5.4万平方米，计容建筑面积16万平方米。贵阳铁路办事处项目：位于贵阳市主城区枣山路，现状为成都铁路局贵阳办事处办公用房及职工住宅。项目建设用地面积2.2万平方米，计容建筑面积13万平方米。贵阳二戈寨项目：位于贵阳市二戈寨地区，现状为贵阳铁路房建公司住宅及办公用地。项目建设用地面积1.67万平方米，计容建筑面积14万平方米。贵阳东站项目：位于南明区，现状为铁路货场用地。项目建设用地面积8万平方米，计容建筑面积31万平方米。

杭州市西湖区三墩北单元B－R21－04地块（杭政储出〔2015〕35号地） 2015年10月27日，浙江京城以总价15亿元（溢价28%）竞得该宗地国有建设用地使用权。宗地位于杭州市西湖区三墩镇北部，用地性质为居住用地，项目用地面积6.98万平方米，容积率2.9，计容建筑面积17.63万平方米。

杭州市萧山区义桥地块（萧政储出〔2015〕19号地） 2015年10月28日，浙江京城以总价3.79亿元（溢价0.2%）竞得该宗地国有建设用地使用权。浙江京城参股51%、万科参股49%合作开发。宗地位于杭州市萧山区义桥镇民丰村，用地性质为居住用地，建设用地面积8.03万平方米，计容建筑面积20.1万平方米。

南京市江宁区禄口街道越秀路以北、乾清路以东住宅项目 2015年10月30日，江苏新城以总价6.9亿元（溢价2%）竞得该宗地国有建设用地使用权。江苏置业参股38%，保利地产和江苏新城分别参股31%合作开发。宗地位于南京市江宁区禄口新城空港片区内，用地性质为二类居住用地，建设用地面积8.9万平方米，计容建筑面积17.73万平方米。

北京市门头沟区S1线区域组团05地块西南侧用地（配限价房） 2015年11月18日，北京万科以总价46亿元（溢价12.2%）竞得该宗地国有建设用地使用权。北京顺捷、万科各参股50%合作开发。宗地位于北京市门头沟区永定镇，建设用地面积6.58万平方米，计容建筑面积25.21万平方米。项目包括2幅用地，1幅商业服务用地，建设用地面积2.17万平方米，计容建筑面积9.77万平方米；1幅F1住宅混合公建用地（公建比例20%～40%），建设用地面积4.41万平方米，计容建筑面积15.44万平方米（居住部分须配建2万平方米限价商品住房，限价9000元/平方米）。

广州市荔湾区百花香料厂地块 2015年11月30日，保利地产以底价20.1103亿元竞得该宗地国有建设用地使用权，广州地产、保利地产、旭辉地产、时代地产分别参股19%，电建地产参股24%合作开发。宗地位于广州市荔湾区百花路111号，用地性质为二类居住用地建设面积3.19万平方米，计容建筑面积14.36万平方米。

成都市成华区北湖3号地　2015年11月27日，四川地产以底价3040元/平方米（合总价10.26亿元）竞得该宗地国有建设用地使用权。宗地位于成都市成华区北湖片区，用地性质为居住兼容商业，建设用地面积9.1万平方米，计容建筑面积33.75万平方米，其中地块一用地面积3.5万平方米，计容建筑面积12.5万平方米（商业比例15%～20%）；地块二用地面积5.6万平方米，计容建筑面积21.23万平方米（商业比例10%～20%）。

成都市武侯区铁佛村、七里村6号地　2015年12月4日，四川地产以楼面价6200元/平方米（合总价17.27亿元，溢价72%）竞得该宗地国有建设用地使用权。宗地位于成都市武侯区武侯新城，用地性质为居住兼容商业，建设用地面积10.3万平方米，计容建筑面积27.86万平方米（商业比例≤10%）。

成都市武侯区铁佛村、七里村7号地　2015年12月4日，四川地产以楼面价6350元/平方米（合总价18.9亿元，溢价76%）竞得该宗地国有建设用地使用权。宗地位于成都市武侯区武侯新城，用地性质为居住兼容商业，建设用地面积11万平方米，计容建筑面积29.76万平方米（商业比例≤10%）。

上海市奉贤区南桥镇D－01－13地块　2015年12月17日，上海置业以总价38亿元（溢价220%）竞得该宗地国有建设用地使用权。宗地位于上海市奉贤区南桥镇，用地性质为居住用地，建设用地面积11.01万平方米，计容建筑面积19.81万平方米。

长春市高新南区众恒路居住用地　2015年12月17日，长春地产以楼面价4315元/平方米（合总价3.25亿元，溢价37%）竞得该宗地国有建设用地使用权。宗地位于长春市高新南区核心位置光谷大街板块，项目用地性质为居住、商服，建设用地面积4.4万平方米，计容建筑面积7.54万平方米。

广州南沙经济技术开发区2015NJY－13地块　2015年12月3日，中铁建南沙投资发展有限公司以底价6.636亿元竞得该宗地国有建设用地使用权。宗地位于广州市南沙区政府西侧，用地性质为商业设施用地、商务设施用地，可建设用地面积4.05万平方米，计容建筑面积16.19万平方米。

大连甘井子区东海路棚改地块一级开发项目　2015年12月，中铁建（大连）置业有限公司与大连龙湖东港房地产有限公司共同出资成立大连京诚置业有限公司，股权比例49%：51%。同月，大连京诚置业有限公司分别与甘井子区人民政府和甘井子区开发建设中心签订合作协议，参与大连甘井子区东海路棚改地块一级开发。宗地位于大连甘井子区北部，东至东海街，南至海口路，西邻红咀街，北邻金三角市场，用地面积12.62万平方米。

（刘学军　李柏涛　王　静　魏　爽　李　娜）

【项目建设】　北京·原香漫谷　由中铁嘉业（北京）投资有限公司开发，位于北京房山城关镇。宗地面积24.467万平方米，总建筑面积43万平方米，可售面积34万平方米。产品形式为住宅、公建。项目分四期开发：一期于2013年12月完成竣工备案。二期工程于2013年7月取得施工许可证并进行开工建设，截至2013年底，所有楼座结构已经出±0.000。三期工程2014年6月取得施工许可手续。四期工程2014年11月取得施工许可手续，入伙交付时间2016年12月。

北京·国际城（花语城、乐想汇、铁建广场）　由北京第六大洲房地产开发有限公司开发，位于北京市朝阳区来广营乡。宗地面积19.6万平方米，总建筑面积81.4万平方米，可售面积61万平方米，产品形式以高层普通住宅、花园洋房为主，配套33万平方米商业办公。项目于2009年11月开工，分四期开发：一期1～6地块、二期1～2地块、三期1～1地块均已竣工交付。四期1－10地块（一期）一、二组团2014年12月竣工交付1～10地块（二期）主体结构封顶。二次砌筑完成80%，竣工备案完成2016年12月30日。

北京·兴盛嘉苑（大兴项目）　由北京金郡兴盛置业有限公司开发，位于北京市大兴区旧宫镇。宗地面积11.08万平方米，总建筑面积33.8430万平方米，项目总体分为40、43、41、42等4个地块，40地块为回迁安置房，建筑面积201859平方米，43地块为保障房和商品房，建筑面积132610平方米，41地块为配套幼儿园，建筑面积3961平方米，42地块为代征绿地。2014年6月4日开工，同期建设，目前主体结构封顶，二次结构完成50%。其中竣工备案完成2016年12月（商品房除外）；入伙交付时间2016年12月（商品房除外）。

北京·通瑞嘉苑（通州项目）　由北京通瑞兴盛置业有限公司开发，位于北京市通州区潞苑东路，宗地面积17.953万平方米，总建筑面积51万平方米，产品形式以高层普通住宅为主。项目于2014年12月15日开工，总体全部开发，截至2015年底3个标段主体结构封顶，室内墙面腻子完成30%，外墙装修完成30%。

北京·青秀尚城　由中铁房地产集团北京金达世

纪房地产开发有限公司开发，位于北京昌平区南邵镇。宗地面积9.533万平方米，总建筑面积23.15万平方米，可售面积17.5万平方米，项目建设内容包括商品住宅、回迁房、公租房及公建。项目分为4个标段：1标段计划于2014年5月取得施工许可手续，于2015年竣工交付。2、3标段计划于2014年5月取得施工许可手续，于2015年竣工交付。截至2015年底，4标段室内墙面石膏完成90%，外立面施工完成70%。

北京·环保嘉苑　由中铁房地产集团北京海丰置业有限公司开发，宗地总用地面积8.117万平方米，总建筑面积14.21万平方米，以多层自住型住宅、独栋及联排企业办公楼，相关配套商业等组成，计划2014年10月份取得施工许可证，计划于2015年12月31日交付。

北京·顺新嘉苑/顺鑫汇　由中铁房地产集团北京浩达置业有限公司开发，位于北京顺义林河开发区。宗地面积48498.86平方米，项目总建筑面积约13.2189平方米，其中地上总建筑面积96992平方米，地下总建筑面积35197平方米，产品形式为限价房（11600平方米）、自住商品房（27197平方米）、办公楼（50993平方米），商业（5973平方米）、邮电局（3000平方米），项目整体性一次开发，竣工备案完成办公部分2016年9月；入伙交付时间办公部分2016年11月。

北京·原香嘉苑　由中铁嘉业（北京）投资有限公司开发，位于北京房山城关镇。宗地面积7.8万平方米，总建筑面积23万平方米，可售面积20万平方米。产品形式为自住型商品房、商业办公。竣工备案完成1号~6号楼、15号~17号楼、2号地下车库、S6号、S7号楼2016年11月15日；入伙交付时间2016年11月30日。

长沙·山语城　由中铁房地产集团长沙置业有限公司开发，位于长沙市开福区秀峰路69号。宗地面积36.667万平方米，总建筑面积约88.3万平方米，可售面积72.5万平方米。产品形式为住宅、公建。项目分三期开发：一期已于2011年11月完成竣工备案；二期已于2012年12月完成竣工备案；三期一组团已于2013年10月取得施工许可手续，已交验入伙，三期二组团取得施工许可证2016年1月20日；截至2015年底，6、7、8、9号楼处于基础结构阶段；10号楼主体结构完成8层。

长沙·国际城　由湖南中盛嘉业房地产开发有限公司开发，位于长沙经济技术开发区。项目分二期开发，集国际商业街区、休闲街区、医疗保健、学校、住宅于一体，总建筑面积约67万平方米，可售面积59万平方米。一期一组团和一期二组团已分别于2011年9月底和2012年4月底完成交房任务；目前进入二期开发阶段，二期一组团以交验入伙。二期二组团竣工备案完成二标段（25号、26号、27号、29号楼、幼儿园、二标地下车库）2016年12月31日。截至2015年底，二期二组团1标段处于主体结构阶段，2标段内墙抹灰完成90%，外墙抹灰完成90%。

长沙·梅溪青秀　由中铁房地产集团长沙置业有限公司开发，位于长沙市大河西先导区。宗地面积15.823万平方米，总建筑面积约72万平方米，可售面积58.3万平方米。产品形式为住宅、公建。项目分三期开发：一期于2013年5月30日取得施工许可证并进行开工建设，截至2013年底，所有楼座完成结构封顶，交验入伙；二期目前处于主体结构阶段。

徐州·国际城（清盘，龙域中央、未来城）　由徐州中铁房地产开发有限公司开发，位于江苏省徐州市新城区，宗地面积28.6万平方米，总建筑面积66万平方米，可售面积54万平方米，以普通住宅为主，有少量生活配套（有幼儿园），项目于2008年4月开工，分"人才家园""未来城"两期开发，"人才家园"40.4万平方米，于2009年底交房，"未来城"24.9万平方米，于2011年交房。

贵阳·国际城　由中铁地产（贵州）开发有限公司开发，位于贵阳市南明区太慈桥小车河畔。宗地面积93.333万平方米，总建筑面积225万平方米，可售面积169万平方米。产品形式为住宅，以高层住宅为主，周边有商业配套、中学、小学及幼儿园。项目分六期开发，于2007年开工。国际城一期、二期、三期、四期D小学、H4组团、H3组团均已竣工交付；G组团取得施工许可证2016年6月；I、J组团取施工许可证2016年9月；D1、D2组团竣工备案2016年12月30日；D4组团2016年7月；D4组团交验入伙2016年9月。

长春·国际花园　由长春中铁房地产开发有限公司开发，位于长春市汽车产业开发区。宗地面积24.467万平方米，总建筑面积54.1万平方米，可售面积46万平方米。产品形式以多层电梯住宅、高层普通住宅为主，周边有商业配套、幼儿园。项目于2008年9月开工，分四期开发。一期16.8万平方米已于2010年交付，二期15.3万平方米小高层于2012年底交付，国际花园三期工程12.19万平方米于2015年底交付，四期2016年9月完成竣工备案；2016年10月完成入伙交付。

成都·西派国际　由中铁房地产四川有限公司开发，位于成都市高新区。宗地面积10.133万平方米，总建筑面积0.7万平方米，可售面积24万平方米，产品形式为32万平方米的高端精装修住宅、1.2万平方米的商业。项目于2011年3月开工，分三期开发；一期、二期目前均已交验入伙。三期竣工备案完成2016年6月;入伙交付时间2016年6月,目前处于精装修阶段。

成都·北湖国际城　由中铁房地产集团四川有限公司开发,位于成都市成华区。宗地面积10.019万平方米,总建筑面积48.8万平方米,产品形态为43.3万平方米普通住宅,5.5万平方米的商业。项目于2013年10月开工,分三期开发,一期18.3万平方米,二期25万平方米,三期5.5万平方米,2018年6月全部竣工交付。一期已交验入伙,二期处于基础结构施工。

成都·西派澜岸　由成都中铁建投资有限公司开发,位于成都市高新区大源片区。宗地面积9.467万平方米,总建筑面积39万平方米,可售面积27万平方米,产品形式为7.5平方米的跃层式花园洋房、18.2万平方米的高端精装修住宅、1.5万平方米的商业。项目于2014年4月开工,分三期开发一期竣工备案高层组团2016年4月;交验入伙2016年5月;二期高层组团取得施工许可证2016年9月。

成都·铁建广场　由成都中铁龙泰房地产开发有限公司开发,位于成都市成华区。宗地面积3.2万平方米,总建筑面积23万平方米,可售面积约17万平方米。产品形态为写字楼、酒店、公寓、中小企业办公、集中商业,总6.1万平方米商业。项目于2015年4月开工,整体性一次开发。个别栋号已封顶,大部分栋号处于结构阶段。

南宁·江湾山语城　由中铁房地产集团广西江湾置业有限公司开发,位于南宁市邕宁区。于2013年9月拿地,该宗地面积14.133万平方米,总建筑面积51.2万平方米,可售面积35.3万平方米,产品形式以高层、洋房普通住宅为主,配套商业,有农贸市场、幼儿园。项目分三期开发,一期工程于2015年8月交付;二期高层竣工备案2016年12月;洋房2016年12月;二期高层入伙交付2016年12月25日;洋房2016年12月10日。

合肥·国际城　由中铁房地产集团合肥置业有限公司开发,位于合肥市庐阳区。宗地面积55.867万平方米,总建筑面积164万平方米,可售面积138万平方米,产品形式以高层普通住宅为主,有少量别墅,配套商业,有星级酒店、中学、小学、幼儿园。项目于2009年5月开工,分三期开发:一期(旭园、广园、瑞园),二期(德园、和畅园、桂园),三期(品园);一期旭园2010年10月交付、广园2011年12月交付、瑞园2011年5月交付、二期德园2012年11月交付、二期和畅园2013年10月交付、桂园2013年11月交付;品园一期已交付,品园二期竣工备案5号、6号、11号楼2016年11月10日交付;1号、2号、3号、4号楼2016年12月5日交付;入伙交付时间5号、6号、11号楼2016年11月20日;1号、2号、3号、4号楼2016年12月15日交付。

合肥·青秀城　由中铁房地产集团合肥蜀山置业有限公司开发,位于合肥市蜀山区。宗地面积16.528万平方米,总建筑面积59.25万平方米,可售面积46.73万平方米,产品形式以高层普通住宅为主,商业为辅,还有有少量办公,配套商业和幼儿园。项目于2013年8月29日通过拍卖获得,分四期开发,一期(C地块)、二期(A地块南侧)、三期(A地块北侧)、四期(B地块);一期竣工备案2016年12月20;交验入伙2016年12月30日;二期工程润园组团一标段取得施工许证(11~14号楼、17~18号楼)2016年3月。

杭州·国际城　由中铁房地产集团浙江京城投资有限公司开发,位于杭州市拱墅区石祥路。项目分三期开发,一期为住宅项目,二期、三期为商业项目,总建筑面积约36.5万平方米,一期住宅项目于2013年12月底完成交房任务。二期已竣工交付。三期前期报建阶段。

杭州·国际花园　由中铁房地产集团杭州京发置业有限公司开发,位于杭州市江干区支东至路十七,南至支路十二,北至六号港。项目全期开发,由8栋16层住宅组成,总建筑面积约7万平方米,截至2015年底已竣工交付。

杭州·江南国际城　由中铁房地产集团杭州京兆置业有限公司开发,位于萧山新城板块西单元,比邻滨江区。项目分三期开发,由15栋25层、28层、33层住宅组成,幼儿园1栋,总建筑面积约33万平方米,3个标段均处于主体结构阶段。

广州·增城国际花园　由中铁房地产集团广州有限公司全资子公司广州增城中铁房地产置业有限公司开发,位于广州市增城区。宗地面积6.933万平方米,总建筑面积23.3万平方米,可售面积15.8万平方米。产品形式以高层精装修住宅为主,毗邻广州教育城,距规划地铁朱村站仅200米,可享受规划利好,未来发展空间较大。项目于2014年9月开工,2016年12月30日完成竣工备案。

广州·佛山国际公馆　由中铁房地产集团广州有限公司全资子公司佛山中铁房地产置业有限公司开发,位于佛山市南海区广东国际金融高新区,属广佛同城的核心区域。宗地面积5.933万平方米,总建筑面积23.3万平方米,可售面积20.8万平方米。该项目分两期开发,一期于2014年5月开工,计划于2015年10月开盘销售,2017年末竣工交付。二期于2015年10月开工,北区2016年12月15日1、2、3、4号楼完成竣工备案。

天津·国际城　由中铁房地产集团(天津)置业有限公司开发,位于天津市河北区金钟河大街北侧中环线与外环线之间,宗地 25.2 万平方米,总建筑面积 115 万平方米,地上总建筑面积 86.78 万平方米,其中商业31.76万平方米,住宅 55.02 万平方米,可售面积 84.1 万平方米。产品形式为高层住宅、多层洋房、公寓、写字楼、商业、城市综合体。项目分三期开发,一期工程 1C 地块于 2011 年 7 月开工,并于 2013 年 10 月交付使用;二期工程 3A、5A、5C 地块计划于 2014 年 6 月 30 日取得施工许可手续,三期工程 1A 组团取得施工许可证 2016 年 2 月;1B 组团取得施工许可证 2016 年 4 月;四期工程 3C 组团取得施工许可证 2016 年 12 月;5B 组团取得施工许可证 2016 年 12 月;二期 3A 组团完成竣工备案 2016 年 8 月;二期 3A 组团入伙交付时间 2016 年 10 月。

宁波·山语城　由中铁房地产集团浙江京城投资有限公司开发,位于宁波市象山县大目湾新城,项目宗地面积 13.267 万平方米,总建筑面积 22.16 完平方米,可售面积约 15.16 万平方米。开发定位是以住宅为主,8 万平方米商业。一期分为 2 个标段,目前正在进行二次结构施工,计划 6 月 30 日外立面亮相,10 月底完成园林施工,于 2014 年年底完成竣工验收并交付。二期因故暂停开发。

武汉·国际城　由中铁房地产集团武汉有限公司开发,宗地面积 16.158 万平方米,总建筑面积 47.23 万平方米,可售面积 39 万平方米,产品形式为 38.14 万平方米的住宅、0.7 万平方米的商业。项目分三期开发;一期工程目前装修施工完成 50%,计划 2014 年 9 月竣工交付;二期 A 区工程已交验入伙;二期 B 区竣工备案 2016 年 11 月;入伙交付 2016 年 12 月。

武汉·国际花园　由中铁房地产集团武汉有限公司开发,宗地面积 3.288 万平方米,总建筑面积 15.64762 万平方米,可售面积 12.49312 万平方米(含 0.6246.56 万平方公租房),产品形式为 12.48952 万平方米的住宅、0.528 万平方米的商业。项目为一期整体开发;2016 年 12 月 10 日完成竣工备案;入伙交付时间 2016 年 12 月 31 日。

上海·青秀城(1 号地块)　由中铁房地产集团上海置业有限公司开发,位于上海市宝山区顾村镇。2012 年 11 月 23 日取得,宗地面积 7.667 万平方米,总建筑面积 15.5 万平方米,可售面积 11.52 万平方米。产品形式为小高层住宅为主、加配套商业。项目分 2 个标段开发,已于 2015 年 10 月交验入伙。

上海·青秀城(2 号地块)　由中铁房地产集团上海置业有限公司开发,位于上海市宝山区顾村镇。2013 年 3 月 29 日取得,宗地面积 7.333 万平方米,总建筑面积 14.6 万平方米,可售面积 11 万平方米。产品形式以花园洋房、高层普通住宅为主,加配套商业。项目计划于 2014 年 6 月取得施工许可证,分 2 个标段开发。1 标段 2016 年 12 月完成竣工备案;2 标段 2016 年 12 月;入伙交付时间一标段 2016 年 12 月;二标段 2016 年 12 月。

南京·青秀城　由中铁房地产集团江苏置业有限公司开发,位于南京市栖霞区。宗地面积 11 万平方米,总建筑面积 43 万平方米,可售面积 32 万平方米。产品形式以小高层、普通高层住宅为主,周边有商业配套。项目于 2014 年 9 月开工,分三期开发。一期 20 万平方米计划 2016 年 9 月交付,二期 16 万平方米计划于 2015 年底开工,计划 2017 年 9 月交付,三期 7 万平方米计划于 2016 年底开工,计划 2018 年 9 月交付。

大连·青秀蓝湾　由中铁建(大连)置业有限公司开发,位于大连市梭鱼湾商务区。宗地面积 12 万平方米,总建筑面积 32 万平方米,可售面积 26 万平方米。产品形式以多层、小高层、普通高层住宅为主,周边有商业配套。项目于 2013 年 12 月开工,分二期开发。一期 23 万平方米 2015 年底交付;二期工程(B3、B4 展示区)2016 年 3 月取得施工许可证;(B3、B4) 2016 年 5 月;一期工程 B1 区 2016 年 12 月完成竣工备案;入伙交付时间一期工程 B1 区 2016 年 12 月。

贵阳·兰草坝项目　由中铁地产(贵州)开发有限公司开发,位于贵阳市南明区甲秀南路兰草坝,宗地面积 126.8 万平方米,可建设用地面积约 81.933 万平方米。兰草坝项目 2013 年度共取得 3 个批次土地农用地转用批复实施文件,批复农用地转用实施面积 62.58 万平方米,共缴纳前期费用 9365.06 万元。2013 年 4 月,兰草坝被列入 2013 年贵阳市棚户区改造项目。目前处于前期阶段。

成都·武侯簇桥项目　2015 年 12 月 4 日,以楼面地价 6200 元/平方米,竞得武侯区簇桥铁佛村 6 号住宅地块,面积 10.333 万平方米、总价约 17.3 亿元。总建面41.26 万平方米,目前正在进行方案设计与展示区打造。2015 年 12 月 4 日,以楼面地价 6350 元/平方米,竞得武侯区簇桥铁佛村 7 号住宅地块,面积 165 亩、总价约 18.9 亿元。总建面 44.79 万平方米。规划分三期开发,目前尚未动工。

成都·龙泉驿区龙工北路果壳西侧 135 亩住宅地块(合作项目)　2015 年 7 月 23 日,与绿地、新希望合作取得龙泉驿区龙工北路果壳西侧 9 万平方米住宅地块,楼面地价 2000 元/平方米,占有 40% 的权益。总建面 36.03 万平方米,产品形态为高层住宅与商业,目前项目已开盘销售。

成都·成华区北湖 B 地块　2015 年 11 月 27 日,

以楼面地价3040元/平方米的起价，竞得成华区北湖B地块，面积9.067万平方米、总价约10.6亿元，总建面47.45万平方米。规划分两期开发，产品形态为高层住宅与商业。目前一期已开盘销售，计划于2018年10月上房交付。

南沙·总部基地（中国铁建环球中心）　由广州南沙中铁实业发展有限公司开发，位于广州市南沙区自贸区。宗地面积7.933万平方米，总建筑面积30.04万平方米，可售面积28.37万平方米（其中3.56万平方米需自持5年后方可销售），产品形式包括公寓（平层及Loft）、写字楼、商业、商务酒店。项目于2015年12月3日通过挂牌获得一期用地，项目分三批开发，一批（地块2及地块3）、二批（地块4）、三批（地块1）；一批竣工备案2017年12月31日；交验入伙2018年3月31日；二批取得施工许可证2016年11月。

北京·金茂府　项目由中铁房地产集团北京丰昊置业有限公司和北京丰亦置业有限公司出资成立的北京鎏庄房地产开发有限公司开发。项目位于北京市丰台区南苑乡，南三环与南四环之间，属丰台区都市产业发展带。宗地面积8.4万平方米，总建筑面积27.3万平方米，可售面积11.8万平方米，产品形式以高层精装住宅、高层精装公寓、叠拼别墅、平层别墅为主，并配置幼儿园、学校、医疗机构、养老机构及少量商业。本项目于2015年8月31日竞得，拟分两期开发完毕，一期为659、661地块，二期为624、630、660、038、039地块，于2019年12月竣工备案，目前正在进行示范区建设及前期报批报建工作。

北京万科·翡翠长安　项目由北京顺捷金海房地产开发有限公司开发，位于北京市门头沟区永定镇，项目总占地面积65821平方米，地上建筑面积25.21万平方米，容积率3.5。产品形式分为高层中高端住宅、底商、商业、办公以及公寓。项目于2015年11月18日获得，使用权挂牌出让的竞得人为北京万科企业有限公司，双方持股比例为各持50%。项目分两期开发，一期（南地块），二期（北地块），南地块正处于前期报批报建阶段，北地块正处于方案设计阶段。

长春·花语城　由长春中铁房地产开发有限公司开发，位于长春市高新经济技术开发区，规划用地面积为4.4325万平方米，总建筑面积9.59万平方米，产品形式为高层住宅为主、商业为辅。本项目于2015年12月17日通过拍卖获得，计划2016年7月10日开工，竣工备案2017年11月30日，交付入伙2017年12月10日。

太原·万科·紫郡项目　由中铁地产集团、中铁十二局地产公司及太原万科房地产有限公司联合出资组成太原金郡同达房地产开发有限公司进行开发建设，位于太原市万柏林区。该地块建设用地面积7.25万平方米，总建筑面积26.55万平方米，其中可售面积20.11万平方米，项目业态涵盖高层住宅、临街商业以及幼儿园小学配套。项目于2015年7月3日通过拍卖获得，项目同期进行开发建设，竣工备案时间2018年6月，项目上房时间2018年7月。

广州·荔湾区香料厂项目　为合作开发项目，由广州市保瑞房地产开发有限公司开发，中铁房地产集团广州有限公司持有该项目公司一定股份，位于广州市荔湾区。宗地面积约4万平方米，总建筑面积17.6万平方米，可售面积14.1万平方米（不含车位），含车位可售面积16.69万平方米。产品形式以高层普通住宅为主，商业为辅，配套文化活动中心等。项目于2015年11月30日通过拍卖获得，项目尚未收地，尚未开工。预计项目2016年11月30日前可收地。

广州·白云区穗花水泥厂项目　①AB2805024地块。为合作开发项目，由广州宏嘉房地产开发有限公司开发，中铁房地产集团广州有限公司持有该项目公司一定股份，位于广州市白云区。宗地面积6.5万平方米，总建筑面积15.2万平方米，可售面积9.8万平方米（不含车位），含车位可售面积14万平方米。产品形式以高层住宅、复式为主，商业为辅。项目于2015年10月9日通过拍卖获得，项目尚未收地，尚未开工。预计项目2016年9月30日前可收地。②AB2805029地块。为合作开发项目，由广州璟晔房地产开发有限公司开发，中铁房地产集团广州有限公司持有该项目公司一定股份，位于广州市白云区。宗地面积0.9万平方米，总建筑面积5.3万平方米，可售面积3.5万平方米（不含车位），含车位可售面积4.9万平方米。产品形式以高层住宅为主，商业为辅。项目于2015年10月9日通过拍卖获得，项目已于2016年4月30日完成收地，目前正在进行土方施工。预计项目2016年12月20日前取得施工许可证。③AB2805033地块。为合作开发项目，由广州宏轩房地产开发有限公司开发，中铁房地产集团广州有限公司持有该项目公司一定股份，位于广州市白云区。宗地面积2万平方米，总建筑面积9.8万平方米，可售面积6.5万平方米（不含车位），含车位可售面积8.8万平方米。产品形式以高层住宅、复式为主，商业为辅。项目于2015年10月9日通过拍卖获得，项目已于2016年4月30日完成收地，尚未动工。预计项目2017年1月30日前取得施工许可证。　（尚中雨）

【党群工作】　集团公司有党委1个、党支部24个、党员382人，发展新党员20人。

（1）干部队伍建设。集团公司党委始终牢牢把握政治引领和干部管理的工作重点，通过组织理论学习、贯彻专题教育、开展专项治理等多种方式，提高理论水平，增强党性修养，强化纪律规矩，持续引导各级领导干部讲政治、守规矩、提能力，努力建设一支务实担当、风清气正的战斗集体。

(2)德才兼备用人。集团公司党委研究、调配、任免干部68人次，坚持正确的用人导向和规范的选拔程序，旨在形成“用一贤则群贤毕至，见贤思齐则蔚然成风”的文化氛围。

(3)基层组织建设。发展党员20人，转正18人，转入组织关系75人，集团公司党员队伍增至382人。

(4)对外宣传和企业文化建设。在省部级媒体刊稿11篇，在《中国铁道建筑报》刊稿40篇，刊登股份公司“四会”专版1版，在股份公司网站刊稿6篇，《铁建信息》刊稿9篇，集团外网刊稿300余篇；同时，开通官方微信公共账号，运营半年来，“粉丝”人数达17000余人。集团公司党委先后组织开展第一届“永远的铁道兵”杯“十大楷模”和“十佳道德模范”评选活动，开办“道德讲堂”，传递正能量，营造爱岗敬业、团结合作、开拓创新、争当先进的浓厚氛围。

(5)纪检监察工作。2015年组织党风廉政学习131次，廉洁谈话110人次，党风廉政建设宣讲139场次，购买和发放廉政教育书籍1762册；签订“党风廉政建设责任书”23份、“廉洁承诺书”526份、“廉洁共建协议书”672份进行纪检监督和风险防控。

工会工作。集团公司所属基层工会24家。召开二届三次职代会，审议通过年度行政工作报告、财务工作报告和业务招待费使用情况报告；征集提案72条、代表团意见39项；民主评议领导班子，增强员工的民主参与意识。组织劳动竞赛活动40余次，岗位技术比武3次，参赛人员达1500多人次；开展“送温暖”“家规家训系列读书活动”“职工才艺大赛”“微电影”和“中国铁建一起走”等系列活动，活跃职工精神文化生活。

（朱国庆　陆媛媛）

【中铁房地产集团(广西)有限公司】 房地产开发二级资质企业。公司驻广西南宁市青秀区枫林路16号中铁·凤岭山语城二期地下室G－201号。2008年1月25日成立，执行董事、党支部书记林凤臣，总经理周斌。公司旗下中铁房地产集团广西江湾置业有限公司于2013年9月30日在南宁市邕宁区注册成立。截至2015底，职工58人。资产总额115363万元，其中流动资产114933万元，固定资产净值430万元。

公司开发有中国铁建·凤岭山语城和中国铁建·江湾山语城2个项目。2015年，公司全面完成集团公司下达的经营指标任务，完成销售金额63280万元，销售回款66458万元，实现营业收入50390万元，净利润8256万元。

（黄巧梅　范　霞）

【中铁房地产集团合肥置业有限公司】 房地产开发三级资质企业。公司驻安徽省合肥市庐阳区桃源路99号。执行董事、总经理铁铮，党支部书记阙方明。旗下中铁房地产集团合肥蜀山置业有限公司于2013年10月11日注册成立。截至2015底，职工88人。资产总额329174万元，其中固定资产净值326万元，流动资产480556万元。

2015年，实现销售收入125080万元，销售利润21213万元，缴纳税费23541万元，全员劳动生产率530万元/人·年，人均创利179万元，职工年人均收入20万元，净资产收益率44%，产值利润率12.77%，投资回报率8.61%，资产负债率92.60%，应上缴款完成率100%。

（王海溶　章劲松）

【中铁房地产集团浙江京城投资有限公司】 房地产开发二级资质企业。公司驻浙江省杭州市拱墅区石祥路249号。2010年3月30日成立。执行董事、总经理、党支部书记马建军。公司旗下8家子公司：中铁房地产集团宁波京城投资有限公司2011年8月1日注册成立；中铁房地产集团杭州京发置业有限公司2013年1月7日注册成立；中铁房地产集团杭州京顺置业有限公司2013年1月18日注册成立；中铁房地产集团杭州京兆置业有限公司2014年4月23日注册成立；中铁房地产集团杭州京平置业有限公司2015年9月16日注册成立；中铁房地产集团杭州京滨置业有限公司2015年11月12日注册成立；中铁房地产集团杭州京科置业有限公司2015年11月13日注册成立；中铁房地产集团杭州京瑞置业有限公司2015年11月18日注册成立。截至2015年底，职工119人；资产总额961226.63万元，其中固定资产原值1309.28万元、净值226.59万元，流动资产960088.83万元，其他资产911.21万元。

2015年，完成企业总产值34130.34万元、实现利润12651.27万元，人均创利137.22万元，全员劳动生产率277.48万元/人·年、职工年人均收入17.97万元，国有资本保值增值率140%、净资产收益率35.29%，产值利润率49.45%，投资回报率1.32%，资产负债率95.83%，应上缴款完成率100%。

（杨　洁　杨晓丽）

【中铁房地产集团(贵州)有限公司】 房地产开发暂定资质企业。公司驻贵州省贵阳市南明区太慈桥车水路11号。2010年4月19日成立。执行董事、总经理侯思军,党支部书记邬传荣。2014 年 9 月,根据集团公司三级管控思路和城市公司发展指导意见,由集团公司将贵州中泓房地产开发有限公司股权划转给贵州地产。截至 2015 年底,公司职工 128 人;资产总额 556659.81 万元,其中固定资产净值 143 万元,流动资产 556243.67 万元,其他资产 273 万元。

签约 2791 套,签约面积 27.02 万平方米,签约金额 16.41 亿元;完成企业总产值 148179.89 万元、实现净利润 11514 万元、人均创利 105.63 万元、全员劳动生产率 2181 万元/人·年、职工年人均收入 15.31 万元,国有资本保值增值率 124%、净资产收益率 38.53%、产值利润率 7.77%、投资回报率 8.67%、资产负债率 94%,应上缴款完成率 5%。

(李　雪　黄胤雄)

【中铁房地产集团四川有限公司】 房地产开发二级资质企业。公司驻四川省成都市成华区昭觉寺横路 19 号。执行董事、总经理李兴龙,党支部书记钟昌华。公司旗下有 4 家子公司:中铁地产(成都)开发有限公司、成都中铁建锦城投资有限公司、成都中铁建投资有限公司、成都中铁龙泰房地产开发有限公司。截至 2015 年 12 月 31 日,职工 210 人。资产总额 154.79 亿元,其中固定资产原值 852.10 万元,固定资产净值 159.37 万元,流动资产 154.36 亿元,其他资产 0.34 亿元。

2015 年,完成产值 22.82 亿元,净利润 2.12 亿元,产值利润率 9.29%,人均创利 107.07 万元,全员劳动生产率 227.40 万元/人·年,职工年人均收入 19.13 万元。国有资产保值率 137.49%,净资产收益率 37.88%,总资产负债率 96.49%;应上缴款完成率 100%。

(杜文娟　雒　晗)

【中铁房地产集团(天津)置业有限公司】 房地产开发四级资质企业。公司驻天津市河北区中山路与华兴大街交口东南侧鼎盛大厦 1-1510。执行董事、总经理任望东,党支部书记张同兴。截至 2015 年底,公司职工 63 人,资产总额为 562670 万元,其中固定资产 34 万元,流动资产 561268 万元。

2015 年,完成企业总产值 75685 万元,全员劳动生产率 1201 万元/人·年,职工年人均收入 19.89 万元。国有资本保值增值率 111%,净资产收益率 33.24%,产值利润率 7.92%,投资回报率 1%,资产负债率 96.63%。

(陈　睿　郝导荣)

【中铁房地产集团广州有限公司】 房地产开发三级资质企业。公司驻广州市荔湾区康王中路 486 号和业广场 1703 室。执行董事彭长城,总经理李剑,党支部书记谢东方。旗下佛山中铁房地产置业有限公司于 2013 年 11 月 15 日注册成立,广州增城中铁房地产置业有限公司 2014 年 4 月 25 日注册成立。截至 2015 年底,职工 118 人,资产总额53.53 亿元。

2015 年,完成投资 31.04 亿元,累计签约回款 38.26 亿元,实现营业收入 5.04 亿元,利润总额 1.20 亿元,净利润 9002 万元,国有资本保值增值率125.48%,净资产收益率 30.36%,资产负债率 95.52%。

(陈柳媛)

【中铁房地产集团上海置业有限公司】 房地产开发暂定资质企业。公司驻上海市宝山区宝安公路 933 号。执行董事、总经理、党支部书记倪杰。截至 2015 年底,职工 48 人。资产总额 315809 万元,其中固定资产净值 162 万元,流动资产 315647 万元。

2015 年,实现销售收入 120114 万元,利润总额 19749 万元,净利润 14701 万元,人均创利 306.27 万元,职工年人均收入 21.21 万元,净资产收益率 57.9%,产值利润率 16.44%,资产负债率 91.96%。

(张建锋)

【中铁建(大连)置业有限公司】 房地产开发暂定资质企业。公司驻辽宁省大连市甘井子区黄山路 3A、3B 号。执行董事、党支部书记高继红,总经理姚健。职工 42 人。

2015 年,实现签约金额 71468 万元,签约面积 71825 平方米;公司资产总额 220378 万元,其中流动资产 220235 万元,非流动资产 143 万元;资产负债率 93.71%。

(孙　荣　李　磊)

【中铁房地产集团江苏置业有限公司】 房地产开发暂定二级资质企业。公司驻南京市玄武区中央路 258-28号锦盈大厦 12 楼。执行董事、总经理刘鹏。2014 年 9 月,根据集团公司三级管控思路和城市公司发展指导意见,由集团公司将徐州中铁房地产开发有限公司股权划转给江苏置业。截至 2015 底,职工 82 人。

2015 年,完成企业总产值 4.12 亿元,实现销售(签约)金额 18.01 亿元;实现回款 13.38 亿元;职工年人均收入 16 万元;国有资本保值增值率 109.02%,资产负债率 97.52%。

(孙占帅　于志科)

【中铁房地产集团长沙置业有限公司】 房地产开发二级资质企业。公司驻湖南省长沙市开福区秀峰路 69 号。公司执行董事、总经理孙驿杰,党支部书记王刚。截至2015年底,职工90人,资产总额27.74亿元,其中流动资产27.72亿元,固定资产净值76.25万元。

销售房源2071套,完成销售额10.04亿元,实现销售回款9.89亿元。确认营业收入10.59亿元,实现利润9375万元,净资产收益率15.07%,营业利润率11.71%,净利润率8.85%,资产负债率76.24%。

(张俊艳)

【长春中铁房地产开发有限公司】 房地产开发三级资质企业。公司驻吉林省长春市汽车经济技术开发区长沈路2488号。董事长、总经理赵洪军。职工41人。年末资产总额51555万元。其中,固定资产原值200万元,流动资产51531万元。

2015年,售出住宅550套,商铺12套、车位288个。完成销售面积6.53万平方米,销售额36522万元,销售回款33475万元。实现营业收入49602万元,利润9751万元,人均创利226万元,职工年人均收入17.75万元,国有资本保值增值率194.35%,净资产收益率93.64%,产值利润率14.74%,资产负债率80%,应上缴款完成率52.93%。 (马健楠)

【中铁房地产集团武汉有限公司】 房地产开发三级资质企业。公司驻湖北省武汉市汉阳区墨水湖北路特5号。董事长、总经理、党支部书记赵力。截至2015年底,职工69人;资产总额199771万元,固定资产净值104万元,流动资产198687万元。

2015年,实现营业收入81004万元,净利润10740万元,人均创利155.65万元,产值利润率13.26%,职工年人均收入16.32万元,国有资本保值增值率130.74%,资产负债率92%。 (刘 锋 王亚琪)

【中铁嘉业(北京)投资有限公司】 房地产开发三级资质企业。公司驻北京市房山区城关街道顾八路一区一号-R149。执行董事、总经理、党支部书记钟金东。截至2015年底,职工57人;资产总额375040万元,其中,固定资产净值64万元,流动资产374977万元。

公司开发建设的北京中国铁建·原香漫谷和中国铁建·原香嘉苑2个项目,其中原香漫谷共销售751套,完成销售额约84899万元,实现回款91700万元,确定营业收入46979万元。原香嘉苑共销售634套,完成销售额54235万元,实现回款36000万元。

(胡 颖 朱卫华 崔玉龙)

【北京第六大洲房地产开发有限公司】 房地产开发二级资质企业。公司驻北京市朝阳区来广营乡清河营东路2号乐想汇3号楼。执行董事侯加海,总经理、党支部书记费洪伟。公司旗下中铁房地产集团北京金郡兴盛置业有限公司和北京通瑞兴盛置业有限公司分别于2014年4月11日、2014年10月8日在北京注册成立。截至2015底,职工129人。资产总额809422.72万元。

2015年,完成企业总产值84652.69万元、实现利润66398.16万元。 (雷 明)

【中铁房地产集团北京正达置业有限公司】 房地产开发四级资质企业。公司驻北京房山区长阳镇张家场村。执行董事、总经理兼党支部书记王晓飞。截至2015底,职工50人,资产总额131873.02万元。

2015年,实现销售额59090万元,营业收入76216.2万元,净利润23484.86万元,资产负债率59.72%。 (王亚红 李 晶)

【中铁房地产集团北京丰昊置业有限公司】 房地产开发三级资质企业。公司驻北京市丰台区王佐镇西王佐村293号。执行董事、总经理、党支部书记王建永。截至2015底,职工57人。

2015年,完成销售面积约5.86万平方米,销售金额8.42亿元,实现营业收入14.20亿元,净利润1.69亿元。 (潘凯迪)

【中铁房地产集团北京顺捷金海置业有限公司】 房地产开发三级资质企业。公司驻北京市门头沟区永定镇龙兴南二路5号院2号楼。执行董事、总经理、党支部书记柳金平。截至2015底,职工68人,资产总额156888.73万元,其中流动资产145561.4万元,非流动资产11327.33万元。

2015年,实现营业收入66,403.52万元,利润总额37536.35万元,净利润20650.68万元,净资产收益率51.42%,资产负债率74.4%。 (金晓燕)

【中铁房地产集团北京金达世纪房地产开发有限公司】 房地产开发暂定资质企业。公司驻北京市昌平区南邵镇金家坟村。执行董事、总经理兼党支部书记郭辉。职工47人。公司资产总额139965万元。

2015年,商品房销售面积46600平方米,销售签约额为103811万元,销售回款额85063万元。

(余 水)

【中铁建(北京)物业管理有限公司】 物业管理一级资质企业。为中国铁建房地产集团有限公司所属各城市房地产公司开发楼盘业主提供物业服务。公司驻北京市门头沟区永定镇龙兴南二路5号院2号楼5－6层。执行董事、党支部书记侯加海，总经理郑甘家。职工1844人。公司下辖北京、房山、门头沟、保定、成都、广州、贵阳、武汉、合肥、杭州、南宁、天津、长春、长沙、宁波、上海、大连、徐州、南京、顺义、通州、大兴、济南23家物业分公司，在管项目28个，在管面积960余万平方米。

2015年，公司完成营业收入为24724.83万元，实现净利润199.11万元，物业费收缴率95.12%，设备完好率99%，年人均产值15.28万元，人均管理面积5933平方米。

（黄　懿）

【广州中土实业发展有限公司】　公司驻地广州市环市西路135号。执行董事、总经理彭长城，党委书记谢东方。公司下辖广州市万通大厦有限公司和广州市万凯市场发展有限公司。截至2015年底，职工51人，资产总额16910万元，其中，固定资产原值3535万元、净值1356万元，流动资产3231万元，其他资产13679万元。

2015年，实现营业收入3146万元，净利润250万元，人均创利7.75万元，职工年人均收入12.78万元，国有资本保值增值率99.83%，资产负债率5.15%。

（王　巍）

【重要记载】

▲1月19日　中国铁建房地产集团有限公司二届三次职工代表大会暨2015年工作会议、党风建设和反腐倡廉工作会议在集团公司机关16层报告厅召开。中国铁建总裁特别助理吴仕岩、房地产开发部部长楼翱出席会议。

▲2月9日　集团公司1家单位、2人被评为股份公司2014年企业文化先进，其中贵州公司获评“企业文化建设优秀项目部”，集团公司党委工作部张恒和物业公司党支部副书记、工会主席范庆良同时获评“企业文化建设先进个人”。

▲4月21日　广东自贸区挂牌仪式在广州举行，“中国铁建华南总部及高铁出口基地”为该次南沙新区片区挂牌仪式十大重点平台启动活动之一。由地产集团牵头的中国铁建南沙项目筹备组积极参加自贸区推介会和分会场活动，并对南沙新区的相关政策进行详细解读。

▲5月4日　股份公司南沙项目工作协调会在集团公司召开，股份公司资本运营部、大桥局、港航局、物资集团和地产集团参会。

▲5月5日　中国铁建房地产集团广西公司执行董事、党支部书记林凤臣被中华全国铁路总工会授予“火车头奖章”。

▲5月13日　成都公司副总经理廖玲辉获“中国铁建劳动模范”称号，北京第六大洲房地产开发有限公司获评“中国铁建先进集体”。

▲6月18日　集团公司与天津市宝坻区政府签署战略合作框架协议。

▲7月1日　2015年上半年中国房地产企业销售排行榜TOP100名单出炉，中国铁建位居销售金额排行第19名，销售面积排行第16名，首次进入前20强。

▲7月10日　成立太原金郡同达房地产开发有限公司。

▲7月14日　成立中铁房地产集团南京江宁置业有限公司。

▲9月16日　成立杭州京平置业有限公司。

▲11月13日　成立杭州京滨置业有限公司。

▲同日　成立杭州京科置业有限公司。

▲11月18日　成立杭州京瑞置业有限公司。

▲11月20日　成立成都铁诚房地产开发有限公司。

▲12月14日　成立大连京诚置业有限公司。

（王重珍）

中铁第一勘察设计院集团有限公司

【简况】　（以下简称“铁一院”）是国家大型综合性勘察设计单位，持有国家颁发的工程勘察、设计、咨询、建设监理、造价咨询，地质灾害评估、灾害防治、勘查、设计、施工，环境影响评价和测绘22项甲级资质证书；拥有国家批准的对外经济技术经营合作权。主要经营铁路、轨道交通、公路、市政、建筑等行业中的工程勘察、工程设计、工程监理、工程项目管理与评估咨询、工程总承包、岩土工程治理、环境影响评价和对外经济技术合作项目。1995年在全国大型综合性甲级勘察设计单位中第一个通过ISO9001质量体系认证；2008年在全行业首批取得建设部颁发的工程设计综合甲级资质；2010年经商务部会同住房和城乡建设部审批，取得新的对外承包工程资格证书；2009年建立并通过中国船级社质量认证公司“三标一体”（质量、环境、职业健康安全）综合管理注册认证和英国皇家UKAS质量体系认证。铁一院机关住址陕西省西安市西影路2号。铁一院前身为铁道部设计局西北设计分局，成立于1953年1月1日;1956年1月扩建改称铁道部设计总局第一设计院;1958年更名为铁道部第一设计院;2001年由事业单位改为科技型企业,并改称铁道第一勘察设计院;2003年由铁道部划归中国铁道建筑总公司管理;2007年7月4日企业改制,名称变更为中铁第一勘察设计院集团有限公司;2008年9月18日组建成立中铁第一勘察设计院集团。2015年铁一院下辖10个行政管理职能部门、14个专业设计处(院、部)、10个子公司、13个参(控)股公司、9个驻外经营分支机构。截至2015年底,在岗职工3996人,其中主业2341人,各公司1655人;干部3311人,技能人员685人。资产总额96.7亿元,其中流动资产83.4亿元、固定资产4.1亿元、其他资产9.2亿元。拥有各类仪器设备6974台(件);机械运输设备总值1.9亿元,机械运输设备净值0.3亿元,完好率16.8%,利用率100%。

实现新签合同额60.69亿元,营业收入60.41亿元,利润总额7.62亿元。国有资本保值增值率148.2%,净资产收益率45.65%,产值利润率18.4%,投资回报率45.65%,资产负债率74.26%,应上缴款完成率100%。

勘察设计完成1960线路折算千米、1257电化折算千米;完成地质钻探105万米。

全院拥有的知识产权总数367项,其中发明专利47项,实用新型专利237项,软件著作权82项,外观设计1项;获国家、省部、中国铁建等科技奖34项,其中,中铁一院参与的《高速铁路大断面黄土隧道建设成套技术及应用》获2015年度国家科技进步二等奖;在国际咨询工程师联合会(FIDIC)2015年年会上,中铁一院设计的哈大客运专线作为全球第一条在严寒地区设计建设标准最高的高速铁路,获工程项目优秀奖;大西客运专线晋陕黄河大桥、成渝高速公路复线(重庆境内)获优秀工程提名奖。获国家、省部、中国铁建优秀勘察设计、优秀工程咨询奖127项。获"国家工程建设勘察设计QC小组活动优秀企业"称号;"轨道交通工程信息化国家重点实验室"获国家科技部批复立项建设,将成为中铁一院提升自主创新能力、聚集优秀科技人才、引领行业技术进步的高端平台。陕西省铁道及地下交通工程重点实验室各项管理工作步入正轨,承担国家、中国铁路总公司、中国铁建及中铁一院等立项的延续课题共26项,合同金额2932万元。

获全国、省部、市、中国铁建等各类先进集体和个人56项,其中国家级6项、省部级31项、中国铁建19项。地质路基处教授级高级工程师刘争平当选全国劳动模范,进京参加全国劳模表彰大会,并作为陕西省,名获奖代表之一上台接受党和国家领导人颁奖。

在中国交通企业管理协会和交通行业优秀企业管理成果评审委员会2015年度全国交通运输文化建设优秀成果评选中,获"全国交通运输文化建设优秀单位"称号;在中国企业文化促进会2015年工作年会上,被评为"中国企业文化创新优秀单位"称号;在商务部主办的"诚信国际、榜样中国、共筑中国梦"中国商务诚信建设十年巡礼表彰活动中,获"倡导诚信兴商示范单位",董事长、党委书记王争鸣获"倡导诚信兴商先进人物"。由陕西省企业家协会主办的2015年陕西百强企业发布上,中铁一院入围陕西省百强企业,排名第44位。

(海　强)

【领导人员】

董事会

董事长	王争鸣
董事	刘为民
	安光保(11月免)
	董　勇
	周仲华
	刘　岩

监事会

监事会主席	丁　力
职工监事	王鲁林
监事	赵君瑞

行政系统

院长	刘为民
副院长	安光保(11月免)
	周仲华
	朱力争
	李金城
	董　勇
	彭文盛
	魏州泉(11月免)
	张学伏
	余　洁(11月任)
	黄　超(11月任)
总工程师	张学伏(兼)
总会计师	周仲华(兼)

党群系统

党委书记	王争鸣
党委副书记	刘为民
	丁　力
纪委书记	丁　力
工会主席	丁　力

(海　强)

【职工队伍】 截至2015年底,在岗职工3996人,其中主业2341人,各公司1655人;干部3311人,技能人员685人。教授级高工273人,高级职称1330人,中级职称1167人,初级职称522人;高级技师3人,技师157人,高级工304人,中级工115人,初级工75人,普工31人。硕士以上研究生720人(含硕士学位131人),大学本科2091人,大学专科529人,中专及以下656人;30岁及以下492人,30~40岁1240人,41~50岁1390人,51岁及以上874人,职工平均年龄41.8岁。

现有中国工程院院士1人、全国工程勘察设计大师3人、FIDIC全球百年杰出咨询工程师1人、全国首届“杰出工程师奖”1人、享受国务院政府特殊津贴人员18人(其中在职5人)、“百千万人才工程”国家级人选2人、国家有突出贡献中青年专家2人;原铁道部有突出贡献专家、中青年专家、拔尖人才、专业技术带头人9人;陕西省“三秦学者”2人、陕西省突出贡献专家2人、陕西省优秀勘察设计师9人,陕西省“新世纪三五人才”第二层次人选2人;茅以升铁道工程师奖4人、詹天佑铁道科学技术奖3人、詹天佑中国铁建专项奖11人;院专业技术带头人65人、优秀青年工程师75人。

2015年,执业资格取证55人次。截至2015年底,有805人次取得国家注册(执业)资格,255人次取得行业资格。其中,一级注册建筑师14人、二级注册建筑师18人、一级注册结构工程师36人、二级注册结构工程师6人、注册岩土工程师41人、注册电气工程师33人、注册公用设备工程师27人、注册造价工程师73人、注册监理工程师207人、注册咨询工程师147人、一级建造师67人、二级建造师29人、注册城市规划师4人、环境影响评价工程师13人、注册安全工程师23人、环保工程师2人、水保工程师3人、测绘工程师13人、招标师13人、道路工程师7人、其他类别注册人员29人。 (海 强)

【勘察设计】 紧盯铁路“十三五”规划及中长期路网规划,加大市场开拓力度,努力增加项目储备;通过优化生产组织,强化调度管理,因地制宜采取多种计划管理机制,加强现场监管巡查,深入推进项目标准化建设,提高服务水平,确保重点项目推进,全面超额完成年度生产计划目标。2015年,完成1960线路折算千米,1257电化折算千米,地质钻探105万米;分别占院年度调整计划1700线路折算千米、900电化折算千米、地质钻探100万米的115%、140%、150%。完成预可行性研究10213千米、初测1966千米、可行性研究2308千米,定测1225千米,初步设计1416千米,补充定测222千米,施工图2068千米。2015年,勘察资料及设计文件合格率100%,设计文件交付履约率100%。

中标西宁至成都铁路、晋中至太原城际铁路、新沂至长兴铁路扩能改造、呼和浩特地铁1号线一期工程设计总承包、乌鲁木齐地铁2号线一期工程总体总包、兰州地铁2号线一期工程总体总包、秘鲁利马地铁2号线综合监理、新疆图木舒克铁路专用线总承包、拉萨至林芝铁路工程咨询、兰州新区有轨电车1、2号线等项目。吴忠至中卫城际铁路、晋中至太原城际铁路实现2015年勘察、2015年设计、2015年开工;由中铁一院勘察设计的哈额铁路、黄韩侯铁路、宁西增建二线、兰州至中川城际铁路开通运营。 (任伍林)

【经营管理】 (1)经营管理。紧紧围绕转型发展主线,以提高发展质量和效益为目标,总结“十二五”经验,谋划“十三五”发展,不断加强制度体系建设,切实提升执行效果,落实经营战略,在全院各部门和各生产处(院)的大力支持和经营人员的共同努力下,市场经营取得较好的成绩。全院社会项目签订合同964项,合同金额174521万元,占院下达指标167850万元的104%;进款133564万元,占院下达指标125320万元的107%。其中经营系统签订合同67项,合同金额98567万元,占院下达指标95000万元的104%;进款60000万元,为院下达指标60000万元的100%。各项指标均完成或超额完成。

(2)工程承包与对外合作。新签工程承包合同额12.14亿元,超额144%完成年度预算,其中,院属生产单位新签合同额6.16亿元,占新签合同总额的51%;院属改制单位新签合同额5.98亿元,占新签合同总额的49%。全院实现工程承包项目进款11.02亿元,完成年度预算的141%。2015年,实现工程承包收入30.17亿元,同比增长78.20%。其中,院属生产单位实现工程承包收入26.54亿元,院属改制单位实现工程承包收入3.63亿元。2015年,院新签海外项目合同额折合人民币约23303万元,完成年度预算的117%;进款折合人民币约4127万元,完成年度预算的26%。2015年,实现境外项目收入2756万元。

(3)财务管理。坚持转型发展战略,内强管理,外拓市场,规范运作,稳健投资,为企业经济平稳运行发展提供内生动力。2015年,全院实现营业收入604115万元,其中主营业务收入598542万元,其他业务收入5573万元;营业外收入1003万元;营业收入较上年增加114099万元,增幅23.3%,完成预算(400000万元)的151.0%。2015年,机关管理部门、党群及其他部门(不含各地离退休管理部门)包干经费预算为1128万元,实际执行数为944万元,占核定指标的83.7%;院属项目部预算5974万元,实际支出4429万元,占预算额度的74.1%。管理费用与上年同期相比均有较大幅度降低,主要是由于全院深入贯彻落实中央"八项规定"和反对"四风",大力压缩非生产性支出、业务招待费、会议费等。

(4)审计工作。以财务审计和工程项目投资审计为工作重点,认真履行审计监督、评价、控制和服务职能,在积极探索和改进内部审计工作的同时,将推动提升单位内部控制和风险管理水平作为审计工作目标,进一步识别、梳理企业经济运行全过程的风险点,推进重点项目跟踪审计工作,充分发挥内审工作对企业管理层面的积极影响,推动和促进全院监督机制的健全与落实,完成各类审计项目45项,其中院属工程总承包项目合规性专项审计13项;财务收支审计3个单位;院维修项目竣工决算审签26项;领导干部(离任)经济责任审计3项。圆满完成年度审计工作任务。

(5)企业管理。形成"十三五"规划草案。制定《中铁第一勘察设计院集团有限公司三年滚动规划(2015—2017)》。印发《中铁第一勘察设计院集团有限公司2015年重大、重要风险管控措施落实方案》《内控缺陷整改工作实施方案》;制定印发《中铁第一勘察设计院集团有限公司合同管理办法》,并组织实施合同的全面审查。全面梳理现行各项制度和管理办法,梳理出8项制度需要新编,43项制度需要进一步修订和完善;共修订完善制度10项,新颁布制度12项。初步形成《中铁一院拟汇编规章制度目录》。持续保持国家级和省级重信用、守合同企业以及工程勘察与岩土行业诚信单位荣誉。参加2015年全国工程项目管理完成合同额和工程总承包完成合同额排名,其中,工程项目管理完成合同额排名第3位;工程总承包完成合同额排名第101位。 (任伍林)

【技术管理与科技创新】 技术管理紧紧围绕转型发展和重点工作要求,从修订和完善相关技术管理制度入手,加强铁路建设项目勘察设计过程中的技术服务、技术协调、技术支持和监督检查等方面的工作,同时围绕技术管理工作中遇到的新要求和暴露出的问题,积极研究对策,不断强化勘察设计技术管理工作。修订发布《铁路建设项目勘察设计各专业工作分工细则》《城市轨道交通项目勘察设计各专业工作分工规定》;结合院规章制度修编的工作要求,组织相关部门开展多项技术管理制度的修订或编制工作,其中《城市轨道交通工程勘察设计文件审查签署及图幅图标图式规定》等7项技术管理制度提交院总工程师办公会议进行审核。结合生产计划安排,先后多次组织由主管院(副)总工程师带队的技术工作组赴勘察现场完成现场调研、技术方案审查、中间检查和指导野外勘察等工作。先后组织技术支持组,完成对新疆院、兰州院承担的相关勘察设计项目的技术支持和技术服务等工作。针对近年来在勘察设计重点环节控制工作中暴露的问题,印发《中铁第一勘察设计院集团有限公司关于进一步加强勘察设计过程控制重点环节工作的通知》。在督促建设项目总体组、各相关单位加紧完成2013年、2014年度建设项目勘察设计技术总结工作的同时,对2015年需开展技术总结工作的建设项目进行梳理和安排。科技创新方面,国家级实验室获批建设,陕西省重点实验室平稳运行。院级新开科研开发项目35项,软件项目16项。组织投标中国铁路总公司科研项目1项,组织申报中国铁路总公司科研课题11项,组织申报中国铁建科研课题10项,陕西省3项。结题项目71项,其中科研项目50项;软件项目21项。共申请专利127项,软件著作权19项;授权专利110项,软件著作权19项。全院拥有的知识产权总数达到367项,其中发明专利47项,实用新型专利237项,软件著作权82项,外观设计1项。获国家、省部级、中国铁建等科技进步奖34项。院参与的《高速铁路大断面黄土隧道建设成套技术及应用》获2015年度国家科技进步奖二等奖。获FIDIC优秀工程奖1项、FIDIC优秀工程提名奖2项;获国家、省部、中国铁建优秀勘察设计、优秀工程咨询奖127项。 (任伍林)

【人才培养】 推荐申报各类专家181人次,其中"百千万人才工程"国家级人选2人、国务院政府特殊津贴1人、铁道环保奖1人、中青年科技创新领军人才1人、詹天佑铁道科学技术奖6人、茅以升铁道工程师奖2人、英国皇家特许建造师资格2人。完成"陕西省高层次人才管理系统"入库人员信息29人、"中国铁建房地产专家库"3人、中国国际工程咨询协会专家库人选5人、中国铁建海外专家人选2人、中国铁建信息化专家3人。配合商务部改革过渡阶段援外成套项目可行性研究单位申报工作,填报建筑、通信、环保等相关专业专家信息103人;中国铁建合同管理和索赔专家库专家人才增补1人;"FIDIC认证工程师培训和认证试点项目专家委员会委员"1人;中国科协世界工程组织联合会奖项候选人1人;铁路建设企业资质资格评审专家3人;中央企业"中青年科技创新领军人才"1人;江苏省铁路工程建设评标专家14人等推荐申报工作。1人获国务院政府特殊津贴;1人入选"百千万人才工程"国家级人选,同时获"有突出贡献中青年专家"称号;1人获"中国铁道学会铁道环保奖";1人获"茅以升铁道工程师奖"。完成第7批院专业技术带头人和第5批院优秀青年工程师推荐选拔工作,评选

9名专业技术带头人和15名优秀青年工程师。全院执业资格取证55人次，其中城市规划师2人、岩土工程师5人、一级建造师15人、测绘工程师1人、安全工程师6人、造价工程师2人、监理工程师10人、招标师4人。引进西安交通大学、东南大学、北京交通大学、西南交通大学等国内著名院校和美国密尔沃基工程学院、英国曼彻斯特大学等海外名校应届大学毕业生共计126人，其中硕士研究生95人，占引进人员总数的75.4%。经中国铁建评审通过教授级高级工程师19人，高级会计师1人、高级经济师(企业二级法律顾问)1人；经甘肃省档案局评审通过档案馆员1人，档案助理馆员1人；经院评审通过高级职称147人，中级职称91人，初级职称4人。全院完成各类培训8541人次，为下达培训目标6000人次的142.35%，其中干部7688人次，工人853人次。 （海　强）

【党群工作】 党委下设基层党委6个，党工委4个，党总支18个，党支部190个。其中在职党支部148个，离退休党支部42个。党员3770名，其中，在岗党员2196名、离退休党员1574名。院纪委下设基层纪委(党工委)7个，全院纪检监察工作专兼职人员15人。院工会下设基层工会40个，其中法人独立单位6个，会员3996人。院团委下设基层团(工)委5个、团总支6个、团支部41个、共青团员253人、专兼职团干部105人。

各级党组织以深入贯彻落实党的十八届四中、五中全会和院“四会”精神为统领，以“三次创业十周年”为契机，以“三严三实”专题教育为主线，以服务全院转型发展和生产经营工作为中心，创先争优、努力奉献，职工的向心力和凝聚力不断提升，领导班子和干部队伍建设持续加强，务实、高效、清廉的作风进一步发扬，各项工作围绕中心、服务大局、服务基层，为顺利实现年度目标和圆满完成“十二五”规划打下坚实的基础。

(1)注重以作风建设助推企业发展，“三严三实”专题教育扎实开展，群众路线教育实践活动成果持续巩固。院党委高标准、严要求地组织开展“三严三实”专题教育。一是注重策划部署，强化示范引领。制定贴合实际的专题教育工作方案，坚持以上率下、示范带动，通过讲党课、谈体会、开展批评与自我批评等途径，有效提升活动效果。二是采取多种学习形式，确保教育实效。为全院党员干部配发《习近平谈治国理政》《优秀领导干部先进事迹选编》等学习书籍，强化个人自学的针对性。将党委中心组学习与专题教育相结合，在富平、照金等红色教育基地实地参观和学习研讨，丰富专题教育的形式。三是加强督促指导，强化标准要求。在活动开展过程中，结合生产实际，坚持问题导向，重点把握专题党课、专题学习研讨、专题民主生活会等关键环节，做到严格落实不走样。四是“三严三实”专题教育与党的群众路线教育实践活动的整改密切联动。对照“两方案一计划”以及查摆出的问题，进行全面深入的“回头看”活动，持续用力抓好整改落实。以专题教育成效助推转型发展、以转型发展实绩检验专题教育成效。

(2)注重落实“两个责任”，加大反腐倡廉工作力度，为院健康发展提供坚强纪律保障。院党委将守纪律、讲规矩摆在更加突出的位置，认真履行管党治党职责，聚焦“两个责任”，持续加强“党委统一领导，党政齐抓共管，纪委组织协调，部门各负其责，依靠群众支持参与”的党风廉政工作机制。一是对全院反腐倡廉相关制度进行梳理，制定或修订党委和院班子成员党风廉政建设责任制、党风廉政监督员工作办法等近10项制度，进一步完善惩防体系建设。二是制定印发《2015—2017年巡视工作规划》，完成5家单位的巡视。三是深入学习中国共产党廉洁自律准则和纪律处分条例，围绕“明责任、保廉洁、促发展”主题，组织开展第六届反腐倡廉教育月专题报告会、家庭助廉、网络答题等系列活动，增强干部职工崇德尚廉、廉洁从业的意识。四是组织开展专项治理自查自纠工作，完善履职待遇和业务支出的相关管理办法，形成巩固整改的长效机制。五是认真落实“一案两报告”“一案双查”制度，做好案件查办工作，营造全院风清气正的良好环境。

(3)注重聚焦“三次创业”十周年，大力开展主题活动，企业凝聚力进一步提升。院党委紧抓“三次创业”十周年的有利契机，以推动转型发展、建设“科技一院、文化一院、诚信一院、和谐一院”为目标，认真策划、精心组织开展英语风采展示大赛、主题演讲比赛、文艺汇演等一系列富有一院特色的文体和庆祝活动，极大地鼓舞士气，凝聚人心；在“一报两网”开设专栏，系统盘点展示院10年来在生产经营、科技创新、人才培养、党建和企业文化等各方面取得的突出成果，树立“中铁一院”大品牌、大发展的企业形象，激发全体职工以昂扬向上的精神状态投身转型发展实践。

(4)注重发挥转型理念的引领作用，企业发展再上新台阶。院党委坚持贯彻落实转型发展的战略理念，引导全院持续优化产业结构，实现核心竞争力的有效提升。市场开拓方面，坚持从规划入手做好“源头”经营，成功中标西宁至成都铁路、晋中至太原城际铁路、新沂至长兴铁路扩能改造项目；城市轨道交通中标额再创历史新高，优势区域市场规模持续扩大；密切关注“一带一路”和互联互通等国家战略实施，中标秘鲁利马地铁2号线综合监理项目，在产业链高端再次实现突破;积极跟踪承揽 EPC、PPP 项目,产业结构布局进一步优化。同时,一大批在手项目的高质量推进和建成通车,为市场开拓提供有力支撑。科技创新方面,"轨道交通工程信息化国家重点实验室"获批立项建设,将成为中铁一院提升自主创新能力、聚集优秀科技人才、引领行业技术进步的高端平台。获得 FIDIC 工程优秀奖 1 项、国家科技进步二等奖 1 项。人才培养方面,1 人入选国家百千万人才工程并获"有突出贡献中青年专家"称号,1 人获国务院政府特殊津贴,1 人获茅以升铁道工程师奖。精益管理方面,完成"十三五"规划和 3 个子规划草案的编制工作。全面梳理现行各类制度办法 210 余项,按计划颁布或修订制度 20 余项,进一步推进基础管理的规范化。

(5)注重强化党建和两级班子建设,为转型发展提供坚强的组织和干部队伍保障。院党委持续深化党建工作,领导干部队伍素质和结构得到全面优化。党建方面,举办专题党课、开展建功转型党员承诺签名、组织新党员赴革命老区入党宣誓等一系列主题教育和实践活动,进一步强化党员的党性意识;开办党务工作培训班,规范党组织换届选举和发展党员程序,严格党内组织生活制度,基层党支部建设的标准化、规范化水平得到有效提升。干部队伍建设方面,完成 2 名副院长人选的考察和选任工作,院班子的年龄结构得到进一步优化。积极推动岗位交流,大力选拔培养优秀年轻干部,调整副处级以上领导干部 15 人,完成试用期满测评 13 人。全面开展领导干部个人有关事项的填报,完成干部档案审核与改版工作,为选好用好干部奠定坚实的基础。

(6)注重发挥工团组织的服务保障功效,持续构建和谐稳定大局。全院工团组织强化服务保障生产经营中心,工会组织依托重点项目广泛开展劳动竞赛和现场慰问,坚持送温暖送关爱,和谐一院建设得到进一步巩固;评先树模成绩突出,获"全国劳动模范""全国五一巾帼标兵""中国铁建首届'永远的铁道兵杯'十大楷模"各 1 人,企业社会美誉度和影响力有效提升。团青组织以服务青年成长成才为重点,积极探索新形势下团青工作方式,举办主题团日、青春大讲堂、全国劳模见面会等活动,激发青年职工立足岗位、奉献企业的热情,团建工作成为党建工作的有效补充;院党委在加强党建工作的同时,注重保密和信访维稳工作,积极协调承担社会责任。保密工作方面,进一步制定完善多项保密工作规章制度,对院属重点保密单位的涉密计算机、移动存储介质和涉密资料管理开展专项检查,有效降低失泄密风险。信访维稳方面,畅通群众信访渠道,强化部门间沟通协调,耐心做好政策解释和情感沟通工作,及时化解矛盾纠纷,维护院和谐稳定的发展环境;社会责任方面,在陕西陇县开展产业扶贫,在甘肃岷县无偿承担集中安置点的整体规划和道路、桥梁等勘察设计工作,在新疆针对新扶贫对象—哈密伊吾县开展扶贫项目规划研究,彰显央企的社会责任。

(马建飞)

【新疆铁道勘察设计院有限公司】 驻新疆维吾尔自治区乌鲁木齐市北京南路 703 号。董事长、党委书记李斌,院长庄新玉。在岗职工 553 人,其中,教授级高级工程师 7 人、高级技术职务 135 人、中级技术职务 142 人、技术工人 147 人。拥有一级注册建筑师 4 人,一级注册建造师 4 人,一级注册结构工程师 6 人,注册岩土工程师 4 人,注册造价工程师 11 人,注册咨询工程师 12 人,注册监理工程师 17 人,注册公用设备师 4 人,注册设备监理工程师 1 人,注册安全工程师 1 人。拥有全站仪、水准仪、绘图仪、计算机、钻机、载重汽车、测距仪、测高仪、GPS、静力触探车、地震仪、电磁勘探仪、综合数控测井仪等仪器设备 920 台(套)。

2015 年,完成指令性任务 6 项,外委任务 110 项,路局基大改项目 147 项,收入 4.53 亿元,新签勘察设计合同 110 项 6.98 亿元,实现勘察设计收入 1.7 亿元。

(马建飞)

【青海铁道工程勘察有限公司】 驻青海省西宁市共和南路 23 号。执行董事、党工委书记刘德林,总经理李关民。职工 67 人,其中高级技术职务 3 人、中级技术职务 7 人、初级技术职务 7 人、技术工人 46 人(技师 7 人)、国家(行业)资格证书 2 人。拥有全站仪、水准仪、绘图仪、计算机、钻机、测深仪、手持 GPS、GPS 等仪器设备 96 台(套)。

2015 年,实现利润 592.45 万元。

(马建飞)

【甘肃铁道综合工程勘察院有限公司】 驻甘肃省兰州市和政路 131 号。董事长、院长贺光华,党委书记、纪委书记、副院长席新林。在岗职工 180 人,其中教授级高级工程师 3 人、高级技术职务 16 人、中级技术职务 29 人;注册一级建造师 4 人、注册二级建造师 7 人,注册安全工程师 1 人,企业法律顾问 1 人,全国质量工程师 1 人,注册会计师 1 人,院优秀青年工程师 1 人。拥有全球定位仪(GPS)、全站仪、各类计算机、钻机、物理勘探设备、V8 电磁测深数据采集系统、地震仪、多功能桩机、旋喷桩机、挖掘机、强夯机、混凝土搅拌桩机、汽车、其他设备等仪器设备 535 台(套)。

2015 年,签订外委合同 75 项,新签合同金额 15151 万元,实现营业收入 16590 万元,外委进款额 8398 万元。

(马建飞)

【陕西铁道工程勘察有限公司】 驻陕西省宝鸡市中山西路88号。董事长、总经理黄凯、党委书记侯全德。在岗职工334人,其中教授级高级工程师3人、高级技术职务14人、中级技术职务36人,拥有各类执业注册资格20人次。拥有泥浆泵、钻机、其他施工机械、汽车、发电机组、柴油机、拌和机、粉喷桩机、空压机、其他生产设备、静力触探仪、地下管线探测仪、地震仪、GPS定位仪、全站仪、其他测量及实验设备、台式电脑、笔记本电脑等仪器设备565台(套)。

2015年,完成收入2.83亿元。 (马建飞)

【重要记载】

▲1月23日 铁一院获陕西省优秀测绘地理信息工程金奖1项,陕西省测绘科技进步一等奖1项、二等奖2项,院航测处获评"陕西省地理国情普查劳动竞赛优胜单位"称号。

▲1月29日 《铁道设计报》获评中国企业报协会"中国优秀企业报"。

▲2月1—3日 铁一院召开党委一四次全委(扩大)会议、党风建设和反腐倡廉工作会议、一届五次职代会和工作会议。

▲3月10—15日 铁一院院长刘为民、副院长兼总工程师张学伏率队与兰州铁路局局长王峰、党委书记管亚林、常务副局长高世勤等赴甘肃、宁夏两省区,对沿途各地铁路建设情况开展调研。

▲3月11日 中国铁建在院召开科研成果评审会,院提交的27项科研成果顺利通过评审。

▲3月12日 铁一院在2014年度陕西省优秀工程咨询成果奖评选中获得一等奖4项、二等奖8项、三等奖10项。

▲4月28日 铁一院教授级高级工程师、拉日铁路指挥部副指挥长刘争平当选全国劳动模范,进京参加全国劳模表彰大会,并作为64名获奖代表之一上台接受党和国家领导人颁奖。

▲5月15日 铁一院研发的"铁路隧道智能设计软件"获国家铁路局2013—2014年度铁路优质工程设计软件一等奖。

▲5月23日 李克强总理在秘鲁利马出席秘鲁中资企业座谈会,铁一院董事长、党委书记王争鸣应邀出席会议。

▲6月6日 铁一院牵头组织研制的铁路第一座电力智能变电站——乌鲁木齐铁路局乌拉泊水厂智能变电站,顺利通过由中国电器工业协会组织的科技成果鉴定。

▲6月19日 西藏自治区科技厅主持召开科技成果鉴定会,铁一院主持完成的《青藏高原高温地热区铁路修建关键技术》成果通过专家鉴定。

▲8月3日 铁一院在中国工程咨询协会组织的2014年度全国优秀工程咨询成果奖评选中获一、二、三等奖各1项。

▲8月7日 在中国铁道财会学会公布的科研成果获奖名单中,铁一院四项财会科研成果分别获得二、三等奖,成为全路设计系统第一家。

▲8月10—13日 中国船级社质量认证公司审核组对院质量、环境、职业健康安全管理体系进行再次认证审核,最终直接推荐保持注册认证,换发认证证书。

▲9月14—15日 国际咨询工程师联合会(FIDIC)2015年年会在阿联酋迪拜举行。铁一院设计的哈大客运专线作为全球第一条在严寒地区设计建设标准最高的高速铁路,获"工程项目优秀奖"。

▲10月14日 铁一院申报的"轨道交通工程信息化国家重点实验室"获科技部批准立项。

▲10月16日 在中国交通企业管理协会和交通行业优秀企业管理成果评审委员会组织开展的2015年度全国交通运输文化建设优秀成果评选中,铁一院获全国交通运输文化建设优秀单位。

▲10月20日 在2015年中国勘察设计协会举办的"创新杯"建筑信息模型(BIM)设计大赛中,铁一院获"最佳BIM应用企业奖"。

▲10月22日 陕西省与中国银行在西安举行全面支持陕西"一带一路"建设合作备忘录暨中国银行与陕西"走出去"企业合作协议签约仪式。铁一院董事长、党委书记王争鸣与中国银行陕西省分行行长李瑞强签署《"走出去"业务合作协议》。

▲同日 中国铁路总公司科技部组织召开科技成果专家评审会,铁一院主持完成的《青藏高原特长隧道修建关键技术》成果通过评审。

▲11月2日 铁一院副院长李金城当选中国铁建首届"永远的铁道兵杯"十大楷模。

▲11月11日 铁一院院长刘为民与中铁十九局集团董事长、总经理王学忠,副总经理李华伟等共同签署《双方战略合作框架协议》。

▲11月17—18日 铁一院副院长朱力争一行3人随同中国铁路总公司国际公司董事长杨忠民率领的中国铁路高访团,在马来西亚吉隆坡参加2015年度SPAD陆路公共交通(LTP)研讨会。

▲11月25日 在中国企业文化促进会主办的"适应新常态,创新企业文化"研讨会暨中国企业文化促进会2015年工作年会上,铁一院被评为中国企业文化创新优秀单位。

▲11月26日 铁一院获得住房和城乡建设部颁

发的“甲级监理资质证书”。

▲12 月 28 日　中国铁建档案工作评价评审组代表国资委对院中央企业档案工作进行评审，院被评定为 A 级。

▲同日　铁一院获陕西省 2015 年优秀工程勘察设计奖一等奖 18 项。　　（海　强）

中铁第四勘察设计院集团有限公司

【概况】（以下简称“铁四院”）是从事交通基础设施建设勘察设计的高科技大型综合性企业。成立于 1953 年 2 月 4 日，1956 年 1 月扩编为铁道部第四设计院，2003 年 11 月由铁道部划转中国铁道建筑总公司（以下简称“中国铁建”）。2007 年 11 月，改制为中铁第四勘察设计院集团有限公司。

铁四院综合实力位居全国勘察设计实力百强前列，被认定为国家企业技术中心。是国家委托铁路、城市轨道交通投资咨询评估单位、国际工程咨询工程师联合会（FIDIC）和国际电工委员会（IEC 标准）团体成员，中国城市轨道交通协会常务理事单位，中国工程咨询协会副会长单位。拥有国家住建部颁发的工程设计综合甲级资质证书和工程勘察综合一级资质证书，国家测绘局颁发的甲级测绘资格证书，国家国土资源部颁发的地质灾害防治工程勘查、设计、监理三项甲级资质以及地质灾害危险性评估甲级资质，国家环保总局颁发的环境影响评价甲级资质证书，国家发改委颁发的工程咨询甲级资质，以及工程承包、工程监理、工程造价等 20 余项甲级及专项资质；主持过数十项国家、行业规范、标准编写；具有独立对外经营权；设有博士后工作站。具有配套完善的 ISO9001、ISO14001 环境和 GB/T28001 管理体系，持有相应认证证书。拥有线路、站场、桥梁、隧道、地质路基、电力电气化、通信信号、房屋建筑等 40 多个专业。能承揽多个行业的工程勘察、工程设计、工程咨询、工程监理、工程总承包业务。

2015 年，铁四院资产总额 141.80 亿元（其中固定资产净值 8.39 亿元、流动资产 115.60 亿元、其他资产 26.20 亿元）。拥有各类设备 18843 台（套），其中全站仪、光电测距仪、GPS 定位系统、RC30 航空摄影仪、物理勘探、原位测试等先进设备 1022 台（套）；拥有计算机 9797 台，局域网上网结点 6620 个，大中型计算机工作站 295 个。机械运输设备 569 台、净值 4776 万元、总功率 62590 千瓦、动力装备率 14.51 千瓦/人、技术装备率 15216 元/人、设备完好率 99%、利用率 99%。

新签合同额 90.17 亿元，实现营业收入 71.36 亿元，利润总额 10.08 亿元，净利润 8.7 亿元，人均创利 19.5 万元。其中，国内勘察设计板块新签合同额35.02 亿元。国有资本保值增值率 133.99%、净资产收益率 29.62%、产值利润率 14.05%、投资回报率580.19%、资产负债率 76.55%、应上缴款完成率 100%。

铁四院获全国文明单位称号，被认定为国家企业技术中心，获湖北省“十佳书香企业”称号。铁四院党委被湖北省国资委党委命名为第一批“国有企业示范基层党组织”。4 个集体、19 名职工获国家、省部、股份公司等劳模先进表彰。　　（邵　澎）

【领导人员】

董事会

董事长	蒋再秋
董事	蒋再秋
	雷佳民
	汤友富（8 月免）
	王玉泽
	田要成
	王维朝

监事会

监事会主席	刘家美
监事	钟登柏
	唐　左（4 月免）
	方　明（4 月任）

经理层

院　长	蒋再秋
副院长	汤友富（8 月免）
	田要成
	王玉泽
	荆　山（1 月任）
	谢海林
	莫小玲
	蒋兴锟
总工程师	朱　丹

党群系统

党委书记	雷佳民
党委副书记	蒋再秋
纪委书记	刘家美
纪委副书记	胡丙齐
工会主席	刘家美

（夏　季）

【人力资源结构】 在岗职工 4506 人，其中，管理人员 709 人、技术人员 4079 人(含拥有专业职务的管理人员)、技能人才 381 人。高级职称 2062 人、中级职称 1347 人；博士研究生学历 51 人、硕士研究生学历 1465 人、大学本科学历 2174 人。各类注册执业资格 1016 人次，其中一级注册建筑师 31 人、二级注册建筑师 7 人、一级注册结构工程师 75 人，二级注册结构工程师 3 人、注册土木工程师(岩土)76 人、注册土木工程师(道路工程)1 人、注册监理工程师 220 人、造价工程师 96 人、一级建造师 112 人、注册咨询工程师(投资)152 人、注册公用设备工程师(给排水)30 人、注册公用设备工程师(暖通空调)26 人、注册电气工程师(供配电)24 人、环境影响评价工程师 15 人、注册环保工程师 2 人、注册设备监理师 25 人、注册机械工程师 3 人、注册测绘师 13 人、注册安全工程师 83 人、注册城市规划师 3 人、招标师 19 人。拥有国家勘察设计大师 2 人、国家监理大师 1 人，享受国务院政府特殊津贴专家 7 人，享受湖北省政府专项津贴 8 人，国家有突出贡献中青年专家 1 人，湖北省有突出贡献中青年专家 7 人，新世纪百千万人才工程国家级人选 2 人，湖北省新世纪高层次人才工程第二层次人选 6 人。1016 人次拥有各类注册执业资格。

铁四院获铁道部专业技术带头人 2 人、青年科技拔尖人才 12 人、詹天佑奖科学技术奖(成就奖)3 人、詹天佑奖科学技术奖(青年奖)3 人、詹天佑铁道科技发展基金奖 11 人、茅以升铁道工程师奖 6 人、武汉青年科技奖 1 人、武汉市十百千人才工程第二层次人选 2 人、享受武汉市政府专项津贴专家 1 人、武汉市“黄鹤英才(城市建设)计划”1 人。铁四院专业技术带头人 96 人，青年科技拔尖人才 98 人。

认真实施“361”人才工程，全面打造高素质管理、技术、技能人才队伍；2015 年 5 人获省部级及以上奖励，2 人入选武汉市高层次人才工程，人才队伍建设进一步加强。 (夏　季)

【勘察设计】 以战略规划为引领，围绕“打造中国铁建领军企业”的奋斗目标，开拓创新、真抓实干，多业并举、提质增效，圆满完成各项目标任务，以各项工作的新思路、新举措和新业绩，开创企业领军发展的新局面。精心组织生产，完成勘察设计产值 30.9 亿元，同比增长 6%；铁路勘察设计任务占全路的 23%，实现郑万、汉十等 11 个项目按期开工；合福、宁安、金温、赣龙、娄邵等铁路项目，以及武汉地铁 3 号线、长沙地铁 2 号线延长线、深圳福田枢纽等重大项目相继开通，勘察设计再添硕果；铁路施工图考核继续位列 A 类，配合施工标准化管理受到铁路总公司重点推介，湖北省领导专程来院感谢慰问，企业市场声誉进一步提升。 (邵　澎)

【开拓发展】 以领军目标激发上下斗志、凝聚全员战力，精心部署安排，强化执行落实，新签合同额 91.2 亿元，实现营业收入 71.4 亿元、净利润8.7 亿元，分别为年度计划的 182%、123% 和 160%，同比分别增长 51%、24% 和 62%，经济规模实现从“60 亿元”到“90 亿元”的新跨越，实现“打造中国铁建领军企业”奋斗目标，扛起“领军发展”旗帜。以区域经营、精细管理为抓手，纵深开拓市场，高效开展生产，实现企业高位、高效运营。区域经营的变革红利逐步释放，新签勘察设计合同 35 亿元，同比增长 16%；中标张吉怀、赣深铁路，在长三角、珠三角等地承揽 10 多条城际铁路，在武汉、郑州等地承揽 7 条城市轨道交通总体总包设计，巩固市场优势地位；中标成都地铁 6 号线等项目，新增战略性区域市场；承揽常州 1 号线供电系统设备集成、宜昌太平溪港区设计等项目，拓展新的业务领域。

承揽引江济淮试验工程、海南文琼高速公路代建等项目，拓展工程总承包业务领域。国内首条、世界最长的长沙中低速磁浮线成功通车试运行，市场引领和建设示范效应日益显现；昆明东外环 BT 项目提前回购资金 9.4 亿元；昆明地铁 5 号线 PPP 项目深入运作、积极推进，投资业务进入规模化、可持续发展阶段。房地产“杨春湖畔”项目开盘销售，实现巩固战略据点、自主滚动开发的良性局面。亿桥专利转化产品实现批量生产销售，产品制造业务持续发展。2015 年，勘察设计以外业务新签合同额占比达到 62%，调整转型取得突出成效。 (邵　澎)

【科技创新】 科技创新取得新成果。贯彻“科技强企、人才兴企”方针，着力增强科技与人才工作成效，为转型发展强化支撑。依托铁路重大建设项目，紧盯技术发展趋势，在重载铁路技术、新型轨道交通技术、中低速磁悬浮技术、综合交通规划、集疏运系统、水底隧道、铁路物流、超大跨度桥梁、综合物业开发、综合管廊、BIM 技术应用等方面开展立项研究。积极推进无砟轨道技术湖北省工程实验室的创建工作，继续做好国家企业技术中心、水下隧道技术湖北省工程实验室等创新平台的建设工作。获科技创新奖项国家级 5 项、省部级 42 项、股份公司级 101 项，其中京沪高铁获国家科技进步特等奖、广深港高铁狮子洋隧道获 FIDIC 2015 年度优秀项目奖，获全国优秀工程咨询奖 2 项、全国优秀测绘工程白金奖 1 项，获奖数量和质量业内领先。获专利授权 186 件，其中发明专利 44 件，数量再创新高。铁四院还承担并完成国家知识产权局

“铁道建筑行业技术标准中的专利运营研究”“中国高速铁路海外专利战略推进研究”等国家战略性研究课题。（邵　澎）

【建成开通运营的重点铁路工程项目】 2015年6月11日，海外首条采用全套“中国技术标准”修建的电气化铁路——埃塞俄比亚吉布提铁路，在中土公司承建、铁四院设计的吉布提那佳德车站举行铺轨竣工仪式。埃塞俄比亚—吉布提铁路项目，其线路西起埃塞俄比亚首都亚的斯亚贝巴，向东至吉布提港前站纳贾德，线路长度752.7千米，采用电力牵引。埃塞俄比亚境内线路总长670.7千米，吉布提境内正线长度约82.0千米。设计运行速度为120千米/小时。项目为埃塞俄比亚最重要的国际铁路运输通道，也将成为吉布提港最重要的后方集疏运通路，项目的建设对完善埃塞俄比亚和吉布提交通运输系统，促进两国社会经济快速发展均具有极其深远的意义。铁四院设计的埃塞俄比亚吉布提铁路，全线采用中国二级电气化铁路标准，设计时速120千米。从2012年10月赴吉布提考察起，铁四院有关人员克服诸多困难，仅用9个月时间，确保2013年7月先期开工段的实施。

6月28日，京福高铁的重要组成部分、也是中国首条时速300千米穿越山区的高速铁路——合福高铁开通运营。合福高铁是沟通华中与华南地区的一条大能力客运通道，是继京津、武广、郑西高铁之后，设计时速300千米的又一条双线电气化高速铁路。合肥到福州的旅程由8小时缩短至3小时。合福铁路2010年1月28日开工建设，全长808千米。线路起于安徽合肥，经黄山进入江西省，经婺源、德兴、玉山、上饶，穿越武夷山进入福建，经建阳、建瓯、南平、古田、闽清，到达福州。合福高铁被称为中国“最美”高铁，沿线旅游资源丰富，既途经历史悠久、人文荟萃的铜陵、绩溪、宣城、歙县、婺源、上饶、宁德等地，又辐射山清水秀、风景优美的巢湖、黄山、武夷山、三清山等自然风景名胜。高铁开通运营后，将大大增强区域铁路运输能力，带动沿线旅游资源开发。该高铁是中国目前标准最高、也是地形最为困难的1条山区高速铁路，桥隧比高达85.8%，铁四院在设计中大量采用新技术、新结构，攻克一系列技术难题。

12月6日，铁四院设计的南京至安庆城际铁路建成开通。宁安高铁东起江苏省省会南京，西至安徽省安庆市，途经马鞍山、芜湖、铜陵、池州。线路全长258千米，设南京南、江宁西、马鞍山东、当涂东、芜湖、弋江、繁昌西、铜陵、池州和安庆10个车站。速度为每小时250千米，大部分路段采用CRTSⅠ型板式无砟轨道板，部分路段采用石渣道床。宁安高铁开通运营后，将与京沪、合福高铁及长三角城际铁路网衔接，形成快速客运网。旅客从安庆出发，1小时30分钟到达南京，3个小时到达上海。

12月25日，铁四院设计的新金华至温州铁路建成开通。金温扩能改造工程，线路全部在浙江省境内，起于浙江省金华市，沿线经过武义县、永康县、缙云县、丽水市、青田县至温州市鹿城区。全长188.812千米，设计速度200千米/小时。与沿着河谷蜿蜒穿行的老金温铁路不同，新金温铁路采用截弯取直的方式，里程缩短60多千米。桥梁和隧道成为新铁路穿越山峦峡谷的主要手段，全线桥梁有55座43千米，占全线里程22.8%；隧道40座111千米，占全线里程58%；路基35.3千米，占全线18.6%。全线设9个车站，依次为东孝、金华南、武义北、永康南、缙云西、丽水、祯埠、青田和温州南站。乘坐动车来往温州金华，耗时从之前的4～5小时，缩短至1～2小时，从温州到南昌、南京只需3～4小时。

12月28日，铁四院设计的赣龙铁路复线正式通车。赣龙铁路复线全长272.832千米，线路西连赣州地区，与京九铁路衔接；东接龙岩地区，与龙厦、漳龙铁路接轨。其中江西省境内136.677千米，福建省境内136.155千米。共设赣县、于都、西江、瑞金、长汀南、冠豸山、上杭北、龙岩8个车站。赣龙铁路复线开通后，赣州等赣南地区前往厦门、漳州、福州等地将更加便捷，赣州至龙岩间铁路旅行时间将从原来最快4～5小时缩短至2～3小时，至厦门也从6.5小时缩短至3.5小时，至福州从最快的16小时缩短至5～6小时。

12月26日，由铁四院实施设计和总承包管理的长沙中低速磁浮线试运行，这中我国首条具有完全知识产权的中低速磁浮铁路，也将是中国第一条正式投入商业运营的中低速磁浮线。长沙磁浮工程自武广高铁长沙南站至黄花机场，线路全长18.5千米。列车最高速度100千米/小时，高铁站到机场站只需要10多分钟时间。中低速磁浮噪音小，爬坡能力强，转弯半径小，适合在城市建造，长沙这条世界上最长的中低速磁浮商业运营线，将是一次很好的尝试。通过该项目的实施，铁四院已经取得一批技术专利和科技成果，更加系统地掌握磁浮工程设计、施工和维修等关键核心技术。也正是基于大量的科研成果，长沙中低速磁浮工程在实施过程中解决很多设计、施工、制造、安装技术难关，确保工程的顺利建成。

12月28日，铁四院总体总包设计的武汉地铁3号线一期工程投入运营，该线穿越汉江与1、2、4号线相接形成武汉轨道交通“四线成环”。武汉地铁3号线是武汉首条过汉江的地铁线路，起于蔡甸区的文岭，到达终点三金潭，线路总长39.6千米，设28站。其中3

号线一期工程由沌阳大道站至市民中心站，线路长27.9千米，全地下线路，设车站23座。3号线一期工程是武汉轨道线网中衔接汉阳、汉口一条重要的镇间骨架线路，也是承担武汉中心城区跨汉江客运交通的重要通道。武汉之前已开通的3条轨道交通线路，2号线穿越长江，连接武昌、汉口；4号线穿越长江，连接武昌、汉阳；3号线的通车，使汉口和汉阳第一次通过地铁对接成功。通过与1、2、4号线的换乘，成功打通"武汉地铁第一环"。地铁成环后，将支撑三镇经济均衡发展，吸引汉口高密度居住区人口向汉阳迁移；能有效带动王家墩CBD、王家湾商圈、四新地区、后湖居住区、沌口工业组团等区域的发展，环线周围十余商圈将因此升级迭代。

12月28日，由铁四院承担总体总包的长沙地铁2号线西延线一期工程正式开通试运营。地铁2号线西延一期工程是长沙市地铁网络东西向核心骨干线路2号线一期工程的延长线，也是长沙市第二条开通载客的地铁项目。线路起于2号线一期工程的终点站望城坡站，向西引入梅溪湖片区，长约4.449千米，设4站4区间，分别为梅溪湖东站、文化艺术中心站、麓云路站、梅溪湖西站。开通试运营之后，地铁2号线总长度将延伸为26.579千米，从始发站光达站到末站梅溪湖西站需50分钟。承担2号线西延一期工程设计总体总包、土建2标、系统1、3、4、5标段的设计任务。2号线西延线较市政府确定的计划提前3个月开通试运营。

12月30日，铁四院设计的珠海横琴二桥主桥正式通车。横琴二桥是备受关注的横琴自贸片区对外第二通道，也是国内最大跨度的公路钢桁系杆拱桥。横琴二桥主跨400米，主桥推荐采用双拱肋钢桁拱桥型方案，造型似一只海鸟，振翅高飞于大海之上，展现珠海勃勃的生机。横琴二桥同时面对宽桥面、大跨度、海洋腐蚀性环境、台风多发、软弱层深厚且地震烈度高的建桥环境，技术难度异常复杂，此外桥下航道繁忙施工难度大，为此设计组开创性的采用多项新技术新方法，取得良好的技术经济效益。铁四院设计者通过不断优化设计，为项目建设的安全、质量、进度、费用控制作出积极贡献，为横琴二桥通车提供坚实保障。珠海横琴二桥工程建成通车，大大提升横琴新区的对外交通能力。

12月30日，由铁四院设计的亚洲最大的地下交通枢纽——深圳福田综合交通枢纽工程正式通车运营。深圳福田综合交通枢纽工程位于深圳市中心区，深南大道与与益田路交叉口下方，是中国第一座设于城市中心区的，全地下的综合交通枢纽工程。福田综合交通枢纽以广深港客运专线深圳福田站为核心，包括新建广深港客运专线深圳福田站、新建地铁2、3、11号线福田站、新建公交、出租车、配套服务设施、连接既有地铁1、4号等项目，总建筑面积30万平方米。作为中国第一座设于城市中心区的，全地下的综合交通枢纽工程，勘察设计没有先例可循，铁四院以创新驱动为理念，全面贯彻绿色发展理念，在繁华的城市中心设计构筑起一座全新的枢纽工程，使深圳中心区的整体功能得到完美提升。设计过程中，设计与建设、施工方开展10多项技攻关，解决众多技术难题。高铁福田站的建成运营完善深圳市的高铁布局，使得高铁深入城市，将极大方便广深港三地民众；完善深圳中心区的公共交通格局，使得深圳中心区形成以轨道交通为主导的公共交通格局，改善中心区的交通环境、自然环境及生活环境。

（邵　澎）

【国家科技进步特等奖】 京沪高速铁路工程获2015年度国家科学技术进步奖特等奖。2011年6月30日，京沪高铁正式开通运营。列车穿越1318千米的"时光隧道"，让京沪间列车运行缩短到5个小时。

京沪高速铁路是中国重大基础设施建设领域一项战略性、世纪性、历史性宏伟工程。线路起自北京南站，终到上海虹桥站。途经北京、天津、河北、山东、安徽、江苏、上海，线路全长1318千米。投资1982.9亿元。设计时速350千米。特别是在枣庄至蚌埠间的先导段，以380千米时速要求建设，在中国乃至世界也绝无仅有。京沪高铁是世界上一次建成运营里程最长、标准最高的高速铁路。创造出时速486.1千米的世界纪录，创造开通运营4年半运送旅客4亿人次，开通仅3年就实现盈利。

铁四院负责设计的京沪高速铁路徐州至上海段线路正线长642千米，正线大、中桥梁共计135座，占该段线路总长的81%，其中丹阳至昆山特大桥长164千米，为当前世界最长高速铁路桥梁；正线隧道12座5.437千米；正线路基长115.179千米，占该段线路全长的18%。

京沪高铁穿越中国经济发达的长三角，跨过广袤的黄淮海平原，京沪高铁堪称当代高铁技术创新的世界地标。它不仅设计理念出众，具有独特创新性，在绿色环保、促进区域经济发展方面也先人一步，成为人类在现代交通运输发展史上技术创新杰作。项目建成后，得到数百家国际知名媒体赞誉，2013年在西班牙巴塞罗那举行的国际咨询工程师联合会（FIDIC）百年庆典中，获"百年优秀工程奖"，全球仅有18个项目获此殊荣。

（邵　澎）

【企业管理】 把强化企业管理、推进全面建设放在突出位置来抓，进一步为企业发展强本固基。围绕履职待遇、业务支出规定，出台系列制度，开展配套工作，与时俱进规范管理。企业治理富有成效，货币资金占资产总额比例过半，无亏损项目，无重大法律诉讼案件，无重大安全责任事故。信息化平台一期成功上线运行；制定《科技档案管理实施细则》，归档率明显提高。总部设计大楼顺利封顶，第二总部基地建设扎实推进。升级武昌基地车辆管理系统，改造员工食堂，扩建员工餐厅，改造员工公寓，职工多次反映的实际问题得到有效解决，反响良好。（邵　澎）

【党群工作】 集团公司党委贯彻落实党的十八届三中、四中、五中全会和习近平总书记系列重要讲话精神，按照股份公司党委的统一部署，围绕企业生产经营中心，大力加强领导班子、基层组织、人才队伍建设，扎实开展“三严三实”专题教育、狠抓“两个责任”落实，培育优秀企业文化，创建文明和谐发展环境，党的建设得到全面加强。一是围绕企业中心，贯彻落实从严治党方针。加强领导班子建设，强化习近平总书记系列重要讲话精神学习领会，党委中心组集体学习 11 次，人均每月自学 20 学时以上，各级班子理论水平不断提升。强化“三重一大”决策制度落实落地，召开董事会、常委会、院长办公会 16 次，确保重大事项决策正确。强化正确的用人导向，提拔交流中层干部 40 余名，配齐配强领导班子 16 个，二级班子结构进一步优化。集团公司领导班子获股份公司 2014 年度“四好”班子，5 个处级班子获集团公司 2015 年度“四好”班子。二是营造宣传思想文化氛围，有效发挥舆论导向作用。围绕四院人、四院事，积极传播四院好声音、讲述四院好故事、汇集四院正能量、展示四院佳文化，营造促进生产经营良好氛围。在中央电视台、新华社、中新网、《湖北日报》《中国铁道建筑报》等主流媒体和主要门户网站刊播新闻 2000 余篇（次），集团公司被评为股份公司“对外宣传报道先进单位”。发挥《先锋报》、内网等媒介主阵地作用，刊稿 2600 余篇，在中国铁建微信阅读指数排名中居于前列，在全系统宣传思想文化工作会议作经验交流。培育文化强精神，大力开展文明创建，引领职工思想行动，集团公司连续 4 年获全国“安康杯”，获第四届全国文明单位。三是重视党的群团组织工作，凝聚职工智慧助企发展。围绕重点项目开展劳动竞赛 237 次，成立青年突击队 26 支，组织巾帼立功活动 13 次，有力推动一大批重点工程建设，获上级、业主等劳动竞赛表彰 56 人次；落实职代会制度，坚持企务公开，畅通听取职工群众意见、诉求渠道，落实职工休养休假体检制度，铁四院被评为湖北省首届模范劳动关系和谐企业；履行社会责任，开展“三万”“精准扶贫”、支援三峡移民、郭明义爱心团队等活动，投入帮扶资金 86 万元；助推职工成长成才，组织基层职工培训、青年科技论坛、导师带徒、勘察技能大赛、设计成果汇报评比等活动；帮扶职工工作生活，职工服务中心、志愿服务队等职工服务载体务实管用，全民健身、文艺汇演、摄影评比等文体活动广受欢迎，建设母婴哺育室、修缮单身宿舍、改善职工就餐环境等“10 件实事”承诺件件兑现；“百名工会干部帮扶百名困难职工”、单身青年联谊等系列“暖心”工程持续推进，企业凝聚力进一步增强。（邵　澎）

【中铁四院集团广州设计院有限公司】 是中铁第四勘察设计院集团有限公司全资子公司。具有铁道行业甲(II)级设计资质、建筑工程甲级设计资质、工程勘察专业类岩土工程甲级勘察资质；铁路、建筑、市政公用工程（市政交通）、岩土工程甲级咨询资质；市政行业（桥梁工程、道路工程）专业乙级设计资质；工程测量乙级资质；下属“广东至艺工程建设监理有限公司”具有房屋建筑工程监理甲级资质、铁路工程监理甲级资质及市政公用工程监理乙级资质；通过质量、环境和职业健康安全管理体系的认证。职工 452 人，其中，正式职工 195 人、临时聘用人员 257 人；具备高级职称员工 83 人、中级职称 146 人、初级职称 152 人。各类注册人员 80 人次，其中一级注册建筑师 3 人，一级注册结构师 5 人，注册土木工程师（岩土）3 人，注册公用设备工程师 3 人，注册电气工程师 3 人，注册监理工程师 32 人，注册造价师 6 人，一级注册建造师 3 人，其他注册工程师 22 人。

2015 年，签订合同额 13552 万元，其中工程总承包 1013 万元，勘测设计合同 7969 万元，工程监理 4570 万元。开展勘测设计项目共计 425 项，其中上年转入项目 153 项；完成勘测设计项目 273 项，转入下一年项目 152 项。完成总产值 10281 万元，其中工程总承包产值 1000 万元，勘测设计产值 6767 万元，监理产值 2514 万元。勘测设计文件合格率 100%，优良率 100%，优秀率 32.5%；工程监理项目合格率 100%，2015 年无事故发生。资产总额 5103 万元，其中流动资产 4916 万元，固定资产 884 万元，固定资产净值 149 万元。完成营业收入 9507 万元，利润 866 万元，净利润 641 万元，上缴税费 834 万元，净资产收益率 33.30%，利润增长率 13.45%，资产负债率 62.28%。（郑四安）

【中铁四院集团南宁勘察设计院有限公司】 位于广西南宁市西乡塘区高新区科兴路 3 号，是中铁第四勘察设计院集团有限公司下属的全资子公司，为独立法人单位。执行董事、总经理张北瑞，党委书记、工会主席梁国堂。

在册职工220人,其中行政及技术管理干部65人、技术人员147人、技术工人8人。公司具有高级专业技术职务69人(教高3人),中级专业技术职务79人。资产总值20599万元(固定资产原值5345万元、净值3563万元、流动资产15328万元、其他资产1708万元);各类汽车34台、钻机10台、GPS测绘仪器2台、全站仪4台、大型绘图仪3台等。拥有铁路综合工程、建筑工程、岩土工程、工程测量、市政工程(道路、桥梁)、工程咨询、房屋建筑工程监理等甲级资质证书,以及一类施工图[房屋建筑工程(含超限)、市政基础设施(道路、桥梁、隧道、轨道交通)工程]设计文件审查许可证,铁路工程监理乙级资质等。此外,经国家商务部批准,公司拥有境外工程勘察设计、咨询经营资格证书。

2015年,完成企业总产值23807万元,企业盈利1534万元,人均创利7.67万元、国有资本保值增值率121.82%、净资产收益率23.49%、产值利润率6.44%、资产负债率74.27%、投资收益上缴率100%、应上缴款完成率100%。 (黎建国)

【重要记载】

▲1月4日　铁四院副院长王玉泽获第十二届詹天佑成就奖。

▲1月6日　铁四院副总工程师肖明清入选2014年国家百千万人才工程,并授予"国家有突出贡献中青年专家"称号,享受国务院政府特殊津贴。

▲1月7日　国家发改委正式发布"2014年(第21批)国家认定企业技术中心认定名单",铁四院榜上有名。

▲1月13日　铁四院获"湖北省文明诚信示范企业"称号。

▲1月20日　中共中央总书记、国家主席、中央军委主席习近平考察铁四院设计的昆明火车南站。

▲2月28日　中央文明委在北京人民大会堂举行颁奖仪式,出席大会的铁四院党委书记雷佳民受到习近平总书记的亲切接见和热情握手。

▲4月20日　铁四院联合中铁建电化局、西南交通大学等共同申报的高速铁路接触网系统技术及其工程应用技术,获铁道学会科技进步特等奖。

▲4月22日　铁四院获湖北省"十佳书香企业"称号。

▲4月28日　铁四院董事长、院长蒋再秋获"全国劳动模范"称号,在北京人民大会堂参加全国劳模和先进工作者表彰大会,受到习近平总书记、李克强总理等中央领导接见。

▲5月11日　中国建筑协会颁发首届中国建设工程施工技术创新成果奖,铁四院"高速铁路水下盾构法隧道设计施工关键技术"获一等奖。

▲6月12日　中铁第四勘察设计院集团有限公司尼日利亚分公司挂牌成立。

▲6月15日　广东省委书记胡春华在广东阳江调研深茂铁路建设情况。

▲7月24日　2013—2014年度铁路优质工程勘察设计奖揭晓,铁四院在全部128奖项中获46项,在各设计院中排名第一。

▲7月30日　铁四院向通山县大路乡神堂村捐款20万元,用于修建饮水工程,彻底解决2600位村民的饮水安全问题。

▲8月21日　铁四院党委被湖北省国资委党委命名为第一批"国有企业示范基层党组织"。

▲9月29日　铁四院成立成都分院。

▲10月6—8日　铁四院副院长王玉泽率国际事业部参加在瑞典举办的北欧未来交通、铁路、公路会展。

▲10月23日　铁四院评获"2015武汉百强企业""2013—2014年度优秀企业",董事长蒋再秋获"卓越企业家"称号。

▲10月29—30日　中国环保产业协会环评行业分会2015年会员代表大会上。铁四院成为唯一获"优秀环境影响评价机构""优秀环境影响报告书""优秀环境影响评价工程师"3项奖的环评机构。

▲10月30日　"广深港高铁狮子洋隧道"项目被评为"FIDIC2015年度优秀项目奖";"武汉市轨道交通二号线工程""宜昌至万州铁路总体设计"等项目获"FIDIC2015年度提名奖"。

▲10月31日　河南省人民政府省长谢伏瞻、常务副省长李克、副省长赵建才,铁路总公司副总经理卢春房前往郑万铁路先期开工段建设工地调研。

▲11月4日　中国铁建股份公司党委、股份公司授予中铁第四勘测设计院集团有限公司为2014年度"四好"领导班子。

▲11月6日　由铁四院桥梁设计研究处和中国铁建大桥局中铁现代勘察设计院为主体组建的中铁建大桥设计研究院在武汉成立。 (邵　澎)

中铁第五勘察设计院集团有限公司

【简况】　(以下简称"铁五院"),是集工程设计、勘察、咨询、监理、检测及科技研发、设备制造、工程总承包于一体的综合大型勘察设计企业。是全国勘察设计百强企业、国家认定企业技术中心,全国文明单位和北京市首批高新技术企业。拥有工程设计综合甲级、工程勘察综合甲级、工程咨询甲级、工程监理甲级、地质灾害危险性评估甲级等各类甲级资质20余项,持有商务部对外承包工程经营资格证和北京市科技研究开发机构等证书,通过质量、环境、职业健康与安全管理三体系认证。具有为国家综合交通和城镇化建设提供全产业链服务及投融资的能力,业务领域涵盖铁路、公路、城市轨道交通、市政、建筑、航务工程等各行业。

位于北京市大兴区康庄路9号。前身系中国人民解放军铁道兵科学研究处(院),始建于1958年10月;1984年1月1日集体转业并入铁道部,为铁道部工程指挥部科学技术研究所;1990年10月1日更名为铁道建筑研究设计院;2004年原哈尔滨铁路局齐齐哈尔、哈尔滨勘测设计院划到本院;2005年7月1日更名为铁道第五勘察设计院;2008年1月改制为中铁第五勘察设计院集团有限公司。

下辖线路运输设计院、地质路基勘察设计院、桥梁设计院、四电设计院、城市轨道交通设计院、建筑设计院、市政工程设计院、工程经济设计院、环境工程设计院、水利水运工程设计院、技术研究院、工程咨询公司12个专业咨询设计院以及东北勘察设计院、郑州勘察设计院、天津勘察设计院和乌鲁木齐勘察设计院;信息中心、图文中心、基建办公室3个直属单位;北京铁研建设监理有限责任公司、北京铁城建设监理有限责任公司、北京铁五院工程试验检测有限公司、北京中铁建北方路桥工程有限公司、北京铁五院工程机械有限公司、北京铁五院置业有限公司、北京铁五院物业有限公司、北京大地盛景园林绿化有限公司、北京铁资造价咨询有限公司、哈尔滨铁五院工程设计咨询有限公司10个全资或控股子公司及《铁道建筑技术》杂志社。在上海、沈阳、呼和浩特、济南、兰州、西安、成都、广州、南昌、南京、太原、贵阳、南宁、厦门、越南设立15个驻外经营机构。职工1850人,其中,全国工程勘察设计大师1名,全国工程监理大师1名,享受国务院政府特殊津贴的高级技术专家21名。2015年资产总额21.76亿元,固定资产原值2.72亿元、净值1.02亿元,流动资产18.03亿元,其他资产2.71亿元。 (张 昊)

【领导人员】

董事会

董事长	王立新(8月任)
董事	汤友富(8月任)
	王从贵
	庞建文
	杜寅堂

监事会

监事会主席	朱 霖

行政系统

院长	汤友富(8月任)
副院长	王从贵
	庞建文
	杜寅堂
	杨岳勤
	戴建国
	仇 湘
	沙文杰
	刘长勇
总工程师	杨岳勤(兼)
总会计师	戴建国(兼)

党群系统

党委书记	王立新(8月任)
党委副书记	汤友富(8月任)
	王从贵
纪委书记	朱 霖
工会主席	朱 霖

(曹玉彬)

【职工队伍】 正式员工1850人,其中,在职在岗1808人、内退人员42人;在岗职工中,领导班子成员11人、中层领导人员150人;拥有教授级高工87人、高级职称615人、中级职称514人、初级职称384人;博士研究生13人、硕士研究生484人、大学本科1170人、专科及以下183人;平均年龄36岁。铁五院拥有全国勘察设计大师1人,全国工程监理大师1人,国家百千万人才工程人选1人,享受国务院特殊津贴的高级技术专家21人;詹天佑奖获得者10人,茅以升科学技术奖5人,中国铁道学会铁道环保奖1人。截至2015年底,注册在铁五院及所属子公司的各类注册人员913人次,其中一级注册建筑师12人、一级注册结构工程师11人、注册岩土工程师16人、注册电气工程师8人、注册设备工程师13人、注册造价工程师58人、注册城市规划师4人、注册环境评价工程师16人、一级建造师118人、注册监理工程师389人、注册咨询工程师69人、其他各类注册人员199人。 (曹玉彬)

【铁路勘察设计】 铁五院铁路项目开展或完成96项,其中规划及预可研59项,可研11项,初步设计4项,施工图及配合施工11项,施工图审核项目11项。各项目的生产进度基本能够按照业主单位、行业主管部门的要求完成,生产组织、进度安排总体保持良好发展态势。

(1)勘测。初测:主要完成安九客专(含安庆支线)、中兰客专、盐海通客专、阜盘铁路、阜新煤化工铁路等的初测,项目里程累计约821千米,比2014年650千米增长26%。

定测及补定测:主要完成安九客专、中兰客专、金台铁路定测,项目里程累计约734千米;完成新建宿淮盐铁路、金台铁路、连镇铁路补定测,里程约220千米。与2014年基本持平。

完成航测制图4256平方千米,比2014年增长26.6%;精密控制测量1082千米;完成钻探80.5万米,比2014年增长102%;完成静探6.2万米。

(2)设计。规划研究:完成或正在淮安至蚌埠铁路、渝长厦快速铁路、临沂至淮安客专、龙川至汕尾铁路、珲春至海参崴客专、南昌至景德镇至黄山铁路等27个项目的规划研究,里程合计约2100千米。

预可研:完成或正在开展百色至威舍铁路扩能改造、金华至建德铁路、靖西至龙邦铁路、湛江至海口铁路、柳州至贺州至韶关铁路、杭州至绍兴至台州铁路、铜仁至吉首铁路等32个项目的预可研,里程约6000千米。

可研:完成安九客专、中兰客专、盐海通客专、锦白与锦承联络线、拉滨铁路平改立、柳贺韶铁路、靖西至龙邦铁路等11个项目的可研,里程约1400千米。

初步设计:完成徐宿淮盐客专、安九客专、中兰客专、金台铁路4个重点项目的初步设计,里程约1090千米。

施工图:完成连镇客专、拉滨线平改立全部施工图,徐宿淮盐客专及长西铁路、阿莫铁路、站前施工图,连盐铁路、额哈铁路、干武二线、和邢铁路、锦赤铁路剩余的站后施工图,里程约1100千米。

配合施工:承担连盐、徐宿淮盐、连镇、金台、和邢铁路、阿莫、干武、额哈、锦赤铁路、滨北公铁两用桥等11个项目的配合施工工作,里程约2480千米。

完成清概的有赣韶铁路、松陶铁路2个项目,里程333千米。

(3)咨询审核。同时开展施工图审核的项目有宝兰客专、珠海市区至机场城际轨道交通拱北至横琴段、蒙西至华中地区铁路煤运通道工程岳阳至吉安段、兰渝铁路等11个项目,项目里程累计2703千米,工作量折算约1100千米。 (赵 磊)

【城市轨道交通勘察设计】 铁五院城市轨道交通项目54个,分布于21个城市。其中2015年开工的项目有北京地铁7、15号线、青岛地铁3号线3个项目,开展前期研究的项目有呼和浩特地铁3号线可研、常州地铁2号线等7个;开展初步设计的有北京地铁3号线、西安地铁5号线等5个项目;开展施工图设计及施工配合的有北京地铁8、12、16号线、郑州地铁2、5号线、合肥地铁1、2、3号线等33个项目;开展咨询工作的有乌鲁木齐地铁2号线咨询、呼和浩特地铁1号线咨询等6个项目。 (赵 磊)

【经营管理】 企业管理。发展规划处(法律合规处)以“十二五”发展规划的贯彻落实、组织编制铁五院“十三五”规划、机构编制管理、资质管理、工商管理、法律管理、内控和风险管理为核心,积极推进并顺利开展各项工作。印发各项办法、通知27项,完成测绘资质年度注册、土地规划年检、地质勘查资质监督检查、环保资质年检;完成公司工程勘察综合类甲级资质换证、完成公路设计信用信息系统录入及项目备案,环保行业信用等级年审。完成铁五院及所属子公司(9个)的工商年检。

法律合规与风险内控科起草《法律纠纷案件管理暂行办法》(院发展〔2015〕100号)、《规章制度、经济合同、重要决策法律审核办法》(铁五院发展〔2015〕101号)和《法律联络员管理办法》(院发展〔2015〕103号)。

审查经济合同1148份,授权委托书150份,规章制度14个,参与重大决策事宜1项。全面完成2014年度内部控制自我评价工作,进行2015年度的内部控制自我评价工作,开展2016年度重大、重要风险评估工作,形成2016年中铁第五勘察设计院集团有限公司企业风险评估排序表。

市场经营。新签合同额27.017亿元,比2014年增长5.5%。其中,工程承包板块33961万元,占12.6%;勘察设计咨询板块229186万元,占84.8%,工业制造板块7023万元,占2.6%。

审计工作。3月,审计处从原监察审计处分设独立,部门人员4人,负责铁五院及下属各单位的审计工作,下属各单位未设立审计机构;8月,铁城监理公司整体划转并入铁五院后,其内部审计机构仍予保留,截至2015年底,审计人员6人。

开展各类审计项目17项。坚持“有离必审”原则,全面开展经济责任审计,对2名中层领导人员进行离任审计;在内控制度审计方面,实施2项外聘人员薪酬审计和1项委外合同审计;在财务收支审计基础上,开展经济效益审计,财务收支审计2项,开展1项制造业务板块经济效益审计;开展2项基建项目竣工决算审计及1项工程项目过程审计;开展跟踪后续审计4项、其他审计2项。此外,协助参与勘察设计测绘业务招标、重要设备软件采购等监督22次,实施研发楼跟踪审计及材料考察，派员参加铁城监理公司划转移交审计。审计发现并纠正问题金额372万元，提出审计建议26条。（于宝宏 王 智 李 静 史 超）

【生产技术管理】 科技创新。推进技术中心建设，制定《中铁第五勘察设计院集团有限公司技术中心研究所管理规定》。承担各级科研计划项目共计195项，其中国家级项目3项，省部级项目6项，中国铁建项目45项。承担的“土耳其安伊高速铁路电气化设计成套技术研究”等2项成果获2015年度铁道学会科学技术奖；“高速铁路路基边坡压实质量检测技术研究”“铁路节段拼装胶接箱梁成套技术研究”等6项成果获2015年度中国铁道建筑总公司科学技术奖；“铁路路基施工质量快速检测方法研究”等2项成果获获中施企协2015年度科学技术奖。获授权专利56项，其中发明专利7项、实用新型专利37项。获软件著作权8项。

技术质量管理。对金华至台州铁路定测、盐城至海安铁路初测、安庆至九江铁路定测、阜新至盘锦铁路初测、锦白—锦承联络线初测、中兰客专初测及定测、北京地铁17号线03、04标工程详勘等重点建设项目进行中间检查工作，解决勘测过程中存在的技术问题；对贵阳、青岛、合肥等城市重点地铁项目进行巡查，加强现场指导；对额哈、干武设计配合项目部进行检查，对发现的问题提出整改要求，并对整改情况进行检查；组织郑州、厦门、乌鲁木齐分院和连盐配合施工项目部调研，深入了解分院、配合施工项目部的技术质量管理情况，查找管理漏洞，提高管理水平。发布实施《中铁第五勘察设计院集团有限公司优秀工程勘察设计和优秀工程咨询成果奖评选奖励办法》《中铁第五勘察设计院集团有限公司勘察设计质量事故调查处理规定》2项技术质量管理规定，同时在修订《勘测、设计专业分工》《勘测资料设计文件质量要求及各级审核职责规定》《勘察设计质量考核办法》《科技考核办法》4项技术质量管理规定，技术管理进一步规范。组织2015年“全国质量月”活动，开展“技术质量合理化建议”活动。获国家级优秀工程勘察设计咨询奖1项，省部级勘察设计咨询奖5项(申报北京市优秀工程咨询成果奖16项，评选结果2016年公布)；获得国家工程建设(勘察设计)优秀QC小组2个，铁道行业优秀QC小组2个，铁五院获得“2015年度国家工程建设(勘察设计)QC小组活动优秀企业”称号。（刘 柯 王少华）

【综合管理】 政务管理。优化收文处理流程，进一步规范铁五院公文收文处理，提升公文处理的集中度和流转效率。规范印信管理，梳理用印申请单，加强对法人代表授权委托书、委外合同、备案资料等文件用印前的监督审核，既优化用印流程又强化高风险点的把控。抓好督查督办，落实好集团公司党委和行政部署工作，对“四会”部署重点工作进行梳理和责任分解，定期汇总反馈情况并形成工作简报。加强车辆和驾驶员管理，完成公务用车配额管理的整改工作，组织驾驶员和车管人员就驾驶员职业素养与专业技能、车辆保养管理及安全行车知识等进行业务培训。

人事管理。引进调入各类经营管理和专业技术人员25人。按照将合适的人放到合适岗位上的原则，调配各类人员50余人，并高质量的招收全国“211”“985”知名院校80名应届毕业生，其中硕士研究生及以上学历占65%以上。经铁五院评审通过取得工程师任职资格96人，经铁五院评审并报股份公司审批通过取得高级工程师任职资格62人，经股份公司评审通过取得教授级高级工程师10人，高级会计师3人。

财务管理。制定《中铁第五勘察设计院集团有限公司应收款项清收清欠管理办法》，加大清收清欠力度，促进资金快速回流；持续加强资金集中管理工作，确保资金安全，积极拓宽融资渠道，提供财务支持与保障；继续加强规范设备招标、采购、登记、盘点等资产管理工作，加大资产调配力度，提升资产使用效率；继续提升财务分析能力，拓展财务管理思路，深入剖析数据背后的本质问题，提出管理建议，为管理层决策提供数据支持；积极开展财务监察工作，强化问题整改力度，完善《中铁第五勘察设计院集团有限公司会计工作指南》《中铁第五勘察设计院集团有限公司发票管理办法》等规章制度和内控程序，实现会计基础工作标准化，规范企业经济行为；坚持税收筹划管理工作日常化，内容具体化，确保政策利用及时有效，目标明确，成效显著；持续加强和优化责任成本管理，进一步完善预算管理抓手，突出效益优先，引导各级成本控制责任主体不断增强成本意识，优化生产经营组织管理，稳定提升项目盈利能力，提高成本管控效果。

（杨 青 曹玉彬 唐 楠）

【党群工作】 (1)党委工作。以“三严三实”专题教育为抓手，以落实“两个责任”为主线，围绕企业发展的中心工作，团结带领广大干部员工，创先争优、拼搏奉献，为全面完成年度各项任务目标提供坚强的思想保证、政治保证和组织保证。

开展“三严三实”专题教育。制定贴合铁五院实际的专题教育工作方案，通过讲党课、搞研讨、开展批评与自我批评、举办专家廉政讲座、加强督促指导、专题教育与群众路线教育实践活动的整改密切联动等多种形式，坚持问题导向，重点把握专题党课、专题学习研讨、专题民主生活会等关键动作,对照“两方案一计划”以及查摆出的问题,以专题教育成效助推企业生产经营、以企业生产经营实绩检验专题教育成效,持续用力抓好整改落实。整改情况的测评结果满意度100%,成为“三严三实”专题教育的最大亮点。

基层党组织建设扎实有序推进,根据组织机构调整和工作需要,新设或调整部分基层党组织并选配党组织书记,进一步夯实基层党组织建设基础;规范和严格执行党员的发展程序,发展党员23人、转正预备党员25人;在建党94周年前夕,举办新党员入党宣誓仪式,增强新发展党员的责任感、使命感;开办党务工作培训,提升党组织书记和党务工作者的业务能力。

宣传和企业文化建设。“学法律、守纪律、创新业”主题学习教育活动与党委中心组学习有效衔接,组织开展中心组集中学习11次。截至2015年底,内宣方面,党委宣传部出版《铁五院报》12期。对外宣传报道40余篇反映生产经营及管理方面的文章。10月16日,由宣传部筹备运营的集团公司官方微信平台正式上线,成为对外发布权威信息的重要平台,上线首日点击量便超过2000,受到全院干部员工的高度关注和广泛好评。以“责任与担当”主题,组织4次道德讲堂活动。

4月,针对当前员工在职业道德、工作态度、工作作风、工作方法、工作习惯、文明礼仪等方面存在的一些问题,组织开展《是什么降低了我们的工作质量和效率》调查问卷。通过汇总整理,对大家普遍反映的、存在于员工行为习惯上的50个不良习惯,用图文并茂方式列举表达,8月完成企业文化行为手册《向50个不良习惯说No》编纂工作,发放到每位员工手中,并利用微信官方平台分期推送,扩大影响,引导帮助员工完善自我、提高素质,提升企业文明程度,推进优秀文化建设。

(2)纪检工作。认真落实中央和上级有关重要部署和要求,以落实“两个责任”和推进“三转”为主线,坚持把纪律规矩挺在前面,加强廉洁从业教育,突出监督执纪问责,党风建设和反腐倡廉工作取得新成效。以“五进五上”为重点,围绕“增强法纪意识,廉洁健康成长”主题,开展形式多样的反腐倡廉宣传教育系列活动,院报廉洁广角、院网站“反腐倡廉专题”等线上线下教育平台相互补充呼应,基本实现廉洁从业教育全覆盖。“廉洁一生平安、实干创造价值”的廉洁文化理念逐渐深入人心,全员拒腐防变的思想道德防线不断巩固。

工会工作。积极选树劳动竞赛先进典型和模范人物,5人获中华全国铁路总工会“火车头奖章”、1人获“全国铁路先进女职工”称号、1人获“股份公司劳动模范”称号、1人获“股份公司巾帼建功标兵”称号、1人获“股份公司优秀工会工作者”称号。铁五院获“股份公司模范职工之家”称号。多次赴生产一线慰问,持续推进“两个普遍”,不断提升“建家建线”和“三不让”帮扶工作水平。组织开展“中铁五院·一起走”徒步越野比赛。全系统开展的以“弘扬文明家风、争做幸福家庭”为主题的家规家训征集和家书征文活动中,获二等奖2名、优秀奖3名。

共青团工作。铁五院团委下设团总支4个,团支部13个,团员318人。专兼职团干37人。召开一届二次全委(扩大)会议,传达铁五院2015年年中工作会议暨落实“两个责任”促进会议讲话精神,学习习近平总书记《中共中央关于加强和改进党的群团工作的意见》。开展“清明祭英烈 共铸中华魂”主题宣传教育活动,组织团员青年祭扫李大钊烈士陵园。组织召开五四表彰大会暨“助力生产大会战 争当青年突击手”主题团日活动。开展“团干部如何健康成长”大讨论。组织青年志愿者义务献血,参加植树活动,组织全院青年职工开展云南省文山州广南县南屏镇冉家屋基中心完小爱心捐赠活动。创刊《五院青年》。开展“团组织就在我身边”关爱行动。

(徐 琳 孙咏梅 段恒阳)

【线路运输设计院】 院长兼党总支书记王宏洲。职工145人。业务范围涵盖铁路、公路、城市道路、城市(际)轨道交通、市政建设等领域的规划、勘测、设计、咨询、配合施工、科研及标准化业务建设等工作。

2015年,完成产值9800万元。 (李卫花)

【地质路基设计院】 院长富志根、党总支书记宋宇明。职工112人。主要承担铁路、公路及城市道路、城市轨道交通以及工民建等工程的工程地质、水文地质、岩土工程、路基专业勘察(测)设计和物探、岩土实验工作。

2015年,完成产值15228万元。 (魏润平)

【桥梁设计院】 院长兼党总支书记王合希。职工97人。以桥梁设计为主,主要承担铁路、公路、市政和高架轻轨桥梁等各种类型桥梁的设计、咨询、科研等业务。

2015年,新签合同额4033万元,进款额2781万元。 (王 涛)

【四电设计院】 院长兼党总支书记王宇重。职工105人。涉及电气化、电力、通信、信号等四大类专业领域,覆盖牵引供电系统、牵引变电、接触网、供电段、电力、通信、信号、信息、电磁防干扰等专业。主要从事电气化、电力、通信、信号专业的设计、咨询、监理、总承包等。

2015 年,完成自揽项目合同额 3416 万,完成产值 9017 万。（夏晓青）

【城市轨道交通设计院】 院长兼党总支书记杨国柱。职工 157 人。主要负责铁五院城市轨道交通工程的设计及铁路、公路隧道,各类山岭隧道,城市下穿通道,地铁周边建筑等设计、咨询类业务。

2015 年,完成产值1.2 亿元。（严　涛）

【建筑设计院】 院长兼党总支书记涂强。职工 126 人。主要负责普铁、客专等铁路沿线房屋、大中型站房、工业与民用建筑的设计。

2015 年,完成产值 7300 万元。（师哲青）

【市政工程设计院】 院长兼党总支书记姜保利。职工 98 人。主要从事公路,城市道路、桥梁、给排水等公用工程和建筑等的工程咨询、规划、勘察设计、工程监理和施工总承包业务。是北京市政府基础设施投资咨询机构、重大项目稽察机构、节能评估文件编制机构。

2015 年,集团管项目 42 项,自揽项目 189 项,实现营业收入 7210.32 万元。（李玉蓉）

【工程经济设计院】 院长兼党支部书记王少坤。职工 37 人。主要负责建设项目的勘察以及各设计阶段的施工组织设计和估、概、预算编制,工程造价有关的咨询服务及有关招投标咨询服务工作。

2015 年,完成自揽合同额 1190 万元,完成产值 3226.7 万元。（肖佳林）

【环境工程设计院】 院长兼党支部书记李嘉。职工 64 人。集工程咨询、勘察设计、工程总承包为一体,具有环境影响评价、水土保持方案编制、竣工环境保护验收调查、水影响评价、环境监控等多项专业资质以及工程绿化设计施工总承包资质,同时是北京市第一批节能评估资格单位、政府投资项目评估中介机构、重大项目稽察专业机构。业务涵盖铁路环境保护、给排水、景观园林、生态修复勘察设计,环境影响评价、水土保持方案编制、环境保护竣工验收调查、节能评估、环境监测与监控、清洁生产咨询以及绿化工程总包等多个领域。

2015 年,新签合同额 3083.5 万元。（张维成）

【水利水运工程设计院】 院长蔡泓。职工 12 人。集港航工程勘察、设计、咨询和专项工程设计施工总包于一体,专业设置涵盖港口总平面布置、装卸工艺、港工结构、水文、给排水及水利灌溉等方面,可承担港口、航道、锚地、通航建筑物、水工建筑结构、河道整治、水利灌溉等工程项目的规划、咨询、可行性研究、勘察设计、施工图审查等多项业务。

2015 年,新签合同额 1378 万元。（刘　陆）

【技术研究院】 院长王慨慷。职工 25 人。“高速铁路路基边坡压实质量检测技术研究”“集团公司铁路勘察设计软件一体化预研究”“重载铁路隧道内无砟轨道结构型式及相关技术研究”“高速铁路中等跨度桥梁防灾救援技术深化研究”“桥梁墩台混凝土对模板侧向压力研究”等重大科研项目取得阶段性成果。

（谭倩倩）

【工程咨询公司】 经理冯延明。职工 66 人。主要从事施工图审核、专用线设计、工程总承包等业务。全面负责铁五院咨询业务的生产组织和管理。

2015 年,新签合同额 6286 万元,完成产值 3252.7496万元。（敬亚菱）

【东北勘察设计院】 院长、党委书记宋宏祥。位于黑龙江省哈尔滨市南岗区西大直街 119 号。职工 247 人。是集工程设计、工程勘察、工程咨询、工程监理、工程检测、科技研发、工程总承包于一体的综合性设计院。

截至 2015 年底,实现营业收入 11852 万元,实现利润 4619 万元。（张　璇）

【郑州勘察设计院】 院长、党支部书记贾筱煜。

2015 年,新签合同额 5454.5 万元。（王　帅）

【天津分院】 副院长(主持工作)兼党支部书记孙鹏,截至 2015 年底,员工 34 人。设有道路、给排水、结构、照明、概预算等 5 个专业。承担各种市政道路、给排水管网、结构以及景观工程的勘察、设计、咨询和科研等业务。

2015 年,完成合同额 1801.35 万元,完成营业收入 837.10 万元。（王　芳）

【乌鲁木齐分院】 院长鲜兵强。设有站场、线路、经行、地质、桥涵、路基、房建、通信、给排水、信号、电力、工经电气化等十余个专业。

截至 2015 年底,员工 40 名。完成包括可研、初步设计、施工图、工程总承包等项目,并配合完成乌鲁木齐地铁 1、2 号线的设计、咨询工作。（鲜兵强）

【北京铁研建设监理有限责任公司】 经理刘江华，党委书记田思群。员工1600余人。下设哈尔滨、广西、南京、内蒙古等分公司。为甲级监理单位，具有建设部铁路工程、公路工程、市政公用工程、房屋建筑工程等甲级监理资质，通过质量、环境、职业健康安全三体系认证。主要从事铁路、公路、工业与民用建筑、地铁与轻轨、市政公用工程、电力等专业的技术咨询及建设监理。

2015年，中标69项，承揽监理项目合同额3.75亿元，营业收入2.5亿元。 （景 飒）

【北京铁城建设监理有限责任公司】 董事长王从贵，党委书记贾晖东，现有正式在编人员86人，年平均从业人员3070人。2015年7月整体划转铁五院。下辖3个区域经营事业部、4个全资子公司、1个中外合资控股公司、23个分公司和200余个项目监理站。2015年，公司承揽117项铁路、市政、房建、公路项目，监理工程完成建安总投资490亿元。

2015年，新签合同额5.47亿元，完成年度计划的115.71%，同比增长0.85%。2015年营业收入4.41亿元，完成年度预算的129.87%，同比增长10.36%。净利润2367万元，完成年度预算的119.55%，同比增长15.11%。 （龚成术）

【北京铁五院工程试验检测有限公司】 经理王慨慷。职工28人。主要为土木工程提供从现场检测到安全评估、环境影响分析、监测与评价，再到加固设计与探测技术应用研究服务。业务涵盖工程试验、工程质量检测（监测）与评估、安全监测与评估、病害检测与加固（加强）设计、监控量测、超前地质预报、工程物探、探测技术应用研究和施工技术咨询。

2015年，新签合同额4500余万元。 （吴文辉）

【北京中铁建北方路桥工程有限公司】 总经理兼党支部书记周光忠。职工285人。是目前国内唯一一家专门从事铁路节段拼装梁技术研究、拼装装备及附属产品开发、专项施工为一体的具有独特专利技术的科技型专业化公司。具有桥梁工程、爆破与拆除工程专业承包一级、地基与基础工程专业承包二级资质。生产性固定资产1亿元，拥有国内领先的自行研制开发的单线专用移动支架式造桥机4套，客运专线双线节段拼装造桥机4套，移动式大型龙门吊起重机6台，各类大中型桥梁施工和爆破施工机械设备330余台（套）。

2015年，承揽工程7项，签订合同额1.805亿元。其中铁路工程5项、水利工程1项、市政工程1项。完成铁路工程4项；在建铁路、水利、市政工程各1项。在宝兰客运专线上，完成国内首例移动支架造桥机整机穿越客专隧道，创新桥隧相连节段拼装梁连续架设的工艺。 （沈子法）

【北京铁五院工程机械有限公司】 经理兼党支部书记孙世豪。职工141人。机械公司固定资产投资累计1985.63万元，拥有土地4万平方米、生产型厂房8000余平方米、大型机械40台（套）、各种精密仪器12台、加工设备110台套。公司年产轨排1600余榀。基本上形成一主两辅的产品结构。一主是以无砟轨道施工设备为支柱，两辅是以盾构机用盾尾密封油脂为代表的高分子材料类产品和以桥梁防护设施为代表的桥梁附属类产品。

2015年，新签合同额55个，合同总额7027.55万元，完成产值6006.46万元，实现利润817.88万元。 （郑雪冰）

【北京铁五院置业有限公司】 经理史昌盛。职工15人。要承担铁五院基本建设、房地产开发和投资管理业务。公司主要完成铁五院研发实验及附属用房项目工程的A栋19层主体结构，B、C栋全部主体结构工程；完成项目工程投资1.24亿元，完成工程总投资的20.76%；以及完成项目工程的相关合同签订和项目其他相关工作任务。 （顾裕伟）

【工程管理处】 处长吕清泉。职工15人。主要负责铁五院工程总承包及资本运营业务的经营开发和生产管理。

2015年，新签合同额4.13亿元。 （孙 伟）

【海外事业部】 部长冯志刚。职工5人。主要负责铁五院海外业务经营承揽和外事管理工作。海外业务板块整体新签合同10项，合计3507万元。编制《铁五院海外业务“十三五”专项规划（初稿）》，91人次的出国外事工作；通过资格投标成为商务部对外援助成套项目管理企业（工民建专业）及顾问咨询单位（综合专业）。 （彭 程）

【试验检测中心】 主任杨永强。下设建材、土工和桥梁结构等11个试验室。完成实验室的网上申报工作；完成实验室资质认定自查工作；参加并通过国家认监委组织的“CNCA－15－A14回弹法评定混凝土强度”的外部比对工作；试验中心共完成深茂、哈牡铁路等10个试验室的现场检查验收工作，对7个现场试验室开展授权变更工作。 （谭倩倩）

【信息中心】 主任欧勇明，职工8人。信息化管理水平进一步提高，信息安全提升。结合铁五院的信息化现状编制完成《"十三五"信息化规划》初稿，签订中铁五院办公自动化系统功能升级开发合同，网络方面投资23万元，更换核心交换机及部分老旧交换机。提高网络稳定性和可管理性。负责专业软件的研发和BIM技术应用工作。获联腾海外工程造价分析系统等5个软件开发项目软件著作权。 (欧勇明)

【图文中心】 主任熊希武。职工28人。完成产值650万元。固定资产400万元，设备共计44台(套)，目前在用的设备24台(套)。继续坚持全年无休息的24小时工作制，保证企业生产正常运行。 (严义京)

【测绘中心】 主任周云。职工16人，注册测绘师5人。主要承担铁路、公路、轨道交通、市政工程等项目的测绘工作。完成九池(安九)线、中兰线、盐海线、海南线、阜盘线等的测绘工作，产值约2800万元。其中航空摄影4256平方千米，1:2000航测制图2288平方千米，铁路勘测1835千米(其中初测771千米，定测1064千米)，精密控制测量1082千米。2015年底测绘中心完成测绘资质甲级的升级工作。 (金国清)

【铁道建筑技术杂志社】 主编余春红。正式职工5人。出版《铁道建筑技术》13期(含1期增刊)，刊发论文总计488篇，发行刊物近7.8万册。杂志社总收入246.7万元。 (马妍钧)

【重要记载】

▲2月11—12日 铁五院第三届第五次职工代表大会暨2015年工作会议在京召开。

▲4月15日 经中央文明委批准，铁五院顺利通过"全国文明单位"复查，保留"全国文明单位"称号。

▲7月16日 由铁五院承担勘察设计任务的徐宿淮盐铁路初步设计顺利通过审查。

▲7月24日 院长王立新参加2015第三届丝绸之路经济带城市合作发展论坛。

▲7月29日 经股份公司2015年第11次总裁办公会研究同意，报经股份公司第三届董事会第十五次会议审议通过，决定将北京铁城建设监理有限责任公司整体划转铁五院。

▲9月21日 在铁路总公司鉴定中心主持召开的金台铁路初步设计鉴修审查会上，铁五院初设鉴修方案顺利通过评审。

▲9月28日 由铁五院承担勘察设计的新建徐州至淮安至盐城铁路可研获国家发改委批复。

▲10月28日 铁五院被认定成为北京市设计创新中心。

▲11月19日 由铁五院承办的2015"中国设计节"主体内容之一的"京津冀设计产业论坛"圆满结束。

▲12月18日 铁五院编制的柳贺韶铁路预可研顺利通过评审。

▲12月28日 铁五院负责勘察设计的新建徐宿淮盐铁路全面开工建设。 (张 昊)

中铁上海设计院集团有限公司

【简况】 是国有大型综合甲级设计企业，是上海市高新技术企业、科技创新型企业、科技小巨人企业和上海市文明单位、诚信创建单位、平安示范单位。下辖南昌、杭州、合肥、南京、天津、徐州、工勘、城建院及监理、咨询等二级单位。主要从事城市轨道交通、铁路、市政、房建、公路等领域的工程勘察设计以及工程总承包、工程监理、技术咨询等业务。持有工程设计综合资质甲级、工程勘察综合类甲级、工程测绘甲级、工程咨询甲级、工程项目管理甲级、工程监理甲级等6项综合甲级资质及其他类多项甲级资质，涵盖工程勘察、设计、咨询、监理、总承包、项目管理等工程建设全过程。设有经济调查、行车、线路、路基、站场、桥梁、隧道、建筑、通信、信号、电气化、环境评价、工程经济等30余个专业。职工1417人，其中，专业技术人员1304人，占职工总数的92%以上。

开拓国内和国外2个市场，拓展铁路、轨道交通、市政房建、监理咨询、总承包、投融资等业务，构建多区域多板块的布局，打造专家领衔、骨干支撑的专业队伍，确立在高标准铁路、电气化铁路、城市轨道交通总体规划、总体设计以及轨道、通信、桥隧、环评、车辆段等领域。

先后获专利98项；软件著作权8项；获国家科技进步奖1项，省部级科技奖14项；勘察设计奖83项，优质工程奖2项，优秀工程咨询奖68项，优秀软件项目奖1项；主持或参与编制国家及行业标准、规范16项；获国家及省部级"重合同守信用单位""上海市文明单位""上海市高新技术企业""上海市科技创新型企业""上海市科技小巨人企业"等称号。

资产总额84329.5万元。其中，流动资产60083.3

万元，非流动资产24246.2万元。完成新签合同额120815.4万元，年营业收入85006.6万元，实现净利润8038.9万元。国有资本保值增值率115.72%，净资产收益率14.76%，资产负债率31.74%，总资产周转率1.07次。 （吝永亮）

【领导人员】

董事会

董事长	李永利
董事	薛新功

行政系统

院长	薛新功
副院长	喻伟巍
	刘建红
	马汉枨
	张国峰
	钟国钢(10月任)
	薛新功(兼)

党群系统

党委书记	李永利
党委副书记	薛新功
	辛建成
纪委书记	辛建成(兼)
工会主席	辛建成(兼)

（吝永亮）

【职工队伍】 截至2015年底，职工总数为1417人，其中专业技术人员1304人，占职工总数的92%。高级职称409人、中级职称450人，中高级职称人数占专业技术人员总数的65.9%。有上海市科学技术委员会副主任及委员9人，教授级高级工程师51人，享受国务院政府特殊津贴人员2人，上海市领军人才1人，詹天佑奖获奖者4人，茅以升工程师奖1人。（陈英才）

【境外工程】 本格拉铁路 位于安哥拉共和国中部，西起大西洋沿岸的LOBITO（洛比托），经HUAMBO（万博）、KUITO（奎托）、LUENA（卢埃纳），东至刚果边境LUAO（卢奥），穿越本格拉、万博、比耶及莫希科4省，与刚果共和国接轨并通过其境内铁路向东衔接坦赞铁路，线路全长1343.4千米。本格拉铁路于2015年2月全线通车，成为继坦赞铁路之后在境外修建的最长铁路。

尼日利亚莱基自贸区综合办公楼项目 项目包括2栋10层的办公楼，附属2栋2层的商业裙楼，总用地面积19614平方米，总建筑面积30000平方米。

马里至塞内加尔铁路 项目起自塞内加尔首都达喀尔的Dakar站（含），经马里首都巴马科至既有线终点Koulikoro站（含），正线全长1286千米，其中塞内加尔境内线路长644.6千米，马里境内线路长641.4千米。

孟加拉阿考拉至锡尔赫特铁路项目 位于孟加拉国东北部，邻近印度，南起阿考拉（不含），北至锡尔赫特（含），全长176.6千米，车站22座。既有铁路为单线米轨（轨距1000毫米），设计将该单线米轨转换为单线混合轨，轨道以下按宽轨（1676毫米）设计，轨道按米轨和宽轨混合三轨设计。

刚果（金）铁路科卢韦齐（KOLWEZI）至迪洛洛（DILOLO）段修复改造工程 项目位于刚果（金）东南部，邻近安哥拉，起点为Kolwezi站，终点为刚果（金）与安哥拉本格拉铁路的边境接轨点，全长427.9千米。车站26座，接轨DIVUMA站专用线长29千米，车站2座；桥梁16座，全部为钢梁桥。既有铁路为米轨。

安哥拉老兵安置房项目 项目包含50000套退伍军人安置房的勘察设计，一期用地约75万平方米。

柬埔寨73号公路 项目为柬埔寨国家公路网的重要组成部分，连接桔井省省会桔井及特本克蒙省省会三州府市，是柬埔寨南部省份通过北部的一条快捷通道。既有的73号公路成南北走向，路线全长约93.1千米，其中特本克蒙省段路线长约50.8千米，桔井省段路线长约42.3千米。 （马如箭）

【勘察设计】 宁启铁路林场至南通段复线电气化工程 全长268.3千米，全线按国铁Ⅰ级标准设计。改造工程主要是增建二线，并对现有铁路进行电气化和提速改造。该铁路南通段途经海安、如皋、通州、港闸，全长91.2千米。该工程完成后，将建成兼顾城际功能的客货混运、通行双层集装箱列车的大能力快速通道，南京至南通运行时间可从现在的3小时50分钟缩短至1小时50分钟。宁启铁路南通至启东段，新建线路从既有南通东站引出，向东经海门、临江至启东设站后，转向北至吕四港设吕四站，正线长度93.6千米。其中，南通东至启东段71.6千米，启东至吕四段22.1千米。线路桥梁比例53.3%。全钱设南通东站、海门站、临江站、启东站、吕四站。另南通至南通东段16.4千米线路同步电化改造。

连淮扬镇铁路 线路自在建连云港至盐城铁路连云港董集站引出，经淮安、扬州，跨越长江后至沪宁城际铁路镇江丹徒站，正线全长305.2千米。全线设董集、灌云、灌南、涟水、淮安东、宝应、界首、高邮、扬州南、横山、丹徒11座车站。线路跨越长江采用五峰山桥位方案，大桥采用双线铁路+八车道公路合建方案，主跨采用1036米的钢桁梁悬索桥方案。新建连云港至镇江铁路有利于完善国家快速铁路网布局，加强苏北、苏中地区与长三角地区联系，促进区域协调发展。

改建铁路合肥至芜湖铁路电气化改造工程　工程为既有淮南线合肥东站至芜湖东站133.8千米、既有宁芜线芜湖东站至芜湖站12.4千米现状电气化改造。

淮北至萧县北客车联络线工程　工程自符夹铁路坡里至岱河间接轨引出，经萧县西至郑徐客专萧县北，新建客车联络线24.84千米，桥隧比69.8%，技术标准为客运专线，速度250千米/小时。

符夹铁路扩能工程　符夹线南起符离集，向西北经淮北市、萧县至徐州夹河寨，新建总长87.28千米。全线按一次双线电化扩能考虑，对既有线进行部分改造，并行既有线增建二线，设计为国铁Ⅰ级，速度120千米/小时。

青阜线电化改造工程　工程在既有青阜线，徐楼（含）至阜阳北（不含）区间全线实施电气化工程，线路全长132.3千米，同时在百善站、青町站、涡阳站、西潘楼站设置综合网工区，阜阳站设置网工区，在青町、江集新建牵引变电所，在海孜、涡阳、永兴集新建分区所。

阜淮铁路淮南铁路至合肥段水蚌铁路电气化扩能改造工程　阜淮铁路是安徽省淮北平原南部的煤运干线。阜淮铁路由西北向东南走向，起自淮南市洞山站，途经凤台、颍上，至阜阳，全长130千米。阜淮线阜阳枢纽袁寨站（不含）至淮南站（含），淮南线淮南站（不含）至合肥东站，水蚌线水家湖站（含）至蚌埠站（含），全长282千米的电气化扩能改造工程。

华东二通道芜湖至宣城段　北起芜湖市，南至宣城市，途经芜湖市的弋江区、南陵县、芜湖县，宣城市宣州区。该段铁路起自芜湖站，终至宣城站，线路长度73.321千米，投资总额89.9亿元。

阜阳北站扩能工程　阜阳北站衔接京九、青阜、漯阜、阜淮、阜六5条铁路，是阜阳铁路枢纽内唯一的编组站，也是华东路网中重要的编组站，现为单向纵列式三级四场站型。扩能改造工程主要建设内容包括新建上行系统（设到达场、调车场、出发兼直通场、漯阜兼地区车场），改造既有上行到发场（Ⅱ场）为交换场，最终形成双向三级八场站型。

截至2015年底，中铁上海设计院集团有限公司在上海、南京、苏州、北京、天津、沈阳、广州、成都、福州、呼和浩特、长春等26个城市承担轨道交通工程项目，其中总体总包5条，分别为上海轨道交通3号线改造工程、南京宁和城际轨道交通一期工程、宁溧城际轨道交通工程、南京地铁9号线、天津轨道交通4号线工程、成都轨道交通10号线一期工程。　（汪文锋）

【经营管理】（1）以干促揽，铁路市场合同额再创历史新高。铁路建设市场继续保持平稳增长，在干好已开工的连镇铁路、合芜电化、宁启南通至启东段、符夹铁路扩能、青阜电化改造等国铁项目的基础上，做好战略筹划，严格把控重要环节，深入项目，确保阜阳北编组站、连连、二通道芜宣段、义乌西货场4个项目按期开工建设、如期签约。在上海、南昌铁路局内的传统市场上，坚持认真负责的态度，积极争取和干好每一个更改和涉铁项目。在上海、南昌两大路局以往的广铁集团、沈阳局、哈尔滨局、呼和局和南宁局等承揽部分涉铁项目。各二级院也在所辖区域内，承揽或跟踪多个具有一定体量的铁路专用线和货场项目，保证铁路板块的稳定发展。通过大家的共同努力。

（2）提前谋划，成绩斐然，轨道交通市场提前超额完成2015年指标。提前谋划做好轨道交通项目经营策划，先后参与北京、上海、天津、南京、徐州、南宁、宁波、成都、乌鲁木齐、郑州、杭州、常州、呼和浩特、长春、福州、厦门、长沙、南昌、济南等地轨道交通及有轨电车项目等36批次147个标段的投标，中标25个项目，超额完成2015年轨道交通项目新签合同额指标。

（3）扩大范围，全面准备，为海外经营工作的发展聚能蓄势。在全球各大市场开疆辟土，将经营范围从既有的安哥拉市场以及非洲、亚洲的个别国家扩大到非洲、拉美、欧亚、东南亚等20多个国家和地区，逐步形成“2+2”结构的市场布局，即非洲与东南亚2个主战场，拉美和欧亚2个辅助市场。深化与股份公司2家外经单位的联系，加强与系统内外企业的合作，优势互补，强强联合；在安哥拉市场打通与中基公司的直接联系，在莫桑比克、津巴布韦与中国港湾展开合作；同时与法国systra公司、葡萄牙EC公司、IP公司、PCG公司、上海市政院、上海建工设计院、上海申通、上海申凯、深圳雷奥等多家国内外知名公司开展合作，形成“技术战略联盟”。

（4）加大投入，狠抓前期，培育和创造项目。通过实际行动，继续加大铁路前期研究工作的经营力度。从“十三五”铁路网规划入手，加强与铁路总公司、上海局、南昌局的联系，并积极与江苏、安徽、浙江、江西铁办等保持密切联系。

（5）勇于创新，开拓进取，积极探索新兴市场发展的新模式。市域铁路、城市地下综合管廊、智慧城市等新兴市场呈现快速发展的势头。在充分意识到这些新兴市场的发展前景，努力创新，大胆探索，利用现有的技术优势和经营平台，积极尝试进入这些市场新领域，承揽上海市市域铁路网规划的编制，并取得上海市“十三五”综合交通规划市域铁路建设规划的委托、凤阳北斗凤阳总部基地和曹妃甸开发区综合管廊等新兴市场项目。

(6)统筹兼顾,多元发展,力求各业务板块的平衡发展。在铁路和轨道交通两大业务板块的经营工作取得良好业绩的同时,坚持多元发展的思路,在市政房建、总承包、监理咨询和投融资等业务板块也加大经营力度,实现各业务板块的平衡发展,以规避企业未来的市场风险。

(7)完善制度,加强培训,努力提升经营管理水平。重点规范设计施工总承包、勘察设计、物资设备等分包、采购的招标活动,进一步明确招标程序,统一招标平台。制定《二级院总承包项目收入清算细则》,发布《项目设计、勘测劳务委外市场价格指导价》、修订《设计劳务分包管理办法》。除此之外,还积极参加股份公司组织的各项经营人员的培训班,努力提高经营管理人员的业务素质。这些办法和措施,不仅使全集团公司的经营管理工作进一步细化,更是促进集团公司整体经营管理水平的不断提升。 (汪文锋)

【科技成果】 以强基固本、优化结构、创新转型,积极培育核心竞争力,全面提升综合实力。科技工作紧紧围绕勘察设计主业,全面落实科技兴企的核心战略,推动铁路和轨道交通设计业务做强做精。依托铁路和轨道交通等领域中的重点项目,积极开展科技创新。获上海市和中国铁道学会科学技术二等奖各1项;中国施工企业协会科学技术奖科技成果一、二等奖各1项。在知识产权方面,获31项国家授权专利,其中4项发明专利,软件著作权1项;获省部级"四优"、优秀咨询成果奖共计20项,其中国家铁路局优质工程设计一等奖1项;上海市"四优"一等奖1项、二等和三等奖各3项;上海市优秀工程咨询成果一等奖2项、二等和三等奖各5项。隆重召开集团公司第二次科技大会;通过上海市高新技术企业重新认定;获上海市专利工作试点企业称号。

主持研发的"铁路线桥隧工程建造技术深化研究—铁路桥梁大直径管桩应用关键技术研究"列入中国铁路总公司科研计划项目。参与编制的国际标准《公用电网电能质量限值及其评估方法》、行业标准《城镇道路沥青路面再生利用技术规程》和地方标准《城市轨道交通试运营标准》于2015年起发布实施。

(孙蔚芝)

【党的工作】 (1)扎实推进"三严三实"专题教育工作。坚持以问题为导向,不断深化拓展党的群众路线教育实践活动成果,着力打造"忠诚、干净、担当"的好干部,为圆满收官"十二五"凝聚强大的正能量。

(2)从严开展思想政治建设。面对纷繁复杂的形势变化,始终把强化理论武装放在首位,精心组织学习党的十八大,十八届三中、四中、五中全会精神和习近平总书记系列讲话精神,不断增强对中国特色社会主义的道路自信、理论自信和制度自信。

(3)从严开展制度建设。结合自身实际,出台和修订《党委(总支)中心组学习制度》《发展党员工作实施细则》《新闻信息工作管理办法》等一系列制度文件,完善从严治党的治理体系。深入落实这些常态化、长效化制度,进一步提升党组织的战斗力、凝聚力和创造力。

(4)从严开展反腐倡廉建设。集团党委严格落实中央及上级党委各项要求,着力营造风清气正的发展环境。在选人用人上,始终坚持"党管干部"原则,所有院管干部的提拔和任用均由集团党委常委会共同研究讨论决定,同时坚持公开、公平、公正的考察方式,不断加大群众的参与和监督力度。对拟提拔任用干部实行个人报告事项重点审查制度,防止"带病提拔"和"带病上岗"。在惩治和预防腐败体系建设上,与各二级单位签订《党风和廉洁从业建设责任状》,集团领导班子签订《领导班子成员履行党风廉政建设职责责任书》,进一步筑牢党风廉政建设责任基石。在办信查案上,集团两级开通纪检监察举报邮箱及电话,认真受理各类来信来访,并及时做好线索排查工作。在整合监督资源上,积极落实加强企检共建的相关要求,与上海铁路运输检察院建立联络沟通机制。

(5)从严开展作风建设。始终坚持以上带下,严格贯彻落实中央及上级党委有关精神,不断将党的作风建设推向深入。着力改进会风文风,坚持深入基层,增强调研实效,禁止铺张浪费,关注员工利益,特别是逐年压缩业务招待费用,关心解决本级员工多年积压的上海户籍等一批群众关心的热点问题,实施更为严格的履职待遇和业务支出管理办法,严禁公务用车接送上下班、严禁超标准接待、严禁超席别乘坐交通工具等做法,使企业上下呈现出一派新风新貌。

(6)扎实推进人才队伍建设。加强班子建设。坚持以"四好班子"创建活动为载体,严格执行"三重一大"议事决策规则,深入开展党风廉政建设。班子成员坚持深入基层和项目现场调查研究、走访慰问,为科学决策提供了第一手资料,对所属二级单位进行队伍建设情况调研,理清各单位"十二五"期间队伍建设情况及面临的主要问题,为进一步全面加强队伍建设奠定基础。 (吝永亮)

【工会工作】 以职代会为主要载体,深化院务公开和民主管理,以友爱基金为主要渠道,认真做好扶贫帮困及救助工作。落实"三不让"资金110余万元,落实兑现"三不让"承诺。重点打造"两会一节"活动,举办"创业在路上,筑梦安哥拉"以及纪念抗战胜利70周年知识竞赛等主题教育活动,同时,成功举办羽毛球、篮球,加强各单位的交流,丰富员工的业余生活。

（吝永亮）

【共青团工作】 开展文化展演、知识竞赛等主题文化教育活动。持续推进"导师带徒"活动深入开展,136对新老员工结成师徒关系,基本做到各专业、各部门的全覆盖。各团总支、支部分别开展00T制作汇报竞赛、五四纪念表彰、7月迎新等活动。（吝永亮）

【南昌铁路勘测设计院有限责任公司】 具有独立法人资格的综合勘测设计单位。院长彭跃辉,党委书记胡庆安。公司位于江西省南昌市工人新村二路27号。职工人数301人,其中专业技术人员242人,高级职称人数75人(其中教授级高工6人);中级职称人数80人;初级技术职称及以下87人。

持有国家发改委颁发的工程咨询甲级资质证书,省建设厅颁发的建筑行业(建筑工程)乙级、市政行业(桥梁工程、道路工程)专业乙级设计资质证书和工程勘察专业类(岩土工程(勘察))乙级资质证书,省测绘局颁发的测绘乙级资质证书,国家工信部颁发的计算机信息系统集成肆级资质证书。可承担铁路、轨道交通、市政(道路、桥梁)和建筑工程及其配套的给水排水、电力、通信、信号工程的勘测设计和相应的项目总承包、技术咨询、软件开发等业务。

资产总额12006万元,其中,固定资产原值2516万元、净值1035万元、无形资产(土地使用权)1495万元、流动资产9404万元、其他资产71万元。

实现营业收入10871万元,新签合同额37324万元,利润总额169万元,净利润110万元,国有资本保值增值率101.57%,净资产收益率1.57%(不含少数股东权益)。（王安昌）

【杭州铁路设计院有限责任公司】 副院长(主持工作)、党总支副书记林平。公司位于杭州市延安路468号浙江经贸广场综合楼B座6楼。拥有职工102人,其中,高级职称30人、中级职称24人,具有各类国家注册执业资格人员18人。

持有铁道行业工程设计乙级、建筑工程设计乙级、工程咨询乙级、工程总承包乙级和工程招标代理暂定级等资质证书,并于2006年12月通过ISO体系认证。公司主要从事铁路线路、站场、桥梁、房建工程设计和建筑设计、工程咨询、工程总承包等业务。

截至2015年底,公司资产总额5607万元,其中固定资产原值1579万元、净值1251万元,流动资产4284万元。2015年完成总产值6367万元,新签合同额8298万元,利润1022万元,国有资本保值增值率120.62%,净资产收益率18.96%。（孙世畅）

【中铁上海设计院集团合肥有限公司】 院长孟磊。公司位于合肥市瑶海工业园区新海大道15号(中国铁建安徽大厦)。公司职工77人,其中,高级职称24人、中级22人、初级及以下31人。具有国家注册执业资格的12人,其中,一级注册结构师1人、造价工程师3人、咨询工程师7人、二级注册建筑师3人、二级注册结构师2人、注册公用设备工程师1人。

通过质量、环境、职业健康安全管理体系认证。主要从事铁路、桥梁、工业与民用建筑、通信信号、给排水、电力、市政道路、轨道交通等工程勘察设计以及工程总承包、技术咨询等业务。

截至2015年底,资产总额3458万元,其中固定资产2611万元,流动资产1564万元,净资产收益率19.7%,国有资本保值增值率120.98%,总资产周转率0.92次。2015年完成新签合同额3666万元,营业收入3163万元,净利润为461万元。（袁秀侠）

【上海先行建设监理有限公司】 是中铁上海设计院集团有限公司的全资子公司,位于上海市天目中路291号,总经理康新平;江西分公司位于江西省南昌市井冈山大道999号新龙大楼417室。

持有铁道工程综合监理甲级、市政公用工程监理甲级、房屋建筑监理乙级、公路工程乙级资质,通过质量、环境、职业健康安全管理体系认证。

现有各类专业技术人员395人,其中,教授级高工1人、高级职称的58人、中级职称的180人。已取得国家注册监理工程师证书的58人、注册造价师4人、注册建造师7人、注册安全工程师7人、铁道部总监理工程师52人、铁道部监理岗位证书258人,上海市、江西、安徽省及交通部等市、部级监理岗位证书170多人,其他安全员、见证员等从业人员均取得相应的上岗证书。

经营范围包括铁路、公路、市政公用工程,工业与民用建筑工程,暖通、给排水工程,通信、信号及电力工程,室内外装饰工程,园林绿化工程,设备安装工程,环保及消防工程监理;工程检测;工程技术咨询服务。

（贾凤丽）

【中铁上海设计院集团有限公司天津分院】 天津分院是中铁上海设计院集团有限公司在天津的分支机构,院长顾培龙。位于天津市南开区卫津路18号中恺国际广场新都大厦A座15层。

截至2015年底,员工95名。其中,教授级高级工程师3人、高级工程师8人、中级职称38人、初级及以下职称 46 人。具有注册土木工程师(岩土)1 人,注册公用设备工程师(给排水和暖通专业)2 人,注册造价师 1 人,一级建造师 1 人。

主要从事轨道交通设计业务,主要分布在天津市、北京市、石家庄市、呼和浩特市。在经营承揽上开拓呼和浩特市和天津滨海新区地铁项目。天津分院承担总体总包设计任务的《天津地铁 4 号线南段工程初步设计》获天津市建委和发改委的批复,标志着天津地铁 4 号线工程正式进入施工建设阶段。

截至 2015 年底,天津分院资产总额 2585 万元,其中固定资产原值 1774 万元、净值 1348 万元,流动资产 1237 万元。2015 年完成总收入 2972 万元,新签合同额 6823 万元,利润总额 256 万元,净利润 216 万元,净资产收益率9.62%。 (姜熙伟)

【中铁上海设计院集团有限公司南京设计院】 是由原上海铁路局南京铁路勘测设计所划入,于 2009 年 3 月 16 日挂牌成立,院长潘必胜。公司位于南京市鼓楼区中山北路 223 号建达大厦 7 楼。

2015 年,单位员工总数 62 人,其中,专业技术人员 53 人,占 88.7%;高级职称 11 人、中级职称 18 人、初级及以下的 24 人;具有各类国家注册执业资格的人员 6 人。

主要从事铁路、轨道交通、市政领域的工程勘察设计、总承包、技术咨询等业务,设有道路、桥梁、隧道、建筑、结构、给排水、电力、暖通、线路、通信、信号、工经等 10 余个专业。截至 2015 年底,资产总额 1954 万元,净资产 1033 万元,净资产收益率 75.09%。

2015 年新签合同额 7336 万元,营业收入 5113 万元,净利润 680 万元。 (王亚玲)

【中铁上海设计院集团有限公司徐州设计院】 在原徐州铁路设计院的基础上于 2013 年 1 月 1 日组建成立,院长韩其胜。公司位于徐州市新城区镜泊西路吉田商务广场 C 栋 4 层。

截至 2015 年底,在册正式员工 47 人,其中,高级职称 8 人、初级职称 6 人、初级及以下职称 26 人。

徐州设计院主要承担城市轨道交通、铁路更改项目、地方铁路专用线、涉铁市政及房建工程项目的勘察设计和工程总承包等业务。市场区域涵盖苏北(徐州、连云港、宿迁等)、皖北(宿州、淮北等)及山东省(济南、青岛、日照、临沂、东营等)广大地区。

截至 2015 年底,完成工程项目设计 49 项。新签合同额 6263 万元,其中勘测设计费合同额实际完成 3526.7 万元;营业收入实际完成 2497 万元,其中勘测设计费收入 1703 万元,2015 年实现利润 236 万元。 (朱 平)

【中铁上海设计院集团有限公司工程勘察设计院】 属非法人独立核算单位,院长陈震华,党总支书记徐幸福。公司位于上海市交通路 3131 号乙。现有从业人员 107 人,其中专业技术人员 48 人;教授级高级工程师 1 人、高级技术职称 11 人、中级技术职称 13 人、初级技术职称 23 人;注册岩土工程师 11 人。

具备工程勘察综合类甲级、测绘甲级资质。从事城市轨道交通、铁路、高速铁路、市政、公路、桥梁、工业与民用建筑等工程勘察,工程测绘、工程监测、工程物探、精密控制测量等业务。拥有精密测绘、勘探、物探及试验仪器等各种先进设备 200 余件套,先后承担上海市轨道交通 3 号线及其北延伸、天津地铁 4 号线、南京宁溧城际线总体勘察、成都地铁 10 号线一期、二期勘察设计总体总包等,参加安哥拉本格拉铁路大修工程、京九铁路、京沪铁路、沪杭铁路、浙赣铁路、合蚌客专、淮扬镇铁路等干支线铁路,先后还承担沪杭高速铁路、合蚌客运专线、哈大高速铁路的项目运营维护沉降监测项目。 (李 帅)

【中铁上海设计院集团有限公司城建设计院】 为中铁上海设计院集团有限公司的二级单位,属非法人独立核算单位。院长朱德荣,公司位于上海市天目中路 267 号蓝宝石大厦 13 ~ 15 楼。

截至 2015 年底,全院有各层次工程技术人员 146 人,其中,教授级高级工程师 1 人、高级工程师 28 人、工程师 47 人、助理工程师 55 人;获国家一级注册建筑师、一级注册结构师及国家注册设备师等各种职业注册资格 19 人次。

2015 年,城建设计院完成合同额 10695 万,完成内部收入 9637 万元,净利润 1897 万元,分别超额完成指标的 34%、93% 和 279%。 (施宇平)

【重要记载】

▲1 月 28 日　中国铁路总公司在北京举办 2015 年度科研课题结题验收会,中铁上海设计院集团有限公司主持承担的"大跨度简支槽型梁系杆拱桥关键技术研究"课题顺利通过结题验收,获 A 级评价。

▲2 月 9—11 日　公司在上海召开一届十次党委全委(扩大)会议、三届一次职代会和 2015 年工作会议。全面总结 2014 年取得的成绩,深入分析企业当前面临的形势,并对 2015 年重点工作进行部署。

▲2 月 14 日　公司设计的安哥拉本格拉铁路顺利通车。

▲3 月 15 日　被授予上海市"二星级诚信创建单位"、2014 年度上海市"平安示范单位"称号。

▲4 月 28 日　公司的"铁路信号集中监测系统设

备软件和系统集成”通过中铁检验认证中心的审查，满足认证标准和技术要求，顺利获得铁路产品认证证书。

▲5月6日　公司申报的“合蚌客运专线总体设计”获2014年度铁路优秀工程设计一等奖。

▲10月13日　院长薛新功，副院长张国峰会见葡萄牙Edgar Cardoso – Engenharia, Laboratório de Estruturas, Lda（以下简称EC）公司总裁卡洛斯一行，双方就深化合作进行高效务实会谈，签署谅解备忘录。

▲10月14日　总包的《天津地铁4号线南段工程初步设计》获天津市建委、发改委批复。至此天津地铁4号线南段工程进入施工图及施工阶段。

▲11月17日　中国铁建股份公司独立（外部）董事葛付兴、王化成、承文、路小蔷和股份公司董事会秘书余兴喜、董事会秘书局主任靖菁等一行9人赴集团公司调研指导。集团公司在沪领导班子成员及有关部门负责人参加调研座谈。

▲11月30日　公司高新技术企业重新认定通过。

▲12月30日　公司获测绘行业最高等级资质——甲级测绘资质。（沓永亮）

中铁物资集团有限公司

【简况】 是铁道部铁路建设项目部管物资代理公司、铁路用钢轨招标代理服务商，国家发改委批准的成品油专项供应单位。主营物流贸易、加工制造、国际业务、资本运营、集采代理和电子商务六项业务，致力于打造“综合物流产业引领者”和“供应链服务专家”。公司驻北京市海淀区西四环中路19号。前身系中国人民解放军铁道兵后勤部物资处，1984年1月集体转业并入铁道部，改编为铁道部工程指挥部物资处；1990年3月组建中国铁道建筑总公司物资局；1999年改称中铁建物贸公司；2000年12月4日更名为中铁建物资集团有限公司；2003年企业改制，改称现名。注册资本金20亿元。下辖16个全资子公司、5个控股子公司和4个钢厂办事处，在3家公司参股，并在重庆、大同、无锡等地设有分公司和办事机构。资产总额197.52亿元，固定资产原值7.90亿元、净值5.43亿元，流动资产175.50元，非流动资产22.02亿元。

子公司全部顺利通过国际质量、环境保护、职业健康安全管理体系认证，先后取得铁道部铁路建设用钢轨招标与采购供应代理、成品油内部批发经营、工程招标代理、民爆器材经营、铁道部部管物资招标代、中央投资项目招标资质、国家道路运输经营许可证和北京市道路运输等重要经营资质。公司与鞍钢、包钢、攀钢、武钢、河北钢铁、首钢、中石油、中石化、中建材、中远洋、中外运、山桥、宝桥、南岭民爆等大型企业建立长期稳定的战略合作伙伴关系，实现国内首次销售企业与民爆骨干企业共同组建专营公司的合作；是国内首家成功进军时速350千米百米钢轨市场的企业。先后承担成昆、大秦、京九、南昆、内昆、青藏铁路，京沪高速铁路，郑西、武广铁路客运专线等国家重点工程的物资供应任务，直接或间接参与建设的新建铁路总里程累计50000余千米，占全国铁路的50%；参与京沪、京珠、沪宁等高速公路，北京、上海、广州、深圳、南京等城市地铁，首都机场扩建项目、南京环城铁路、南水北调工程以及诸多港口、码头、水利水电、民用建筑等工程的物资供应；积极为北京2008年奥运会、上海2010年世博会、广州2010年亚洲运动会的配套工程提供物资保障；与欧洲、中东、南亚、东南亚、东亚等地建立良好的业务关系。集团公司先后获全国诚信文明示范单位、中央企业先进集体、“工人先锋号”、火车头奖杯、北京市和谐劳动关系单位、全国守合同重信用企业、中国诚信经营示范企业、全国用户满意企业、国家AAAA级综合服务型物流企业、北京市国地税A级纳税企业、银行资信等级AAA级信用企业、全国首批物流AAA级信用企业、中国铁建生产经营先进单位等荣誉称号；成为中国物流与采购联合会、中国铁道物资流通协会、中国建筑材料流通协会和中国建筑业协会材料分会的副会长级单位。

2015年，完成产值267.21亿元，实现净利润-28.01亿元。全员劳动生产率1063万元/人·年，职工年人均收入11.7万元。国有资本保值增值率-11.01%，净资产收益率-167.20%，产值利润率-9.98%，投资回报率-117.28%，资产负债率99.48%，应上缴款完成率100%。（王　蕾）

【领导人员】

董事会

董事长	金跃良
副董事长	王　涛
	李锦云

董事

职工董事	董佃俭

监事会

监事会主席	孔庆林（11月免）
	吴婧萍（11月任）
监事	汪起帆
	李景光
职工监事	刘　芳

经理层

总经理	王　涛
副总经理	熊卫东
	李志群
	王跃飞
	唐建勇
	王　青
	王　辉
	吴利红
	周庆国
总会计师	王　青(兼)
总经济师	吴利红(兼)
党群领导	
党委书记	全跃良
党委副书记	王　涛
	孔庆林(11 月免)
	董佃俭(11 月任)
纪委书记	孔庆林(11 月免)
	吴婧萍(11 月任)
工会主席	董佃俭

(王　蕾)

【项目指挥部】 中铁物资集团有限公司南昌指挥部　常务副指挥长周庆国。驻江西省南昌市红谷滩新区红谷中大道联发广场 1906 室。

中铁物资集团有限公司四川指挥部　指挥长潘登华、党工委书记杨继全(8 月免)。驻四川省成都市金牛区一环路北三段万达广场 SoHo C 座 10 楼。

(周　成　陈　悦)

【职工队伍】 截至 2015 年底,物资集团有正式员工 2111 人,其中,干部 1830 人,技术干部占 56.3%;工人 281 人,技术工人占 65.5%。干部中,35 岁以下 831 人、36~40 岁 115 人、41~45 岁 93 人、46~50 岁 53 人、51~54 岁 55 人、55~59 岁 41 人;高级职称 138 人、中级职称 230 人、初级职称 820 人。(汪　军)

【经营管理】 (1)开拓市场。供应钢轨 101 万吨,同比增长 9%,新增基建代理项目 39 个,新增钢轨需求超过 5000 铺轨千米;中标拉林铁路、连镇铁路、佛山地铁等项目,工程物流承揽总额同比上升 44%;中标蒙华铁路、兰渝铁路等大型项目的物资代理服务;中标印尼铁路二期、肯尼亚蒙内铁路、亚行贷款渝黔铁路等项目,全集团出口合同额同比增长 168%;采购需求全面上线,“中国大宗物资网”在线交易量同比增长 63%,新增注册会员 680 家。

(2)清收降债。成立由班子领导为组长的 8 个重点债权督导组,明确清欠考核办法和奖惩措施,完善清欠工作体系;以各种清欠方式掌握抵押、质押、担保等各类股权、资产等 90 多亿元;协调系统内回款 31 亿元;推动“中国铁建合同争议标准条款”的出台,健全完善系统内应收账款清理的长效机制;提起民事诉讼 72 起,胜诉 41 起,挽回或避免损失 14 亿元;清欠回款 183.94 亿元。

(3)资本运营。中标成都地铁 5 号线项目,跟踪成都地铁 6 号线、成都新机场高速公路等项目。推进南昌西客站路网、九龙湖路网等项目的建设、回购以及后续项目中标;中标海南文琼高速公路代建项目。在云南,牵头组织中国铁建与云南省战略合作协议的签订,并跟踪对接滇中经济环线、玉溪至临沧等高速公路和滇中引水等项目。在手投融资项目总额超过 375 亿元。

(4)集中采购。走访对接 628 个工程项目及 20 个局集团公司,占批复可集采项目总数的 95%;签订集采合同 52 亿元,节资率 3.75%;实施《客户服务暂行办法》;扩大油品、沥青、火工品等产品的集采工作;成立客户服务中心,以处理集采相关咨询及投诉,建立健全售后服务、沟通反馈、应急处理等机制;配合股份公司完善集采顶层设计和体制机制,形成系统内投资项目、房地产项目全面集采的新机制。

(5)基础管理。一是加强合同管理。2015 年,评审经营合同 8400 份,驳回 665 份;下放工程物流等业务的合同评审权限,缩短耗时。二是加强财务管理。全集团资金集中度达到97.15%,节约财务费用4884.09万元;合理节税约 8000 万元;拓展融资渠道,保障资金需求。三是审计工作。配合完成股份公司经济责任审计、物资采购专项审计、国资委经济责任审计,同时开展内部审计,同步整改。四是信息化建设,新建集采供应管理、营销管理、印信管理、工会管理等 5 个信息管理系统。

(6)机构与职能调整。设立中铁物资集团华中有限公司与五棵松航空服务有限公司;注销中铁物资集团物流有限公司;混凝土管理有限公司划归工业公司管理;南京中油销售有限公司股权转让给江苏公司。成立经济管理办公室(暂与营销管理部合署办公)、客户服务中心(暂设在集中采购中心)、办公室档案文书科;国际贸易部更名为国际部以便管理外事,人力资源部保留因私出国(境)备案人员数据库动态管理职能。

(7)获得荣誉。集团公司被股份公司评为资本运营工作先进单位;云南公司被评为股份公司十佳经营机构;集团公司熊卫东、吴利红、港澳公司杨奎、胡永强被评为股份公司经营工作先进个人;陆强、敬兆箭、邓

正平被评为资本运营工作先进个人。（王　蕾）

【党的工作】 以“三严三实”专题教育为主，推进作风建设；落实“两个责任”，整改“四风”问题和违反“八项规定”的行为；选聘社会专业人才66人，招聘应届大学生61人，任免干部281人次，举办各类培训4500人次；进行薪酬改革，实行子公司负责人年薪制方案；建设和谐企业。（王　蕾）

【工会工作】 2月，召开集团公司职工代表大会，立案63条，对领导班子成员进行民主测评，总优良率为94.96%；成立华中、云南公司工会，完成东北、华东、工业公司工会的换届选举，增替补华北、华南、江苏、港澳公司的工会主席和委员；开展“六比六赛”劳动竞赛活动；和团委联合组织经营管理知识大赛；开展职工之家建设，集团本级被铁路总工会评为“模范职工之家”；慰问离退休老干部与困难职工119户；配合科技信息部开发职工互助保险管理系统；按股份公司要求开展文体活动；加强女工委基层建设，在全集团表彰优秀女职工，征集女职工的“微心愿”并予以帮助，以多种形式宣传女职工权益保护的政策法规。（王　蕾）

【共青团工作】 4月，集团公司团委三届二次全委（扩大）会议召开；开展纪念五四运动96周年主题团日活动，表彰15个先进集体和32名先进个人；开展爱党爱国红色主题教育和“清明祭英烈 共铸中华魂”清明祭扫、纪念中国人民抗日战争暨世界反法西斯战争胜利70周年、传承铁道兵精神和践行铁建先进文化、“改革创新青年先行”等活动；开展集团公司“十大杰出青年”评选活动；获中央企业团工委、股份公司、海淀团区委等上级和地方荣誉共18人次。（王　蕾）

【中铁物资集团东北有限公司】 是经中国物流与采购联合会认证的5A级物流企业。公司驻辽宁省沈阳市大东区东北大马路337号。董事长、党委书记季利平，总经理王成伟。职工372人。在鞍山、哈尔滨、长春、包头、大连、西宁、南通等地设立有子（分）公司和办事处。主营铁路建设所需的钢轨、道岔及配件、金属材料、油料、煤炭、矿粉、火工品等，大型基建项目所需钢材、水泥等相关物资及工程物流、仓储物流服务等综合物流配送业务。资产总额19.46亿元，其中固定资产原值8501.93万元、净值5132.35万元、流动资产18.25亿元。

2015年，承揽任务总量60亿元；完成产值28.99亿元；利润-4.40亿元，人均创利-139.24万元；全员劳动生产率917.40万元；职工年人均收入7.7万元；国有资本保值增值率-447.5%；净资产收益率315.72%；产值利润率-14.47%；投资回报率-19.86%；资产负债率118.47%；应上缴款完成率100%。（赵彤阳）

【中铁物资集团华东有限公司】 公司驻上海市杨浦区逸仙路25号19层。董事长李志群，党委书记陆孜浩，总经理张泓。职工128人。主营铁路线上料、现货贸易、工程物流、国际贸易及有色金属业务。下辖上海分公司、杭州分公司、南昌分公司、上海铁城汽车出租有限责任公司和芜湖中铁科吉富轨道销售公司。资产总额11.3亿元，其中流动资产10.2亿元，非流动资产1.1亿元。

2015年，完成产值35.88亿元，实现利润4500万元，净利润3370万元；人均创利35.1万元，职工年人均收入16万元；国有资本保值增值率93.1%，净资产收益率31.7%，产值利润率0.94%，资产负债率86.7%，应上缴款完成率100%。（王吉飞）

【中铁物资集团中南有限公司】 公司法定代表人韩元军，总经理李学锋，在岗职工94人。主营业务为金属成材料、建筑材料贸易，机械设备租赁，房屋租赁，金属矿、非金属矿的销售，水泥、钢材、铁路设备器材销售、仓储服务及货物、技术、代理进出口业务。资产总额105520.13万元，其中固定资产原值2928.64万元、净值2278.66万元；流动资产102278.02万元，其他资产963.45万元。

2015年，新签合同额56.59亿元，完成产值16.01亿元，实现利润3024.04万，实现净利润2250.91万；人均创利32.17万元，全员劳动生产率1703.19万元/人·年；国有资本保值增值率125.85%，净资产收益率25.32%，产值利润率1.86%，资产负债率91.41%，应上缴款完成率102.31%。（邓芳菲）

【中铁物资集团西北有限公司】 公司驻陕西省西安市友谊东路150号。法定代表人杨照荣（8月免）、郭鹏心（8月任），董事长杨照荣（8月免）、董佃俭（8月任），党委书记董佃俭，总经理郭鹏心。职工98人，下辖西安分公司、银川分公司。主要经营铁路建设所需钢轨及配件、大型基建项目所需钢材和水泥等物资供应及服务、钢材现货贸易、部管物资代理服务、房屋租赁等业务。资产总额67664万元。其中，固定资产原值2526万元、净值1191万元；流动资产65525万元。

2015年，承揽任务总量189969万元，完成产值36543万元，实现利润数量-34510万元；人均创利-352万元，职工年人均收入5.84万元；国有资本保值增值率90.90%，净资产收益率194.13%，投资回报率0，资产负债率156.67%。（黄新雨）

【中铁物资集团西南有限公司】 公司驻四川省成都市一环路北三段1号SOHO－C座。董事长刘家云、总经理刘家云(2月免)、总经理林斌(11月任),党委书记潘登华(8月免)、刘家云(8月任)。职工183人。下辖成都、重庆、拉萨3个分公司,及成都地铁、麻昭高速、深圳、天津、重庆轨道5个项目部和蒙西铁路筹备组。主营批发、零售钢材、水泥等建材;普通货物代办仓储运输;煤炭批发经营;自有房屋租赁;货物进出口贸易;批发兼零售预包装食品;销售矿产品、沥青。资产总额15.91亿元。固定资产原值2.41亿元、净值2.11亿元,流动资产13.51亿元,其他资产0.29亿元。

2015年,承揽任务总量48.30亿元,完成产值29.92亿元,实现净利润－4191万元;人均创利－22.9万元,全员劳动生产率－4.88万元/人·年,职工年人均收入11.93万元;国有资本保值增值率65%,净资产收益率－81.87%,产值利润率－1.50%,投资回报率－104.15%,资产负债率97.47%,应上缴款完成率100%。 (李 政)

【中铁物资集团华北有限公司】 公司驻河北省石家庄市长安区工人街22号。董事长、总经理踪敬民,党委书记谷建民。职工275人。主营钢轨、道岔、扣配件、轨枕等铁路专用器材,钢材、水泥、油品沥青、民爆物品等物资,现货自营,仓储物流,锚杆、防水材料、钢制品加工、机电设备、混凝土等业务。固定资产原值5686.09万元、净值3629.05万元,流动资产126084.9万元,非流动资产17833.82万元。

2015年,承揽任务40.03亿元,完成产值15.22亿元,实现利润2532.67万元;人均创利9.21万元,全员劳动生产率553.45万元/人·年,职工年人均收入6.2万元;国有资本保值增值率105.68%,净资产收益率14.57%,产值利润率1.66%,资产负债率92.26%,应上缴款完成率100%。 (郑 丽)

【中铁物资集团华南有限公司】 公司驻广州市越秀区东风东路745号东山紫园商务大厦17层。副董事长(主持工作)邵宇军(1月免),董事长、法定代表人王辉(1月任),党委书记谢百旺(8月免)、黄广双(11月任),总经理杨奎(2月免)、王勇(11月任)。职工83人。下辖华铁商务酒店、南宁分公司和福州办事处。主营工程物流,并开拓国际市场。

2015年,承揽任务总量21.30亿元,完成产值9.12亿元,净利润－2124.74万元;人均创利－25.60万元,职工年人均收入16.49万元;国有资产净资产收益率－80.29%,产值利润率－2.15%,投资回报率0%,资产负债率97.72%,上缴款完成率100%。 (邢宏亮)

【北京中铁工业有限公司】 公司驻北京市石景山区玉泉路65号。主营铁路物资、工程物流、大宗商品贸易,矿产资源,驻厂监造,混凝土及制品加工制造、酒店餐服和物业管理。董事长、法定代表人周庆国,党委书记张品(2月免)、叶海峰(2月任),总经理叶海峰(2月免)、杨晓明(2月任)。职工322人。资产总额155028万元,其中固定资产净值3594万元,流动资产150761万元,其他资产673万元。公司顺利通过ISO9001质量管理体系、ISO14001环境管理体系、OHSAS18001职业健康安全管理体系认证、取得食品流通许可证、AAA企业资信等级认证、国家4A级物流企业认证和中华人民共和国进出口权资质。

2015年,新签合同额45.8亿元,完成产值18.56亿元。 (刘春园)

【北京中铁建物资贸易有限公司】 公司驻北京市复兴路40号。董事长、党委书记陈海波,总经理陈伟。职工154人。下辖北京中铁建印刷有限公司、铁印宾馆。主营钢材、矿石矿粉、焦炭、煤炭、水泥、燃料油、钢轨道岔销售;货物进出口、技术进出口、代理进出口;工程物资配送;加工报纸、期刊、书籍等。资产总额27354.60万元,其中固定资产原值1712.62万元,固定资产净值160.01万元,流动资产27194.59万元,其他资产160.01万元。

新签合同额11.84亿元,营业收入86923.07万元,净利润－19486.09万元;人均创利－123.70万元,全员劳动生产率－84.09万元/人·年,职工年人均收入8.04万元;国有资本保值增值率－1,548.8%,净资产收益率227.57%,产值利润率－21.06%,资产负债率166.93%,应上缴款完成率100%。 (杨 盼)

【中铁物资集团港澳有限公司】 公司驻广东省珠海市九州大道西3026号11栋。董事长王辉(2月任,同时卸任执行董事),党委书记温锦鹏(3月任),总经理杨奎。下辖珠海华铁商贸实业有限公司。职工108人,资产总额86316万元,其中固定资产1778万元,流动资产84452万元。主营城市轨道交通物资供应及铁路物资的国际贸易。

2015年,承揽任务21.75亿元,完成产值13.42亿元,实现利润1.35亿元,净利润3864万元;人均创利35.78万元,全员劳动生产率1242万元/人·年,职工年人均收入20.99万元;国有资本保值增值率111.74%,净资产收益率33.23%,产值利润率2.88%,投资回报率67.2%,资产负债率86.1%,应上缴款完成率100%。 (朱明明)

【中铁物资集团新疆有限公司】 公司驻乌鲁木齐经济技术开发区中亚南路81号。公司执行董事李志群(5月免)、那学明(5月任、11月免),总经理李国锋(1月任),党工委书记黄忆龙(1月免)、刘金桥(1月任)。职工人数60人。下设喀什分公司。公司主营建筑材料、矿产品、铁路器材、农副产品等贸易;工程咨询、工程物流及进出口贸易等业务。资产总额4.37亿元,其中,固定资产原值426.66万元、固定资产净值219.80万元,其他资产4.35亿元。

2015年,任务承揽量0.23亿元,完成产值0.18亿元,实现利润-4.55亿元,净资产收益率为66.23%,产值利润率-23.06%,资产负债率309.36%。

(黄麒筱　袁　浪)

【中铁物资集团江苏有限公司】 公司驻江苏省南京市鼓楼区中山路179号易发信息大厦15层A、B座。前身是中铁物资集团南京分公司。法定代表人郑华荣(5月免)、任刚(5月任),执行董事郑华荣(5月免)、王跃飞(5月任),总经理任刚,党工委书记郑华荣(5月免)、党工委副书记丁志宏(主持工作,5月任)。职工68人。主营铁路建设及大型工程项目物资供应及服务。资产总额62412.9万元。

2015年,完成产值112784.6万元,职工年人均收入79420元,净资产收益率355.86%,产值利润率2.60%,资产负债率108.22%。 (张　磊)

【中铁物资集团兰州有限公司】 公司驻甘肃省兰州市西固区福利东路68号。董事长、党委书记、法定代表人李景光,总经理石泉。职工120人。下辖西宁分公司。主营铁路物资、铁路器材、工程物资销售;仓储服务、装卸搬运;进出口贸易、自营和代理货物及技术进出口业务;矿石、矿产品金属材料、建筑材料、橡胶、焦炭销售,煤炭批发。资产总额87547.97万元,其中固定资产原值3324.18万元,净值2647.54万元,流动资产79149.76万元,其他资产8398.21万元。

2015年,承揽任务34.53亿元,完成产值5.56亿元,净利润-26447.64万元;人均创利-213.29万元,职工年人均收入62133元;国有资本保值增值率-713.62%,产值利润率-45.04%,投资回报率-440.79%,资产负债率126.51%。 (周　桐)

【中铁物资集团海南有限公司】 公司驻海南省海口市龙华区滨海大道123-8号信恒大厦16层。法定代表人、执行董事郑长伟,党工委书记陆强。职工52人。下辖广西分公司。公司主要经营金属、化工、能源、铁路器材、机械等五大领域的国内、进出口贸易服务,并为海南省国际旅游岛先行试验区、海军基地、西环高铁等基建项目提供各类服务。资产总额50124万元。

2015年,新签合同额25.06亿元,完成产值6.08亿元。被评为4A级物流企业,被海口市授予"五四红旗团委"荣誉称号。

(莫云晓)

【北京中铁国际招标有限公司】 公司驻北京市西四环中路19号。执行董事刘建军,党工委书记张燕峰(5月免)、刘建军(5月任),总经理刘建军(5月免)、马达(5月任)。职工43人。资产总额9509.76万元。具有中央投资项目招标代理甲级资质和工程招标代理机构乙级资质。

2015年,承揽任务1536万元,完成产值1725.13万元,实现利润1186.24万元;人均创利18.83万元,全员劳动生产率32.71万元/人·年,职工年人均收入17万元;国有资本保值增值率0.89%,净资产收益率216.58%,产值利润率0.68%,资产负债率101.07%,应上缴款完成率100%。 (王予宸)

【中铁物资集团华中(湖南)有限公司】 公司驻湖南省长沙市经济技术开发区开元大道17号湘商世纪鑫城39层。党工委书记陈明(5月免)、肖鹏(5月任)。执行董事李锦云(5月任、11月免)、杨光文(11月任),法定代表人、总经理陈明(5月任、11月免)、杨光文(11月任),党工委书记肖鹏(5月任)。职工50人。主营业务为销售金属、非金属材料,建筑材料,钢轨,铁路专用设备及器材,货物技术进出口贸易等。资产总额3.62亿元,其中固定资产原值1354.5万元;固定资产净值1158万元;流动资产为3.5亿元,非流动资产0.12亿元。 (高　鹏)

【中铁物资集团云南有限公司】 公司驻云南省昆明市官渡区广福路樱花语幸福广场A1-E栋8楼。执行董事、法定代表人田大鹏,总经理胡永强。职工48人。下辖昆明分公司、贵阳分公司、滇西分公司、混凝土分公司。主营非金属矿产品、金属矿石(粉)、建筑材料、电子商务,以工程物流项目为主,涉及各类大宗物资贸易。资产总额7.16亿元。

2015年,完成产值12.02亿元,净利润3460.63万元;国有资本保值增值率149.97%,净资产收益率48.68%,产值利润率3.88%,资产负债率88.08%,应上缴款完成率100%。 (徐经纬)

【中铁物资集团香港有限公司】 公司位于香港九龙旺角道33号凯途发展大厦704室。董事长王辉、总经理温锦鹏(3月任)。主营建材、钢材、矿产品、油品、煤炭、铁矿石(粉)、机械设备、铁路物资等进出口贸易。资产总额382.4009万元,其中,固定资产原值4.15万元、净值2.4654万元,流动资产379.9355万元,其他资产2.4654万元。

2015年,完成产值6122.46万元,实现利润156.87万元,净资产收益率44.91%,产值利润率2.56%,资产负债率86.50%,应上缴款完成率100%。(王　乾)

【成都中铁建项目建设管理有限公司】 2012年,由集团公司与中铁二十四局集团有限公司为运作成都正公路项目联合注资成立,集团公司占股51%,中铁二十局集团占股49%。取得项目投资、投资咨询、企业管理咨询、资产管理、项目管理、商务服务资质。公司驻四川省成都市双流县华阳街道伏龙路二段117号。董事长潘登华。(陈　悦)

【四川中铁建地铁投资管理有限公司】 董事长、法定代表人潘登华(8月免)、施振东(8月任),党工委书记周灿华(8月任)。职工125人。主要负责成都地铁10号线一期项目的投融资、税务筹划及后续地铁项目的跟踪承揽。8月,公司主要职能发生变化,按集团公司机关部门正职规格管理。资产总额52.87亿元,其中,固定资产原值233万元、净值212万元,流动资产51.04亿元,其他资产1.82亿元。

2015年8月,成功中标成都地铁5号线一、二期设计施工总承包工程。成都天府新区正公路项目2015年完成产值16000万元,实现净利润6108万元;地铁投资公司共计实现营业收入92000万元,净利润9008万元。总计实现净利润15116万元。(陈　悦)

【中石油铁建油品销售有限公司】 公司驻北京市海淀区板井路69号世纪金源商务中心11层。股东代表金跃良(4月免)、李锦云(4月任),董事长、法人代表陈明,总经理杨荷(月免)、祝恩东(月任),党工委书记尤康(5月任)。职工19人。具有成品油批发及危险化学品经营许可证。主要经营铁道建设系统内汽油、柴油、润滑油、沥青等石化产品业务。资产总额2.82亿元。其中,固定资产净值23万元;流动资产2.81万元。

2015年,完成收入26.12亿元,实现利润1021.52万元、净利润746万元;人均创利53.76万元;国有资本保值增值率106.8%,投资回报率7.47%,资产负债率58%。(王福臻)

【中铁煤焦销售有限公司】 公司驻北京市石景山区玉泉路65号院。董事长王跃飞。职工20人。主营煤炭、焦炭、金属材料、沥青、建筑材料、机械设备销售。资产总额18960.52万元,其中,固定资产现值290.23万元,流动资产18670.29万元。

2015年,完成营业收入13865.39万元;职工年人均收入7.54万元;资产负债率122.87%。(于　楠)

【中铁西城钢铁有限公司】 公司驻江苏省无锡市江阴市滨江西路8号16层。董事长、法人代表李庆生,总经理李文强(1月免)、张全兴(1月任)。职工14人。主要经营西城钢铁生产原材料采购和成品销售业务。(李雪冬)

【中铁民爆物资有限公司】 公司驻北京市海淀区西四环中路19号。董事长范玉峰,党工委书记肖鹏(5月免)、范玉峰(5月任),总经理姜延华。职工33人。主要经营炸药、雷管、导爆索等民用爆炸物品和钢材,具有北京市民爆物品销售许可证。资产总额47162万元。其中,固定资产净值91万元,流动资产47072万元。

2015年,完成企业产值15.55亿元,实现利润3086万元。人均创利93.52万元,职工年人均收入25.91万元。国有资本保值增值率130.50%,净资产收益率22.63%,产值净利润率1.48%,资产负债率72.84%,应上缴款完成率100%。(郑　楠)

【北京中铁福斯罗技术有限公司】 公司驻北京市海淀区西四环中路19号。是由集团公司与德国福斯罗公司组成的合资公司,由集团公司控股,2009年3月17日成立。董事长、法人代表熊卫东,总经理刘建国。职工7人。公司主要研究开发扣件系统技术、技术转让和技术咨询。资产总额1894万元。其中,流动资产1856万元;固定资产净额7万元;无形资产净额31万元。

2015年,完成产值1427万元,实现利润692万元,缴纳税金177万元,人均创利98.86万元,国有资本保值增值率112.17%,净资产收益率35.42%,产值利润率48.49%,投资回报率138.4%,资产负债率18.2%。(白　岩)

【中铁物资集团钢之家电子商务有限公司】 公司驻上海市浦东新区东方路818号众城大厦10楼D座。董事长、法人代表张泓,总经理吴文章。职工62人。主要经营电子商务、软件开发等业务。资产总额9300万元,固定资产净值26.99万元,流动资产9244万元。

2015年,完成销售收入(产值)64233万元,实现利润总额121万元、净利润90万元。公司主营电子商务网站"中国大宗物资网"2015年交易金额615468万元。(田　华)

【中铁建(海南国际旅游岛先行试验区)投资管理有限公司】 是根据中铁建与海南国际旅游岛开发建设有限公司签定的合同规定成立的融资公司。负责筹措海南国际旅游岛先行试验区基础设施与公建项目所需的建设资金。注册资金2亿元。法人兼董事长汤世明,董事、总经理陆强。职工16人。成立中铁建海南国际旅游岛项目建设管理指挥部,负责项目的建设管理工作。 (王玉林)

【重要记载】

▲2月 中国物流采购联合会发布《2014年度中国物流企业50强排名的通告》,中铁物资集团以763亿元的主营业务收入跃居中国物流50强企业第2位。

▲6月 成立客户服务中心,开通服务热线4006012700和服务邮箱service@ crmg. cn。

▲6月 集团公司报送的5项管理创新成果在“中国铁建第二届企业管理现代化创新”成果评比中获奖,分别为:机关集中采购中心的“全面深入推进集中采购,管理提升降本增效双赢”获一等奖,东北公司的“构筑钢铁制造业与物流业联动服务平台”和钢之家电子商务公司的“以电子商务为核心的现代物流管理模式”获二等奖,港澳公司的“中海外印尼项目钢轨供应服务解决方案”和华东公司的“营销模式与资金精细化管理的有机融合”获三等奖。

▲6月 在中国电子商务创新推进联盟主办的第二届在线供应链金融大会上,集团公司的中国大宗物资网获“2015年在线供应链金融优秀案例奖”。

▲8月 中国铁建斩获总金额为172亿元的成都地铁5号线一、二期“投融资+设计施工总承包+回报”项目。

▲12月 股份公司党委书记齐晓飞到成都地铁5号线工地以及成都地铁管片厂调研。 (王 蕾)

中国铁建高新装备股份有限公司

【简况】 1954年始建于陕西宝鸡,1964年搬迁至云南昆明,为铁道兵6441工厂,于1991年更名为中国铁道建筑总公司昆明机械厂,2003年改制为国有控股公司,2008年随中国铁建整体上市。公司注册资本9.88亿元,资产总额48.25亿元,占地面积1289亩,现有在职员工2488人。是国家铁路大型养路机械生产基地、国家高新技术企业、连续四届全国文明单位。铁建装备集团公司一直致力于铁路养路机械化事业的发展,截至2015年底为中国铁路提供各类大型养路机械2000余台,国内市场占有率达80%以上,并有部分出口,就2014年铁路大型养路机械制造商的销售收入排名,中国铁建高新装备股份有限公司是亚洲第一、世界第二。多年来,公司始终致力于事业的发展被原国家主席胡锦涛赞誉为“我国铁路大型养护机械设备的领军企业”。大型养路机械的广泛应用,结束我国铁路人工养护的历史,大大提高线路维修作业质量和效率,保证我国铁路安全畅通。为中国铁路历次大面积提速扩能、保障运输安全、加速技术进步、推进工务修程修制改革,为青藏铁路和高速铁路的顺利开通、安全运营发挥重要作用。“十二五”期间,公司着力推进战略落地和规范运作,“二次创业”迈出新步伐,取得新发展。5年来,公司创新商业模式,加强自主创新,强化企业管理,加速推进国际化,完成相关多元化和完善产业链布局。“十二五”期间公司经营业绩最好、发展速度最快、改革最深、变化最大。公司经济指标实现新跨越。各项经济指标实现大幅增长,与云南省内多家企业建立良好的合作关系,与多所院校结成产学研战略联盟和人才培养联盟,以配件协作加工、合作研发等方式形成大型养路机械产业集聚,带动地方经济,尽力解决地方就业问题。在实现企业自身发展的同时,也较好地履行社会责任。为实现可持续发展,公司按照股份公司“稳增长、调结构、转方式”的要求,结合企业自身发展的实际情况,作出整体改制,借力资本市场,在香港分拆上市的决定,并获得董事会及股东大会的批准。决议公告后,公司成立“金马项目”领导小组和工作办公室,负责实施分拆上市项目。经过14个月的顽强拼搏,公司于2015年12月以合理的定价(5.25港元)成功发行上市,募集资金27.22亿港元。作为第一家由A+H股上市国企分拆的二级子公司在香港上市,标志着公司运营从制造服务向制造服务、资本运营转变。 (高一平)

【领导人员】

董事会

董事长	任延军
国有股董事	任延军
	马云昆
	江 河
	余国林

	李学甫
	伍志旭
独立董事	于家和
	孙林夫
	黄显荣
监事会成员	吕检明
	张主民
	王华明
经理层	
总经理	任延军
副总经理	江　河
	杨朝凯
	黄兆祥
	胡　斌
	孙国庆
	张　忠
	陈永祥
	余园林
	童普江
总工程师	胡　斌(兼)
总会计师	余园林(兼)
党群领导	
党委书记	马云昆
党委副书记	任延军
	杨朝凯
纪委书记	莫　斌
工会主席	杨朝凯

(高一平)

【职工队伍】 截至2015年底,员工2488人,各类专业技术人员706人,其中,具有正高职称6人、副高级职称144人、中级职称273人、初级及以下职称283人;从事产品设计研发91人、高级技师80人、技师83人;专业技术人员中具有博士研究生学历2人、在读博士1人、硕士研究生学历129人、本科学历482人。

(高一平)

【经营管理】 实现收入39.73亿元,毛利9.54亿元,税前利润5.26亿元,年度利润4.56亿元。其中,机械销售板块完成营业收入28.92亿元,零部件销售及服务完成营业收入6.07亿元,产品大修服务完成营业收入4.32亿元,铁路线路养护服务完成营业收入0.41亿元。圆满完成股份公司下达的各项任务,经济指标再创新高。

(1)营销工作方面:着力加强区域营销,重点加强售后服务工作,派驻服务人员尝试开展有偿售后服务,逐步实现"服务创造价值"。派出服务人员496人次,计6557天,为60个用户单位的35种设备371台车提供落成验收、保修期内、保修期外、技术指导等全方位服务。完成195台车的现场落成验收服务工作。处理服务需求1327项,占总数的69.25%。继续加强用户培训工作,成功组织用户培训102期,2170人次参加,其中接车押车培训727人次,大机司机驾驶资格培训考试724人次,专项技术培训719人次。培训创收337万元,课件开发创收153万元,用户培训工作稳步加强。

(2)国际化营销工作方面:国际部遵循国际营销和国际合作"两条腿走路"的主体方针,牢牢把握市场机遇,迎难而上奋力拼搏。一是继续加强国际营销工作。"四加七"项目于2015年6月23日开标,9月18日签署采购合同,已进入合同实施阶段。在国际部牵头下,联合技术、运营、采购、制造、财务、培训、售后等相关部门,协调安排外购件和进口关键零部件的采购和整车排产工作;哈萨克斯坦项目于2014年6月12日正式签署采购合同;国际部在2年的时间里一直对阿根廷项目保持密切关注和跟踪,通过中国机械设备工程股份有限公司(CMEC)和中信建设有限责任公司的两条渠道推进项目进展。最终,由于CMEC解决资金问题,项目于2015年取得突破进展;继续推进"借船出海"项目。通过中土集团的渠道,国际部实现埃塞俄比亚、塞拉利昂、尼日利亚等合同顺利执行,新签尼日利亚等配件采购合同,实现配件大批量出口,通过中交隧道局的渠道,国际部在肯尼亚取得突破,通过中铁十九局的渠道,实现准轨捣固车和配砟整形车销售至沙特。二是继续推动和深化国际合作。鉴于钢轨打磨车良好的市场前景,国际部联合研究院与瑞士Speno公司展开会谈,重新定位双方之间的合作,确立铁建装备与Speno之间的合作模式和原则,并签署《打磨车联合生产合作协议》;与法国Sculfort公司成功签署合作生产协议,成功推动广铁集团开展并通过不落轮镟床技术审查这一门槛;在与德国Voith公司开展传动箱合作的相关谈判取得进展的基础上,国际部进一步推进双方合作项目,就合作协议的基本内容达成共识;为提升集团公司产品和技术水平,扩展集团公司产业链,国际部牵头代表集团公司与Plasser&Theurer公司就接触网多功能检修作业车、1200立方米全断面高效清筛机和连续式双枕道岔捣固稳定车进行相关谈判，签署相关技术转让框架协议和原装车采购合同。三是加强外事管理，发挥好外事统筹协调能力，国际部实现集团公司外事工作的集中管控。外事管理以严格、规范、高效、服务为原则，使外事工作取得长足进步。四是公司于 2015 年 2 月 19—25 日组织集团公司参加第二届“阿尔及利亚奥兰国际交通展”，获当地官方和媒体的广泛关注。2015 年 7 月 8—11 日，组织集团公司代表团参加在俄罗斯叶卡捷琳堡举办的第六届“俄罗斯国际创新工业展” 该展会是俄罗斯规模最大、层次最高的综合性工业展。通过参展，中俄高级国家领导人出席展会并参观铁总展台，2015 年 6 月 21—23 日组织集团公司产品模型参加第 22 届“南非国际贸易博览会”，为开拓南非市场准备有利条件。

（3）企业管理改革、审计等方面：铁建装备紧紧围绕抓改革、夯基础、强管理，努力打造企业发展升级版。编制完成公司“十三五”发展规划，为企业健康可持续发展绘制蓝图、指明方向。获“云南省人民政府质量奖”，公司质量工作迈上新台阶；获“国家知识产权优势企业”称号，知识产权工作持续进步。公司实现成本节支 6972.54 万元，完成年度计划的 116.2%；获批重大技术装备制造企业进口件免税额度达到 6208 万美元，同比增长 56.85%，实际执行 6144 万美元，完成 98.97%，降本增效工作取得实效。完成对公司下属 5 家子公司的财务专项审计、薪酬审计、原领导离任经济责任审计等 12 次，提出整改问题 71 项，被审计单位积极落实整改，确保企业经营依法合规，规范运作。完成对公司下属 5 家子公司、制造总厂、营销公司等单位的纪检巡视工作，进行一对一谈话 373 人次，提出问题 49 个、整改意见 33 条，收集员工意见 152 条，充分落实纪委监督责任，确保巡视工作形成制度，整改取得实效。国际科技合作中心项目完成土地过户，实现瑞维通公司合资转独资，为项目开工建设奠定基础。PLM 系统在研究院全面推广运用；优化 ERP 和 OA 系统，实现资本支出付款和报销业务电子化。

（4）财务管理方面：分拆上市工作是铁建装备一项重中之重的工作。在分拆上市工作的开展过程中，铁建装备在经济运行“新常态”下，审时度势、科学决策，以生产经营为主线，着力推进集团公司体制改革和管理创新，努力培育新的经济增长点，公司的整体经济运行情况良好，主要经济指标稳中有升。一是在分拆上市的工作方案获得中国铁建第二届董事会第三十六次会议的批准后，公司财务部立即启动“五加二、白加黑”的工作模式，配合安永会计师事务所和中资评估事务所有条不紊地推进项目，为获得国资委同意铁建装备股份制改造奠定基础。二是积极落实股份公司《资金集中管理考核暂行办法》的要求，采取各项措施，超额完成股份公司下达的考核指标，较 2014 年取得更好的成绩。三是积极了解子公司资金状况，为子公司制定月末存款余额上限，超出部分全部转存集团公司财务公司账户，按照财务公司给出的存款利率计息；主动询问子公司在资金方面的需求。利用财务公司的贷款低息优势，解决子公司的资金需求。既方便集团公司资金调配，有效避免出现沉淀资金，又能为子公司资金争取更多利息，帮助子公司度过难关。四是引入比价竞争机制，力求银行业务获得最高优惠，通过合理、公平的竞争机制，选择最合适的银行开展，业务保证集团公司收益最大化。五是在确保资金安全和周转的情况下，充分利用财务公司存款利率高于商业银行的优越条件，在政策和法规允许范围内，在保留一定的日常周转资金外，其余存款全部存为 7 天通知存款，收益水平较活期存款提高 5 倍；六是高度重视税务筹划工作，密切关注国家相关税收优惠政策，努力探寻合法有效的降低税赋的途径，积极开展税收筹划和高新技术企业、西部大开发鼓励类企业认定工作，实现合理避税、降低税务成本的目标。七是充分利用 OA 信息化平台，与致远公司合作，搭建 OA 网络报销系统，实现 OA 网络报销系统与 NC 预算系统，财务系统一体化链接，初步实现对预算的刚性控制。该系统将 NC 中所有非生产性开支的预算同步到 OA 中，从报销单的发起就显示预算余额，提示报销人以及所有审批此单据的领导关注预算执行情况和进度。通过 OA 网络报销系统的运用，不仅提高审批效率，同时强有力地保障公司对非生产性开支“无预算不支出”，真正做到对非生产性开支的刚性控制。此外，切实加强专业人才队伍建设，鼓励财务人员不断进行再学习，考取各项证书，参加职称评定。截至 2015 年 9 月，公司高级会计师 5 人，会计师 16 人，其中研究生学历 7 人。

（5）安全质量方面：铁建装备紧紧围绕生产经营总体目标，严抓安全、质量、环境、风险内控等各项工作，确保公司安全、质量、环境、清洁生产、集团管控、风险内控、5S 管理工作严格按照政府部门、股份公司、行业部门的要求认真开展、扎实推进，为公司生产经营的正常开展保驾护航。公司为加强安全管理，采取一系列措施。一是通过集中和分散的方式，组织进行各单位危险源定期更新和评审，通过对各单位危险源更新、评审情况进行汇总、复核，更新并形成公司危险源库。发布公司危险源变更的通知并公布危险源及控制措施在公司OA办公系统中的查询路径，供各单位组织学习传达，落实好危险源控制措施。二是对公司安全生产标准化管理体系涉及的55项集团层面安全生产管理制度进行评审，形成公司安全生产管理制度定期评审报告，由各单位根据评审结果对相关制度进行修订或取消，确保公司安全生产管理制度的持续有效性、适宜性、完整性。三是做好综合安全检查。2015年组织实施4次安全生产综合检查，范围覆盖公司本部主要生产单位以及瑞维通、昆维通、奥通达、恒源、广维通等所有子公司，内容包括各单位的管理及现场作业安全，并采用计划、按通知的检查与事先不发通知、不打招呼的突击抽查相结合方式。所发现的问题均以检查通报的形式下发责任单位，并对问题整改情况进行跟踪落实。四是推进隐患排查治理工作的信息化。按照昆明市、官渡区安监局的要求，在昆明市安全生产事故隐患排查治理信息化系统注册，隐患排查治理工作已纳入昆明市安全生产事故隐患排查治理信息化系统，通过信息化进一步推进安全隐患排查治理，实现隐患排查治理的标准化、常态化，强化事故预防。五是根据公司清洁生产指标评价管理制度规定的评价周期和要求，对指标评价工作进行策划，组织相关单位按“定性和定量”相结合的原则并结合工作检查情况，从资源与能源消耗、污染物产生、产品特征、资源综合利用、环境管理与劳动安全卫生、生产技术特征等方面，分期对公司2015年清洁生产指标实施有效统计核算、对标审查及综合评价，分别分析梳理指标体系实施存在的主要问题和不足，整理考评结果并通报相关单位，督促各单位按要求及时组织问题的整改与落实，完善考评记录并保存。经认真自评，公司清洁生产指标评价体系运行持续有效，考评结果达到国内清洁生产先进企业水平。（高一平）

【科技成果】 铁建装备努力践行创新驱动，以技术创新带动企业发展，加大自主创新力度，积极研发新产品，开展国际技术合作，加快行政许可取证步伐，努力推进国家工程技术研究中心建设，推动企业技术实力稳步提升。新产品研制顺利进行，宽轨稳定、捣固、配碴、道岔捣固4种车型进行方案设计；地铁铣轨车、米轨清筛机、窄轨物料运输车已完成初步方案评审，侧切式清筛机完成技术设计评审，全断面清筛机完成技术设计及下图，铁路道床吸污车完成车架静强度试验，不落轮镟床完成样机试制，连续式线路道岔捣固稳定车完成动力学试验，高速铁路配砟整形车、米轨配砟整形车、米轨捣固车、边坡清筛机、DC－32Ⅳ捣固车等进行样机运用考核。轨道除沙车、接触网检修作业车、铁路道床吸污车、轨道除雪车、物料运输车进行运用考核；钢轨铣磨车申请技术鉴定评审，新产品研制工作稳步开展。成功取得HFX接触网放线车型号合格证和制造许可证，CQS－550道岔清筛机型号合格证，JDZ－160接触网检修作业车进口许可证。国家铁路大型养路机械工程技术研究中心现已建成材料应用、无损检测、计量测量、结构强度、制动试验等平台，完成液压试验平台设备购置和厂房规划评审，通过滚振试验台技术可行性方案评审，项目建设顺利推进。（高一平）

【党群工作】 以十八届四中全会精神为指导，贯彻落实全面建成小康社会、全面深化改革、全面依法治国、全面从严治党的重要思想，切实履行“两个责任”，认真践行“三严三实”，紧紧围绕稳增长各项工作，以忠诚、干净、担当推进企业全面发展。

强化学习型党组织建设，抓好理论武装工程。党委组织好三个层面的学习，实现“三个升级”，将改革发展成果更多更好地惠及职工。党委以中心组学习，推进领导班子成员从生产经营型企业运作到上市公司运作的能力转型升级；党委以中干政治理论学习，推进中层管理人员从公司制管理到股份制管理的能力转型升级；党委以党员干部学习，推进党员干部进一步规范运作、创新驱动的能力转型升级。

全面落实党委抓党建主体责任。一是党委落实主体责任，研究制定印发《昆明中铁集团公司落实党风廉政建设主体责任和监督责任实施方案》，健全完善“一把手负总责，分管领导各负其责，班子成员齐抓共管、纪检部门组织协调”的领导体制和工作机制，对重点任务和工作责任分解细化、责任到人，形成横向到边、纵向到底、覆盖完整、责任落实的责任体系。党委实行党建责任制考核，制定考核项目6方面37条；召开党群工作例会10次，安排重点工作28项，一般工作32项，通过逐月检查方式，保证党群工作有序推进和高效完成。二是党委制定印发《中国铁建高新装备股份有限公司负责人履职待遇、业务支出管理实施办法》《中国铁建高新装备股份有限公司中高级管理人员履职待遇、业务支出管理办法》，进一步规范制度。加大党风建设和反腐倡廉工作力度，全面修订《昆明中铁大型养路机械集团有限公司党风廉政建设责任制实施细则(试行)》《昆明中铁集团公司领导干部廉洁自律若干不准》,下发《领导人员廉政谈话记录本》,督促班子成员履行对所分管干部的廉政监督责任,有效落实党风廉政建设责任制。对照党风廉政建设13个方面20条的要求进行自查自纠,并对查找出的38条问题逐一列出整改措施,于2015年底全部整改完毕。三是党委修订《昆明中铁中层及以上管理人员管理暂行办法》等配套的8个制度,按照组织程序提拔使用中层领导干部。执行领导人员个人有关事项报告,组织89名干部对个人财产情况、出国境情况等进行上报登记。四是党委落实《公司领导班子成员建立工作联系点暂行办法》,发放民主调查测评表1149份,收集职工群众意见152条。群众路线教育实践活动中《领导班子整改方案》中的30项问题,全部整改完成率达到100%。五是党委从外投资、基本建设、科技立项、重大物资、设备采购重点领域、重点部门、重点环节入手,加快推进内部审计制度建设。开展招标37项,其中设备招标3次、物资招标33次、物流服务招标1次。六是党委先后6次组织中层以上领导干部及重要岗位人员开展廉政警示教育,不断强化党员领导干部廉洁自律意识和底线意识。七是党委组织开展2014年度党风廉政建设责任制考核工作,签订2015年"廉政承诺书"和"党风廉政建设责任书"。对测评考核排名靠后的中层领导干部,由纪委书记对其进行警示谈话,对民主测评结果得票率相对较低的单位,纪委书记约谈其党委书记。八是党委派出巡视组对所属6家子分公司以及营销公司开展巡视工作,进一步加大巡视的力度和深度。九是重点针对"违反党的政治纪律和政治规矩的问题,以权谋私、贪污受贿等违法问题,享乐奢靡、铺张浪费等违反中央八项规定问题,独断专行、有章不循、管理混乱问题,抓党风建设和反腐败工作中不到位、不得力的问题"等突出问题,深入开展专项自理自查自纠,从严加强党风建设和反腐败工作。十是党委实施纪检体制机制改革,成立2个派驻纪检组,第一纪检组负责履行对昆明地区3家子公司及制造总厂的监督职责,第二纪检组负责履行对北京地区2家子公司及公司在北京所属机构的监督职责,并明确纪检组的职责、工作规则及管理、考核办法。

深入开展"三严三实"专题教育活动,进一步深化作风建设。党委对照"三严三实"的要求,聚焦对党忠诚、个人干净、敢于担当,着力解决"不严不实"问题,发起"改进廉政作风,改进工作作风"的冲锋号,切实增强践行"三严三实"要求的思想自觉和行动自觉,努力在深化"四风"整治、巩固和拓展党的群众路线教育实践活动成果上见实效,在守纪律讲规矩、营造良好政治生态上见实效,在真抓实干、推动改革发展稳定上见实效。一是党委坚持"严"字当头、"实"字托底,以严正己、以实导行,准确把握"三严三实"精神实质和科学内涵,制定《昆明中铁集团公司党委关于开展"三严三实"专题教育工作方案》,明确开展专题教育的总体要求、目标任务、基本原则、方法措施等,"一对一"确定"三严三实"专题教育联系点。二是党委领导班子成员结合分管部门、分管单位实际,带头讲党课。各级领导班子为党员干部上专题党课42次,在全公司上下形成以上率下的良好局面。三是党委领导班子成员聚焦职工群众反映强烈的突出问题,紧盯"不严不实"的具体表现,在修身方面、用权方面、律已方面、务实方面,以调研、走访、座谈等形式,查摆问题,分析原因,找准病根,研究解决办法,领导班子收集汇总形成"不严不实"9个方面25个问题,并逐一列出清单,落实责任领导,明确整改措施和时限要求,制定时间表、路线图。四是党委以"共产党员网"对中央党校罗汉平教授的高端访谈节目《"三严三实"体现共产党人的追求和政治品格》理论教育为"药引",开设干部作风大讲堂。围绕"三严三实"组织撰写5篇专题评论员文章,用实际发生的现象讲述不严不实对企业带来的危害。推出4个系列视频专题片,曝光警示各级领导干部要防止精神懈怠、能力不足、脱离群众、消极腐败等各种危险。在纪念建党94周年之际,党委以"忠诚"为主题,举办优秀共产党员先进事迹报告会,倡导忠诚于党、忠诚于组织、忠诚于企业、忠诚于大机事业"四忠诚"教育。五是党委挑选10名任职财务、物资、生产、营销、子分公司行政主管等关键岗位的中层干部,以中心发言人讲课的方式对《优秀领导干部先进事迹选编》《领导干部违纪违法典型案例警示录》的原文、学习心得、努力方向进行分享,给领导班子当课外辅导员。六是党委将全体领导干部分为集团领导班子、各子分公司领导班子和机关、业务单元建立大讨论群,分别提出23个研讨课题,逐一查找梳理班子和个人存在的"不严不实"问题进行深刻的党性分析和自我剖析。

以基层党组织建设为重点,抓好基层党建,为公司股改上市提供坚强的组织保障。党委通过深化党的群众路线教育实践活动和党委落实党风廉政建设"两个责任"贯彻执行,加强领导班子的"四风"建设;党委对党组织和党员的日常考核作为常态工作,量化"先锋岗""红旗区"考核指标,以合格岗、合格区为计分起点,将员工积分奖励的正激励方法引入考评,每季度评选“先锋岗”“红旗区”,坚持创岗建区制度的执行;党委加大导师带徒培训力度,截至2015年9月,有66名新进员工和77名导师参加“导师带徒”培养计划,其中56名新进员工完成为期12个月的学习,实现年度培养计划。

以“中国梦·大机梦”主题教育实践活动为主线,加强社会主义核心价值观培养和体系建设。党委抓住公司股改上市实施“二次创业”的契机,通过开辟“中国梦、劳动美”栏目和“我身边的道德模范”专版,陆续推出身边的先模人物和集体,用模范的力量树立正确的劳动观,形成劳动光荣的价值取向。开展第四届“十大杰出青年”“十佳青年技术能手”评选活动,表彰青年典型,引导和激励广大青年立足本职、勤奋学习、创新进取、建功成才,统一思想,为“二次创业”实现“大机梦”而努力奋斗。党委加强企业社会责任宣传教育,大力宣扬创先争优精神,以“道德讲堂”“先模讲堂”等方式,宣传身边人、身边事,进一步探索和引导员工积极创先争优,增强员工的社会责任意识培养。同时,充分发挥企业内刊、宣传栏、OA办公系统、公司网站等传统媒体的宣传优势,强化舆论宣传主阵地。

进一步加强保密工作体系建设。加强中层以上领导干部手机使用管理保密知识教育培训,落实《手机使用保密管理规定》,进一步使中层以上领导干部了解手机使用泄密隐患,增强保密意识,掌握手机使用保密常识;对公司所有的办公电脑进行清查,确定涉密电脑,建立台账,粘贴标签,清理出涉密电脑(含台式和笔记本)418台;组织第2轮涉密人员签订保密协议,签订保密协议353份;设计涉密计算机维修、调拨、报废的操作流程,执行6台计算机审核;按审批流程对21篇对外发表论文,对23次对外新闻进行审核,退回不符合审核流程的论文2篇;开展保密法制宣传月活动,着力抓好“开好保密工作会、讲好保密专题党课、完善和制定各项保密规章制度、开展计算机及网络为重点的经常性保密检查”“四个一”活动;充分发挥保密工作领导责任制的“牛鼻子”作用,狠抓监督检查,确保责任落实,进一步推进保密工作常态化、规范化。

加强工团建设,促进企业和谐发展。各级工团组织深入贯彻中央群团工作会议精神,紧紧围绕生产经营中心任务,开展道德讲堂活动,选标树模;开展员工社团活动,倡导健康生活理念,为实现“昆明中铁梦”提供精神动力和智力支撑。

离退休、信访稳定、民兵预备役、计划生育、关工委等工作扎实有效。（袁国强）

【恒源公司】 昆明中铁恒源商务服务有限公司是中国铁建高新装备股份有限有限的全资子公司,成立于2012年6月1日,注册资本980万,公司驻昆明市金马镇羊方旺384号X-1幢1层101-102号,主要承担集团公司的后勤保障工作,公司经营范围包括保健品生产与销售、餐饮、住宿、商务服务、会议及商品展览服务、房屋建筑工程的设计与施工、园林绿化工程的设计与施工、绿化保洁服务、物业管理、蔬菜及苗木种植、日用百货、五金交电、铁路机械设备及配件的销售等。在立足“服务主业”的前提下,近两年恒源公司将有计划、有步骤地取得物业管理资质,以市场化的方式为中铁小区提供专业物管服务,对中铁小区的商业场地进行专业规划和运营,并积极开展企业宣传、产品宣传,加强市场渗透,运用各种有效促销方式或商务手段,确保市场的占有率;制定市场宣传策略,定期制作企业宣传简介,加强网站建设,及时向客户发布经营信息,以扩大企业知名度。

2015年,公司资产总额2451.30万元,其中流动资产1955.08万元,固定资产原值532.83万元、净值355.85万元,其中运输设备10辆,原值291.30万元、净值193.03万元。国有资本保值增值率100.29%,净资产收益率2.48%,资产负债率59.35%。公司下设3个行政管理机构,8个业务生产部门,现有员工367人。其中,正式职工81人;劳务派遣员工73人;非全日制员工153人;保安52人,实习生4人,退休返聘4人。大学本科及以上21人,大中专105人,高中及以下241人,其中高级职务1人,中级职务11人,初级职务10人。2015年物资管理方面节约成本20万余元;在业务管控方面节约成本约15万余元。（赵水英）

【北京昆维通公司】 北京昆维通铁路机械化工程有限公司于2010年5月10日注册于北京市房山区阎村镇阎富路1号-A120,法定代表人熊伟伶,注册资本6000万元,企业类型为有限责任公司(法人独资),经营范围为施工总承包;劳务分包;技术开发、技术服务、技术转让、技术咨询(中介除外);销售、维修、租赁铁路专用设备及零配件;货物进出口(国营贸易管理货物除外)。具有铁路施工总承包叁级资质。

2015年,员工总数139人,其中在岗职工116人,占总人数的83.4%;实习学生23人,占总人数的16.6%。机关职能部门17人(含领导班子成员),生产一线员工 122 人。2015 年,公司资产总额 9005.26 万元,流动资产 5960.09 万元,国有资本保值增值率 109.71%,净资产收益率 9.96%,资产负债率24.27%。

(刘宸睿)

【广维通公司】 昆明广维通机械设备有限公司成立于2013 年 12 月 23 日,2014 年 1 月 8 日正式挂牌营业,成为具有独立法人资格的经济实体。2015 年随中国铁建高新装备股份有限公司于香港联交所整体上市,投资人变更为铁建装备,注册资本 3000 万元。公司驻铁建装备 43 区,截至 2015 年底,拥有厂房 9500 平方米,员工人数 123 人,其中高级工程师 4 人、工程师 5 人、助理工程师 2 人,会计师 4 人,高级技师 12 人,技师 10 人。公司以铁路养路机械产品配件加工为主营业务,为我国铁路养路机械配套生产优质铸钢件、铸铁件、铸铜件、锻压件、铆接件及零部件热处理、机械加工和部件总成组装。

2015 年,公司完成铸钢件 870.7 吨、铸铁件 266 吨、铸铜件 24.5 吨、热处理件 1904 吨、折弯件 473 吨、铆接 1152 件、组装 864 件(包括车钩 436 套、振动筛 14 台、弹簧悬挂 112 + 302 套),机加工工时 88662 小时。铸件产量比 2014 年提高约 74.6%。

(胡　兵)

【奥通达公司】 昆明奥通达铁路机械有限公司成立于2010 年,是中国铁建高新装备股份有限公司的全资子公司,中国铁建股份有限公司下属的三级公司,注册资金 5000 万元,是按现代企业制度组建的有限责任公司、国有企业。公司注册地址云南省昆明经开区阿拉乡大麻苴。法人代表、执行董事张瑞荣,党委书记李伟。主要从事小型铁路养护机械的研发、制造和大、中型铁路养护机械配件的制造、修理、销售等业务。产品遍布全国 18 个铁路局及各工程局、地方铁路、城市轨道交通。公司驻云南省昆明市官渡区金马镇羊方旺 384 号,占地面积约 8000 平方米,现有员工 200 余人,大专以上学历和拥有各类中、高级职业技能人员达到员工总数的 80%。截至 2015 年底,公司资产总额 40598.03 万元,其中固定资产原值 751.04 万元、净值 341.43 万元,流动资产 40080.92 万元。

2015 年,资产负债率 68.43%,净资产收益率 38.32%,产值利润率 15.63%,投资回报率 150.34%,国有资本保值增值率 128.45%。全员劳动生产率 234 万元/人·年,人均创收 213.1 万元,职工年人均收入 6.3 万元。

(王勇刚)

【北京瑞维通公司】 北京瑞维通工程机械有限公司成立于 2009 年 6 月,位于北京市房山区大件路 77 号,职工 498 人,2015 年承揽任务总量 6.41 亿元,年生产能力 120 标准台,主营业务有返厂大修、年检及其他延伸服务(项修、技术改造、现场技术服务等)。瑞维通是北京市“高新技术企业”“安全生产标准化二级企业”“中国铁建企业文化建设先进单位”,通过 ISO9001 质量管理体系、ISO14001 环境管理体系、OHSAS18001 职业健康安全管理体系认证,拥有独立的 DC - 32 捣固车、QS - 650 全断面道砟清筛机、WD - 320 轨道动力稳定车、SPZ - 200 双向配砟整形车、CDC - 16 道岔捣固车、DCL - 32 连续走行捣固车 6 种机型国家级行政许可修理资质。

资产总额 52783.69 万元,流动资产 25115.70 万元,固定资产原值 9701.75 万元、净值 7835.93 万元。国有资本保值增值率 122.22%,净资产收益率 14.53%,资产负债率 41.40%。主要生产设备 119 台,设备原值 1468.94 万元,净值 903.15 万元,设备完好率、利用率 100%。

(夏　涛)

【重要记载】

▲1 月 14 日　启动党风廉政建设教育活动,党委、纪委全面落实党风廉政建设的主体责任和监督责任,以“两个责任”要求,改进工作作风、密切联系群众、完善惩防体系,深入推进党风廉政建设和反腐败斗争。

▲2 月 6 日　通过云南省科技厅、省科技发展研究院认证,被授予“云南省生产力促进中心”。

▲2 月 9 日　铁路大型养路机械走行性能试验台架技术方案通过评审。

▲2 月 10 日　国家铁路大型养路机械国际科技合作中心项目成功立项,6 月相继完成项目用地过户以及瑞维通公司少数股权转让工作,使瑞维通公司变为公司的独资公司。

▲2 月 12 日　公司与瑞士 SPENO 公司成功签订 48 头钢轨打磨车部件采购合同以及技术服务合同。

▲2 月 28 日　继 2005 年、2008 年和 2011 年 3 次获“全国文明单位”称号,公司第 4 次获“全国文明单位”称号。

▲3 月 27 日　云南省工程技术研究中心 2015 年工作年会在昆明召开,公司报送的新产品 HFX 恒张力放线车等 20 个成果转化案例被评为优秀。

▲3 月 30 日　公司获评“2014 年度云南省质量效

益型先进企业”，这是公司第 10 次获该荣誉，被授予“云南省质量效益型先进企业特别奖”。

▲5 月 15 日　哈萨克斯坦项目 3 台 WD－400W 宽轨动力稳定车顺利从阿拉山口出境，公司首次独立完成整个国际运输、报验、报关等全套出口程序。

▲5 月　制造总厂总装分厂调试工段获云南省“工人先锋号”，奥通达公司机电项目部获铁路总工会“火车头奖杯”，制造总厂总装分厂刘杰获中国铁建“劳动模范”称号，奥通达公司获评中国铁建“先进集体”。

▲6 月 23—25 日　参加云南省第 37 次质量管理小组代表大会，公司获“2015 年度云南省质量管理小组活动优秀企业”称号，副总经理江河获“云南省质量管理小组活动卓越领导者”称号，制造总厂工艺 QC 小组、广维通公司铸造 QC 小组获评“云南省优秀质量管理小组”，制造总厂西山分厂总组装工段、制造总厂结构分厂制作工段获“云南省质量信得过班组”称号。

▲6 月 25 日　公司完成企业股份制改造的工商变更登记，企业由有限责任公司变更为股份有限公司，并更名为“中国铁建高新装备股份有限公司”。

▲6 月 25—28 日　制造总厂总装分厂调试工段代表公司参加质量信得过班组选拔赛发布，并获“2015 年度全国铁道行业优秀质量信得过班组”称号。

▲7 月 2 日　公司获评昆明企业家协会“优秀会员单位”。

▲7 月 24 日　公司通过国家国际科技合作专项“轨道作业测量车联合研制”项目验收。

▲9 月 2 日　公司获“第二届云南省人民政府质量奖”。

▲9 月 17 日　公司董事长、总经理任延军获云南省第四届“兴滇人才奖”提名。

▲9 月 19 日　奥通达公司申报的“铁路大型养路机械远程故障诊断系统研发应用”项目获昆明市科技局立项。

▲10 月 29 日　北京瑞维通公司昆明分公司挂牌成立。

▲11 月 2 日　公司参加中国铁建 2015 年宣传思想文化工作会议，公司党委书记马云昆获中国铁建首届“永远的铁道兵杯”十大楷模，营销公司售后服务部专家组组长叶小勇获第四届“十佳道德模范”之“诚实守信模范”，工会副主席、党委工作部部长、团委书记汪菲娜和奥通达公司党委书记李伟获评第二届优秀思想政治工作者。

▲11 月 8 日　公司及奥通达公司申报的 50 余种产品通过中国铁内部产品认定和价格评定号。

▲11 月 10 日　经全国高新技术企业认定管理工作领导小组办公室审批通过，奥通达公司被列为“云南省 2015 年第一批高新技术企业”。

▲11 月 24 日　国务院国资委经济责任审计项目组常务副组长程庆桂带队，国资委监事会 28 办相关领导、立信会计师事务所专家，中国铁建监事会主席、审计监事局局长黄少军一行赴公司检查指导。

▲11 月　奥通达公司申报的项目“铁路大型养路机械远程故障诊断系统研发应用”通过市科技局批准，列为 2015 年昆明市科技计划第三批立项项目，获得科研经费补助 45 万元。

▲12 月 14—16 日　公司组织机械工业机床产品质量检测中心（昆明），对首台 TF2000HD 不落轮镟床进行全面的质量检测，顺利通过第三方检测机构验收。

▲12 月 15 日　中国铁路总公司与公司在北京正式签订 2015 年铁路大型养路机械采购项目合同。

▲12 月 16 日　公司最终以定价 5.25 港元，在香港联合交易所有限公司主板成功发行上市（股票代号 1786.HK），募集资金 27.22 亿港元（截至 2016 年 1 月 11 日）。

▲12 月 22—24 日　公司参加“第三届全省工业企业暨产业园区职工技能大赛”决赛，获团体总分第 3 名和维修电工个人第 7 名，制造总厂维修电工王卫超被授予“云南省维修电工技术能手”称号。

▲年内　公司员工张贵波获“中国铁建股份有限公司 2015 年技术能手”称号，郭旭获“第三届昆明市有突出贡献高技能人才”称号，李世雄获“第三届昆明市优秀技术能手”称号。

▲年内　公司制造总厂总装分厂调试技术员杨治能获中国铁建第七届“十佳青年技术能手”称号，研究院高级工程师蔡昌胜获中国铁建第七届“十大杰出青年”提名。　（富建强）

中国铁建重工集团有限公司

【简况】　（以下简称“铁建重工”），原名中铁轨道系统集团有限公司，2007 年 5 月 28 日组建，2011 年 7 月更为现名。隶属于央企中国铁建股份有限公司，是集高端地下装备和轨道设备研究、设计、制造、服务于一体的专业化企业，是国家认定的重点高新技术企业和国家级两化融合示范企业，企业注册资本金38.5亿元。

铁建重工始终瞄准“世界一流、国内领先”的目标，坚持“科技创新时空，服务引领未来”的理念，坚持培育和打造“六大核心竞争力”，走创新型、服务型和哑铃型道路，积极发挥建筑施工行业优势，充分利用中国铁建长期积累的施工技术与施工经验，通过“原始创新、集成创新、协同创新和持续创新”的自主创新模式，加强“产、学、研、用”的结合，掌握多项具有世界领先水平和自主知识产权的核心技术，打造掘进机、特种装备、轨道设备三大产业板块。

铁建重工积极培育“包容、创新、务实、严谨和廉洁”的企业文化，先后被评为“国家重大技术装备首台(套)示范单位”“全国建筑施工机械和掘进机械行业标准起草单位”“国家863计划成果产业化基地”“中国机械工业百强企业”“中国工程机械制造商50强企业”“中国轨道交通创新力TOP50企业”“中国工程机械最具成长力企业”。获评“全国企业文化建设先进单位”“全国企业文化建设百佳单位”“中央企业思想政治工作先进单位”等。

集团公司设立董事会、党委会、监事会和领导层，管理21个直属部门、掘进机事业部、工程机械事业部、重型机械事业部、轨道设备事业部、海外事业部四个事业部、中央研究院，掘进机制造总厂、特种装备制造总厂、道岔分公司3个产品制造单元，兰州公司、新疆公司2个区域子公司和中铁隆昌铁路器材有限公司、株洲中铁电气物资有限公司2个专业子公司和中铁建特种装备工程有限公司。集团总部驻湖南省长沙市经济技术开发区东七路88号。

2015年，职工2515人，企业资产87.63亿元，流动资产71.84亿元，固定资产净值9.94亿元。总计生产设备2251台(套)，总功率57091.91千瓦，技术装备率15.49万元/人，动力装备率21.15千瓦/人。2015年完成新签合同额52.67亿元，完成产值50.18亿元。

(张新颖　王艳艳　王喜桔　邓日红　李　红)

【领导人员】

董事会

董事长	刘飞香
董事	周海祥
	王全生
	程永亮
	李　健

监事会

监事会主席	龚道君
监事	谭光勇
	钟吉明

经理层

总经理	周海祥
巡视员、副总经理	王全生
副总经理	刘海华
	贺勇军
	程永亮
	李　健
	赵　晖
总工程师	程永亮(兼)
总会计师	李　健(兼)
技术总监	郑大桥
总机械师	何其平
董事会秘书	申智方

党群领导

党委书记	刘飞香
党委副书记	周海祥
	龚道君
纪委书记	龚道君
工会主席	龚道君

(王艳艳)

【职工队伍】 2015年，职工2515人。合同制员工中，研发技术人员478人，营销与服务人员268人，管理人员478人，技能人员1189人。博士11人(含博士后1人)，硕士180人，本科787人，大专583人，大专以下954人。管理技术人员中，高级与正高级职称81人；中级职称269人；初级职称460人。技能人员中，高级技师5人，技师43人，高级工294人，中级工235人，初级工687人。(王艳艳)

【经营管理】 新签合同额52.67亿元，实现营业收入50.49亿元，实现净利润7.56亿元，完成工业产值50.18亿元。其中掘进机产品新签合同额17.50亿元，完成产值13.22亿元，产量31台套，实现营业收入16.43亿元；特种装备产品新签合同额2.77亿元，完成产值3.12亿元，产量191台套，实现营业收入2.30亿元；轨道设备产品新签合同额24.13亿元，完成产值23.64亿元，产量2407组，实现营业收入21.85亿元；弹条扣件与闸瓦产品新签合同额7.31亿元，完成产值7.09亿元，产量6894.33万件，实现营业收入7.76亿元；电气制品产品新签合同额0.96亿元，完成产值1.25亿元，产量20977根、5125吨，实现营业收入1.21亿元，管片产品实现营业收入1.24亿元，完成产值1.87亿元，产量13333环，海外实现营业收入0.45亿元。(李　红)

【风险内控】 组织集团公司各部门(单位)2次开展制度修订、汇编工作,历时7个月,涉及公司治理、行政后勤、审计法务、监督监察、科技工作、信息化、生产运营、人力资源、财务管理、工会工作10个系列,237个制度,优化流程1630条。针对三级单位风险内控工作做到精心准备,分级建设,重点突破,集成运作。指导三级公司将现行规章制度与《企业内部控制基本规范》及其配套指引对标,查找缺失的规章制度和现行制度的设计缺陷,进行补充和完善;2015年6月至9月,对三级单位风险内控工作开展情况进行验收检查;指导三级单位开展2015年内控评价工作。高度重视内控工作的宣传贯彻和培训工作,先后开展针对三级单位内控体系建设的培训及针对集团公司内控专(兼)职人员的业务素质提升的培训。结合风险内控的相关要求,大力推进信息化建设。启动基于SAP系统的集团管控型ERP建设;全面开展基于PTC公司的数字化研发设计整体解决方案的实施;完成信息安全整体解决方案实施,为公司信息流的安全提供保障。 (王凤婷)

【市场经营】 加强企业宣传,积极参加各种行业展会,提升市场影响力。通过规范经营工作协调调度会、经营例会、经营务虚会制度,加强营销策划和指挥领导。掘进机事业部创新经营模式与方法,扩大推广融资租赁业务,加大维修改造和配件销售力度,积极拓展系统外业务,进一步扩展盾构机应用领域,探索地下管廊设备应用,进一步扩大水利领域应用;工程机械事业部制定全款销售、常规付款、分期付款、融资租赁、设备分包等多种营销方式,以工法指导营销,取得较好效果,搅拌站市场逐渐挽回声誉,湿喷机市场稳步扩大;重型机械事业部重点跟进蒙华项目,积极开展预切槽设备市场宣传和推广。成立连续墙设备营销领导小组。轨道设备事业部继续保持稳定铁路基建市场占有率的同时,加强路局、地铁、城际铁路及地方铁路的市场开发力度;海外事业部分别在新加坡、泰国、印度、伊朗、俄罗斯、南非设立区域联络机构,在伊朗市场取得突破;隆昌公司在巩固扣件系统市场地位的同时,积极挺进铁路货运机车车辆闸瓦领域;电气物资公司在重点开发西北部市场的同时,成功打入东北市场,中标呼和浩特局的呼准鄂项目砼支柱,兰州公司成功跟踪兰州市资源环境学校教学用小型盾构机的销售项目;北京分中心、西南区域经营部、晋蒙区域经营部以市场为导向,以信息收集为抓手,外塑形象,内练内功,重点做好市场信息的跟踪、收集和反馈工作,发挥协调参谋服务作用,促进各产业板块经营工作。 (武 劲)

【财务管理】 财务工作坚持"以规范为基础,以调整为重点,以效益为中心,以发展为目标",采取"以保推减,以减带降,以降促优"的方式使财务状况不断优化,推进ERP信息管理系统建设积极推进财务与各业务模块的紧密对接。加强资金管理创效,强化资金集中。优化调整财务组织架构,建立以研发、销售为核心的组织架构,调整成立集团公司财务部、研发销售服务中心财务部,供应链运营中心财务部;完善财务管理制度,重新梳理与重新修编30余项财务制度,梳理编定流程932条。在全集团各事业总部、分子公司开展为期3个月的会计基础工作检查暨财务监察工作,在全集团范围内开展资产清查工作;加强税收筹划,积极获取应享受政策优惠,取得良好效果。以"看能力、看业绩、看实效"的人才策略,积极通过实战来提高财务人员的业务能力,截至2015年底,全集团财务人员65人,其中,有高级职称的19人、有研究生学历的11人、注册会计师2人、湖南省会计领军人才2人。

(王淑川 唐 翔)

【人力资源管理】 更加注重组织架构与管控模式的适应性、组织架构与管控机制的匹配性,打造具有对市场、对客户快速反应能力的组织架构。实施多通道员工职业发展规划,建立员工职位管理体系,将职位划分为职衔系列、预备系列和技能系列三大类别,每个职位系列又划分为若干个层级。实行职务与职衔分离。推行月度积分激励制度,实行团队激励。通过积分激励导向,形成单位业绩越好团队激励越多,个人业绩越好获得月度奖励越多的良性发展态度。优化招聘审批流程,开展人才测评、背景调查与猎头招聘,加大对各类人才的招聘引进力度,招聘入职432人,引进C层级以上中高端人才同比增长133%,引进B层级人才12人。严格开展考核淘汰优化工作,通过完善"三期人员"考核流程,主动淘汰各类人员24人。着力加强员工培训工作,新增培养内训师31人,组织254场次培训,人均培训15.2课时,人均选学网络课程15.7门,人均学分28分。按时足额缴纳五险一金,未出现欠缴、少缴等情况。 (王艳艳)

【信息化建设】 修订铁建重工《信息化三年滚动规划》,并编制集团公司《2015年度信息化建设计划》,为公司信息化建设提供方向;全面开展信息化预算工作与制度修订工作,完善与修订13个信息化制度;完成系统流程修订1021条,同时对OA流程超时进行考核。启动ERP建设项目,全面梳理并优化全集团的业务流程,打通内部计划、供应、生产制造等业务环节,从业务上将有效提升运营管理。全面普及三维设计软件

CREO 三维建模，在 PLM 系统完成系图纸审批流程、产品数据的管理功能、电气 EPLAN 与 CREO、PLM 系统集成，产品设计实现稳定可靠分析。开展铁建重工云平台的建设工作，编制《铁建重工云平台规划实施项目建议书》。稳步推进智能制造工作，编制集团公司《智能制造实施大纲》，并协助编制集团公司《实施中国制造 2025 规划》，被评为“2015 年度产品智能化优秀解决方案”。开启安全平台建设、加密系统平台的平稳迁移。完成软件全面正版化工作，同时开展保密调查工作与信息化内部风险控制，为信息安全提供支持。（何湘仁）

【审计工作】 持续围绕《中国铁建股份有限公司 2015 年度审计工作思路及审计项目计划》，扎实开展审计工作。起草和修订《内部审计管理办法》《经济责任审计管理办法》《内部控制审计管理办法》等制度。对审计相关的业务流程进行规范和重塑。将审计工作由集团公司统一管理，实行“大审计、大监督”，由审计部统一制定审计计划并组织实施，下面各产业模块均不设立审计机构，由集团审计部统一组织审计监督，整合内部监督资源。高度重视国资委开展的经济责任审计工作，成立审计工作领导小组和工作组，下发审计工作部署文件，做好总体审计协调，全面完成配合审计工作，在审计过程中未查出重大问题。积极开展绩效审计和管理审计。加强资金安全与风险防范预警机制，强化财务收支审计。建立审计结果落实反馈制度，加强对审计意见落实情况跟踪。开展内部审计 9 次，提出审计建议 28 条，并得到整改落实。（胡蓓蓓）

【法务工作】 重新修订并细化完善《中国铁建重工集团有限公司合同管理办法》《法律事务管理办法》等制度，汇编《知识产权法律保护办法》。2015 年初，对道岔分公司进行集中全面的合规检查。组织参加国资委、股份公司、长沙县人大常委内司工委组织培训班。完成长沙市经济技术开发区工商局组织的企业信用评级工作，被评为 AAA 级信用企业。参与集体公司招标监督工作 49 场，完成集团公司 100% 合同审核工作，审核公司内部合同 3000 余份（不包括订单），参加合同评审会百余场。全面负责合同管理跟踪工作，为合同管理流程的运行设计严格的程序，同时建立详细的合同档案、台账，并及时更新合同履行过程中的各类信息，促使合同的信息化管理工作基本完成。全面参与对公司所有合同进行的全面检查工作。做好诉讼案件与协调非诉讼法律事务工作。案发 1 起诉讼案件，1 起仲裁案件，有效将发案率降低。（赵勤砚）

【安全质量】 对公司及所属各单位安全、环境管理情况进行监督及检查，未发生重大安全生产事故、未发生环境污染事故。编制完成《铁建重工环境应急预案》，取得集团公司长沙园区“排放污染物许可证”，顺利通过长沙市经信委、财政局的清洁生产审核实地验收，并于 12 月通过方圆标志认证集团有限公司湖南分公司对公司的质量、职业健康安全、环境三标一体化认证监督审核。针对“质量月”，组织开展质量宣传、质量征文、质量培训等系列活动。国家质检局和国家水利部联合组成的国务院质量工作考核组对公司质量工作进行实地核查与座谈交流，集团的质量管理工作得到充分肯定。（颜　晨　王　嵘）

【科技创新】 科技工作围绕“创新、发展、巩固、提高”主线，突出“做大做强战略新型产品产业、加速推进科技成果转化应用”2 个重点，构建“科技攻关、科技创新、技术标准”三大体系，成效显著，连续 4 年获评股份公司“科技创新先进单位”和中施企协“科技创新先进企业”，获评“2015 最佳自主创新企业”。研发 75 项新产品，集团在研科技立项 39 项，其中在研国家科技计划 10 项、新立省级重大科技计划 1 项、股份公司科技计划 5 项。集团公司国家“863”、国家科技支撑计划、湖南省重大专项等专项经费 2944.41 万元，各项奖励 329.53 万元。获省部级科技进步奖 3 项，股份公司科技进步奖 3 项，连续 2 年获国家专利优秀奖，3 项科研成果通过省级鉴定，2 项成果达到国际领先水平，1 项成果达到国内领先水平。科研成果“ZTS6250 泥水平衡盾构机”获“2015 年度湖南省首台套重点技术装备”。依托国家“863”计划“大直径硬岩隧道掘进装备（TBM）关键技术研究及应用”重点项目支持，完成工业考核，整机通过第三方检测、技术指标达到任务书要求。承担的国家科技支撑计划“预切槽隧道施工成套设备关键技术研究”“盾构施工煤矿长距离斜井关键技术研究与示范”项目完成任务书要求的任务。自主研制的 ZTT7565 双模式斜井全断面隧道掘进机（TBM），整机技术达国际先进水平，部分技术达到国际领先水平。研制出具有自主知识产权的国内首台双护盾硬岩 TBM。成功研制功率回收式液压元件测试试验台，整机水平达到国内领先水平。自主研制的国内首台护盾式掘锚机突破掘锚完全同步技术，通过安标国家矿用产品新产品工业性试验，符合煤安标准要求。获批组建国家博士后科研工作站，完成博士后科研流动站协作研发中心年度评估，通过 2 年 1 次的国家认定企业技术中心评价工作，进行院士专家工作站的年度评价工作，评价结果为优秀。顺利通过长沙市知识产权管理规范试点企业的贯标验收，修订 19 份知识产权相关程序控制文件，专利检索、专利风险评估预警等70余份业务表单，增加专利文件质量控制细则等文件，强化知识产权保护程度。截至2015年底，专利持有量有356件，授权专利218件，授权发明专利40件，授权实用新型专利175件，授权外观专利3件。13篇论文在中文期刊发表，获股份公司2014年度优秀论文6项，其中一等奖2篇、二等奖4篇。集团公司技术标准化工作实现重大突破，成功获批主持编制国标标准3项，行业标准1项，参编国家标准4项，行业、协会标准2项，其中国家标准《敞开式全断面岩石隧道掘进机》(20151692－T－604)、《单护盾全断面岩石隧道掘进机》(20151693－T－604)启动并召开第一次编制工作会议，完成初稿的编制及讨论。在产品研发工作中实行项目制管理模式，实现对全集团总计157个科研项目的激励和考核，评定248个创新系数，覆盖掘进机、特种装备、轨道设备三大板块产品产业。

（刘晓丹）

【党的工作】 下辖二级党委8个、党总支1个、党支部37个，党员人数1082人。贯彻执行"三重一大"集体决策制度、党委中心组学习制度，组织党委中心组集中学习7次。深入贯彻全面从严治党要求，严格执行领导干部报告个人有关事项制度，开展3次抽查核实工作，促进领导干部增强规矩意识；对备案人员持有因私出国(境)证件进行专项清查治理。加强对高管人员的履职能力培养，先后选送10多名B层级人员分别参加国资委和股份公司党校的学习培训。大力推进干部人事制度改革，创新干部选拔任用管理方式，组织开展职务和职衔制人员竞聘上岗，原B层级职务人员全部解聘职务，重新参与竞聘上岗，110人通过竞聘走上中层职务岗位；对原B层级人员开展度综合考核，评出诫勉谈话对象和不作为干部，评选出优秀高管，激发干部队伍活力。积极组织开展推选股份公司"十大楷模"活动，集团公司领导班子被股份公司评为"四好领导班子"。制定2015年党委工作责任目标，印发《2015年集团公司党委工作要点》。深入开展"三严三实"教育实践活动。集团党委和二级单位党委都召开动员启动大会，制定印发《"三严三实"专题教育工作方案》，发放《优秀领导干部先进事迹选编》《领导干部违纪违法典型案例警示录》等教育读本。通过党委书记讲好专题党课，组织开展3个专题学习交流研讨，召开领导班子专题民主生活会和党员干部组织生活会，学习习近平总书记关于"三严三实"的系列重要讲话，领会"三严三实"的深刻内涵和具体要求，深入查摆"不严不实"问题。

加强基层党组织建设。在调整企业组织架构的同时，相应调整基层党组织，指导改选直属机关党支部11个，充实基层党务工作人员。加强党员教育管理，各级党组织按照"党员有所需、组织有所应"的思路，落实党员政治学习，加强业务技能的学习，举办1期基层党组织书记培训班，组织所属各单位基层党支部书记、党群系统工作人员85人参加培训，进一步提高基层党组织书记的业务能力。加强党员发展管理工作，从严把握发展党员标准，向所属各单位党委下达2015年发展党员计划，发展新党员20人，组织开展1期发展对象和入党积极分子培训。做好党费收缴、使用和管理工作，督促基层党支部认真核对党员缴纳党费的工资基数，按照新的标准缴纳党费，完成2014年度领导班子党费清查工作。着力抓好《党支部工作指南》《党支部工作台账》《党小组工作记录本》等指导用书和资料在基层的运用，进一步加强和规范基层党建工作。组织开展"创先争优"和评选先进活动，2015年，集团公司评选出六好共产党员标兵24人。

加强宣传工作。开展《职工思想状况调查》，了解并解决职工群众现实生活和工作中的困难和问题，在为职工群众办实事、解难事、做好事的过程中贯穿思想教育。把理论中心组学习的制度建设，作为加强和改进理论学习的重要前提。制定年度学习计划，加强中心组成员与基层单位的联系，中心组集中学习7次，中心组成员每人记笔记近万字，写心得体会或调研文章2篇。加强企业创新成果、先进典型的宣传报道。被评为长沙十大诚信企业，多家媒体集中报道企业；集团研制的国产首台铁路大直径盾构机长沙成功下线，中央电视台《新闻联播》和《人民日报》等中央主流媒体集中对新闻事件进行报道，全国有近50家媒体给予关注和报道；积极和省委宣传部门对接，组织"海上丝绸之路"13家境外主流媒体的记者到企业采访，《新加坡联合早报》《泰叻报》等在国外有一定影响力的媒体对企业给予关注和报道。铁建重工研制的TBM贯通我国首座施工煤矿斜井，中央电视台等主流媒体重点报道；央广网推出《从国企看创新》的专题报道，专题报道铁建重工，《中国制造走向全球：互联网＋国产盾构机从"0到1"》，在网上的点击率很高，影响力大。程永亮被评为中国铁建首届"永远的铁道兵杯"十大楷模，企业通过各种宣传渠道对程永亮的事迹给予报道，弘扬铁道兵的精神。在中央、省媒体发表稿件205篇，被评为股份公司对外宣传先进单位，强化企业品牌影响力。以文体活动为载体，组织开展《新国企 重工梦》的征文、书法、摄影、朗诵、歌咏比赛和以责任为主题的《道德讲堂》活动。企业被评为中国企业文化促进会"企业文化创新优秀单位"。 （刘 婷 向奇志）

【纪检监察工作】 认真落实党委主体责任，在2015年年初党风建设和反腐倡廉工作会上对落实“两个责任”进行动员部署，与所属各单位全部签订“党风廉政建设责任书”。同时，加强对党风廉政建设责任制执行情况和落实“两个责任”情况的检查考核，集团公司成立以纪委书记为组长，纪检监察部门、党委工作部、审计法务部等职能部门负责人为成员的巡视工作组，于2015年4月至5月，对所属电气物资公司、轨道设备事业总部、制造供应中心、掘进机事业总部、特种装备事业总部、技术中心开展“落实两个责任”的专项巡视，深入了解各单位生产经营情况和党风廉政建设情况，与各单位研究探讨廉洁风险防控工作，对照“五个方面”的问题，主动查摆，积极整改。注重抓好廉洁教育和作风建设，并组织开展专项监督检查工作。集团公司纪委建立内部学习研讨制度，由纪检监察工作人员轮流担任老师，收到良好的学习效果。截至2015年底，集团领导及各单位领导办公用房超标问题全部整改完毕，共缩减面积508.37平方米；核减超标配备车辆，封存进口高档轿车3辆，将集团副职领导原配置用车全部收回，按照《国有资产处置管理办法》和股份公司规定进行公开拍卖处置；2015年集团公司负责人业务支出预算比上年减少12.38%。加强对招标采购工作的监督检查，集团公司一直对基建工程和设备物资采购等所有花钱项目实行招标采购决策。纪检监察部门在坚持日常监督的同时，还采取随机抽查的方式，对集团物资招标采购全过程遵守执行制度情况进行监督检查。

（邓　贤）

【工会工作】 围绕公司改革发展大局，全面履行“维护、参与、建设、教育”4项职能，两级工会组织按规定召开职工（会员）代表大会。各级工会认真落实集团公司《企务公开实施办法》。始终把开展劳动竞赛作为促进企业快速发展的有力抓手。积极配合党委和行政在企业文化建设上下功夫，做文章。与行政职能部门联手，通过构建安全生产监督检查网络，参与“职业健康安全管理体系”的宣贯和运行。制定《集团公司工会安全生产监督管理办法》。坚持对新组建单位及时建立工会组织，新成立二级工会组织4个，配备专兼职工会干部31人。对工会会员进行重新登记，进一步夯实基础工作。加大对工会干部培训的力度。完善工会管理制度和流程，修订《职工代表大会条例实施细则》《工会安全生产监督管理办法》等制度，完善工会工作流程11条。编印《工会工作指南》等3本工具书。工会组织开展“心怀中国梦·唱响重工情”职工歌咏比赛、职工健步走比赛、书法培训班、第三届铁建重工杯羽毛球球赛、家规家训读书征文活动等活动。各兴趣小组在集团公司工会的扶持下，积极开展各类活动，收到良好效果。女工工作从基础工作抓起，在女职工同岗同酬、职代会代表比例、女职工体检、卫生费、生育保险、五期保护等方面关心女职工。先后开展“巾帼建功”活动、女职工征文活动、“巧手烹佳肴·飘香溢重工”厨艺比赛、“魅力女性·花漾生活”插花花艺培训等活动。坚持以车间和班组为重点，认真抓好基层支会的建设。把班组建设与职工之家建设相结合。集团公司工会被评为“全国模范职工之家”“2015年度省直属基层工会工作先进单位一等奖”，1个基层支会被评为“全国模范职工小家”，1个基层支会被评为铁总“模范职工小家”，1个基层单位获铁总“火车头奖杯”，1个基层单位被评为中国铁建“模范职工之家”，1个基层支会被评为中国铁建“模范职工小家”。有86人分别获集团公司优秀高管、营销精英、服务能手、管理标兵、革新能手等称号。坚持开展“送温暖工程”，走访慰问职工800余人次，发放慰问金50万余元；为工会会员发放米、油等过节物资47.6万余元；“夏送清凉”活动发放防暑降温物资18万余元；“金秋助学”活动资助困难职工子女39人，资助金额3.45万元。

（姚　璐）

【共青团工作】 抓好服务企业中心工作与服务青年成长成才两大主题，积极团结带领广大团员青年在企业中发挥主力军和突击队作用。一是以思想引导为切入点，提高战斗力。加强团员青年的思想教育工作，用科学理论武装团员青年。通过组织团委“中心组学习”、团干部健康成长大讨论、开座谈会、收看阅兵式、团员青年QQ群、微信群交流等方式，加强引导团员青年的理论知识学习。积极开展“推优”活动，将涌现出的一批先进人物和事迹集中起来，纳入团员青年思想教育学习内容，激励团员青年学习典型。重视培养生产一线的优秀青年工人推荐入党，提高“推优”质量，有3名共青团员推荐为入党积极分子。二是以组织建设为出发点，提高执行力。根据集团公司组织架构改革，及时调整团的基层组织架构。成立3个基层团组织，14个团支部。对集团全体团员情况进行一次摸底，通过信息采集形成数据库。指导部分单位对基层支部做了具体调整。各级团组织广泛开展青年突击队活动，充分发挥青年员工的主力军和生力军作用，为保质保量按期完成生产任务增砖添瓦。如国产首台敞开式TBM、国产首台铁路大直径盾构机、全球首台煤矿掘锚机等，处处都是突击队员为完成各种急难险重任务而挥洒汗水、激扬青春。三是通过工团共建的形式，组建各类兴趣小组。组建足球、篮球、羽毛球、乒乓球、舞蹈、瑜伽、摄影等兴趣小组。各兴趣小组独立开展各种活动,并代表集团公司参加各类比赛活动。铁建重工足球队在长沙经开区举办的足球赛中获季军。四是关爱青年,着力满足青年诉求。开展系列相亲活动,参加长沙县举办的系列交友等联谊活动。开展特色暖心活动,积极为步入婚姻殿堂的青年人张罗婚礼,让青年实实在在地感受到组织的温暖和关怀。积极参加公益活动,彰显青年人的爱心。参加“为爱同行壹基金2015(长沙)健行活动”,传递青春正能量。(李　俊)

【掘进机事业部】 2015 年 6 月,集团公司进行组织架构改革,成立掘进机事业部,副总经理程永亮(兼),驻湖南省长沙市经济技术开发区东七路 88 号。下设经营部、管廊业务部、研发设计部、技术服务部、综合服务组 5 个部门。负责盾构机、TBM 等一系列全断面隧道掘进机的研发设计、营销与技术服务等工作。

正式职工 238 人,专业技术人员 204 人;技能人员 34 余人,占 14.3%。具有高级技术职称的 8 人、中级技术职称的 48 人、初级技术职称的 108 人;具有博士学位 2 人、硕士学位的 40 人、大学本科学历的 153 人、大专学历的 31 人、中专、中技学历的 12 人。

新签合同额 17.50 亿元,实现营业收入 16.43 亿元,完成产值 13.22 亿元,实现利润 1.57 亿元。

(赵　锐)

【工程机械事业部】 工程机械事业部于 2015 年 6 月成立,事业部总经理刘在政,驻湖南省长沙市经济技术开发区东七路 88 号。下设研发设计部、经营部和售后服务部。负责喷射台车、凿岩台车、仰拱栈桥、多功能作业车等隧道机械化施工系列产品,搅拌站、混凝土泵等混凝土机械产品,掘锚机等煤矿机械系列产品的开发、经营和服务工作。

正式职工 85 人,其中,专业技术人员 42 人、经营业务人员 27 人、技术服务人员 16 人。具有高级技术职称的 1 人、中级技术职称的 15 人、初级技术职称的 26 人;具有硕士学位的 7 人、大学本科学历的 52 人、大专学历的 15 人、中专、中技学历的 11 人。

工程机械事业部新签合同额 2.09 亿元,实现营业收入 1.98 亿元。(郝蔚祺)

【重型机械事业部】 6 月,集团公司进行组织架构改革,成立重型机械事业部,总经理田泽宇,副总经理胡章定、总工程师王金锋。下设经营部、研发设计部、综合组 3 个部门。负责预切槽、连续墙、磁浮道岔、砂石骨料装备等隧道施工、桩基础施工及矿山和建筑骨料机械的研发设计、营销与技术服务等工作。

正式职工 51 人,其中,管理人员 4 人、专业技术人员 47 人。具有高级技术职务的 6 人、中级技术职务的 12 人、初级技术职务的 32 人;具有博士学位 2 人、硕士学位的 12 人、大学本科学历的 37 人。

2015 年,新签合同额0.36 亿元,实现营业收入 0.32亿元。(田泽宇)

【轨道设备事业部】 前身是中国铁建重工集团有限公司道岔分公司,总经理赵晖,驻湖南省株洲市石峰区建设北路 523 号。主要经营单开道岔、对称道岔、三开道岔、渡线及组合道岔、固定型辙叉、可动心轨辙叉、钢轨伸缩调节器等道岔及其配件,产品广泛应用于高速铁路、重载铁路、铁路站场、城市轨道交通等各类轨道交通项目。下设经营部、技术服务部、研发设计部、综合业务组 4 个部门。

正式员工 71 人,经营人员 35 人、售后服务人员 33 人,其中高级职称 6 人、中级职称 11 人、初级职称 14 人。

2015 年,实现营业收入 21.85 亿元,利润总额 5.95 亿元。(刘志超)

【海外事业部】 成立于 2010 年,先后归口于经营计划部、营销公司、海外事业总部,2015 年 6 月集团组织架构改革,海外事业部正式成立,总经理贺勇军(兼),副总经理朱汉军,驻湖南省长沙市经济技术开发区东七路 88 号。主要负责掘进机、特种装备、铁路系列产品的海外营销,以及集团公司海外布局、国际业务和外事管理等。

职工 22 人,其中,管理人员 3 人、专业海外营销人员 18 人、外事联络员 1 人;大学本科学历的 21 人、大专学历的 1 人。

2015 年,新签合同额 0.29 亿元,实现营业收入 0.45亿元。(陈海燕)

【中央研究院】 中央研究院下设液压分院、电气分院、科技办,中央研究院院长程永亮(兼)、常务副院长郑大桥,驻湖南省长沙市经济技术开发区东七路 88 号。是集团公司的科技创新管理机构,负责液压、电气新技术、新产品的研究,集团公司科技平台建设、科技成果管理、科研立项实施、知识产权及标准化管理工作。

截至 2015 年底,中央研究院职工 100 人,其中,博士研究生 3 人、硕士 31 人、大学本科 59 人、大学专科以下 7 人。(刘晓丹)

【掘进机制造总厂】 6 月,集团公司进行组织架构改革,成立掘进机制造总厂,总经理孙章龙,驻湖南省长沙市经济技术开发区东七路 88 号。掘进机制造总厂主要负责掘进机系列产品的组装、掘进机结构件的制造、加工生产，协助开展服务工作；管理长沙本部、兰州的掘进机生产基地和其他地方的掘进机合作生产基地。掘进机制造总厂下设综合部、人力资源部、生产部、安全设备部、技术质量部等5个部门。

截至2015年底，正式职工653人。其中，管理人员52、专业技术人员27人、技能人员574人；高级技术职称5人、中级技术职称5人、初级技术职称42人；具有硕士学位9人、大学本科67人、大专215人、中专中技188人、高中133人、初中41人。固定资产原值3.21亿元(含房屋及办公设备)，净值2.47亿元；设备总量429台(套)，原值1.502亿元、净值0.856亿元，总功率7044千瓦，设备完好率99.32%，设备利用率85%。 (孙 强 徐支力 刘 亮 尹 炎)

【特种装备制造总厂】 厂前身是特种装备制造有限公司，2015年6月集团公司机构调整，成立特种装备制造总厂，驻湖南省长沙市经济技术开发区东七路88号。截至2015年底，资产总额11465.15万元，流动资产7532.56万元，固定资产原值4377.01万元、固定资产净值3932.59万元。生产设备总计46台，设备原值1019.98万元、净值772.11万元，总功率1456.55千瓦、技术装备率4.29万元/人、动力装备率8.09千瓦/人，设备完好率100%、利用率90%。

职工147人，其中，本科及以上学历22人、大专学历46人、高中(含中专、技校)及以下学历共79人；有各类专业技术人员26人，高级职称2人、中级职称8人、初级职称10人。

特种装备制造总厂主要产品有湿喷机、凿岩台车、搅拌站、护盾式掘锚机、链刀式连续墙、拱架式预切槽、轮胎式移动破碎站、轮胎式移动筛分站、环保型精品机制砂成套设备。 (高会静)

【道岔分公司】 驻湖南省株洲市石峰区建设北路523号，总经理贾延春。截至2015年底，固定资产原值44939.9万元、净值25459.96万元，主要设备220余台(套)。

员工775人，其中，各类专业技术人员110人、高级职称16人、中级职称34人；博士研究生1人、硕士研究生11人、本科生94人，一线操作员工80%以上毕业于大专院校。

完成道岔生产2407组，高锰钢辙叉铸造毛坯4229个，成品辙叉3650个；发运整组道岔2529组。发运三包、配件729个工号，基本轨1855根，尖轨1984根，固定型辙叉2312个，可动心辙叉111个，其他钢轨件412根，垫板2020块。产量均创历史新高。

新产品开发完成道岔整组产品开发50个，高锰钢辙叉产品11个，道岔配件产品74个；优化包括客专、GLC系列等14个道岔产品的间隔铁、顶铁等零部件图纸及产品图纸；开展高锰钢辙叉设计的标准化和模块化工作。申报发明专利6项，实用新型专利5项，发表科技论文5篇。

工艺开发重点开展60AT1和60AT2轨型尖轨跟端加长锻压、高锰钢辙叉爆炸硬化、嵌入式高锰钢辙叉加工等关键工艺的研究；自主开发设计新型客专道岔厂内试铺平台、时速250千米铁路伸缩调节器试验工装等一批工装设备；完成淬火机床、胶接轨、52米铣床导磁块等设备或工序的控制系统改进，开展垫板自动焊接生产线、钢轨自动喷涂、钢轨加热扭转、双金属台板等新工艺或新材料的调研工作。在科研创新方面，建立和完善《科研项目开展和检查考核办法》，规范科研环境；铁路总公司科研项目《客专道岔用弹性夹的国产化技术研究》完成弹性夹试制及试用评审。

(刘丹凤 杨玉群 刘 皓 何文超 蒋荣国 曹 勇)

【兰州隧道装备有限公司】 驻甘肃省兰州新区，总经理叶海波，是中国铁建在西北的首个高端装备制造基地，基地由中国铁建重工集团有限公司投资组建。基地项目建设面积36.482万平方米，分2期建设。其中项目一期总投资4.5亿元，总建筑面积33000平方米，工装设备200余台(套)。资产总额54337.08万元(包括流动资产、固定资产、其他资产)，机械设备155台(套)，设备原值4094.97万元，净值2789.83万元。中国铁建西北高端装备制造基地以盾构、隧道施工装备、工程机械、管片、轨道系列产品的研发、设计、制造、销售、租赁、安装、维修、搬运、运输、装卸、技术咨询、试验检验；物资贸易；房屋、场地租赁等为主要经营范围，主要产品系列有盾构、隧道施工装备、工程机械、管片、轨道系列产品。

职工31人，其中本科及以上学历17人、大专学历9人、高中(含中专、技校)及以下学历5人；有各类专业技术人员16人，高级职称2人、中级职称8人、初级职称6人。

2015年，承揽经营任务5亿元，完成产值(收入)4.72亿元，实现利润总额0.53亿元，净利润0.45亿元，人均创利149.52万元，全员劳动生产率160.20万元/人·年，职工年人均收入7.21万元。国有资本保值增值率126.54%，净资产收益率14.51%，产值利润率11.17%，资产负债率68.22%，应上缴款完成率100%。 (谢卫国)

【新疆公司】 驻乌鲁木齐经济技术开发区(头屯河

区)融合南路399号,总投资约10亿元,主要包括5万平方米现代化高端厂房,2.8万平方米检测综合楼及其室外配套项目等。首期项目以研发、制造、供应、服务全断面盾构机/TBM为主。公司执行董事、党委书记、总经理刘海华。

新疆公司主要属于投资建厂时期。2015年6月26日新疆高端装备制造基地项目正式开工建设,8月10日实现钢结构立柱顺利吊装的阶段目标,为钢结构厂房大面积施工创造条件。10月26日办公综合楼顺利封顶,为兑现总体工期目标奠定坚实基础。

职工总人数27人,其中,在岗职工24人、劳务派遣工3人、具有高级技术职务的4人、中级技术职务4人、初级技术职务4人;大学本科学历15人、大专学历10人、大专以下学历2人。

2015年,资产总额37755.55万元,其中固定资产原值30.98万元,固定资产净值28.56万元。 (孙玉红)

【中铁隆昌铁路器材有限公司】 驻四川省隆昌县金鹅镇外站路75号,主要从事高速、普速、地铁扣件系统产品、合成闸瓦产品的生产经营。具备年产各类弹条扣件1500万套,高、低摩机车车辆合成闸瓦以及重载货运闸瓦300万块的能力。是国内最大的弹条扣件系统集成供应商之一。公司执行董事、总经理张栋,党委书记周光成。

主要设备有296台套。设备原值7920.793万元,总功率18327.2千瓦,人均动力装备率34.58千瓦/人。2015年,在册职工530人,硕士研究生1人、在职攻读硕士学位4人、大学本科学历37人、大专学历99人、中专学历42人、技校学历61人、高中学历147人、初中以下学历139人。

2015年,新签合同额7.3亿元,实现营业收入7.76亿元,完成企业总产值7.01亿元,实现利润总额0.8亿元,国有资本保值增值率122.82%,净资产收益率19.85%,产值利润率11.34%,应上缴款完成率100%。 (徐林玲)

【株洲中铁电气物资有限公司】 公司占地面积26万平方米,铁路专用线1.157千米,年物资吞吐能力40万吨。有“电气化制品、钢结构产品、物流仓储和战备物资”四大专业板块,公司现有8个职能部门,4个生产经营单位。生产设备共计542台(套),原值959.3万元,净值339.5万元,设备总功率4319千瓦,动力装备率16千瓦/人,技术装备率1.3万元/人,设备完好率90%,利用率90%。

职工212人,其中,在岗职工145人,技术干部56人、技术工人47人。

2015年,新签合同额1.12亿元,实现营业收入1.21亿元,实现净利润611.97万元,完成产值1.25亿元。 (顾 箐 叶 华 陈银姣)

【中铁建特种装备工程有限公司】 驻湖南省长沙市经济技术开发区东七路88号,注册资本4000万元,实收资本为4000万元。主要从事建筑工程用机械、矿山机械的制造;城市轨道桥梁工程服务、交通设施工程服务;铁路、道路、隧道和桥梁工程建筑;市政公用工程施工;城市地铁隧道工程服务;装卸搬运;工程机械管理服务;工程机械维修服务;工程机械检测技术服务;机械设备租赁;建材、装饰材料零售。 (陈瑞)

【重要记载】

▲1月　采用铁建重工研发制造的盾构机施工的神华集团新疆涝坝湾煤矿副井盾构隧道工程全线贯通,国内首次将国产盾构机应用于煤矿巷道掘进的试点工程取得圆满成功。

▲1月　集团与伊朗GeneralMechanic公司签订用于德黑兰下水道建设的ZTE3630土压平衡盾构机销售合同。

▲2月10日　长沙市政府会议中心发布“长沙市工业三十强企业”,铁建重工排名第18位。

▲3月27日　长沙市科学技术大会在长沙人民会堂召开,铁建重工首次获企业科技创新最高奖——市长奖,铁建重工科技成果“长沙轨道交通建设施工关键设备研究及产业化—地铁盾构机关键技术研究及产业化”获科学技术进步奖一等奖。

▲4月10日　“2015年工程机械产品发展(北京)论坛暨中国工程机械年度产品TOP50颁奖典礼”在北京举行。铁建重工ZTS6250泥水平衡盾构机产品被授予“中国工程机械年度产品TOP50(2015)”称号。

▲6月10日　由铁建重工和神华集团联合研发,拥有完全自主知识产权的国内煤矿斜井单护盾TBM在位于内蒙古自治区鄂尔多斯市的神东连塔煤矿2号辅运平硐始发。

▲7月2日　国有重点大型企业监事会主席李克明一行4人在股份公司相关部门负责人的陪同下赴铁建重工调研。

▲8月14日　股份公司董事长孟凤朝、副总裁庄尚标一行莅临铁建重工新疆公司厂房项目检查指导工作,孟董事长一行对现场进展情况给与充分肯定和好评。

▲8月　在国家标准化管理委员会下达的2015年第二批国家标准制修订计划中,铁建重工成功获批编制3项国家标准,分别为《敞开式全断面岩石隧道掘进机》《单护盾全断面岩石隧道掘进机》《隧道预切

槽设备》。

▲10 月 26 日　“海上丝绸之路主流媒体湖湘行”采访团深入铁建重工进行参观采访。来自新加坡、马来西亚、泰国等 7 个国家 13 家主流媒体记者参观盾构机、湿喷机、拱架式预切槽设备等高端装备。

▲11 月 1 日　由铁建重工完成的“ZTT75655 双模式斜井全断面隧道掘进机(TBM)”“YQC7000 中心轴式预切槽机”及“功率回收式液压元件测试试验台”3 项科研成果通过省级科技成果鉴定(评价)。

▲11 月 2 日　中国铁建 2015 年宣传思想文化工作会在北京中国铁建党校召开,铁建重工副总经理程永亮获中国铁建首届“永远的铁道兵杯”十大楷模称号。

▲11 月 9 日　集团参展 2015 年中国(长沙)国际工程机械配件套博览交易会。

▲11 月 11 日　国有重点大型企业监事会主席刘顺达到集团公司调研。

▲11 月 14 日　国产首台铁路大直径盾构机在湖南长沙顺利下线,这一高端装备由铁建重工和中铁十六局集团合作研发,拥有完全自主知识产权,填补了大直径盾构机自主品牌的空白。

▲11 月 26 日　铁建重工、中铁建设、中铁城建、二十一局等单位联合组织召开智慧建筑及 PC 产业发展研讨会,为中国铁建进入 PC 产业提供新的思路。

▲11 月　国家人力资源社会保障部、全国博士后管委会联合发文批准在全国设立博士后科研工作站,历经半年全国范围内的严格审核、筛选,铁建重工在机械制造行业中脱颖而出,获批设立“国家博士后科研工作站”。

▲12 月 15 日　2015 年长沙市院士专家工作站建设工作交流会召开,铁建重工以排名第一的成绩获 2015 年院士专家工作站“优秀单位”称号。

▲12 月 22 日　集团研制的国内首创长距离大坡度煤矿斜井 TBM 贯通神华神东补连塔矿 2 号副井,为国内首座采用全断面隧道掘进机施工的煤矿斜井。

▲12 月 24 日　具有完全自主知识产权的国内首台双护盾硬岩 TBM 研制成功。　(陈海燕)

中国铁建国际集团有限公司

【简况】(以下简称“国际集团”)是世界 500 强企业中国铁建股份有限公司的全资子公司,是中国铁建加快“走出去”步伐和实现“大海外”战略的主力兵团。2012 年 4 月,中国铁建以直属的美国公司、加勒比公司、香港公司、沙特麦加轻轨项目公司、阿尔及利亚项目经理部为主体组建国际集团。2012 年 9 月,国际集团取得营业执照,注册资金 30 亿元。总部设在北京市海淀区复兴路 40 号。

定位为海外大型、特大型基础工程建设的承包商,交通建设及城市综合建设的运营商,能源、资源、投融资高端运作的发展商,技术开发、装备出口、物流贸易的服务商,是集设计施工总承包、能源、资源、投融资、物流贸易、运营维护等为一体的综合性海外企业集团,产业结构主要包括工程承包、铁路运营、国际物流、海外投资四大板块。

总部事业部 5 个,分别为亚洲事业部、非洲事业部、美洲事业部、欧亚事业部、中东事业部。

截至 2015 年底,国际集团所属 12 个子公司,中国铁道建设(香港)有限公司、中国铁建(加勒比)有限公司、中国铁建美国有限公司、中国铁建西非有限公司、中国铁建马来西亚有限公司、中国铁建(东南亚)有限公司、中国铁建墨西哥有限公司、中铁建(北京)国际贸易有限公司、中铁建中基国际有限公司、中国铁建巴西有限公司、中国铁建(文莱)有限公司、中国铁建国际集团委内瑞拉有限公司。3 个分公司,中国铁建股份有限公司沙特分公司、中国铁建股份有限公司安哥拉分公司、中国铁建国际集团有限公司玻利维亚分公司;7 个代表处,中国铁建国际集团有限公司柬埔寨代表处、中国铁建国际集团有限公司巴基斯坦代表处、中国铁建国际集团有限公司印度尼亚西代表处、中国铁建股份有限公司阿尔及利亚代表处、中国铁建国际集团有限公司孟加拉代表处、中国铁建国际集团有限公司东非代表处、中国铁建股份有限公司伊朗代表处。

国际集团新签项目 11 个,新签合同额 388.75 亿元,获“首都文明单位”称号,中华全国妇女联合会授予中国铁建阿尔及利亚公司蔡丽娜“全国巾帼建功标兵”称号,累计获股份公司及以上各类表彰奖励共 51 人次(项),国际集团领导班子获股份公司年度“四好”领导班子称号。

国际集团党委下辖 12 个二级党组织,其中,5 个党委、6 个党总支、1 个直属党支部;党员 315 名,硕士以上学历的为 41%。自成立以来,国际集团党委紧扣生产经营中心工作,为企业快速、和谐、稳定发展提供有力的政治保证和组织保证。

国际集团在铁建系统内率先实行内控制度的统一管理,形成基本制度、管理办法、操作细则三级内控制度体系。总部规章制度达到 156 个。同时,国际集团从自身管理需求出发，设计形成特有的"公司层面+管理类+专业类"三层式内控与风险管理业务体系，构建由24个一级流程、117个二级流程、327个三级流程组成的业务流程体系框架，编制完成《权限指引表》和《不兼容职责表》，并完成《内控与风险管理手册》。

（综合管理部）

【领导人员】

董事会

董事长	卓　磊
副董事长	赵佃龙
	周天想（7月任，11月去世）
董事	郝桂林

监事会

监事会主席	魏万征
监事	田晓宇（8月任）
职工监事	孙利民

经理层

总经理	卓　磊（7月免）
	周天想（7月任，11月去世）
副总经理	郝桂林
	王选尚（11月去世）
	应尔强
	魏万征
	黄健民
	于洪忠
	李重阳
	胡　凡
	边元双（1月任）
	赵光明（12月任）
	杨晋军（12月任）
总会计师	黄健民（兼，1月免）
	边元双（兼，1月任）

党群系统

党委书记	赵佃龙
党委副书记	卓　磊（兼）
	周天想（兼，7月任，11月去世）
	冯来刚（12月任）
纪委书记	赵佃龙（兼）
工会主席	赵佃龙（兼）

【职工队伍】　国际集团职工492人，其中，干部491人、工人1人。大学本科及以上学历472人，占职工总数的95.9%。干部中35岁以下317人、36～40岁52人、41～45岁69人、46～50岁31人、51～59岁22人；专业技术干部467人，占职工总数的94.9%，其中，高级技术职务135人、中级技术职务110人、初级技术职务222人。

（王　帅）

【境外工程施工】　阿尔及利亚贝佳亚连接线项目　地处阿尔及利亚贝佳亚省和布维拉省境内，起点位于贝佳亚港口的现有道路上，高速公路主线100千米，辅路及互通立交坡道30千米。2013年12月11日签订合同，合同工期36个月，合同投资13亿美元。业主单位为阿尔及利亚国家高速公路局。截至2015年底，开工累计完成产值43541万美元。

阿尔及利亚142千米道路改造项目　是对阿尔及利亚东西高速公路非中国铁建承建路段已损坏道路的改造，全长142千米。2013年8月4日正式下发授标函，分4个（MN1、MN2、MN3、MN4）标段，2014年8月24日—10月22日分别签订合同，合同投资7408.3万美元，业主为阿尔及利亚国家高速公路局。主要工程量：既有路面翻新、水沟、中央分隔带清理等。截至2015年底，开工累计完成产值2029万美元。

阿尔及利亚布里达2000套保障房设计与施工项目　77栋楼，楼型分为R+5、R+7、R+8和R+9（R层为住房或商铺），F3户型，国际集团承接的主要为R+5楼型（占80%以上），部分多层。2013年12月20日签署，合同工期2014年9月10日—2016年9月10日，合同投资5967万美元，业主单位为贝佳亚房地产管理局，设计单位为BET CETAU。截至2015年底，开工累计完成产值69万美元。

阿尔及利亚贝佳亚2000套保障房设计与施工项目　为住宅小区，总建筑面积13.4万平方米。项目23栋楼，73个单元，主要工程量：外道路与管网。2013年12月20日签署合同，2014年9月10日开工，合同工期24个月，合同投资5967万美元。业主为贝佳亚房地产管理局，设计单位为BET CETAU。截至2015年底，开工累计完成产值1029万美元。

阿尔及利亚布里达5000套租售房项目　包括5000套社会性租售房项目的设计和施工，每套住房套内净面积77.5平方米，总建筑面积55万平方米，主要建筑为6层住宅楼，设置少量10层和15层住宅楼。施工部分包括住房的下部基础，上部结构及室内外装修、管道工程。2014年6月25日签订合同，合同投资19251万美元。业主单位为国家住房发展与改善局。截至2015年底，开工累计完成产值3362万美元。

阿尔及利亚赫利赞4000座大学城项目　是赫利赞省公共设施和住房局计划建设的1座大学城项目，

规模4000个教学位,项目包括教学楼、学生宿舍、行政楼、学校附属道路、管网等工程。2013年12月14日签订合同,合同工期24个月,合同投资2569万美元,业主单位为赫利赞省公共设施和住房局。截至2015年底,开工累计完成产值1605万美元。

阿尔及利亚赛迪夫2000套租售房项目　包括2000套社会性租售房项目的设计和施工,每套住房净面积77.5平方米,总建筑面积约22万平方米,主要建筑为6层住宅楼,设置少量10层和15层住宅楼。2014年6月25日签订合同,合同工期32个月,合同投资7927万美元,业主为国家住房发展与改善局。截至2015年底,开工累计完成产值1905万美元。

阿尔及利亚赫利赞2000套租售房项目　包括2000套社会性租售房项目的设计和施工,每套住房净面积77.5平方米,总建筑面积约22万平方米,主要建筑全部为6层住宅楼。2014年6月25日签订合同,合同工期32个月,合同投资7395万美元,业主为国家住房发展与改善局。截至2015年底,开工累计完成产值1751万美元。

阿尔及利亚东西高速公路项目　阿尔及利亚高速公路,全长1216千米,分东、中、西3个标段,合同投资110.4亿美元。2006年9月,中国铁建与中国中信组成联合体中标该公路的中西标段528千米的设计施工总承包工程,合同投资57.5亿美元,合同工期40个月。公路为双向3车道,采用欧洲技术标准。中国铁建负责中标段169千米的工程施工,合同投资22.4亿美元。2006年9月18日正式开工,2012年4月中国铁建国际集团有限公司成立后,全面接管该项目的管理工作。2013年4月14日,东西高速公路中、西标段中最后1个标段立方米标段胜利通车,实现东西高速公路的全线通车。因有新增和追加工程等,实际工程投资超过30亿美元。截至2015年底,开工累计完成产值298719万美元(包含补充合同)。

沙特麦加轻轨铁路项目　全长18.06千米,其中14.25千米为高架桥,线路途经米纳、穆茨达里法和阿拉法特3个主要朝觐地区。全线设有车站9座、车辆段1个、主变电站2座。该项目为EPC总承包项目,于2009年1月6日正式签约,合同投资17.7亿美元,合同工期730天,运营期3年,目前已完成合同内全部工作。沙特麦加轻轨铁路是中国企业在海外第1次采用EPC总承包模式建设的铁路项目,是中国企业在中东地区修建的第1条轻轨铁路,也是中国企业在海外铁路工程总承包中首次获欧洲权威机构安全认证的大型项目。2013年4月2日,中国铁建麦加轻轨铁路项目顺利完成初验移交,2015年5月28日与业主(城乡事务部)签署最终验收移交会议纪要,5月29日签署终验报告并实现全面移交。

沙特达曼里维埃拉别墅项目　为框架结构,总占地面积约6.2万平方米,总建筑面积4.3130平方米(未含小型建筑诸如配电房等)。2013年12月15日签订合同,合同工期36个月,合同投资5705万美元,业主单位为沙特市场及投资集团公司。截至2015年底,开工累计完成产值1054万美元。

沙特达曼至利雅得2号线78.4千米铁路整修工程项目　由15个小的分段组成,全长78.4千米,其中最长分段为21.23千米,最短分段为0.085千米。2014年8月26日签订合同,合同工期20个月,合同投资3277万美元,业主单位为沙特铁路机构。截至2015年底,开工累计完成产值1469万美元。

达曼至利雅得2号线91千米铁路整修工程该项目　该项目分为20个翻新段,最长为13千米,最短为500米。2015年3月25日签订合同,合同工期23个月,合同投资4272万美元,业主单位为沙特铁路机构。

沙特达兰住宅社区扩建240套住宅别墅项目(4号包)　位于沙特达兰市,该项目为房建项目,总建筑面积99486平方米,新建240套类型和大小不一的别墅,以及场区中低压配电系统、通信系统、消防及报警系统、给水及灌溉系统、雨水系统、污水系统、室外绿化、场区道路及照明、停车场等配套设施。2015年3月4日签订合同,合同工期26个月,合同投资17608万美元,业主单位为阿美石油公司。截至2015年底,开工累计完成产值1211万美元。

沙特内政部第五期军营项目　该项目包括243个地块,遍布沙特东部、中部以及西部地区,总建筑面积约155万平方米,82种设计模块,1707个单体建筑,含结构、装饰装修、家具、家电、机电系统安装、室外配套、绿化等工程。此项目为设计施工总承包模式,合同工期1440天,不同建筑群工期720~1080天不等,业主按地块分批次移交工地,缺陷责任期1年。2014年11月19日签订合同,合同工期47个月,合同投资26亿美元,业主单位为沙特内政部。截至2015年底,开工累计完成产值6645万美元。

马来西亚槟城天空别墅(Marinox公寓)项目　位于马来西亚槟城Tanjung Tokong海岸附近,项目为2座高层公寓,分别为29层和33层,301套3居室住宅,全部精装修;公寓设有健身房,游泳池和儿童活动场地;另设有5层的单体停车场以及部分地下停车位。2013年12月3日签订合同,合同工期25个月,合同投资3700万美元。截至2015年底,开工累计完成产值1676万美元。

马来西亚巴生商业中心项目(1 GATEWY)　位于马来西亚巴生市通往巴生港的主要大道之间。地下双层停车场,可提供2000多个停车位。首层为127套复式商铺。首层以上为139间(3层、4层或6层楼高的)商业店面,以及2幢32层的酒店和办公大楼。该项目总建筑面积30多万平方米。2014年4月10日签订合同,合同工期35个月,合同投资13950万美元。截至2015年底,开工累计完成产值1167万美元。

马来西亚满家乐公寓项目(Pavilion Hilltop公寓项目) 地处马来西亚吉隆坡MontKiara,占地面积约2.4万平方米,建筑面积20万平方米。由2栋31层公寓和1栋30层公寓构成,包括5层附属设施,4层地下停车场,执行欧洲技术标准。2014年5月19日签订合同,合同投资12404万美元,合同工期31个月。截至2015年底,开工累计完成产值2088万美元。

马来西亚四季酒店项目 集商业、公寓和酒店于一体的综合楼,位于吉隆坡双塔附近,总建筑面积约为23万平方米,建筑总高度为342.5米。地下4层,地上76层。其中首层至7层为裙楼(底商及附属设施),8层至21层为酒店(190个客房),22层至76层为住宅公寓(242个单元)。2014年7月8日签订合同,合同工期35个月,合同投资29570万美元。业主单位为维纳斯资产私人有限公司。截至2015年底,开工累计完成产值3924万美元。

泰国阳光花园住宅项目 泰国曼谷素坤逸路为中国天辰工程集团有限公司开发的公寓项目,为L型平面布局,30层总建筑面积43473平方米,占地面积6000平方米。2014年1月6日签订合同,合同工期24个月,合同投资2760万美元。业主单位为中国天辰工程有限公司。截至2015年底,开工累计完成产值2210万美元。

泰国G-LAND Tower写字楼项目 位于泰国曼谷市中心,建筑面积15万平方米。主要工作包括结构工程,幕墙工程,建筑装修工程,机电工程等。2014年4月10日签订合同,合同投资2300万美元,合同工期25个月。业主单位为G Land房地产开发有限公司。截至2015年底,开工累计完成产值907万美元。

泰国115节车厢采购项目 业主为泰国铁路总公司,由国际集团、十八局以及当地公司组成的联合体中标。供应商需按照提供的图纸和规范,给采购方提供全新的高于制造规范要求的商务火车车厢,数量为115节。2014年10月17日签订合同,合同投资15196万美元,业主单位为泰国国家火车机构。目前正在按照计划绘制车辆图纸。

斯卡博罗总医院扩建项目 位于美洲特立尼达和多巴哥,项目工作量包括心导管手术室和核磁共振2个全套科室的土建部分和设备部分,为设计—施工—设备采购总承包项目,建筑面积600平方米。2014年5月8日签订合同,合同工期6个月,合同投资971万美元。业主单位为特多卫生部。2015年8月15日完工,累计完成产值971万美元。

阿丽玛医院项目 位于美洲特立尼达和多巴哥,该新建综合性医院项目由业主方特多卫生部负责协调特多财政部贷款;项目从前期设计、建设、运营管理、以及后期设备维护保养均由特多城镇发展有限公司管理。整个项目占地面积140515平方米,建筑面积约26000平方米,该项目为EPC项目,主要工程量:拆除旧建筑,清理工程垃圾,建设150个床位新医院大楼(2~6层,含景观),提供医疗设备、系统,以及系统的测试、试运行及维护、人员培训等。2015年1月1日签订合同,合同工期36个月,合同投资23100万美元。业主单位为特多卫生部。截至2015年底,开工累计完成产值1983万美元。

达卡高架桥PPP项目 位于孟加拉国首都达卡市中心。主线长19.73千米,另外工程量1条3.1千米的连接线,32条匝道总长为23.9千米,8个收费广场和43个收费亭。2014年8月23日与第一达卡高架高速公路有限公司签订总承包合同,合同投资106200万美元。

玻利维亚鲁雷纳瓦克—里韦拉尔塔公路项目 位于玻利维亚北部的贝尼省,全线长508.07千米。设计速度100千米/小时,双车道,每道宽3.65米,路肩宽1.5米。2014年8月28日签订合同,合同工期57个月,合同投资57941万美元。业主单位为玻利维亚公路管理局。

(王晓峰)

【港澳工程】 广深港高铁深圳皇岗至香港米埔段隧道项目(826项目) 以深圳河为界,深圳境内广深港段皇岗至深圳河段长约1.856千米,业主为广深港铁路公司,标段号为ZH-4标,由中铁十五局集团有限公司承包;香港段深圳河至米埔段香港境内长约1.49千米,业主为香港铁路有限公司,由中国铁建国际集团香港有限公司以股份公司名义与新昌营造厂有限公司、中铁十五局集团有限公司组成联营公司承包,合同投资17亿港元(约合21678万美元)。隧道从深圳地铁皇岗车站开始掘进,合同工期2010年3月—2015年5月,香港段主要工程量为双向9.6米直径盾构隧道1490米。2013年12月2日首台盾构机已穿越深圳河,进入中国香港境内。截至2015年底,联营公司累计完成产值23757万美元。

香港路政署无障碍通道设施合约项目 位于湾仔区及北区3个地点,为4条行人天桥(既有)及1条行人隧道(既有)加建8座升降机。合同投资685.6万美元,2014年6月20日签订合同,合同工期46个月。截至

2015年底,开工累计完成产值261万美元。

香港土木工程拓展署行人天桥项目　包括建造1条行人天桥,其中包含顶棚和1部载客升降机以及相关的行人道、自行车道、排水管、供水管,并进行环境美化及机电工程。2014年6月20日签订合同,合同工期34个月,合同投资387万美元。截至2015年底,开工累计完成产值177万美元。　（王晓峰）

【优惠贷款和援外工程】　玻利维亚鲁雷纳瓦克—里韦拉尔塔公路项目　合同投资57941万美元。2015年11月30日业主方下达开工令。业主单位为玻利维亚公路管理局。项目使用口行优惠出口买方信贷,借款人为玻利维亚发展规划部(国家主权借款主体),融资金额为4.92亿美元,融资期限为15年,包括6年宽限期及9年还款期。合同工期5年,既有公路复建改造项目,起点为鲁雷纳瓦克,终点为里韦拉尔塔,由4个分段组成,除4个分段外其工程还包括前期工作、土方工程、人行道、原图设计、排水系统、附加工程、标识和公路安全工程。项目总长度508.07千米。融资模式为优惠出口买方信贷。　（综合管理部）

【生产经营】　国际集团新签合同额388.75亿元,完成股份公司下达的年度计划(360亿元)的108%。其中,境外市场新签合同额371.32亿元;境内市场新签合同额17.42亿元。

(1)西非市场经过3年耕耘,中标27亿美元的马塞铁路项目,成功挺进西部非洲市场。

(2)首笔"两优"贷款项目成功落地。成功签署玻利维亚公路项目融资协议,标志着国际集团第1笔"两优"贷款项目正式落地,成为首笔使用中国在拉美地区100亿美元优贷额度的项目。

(3)既有市场持续深耕。中标沙特第五期军营第三包剩余36个地块(合同额38亿元)、阿尔及利亚港口至东西高速公路41千米连接线(合同额11.36亿元)、特多阿利玛医院(合同额14.1亿元)等项目,成功实现在沙特、阿尔及利亚及加勒比市场的滚动经营。

(4)"一带一路"项目稳步推进。积极贯彻国内、国外"两手抓"的经营思路,有力助推中泰铁路、中老铁路、马新高铁、马来西亚南部复线铁路等"一带一路"项目的经营工作,得到国家有关部委的高度认可。其中,中国铁建牵头组建、联合体追踪的,总投资约24亿美元的马来西亚南部复线铁路项目初步具备签约条件。　（王　沐）

【市场建设】　国际集团不断加快市场布局,在深耕中东、北非等传统核心市场的基础上,积极拓展东南亚、南亚、中亚、中东欧、拉丁美洲等新兴市场,审慎开拓北美、澳大利亚等高端市场,并紧跟国家战略,重点布局"一带一路一洲"等市场。

国际集团依托阿尔及利亚公司,布局北非、西非市场,中标马塞铁路等10多个项目,重点跟踪刚果(布)大洋铁路现代化升级改造等项目;依托非洲事业部,布局东非、南非市场,重点跟踪肯尼亚A104公路等项目;依托沙特公司,布局中东市场,重点跟踪埃及开罗地铁6号线等项目;依托马来西亚公司、东南亚公司,布局东南亚市场,重点跟踪马来西亚南部复线铁路、中泰铁路、马新高铁等项目;依托南亚事业部,布局南亚市场,重点跟踪孟加拉铁路新建复线等项目;依托美洲事业部,布局美洲市场,重点跟踪委内瑞拉石油工人住宅等项目;依托欧亚事业部,布局中北亚市场,重点跟踪莫斯科西南地铁等项目;依托香港公司,布局中国香港、中东欧及澳洲市场,重点布局中国香港以及国家资金支持的中东欧市场,谨慎开拓澳洲市场,同时与合作伙伴开展联合经营,利用自身优势在全球范围内寻找发展机会。

国际集团积极布局全球市场,以阿尔及利亚、沙特两大支柱市场为依托,带出中铁十二局、十四局、十七局、十九局、二十局、二十一局、二十四局、中铁建设、城建集团等兄弟单位共同出海,协作发展。　（王　沐）

【企业管理】　(1)推动开展战略研究及监控。利用BMI(国际商业观察)数据库,持续发布主要国家和地区工程承包市场研究报告及国家风险报告,并参与工程院"中国铁路走出去发展战略研究"。国际集团编制4期"运营信息简报及报表",推动公司战略执行及运营监控工作。

(2)持续优化总部组织机构。完成中信建设、中建阿尔及利亚分公司及中水电国际公司的组织管控模式调研报告,深入研究标杆企业的组织管控模式。组建经济管理部,强化项目履约管理和经济运行管理;组建欧亚事业部和中东事业部,进一步深耕"一带一路"国家市场。

(3)管理体系建设收尾取得重大突破。8月,管理体系编制与审批(内控体系建设)项目完成所有成果交付物验收,项目合同全部执行完毕。2月,《项目经理及商务合同经理培训体系建设初步方案》通过阿尔及利亚公司评审验收。8月,《项目调研与诊断报告》通过总部评审验收。11月,"国际工程项目风险信息库"及配套使用指南历经总部12个部门和3家二级单位的四轮评审和修改完善,顺利进入收尾阶段。

(4)内控制度体系持续优化。进一步强化内控制度的起草、审核和审批过程管理,新编制度12个,内控制度总数146个,企业管理逐步制度化和流程化。

(5)风险内控工具更新升级。根据内控制度更新情况,公司组织总部各部门对业务流程和《风险控制矩阵》等进行评估和更新,编制印发《内控与风险管理手册(总部2015版)》,建立由24个一级流程、117个二级流程、327个三级流程组成的业务流程体系框架,搭建"公司层面+管理类+专业类"三层式内控与风险管理体系。

(6)重大、重要风险管控力度加强。经内控与风险管理领导小组评估,确定2015年度企业的重大风险为战略管理风险、项目管理风险、合同管理风险和成本费用风险。公司印发《年度重大、重要风险管控实施细则》,并通过风险信息的定期收集和报送,编制4期《风险信息季报》,实现重大、重要风险的动态监控和报告管理。

(7)内控评价工作顺利开展。11月11日,国际集团召开内部控制评价启动会,正式启动2015年度内控自评工作,并有序完成评价准备、评价实施及评价底稿上报、复核整改、报告编制4个阶段的工作任务。同时,配合完成股份公司组织的内控独立评价工作任务。根据股份公司复核认定,在内部控制设计与执行方面不存在重大、重要缺陷,内部控制有效。

(8)风险管理团队建设和文化建设成效明显。企业管理部派出2人继续考取风险管理相关执业资格,不断提高风险管理团队专业化水平。同时,还在总部及所属单位自主举办6次专业培训,持续加强企业风险管理文化建设。

(9)所属单位风险内控体系建设全面启动。7月,国际集团以国际贸易公司和沙特公司为试点单位,统一部署并全面启动所属二级单位风险内控体系建设。企业管理部先后赴2家试点单位开展风险内控体系建设专题培训和检查指导。国际贸易公司已经阶段性地完成风险内控体系建设工作任务。(吕 文)

【党的工作】 国际集团党委下辖12个二级党组织,其中,5个党委、6个党总支、1个直属党支部;党员321人,硕士以上学历的为41%,新发展党员10人。按照"内部坚持、外不公开"原则,着眼海外特色,扎实抓好领导班子建设。持续加大党委中心组学习力度和频率,组织10次学习,其中有关企业改革发展和党风廉政建设内容占70%,班子成员的发展意识、责任意识和规矩意识明显增强;党委会议事范围从干部人事、党建工作拓展到企业重大决策、市场开发等领域,使党委在企业改革发展中的政治核心作用得到充分彰显;国际集团领导班子2015被评为上年度股份公司"四好领导班子";有序强化基层党建工作。持续完善基层党建工作基础,按照"四个同步"原则,新建二级党总支3个,完善基层党支部15个,实现海外单位党组织的全覆盖;规范领导干部管理。按照组织程序对33名拟提拔人选进行任前考察,完成总部及所属单位75名部门助理及以上领导的任免。先后4次召开专题会议,纠查领导干部个人事项,对领导人员存在漏报、瞒报等问题分别作出批评教育、诫勉谈话和暂缓任用的处理,强化党委主体责任落实。

宣传和企业文化工作。国际集团持续打造企业宣传阵线"新高地"。积极与人民网、新华网、中青网等主流媒体保持对接,推进与《中国青年报》的互动交流,国际集团青年典型专访稿件被200多家媒体转载刊发,事迹成功入选国资委《一线英雄传》,被评为中央企业"十大最美故事"。建立与新华社及其国外记者站的沟通对接渠道,《阿拉伯新闻报》等媒体对沙特公司的专题采访,扩大企业在阿拉伯国家的传播力;精心策划并在股份公司"四会"刊发主题专版,多维度回顾总结国际集团成立以来跨越式发展历程,充分展示外经单位新形象,有效提升企业舆论影响力。在各类媒体和网络刊稿1200篇,对外宣传攀上新台阶。不断推进企业形象塑造"新名片"。制作《承诺·责任——创造奇迹的麦加轻轨》,获第二届全国职工微影视大赛金奖第一名,该片成为展示企业经营实力的一张文化名片,尤其在穆斯林地区的项目跟踪运作过程中,引起各方情感共鸣;务实推进跨文化管理研究工作。担任中国铁建跨文化管理课题组组长单位,精心制定跨文化管理课题专项研究计划,相关活动方案及时间推进表作为样板在全系统宣传工作群共享交流。国际集团《"六个坚持"助力海外跨文化管理》经验总结被编入中国铁建2015年宣传思想文化工作会议交流材料。代表中国铁建参加中国企业文化促进会工作年会并作跨文化管理相关报告,得到与会领导和人员的一致好评。

精神文明建设工作。3月,国际集团斩获首个北京市级荣誉——"首都精神文明单位",为推动企业科学稳健发展提供强大的精神动力和道德支撑。阿尔及利亚公司获评"中央企业青年文明号",蔡丽娜获"全国巾帼建功标兵"和"中国铁建十大楷模",集团累计获股份公司及以上先进集体和个人荣誉60余项。

(蒋志涛)

【纪检监察】 国际集团纪律检查委员会委员为赵佃龙、董立巍、冯来刚、杨晋军、孙利民、田晓宇。赵佃龙为纪委书记,董立巍为纪委副书记。国际集团设纪检监察部定编1人,部长董立巍。国际集团所属国际贸易公司设有纪委。

坚持观看视频党课、警示教育片、任前廉政谈话和为新分大学生讲廉洁课进行集中教育;逐月发放廉洁短信、定期发放廉洁资料汇编、廉政书籍的日常教育。10月,组织42名党员领导干部参观北京市反腐倡廉警示教育基地,实地接受廉政教育。在股份公司报刊、网站、蓝信系统刊登国际集团纪检监察工作信息、简报6篇。5月,组织16名新任职人员集体签订廉洁自律承诺书,坚持教育在先、预防在前;6月在《铁建国际》内刊开辟廉政专栏,刊载廉洁故事、警句、漫画和案例,传播廉洁文化;7月制作廉洁文化建设展板,在总部大厅展出;8月国际贸易公司组织机关中层以上人员参观"明镜昭廉"明代反贪尚廉历史文化园,感受廉洁文化氛围。1人获中国铁建廉洁文化作品征集评选活动优秀奖。逐级签订"党风廉政建设责任书",年终班子成员就履行"一岗双责"情况进行专题报告。表彰党风廉政建设优秀单位、良好单位各2个,奖励先进单位党政负责人共计5.65万元。效能监察工作组由纪委副书记兼纪检监察部部长董立巍带队分赴沙特、阿尔及利亚、特立尼达和多巴哥等国,开展设备物资采购供应情况专项监察,监察涉及设备物资采购8433.35万元,监察发现管理问题17项,提出监察建议17条,修订完善制度3项,新建制度6项。2015年,监督所属单位设备物资招标采购活动66次,总价3.14亿元,节约采购资金1822万元,规范采购行为。国际集团纪委组织开展公款为领导人员购买图书等有关问题的专项治理活动,对企业组建以来所有购书费用、培训费用逐一进行核查;77名部门副职以上领导对个人消费卡"零持有、零报告"进行背书,报告率100%。纪检监察人员积极参与人力资源招聘、自审自查发现问题追责处理、招投标及合同评审等管理活动,规范管理行为和权力运行。2015年,参与新建规章制度审核136次,出具意见53条。 (蒋志涛)

【工会工作】 构建发展平台。劳动竞赛扎实推进,阿尔及利亚公司贝佳亚连接线项目开展"百日大干"劳动竞赛,竞赛期间日均产值超正常施工48%,获"中国铁建劳动竞赛优秀组织者"称号。沙特公司麦加轻轨项目被评为"中国铁建劳动竞赛管理单项优胜单位"。技术创新逐步深入,《阿尔及利亚滨海地区软弱地基处理技术研究》等4项科研立项获股份公司C类立项批复,《国际工程投标报价中综合人工单价的确定》论文获股份公司优秀论文二等奖;争先创模卓有成效,国际贸易公司被评为"中国铁建先进集体",阿尔及利亚、沙特公司职工之家获评中国铁建"模范职工之家""模范职工小家";构建保障平台,职工之家常建常新,成立吉达、沙特钢结构等5个职工之家。亲情服务体系日趋完善,241名海外员工及家属一一明确亲情联络员。暖心工程凝神聚力,走访6个基层单位,与200余名职工面对面进行座谈,解决热点难点问题80余个;组织开展送温暖慰问、职工新婚及生日、生子送祝福活动,慰问职工200多人(次)、发放慰问金18.1万元,积极参与马里恐怖袭击事件善后工作,邀请心理咨询师对职工进行心理疏导;构建维权平台,扎实开展一届二次职代会,48条提案得到落实。开展"大话'一带一路'"合理化建议征集活动。职工健康权益得到维护,安排海内外员工270余人完成体检,开展"治未病"健康咨询;组织总部及所属单位在京员工开展健步走,构建文化平台,"家文化"品牌持续升温,成功举办"爱在小家・情系大家"——海外一线职工亲属座谈会。悦读征文活动持续推进,征集优秀家规家训和家书征文作品49篇,其中1篇获股份公司一等奖,2篇获三等奖;文体活动亮点纷呈,阿尔及利亚公司组织参加贝佳亚国际半程马拉松比赛,成为首批参加贝佳亚马拉松比赛的中国人。加勒比公司派员参加特多第十届龙舟赛。沙特公司参加利雅得中资企业协会的棋牌比赛、趣味运动会。国际贸易公司积极组织员工拓展训练。总部机关女职工参观中国妇女儿童博物馆"传承与新风——中国好家风好家庭"展览;赴国家大剧院观看中央民族乐团音乐会话剧演出。

(王小禾 谭 漪 张大学)

【共青团工作】 积极推动与国家部委、驻外使领馆等单位的互动交流活动,参加发改委青年读书论坛,开展与人民出版社团委座谈,邀请习近平总书记翻译外交部翻译室处长孙宁为全系统外经外事人员授课,进一步提质扩能,活跃文化氛围。持续推进开展"导师带徒"活动,并将此项活动作为团委工作的常项活动,使导师带徒活动成为一项制度,师徒结对率达到100%;组织各类主题实践活动。组织在北京团员青年开展"铭记历史、缅怀先烈、珍视和平、开创未来"为主题的爱国主义教育活动,进一步弘扬爱国主义精神,培育社会主义核心价值观;赴中央团校开展"凝聚青春力量・彰显青春风采"主题素质拓展活动,提高团队凝聚力,形成"党建搭台、业务唱戏"的良好局面。

(王小禾 谭 漪 张大学)

【阿尔及利亚公司】 中国铁建国际集团阿尔及利亚公司(以下简称"阿尔及利亚公司"),位于阿尔及利亚阿尔及尔市。总经理、党委书记魏万征。下设公路事业部、房建事业部、轨道事业部3个事业部。阿尔及利亚市场经营管理上已形成阿尔及利亚公司为主,各局集团为辅的共同经营局面。下辖贝佳亚项目经理部、特莱姆森项目经理部,道改项目经理部,房建项目经理部,中铁十二局、十四局、十七局、十九局,二十局、二十四局和中土集团7个施工单位项目经理部,中交一院、铁一院、铁二院3个设计单位项目经理部。

截至2015年底,员工251人。其中中方员工153人(硕士及以上59人,本科学历75人;教授级高工2人,高级工程师19人,工程师34人),阿籍员工92人(管理及技术人员34人,占比36.95%,其他员工58人),法加籍员工6人。公司资产总额631452.69万元,其中固定资产原值928.77万元、固定资产净值215.93万元,流动资产631236.76万元。机械运输设备39台(套)(其中33台管理车辆,6台施工设备),原值1271.8万元、净值938.8万元,总功率5635千瓦,动力装备率36.83千瓦/人(中方员工总人数153人)、技术装备率8.31万元/人,设备完好率100%、利用率84.62%。

阿尔及利亚公司实现营业收入20.45亿元、实现利润16030.15万元,人均创利112.1万元,全员劳动生产率36.33万元/人·年。 (陈　洁)

【沙特分公司】 中国铁建股份有限公司为执行沙特麦加轻轨铁路项目在沙特注册,是2007年中沙2国签署的中沙工程项目合作谅解备忘录中的39家中国公司之一,公司总经理、党委书记李重阳;党委副书记李树良。具有在沙特开展铁路、公路、工业民用建筑、市政、机场、港口、水利业务资质,且不受沙特承包商资质管理条例的约束。2013年7月31日,在沙特工商部注册正式成立中国铁建股份有限公司沙特分公司并获营业执照,公司总部暂设在沙特注册地吉达市。沙特分公司是中国铁建股份有限公司在沙特成立的代表机构,代表股份公司在沙特开展各类业务,包括公司在沙特的日常运转、工程项目谈判、承揽、招投标、施工、制度制定、分包商选择等,以及办理各类与沙特分公司发展相关的其他事宜。沙特分公司职工1846人。中国籍员工583人,其中,管理人员110人、外聘人员473人;外籍员工1263人。

沙特分公司下辖沙特麦加轻轨铁路项目公司、沙特军营第五期项目部、达曼别墅项目部、78.4千米和91千米铁路整修项目部、沙特达兰240套住宅别墅项目部。

2015年,沙特分公司承揽超30亿美元,完成产值0.86亿美元,实现利润322万美元。 (陈曙光)

【马来西亚公司】 注册地为马来西亚首都吉隆坡,是中国铁建股份有限公司的全资子公司,注册资本为100万马币,由中国铁建国际集团有限公司出资,其业务受国际集团的领导和管理。2012年10月成立。2015年,马来西亚公司中标吉隆坡柯玛莎168公寓项目、槟城梦想之城高级公寓项目,新签合同额3.97亿马币(约6亿元人民币)。

2015年,完成施工产值3.3亿元人民币,实现利润476万元人民币。安全事故率为零,无重大质量事故。公司总经理为赵光明。职工55人,其中,正式员工24人、当地社聘员工31人。 (王特特)

【香港公司】 1999年3月,经原对外贸易经济合作部、原铁道部和中央人民政府驻香港特别行政区政府联络办公室批准,中国铁道建筑总公司在香港设立项目公司——中国铁道建筑(香港)有限公司。2007年5月17日公司更名为中国铁道建设(香港)有限公司(以下简称"香港公司")。2012年4月,中国铁建国际集团有限公司成立后,香港公司正式并入国际集团。国际集团副总经理于洪忠兼任香港公司董事总经理。公司驻香港九龙观塘海滨道133号万兆丰中心10楼A室。香港公司员工人数25人,其中内地员工15人、香港籍员工10人,聘请香港籍顾问2人。经营范围:承包或分项承包铁路、公路、桥梁、隧道、水利、港口、城市轨道交通、房建等工程项目的设计、技术咨询、施工或安装;国内资源的调配及资源管理,包括与项目有关的设备、技术及物资采购和进出口贸易;重点从事香港特区本土及菲律宾、文莱、欧洲、澳洲等国家和地区的铁路、城市轨道交通、公路、房建和其他土建工程的投标及中标工程的实施与管理;其他项目的研究开发与运营。

2015年,新签合同额42339万元,资产总额26878万元,净资产4742万元,营业收入8996万元,净利润1126万元。 (于龙让　郑　涛)

【中铁建(北京)国际贸易有限公司】 驻北京市海淀区复兴路40号中国铁建大厦B座2层。法人代表徐政志。截至2015年底,公司资产总额9.90亿元(其中固定资产原值3157万元,流动资产9.65亿元)。公司主营业务涵盖设备物资集采供应、设备租赁、国际劳务、物流贸易、设备代理销售。

2015年,实现营业收入16.86亿元,实现净利润2314万元。全员劳动生产率493057元/人·年;职工年人均收入160712.05元;国有资本保值增值率168.70%,净资产收益率27.78%,产值利润率1.55%,投资回报率23.14%,资产负债率87.16%,应上缴款完成率100%。 (闫　昆)

【非洲事业部】 2015年,原非洲事业部与安哥拉分公司合并,设4个机构,除安哥拉公司、西非公司、东非代表处3个已有机构外,新增设莫桑比克工作组。非洲事业部总经理郝桂林(11月免)、王军(11月任)。非洲事业部国内本部设立综合管理、市场开发、技术支持、投标报价4个部门,19人,主要为商务、外语和技术报价人员。

非洲事业部与马里、塞内加尔政府,上海轨道设计院、进出口银行、国家开发银行等利益相关方开展合作。其中,2015年12月22日和2015年12月25日,分别与塞内加尔国家铁路局和马里国家陆运及航运总局签署马塞铁路商务合同,合同总金额27.257亿美元。项目全长1286千米。塞内加尔境内线路长644.6千米,合同金额12.569亿美元;马里境内线路长641.4千米,合同金额14.688亿美元。（张 文）

【美洲事业部】 组建于2013年12月。定位为美洲区域基础工程建设承包,交通建设及城市综合建设运营等市场项目开发与项目管理工作。驻北京市海淀区复兴路40号。下辖中国铁建美国有限公司、中国铁建墨西哥有限公司、中国铁建国际集团有限公司玻利维亚代表处、中国铁建国际集团有限公司委内瑞拉代表处、中国铁建国际集团有限公司巴西代表处。总经理、党总支书记应尔强。截至2015年底,职工39人,其中,国际集团兼职领导2人、外聘人员8人(外籍1人、助勤人员1人)。大学本科及以上学历38人,占职工总数的97%。

鲁雷纳瓦克至里维拉尔塔公路项目是玻利维亚政府为促进与周边国家的贸易往来和改善北部出口交通通道,在该国贝尼省境内修建的1条二级公路。线路全长508.07千米,总投资5.79亿美元。公路修建主要地形特征为平原,设计时速100千米,最小转弯半径为450米,双向2车道,行车道宽为3.65米,路肩宽为1.5米。项目业主系玻利维亚高速公路管理局,该项目为公司在玻利维亚首个工程签约项目。该项目的签署,是集团自组建以来,在美洲签署的第1个项目,同时也是玻利维亚历史上签署单笔金额最大的合同项目、首笔使用拉美地区100亿美元优惠性质贷款额度的项目,还是中国企业在玻利维亚承建的最大项目以及中国铁建在拉美地区首个EPC+F项目。

（综合管理部）

【欧亚事业部】 组建于2015年7月。定位为中亚区域基础工程建设承包,交通建设及城市综合建设运营等市场项目开发与项目管理工作。驻北京市海淀区复兴路40号。下辖中国铁建俄罗斯有限公司、中国铁建国际集团有限公司哈萨克斯坦代表处、中国铁建国际集团有限公司格鲁吉亚代表处、中国铁建国际集团有限公司塔吉克斯坦代表处和中国铁建国际集团有限公司吉尔吉斯斯坦代表处。总经理、党总支书记蒙涛。职工15人,其中,国际集团兼职领导1人、外聘人员4人。大学本科及以上学历15人,占职工总数的100%。

俄罗斯莫斯科环线地铁、西南地铁项目为EPC项目。全长27.54千米,13个车站,总投资1618.8亿卢布。项目分为3段:西南线、西南环线东段和西南环线西段。西南线长16.2千米,7个车站,总造价943.5亿卢布。可行性研究审批完成,初步设计完成30%,计划于2016年12月25日完成初步设计。西南环线东段,线长6.67千米,3个车站,总造价383.4亿卢布。初步设计完成50%,计划于2017年2月28日完成初步设计。西南环线西段,线长4.673千米,3个车站,总造价291.9亿卢布。初步设计尚未开始,计划于2017年2月28日完成初步设计。（薛佳慧）

【重要记载】

▲1月7日 玻利维亚发展规划部部长卡罗与中国进出口银行副行长孙平在中国进出口银行签约玻利维亚鲁雷纳瓦克公路项目融资谅解备忘录(MOU)。中国铁建总裁特别助理赵晋华、国际集团副总经济师杨振宇见证签约仪式。

▲1月20日 中国铁建沙特分公司获评中国铁建"2014年度十佳区域经营机构"称号。

▲1月23日 中国铁建党委书记、董事长孟凤朝在铁建大厦会见到访的委内瑞拉国家石油公司董事会董事、社会主义玻利瓦尔中央工会主席、石油天然气工人联合会主席威尔斯·兰赫尔一行。中国铁建总裁助理兼国际集团董事长、总经理卓磊,国际集团党委书记、副董事长赵佃龙等参加会谈。会谈结束后,双方签订委内瑞拉石油工人住房建设项目合作意向书。

▲2月1日 国际集团一届二次职代会暨2015年工作会、党委全体(扩大)会、党风建设和反腐倡廉工作会在集团总部召开。中国铁建总裁特别助理赵晋华参加大会并作重要讲话。

▲2月6日 中国铁建总裁助理兼国际集团董事长、总经理卓磊赴泰国拜会泰国交通部长巴金、中国驻泰国经参处参赞张佩东,就中国铁建参与中泰高铁项目进行会谈。

▲2月17日 中国驻吉达总领馆总领事安瓦尔赴中国铁建沙特分公司麦加轻轨项目驻地,对干部职工进行慰问。国际集团副巡视员、纪委副书记董立巍陪同。

▲2月20日 中国驻沙特大使李成文赴中国铁建沙特分公司5号军营项目驻地,对干部职工进行慰问。国际集团副巡视员、纪委副书记董立巍陪同。

▲3 月 23 日　国际集团被评为中国铁建“2014 年度安全生产先进单位”。

▲3 月　中华全国妇女联合会授予中国铁建阿尔及利亚公司蔡丽娜“全国巾帼建功标兵”称号。

▲3 月　国际集团获“首都文明单位”称号。

▲4 月 2 日　中国铁道建设(香港)有限公司、沙特麦加轻轨铁路运营项目部分别被评为责任成本管理先进单位和责任成本管理先进项目部。

▲4 月 17 日　国际集团党委书记、副董事长赵佃龙在集团总部与法国 SYSTRA 技术咨询有限公司总裁皮埃尔举行会谈并签订合作协议。合作协议签订后，双方召开第一次工作联席会议，SYSTRA 向国际集团提交跟踪项目清单。国际集团董事、副总经理郝桂林参加会谈。

▲5 月 7 日　沙特内政部 5 号军营项目分包合同签约仪式在集团总部举行。中国铁建总裁助理兼国际集团董事长、总经理卓磊等参加签约仪式。

▲5 月 22 日　墨西哥交通部针对中国铁建提交的索赔文件出具行政决议，赔偿金额为 19734687.61 比索，约合 136 万美元。

▲6 月 2—9 日　国际集团党委书记、副董事长赵佃龙赴阿尔及利亚对中国铁建阿尔及利亚公司领导班子进行民主测评、干部选任测评和业务检查。期间，赵佃龙拜会阿尔及利亚贝佳亚省省长和中国驻阿尔及利亚大使杨广玉。

▲6 月 9 日　在“国际档案日”来临之际，国际集团陆续启动档案知识竞赛、档案法制宣传等系列活动。

▲6 月 24 日　中国铁建沙特麦加轻轨项目部获中国铁建重点工程劳动竞赛单项优胜单位。

▲8 月 1 日　国际集团董事长卓磊在集团总部会见孟加拉住房与公共工程部部长穆萨拉夫·侯赛因和孟加拉驻华大使 M·法兹勒·卡里姆一行，双方就孟加拉基础设施建设进行友好交流。国际集团副总经理胡凡陪同会见。

▲8 月 5 日　中国铁建(加勒比)有限公司承建的斯卡博罗总医院扩建项目顺利移交。

▲9 月 9 日　国际集团总经理、副董事长周天想在阿根廷驻华使馆与阿根廷内政交通部部长阿尼瓦尔·费洛伦西奥·兰达索签署圣马丁铁路改造项目谅解备忘录(MOU)。

▲9 月 18—21 日　国际集团党委书记、副董事长赵佃龙在集团总部会见巴拿马工贸副部长代表团一行，双方就巴拿马医院项目、港口项目等进行深入交流。

▲9 月 18 日　中国铁建巴西公司股权变更完成，中国铁建巴西公司正式注册成立。

▲9 月 25 日　中国铁建国际集团玻利维亚分公司获玻利维亚当地颁发的营业执照，正式注册成立。

▲10 月 7 日　中国铁建国际集团委内瑞拉有限公司取得注册税务登记，注册手续全部完成。

▲11 月 4 日　国际集团获中国铁建表彰，被评为 2014 年度“四好”领导班子。

▲11 月 21 日　从中国驻马里大使馆处确认，赴马里交通部洽谈合作项目的国际集团总经理、副董事长周天想，副总经理王选尚，中国铁建西非公司总经理常学辉在马里巴马科丽笙酒店袭击事件中不幸遇难。

▲12 月 3—4 日　中国铁建举办法律纠纷案件研讨会暨涉外法律风险防控工作会。会上，中国铁建沙特分公司获中国铁建“2015 年度法治工作先进单位”。

▲12 月 17 日　中国铁建档案工作评审组对国际集团档案工作进行综合评审，最终国际集团以 83.5 分获得国家 B 级认定。　　(综合管理部)

中铁城建集团有限公司

【简况】　是房屋建筑工程施工总承包特级、市政工程和铁路工程施工总承包一级、地基基础、钢结构、机电设备安装工程、建筑装修装饰专业承包一级企业，于 2013 年 11 月由原中铁十二局集团建筑安装工程有限公司主体、原中铁十六局集团北京工程有限公司、原中铁二十二局集团第六工程有限公司、原中铁二十四局集团南昌建设有限公司、原中铁二十五局集团建筑安装工程有限公司整体重组成立。单位驻地湖南省长沙市岳麓区杜鹃路 772 号。集团公司董事长、党委书记罗海滨，总经理倪真。下辖第一、第二、第三、北京工程有限公司、南昌建设有限公司、房地产开发有限公司 6 家子公司，华南、华东、东南、云贵、川渝、中原、西北、北京、华北、东北、天津、湖南区域指挥部和海外经营部 13 个区域经营机构，四川、云南、贵州、重庆、广州、海南、山西、青岛、陕西、北京、黑龙江、辽宁、深圳、武汉、无锡、甘肃、江西 17 家经营性分公司。员工 5857 人，其中，正式员工 5051 人、集体所有制员工 806 人。正式员工中，干部 3633 人、工人 1418 人；专业技术干部 2812 人，占干部总数的 77.4%；技术工人 618 人，占工人总数的 43.6%。资产总额 1347306.23 万元，固定资产净值 23311.36 万元，流动资产 1319914.64 万元，货币资金 232347.51 万元。机械运输设备 1481 台(套)，原值 21376.22 万元、净值 6935.14 万元，总功率 52665.21 千瓦，动力装备率 10.92 千瓦/人，技术装备率 1.44 万元/人。综合机械化施工程度 90% 以上，年施工生产能力200亿元以上。

完成的主要实物工程量:土石方427.76万立方米,桥梁5436.6折合米,正线铺轨15.45千米,站线铺轨4.35千米,供电线路25.5千米,通信线路20千米,轻轨区间3386米,房屋建筑面积370.7万平方米,房屋竣工面积172.7万平方米。承揽任务总额152.82亿元,完成年度计划的101.88%;完成施工产值108.31亿元,为年度计划100亿元的108.31%。承建的建发·宝湖湾二期工程、新建铁路天津至秦皇岛客运专线宁车沽永定新河特大桥工程获"国家优质工程奖";获"铁建杯"优质工程7项。首都机场旅客捷运通道工程、阳光美居公租房小区工程均获国家"AAA级安全文明标准化工地";获省部级安全文明工地8项;获股份公司安全质量标准工地5项。 (李 卓)

【领导人员】

董事会

董事长	罗海滨
董事	罗海滨
	倪 真
	邱 卫

监事会

监事会主席	周晓兵

经理层

总经理	倪 真
副总经理	张宇川
	申景涛
	王忠良
	张晓峰
总会计师	陈培荣(8月免)

党群领导

党委书记	罗海滨
党委副书记	倪 真
	周晓兵
	邱 卫
纪委书记	周晓兵(兼)
工会主席	邱 卫(兼)

(赵 平)

【职工队伍】 员工5857人,其中,正式员工5051人、集体所有制员工806人。在正式员工中,男员工4114人,女员工937人;干部3633人、工人1418人。研究生学历58人、大专以上学历3383人、中专111人、高中及以下81人。各类专业技术干部2812人,其中,教授级高工5人、高级职称313人、中级职称767人、初级职称1727人。

正式员工中,35周岁以下2821人,其中女员工493人;36~44周岁875人,其中女员工234人;45~49周岁499人,其中女员工172人;50~54周岁507人,其中女员工38人;55周岁以上员工349人。

(赵 平)

【工程施工】 铁四院总部设计大楼项目 中铁第四勘察设计院集团有限公司投资建设,合同投资36784万元。工程为单体工程,总建筑面积97051平方米,总用地面积31314平方米,其中地下17107平方米,地上79944平方米。地下2层,地上19层。合同工期2014年1月30日—2016年1月30日。2015年完成产值18611万元,累计完成产值27755万元。

中铁五院集团公司研发实验及附属用房 中铁第五勘察设计院集团有限公司投资建设,合同投资32836万元。工程为群体建筑,总建筑面积96341.16平方米。合同工期2014年9月30日—2017年8月30日。2015年完成产值9271万元,累计完成产值9271万元。

北京市通州新城0204地块配建定向安置房项目 北京通瑞万华置业有限公司投资建设,合同投资57539万元。工程为群体工程,总建筑面积250350平方米,总用地面积139626.82平方米,其中地下59674.77平方米,地上187865.72平方米。合同工期2014年12月11日—2016年6月30日。2015年完成产值20916万元,累计完成产值20916万元。

中国铁建·国际花园三期工程 中铁房地产集团武汉有限公司投资建设,合同投资31698万元。工程为群体工程,总建筑面积157151.11平方米,总用地面积139626.82平方米,其中地上建筑面积131847.41平方米,地下建筑面积25047.54平方米。合同工期2014年9月30日—2016年7月30日。2015年完成产值19131万元,累计完成产值20368万元。

中国铁建·国际花园三期工程 长春中铁房地产开发有限公司投资建设,合同投资10099万元。工程为群体工程,总建筑面积5.8813万平方米,其中地上部分建筑面积为50739.89平方米,地下部分为7904.27平方米。合同工期2013年7月25日—2015年9月30日。2015年完成产值2083万元,累计完成产值10054万元。

中国铁建·青秀蓝湾B1地块项目4标段建安施工总承包工程 中铁建(大连)置业有限公司投资建设,合同投资8427万元。工程为群体工程,总建筑面积42626平方米,其中地上部分建筑面积30847平方米,地下部分11779平方米。合同工期2014年2月15

日—2015年12月31日。2015年完成产值5054万元,累计完成产值8407万元。

中国铁建长沙磁浮工程TJⅤ标　长沙轨道集团投资建设,合同投资6500万元。工程为国内第1条自主设计施工的中低速磁悬浮,总建筑面积14804.6平方米。工程包括长沙磁浮工程榔梨站房初步设计总建筑面积5263平方米;黄花机场站初步设计总建筑面积9541.6平方米。合同工期2014年10月1日—2015年7月15日。2015年完成产值5094万元,累计完成产值6500万元。

长沙中国铁建山语城三期一组团1、2标段施工总承包工程　中铁房地产集团长沙置业有限公司投资建设,合同投资6607万元。工程为群体工程,建筑面积46938.77平方米,其中地上面积41556.77平方米,地下面积5382平方米。合同工期2013年10月26日—2016年3月23日,工程实际开工日期为2013年11月15日。2015年完成产值5053万元,累计完成产值6607万元。

后北屯城中村改造项目R9地块主体1、2标段工程　山西博雅都园房地产开发有限公司投资建设,合同投资23858万元。工程为群体工程,总建筑面积137049.64平方米,其中地上107348.64平方米,地下29701平方米。合同工期2014年7月5日—2015年12月31日。2015年完成产值14907万元,累计完成产值21074万元。

珠海铁建大厦项目基坑支护及土石方工程　珠海铁建大厦置业有限公司投资建设,合同投资11007万元。工程基坑面积为11128平方米。合同工期2014年12月20日—2016年4月30日。2015年完成产值4862万元,累计完成产值4862万元。

昆铁家园住宅小区建设项目施工总承包(第2标段)　云南昆铁房地产开发经营有限责任公司投资建设,合同投资16590万元。工程总建筑面积65131.49平方米,其中地上面积48182.95平方米,地下面积16948.54平方米。合同工期2013年5月25日—2015年10月5日。2015年完成产值6921万元,累计完成产值14966万元。

贵阳观储－2014S－15地块四场平工程　贵阳观山湖建设投资发展有限公司投资建设,合同投资12500万元。工程面积17.3万平方米。合同工期2014年10月15日—2015年2月13日。2015年完成产值4525万元,累计完成产值4525万元。

贵阳国际城H4组团　中铁地产贵州中泓房地产开发有限公司投资建设,合同投资26260万元。工程总建筑面积157095.9平方米,其中地上部分建筑面积155903.8平方米,地下部分1192.1平方米。合同工期2014年1月10日—2015年11月14日。2015年完成产值14986万元,累计完成产值25260万元。

合肥中国铁建青秀城项目一期C地块建筑安装工程施工总承包工程　中铁房地产集团合肥蜀山置业有限公司投资建设,合同投资21486万元。工程总建筑面积102430.41平方米。合同工期为2014年7月15日—2015年12月10日。2015年完成产值915万元,累计完成产值1821万元。

萧政储出〔2012〕19号地块施工总承包工程　中铁房地产集团杭州京顺置业有限公司投资建设,合同投资13198万元。工程总建筑面积164851平方米。合同工期2013年8月1日—2014年12月30日。2015年完成产值1706万元,累计完成产值13198万元。

萧政储出〔2014〕7号地块　中铁房地产集团杭州京顺置业有限公司投资建设,合同投资31983万元。工程建筑面积130038平方米,其中地下建筑面积30703平方米,地上建筑面积99335平方米。合同工期2015年2月5日—2017年6月30日。2015年完成产值13753万元,累计完成产值13753万元。

金港镇香山花苑安置小区　张家港市金海港投资开发有限公司投资建设,合同投资255604万元。工程总建筑面积104.99平方米。合同工期2015年2月15日—2017年7月17日。2015年完成产值60371万元,累计完成产值168874万元。

佛山西站枢纽地下空间开发项目　佛山市南海区佛山西站投资建设有限公司投资建设,由中铁第四勘察设计院集团有限公司实行设计—施工—采购总承包(EPC),其中一期工程土建2标段造价17848万元。主要工程量:城际车场17～23线之间地下空间主体工程及附属出口工程,南北长88.025米,东西长302.800米。中心主体结构分为地下1层和地下2层,面积22800平方米;东西两侧2个附属出口,面积7100平方米。合同工期2014年11月20日—2015年10月30日。2015年产值11600万元,累计产值15800万元。

合肥中铁国际城品园一期3标段　中铁房地产集团合肥置业有限公司投资建设,合同投资13304.7万元,总建筑面积75152.3平方米,其中地下8462.58平方米,地上66689.72平方米。合同工期2013年9月15日—2015年10月10日。2015年完成产值5321.88万元,累计完成产值5321.88万元。

新建怀邵衡铁路站前HSHZQ－1标1段工程　怀邵衡铁路有限责任公司投资建设,合同投资39901万元。工程为铁路工程,正线全长3.802千米,上下行联络线全长2.338千米。合同工期2014年10月01

日—2018年12月31日。2015年完成产值22309万元,累计完成产值23400万元。

中国铁建·江湾山语城工程　中铁地产集团广西江湾置业有限公司投资建设,合同投资9016.6万元。工程总建筑面积36521.33平方米,其中地下11006.48平方米,地上25514.85平方米。合同工期为2014年6月1日—2015年8月11日。2015年完成产值9000万元,累计完成产值11000万元。

长沙湘江玖号施工总承包工程　长沙先导臻缔地产开发有限公司投资建设,合同投资15346万元。工程为11栋单体工程及共用的地下室,总建筑面积114204平方米。合同工期2014年2月10日—2015年2月10日。2015年完成产值10717万元,累计完成产值23166万元。

中铁建国际花园工程　广州增城中铁房地产置业有限公司投资建设。建筑面积106081.28平方米。2015年完成产值1.6亿元,累计完成产值1.6亿元。

中国铁建·贵阳国际城H3组团工程　贵州中泓房地产开发有限公司投资建设,合同投资34868万元,总建筑面积153157.8平方米。合同工期2014年3月1日—2016年1月24日。2015年完成产值25011万元,累计完成产值28061万元。

中铁骊都项目二期1标工程　中铁房地产集团四川有限公司投资建设,合同投资16790万元。工程总建筑面积62272.26平方米,其中地下21061.66平方米,地上41210.6平方米。合同工期2013年5月1日—2015年3月25日。累计完成产值12779.7575万元。

通瑞嘉苑项目　北京通瑞兴盛置业有限公司投资建设,合同投资112287万元,总建筑面积51.74万平方米。合同工期2015年8月20日—2016年6月30日。2015年完成产值27382万元,累计完成产值83809万元。

现代有轨电车西郊线工程巴沟车辆段项目　北京市基础设施投资有限公司、北京市轨道交通建设管理有限公司投资建设,合同投资9965万元。合同工期2010年12月18日—2012年06月18日,工程实际开工日期为2014年4月26日,工期延长至2016年12月31日。2015年完成产值1223万元,累计完成产值5423万元。

中铁国际城瑞庭颂苑项目　中国铁建房地产集团(天津)置业有限公司投资建设,合同投资1.16亿元。工程为单体工程,总建筑面积47070平方米,总用地面积10000平方米。合同工期2014年9月18日—2015年11月13日。2015年完成产值10356万元,累计完成产值11336万元。

青岛蓝色硅谷城际轨道交通工程06标段K37+517~K46+289范围内高架区间桩基、承台、墩柱、盖梁及连续梁,以及浦里站和鳌山卫站。标段线路全长7669米,其中车站2座,分别为浦里站和鳌山卫站,浦里站建筑面积7687.1平方米,鳌山卫站建筑面积7308.4平方米。合同工期2012年6月1日—2017年1月31日。2015年完成产值11468万元,累计完成产值20976万元。

哈尔滨铁路集装箱中心站工程　铁路总公司投资建设,合同投资56866万元。工程站场铺面总建筑面积446239平方米,总建筑面积18938平方米,铺设线路约27405米。2015年完成产值10264万元,累计完成产值43300万元。

北京门头沟永定镇居住及F1住宅混合公建项目二期工程　中铁房地产集团北京顺捷金海置业有限公司开发建设,合同投资9457万元。合同工期2013年8月10日—2015年8月31日。2015年完成产值1082万元,累计完成产值7680万元。

中铁环保嘉苑项目　中铁房地产集团北京海丰置业有限公司投资建设,合同投资20450万元。总建筑面积93138平方米,总用地面积27318平方米,其中地下68258平方米,地上28880平方米。合同工期2014年11月1日—2016年1月21日。2015年完成产值18387万元,累计完成产值19656万元。

唐山勒泰中心项目　唐山勒泰购物广场有限公司开发,项目总建筑面积249844.85平方米。合同工期2014年5月15日—2016年10月25日。2015年完成产值31994万元,累计完成产值46500万元。

中国铁建国际城诗景广场项目　中铁房地产集团(天津)置业有限公司投资建设,合同投资69605万元,总建筑面积209798.8平方米。合同工期2015年8月5日—2017年3月30日。2015年完成产值12010万元,累计完成产值12010万元。

南京市栖霞区万寿村季家街01地块一期2标段工程　中铁房地产集团江苏置业有限公司开发建设,合同投资13715万元。工程为2栋住宅楼及地下车库组成,总建筑面积49655.88平方米。合同工期2014年6月25日—2015年12月15日。2015年完成产值5179万元,累计完成产值11139万元。

万郡·大都城住宅小区二期Ⅱ标工程项目　总建筑面积154384平方米,其中地上126517平方米,地下25189平方米。合同投资37902万元。合同工期2013年8月20日—2015年8月20日。2015年完成产值11577万元,累计完成产值30382万元。　(李　勇)

【经营管理】　工程任务承揽。组织186人参加预算造价人员培训,有效提高全集团预算报价水平;组织集团各单位经营人员进行商务基础培训,并建立全集团经营投标商务资料数据库,为全集团各级单位投标提供快捷方便的基础资料;制定印发《中铁城建集团有限公司区域指挥部建设过程考核办法(试行)》,加快各区域指挥部内部建设,完善各项基础工作,形成区域经营能力;完成在建项目主体变更 23 项;对外签署战略框架协议 9 项。

(1)项目管理。在建工程 88 个,工程类别主要涉及房建、铁路、市政 3 个专业;工程分布在 27 个省(市,自治区);海外工程 2 个。新开项目共 42 个,竣工项目 23 个。完善《工程管理策划管理办法》,细化工程管理绩效考核评分内容,主要包含工程管理体系建设、工程进度管理、工程管理策划、回访与维修管理,通过每半年绩效考核工作,检查各工程公司和项目部的制度执行、落实、执行情况,及时进行反馈和整改,提升项目管理水平。

(2)安全质量。出台《"三优"工程创建活动实施方案》《房屋建筑工程质量实测实量管理暂行办法》《工程项目安全风险等级划分与分级管理暂行办法》《安全质量管理"红线""绿线"规定》等 8 项规章制度,进一步规范安全质量管理工作与行为;与所属工程公司签订年度"安全包保责任书",逐级落实安全、质量责任,全面构建责任管理体系;有效组织开展节后复工专项检查活动、"安全生产月"活动、"质量月"活动、工程质量专项治理行动、"六打六治"打非治违活动;深入开展安全质量绩效考核工作,严格进行奖罚兑现;全力推进项目标准化管理,集团公司采取对标检查、量化打分的方式,对 31 个项目开展现场标准化管理考核评比;着力抓实外部信用评价工作,信誉评价排名有效提升。

(3)设备物资管理。物资集采率 93.21%,集采节约资金 10359.31 万元,节资率 2.82%;设备物资管理人员持证上岗率 82.6%,特种设备操作人员持证率 100%;印发《供应商管理办法》和《设备租赁管理办法(试行)》2 项规章制度,建立"红绿线"管理机制。组织设备物资业务培训 18 期,参培人员 530 人次。

(4)财务管理。制定清收清欠工作实施细则,组织成立机构,加大考核力度;加大对资金集中和上存度指标的考核力度,按季对资金集中考核并通报;分批次参加营改增培训班,全方位多角度学习"营改增"最新政策;召开半年、年终财务分析会,了解各单位经济运行质量和各项经济政策的执行情况;实行全面预算过程管控,按季分析,查找原因、提出具体整改措施。

(5)投融资管理。完善投融资工作体系,开展项目可行性研究分析,加大投融资人才的选拔,加大与股份公司及各大金融机构项目融资的对接。与湘西经开区、帝海集团、国开行湖南省分行等签订框架协议,与湖南省各大金融机构建立项目融资合作意向,探索模式创新。

(6)审计工作。围绕中心工作,加强制度建设,完善工作体系;开展物资管理专项审计调查、进行经济责任审计、完成亏损项目审计等专项审计工作;参与集团公司党委巡视工作、配合财务检查及划转移交等相关工作;完善审计档案管理,推进审计信息化建设,组织协调地方审计、国资委审计等多项审计配合工作。

(7)法律事务。确立合同管理模式,规范合同管理。落实 4 项法律审核,深入参与集团公司生产经营工作。2015 年制度审核率、授权委托书均为 100%;框架协议及合作意向书、机关管理类、施工总承包合同、专业分包合同进行审核,送审审核率 100%;全面参与企业生产经营活动;逐步建立合同综合管理体系,法律事务机构逐步履行合同综合管理职能。统计分析纠纷、案件数据,监督生效法律文书的履行,对危险事项及时发出预警。

(8)企业管理。完成市政、铁路 2 项总承包一级、地基基础、装饰装修、钢结构、机电设备安装 4 项专业承包一级等 6 项配套资质就位;发布实施集团公司 3 年(2015—2017 年)和中长期战略规划;全面组织开展"十三五"发展规划编制工作。组织大集体改革现场推进会,同步了解政策、调研学习、组织具体工作开展,改革范围认定工作进入实质性推进阶段;划转移交遗留主要、突出问题基本解决完成;扎实开展"管理提升年"活动;增设 2 个部门,增加定员 20 人;新设辽宁等 19 家经营性分公司,成立张家港项目指挥部等 22 个局指或直管项目部及 BIM 技术研究中心等 4 个专业机构。

(9)信息化建设。信息化投入 302 万元,其中集团公司本级 205.8 万元,区域指挥部 4.5 万元,子公司 91.8 万元;信息化制度体系落地执行,基础管理不断加强,在用系统稳定运行,新建系统按步推进,正版软件工作全面开展。

(10)综合管理。顺利竞得总部基地项目建设用地,年底全面开工建设。

(方瑞健　李　勇　张剑强　曹冬梅　王少波　张　凯
栗　丹　王　超　王　亮　刘云峰)

【科技工作】　集团公司科技立项 53 项,投入科研经费 4.46 亿元,占年度施工产值计划的 3.6%。获股份公司科技进步奖 1 项,获社会力量办奖科学技术奖 4 项,获省级新技术应用示范工程 3 项;获国家级工法 3 项,分别为"PC 梁预应力管道三维一体精确定位施工工法""机场跑道不停航条件下超长管幕保护超浅埋大断面暗挖施工工法”“高层钢结构自承式可拆卸楼承板施工工法”;获省部级工法9项,股份公司工法3项;获8项实用新型专利授权;2人获中施协科技创新先进个人;2家单位通过省级技术中心年度认定;3家单位通过高新技术企业认定,集团公司及所属5家工程公司全部被认定为高新技术企业。 (胡明文)

【党的工作】 集团公司党委下辖二级党委7个,11个党工委、201个党支部,党员2403人,发展新党员55人。集团公司党委以“管理提升年”为主题,深入学习贯彻党的十八大精神和上级党委要求,紧密围绕生产经营中心工作,团结带领全体员工坚定信心、凝神聚力、艰苦创业,全力融合文化、打造品牌、推广形象,为实现全面提升经营管理水平、专业施工水平、综合管控水平与和谐发展水平的管理目标提供强有力的思想动力、舆论支持和文化保障。同时积极主动地与湖南省委宣传部、组织部、办公厅等主管部门加强联系,集团公司党委实现股份公司党委和湖南省直党工委的双重管理。

(1)充分发挥党委政治核心作用。集团公司党委在战略上明晰发展思路、决策上坚持把关定向、措施上服务生产经营,不断提高企业党建工作水平,为实现企业科学发展保驾护航。科学研判新常态新形势,准确结合企业自身实际,明确2015年为“管理提升年”,为企业稳健发展提供明确的发展方向。党委会是党委决策的核心环节,集团党委先后制定下发党委会议事规则和程序、“三重一大”决策制度实施办法等,明确和规范党委会决策的程序和内容,对事关企业经营管理的重大事项进行把关。特别是将三重一大决策程序融入OA办公系统,形成决策的流程化、网络化、信息化。针对领导班子成员大多属于新调整提拔的实际,集团公司党委以党委中心组学习为载体,作为两级班子集中充电的常态化方式。集团公司党委中心组集中学习8次,中心组成员参学率达到90%以上;为全力确保年度产值目标,集团公司党委在所有在建工程项目中深入开展“大干150天,确保完成年度产值”主题活动,各基层党群组织大力开展“我是党员我争先”、党员示范岗、党员承诺、劳动竞赛、技术比武、科技创新、青年突击等活动,为确保实现年度任务目标提供组织保障。活动以来,集团公司月均产值由6.3亿元提高到11.39亿元,最高月份突破13亿元。

(2)夯实党建思想政治工作基础。集团公司党委结合自身实际,制定“一个意见三个办法”,即《关于加强党建思想政治工作的指导意见》、新闻报道管理办法、四好领导班子考核办法和企业文化考核办法,成为指导全集团党群工作的纲领性文件。修订、补充下发23项党群制度,切实做到让党群工作有章可循、有据可依。全集团新成立30个基层党组织,新增书记43人;新成立7个基层工会组织,新增专兼职工会干部35人;新成立15个项目团组织,新增团干17人;新补充专兼职宣传干部55人,基本形成党群组织管理网络和人才队伍;组织召开党建思想文化工作专题会议和首次党群干部培训班。紧跟“互联网+”的大趋势,全力抢占新媒体领域,加强集团公司“三微一网”(微信、微博、中铁城建青年微信平台与集团公司官方网站)建设,制定下发“三微一网”管理办法,明确制度流程和考核指标。集团公司官方微信粉丝人数近2万人,中铁城建青年微信粉丝人数逾13万人。

(3)纪检监察工作。查办案件,立案2件,给予政纪处分3人、政纪处分1人、组织处理1人。与长沙铁路运输检察院深入开展企检联防共建,开展职务犯罪预防工作,共同打造腐败防火墙。集团两级纪检监察机构通过创新廉洁文化形式、手段、载体、方法等,进一步加强企业廉洁文化建设,坚持每年开展“反腐倡廉宣传教育月”活动,开展反腐倡廉教育活动107场次,近4000人次受到教育,教育覆盖率达到90%以上。

(4)宣传报道工作。新闻宣传工作紧扣“管理提升年”主题,加大对集团重大、热点、焦点事件的宣传报道,突出舆论引领作用,使“用新状态适应新常态”“以‘严’的态度、‘实’的作风推进企业发展”“让标准成为习惯”等理念和思路深入人心,并结合“大干150天、确保完成年度产值”主题活动,在集团网站开辟“大干150天”新闻专栏。以BIM技术、绿色施工、标准化管理、文化融合等亮点工作为切入点,深入宣传,开展行之有效的新闻报道工作。2015年,全集团在股份公司报纸、网站及刊物发稿540余篇,在社会媒体刊稿1900余篇。

(5)思想政治教育工作。通过坚持月度分析、季度报告、清账销号、督促检查制度,巩固群众路线教育实践活动成果,确保“两方案一计划”的落实。扎实开展“三严三实”专题教育工作,全集团以党委书记讲党课的方式,将学习层面扩大到两级机关部门副职以上的党员干部。

(6)企业文化建设工作。集团党委开展“最美城建”摄影比赛、强化机关建设系列活动、党员红色教育专题活动、周年文艺汇演等一批有意义的活动,以文化活动为载体,抓好文化融合。承担文化融合和文化重构两项课题研究的牵头任务,组织召开2次专题研讨会。为提高基层单位对企业文化落地工作的认识,让企业文化视觉形象做到规范统一,经过反复研讨和多次修订,集团党委制定下发《企业文化建设标准化模块规范手册》(2015版),对全集团的文化视觉形象进行明确规范。集团公司纪委、纪检监察室为合署办公机构,是集团公司执纪、监督组织,履行党的纪律检查和行政监察2项职能,完成双重任务,对集团公司党委和行政领导全面负责。 (易世明 何 龙)

【工会工作】 工会组织的劳动竞赛在全集团43个重点项目、13个区域经营机构深入开展,10人获股份公司以上劳动模范。各级工会全面履行"三不让"承诺,实施困难职工生活救助、大病救助、子女助学3项困难救助和帮扶。"两节"慰问困难职工家庭460户,走访慰问劳模、老干部、离退休人员216人,发放"送温暖"活动资金120余万元、"金秋助学"活动助学金11万余元、"夏送清凉"资金35万余元。集团公司和5个工程公司均按照程序及时召开职代会,两级领导干部在会上述职并接受民主评议,全面签订2015年集体合同。集团公司将企务公开的重点放在具有人、财、物支配权的部门和岗位,确定4个方面46条公开内容,以各种方式企务公开300余期。首次公文处理技术比武抛砖引玉,掀起各单位学技练兵、岗位争优的热潮。通过集团公司网站、股份公司网站和《中国铁道建筑报》《湖南工人报》等报刊宣传报道各级工会特色工作和重点工作431篇,扩大工会工作的影响力和职工群众的关注度。北京公司财务部获评"全国铁路先进女职工集体"称号,3人获评"中国铁建巾帼标兵"称号。

(杨 曦)

【共青团工作】 集团团委下设6个团委、105个团支部。35岁以下青年3376人,其中团员1605人,28岁以下青年党员428人,本科及以上学历人数占青年总数的63%。①探索服务青年新途径。集团团委创新信息共享新模式,全面构建具有青年特色、时代特色和企业特色的青年工作服务体系,开通"中铁城建青年"微信公众号,以灵活的形式、新鲜的素材、多样的活动得到集团广大青年和社会各界的欢迎,关注用户近14万人。②服务企业中心工作。2016年8月,为积极响应集团党委"大干150天,确保完成年度产值"的号召,下发《关于开展"大干150天"主题青年突击活动的通知》,各单位团委迅速行动起来,到一线帮扶指导成立青年突击队。③积极承担央企责任。集团公司团委组织开展"爱心细流"助学活动,活动募集爱心资金389159元,图书近3000册,结对子28对。 (易世明)

【第一工程有限公司】 房屋建筑工程施工总承包一级,机电安装工程施工总承包二级,钢结构工程、机电设备安装工程专业承包一级资质,以及建筑装饰装修工程设计与施工一级、建筑幕墙工程设计与施工二级资质企业。公司驻山西省太原市迎泽西大街169号。执行董事、党委书记郑军,总经理贺旭。公司机关设17个部室,其中行政系统13个,党群系统4个。下辖常设项目部、专属项目部、专业分公司、后勤服务单位40个。职工总数1055人,其中干部848人,其中各类专业技术干部607人,占干部总数的716%;工人207人,其中技术工人163人,占工人总数的78.7%。资产总额274873.78亿元,其中固定资产净值4159.09万元,流动资产270411.73亿元。公司拥有设备、汽车418台(套),总功率9023.3千瓦,设备完好率90%,设备利用率80%,技术装备率0.75万元/人,动力装备率8.5千瓦/人。

2015年,公司经营承揽64.05亿元,完成施工产值37.44亿元,实现利润11147.12万元。完成土石方66万立方米,房屋建筑面积141万平方米。国有资本保值增值率15.49%,净资产收益率22.9%,产值利润率4.18%,资产负债率84.62%,应上缴款完成率100%。 (李贝贝)

【第二工程有限公司】 房屋建筑工程施工总承包一级、市政工程施工总承包二级、铁路工程施工总承包三级和消防设施工程、环保工程、机电设备安装工程专业承包一级资质企业。驻广东省广州市,注册资本金20000万元。公司执行董事、党委书记王金海,总经理黄伟强。职工总数845人。公司主要从事房屋建筑、高速客运专线站房、制梁、市政、消防、机电安装、钢结构、环保、装饰及桥梁等专业施工,年施工生产能力30亿元以上。截至2015年底,公司资产总额14.86亿元,其中固定资产净值0.05亿元,流动资产14.70亿元,无形资产(土地使用权)0.04亿元,递延所得税资产0.07亿元。机械运输设备(含第2、3、4、5类固定资产设备)共410台套,设备原值1574.16万元,净值320.52万元,总功率7747.45千瓦,动力装备率9.37千瓦/人,技术装备率0.39万元/人。设备完好率93.2%,设备利用率68.4%。机械化施工程度72.1%。

2015年,承揽任务15.5亿元,实现产值收入16.71亿元,实现利润总额2036.51万元、净利润1911.50万元,人均创利3.09万元,全员劳动生产率22.40万元/人·年。国有资本保值增值率110.35%,投资回报率1.48%,净资产收益率10.20%,产值利润率1.22%,资产负债率87.00%,应上缴款完成率100%。完成实物量工程量:房屋建筑面积688342平方米,桥梁568延长米,土石方23万立方米。 (谢锦利)

【第三工程有限公司】 房屋建筑工程施工总承包一级、市政公用工程施工总承包一级、建筑装修装饰工程专业承包一级、钢结构工程专业承包一级、消防设施工程专业承包一级、机电设备安装工程专业承包一级资质企业。公司驻天津市滨海新区海洋高新区桂海路21号。公司董事长、党委书记杨刚，总经理栗尚明。公司下设20个直管项目部、3个统管项目部、成都地铁指挥部、平齐铁路指挥部、设备中心、张家港搅拌站。职工2026人，其中，职工1255人、集体职工771人。干部886人，占职工总数的71%；专业技术干部864人，占干部总数的98%；工人369人，其中技术工人31人，占工人总数的8%。资产总额176065万元。固定资产原值7968万元、净值2237万元，流动资产171936万元，其他资产4129万元。机械运输设备217台(套)，设备原值2790万元，设备净值428.8万元，总功率6353.4千瓦，动力装备率2.94千瓦/人，技术装备率0.23万元/人，设备完好率91%，利用率71%，年施工能力在15.5亿元以上。

2015年，承揽工程任务49项19.14亿元，完成企业总产值17.24亿元，实现利润2029万元，净利润1691万元。净资产收益率7.98%，产值利润率1.29%，资产负债率87.97%，应上缴款完成率117%。完成主要实物工程量：房屋建筑面积282000平方米，土石方120万立方米，工程质量合格率100%。 （李怀志）

【北京工程有限公司】 房屋建筑工程、机电安装工程施工总承包一级，钢结构工程、建筑装修装饰工程专业承包一级，机场场道工程、桥梁工程专业承包二级资质企业。公司执行董事王振喜，总经理高明德。设17个部室，其中，行政系统13个、党群系统4个。下辖专业分公司11个，直属项目部3个。公司正式员工896人，其中干部867人，各类专业技术干部643人；高级职称人员40人、中级职称人员137人、初级职称人员466人，没有转正定职专业技术职务人员202人。专科及以上学历人员854人，中专及以下学历人员42人。公司注册资本金2亿元。资产总额242791.1万元，固定资产原值12106.3万元、净值8864.2万元，流动资产233907.7万元，其他资产8883.4万元。机械运输及测量试验设备总量152台，原值3022.78万元、净值909.91万元，总功率10804.74千瓦，动力装备率12.06千瓦/人，技术装备率1.02万元/人，设备完好率100%，利用率93.42%。

2015年，经营承揽24.12亿元。完成企业总产值27.8亿元，实现利润0.2亿元，人均创利2.3万元，职工年人均收入7.7万元。国有资本保值增值率106.52%、净资产收益率6.48%、资产负债率90%、应上缴款完成率100%，完成主要实物工程量：房屋建筑面积1015805平方米。 （王 石）

【南昌建设有限公司】 房屋建筑工程、市政公用工程施工总承包一级，铁路工程、机电安装工程、公路工程施工总承包二级，机电设备安装工程、钢结构工程、建筑装修装饰工程、隧道工程、桥梁工程专业承包一级资质企业。公司驻江西省南昌市二七南路116号。执行董事邓胜兵，党委书记陈仁光，总经理李世平。下辖江西顺兴房地产开发经营有限公司、南昌铁诚建设工程劳务有限公司2个子公司。职工总人数776人，其中，干部351人、工人425人。资产总额126420.27万元，其中固定资产原值4191.51万元，净值992.3万元，流动资产124921.01万元；机械运输设备66台(套)，设备原值3166.96万元、净值875.72万元，总功率6196.8千瓦，动力装备率7.99千瓦/人，技术装备率1.13万元/人，大型设备完好率40%，大型设备利用率13.15%。

2015年，完成施工总产值7.14亿元，其中铁路工程1.67亿元；工业与民用建筑5.45亿元；市政72万元。实现净利润11.70万元。完成主要实物工程量：土石方42万立方米、桥梁57延长米，房屋建筑面积263421平方米，工程质量合格率100%。国有资本保值增值率100%，资产负债率83%。 （费义巍）

【房地产开发有限公司】 中铁城建集团房地产开发有限公司成立于2014年9月，具有房地产开发暂定资质。公司总部位于湖南省长沙市，注册资金5000万元。现有员工13人，高级职称4人、中级职称6人。执行董事、党委书记、总经理苏建宇。 （颜 灿）

【重要记载】

▲2月9日　集团公司首届一次职代会暨党委扩大会、2015年工作会、党风建设和反腐倡廉工作会在长沙召开。

▲4月23日　由湖南省委宣传部、省总工会、省文化厅、长沙市总工会组织的“进企业、访劳模、送文化”系列活动启动仪式在集团公司长沙磁浮榔梨站项目举行。

▲6月　集团公司获湖南省“守合同、重信用”单位称号。

▲7月1日　国有重点大型企业监事会主席李克明、监事会第八办事处主任陶永山一行在中国铁建总会计师王秀明等陪同下赴集团公司调研。

▲9月　集团公司取得市政工程施工总承包一级、铁路工程施工总承包一级、地基基础专业承包一级、钢结构专业承包一级、机电设备安装工程专业承包一级、建筑装修装饰专业承包一级6项一级资质。

▲11月3日　天津滨海新区人民政府致信集团

公司，感谢中铁城建集团及所属三公司在天津港“8·12”特大爆炸事故中勇担社会责任，积极奋战在救援抢险及房屋修缮的第一线，为保证受灾居民重返家园做出突出贡献。

▲11 月 18 日　集团公司承建、北京公司参建的建发·宝湖湾二期和三公司参建的新建铁路天津至秦皇岛客运专线宁车沽永定新河特大桥 2 项工程获 2014—2015 年度国家优质工程奖。

▲12 月 10 日　国有重点大型企业监事会 28 办副主任李光林，中国铁建监事会主席兼审计监事局局长黄少军等领导一行赴集团公司调研。

▲12 月 12 日　中国建筑业协会副会长兼秘书长吴涛、湖南省建筑业协会秘书长谭立兵等一行赴集团公司调研指导。

▲12 月 26 日　中国首条拥有完全自主知识产权的中低速磁浮铁路——长沙中低速磁浮快线正式试运行。

▲12 月 29 日　集团公司两项 BIM 成果在“首届中国建设工程 BIM 大赛”中荣获“卓越工程项目三等奖”。

（李　卓）

中国铁建投资集团有限公司

【简况】　2011 年 5 月 18 日在北京挂牌成立，是中国铁建股份有限公司的全资子公司，初始注册资本金 30 亿元。2012 年 12 月 28 日，注册资本金增加到 100 亿元。2014 年 2 月 14 日注册地由北京市迁至珠海横琴新区。2015 年 6 月 19 日公司更名为中国铁建投资集团有限公司。集团公司实施 2 地办公，北京总部位于北京市海淀区复兴路 40 号铁建大厦科研楼 9、10 层。珠海总部位于广东省珠海市香洲区吉大海滨南路财富大厦 17、18 层。集团公司员工 294 人。内设 17 个部门，其中 2015 年新成立城市运营投资部、建设管理部、运营管理部，管控职能进一步优化；下设区域公司 4 个，项目公司 19 个，建设指挥部 10 个。固定资产原值 1.4 亿元，净值 1.1 亿元，流动资产 58.3 亿元。

2015 年，新签合同额 453.79 亿元，累积投资规模 2375.34 亿元。营业收入 84.83 亿元，资产总额 471.49 亿元；较 2014 年增长 18%、实现利润总额 15.08 亿元，分别比 2014 年增长 14.33%；资产负债率 69.5%。集团公司所属中国铁建南京青奥轴线地下工程指挥部与施工单位共同开发的“特大异型深基坑施工关键技术研究”科研课题通过江苏省住房和城乡建设厅组织的科研鉴定，认定科研总体成果达到国际先进水平，其中四维降水设计模型和地表沉降预测模型技术达到国际领先水平。　（张　媛　商　丹）

【领导人员】

董事会

董事长	李　宁
董事	王　巍
	李振刚（11 月免）
监事	王泽泉

经理层

总经理	王　巍
副总经理	李振刚（11 月免）
	谭振武
	申　伟
	王　闯（11 月免）
	刘虎军
	刘青林
	李卫华
	范永芳
	周京波（1 月任）
总会计师	王　闯（兼，1 月免）
	周京波（兼，1 月任）

党群领导

党委书记	李　宁
党委副书记	王　巍
纪委书记	王泽泉
工会筹备委员会主任	李振刚（兼，11 月免）

（林　毅）

【工程项目指挥机构】　中铁建湛江东海岛工程建设指挥部　驻广东省湛江市人民大道中 46 号中国建设银行 10 层，指挥长郝文洲。

中铁建青岛蓝色硅谷轨道交通工程建设指挥部　驻山东省青岛市崂山区苗岭路 29 号山东高速大厦 7 楼，指挥长刘生秀。

中国铁建山东济鱼高速公路工程建设指挥部　驻山东省济宁市任城区红星中路 37 号明冉大厦，指挥长童鹏。

中国铁建山东德商高速公路工程建设指挥部　驻山东省聊城市东昌东路南柳园南路东新东方国际 A 栋 8 层 810，指挥长牛之印。

中铁建珠海西部中心城区首期开发区域（B 片区）基础设施工程建设指挥部　驻广东省珠海市金湾

区红旗镇双湖路北段华信荣楼东区，指挥长常铁良。

中国铁建成渝高速公路复线工程指挥部　驻重庆市，指挥长罗玉刚，党工委书记郑刚。

中国铁建南京青奥轴线地下工程指挥部　驻江苏省南京市鼓楼区广州路5号君临国际2栋21，党工委书记、指挥长许玉和。

中国铁建投资有限公司联合体云南麻昭高速铁路B标段项目办公室　驻云南省昭通市昭阳区环城东路122号，指挥长王江来。

中国铁建长春地铁2号线工程指挥部　驻吉林省长春市关南区亚泰大街3218号，指挥长冯涛。

（商　丹　张　媛）

【职工队伍】　职工总数294人，干部所占比例43.2%，其中专业技术人员占干部总数的97.81%，博士5人、硕士51人、本科71人、大专10人；30岁以下1人、31～40岁41人、41～50岁70人、50岁以上25人；正高级职称20人、高级职称86人、中级职称28人。

（朱川青）

【资本运营项目】　新签合同额453.79亿元，其中，基础设施项目448.45亿元（包括成都经济区环线高速公路德阳至简阳段项目136.2亿元，G0511线德阳至都江堰段项目159.54亿元，芜湖城南过江隧道工程项目21.75亿元，北京兴延高速公路政府与社会资本合作（PPP）项目130.96亿元），股权项目5.34亿元。

2015年，完成投资200.74亿元，占年度计划333.46亿元（含拟上项目计划投资93.70亿元）的60.20%，其中建安投资完成131.26亿元，占年度计划140.40亿元的93.49%。实现利润11.70亿元，占年度计划15.25亿元的76.71%。实现营业收入85.55亿元，占年度计划93.81亿元的91.19%。实现回购款44.18亿元，占年度计划17.72亿元的249.34%。

（谢志军）

【经营管理】　（1）企业管理。扎实开展效率提升活动，推动企业管理改革，全面梳理机构设置，新成立城市运营投资部、建设管理部、运营管理部，使公司投资业务体系更完善，项目管控管理更专业。创新优化考核指标，修订完善《中国铁建投资集团有限公司项目绩效考核管理办法》，突出绩效引领作用。稳步完善内控体系，全面启动投资项目风险管理专项研究工作，保驾护航生产经营。2015年11月，集团公司启动“十三五”战略规划编制工作。

（2）财务管理。截至2015年底，资产总额471.49亿元，实现营业收入84.83亿元，净利润15.08亿元，净资产收益率6.06%，资产负债率69.49%。财务管理制度得到进一步完善。制定《清收清欠管理办法》《差旅费管理办法》《业务招待费管理办法》等一系列管理办法，进一步优化业务流程，明确职责权限，形成较为完善的制度体系；会计政策研究不断深入。深入开展投资项目核算办法及会计业务处理规范的研究，拟制定BT、BOT、土地一级开发会计核算指导办法，争取到BOT高速公路项目采用“车流量法摊销”、BT项目采用完工进度确认建造利润的会计政策，BOT高速公路及股权类投资的减值测试方法取得安永会计师事务所的认可；投资项目产融结合实现突破。东铁营棚改项目引入“铁建蓝海基金”，募集有限合伙基金首期款项4.32亿元，在保障项目投资收益的同时，实现对企业财务状况的大幅优化；税务筹划及税务风险管控取得成效。深入研究税收政策，努力争取税收优惠，实现税收返还2203万元。以“降税负，降风险”为目标，积极备战税制改革，认真梳理税务管理链条，组织企业管理模式研讨，及时研究最新政策动向，组织多种形式的业务培训，推动“营改增”应对工作不断深入，税务风险整体可控；全面预算管控持续加强。通过突出预算价值引领、推进业财预算融合、加强预算执行分析、强化预算刚性考核，着力引导企业资源合理分配，管理水平优化提升，经营获利能力稳步增强；成本费用管控手段不断创新。各级财务部门认真落实保险资源及商旅资源的集中管控，狠抓非生产性费用开支管控，提前介入运营类项目培育期亏损防治工作；超额完成清收清欠任务。制定《清收清欠管理办法》，明确清欠责任目标，积极与业主协商，千方百计加强清欠。贵阳北二环项目通过政府债务平滑基金，收回到期回购款15.2亿元、麻昭项目实现回购3亿元、长春地铁项目实现提前回购20亿元、有效化解投资风险；财务收支专项整治成效显著。按照“预防为主，风险可控”的工作思路，财务部会同审计监察部开展财务收支检查及整改落实工作，对所属19个单位开展专项治理大检查，重点检查“规章制度落实、三重一大决策、八项规定贯彻执行、领导干部履职待遇、财务收支合法合规性以及财务基础管理”，有效规范企业管理行为；业务培训丰富多样。先后以多种形式组织投融资、营改增、新会计准则等业务学习培训，丰富财务人员知识结构、提高解决实际问题的能力。

（3）资金管理。公司有序推进项目融资，银行综合授信额度达到566亿元，既有项目均实现银团组建或授信闭合。大力推进融资创新，开拓直接融资渠道，成功发行首期3年期10亿元定向债务融资。顺利申请年利率1.08%期限为15年以上的国家第四批专项建设基金9.4亿元作为兴延、安紫和济鱼项目资本金，预计全过程节息7亿元。加快促进产融结合,成功引入铁建蓝海产业基金入股东铁营棚改项目,丰富融资渠道,优化资产负债结构。进一步强化资金集中管理,财务公司集中账户覆盖率100%,年底资金集中度73.71%,资金上存度为76.69%,通过发挥资金调剂功能,有效盘活集团公司存量资金,进一步提升资金使用效率。搭建境外投融资平台,注册成立中铁香港发展有限公司,积极探索境外发债、引入QFLP等跨境融资渠道。进军互联网金融行业,投资2000万元参股央企供应链金融平台——中企云链(北京)金融服务公司正式上线运营。在集团公司推广“云信”电子支付,首笔2000万“云信”由简蒲项目公司开立并在86家供应商之间进行流转,其中12家上游小供应商进行保理融资,金额累计483万,占开出云信规模的24.15%。借力金融机构,推进云贵项目应收账款清收,成功收回贵阳项目15.56亿元到期回购款,云贵项目逾期回购款全部按时回收。

(4)监察审计。围绕经营管理中心工作和“效率提升年”目标任务,完成经济责任审计3项,项目期中审计7项。即对西南公司、兰州地铁、济鱼指挥部开展离任经济责任审计;对云南麻昭、四川简蒲、崔家大滩、青岛蓝硅、桂林资兴、贵州安紫、北京置业公司开展期中过程审计。提出并采纳审计建议53条。狠抓问题整改,逐步建立审计结果移交跟踪机制,将审计发现问题定期移交总部相关业务部门督促整改。同时,认真开展自查整改,积极配合国资委对股份公司董事长孟风朝的任中经济责任审计暨原总裁张宗言的离任经济责任审计。王华明获评股份公司2015年“审计工作先进个人”号。

(5)法律事务。9月,组织开展合同管理办法修订工作,进一步简化合同评审流程,明确合同备案部门及职责、理顺合同备案流程,规范项目公司合同评审程序,系统构建横向由业务部门分类专项管理、纵向由子公司分级法人管理的合同管理体系。全程参与各投资项目调研及前期谈判工作,根据项目进展适时出具法律意见书和合同评审意见,严格控制项目法律风险。严格执行“四项法律审核”(重大决策、规章制度、经济合同、授权委托书法律审核)制度,推行公司会议议题在上会前法律审核制度,“四项法律审核”率为100%。积极参与相关项目专题研讨会,对项目实施过程中存在的法律风险进行识别、评估,并有针对性的提出防范措施。针对部分项目管理模式中存在项目公司与指挥部管理人员重合问题,进行专题分析研究,形成《关于中国铁建股份有限公司项目部与项目公司管理人员事宜的法律备忘录》。搜集、整理与投资业务相关的法律法规及政策性文件208篇,分别形成PPP投资业务、房地产类投资业务法律法规汇编、矿产投资业务、股权投资业务法律法规汇编。

(6)安全质量管理。为满足业务开展需要,提升投资项目建设期各项工作管理水平,全面整合集团建设管理力量及相关资源,成立建设管理部,与安全质量监督部合署办公。在安全质量、节能环保、科技管理及建设期项目整体策划、规章制度建设及项目法人治理方面进行系统、全面规划,结合集团公司“效率提升年”活动,开展建设管理与安全质量检查、信用评价考核、隐患排查整治等多项有针对性的监督管理活动,积极研究各单位建设管理管控模式,积极参加法人治理、管理机构建设等项目投资建设相关议案研讨,为建设项目的正常推进出谋划策。结合现场检查与调研,及时总结,不断创新,初步形成可供学习、借鉴、复制、推广的投资项目建设管理、安全质量管理体系,为投资集团的战略发展创造良好的建设管理基础。2015年,安全质量管理受控,未发生安全生产事故,安全质量监督管理水平显著提升,被股份公司评为“2015年度安全生产先进单位”。

(商 丹 张 楠 赵翰强 谢正欣 周怡君 丁海峰)

【党群工作】 (1)领导班子建设。集团公司党委以两级班子建设为重点,突出讲学习、讲团结、讲规矩,不断提高两级班子的整体合力和班子成员的个人素质。坚持民主集中制原则,重大决策事项事先进行充分酝酿、沟通,班子成员配合默契,积极营造团结协作的良好氛围。“三重一大”事项均严格按照议事规则研究决策,党委会、董事会、总经理办公会等按职责分工和议事程序召开。

(2)党建工作。以开展“三严三实”教育活动为契机,建立健全各级党组织。集团公司党委在总部机关及所属各单位设立党(工)委18个,党支部46个,配备基层兼职政工干部,加强基层党组织建设,提高基层党建工作水平。对所属单位党员统一建立数据库,全集团公司在册党员已全部入库管理。按照建设学习型党组织的要求,委以“三会一课”为载体,组织全体党员认真学习党的十八届四中、五中全会和习近平系列重要讲话精神,提高广大党员的思想认识。

(3)“三严三实”专题教育。按照中央部署和股份公司党委要求,6月10日,集团公司党委以党委书记讲党课的方式启动“三严三实”专题教育活动,用6个月的时间,在集团公司领导班子成员、总部机关中层以上管理人员和所属各单位领导班子成员中同步展开,认真抓好专题党课、专题学习研讨、专题民主生活会3个关键环节,取得良好效果先后邀请国家行政学院安令裕主任、中央党校刘炳香教授进行专题集中辅导,两级领导班子成员为党员干部讲党课28次，为开展好“三严三实”专题教育活动奠定良好的基础。严格落实整改措施，对两级单位履职待遇和业务招待费执行情况进行全面清理，收回超报费用25.26万元，通报批评16人。专题民主生活会收集各类意见建议233条，汇总归纳为5个方面26条，并相应纳入领导班子对照检查材料和班子成员发言提纲当中，对意见建议给予答复，认真开展批评和自我批评。

(4)宣传和思想政治工作。投资集团下发《加强和改进中心组学习实施办法》，组织党委中心组集中学习4次、收看专家讲座3次，两级领导班子成员政治素养、治企能力得到新的提升。积极配合股份公司作好“一带一路”“走出去”等重点宣传，将镜头聚焦企业改革发展，将笔锋对准集团公司转型升级，重点对优化投资结构、转变管控模式、提高管理效率等工作进行跟踪、报道。对外宣传的积极性不断提高，采写稿件数量稳步增长，在各种媒体刊稿300余篇。

(5)企业文化建设。宣贯并推广中国铁建新版企业识别系统，更新规范投资集团总部和所属各单位旗帜、网站等企业标识的应用。8月，集团公司党委开展企业文化融合调查，收到有效问卷427份，参与问卷人员比例达到66.8%。通过问卷分析，进一步摸清职工关心、关注的热点问题，明确企业文化建设的薄弱环节和努力方向，为企业文化融合后续工作提供可靠的依据。结合基础设施投资项目特点，所属简蒲公司在项目建设管理过程中积极倡导“中国铁建一家人”文化理念，取得良好的管理效果，并在中国铁建宣传思想文化工作会上做了经验交流，得到股份公司和兄弟单位的肯定。

工会工作。工会筹委会把组建基层工会组织列为年度工作重点，在所属18家单位成立工会或工委。组织召开第一次职工大会，审议企业年金等有关制度，选举产生出席股份公司二届一次职代会代表。积极推行企务公开制度，公开各类事项208项。围绕“如何建好职工之家”“如何成为职工信赖娘家人”主题开展研讨，努力维护职工切身利益。两级工会组织先后投入40余万元改善职工运动设施，建设各类活动场所14个，购置各类体育器材40台(套)。在中国铁路总公司举办的职工才艺大赛中，济鱼公司报送的声乐节目《共圆中国梦》代表中国铁建参赛获第3名。

共青团工作。在南方公司、德商公司、重庆轨道公司先后成立共青团组织，进一步完善共青团基层组织。组织开展“清明祭英烈、共铸中华魂”等系列主题教育活动，引导团员青年缅怀先烈、铭记历史，激发爱国热情。开展“推优入党”活动，为党组织输送新鲜血液。积极组织“创先争优”活动，东铁营项目获股份公司“青年文明号”称号，4人获评股份公司“青年岗位能手”“优秀共青团员”。

(张秋华　张晓新　王华峰　郝　迪)

【纪检监察】 开展专项治理自查自纠活动，重点对总部机关和所属19个基层单位包括“三重一大”决策情况、各项规章制度执行情况、领导干部个人行为以及合作单位反馈意见等内容进行检查。其中，对中层干部个人违规报销的费用全部清退，违规发放的补贴全部得到纠正。同时，拓展监督链条，对所属公司的参建项目部逐一征求意见，了解投资公司人员在施工队伍安排、物资设备采购等方面是否有违规违纪行为，对所有问题及时提出整改措施。查办反映基层公司领导班子成员有违纪行为信访举报1起，经核查反映问题不属实，已作结案处理。对干部的考察、公示、任命及外部调入人员的事前核实进行全过程监督；对所有拟提拔担任中层岗位职务的人员及所属单位正职普遍进行任前廉洁谈话，对项目招标工作进行过程监督，对各单位办公用房、公务用车整改落实情况进行复查。

(谢正欣)

【中铁建山东京沪高速公路济乐有限公司】 公司经营项目为京沪高速公路济南至乐陵段建设运营。公司驻山东省济南市高新技术产业开发区天辰大街1188号。公司董事长、党委书记汤宝东，总经理吴登义。由中国铁建股份有限公司(持股65%)和山东省交通运输厅公路局(持股35%)共同出资建设。2015年股权变更为中国铁建投资集团有限公司持股65%，齐鲁交通发展集团有限公司持股35%。公司员工295人，资产总额734418.9万元，其中固定资产原值1891.14万元、净值1257.34万元，流动资产15794.44万元。

2015年，完成投资14737万元，开工累计完成投资748546万元，占工程概算754189万元的99.25%。京沪高速公路济南至乐陵段于2015年1月1日通车运营，当年运营总收入6115.55万元，总车流量4041968辆(车次)。

(解　帅)

【中铁建桂林投资有限公司】 驻广西壮族自治区桂林市万福路88号广州军区桂林疗养院宝贤楼。董事长、党委书记、总经理戴保民，副总经理兼总工程师李恩辉，副总经理朱志荣，总会计师孙选民。注册资本10000万元人民币，其中中国铁建投资集团有限公司出资8000万元，占80%股权；中铁第一勘察设计院集团有限公司出资2000万元，占20%股权。员工28人。资产总额255200万元，固定资产原值43万元。项目经营模式为BOT+EPC(投融资、建设、经营及移交管理＋工程总承包)。

2015年,完成投资23.42亿元,占年计划投资26.69亿元的87.75%,其中建安投资21.56亿元,占建安计划投资21.29亿元的101.22%。开工累计完成投资53.79亿元,占投资总额的60.40%。 (郭天红)

【中铁建(山东)德商高速公路有限公司】 驻山东省聊城市东昌府区南湖滨路。公司法定代表人牛之印。现有员工25人。

2015年,完成投资29.43亿元,占总投资的87%。开工累计完成投资33.72亿元,占总投资的99%。

(常 钊)

【中铁建山东济徐高速公路济鱼有限公司】 驻山东省济宁市任城区红星中路37号明冉大厦。公司法定代理人、主管领导戚喜章。公司注册资本金10000万元,公司采用"大项目公司＋小指挥部"管理模式。公司员工26人。固定资产原值169.95万元,净值96万元,流动资产4121.91万元。

2015年,完成投资14.84亿元,占年度计划的99.6%,其中建安投资13.37亿元,占年度计划的104.2%。 (井翠红)

【中铁建四川简蒲高速公路有限公司】 驻四川省眉山市东坡区二环东路273号。法定代表人范军。项目资本金占总投资的25%。其中,中国铁建投资集团有限公司出资80%;中铁二十局集团有限公司出资20%;其余75%为银行贷款。员工39人,固定资产原值199.50万元,净值51.96万元,流动资产8197.56万元。 (李继伟)

【中铁建贵州安紫高速公路有限公司】 驻贵州省安顺市西秀区新大十字建设银行13楼。党委书记、执行董事、总经理马涛。项目由中国铁建投资集团有限公司、中铁第一勘察设计院有限公司和中铁十八局集团有限公司联合投资、建设和运营,其中中铁十八局集团有限公司以总承包模式承建,中铁第一勘察设计院有限公司负责项目总设计,政府补助资金比例为投资估算49.85亿元的14%(6.979亿元)。运营模式为BOT＋EPC＋政府补贴(建设—经营—转让＋设计—采购—施工＋政府补贴)。公司员工24人。资产总额105600万元,固定资产原值151万元、净值90万元,流动资产3720万元。

2015年,完成投资10.24亿元,占概算总投资52.8亿元的19.4%,其中建安投资完成5.09亿元。

(陈 庆)

【北京兴延高速公路有限公司】 驻北京市昌平区超前路37号院21号。法人代表为孙公新,公司主管领导为郑玉欣、耿杰。由北京市政府与中国铁建联合体以PPP模式共同出资建设,是由中国铁建股份有限公司、中铁十二局集团有限公司、中铁十四局集团有限公司(以下简称中国铁建联合体)和北京市首都公路发展集团有限公司(以下简称首发集团)共同出资组建的股份制公司,注册资本金66.82亿元。注册资本金占投资总额130.96亿元的51%,其中,中国铁建联合体出资34.08亿元,占项目公司51%的股权;首发集团出资32.74亿元,占项目公司49%的股权。公司员工29人(其中26人来自中国铁建投资集团有限公司,3人来自北京市首都公路发展集团有限公司)。

2015年完成投资额25.88亿元,占合同投资130.96亿元的19.8%。 (魏 铮)

【中铁建四川德简高速公路有限公司】 临时办公地点位于四川省德阳市金岭饭店。公司董事长谭振武,总经理罗玉刚,党委书记童鹏。项目由中国铁建投资集团有限公司、中国铁建大桥局集团有限公司、中铁十七局集团有限公司组成联合体投资经营项目。联合体各方的出资比例为中国铁建投资集团有限公司78.28%、中国铁建大桥工程局集团有限公司10.86%、中铁十七局集团有限公司10.86%。本项目资金构成为25%的项目资本金,其余75%的建设资金由项目公司筹措。项目为BOT模式(建设—经营—转让)。公司员工11人,资产总额5943.74万元,其中固定资产原值26.4万元,流动资产5798.99万元。 (安伟铭)

【中铁建四川德都高速公路有限公司】 办公地点位于四川省德阳市金岭饭店。公司董事长谭振武,总经理罗玉刚,党委书记童鹏。项目由中国铁建投资集团有限公司、中铁十一局集团有限公司、中铁十二局集团有限公司组成联合体游资经营。项目概算资金的25%为项目资本金,由联合体各方出资,其比例为中国铁建投资集团有限公司62.92%、中铁十一局集团有限公司18.54%、中铁十二局集团有限公司18.54%。其余75%的建设资金由项目公司筹措。项目为PPP模式。公司员工11人(与中铁建四川德简高速公路有限公司为"一套人马、两块牌子"),资产总额3708万元,其中固定资产原值25.64万元,流动资产3598.65万元。

(安伟铭)

【中铁建兰州地铁投资有限公司】 驻甘肃省兰州市城关区皋兰路35号(建行大厦),执行董事高志明,总经理汤宝东。员工5人,固定资产原值40.67万元,净值17.30万元。

2015年完成建安投资721万元，收回回购款1141万元。（孙莉春）

【中国铁建南京青奥轴线地下工程指挥部】 临时办公地点位于江苏省南京市富春江东街69号的方中大厦17楼。2014年8月，中国铁建南京青奥轴线地下工程指挥部搬迁至南京广州路5号君临国际2幢21楼，与中铁建华东投资有限公司合并办公。党工委书记、指挥长许玉。员工10人。资产原值243万元、净值31万元。2015年完成项目回购工作，收回回购款为15836万元，获得二次创收1469.39万元。（李丽品）

【青岛蓝色硅谷城际轨道交通有限公司】 驻山东省青岛市崂山区苗岭路29号山东高速大厦7层。执行董事兼总经理刘生秀。公司员工40人。项目采取“投融资+设计施工总承包+回报”的BT经营模式。

（青岛轨道公司）

【中国铁建长春地铁2号线工程指挥部】 办公地点位于吉林省长春市南关区亚泰大街5211号五环国际大厦2608室。指挥长冯涛。员工13人。资产总额53556万元，其中固定资产原值56万元，净值33万元，流动资产53521万元。（李德明）

【中铁建重庆轨道环线建设有限公司】 驻重庆市渝北区洪湖东路财富大道7号财富园1号B幢6楼。执行董事、总经理兼党工委书记李新民。员工44人。资产总额47900万元，其中固定资产原值218万元，净值108万元，流动资产47500万元。重庆轨道环线二期工程项目采用BT(建设—移交)经营模式。

2015年，开工累计完成投资27.3亿元，占总投资的29%；开工累计完成建安产值22.58亿元，占建安总产值的32%。（赵冠乔）

【中国铁建投资集团有限公司联合体云南麻昭高速公路B标段项目办公室】 驻云南省昭通市昭阳区环城东路122号汇友商务酒店。项目经理王江来。注册资本金43亿元。公司员工11人。固定资产原值109.54万元，净值57.35万元，流动资产106.68万元。

2015年，完成投资8.58亿元，占年度计划6.18亿元的139%；开工累计完成投资21.38亿元，占变更设计后总投资22.72亿元的94.12%；实现年度工程收益1.26亿元，占年度计划0.94亿元的133.8%；累计实现工程收益3.18亿元。（徐咏平）

【中铁建湛江开发有限公司】 驻广东省湛江市人民大道中46号建设银行十楼。公司董事长、总经理郑玉欣(2015年12月10日离任)，由郝文洲副总经理主持工作。由广东省湛江经济技术开发区管理委员会、中国铁建投资集团有限公司、中国铁建港航局集团有限公司、湛江经济技术开发区东海岛开发投资有限公司联合体按照1∶9的比例注资成立中铁建湛江开发有限公司。2015年11月12日中铁建湛江开发有限公司公司注册资本由10亿元变更为5亿元。采用BT(建设—移交)经营模式。公司员工13人。（周　鹏）

【中铁建甘肃投资有限公司】 驻甘肃省兰州市皋兰路35号建行大厦。公司法人代表、执行董事、总经理高志明。员工22人。资产总额139900万元，其中固定资产原值664万元、净值616万元，流动资产44400万元。中铁建甘肃投资有限公司代表中国铁建投资集团负责兰州市崔家大滩土地一级开发项目。

（段兴娜）

【中铁建置业有限公司】 2013年11月，在北京市丰台区注册成立。初始注册资金1亿元，2015年公司引入战略投资者，注册资金增至2.35亿元，广德铁建蓝海丰建投资中心(有限合伙)出资1.35亿元，占注册资本的57%；中国铁建投资集团有限公司出资1亿元，占注册资本的43%。公司驻北京市丰台区南三环中路南侧东罗园9号楼(新世贸大酒店2~3层)。公司董事长、党委书记、总经理唐刚。职工34人。

（刘　洋）

【中铁建珠海西部投资开发有限公司】 由中国铁建投资集团公司和中铁第四勘察设计院集团有限公司出资组建，2014年10月13日注册成立，注册资本金1亿元。公司驻广东省珠海市金湾区红旗镇双湖北路华信荣大厦东区。党工委书记、董事长、总经理阮兴。员工24人。2015年完成投资0.84亿元，开工累计完成投资5.11亿元。（陈茂盛）

【中铁建珠海投资开发有限公司】 驻广东省珠海市金湾区红旗镇双湖北路华信荣楼东区。公司法定代表常铁良，公司员工36人。资产总额为79005.03万元，固定资产原值200.70万元、净值101.20万元，流动资产1655.69万元。

2015年，开工累计完成投资10.68亿元占总投资的10.85%。（赵　丽）

【珠海铁建大厦置业有限公司】 驻广东省在珠海市

香洲区情侣中路51号日东广场1单元4层。公司执行董事魏佳中,总经理刘龙。员工43人。资产总额81594万元,固定资产原值113万元,固定资产净值92万元,流动资产81498万元。（贺正天）

【中铁建青岛投资有限公司】 驻山东省青岛市瑞昌路168号汇通大厦7楼。执行董事、党工委书记冯鹏。员工22人。资产总额10774万元,其中固定资产原值57万元、净值34万元,流动资产10717万元。

2015年,完成投资2374万元,开工累计完成投资6113万元,占项目投资总额的1.94%。（吕亚迪）

【中铁建铜冠投资有限公司】 成立于2009年12月10日,由中国铁建股份有限公司和铜陵有色金属集团控股有限公司共同出资作为厄瓜多尔铜矿项目开发的实施主体,双方股东原出资比例50%∶50%。2012年4月,中国铁建股份有限公司授权委托中国铁建投资集团有限公司负责该公司的股权管理。2013年12月24日完成股权调整,中国铁建股份有限公司持股30%,铜陵有色金属集团控股有限公司持股70%。2015年3月,经中铁建铜冠投资有限公司二届四次董事会审议通过,该公司注册资本由20亿元调增至33.4亿元。2015年12月29日,中铁建铜冠投资有限公司股东变更完成工商登记,该公司股权从中国铁建股份有限公司正式转入中国铁建投资集团有限公司名下。2015年12月21日,米拉多铜矿项目在厄瓜多尔举行开工典礼,由此项目进入全面建设阶段。

（王逸菲）

【重要记载】

▲2月4日　中铁建金鹰投资有限公司51%股权转让给海南省国有企业琼中金信资产投资有限责任公司。

▲2月5—6日　公司在北京召开2015年工作会议、党委(扩大)会议暨党风建设和反腐倡廉工作会。

▲3月12日　公司发行非公开定向债务融资工具。

▲3月26日　经公司研究决定,注销中铁建西藏投资管理有限公司。

▲5月14日　由中国铁建投资有限公司等6家单位共同发起成立中企云链(北京)金融信息服务股份有限公司

▲5月28日　中国铁建总裁张宗言、副总裁夏国斌一行在公司董事长、党委书记李宁等陪同下,拜会中共中央政治局委员,新疆维吾尔自治区党委书记,新疆生产建设兵团党委第一书记、第一政委张春贤。双方就进一步加强中国铁建与新疆在基础设施建设、高端装备制造等领域的合作进行卓有成效的会谈,达成广泛共识。

▲6月1日　中国铁建党委书记齐晓飞在公司总经理王巍陪同下应邀考察铜陵有色集团,双方就发挥各自优势加快推进厄瓜多尔铜矿项目建设,取得广泛共识。

▲6月19日　公司更名为“中国铁建投资集团有限公司”。

▲8月21日　中国铁建执行董事、副总裁庄尚标(主持经理层工作)在集团公司董事长李宁等陪同下,拜会珠海市委副书记、市长江陵,双方就深化战略合作、推进合作项目开发建设、加大中国铁建在珠海投资力度等进行会谈,达成重要共识。

▲9月14日　中铁香港发展有限公司注册成功。

▲10月22日　由投资集团公司与中铁大桥局、十七局、十一局、十二局集团公司组成联合体,以PPP+施工总承包模式投资经营的成都经济区环线高速公路德阳至简阳段和G0511线德阳至都江堰段项目正式签约。

▲11月17日　中铁建四川德简高速公路有限公司和中铁建四川德都高速公路有限公司在四川省德阳市成功注册。

▲同日　集团公司所属中国铁建南京青奥轴线地下工程指挥部与施工单位共同开发的“特大异型深基坑施工关键技术研究”科研课题通过江苏省住房和城乡建设厅组织的科研鉴定,认定科研总体成果达到国际先进水平,其中四维降水设计模型和地表沉降预测模型技术达到国际领先水平。

▲12月9日　集团公司决定撤销中国铁建投资有限公司重庆指挥部、南京指挥部、青岛指挥部、珠海指挥部、兰州指挥部。

▲12月21日　股份公司总经济师孙公新在集团公司总经理王巍的陪同下前往厄瓜多尔铜矿出席开工仪式。（张　媛）

中国铁建财务有限公司

【简况】 (以下简称“财务公司”)是经中国银监会批准,具有独立法人资格的非银行金融机构,于2012年4月18日正式开业运营。2013年8月注册资本金由13亿元增至60亿元。其中,中国铁建股份有限公司出资56.4亿元,占比94%;中国铁道建筑总公司出资3.6亿元,占比6%。注册地址为北京市海淀区复兴路40号院1号楼中国铁建大厦10层东侧。

财务公司的成立在促进中国铁建资金集中管理,

加强资金监管，防范资金风险；提高资金效益，降低财务成本，优化财务结构；有效配置资源，助力结构调整等方面发挥了重要作用。财务公司作为非银行金融机构，在中国铁建发展战略指引下，在中国铁建产业结构调整的大背景下，始终坚持“加强资金集中管理，提高资金使用效率，为中国铁建总公司、股份公司及成员单位提供专业的资金管理、投融资等金融服务”的经营宗旨和“依法合规、审慎稳健、依托集团、服务企业、开拓进取、创誉争效”的经营方针，实现自身规范健康发展。 （郭融晖）

【领导人员】

股东代表 王秀明
庡守义
曹锡锐

董事会

董事长 王秀明
董事 庡守义
曹锡锐
冀　涛
王旭永

监事会

监事长 黄少军
监事 乔国英
彭长林

经理层

总经理 冀　涛
副总经理 果秀娟

党委会

党委书记 冀　涛
党委副书记 彭长林
党委委员 果秀娟

（郭融晖）

【职工队伍】 财务公司构建9个部门、9个岗位层级的组织架构，建立较为完善的人力资源管理制度，先后下发人力资源管理、员工日常行为规范、薪酬待遇、岗位评定、绩效考核、员工培训等方面的文件21个。

截至2015年底，财务公司在编员工50名，其中女员工22名，占总数的44%。其中研究生（含硕士学位）16名，占员工总数的32%；高级职称13名，占员工总数的26%；来自银行等其他系统的员工21名，占员工总数的42%；35岁以下33名，占员工总数的66%。

（郭融晖）

【经营概况】 2015年是财务公司的“全面建设年”，财务公司坚持稳健发展总基调，一方面扎实开展资金集中、资金结算、信贷、保函、票据、同业拆借等基础业务；另一方面资质申请工作取得重大突破，获批有价证券投资、承销成员单位债券、对金融机构股权投资、成员单位产品买方信贷和办理成员单位委托贷款5项新业务。截至2015年底，公司资产总额726.67亿元，同比增长71.71%；所有者权益71.41亿元，同比增长2.53%。财务公司完成营业收入18.06亿元，实现利润总额7.76亿元。单日存款余额峰值593亿元，资金集中额和集中度指标均创历史新高，较好地完成年度主要经济指标和工作任务，金融平台作用愈加明显。 （张国智）

【党群工作】 财务公司党委认真贯彻落实股份公司要求，积极探索企业文化建设的新途径、新方法，推动企业文化宣贯、推广和落地，努力打造铁建金融企业文化品牌。一是着力打造“企业文化建设讲堂”特色文化活动，邀请国学大师、企业精英等专家进企授课，开阔员工视野，提升企业活力；二是拍摄制作企业宣传片，将企业文化理念融入其中，用企业3年的发展历程诠释企业文化，讲好企业故事，发挥文化引领作用；三是以“爱岗、敬业、忠诚、奉献”为主题，继续开展道德讲堂活动，教育职工热爱企业，奉献企业，营造学先进、赶先进的良好企业氛围；四是积极扶持兴趣小组发展，通过“健财杯”羽毛球比赛等丰富的文体活动，倡导和践行“快乐理念”；五是加强企业文化研讨，通过参与股份公司党委组织的“主文化与亚文化”课题研讨，不断提升宣传干部的企业文化理论水平。 （郭冬梅）

【资金集中】 财务公司2015年以“一流的营销服务、一流的金融产品和到位的优惠政策”为抓手，完善公司营销服务体系和运行机制，构建“以点带面、纵横联动、重点覆盖”的区域营销服务格局，强化“统一领导、分级管理；细分市场、分类服务；全面覆盖、重点营销；目标考核、稳步推进”营销服务体系。坚持“以市场为导向、以客户为中心、以共赢为目标、以服务促发展”的营销服务理念，不断提高资金集中度和资金管控水平，努力开创资金集中工作新局面。 （王道平）

【信贷业务】 财务公司信贷业务稳健发展，票据业务取得实质性进展，信贷制度不断优化，同业合作继续深化，服务质量不断提升，信贷投放规模和收益又创新高。公司推进信贷业务的主要措施：通过丰富授信种类，增加授信额度调整授信结构；通过业务模式、完善业务制度和规程、修订业务合同和严格执行“审贷放三分离、前中后三独立”强化内控管理。截至2015年底,公司为48家成员单位批复授信额度784亿元,信贷投放余额271.40亿元,覆盖集团六大业务板块,信贷投放日均余额188.93亿元,同比增加74亿元,增幅65%。开立各类非融资性保函55份,金额19亿元,年末保函余额19.96亿元;发放委托贷款154笔,金额157.82亿元;办理票据承兑6.44亿元,期末余额4.44亿元。实现信贷业务收入9.07亿元,同比增长48.6%,占总营业收入的50.14%。 (王 丽)

【资金和投资业务】 加大资金运作力度,不断丰富金融产品品种,扩大收入利润来源,对冲息差收窄造成的不利影响。分别与13家大型商业银行开展同业合作,拆借授信总额度246亿元;累计拆入同业资金513笔,总金额3047亿元,极大地增强财务公司资金流动性,同时获得拆借利差1300多万元。财务公司充分利用同业优惠政策,累计存放同业14126亿元,获得利息收入8亿元,占公司营业收入的44.44%。财务公司已取得有价证券投资和对金融机构股权投资业务资质,并就业务开展进行研究。 (张国智)

【票据业务】 将票据业务列为年度重点工作,建立试点运行,根据成员单位个性化需求,设计开发7项具有铁建特色的票据产品,办理承兑、贴现的客户涉及13家成员单位,持票人覆盖数十家内外部单位,并与2家商业银行成功开展同业合作,票据业务开局良好。一是纸票承兑业务得到全面推广。根据成员单位需求,以纸票承兑为突破口,确立"以自身特色产品提升服务能力"的发展方向。二是同业合作取得突破。公司与多家商业银行建立合作,借助同业通道,拓展产品外延,与银行合作设计财票保贴产品,纸票、电票累计保贴0.38亿元,与银行合作转贴现业务,累计转贴0.25亿元,与4家银行合作设计共享额度产品,为成员单位办理银承、保函等业务,累计办理银承0.4亿元。三是"现金+财票"模式得到推广。以财票替代部分成员单位存量商票和银票为基础,实现以财票结算替代部分现金支付,拉动票据支付增量,减少内部现金结算,为集团释放流动性。四是电票业务试点初见成效。电票业务于2015年11月2日获人民银行审批上线,当年累计计开立电票137笔,金额共计1.47亿元,实现保贴0.25亿元,转贴现0.25亿元。 (王 丽)

【风险管理和内部控制】 牢固树立风险意识,不断构筑稳健审慎的风险管控体系。坚持前中后台分设,建立不兼容岗位职责分离机制,组织全业务风险评估,完善风险预警机制,制定风险处置应急预案。2015年,根据银监会印发的《关于加强内控管理和防范柜面业务风险的通知》要求,财务公司重点强化业务管理条线首道防线作用、柜面业务流程控制和开户管理、后督岗位对账和印章凭证管理,未发生任何内控管理和柜面业务事故。按照银监会要求,开展"两个加强、两个遏制"专项检查,对重点业务环节进行风险排查。针对股份公司独立评价组、会计师事务所和北京银监局提出的各类风险缺陷和意见,认真整改落实,提升公司总体风险防控能力和管理水平。通过信息化手段实现核算系统与非现场监管信息系统的数据对接,定期监测各项监管指标,确保在2015年每个月末时点监管指标保持优异。

资本充足率18.5%,超过监管指标值8个百分点;不良贷款率为0,贷款拨备率1%,信贷资产质量较高;公司流动性比例和存贷款比例分别为67.39%和45.83%,符合监管要求;风险资产利润率1.93%,资产利润率1.01%,成本收入比3.86%,成本管控和资产盈利能力较强。在中国财务公司协会公布的2014年度行业评级中,公司被评定为B级,属于发展型财务公司。 (常 郁)

【信息化建设】 信息化建设牢牢把握信息系统安全稳定运行总原则,以提高业务处理效率为根本出发点,大力加强日常安全和信息数据管理,重点开发新业务模块,审慎开展核心系统的选型工作。一是通过"支付业务不落地处理"、公对私银联批量支付自动化清算网银历史明细账、对账单和回单签章工作采用分离服务器单独运行处理等方式,有效提高业务处理效率和客户使用满意度。二是通过进行压力测试,获取系统各项关键性能指标,为核心业务系统的后续改造提供数据支撑和优化重点,保证财务公司业务系统处理稳定性和可扩展性。三是联系市场主流系统供应商进行演示和讲解,配合环境搭建和性能测试,重点跟踪金融机构信息系统的选型动态,扩大产品选型视野和建设思路,稳步推进系统选型升级工作。四是积极解决各类系统需求,不断优化核心系统,解决各类异常业务,保障系统可靠运行。五是坚持日检和备份制度,数据库灾备成功率100%,通过数据库优化提升日结效率,加强网络安全管理,封堵恶意攻击。 (韩 鹏)

【重要记载】

▲2月3日 财务公司第四次股东会召开。会议审议通过更换部分董事、监事的议案,通过《股东会议事规则》《董事会议事规则》《监事会议事规则》和董事会、监事会年度工作报告。

▲同日 财务公司第一届董事会第七次会议召开。会议审议表决总经理年度工作报告,年度预算、决

算执行情况，利润分配方案，下年度财务预算报告，经理层人事任命，增设业务部门等议题。

▲同日　财务公司第二届董事会第一次会议召开。会议换届选举新任董事长及董事会各个专业委员会委员。

▲同日　财务公司第一届监事会第四次会议召开。会议审议表决年度预算、决算执行情况，利润分配方案，下年度财务预算报告等议题。

▲同日　财务公司第二届监事会第一次会议召开。会议选举监事会监事长。

▲8 月 27—28 日　财务公司在召开 2015 年度业务推介会，加强与成员单位交流合作，提升服务水平，促进财务公司全面建设。

▲11 月 13 日　财务公司获得北京银监局批准的承销成员单位企业债券、对金融机构股权投资、成员单位产品买方信贷、办理成员单位之间委托投资等多项业务资质，成为银监会下放业务审批权限后首批获得这些业务资质的财务公司之一。（郭融晖）

诚合保险经纪有限公司

【简况】　是中国保险监督管理委员会批准成立，由中国铁建股份有限公司独家出资设立的全国性、综合性保险经纪公司。公司主营业务范围包括建筑安装工程一切险、建筑施工人员人身意外伤害险、企业财产险、机械设备险、机动车辆险、货物运输险、各类责任险等保险经纪业务。注册资本金 1.1 亿元。公司驻北京市海淀区复兴路 40 号中国铁建大厦。公司前身系原中国铁道建筑总公司商业保险中心，2009 年 11 月正式成立诚合保险经纪（北京）有限责任公司，2011 年 11 月更名为诚合保险经纪有限责任公司，2013 年 12 月更为现名。公司下辖 1 个子公司、9 个分公司。

新签合同额 1.2 亿元，完成年度计划的 122%，实现利润总额 3312 元，实现净利润 2480 万元，经纪保费流入流出规模达到 6 亿元。（樊美麟）

【领导人员】

股东代表　庄尚标

董事会

董事长　曹锡锐

董事　汤建国、孙国富、金守华

监事会

监事　李忠心

职工监事　郎玉华

经理层

总经理　汤建国

副总经理　张德清、郎玉华、钱生校、文金朝

（樊美麟）

【职工队伍】　员工 105 人。其中，部门正职级 11 人、部门副职级 4 人；男职工人数为 65 人、女职工 40 人；博士研究生 1 人、硕士研究生（含硕士学位）14 人、本科学历 66 人、专科及以下 24 人；30 岁以下 31 人、30～39 岁 40 人、40～49 岁 26 人、50 岁以上为 8 人；高级职称 21 人、中级职称 24 人、初级职称 15 人。（樊美麟）

【经营管理】　（1）企业规模有效提升。上海、辽宁、广东、河北 4 地先后完成分公司工商登记和监管备案程序，实现 2015 年开业运营预期目标，国内分公司数量增至 9 家；新设贵阳、南宁、郑州、太原 4 个营业部，加上前期设立的长沙、天津、乌鲁木齐营业部，助力 9 个区域分公司横向深度扩张。以点带面、中心辐射周边的全国性经营布局规划初步实现，分支机构的国内主要布局以及对重点区域的延伸覆盖逐步完成，东北、华北、华中、华东、华南、西南、西北七大区域市场正在形成，公司规模化、全国化发展进程迈上新台阶。

（2）经营业绩持续飘红。新签收入合同额 1.2 亿元，完成年度计划的 122%，同比增长 15%；营业收入一举突破亿元大关，达到 1 亿元，完成年度计划的 106%，同比增长 14%；实现利润总额 3312 万元，完成年度计划的 107%，同比增长 14%；实现净利润 2480 万元，完成年度计划的 107%，同比增长 14%，净利率达到 24%。2015 年，经纪保费流入流出规模达到 6 亿元，同比增长 14%。截至 2015 年底，公司资产总额 2.22亿元，较 2014 年增加 0.22 亿元，同比增长 11%。

（3）战略经营释放红利。股东渠道业务签单 403 个，实现收入 9792 万元，同比增长 12%；市场渠道业务签单 46 个，实现收入 2232 万元，同比增长 11%。路内渠道业务签单 190 个，实现收入 7639 万元，同比增长 13%；路外渠道业务签单 259 个，实现收入 4385 万元，同比增长 14%。基建板块业务签单 394 个，实现收入 1 亿元，同比增长 11%；非基建板块业务签单 55 个，实现收入 1456 万元，同比增长 24%。经纪板块业务实现收入 1.2 亿元，同比增长 14%；公估及咨询板

块业务实现收入209万元,同比增长40%。

(4)对外合作结出硕果。公司与中国铁路财产自保有限公司签订合作框架协议,建立伙伴关系,商定在风险咨询、保险经纪、保险公估、保险销售等领域进行全方位合作;短期内接连完成连镇、宁启、商合杭、大张等铁路重大建设工程保险业务的经纪服务与承保工作。为全面落实框架协议约定,双方还决定共同投资组建保险销售和保险公估公司,进一步结成市场共同体,朝着资源共享、合作共赢迈出实质步伐。

(5)产业链条加速延伸。公司于2015年10月成功中标中国铁路保险公司的再保险经纪业务,开辟又一个重要业务渠道和收入来源。公司于2015年底完成商合杭、大张、拉林等3个铁路项目23个标段的再保险经纪服务,对外分出保费5700万元,实现再保经纪费收入260余万元。所属分支机构再保险业务开发也有建树,云南分公司率先实现突破,成功揽得昆明绕城高速项目再保险经纪服务订单。

(6)依法治企不断强化。建立以总法律顾问制度为核心的法律合规体制机制,法律事务机构建设得到加强。合同管理、合同审查、企业健康查体等制度全面实施,法律风险防范机制已经确立。公司各级领导和全体职工依法合规经营意识不断增强,形成上下学法、守法、用法的良好氛围。公司法制体系建设逐步趋向完善,依法治企的作用正在凸显。

(7)信息化建设蓬勃开展。公司OA协同办公平台系统正式上线运行,公文管理、办公用品管理、公务用车管理、固定资产管理以及证章管理初步实现无纸化、自动化目标;档案信息化建设也于上年启动,定制开发的档案管理软件正投入使用;业务信息化建设正抓紧进行,业务管理和客户服务管理两大应用系统的研究开发基本完毕,目前已进入调试和试运行阶段,计划2016年正式投入使用。 (樊美麟)

【重要记载】

▲1月22日　印发《关于进一步加强诚合保险经纪有限公司党委基层党组织建设的通知》(公司党〔2015〕3号),对党支部、党小组进行重新划分,明确工作职责。

▲2月9日　公司召开一届二次职工大会暨工作会。

▲2月13日　印发《关于进一步加强诚合保险经纪有限公司工会小组建设的通知》(公司工〔2015〕4号),对工会小组重新划分,并明确工会小组长相关职责。

▲3月5日　召开女职工座谈会,举办首届女工讲堂,进行女职工技能展演活动。

▲3月25日　召开2015年度第一次党委中心组理论学习(扩大)会。

▲4月29日　组织机关职工到中国美术馆参观由中国美术家协会和中国铁建联合主办,以“中国铁建和五洲圆梦”为主题的第十七届大路画展。

▲6月26日　举行纪念中国共产党成立94周年暨“道德讲堂”启动会。

▲11月10日　召开“三严三实”严以用权学习研讨暨“抓发展、稳增长”形势任务教育。 (樊美麟)

中铁建商务管理有限公司

【简况】　驻北京市海淀区复兴路40号。前身系2001年组建的北京铁建工贸集团公司,2008年1月改制更名为中铁建(北京)商务管理有限公司,2015年6月增加注册资本金后,更名为中铁建商务管理有限公司。下辖北京铁建物业管理有限公司、中国铁道建筑总公司北京铁建医院、北京铁建宾馆、北京中铁建商贸中心、中铁国际航空服务有限公司、中国铁建股份有限公司机关汽车队、中铁建商务管理有限公司大厦服务中心、中铁建(北京)物业管理有限公司朝阳分公司(2015年12月成立)。

2015年,商务公司圆满完成各项经济指标,完成营业收入27126万元,实现年度预算的112.17%,完成净利润355万元,实现年度预算的116.39%,保持平稳较快发展态势。国有资本保值增值率107.32%。

(韩　晶)

【领导人员】

董事会

董事长	吕　岗
董事	贾晖东(11月任)
	孙　胜
	王凤丽
	石兴国

监事会

监事会主席	唐国荣
职工监事	潘吉江

经理层

总经理	吕　岗
副总经理	孙　胜
	石兴国
	王凤丽
	倪训付
总会计师	王凤丽(兼)

党群领导

党委书记　　　　　　贾晖东(11月任)
党委副书记、纪委书记　唐国荣
工会主席　　　　　　孙　胜

(韩　晶)

【职工队伍】 职工1362人,其中,正式职工675人、外部聘用职工687人。在岗干部157人,高级职称21人;中级职称31人;初级职称46人。技术干部占在岗干部总数的62.4%。在岗工人824人,高级技师11人、技师8人、高级技术工人13人、中级技术工人1人。技术工人占在岗工人总数的4%。(孙　乾)

【经营管理】 (1)认真完成各项服务保障任务。物业服务方面,为做好股份公司院区服务,出台13项制度,服务标准化、规范化程度进一步提高,院区干净整洁,三季有花、四季常青,总公司机关保持首都绿化美化花园式单位和北京市爱国卫生红旗单位的荣誉,高分通过海淀区“安全生产标准化三级”考核验收。以服务保卫股份公司总部驻地为神圣职责,完成铁建大厦A、B座的安全保卫、秩序维护、保洁卫生、设备运维、会议服务工作,营造安全舒适办公环境,树立良好企业形象;医疗服务方面,满足院区及周边社区居民的医疗需求,保障股份公司重要会议及活动期间的医疗服务。加强科室建设,增强“硬”实力。转变服务理念,提升“软”实力。社区卫生服务井然有序。完成儿童保健、计划免疫接种2972人,家庭医生式服务签约719人,慢病管理422人。门诊量14.5万人次,并在海淀区38家社区卫生服务站(非政府办)考核评比中取得第二名;餐饮服务方面,在服务内容上不断创新,研发新菜50余种,顺利完成股份公司机关及地产集团、国际集团、投资公司等内部单位的工作餐服务。顺应中央八项规定出台后餐标普遍降低的情况,转变服务重点,在中区新设45元自助餐,满足各类会议就餐和改善型工作餐的需求。丰富明档零点小炒、现场制作小吃的种类,开设小超市,满足散客购物需求。机关餐厅接待就餐人员28.3万人次;车辆服务方面,从服务态度、车容整洁、正点出车着手,从安装车载衣架的细节做起,不断加强司机的服务意识和安全意识,保障股份公司机关用车,出车2.75万台次,安全行驶89万千米,被海淀区评为交通安全先进单位。

(2)积极主动开展经营创效活动。做大物业规模。物业公司通号项目在服务质量得到业主肯定的同时,创收千万元。朝阳分公司通过开辟直饮水、速递易、房屋租赁、家政服务等经营项目增收几十万元。接管海淀环保嘉苑的前期服务,联合昌平青秀尚城项目组建昌平分公司。加强体检承揽。通过增加新设备和服务项目,为股份公司机关及其他单位开展优质体检业务。完成47家单位体检7565人次,同比增长14.24%;拓展餐饮市场。铁建宾馆在院区增加2个网点,开展外卖业务,创收数额同比翻一番;利用双休日和节假日接待婚庆、年夜饭。加快餐饮“走出去”步伐,新承揽梧桐苑“铁建大食堂”项目,为地产集团等周边单位200多人提供工作餐服务。商贸中心稳健开展物资贸易,除销售酒类商品还新拓展茶油项目,创收百万余元;玉泉东市场被评为全国和北京市的诚信市场,经济指标全面完成。认真推进机票集中采购工作。中铁航服与铁建重工、十一局等60家单位签订服务协议,机票集中采购涉及股份公司31家二级单位机关、240家三级公司和项目部。积极拓展外部客户,现有外部客户63家,销售占比23%。自2010年8月开业以来,中铁航服累计实现机票销售额近6亿元,为股份公司系统节约成本5000万元。

(3)大胆探索开拓新经营项目。在培育新经济增长点方面勇于开拓、大胆尝试。根据院区周边资源集中和商务公司产业链完整的特点,组织十一局40余名新入职大学生来京开展企业文化教育活动。跟踪调研京承高速服务区项目、幼儿园项目、养老公寓和社区养老项目,参观考察青岛正大快餐项目、中交实业现代农业项目,探索发展新领域、新市场。注重学习借鉴经营理念。商务公司领导带队分2批组织有关人员,前往合肥中国铁建国际城考察调研,组织到中铁建设机关、通号公司总部餐厅、二十二局机关餐厅等地学习参观,开阔眼界,增强改进经营工作的紧迫感和责任感。

(韩　晶)

【社会事务】 认真完成总部机关赋予的交通安全、消防安全、爱国卫生、绿化美化等社会事务职能工作,代表总部机关与地方政府沟通联系,为总部机关保持良好的社会形象。中国铁建机关继续保持北京市爱国卫生红旗单位、首都绿化美化花园式单位的殊荣。社会事务各项工作井然有序,与地方政府相关部门的业务衔接顺畅和谐。(姬保兵)

【党的工作】 商务公司党委全面贯彻落实党的十八大和十八届三中、四中、五中全会精神,深入学习贯彻习近平总书记系列重要讲话精神,以“两个责任”落实年为主线,以“三严三实”专题教育活动为抓手,为企业改革发展稳定提供坚强保证。一是“三严三实”专题教育稳步推进。商务公司党委统一制定实施方案和推进表,采取压茬的方式逐级进行。组织中心组集体学习、研讨17次;广泛征求意见建议,对于基层单位给股份公司提出的11条建议,公司领导班子成员也进行认真细致地分析研究;对于给商务公司提出的24条意见和建议,原汁原味反馈给领导班子及每位成员。二是党委主体责任得到较好落实。商务公司党委修订并与所属7个单位分别签订“2015年度党风廉政建设责任书”;建立和落实“两个责任”工作促进会暨党委工作汇报会制度,商务公司党委不定期召开会议3次;认真开展党风建设和反腐败工作专项治理自查自纠活动,商务公司机关副处职及以上领导干部、所属单位领导班子成员,认真填写“专项治理自查自纠对照检查表”,商务公司党委对各单位实施情况进行专项检查;公司党委分别与所属单位领导班子成员进行党风廉政建设集体谈话,谈话29人;认真落实领导干部个人有关事项报告和离任(任中)经济责任审计制度;针对元旦、春节、中秋、国庆节期间容易引发违反“八项规定”精神的问题,及时下发通知,提出贯彻要求;加强党组织建设、党员发展和教育管理工作,所属单位调整健全党支部6个,发展新党员6名。三是纪委监督责任履行及时有效。纪委及时履行监督职责。组织干部职工深入学习《职工违纪违规处分暂行规定》,组织党员认真学习《党章》和企业的相关规定;参与商务公司干部考核工作,对新任的8名干部进行任前廉政谈话;对上级转办信访件按期、按要求核实,按时报送结果;积极参加商务公司的服务经营绩效考核工作,在经营考核过程中进行效能监察;与财务监察紧密结合,在经济运行过程中进行效能监察。2次参与所属单位物资设备采购、招投标的监督工作。四是企业文化建设不断拓展加强。 (叶发卿)

【工会工作】 两级党组织充分发挥工会、共青团组织作用,继续开展元旦春节“送温暖”“三五”学雷锋、“三八”女职工专题教育、“五四”趣味运动会、等纪念活动,增强企业的凝聚力。公司道德讲堂第一期顺利结束,效果良好。以“中国铁建一起走”为主的手杖操和健步走活动,展示企业形象。团组织开展青年文明号创建等活动,开展的“清明祭英烈”活动被中央企业团工委官方微信群报导。按照股份公司企业文化要求标准,制作商务公司的信封、文件袋、茶杯、荣誉证书、旗帜等,使企业文化建设迈出实实在在的一步;公司内刊首期发行。在《中国铁道建筑报》等报刊局域网发表稿件96篇。党群系统有5个单位、9人获股份公司表彰,在股份公司“铁建·书香”家规家训征集、家书征文比赛活动中,3人获奖。思想政治工作更加贴近实际。商务公司及所属单位都认真坚持职代会制度,职工代表向股份公司职代会提出5条提案;对公司职代会立案的27条提案,进行分类归纳、分组研究、认真地反馈和落实。两级工会筹集资金23.18万元,慰问职工137户;为52名会员办理职工互助合作保险补偿1.43万元。认真做好特殊群体和重点人员的思想疏导工作,采取主动约谈、上门探访、调研解决等方式,认真听取职工意见和要求,想方设法解决实际问题,保证职工队伍和谐稳定。团组织开展“导师带徒”活动,对近年来接收的大学生、聘用青工进行传统教育。高度重视女职工工作,充分发挥女职工在企业发展中的作用。 (叶发卿)

【北京铁建物业管理有限公司】 驻北京市复兴路40号。主要负责中国铁建总部机关居民住宅和办公区域的物业管理。在管项目有中国铁建总部院区,中国铁建来广营(2015年12月划出)国际城、花语城、乐想大厦、铁建广场一期,中国通号轨道交通研发中心,昌平青秀尚城、海淀环保嘉苑等项目。资产总额4535万元。截至2015年12月,职工619人,其中,正式职工195人、外部聘用职工424人。执行董事、总经理杨跃连,党委书记兼纪委书记、工会主席王成宝。

2015年,物业公司完成营业收入8819万元,实现净利润116万元。 (刘 芳)

【中国铁道建筑总公司北京铁建医院】 驻北京市海淀区复兴路40号。主要承担中国铁建股份公司机关院区及周边社区居民的日常门诊、体检、社区卫生医疗服务。院长、党委书记兼纪委书记张丽霞。职工116人,其中,正式职工42人、聘用职工74人。资产总额3341万元。

2015年,铁建医院门诊量144956人次;完成收入11697万元,同比增长14%;实现净利润164万元;全员劳动生产率110%;产值利润率1.4%;资产负债率81.7%。 (靖 争)

【北京铁建宾馆】 驻北京市海淀区复兴路40号,下辖北京中铁建第三招待所、中国铁建股份公司机关餐厅、商务中心。总经理、党委副书记刘燕华,党委书记兼纪委书记、工会主席杨明云。在职职工134人,其中,正式职工46人、聘用职工88人。资产总额953.4万元。

2015年,铁建宾馆完成营业收入1591万元,实现

净利润25万元。国有资本保值增值率106.21%，产值利润率1.9%，资产负债率57.9%。 （谭志强）

【北京中铁建商贸中心】 驻北京市海淀区复兴路40号。为中铁建商务管理有限公司所属全资子公司，独立法人实体，注册资金100万元，资产总额1676万元。总经理、党委书记兼纪委书记黄水祥。职工48人，其中，干部19人、工人29人。

2015年，商贸中心完成营业收入720万元，净利润10万元。 （宋兰平）

【中铁国际航空服务有限公司】 驻北京市海淀区复兴路40号。为中铁建商务管理有限公司所属全资子公司，注册资本5000万元，具有国际机票（一类）、国内机票（二类）代理资质。主要负责中国铁建系统内部机票集中采购和各大企业、政府机构机票代理服务。职工32人，其中，正式职工5人、外聘职工27人。执行董事、党支部书记石兴国（兼），总经理孙友霞。

2015年，中铁航服完成营业收入512万元，机票采购规模达2亿元。 （孙友霞）

【中国铁建股份有限公司机关汽车队】 驻北京市海淀区复兴路40号。为内部独立核算单位，主要负责总部机关日常办公、会议接待等车辆服务保障工作。拥有大小型车辆60台，资产总额242万元，负债总额76万元，所有者权益166万元。队长王继平。在职职工56人，其中，正式职工51人、外聘职工5人。

2015年，机关汽车队完成服务经营收入841万元，全队出车27500多台次，安全行驶89万千米，国有资本保值增值率100%，产值利润率0.48%，资产负债率31.4%。 （王玲靖）

【中铁建商务管理有限公司大厦服务中心】 驻北京市海淀区复兴路40号。为自主经营、独立核算的非法人实体。主要负责铁建大厦A、B座的会议服务、特约服务、前台接待、综合维修、绿化保洁、安全保卫、供电、供水、供暖、制冷、电梯运行等日常服务。负责人聂桂荣。

2015年，大厦服务中心实现营业收入3254万元。 （韩 晶）

【中铁建（北京）物业管理有限公司朝阳分公司】 驻北京市朝阳区北苑东路19号。隶属中铁建商务管理有限公司，为自主经营、独立核算、自负盈亏的非法人实体。资产总额1370万元。朝阳分公司副总经理白立国。机关设综合管理部、财务部；辖属国际城物业服务中心、花语城物业服务中心、乐想汇物业服务中心、中国铁建广场物业服务中心。主要经营物业管理服务、热力供应、机动车公共停车场服务等。职工150人，其中，正式工9人、外聘工141人。

2015年，朝阳分公司按照商务公司的总体部署和要求，以物业服务、热力供应、车场泊位管理经营为主业，以房屋租赁、业主特约维修服务为辅助，年度累计完成营业收入3638万元，国有资本保值增值率100%、净资产收益率70%，超额完成商务公司下达的年度各项经营业绩考核指标。 （宋秋生）

重庆铁发遂渝高速公路有限公司

【简况】 2004年9月9日在重庆注册成立，负责渝遂高速公路重庆段的建设、营运和管理。注册资金为19亿元，其中，中国铁建占80%，重庆高速股份占20%，是中国铁建与重庆高速集团合作的BOT项目。

机关设办公室、人力资源部、养护管理部、营运机电部、经营发展部、安全质量监督部、计划财务部、法务审计部、党群工作部、房地产管理中心、工程建设管理中心。

下辖重庆润君房地产开发有限公司、重庆铁建置业有限公司、重庆铁发物业管理有限公司、重庆铁发北山地产有限公司、重庆铁发秀松高速公路有限公司、璧山区御湖新区环湖路工程指挥部和秀山高中第一中学工程指挥部。同时，控股重庆中油铁发渝遂实业有限公司；参股重庆通力高速公路养护工程有限公司、重庆通渝科技有限公司。

2015年，实现收入15.99亿元。其中，通行费收入8.45亿元，工程建设管理收入2.30亿元，房地产销售收入2.29亿元，油品收入1.84亿元。其他业务收入2157万元，投资收益8900万元。

（陈丽玉 周晓红）

【领导人员】

董事会

董事长 冯中海

副董事长 许顺生

王建中(重庆高速集团委派)

董事　　余兴喜

金守华

曹锡锐

龙　虎(重庆高速集团委派)

监事会

监事会主席　　李忠心

监事　　刘素平(重庆高速集团委派)

职工监事　　牛文明

经理层

总经理　　许顺生

副总经理　　张　泽

唐跃兰(重庆高速集团委派)

王中岐

财务总监　　曹锡锐

财务副总监　　刘　洋(重庆高速集团委派)

党群领导

党委书记　　许顺生

党委副书记　　张　泽

纪委书记　　张　泽

(朱伦刚)

【职工队伍】　截至2015年底,员工890人。公司机关67人(管理员工52人);渝遂路基层512人;铁发秀松公司28人;润君房地产公司30人;北山房地产公司37人;铁建置业30人;铁发物业管理177人;工程指挥部9人。　(李　亮)

【高速公路】　(1)营运收费。渝遂高速通行费收入8.45亿元,日均通行费收入231.89万元,日均双向车流量8.21万辆;查获偷逃行为2528车次,补收通行费217.90万元。

(2)养护管理。加强日常养护和专项养护管理,提升高速公路路容路貌。开展养护标准示范段创建活动,重点打造桥梁"人"字型防眩板新型材料的应用、隔离网管理模式创新、收费站安装彩色减速垫试点等亮点工程。完善路巡和救援机制,采取"统一指挥、快速处理、相互协作"的方式,确保道路畅通。

(2)服务区管理。根据交通部有关"全国百佳示范服务区"评定要求,公司加强服务区的功能设置和环境升级改造,并提高优质文明服务水平。在评比中,大路服务区以优异成绩被交通运输部评为首批"全国百佳示范服务区",铜梁、潼南服务区被评为"全国优秀服务区"。　(陈丽玉)

【房地产项目】　北碚山语城项目成功创建"区优秀物业小区";北碚公园1159项目获北碚区政府"十佳建筑文明工地"、北碚区建委和建筑业协会"建筑文明工地"称号;铁发物业公司三级资质成功晋升二级资质。　(赵　炎)

【工程项目建设】　秀松高速公路建设项目秀松高速公路是公司独立运作的第一个BOT+EPC项目。2015年完成投资7.59亿元,开工累计完成产值13.1亿元,为投资预算的61%,工程建设态势良好,其安全、质量、进度、概算有序可控,力争2016年底建成通车。

秀山县第一中学房建工程项目　项目由公司与中铁十七局组成联合体中标,2015年完成产值9313.7万元,2015年9月1日交付使用。

璧山御湖新区环湖路工程项目　项目由公司与中铁十一局五公司组成联合体中标,合同投资1.2亿元。于2015年5月开工,截至2015年底,累计完成产值1.1亿元,为合同额的91.46%。　(陈丽玉)

【经营管理】　利用铁发遂渝公司在重庆各界良好的信誉关系,全力配合股份公司跟踪黔石、南大泸及渝黔扩能3条高速公路投资项目,于2015年12月26日成功中标,3个高速公路项目总投资404亿元,总长度321千米,采取BOT+PC和BOT+EPC模式进行建设、经营和管理。　(陈丽玉)

【综合管理】　为适应中国铁建二级单位综合管理与制度建设的需要,建立和完善公司制度建设与管理的长效机制,促进公司整体管理水平明显提升。公司开展以制度建设与内控管理为主要内容的"制度建设管理年"活动,制定《"制度建设管理年"活动实施方案》《制度建设宣贯实施意见》,修改和新建制度116个,编印《制度汇编》7本,组织宣贯培训6次,讲解制度51个,参培员工221人次。

全面完善公司内部内险管控体系,成立风险管控领导小组,汇编《内控与风险管理手册》,并加强三级公司风险内控工作的指导、监督力度,提高基层单位风险内控工作水平。

工程施工项目未发生重大安全质量责任事故，在建项目安全质量均处于良好可控状态；道路方重大责任事故为零，建设工程安全生产责任事故为零，员工工伤死亡事故为零，实现安全生产控制目标。（陈丽玉）

【党群工作】 （1）党的工作。铁发遂渝公司党委下辖5个党支部，党员74人。为贯彻落实全面从严治党要求，在公司中层以上领导干部中开展“三严三实”专题教育。通过座谈讨论、问卷调查等多种方式广泛征求意见建议60条。参与“干部讲堂”等各类培训70余人次，着力提高企业领导人员的素质能力。加强党风廉政建设，逐级签订党风廉政建设责任书，广泛开展廉洁文化创建活动，大力培育铁发廉洁文化。坚持预防为主的方针，大力开展主题教育、示范教育、警示教育，筑牢领导干部拒腐防变的思想防线。建立健全监督机制，认真贯彻落实党风廉政建设各项规章制度。通过廉政风险自我提示桌牌，悬挂廉政风险标语，保证每日工作前查对岗位的廉政风险点，达到时时刻刻自我警醒的效果。

（2）宣传工作。先后在《重庆高速》《中国交通报》《中国铁道建筑报》等媒体刊登稿件26篇。在《公民报》《两会看行政》等刊登企业发展的专题报道，并在《中国公路》等多家媒体对全国百佳示范服务区——大路服务区进行专题报道。

（3）工会工作。建立和完善困难职工建档工作，开展“金秋助学”“结对帮扶”等关爱行动。召开2次职工代表座谈会，听取职工意见与建议。开通微信、微博和总经理信箱、员工意见箱，通过不同形式、渠道听取职工的建议和要求。（李小香）

【重要记载】

▲4月　召开2015年第一次股东会暨三届一次董事会，会议通过关推荐公司董事、董事长；转增公司注册资本金；2014年度财务执行情况；2015年度财务预算方案的议案。

▲3月　书房坝收费站作为重庆高速与全国ETC联网试点运行站正式动工建设。

▲8月　召开2015年第二次股东会暨三届二次董事会，会议通过关于重庆中油铁发公司追加投资调整股权比例；公司对外投资等4个管理制度；公司股权变更的议案。

▲10月　北碚“公园1159”项目获北碚区政府颁发的“十佳建筑文明工地”“北碚区建委和建筑业协会联合颁发的“建筑文明工地”称号。

▲12月　北碚“中国铁建·山语城”项目成功创建北碚区“优秀物业小区”。

▲12月　璧山北站成功创“三星级收费站”；并在高速集团举办的“收费员技能竞赛”活动中，公司员工获得三等奖。

▲12月　大路服务区获交通部评选的“全国百佳文明示范服务区”称号。（陈丽玉）

中国铁建股份有限公司北京培训中心（党校）

【简况】 中国铁建股份有限公司北京培训中心（中国铁建股份有限公司党校）驻北京市大兴区龙河路16号。前身是1983年12月组建的中国人民解放军铁道兵指挥部干部学校；1984年1月铁道兵并入铁道部，更名为铁道部工程指挥部干部学校；1990年10月改称中国铁道建筑总公司干部学校；1991年1月1日定名为中国铁道建筑总公司党校、干部学校；2002年3月，总公司批准成立中国铁道建筑总公司北京培训中心，实行一套班子，兼有党校、干校、培训中心三种职能；2005年5月，总公司决定将干部学校更名为管理学院；2008年1月5日，随着中国铁建股份有限公司整体上市，更名为中国铁建股份有限公司北京培训中心；2009年1月16日，总公司党委决定将中国铁道建筑总公司党校更名为中国铁建股份有限公司党校，实行培训中心（党校）党委领导下的主任（校长）负责制。下辖办公室（党委办公室）、教育培训处、教研开发处、财务处、后勤服务处、资产管理处等6个部门。

2002年被列入中央党校原中央企业工委分校（现中央党校国资委分校）教学管理体系，同年被列为中央国家机关会计人员继续教育培训单位。2006年被定为中央党校在职研究生教学点，2010年被北京交通大学土木建筑工程学院设为工程项目管理硕士研究生教学点。2011年4月7日，国家事业单位登记管理局批准中国铁建股份有限公司北京培训中心（党校）培训业务范围变更为“政治思想教育、领导素质教育、建筑工程项目管理、工商管理和财务管理专业培训”，形成同时接待280多名学员的办学规模。兵改工以来,中国铁建股份有限公司北京培训中心(党校)2次获中央党校国资委分校教学管理先进集体,4次获中央国家机关会计人员继续教育培训先进单位。校园占地面积1.8万平方米,建筑面积1.54万平方米。

2015年,举办各类培训班59期,培训学员8799人,年收入3017万元;实现安全无事故。4月9日,北京培训中心档案工作通过"中央企业档案工作A级"评定。2个部门被评为股份公司先进集体、模范职工小家,7人分获股份公司"劳动模范""优秀思想政治工作者""安全生产先进个人""财务工作先进个人""质量管理先进个人""企业文化建设先进个人"和"经营工作先进个人"称号。 (陈登玉 李 冲)

【领导人员】

主 任(校长)	吴建顺(7月免)
常务副主任(常务副校长)	沈玉泉(11月任)
副主任(副校长)	单永新
党委书记	沈玉泉(11月任)
党委副书记	吴建顺(7月免)
纪委书记	单永新(兼)
工会主席	单永新

(陈登玉 李 冲)

【职工队伍】 截至2015年底,在岗职工36人。男职工26人、女职工10人;本科及以上学历35人、专科学历1人;高级职称17人、中级职称6人、初级职称9人。为学员提供食饮、住宿、安保等后勤保障服务工作,主要是通过将业务外包给专业服务公司来完成。 (陈登玉 李 冲)

【教学培训】 培训工作呈现要求高、任务满、总量大、领域宽和新开班次多、学员层次广、教学效果好等特点。一是全力抓好主体班教学管理工作。认真贯彻中央关于在干部教育培训中加强理论教育和党性教育、加强学员管理等要求,全面完成主体班培训任务,有效发挥干部培训主渠道作用。按照股份公司党委干部教育培训计划要求,根据每个班次的不同特点,确定不同的教学重点内容,教育培训的针对性和实效性得到进一步增强。二是业务培训和在职研究生班扎实推进。严格管理,务实创新,在办好主体班的同时,协调推进各类业务培训,统筹做好联合办班和在职研究生培养工作。过程中注重抓服务、抓考勤、抓管理,保证教学质量。坚持精细管理、优质服务,抓实面授、论文答辩、学风建设等环节,中央党校和北京交通大学在职研究生教学点工作扎实推进。三是注重学员管理和专家师资库建设。在学员管理方面,认真落实中央关于加强和改进学员管理的要求,结合学校的实际,制定出台《党校学员管理规定》,有效优化学风。在师资的选配上,本着"高、精、尖、专"原则建立师资库,遴选聘请业内专家、教授和有丰富管理经验的股份公司、集团公司领导来校授课。加大优秀师资的挖掘工作,补充师资28人,使培训吸引力不断提升,教学质量和效果得到显著改善。 (陈登玉 李 冲)

【学历教育】 中央党校在职研究生教育面向股份公司系统内外招收处级以上干部和具有中级以上职称的专业技术人员,负责日常的教学、教务和学籍管理工作。在职研究生教育招生名额、学制、课程设置均由中央党校研究生院确定,授课教师由中央党校选派。自2006年开办以来,在职研究生教育稳步发展。截至2015年底,毕业学员473人;注册在职研究生学员177人,2013级61人、2014级66人、2015级50人。

工程项目管理硕士研究生教育的培养对象是国民教育系列大学本科毕业、从事工程项目管理或相关领域的实际工作2年以上的工程项目管理人员,招生名额、学制、课程设置均由北京交通大学确定,授课教师由北京交通大学选派。自2010年开始招生,截至2015年底,获硕士学位学员46人;注册在册学员149人,2012级46人、2013级38人、2014级47人、2015级18人。 (陈登玉 王爱芬 阮 舫)

【行政工作】 加强综合协调,从严管理,抓好落实,促进全校工作的有序有效开展。加强消防安保工作,规范出租房屋管理,平安校园建设稳步推进。推进校园绿化美化,完成部分路面维修,2号楼、3号楼及住宅楼外立面的粉刷和内部职工食堂、餐厅、林荫小路改造等工作。设施设备维护保养、资产管理等工作有序开展。丰富职工和学员文化娱乐生活,学员之家和活动中心等改造建设工作按计划有序推进。学校网络、在线培训平台、门户网站、微信公众号、微信交流群等开通运行,信息化建设得到有效加强。档案工作实现评价达标再升级,达到"中央企业档案工作评价A级"标准,并顺利通过验收。制定和实施《党校干部管理办法》《员工薪酬管理办法》《员工履职待遇、业务支出管理办法》《出租房屋管理制度》《招标管理办法》《物资设备管理办法》《物资设备集中采购管理办法》等制度,夯实办学治校的制度基础。加强财务预算和资金审批,强化成本核算和集中采购管理,降低管理成本,提高办学效益,增强对教学、科研的支撑力度。 (陈登玉 李 冲)

【党群工作】 (1)党务工作。校党委下设3个党支部，党员44人（含15名退休党员）。以党建工作为统领，坚持把学习贯彻党的十八大和十八届三中、四中、五中全会以及中央党的群团工作会议、全国党校工作会议精神作为首要政治任务，广泛开展学习《习近平谈治国理政》《十八大以来重要文献选编》等读书活动，通过集中学习、专题会议、交流研讨等形式，营造浓厚的学习氛围。"三严三实"专题教育扎实开展。紧贴党校工作实际，自6月，按照"精心谋划筹备、迅速传达文件、精心制定方案、做好规定动作、突出问题导向"的总体要求，印发《中国铁建党校（培训中心）党委开展"三严三实"专题教育工作方案》，分3个阶段在副处以上领导干部中分别组织开展严以修身、严以律己、严以用权等3个专题的教育活动。6月16日，召开员工大会，党委副书记、校长吴建顺以《认真践行"三严三实" 做忠诚、干净、担当的党校好干部》为题讲党课启动专题教育工作；按照"三严三实"要求开好组织生活会及整改落实和立规执纪。通过对抓好系列党课、专题研讨和专题教育活动的组织，确保专题教育有序开展、有效推进，圆满完成规定动作，取得较好的效果。通过学习，干部职工的纪律意识、规矩意识、责任意识、效率意识、担当意识、发展意识等有了较大增强；党员领导干部的党性、品格、境界和素质得到进一步提升；各项规章制度也得到有效落实。2015年，编印《铁建党校》4期，完成各类稿件80余篇。

（2）纪律工作。纪检监察以落实"两个责任"为主线，一手抓惩防体系建设，一手抓党委主体责任和纪委监督责任的落实，通过签订党风廉政责任书，认真落实"一岗双责"，较好地完成党风廉政建设各项任务。

（3）工会工作。校工会下辖3个工会小组，工会工作兼职人员6人，工会会员36人，职工入会率100%。2015年，在校党委和上级工会的领导下，工会组织充分发挥桥梁纽带作用，围绕"铁建·健康"主题，组织春季和秋季健步走活动，提高每年一次的体检标准；围绕"铁建·书香"主题，开展"学习促成长，共筑党校梦"经典诵读活动，既活跃职工文化生活，又增强凝聚力和向心力。（陈登玉　姜忠杰）

【重要记载】

▲1月20日　根据股份公司印发的《关于同意培训中心增设资产管理处的批复》（中国铁建发展函〔2015〕17号），中国铁建北京培训中心（党校）增设、调整部分处室（科）编制定员及职能。

▲3月27日　中国铁建党委书记、副董事长齐晓飞在党校召开中国铁建第十二期工程项目党组织书记培训班学员代表座谈会，中国铁建党委有关部门负责人，18家单位部分工程公司党委书记、工程项目党组织书记参加座谈会。

▲4月9日　党校（培训中心）档案工作通过"中央企业档案工作评价A级"评定，实现"十二五"期间档案管理目标。

▲4月14日　校园环境改造，实施铺路及楼房粉刷工程。

▲4月28日　郭晓明获"中国铁建劳动模范"称号。

▲4月30日　《新常态下企业党校干部教育培训若干问题研究》《中国铁建在线教育培训研究》课题立项。

▲6月16日　党校（培训中心）党委召开"三严三实"专题教育工作动员和部署大会，党委副书记、校长吴建顺作《认真践行"三严三实" 做忠诚、干净、担当的党校好干部》辅导。

▲8月27日　中国铁建党委常委、执行董事、副总裁庄尚标（主持经理层工作）到党校（培训中心）调研指导工作。

▲10月9日　党校（培训中心）与国家知识产权局联合举办的中国铁建第二期专利导航培训班开班，国家知识产权局专利管理司副司长张宏出席典礼并讲话。

▲11月2日　中国铁建2015年宣传思想文化工作会议在党校召开，国务院国资委宣传工作局局长卢卫东，中国铁建党委书记、副董事长齐晓飞，党委常委、副总裁夏国斌，党委常委、纪委书记李春德出席会议。会上，表彰首届"永远的铁道兵杯"十大楷模、第四届"十佳道德模范"和第二届优秀思想政治工作者，举行中国铁建官方微博微信启动仪式。

▲12月12日　中国铁建工会主席史道泉出席2015年基层工会干部培训班开班仪式并作重要讲话。

▲12月31日　锦鲤资产管理中心批复同意党校（培训中心）处置停用的锅炉（房）设备，并将残值上缴锦鲤资产管理中心。（陈登玉　姜忠杰）

北京通达京承高速公路有限公司

【简况】　（以下简称"北京通达京承公司"）是由中国铁道建筑总公司和北京市首都公路发展集团有限公司共同出资组建的股份制公司，其中中国铁道建筑总公司占70%的股份，北京市首都公路发展集团有限公司占30%的股份。2004年4月8日在北京市工商局注册，注册资本金2亿元。京承高速公路二期项目起点为北京市顺义区高丽营，终点至北京市密云沙峪沟，全长46.7千米，设计时速120千米，双向6车道，路基宽度35米，设有高丽营站、赵全营站、北石槽站、宽沟站、怀柔站、杨宋站、密云经济开发区站、密云站8个收费站，路段有桥梁78座、涵洞74座，2004年3月20日开工，2006年9月26日竣工，合同投资39.19亿元，特许经营期限28年（不含建设期）。项目法人对项目的资金筹措、建设实施、运营管理、养护维修、债务偿还和资产管理等全过程负责，自主经营、自主盈亏，经营期满将项目设施无偿移交北京市人民政府授权机构。北京通达京承公司主要负责京承高速公路二期运营管理。根据《北京市人民政府关于在京承高速公路设置车辆通行费收费站的批复》（京政函〔2006〕100号），2006年9月27日开始收费，收费标准依照北京市物价局发布的《关于制定五环路、六环路、京承路通行费标准的通知》（京价收字〔2002〕337号）规定执行。（池玉童）

【领导人员】

董事会

董事长	琚建明
副董事长	程行仑
董事	刘绍民
	余兴喜
	娄德兰

监事会

监事会主席	陈 焱
监事	黄少军
	杨 薇

经理层

总经理	娄德兰
副总经理	铁建伟
	李朝东
财务总监	冀 涛

党群领导

党委书记	娄德兰
党委副书记	铁建伟

（池玉童）

【职工队伍】 截至2015年底，职工471人。其中，干部33人、员工438人。中国铁建派驻5人；北京市首都公路发展集团有限公司派驻1人；与北京通达京承公司签订劳动合同的448人。本科以上37人、大专139人、中专118人、技校职高及中技14人、高中及高中以下163人。30岁以下362人、31～40岁55人、41～50岁34人、51～59岁20人。（池玉童）

【资产情况】 （1）收费管理。以完成公司指标为着眼点，以安全稳定、带好队伍、抓好服务、收好费为工作主线，全面制定年度各项工作计划并认真组织实施。安全工作始终坚持“安全第一”的管理理念，坚持“网络化组织，网格化管理”，将安全工作嵌入每一个工作细节，每一天的工作中去；队伍建设坚持理念先行，将”团结、服从、竞争、遵纪”的八字要求，渗透到队伍管理的全过程，全方面；在服务上，以高水平服务达标为抓手，打造高水平收费站、收费岗，落实好“双百”工作，不断提升一线同志应急处置水平，提升岗位服务品质；在部务管理上，坚持制度化、规范化、标准化的工作流程设计，明确能、职、责、权，实现高素质人才培养，高效率工作。

（2）经营合同管理。贯彻“精细管理，无痕服务”的理念，树立法治思维，以改善交通民生为出发点，提升管理效率为抓手，凝心聚力，加强巡视、养护、经营等管理力度，强化与属地交通、路政等部门联动机制，全力推动运营管理的发展，提升交通基础设施服务水平。

（3）实时监控。2014年9月起进行公司全路段监控及收费系统改造工程，该工程于2015年完成。各系统功能得到大幅度提高，实现路网全程监控无死角，实现设备集成网络化传输，实现收费系统性能的大幅提高。并在路网内实现信息共享，图像共享，使道路各类特殊情况发现、处理更加及时、更加有效，大幅提高道路通行能力。无人不停车收费系统ETC车道自2008年以来陆续增加到现阶段22条车道，实现收费广场ETC车道覆盖率100%，大大缓解交通压力，一定程度上降低人员成本。

（4）财务管理。截至2015年底，公司资产总额33.72亿元，负债总额23.64亿元，资产负债率70.03%，所有者权益10.08亿元，其中注册资本金2亿元，2015年通行费收入34694万元，比上年同期增加1327万元；日均通行费收入95.1万元，日均交通量7.5万辆；最高日收费额为182.41万元，最高日交通量为13.9万辆；通行费收入增长3.98%，交通量增长5.13%。

（5）综合管理。按照“安全第一、预防为主”的工作方针，坚定“抓生产从安全入手，抓安全从生产出发”的安全工作管理理念，逐级签订安全责任书，层层建立安全责任制，及时修订完善应急预案，积极开展安全生产月活动，组织应急演练，做好综合治理和维护稳定等安全保障工作。（池玉童）

【重要记载】

▲8月7日　召开北京通达京承高速公路有限公司2015年第一次股东会暨三届一次董事会暨监事会。

▲10月23日　召开北京通达京承高速公路有限公司2015年第2次股东会、三届二次董事会。

▲12月21日　成立中国共产党北京通达京承高速公路有限公司委员会、中国铁路工会北京通达京承高速公路有限公司筹备委员会。（池玉童）

2015 年 4 月 30 日，中国铁建 2015 年庆祝"五一"国际劳动节暨表彰劳动模范和先进集体大会在北京召开。
（王文庆 摄）

人 物

新闻人物

【曹国强·山西省“最美劳动者”】 曹国强,中铁十二局集团三公司三淅项目部试验室副主任。他利用粗砂和细砂合理掺配出适合混凝土生产的中砂,降低地材的购买与运输费用;他通过设计优化配合比,在保证混凝土各项性能均满足施工质量要求的前提下,使每方混凝土节约水泥56千克,为项目节约上千万元成本;他参与公司计量测试中心编制的《铁路工程耐久性混凝土与砌体工程质量控制手册》,得到专家的肯定,在全国铁路建筑系统推广应用。在2013年中央企业建筑材料试验工职业技能大赛中,他技压群雄夺取金牌。在山西省总工会召开的2014年度“榜样山西·最美劳动者”表彰大会上,获中央企业建筑材料试验工技能大赛冠军;并被选为山西省“最美劳动者”,同时获山西省“五一劳动奖章”。 (张 诚)

【李传营·首都精神文明建设奖】 李传营,中铁十四局集团隧道工程有限公司北京地铁8号线三期项目党支部书记。1971年出生,1995年参加工作,党员,历任技术员、副队长、队指导员、队书记、项目副经理、项目书记等职。

工作21年来,他始终坚守在施工一线,只与家人共度3个春节。2006年,李传营的父亲患病,但为保证北京地铁10号线按期通车,他毅然留在工地。在北京10年间,李传营先后参与北京地铁8号线、9号线、10号线建设,参与建设的所有地铁项目安全、质量、进度均受控,成为北京地铁施工的安全管理专家和保障北京和谐稳定的实践者,为首都的经济发展建设作出贡献。2012年,李传营所在的北京地铁9号线项目党支部在全国400万个基层党组织中脱颖而出,获“全国创先争优先进基层党组织”称号,成为全国基层党组织的一面旗帜。

李传营曾获铁道部“火车头奖章”“北京市青年岗位能手”“北京市优秀青年突击队标杆”“北京市公安局个人三等功”、中铁十四局集团“十佳道德模范”,2015年获“首都精神文明建设奖”。 (何 康)

【盛建慧·中央企业“十大最美丽故事”】 盛建慧,就职于中国铁建国际集团非洲事业部,任中国铁建股份有限公司莫桑比克代表处总代表。党员,1983年出生,大学本科学历。

2005年6月,参加工作,先后在阿富汗、贝宁、尼日尔、加纳、安哥拉、塞拉利昂、厄立特里亚、津巴布韦、莫桑比克等国家参与多个项目实施或跟踪任务,2008年在阿富汗被塔利班武装分子绑架28天,经受身体与精神的双重煎熬,在国家和企业的共同努力下最终成功获救,在家休整不到2个月,就重新踏上海外征程。2012年,被调入中国铁建国际集团工作,为中国铁建的“大海外”事业继续贡献力量。2015年3月,作为负责人被派往莫桑比克开发莫桑比克市场。其事迹被《中国青年报》等多家媒体报道。

盛建慧的个人事迹入选国务院国资委出版的《一线英雄传》;其故事被国务院国资委、中华全国总工会、中华全国工商业联合会评选为中央企业“十大最美丽故事”。 (综合管理部)

科技人物

【肖明清·入选国家“百千万人才工程”、国家有突出贡献中青年专家】 肖明清,中铁第四勘测设计院集团有限公司副总工程师,党员。1970年出生,湖南新邵人,博士,毕业于西南交通大学。教授级高工、一级注册结构工程师、国家有突出贡献中青年专家、入选国家百千万人才工程、享受国务院政府特殊津贴。

肖明清在水底隧道、复杂地质山岭隧道等工程领域具有很高的技术造诣,主持完成“长江第一隧”武汉长江隧道、“世界上铁路行车速度最高的水下隧道”广深港铁路客运专线狮子洋水底隧道、“国内第一座采用非爆破法施工的水下高速铁路隧道”武广铁路客运专线浏阳河隧道、“目前世界上直径和水压力最大的盾构隧道之一”南京长江隧道等多项工程。主持完成的"高水压浅覆土复杂地形地质超大直径长江盾构隧道成套工程技术"获2014年国家科技进步二等奖(排名第一)、"大型及复杂水下隧道结构分析理论与设计关键技术"获2011年国家科技进步二等奖(排名第二),获省部级优秀设计一等奖11项,土木工程詹天佑奖3项,获国家发明专利14项(其中第一发明人11项)及中国专利优秀奖1项;出版《水下隧道设计技术》《武广高铁隧道工程》等专著7部,发表EI检索论文14篇,主编和参编行业规范2本,主持编制铁路行业标准设计10项。 (夏 季)

【纪尊众·入选国家"百千万人才工程"、国家有突出贡献中青年专家】 纪尊众,中国铁建大桥工程局集团有限公司副总经理,党员,教授级高级工程师,注册咨询工程师、注册岩土工程师。1966年出生,1987年7月毕业于石家庄铁道学院铁路桥梁专业。长期从事科研、设计、施工技术及管理工作,主持或参与多项桥梁施工技术、铁路客专施工装备及国家交通战备器材等项目研究工作,先后成功组织10多个城市地铁设计,主持和参与多项重难点桥梁的施工组织设计编制。先后获国家级科技奖、国家级工法、省部级及中铁建总公司以上科技奖13项,获国家专利10项。参与3项行业或企业技术标准编写,并在国家级刊物或学术会议上发表论文9篇。先后获铁道部"青年科技拔尖人才""詹天佑中铁建青年奖""茅以升铁道科技奖""铁道部客运专线桥梁专家""吉林省有突出贡献中青年专家"等。 (姜 楠)

【李国良·百千万人才工程国家级人选,有突出贡献的中青年专家】 李国良,1966年出生,1988年毕业于兰州交通大学,大学本科,铁一院副总工程师,教授级高级工程师。曾先后获茅以升铁道工程师奖、陕西省优秀勘察设计师、火车头奖章、院专业技术带头人、中国铁建科技工作先进个人、中国施工企业管理协会科技创新先进个人。2011年被评为陕西省优秀勘察设计师,是陕西省科技厅"隧道及地下工程创新团队"学术带头人。2014年入选国家百千万人才工程,被授予"有突出贡献的中青年专家"称号。

从事隧道及地下工程专业勘察设计和科技攻关工作近30年,先后担任乌鞘岭隧道(20.05千米)、关角隧道(32.69千米)、西秦岭隧道(28.24千米)等特长隧道,以及郑西高铁、兰新高铁、兰渝铁路、拉日铁路等10多条国家重点隧道工程的勘察设计和科研技术负责人,为隧道及地下工程建设事业的科技创新和科技进步作出突出贡献。在首条长距离穿越湿陷性黄土的郑西高铁中,针对隧道开挖断面特大(170平方米)、变形控制难度大、施工风险大、沉降标准高及隧道地基沉降控制难度大等技术难点,对黄土隧道空间变形机理、设计方法和施工技术等一系列关键技术开展设计方案比选及科研,形成大断面黄土隧道建设成套技术,解决超大断面黄土隧道修建的技术难题,并著有专著3部,该项目获国家科技进步二等奖。在乌鞘岭铁路特长隧道中,提出通过宽大活动断裂带和岭脊高应力挤压性围岩地段隧道结构形式和设计参数,计算出控制软弱围岩大变形的施工参数和技术参数,控制岭脊地段的软弱围岩大变形,解决隧道穿越宽大活动断裂带的技术难题,该项目获中国铁道学会科技进步特等奖。在宝兰高铁的设计和科研攻关中,探明黄土隧道工程基底压应力分布规律,建立针对隧道工程的隧道湿陷性评价方法,纳入《铁路黄土隧道技术规范》。先后获国家科技进步二等奖2项,省部级科技进步特等奖1项、一等奖4项、二等奖3项,省部级优秀工程勘察设计一等奖4项。发表学术论文10余篇,主持编写行业建设标准1项,拥有发明专利3项。 (王 磊)

模范人物

【詹必秀·全国劳动模范】 詹必秀,中铁十一局集团建筑安装公司房建十六部党支部书记兼南宁江湾山语城项目部项目经理,高级工程师,国家一级注册结构工程师。1966年出生,1987年毕业于石家庄铁道学院工民建专业,本科学历。历任中铁十一局勘测设计研究院设计师、建安公司西格二线站后房建项目、南车项目、成都茶店子高层项目、成都中铁地产高层房建项目、哈尔滨恒大绿洲项目总工程师兼项目副经理、项目常务副经理、项目执行经理等职务。

参加工作30年来,始终扎根工程施工一线,长期从事工程技术工作,从工程设计起步,逐步走向工程技术管理和工程施工管理,成为复合型技术人才。她设计项目或单项工程 200 余件,多次获国家、省级、市级等设计奖项。2008 年 3 月,任中铁十一局建安公司西格二线站后房建工程的项目总工,她克服高寒缺氧、施工管段点多线长、交通不便、环境恶劣等困难,扎根一线,认真履责,所负责的技术质量工作广受好评,个人也被评为中铁十一局集团有限公司"质量管理先进个人及文明标兵"。在任武汉南车项目总工期间,面对机车箱体冲击试验线的施工难题,仅用半年时间就完成整个机车箱体冲击试验线的施工任务,弥补了集团公司此项技术空白。她带领团队针对成都茶店子高层工程转换层结构形式及功能转换的新课题,为项目部节约资金 100 万元,该项施工技术获中铁十一局集团公司 2010 年度科技进步三等奖。她组织完成的成都中铁新城项目高层建筑现浇空心楼板泡沫圆形实心芯模定位施工工法,通过中国铁建股份有限公司工法关键技术评审,获中铁十一局集团有限公司 2012 年度科技进步二等奖。在她的带领下,哈尔滨恒大绿洲、广东佛山中海寰宇 60 层超高层和南宁江湾山语城等工程项目成为企业新技术开发、应用的试验场和突破口。她曾获湖北省女职工建功立业标兵、"中央企业劳动模范"称号。 (王晓颖)

【孔凡成·全国劳动模范】 孔凡成,中铁十八局集团锦屏二级水电站引水隧洞工程项目部经理。1954 年出生,党员,大专学历,工程师、国家一级建造师、特一级职业项目经理。1972 年参加工作,历任铁道兵第八师三十六团战士、统计员、机械队队长、工程队队长、一公司机运公司副经理、隧道公司西汉项目部经理、公司副总经济师、副总经理等职务。40 多年来,先后参建和组织施工北京六环路、国道 106 线、西康铁路秦岭隧道、西汉高速秦岭二号隧道、锦屏二级水电站引水隧洞工程等国家重点工程,获鲁班奖 1 项、詹天佑大奖 1 项、国家十大建筑奖 1 项、火车头优质工程一等奖 1 项。

孔凡成所在的四川省雅砻江锦屏二级水电站工程是中国继三峡工程后又一世界级水电工程,也是当时世界上规模最大的水工隧洞群,施工面临埋层深、断面大、洞线长、突涌水、多断层、高应力、强岩爆等世界级技术难题,采用直径 12.4 米 TBM 掘进施工。由于工期紧张,TBM 没有在生产地美国经过预组装直接运到工地。因为没有十分完备的数据和资料,要评定刀盘定位等各项技术指标难度极大。孔凡成把铺盖卷带到施工现场,组织技术人员和外聘专家,在 TBM 组装洞室内日以继夜查阅资料、编制程序、及时调整施工方案,采取锚杆应力计实时对围岩的应力状态进行监测,不仅为施工提供科学合理的依据,而且确保围岩稳定性和支护效果。孔凡成带领锦屏项目部全体职工历时 149 天,"锦屏一号"TBM 试掘进终于获得成功。这表明锦屏二级水电站引水隧洞应用世界最先进的掘进设备投入施工,也代表中铁十八局集团有限公司在隧道施工中的又一次创先。2010、2011 年,孔凡成 2 次获锦屏建设管理局"金牌项目经理"称号,并获"全国五一劳动奖章""全国优秀项目经理""中国铁路施工企业优秀项目经理""天津市五一劳动奖章"和劳动模范。2012 年 8 月,中央领导亲自批示要学习宣传孔凡成"这样的国企带头人的先进事迹和崇高精神"。中宣部组织中央主流媒体对孔凡成"国企带头人"进行集中宣传报道。2013 年 9 月 26 日,孔凡成被评为第四届全国道德模范,受到习近平、刘云山、刘延东、刘奇葆、栗战书等党和国家领导人的接见。2015 年获"全国道德模范"称号。 (杨 旭)

【孙吉东·全国劳动模范】 孙吉东,中铁十九局集团副总工程师兼重庆北站项目部项目经理。党员,国家一级建造师、一级项目经理、教授级高级工程师。1984 年毕业于石家庄铁道学院。大学毕业 30 年来,孙吉东一直从事项目管理工作,在云南大保公路、宜万铁路、京沪高铁、重庆北站综合交通枢纽等项目中展现卓越的管理才能。在长期的项目管理中,他总结出"四抓项目管理模式"。宜万铁路 22 标经测算亏损上千万元,但孙吉东严格实行"二次预算"分割,优化施工组织方案,物资材料阳光采购,当孙吉东中途离开宜万铁路项目到京沪高铁任项目经理时,审计盈利 2000 多万元。京沪高铁刚开工时,孙吉东带领工程技术人员徒步察看 36 千米管区,寻找可优化的地方。项目部仅在当年冬季就完成 23 个墩 300 根桩的施工任务,减少投资 2000 多万元,以最少的投入获得最大效益。他参建和所负责的工程项目多次获各级优质工程一等奖、先进施工单位等称号,个人先后获集团公司"优秀共产党员""优秀项目经理"、全国"五一劳动奖章"、全国"工程建设优秀项目经理""中国公路建设优秀项目经理"、中华全国铁路总工会"火车头奖章"。 (张 莹)

【王少华·全国劳动模范】 王少华,1961 年出生,现

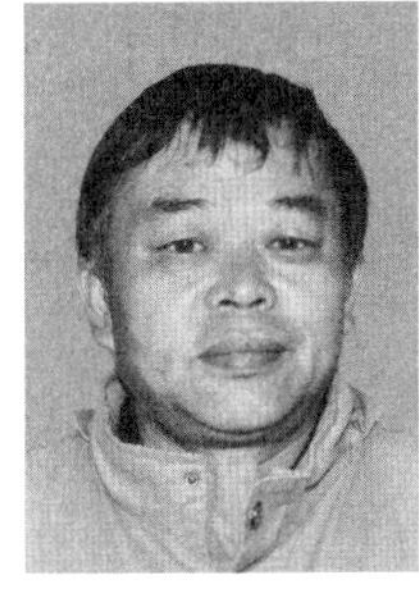

任中铁二十一局四公司玉树灾后重建项目部施工员。

王少华几十年如一日奋战在工程一线，工作兢兢业业，是现场管理经验丰富的施工员。1979年参加工作，先后参加过银川铁二小住宅楼、银川供电段办公楼、大武口机车检查库、石嘴山车站风雨棚、固原机车检修库、银川康居工程、银川高层、玉树项目部等施工项目的建设。2010年6月11日，王少华来到玉树灾后重建工地，成为万名援建大军当中的一员，主要负责玉树州藏医院的施工组织管理工作。玉树州藏医院总建筑面积13447平方米，由于场地狭小、交叉作业、结构复杂、为抗击8度地震，他们采取错层施工，一层和一层之间两侧的宽度要各增加1.6米。同时，施工配套设施多，施工困难重重，但他们一一克服，提前封顶、按期完成施工任务，得到上级部门的首肯和称赞。

（高秋凤　乔贺青）

【刘争平·全国劳动模范】　刘争平，1971年出生，党员，大学本科，铁一院地路处教授级高工、拉日铁路指挥部副指挥长。1993年参加工作以来，扎根地质工作一线，担任多个国内外重点工程项目的地质专业负责人。2000年开始，在青藏高原坚持工作15年，全程参加青藏铁路、拉日铁路的建设及有关科研管理工作，为解决我国高原铁路工程地质的重大技术难题作出突出贡献。特别是2010年以来，他每年坚持在拉日铁路现场工作9个月以上，积极发挥勘测设计引领铁路创新的重要作用，大力协调解决勘察设计与施工难题，为攻克地热隧道设计施工难题、保证拉日铁路按期建成通车提供有力的技术支撑。曾获全国五一劳动奖章、全国第二届“做出突出贡献的工程硕士学位获得者”、陕西省“三五人才”、甘肃省“五四青年奖章”、甘肃省“青年地质科技奖”、中国铁建“十佳道德模范”称号。重点参与和主持的多个项目获国家科技进步特等奖、全国工程勘察金奖等各类省部级以上科技奖项，发表各类论文20余篇，多次参加国际学术交流会议。（胡永刚）

【蒋再秋·全国劳动模范】　蒋再秋，铁四院董事长、院长、党委副书记，湖北省勘察设计协会副会长，1960年出生，党员，教授级高级工程师。毕业于中南大学，

大学本科学历，历任铁四院概预算处副总工程师、副处长、处长，经计处副处长、处长，铁四院副院长，铁四院董事长、党委副书记，铁四院董事长、院长、党委副书记。

自2007年担任铁四院首任董事长以来，带领全院干部职工开拓进取、改革创新，提出由传统勘察设计企业向国际工程公司转型的发展思路，确立“一主两翼”总体发展战略，坚持一张蓝图绘到底，积极推动企业快速发展、转型升级，企业各业务板块发展取得显著成效。铁路勘察设计以约占全国投入运营高铁50%的业绩，成为国内绝对主力军；轨道交通勘察设计规模国内排名第一，公路及市政工程等进入第一集团；工程总承包合同额在同行业中名列前茅；工程监理进入全国十强，工程咨询排名国内行业第一；海外业务稳健发展，资本运营、房地产等业务实现滚动发展。铁四院成为中国勘察设计行业龙头企业，综合实力位列全国勘察设计百强前十，先后获“中央企业先进集体”“全国优秀勘察设计院”“中国最佳诚信企业”“全国文明单位”“全国优秀企业家”、全国勘察设计行业国庆60周年“十佳现代管理企业家”“湖北省五一劳动奖章”“湖北省优秀企业家”“湖北省最佳功勋企业家”称号。

（宋　涛）

【陈玉英·全国五一巾帼标兵】

陈玉英，中铁十一局集团桥梁有限公司杭黄项目部经理。1983年出生，毕业于中国民航大学交通工程专业，党员。在担任石武项目总工程师期间，梁场从建场开工至具备打梁条件用时不到80天，至通过生产许可证审查用时仅6个月，梁场架梁工期比业主原定工期提前，率先实现石武铁路客运专线湖北段首孔箱梁架设；她在公司率先实现Ⅱ型板配合比中使用矿粉工艺，仅在武汉制板场生产Ⅱ型板就为公司节约成本325万元。在任职京福项目期间，组织研发的箱梁全自动养护系统和全自动轨枕码垛机均获批国家专利，所负责的梁枕场均是全线最早开工、生产、完成取证和完成生产任务。在担任杭黄项目经理期间，梁场利用隧道局原有梁场进行改扩建，项目人员进场仅25天就生产出首孔箱梁，不到3个月就通过生产许可证审查。她制定严格的考评制度，施工中严控成本，加强安全质量控制，强化材料全过程控制和加强设备管理。

她先后获中华全国铁路总工会“火车头”奖章、十

佳项目总工程师、武广铁路客运专线有限责任公司“优秀施工管理者”。（杨汉思）

【张春荣·全国五一巾帼标兵】 张春荣，中国铁建大桥工程局集团第三工程有限公司副总工程师兼新疆工程指挥部副经理、兰新铁路项目经理，党员。1976年出生。1999年毕业于石家庄铁道学院。作为公司第一名女项目经理，张春荣注重对项目的严格管理。在队伍结算方面，提出“年结算制”，杜绝额外费用发生；项目管理中做到没有关系队伍、没有亲朋参与项目施工、没有关系供货商，她廉洁的作风、敬业的态度及高尚的人格得到同事的一致肯定。先后获中华全国铁路总工会“火车头奖章”、吉林省总工会“吉林省五一巾帼标兵”、股份公司“巾帼标兵”称号、“天津市建功立业先进女职工”称号。（姜 楠）

【王亚丽·全国五一巾帼标兵】

王亚丽，中铁十四局集团隧道工程有限公司北京地铁16号线项目副总工，1974年出生，1995年参加工作，党员，历任项目技术员、试验室主任、质检部长和项目副总工程师。工作20年来，王亚丽一直在国家和地方重大基础工程建设施工现场工作，成长为系统内部优秀的技术能手和先进楷模。

2004年，王亚丽担任北京地铁10号线项目试验室主任，该项目承建的黄庄车站是当时全国最大的一次性暗挖施工车站，也是北京2008年奥运会配套工程。她主要负责的资料管理工作成为北京地铁10号线、4号线的样板，该工程获“北京市科技进步一等奖”。2009年，王亚丽担任公司北京地铁9号线项目的副总工程师，其工程地处京西宾馆、中央电视台、中央军委等政治敏感地带，安全质量容不得半点马虎，她每天要爬7个暗挖竖井和2个明挖竖井，每个竖井都有30米深。经过不懈努力，由她主要负责的工程竣工资料验收实现一次性通过，是全线各施工项目中首例。

王亚丽先后获评山东省女职工“建功立业标兵”、中国铁建股份公司“工人先锋号标兵”、北京轨道公司劳动竞赛先进个人、地铁建设贡献奖、中铁十四局集团“十佳巾帼标兵”，2015年被评为全国五一巾帼标兵。（何 康）

【涂海燕·全国五一巾帼标兵】

涂海燕，1984年出生，现任中铁十五局五公司江北项目部实验室主任。涂海燕参加工作以来，一直在艰苦的施工一线从事工程试验工作，先后参加洛界、南邓、西汉、蓝商、西铜、咸旬、江北等多条高速公路的建设。先后获中国铁建股份公司、河南省抗震救灾先进个人，洛阳市“三八红旗手”、十大女杰提名奖，河南省“五一巾帼标兵”称号，2015年获全国五一巾帼标兵。

2009年12月，涂海燕所在的西铜高速公路现浇梁现场，气温零下十几度，2000立方米的混凝土浇注方量，需要连续浇注36个小时才能完成。站在寒冷的野外，涂海燕始终坚守在现场察看混凝土浇筑情况，直至完成。西铜项目被评为国家优质工程奖，获奖金1052万元。在常年的流动野外生活和她高标准的工作压力下，2011年她被检查出乳腺癌，但病魔没有把她击垮，经过手术和化疗后，她重返挚爱的岗位。现任江北高速第1标段项目副总工兼试验室主任，带领项目在全线实现第一家水泥搅拌桩试桩、第一家便道试验段施工的标段，以及第一片箱梁、第一根桩基、第一根立柱、第一片盖梁、第一根系梁都在项目诞生，为该项目赢得业主奖金300万元，节约成本200万元。在业主组织的13家单位参评的试验工作专项考评中连续位居第一，在年度公路水运工程试验检测信用评价工作中获得AA级信用。（孙艳芳）

【关改玉·全国五一巾帼标兵】

关改玉，中铁十七局集团铺架分公司钢轨探伤工。1988年出生，毕业于山西金融职业学院信息管理专业，大专学历，中共预备党员。2009年7月参加工作，是中国铁建30万员工中唯一的女探伤工。

关改玉工作以来，始终倾注于高铁建设钢轨探伤事业，先后参与建设海南东环、京沪高铁、汉宜铁路、宁杭高铁、唐曹铁路等9项工程，累计在铁路线步行1900余千米，平均每日步行16千米，检测焊头8000多个，准确率95%以上。以关改玉牵头组建的课题组引领“铺架工匠孵化室”开展技术创新，钢轨焊缝探伤控制方法在施工中得到应用推广。

获评山西省“杰出青年岗位能手”、山西省五一巾帼标兵、山西省五一劳动奖章、全国五一巾帼标兵。

（岳永秀）

【陕娟·全国五一巾帼标兵】

陕娟，中铁二十局集团第五工程有限公司副总经理，党员，1976年出生，1997年参加工作，大专学历。参加工作以来，先后担任项目测量员、计划员、计划部部长，公司成本管理部长、副总经济师、副总经理。参加工作17年来，她通过不断的学习和实践，使自己逐步成为施工企业成本管理的能手，并顺利通过注册一级建造师、注册造价工程师考试，为自己开展业务工作奠定更加坚实的基础。为公司降低成本、增加效益作出突出贡献，培养一大批成本管理人才。担任五公司副总经理2年来，公司成本管理和变更理赔工作取得显著成效，2014年前三季度的效益指标比2013年同期增长4倍以上。先后获公司“先进工作者”，集团公司“三八红旗手”“十大杰出青年”，股份公司“责任成本先进个人”，2011年被中华全国铁路总工会授予“火车头奖章”。

（刘文君）

【覃婉嘉·全国五一巾帼标兵】

覃婉嘉，1980年出生，党员，大专学历，任中铁二十三局集团轨道交通南宁工程有限公司总工程师，获中华全国总工会授予的2014年度“全国五一巾帼标兵”称号。

覃婉嘉自2001年参加工作以来，一直在基层从事技术管理工作，先后参与上海磁悬浮轨道梁预制、多条铁路线的桥梁、轨枕预制及上海、苏州、南宁多条地铁线路的管片预制工作，施工经验丰富，理论知识扎实，多次评获集团公司“巾帼建功立业标兵”“三八红旗手”，被评为四川省女职工“我学我练我能”岗位能手。

2011年，她调任苏州公司任总工，全程负责靠模架的制作和钢筋施工方案的优化，使每个栏板钢筋笼焊接时间由原来的6个小时缩短到2个小时，节约成本20万元，同时，栏板的外观质量大为提高。

她在担任南宁公司总工程师期间，始终把施工技术管理规范化当作日常管理工作的基础，结合本项目的特点和不同，在学习过程中不断创新，使得南宁分公司在业主多次组织的质量信誉评比中，成绩均位列前茅。

（孙　帆）

【殷俊章·全国五一巾帼标兵】

殷俊章，1968年出生，1988年参加工作，铁一院桥隧处教授级高级工程师。自工作以来，先后主持和参加西康铁路、西延铁路、神延铁路、陇海线灞河大桥抢险工程、西南铁路、青藏铁路、西安枢纽北环线、包西铁路、西成客专、西宝客专、阳安二线、黔张常铁路、杭州上石立交工程、襄樊鱼梁州大桥、上海奉浦大桥东侧桥梁工程、重庆菜园坝南城立交工程、陕西省渭河整治工程西安城市段灞河特大桥施工图设计及泾河特大桥初步设计，以及西安地铁1号、2号线、北京轨道交通房山线工程、重庆地铁1号、6号线等铁路、公路及市政工程、轨道交通工程等项目的设计，其中“包西线跨黄延高速大桥设计”项目获2013年铁道部优秀工程设计三等奖、中国铁建优秀工程设计三等奖；“包西铁路通道西禹高速立交特大桥工程设计”项目获2012年陕西省优秀工程设计二等奖、中国铁建优秀工程设计三等奖；“铁路桥梁辅助设计系统”项目获2012年陕西省工程勘察设计计算机优秀软件三等奖。曾获陕西省“三八红旗手”、西安市雁塔区“雁塔巾帼十杰”“百年妇运百名风采女性”称号。

（胡永刚）

【李红梅·全国五一巾帼标兵】

李红梅，铁四院电化处副总工程师，1971年出生，党员，教授级高级工程师。毕业于西南交通大学，工学学士学位。

李红梅是中国高速铁路接触网系统技术自主创新的实践先锋，以“勤于实践、勇于创新”的工作作风，扎根工程技术前沿，多年来带领着“李红梅创新工作室”的研发团队，刻苦攻关，建立中国高铁电气化工程技术平台。她是国际IEC/TC9、国家SAC/TC 278专家委员，在铁路电气化、高速接触网及接地安全等核心技术领域均处于国际领先水平。她主持并完成的多项成果打破发达国家长期的技术垄断，提出并实践的创造性方案已经成为中国高铁技术标准，被纳入《高速铁路设计规范》而广泛推广，对中国乃至世界高速铁路电气化技术发展起到推动作用。主持并完成21项省部级科研，获国家省部级奖30余项，其中“高速铁路接触网系统技术及其工程应用”获中国铁道学会科学技术进步特等奖，“铁路电气化接触网工程智能设计集成系统”获得全国工勘协行业优秀软件一等奖；负责起草10余项国际标准和国家标准；获专利3项、软件著作权3项。获“茅以升科学技术奖—铁道工程师奖”“2012年度中国优秀经济女性人物”“首届全国勘察设计·最美·女设计师”“火车头奖章”“十佳全国铁路巾帼标兵”“全国铁路先进女职工”称号。

（王　静）

【杨艳丽·全国五一巾帼标兵】 杨艳丽，铁四院线站处轨道所副所长，1971年出生，党员，教授级高级工程师。毕业于兰州铁道学院，工学学士学位。

作为主管轨道所科研软件研发工作的副所长，带领轨道所团队在10年间，从技术储备为零起步，到完成高铁轨道设计8000千米以上，占国内高速铁路70%以上。主持过宜万、泰国机场连接线和武广、杭长等国内外铁路项目轨道设计，解决米轨标准向标准轨标准的技术转化、曲线道岔、轨道板跨越横梁等技术难题；首次在跨度140米的钢桁桥上铺设无砟轨道、首次在高速铁路桥上铺设无砟无缝道岔、首次将叠合梁计算理论应用到无砟轨道结构设计；主持完成10多项铁道部及中铁建科研项目，获国家级科学技术奖2项，省部级科学技术奖12项，省部级优秀标准设计、优秀工程设计4项，并拥有1项发明专利、9项实用新型专利。获“湖北省五一劳动奖章”“湖北五一巾帼奖”、股份公司“十佳女职工标兵”称号。2010年被聘为铁道部评标专家。带领的轨道所先后获“中央企业红旗班组（科室）”“全国五一巾帼标兵岗”“全国五一巾帼奖状”提名奖、“全国工人先锋号”。（王　静）

【乔建敏·中华全国总工会巾帼标兵】 乔建敏，1966年出生，北京中铁建电气化设计研究院有限公司副总工程师、高级工程师，党员，1988年毕业于兰州铁道学院信号专业，大学本科学历。

乔建敏参加工作以来，历任铁十五局电务处信号队助理工程师，铁十五局电务工程处工程师、施工技术科副科长、高级工程师，中铁十五局集团电务公司经营部总工程师、高级工程师，中国铁建电气化局集团一公司副总工程师、高级工程师，现任北京中铁建电气化设计研究院有限公司副总工程师、高级工程师，铁路行业评标专家。

乔建敏一直从事信号专业工作，先后参加京广线、攀钢弃碴线、兰新线、南昆线等多条铁路及专用线的施工，参建的南昆线、兰新线获铁道部优质工程奖，参建的攀钢弃碴线工程被评为冶金部优质工程。出色地完成了长荆线、大郑线、沈吉线、辛泰线、哈牡线的设计工作，其中长荆线、沈吉线获中国铁道建筑总公司优秀设计三等奖。先后获评“河南省总工会先进女职工”、中国铁建电气化局集团有限公司“专业技术带头人”“劳动模范”“质量管理先进个人”、中国铁建股份公司“巾帼标兵”“中华全国总工会巾帼标兵”。（崔　喆）

【韩金河·全国优秀工会工作者】 韩金河，1978年出生，铁一院工会生产保障部部长。任职以来，他紧扣转型发展主线，坚持系统策划和有序推进相结合，推动评先树模、群众性创新活动、劳动竞赛、职工宣教及扶贫帮困送温暖等工作不断取得新的突破。3年来，铁一院获全国劳模1人、全国五一劳动奖章2人、全国五一劳动奖状（工人先锋号）5项、省部级各类先进110余项；获上级工会各类劳动竞赛专项表彰40余项；获两届陕西省职工科技节各类奖项60余项，制定出台铁一院劳模（职工）创新工作室管理办法和职工创新创效专项基金管理办法等多项制度，获评省级劳模（职工）创新工作室9项；推动“书香一院”建设、项目部文化线建设和职工电子书屋、职工普法等活动，获上级工会各类比赛优秀奖项10多项。多篇调研、论文稿件被《陕西工运》《铁建政工》等刊发。

（胡永刚）

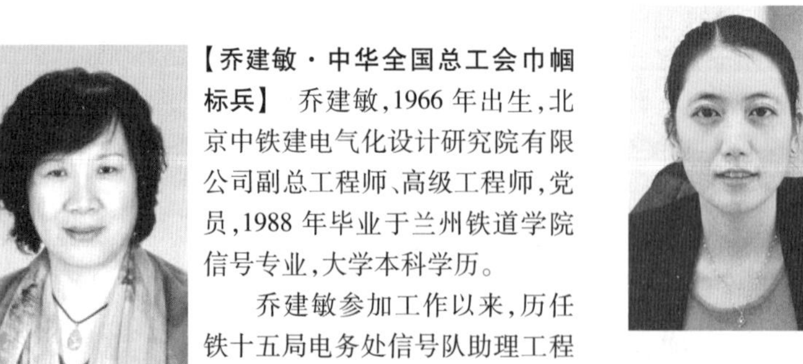

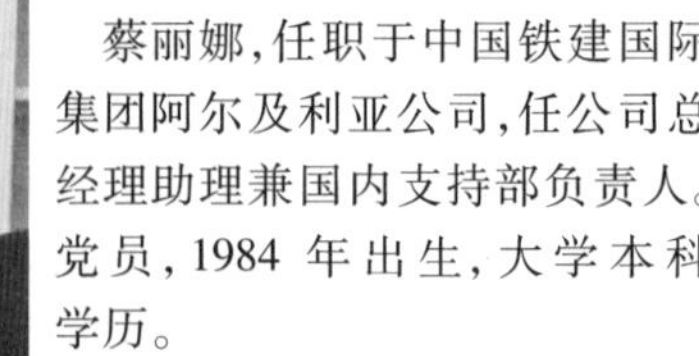

【蔡丽娜·全国巾帼建功标兵】 蔡丽娜，任职于中国铁建国际集团阿尔及利亚公司，任公司总经理助理兼国内支持部负责人。党员，1984年出生，大学本科学历。

作为法语翻译，毕业8年，一直在阿尔及利亚从事工程项目建设、商务管理等工作。她参与阿尔及利亚东西高速公路项目建设、贝佳亚港口连接线项目、特莱姆森高速公路连接线项目跟踪、投招标及商务谈判与管理等工作，并合作协助获得贝佳亚2000套保障房项目的实施合同。她常年深入工地现场，自学掌握专业技术词汇以及施工技术词汇，迅速成长为一名优秀的翻译和商务谈判专家；她充分发挥语言优势，主持翻译、审核项目合同、价格定义、CCTP(特殊技术条款)等大量业主文件、计量账单等。她参与的一次性计量3.2亿美元的突破,创阿国计量史上之最;她凭语言和对当地文化的了解,跑遍各个标段和业主沟通,在项目会战期间,她每天早上6点到工地,直到半夜,几次因体力不支晕倒,被同事抬回宿舍。她积极履行社会责任,在她的带领下,外籍徒弟已成为公司业务骨干。她向当地小学捐赠书籍文具,还利用工作之余到附近村落开展文化交流活动,促进公司文化融合及在当地的支持与信誉。

2010年获十二局海外公司"践行企业价值观,提升发展软实力"演讲比赛一等奖,2012年获阿尔及利亚东西高速M3标段通车"特殊贡献二等奖",2013年获中国铁建国际集团先进工作者,2014年获中国铁建海外经营先进个人、中国铁建国际集团先进经营工作者。2015年,被中华全国妇女联合会授予"全国巾帼建功标兵",获中国铁建股份"永远的铁道兵杯""十大楷模"称号。 (综合管理部)

逝世人物

【刘居英】 中国共产党优秀党员、久经考验的忠诚的共产主义战士,原铁道兵副司令员,因病医治无效,于2015年12月6日5时45分在解放军总医院逝世,享年98岁。

原名刘志诚,吉林长春人,1917年3月31日出生,1935年12月参加革命,1936年2月入党,1937年12月入伍,历任中共北方局豫西特派员,八路军山东第四支队团政委,山东省民主政府公安厅厅长,山东省政府秘书长兼公安厅厅长,长春市军管市长、卫戍司令部政委,东北民主联军吉黑支队政委,东满军区兵站司令部司令员,军委铁道部哈尔滨铁路局局长、沈阳铁路局局长,中长铁路管理局局长,中国人民志愿军铁道军管总局局长,中国铁道运输司令部司令员兼政委,军事工程学院副院长、院长,海军政治部主任,铁道兵副司令员。1987年1月离职休养,曾任第三届全国人民代表大会代表、中国共产党第八次全国代表大会代表。

1955年9月被授予少将军衔,曾荣获一级红星功勋荣誉章,一级解放勋章,朝鲜民主主义人民共和国一级国旗勋章、一级独立自由勋章。

(总政玉泉路老干部服务管理局)

【张春玉】 著名英雄、"铁道兵硬骨头战士"。因病医治无效,于2015年7月23日5时40分在上海逝世,享年76岁。

河北石家庄人,1963年入伍,次年加入中国共产党,后任铁道兵第三师13团16连副班长,参加大兴安岭地区嫩林铁路修建。1965年6月30日凌晨,嫩林铁路朝阳1号隧道发生塌方,不顾个人安危冲进塌方区救出战友,不幸身负重伤致残。1966年被国防部授予"铁道兵硬骨头战士"称号,被铁道兵党委记一等功,《人民日报》《解放军报》《光明日报》《中国青年报》等重要媒体配发长篇社论报道他的事迹。张春玉作为铁道兵英雄,成为全国人民学习的榜样。

张春玉一生乐观豁达、身残志坚。1984年退伍后在上海定居,虽伤残在身却执着于关心下一代工作,后来罹患骨癌仍乐观向上。他顽强地践行了自己的座右铭——"我(张春玉)这一辈子,愿作一把泥土、一块石子、一根枕木,铺在通往共产主义的大道上,让革命的列车从我身上通过,全速前进!"

张春玉是铁道兵的英雄,是每一名铁道兵、每一名中国铁建人尊敬的勇士、学习的楷模。一代又一代铁道兵、中国铁建人在"硬骨头"精神感召下,激发出无限的创业热情,创造一个又一个举世瞩目的辉煌业绩。

(老干部服务管理局)

【唐二平】 中国铁建港航局集团有限公司原董事会秘书。因长期超负荷工作,2015年4月24日晚在办公室加班时猝发疾病不幸逝世,年仅47岁。

唐二平,男,汉族,1968年10月13日出生,安徽省宿松县人,高级政工师。1991年7月毕业于武汉大学哲学系,1996年12月加入中国共产党。历任中交二航局办公室副主任、企划部副总经理,中国铁建港航局发展规划部、办公室临时负责人,董事会秘书,为港航局的组建与发展作出了突出贡献,多次获评优秀共产党员、优秀管理者。

港航局成立伊始,他组织研究与制定企业"十二五"发展规划,获集团公司及股份公司的赞许。他高效组织编制港航局吸收合并广东航盛的系列方案,为港航局快速获取从业资质和发展壮大奠定坚实基础。他协助处理董事会日常工作,亲自起草重要文稿,推进制度建设、科学决策、风险防控和内部沟通,为提升公司治理水平付出了艰辛和努力。

在协管集团公司基地建设工作期间,他始终围绕"做强水工"的战略目标,努力推进北方基地建设;牵头实施并购宁波航通公司40%股权的工作,使港航局集团顺利配置大管桩生产基地,打破竞争对手对港航局的封锁。 (刘　敏)

【周天想】 男，汉族，山东郓城人，1966年12月出生，中共党员，工学硕士学位，高级工程师，2015年11月20日因公殉职。

周天想1989年7月毕业于西南交通大学地下工程与隧道专业，2000年6月取得西南交通大学桥梁与隧道工程专业硕士研究生学历。先后担任中土集团尼日利亚公司高级工程师、总经理，中土集团总经理助理、副总经理，中土集团董事、党委副书记、副总经理（主持经理层工作）。

自2002年开始，长期致力于非洲市场的开拓和项目管理。2015年7月到国际集团任职后，积极与津巴布韦、格鲁吉亚、匈牙利、卢旺达、阿根廷等国驻外及驻华大使、业主代表、合作伙伴进行广泛交流洽谈。

获中华全国铁路总工会火车头奖章，获评铁道部第三工程局"先进科技工作者""科技工作标兵"和中国铁建中土集团"优秀共产党员"。

周天想一生为中国铁路事业发展披荆斩棘、奔波奉献，是中国铁路"走出去"的参与者和见证者。

（张大学　管嘉欣）

【王选尚】 男，陕西武功人，1965年10月出生，中共党员，本科学历，教授级高级工程师，商务部援外工程咨询专家委员会成员。2015年11月20日因公殉职。

王选尚1988年参加工作以来，历任二十局集团机械租赁公司设备维修配件公司经理、青藏铁路工程指挥部机械队队长、一公司副总经理、安哥拉新罗安达国际机场公司总经理、安哥拉工程指挥部指挥长、二十局集团副总经理兼海外指挥部指挥长和中国铁建国际集团副总经理等职务。

2005年，负责二十局集团安哥拉铁路工程项目管理工作。2012年7月，调任国际集团副总经理、党委委员兼安哥拉公司总经理，创建中国铁建安哥拉分公司。

获原铁道部"青年岗位能手"、陕西省"青年岗位能手"荣誉和全国铁路总工会火车头奖章。（庞曙光）

【常学辉】 男，汉族，山西太原人，1968年5月出生，中共党员，本科学历，2015年11月20日因公殉职。

1988年7月毕业于西安外国语学院法语专业，先后担任过中国驻加蓬大使馆外交官、驻外中资机构工程项目负责人等。2013年5月，加入国际集团，2014年6月被任命为国际集团西非公司执行董事、总经理。

在吉布提、加蓬等非洲国家工作20余年，先后负责加蓬广电大厦项目、贝林加铁矿项目、科特迪瓦阿比让别墅住房建设项目等。任职国际集团西非公司执行董事、总经理以来，在中西非多个国家洽谈多个大项目，签署马里铁路修复和路港项目实施备忘录。

获加蓬总统颁发的二级、三级骑士勋章以及中国铁建"劳动模范""海外经营工作先进个人"称号。

（谭　漪　张大学）

2015 年 4 月 18 日,昆明中铁大型养路机械集团有限公司代表中国铁建参加第十三届中国国际人才交流大会。

（富建强 提供）

统计资料

中国铁建系统企业总产值完成情况排名

（2015 年度）

排　名	单 位 名 称	企业总产值（万元）
1	中铁十一局集团有限公司	5088682
2	中铁十二局集团有限公司	5057022
3	中铁十六局集团有限公司	3867841
4	中铁十四局集团有限公司	3842053
5	中铁十七局集团有限公司	3834024
6	中铁建设集团有限公司	3502902
7	中铁十八局集团有限公司	3500112
8	中铁十九局集团有限公司	3401587
9	中国铁建大桥工程局集团有限公司	2855918
10	中铁二十局集团有限公司	2805118
11	中铁物资集团有限公司	2672071
12	中铁十五局集团有限公司	2241155
13	中国铁建房地产集团有限公司	2167286
14	中国铁建电气化局集团有限公司	2150068
15	中铁二十一局集团有限公司	2050230
16	中铁二十四局集团有限公司	2025262
17	中铁二十二局集团有限公司	1826978
18	中国土木工程集团有限公司	1727702
19	中铁二十三局集团有限公司	1700302
20	中铁二十五局集团有限公司	1500500
21	中铁城建集团有限公司	1083151
22	中国铁建投资集团有限公司	848420
23	中国铁建港航局集团有限公司	628762
24	中国铁建国际集团有限公司	616366
25	中铁第一勘察设计院集团有限公司	572058
26	中铁第四勘察设计院集团有限公司	550356
27	中国铁建重工集团有限公司	501836
28	中国铁建高新装备股份有限公司	360376
29	中铁第五勘察设计院集团有限公司	200873
30	中国铁建财务有限公司	180595
31	中铁上海设计院集团有限公司	107781
32	中铁建商务管理有限公司	27126
33	诚合保险经纪有限责任公司	10327
34	中国铁建股份有限公司北京培训中心	3017

（制表：荆彩萍）

中国铁建系统承揽任务合同额完成情况排名

（2015 年度）

排　名	单 位 名 称	承揽任务合同额（万元）
1	中铁十二局集团有限公司	7170618
2	中铁十一局集团有限公司	6682860
3	中铁物资集团有限公司	6673346
4	中铁十六局集团有限公司	6065904
5	中铁十七局集团有限公司	6028314
6	中铁建设集团有限公司	5806521
7	中铁十四局集团有限公司	5780370
8	中铁十九局集团有限公司	5350929
9	中国土木工程集团有限公司	5043515
10	中铁十八局集团有限公司	4798395
11	中铁二十局集团有限公司	4303348
12	中国铁建大桥工程局集团有限公司	4085374
13	中国铁建国际集团有限公司	3887464
14	中铁二十一局集团有限公司	3367520
15	中铁二十四局集团有限公司	3254202
16	中铁十五局集团有限公司	3021338
17	中国铁建房地产集团有限公司	2831689
18	中铁二十二局集团有限公司	2467281
19	中铁二十五局集团有限公司	2226605
20	中国铁建电气化局集团有限公司	2200790
21	中铁二十三局集团有限公司	2070781
22	中铁城建集团有限公司	1528177
23	中国铁建港航局集团有限公司	1268177
24	中铁第四勘察设计院集团有限公司	911715
25	中铁第一勘察设计院集团有限公司	606874
26	中国铁建重工集团有限公司	526721
27	中国铁建高新装备股份有限公司	350002
28	中铁第五勘察设计院集团有限公司	270171
29	中铁上海设计院集团有限公司	120815
30	诚合保险经纪有限责任公司	11071

（制表：荆彩萍）

中国铁建系统新签合同额完成情况统计

（2015 年度）

单位：万元

单位 \ 指标	年度计划	完成	其中						其中：海外	完成年度计划%	2014 年同期完成	同比增长（%）
			工程承包	勘察设计咨询	工业制造	物资贸易	房地产开发	其他				
合计	81967660	94875883	80870829	1134556	1642741	7451475	3534397	241885	8628931	115.7	82770801	14.6
中国土木工程集团有限公司	4100000	5043515	4941176	5037				97302	4911579	123.0	8495984	-40.6
中铁十一局集团有限公司	4800000	6682860	6147656	1448	97050	254539	182168		80550	139.2	5577842	19.8
中铁十二局集团有限公司	4800000	7170618	6946513			219079	5026		172470	149.4	5813598	23.3
中国铁建大桥工程局集团有限公司	3800000	4085374	4025071	5406	33351		21546		449657	107.5	3025145	35.0
中铁十四局集团有限公司	4300000	5780370	5611348		126719		42302		241654	134.4	5072137	14.0
中铁十五局集团有限公司	3200000	3021338	2738110	2200		254077	26951		112800	94.4	2466349	22.5
中铁十六局集团有限公司	4300000	6065904	5451513		7740	581774	24877			141.1	5120327	18.5
中铁十七局集团有限公司	4100000	6028314	5733647	1556		293111			677704	147.0	2184632	175.9
中铁十八局集团有限公司	4100000	4798395	4697582	2931	19777		78105		111868	117.0	3736310	28.4
中铁十九局集团有限公司	4300000	5350929	5350929						503245	124.4	4655076	14.9
中铁二十局集团有限公司	4000000	4303348	4100455	3356	46277	101000	20864	31397	1008743	107.6	3660345	17.6
中铁二十一局集团有限公司	2700000	3367520	3265627	1977	12699		54192	33025	175820	124.7	2601911	29.4
中铁二十二局集团有限公司	2400000	2467281	2437610				29671			102.8	1810789	36.3
中铁二十三局集团有限公司	2000000	2070781	1927360	7653	135768				504680	103.5	2486892	-16.7
中铁二十四局集团有限公司	2700000	3254202	3188535		65667				291469	120.5	4201780	-22.6
中铁二十五局集团有限公司	2000000	2226605	2188676			33424	4505		23899	111.3	1617547	37.7
中铁建设集团有限公司	5000000	5806521	5068233	1255		523017	214016		447820	116.1	4922713	18.0
中国铁建电气化局集团有限公司	2200000	2200790	1979958	6884	213947				28915	100.0	3149668	-30.1
中国铁建港航局集团有限公司	1500000	1268177	1259658	8519					12912	84.5	1306663	-2.9
中铁城建集团有限公司	1500000	1528177	1528177						231720	101.9	1205306	26.8
中国铁建国际集团有限公司	3600000	3887464	3649456			238008			3713234	108.0	4175953	-6.9
中铁第一勘察设计院集团有限公司	400000	606874	215127	356730				35017	30065	151.7	521798	16.3
中铁第四勘察设计院集团有限公司	500000	911715	483436	396605			24200	7474	7474	182.3	603128	51.2
中铁第五勘察设计院集团有限公司	245000	270171	33962	229186	7023				645	110.3	256101	5.5
中铁上海设计院集团有限公司	105000	120815	16119	103812				884	3493	115.1	103359	16.9
中铁物资集团有限公司	6000000	6673346	1719900			4953446			15425	111.2	6305461	5.8
中国铁建高新装备股份有限公司	350000	350002			350002					100.0	325143	7.6
中国铁建重工集团有限公司	450000	526721			526721				177	117.0	426582	23.5
中国铁建房地产集团有限公司	2507660	2831689					2805974	25715		112.9	2135209	32.6
诚合保险经纪有限责任公司	10000	11071						11071		110.7	10600	4.4
中国铁建投资集团有限公司（不计入总数）	3300000	4537852						4537852		137.5	4136790	9.7

注：中国铁建投资有限公司 2015 年新签合同额未计入总额。

（制表：荆彩萍）

中国铁建系统工程承包业务新签合同额按类别分完成情况统计

（2015 年度）

单位：万元

单位＼指标	工程承包	其中							
		铁路	公路	房建	城轨、地铁	市政	水利、电力	机场、码头	其他工程
合计	80870830	29968601	18347213	13312192	9635000	4028380	2705453	1038576	1835415
中国土木工程集团有限公司	4941176	2374037	1482204	193547	1641	66920	6392	531100	285335
中铁十一局集团有限公司	6147656	3311280	1115358	181163	1327964	90891	108304	2943	9752
中铁十二局集团有限公司	6946513	2910892	1713302	942709	780868	273053	92919	98409	134361
中国铁建大桥工程局集团有限公司	4025071	1157724	1276434	94052	1152844	229988	108461	3272	2296
中铁十四局集团有限公司	5611348	1495087	1964517	642951	909837	312568	225041	22714	38632
中铁十五局集团有限公司	2738110	1407727	543814	229502	264408	229620	49423		13616
中铁十六局集团有限公司	5451513	1298079	1059724	1470942	964552	585925	62975	3716	5600
中铁十七局集团有限公司	5733647	2494939	1729744	360638	717664	244346	180204		6112
中铁十八局集团有限公司	4697582	1116150	999604	868794	645918	706256	341540		19320
中铁十九局集团有限公司	5350929	2161273	713459	613778	649958	138172	62815	14367	997107
中铁二十局集团有限公司	4100455	1145076	1626806	645143	235982	218731	136715	5291	86710
中铁二十一局集团有限公司	3265627	1863704	650316	335258	154441	156878	64594		40436
中铁二十二局集团有限公司	2437610	1485436	241383	195001	296246	127073	74794		17677
中铁二十三局集团有限公司	1927360	338114	1102345	142993	117779	82877	137053		6198
中铁二十四局集团有限公司	3188535	1451343	710239	607691	44667	350203	1590		22801
中铁二十五局集团有限公司	2188676	707366	185689	594055	189055	243152	52690	168	216500
中铁建设集团有限公司	5068233	21120		4948161	67000	26978		4974	
中国铁建电气化局集团有限公司	1979959	1381553	146769		285822		8436		157380
中国铁建港航局集团有限公司	1259658		695218	83970		19290		461140	39
中铁城建集团有限公司	1528177	185988		1247936	75000	14341			4912
中国铁建国际集团有限公司	3649456	1791328	113579	638619			1105930		
中铁第一勘察设计院集团有限公司	215127	53316	80199	49467		31055			1090
中铁第四勘察设计院集团有限公司	483436	124508	8000		277000	73928			
中铁第五勘察设计院集团有限公司	33962	20383		51		13528			
中铁上海设计院集团有限公司	16119	3790		2703		9626			

（制表：荆彩萍）

中国铁建系统企业总产值完成情况统计

（2015 年度）

单位：万元

单位 \ 指标	年度计划	完成	其中								其中：海外	完成年度计划（%）	2014 年同期完成	同比增长（%）
			施工产值	勘察设计咨询	工业制造	物资贸易	房地产开发	金融保险收入	运营维管收入	其他营业收入				
合计	61904819	62594798	51481567	1241642	1454337	3874372	2832818	224408	92540	1393114	3327904	101.1	62348997	0.4
中国土木工程集团有限公司	1810000	1727702	1503384	3378		92388				128552	1438713	95.5	2031357	-14.9
中铁十一局集团有限公司	4400000	5088682	5022757		63531				815	1579	93932	115.7	4662670	9.1
中铁十二局集团有限公司	4300000	5057022	4867458		3972	122536	5026	33486		24544	168303	117.6	5167478	-2.1
中国铁建大桥工程局集团有限公司	2800000	2855918	2778464	2198	42895	2350	23409			6602	87506	102.0	2689998	6.2
中铁十四局集团有限公司	3700000	3842053	3672749		88714		80590				287009	103.8	3779456	1.7
中铁十五局集团有限公司	2800000	2241155	2037456	1600	16378	121871	45657		6627	11566	38971	80.0	2619782	-14.5
中铁十六局集团有限公司	3700000	3867841	3618584		10050	182121	16517		35800	4769		104.5	4001019	-3.3
中铁十七局集团有限公司	3300000	3834024	3693988			121427				18609	220017	116.2	3736857	2.6
中铁十八局集团有限公司	3300000	3500112	3359455	2830	2673		129572			5582	217009	106.1	3202042	9.3
中铁十九局集团有限公司	3300000	3401587	3386420			5557				9610	88836	103.1	3230664	5.3
中铁二十局集团有限公司	2800000	2805118	2614672	1762	46710	54074	60733		14499	12668	112767	100.2	2708258	3.6
中铁二十一局集团有限公司	1800000	2050230	1903153	516	14058		95300		26955	10248	6842	113.9	2101831	-2.5
中铁二十二局集团有限公司	1800000	1826978	1752210			20099	43861			10808		101.5	1892616	-3.5
中铁二十三局集团有限公司	1700000	1700302	1609902	5743	84283					374	30233	100.0	1596611	6.5
中铁二十四局集团有限公司	1800000	2025262	1956145		54253	2992				11872	41618	112.5	1885058	7.4
中铁二十五局集团有限公司	1700000	1500500	1475988			13742	405			10365	16707	88.3	1705296	-12.0
中铁建设集团有限公司	3500000	3502902	2838935	415	10730	509739	138568			4515	41013	100.1	3307296	5.9
中国铁建电气化局集团有限公司	2100000	2150068	1981955	3088	148411	4107			7003	5504		102.4	1934585	11.1
中国铁建港航局集团有限公司	700000	628762	616504	9503						2755	8344	89.8	585444	7.4
中铁城建集团有限公司	1000000	1083151	1083058							93	9892	108.3	908220	0.0
中国铁建国际集团有限公司	500000	616366	451397			164969					393340	123.3	313152	96.8
中铁第一勘察设计院集团有限公司	400000	572058		552058			20000				4322	143.0	511789	11.8
中铁第四勘察设计院集团有限公司	450000	550356		525356			25000				5014	122.3	523925	5.0
中铁第五勘察设计院集团有限公司	162000	200873		195406	5467						1368	124.0	168020	19.6
中铁上海设计院集团有限公司	93530	107781		107781							318	115.2	90149	19.6
中国铁建高新装备股份有限公司	360353	360376			360376							100.0	350704	2.8
中国铁建重工集团有限公司	400000	501836			501836							125.5	375933	33.5
中铁物资集团有限公司	4500000	2672071				2456400				215671	15830	59.4	3605595	-25.9
中国铁建房地产集团有限公司	2001336	2167286					2148180			19106		108.3	1812246	19.6
中国铁建投资有限公司	550000	848420								848420		154.3	676052	25.5
中国铁建财务有限公司	146000	180595						180595				123.7	139965	29.0
中铁建商务管理有限公司	21000	27126							841	26285		129.2	22590	20.1
诚合保险经纪有限责任公司	8000	10327						10327				129.1	9040	14.2
中国铁建股份有限公司北京培训中心	2600	3017								3017		116.0	3299	-8.5

（制表：荆彩萍）

中国铁建系统施工单位建筑业总产值按构成分完成情况统计

（2015 年度）

单位：万元

指标 / 单位	建筑业总产值	其中		按构成分			
		装饰装修产值	在外省完成的产值	建筑工程产值	安装工程产值	设备工器具产值	其他产值
合计	51481567	2710953	35850298	50277720	748208	424078	774628
中国土木工程集团有限公司	1503384	3346	62971	1459443	5720	58	38163
中铁十一局集团有限公司	5022757		4080313	4987023			35734
中铁十二局集团有限公司	4867458	37974	4221588	4812060	55052		346
中国铁建大桥工程局集团有限公司	2778464	1342	2609524	2708873	40938	690	27963
中铁十四局集团有限公司	3672749	200	3167967	3553704	89354	2684	27007
中铁十五局集团有限公司	2037456	530	1773481	1978304	17859	915	40378
中铁十六局集团有限公司	3618584	4383	3455318	3582696	2044		33844
中铁十七局集团有限公司	3693988	41884		3580691	61926		51371
中铁十八局集团有限公司	3359455		2749112	3211341	52410		95704
中铁十九局集团有限公司	3386420		3303580	3361517	13650		11253
中铁二十局集团有限公司	2614672	2558363		2558363	48063		8246
中铁二十一局集团有限公司	1903153	2113	1838251	1707203	18840	27173	149937
中铁二十二局集团有限公司	1752210		1694132	1744320	4287	450	3153
中铁二十三局集团有限公司	1609902	2702	1389059	1600026	2315		7561
中铁二十四局集团有限公司	1956145	489		1829709	55225	2762	68449
中铁二十五局集团有限公司	1475988			1470421		5567	
中铁建设集团有限公司	2838935	39497	2092423	2810320	22909	4141	1565
中国铁建电气化局集团有限公司	1981955		1980479	1201570	226793	379638	173954
中国铁建港航局集团有限公司	616504		429070	616504			
中铁城建集团有限公司	1083058	18130	1003030	1052235	30823		
中国铁建国际集团有限公司	451397			451397			

（制表：荆彩萍）

中国铁建系统施工单位建筑业总产值按类别分完成情况统计

（2015 年度）

单位：万元

单位 \ 指标	建筑业总产值	其中											
		铁路	公路	房建	市政	轻轨地铁	铁路四电	水利	电力	机场	矿山	港口与航道	其他
合计	51481567	20000668	10439327	7459018	3815880	5540051	1659972	711673	225201	210159	436013	403287	580318
中国土木工程集团有限公司	1503384	677175	266955	111964	60821	225785		10800		86892		37895	25097
中铁十一局集团有限公司	5022757	2129011	925305	415787	167804	1170634	133389	36272	5150		5689		33716
中铁十二局集团有限公司	4867458	2140712	1542659	334503	161630	379628	156330	77465	14923	33933			25675
中国铁建大桥工程局集团有限公司	2778464	1026571	565681	137534	376434	532862	17653	75618	27233			10021	8857
中铁十四局集团有限公司	3672749	1169168	1360683	295089	178955	475524	55333	8185	37041	48031	20224	3072	21444
中铁十五局集团有限公司	2037456	634437	827596	198325	154086	193212	1615	23315	419		39		4412
中铁十六局集团有限公司	3618584	1300184	852043	361888	450268	524287	56078	51982		3092			18762
中铁十七局集团有限公司	3693988	1648649	1023534	300787	243087	322401	33964	34531	9524		22067		55444
中铁十八局集团有限公司	3359455	924857	575728	511355	634008	463128		155551	23413	250	7150		64015
中铁十九局集团有限公司	3386420	1845203	374013	186259	103378	368888	1410	47721	46696	3308	330777		78767
中铁二十局集团有限公司	2614672	1300933	494090	256408	251005	141684	14611	34202	2697	9261		19094	90687
中铁二十一局集团有限公司	1903153	1162004	212255	200548	126533	86654	27135	37313	2617	6736	33504		7854
中铁二十二局集团有限公司	1752210	978905	125817	140593	241190	140779	72854	10365	12481				29226
中铁二十三局集团有限公司	1609902	707361	532867	74751	94258	130347	28222	22237	1559		2206	3000	13094
中铁二十四局集团有限公司	1956145	781353	409511	226606	277794	186810	25989	1425	720	6174	11908		27855
中铁二十五局集团有限公司	1475988	843268	134990	170171	240643	39997	8451	22715	7185		2449		6119
中铁建设集团有限公司	2838935	255882		2531689	45914					5450			
中国铁建电气化局集团有限公司	1981955	713098	13059	5255		132828	1026938		33543				57234
中国铁建港航局集团有限公司	616504	52484	154452	13380	262			61976				330205	3745
中铁城建集团有限公司	1083058	142379		874053	20638	24603				7032			14353
中国铁建国际集团有限公司	451397	13079	215573	220690	2055								

（制表：荆彩萍）

中国铁建系统施工单位建筑业总产值按地域分完成情况统计(一)

(2015 年度)

单位:万元

单位＼地域	合计	北京市	天津市	河北省	山西省	内蒙古自治区	辽宁省	吉林省	黑龙江省	上海市	江苏省	浙江省
合计	51481567	1637410	1186851	1922072	1577350	1798344	1804253	809894	1192166	370585	1942353	1344556
中国土木工程集团有限公司	1503384	1700		1660								17556
中铁十一局集团有限公司	5022757	63387	19262	240115	61185	234561	159576	12326	122665	25050	115343	69412
中铁十二局集团有限公司	4867458	45381	96476	141463	477567	75354	123233	84034	45138	4470	158079	33517
中国铁建大桥工程局集团有限公司	2778464	37160	168940	29860	35003	76760	292460	129081	144626	27622	52924	74475
中铁十四局集团有限公司	3672749	79306	157330	308310	23659	163126	22253	19643		7186	274790	37154
中铁十五局集团有限公司	2037456	52164	26014	57619	51694	27601	8291	1500	37261	29377	100026	49556
中铁十六局集团有限公司	3618584	163266	181267	137977	31308	127623	110891	21266	32444	7740	169143	247493
中铁十七局集团有限公司	3693988	831		341132	235942	41895	100019	44504		22930	92453	39224
中铁十八局集团有限公司	3359455	104490	393334	95289	43248	35007	63161	68779	21967	41445	47537	14200
中铁十九局集团有限公司	3386420	82840	20028	182372	82095	438339	391400	89445	120046	18734	208369	63995
中铁二十局集团有限公司	2614672	5122		34156	28196	117617	24623	44161	35697	17872	50957	3630
中铁二十一局集团有限公司	1903153	4754	2951	69944	8628	231796	95913			1372	3123	17410
中铁二十二局集团有限公司	1752210	58078	10307	11335	19739	33914	143822	138770	236624		8536	49788
中铁二十三局集团有限公司	1609902		250	7243	820	62418	12634	64614	251289	22517	9654	2644
中铁二十四局集团有限公司	1956145	6328		11349	20695	16333			16670	66967	247080	346164
中铁二十五局集团有限公司	1475988	4308		15736	89688	3826	39525	8000	24315		22096	13670
中铁建设集团有限公司	2838935	746512	21283	134171	87895	16295	19976	30613		38535	177540	44223
中国铁建电气化局集团有限公司	1981955	1476		52985	227515	61864	120314	50029	31567	20164	6368	167403
中国铁建港航局集团有限公司	616504		44983	1062			2595	652		9947	77693	19513
中铁城建集团有限公司	1083058	180307	44426	48294	52473	34015	15510	2477	71857	8657	120642	33529
中国铁建国际集团有限公司	451397						58057					

(制表:荆彩萍)

中国铁建系统施工单位建筑业总产值按地域分完成情况统计(二)

(2015 年度)

单位:万元

单位＼地域	安徽省	福建省	江西省	山东省	河南省	湖北省	湖南省	广东省	广西壮族自治区	海南省	重庆市
合　计	1521968	2611041	1981817	1914588	1313469	1959575	1389632	3647083	1506716	357306	1397535
中国土木工程集团有限公司		5062		952				37741			
中铁十一局集团有限公司	217239	141971	50844	91603	119766	942444	93458	477103	88379		311217
中铁十二局集团有限公司	223146	353345	25337	97144	74979	1197	154828	659551	88015	47171	227616
中国铁建大桥工程局集团有限公司	94755	157073	309714	61100	35095	32800	102549	90203	39585		58916
中铁十四局集团有限公司	36304	162888	85096	504782	18862	289869	110019	388950	35111	38281	35334
中铁十五局集团有限公司	126008	76312	110553	45580	225004	154170	85637	124901	34440		16370
中铁十六局集团有限公司	180926	304775	253354	70829	72064	4554	87323	264804	131053	6512	71878
中铁十七局集团有限公司	55019	385103	260178	119888	264071	69758	32063	103110	25860		144480
中铁十八局集团有限公司	58060	174144	52941	178466	92513	173131	52087	132134	134958		154936
中铁十九局集团有限公司	28026	79738	83849	62480	20178	23780	14190	120935	210253	4010	69572
中铁二十局集团有限公司	6131	32571	51061	100207	41019	74341	149241	244653	75607	12291	51027
中铁二十一局集团有限公司	4691	24026	68485	33438	63331	9494	62987	19482	65	116042	268
中铁二十二局集团有限公司		292505	32757	44000	6681	15788	22151	95947	3537	8360	19201
中铁二十三局集团有限公司	14605	67643	82416	161024	23483		37488	272832	82145		39634
中铁二十四局集团有限公司	256272	268353	184735	27639	8086		9441	7107	28979		78296
中铁二十五局集团有限公司	1070	5800	157989	28236	50281	1041	257572	217476	151278	2047	7864
中铁建设集团有限公司	166875	44631	139511	68893	119328	47962	16682	73400	156347	119419	6500
中国铁建电气化局集团有限公司	9861	1079	13527	103947	77457	71463	29841	80735	143578		89466
中国铁建港航局集团有限公司	1477	33803	1655	86828		10041	1939	179052	66997		14960
中铁城建集团有限公司	41503	219	17815	27552	1271	37742	70136	56967	10529	3173	
中国铁建国际集团有限公司											

(制表:荆彩萍)

中国铁建系统施工单位建筑业总产值按地域分完成情况统计(三)

(2015 年度)

单位:万元

单位 \ 地域	四川省	贵州省	云南省	西藏自治区	陕西省	甘肃省	青海省	宁夏回族自治区	新疆维吾尔自治区	香港特区	特区澳门	海　外
合　计	2332123	2456676	2373454	373794	2338098	1727107	756842	562569	816355	23408	42825	3234819
中国土木工程集团有限公司											35785	1402928
中铁十一局集团有限公司	140465	265907	266290	8110	224967	119485	73055	94132	79508			93932
中铁十二局集团有限公司	204504	99034	479692	150866	311863	89739	84043	10722	31651			168303
中国铁建大桥工程局集团有限公司	163655	62371	45989		68885	125730	23536	115076	35015			87506
中铁十四局集团有限公司	123815	89369	94550		72186	97775	18672	53517	37603			287009
中铁十五局集团有限公司	50295	120250	10453	55873	135142	43334	73235	632	69193	17500	7040	14431
中铁十六局集团有限公司	249527	61642	251951	296	46362	49855	63774	118846	97841			
中铁十七局集团有限公司	187812	161360	122615	95682	279295	141775	17134	5719	84119			220017
中铁十八局集团有限公司	77639	215691	272694	20500	210107	62530	36256	44269	70933			217009
中铁十九局集团有限公司	167809	144214	139165	26302	87841	168838	43722	23700	81319			88836
中铁二十局集团有限公司	208932	119533	107132		517163	257755	30483	17046	43681			112767
中铁二十一局集团有限公司	29865	68066	49321	14615	122176	483018	230657	6539	53854			6842
中铁二十二局集团有限公司	81548	265360	49784	509	57554	5053	34766	5796				
中铁二十三局集团有限公司	220843	53884	43372	1041	1867	12961	12377		17971			30233
中铁二十四局集团有限公司	97164	140945	51229		7525	2471		186	14513			41618
中铁二十五局集团有限公司	74636	140656	93046		16900	15629	5861	8286	2449			16707
中铁建设集团有限公司	38554	145960	195707		97742	346		43022				41013
中国铁建电气化局集团有限公司	145837	200323	66863		71367	47881	2490		86555			
中国铁建港航局集团有限公司	54963											8344
中铁城建集团有限公司	14260	102111	33601		9156	2932	6781	15081	10150			9892
中国铁建国际集团有限公司										5908		387432

(制表:荆彩萍)

中国铁建系统施工单位主要实物工程量完成情况统计(一)

(2015 年度)

单位＼指标	土石方(万立方米)	隧道(折合米)	桥梁			铁路正线铺轨		铁路站线铺轨(千米)	铺道岔(组)	铁路架梁(孔)	铁路制梁(片)
			总计(折合米)	特大桥(折合米)	大中桥(折合米)	总计(千米)	其中:高速(千米)				
合计	108118	1217904	1405123	706106	387919	5990	116	1095	1927	25508	35819
中国土木工程集团有限公司	723	3356	337	200	43	143			15	73	336
中铁十一局集团有限公司	7934	124658	169583	118283		543		66		4521	
中铁十二局集团有限公司	7061	188238	137654	68512	67015	846		153	28	3201	5334
中国铁建大桥工程局集团有限公司	5310	72307	101094	51877	36792	251		85	39	675	980
中铁十四局集团有限公司	10933	93753	104645	48988	16718	704		78	83	3721	7881
中铁十五局集团有限公司	3475	53603	68260	22067	30108	350		22	237	1733	2214
中铁十六局集团有限公司	5950	96322	116531	41413	18312	22		1	27	791	1611
中铁十七局集团有限公司	7881	113003	160828	94550	39715	623	22	83	360	1561	2309
中铁十八局集团有限公司	5609	118135	78187	25890	34430	88	66	21	17	277	524
中铁十九局集团有限公司	20448	132863	99484	35948	38752	128		18	97	1866	3496
中铁二十局集团有限公司	3455	48550	49618	18151	21793	586	18	74	77	1003	1203
中铁二十一局集团有限公司	7861	25532	58122	31926	22065	386		98	365	1210	3286
中铁二十二局集团有限公司	4490	29126	70050	48490	13791	679		50	152	2840	4107
中铁二十三局集团有限公司	6093	34901	46493	18510	8303	25		41	161	178	133
中铁二十四局集团有限公司	3155	38273	63470	36442	17609	498		219	100	1047	1429
中铁二十五局集团有限公司	2532	40718	64228	44103	18892	103	10	81	161	754	968
中铁建设集团有限公司											
中国铁建电气化局集团有限公司											
中国铁建港航局集团有限公司	1588	863	8779	605	1130					57	8
中铁城建集团有限公司	427	86	5437	35	279	15		4	8		
中国铁建国际集团有限公司	3193	3617	2324	118	2173						

(制表:荆彩萍)

中国铁建系统施工单位主要实物工程量完成情况统计(二)

(2015 年度)

指标 单位	铁路无渣轨道(千米)	铁路机械化整道(千米)	地铁(折合米)	轻轨(折合米)	公路		公路路面(平方米)	公路架梁(片)	通信线路	
					总计(折合千米)	高速公路(千米)			总计(千米)	其中:光缆(千米)
合计	915	951	230343	12481	2714	1315	68321043	81429	19099	11889
中国土木工程集团有限公司		263			24		45000		88	78
中铁十一局集团有限公司	49	27	57728	4272	91		38199787	7806	400	
中铁十二局集团有限公司	55		13123		202	163	9984900	9189	1511	400
中国铁建大桥工程局集团有限公司	56		33090	960	207	131	2973833	2834	446	386
中铁十四局集团有限公司	181		21985		208	58	1038939	12876	49	41
中铁十五局集团有限公司		106	4026	387	354	98	5951098	9529	150	4
中铁十六局集团有限公司	43		17856		104	61	1409081	5561	246	246
中铁十七局集团有限公司	155	77	17258		185	170	2713182	10499		15
中铁十八局集团有限公司	42	20	22455	228	173	85	1166752	2606	18	18
中铁十九局集团有限公司	16		28111	1866	95	73	391979	1294	2	2
中铁二十局集团有限公司	118	74	5202	1297	682	353	14632	5588		
中铁二十一局集团有限公司	31	85	2049	85	53	18		2173	519	515
中铁二十二局集团有限公司	152	243	28		26		354	826	156	2
中铁二十三局集团有限公司					32	29	430915	5320	405	180
中铁二十四局集团有限公司	18	27	5570		19	13	24096	1743	1391	345
中铁二十五局集团有限公司			1862		65	42	674694	1120	182	182
中铁建设集团有限公司										
中国铁建电气化局集团有限公司									13516	9465
中国铁建港航局集团有限公司					44			2465		
中铁城建集团有限公司		30		3386	4				20	11
中国铁建国际集团有限公司					146	24	3301801			

(制表:荆彩萍)

中国铁建系统施工单位主要实物工程量完成情况统计(三)

(2015 年度)

指标 单位	通信设备(站)	自动闭塞(区间千米)	电器集中(联锁道岔)	供电线路(千米)	接触网(条千米)	牵引变电所(处)	变配电所(处)	房屋建筑施工面积	
								总计(平方米)	本年新开工面积(平方米)
合计	1304	3150	5628	12040	10102	222	429	132273343	32874608
中国土木工程集团有限公司				54	79	1	1	444043	14182
中铁十一局集团有限公司	3	205	296	774	644	31	6	7085699	1925213
中铁十二局集团有限公司				1917	992			10009575	2410370
中国铁建大桥工程局集团有限公司				47	113	14	3	3905148	1169308
中铁十四局集团有限公司	1	262	161	464	386	6	3	3577080	1956296
中铁十五局集团有限公司	1	3	2	84	3			2770109	671348
中铁十六局集团有限公司	79			243			3	4156859	1490203
中铁十七局集团有限公司	12		5	3	20	1	1	4407364	1093907
中铁十八局集团有限公司	1			29				7754065	2062150
中铁十九局集团有限公司	4	2	22	16				3907627	962546
中铁二十局集团有限公司								1575556	669704
中铁二十一局集团有限公司	26	138	367	461	410	8	21	2430637	195512
中铁二十二局集团有限公司	2	83	89	342	141	4		2646749	1009131
中铁二十三局集团有限公司	4	139	38	111	33			1752200	387133
中铁二十四局集团有限公司	9	5	41	182	9		6	2565237	607559
中铁二十五局集团有限公司	9	156	280	176	195	1	3	3526292	685628
中铁建设集团有限公司								52648075	10185314
中国铁建电气化局集团有限公司	1153	2153	4327	7112	7079	156	381	199392	85223
中国铁建港航局集团有限公司								107768	107768
中铁城建集团有限公司		4		26			1	15363858	4691298
中国铁建国际集团有限公司								1440010	494815

(制表:荆彩萍)

中国铁建系统施工单位主要实物工程量完成情况统计(四)

(2015 年度)

指标 / 单位	房屋建筑施工面积		码头(折合米)	护岸(折合米)	防波堤(折合米)	挖泥(万立方米)	水下炸礁(万立方米)	围堰(万立方米)	吹填(万立方米)	软基处理(万平方米)
	实行投标承包(平方米)	住宅(平方米)								
合计	126656308	72162053	1680	627	38	89		12	825	1300
中国土木工程集团有限公司	414863	118356				1			6	4
中铁十一局集团有限公司	6974280	1532879								
中铁十二局集团有限公司	9574845									
中国铁建大桥工程局集团有限公司	3873968	1938457								
中铁十四局集团有限公司	3577080	2856931				5				
中铁十五局集团有限公司	2296230	1739694								
中铁十六局集团有限公司	4156859	2432365								
中铁十七局集团有限公司	4513733	2891061								
中铁十八局集团有限公司	7754065	6092131								
中铁十九局集团有限公司	3905549	1558799								
中铁二十局集团有限公司	1468696	1317052				9				143
中铁二十一局集团有限公司	2430637									
中铁二十二局集团有限公司	2629500									1
中铁二十三局集团有限公司										
中铁二十四局集团有限公司										21
中铁二十五局集团有限公司	3526292	1669182								
中铁建设集团有限公司	52648075	37071327								
中国铁建电气化局集团有限公司										
中国铁建港航局集团有限公司	107768		1680	627	38	74		12	819	1122
中铁城建集团有限公司	15363858	10258626								9
中国铁建国际集团有限公司	1440010	685193								

(制表:荆彩萍)

中国铁建系统施工单位房屋建筑完成情况统计(一)

(2015 年度)

单位	合计			1. 住宅房屋			2. 商业及服务用房屋		
	施工面积(平方米)	竣工面(平方米)	竣工价值(万元)	施工面积(平方米)	竣工面积(平方米)	竣工价值(万元)	施工面积(平方米)	竣工面积(平方米)	竣工价值(万元)
合　计	132273343	10242598	2483343	87607103	6066869	1206681	14225194	1835011	354877
中国土木工程集团有限公司	444043	13712	4839	118356	13712	4839	33445		
中铁十一局集团有限公司	7085699	1543	508	5520094			302474		
中铁十二局集团有限公司	10009575	295963	175663	6362279	80626	44592	170669		
中国铁建大桥工程局集团有限公司	3905148	469209	98495	1938457	92746	27696	298848	226413	52278
中铁十四局集团有限公司	3577080	1217637	161322	2856931	1060682	125912	132937		
中铁十五局集团有限公司	2770109	618654	114360	1739694	581480	103207	398528		
中铁十六局集团有限公司	4156859	288539	128075	2432365	56285	37158	1140007	164703	66820
中铁十七局集团有限公司	4407364		4825	2891061		4763	522976		
中铁十八局集团有限公司	7754065	337839	99584	6092131	236096	48517	362155		
中铁十九局集团有限公司	3907627	303768	50753	1558799	185770	25434	280958		
中铁二十局集团有限公司	1575556	378513	147206	1317052	265565	67210	37031	37031	18800
中铁二十一局集团有限公司	2430637	671655	244482	1788195	613902	183819	118884		2078
中铁二十二局集团有限公司	2646749	1087	167	872520			74731		
中铁二十三局集团有限公司	1752200	9833	4411	894299			480413	9833	4411
中铁二十四局集团有限公司	2565237	378724	122804	1540542	106725	16353	59657	3912	6141
中铁二十五局集团有限公司	3526292	586696	118832	1669182	182236	33326	575728	302000	65091
中铁建设集团有限公司	52648075	2901702	503232	37071327	1420636	239552	6193950	1081019	134496
中国铁建电气化局集团有限公司	199392	40753	28600						
中国铁建港航局集团有限公司	107768								
中铁城建集团有限公司	15363858	1726771	475185	10258626	1170408	244303	2475386	10100	4762
中国铁建国际集团有限公司	1440010			685193			566417		

(制表:荆彩萍)

中国铁建系统施工单位房屋建筑完成情况统计(二)

(2015 年度)

单位	(1)商厦房屋(批发和零售用房)			(2)宾馆用房屋(住宿用房)			(3)餐饮用房屋(餐饮用房)		
	施工面积(平方米)	竣工面积(平方米)	竣工价值(万元)	施工面积(平方米)	竣工面积(平方米)	竣工价值(万元)	施工面积(平方米)	竣工面积(平方米)	竣工价值(万元)
合　计	5994184	1412913	193054	2314033	164703	66820	356759	26250	15511
中国土木工程集团有限公司				33445					
中铁十一局集团有限公司				50886					
中铁十二局集团有限公司	16745						105086		
中国铁建大桥工程局集团有限公司	101144	56144	8978	27435					
中铁十四局集团有限公司							28000		
中铁十五局集团有限公司	398528								
中铁十六局集团有限公司	727222			191943	164703	66820			
中铁十七局集团有限公司	398646			97205					
中铁十八局集团有限公司	72040			43202			5630		
中铁十九局集团有限公司	137242								
中铁二十局集团有限公司									
中铁二十一局集团有限公司				51729					
中铁二十二局集团有限公司							55751		
中铁二十三局集团有限公司	260000			186000					
中铁二十四局集团有限公司									
中铁二十五局集团有限公司	302000	302000	65091						
中铁建设集团有限公司	1924560	1054769	118985	1231695			115084	26250	15511
中国铁建电气化局集团有限公司									
中国铁建港航局集团有限公司									
中铁城建集团有限公司	1330757			166293			47208		
中国铁建国际集团有限公司	325300			234200					

(制表:荆彩萍)

中国铁建系统施工单位房屋建筑完成情况统计(三)

(2015 年度)

单位	(4)商务会展用房屋			(5)其他商业及服务用房屋(居民服务业用房)			3. 办公用房屋		
	施工面积(平方米)	竣工面积(平方米)	竣工价值(万元)	施工面积(平方米)	竣工面积(平方米)	竣工价值(万元)	施工面积(平方米)	竣工面积(平方米)	竣工价值(万元)
合　计	695867			4864351	231145	79492	8268773	556974	214230
中国土木工程集团有限公司							2700		
中铁十一局集团有限公司				251588			172229		
中铁十二局集团有限公司	27584			21254			466554		533
中国铁建大桥工程局集团有限公司				170269	170269	43300	31180		
中铁十四局集团有限公司	82867			22070			313256	146000	24910
中铁十五局集团有限公司							1680		
中铁十六局集团有限公司				220842			14875		
中铁十七局集团有限公司				27125			175406		
中铁十八局集团有限公司				241283			87820	46642	18982
中铁十九局集团有限公司				143716			567307		
中铁二十局集团有限公司				37031	37031	18800	117007	75917	61196
中铁二十一局集团有限公司				67155		2078	237289		38617
中铁二十二局集团有限公司				18980			263986		
中铁二十三局集团有限公司				34413	9833	4411	100000		
中铁二十四局集团有限公司				59657	3912	6141	3590		
中铁二十五局集团有限公司				273728			86944	86944	16492
中铁建设集团有限公司	585416			2337195			4700502	118210	29137
中国铁建电气化局集团有限公司									
中国铁建港航局集团有限公司									
中铁城建集团有限公司				931128	10100	4762	776448	83261	24363
中国铁建国际集团有限公司				6917			150000		

(制表:荆彩萍)

中国铁建系统施工单位房屋建筑完成情况统计(四)

(2015 年度)

单位	4. 科研、教育、医疗用房屋			(1)科学研究用房屋			(2)教育用房屋		
	施工面积(平方米)	竣工面积(平方米)	竣工价值(万元)	施工面积(平方米)	竣工面积(平方米)	竣工价值(万元)	施工面积(平方米)	竣工面积(平方米)	竣工价值(万元)
合　计	5412753	505246	145443	1387287	173030	59654	2889387	282178	66992
中国土木工程集团有限公司	73245			15230			58015		
中铁十一局集团有限公司									
中铁十二局集团有限公司	607966			20370			587596		
中国铁建大桥工程局集团有限公司	109547	63903	8000	45644			63903	63903	8000
中铁十四局集团有限公司	114010						15909		
中铁十五局集团有限公司	344764	37174	9249				344764	37174	9249
中铁十六局集团有限公司	126847						126847		
中铁十七局集团有限公司	404515			34005			256870		
中铁十八局集团有限公司	501297	22000	10610	71663			371295		
中铁十九局集团有限公司	297126								
中铁二十局集团有限公司	6464						2776		
中铁二十一局集团有限公司	7057		65	7057					
中铁二十二局集团有限公司	110001			19397			90604		
中铁二十三局集团有限公司									
中铁二十四局集团有限公司	320815	67981	20249				292777	39943	12950
中铁二十五局集团有限公司	68134		823				60532		
中铁建设集团有限公司	1861318	248142	78667	1016774	173030	59654	338292	75112	19013
中国铁建电气化局集团有限公司									
中国铁建港航局集团有限公司									
中铁城建集团有限公司	421247	66046	17780	157147			240807	66046	17780
中国铁建国际集团有限公司	38400						38400		

(制表:荆彩萍)

中国铁建系统施工单位房屋建筑完成情况统计(五)

(2015 年度)

单位	(3)医疗用房屋(卫生医疗用房)			5. 文化、体育、娱乐用房屋			6. 厂房及建筑物		
	施工面积(平方米)	竣工面积(平方米)	竣工价值(万元)	施工面积(平方米)	竣工面积(平方米)	竣工价值(万元)	施工面积(平方米)	竣工面积(平方米)	竣工价值(万元)
合　计	1136079	50038	18797	926789	141649	46810	5199623	315353	76340
中国土木工程集团有限公司									
中铁十一局集团有限公司				28096			211720		
中铁十二局集团有限公司				79800			117751	57000	16681
中国铁建大桥工程局集团有限公司							985947	35700	5580
中铁十四局集团有限公司	98101			10955	10955	10500	115814		
中铁十五局集团有限公司				1803			126238		404
中铁十六局集团有限公司				13770			73074		
中铁十七局集团有限公司	113640			52529					
中铁十八局集团有限公司	58339	22000	10610	65496	18496	9270	256947		
中铁十九局集团有限公司	297126						336760		
中铁二十局集团有限公司	3688								
中铁二十一局集团有限公司			65				64063	6241	3378
中铁二十二局集团有限公司							970392		
中铁二十三局集团有限公司							229441		
中铁二十四局集团有限公司	28038	28038	7299	128775	112198	27040	100000	34631	17160
中铁二十五局集团有限公司	7602		823	1722			198893	11431	1763
中铁建设集团有限公司	506252			409631			904780	2854	6213
中国铁建电气化局集团有限公司									
中国铁建港航局集团有限公司							107768		
中铁城建集团有限公司	23293			134212			400035	167496	25161
中国铁建国际集团有限公司									

(制表:荆彩萍)

中国铁建系统施工单位房屋建筑完成情况统计(六)

(2015 年度)

单位	7. 仓库			8. 其他未列明的房屋建筑物			9. 铁路工程		
	施工面积(平方米)	竣工面积(平方米)	竣工价值(万元)	施工面积(平方米)	竣工面积(平方米)	竣工价值(万元)	施工面积(平方米)	竣工面积(平方米)	竣工价值(万元)
合　计	331013			1283550	145110	44224	5209430	419542	310237
中国土木工程集团有限公司				3381			585		
中铁十一局集团有限公司				49868			169107		
中铁十二局集团有限公司				7571			1504948	158337	113857
中国铁建大桥工程局集团有限公司				220248	39346	1000	159814		
中铁十四局集团有限公司				3514			10963		
中铁十五局集团有限公司				32530		1500	103189		
中铁十六局集团有限公司				71151	67551	24097	38390		
中铁十七局集团有限公司	59858			7867			247600		62
中铁十八局集团有限公司	25614			44410	14605	12205	103581		
中铁十九局集团有限公司				322889			105157	35301	3487
中铁二十局集团有限公司							95002		
中铁二十一局集团有限公司				47776		150	113602	23742	8994
中铁二十二局集团有限公司	124355						8442	1087	167
中铁二十三局集团有限公司							48047		
中铁二十四局集团有限公司				23272	23272	3499	294872	30005	32362
中铁二十五局集团有限公司							450874	4085	1337
中铁建设集团有限公司				327325	336	1773	1138736		
中国铁建电气化局集团有限公司							128186	26745	22657
中国铁建港航局集团有限公司									
中铁城建集团有限公司	121186			121748			488335	140240	127314
中国铁建国际集团有限公司									

(制表:荆彩萍)

中国铁建系统施工单位房屋建筑完成情况统计（七）

（2015 年度）

单位	10. 铁路四电			11. 公路工程			12. 城市轨道		
	施工面积（平方米）	竣工面积（平方米）	竣工价值（万元）	施工面积（平方米）	竣工面积（平方米）	竣工价值（万元）	施工面积（平方米）	竣工面积（平方米）	竣工价值（万元）
合　计	190229	41778	13324	44789	6650	3091	1315843	90763	32010
中国土木工程集团有限公司							34058		
中铁十一局集团有限公司							615622	1543	508
中铁十二局集团有限公司	68197			1082			411417		
中国铁建大桥工程局集团有限公司				12878	6650	3091	58018		
中铁十四局集团有限公司							2000		
中铁十五局集团有限公司				1000					
中铁十六局集团有限公司	3336						15760		
中铁十七局集团有限公司				29829			4620		
中铁十八局集团有限公司							37201		
中铁十九局集团有限公司							4694		
中铁二十局集团有限公司									
中铁二十一局集团有限公司	44694	27770	7381						
中铁二十二局集团有限公司	2796								
中铁二十三局集团有限公司									
中铁二十四局集团有限公司									
中铁二十五局集团有限公司							11000		
中铁建设集团有限公司									
中国铁建电气化局集团有限公司	71206	14008	5943						
中国铁建港航局集团有限公司									
中铁城建集团有限公司							121453	89220	31502
中国铁建国际集团有限公司									

（制表：荆彩萍）

中国铁建系统施工单位房屋建筑完成情况统计(八)

(2015 年度)

单位	13. 市政工程			14. 电力工程			15. 水利工程		
	施工面积(平方米)	竣工面积(平方米)	竣工价值(万元)	施工面积(平方米)	竣工面积(平方米)	竣工价值(万元)	施工面积(平方米)	竣工面积(平方米)	竣工价值(万元)
合　计	1543434	4451	850	255428	82697	21832	26939		
中国土木工程集团有限公司									
中铁十一局集团有限公司									
中铁十二局集团有限公司	191520						1191		
中国铁建大桥工程局集团有限公司	90211	4451	850						
中铁十四局集团有限公司	16700								
中铁十五局集团有限公司	20683								
中铁十六局集团有限公司	223911								
中铁十七局集团有限公司							9924		
中铁十八局集团有限公司	51377			126036					
中铁十九局集团有限公司	221421			129392	82697	21832	15624		
中铁二十局集团有限公司									
中铁二十一局集团有限公司	9077								
中铁二十二局集团有限公司	209303						200		
中铁二十三局集团有限公司									
中铁二十四局集团有限公司	234								
中铁二十五局集团有限公司	463815								
中铁建设集团有限公司									
中国铁建电气化局集团有限公司									
中国铁建港航局集团有限公司									
中铁城建集团有限公司	45182								
中国铁建国际集团有限公司									

(制表:荆彩萍)

中国铁建系统施工单位房屋建筑完成情况统计(九)

(2015 年度)

单位	16. 机场工程			17. 矿山工程			18. 港口与航道工程			19. 其他工程		
	施工面积(平方米)	竣工面积(平方米)	竣工价值(万元)	施工面积(平方米)	竣工面积(平方米)	竣工价值(万元)	施工面积(平方米)	竣工面积(平方米)	竣工价值(万元)	施工面积(平方米)	竣工面积(平方米)	竣工价值(万元)
合　计	250650	30506	13394	16640						165163		
中国土木工程集团有限公司	178273											
中铁十一局集团有限公司										16489		
中铁十二局集团有限公司	18630											
中国铁建大桥工程局集团有限公司												
中铁十四局集团有限公司												
中铁十五局集团有限公司												
中铁十六局集团有限公司	3373											
中铁十七局集团有限公司										1179		
中铁十八局集团有限公司												
中铁十九局集团有限公司				16640						50860		
中铁二十局集团有限公司										3000		
中铁二十一局集团有限公司												
中铁二十二局集团有限公司										10023		
中铁二十三局集团有限公司												
中铁二十四局集团有限公司	9868									83612		
中铁二十五局集团有限公司												
中铁建设集团有限公司	40506	30506	13394									
中国铁建电气化局集团有限公司												
中国铁建港航局集团有限公司												
中铁城建集团有限公司												
中国铁建国际集团有限公司												

(制表:荆彩萍)

中国铁建系统施工单位从业人员及工资总额情况统计(一)

(2015 年度)

指标名称	计量单位	合　计	中土公司	十一局	十二局	大桥局	十四局	十五局	十六局	十七局	十八局	十九局
一、从业人员												
(一)从业人员期末人数	人	302398	8136	17555	18768	13288	21357	17118	26892	19539	31392	14832
其中:女性	人	55170	627	3061	2997	2330	4198	5023	4613	2826	5031	3278
其中:非全日制	人	382										
按人员类型分												
在岗职工	人	244953	6951	17555	13750	13257	13151	15675	19181	19539	14421	14832
劳务派遣人员	人	5241				14						
其他从业人员	人	52204	1185		5018	17	8206	1443	7711		16971	
按职业类型分												
单位负责人	人	14551	429	321	509	2590	2113	328	380	1275	429	378
专业技术人员	人	140851	1220	11601	6445	7033	8132	8529	13301	8631	9746	8150
办事人员和有关人员	人	41276	6274		2561		3926	166	8004	265	6354	489
商业、服务业人员	人	2330	213		144		335		28	613	280	
生产、运输设备操作人员及有关人员	人	103390		5633	9109	3665	6851	8095	5179	8755	14583	5815
(二)从业人员平均人数	人	301629	8650	17124	18592	13047	25150	17614	26364	19697	29562	14911
按人员类型分												
在岗职工	人	243960	7470	17124	13756	13014	14580	16060	18930	19697	13973	14911
劳务派遣人员	人	5725				14						
其他从业人员	人	51944	1180		4836	19	10570	1554	7434		15589	

续表

指标名称	计量单位	合计	中土公司	十一局	十二局	大桥局	十四局	十五局	十六局	十七局	十八局	十九局
按职业类型分												
单位负责人	人	14736	428	296	509	2505	2488	335	378	1272	438	365
专业技术人员	人	140401	1279	11230	6266	6948	9578	8509	13305	8635	9691	8102
办事人员和有关人员	人	41431	6444		2561		4623	189	8001	272	6037	501
商业、服务业人员	人	2384	212		148		394		25	620	283	
生产、运输设备操作人员及有关人员	人	102677	287	5598	9108	3594	8067	8581	4655	8898	13113	5943
二、从业人员工资总额	千元	21855062	1497592	1271126	1521935	840613	1274964	1017446	1893953	1289780	2063852	1161582
按人员类型分												
在岗职工	千元	19009291	1314288	1271126	1223428	838563	938992	950368	1589418	1289780	1295639	1161582
基本工资	千元	11628113	1073608	787952	773025	737936	579753	824649	711900	603860	800540	819771
绩效工资	千元	5050923	224201	246894	240091	100627	313282	68559	564243	447490	177462	182219
工资性津贴和补贴	千元	1560421	12561	138382	153245		36334	43935	179445	110040	162900	143056
其他工资	千元	769834	3918	97898	57067		9623	13225	133830	128390	154737	16536
劳务派遣人员	千元	306213				1040						
其他从业人员	千元	2539558	183304		298507	1010	335972	67078	304535		768213	
按职业类型分												
单位负责人	千元	1959196	251806	96391	59892	205371	219965	28956	33642	133610	133690	79103
专业技术人员	千元	10806011	264906	843251	634010	444760	529699	602513	1062080	580860	773642	663999
办事人员和有关人员	千元	3355649	934394		256598		184395	9127	610078	12170	435195	31099
商业、服务业人员	千元	124798	9232		9216		15669		1300	31040	17317	
生产、运输设备操作人员及有关人员	千元	5600512	37253	331484	562219	190482	325236	376850	186853	532100	704008	387381

（制表：荆彩萍）

中国铁建系统施工单位从业人员及工资总额情况统计(二)

(2015 年度)

指标名称	二十局	二十一局	二十二局	二十三局	二十四局	二十五局	中铁建设	电气化局	港航局	城建公司	国际公司
一、从业人员											
(一)从业人员期末人数	20492	14873	9946	10022	11821	9215	11327	10395	3395	5192	1214
其中:女性	4729	2574	2075	2363	1560	1533	1853	2209	513	835	105
其中:非全日制					297				85		
按人员类型分											
在岗职工	16565	11467	9766	9864	10437	7830	8254	10241	2246	4482	871
劳务派遣人员	35	815	45	78	660		3073		485	23	13
其他从业人员	3892	2591	135	80	724	1385		154	664	687	330
按职业类型分											
单位负责人	221	343	1369	1762	517	198	230	295	139	476	197
专业技术人员	9394	6099	5617	4475	4812	5301	8973	4100	1757	2900	467
办事人员和有关人员	2035	160	707	175	1502	2484	2124	1080	750	692	491
商业、服务业人员	203		97	55	39			206	70	22	25
生产、运输设备操作人员及有关人员	8639	8271	2156	3555	4951	1232		4714	679	1102	34
(二)从业人员平均人数	18492	14757	9681	10179	11668	9222	11692	10249	3070	5138	1144
按人员类型分											
在岗职工	14787	11745	9494	10011	10382	7782	8161	10109	2110	4457	825
劳务派遣人员	35	815	45	77	663		3531		512	22	11
其他从业人员	3670	2197	142	91	623	1440		140	448	659	308

续表

指标名称	二十局	二十一局	二十二局	二十三局	二十四局	二十五局	中铁建设	电气化局	港航局	城建公司	国际公司
按职业类型分											
单位负责人	203	322	1330	1814	516	198	231	295	134	433	195
专业技术人员	8435	5952	5488	4501	4810	5332	9448	4100	1470	2722	465
办事人员和有关人员	1818	158	685	179	1508	2475	2013	996	735	738	429
商业、服务业人员	193		98	58	39			203	65	21	25
生产、运输设备操作人员及有关人员	7843	8325	2080	3627	4795	1217		4655	666	1224	30
二、从业人员工资总额	1089981	945903	689837	438836	804408	691918	954217	912255	295680	346171	213013
按人员类型分											
在岗职工	924345	849937	677203	432033	734111	604264	725390	906063	239370	309848	175642
基本工资	669114	421885	361718	335416	367006	349363	518166	348171	124074	197092	100116
绩效工资	197952	401198	185091	52819	244768	203799	119176	434754	111556	77993	47423
工资性津贴和补贴	47157	7161	127114	33089	87517	50516	88048	72774	3600	34390	28103
其他工资	10122	19693	3280	10709	34820	586		50364	140	373	
劳务派遣人员	295	2243	2320	2887	34576		228827		32544	954	527
其他从业人员	165341	93723	10314	3916	35721	87654		6192	23766	35369	36844
按职业类型分											
单位负责人	53622	35824	139578	105120	76010	38851	36881	71552	32494	59826	49171
专业技术人员	491891	498337	394653	202545	366496	421832	744994	367055	171699	176037	87321
办事人员和有关人员	93113		41748	8950	83667	161248	172342	64885	45576	45313	71621
商业、服务业人员	9242	7155	3826	3260	896			11145	2001	1059	2440
生产、运输设备操作人员及有关人员	442113	404587	110032	118961	277339	69987		397618	43910	63936	2460

（制表：荆彩萍）

中国铁建勘察设计咨询单位主要经济技术指标完成情况统计

（2015 年度）

单位 \ 数量类别	企业总产值（万元）								从业人员年末人数（人）			
	合计	其中：境外	勘察设计产值			技术咨询与技术转让产值	勘察设计延伸经营产值	工程承包产值	其他产值	合计	其中		
			合计	其中 建设项目产值	其中 三大部类产值						在岗职工	聘用人员	临时人员
合计	1431068	11022	784696	784696		20298	128314	446671	51089	19658	11736	7922	
中铁一院集团有限公司	572058	4322	279028	279028		5688	25874	241468	20000	5314	3989	1325	
中铁四院集团有限公司	550356	5014	309201	309201		11087	25050	180018	25000	5514	4506	1008	
中铁五院集团有限公司	200873	1368	108791	108791		2647	70977	12991	5467	7364	1829	5535	
中铁上海院集团有限公司	107781	318	87676	87676		876	6413	12194	622	1466	1412	54	

续表

单位 \ 数量类别	专业技术人员年末人数（人）					生产人员年末人数（人）					注册执业年末人次数（人）						
	合计	其中 高级职务人员	其中 中级职务人员	其中 初级职务人员	其中 其他人员	合计	其中 勘察生产人员	其中 设计生产人员	其中 工程监理人员	其中 其他人员	合计	其中 一级注册建筑师	其中 二级注册建筑师	其中 一级注册结构工程师	其中 二级注册结构工程师	其中 其他注册工程师	其中 其他注册人员
合计	15221	4833	4721	2388	3279	16732	1919	8035	5860	918	2779	57	31	151	19	2482	29
中铁一院集团有限公司	3120	1511	1103	506		3159	731	2002	120	306	1039	14	16	37	6	945	21
中铁四院集团有限公司	4124	2062	1347	715		5197	641	3588	796	172	1024	31		75		914	4
中铁五院集团有限公司	6632	850	1821	800	3161	7197	486	1386	4885	440	420	12	1	11	3	393	
中铁上海院集团有限公司	1345	410	450	367	118	1179	61	1059	59		296	10	14	28	10	230	4

续表

数量 类别 单位	从业人员平均人数		完成主要实物量情况										
	合计	其中：勘察设计平均人数	工程地质（实钻米）	水文地质（实钻米）	工程物探（标准点）	预可行性研究铁路正线（千米）	初测铁路正线（千米）	可行性研究铁路正线（千米）	定测铁路正线（千米）	初步设计铁路正线（千米）	补充定测铁路正线（千米）	施工图铁路正线（千米）	线路（折算千米）
合　计	19182	10688	4064916	1307	1349038	27297	5187	6889	4532	4914	3364	6153	5659
中铁一院集团有限公司	5170	3878	1049950	776	765738	10213	1966	2308	1225	1416	222	2068	1960
中铁四院集团有限公司	5512	4056	2092790		563274	11084	2395	3163	2003	1843	2855	2615	2460
中铁五院集团有限公司	7094	1568	805000	31	5500	6000	821	1400	734	1090	220	1100	906
中铁上海院集团有限公司	1406	1186	117176	500	14526		5	18	570	565	67	370	333

（制表：荆彩萍）

中国铁建系统人员情况统计

（2015 年度）

单位	从业人员年末人数	在岗职工	长期职工	临时职工	息工放假人员	其他从业人员	聘用的离退休人员	零散外部劳务及其他	在岗职工和非在岗职工合计年末人数	非在岗职工年末人数	内部退养	长期病休假及其他	其他非在岗人员	建制单位外部劳务人员年末人数	离休退休退职人员年末人数	离休	退休	退职
合计	305982	253798	244811	8987	5542	52184	1076	51198	290920	37131	26373	1812	9176	664917	87977	722	85952	1304
中国土木工程集团有限公司	4650	3765	3681	84		885	55	830	3770	5	3	1		261	511	24	487	
中铁十一局集团有限公司	12779	12727	12727			52		52	14013	1286	1231		55	82511	3410	5	3405	1
中铁十二局集团有限公司	16253	12248	12248		78	4005		4005	15364	3116	2896	231	220	87346	3682	1	3681	
中国铁建大桥工程局集团有限公司	14032	11471	10301	1170	128	2561		2561	14998	3527	3122	25	380	36755	4457	14	4371	72
中铁十四局集团有限公司	17240	12192	11745	447	311	5048		5093	14930	2738	1456	28	1254	19342	5449	11	5127	311
中铁十五局集团有限公司	18542	16452	16452		1002	2090		2090	21289	4837	2275	298	2264	17694	4312	5	4296	11
中铁十六局集团有限公司	24556	17639	17639		313	6917	189	6728	19555	1916	1132	61	723	29304	4046	7	3975	64
中铁十七局集团有限公司	19062	19062	16405	2657					21787	2725	2725			53871	1868		1844	24
中铁十八局集团有限公司	26058	14239	14239		117	11819		11819	17074	2835	2311	3	521	47993	3727	2	3669	56
中铁十九局集团有限公司	15861	15861	14718	1143	699				19256	3395	2039	145	1211	61713	2961	8	2911	42
中铁二十局集团有限公司	19683	15769	15769		21	3914		3914	18012	2243	1368	514	361	51002	2581	4	2461	116
中铁二十一局集团有限公司	14171	11089	11089		677	3082		3082	12702	1613	1535	49	29	24713	6043	49	5994	
中铁二十二局集团有限公司	9660	9505	9469	36		155		155	10687	1182	87	76	1019	15414	2657	48	2598	11
中铁二十三局集团有限公司	10437	10164	10164		489	273	18	255	12093	1929	977	271	681	21959	5225	57	4719	449
中铁二十四局集团有限公司	11176	10252	10252		1184	924	199	725	10737	485	337	60	88	28293	13709	108	13562	39
中铁二十五局集团有限公司	9204	7682	7671	11	126	1522	39	1483	8405	723	677	10	36	2411	7059	51	6933	75
中铁建设集团有限公司	8090	8090	8090						8090					61393	851	2	849	
中国铁建电气化局集团有限公司	10431	10068	9840	228	164	363		363	10810	742	742			7916	1218	2	1216	
中国铁建港航局集团有限公司	3033	1996	1996			1037	20	1017	2024	28	28				1092	8	1084	
中国铁建房地产集团有限公司	3465	3308	3308			157	11	146	3308						1		1	
中铁第一勘察设计院集团有限公司	4198	2279	2279			1919	72	1847	2946	667	663	4			3668	87	3577	4
中铁第四勘察设计院集团有限公司	5398	4381	4381			1017	329	688	4503	122	122				3558	81	3469	8
中铁第五勘察设计院集团有限公司	4045	3880	1673	2207		165		165	3944	64	44		20	107	414	25	389	
中铁上海设计院集团有限公司	1218	1164	1164			54	40	14	1175	11	11				473	9	464	
中铁物资集团有限公司	2620	2162	2162			458	42	416	2380	218	184		34	10	652	4	643	5
中国铁建高新装备股份有限公司	2521	1799	1799		2	722		722	1839	40	40				584	3	575	6
中国铁建重工集团有限公司	2440	2408	2408			32	9	23	2422	14	14			711	587	3	584	
中国铁建国际集团有限公司	903	671	343	328		232		232	671									
中铁城建集团有限公司	4820	4156	4156		231	664		664	4723	576	261	35	280	14127	2329	88	2231	10
北京铁城监理建设有限责任公司	3307	2659	2626	33		648	51	597	2659									
中国铁建投资集团有限公司	540	511	427	84		29		29	511									
中国铁建财务有限公司	40	38	38			2	2		38									
中铁建中非建设有限公司	4249	2851	2851			1398		1398	2851					71	3		3	
诚合保险经纪有限责任公司	97	91	91			6		6	91									
中铁建商务管理有限公司	871	837	280	557		34		34	875	38	38				271		271	
中国铁建股份有限公司北京培训中心	36	36	34	2					39	3	2	1			28		28	
中国铁建股份有限公司机关	296	296	296						349	53	53				551	16	535	

（制表：张　寒）

中国铁建系统在岗职工和非在岗职工人数专项指标统计

（2015 年度）

数量类别 单位	在岗职工和非在岗职工年末人数中专业技术人员			专业技术人员中		专业技术人员技术职务				从事专业技术管理工作之外的其它管理人员	年末人数按文化程度分组							
		从事专业技术工作	从事专业技术管理工作	工程技术人员	女性	初级职务	中级职务	高级职务	无技术职务		合计	初中以下	高中	技校	中专	大专	大学本科	研究生
合计	158056	118301	39755	110095	25035	77580	43772	19960	16745	7747	300513	46396	37328	16721	20177	64023	110214	5654
中国土木工程集团有限公司	1065	488	577	934	151	301	382	341	41	52	3437	195	362	45	64	1011	1603	157
中铁十一局集团有限公司	11062	9489	1573	7835	1501	4831	2495	983	2753		17466	3046	2115	937	1121	2167	7964	116
中铁十二局集团有限公司	9356	6211	3145	5711	1378	4431	2816	1185	924		16210	3001	2439	605	977	1766	7251	171
中国铁建大桥工程局集团有限公司	7015	4403	2612	4977	931	3194	2079	1102	640	321	15485	2166	2743	1359	902	2531	5681	103
中铁十四局集团有限公司	9474	6811	2663	6994	1279	4583	2674	1206	1011	899	16730	2637	1952	533	1084	3492	6896	136
中铁十五局集团有限公司	9540	7431	2109	6630	1977	5421	2387	969	763	214	22783	4206	2864	2312	1473	5885	5931	112
中铁十六局集团有限公司	13061	10973	2088	8364	2059	6046	2712	1299	3004	931	21328	4065	3406	1288	1297	4073	6982	217
中铁十七局集团有限公司	10116	7139	2977	5431	1402	5531	2641	974	970	220	21958	2673	3037	1002	2317	4975	7823	131
中铁十八局集团有限公司	9965	6412	3553	6912	1647	5912	2237	1107	709	732	17619	2975	2302	921	792	4483	5994	152
中铁十九局集团有限公司	8176	5735	2441	5488	1235	4402	1947	863	964	552	18474	3127	2213	1039	1263	5097	5683	52
中铁二十局集团有限公司	9009	6134	2875	6403	1602	4550	2623	796	1040	547	19706	3102	2242	2387	1206	4636	6007	126
中铁二十一局集团有限公司	5850	5631	219	4413	1276	3459	1557	697	137		12997	2417	2135	558	792	3122	3896	77
中铁二十二局集团有限公司	6130	5192	938	4412	1017	3471	1589	597	473	541	10582	1522	1298	387	511	2871	3869	124
中铁二十三局集团有限公司	6636	4714	1922	4271	1391	3688	1781	648	519	379	12979	2136	1385	1046	998	3586	3757	71
中铁二十四局集团有限公司	4920	3421	1499	3796	451	2647	1699	525	49	177	10936	3198	1599	149	706	2022	3209	53
中铁二十五局集团有限公司	5267	3371	1896	3755	679	3106	1496	459	206	102	8880	1534	1023	138	497	1883	3766	39
中铁建设集团有限公司	4796	4221	575	3344	492	3371	996	38	391		8457	722	545	219	183	1901	4723	164
中国铁建电气化局集团有限公司	4253	2445	1808	3116	602	2273	1003	451	526	183	10443	1096	1132	376	2093	2332	3296	118
中国铁建港航局集团有限公司	1166	992	174	898	246	468	397	202	99	311	2100	57	66	70	69	355	1372	111
中国铁建房地产集团有限公司	1375	823	552	716	239	205	419	126	625	553	2956	262	214	88	172	811	1232	177
中铁第一勘察设计院集团有限公司	2515	2331	184	2297	473	148	1160	1191	16	2	3167	229	308	1	99	262	1797	471
中铁第四勘察设计院集团有限公司	4200	3521	679	3527	797	682	1731	1784	3	72	4984	122	131	84	140	471	2631	1405
中铁第五勘察设计院集团有限公司	3358	3127	231	3097	433	1123	1597	629	9	173	3775	1	83	672	655	482	1490	392
中铁上海设计院集团有限公司	1078	896	182	973	281	239	389	351	99		1247	41	39	3	28	131	812	193
中铁物资集团有限公司	1022	531	491	312	197	593	244	139	46	373	2636	156	279	16	62	530	1392	201
中国铁建高新装备股份有限公司	644	492	152	474	132	223	281	126	14	57	1624	307	87	243	133	297	473	84
中国铁建重工集团有限公司	865	454	411	388	195	497	222	89	57	22	2197	261	305	126	124	512	782	87
中国铁建国际集团有限公司	298	243	55	187	49	25	44	68	161	122	513	26	24	2	7	61	247	146
中铁城建集团有限公司	3009	2318	691	2401	543	1737	896	263	113	76	5074	812	709	78	226	1106	2101	42
北京铁城监理建设有限责任公司	1830	1729	101	1831	266	270	936	311	313		1921	51	109	12	87	874	751	37
中国铁建投资集团有限公司	398	306	92			72	152	172	2	5	539	12			59	66	323	79
中国铁建财务有限公司	43	29	14		22	8	13	10	12		43					3	29	11
中铁建中非建设有限公司	115	72	43	51	4	22	36	19	38	89	185		2		2	48	97	36
诚合保险经纪有限责任公司	39		39	17	3	10	17	12		31	72		1			8	57	6
中铁建商务管理有限公司	88	61	27	17	48	38	33	20			673	202	176	25	29	145	87	9
中国铁建股份有限公司北京培训中心	25	9	16	3	6	1	12	10	2	11	40	1			1	9	26	3
中国铁建股份有限公司机关	297	146	151	120	31	2	79	198	16		297	38	3		8	19	184	45

（制表：张　寒）

中国铁建系统劳动报酬、生活费情况统计

（2015 年度）

单位 \ 数量 \ 类别	从业人员劳动报酬总额（千元）	在岗职工工资总额（千元）	其他从业人员劳动报酬总额（千元）	在岗职工工资和非在岗职工生活费总额（千元）	非在岗职工生活费总额（千元）	建制单位外部劳务人员劳动报酬总额（千元）	从业人员人均劳动报酬（元）	在岗职工人均工资（元）	息工放假人员人均生活费（元）	其他从业人员人均劳动报酬（元）	在岗职工和非在岗职工人均工资（生活费）（元）	非在岗职工人均生活费（元）	内部退养人员平均生活费（元）
合　计	20801211	18734589	2066622	19607654	873065	29758925	74149	86946	5654	46194	108414	19811	21213
中国土木工程集团有限公司	530760	483109	47651	483482	373	411336	75636	99454		90890	145286	25463	30956
中铁十一局集团有限公司	936671	935301	1370	978456	43155	2832965	52894	52527	11461	24226	47678	12032	11864
中铁十二局集团有限公司	1220304	1047754	172550	1157686	109932	4486615	53695	67956	5152	53587	66365	29400	29045
中国铁建大桥工程局集团有限公司	779897	779233	664	856646	77413	1288816	50967	52549	9654	93614	49859	19332	20817
中铁十四局集团有限公司	1284435	932387	352048	990551	58164	768487	41576	49358	12158	36850	48934	15077	14775
中铁十五局集团有限公司	1100891	1035599	65292	1108054	72455	837433	48117	48682	9491	41979	46008	13190	21801
中铁十六局集团有限公司	1748996	1426568	322428	1475287	48719	1658440	53553	63592	28140	40994	66634	18784	22437
中铁十七局集团有限公司	1213171	1213171		1258712	45541	2156651	50594	48891			50217	12839	14300
中铁十八局集团有限公司	1027809	923329	104480	978859	55530	1783105	52330	55388	11553	36852	51730	16956	17584
中铁十九局集团有限公司	1077508	1077508		1161212	83704	2730073	61987	63397	6130		57815	20503	25881
中铁二十局集团有限公司	1114666	917285	197381	958524	41239	1590752	51967	51966	8109	54148	50184	15790	22084
中铁二十一局集团有限公司	839097	777911	61186	829741	51830	992205	58425	59148	11238	43857	59266	23765	24424
中铁二十二局集团有限公司	627619	615298	12321	627206	11908	375913	60633	62865		63118	61851	11063	17926
中铁二十三局集团有限公司	380808	367797	13011	405634	37837	851244	32060	30302	4152	52045	30975	14149	19363
中铁二十四局集团有限公司	697339	656125	41214	668417	12292	1158298	55184	51897	11985	51822	55162	16181	17961
中铁二十五局集团有限公司	691234	602076	89158	627090	25014	72635	63058	66653	13150	54135	66073	22438	23222
中铁建设集团有限公司	663854	663854		676402	12548	5048024	72012	84823			85507	20622	
中国铁建电气化局集团有限公司	717016	679889	37127	698204	18315	229959	58750	62385	11788	48949	65342	18818	20966
中国铁建港航局集团有限公司	84862	79551	5311	80226	675		85896	87372		34817	96221	23243	22562
中国铁建房地产集团有限公司	367885	365893	1992	365893			83591	89220		21884	136472		
中铁第一勘察设计院集团有限公司	580019	325511	254508	353481	27970		85291	102879		103885	107902	31708	32015
中铁第四勘察设计院集团有限公司	921667	763246	158421	775895	12649		81124	104554		41182	157477	56938	60257
中铁第五勘察设计院集团有限公司	401645	397970	3675	401596	3626	3630	74490	101922		43523	106098	39920	47356
中铁上海设计院集团有限公司	191135	186168	4967	186597	429		76954	108272		80920	141293	30452	31890
中铁物资集团有限公司	322576	303651	18925	309995	6344	519	82574	102400	47561	48370	114912	22522	24225
中国铁建高新装备股份有限公司	266346	213888	52458	215463	1575		82359	91421		59910	126555	25817	1084
中国铁建重工集团有限公司	151385	149581	1804	150073	492	31201	59344	62218		51468	65824	9898	18622
中国铁建国际集团有限公司	80590	80590		80590			79737	111993			176551		
中铁城建集团有限公司	283364	277956	5408	284038	6082	443390	51826	57699	7471	44782	49056	8578	12161
北京铁城监理建设有限责任公司	155355	129092	26263	129092			56170	75852		59389	82668		
中国铁建投资集团有限公司	82372	82372		82372			75854	105974			162756		
中国铁建财务有限公司	7688	7330	358	7330			111618	139287		184081	220910		
中铁建中非建设有限公司	50495	38397	12098	38397		7234	50295	126612		17231	258385		
诚合保险经纪有限责任公司	19928	19826	102	19826			156835	183864		50720	274936		
中铁建商务管理有限公司	61974	59523	2451	63631	4108		76853	83597		79949	91390	65388	66558
中国铁建股份有限公司北京培训中心	11324	11324		11474	150		148888	154623			246826	46256	64204
中国铁建股份有限公司机关	108526	108526		111522	2996		230393	255414			290187	45893	48528

（制表：张　寒）

中国铁建系统劳动工资主要指标情况统计

（2015 年度）

指标名称	计算单位	2014 年	2015 年	比 2014 年 ±	比 2014 年 ±%
从业人员（在岗职工＋其他从业人员）年末人数	人	303311	321963	18652	6. 15
其中：在岗职工	人	253788	261740	7952	3. 13
长期职工	人	244801	245371	570	0. 23
临时职工	人	8987	12213	3226	35. 90
其他从业人员	人	52184	68571	16387	31. 40
聘用的离退休人员	人	1076	535	-541	-50. 28
在岗职工和非在岗职工合计年末人数	人	290910	293664	2754	0. 95
其中：非在岗职工	人	37131	32151	-4980	-13. 41
内退	人	26373	17968	-8405	-31. 87
长期病、休假及其他	人	1813	1790	-23	-1. 27
女性	人	66333	70890	4557	6. 87
建制单位外部劳务人员年末人数	人	664917	683998	19081	2. 87
离休退休退职人员年末人数	人	87977	90501	2524	2. 87
从业人员劳动报酬总额	千元	19857104	21778036	1920932	9. 67
其中：在岗职工工资	千元	17888806	19692112	1803306	10. 08
其他从业人员劳动报酬	千元	1968298	2088337	120039	6. 10
在岗职工工资和非在岗职工生活费总额	千元	18732495	20573136	1840641	9. 83
其中：非在岗职工生活费	千元	843690	883080	39390	4. 67
建制单位外部劳务人员劳动报酬总额	千元	28689518	30135408	1445890	5. 04
从业人员人均劳动报酬	元	67871	74963	7092	10. 45
其中：在岗职工人均工资	元	71935	79689	7754	10. 78
其他从业人员人均劳动报酬	元	45247	48990	3743	8. 27
非在岗职工人均生活费	元	18723	19279	556	2. 97
其中：内部退养职工	元	21340	22068	728	3. 41

（制表：张　寒）

中国铁建系统工人情况统计

（2015 年度）

项目		人数	项目		人数
2014 年末工人总数		112940	内部退养		17890
2015 年末工人总数		117583	外出劳务		428
合同期限	有固定期限	45050	行政奖励总人数		489
	无固定期限	70480	其中	局级劳模和先进	143
2015 年度新增工人		1719		省部级以上劳模	12
其中	新招收（招聘）工人	336		五一奖章获得者	1
	接收复员退伍军人	333		省部级以上三八红旗手	
	接收中专技校以上毕业生	452		火车头奖章	9
	总公司系统外调入	139	行政处分总人数		25
	其他	535	其中	记大过	14
2015 年度减少工人		8572		撤职	3
其中	调出总公司系统	56		留用察看	3
	办理退休	4560		开除	
	因工死亡	5	除名		110
	非因工死亡	182	劳动教养		
	终止劳动合同	177	刑事处分		
	用人单位解除劳动合同	371	外部劳务	城乡建筑企业人数	409202
	劳动者解除劳动合同	978		零散使用人数	66879
	其他	2280			

（制表：张 寒）

中国铁建系统工人构成情况统计

（2015 年度）

项目		人数	其中技术工人	项目		人数	其中技术工人
2014 年末工人总数		112940	89585	年龄	41～50 岁		19094
2015 年末工人总数		117583	85146		51～55 岁	25511	20222
其中	女工人	23813	14154		56～60 岁	12782	7822
	中共党员	22405	16286	参加工作时间	1983 年以前	43161	31391
	共青团员	15859	12155		1984—2000 年	41636	31970
	少数民族	2264	1706		2001 年以后	29734	21771
文化程度	初中及以下	38303	27961	获得国家职业资格证书人数	初级工	—	5863
	高中	29590	21444		中级工	—	17156
	中专技校职高	26788	21065		高级工	—	31410
	大专高技	16418	11960		技师	—	9160
	本科及以上	3433	2700		高级技师	—	2426
年龄	30 岁以下	24375	18050		合计	—	66088
	31～40 岁	24501	19945				

（制表：张 寒）

中国铁建系统铁道行业工种情况统计

（2015 年度）

工种名称	人数	工种名称	人数
铁路线路工	6395	电控组调工	–
铁路桥梁工	1875	通信工	1529
铁路桥梁装吊工	860	电源工	66
桥隧工	1074	信号工	1995
铁路隧道工	1542	舟桥起重工	17
电力线路工	1165	舟桥组装工	–
接触网工	1659	轮渡组装工	–
道岔钳工	4	栈桥组装工	–
铺轨机司机	144	机动舟驾驶员	22
轨道车司机	610	蒸汽机车钳工	12
大型线路机械司机	917	蒸汽机车锅炉工	–
钢轨焊接工	84	蒸汽机车司机	33
钢轨探伤工	18	蒸汽机车副司机	13
浸注处理工	3	蒸汽机车司炉	1
木材防腐整备工	–	内燃机车司机	1408
装载机司机	1713	信号员（长）	12
装卸工	92	扳道员（长）	47
通信组调工	–	调车长	163
通信钳工	–	运转车长	58
信号组调工	2	其他	779
信号钳工	3	合计	24344

（制表：张　寒）

中国铁建系统社会通用及其他工种情况统计

（2015 年度）

工种名称	人数	工种名称	人数
车工	390	筑路工	506
铣工	103	砌筑工	974
磨工	24	混凝土工	4506
镗工	57	测量工	6589
组合机床操作工	15	钢筋工	2172
铸造工	49	架子工	885
锻造工	147	防水工	90
焊工	4194	装饰装修工	24
金属热处理工	118	电工	2704
冷作钣金工	128	电气设备安装工	66
涂装工	143	管工	631
装配钳工	558	汽车驾驶员	10384
工具钳工	169	起重装卸机械操作工	1562
机修钳工	1532	天车司机	370
汽车修理工	1535	计算机操作员	1100
锅炉设备安装工	16	计算机维修工	12
锅炉操作工	267	话务员	52
维修电工	945	中式烹调师	909
手工木工	749	中式面点师	87
精细木工	5	钻探工	1321
土石方机械操作工	3432	合计	49523

（制表：张　寒）

中国铁建系统干部基本情况统计

（2015 年度）

数量 类别 单位	总数(人)			各类干部(人)												学历(人)						政治情况(人)				年龄(人)									
	干部总数	其中		局级	副局级	相当局级职务	处级	调研员	副处级	相当处级职务	科级	副科级	相当科级职务	科员、办事员	专职从事专业技术工作	高等院校			中专毕业	高中	初中以下	共产党员	共青团员	民主党派	无党派	25岁以下	26岁至30岁	31岁至35岁	36岁至40岁	41岁至45岁	46岁至50岁	51岁至54岁	55岁至59岁		60岁以上
		女	少数民族													研究生毕业	大学本科毕业	专科毕业															小计	女	
中国铁建股份公司机关	292	67	6	55	36	15	55		8					123		53	231	6	1	1		268		1		3	2	34	35	61	56	55	45		1
中国土木工程集团有限公司	1293	202	61	3	9	4	86		87	11	188	75	36	232	562	289	905	66	11	20	2	779	243	7	270	143	345	290	145	138	77	76	79	1	
中铁十一局集团有限公司	11772	1839	404	2	11		70		208	42	930	1339		1007	8163	180	9075	1693	213	406	205	4590	4151		3031	3240	3569	1902	1031	784	332	400	514		
中铁十二局集团有限公司	9804	1884	254	2	12		147	2	250	85	789	958	128	1383	6048	155	7915	1096	374	225	39	3680	2484	1	3639	2304	3026	1545	897	849	448	360	375		
中国铁建大桥工程局集团有限公司	7853	1130	430	2	13		78		174	11	488	508	346	1518	4715	79	5422	1883	309	144	16	2905	2237	10	2701	1907	2071	1168	1015	800	423	356	111	4	2
中铁十四局集团有限公司	9591	2252	119	3	13		116		173		637	721	166	948	6814	173	6191	2595	471	125	36	4092	2663		1448	978	2829	1928	1630	1210	428	303	284		1
中铁十五局集团有限公司	9140	2645	181	2	9	5	120	54	188	4	871	690	10	983	6204	109	4564	3628	412	189	238	3679	1119	3	4339	727	3113	2082	1096	855	386	450	431		
中铁十六局集团有限公司	12194	3218	540	2	12	4	144	54	297	70	858	587	120	658	9388	289	7304	3948	370	207	76	4685	4121	1	904	2358	3753	2528	1327	725	362	528	613		
中铁十七局集团有限公司	9509	1898	132	2	10		161	93	264	71	654	643	189	602	6820	124	7130	1473	314	408	60	3429	4108			1720	3425	1855	705	650	355	314	485	45	
中铁十八局集团有限公司	10471	2251	339	2	15		153		360	38	1105	1302	23	1476	5997	194	6008	3073	469	421	306	3926	1371		3672	1209	3260	2129	1497	1213	397	422	343	2	1
中铁十九局集团有限公司	8637	2123	850	3	16		96		228	8	908	801	340	959	5278	60	5006	3168	292	85	26	2790	1748	4	1467	1172	3167	1613	832	1043	312	249	247		2
中铁二十局集团有限公司	9462	2390	171	2	13		105	56	197	27	813	530	281	2065	5373	163	5517	2790	514	328	150	3868	1581	1	3149	688	3181	2079	1147	817	417	525	571	1	37
中铁二十一局集团有限公司	6105	1253	176	2	14		110	19	198	11	492	602	4	722	3931	81	3796	1879	232	93	24	2618	1612		1875	702	1887	1317	566	674	373	330	256		
中铁二十二局集团有限公司	7240	1670	323	2	13	2	83	42	181		350	602	249	747	4969	156	3981	2455	300	216	132	2680	2349	1	995	1321	2464	1277	555	608	351	346	317	1	1
中铁二十三局集团有限公司	6465	1577	133	3	10	1	81	1	167	3	460	563	13	809	4354	78	3432	2364	432	102	57	2452	1510		2503	1040	2060	1225	738	766	328	250	58		
中铁二十四局集团有限公司	5653	842	75	2	15		85	3	131	41	487	433	82	588	3786	85	3843	1332	264	96	33	2683	1495	2	1473	1446	1453	780	362	527	362	475	243	1	5
中铁二十五局集团有限公司	5409	1084	427	1	8		69	13	135		351	250		827	3755	44	3751	1349	204	51	10	2222	1684		1503	1149	1954	734	487	500	250	222	113		
中铁建设集团有限公司	5328	763	220	2	10	2	79		137		17	6	384	1559	3132	247	3709	1000	67	186	119	2368	1256		1704	665	2244	976	438	305	145	170	301	2	84
中国铁建电气化局集团有限公司	4035	937	71	3	11		57	21	108	27	436	366	26	466	2514	127	2788	799	191	98	32	1641	1369		1025	647	1177	799	444	444	236	163	125		
中国铁建港航局集团有限公司	1971	292	78	2	7	2	38	2	80		177	246		852	565	120	1479	303	30	27	12	820	687	3		537	538	279	218	231	121	21	26		
中国铁建房地产集团有限公司	546	176	21	2	7		45		100		141	64	11	164	12	148	358	30	3	6	1	343	39	1		46	121	117	110	84	34	21	13	3	
中铁第一勘察设计院集团有限公司	3295	641	98	2	9	1	83	18	123		72	28		110	2849	596	2178	411	84	21	5	1667	339	25		96	387	664	418	544	453	497	236		
中铁第四勘察设计院集团有限公司	4095	773	116	2	9		98		167		689				3130	1515	2170	332	68	9	1	2279	433	15		140	871	893	483	532	570	443	163		
中铁第五勘察设计院集团有限公司	1846	506	69	2	15		79	5	99	1	131			259	1255	504	1243	99				1079	169	3	595	121	473	514	155	227	176	133	47		
中铁上海设计院集团有限公司	1345	353	17	2	6	1	31	6	49		53	14		58	1125	376	840	108	10	11		648	186	2	509	125	415	301	146	135	102	78	43	11	
中铁物资集团有限公司	1830	455	82	2	11	3	60	17	124	20	173	140	11	1269		194	1173	337	53	63	10	875	607			215	638	300	211	167	108	102	88		1
中国铁建高新装备股份有限公司	520	116	45	2	10		59		20	5			6		418	117	343	54	6			294	98	2	126	59	126	106	54	76	53	32	14		
中国铁建重工集团有限公司	1191	248	32	3	7		48	1	48	1	58	121	1	159	744	187	755	178	33	28	10	508	252	4	24	118	520	224	100	94	63	63	9	1	
中国铁建国际集团有限公司	491	93	26	3	10	1	44		50	11	41	18	40	132	141	223	249	19				288	82	3		42	153	122	52	69	31	18	4		
中铁城建集团有限公司	3611	689	149	2	6		28	2	59	17	245	337		236	2679	58	2693	679	107	55	19	1253	1588		770	1274	1034	453	232	265	137	119	97		
中国铁建投资集团有限公司	137	6	3	2	8		46		81							56	71	10				130					1	12	29	43	31	17	3		1
中国铁建财务有限公司	50	22	2	1	2		7		3							16	34									3	21	9	8	3	3	3			
诚合保险经纪有限公司	108	40	3	4	5		11		5					83		16	71	19		2		59	15		34	12	26	22	15	18	6	6	1		2
中铁建商务管理有限公司	115	56	2	2	5		13		16		17	12			50	9	43	42	7	14		76			39		16	10	11	20	17	18	23		
中国铁建股份有限公司北京培训中心	36	10	6	2	1		4		6		4		5	14		4	26	6				29	3			2	3	2		6	6	4	13		
重庆铁发遂渝高速公路有限公司	54	25		1	3		11		11	1				27		5	37	10		2		30				2	7	10	12	13	3	3	3		1
合计	161494	34526	5661	131	371	41	2600	409	4532	505	12635	11956	2471	21035	104771	6830	104331	39234	5841	3639	1619	65733	41599	89	37795	26211	50330	30299	17201	15496	7952	7572	6294	72	139

（制表：王　谐）

中国铁建系统技术干部情况统计

（2015 年度）

项目 / 数量 / 单位	总数(人)					工程技术人员(人)					卫生技术人员(人)				教师(人)				经济人员(人)				统计人员(人)				政工人员(人)				会计人员(人)				文案人员	翻译人员	新闻人员	文艺人员	农艺研究体育律师
	技术干部总数	其中：副处以上领导	其中：高级	其中：中级	其中：初级	小计	教授级高级工程师	高级工程师	工程师	助工、技术员及未聘职务	小计	正副主任医师	主治医师	医、护师及未聘职务	小计	教授、高级讲师	讲师	助教、助讲、教员及未聘职务	小计	高级经济师	经济师	助经、经济员及未聘职务	小计	高级统计师	统计师	助统、统计员及未聘职务	小计	高级政工师	政工师	助理政工师、政工员	小计	高级会计师	会计师	助会、会计员及未聘职务					
中国铁建股份公司机关	287	165	236	40	9	113	39	62	10	2	1	1							40	31	9						70	55	13	2	51	38	6	7	2	1	8		1
中国土木工程集团有限公司	1219	175	407	431	381	811	20	283	299	209	1			1					96	19	27	50					26	5	12	9	127	36	33	58	3	148			7
中铁十一局集团有限公司	11772	291	1136	2894	5759	9196	80	757	2403	5956	168	16	57	95	24	3	12	9	612	72	76	464	8		2	6	676	112	204	360	1080	92	139	849	7				1
中铁十二局集团有限公司	9517	498	1274	2935	4257	6890	66	843	2265	3716	235	36	73	126	21	2	6	13	756	95	138	523	7		1	6	468	77	198	193	1106	120	161	825	1	33			
中国铁建大桥工程局集团有限公司	7365	252	1268	1912	3114	5433	87	893	1563	2890	64	3	24	37	29	11	11	7	637	91	71	475	2			2	374	98	116	160	816	99	131	586	6	3	1		
中铁十四局集团有限公司	9529	305	1376	2949	4522	7455	68	982	2423	3982	59	2	29	28	26	9	7	10	500	103	131	266	6		2	4	587	101	200	286	887	108	154	625	9				
中铁十五局集团有限公司	8721	382	979	2455	4910	6573	70	609	1922	3972	101	4	24	73	5	2	2	1	539	93	146	300	2		2		568	113	197	258	928	86	160	682	4	1			
中铁十六局集团有限公司	11678	514	1309	3194	6231	9099	65	863	2660	5511	98	6	29	63	5		4	1	583	86	93	404	25			25	719	150	229	340	1147	139	179	829	2				
中铁十七局集团有限公司	8861	438	943	2392	4780	6159	39	613	1907	3600	342	64	87	191	7			7	797	75	83	639	13		7	6	630	112	207	311	913	79	100	734					
中铁十八局集团有限公司	9793	522	1364	2394	6035	7685	58	976	2059	4592	98	8	24	66	39	20	13	6	495	63	58	374	6		3	3	404	113	109	182	1030	118	124	788	12	22			2
中铁十九局集团有限公司	8637	344	1055	2108	4745	6587	39	658	1720	4170	209	24	88	97	5	4		1	641	148	70	423	4		2	2	294	84	102	108	864	96	125	643	2	30			1
中铁二十局集团有限公司	8929	358	921	2528	4276	6042	58	651	1678	3655	62	2	13	47	59	17	14	28	1023	39	313	671	7		6	1	632	92	162	378	1053	61	330	662	7	34	2		8
中铁二十一局集团有限公司	5982	343	834	1962	3186	4602	58	616	1647	2281	47	1	17	29	4		4		294	22	62	210	4		1	3	299	91	94	114	724	44	134	546	6			2	
中铁二十二局集团有限公司	6511	300	599	1277	2988	5094	45	502	1446	3101	57	1	5	51	6		3	3	390	33	44	313	13		1	12	341	67	110	164	604	46	61	497	3	3			
中铁二十三局集团有限公司	6087	266	700	1611	3240	4661	23	501	1326	2811	25	2	7	16	2	1		1	363	62	61	240	3		1	2	369	52	120	197	635	56	94	485	10	15			4
中铁二十四局集团有限公司	5534	233	723	1806	3005	4281	29	519	1528	2205	3	1	1	1	3	2	1		424	57	63	304	6	1		5	253	56	124	73	562	58	89	415	1	1			
中铁二十五局集团有限公司	5301	218	525	1355	2811	4073	21	383	1112	2557	7	1	4	2	4	1	2	1	430	40	94	296	1			1	237	47	58	132	545	31	84	430	4				
中铁建设集团有限公司	5191	196	317	663	2706	3981	24	221	591	3145	4			4	4		2	2	746	49	53	644	2		2		54	6	12	36	395	24	46	325	2	2			1
中国铁建电气化局集团有限公司	3796	204	556	1170	1592	2940	35	376	974	1555	12	1	6	5	1			1	201	39	26	136	3	1	1	1	208	52	105	51	427	52	58	317	1				3
中国铁建港航局集团有限公司	1597	139	221	606	770	1250	13	151	492	594					2	1		1	138	23	46	69	1			1	85	13	36	36	120	20	32	68		1			
中国铁建房地产集团有限公司	448	154	114	171	163	256	5	82	103	66									80	3	30	47	3		1	2	9	3	4	2	95	21	33	41	2	2			1
中铁第一勘察设计院集团有限公司	3295	218	1603	1167	470	3064	254	1301	1076	433	12	1	2	9	8		7	1	32	5	14	13	5	2	2	1	32	14	15	3	132	22	45	65	6	4			
中铁第四勘察设计院集团有限公司	4079	276	2062	1347	620	3767	320	1647	1230	570	1		1		14		14		55	12	16	27	24	5	13	6	73	22	28	23	133	53	38	42	8	4			
中铁第五勘察设计院集团有限公司	1622	191	537	532	352	1511	50	601	519	341					1	1			27	3	8	16					16	5	7	4	65	19	12	34		2			
中铁上海设计院集团有限公司	1345					1278	49	356	425	448	1	1							6	1	2	3	2		2		2	1	1		32	2	16	14	2				22
中铁物资集团有限公司	1188	202	138	230	820	269		73	91	105									638	27	70	541	1		1		83	22	27	34	196	16	41	139		1			
中国铁建高新装备股份有限公司	520	96	126	224	146	410	6	105	177	122									57	6	24	27	3		2	1	13	4	7	2	35	4	14	17		2			
中国铁建重工集团有限公司	924	62	54	235	351	649	1	37	171	440									215	12	36	169	4		1	3	21	2	12	7	33	2	20	11		2			
中国铁建国际集团有限公司	467	103	135	110	222	263	9	90	89	75	1	1			1		1		97	10	7	80					16	10	1	5	52	9	8	35		35			2
中铁城建集团有限公司	3519	99	318	765	1711	2912	5	255	662	1990	2	1		1	40		1	39	141	15	25	101					112	21	47	44	310	21	28	261	1				1
中国铁建投资集团有限公司	294	137	141	60	33	162		107	30	25									79	12	14	53					9	3	6		44	19	10	15					
中国铁建财务有限公司	50	13	11	1	1	4			2	2									15	1	8	6					4	2	1	1	27	10	6	11					
诚合保险经纪有限公司	81	22	22	26	33	36		7	15	14									20	5	4	11					6	2	3	1	16	8	3	5	2	1			
中铁建商务管理有限公司	87					9	1	4	3	1	31	2	15	14					11	4	3	4					23	8	7	8	13	2	2	16					
中国铁建股份有限公司北京培训中心	32	13	17	6	9	9		2	1	6					7	5	2										10	7	2	1	6	3	1	2					
重庆铁发遂渝高速公路有限公司	34	18	11	9	1	21		11	4	6									4	1	2	1					4		4		5	1	2	2					
合计	154292	7747	22032	41565	74249	117545	1637	16137	34623	65148	1641	179	506	956	317	79	106	132	11182	1357	1927	7900	155	9	53	93	7727	1622	2580	3525	15208	1615	2519	11081	103	347	11	2	54

（制表：王　谐）

中国铁建系统政工干部情况统计

（2015 年度）

单位	总数（人）									部门情况（人）					学历（人）							年龄（人）						
	合计	其中																										
		选聘	女	少数民族	共产党员	民主党派	已取得专业职务	局级	处级	党委政治部门	纪委	工会	共青团	其他	本科及以上	专科毕业	专科肄业	中专毕业	中专肄业	高中	初中	35岁以下	36岁至40岁	41岁至45岁	46岁至50岁	51岁至54岁	55岁至59岁	60岁以上
中国铁建股份公司机关	65	65	16	4	64			26	13	20	11	12	1	21	65							7	6	16	10	15	11	
中国土木工程集团有限公司	21		5	1	18		16	1	9	14	1	4		2	18	3						7	2	2	5	3	2	
中铁十一局集团有限公司	645		142	28	491		550	1	34	68	30	33	9	505	372	138		18		105	12	264	56	76	48	70	131	
中铁十二局集团有限公司	468	161	102	15	359	1	468	3	45	212	42	55	32	127	240	115		35		66	12	172	27	43	41	65	120	
中国铁建大桥工程局集团有限公司	394	29	118	19	257	3	285	2	25	62	32	35	11	254	266	100		10		18		147	60	61	65	42	19	
中铁十四局集团有限公司	446	9	56	11	350		446	2	40	108	31	31	14	262	292	107		20		27		87	95	105	57	50	52	
中铁十五局集团有限公司	488	78	130	16	399	29	445	3	52	112	27	48	13	288	263	166		14		43	2	146	59	67	50	77	89	
中铁十六局集团有限公司	674	134	275	26	450		510	1	36	121	64	85	31	373	438	183		17		35	1	332	68	45	32	57	140	
中铁十七局集团有限公司	624		218	6	423		590	4	82	287	102	156	79		365	160		19		80		291	40	45	25	51	172	
中铁十八局集团有限公司	479	62	111	19	400		284	3	62	113	36	64	18	248	255	142	11	20		51		119	87	89	57	57	70	
中铁十九局集团有限公司	294	88	90	31	235		276	3	36	74	25	36	15	144	166	97		11		17	3	61	48	55	26	47	56	1
中铁二十局集团有限公司	704	72	225	11	456		462	3	42	62	34	125	27	456	366	188	13	44		77	16	291	89	103	68	57	94	2
中铁二十一局集团有限公司	250	11	49	4	230		249		56	36	28	29	11	146	143	89		8		10		66	17	45	44	32	46	
中铁二十二局集团有限公司	373	123	104	21	245		272		23	68	27	29	18	231	216	120		13		15	9	151	33	62	36	53	38	
中铁二十三局集团有限公司	360	8	112	12	284		264	3	44	94	27	32	20	187	232	95		13		18	2	137	44	75	40	56	8	
中铁二十四局集团有限公司	280	19	51	3	240		267	3	52	52	15	33	6	174	157	102		12		7	2	84	16	37	36	58	47	2
中铁二十五局集团有限公司	266	25	71	22	252		241	3	37	66	26	24	11	139	187	63		7		8	1	86	31	49	44	35	21	
中铁建设集团有限公司	137	5	27	4	133		99		23	17	21	5	2	92	61	46		2		20	8	26	3	13	12	17	57	9
中国铁建电气化局集团有限公司	258	24	100	7	210		156	3	31	47	24	34	12	141	169	71		6		9	3	71	56	45	32	21	33	
中国铁建港航局集团有限公司	64	14	26	4	56		64		19	31	10	14	9		54	10						29	10	13	7	3	2	
中国铁建房地产集团有限公司	49	26	15	3	40		26	2	14	25	3	17	2	2	45	3		1				13	11	11	8	3	3	
中铁第一勘察设计院集团有限公司	32		7	2	32			1	14	11	5	5	2	9	22	9					1	3	3	7	9	6	4	
中铁第四勘察设计院集团有限公司	47		5		47		24	3	19	11	6	5	1	24	37	10						4	4	5	8	19	7	
中铁第五勘察设计院集团有限公司	16		4		13					14	1	1			13	3						3	2	4		7		
中铁上海设计院集团有限公司	2				2		2	1	1	2					2											1	1	
中铁物资集团有限公司	83		32	4	68		83		11	15	12	9	3	44	70	12		1				34	8	8	7	12	14	
中国铁建高新装备股份有限公司	13		2	3	12		13	1	7	4	1	4		4	9	4						1		4	3	2	3	
中国铁建重工集团有限公司	37	1	17	2	33		35	1	15	19	7	8	3		26	9		2				13	3	9	6	5	1	
中国铁建国际集团有限公司	14		5	1	19		19	3	3	7	2	3	2		14							8	1	3	1	1		
中铁城建集团有限公司	145	2	50	8	118		132		15	45	11	17	7	65	90	35		9		9	2	58	10	19	12	18	28	
中国铁建投资集团有限公司	6				6				6	6					6							1	2	2		1		
中国铁建财务有限公司	4	4	4		4				2	2				2	4							2			1	1		
诚合保险经纪有限公司	4	4	3		4		3		1	4					3	1						2			1	1		
中铁建商务管理有限公司	23	23	11		23			2	5	23					9	12		1		1		2	1	3	4	3	10	
中国铁建股份有限公司北京培训中心	10		5	2	8		10		1					10	10							2		3	1	1	3	
重庆铁发遂渝高速公路有限公司	5		4		5				2	5					5							3	2					
合计	7780	987	2192	289	5986	33	6291	78	877	1857	661	953	359	3950	4690	2093	24	283		616	74	2723	894	1124	796	947	1282	14

（制表：王　谐）

中国铁建系统机械动力设备资产综合情况统计

（2015 年度）

单位 \ 项目 \ 数量	职工人数（人）	企业年度利润总额（元）	期末实有			新购		报废		大修		设备资产利润率（%）	资产增长率（%）	成新率（%）	设备总功率（千瓦）	技术装备率（万元/人）	动力装备率（千瓦/人）
			总台数	原值（元）	净值（元）	台数	原值（元）	台数	原值（元）	台数	费用（元）						
2014 年度汇总	260341	8870932685.81	103594	49306544287.01	22861524349.23	6862	4392423917.92	5469	1163558151.79	1409	189656074.32	19.00	7.92	46.00	8105378.90	8.78	31.13
2015 年度汇总	266083	12436812254.36	104917	52665597006.26	20244549802.04	6395	3740280482.08	4015	737002049.55	1446	228367937.62	24.00	6.80	38.44	9495703.19	7.61	35.69
中国土木工程集团有限公司	2955	1005000000.00	10302	4281481422.70	632818019.22	322	113343491.69	33	1634143.39	20	4922536.12	24.99	3.02	14.78	1431079.40	21.42	484.29
中铁十一局集团有限公司	19228	1232140000.00	4665	3940286404.12	1929195104.87	295	119971894.57	133	29330366.75	326	29019706.00	30.58	2.30	48.96	684569.14	10.03	35.60
中铁十二局集团有限公司	18254	1024735800.00	7129	4152726226.43	1359248281.39	326	303726646.71	235	94031248.98	182	29992307.50	25.37	5.79	32.73	836242.78	7.45	45.81
中国铁建大桥工程局集团有限公司	14324	359179169.08	3941	2760347743.31	1076667080.27	253	151741302.27	124	19788663.00	110	17760929.10	10.39	5.78	39.00	427185.51	7.52	29.82
中铁十四局集团有限公司	15295	591909270.00	3888	4486835209.20	2188457794.29	264	305790866.49	57	17234322.65	84	11381080.84	14.00	13.50	48.78	555013.40	14.31	36.29
中铁十五局集团有限公司	19691	155330000.00	5920	3918963056.70	1523397858.68	362	92973334.35	18	799919.00	77	12200757.50	3.96	3.46	38.87	730059.05	7.74	37.08
中铁十六局集团有限公司	20882	499480532.68	3395	4727019797.27	1378920349.81	337	873522908.23	112	48309520.00	76	14661275.00	12.25	37.85	29.17	633486.10	6.60	30.34
中铁十七局集团有限公司	19034	392110000.00	6325	3325654850.19	1373241415.78	651	181125523.35	174	87901497.00	79	17877225.16	11.57	5.00	41.29	673311.10	7.21	35.37
中铁十八局集团有限公司	16684	658680000.00	6863	5142475523.00	2224709994.55	814	517209434.46	282	69555221.36	68	13386796.32	13.48	11.10	43.26	808081.34	13.33	48.43
中铁十九局集团有限公司	18192	561610000.00	4952	4435599830.64	1853884731.23	326	262627748.69	191	92515146.00	127	14350300.66	12.97	4.96	41.80	626307.80	10.19	34.43
中铁二十局集团有限公司	17867	717480000.00	3113	2103435828.40	862990413.72	294	387546623.16	174	83738851.16	107	13830340.80	34.98	5.26	41.03	548342.19	4.83	30.69
中铁二十一局集团有限公司	12839	310000000.00	3614	1436634730.77	754447370.62	213	128283016.69	277	38666779.24	26	2660531.50	21.58	9.52	52.51	273641.87	5.88	21.31
中铁二十二局集团有限公司	11122	356521748.8	8443	1529049873.26	587697098.74	274	50314448.19	250	23086521.23	28	21882043.12	23.69	3.26	38.44	359593.62	5.28	32.33
中铁二十三局集团有限公司	11698	253840000.00	12220	1740021860.69	584696649.53	609	100647173.28	1194	41660789.02	1	392733.00	14.85	3.61	33.60	280047.70	5.00	23.94
中铁二十四局集团有限公司	10796	449070000.00	4898	1254376197.66	367272553.53	259	32475166.43	424	39702191.48	6	9493396.80	35.67	0.69	29.28	146697.39	3.40	13.59
中铁二十五局集团有限公司	8404	60840000.00	5786	955175202.37	433378151.42	384	55026214.91	137	16623997.20	93	7595148.10	6.54	5.64	45.37	171739.00	5.16	20.44
中铁建设集团有限公司	8687	660000000.00	851	231725843.52	75593537.00	-	-	6	1173300.00	-	-	607.40	-	32.62	52032.00	0.87	5.99
中国铁建电气化局集团有限公司	8997	1259270000.00	1467	605320558.17	186168093.27	53	26872477.26	76	24330257.34	27	6599400.00	690.00	1.10	30.76	102476.00	2.07	11.39
中国铁建港航局集团有限公司	2132	128000000.00	1455	287710187.78	189504795.10	107	15456097.25	26	3004435.50	3	287019.00	44.49	4.45	65.87	23026.36	8.89	10.80
中国铁建高新装备股份有限公司	1479	561570000.00	1958	446351750.01	174779315.27	115	9831481.03	83	3169127.25	-	-	1.26	0.02	0.39	23014.32	30.18	15.56
中国铁建重工集团有限公司	2700	880005733.76	2251	690642753.12	418129810.04	81	8933237.38	-	-	-	-	158.74	1.31	60.54	57091.91	15.49	21.15
中铁城建集团有限公司	4823	320040000.00	1481	213762156.95	69351383.71	56	2861395.69	9	745752.00	6	74411.10	150.73	1.36	32.44	52665.21	1.44	10.92

（制表：张宏成）

中国铁建系统大型施工设备综合情况统计

（2015 年度）

单位	期末实有					新购				报废			大修		闲置			成新率(%)	闲置率(%)	完好率(%)	利用率(%)
	总台数	其中进口台数	原值(元)	其中进口原值(元)	净值(元)	总台数	其中进口台数	原值(元)	其中进口原值(元)	台数	原值(元)	净值(元)	台数	费用(元)	台数	原值(元)	净值(元)				
2014 年汇总	4327	634	26268282969.99	9536883426.53	13746411837.48	360	42	2605232341.81	430786956.98	96	252889486.91	73166220.95	141	94448910.41	974	6199006148.52	2471727489.57	52.00	23.20	92.16	77.33
2015 年汇总	2908	563	28651983626.48	8276149718.30	11935452625.27	129	20	1624436936.62	202586558.35	30	140938910.01	8786871.52	158	131328694.18	763	7767234590.42	61509313469.05	144.22	26.44	91.66	74.27
中国土木工程集团有限公司	170	11	739690221.35	48547657.38	70504485.85	3	2	11923781.24	8125000.00	-	-	-	-	-	20	59303236.25	472058.68	9.53	40.60	94.20	59.40
中铁十一局集团有限公司	204	47	2486891668.81	1048307461.90	1166905095.15	6	2	52439800.00	35639800.00	-	-	-	20	18581625.00	72	609561658.71	292013531.87	46.92	24.51	92.97	74.14
中铁十二局集团有限公司	195	38	1784777071.30	699471360.14	753253586.73	5	-	103210000.00	-	5	39959055.40	2901489.82	17	12193235.00	73	464077829.12	58958980581.27	42.20	26.00	93.20	70.50
中国铁建大桥工程局集团有限公司	122	32	1627013927.35	416038305.32	550070041.09	16	-	62766565.00	-	1	2080000.00	482733.01	12	12317267.10	31	556666762.30	222491308.99	37.62	38.71	94.00	74.00
中铁十四局集团有限公司	188	48	3187899706.94	952325143.30	1679564670.02	12	1	410812514.05	8662000.00	-	-	-	5	3379171.00	70	926754378.58	384983855.93	52.69	29.07	100.00	70.93
中铁十五局集团有限公司	178	45	2553666517.83	1578083678.31	989404475.38	1	1	5060000.00	5060000.00	-	-	-	6	7012398.50	82	1247407985.50	403623076.42	38.74	48.85	90.00	62.00
中铁十六局集团有限公司	228	21	3659203864.12	322813884.06	1021560750.46	6	-	496150000.00	-	4	16017000.00	260850.00	8	10575000.00	40	997345548.22	220884394.71	27.92	27.26	89.90	79.60
中铁十七局集团有限公司	185	28	1722958664.49	367888972.15	776155226.61	1	-	23000000.00	-	5	41526900.00	2076345.00	7	12951704.16	42	488057520.69	188393311.39	45.05	28.00	94.00	80.00
中铁十八局集团有限公司	205	68	3229381393.13	1168686689.43	1344358356.69	13	2	62867693.92	7557693.92	1	6500000.00	325000.00	2	6380022.00	54	388399501.51	102849385.71	41.63	12.03	92.63	84.50
中铁十九局集团有限公司	321	102	2821975813.78	657370970.88	1321105443.50	17	11	188549672.67	131342064.43	1	5068600.00	253430.00	34	9167199.80	77	695713703.60	305176581.56	46.81	24.65	90.00	78.41
中铁二十局集团有限公司	115	8	844044269.63	53163454.56	378962541.58	13	-	33424200.00	-	-	-	-	9	2247650.62	17	175470044.56	41790123.46	44.90	20.35	89.59	84.82
中铁二十一局集团有限公司	66	6	629285221.21	32222109.62	393824422.91	4	1	95660000.00	6200000.00	3	11565996.61	578299.83	1	135873.00	13	130308309.62	70629680.01	62.58	10.00	95.00	90.00
中铁二十二局集团有限公司	72	22	524791982.99	115246425.95	216741388.83	1	-	3525000.00	-	-	-	-	19	20012598.00	18	125310612.19	53932799.24	41.30	23.94	92.00	91.00
中铁二十三局集团有限公司	87	20	648107940.53	234399569.20	288610922.69	4	-	53968297.44	-	2	10046000.00	502970.76	-	-	29	222377863.15	95688926.93	44.53	34.31	93.90	40.28
中铁二十四局集团有限公司	94	11	642553698.59	87056207.59	185301573.25	-	-	-	-	2	5310700.00	1077278.00	3	8820650.00	56	411104707.15	124299786.80	28.84	63.97	95.74	43.26
中铁二十五局集团有限公司	50	6	367457492.26	66619851.26	204141232.15	-	-	-	-	-	-	-	1	2170000.00	12	135178373.40	6499850.07	55.56	23.53	89.21	78.45
中铁建设集团有限公司	8	1	44265089.00	8500000.00	15830577.80	-	-	-	-	-	-	-	-	-	-	-	-	35.76	-	100.00	100.00
中国铁建电气化局集团有限公司	302	24	375877168.76	205690698.20	137221424.61	27	-	21079412.30	-	6	2864658.00	328475.10	14	5384300.00	39	74306289.00	15369593.34	36.51	19.87	95.20	89.81
中国铁建港航局集团有限公司	8	-	141453722.66	-	111614033.85	-	-	-	-	-	-	-	-	-	2	8063018.75	1018094.68	78.90	7.25	93.61	92.75
中国铁建高新装备股份有限公司	41	19	251158696.47	106805831.59	114078818.24	-	-	-	-	-	-	-	-	-	-	-	-	0.45	-	100.00	83.00
中国铁建重工集团有限公司	53	4	317702247.16	101002447.46	196027029.89	-	-	-	-	-	-	-	-	-	-	-	-	61.70	-	100.00	100.00
中铁城建集团有限公司	16	2	51827248.12	5909000.00	20216527.99	-	-	-	-	-	-	-	-	-	16	51827248.12	20216527.99	39.01	100.00	77.70	-

（制表：张宏成）

中国铁建系统设备专业人员综合情况统计

（2015 年度）

单位 \ 项目 数量	设备管理人员（人）						设备操作技工（人）						主要工种人数（人）			全年专业培训	
	总人数	其中					总人数	其中					机械司机	汽车驾驶员	修理工	期数	人数
		高级工程师	工程师	助理工程师	技术员	其他管理人员		高级技师	技师	高级工	中级工	初级工					
2014 年汇总	12669	998	1874	3236	2112	4029	26806	1381	3139	7800	8698	6250	10586	10599	2962	923	13315
2015 年汇总	12425	900	2024	3444	2024	4033	25843	850	3074	7384	8185	6350	10602	10043	3028	807	10915
中国土木工程集团有限公司	169	14	25	31	11	88	62	4	14	12	18	14	152	205	101	37	338
中铁十一局集团有限公司	1495	62	249	562	122	500	2254	51	124	891	398	790	826	527	307	243	2358
中铁十二局集团有限公司	654	48	84	171	74	277	2046	54	324	785	416	467	962	939	90	41	474
中国铁建大桥工程局集团有限公司	681	55	115	189	116	206	1015	200	84	247	316	168	327	346	213	39	276
中铁十四局集团有限公司	616	42	136	163	99	176	476	20	80	159	127	90	569	549	91	23	664
中铁十五局集团有限公司	476	30	93	131	92	130	1779	37	210	383	699	450	871	649	216	8	453
中铁十六局集团有限公司	1240	66	261	370	330	213	1812	52	228	385	586	561	999	1020	207	22	671
中铁十七局集团有限公司	1049	45	190	233	149	432	3079	69	403	1018	965	624	1294	1332	453	23	211
中铁十八局集团有限公司	830	51	99	220	118	342	1448	63	199	427	356	403	569	722	334	55	413
中铁十九局集团有限公司	1074	53	190	290	216	325	2514	85	440	611	673	705	1012	721	216	76	956
中铁二十局集团有限公司	708	202	57	118	175	156	1176	23	186	210	446	311	552	447	94	21	285
中铁二十一局集团有限公司	1139	106	89	282	201	461	2998	54	301	966	1353	324	529	631	105	44	675
中铁二十二局集团有限公司	700	47	155	253	112	133	731	19	117	237	222	136	308	271	109	26	618
中铁二十三局集团有限公司	298	12	49	91	57	89	884	33	134	184	295	238	602	502	125	9	307
中铁二十四局集团有限公司	337	20	49	99	28	141	839	27	44	198	377	193	247	386	227	49	348
中铁二十五局集团有限公司																	
中铁建设集团有限公司	86	2	13	19	16	36	370	2	14	37	203	114	220	301	28	1	60
中国铁建电化局集团有限公司	146	4	15	26	30	71	537	5	46	116	174	196	332	360	5	16	347
中国铁建港航局集团有限公司	148	7	25	48	18	50	133	2	3			128	84	4	19	9	53
中国铁建高新装备股份有限公司	72	4	16	18	2	32	709	24	48	262	204	171	47	19	7	2	4
中国铁建重工集团有限公司	327	21	82	72	43	109	885	22	63	222	336	242	77	21	69	41	853
中铁城建集团有限公司	180	9	32	58	15	66	96	4	12	34	21	25	23	91	12	22	551

（制表：张宏成）

中国铁建系统原材料、能源收支存情况统计

（2015 年度）

物资名称	计量单位	年初库存量		收入量累计		消费量累计		年末库存量	
		数量	金额	数量	金额	数量	金额	数量	金额
总值	万元		763776		21273127		21357017		679886
（一）能源类	万元		51120		2025527		2023616		53031
其中：煤炭	吨	20797		164052		172627		12209	
电力	万千瓦时	9128		813550		813604		9074	
原油	吨			4621		4621			
汽油	吨	603		84760		77973		615	
煤油	吨	4		758		758		4	
柴油	吨	27171		1237099		1236229		28044	
燃料油	吨	678		89176		89097		757	
天然气	立方米	27468		2737698		2698779		66388	
其他能源	吨标煤	476		584695		584501		669	
（二）原材料类	万元		712656		19247600		19333401		626856
1. 黑色金属类	万元		343615		6175451		6271521		247545
其中：钢材	吨	715808		18393411		17976782		722579	
2. 有色金属类	万元		8345		134969		136215		7099
3. 化工类	万元		14370		444070		431135		27306
其中：炸药	吨	4994		160938		158976		6475	
雷管	万发	491		17781		13081		454	
导火索	万米	152		19493		17640		159	
4. 建材类	万元		111433		5397761		5392597		116597
其中：水泥	吨	1002933		64839385		62755666		1688789	
5. 木材类	万元		6604		209733		208766		7572
其中：原木	立方米	6095		123351		121061		8270	
锯材	立方米	13007		296238		292982		16086	
胶合板	立方米	12434		358948		358639		12724	
6. 金属制品类	万元		28685		374150		372192		30643
7. 一次转值机电类	万元		22885		1249320		1245658		26546
8. 其他类	万元		176718		5262146		5275317		163547

（制表：刘宝庆）

中国铁建房地产开发经营情况统计

（2015 年度）

开发单位	项目名称	建设地点	规划总建筑面积（万平方米）	项目计划总投资（万元）	2014 年底开工累计完成投资（万元）	2015 年实际完成投资（万元）	2015 年实际销售面积（万平方米）	2015 年实际销售金额（万元）	2015 年实现营业收入（万元）
总　计			4248.00	30240566	16437546	4275456	366.89	3661397	2936249
中国铁建房地产集团有限公司			2498.00	20356276	12289601	3295905	251.23	2805974	2200000
北京天太金海置业有限公司	中国铁建·北京西派国际	北京	13.86	201055	200897	14538			826
中铁房地产集团长沙置业有限公司	中国铁建·长沙山语城	长沙	91.10	351497	261610	23546	7.11	33791	41084
徐州中铁房地产开发有限公司	中国铁建·徐州龙域中央	徐州	65.10	244850	243799	1017		8	80
贵州中泓房地产开发有限公司	中国铁建·贵阳国际城	贵阳	207.13	1127188	700631	119019	26.81	162655	130266
长春中铁房地产开发有限公司	中国铁建·长春国际花园	长春	58.19	227509	184593	21602	6.53	36522	49600
中铁嘉业（北京）投资有限公司	中国铁建·北京原香小镇	北京	21.52	200630	200582		0.01	32	45
中铁地产（成都）开发有限公司	中国铁建·成都国际城	成都	128.03	536297	520221	11339	4.44	26252	51922
中铁房地产集团（广西）有限公司	中国铁建·南宁凤岭山语城	南宁	41.89	252838	245219	1255	0.75	3180	4973
湖南中盛嘉业房地产开发有限公司	中国铁建·长沙国际城	长沙	74.43	235626	161428	23805	5.72	27771	23000
中国铁建房地产集团合肥置业有限公司	中国铁建·合肥国际城	合肥	164.80	766385	641160	59511	21.03	155157	125100
北京第六大洲房地产开发有限公司	中国铁建·北京国际城	北京	84.42	883865	734931	59186	1.84	50137	78044
中铁房地产集团北京丰基置业有限公司	中国铁建·北京青秀城	北京	30.94	387451	387451	8017	0.01	73	152
中铁房地产集团浙江京城投资有限公司	中国铁建·杭州国际城	杭州	36.40	598321	536795	35644	4.88	86489	97137
中铁房地产集团北京正达置业有限公司	中国铁建·北京长阳国际城	北京	29.64	284384	271831	496			
中铁房地产集团四川有限公司	中国铁建·成都西派国际	成都	34.25	410327	308461	53587	8.54	129427	139451
中铁房地产集团四川有限公司	中国铁建·成都青秀城	成都	26.55	155308	149728	535	0.10	976	2579
中铁房地产集团广州有限公司	中国铁建·广州荔湾国际城	广州	25.16	302137	294806	9711	2.16	42609	46000
中铁房地产集团天津置业有限公司	中国铁建·天津国际城	天津	113.18	1200320	729389	120264	9.46	154779	70000
中铁嘉业（北京）投资有限公司	中国铁建·北京原香漫谷	北京	40.88	348322	283306	44638	6.16	81904	170000
中铁房地产集团北京丰昊置业有限公司	中国铁建·北京山语城	北京	32.58	370359	339839	20608	2.50	56571	87000
中铁房地产集团（贵州）有限公司	贵阳兰草坝项目（暂定）	贵阳	58.93	287254	101209	8054			
中铁房地产集团宁波京城投资有限公司	中国铁建·宁波山语城	宁波	24.47	129072	61465	11614	3.01	16668	7990

续表

开发单位	项目名称	建设地点	规划总建筑面积（万平方米）	项目计划总投资（万元）	2014年底开工累计完成投资（万元）	2015年实际完成投资（万元）	2015年实际销售面积（万平方米）	2015年实际销售金额（万元）	2015年实现营业收入（万元）
中铁房地产集团武汉有限公司	中国铁建·武汉国际城	武汉	47.48	300543	161327	33097	9.09	78167	80000
中铁房地产集团北京顺捷金海置业有限公司	中国铁建·北京梧桐苑	北京	43.84	459624	411263	24236	1.40	36060	65787
中铁房地产集团北京正达置业有限公司	中国铁建·北京国际花园	北京	19.05	231741	170293	18529	2.78	58952	73408
中铁房地产集团长沙置业有限公司	中国铁建·长沙梅溪青秀	长沙	68.92	408094	197683	21286	5.87	37358	37753
中铁房地产集团上海置业有限公司	中国铁建·上海青秀城	上海	29.28	417338	306434	58613	5.74	119559	140003
中铁房地产集团杭州京发置业有限公司	中国铁建·杭州国际花园	杭州	7.04	84290	81468	7811	1.96	25446	27363
北京金达世纪房地产开发有限公司	中国铁建·北京青秀尚城	北京	21.91	207033	120403	51944	2.98	65042	96483
徐州中铁房地产开发有限公司	中国铁建·徐州原香漫谷	徐州	20.60	105496	92887	8375	4.71	29496	40550
中铁房地产集团杭州京顺置业有限公司	中国铁建·杭州青秀城	杭州	16.43	170721	145285	27600	3.93	58624	106725
中铁建（大连）置业有限公司	中国铁建·大连青秀蓝湾	大连	34.60	349788	226605	50135	7.34	70310	72858
中铁房地产集团四川有限公司	中国铁建·成都北湖国际城	成都	48.76	466744	281512	40578	7.36	56189	27386
中铁房地产集团合肥蜀山置业有限公司	中国铁建·合肥青秀城	合肥	58.37	386378	140163	88916	6.67	56036	
成都中铁建锦城投资有限公司	中国铁建·成都锦江国际花园	成都	20.37	185747	119197	49889	8.95	71320	105373
中铁房地产集团广西江湾置业有限公司	中国铁建·南宁江湾山语城	南宁	46.40	261818	89869	60633	8.93	59818	45417
成都中铁建投资有限公司	中国铁建·成都西派澜岸	成都	37.23	504937	262215	55175	2.55	40987	16359
中铁房地产集团北京海丰置业有限公司	中国铁建·北京环保嘉苑	北京	12.69	266713	200817	42505	6.38	121297	107500
中铁房地产集团武汉有限公司	中国铁建·武汉国际花园	武汉	16.05	133165	64232	28365	1.32	10335	
中铁房地产集团江苏置业有限公司	中国铁建·南京青秀城	南京	43.53	632257	414473	86962	8.36	145686	
佛山中铁房地产置业有限公司	中国铁建·佛山国际公馆	佛山	28.43	415439	220882	43057	3.52	54940	
中铁嘉业（北京）投资有限公司	中国铁建·北京原香嘉苑	北京	22.79	200603	111823	58507	5.08	54235	
中铁房地产集团北京浩达置业有限公司	中国铁建·北京顺新嘉苑	北京	12.45	197930	125289	46618	1.25	23465	54081
中铁房地产集团杭州京兆置业有限公司	中国铁建·杭州江南国际城	杭州	38.74	436512	171081	128822	6.90	108719	
中铁房地产集团北京金郡兴盛置业有限公司	中国铁建·北京兴盛嘉苑	北京	31.37	426486	288467	57869	4.25	62737	
广州增城中铁房地产置业有限公司	中国铁建·广州增城国际花园	广州	22.25	204442	90119	47846	5.39	52915	
成都中铁龙泰房地产开发有限公司	中国铁建·成都中国铁建广场	成都	21.34	171699	55848	26928	1.09	7555	

续表

开发单位	项目名称	建设地点	规划总建筑面积（万平方米）	项目计划总投资（万元）	2014年底开工累计完成投资（万元）	2015年实际完成投资（万元）	2015年实际销售面积（万平方米）	2015年实际销售金额（万元）	2015年实现营业收入（万元）
北京通瑞兴盛置业有限公司	中国铁建·北京通瑞嘉苑	北京	55.74	398898	180615	117450	16.37	235725	
中铁房地产集团合肥蜀西置业有限公司	中国铁建·合肥国际公馆	合肥	14.86	115213		52577			
中铁房地产集团南京江宁置业有限公司	中国铁建·南京原香颂	南京	13.38	82722		31292			
太原金郡同达房地产开发有限公司	太原万柏林区 SP－1528 地块项目（暂定）	太原	25.39	241151		100685			
成都申珑房地产开发有限公司	成都皇冠湖壹号	成都	35.29	188213		53934			
杭州京平置业有限公司	杭州萧山区萧政储出〔2015〕9 号地块项目（暂定）	杭州	16.24	184068		44803			
北京鎏庄房地产开发有限公司	北京市丰台区南苑乡石榴庄村旧改项目二期地块项目（暂定）	北京	23.52	823948		525450			
杭州京滨置业有限公司	杭州萧山区萧政储出〔2015〕12 号地块项目（暂定）	杭州	36.14	408009		97124			
杭州京科置业有限公司	杭州市萧山区义桥镇地块项目（暂定）	杭州	27.94	177404		18945			
杭州京瑞置业有限公司	杭州市西湖区三墩北单元 B－R21－04 地块项目（暂定）	杭州	25.49	293782		75080			
中铁房地产集团四川有限公司	成都市成华区北湖 3 号地块项目（暂定）	成都	48.65	316335		55304			
广州中土实业发展有限公司	中国铁建·广州实业	广州	1.76						3075
中铁建（北京）物业管理有限公司	中国铁建·物业公司	北京							22640
中国铁建房地产集团有限公司总部	调差	北京				310979			－48010
中国土木工程集团有限公司			6.00	37927	16500	7459	0.59	2431	200
中国土木工程集团有限公司	坦桑尼亚奥斯特贝住宅项目	坦桑尼亚达累斯萨拉姆市	1.06	7320	5370	1934	0.42	656	200
中国土木工程集团有限公司	尼日利亚拉各斯 70000 平方米房地产项目	尼日利亚拉各斯市	3.17	22852	9150	4560	0.17	1775	
中国土木工程集团有限公司	塞拉利昂弗里敦 19000 平方米房地产开发项目	塞拉利昂弗里敦市	1.35	7755	1980	965			
中铁十一局集团有限公司			68.00	466378	217338	66556	26.00	182168	

续表

开发单位	项目名称	建设地点	规划总建筑面积（万平方米）	项目计划总投资（万元）	2014年底开工累计完成投资（万元）	2015年实际完成投资（万元）	2015年实际销售面积（万平方米）	2015年实际销售金额（万元）	2015年实现营业收入（万元）
重庆璧和房地产开发有限公司	中国铁建·璧河国际	重庆	4.22	16860	16191				
中铁十一局集团武汉房地产开发有限公司	中国铁建·梧桐苑	武汉	36.64	234829	94922	33929	16.26	119667	
中铁十一局集团重庆房地产开发有限公司	中国铁建·玖城壹号	重庆	27.09	214689	106225	32627	9.74	62501	
中铁十二局集团有限公司			17.00	61737	48250		0.80	5026	5026
湖南华铁房地产有限责任公司	天天向上家园	长沙	14.20	53187	39700		0.40	3161	3161
北海晋海房地产开发有限公司	晋海御园二期	北海	2.79	8550	8550		0.40	1865	1865
中国铁建大桥工程局集团有限公司			43.00	234506	198971	35193	2.72	21546	30938
黑龙江华府房地产开发有限公司	哈尔滨先锋路改造开发项目（暂定名）	哈尔滨	18.19	113000	108928	3960	0.69	8869	6915
天津市春江房地产开发有限公司	中铁滨海欣城	天津汉沽	15.21	76400	45903	26633	0.18	1124	12135
长春春江房地产开发有限公司	中铁·香堤美郡	长春	9.39	45106	44140	4600	1.85	11553	11888
中铁十四局集团有限公司			124.00	684226	469595	68901	7.06	41515	79503
中铁十四局集团房地产开发有限公司	中国铁建岸芷汀兰（西区）	莱西	18.62	27829	19432	6964	2.81	11386	14880
南京昌和房地产开发有限公司	江佑铂庭	南京	26.91	159500	148586	9815	0.52	3233	2120
青岛中铁凯华房地产开发有限公司	中国铁建岸芷汀兰（东区）	莱西	8.37	28125	25494	627	0.23	1146	1136
济南中铁凯华房地产开发有限公司	明山秀水	章丘	17.63	75360	40337	8506	1.85	8155	15023
济南庆龙置业有限公司	中国铁建.国际城	济南	38.84	308691	220759	23257	1.54	15048	33587
泰安市凯华房地产开发有限公司	泮河嘉苑	泰安	4.38	18790	14987	744	0.11	2547	12757
中铁十四局泰安房地产开发有限公司	中国铁建·山语观邸	泰安	9.18	65931		18988			
中铁十五局集团有限公司			128.00	399334	214962	41768	5.38	26951	45584
中铁十五局集团河南置业有限公司	中国铁建·东来尚城（临沂）	临沂	25.74	97248	81990	13127	2.02	9245	25000
中铁十五局集团河南置业有限公司	中国铁建·东来尚城（周口）	周口	31.05	117474	64936	11139	1.56	7444	10642
中铁十五局集团河南置业有限公司	中国铁建·东来尚城（都匀）	都匀	70.75	184612	68036	17502	1.80	10262	9942
中铁十六局集团有限公司			122.00	523614	255926	35975	4.52	24877	16517
海南京博房地产有限公司	中国铁建·琼海京博雅居	琼海	9.58	26000	30980	990	0.51	2570	2906
海南椰竺置业有限公司	中国铁建·定安怡陶园	定安县	3.45	7900	10911	1089	0.11	292	1407

续表

开发单位	项目名称	建设地点	规划总建筑面积（万平方米）	项目计划总投资（万元）	2014年底开工累计完成投资（万元）	2015年实际完成投资（万元）	2015年实际销售面积（万平方米）	2015年实际销售金额（万元）	2015年实现营业收入（万元）
福建省顺昌远宏房地产开发有限公司	中国铁建·顺昌天天花园四期	顺昌县	18.27	60777	60093	2476	0.42	2392	3075
置业公司梧州公司	中国铁建·梧州玫瑰湾	梧州	7.55	24738	21000	1848	0.75	3573	8286
通辽首通房地产开发有限公司	中国铁建·通辽国际城	通辽	20.05	87380	29357	8931	0.34	1036	843
置业公司梧州公司	中国铁建·梧州江语城	梧州	20.68	80109	13727				
置业公司江西京诚房地产有限公司	中国铁建·南昌青秀城	南昌	42.60	236710	89858	20641	2.39	15014	
中铁十七局集团有限公司			13.00	63752		30862	2.80	15500	
西安润居房地产开发有限公司	中国铁建青秀城	西安浐灞	13.34	63752		30862	2.80	15500	
中铁十八局集团有限公司			50.00	353199	187385	94911	7.77	78105	129572
湖北博瀚置业有限公司	中国铁建武汉1818中心	武汉	33.80	255488	162585	47875	1.70	33000	129572
中铁十八局集团天津置业有限公司	中国铁建·御水园	天津	6.42	47360	18800	15355	1.98	20105	
中铁十八局武汉房地产开发有限公司	中国铁建·中北春天	武汉	10.26	50351	6000	31681	4.09	25000	
中铁十九局集团有限公司			64.00	226838	120578	17114	6.20	27813	34305
中铁十九局集团房地产开发有限公司	沈阳梧桐苑一期	沈阳	29.63	109093	86000	15305	6.20	27813	34305
中铁十九局集团房地产开发有限公司	沈阳梧桐苑二期	沈阳	34.00	117745	34578	1809			
中铁二十局集团有限公司			136.00	742600	292641	48257	7.11	47109	60200
中铁二十局集团房地产开发有限公司	同景国际城C组团	重庆	9.80	33000	33000		0.06	180	170
重庆中景置业有限公司	同景国际城Q组团	重庆	12.23	59500	54484		0.13	425	599
中铁二十局集团房地产开发有限公司	同景国际城R组团	重庆	5.30	33600	4938	420			
中铁二十局集团房地产开发有限公司	中国铁建山水时光	重庆	25.10	142800	71152	31098	6.92	46504	59431
中铁二十局集团房地产开发有限公司	中国铁建山水逸城	重庆	62.18	408700	114573	6610			
安徽中景置业有限公司	燕山城	蚌埠	21.10	65000	14494	10129			
中铁二十一局集团有限公司			210.00	1312648	566752	48013	8.81	54902	95300
中铁二十一局集团德盛和置业有限公司	中国铁建·梧桐苑	西安	33.42	168727	153411	3024	0.02	215	25500
中铁二十一局集团德盛和置业有限公司	中国铁建·国际城一期项目	西安	43.97	237048	350126	－187915	5.87	34131	45500
中铁二十一局集团德盛和置业有限公司	中国铁建·梧桐苑（兰州）	兰州	12.29	63215	63215		2.89	20064	24300

续表

开发单位	项目名称	建设地点	规划总建筑面积（万平方米）	项目计划总投资（万元）	2014年底开工累计完成投资（万元）	2015年实际完成投资（万元）	2015年实际销售面积（万平方米）	2015年实际销售金额（万元）	2015年实现营业收入（万元）
中铁二十一局集团德盛和置业有限公司	中铁二十一局集团兰州经适房项目商铺	兰州	0.92	11190			0.02	403	
中铁二十一局集团德盛和置业有限公司	中国铁建·国际城二期项目	西安	44.99	301945		71851			
中铁二十一局集团德盛和置业有限公司	中国铁建·国际城三期项目	西安	74.86	530523		161053	0.01	89	
中铁二十二局集团有限公司			296.00	1579204	505498	152785	3.30	29671	29975
黄石天方科技置业有限公司	天方百花园三期	黄石	13.41	40920	50177	955	0.07	685	688
中铁房地产开发（保定）有限公司	中国铁建·京南一品	保定	50.65	214135	200492	16629	2.11	18335	262
中铁二十二局集团第三工程有限公司	海新大厦	厦门	5.40	36162	12466	7493	0.21	1948	
中铁二十二局集团第三工程有限公司	中国铁建.海曦	厦门	5.79	66441	66441		0.03	493	5436
文昌书香小镇发展有限公司	海南文昌书香小镇	文昌	25.51	227875	90200	19517	0.51	5000	17285
中铁二十二局重庆房地产有限公司	中铁5号	重庆	5.36	30954	27911	2050	0.37	3210	6304
中铁二十二局集团太原房地产开发有限公司	中国铁建·太原国际城	太原	159.48	850085	57811	96807			
中铁二十二局集团房地产开发（荆门）有限公司	中国铁建·公园3326	荆门	30.10	112632		9334			
中铁二十四局集团有限公司			23.00	63000	19910	500			
九江铁建置业有限公司	锦绣城	九江	22.55	63000	19910	500			
中铁二十五局集团有限公司			23.00	70321	37824	7722	1.08	4505	405
中铁二十五局集团房地产开发有限公司	柳州.金色蓝庭	柳州	6.58	29504	27720	483	0.01	51	405
中铁二十五局集团房地产开发有限公司	衡阳.金色蓝庭	衡阳	16.19	40817	10104	7239	1.07	4454	
中铁建设集团有限公司			204.00	1238412	561819	106982	21.22	230432	137055
西安侨隆置业有限公司	中国铁建·西安瑞园	西安	12.90	75298	71129	2277	1.85	12000	17000
中铁建设集团（信阳）房地产开发有限公司	中国铁建·信阳领秀城	信阳	100.54	391092	168100	22328	5.01	28221	9141
中铁建设集团北京佳景晟房地产有限公司	中国铁建·北京耀中心	北京	12.23	183191	104000	18453	4.46	116711	88914
中铁建设集团金日房地产有限公司	中国铁建·莱州国际城	莱州	55.09	282105	72457	32543	7.60	40000	22000

续表

开发单位	项目名称	建设地点	规划总建筑面积（万平方米）	项目计划总投资（万元）	2014年底开工累计完成投资（万元）	2015年实际完成投资（万元）	2015年实际销售面积（万平方米）	2015年实际销售金额（万元）	2015年实现营业收入（万元）
大连创富房地产开发有限公司	中国铁建·大连国滨苑	大连	22.80	306726	146133	31381	2.30	33500	
中铁第一勘察设计院集团有限公司			33.00	207102	47176	61798	2.62	19532	
新疆逸博房地产开发有限公司	乌鲁木齐市天汇花园小区二期底商住宅	乌鲁木齐	3.18	18402	8793	4386	1.54	10441	
陕西逸博置业有限公司	中国铁建·逸园A区	西安	14.50	81600	34103	34180	1.08	9091	
兰州新区逸博房地产开发有限公司	鑫铁大厦	兰州	4.69	24815	1093	54			
甘肃逸丰房地产开发有限公司	兰州 Soho	甘肃	6.00	55480	562	20751			
陕西逸博置业有限公司	陕西逸博置业有限公司逸园B区	西安	5.01	26805	2625	2427			
中铁第四勘察设计院集团有限公司			78.00	430207	169031	71850	5.00	24200	25000
中铁四院集团房地产开发有限公司	荷塘星城	株洲	37.70	144698	89031	20943	5.00	24200	25000
武汉铁科高创置业有限公司	杨春湖项目	武汉	40.34	285509	80000	50907			
中铁城建集团有限公司			21.00	100000		27979			
中铁城建集团房地产开发有限公司	中国铁建·洋湖垸	长沙市	20.88	100000		27979			
中国铁建投资集团有限公司			15.00	585130	53762	10458			
珠海铁建大厦置业有限公司	铁建大厦	珠海横琴	15.16	585130	53762	10458			
重庆铁发遂渝高速公路有限公司			78.00	504155	164027	44468	2.68	19140	19425
重庆润君房地产开发有限公司	重庆北碚·山语城	重庆	17.09	179886	99960	14013	0.79	8387	11205
重庆铁建置业有限公司	重庆北碚公园1159（姚家湾项目）	重庆市	5.20	28705	14976	6361	1.74	9860	8220
重庆铁发北山地产有限公司	中国铁建涪陵山语城	重庆市涪陵区	55.34	295564	49091	24094	0.15	893	

（制表：楼　翱）

2015 年 7 月 7—11 日，中国铁建高新装备股份有限公司参加 2015 年第六届俄罗斯国际创新工业展。

（富建强 提供）

文献辑要

中国铁建股份有限公司
科技资金筹集及使用管理办法

中国铁建科设〔2015〕34 号

第一章 总 则

第一条 为贯彻落实国家科技创新驱动发展战略，大力推进中国铁建股份有限公司（以下简称股份公司）科技进步，建立股份公司科技投入长效机制，根据《中华人民共和国科学技术进步法》及相关法律法规、股份公司有关规章制度，特制订本办法。

第二章 资金筹集

第二条 科技资金由股份公司和所属二级单位共同筹集。

第三条 根据股份公司本级科技资金开支规模和各二级单位具体情况，股份公司每年筹集 600 万元，十一局、十二局、大桥局、十四至二十局、中铁建设、电气化局、一院、四院、昆明中铁、铁建重工每年各筹集 150 万元，中土、二十一至二十五局、城建集团、港航局、国际集团、中非建设、地产公司、投资公司、五院、上海院每年各筹集 100 万元，铁城监理、中铁物资每年各筹集 50 万元，共同组成股份公司年度科技资金。

第四条 股份公司筹集的科技资金，当年结余转下一年度使用、不足部分由股份公司补充。

第三章 资金使用范围

第五条 股份公司科技资金使用范围：

（一）股份公司年度科技研究开发计划项目资助；

（二）股份公司科技奖励，包括：科技成果、工法、优秀论文、勘察设计四优、优秀咨询成果、专利、标准等；

（三）高端项目配套资金及奖励，包括：对主持国家科研项目配套资助、国家级科技成果奖配套奖励、国家级科技平台配套建设等；

（四）股份公司工程实验室的年度建设补贴；

（五）股份公司系统学术交流、新技术推广等项目资助；

（六）股份公司技术中心网站运营与维护、科技杂志、科技业务管理等。

第四章 资金支付结算

第六条 科技资金发放。各二级单位收到股份公司下发的科技立项资助、科技奖励、高端项目配套资金及奖励等文件后，涉及经费的各二级单位要及时发放到位，不得转由下一级发放。

第七条 科技资金认定。每年在股份公司财务年终决算前，各二级单位向股份公司科技设计部上报应收股份公司科技资金明细表，并附科技资金发放表和相关文件、通知等复印件。股份公司科技设计部收到材料后，依据股份公司下发的文件、通知等核算应付各二级单位科技资金，并核实发放到位情况。对经核实发放到位的予以认定。

第八条 科技资金结算。经科技设计部认定的科技资金，由股份公司从年终各二级单位上缴分红中一次性抵扣，年中不再逐项拨款。

第九条 属股份公司本级应付的技术中心网站补贴、资料汇编、技术中心年审、科技工作会议补贴及通过股份公司直接发放的特殊奖励等费用，经股份公司领导审批，由股份公司统一支付。

第五章 资金监督

第十条 股份公司科技资金实行预算管理，年度预算和决算均由股份公司领导审批。

第十一条 股份公司科技设计部会同财务部对科技资金发放及使用情况进行日常监督检查，对重大科研项目、大额奖励资金发放及使用情况进行不定期抽查；对重大（A、B 类）课题实行结题验收制度，委托财务审计，审计报告作为结题验收的重要依据。

第十二条 经检查核实，发现未按股份公司文件、通知要求发放科技资金的当年不予认定，属往年已结算支付的要在后期认定的科技资金中扣减。

第十三条 为促进各二级单位科技资金及时发放到位，股份公司科技指标考核体系中增加对各二级单位科技资金落实情况的考核。

第六章 附 则

第十四条 本规定自发布之日起执行，原总公司《科技研发资金管理办法》同时废止。

第十五条 本办法由股份公司科技设计部负责解释。

中国铁建股份有限公司科技创新平台管理办法

中国铁建科设〔2015〕38号

第一章 总 则

第一条 为贯彻《中国铁建股份有限公司发展战略与规划》（中国铁建发展〔2011〕1号）、落实《中国铁建股份有限公司“十二五”科技发展规划》（中国铁建科设〔2011〕141号），规范和加强股份公司创新平台的认定和管理，制定本办法。

第二条 本办法所称“创新平台”是指通过国家、各省（部委）和股份公司本级认定的三级平台，即：经国家批准依托股份公司建设的国家工程（重点）实验室、国家工程技术（研究）中心，国家级企业技术中心等国家级创新平台；经各省部委其他部委批准依托股份公司建设的工程（重点）实验室、工程技术（研究）中心、省级企业技术中心等省部级创新平台；经股份公司认定的工程实验室。

第三条 创新平台的主要任务：国家级创新平台要积极承担并圆满完成国家科技计划项目，积极参与国家标准制定，发挥好在建筑业科技创新方面的先导作用，提升企业核心竞争力；省部级创新平台要积极承担并圆满完成各部委或省级科技计划项目，积极参与行业标准制定，发挥企业在地域科技方面的先导作用，引领行业技术创新；股份公司工程实验室要围绕股份公司主业技术开展共性、前瞻性技术及重大工程关键技术研究，重大装备样机及其关键部件的研制，开展具有自主知识产权、具有良好市场前景的产品开发研制，开展重要技术标准的制定，开展相关成果、产品的推广工作。

创新平台同时应是企业开展国际、国内技术交流与合作，凝聚、培养技术创新人才的基地。

第二章 管理机构及职责

第四条 创新平台是股份公司创新体系的重要组成部分，股份公司技术委员会负责组织推进创新平台建设，主要职责：

1. 编制和组织实施创新平台的整体规划。

2. 推荐申报国家级创新平台，对通过认定的国家级创新平台进行指导、激励、监督与管理。

3. 批准股份公司工程实验室的建立、调整、撤销。组织股份公司工程实验室的申报、考核、跟踪管理。

第五条 技术中心办公室负责创新平台的日常管理工作，对国家级创新平台协助管理，对省部级创新平台宏观管理，对股份公司工程实验室实行直接管理。

第六条 依托单位具体实施创新平台建设和运行管理，主要职责：

1. 按照相关文件的要求，制定建设、发展规划和年度计划，实施创新平台建设，落实创新平台建设与运行的支撑条件，筹措创新平台的建设和运行经费，保障创新平台正常运行。

2. 承担各级部门委托的研发任务，为重大战略任务、重点工程提供研发和试验条件。

3. 按照有关要求向各级主管部门报送年度评价材料。

第三章 申报与认定

第七条 申报创新平台建设的单位须按照各级部门的相关要求，结合自身的优势和具体情况，编制相应创新平台申请报告，报送相应主管部门。

第八条 申报股份公司工程实验室应具备以下基本条件：

1. 申报主体：股份公司的二级公司。以联盟等形式共同申请的，必须确立一个牵头单位，并附有协议书，明确各方权责。

2. 研究方向和能力：研究方向符合股份公司发展战略，在本领域处于领先地位，具有较强的创新能力，掌握核心技术并拥有自主知识产权，具有较强的行业辐射能力。

3. 人才队伍：有高水平学术带头人，拥有一支数量合理，结构优化、学术水平高、在本领域具有先进的研发试验设施和相应的技术创新团队，拥有一批能够带动行业发展的高水平研发成果和技术诸备。

4. 运行管理：具备完善的组织体系，管理体制和运行机制，较强的研发组织管理水平，发展计划和目标明确，具有稳定的产学研合作机制，技术创新绩效显著。

5. 支持与投入：依托单位科研投入能力较强，能为工程实验室的运行提供必要的经费和条件保障。

第九条 申报国家级创新平台的程序：详见《国家工程研究中心管理办法》发改委2007年第52

号令，《国家认定企业技术中心管理办法》发改委2007年第53号令，《国家工程实验室管理办法（试行）》发改委2007年第54号令，《国家重点实验室建设与运行管理办法》国科发基〔2008〕539号、《国家工程技术研究中心暂行管理办法》国科发〔93〕计字060号。

第十条 申报省部创新平台的程序：详见各省、部委的相关文件规定。

第十一条 股份公司工程实验室认定的组织工作由技术中心办公室负责，认定的程序：

1. 依托单位填写《股份公司工程实验室认定申请书》，向股份公司提出申请。

2. 技术中心办公室组织有关专家对申报单位及材料进行评审，并形成专家评审意见。

3. 股份公司根据评审意见，审核并认定股份公司工程实验室。

第十二条 股份公司工程实验室经认定后予以授牌，统一命名为“股份公司XXX工程实验室（依托单位）”。

第四章 国家级创新平台运行管理与激罚

第十三条 国家级创新平台运行管理：国家级创新平台实行主任负责制，主任由依托单位的总经理（院长）或总工程师担任，主任是创新平台的第一责任人，依托单位的总工程师是创新平台的直接管理者。

第十四条 股份公司协助国家级创新平台的管理工作，积极推动创新平台按照国家要求投入资金，不断做实，积极承担国家、行业和股份公司的科技任务。

股份公司是国家级创新平台的推荐单位，鼓励省部级创新平台或股份公司工程实验室申报国家级创新平台。

第十五条 国家级创新平台应于每年底向股份公司上报年度工作总结和建设计划（主要包括建设方面、承担行业省部和国家科技研发方面、高级科技人才建设方面和所获行业省部国家年度各种科技奖励等），股份公司按照创新平台年度建设计划和国家要求进行检查、监管。

第十六条 国家级创新平台具有承担股份公司重大科研课题的优先权。平台应积极申报国家科研计划指南和国家科研计划项目课题，对承担的国家科研计划课题的，给予一定的配套资金支持；对获得的国家级科技奖励，给予一定的配套奖励。

第十七条 对通过认定的国家级创新平台，给予依托单位一次性300万元的奖励，奖励资金主要用于国家级创新平台的建设，由依托单位的总经理（院长）和总工程师负责。

第十八条 国家级创新平台的依托单位每年及时向股份公司技术中心办公室上报国家的考评结果，被撤销其资格的，扣罚当年依托单位负责人当年绩效奖金的20%。

第五章 股份公司工程实验室运行管理和考核

第十九条 通过股份公司认定的工程实验室（以下简称工程实验室）实行主任负责制，工程实验室归口依托单位的总工程师管理。

第二十条 工程实验室应重视和加强运行管理，建立健全内部管理制度，建立灵活的运行机制；引导不断做实工程实验室，积极承担相关科技研发任务。

第二十一条 工程实验室要加大投入力度，每年投入工程实验室科研设备、基本建设费用不少于100万元。

第二十二条 加强工程实验室的团队建设。科研与管理人员不少于20名，由依托单位相关专业优秀人员构成，工作人员可采取固定加流动工作人员组成，由依托单位总工程师批准任命；固定工作人员不少于3名，固定工作时间一般不短于3年；流动人员可分布在依托单位与工程实验室相关的工作岗位上。

为加强工程实验室建设，工程实验室可聘请部分外部专家。工程实验室要加强对所属人员的管理，每年至少召开一次全体会议，总结、研究布置工作，所属人员均要承担工程实验室的相关工作。

工程实验室要注重吸引内外优秀人才，成为股份公司培养优秀科技人才基地。

第二十三条 工程实验室要积极开展与发展方向相关的课题研究，具有承担与发展方向相关的股份公司重大科研课题的优先权，依托单位每年承担的研究课题不少于2项，承担股份公司A、B、C类项目不少1项，并积极申请承担省部和国家科研课题。

第二十四条 工程实验室应制定科研仪器设备配置计划，及时实施科研仪器设备的更新改造、自主研制；可与相关单位联合配置。

第二十五条 工程实验室应加强工作总结，积极获取专利、科技奖励、标准、工法、专著、论文、软件等科技成果，并均可标注工程实验室的名称。积极开展国内外科技合作与交流，积极推广应用四新技术。

第二十六条 工程实验室需要更名、变更研究方向进行结构调整、重组的，由依托单位书面报股份公司批复。

第二十七条 对通过认定的工程实验室，第一年股份公司给予依托单位10万元的建设费用资助。

工程实验室实行年度绩效考评制度，组织专家进行考评。考评结果分为优秀、良好、合格、不合格，分别给予20万元、10万元的建设费用资助、不资助和撤销资格。

第二十八条 出现下列情形之一的，撤销“股份公司工程实验室”资格：

1. 绩效考评不合格；

2. 不接受股份公司技术中心的跟踪管理，或不参加绩效考评；

3. 依托单位自行要求撤销股份公司工程实验室。

第六章 附 则

第二十九条 本办法所涉及的费用为股份公司科技资金，统一列入股份公司年度科技经费预算，发放办法执行《中国铁建股份有限公司科技资金筹集及使用管理办法》（中国铁建科设〔2015〕34号）。

第三十条 本办法由股份公司技术中心办公室负责解释。

第三十一条 本办法自公布之日起施行。

中国铁建股份有限公司内部法律纠纷管理办法

中国铁建法〔2015〕85号

第一章 总 则

第一条 为妥善解决中国铁建股份有限公司（以下简称股份公司）系统内部单位之间的法律纠纷，规范股份公司内部法律纠纷裁决程序，根据《中国铁建股份有限公司法律事务管理办法（试行）》（中国铁建法〔2009〕8号）、《中国铁建股份有限公司法律纠纷案件管理暂行办法》（中国铁建法〔2009〕16号）的有关规定，结合股份公司实际，制定本办法。

第二条 建立内部法律纠纷裁决程序，目的是避免内耗，减少诉累，维护股份公司整体利益。股份公司禁止内部单位之间在法院、仲裁机构等外部机构擅自提起诉讼、仲裁。

第三条 内部法律纠纷裁决应结合双方提交证据材料，遵循事实，维护内部各单位合法权益原则。特殊情况下，可根据涉及纠纷单位整体经济效益等实际状况，裁决中就利息、违约责任条款，给予适当调整，支持一方合理性诉求。

第四条 本办法所称内部单位是指股份公司、所属二级单位及下属各级公司，股份公司直属分公司、指挥（项目）部、区域指挥部、办事处、协调组等（以下简称各单位）。

第五条 本办法所称内部法律纠纷是指各单位之间因经济合同引发的财产权益纠纷。

第六条 各单位向股份公司提起内部法律纠纷申请的期限为两年，自各单位知道或应当知道其权利受到侵害之日起开始计算。

申请期限适用法律、法规有关诉讼时效中止、中断的相关规定。

各单位自知道或应当知道其权利受到侵害之日起两年后提出申请的，股份公司认为情况特殊需要受理的，不受前款限制。

第七条 股份公司法律合规部是股份公司内部法律纠纷裁决的牵头部门。

第二章 申请与受理

第八条 内部法律纠纷，当事方应逐级协商，协商不成的，由二级单位向股份公司法律合规部提出裁决申请。未经逐级充分协商，股份公司不予受理。

逐级协商应遵守如下程序：首先合同载明当事方应先行协商；协商不成的应经合同载明当事方的隶属二级单位进行协商，二级单位协商由二级单位法律合规部门牵头组织；二级单位协商不成的，才可向股份公司提出内部裁决申请。逐级协商应当保留进行协商的函件等书面资料，或电话记录等协商相关证据。

第九条 申请方向股份公司法律合规部申请裁决内部法律纠纷，应当提交加盖本单位印章的内部法律纠纷裁决申请书及证据，并按照被申请方人数提出副本。

第十条 申请书应当载明下列事项：

（一）申请方名称、地址、联系人及其联系方式；

（二）被申请方名称、地址；

（三）申请请求和所根据的事实与理由；

（四）当事方逐级协商材料，包括书面信函、会议纪要等；

（五）证据材料。

第十一条 对符合申请条件的，股份公司法律合规部应当在收到申请书后7日内进行审核，决定受理的将受理通知书或其他方式通知申请方；对不符合受理条件的，应当在收到申请书10日内书面或其他方式通知申请方。

第十二条 股份公司法律合规部应自决定受理申请后3日内将裁决申请书副本及证据送达被申请方。被申请方应当自收到裁决申请书副本之日起15日内向股份公司法律合规部提交答辩意见书及其副本。答辩意见书中应列明答辩人单位名称、地址、联系人及联系方式、答辩事实及理由、证据等。法律合规部在收到答辩意见书后3日内应将答辩意见书副本发送申请人。

案件特别复杂，收集证据确有困难的，经股份公司允许可以将答辩、举证期限适当延长，但最长不超过30日。

被申请方不提交答辩意见书、证据的，不影响股份公司内部法律纠纷裁决会议的召开，但应承担放弃举证权利的不利后果。

第十三条 股份公司法律合规部根据内部法律纠纷内容、性质邀请相关职能部门组成股份公司内部法律纠纷合议小组。股份公司法律合规部牵头负责合议小组的工作，负责召集相关部门及纠纷当事人召开内部法律纠纷裁决会议。在裁决会议召开3天前，将纠纷相关资料送交相关职能部门。

第十四条 内部法律纠纷合议小组可根据纠纷当事人的申请或认为需要时，选定鉴定机构或者内外部专家对专业事项进行鉴定或提供专家论证意见。

聘请相关鉴定机构或专家，产生费用的由鉴定申请方先行垫付，最终费用承担在裁决书中予以裁决确定。

第十五条 内部法律纠纷合议小组应认真审核纠纷材料，必要时，可向相关单位、员工调查收集、查清与案件相关的证据材料，相关单位和员工应予以配合。

第十六条 内部法律纠纷合议小组可就纠纷事项派出人员进行调查取证。调查取证应形成调查笔录，调查笔录经被调查人校阅后，由调查人、被调查人签名或者盖章。

第三章 裁决与执行

第十七条 内部法律纠纷合议小组应当在裁决会召开5日前将裁决会召开时间、地点通知纠纷当事方。

第十八条 股份公司法律合规部主持裁决会的召开。

第十九条 内部法律纠纷合议小组应指定法律合规部专门人员做好裁决会的会议记录，必要时可以对会议进行录音，妥善保存会议材料。

裁决会实行不公开审理方式，参会各当事方、人员未经股份公司允许，不得录音、拍照、录像，对裁决会议相关资料，涉及到企业秘密的应当采取必要保密措施，不得对外泄露。

第二十条 纠纷当事方可在裁决会上对已经提交的证据进行质证，经合议小组允许，也可以提交新的证据。纠纷当事方应提供证据证明自己的主张成立，如一方无有效证据，则应承担举证不能的责任。

第二十一条 内部法律纠纷合议小组在裁决会上应充分听取纠纷当事方对事实和理由的陈述。

第二十二条 无正当理由，不出席股份公司裁决会，作为申请方的，视为放弃申请请求；作为被申请方的，视为放弃抗辩权利；作为依当事方申请股份公司追加第三人参加会议的，股份公司可根据裁决会掌握的情况，形成裁决。

特殊情形，不能参加股份公司裁决会的，应当在会议召开前3日向股份公司请示并获得批准。

第二十三条 股份公司法律合规部有权视情况召开合议小组内部会议，对纠纷情况进行讨论、表决，形成裁决意见。

第二十四条 股份公司正式下发的红头文件、审计报告、纪检报告等有效文书，政府部门、业主单位、中介机构等单位和组织出具的文书资料、调查材料等可作为股份公司裁决依据。

第二十五条 股份公司法律合规部负责起草裁决书。裁决书由参与合议小组的股份公司相关部门会签后，报分管领导审批。分管领导认为需要主管领导审批的，呈送主管领导审批。裁决书以股份公司正式文件形式送达纠纷当事方。

第二十六条 裁决书一经送达纠纷当事方即生效。

第二十七条 裁决书是内部纠纷的最终裁决，纠纷当事方不得就同一事项再次向股份公司提出裁决申请。

第二十八条 一般情况下，股份公司法律合规部应在受理裁决申请后3个月内出具裁决书。如遇特殊情况，可适当延长1~3个月。

对事实清楚，证据充分，经股份公司向双方核实并书面确认确无争议的纠纷，可适用简易程序进行书面审理，1个月内出具裁决书。

第二十九条 纠纷当事方应按照裁决书裁决期限履行裁决义务。履行完毕后15日内履行义务方应出具《执行情况报告书》，报股份公司法律合规部备案。

第三十条 履行义务方未执行裁决书的，权利方有权向股份公司法律合规部提出履行申请。

第三十一条 对逾期不予执行股份公司生效裁决的，股份公司以下发专项通知的形式督促履行。通知下发后还不履行支付义务的，股份公司采取财务划转或抵扣方式强制履行支付义务。

财务划转或抵扣等强制执行行为，由股份公司法律合规部会同财务部提交报告，经股份公司领导批准同意，由财务部具体实施。

第四章 奖惩规定

第三十二条 对于逾期不执行生效裁决书的当事方，在当年绩效考核时依专项指标考核规定视程度轻重扣1～10分。

一个年度内，发生1次不执行股份公司生效裁决的，扣除专项指标考核5分；2次及以上的扣专项指标考核10分。对部分执行股份公司裁决的单位，股份公司将视情况扣专项指标考核1～5分。

第三十三条 对股份公司内部单位擅自提起诉讼、仲裁的单位，在当年绩效考核时依专项指标考核规定视程度轻重扣1～10分。一个年度内，对股份公司内部单位提起1起诉讼、仲裁的，扣除专项指标考核5分；2起及以上的扣专项指标考核10分，同时取消该二级单位法律工作评优评先资格。

第三十四条 擅自对系统内单位提起诉讼和仲裁，三级单位作为主体提起诉讼、仲裁的，一个年度内3次及以上，股份公司法律合规部或二级单位有权建议调整三级单位相关领导及法律事务负责人；二级单位范围内（含本级及所属三级单位）提起诉讼、仲裁的，一个年度内5次及以上的，股份公司法律合规部有权建议调整二级单位相关领导及法律事务负责人。

第三十五条 擅自对系统内部单位提起诉讼或仲裁的，被告方（被申请人）在接到案件受理通知后应及时向股份公司法律合规部书面报告，提出要求原告（申请人）撤诉的申请。报告应写明当事人、纠纷基本情况及诉求事项。

第三十六条 股份公司接到撤诉申请后3日内通知擅自提起诉讼或仲裁的单位立即撤诉。提起诉讼、仲裁的单位应按股份公司要求7日内撤诉。拒不撤诉的，除在年度绩效考核时扣分外，股份公司将通报批评，取消该二级单位法律工作评优评先资格。

第五章 附 则

第三十七条 法律纠纷案件法律关系涉及股份公司系统以外单位或有其它特殊情形，发案单位向股份公司提出申请，经股份公司正式文件批复同意后，可以通过诉讼、仲裁途径解决。

第三十八条 各单位之间非因经济合同而引发的纠纷，特殊情形下经股份公司领导批准，可作为特殊案件予以受理。

第三十九条 二级单位所属单位之间的内部法律纠纷由二级单位参照本办法自行裁决处理。

第四十条 本办法中的期限均指工作日，一个年度是指公历1月1日至12月31日。

第四十一条 本办法自下发之日起施行，此前股份公司颁布的规定与本办法不一致的以本办法为准。

第四十二条 本办法由股份公司法律合规部负责解释。

中国铁建股份有限公司
对外承包工程业务统计管理办法

中国铁建国际〔2015〕143号

第一章 总 则

第一条 为进一步规范中国铁建股份有限公司（以下简称股份公司）系统各单位对外承包工程业务统计工作。根据国务院《对外承包工程管理条例》、商务部《对外承包工程业务统计制度》和中国对外承包工程商会有关规定，结合股份公司统计工作实际情况，制定本办法。

第二条 本办法所称“对外承包工程”指股份公司及所属各单位承包国（境）外建设工程的活动。

第三条 股份公司对外承包工程项目新签合同额、完成营业额、涉足国家（地区）及期末在外人数由国际部负责统计。

第四条 本办法适用范围包括股份公司所属各单位。

第二章 业务统计组织机构及人员

第五条 对外承包工程业务统计实行统一领导、分级管理

（一）股份公司负责全系统对外承包工程业务统

计工作，管理所属各单位对外承包工程业务统计工作，审核、汇总、上报股份公司对外承包工程业务统计资料。

（二）所属各二级单位负责本单位对外承包工程业务统计工作，管理本单位的统计工作，审核、汇总并向股份公司上报本单位对外承包工程业务统计资料。

第六条 所属各单位应指定专职部门，并安排专职人员负责对外承包工程业务统计工作。应保持对外承包工程业务统计队伍相对稳定，不得以任何借口无故削弱统计力量。如负责对外承包工程业务统计工作的专职部门与专职人员发生变动，必须向股份公司国际部报告，并及时配备合格的人员接替，办理好业务交接手续，保证业务正常运转。

第三章 统计内容、报告期及上报、审核渠道

第七条 纳入对外承包工程业务统计的项目类别

（一）承包国（境）外工程项目。指企业按照国际上通行的做法，在国外及港澳台地区承揽和实施的各类工程项目。

（二）承包我国对外经济援助项目。指企业以投标、议标等方式承揽和实施的我国对外经济援助项目。

（三）承包我国驻外机构工程项目。指企业以投标、议标等方式承揽和实施的我国驻外使（领）馆等工程项目。

（四）企业自带设备，以收取设备使用费、技术服务费等形式承揽和实施的国外及港澳台地区工程项目。

（五）企业在国外及港澳台地区承担地形地貌测绘，地质资源普查与勘探，建设区域规划，工程设计、生产工艺、技术资料和工程技术咨询，工程项目的可行性考察、研究和评估，工程监理，技术指导等经济活动。

第八条 对外承包工程业务统计的主要内容包括：项目名称、项目所在国（地区）、项目内容简介、项目分类、承包方式、项目性质、技术标准、资金来源、签约合同额、我方份额、签约日期、项目工期、完成营业额、境外机构、期末在外人数。

（一）项目名称

1. 项目名称应与签订的正式合同文本所规定的名称一致，并将项目中文和外文名称同时上报。

2. 项目名称发生变更的，应在变更发生后的本年度下一报告期及时更改，并加以说明。

（二）项目所在国（地区）

股份公司所有对外承包工程项目均以实施地点作为国别（地区）统计依据。

（三）项目内容简介

填报单位应根据合同内容填写不少于50字的项目内容简介。具体应包括：项目所处地区、项目业主情况、项目主要工作内容等。

（四）项目分类

1. 根据商务部《对外承包工程业务统计制度》以及美国工程新闻记录（ENR）关于国际工程项目分类标准，将本办法中的项目大类名称进行规范调整，同时将二级小类纳入工程项目分类统计管理。对外承包工程项目分为十一大类：房屋建筑项目、工业建设项目、制造加工设施建设项目、水利建设项目、废水（物）处理项目、交通运输建设项目、危险品处理项目、电力工程建设项目、石油化工项目、通讯工程项目、其他。各小类见附件。

2. 如同一项目涉及两个或以上的项目大类，合同额可以根据合同文本拆分的，分别进行分类项目统计。

3. 如同一项目涉及两个或以上的项目大类，合同额无法根据合同文本拆分的，按项目主要类别（即合同文本中合同额比重最大的类别）进行工程项目分类统计。

4. 与采矿业相关的地质勘察（含数据采集等）纳入“其他”工程项目类别进行统计。

5. 矿山工程建筑（含坑道、隧道、井道的挖掘、搭建等）项目纳入“其他”工程项目类别进行统计。

（五）承包方式

承包方式分为十类：工程总承包－EPC、工程总承包－设计施工总承包、工程总承包－施工总承包、施工分包、BOT及其衍生方式、PPP模式、采购合同、租赁合同、技术服务（设计、规划、勘测等）、其他。

（六）项目性质

项目性质分为四类：总包、联合体（联营体）、系统外分包、系统内分包。

（七）技术标准

技术标准分为四类：中国标准、美国标准、英国标准、欧洲标准、其他标准。

（八）资金来源

资金来源分为七类：业主自有资金、当地政府拨款、国际金融机构贷款、国内出口信贷、企业投资、我国对外经济援助项目和其他。此项可多选，多选情况下需注明每项资金来源所占比例。

（九）签约合同额

1. 签约合同额按企业与国（境）外业主签订的合同文本所规定的金额统计。

2. 签约合同额上报均以美元作为计算单位。项目合同以非美元计价的，若合同规定了对美元折算率，其签约合同额按合同规定的折算率折合美元计算统计；若合同未规定对美元折算率，须按所签合同生效当日所在国家（地区）官方规定的合同计价货币对美元折算率的中间价折合美元计算统计。

3. 签约合同额发生变更的，应在变更发生后的本年度下一报告期调整合同金额，并加以说明。

（十）我方份额

所属各单位与国内或国（境）外企业联合中标的项目，其签约合同额按其实际实施的部分计算统计。

（十一）签约日期

签约日期以合同文本的正式签订日期为统计日期。

（十二）项目工期

项目工期以合同文本规定的正式起止工期为准。

（十三）完成营业额

所属各单位需将报告期内正在实施的合法有效的对外承包工程项目完成营业额情况进行上报。

（十四）境外机构

所属各单位需对报告期内新设立或撤销的境外机构情况进行上报，境外机构包括：子公司、分公司、代表处（办事处）、项目公司（项目部）。

（十五）期末在外人数

所属各单位需对报告期末在外人员数量进行上报。期末在外人员分为四类：正式职工派出、中方社会聘用人员（中国籍）、项目所在国籍雇员、第三国籍雇员，其中每个类别均按照技术及管理人员、劳务人员两小类分别统计。

第九条 当期一个完整的报告期是指上月 26 日 0 时至本月 25 日 24 时。所属各单位需在每月 29 日 12：00 前完成当期有关统计数据上报工作（2 月份于 28 日 12：00 前上报）。

第十条 对外承包工程业务统计数据报送渠道。股份公司对外承包工程业务统计相关数据经由股份公司对外承包工程信息服务系统报送（网址：http：//wj. crcc. cn），此系统已于 2015 年 4 月正式上线运行。所属各单位在开展对外承包工程业务统计相关工作中应加强信息化建设，充分运用网络传输手段，不断提升统计报送工作质量和效率。

第十一条 所属各单位上报数据实行分级审核制度，对外承包工程业务统计专职人员作为填报人将所填报数据提交对外承包工程业务统计专职部门领导审核，部门领导审核通过后报所属各单位分管领导审核，分管领导审核通过后上报股份公司，所有数据审核工作均通过股份公司对外承包工程信息服务系统进行操作。

第四章 新签合同额、完成营业额统计

第十二条 新签合同额指所属各单位在报告期内签订的合法有效的对外承包工程项目合同文本规定的金额。

（一）未签订正式合同的一律不得计入新签，严禁将签订框架合同、战略合作协议的项目纳入统计范畴。对于附带有融资、贷款等条件的合同，待合同附加条件落实且收到业主首笔付款（含预付款）后才能进入统计范畴。

（二）所属各单位填报新签合同必须附上签字版的合同协议（或其他证明合同已正式签订的文件）扫描件，合同额大于500 万美元的项目（系统内分包项目除外）还需附上对外承包工程项目投（议）标核准证扫描件。原则上，未提供相关证明文件的项目不计入新签。

（三）报告期签订补充合同的，补充合同部分视同新签合同。

第十三条 完成营业额指所属各单位在报告期内完成的以货币形式表现的工作量。

（一）对外承包工程项目完成营业额按承包方编制的经现场监理工程师或项目总监审核签字的工程进度证明等计算统计。

（二）所属各单位必须根据提交给业主据以结算项目款项或反映报告期项目工作量的有效凭证或单据填报完成营业额。

（三）完成营业额以美元作为计算单位。

项目合同以非美元结算的，若合同规定了对美元折算率，其完成营业额按合同中规定的折算率折合美元计算统计；若合同中未规定对美元折算率，须按报告期当年 1 月 1 日所在国家（地区）官方规定的合同计价货币对美元折算率的中间价折合美元计算统计。

（四）所属各单位与国内或国（境）外企业联合中标的项目，其完成营业额按其实际完成的工作量统计。

（五）非外经单位以内部分包方式实施由外经单位签订的对外承包工程项目，非外经单位在报告期内完成营业额由外经单位负责统计上报。

（六）具有对外经营资格的系统内单位与不具有对外经营资格的国内企业之间以总包、分包方式实施的对外承包工程项目，其完成营业额由具有对外经营资格的系统内单位统计。

第五章 其他事项

第十四条 所属各单位必须遵照《中华人民共和国统计法》和股份公司有关规定，对所提供统计

资料的完整性、真实性、及时性、准确性负责，不得拒报、瞒报、虚报、迟报统计资料。

第十五条 所属各单位必须遵照《中华人民共和国统计法》规定，保守国家秘密、商业秘密以及可能影响企业经营活动的重要信息。

第十六条 所属各单位在报送统计资料的同时，还必须依照《对外承包工程管理条例》有关规定，向国务院商务主管部门、地方政府商务主管部门和有关统计部门报送业务统计资料。

第十七条 所属各单位向股份公司相关业务部门报送对外承包工程业务统计资料时，应与上报股份公司对外承包工程信息服务系统数据保持一致。

第十八条 本办法由国际部负责解释。

第十九条 本办法从发布之日起执行。

附件

对外承包工程项目分类

项目类别代码（大类、小类）	类别名称
A	房屋建筑项目
01	商用建筑（包括用于商业活动的商场、市场以及商用办公楼等）
02	政府办公设施
03	教育用设施（包括幼儿园、学校等）
04	监狱惩戒机构
05	卫生保健机构（包括医院以及与卫生保健相关的场所建设）
06	物流分销、仓储设施（包括各类仓库、商品分拨中心等）
07	酒店、汽车旅馆、会展中心
08	多户单元住宅（包括供多户居民居住的住宅、公寓等）
09	体育设施（包括体育场、运动中心等）
10	游乐场所、主题公园
11	宗教和文化设施
12	土地平整
13	其他
B	工业建设项目
01	钢铁和有色金属加工厂建设
02	化学品（非石油）厂建设（包括化肥厂等）
03	制药厂建设
04	食品和饮料加工厂建设
05	纸浆和造纸厂建设
06	非金属矿物制品厂建设（包括水泥厂、石灰厂、玻璃厂等）
07	其他
C	制造加工设施建设项目
01	汽车装配和零部件制造厂建设
02	半导体制造厂建设
03	电子装配厂建设
04	航空航天设备制造厂建设
05	其他
D	水利建设项目
01	水处理、海水淡化厂
02	供水管线、沟渠建设
03	水坝、水库
04	防洪堤坝、海堤建设
05	打井工程
06	其他
E	废水（物）处理项目
01	污水处理厂
02	卫生间、下水道处理
03	固体废弃物处理
04	其他
F	交通运输建设项目
01	公路（含高速公路）
02	桥梁
03	港口及港口设施建设
04	机场（含航站楼）

续表

项目类别代码（大类、小类）	类别名称
05	普通铁路
06	高速铁路
07	地铁
08	轻轨
09	公共交通枢纽
10	其他
G	危险品处理项目
01	化学品处理和土壤（指遭受污染的土壤）修复
02	核废料处理
03	石棉和铅减排处理
04	空气净化设施
05	其他
H	电力工程建设
01	化石燃料电厂（石油、天然气和煤做为燃料的电厂）
02	核电站
03	水电站
04	热电联产电厂（指同时向用户供给电能和热能的火力发电厂）、废燃料电厂
05	风力发电站
06	太阳能发电站

续表

项目类别代码（大类、小类）	类别名称
07	输配电工程（包括输电线路工程、变电工程、换流站工程等）
08	电站运营维护（含改造）
09	其他
I	石油化工项目
01	炼油厂和石化厂建设
02	油气管线建设
03	海上石油平台建设
04	01－03 项服务维护运转
05	其他
J	通讯工程建设
01	广播电视转播塔施工
02	数据和网络中心建设
03	通讯传送架与设施的施工（含地下和水下通信电缆）
04	通信线路和设备安装
05	航空航天工程（含卫星发射等）
06	其他
K	其他
01	与采矿业相关的地质勘察
02	矿山工程建筑（含坑道、隧道、井道的挖掘、搭建等）
03	其他

中国铁建股份有限公司企业文化建设管理办法

中国铁建党宣〔2015〕61号

第一章　总　则

第一条　为贯彻落实中国铁建股份有限公司（以下简称股份公司）发展战略，推动企业文化建设深入、持续开展，充分发挥企业文化在引领企业发展中的作用，制定本办法。

第二条　指导思想

以打造具有先进性、国际性、包容性、独特性的企业文化为着眼点，以员工全面发展为核心，以打造核心竞争力为重点，内聚动力、外塑形象，为中国铁建全面、协调、可持续发展提供强有力的文化支撑。

第三条　遵循原则

1. 坚持以人为本。重视员工价值的实现，搭建员工发展平台，增强员工的主人翁意识和社会责任感，激发员工的积极性、创造性和团队意识，实现员工发展和企业发展互促共进。

2. 坚持全员参与。尊重员工的首创精神，发挥好员工的主体作用，发动员工广泛参与、积极践行。从基层抓起，集思广益，群策群力，全员共建。

3. 坚持整体推进。在推进企业文化建设进程中，企业视觉识别系统、理念识别系统、行为识别系统等统筹规划、整体推进、系统运作、强力执行。使企业文化建设与企业生产经营管理融为一体，与精神文明创建、品牌推广等紧密结合。

4. 坚持继承创新。挖掘企业本身的宝贵文化资源，汲取中国传统文化的思想精华，传承和弘扬优秀文化，广泛借鉴国际上先进企业的优秀文化成果。与时俱进，博采众长，不断赋予文化理念以新的时代内涵，不断创新企业文化建设的内容、载体、方式方法。

5. 坚持务求实效。借助必要的载体和抓手，围绕企业深化改革的重点和难点，把企业倡导的价值理念付诸实践，融入到各项规章制度中，渗透到日常管理全过程。

第四条　工作目标

构建既符合企业实际，又体现时代特征，既有统一的中国铁建主体文化，又有各单位特色的内容丰富、体系完备、个性鲜明的企业文化。通过持之以恒地加强企业文化建设，努力提升企业竞争实力，打造高素质员工队伍，塑造企业良好品牌形象。

第二章　管理职责

第五条　股份公司层面

贯彻落实股份公司董事会、党委会、经理层关于企业文化建设的方针政策和各项工作部署；负责全系统企业文化建设顶层设计，制定全系统企业文化建设规划、年度计划和管理办法；决策全系统企业文化建设重要事项；指导全系统企业文化的传播、落地、考核、评价等工作。

股份公司党委宣传部（企业文化部）履行企业文化建设管理职能，负责组织开展统一的企业文化建设工作。股份公司机关各职能部门，承担相应的子文化建设工作。

第六条　集团公司层面

贯彻落实股份公司的决策部署，在坚持中国铁建主体文化前提下，制定集团公司企业文化建设规划、年度计划，负责本单位特色文化的建设，组织所属单位实施企业文化传播、落地工作。各集团公司企业文化工作部门负责企业文化建设日常工作。

第七条　工程公司（子、分公司）层面

贯彻落实股份公司和集团公司的决策部署，负责本级及所属项目经理部的企业文化传播、落地工作。

第八条　项目经理部层面

贯彻落实企业文化建设方面的各项要求，发挥窗口作用，营造浓厚文化氛围，打造特色项目文化，提升管理水平，培育优秀团队。

第三章　管理内容

第九条　主要内容

1. 严格执行企业形象识别系统，塑造统一、规范的企业整体形象。

2. 丰富和完善企业理念识别系统，形成既有共性、又有个性的特色文化。

3. 结合不同业务板块和工作岗位特点，完善行为识别系统，打造具有统一价值取向的团队。

第十条　实施企业文化传播

1. 组织企业文化活动。组织开展企业文化主题实践活动，广泛开展形式多样、寓教于乐的群众性文体活动，不断满足广大员工日益增长的精神文化需求。

2. 开展企业文化传播。构建企业文化传播平台，

充分利用广播影视等各种媒体媒介，特别是有效运用新媒体，讲好精彩故事，做好品牌传播，与社会公众之间搭建起有价值认同的信任合作关系，为企业发展创造良好的外部环境。

第十一条　推进企业文化落地

1. 加大执行力建设。各级领导要带头学习、宣讲和践行企业文化，坚持用优秀的企业文化武装人、凝聚人、鼓舞人、塑造人，推动建设一支高素质的员工队伍，持续提升执行力、创新力和战斗力。

2. 讲好企业文化故事。坚持传承和弘扬企业传统优秀文化，加强对鲜活故事的收集和整理，注重把抽象的文化理念故事化、具像化、人格化，将企业文化故事作为教育员工和对外传播的生动素材。

3. 开展企业文化培训。把企业文化内容纳入培训体系，利用书籍、画册、影像、展览馆、媒体等各类载体，通过各类会议、培训班，对全体员工进行企业文化培训，引导广大员工了解企业文化的重要意义、基本内涵，认同和遵循公司的核心价值理念，自觉践行公司倡导的企业文化。

4. 完善制度建设。把企业文化融入企业标准和规章制度，及时清理、修订不符合企业文化要求的规章制度。

5. 建立激励机制。把践行企业文化作为员工职级晋升和评先评优的重要标准。

6. 规范员工行为。恪守员工行为规范，自觉维护投资人和企业利益，推进企业伦理和职业道德建设，积极履行社会责任，塑造企业文明形象。

第四章　管理措施

第十二条　制定战略规划和年度计划

各单位要制定与企业发展战略相适应的企业文化建设规划，同时，要结合企业发展实际与年度工作重点，制定年度工作计划。

第十三条　开展督导与检查

抓好企业文化建设的规范管理和督导检查工作，重点督导检查落实主体文化、构建管理体系、促进理念转化、实施文化融合和跨文化管理、强化境内外项目文化建设等方面的工作。

第十四条　报送工作信息

各单位在企业文化建设过程中，要及时总结好的经验做法，注意发现新情况和新问题，将有关信息反馈至上级主管部门，以便推广先进经验，及时解决存在的问题。

第五章　考核评价

第十五条　考评原则

1. 围绕生产经营，坚持塑造社会形象与提质增效相结合的原则。

2. 注重结合实际，坚持执行统一标准与因地制宜相结合的原则。

3. 规范考评程序，坚持逐级申报、优中选优、公开公正的原则。

第十六条　考评方法

采用问卷调查、员工访谈、查阅资料、现场考察等形式，形成工作评价、状况评价和效果评价为一体，定性考评和定量考评相统一，自我考核、员工测评和上级评估相结合的综合考核评价体系，促进企业文化建设规范有序进行。

第十七条　对企业文化建设表现突出的单位和个人进行通报表彰；对违反企业文化有关要求的单位和个人，视情况进行通报批评。

第六章　保障措施

第十八条　切实加强组织领导。各级主管为企业文化建设第一责任人，各单位要有企业文化建设的主管部门和人员。要把企业文化建设作为一项重要工作纳入日常管理，与其它工作同研究部署、同组织实施、同督促检查、同考核评比。形成主管领导负总责、分管领导具体抓、企业文化建设主管部门负责组织协调、各职能部门分工负责、每个员工积极践行的企业文化建设大格局。

第十九条　确保企业文化建设工作常抓不懈。要持续、深入地推进企业文化建设工作，使企业文化建设工作不因领导人的更替和注意力的改变而削弱，保证企业文化建设工作始终在改进中加强，保证企业文化理念既有一定的前瞻性、又有相对的稳定性。要设立企业文化建设专项经费并纳入企业预算，加大软硬件投入，保持企业文化旺盛的生机与活力。

第二十条　加强对企业文化建设的研究和指导。加强企业文化课题研究，把握中外企业文化建设的理论前沿，解决企业文化建设面临的重大问题。开展企业文化专题调研，不断总结和推广好的经验和做法，不断深化企业文化建设。

第二十一条　充分发挥典型示范作用。注重发现和培育企业文化建设方面的典型，广泛宣传推广。通过发挥典型的示范带头作用，推动全系统企业文化建设整体水平的提升。

第二十二条　扎实推进企业文化管理专门人才队伍建设。通过举办培训班、专家授课辅导、召开专题会、外出学习考察等方式，加大培训力度，建立一支企业文化建设者骨干队伍，为推动企业文化建设提供坚实的人才基础。

第七章 附 则

第二十三条 本办法由股份公司党委宣传部（企业文化部）负责解释并监督执行。

第二十四条 本办法自下发之日起实施。

中国铁建股份有限公司官方微博、微信管理办法

中国铁建党宣〔2015〕62 号

第一章 总 则

第一条 为规范中国铁建官方微博、微信（以下简称“两微”）的采编、审核和发布、维护工作，保持对外信息发布的准确权威、安全及时，确保对外宣传、舆情应对、危机公关和品牌建设信息渠道畅通，特制订本办法。

第二章 管理和维护

第二条 股份公司党委宣传部（企业文化部）负责中国铁建官方“两微”平台的内容采编、运营维护和日常管理工作。

（一）内容采编工作。

负责中国铁建官方“两微”平台的总体策划、网页设计、栏目设置以及信息采编、审核、发布、推送等工作。

（二）运营维护工作。

负责有选择性地参与网友互动，并密切监控舆论走势，对在“两微”中发表的影响企业正常经营和形象的过激性、失实性的留言和评论，及时向分管领导汇报，并第一时间与新浪、腾讯公司沟通处理。同时，搜集网民对官方“两微”的问题反馈和建议，跟踪评估传播效果。

（三）日常管理工作。

1. 负责与新浪、腾讯公司进行接洽，确保中国铁建“两微”平台正常运营。

2. 定期召开选题策划例会。结合股份公司形势任务，定期或不定期召开相关部门和人员碰头会，报告“两微”的粉丝增减情况，分析内容的浏览、点赞和转发趋势，确定下步工作重点、方向，策划具体的选题思路、形式和计划，保证宣传节奏与企业发展同频共振。

3. 定期汇报制度。股份公司党委宣传部（企业文化部）每月上旬分析上个月新媒体运营情况，每季度形成详细的总结报告，与对标单位进行对比，查找存在的问题，制定改进措施。

4. 定期报送制度。股份公司党委宣传部（企业文化部）根据实际情况，选取能够代表企业特色的精品内容，及时向国务院国资委“国资小新”等外部平台报送推荐，借助新媒体联盟，扩大企业在社会上的影响力。

5. 信息留存备案。股份公司党委宣传部（企业文化部）对所有发布的信息和领导审批意见，必须以纸质件或电子文档等形式，留存相关记录，以备查阅。

第三章 运营机制

第三条 股份公司党委宣传部（企业文化部）作为新媒体运营管理部门，需确保中国铁建官方“两微”平台定期维护、及时更新，并利用准确真实、及时丰富的内容来源，维持企业官方“两微”的活跃度，确保与网民的长期稳定互动。

第四条 内容及发布频次、时间。

（一）内容来源：股份公司党委宣传部（企业文化部）负责牵头组织和内容采编，股份公司机关各部门、所属各单位均应在确保内容真实无误的前提下，提供相应文字、图片和视频素材。

（二）发布内容：1. 必须符合国家对于互联网信息发布的有关规定。2. 与中国铁建业务关联密切，包括企业的重要事件、重大活动、重点工程进展、科技创新、先进典型、感人故事、培训教育以及行业知识、行业前瞻等。3. 内容可读性强，图文并茂，富有感染力，符合新媒体受众心理。图片内容符合企业文化建设和安全管理要求。

（三）发布频次和时间：微信原则上每周对外发布 3 次以上。为防止突发事件发生前已使用当天发布权限，一般在当日 15 ~ 17 时之间对外发布。微博发布频次和时间不设限制，可选取微信内容对外发布，或根据时事、网络热点需要，随时转发相关内容。

第五条 发布审核流程。

（一）涉及舆情回应等官方表态的内容，需严格按照《中国铁建股份有限公司舆情管理办法》执行，审签后上传对外发布。

（二）涉及企业公告、业绩发布、重大收购或对

外投资等官方信息，以董事会公告为准，经股份公司党委宣传部（企业文化部）负责人审核签发后，上传对外发布。

（三）其他类型的常规内容，由股份公司党委宣传部（企业文化部）负责人，或会同相关业务部门负责人审核签发后，上传对外发布。

（四）“两微”平台的操作人员对所发布信息的内容、排版具有审核把关责任，确保无误后，方可上传对外发布。

（五）未按以上流程审核把关，有关发布内容给企业带来负面影响的，需严格按照《中国铁建股份有限公司舆情管理办法》进行评估，对有关单位和责任人进行惩处。

第四章　管理体系

第六条　成立领导小组。股份公司分管宣传工作的领导任组长，股份公司党委宣传部（企业文化部）部长任副组长，成员为股份公司党委宣传部人员、股份公司机关各部门和所属各单位“两微”联络员。设立专项经费并纳入部门预算，加大软硬件投入，保持“两微”旺盛的生机与活力。

第七条　设立专职管理员。中国铁建官方“两微”平台帐号密码，指定具有管理权限的专人保管和使用，不得透露给任何其他无关人员。

第八条　建立联络员制度。股份公司机关各部门和所属各单位安排专人负责“两微”联络工作，加强上下沟通联系，形成“两微”矩阵联盟，推动全系统新媒体工作的系统化、网络化。

第九条　建立网络宣传员管理体系。在全系统逐级设立网络宣传管理员、网络宣传员，在网络上统一发声，及时对“两微”推送内容转发、点赞、评论，加大企业正能量的传播强度；及时对失实性、攻击性的留言和评论等不利舆情进行反击，维护中国铁建整体利益和正面形象。

第五章　附　则

第十条　本办法由股份公司党委宣传部（企业文化部）负责解释。

第十一条　本办法自发布之日起实施。

中国铁建股份有限公司舆情处置办法

中国铁建党宣〔2015〕63号

第一章　总　则

第一条　为提高舆论引导水平，妥善处置涉及中国铁建股份有限公司（以下简称中国铁建）全系统舆情，防范和化解舆情风险，为企业改革发展稳定营造良好的舆论环境，制定本办法。

第二条　本办法所指舆情，主要包括媒体上出现的影响中国铁建品牌形象、涉及中国铁建总部和所属单位的负面言论、事件等。

第三条　舆情处置原则：舆情无小事原则；一把手重视原则；源头首要控制原则；全局利益优先原则；分级分类原则；快速处置原则；统一口径原则；积极沟通原则；谨慎坦诚原则；化危为机原则。

第四条　舆情处置机构：舆情处置机构由舆情处置领导小组、舆情处置工作小组和舆情处置日常工作机构组成。中国铁建党委宣传部（企业文化部）是中国铁建舆情处置日常工作机构。设置值班电话，安排专人值班。

第二章　舆情的监测和分级

第五条　舆情的监测。中国铁建党委宣传部（企业文化部）负责全系统的舆情监测工作。

第六条　舆情的分级。以传播的范围和所造成的影响为划分依据，分特大舆情、重大舆情、较大舆情和一般舆情四级。

特大舆情：指对企业影响特别重大的负面舆情。包括：被党和国家领导人批示或关注；被中央媒体重要版面、名牌栏目报道，或者被中央媒体其它栏目连续报道；出现在主要网站首页综合新闻栏目；被国外媒体连续追踪报道；因未及时处置导致事件持续发酵，引发连锁舆情，或者引发中国铁建总部舆情，被持续关注、评论。上述任意一种情况，均为特大舆情。

重大舆情：指对企业影响重大的负面舆情。包括：被国务院国资委、重要业主单位、地级市（含）以上党政有关部门来电来函质询，并要求书面回复；涉及中国铁建总部本级；被中央媒体其它版面、其它栏目报道；出现在主要网站首页其它栏目。上述任意一种情况，均为重大舆情。

较大舆情：指对企业影响较大的负面舆情。包括：被省部级媒体、行业媒体报道；出现在主要网站非首页或者二级频道；出现在行业和地方重点网站首页新闻栏目，被置顶和加粗；被高人气论坛、社区、贴吧等置顶发表。上述任意一种情况，均为较大舆情。

一般舆情：指除特大舆情、重大舆情、较大舆情之外的舆情。

第三章　舆情的报送和研判

第七条　舆情的报送。

（一）及时报告。中国铁建总部本级发生舆情，下属单位发生较大及以上舆情，必须及时向股份公司党委宣传部（企业文化部）报告。中国铁建党委宣传部（企业文化部）接到报告后，应在第一时间了解舆情有关情况，根据舆情等级及有可能产生的后果，向股份公司领导、新闻发言人和有关部门负责人报告，必要时向上级主管部门报告。

（二）定期报告。中国铁建所属二级单位编制本单位舆情月报，当月最后一个工作日前上报股份公司。中国铁建党委宣传部（企业文化部）编发中国铁建《舆情月报》、《舆情季报》和《舆情年报》。舆情报告以书面和邮件形式向上级有关部门和中国铁建领导、新闻发言人和相关部门负责人、相关单位报送。

第八条　重大事项舆情预研判。

（一）坚持重大事项舆情预研判制度。对拟出台的重大改革事项、拟发布的重大信息和将要发生的重大事件、重要活动，中国铁建总部机关有关部门提出预研判申请，由中国铁建新闻发言人牵头召集有关部门负责人与党委宣传部（企业文化部）召开预研判会议，分析可能出现的负面舆情并制定应急预案。

（二）二级单位及以下单位重大事项舆情预研判，原则上由二级单位负责。确需中国铁建总部进行预研判的，由二级单位根据业务性质向总部机关对口业务部门提出预研判申请，然后按照前述程序进行预研判，由二级单位和总部对口业务部门共同制定应急预案，并报送中国铁建党委宣传部（企业文化部）。股份公司舆情处置工作小组也可根据情况直接启动预研判。

第九条　突发舆情的研判。

（一）研判内容：研判舆情的发生背景、发展走向、舆论热点和关注焦点；分析判断突发舆情对企业的影响程度，以及是否具有舆情升级发酵趋势等，提出相应处置意见。

（二）研判时间：舆情发生后，第一时间召开会议进行研判。对于非中国铁建总部本级的舆情，由所在单位进行研判，并在第一时间将研判结果和舆情发展趋势上报股份公司。党委宣传部（企业文化部）根据研判报告和舆情监测趋势，形成初步意见，按照分级管理原则进行研判，并将研判结果向中国铁建舆情处置工作小组、领导小组汇报，必要时及时升级研判级别。

第四章　舆情的处置

第十条　处置流程。

各单位发生突发事件或者舆情后，要第一时间启动危机处置预案，包括突发事件新闻处置应急预案。第一时间做好媒体记者的接待和管理工作，第一时间上报上级主管部门、业务部门。要及时通报本单位新闻发言人和党委宣传部门，由本单位党委宣传部门上报中国铁建党委宣传部（企业文化部），由党委宣传部（企业文化部）汇报给新闻发言人。中国铁建总部机关各部门对全系统归口业务发生的突发事件或舆情，要第一时间通报中国铁建新闻发言人和党委宣传部（企业文化部）；中国铁建党委宣传部（企业文化部）监测或接收到突发事件、较大以上舆情后，要第一时间报送至有关领导、新闻发言人和有关部门及人员。

涉事部门和单位应迅速调查、了解事件真实情况，并准备初步应对口径；中国铁建舆情处置工作小组迅速组织涉事对口的中国铁建总部机关业务部门、相关部门负责人进行会商研判，在党委宣传部（企业文化部）汇报舆情情况，涉事部门和单位、对口中国铁建总部业务部门分别汇报事件调查情况后，形成处置意见。

涉及总部舆情的，根据中国铁建舆情处置工作小组会商研判的意见，由中国铁建法律合规部、党委宣传部（企业文化部）和有关部门、有关单位共同执笔起草公告、新闻通稿等。其中公告类由相关部门牵头执笔起草，新闻通稿类由党委宣传部（企业文化部）牵头执笔起草，形成统一对外口径。根据需要，由中国铁建舆情处置工作小组向中国铁建舆情处置领导小组请示，确认是否向上级有关部门请示，是否与媒体沟通，是否召开新闻发布会、发布公告声明等。

涉及所属单位舆情的，二级单位主管领导负总责，涉事业务分管领导、新闻发言人和单位党委宣传部门负责人要第一时间赶赴现场、共同指挥应对。各单位党委宣传部门负责牵头舆情处置，舆情涉及的三级单位或工程项目部配合处置，中国铁建党委宣传部（企业文化部）负责指导、协调。对于重大、特大舆情，根据中国铁建舆情处置工作小组会商研判的意见，由舆情涉及的单位执笔起草新闻通稿等，上报中国铁建党委宣传部（企业文化部），经中国铁建舆情处置工作小组审核同意后，报送中国铁建领导审批，形成统一的对外口径，由舆情涉及的单位根据需要，采取召开新闻发布会、发布新闻通稿等形式做好舆情应对工作。

第十一条 舆情发生后，中国铁建党委宣传部（企业文化部）和涉事单位宣传部门要同步开展实时监控，密切关注舆情变化，并根据情况采取多种措施控制传播范围。

（一）迅速与刊发的媒体联系，沟通情况。

（二）与重点网站沟通，协调弱化处理，减少关注度。

（三）与中央媒体、有影响的市场化媒体和新媒体沟通，防止媒体跟进导致事态进一步发酵。

（四）因网络发帖或博客（微博客）引发的重大负面舆论，要尽量联系发帖人或博主，真诚沟通。

涉及总部本级的舆情，由中国铁建党委宣传部（企业文化部）负责联系。

涉及二级及以下单位的舆情，一般舆情由二级单位自行联系；较大舆情在中国铁建党委宣传部（企业文化部）指导下，由二级单位联系；重大舆情在中国铁建舆情处置工作小组指导下，由二级单位联系；特大舆情在中国铁建舆情处置领导小组指导下，由二级单位联系。

第十二条 中国铁建舆情处置工作小组负责协调相关部门、相关单位做好舆情处置工作。

（一）通过新闻发言人或有关部门、有关单位发布公告声明、接受记者采访、举行新闻发布会等形式，表明态度、发布信息、澄清事实，及时回应公众关切，赢得公众的理解支持。

（二）根据舆情级别和管辖权限，党委宣传部（企业文化部）及时逐级向有关主管部门报告情况，及时与各级新闻主管部门、网信办、有关媒体沟通，采取相应措施，防止舆情进一步扩散。

（三）指导涉事单位及时在本级官方微博微信上发声，发动网络宣传员积极开展评论和跟帖，避免产生谣言或舆情的二次发酵；与主流媒体、主要网站等沟通，推出客观公正报道，引导社会舆论；邀请专家学者或意见领袖，通过接受采访、发表评论等，影响社会舆论；争取行业主管部门或行业协会表态，发出权威声音。

（四）根据上级领导和社会公众关切，督促相关部门、相关单位，对较大以上舆情或突发事件，特别是责任事故涉及的相关责任人，按照有关规定从严从快进行处理，积极整改，并及时对外公开回应，避免事态进一步扩大。

第十三条 修复社会形象。舆情趋于平稳后，由涉事单位通过多种途径加大正面宣传力度，公开强化有关管理举措，消除舆情影响，修复企业整体形象。

第十四条 处置工作总结。舆情处置结束后，中国铁建党委宣传部（企业文化部）和涉事单位宣传部门要对舆情的发生、传播和处置全过程进行总结，不断完善应急预案，改进舆情处置工作。舆情涉及的相关部门和单位要对暴露出来的管理问题进行整改。对于小事件造成大舆情的，除业务部门对其进行处理外，中国铁建舆情处置工作小组也要依据本办法第二十四条进行处罚。

第十五条 依法进行维权。对涉及中国铁建总部舆情中存在捏造并散布虚假事实，损害中国铁建品牌形象的行为，由中国铁建舆情处置工作小组评估，提出处理意见，经中国铁建舆情处置领导小组批准后，由党委宣传部（企业文化部）牵头组织，法律合规部提供法律支持，依法追究相关单位、人员的法律责任。对于涉及所属单位舆情中存在上述行为的，由各单位自行组织维权，中国铁建对口业务部门给予指导。

第五章 舆情处置的保障

第十六条 中国铁建机关各部门明确一名领导负责有关舆情处置工作，同时指定一名联络员负责与党委宣传部（企业文化部）联系和沟通。各单位逐级参照执行。

第十七条 建立舆情工作例会制度。例会每季度召集一次，通报有关情况，分析研判舆情形势，总结经验教训。参加人员为舆情处置工作小组成员、机关各部门负责人，二级单位有关领导、新闻发言人、宣传部门人员、网络宣传管理员。

第十八条 中国铁建机关各部门不同种类的公告、信息、报告、数据、资料等，应送达中国铁建新闻发言人、董事会秘书和党委宣传部（企业文化部），使其及时掌握相关情况，实现信息的互通有无和资源共享。

第十九条 《舆情月报》《舆情季报》《舆情年报》属于企业商业秘密，按保密文件处置，任何人不得对外泄露有关信息。

第二十条 要为舆情监测、研判、处置提供必要的经费保障，列入年度预算。

第二十一条 加强自媒体建设。原则上各单位要开通企业官方微博、微信，并做好日常维护工作。

第二十二条 各级党委宣传部门要经常开展舆情处置培训，提高机关各部门、所属各单位的舆情处置工作水平。中国铁建各级党政领导干部（包括项目经理、项目书记）培训班，均应设置突发事件新闻处置和舆情管理培训课程。

第二十三条 各级党委宣传部门要加强同地方新闻宣传主管部门、舆情监管主管部门，以及主流媒体、主要网站联系，建立畅通的舆情处置沟通渠道。各二级单位在中国铁建党委宣传部（企业文化部）协调下，落实好舆情处置区域责任制。

第二十四条 中国铁建舆情处置工作小组负责对所属各单位舆情处置工作进行考评。

（一）对没有建立舆情工作机制，专职人员、专项经费落实不到位，工作开展不力的单位，在舆情工作例会上给予通报批评。

（二）对迟报、瞒报、谎报，影响舆情处置工作的单位，给予通报批评，并视后期舆情发展情况，按一定分值扣减该单位年度绩效考核得分。

（三）对组织不力、处置不当的单位，根据情节轻重给予相应处罚。

1. 造成一般舆情的，在舆情工作例会上给予通报批评。

2. 造成较大舆情的，在全系统给予通报批评。

3. 造成重大舆情的，除在全系统通报批评外，取消涉事单位主管领导、分管领导本年度评先评优资格；扣减该单位年度绩效考核得分 10 分。

4. 造成特大舆情的，除在全系统通报批评，取消涉事单位主管领导、分管领导本年度评先评优资格外，取消涉事单位本年度中国铁建系统先进单位（包括先进集体、四好领导班子等）评比资格，责成主管领导在股份公司大会上作出深刻检查、在中国铁建相关会议上公开检讨，并对下属单位、有关责任人进行问责。除扣减该单位年度绩效考核得分 10 分外，扣减该单位年度绩效考核总得分的 10%。

第六章 附 则

第二十五条 所属各单位可结合本单位实际情况，制定落实本办法的实施细则，并报中国铁建党委宣传部（企业文化部）。

第二十六条 本办法由中国铁建党委宣传部（企业文化部）负责解释，自公布之日起施行。

2015 年中国铁道建筑总公司文件目录

文 件 号	文 件 标 题
中铁建科设〔2015〕1 号	中国铁道建筑总公司关于推荐 2015 年度国家科学技术奖候选项目的函
中铁建国际〔2015〕2 号	中国铁道建筑总公司关于尼日利亚阿卡铁路项目人员遭遇绑架的情况报告
中铁建资本〔2015〕3 号	关于我公司所属企业申请购买房山区集体土地的函
中铁建办〔2015〕4 号	关于办公用房清理整改情况的报告
中铁建财〔2015〕5 号	中国铁道建筑总公司关于做好 2015 年财务快报有关工作的通知
中铁建财〔2015〕6 号	中国铁道建筑总公司关于上报 2015 年度预算报告的请示
中铁建财〔2015〕7 号	中国铁道建筑总公司关于 2013 年中央企业国有资本经营决算的报告
中铁建财〔2015〕8 号	中国铁道建筑总公司关于 2015 年度债务风险管控方案的报告
中铁建财〔2015〕9 号	关于中国铁道建筑总公司 2014 年度《企业年度工作报告》的报告
中铁建经计〔2015〕10 号	关于印发《中国铁道建筑总公司固定资产项目管理系统应用管理办法(试行)》的通知
中铁建房管〔2015〕11 号	关于签订《2015 年中国铁道建筑总公司人民防空工作责任书》的通知
中铁建财〔2015〕12 号	中国铁道建筑总公司关于 2015 年度测试评价目标建议值的报告
中铁建国际〔2015〕13 号	中国铁道建筑总公司关于帮助解决沙特麦加轻轨铁路项目变更索赔的请示(外交部)
中铁建国际〔2015〕14 号	中国铁道建筑总公司关于帮助解决沙特麦加轻轨铁路项目变更索赔的请示(商务部)
中铁建国际〔2015〕15 号	中国铁道建筑总公司关于帮助解决沙特麦加轻轨铁路项目变更索赔的请示(国资委)
中铁建经计〔2015〕16 号	中国铁道建筑总公司关于总部机关申报规划条件的请示
中铁建科设〔2015〕17 号	关于颁发 2014 年度中国铁道建筑总公司科学技术奖的通知
中铁建财〔2015〕18 号	中国铁道建筑总公司关于 2014 年度国有资产评估项目统计分析情况的报告
中铁建战备〔2015〕19 号	中国铁道建筑总公司关于“十二五”战备设施建设项目招投标补充事项的报告
中铁建法〔2015〕20 号	中国铁道建筑总公司关于 2014 年度重大法律纠纷案件情况的报告
中铁建财〔2015〕21 号	中国铁道建筑总公司关于 2014 年度财务决算的请示
中铁建外事〔2015〕22 号	中国铁道建筑总公司关于邀请亚美尼亚交通与通信部部长访华的请示
中铁建财〔2015〕23 号	中国铁道建筑总公司关于 2014 年度测试评价总结分析的报告
中铁建发展〔2015〕24 号	关于上报《中国铁建股份有限公司 2015—2017 年滚动规划》的报告
中铁建董〔2015〕25 号	中国铁道建筑总公司关于中国铁建董事会 2014 年度工作情况的报告
中铁建发展〔2015〕26 号	中国铁道建筑总公司关于参与“一带一路”建设有关情况的报告
中铁建发展〔2015〕27 号	关于中铁建中非建设有限公司对外承包工程资格证书单位类型变更的请示
中铁建外事〔2015〕28 号	中国铁道建筑总公司关于邀请南非客运铁路公司集团首席执行官访华的请示
中铁建人〔2015〕29 号	关于印发《中国铁道建筑总公司暨中国铁建股份有限公司负责人履职待遇、业务支出管理办法》的通知
中铁建资本〔2015〕30 号	中国铁道建筑总公司关于收购信达财产保险股份有限公司股权的请示
中铁建战备〔2015〕31 号	中国铁道建筑总公司关于申请“十二五”战备设施建设项目专项资金的请示

续表

文　件　号	文　件　标　题
中铁建财〔2015〕32号	中国铁道建筑总公司关于中国铁建高新装备股份有限公司(筹)国有股权管理有关事项的请示
中铁建人〔2015〕33号	中国铁道建筑总公司关于2015年度工资总额预算方案的报告
中铁建人〔2015〕34号	中国铁道建筑总公司关于上报2014年度工资总额预算执行情况的报告
中铁建科设〔2015〕35号	中国铁道建筑总公司关于申报2015年工程咨询单位资格的请示
中铁建国际〔2015〕36号	中国铁道建筑总公司关于2014年国际化经营情况的报告
中铁建国际〔2015〕37号	中国铁道建筑总公司关于帮助解决沙特麦加轻轨铁路项目有关问题的请示(外交部)
中铁建国际〔2015〕38号	中国铁道建筑总公司关于帮助解决沙特麦加轻轨铁路项目有关问题的请示(商务部)
中铁建国际〔2015〕39号	中国铁道建筑总公司关于帮助解决沙特麦加轻轨铁路项目有关问题的请示(国际发改委)
中铁建国际〔2015〕40号	中国铁道建筑总公司关于帮助解决沙特麦加轻轨铁路项目有关问题的请示(国资委)
中铁建发展〔2015〕41号	中国铁道建筑总公司关于报送《2014年度内部控制评价报告》的报告
中铁建发展〔2015〕42号	关于调整中国铁道建筑报社机构编制的通知
中铁建财〔2015〕43号	中国铁道建筑总公司关于上报《加强增收节支工作方案》的报告
中铁建外事〔2015〕44号	中国铁道建筑总公司关于申请授予外事办公室一定的出来访外事审批权的请示
中铁建人〔2015〕45号	中国铁道建筑总公司关于对部分岗位继续实行特殊工时制度的请示
中铁建国际〔2015〕46号	中国铁道建筑总公司关于请求帮助解决广深港高铁826项目有关事宜的请示
中铁建发展〔2015〕47号	中国铁道建筑总公司关于报送《2015年度全面风险管理报告》的报告
中铁建财〔2015〕48号	中国铁道建筑总公司关于申请认定会计人员继续教育学时的请示
中铁建财〔2015〕49号	中国铁道建筑总公司关于2015年度债务风险管控方案的报告
中铁建财〔2015〕50号	中国铁道建筑总公司关于中国铁建高新装备股份有限公司首次公开发行境外上市外资股(H股)国有股转(减)持方案的请示
中铁建经计〔2015〕51号	中国铁道建筑总公司关于调整中铁十六局北京市朝阳区皮村北巷2号院规划的请示
中铁建科设〔2015〕52号	中国铁道建筑总公司关于推荐国家企业技术中心申报单位的请示
中铁建经计〔2015〕53号	中国铁道建筑总公司关于中铁十六局北京市密云新北路29号院申请规划调整的请示
中铁建财〔2015〕54号	中国铁道建筑总公司关于上报2015年度产权管理工作计划的报告
中铁建经管〔2015〕55号	中国铁道建筑总公司关于报送亏损企业专项治理工作方案的报告
中铁建战备〔2015〕56号	关于引发《中国铁道建筑总公司中央预算内投资项目建设管理指导意见》的通知
中铁建财〔2015〕57号	中国铁道建筑总公司关于上报两金占用专项清理工作方案的报告
中铁建经管〔2015〕58号	中国铁道建筑总公司关于进一步做好中央企业增收节支工作情况的报告
中铁建外事〔2015〕59号	中国铁道建筑总公司关于申请为总经理齐晓飞同志办理APEC商务旅行卡的请示
中铁建财〔2015〕60号	中国铁道建筑总公司关于2014年度国有资本收益情况的报告
中铁建外事〔2015〕61号	中国铁道建筑总公司关于邀请马里共和国装备、交通和地区联通部马马杜·哈希姆·库马雷部长访华的请示
中铁建外事〔2015〕62号	中国铁道建筑总公司关于邀请塞内加尔共和国国家铁路委员会国务秘书阿杜·恩得内·萨勒先生访华的请示

续表

文件号	文件标题
中铁建财〔2015〕63号	中国铁道建筑总公司关于中央企业信托业务的自查报告
中铁建国际〔2015〕64号	中国铁道建筑总公司关于协调中国中车股份有限公司停止就沙特麦加轻轨铁路项目与马来西亚PRASARANA公司接洽的请示
中铁建财〔2015〕65号	中国铁道建筑总公司关于分离移交"三供一业"国有资本经营预算的报告
中铁建发展〔2015〕66号	中国铁道建筑总公司关于设立金融租赁公司的请示
中铁建财〔2015〕67号	中国铁道建筑总公司关于申请专项建设基金的请示
中铁建国际〔2015〕68号	中国铁道建筑总公司关于恳请协调中国中车股份有限公司终止就沙特麦加轻轨铁路项目与马来西亚PRASARANA公司合作的紧急请示
中铁建办〔2015〕69号	中国铁道建筑总公司关于工程项目各类保证金情况的报告
中铁建财〔2015〕70号	中国铁道建筑总公司关于2016年国有资本经营预算预申报的报告
中铁建资本〔2015〕71号	中国铁道建筑总公司关于申请对尼日利亚莱基境外合作区进行年度考核的请示(商务部)
中铁建资本〔2015〕72号	中国铁道建筑总公司关于申请对尼日利亚莱基境外合作区进行年度考核的请示(财政部)
中铁建财〔2015〕73号	中国铁道建筑总公司关于2014年度产权登记情况的报告
中铁建经计〔2015〕74号	中国铁道建筑总公司关于中铁十六局密云新北路29号院棚户区改造项目申请土地权属审核和立项的请示
中铁建经计〔2015〕75号	中国铁道建筑总公司关于中铁十六局朝阳皮村北巷2号棚户区改造项目申请土地权属审核和立项的请示
中铁建财〔2015〕76号	中国铁道建筑总公司关于2015年棚户区改造配套设施建设国有资本经营预算申报的报告
中铁建财〔2015〕77号	中国铁道建筑总公司关于中国铁建股份有限公司发行H股可转债有关事项的请示
中铁建设物〔2015〕78号	中国铁道建筑总公司关于报送中国铁建股份有限公司中国制造2025专项实施方案的报告
中铁建经管〔2015〕79号	中国铁道建筑总公司关于落实稳增长督查调研座谈会精神有关情况的报告
中铁建科设〔2015〕80号	关于公布2015年度优秀工程勘察设计、优秀工程咨询成果项目的通知
中铁建发展〔2015〕81号	中国铁道建筑总公司关于上报《中国铁建"十二五"规划评估报告》的报告
中铁建人〔2015〕82号	中国铁道建筑总公司关于试行企业年金制度的请示
中铁建办〔2015〕83号	中国铁道建筑总公司关于员工在马里遭遇恐怖袭击有关情况的报告
中铁建国际〔2015〕84号	中国铁道建筑总公司关于2014年度国际化经营自评情况的报告
中铁建办〔2015〕85号	关于为在马里恐怖事件中因公殉职的3名员工申报评定烈士的请示
中铁建国际〔2015〕86号	中国铁道建筑总公司关于国际产能和装备制造合作有关情况的报告
中铁建财〔2015〕87号	中国铁道建筑总公司关于2015年决算备案的报告
中铁建发展〔2015〕88号	中国铁道建筑总公司关于设立中国土木工程集团(利比里亚)有限公司的请示
中铁建财〔2015〕89号	中国铁道建筑总公司关于2016年国有资本经营预算支出计划的报告(国资委)
中铁建财〔2015〕90号	中国铁道建筑总公司关于2016年国有资本经营预算支出计划的报告(财政部)

2015年中国铁道建筑总公司党委文件目录

文件号	文件标题
中铁建党干〔2015〕1号	关于转发国资委党委同意调整中国铁建股份有限公司领导班子的通知
中铁建党组〔2015〕2号	关于第二批教育实践活动整改“回头看”情况报告
中铁建党组〔2015〕3号	关于中国铁建2014年度党员领导干部民主生活会情况的报告
中铁建党干〔2015〕4号	关于做好2015年领导干部个人有关事项报告工作的通知
中铁建党干〔2015〕5号	关于中国铁建股份有限公司领导班子调整的请示
中铁建党干〔2015〕6号	关于转发国资委党委关于齐晓飞、彭树贵职务任免的通知
中铁建党干〔2015〕7号	中国铁道建筑总公司党委 中国铁道建筑总公司关于转发国资委党委调整中国铁建有限公司领导班子的通知
中铁建党干〔2015〕8号	关于申请重新启动从京外调配人员审批备案工作的报告
中铁建党办〔2015〕9号	关于学习贯彻国资委19号文件精神的情况报告
中铁建党干〔2015〕10号	关于更调国家行政学院人选的请示
中铁建党干〔2015〕11号	关于推荐张宗言同志为中国建筑业协会副会长的请示
中铁建党干〔2015〕12号	关于转发《关于王秀明同志任职的通知》的通知
中铁建党纪〔2015〕13号	关于调整郭品云工作岗位并降低一级待遇决定
中铁建党纪〔2015〕14号	对于对郭品云处理情况的报告
中铁建党干〔2015〕15号	关于张宗言同志免职的请示
中铁建党干〔2015〕16号	中国铁道建筑总公司党委 中国铁道建筑总公司转发国资委党委关于张宗言同志免职的通知
中铁建党宣〔2015〕17号	关于传达学习国务院 国资委党委“7·29会议”精神情况的报告
中铁建党干〔2015〕18号	关于印发《中国铁道建筑总公司暨中国铁建股份有限公司总部员工履职待遇、业务支出管理办法》的通知
中铁建党干〔2015〕19号	关于王秀明同志兼职的请示
中铁建党干〔2015〕20号	关于配偶移居国(境)外企业领导人员任职岗位管理工作有关情况的报告
中铁建党干〔2015〕21号	关于推荐公选高级外交官人选的报告
中铁建党干〔2015〕22号	关于补充推荐公选外交官人选的报告
中铁建党办〔2015〕23号	关于传达党的十八届五中全会精神的报告表
中铁建党办〔2015〕24号	中国铁建关于学习贯彻《准则》和《条例》的情况报告
中铁建党纪〔2015〕25号	中国铁建党委贯彻落实国资委纪委11月12日有关会议精神的情况报告
中铁建党干〔2015〕26号	关于庄尚标通知任职的请示
中铁建党组〔2015〕27号	关于中国铁建党委“三严三实”专题民主生活会工作方案的报告
中铁建党干〔2015〕28号	关于推荐曹锡锐同志为有关央企总会后备报告
中铁建党干〔2015〕29号	中国铁道建筑总公司党委 中国铁道建筑总公司转发国资委党委关于庄尚标同志任职的通知
中铁建党组〔2015〕30号	关于北京通达京承高速公路有限公司成立党委和工会组织的通知
中铁建党办〔2015〕31号	中国铁建关于学习贯彻国资委第125次党委(扩大)会议精神的报告

2015 年中国铁建股份有限公司文件目录

文件号	文件标题
中国铁建发展〔2015〕1 号	关于经营计划部增设综合处及调整编制定员的通知
中国铁建发展〔2015〕2 号	关于设立经济管理部的通知
中国铁建经计〔2015〕3 号	关于印发《2015 年经营计划工作要点》的通知
中国铁建经计〔2015〕4 号	关于表彰 2014 年度经营工作先进单位、经营工作先进个人的通报
中国铁建安质〔2015〕5 号	关于表彰 2014 年度安全质量标准工地(车间)的通报
中国铁建办〔2015〕6 号	关于商请批准再秋代表请假的函
中国铁建经计〔2015〕7 号	关于表彰中国铁建 2014 年度优秀区域经营机构的通报
中国铁建发展〔2015〕8 号	关于印发《2015 年发展规划工作要点》的通知
中国铁建经计〔2015〕9 号	关于下达 2015 年生产经营计划的通知
中国铁建发展〔2015〕10 号	关于表彰中铁十二局集团有限公司取得房屋建筑工程施工总承包特级资质的通报
中国铁建国际〔2015〕11 号	关于邀请参与墨西哥城至克雷塔罗铁路项目投标及运营管理的函
中国铁建安质〔2015〕12 号	关于公布 2014 年度中国铁建杯优质工程的通知
中国铁建发展〔2015〕13 号	关于印发《中国铁建股份有限公司 2015 年度重大、重要风险管控方案》的通知
中国铁建财〔2015〕14 号	中国铁建股份有限公司关于做好 2015 年财务快报有关工作的通知
中国铁建科设〔2015〕15 号	关于公布 2014 年度中国铁建优秀工法的通知
中国铁建科设〔2015〕16 号	关于公布 2014 年度中国铁建优秀科技论文的通知
中国铁建安质〔2015〕17 号	关于表彰 2014 年度中国铁建杯优质工程及质量管理先进个人的通报
中国铁建科设〔2015〕18 号	关于表彰通过 2013 年国家级技术中心认定单位的通报
中国铁建办〔2015〕19 号	关于 2014 年度视频会议使用效果考评情况的通报
中国铁建办〔2015〕20 号	关于表彰 2014 年度股份公司网站信息采用先进单位和先进通讯员的通报
中国铁建办〔2015〕21 号	关于表彰 2014 年政务信息工作先进单位和先进个人的通报
中国铁建财〔2015〕22 号	关于 2015 年度信贷规模预算的通知
中国铁建发展〔2015〕23 号	关于中铁十五局集团第六工程有限公司、中铁十五局集团电气化工程有限公司、中铁二十五局集团第四工程有限公司进行资质重组的通知
中国铁建董〔2015〕24 号	关于印发《中国铁建股份有限公司章程》的通知
中国铁建董〔2015〕25 号	关于修订《中国铁建股份有限公司股东大会议事规则》的通知
中国铁建资本〔2015〕26 号	关于参与北京市重点领域投融资建设的请示
中国铁建董〔2015〕27 号	关于非公开发行 A 股股票的申请报告
中国铁建经计〔2015〕28 号	关于印发《中国铁建股份有限公司生产经营统计管理系统应用管理(试行)办法》的通知
中国铁建董〔2015〕29 号	关于修订《中国铁建股份有限公司募集资金管理办法》的通知
中国铁建经计〔2015〕30 号	关于印发《2015 年股份公司企业投资计划》的通知

续表

文 件 号	文 件 标 题
中国铁建人〔2015〕31 号	关于做好 2015 年股份公司技术能手评选表彰工作的通知
中国铁建审监〔2015〕32 号	关于印发《中国铁建股份有限公司亏损项目跟踪审计管理暂行办法》的通知
中国铁建工管〔2015〕33 号	表彰 2014 年度股份公司工程调度工作先进个人的通报
中国铁建科设〔2015〕34 号	关于印发《中国铁建股份有限公司科技资金筹集及使用管理办法》的通知
中国铁建科设〔2015〕35 号	关于颁发 2014 年度中国铁建股份有限公司优秀专利奖的通知
中国铁建房产〔2015〕36 号	关于力保房地产板块 2015 年度销售目标有关事项的通知
中国铁建人〔2015〕37 号	关于印发《股份公司 2015 年员工培训计划》的通知
中国铁建科设〔2015〕38 号	关于印发《中国铁建股份有限公司科技创新平台管理办法》的通知
中国铁建科设〔2015〕39 号	关于印发《中国铁建股份有限公司国家科学技术奖励配套奖励办法》的通知
中国铁建董〔2015〕40 号	关于进一步做好重大信息内部报告和信息披露工作的通知
中国铁建科设〔2015〕41 号	关于印发《中国铁建股份有限公司配套资助国家科研项目(课题)经费管理办法》的通知
中国铁建办〔2015〕42 号	股份公司　股份公司党委关于印发股份公司党委全会和职代会暨工作会议领导讲话(报告)重点督办事项及责任分工的通知
中国铁建经管〔2015〕43 号	关于印发《中国铁建股份有限公司亏损项目动态监控办法》的通知
中国铁建办〔2015〕44 号	股份公司 股份公司党委关于印发 2015 年会议计划的通知
中国铁建发展〔2015〕45 号	关于调整中国铁建股份有限公司股权再融资领导小组成员的通知
中国铁建发展〔2015〕46 号	关于调整中国铁建股份有限公司分拆上市工作领导小组成员的通知
中国铁建发展〔2015〕47 号	关于调整中国铁建股份有限公司定期报告编制委员会成员的通知
中国铁建审监〔2015〕48 号	关于表彰 2014 年度审计工作先进单位和先进工作者的通报
中国铁建科设〔2015〕49 号	关于印发《中国铁建股份有限公司施工技术方案管理指导意见》的通知
中国铁建安质〔2015〕50 号	关于 2014 年度安全隐患排查治理平台综合考核情况的通报
中国铁建安质〔2015〕51 号	关于表彰 2014 年度安全生产达标单位的通报
中国铁建安质〔2015〕52 号	关于兑现 2014 年安全包保责任书的通报
中国铁建财〔2015〕53 号	印发《关于加强工程项目绩效考核的几点意见》的通知
中国铁建审监〔2015〕54 号	关于印发《中国铁建股份有限公司物资管理专项审计调查工作方案》的通知
中国铁建发展〔2015〕55 号	关于收购中国铁道建筑总公司持有的重庆铁发遂渝高速公路有限公司 80%股权的请示
中国铁建经管〔2015〕56 号	关于表彰“中国铁建创效功臣”的通报
中国铁建经管〔2015〕57 号	关于表彰责任成本管理工作先进单位和先进个人的通报
中国铁建发展〔2015〕58 号	关于发布和推广中国铁建第二届企业管理现代化创新成果的通知
中国铁建法〔2015〕59 号	关于进一步规范法律意见书制作的通知
中国铁建房产〔2015〕60 号	关于印发《中国铁建房地产板块区域布局管理暂行办法》的通知
中国铁建法〔2015〕61 号	关于进一步加强项目法律联络员制度建设的通知
中国铁建工管〔2015〕62 号	关于表彰中国铁建股份有限公司 2014 年度优秀项目经理的通报

续表

文　件　号	文　件　标　题
中国铁建信息〔2015〕63 号	关于印发《中国铁建股份有限公司推进使用正版软件工作暂行管理办法》的通知
中国铁建董〔2015〕64 号	关于印发《中国铁建董事会 2015 年工作要点》的通知
中国铁建科设〔2015〕65 号	关于 2014 年度合理化建议和技术改进项目评审结果的通报
中国铁建安质〔2015〕66 号	关于凤凰山隧道工程边坡崩塌事故处理的函
中国铁建安质〔2015〕67 号	关于表彰 2015 年度中国铁建股份有限公司优秀质量管理小组的通报
中国铁建发展〔2015〕68 号	关于 2014 年度内部控制评价情况的通报
中国铁建人〔2015〕69 号	关于表彰中国铁建劳动模范和先进集体的决定
中国铁建办〔2015〕70 号	关于印发《中国铁建年鉴》2015 年卷框架设计及编写分工的通知
中国铁建发展〔2015〕71 号	关于昆明中铁大型养路机械集团有限公司改制设立中国铁建高新装备股份有限公司的请示
中国铁建人〔2015〕72 号	关于印发《中国铁建股份有限公司负责人履职待遇、业务支出管理办法》的通知
中国铁建经管〔2015〕73 号	关于印发《中国铁建股份有限公司项目责任成本管理指导意见》的通知
中国铁建经管〔2015〕74 号	关于印发《中国铁建股份有限公司劳务分包商管理指导意见》的通知
中国铁建审监〔2015〕75 号	关于印发《审计作业与管理系统应用管理办法》的通知
中国铁建人〔2015〕76 号	关于印发《中国铁建股份有限公司工资总额预算管理暂行办法》的通知
中国铁建工管〔2015〕77 号	关于表彰 2014 年劳动竞赛获奖单位和先进个人的通报
中国铁建信息〔2015〕78 号	关于印发《中国铁建股份有限公司信息化项目建设管理实施细则》的通知
中国铁建法〔2015〕79 号	关于印发《适用法律、法规及其他要求清单（2015 年版）》的通知
中国铁建经管〔2015〕80 号	关于开展亏损企业专项治理工作的通知
中国铁建发展〔2015〕81 号	关于中铁城建集团有限公司与中铁十七局集团第三工程有限公司铁路业务及铁路一级资质重组的决定
中国铁建发展〔2015〕82 号	关于成立中国铁建股份有限公司亏损企业专项治理工作领导小组和办公室的通知
中国铁建财〔2015〕83 号	关于表彰 2014 年度绩效考核优秀单位的通报
中国铁建财〔2015〕84 号	关于印发子公司负责人 2015 年度绩效考核实施方案的通知
中国铁建法〔2015〕85 号	关于印发《中国铁建股份有限公司内部法律纠纷管理办法》的通知
中国铁建董〔2015〕86 号	关于修订《中国铁建股份有限公司章程》的通知
中国铁建发展〔2015〕87 号	股份公司　股份公司党委关于中国土木工程集团有限公司与中铁建中非建设有限公司合并重组的决定
中国铁建发展〔2015〕88 号	股份公司　股份公司党委关于北京铁城建设监理有限责任公司划转到中铁第五勘察设计院集团有限公司的决定
中国铁建安质〔2015〕89 号	关于表彰 2015 年全国“安全生产月”活动先进个人暨年度安全生产先进工作者的通报
中国铁建经管〔2015〕90 号	关于印发《中国铁建股份有限公司责任成本管理考评暂行办法》的通知
中国铁建人〔2015〕91 号	关于成立中国铁建股份有限公司企业年金管理委员会的通知
中国铁建办〔2015〕92 号	关于调整股份公司经理层领导人员分工的通知
中国铁建发展〔2015〕93 号	关于股份公司“十三五”发展规划及各专项规划编制工作有关问题的通知

续表

文　件　号	文　件　标　题
中国铁建董〔2015〕94 号	中国铁建股份有限公司关于中国铁建高新装备股份有限公司首次公开发行境外上市外资股(H 股)并在香港联合交易所有限公司主板上市的请示
中国铁建发展〔2015〕95 号	关于成立 H 股再融资工作领导小组的通知
中国铁建办〔2015〕96 号	股份公司 股份公司党委关于印发《中国铁建股份有限公司党政领导干部联席会议制度》的通知
中国铁建经计〔2015〕97 号	关于进一步完善区域经营建设的意见
中国铁建人〔2015〕98 号	关于印发《中国铁建股份有限公司企业年金管理委员会工作规则》的通知
中国铁建人〔2015〕99 号	关于贯彻落实《中国铁建股份有限公司子公司责任人履职待遇、业务支出管理办法》做好相关工作的通知
中国铁建安质〔2015〕100 号	转发质检总局等《关于开展 2015 年全国“质量月”活动的通知》的通知
中国铁建发展〔2015〕101 号	关于将中铁十一局集团城市轨道工程有限公司整体划转至中国铁建重工集团有限公司的决定
中国铁建经管〔2015〕102 号	关于印发《中国铁建股份有限公司亏损企业专项治理工作方案》的通知
中国铁建国际〔2015〕103 号	中国铁建股份有限公司关于参建印尼雅加达—万隆高铁项目的请示
中国铁建办〔2015〕104 号	关于印发《中国铁建股份有限公司中介机构选聘管理办法》的通知
中国铁建财〔2015〕105 号	股份公司 股份公司党委关于印发《中国铁建股份有限公司差旅费管理办法》的通知
中国铁建发展〔2015〕107 号	关于成立增收节支工作领导小组和办公室的通知
中国铁建经管〔2015〕108 号	关于开展增收节支活动的通知
中国铁建发展〔2015〕110 号	关于成立中铁金融租赁有限公司筹备领导小组和工作组的通知
中国铁建发展〔2015〕111 号	关于设立中铁建芜湖长江隧道有限公司的通知
中国铁建发展〔2015〕112 号	关于印发《中国铁建股份有限公司 2015 年度内控审计计划》的通知
中国铁建办〔2015〕113 号	股份公司 股份公司党委关于印发《中国铁建股份有限公司公务接待管理规定》的通知
中国铁建发展〔2015〕114 号	关于办公室网站管理处更名为信息调研处的通知
中国铁建发展〔2015〕115 号	关于设立中国铁建股份有限公司深圳地铁 6 号线 6101 标项目经理部的通知
中国铁建发展〔2015〕116 号	关于财务部增设融资管理处的通知
中国铁建房产〔2015〕118 号	关于印发《中国铁建股份有限公司房地产项目备案管理暂行办法》的通知
中国铁建发展〔2015〕119 号	中国铁建股份有限公司关于境外发行 H 股可转换公司债券的请示
中国铁建安质〔2015〕120 号	关于安全生产工作奖励情况的通报
中国铁建发展〔2015〕121 号	关于调整国际部内设机构及编制定员的通知
中国铁建人〔2015〕122 号	关于表彰首届股份公司技术能手的通报
中国铁建发展〔2015〕123 号	关于成立中铁建南沙投资发展有限公司的通知
中国铁建人〔2015〕124 号	关于印发《中国铁建股份有限公司总部机关员工注册执业资格管理办法》的通知
中国铁建发展〔2015〕125 号	关于将 H 股再融资工作领导小组更名为股权再融资工作领导小组的通知
中国铁建发展〔2015〕127 号	关于成立中铁建海峡建设集团有限公司的通知
中国铁建办〔2015〕128 号	关于表彰中央企业首届档案职业技能大赛获奖选手及有关人员的通报

续表

文 件 号	文 件 标 题
中国铁建发展〔2015〕129 号	关于成立中国铁建股份有限公司华中区域指挥部的通知
中国铁建房产〔2015〕130 号	关于印发《鼓励员工内部购房消费暂行办法》的通知
中国铁建经管〔2015〕131 号	关于修订《中国铁建股份有限公司二次经营工作考核管理办法》的通知
中国铁建经管〔2015〕132 号	中国铁建股份有限公司关于解决沪昆铁路(湖南段)工程费用有关问题的请示
中国铁建人〔2015〕133 号	关于印发《中国铁建股份有限公司 2015 年稳增长提效益特别奖惩办法》的通知
中国铁建人〔2015〕134 号	关于表彰 2015 年中央企业职工技能大赛获奖选手及有关单位的通知
中国铁建财〔2015〕135 号	关于表彰 2015 年财务工作先进单位和先进个人的通报
中国铁建发展〔2015〕136 号	关于重庆铁发遂渝高速公路有限公司纳入股份公司二级单位管理的通知
中国铁建发展〔2015〕137 号	关于设立中国铁建股份有限公司深圳地铁 10 号线 1012 标项目经理部的通知
中国铁建财〔2015〕138 号	关于 2015 年度优秀财会论文评选结果的通报
中国铁建经计〔2015〕140 号	关于印发《中国铁建股份有限公司企业境外固定资产建设项目投资管理暂行办法》的通知
中国铁建法〔2015〕141 号	关于表彰 2015 年度法治工作先进单位和先进个人的通报
中国铁建法〔2015〕142 号	关于表彰 2011—2015 年法制宣传教育先进单位和先进个人的通报
中国铁建国际〔2015〕143 号	关于印发《中国铁建股份有限公司对外承包工程业务统计管理办法》的通知
中国铁建发展〔2015〕144 号	关于成立徐州中铁建投资发展有限公司的通知
中国铁建发展〔2015〕145 号	关于成立中国铁建股份有限公司吴忠至中卫城际铁路先期开工段工程项目部的通知
中国铁建发展〔2015〕146 号	关于成立中国铁建股份有限公司青岛地铁 1 号线土建二标项目总部的通知
中国铁建发展〔2015〕147 号	关于成立中国铁建股份有限公司汉十铁路 HSSG－4 标项目经理部的通知
中国铁建发展〔2015〕148 号	关于发布 2014 年度“中国铁建工程公司营业收入 20 强”和“中国铁建工程公司经济效益 20 强”的通知
中国铁建发展〔2015〕149 号	关于印发《中国铁建股份有限公司投资项目风险管理专项研究工作方案》的通知
中国铁建安质〔2015〕150 号	关于表彰股份公司 2015 年度质量管理先进个人的通报
中国铁建发展〔2015〕151 号	关于奖励中国铁建大桥工程局集团有限公司等 6 家取得特级资质单位的通报
中国铁建法〔2015〕152 号	转发国资委《关于废止和宣布失效部分规范性文件的通知》的通知
中国铁建国际〔2015〕153 号	关于印发《中国铁建股份有限公司境外业务管理工作指导意见》的通知
中国铁建董〔2015〕154 号	关于进一步健全完善法人治理制度的通知
中国铁建办〔2015〕155 号	关于修订《机关发文字号表》的通知
中国铁建办〔2015〕156 号	关于印发《中国铁建股份有限公司总部机关行政印章管理暂行办法》的通知
中国铁建发展〔2015〕157 号	关于划转中铁十一局集团城市轨道工程有限公司的通知
中国铁建设物〔2015〕158 号	关于加强股份公司投资项目、房地产项目物资集中采购供应工作的通知
中国铁建法〔2015〕159 号	关于表彰获得国资委中央企业“十佳百优”总法律顾问、法律顾问和法律事务先进工作者的通报
中国铁建发展〔2015〕160 号	关于中国铁建股份有限公司上海代表处领导职名变更的通知

续表

文 件 号	文 件 标 题
中国铁建发展〔2015〕161 号	关于中国铁建股份有限公司山西指挥部更名并调整经营区域的通知
中国铁建发展〔2015〕162 号	关于中国铁建股份有限公司川渝指挥部更名并调整经营区域的通知
中国铁建发展〔2015〕163 号	关于中国铁建股份有限公司云贵指挥部更名并调整经营区域的通知
中国铁建发展〔2015〕164 号	关于将中国铁建股份有限公司北京区域指挥部更名为京津冀指挥部的通知
中国铁建发展〔2015〕165 号	关于成立中国铁建股份有限公司山东指挥部的通知

2015 年中国铁建股份有限公司党委文件目录

文 件 号	文 件 标 题
中国铁建党组〔2015〕1 号	关于成立中国共产党中国铁建股份有限公司长沙磁浮工程设计施工总承包项目部工作委员会的通知
中国铁建党组〔2015〕2 号	关于成立中国共产党中国铁建股份有限公司福建指挥部工作委员会的通知
中国铁建党组〔2015〕3 号	关于成立中国共产党中国铁建股份有限公司兰州轨道交通工程指挥部工作委员会的通知
中国铁建党组〔2015〕4 号	关于成立中国共产党中国铁建股份有限公司新疆指挥部工作委员会的通知
中国铁建党组〔2015〕5 号	关于同意召开中国铁建一届六次职工代表大会的批复
中国铁建党办〔2015〕6 号	中国铁建股份有限公司党委关于印发《中国铁道建筑报社进一步加强记者队伍管理的通知》的通知
中国铁建党干〔2015〕7 号	关于转发中共中央组织部在元旦春节期间开展走访慰问生活困难党员、老党员和老干部活动的通知
中国铁建党宣〔2015〕8 号	关于表彰 2014 年度对外报道先进单位和先进个人的决定
中国铁建党宣〔2015〕9 号	中国铁建股份有限公司党委　中国铁建股份有限公司关于表彰 2014 年度企业文化建设先进单位、优秀项目部和先进个人的决定
中国铁建党办〔2015〕10 号	关于印发孟凤朝同志在中国铁建党委二届十次全体（扩大）会议上的报告的通知
中国铁建党办〔2015〕11 号	关于对中国铁建股份有限公司总部机关作风建设满意度测评的通知
中国铁建党宣〔2015〕12 号	关于表彰纪录片《永远的铁道兵》摄制工作先进集体、先进个人的通报
中国铁建党干〔2015〕13 号	关于开展干部人事档案改版和专项审核工作的通知
中国铁建党办〔2015〕14 号	关于转发国资委党委《关于认真学习贯彻总书记重要指示精神，进一步加强党风和反腐败工作的通知》的通知
中国铁建党办〔2015〕15 号	关于转发国资委《关于印发张毅同志在中央企业负责人会议上讲话的通知》的通知
中国铁建党组〔2015〕16 号	关于转发《中共中央组织部关于对基层党组织书记进行集中轮训的通知》的通知
中国铁建党办〔2015〕17 号	印发“两个责任”指导意见及配套办法的通知
中国铁建党宣〔2015〕18 号	关于广泛开展“学法规、守纪律、创新业”主题学习教育活动的通知
中国铁建党宣〔2015〕19 号	关于评选“永远的铁道兵”杯“十大楷模”和中国铁建第四届“十佳道德模范”的通知
中国铁建党宣〔2015〕20 号	关于广泛开展“道德讲堂”建设的通知
中国铁建党干〔2015〕21 号	关于转发中组部《关于加强干部选拔任用纪实工作的若干意见》的通知
中国铁建党办〔2015〕22 号	关于转发中铁十八局集团公司党委《关于进一步加强和改进领导班子思想政治建设的意见》的通知

续表

文件号	文件标题
中国铁建党办〔2015〕23 号	关于 2015 年中国铁建荣获上级表彰的先进个人和集体通报
中国铁建党纪〔2015〕24 号	转发国资委《关于强化监督执纪问责深入纠正“四风”问题的通知》的通知
中国铁建党组〔2015〕25 号	关于追授刘新来同志“心系企业、无私奉献的优秀共产党员”荣誉称号的决定
中国铁建党干〔2015〕26 号	关于做好 2015 年度政工专业职务任职资格评审工作的通知
中国铁建党组〔2015〕27 号	关于印发《中国铁建党委关于开展“三严三实”专题教育工作方案》的通知
中国铁建党干〔2015〕28 号	关于开展违规办理和持有因私出国(境)证件专项治理工作的通知
中国铁建党纪〔2015〕29 号	关于设立中国铁建股份有限公司纪委派驻纪检组的通知
中国铁建党组〔2015〕30 号	关于昆明中铁大型养路机械集团有限公司党委、纪委和工会、共青团组织更名的通知
中国铁建党组〔2015〕31 号	关于中国铁建投资有限公司党群组织更名等有关问题的通知
中国铁建党组〔2015〕32 号	关于成立中国共产党中国铁建投资集团有限公司纪律检查委员会的通知
中国铁建党办〔2015〕33 号	关于调整中国铁建股份有限公司党委常委分工的通知
中国铁建党办〔2015〕34 号	关于调整中国铁建股份有限公司国家安全工作领导小组组成人员的通知
中国铁建党办〔2015〕35 号	关于调整中国铁建股份有限公司维护稳定工作领导小组组成人员的通知
中国铁建党办〔2015〕36 号	关于调整中国铁建股份有限公司扶贫开发工作领导小组组成人员的通知
中国铁建党办〔2015〕37 号	关于调整中国铁建股份有限公司公司党委保密委员会组成人员的通知
中国铁建党宣〔2015〕38 号	关于深入开展企业文化建设专题研究的通知
中国铁建党办〔2015〕39 号	中国铁建股份有限公司党委 中国铁建股份有限公司关于认真做好维护稳定工作的意见
中国铁建党办〔2015〕40 号	中国铁建股份有限公司党委　中国铁建股份有限公司关于印发《孟凤朝同志在中国铁建股份有限公司党政联席会议上的讲话》的通知
中国铁建党组〔2015〕41 号	关于纪委增加编制的通知
中国铁建党组〔2015〕42 号	关于调整党委办公室(机关党委)编制的通知
中国铁建党组〔2015〕43 号	关于转发《中共中央组织部　中共中央宣传部关于认真做好历史文献纪录片〈筑梦中国〉学习宣传工作的通知》的通知
中国铁建党组〔2015〕44 号	关于转发《中共中央组织部关于认真学习贯彻习近平总书记重要指示精神扎实推进“三严三实”专题教育的通知》的通知
中国铁建党纪〔2015〕45 号	关于印发中国铁建股份有限公司党委巡视组《关于巡视中国铁建大桥工程局集团有限公司情况的反馈意见》的通知
中国铁建党纪〔2015〕46 号	关于印发中国铁建股份有限公司党委巡视组《关于巡视中铁二十局集团有限公司情况的反馈意见》的通知
中国铁建党纪〔2015〕47 号	关于印发中国铁建股份有限公司党委巡视组《关于巡视中铁二十五局集团有限公司情况的反馈意见》的通知
中国铁建党工〔2015〕48 号	转发国资委党办《关于进一步做好中央企业军转干部解困和稳定工作通知》的通知
中国铁建党办〔2015〕49 号	中国铁建股份有限公司党委 中国铁建股份有限公司关于驻京各单位近期做好安全稳定工作的通知
中国铁建党组〔2015〕50 号	关于转发《中共中央组织部关于在“三严三实”专题教育中联系反面典型深入开展研讨的通知》的通知
中国铁建党干〔2015〕51 号	关于印发《关于对跨集团调动干部进行审批和集团内提拔干部实行备案的规定》的通知
中国铁建党办〔2015〕52 号	中国铁建股份有限公司党委 中国铁建股份有限公司关于印发《中国铁建股份有限公司公务用车配额管理办法》的通知
中国铁建党干〔2015〕53 号	中国铁建股份有限公司党委 中国铁建股份有限公司关于印发《中国铁建中国铁建股份有限公司子公司负责人履职待遇、业务支出管理办法》的通知

续表

文 件 号	文 件 标 题
中国铁建党办〔2015〕54 号	中国铁建股份有限公司党委关于认真学习贯彻中央党的群团工作会议精神的通知
中国铁建党干〔2015〕55 号	关于转发中组部《关于组织人事部门对领导干部进行提醒、函询和诫勉的实施细则》通知
中国铁建党组〔2015〕56 号	关于印发《2014 年度中国铁建股份有限公司党员领导干部民主生活会整改方案》的通知
中国铁建党组〔2015〕57 号	关于转发《中共中央组织部关于做好高校毕业生党员组织关系管理工作的通知》的通知
中国铁建党组〔2015〕58 号	关于中铁建(北京)商务管理有限公司党群组织更名的通知
中国铁建党纪〔2015〕59 号	转发《关于认真贯彻落实中央八项规定精神 防止中秋国庆期间“四风”问题反弹有关事项的通知》的通知
中国铁建党组〔2015〕60 号	关于成立中共中铁建大桥设计研究院委员会等有关问题的批复
中国铁建党宣〔2015〕61 号	中国铁建股份有限公司党委　中国铁建股份有限公司关于印发《中国铁建股份有限公司企业文化建设管理办法》的通知
中国铁建党宣〔2015〕62 号	中国铁建股份有限公司党委　中国铁建股份有限公司关于印发《中国铁建股份有限公司官方微博、微信管理办法》的通知
中国铁建党宣〔2015〕63 号	中国铁建股份有限公司党委　中国铁建股份有限公司关于印发《中国铁建股份有限公司舆情处置办法》的通知
中国铁建党宣〔2015〕64 号	中国铁建股份有限公司党委　中国铁建股份有限公司关于印发《中国铁建股份有限公司突发事件新闻处置应急预案》的通知
中国铁建党宣〔2015〕65 号	中国铁建股份有限公司党委 中国铁建股份有限公司关于表彰首届“永远的铁道兵杯”十大楷模和第四届十佳道德模范的决定十佳道德模范的决定
中国铁建党宣〔2015〕66 号	关于表彰第二届优秀思想政治工作者的决定
中国铁建党干〔2015〕67 号	关于开展违规办理和持有因私出国境证件专项治理工作有关情况的通报
中国铁建党办〔2015〕68 号	关于传达学习十八届五中全会精神的通知
中国铁建党组〔2015〕69 号	中国铁建股份有限公司党委 中国铁建股份有限公司关于表彰 2014 年度“四好”领导班子的决定
中国铁建党组〔2015〕70 号	关于追授周天想等三名同志“优秀共产党员”称号的决定
中国铁建党组〔2015〕71 号	关于转发《中共中央组织部关于深化县级“三严三实”专题教育着力解决基层干部不作为乱作为等损害群众利益问题的通知》的通知
中国铁建党办〔2015〕72 号	关于报送 2015 年工作总结和 2016 年工作计划的通知
中国铁建党组〔2015〕73 号	关于增免福建指挥部党工委委员的批复
中国铁建党纪〔2015〕74 号	转发《关于做好 2016 年元旦春节期间贯彻落实中央八项规定精神和纠正“四风”工作的通知》的通知
中国铁建党组〔2015〕75 号	关于同意筹备召开中国铁建股份有限公司二届一次职工代表大会的批复
中国铁建党组〔2015〕76 号	关于转发《中共中央组织部关于印发刘云山同志在部分省市“三严三实”专题教育工作座谈会上讲话的通知》的通知

2015 年 9 月，中铁十九局集团有限公司举办首届职工技术比武大赛。 （张振宇 摄）

附 录

特载 | 大事记 | 概况 | 董事会工作 | 工程施工 | 海外经营 境外工程 | 经营管理 | 综合管理 | 科技管理 | 党的工作 | 工会 共青团 | 所属单位 | 人物 | 统计资料 | 文献辑要 | 附录

美国《财富》2016 年度
“世界企业 500 强”前 30 名企业名单

2016 年排名	2015 年排名	公司名称	营业收入（百万美元）	利　润（百万美元）	国　家
1	1	沃尔玛	482130.0	14694.0	美国
2	7	国家电网公司	329601.3	10201.4	中国
3	4	中国石油天然气集团公司	299270.6	7090.6	中国
4	2	中国石油化工集团公司	294344.4	3594.8	中国
5	3	荷兰皇家壳牌石油公司	272156.0	1939.0	荷兰
6	5	埃克森美孚	246204.0	16150.0	美国
7	8	大众公司	236599.8	-1519.7	德国
8	9	丰田汽车公司	236591.6	19264.2	日本
9	15	苹果公司	233715.0	53394.0	美国
10	6	英国石油公司	225982.0	-6482.0	英国
11	14	伯克希尔-哈撒韦公司	210821.0	24083.0	美国
12	16	麦克森公司	192487.0	2258.0	美国
13	13	三星电子	177440.2	16531.9	韩国
14	10	嘉能可	170497.0	-4964.0	瑞士
15	18	中国工商银行	167227.2	44098.2	中国
16	17	戴姆勒股份公司	165800.2	9344.5	德国
17	35	联合健康集团	157107.0	5813.0	美国
18	30	CVS Health 公司	153290.0	5237.0	美国
19	19	EXOR 集团	152591.0	825.3	意大利
20	21	通用汽车公司	152356.0	9687.0	美国
21	27	福特汽车公司	149558.0	7373.0	美国
22	29	中国建设银行	147910.2	36303.3	中国
23	33	美国电话电报公司	146801.0	13345.0	美国
24	11	道达尔公司(TOTAL)	143421.0	5087.0	法国
25	31	鸿海精密工业股份有限公司	141213.1	4627.1	中国
26	24	通用电气公司	140389.0	-6126.0	美国
27	37	中国建筑工程总公司	140158.8	2251.3	中国
28	46	美源伯根公司	135961.8	-134.9	美国
29	36	中国农业银行	133419.2	28734.9	中国
30	41	威瑞森电信	131620.0	17879.0	美国

美国《财富》2016 年度“世界企业 500 强”中国企业名单

2016 年排名	2015 年排名	公司名称	营业收入（百万美元）	总部所在城市
2	7	国家电网公司	329601.3	北京
3	4	中国石油天然气集团公司	299270.6	北京
4	2	中国石油化工集团公司	294344.4	北京
15	18	中国工商银行	167227.2	北京
22	29	中国建设银行	147910.2	北京
25	31	鸿海精密工业股份有限公司	141213.1	台北
27	37	中国建筑股份有限公司	140158.8	北京
29	36	中国农业银行	133419.2	北京
35	45	中国银行	122336.6	北京
41	96	中国平安保险(集团)股份有限公司	110307.9	深圳
45	55	中国移动通信集团公司	106760.6	北京
46	60	上海汽车集团股份有限公司	106684.4	上海
54	94	中国人寿保险(集团)公司	101273.6	北京
57	71	中国铁路工程总公司	99434.7	北京
62	79	中国铁道建筑总公司	95651.6	北京
81	109	东风汽车集团	82816.7	武汉
91	115	中国华润总公司	76573.7	香港
95	113	中国南方电网有限责任公司	74696.9	广州
99	156	太平洋建设集团	73046.9	南京
102	* *	中国南方工业集团公司	70080.9	北京
105	143	中国邮政集团公司	69636.7	北京
109	72	中国海洋石油总公司	67799.4	北京
110	165	中国交通建设集团有限公司	67764.0	北京
116	77	来宝集团	66712.4	香港
119	174	中国人民保险集团股份有限公司	64606.1	北京
121	272	中粮集团有限公司	64515.5	北京
122	146	天津物产集团有限公司	64232.3	天津
129	228	华为投资控股有限公司	62855.4	深圳
130	107	中国第一汽车集团公司	62852.4	长春
132	160	中国电信集团公司	61795.8	北京
134	144	中国兵器工业集团公司	61621.2	北京
139	105	中国中化集团公司	60655.8	北京
143	159	中国航空工业集团公司	60252.1	北京

续表

2016 年排名	2015 年排名	公司名称	营业收入（百万美元）	总部所在城市
153	190	交通银行	57068.2	上海
156	186	中国中信集团有限公司	55938.1	北京
160	207	北京汽车集团	54932.9	北京
163	234	山东魏桥创业集团有限公司	53026.1	滨州
189	235	招商银行	48459.3	深圳
190	247	正威国际集团	47795.1	深圳
195	271	兴业银行	46446.4	福州
200	253	中国电力建设集团有限公司	45606.8	北京
201	239	河钢集团有限公司	45265.7	石家庄
202	231	联想集团	44912.1	北京
205	276	中国医药集团	44324.9	北京
207	227	中国联合网络通信股份有限公司	44085.1	上海
217	224	中国华能集团公司	43223.9	北京
221	281	中国民生银行	42449.0	北京
227	296	上海浦东发展银行股份有限公司	42030.0	上海
229	342	中国华信能源有限公司	41845.0	上海
234	265	中国化工集团公司	41412.4	北京
251	328	中国太平洋保险(集团)股份有限公司	39335.8	上海
259	355	和硕	38238.9	台北
262	240	中国铝业公司	37995.5	北京
266	* *	中国中车股份有限公司	37837.2	北京
267	315	冀中能源集团	37816.6	邢台
270	196	神华集团	37611.5	北京
273	282	怡和集团	37007.0	香港
275	218	宝钢集团有限公司	36607.9	上海
281	371	中国船舶重工集团公司	36012.2	北京
290	326	中国冶金科工集团有限公司	35314.3	北京
293	288	中国机械工业集团有限公司	35134.1	北京
303	362	广州汽车工业集团	34440.3	广州
309	391	中国能源建设集团有限公司	33223.3	北京
311	258	绿地控股集团有限公司	33023.6	上海
313	420	中国光大集团	32901.4	北京
314	274	江苏沙钢集团	32751.4	张家港
318	344	新兴际华集团	32567.3	北京
322	341	大同煤矿集团有限责任公司	31958.2	大同
323	198	中国五矿集团公司	31883.2	北京

续表

2016 年排名	2015 年排名	公司名称	营业收入（百万美元）	总部所在城市
325	380	陕西延长石油(集团)有限责任公司	31754.9	西安
326	389	广达电脑	31734.3	桃园
327	270	中国建筑材料集团有限公司	31705.5	北京
328	354	江西铜业集团公司	31554.9	贵溪
329	366	中国电子信息产业集团有限公司	31537.0	北京
331	345	中国华电集团公司	31436.8	北京
337	264	山西焦煤集团有限责任公司	31038.5	太原
342	403	国家电力投资集团公司	30616.1	北京
344	437	中国航天科技集团公司	30554.4	北京
345	343	中国国电集团公司	30515.2	北京
347	416	陕西煤业化工集团	30331.3	西安
349	* *	中国船舶工业集团公司	30190.9	北京
353	464	海航集团	29562.1	海口
356	* *	万科企业股份有限公司	29329.3	深圳
359	339	浙江物产集团	29051.8	杭州
366	* *	京东	28847.1	北京
370	358	潞安集团	28642.4	长治
374	409	山西阳泉煤业(集团)有限责任公司	28309.5	阳泉
381	* *	中国航天科工集团公司	27867.3	北京
383	426	中国通用技术(集团)控股有限责任公司	27667.4	北京
384	379	山西晋城无烟煤矿业集团有限责任公司	27571.9	晋城
385	* *	大连万达集团	27376.9	北京
386	390	中国有色矿业集团有限公司	27188.9	北京
400	423	仁宝电脑	26694.9	台北
401	457	中国保利集团	26675.3	北京
403	472	台积电	26575.0	新竹
406	392	中国大唐集团公司	26440.1	北京
408	* *	中国电子科技集团	26410.4	北京
410	477	浙江吉利控股集团	26303.8	杭州
426	373	山东能源集团有限公司	25136.4	济南
427	* *	新华人寿保险股份有限公司	25128.5	北京
443	316	台湾中油股份有限公司	24361.8	台北
456	467	友邦保险	23274.0	香港
465	432	中国远洋海运集团有限公司	22965.4	上海
468	471	国泰人寿保险股份有限公司	22881.2	台北
473	* *	长江和记实业有限公司	22714.8	香港
481	* *	美的集团股份有限公司	22173.5	佛山
484	321	中国航空油料集团公司	22101.2	北京
489	402	首钢集团	21513.7	北京
495	* *	万洲国际有限公司	21209.0	香港
496	* *	恒大集团	21184.2	广州

注:表中 2015 年排名名次标 * * 的为 2016 年首次入选或 2015 年未入选企业。

2016年全球最大250家承包商中国企业排名

序号	排序		公司名称	营业收入（百万美元）
	2016年	2015年		
1	1	2	中国建筑工程总公司	115083.2
2	2	1	中国中铁股份有限公司	112670.3
3	3	3	中国铁建股份有限公司	96011.0
4	4	4	中国交通建设集团有限公司	68348.2
5	6	7	中国电力建设集团有限公司	39341.6
6	8	10	中国冶金科工集团公司	33143.2
7	10	12	上海建工集团股份有限公司	26045.5
8	30	34	浙江省建设投资集团有限公司	10335.0
9	31	33	中国葛洲坝集团股份有限公司	10014.6
10	32	29	中国化学工程集团公司	9927.0
11	37	41	北京城建集团有限责任公司	8461.6
12	39	**	江苏中南建设集团股份有限公司	7880.3
13	40	42	安徽建工集团有限公司	7773.1
14	41	43	青建集团股份有限公司	7705.9
15	42	45	云南建工集团有限公司	7614.0
16	46	40	中石化炼化工程(集团)股份有限公司	7302.3
17	47	48	江苏南通三建集团有限公司	7281.2
18	48	44	北京建工集团有限责任公司	7128.6
19	53	55	中国机械工业集团有限公司	6701.4
20	55	51	中国东方电气集团有限公司	6152.3
21	62	**	上海城建(集团)公司	5281.7
22	65	68	江苏南通六建建设集团有限公司	5023.4
23	74	79	新疆兵团建设工程(集团)有限责任公司	4186.0
24	76	65	中国石油天然气管道局	4073.0
25	79	67	中国通用技术(集团)控股有限责任公司	3852.9
26	113	124	中国电力工程顾问集团有限公司	2507.3
27	119	93	中国土木工程集团有限公司	2310.4
28	121	118	中国寰球工程公司	2246.5
29	123	122	南通建工集团股份有限公司	2157.2
30	124	110	中信建设有限责任公司	2133.2
31	125	143	中国江苏国际技术经济合作集团有限公司	2122.5
32	128	88	中国石油工程建设公司	2098.6
33	132	101	中石化胜利石油工程有限公司	1905.2
34	136	**	浙江省交通工程建设集团有限公司	1801.9
35	138	121	大庆油田建设集团有限责任公司	1755.4

续表

序号	排序		公司名称	营业收入（百万美元）
	2016 年	2015 年		
36	140	138	中国武夷实业股份有限公司	1732.8
37	146	146	烟建集团有限公司	1649.1
38	150	152	中国水利电力对外公司	1508.9
39	159	145	中石化中原石油工程有限公司	1401.4
40	160	**	山东淄建集团	1386.7
41	165	190	沈阳远大铝业工程有限公司	1341.5
42	171	129	中国石油集团工程设计有限责任公司	1274.5
43	188	193	中国能源建设集团天津电力建设公司	1140.4
44	190	158	中钢设备有限公司	1115.5
45	193	**	中国电力技术装备有限公司	1098.3
46	198	**	哈尔滨电气国际工程有限责任公司	1017.9
47	206	239	中国江西国际经济技术合作公司	950.7
48	232	185	中地海外建设集团有限公司	808.2
49	240	215	中国地质工程集团公司	775.7

注：表中 2015 年排名名次标 ** 的为 2016 年首次入选或 2015 年未入选企业。

2016 年国际承包商 250 家中国企业入选名单

序号	排序		公司名称	完成国际营业额（百万美元）
	2016 年	2015 年		
1	3	5	中国交通建设集团有限公司	19264.6
2	11	11	中国电力建设集团有限公司	11354.6
3	14	17	中国建筑股份有限公司	8727.8
4	20	23	中国中铁股份有限公司	6037.2
5	23	27	中国机械工业集团有限公司	5303.5
6	45	44	中国葛洲坝集团股份有限公司	2929.4
7	49	49	中国冶金科工集团有限公司	2677.0
8	55	58	中国铁建股份有限公司	2400.0
9	58	52	中信建设有限责任公司	2105.1
10	60	47	中国土木工程集团有限公司	2051.4
11	67	76	中国化学工程集团公司	1749.1
12	68	64	中国石油天然气管道局	1720.0
13	74	74	中国水利电力对外公司	1507.6
14	75	84	中石化炼化工程（集团）股份有限公司	1459.1
15	77	81	青建集团股份公司	1405.8
16	84	66	中国石油工程建设公司	1184.1
17	88	**	哈尔滨电气国际工程有限责任公司	1017.9

续表

序号	排序		公司名称	完成国际营业额（百万美元）
	2016 年	2015 年		
18	92	93	中国通用技术(集团)控股有限责任公司	905.6
19	95	137	中国江苏国际经济技术合作集团有限公司	817.3
20	97	86	中地海外集团有限公司	794.0
21	103	112	中国江西国际经济技术合作公司	712.4
22	104	115	威海国际经济技术合作股份有限公司	710.5
23	105	100	上海建工集团股份有限公司	680.2
24	107	72	中国东方电气集团有限公司	668.6
25	109	110	中国中原对外工程有限公司	665.2
26	111	129	江西中煤建设集团有限公司	653.2
27	112	* *	北方国际合作股份有限公司	642.7
28	115	109	北京建工集团有限责任公司	624.3
29	116	118	新疆生产建设兵团建设工程(集团)有限责任公司	619.5
30	117	146	浙江省建设投资集团有限公司	613.9
31	119	165	中国寰球工程公司	611.6
32	124	120	中国地质工程集团公司	584.3
33	125	127	中石化中原石油工程有限公司	572.6
34	127	126	安徽建工集团有限公司	559.2
35	128	* *	中国电力技术装备有限公司	558.8
36	129	171	中国有色金属建设股份有限公司	545.3
37	130	113	中国河南国际合作集团有限公司	541.3
38	131	142	中鼎国际工程有限责任公司	539.6
39	144	* *	上海城建(集团)公司	453.1
40	145	153	安徽省外经建设(集团)有限公司	450.9
41	150	155	江苏南通三建集团有限公司	416.1
42	153	148	沈阳远大铝业工程有限公司	402.7
43	160	131	中钢设备有限公司	382.4
44	166	138	中国能源建设集团天津电力建设有限公司	352.6
45	167	181	中国山东对外经济技术合作集团有限公司	352.1
46	168	154	中国武夷实业股份有限公司	351.1
47	171	206	北京城建集团有限责任公司	345.3
48	172	* *	泛华集团	337.7
49	176	212	中石化胜利石油工程有限公司	321.1
50	179	104	中国成套设备进出口(集团)总公司	316.2

续表

序号	排序		公司名称	完成国际营业额（百万美元）
	2016 年	2015 年		
51	183	195	烟建集团有限公司	306.8
52	185	182	南通建工集团股份有限公司	300.6
53	186	* *	云南建工集团有限公司	300.5
54	189	* *	山东淄建集团	291.9
55	194	152	中国大连国际经济技术合作集团有限公司	263.5
56	196	194	中国甘肃国际经济技术合作总公司	250.9
57	204	222	江苏南通六建建设集团有限公司	204.7
58	209	128	中国石油集团工程设计有限责任公司	193.6
59	211	172	烟台国际经济技术合作集团有限公司	181.8
60	212	178	大庆油田建设集团有限责任公司	178.9
61	213	210	重庆对外建设(集团)有限公司	174.6
62	218	* *	浙江省交通工程建设集团有限公司	155.6
63	230	196	山东科瑞石油装备有限公司	105.1
64	236	* *	中国电力工程顾问集团有限公司	91.0
65	249	91	上海电气集团股份有限公司	62.7

注:表中 2015 年排名名次标 * * 的为 2016 年首次入选或 2015 年未入选企业。

2016 年中国企业 500 强名单

排名	企业名称	营业收入（万元）
1	国家电网公司	207134945
2	中国石油天然气集团公司	188073616
3	中国石油化工集团公司	184977795
4	中国工商银行股份有限公司	107983800
5	中国建设银行股份有限公司	92587800
6	中国建筑股份有限公司	88057713
7	中国农业银行股份有限公司	83376600
8	中国银行股份有限公司	76922200
9	中国平安保险（集团）股份有限公司	69322000
10	中国移动通信集团公司	67092753
11	上海汽车集团股份有限公司	67044822
12	中国人寿保险（集团）公司	63644438
13	中国铁路工程总公司	62488857
14	中国铁道建筑总公司	60111385
15	国家开发银行股份有限公司	59532274
16	东风汽车公司	52045396
17	华润（集团）有限公司	48122063
18	中国南方电网有限责任公司	46942579
19	太平洋建设集团有限公司	45905631
20	中国兵器装备集团公司	44041718
21	中国邮政集团公司	43762571
22	中国海洋石油总公司	42607860
23	中国交通建设集团有限公司	42585682
24	中国人民保险集团股份有限公司	40601100
25	中粮集团有限公司	40544184
26	天津物产集团有限公司	40366194
27	华为技术有限公司	39500900
28	中国第一汽车集团公司	39499035
29	中国电信集团公司	38834967
30	中国兵器工业集团公司	38725293
31	中国中化集团公司	38116100
32	中国航空工业集团公司	37862420
33	交通银行股份有限公司	35798543
34	中国中信集团有限公司	35153783
35	苏宁控股集团有限公司	35028812
36	北京汽车集团有限公司	34522067
37	山东魏桥创业集团有限公司	33323772
38	联想控股股份有限公司	30982614
39	招商银行股份有限公司	30384300
40	正威国际集团有限公司	30036385
41	兴业银行股份有限公司	29188800
42	大连万达集团股份有限公司	29016000
43	中国电力建设集团有限公司	28661193
44	河钢集团有限公司	28446842
45	中国医药集团总公司	27855600
46	中国联合网络通信集团有限公司	27833943
47	中国华能集团公司	26822627
48	中国民生银行股份有限公司	26744100
49	上海浦东发展银行股份有限公司	26413400
50	中国华信能源有限公司	26315060
51	中国化工集团公司	26025252
52	中国太平洋保险（集团）股份有限公司	24720200
53	中国中车集团公司	24373283
54	中国铝业公司	23877911
55	冀中能源集团有限责任公司	23765521
56	神华集团有限责任公司	23636609
57	宝钢集团有限公司	23005904
58	中国船舶重工集团公司	22631565
59	中国远洋海运集团有限公司	22426441
60	中国冶金科工集团有限公司	22192950
61	陕西延长石油（集团）有限责任公司	22089657
62	中国机械工业集团有限公司	22079734
63	金川集团股份有限公司	22041320
64	广州汽车工业集团有限公司	21643680
65	恒力集团有限公司	21207961
66	中国能源建设集团有限公司	20878859
67	绿地控股集团股份有限公司	20725659

排名	企业名称	营业收入（万元）
68	中国光大集团股份有限公司	20676600
69	江苏沙钢集团有限公司	20582346
70	新兴际华集团有限公司	20466604
71	大同煤矿集团有限责任公司	20067736
72	大商集团有限公司	20043933
73	中国五矿集团公司	20036679
74	中国建筑材料集团有限公司	19925009
75	江西铜业集团公司	19830382
76	中国电子信息产业集团有限公司	19819149
77	中国华电集团公司	19756174
78	山西焦煤集团有限责任公司	19505866
79	国家电力投资集团公司	19240381
80	中国航天科技集团公司	19201631
81	中国国电集团公司	19177018
82	陕西煤业化工集团有限责任公司	19061424
83	中国船舶工业集团公司	18973172
84	海尔集团公司	18869388
85	海航集团有限公司	18578021
86	万科企业股份有限公司	18431705
87	物产中大集团股份有限公司	18257322
88	北京京东世纪贸易有限公司	18128696
89	山西潞安矿业（集团）有限责任公司	18000056
90	阳泉煤业（集团）有限责任公司	17790823
91	中国航天科工集团公司	17512976
92	中国通用技术（集团）控股有限责任公司	17387349
93	山西晋城无烟煤矿业集团有限责任公司	17327294
94	开滦（集团）有限责任公司	17168806
95	中国有色矿业集团有限公司	17086594
96	中国保利集团公司	16763849
97	中国大唐集团公司	16616058
98	中国电子科技集团公司	16597360
99	浙江吉利控股集团有限公司	16530399
100	华晨汽车集团控股有限公司	16054589

排名	企业名称	营业收入（万元）
101	河南能源化工集团有限责任公司	16024564
102	新华人寿保险股份有限公司	15845300
103	山东能源集团有限公司	15796767
104	国美电器有限公司	15368559
105	光明食品（集团）有限公司	14755461
106	中国平煤神马能源化工集团有限责任公司	14683995
107	铜陵有色金属集团控股有限公司	14534744
108	海亮集团有限公司	14016131
109	中国航空油料集团公司	13889299
110	美的集团股份有限公司	13844123
111	万洲国际有限公司	13772276
112	首钢总公司	13520063
113	恒大地产集团有限公司	13313000
114	泰康人寿保险股份有限公司	13231325
115	上海烟草集团有限责任公司	13183197
116	黑龙江北大荒农垦集团总公司	13133564
117	厦门建发集团有限公司	13056886
118	鞍钢集团公司	12970755
119	上海建工集团股份有限公司	12543070
120	天津中环电子信息集团有限公司	12152383
121	百联集团有限公司	11983899
122	上海东浩兰生国际服务贸易（集团）有限公司	11894329
123	天津百利机械装备集团有限公司	11866099
124	陕西有色金属控股集团有限责任公司	11617681
125	万向集团公司	11535989
126	山东大王集团有限公司	11269181
127	中国南方航空集团公司	11220561
128	中国航空集团公司	11111975
129	中国太平保险集团有限责任公司	11109118
130	中国黄金集团公司	11074589
131	天津渤海化工集团有限责任公司	11008975
132	三胞集团有限公司	10806963
133	上海医药集团股份有限公司	10551659

排名	企业名称	营业收入（万元）
134	华夏银行股份有限公司	10514829
135	新疆广汇实业投资（集团）有限责任公司	10503738
136	TCL 集团股份有限公司	10457948
137	国家开发投资公司	10423958
138	天津渤海轻工投资集团有限公司	10381541
139	红塔烟草（集团）有限责任公司	10338809
140	腾讯控股有限公司	10286300
141	厦门国贸控股有限公司	10261615
142	太平人寿保险有限公司	10224880
143	山东钢铁集团有限公司	10210768
144	武汉钢铁（集团）公司	10183092
145	江苏悦达集团有限公司	10181297
146	四川长虹电子控股集团有限公司	10149949
147	兖矿集团有限公司	10123468
148	阿里巴巴集团控股有限公司	10114300
149	酒泉钢铁（集团）有限责任公司	10085673
150	中兴通讯股份有限公司	10018639
151	中天钢铁集团有限公司	10016316
152	大冶有色金属集团控股有限公司	10012809
153	海信集团有限公司	9901646
154	珠海格力电器股份有限公司	9774514
155	中国东方航空集团公司	9706848
156	上海电气（集团）总公司	9652138
157	安徽海螺集团有限责任公司	9307035
158	红云红河烟草（集团）有限责任公司	9287350
159	武汉商联（集团）股份有限公司	9132400
160	太原钢铁（集团）有限公司	9083529
161	山东省商业集团有限公司	9070000
162	广厦控股集团有限公司	8971015
163	北京银行	8787567
164	青山控股集团有限公司	8768949
165	山西煤炭进出口集团有限公司	8524164
166	广西投资集团有限公司	8516053
167	南山集团有限公司	8222167

排名	企业名称	营业收入（万元）
168	中国中煤能源集团有限公司	8204392
169	盛虹控股集团有限公司	8180421
170	湖北宜化集团有限责任公司	8103725
171	潍柴控股集团有限公司	8065115
172	浙江荣盛控股集团有限公司	8060568
173	北大方正集团有限公司	8051129
174	浙江省兴合集团有限责任公司	8019763
175	比亚迪股份有限公司	8000897
176	协鑫（集团）控股有限公司	7978687
177	浙江恒逸集团有限公司	7940567
178	浙江中烟工业有限责任公司	7861183
179	杭州钢铁集团公司	7769455
180	晋能集团有限公司	7702583
181	本钢集团有限公司	7700058
182	陕西东岭工贸集团股份有限公司	7611371
183	长城汽车股份有限公司	7603314
184	中国华融资产管理股份有限公司	7538576
185	三一集团有限公司	7505031
186	超威电源有限公司	7497736
187	广州医药集团有限公司	7485668
188	紫金矿业集团股份有限公司	7430357
189	徐州工程机械集团有限公司 *	7394093
190	中国中材集团有限公司	7296911
191	天能电池集团有限公司	7239327
192	西安迈科金属国际集团有限公司	7100414
193	清华控股有限公司	7053898
194	北京控股集团有限公司	7043436
195	广西建工集团有限责任公司	7008182
196	南通三建控股有限公司	6882735
197	新希望集团有限公司	6824439
198	山东黄金集团有限公司	6819803
199	陕西建工集团有限公司	6810634
200	河北新华联合冶金控股集团有限公司	6797096
201	浙江省能源集团有限公司	6795234
202	海澜集团有限公司	6718367

排名	企业名称	营业收入（万元）
203	北京建龙重工集团有限公司	6716959
204	湖南华菱钢铁集团有限责任公司	6679742
205	上海均和集团有限公司	6638356
206	腾邦集团有限公司	6594827
207	厦门象屿集团有限公司	6561081
208	四川省宜宾五粮液集团有限公司	6525087
209	河北津西钢铁集团股份有限公司	6480019
210	广东省广新控股集团有限公司	6425364
211	湖北中烟工业有限责任公司	6405378
212	百度网络技术有限公司	6403700
213	阳光保险集团股份有限公司	6394797
214	广东省广物控股集团有限公司	6358918
215	中国化学工程股份有限公司	6353230
216	中国长江三峡集团公司	6351741
217	内蒙古电力（集团）有限责任公司	6349272
218	浪潮集团有限公司	6320086
219	雅戈尔集团股份有限公司	6236444
220	中天发展控股集团有限公司	6196618
221	中国诚通控股集团有限公司	6190744
222	中国重型汽车集团有限公司	6166359
223	上海华谊（集团）公司	6139317
224	新华联集团有限公司	6052763
225	无锡产业发展集团有限公司	6051933
226	内蒙古伊利实业集团股份有限公司	6035987
227	华泰集团有限公司	6023778
228	北京能源集团有限责任公司	5976457
229	奥克斯集团有限公司	5961205
230	山东大海集团有限公司	5885447
231	银亿集团有限公司	5883621
232	中国国际海运集装箱（集团）股份有限公司	5868580
233	云天化集团有限责任公司	5855820
234	河北敬业企业集团有限责任公司	5757368
235	杭州汽轮动力集团有限公司	5701132

排名	企业名称	营业收入（万元）
236	中国盐业总公司	5656437
237	庞大汽贸集团股份有限公司	5637498
238	湖南省建筑工程集团总公司	5569464
239	万达控股集团有限公司	5562545
240	远大物产集团有限公司	5536429
241	天津荣程祥泰投资控股集团有限公司	5503839
242	上海城建（集团）公司	5503821
243	河北省物流产业集团有限公司	5501006
244	浙江省建设投资集团有限公司	5500256
245	白银有色集团股份有限公司	5490409
246	唐山瑞丰钢铁（集团）有限公司	5415448
247	上海复星高科技（集团）有限公司	5379286
248	中国国际技术智力合作公司	5372952
249	江铃汽车集团公司	5345286
250	通威集团有限公司	5321078
251	山东晨鸣纸业集团股份有限公司	5272957
252	天津泰达投资控股有限公司	5229092
253	淮北矿业（集团）有限责任公司	5224436
254	正邦集团有限公司	5203466
255	中联重科股份有限公司	5194081
256	四川华西集团有限公司	5171782
257	盾安控股集团有限公司	5163973
258	天津一商集团有限公司	5100903
259	北京城建集团有限责任公司	5079218
260	华侨城集团公司	5069295
261	中国广核集团有限公司	5060433
262	重庆商社（集团）有限公司	5050052
263	中南控股集团有限公司	5040637
264	马钢（集团）控股有限公司	5037063
265	红豆集团有限公司	5031064
266	山东京博控股股份有限公司	5018811
267	利华益集团股份有限公司	5016802

排名	企业名称	营业收入（万元）
268	杭州锦江集团有限公司	5010179
269	九州通医药集团股份有限公司	4958925
270	深圳市爱施德股份有限公司	4956903
271	杭州娃哈哈集团有限公司	4947540
272	深圳市大生农业集团有限公司	4911064
273	江阴澄星实业集团有限公司	4885450
274	京东方科技集团股份有限公司	4862373
275	浙江省国际贸易集团有限公司	4854702
276	冀南钢铁集团有限公司	4852486
277	新疆特变电工集团有限公司	4826249
278	广东温氏食品集团股份有限公司	4823737
279	亨通集团有限公司	4803224
280	山东海科化工集团有限公司	4789504
281	深圳市飞马国际供应链股份有限公司	4763722
282	济宁如意投资有限公司	4728115
283	北京金隅集团有限责任公司	4722959
284	安徽江淮汽车集团控股有限公司	4705129
285	广东省粤电集团有限公司	4674916
286	科创控股集团有限公司	4674444
287	山东高速集团有限公司	4656767
288	重庆建工投资控股有限责任公司	4624650
289	山东晨曦集团有限公司	4615704
290	上海纺织（集团）有限公司	4607120
291	山东招金集团有限公司	4548008
292	华勤橡胶工业集团有限公司	4505142
293	上海永达控股（集团）有限公司	4461424
294	江苏南通二建集团有限公司	4459278
295	南京钢铁集团有限公司	4457317
296	广西柳州钢铁集团有限公司	4446462
297	亚邦投资控股集团有限公司	4431262
298	云南建工集团有限公司	4423530
299	渤海银行股份有限公司	4374434
300	山东科达集团有限公司	4362008
301	江苏三房巷集团有限公司	4357883
302	稻花香集团	4355216

排名	企业名称	营业收入（万元）
303	德力西集团有限公司	4349427
304	淮南矿业（集团）有限责任公司	4336057
305	江苏国泰国际集团有限公司	4321837
306	山东太阳控股集团有限公司	4283027
307	广东省广晟资产经营有限公司	4263633
308	甘肃省建设投资（控股）集团总公司	4250915
309	天音通信有限公司	4247523
310	宁波金田投资控股有限公司	4228775
311	江苏省苏中建设集团股份有限公司	4218852
312	永辉超市股份有限公司	4214483
313	云南省能源投资集团有限公司	4188711
314	云南锡业集团（控股）有限责任公司	4187864
315	广东省丝绸纺织集团有限公司	4153256
316	北京外企服务集团有限责任公司	4132412
317	广东省交通集团有限公司	4131239
318	重庆龙湖企业拓展有限公司	4126402
319	广州市建筑集团有限公司	4116464
320	徐州矿务集团有限公司	4106704
321	广州轻工工贸集团有限公司	4105394
322	宝塔石化集团有限公司	4093101
323	中国恒天集团有限公司	4087670
324	四川宏达（集团）有限公司	4055914
325	四川省川威集团有限公司	4052782
326	正泰集团股份有限公司	4051877
327	珠海振戎公司	4032858
328	玖隆钢铁物流有限公司	4018247
329	吉林亚泰（集团）股份有限公司	3999845
330	深圳市怡亚通供应链股份有限公司	3993867
331	合肥百货大楼集团股份有限公司	3922800
332	四川科伦实业集团有限公司	3920979
333	广东圣丰集团有限公司	3917185
334	江苏汇鸿国际集团股份有限公司	3914010
335	中华联合保险控股股份有限公司	3887622

排名	企业名称	营业收入（万元）
336	江苏华西集团公司	3887596
337	天津纺织集团(控股)有限公司	3881846
338	双胞胎(集团)股份有限公司	3861761
339	北京首都旅游集团有限责任公司	3851700
340	中基宁波集团股份有限公司	3842756
341	山东天信集团有限公司	3832286
342	郑州宇通集团有限公司	3819932
343	天津宝迪农业科技股份有限公司	3814061
344	海通证券股份有限公司	3808627
345	浙江桐昆控股集团有限公司	3797275
346	嘉晨集团有限公司	3786000
347	浙江中成控股集团有限公司	3763391
348	天津市医药集团有限公司	3734912
349	宁夏天元锰业有限公司	3727961
350	安阳钢铁集团有限责任公司	3714061
351	重庆农村商业银行股份有限公司	3700225
352	安徽建工集团有限公司	3698666
353	贵州中烟工业有限责任公司	3675164
354	重庆市金科投资控股(集团)有限责任公司	3654399
355	南通四建集团有限公司	3643345
356	中国贵州茅台酒厂(集团)有限责任公司	3635788
357	广西北部湾国际港务集团有限公司	3633746
358	隆鑫控股有限公司	3623555
359	长春欧亚集团股份有限公司	3617802
360	杉杉控股有限公司	3602365
361	重庆市能源投资集团有限公司	3600784
362	江西省建工集团有限责任公司	3598741
363	重庆化医控股(集团)公司	3591804
364	江苏阳光集团有限公司	3574009
365	老凤祥股份有限公司	3571237
366	昆明钢铁控股有限公司	3568263
367	浙江省交通投资集团有限公司	3520031
368	天津港(集团)有限公司	3507588
369	山东金岭集团有限公司	3480577

排名	企业名称	营业收入（万元）
370	人民电器集团有限公司	3480507
371	山东胜通集团股份有限公司	3461245
372	山东时风(集团)有限责任公司	3419957
373	山西建筑工程(集团)总公司	3407099
374	重庆力帆控股有限公司	3398824
375	广西玉柴机器集团有限公司	3392300
376	中国港中旅集团公司	3386730
377	四川蓝润实业集团有限公司	3381460
378	江苏新长江实业集团有限公司	3381335
379	广州越秀集团有限公司	3376435
380	北京建工集团有限责任公司	3369624
381	浙江前程投资股份有限公司	3367880
382	世纪金源投资集团有限公司	3367531
383	山东金诚石化集团有限公司	3365179
384	大汉控股集团有限公司	3363883
385	广发证券股份有限公司	3344664
386	创维集团有限公司	3342900
387	天狮集团有限公司	3320985
388	西部矿业集团有限公司	3307123
389	山东玉皇化工有限公司	3291689
390	太极集团有限公司	3290472
391	四川德胜集团钒钛有限公司	3288253
392	石家庄北国人百集团有限责任公司	3280115
393	申能(集团)有限公司	3278680
394	河北建设集团有限公司	3266530
395	三河汇福粮油集团有限公司	3244800
396	内蒙古伊泰集团有限公司	3243615
397	包头钢铁(集团)有限责任公司	3229003
398	新奥能源控股有限公司	3206300
399	江苏金辉铜业集团有限公司	3169800
400	天瑞集团股份有限公司	3153583
401	日照钢铁控股集团有限公司	3147573
402	卓尔控股有限公司	3139470
403	福建省能源集团有限责任公司	3138533
404	西王集团有限公司	3123063

排名	企业名称	营业收入（万元）
405	沂州集团有限公司	3108066
406	浙江昆仑控股集团有限公司	3106717
407	步步高投资集团股份有限公司	3101749
408	北京首都创业集团有限公司	3099452
409	弘阳集团有限公司	3077826
410	四川公路桥梁建设集团有限公司	3062241
411	晶科能源有限公司	3056129
412	湖南博长控股集团有限公司	3051172
413	山河建设集团有限公司	3048533
414	深圳市信利康供应链管理有限公司	3044691
415	金浦投资控股集团有限公司	3039305
416	山东渤海实业股份有限公司	3033890
417	维维集团股份有限公司	3031828
418	宁波富邦控股集团有限公司	3030961
419	北京市政路桥集团有限公司	3011711
420	新疆金风科技股份有限公司	3006210
421	北京住总集团有限责任公司	3005104
422	陕西汽车控股集团有限公司	3001938
423	东营方圆有色金属有限公司	3000268
424	双良集团有限公司	2993807
425	浙江宝业建设集团有限公司	2983568
426	河北普阳钢铁有限公司	2982913
427	河北新金钢铁有限公司	2975961
428	东营鲁方金属材料有限公司	2972611
429	广东省建筑工程集团有限公司	2969028
430	武安市裕华钢铁有限公司	2965833
431	远东控股集团有限公司	2951208
432	上海国际港务（集团）股份有限公司	2951083
433	山西省国新能源发展集团有限公司	2916979
434	金东纸业（江苏）股份有限公司	2916853
435	安徽国贸集团控股有限公司	2915157
436	波司登股份有限公司	2908523
437	法尔胜泓昇集团有限公司	2900390
438	辽宁日林实业集团有限公司	2898917

排名	企业名称	营业收入（万元）
439	青岛钢铁控股集团有限责任公司	2886532
440	晶龙实业集团有限公司	2882240
441	广州农村商业银行股份有限公司	2872255
442	福建中烟工业有限责任公司	2869133
443	华芳集团有限公司	2864746
444	洪业化工集团股份有限公司	2858644
445	威高集团有限公司	2851131
446	宜昌兴发集团有限责任公司	2850201
447	杭州华东医药集团有限公司	2839662
448	广州万宝集团有限公司	2834469
449	武安市文安钢铁有限公司	2823973
450	奇瑞汽车股份有限公司	2805540
451	武安市明芳钢铁有限公司	2797137
452	唐山港陆钢铁有限公司	2794399
453	哈尔滨电气集团公司	2794148
454	天津银行股份有限公司	2791035
455	重庆机电控股（集团）公司	2779228
456	河南豫光金铅集团有限责任公司	2771640
457	龙信建设集团有限公司	2770016
458	江苏扬子江船业集团公司	2768840
459	泸州老窖集团有限责任公司	2767740
460	天元建设集团有限公司	2766325
461	青岛啤酒股份有限公司	2763469
462	河北建工集团有限责任公司	2760579
463	卧龙控股集团有限公司	2735584
464	天津房地产集团有限公司	2734726
465	澳洋集团有限公司	2730149
466	苏州创元投资发展（集团）有限公司	2727950
467	浙江龙盛控股有限公司	2724673
468	新疆生产建设兵团建设工程（集团）有限责任公司	2713168
469	精功集团有限公司	2709184
470	浙江省商业集团有限公司	2708020
471	安徽省交通控股集团有限公司	2702205
472	山东九羊集团有限公司	2702077
473	淄博矿业集团有限责任公司	2689922

排名	企业名称	营业收入（万元）
474	安徽省皖北煤电集团有限责任公司	2687318
475	厦门金龙汽车集团股份有限公司	2683490
476	凌源钢铁集团有限责任公司	2678583
477	新余钢铁集团有限公司	2666030
478	重庆轻纺控股（集团）公司	2656582
479	山东泰山钢铁集团有限公司	2652281
480	福佳集团有限公司	2638921
481	中国银河证券股份有限公司	2625995
482	北京二商集团有限责任公司	2617743
483	天津友发钢管集团股份有限公司	2616643
484	珠海华发集团有限公司	2613290
485	广东格兰仕集团有限公司	2607792
486	广西盛隆冶金有限公司	2572506
487	五得利面粉集团有限公司	2568657
488	广东海大集团股份有限公司	2556740
489	中科电力装备集团有限公司	2552260
490	登封电厂集团有限公司	2549501
491	成都建筑工程集团总公司	2530047
492	旭阳控股有限公司	2525870
493	研祥高科技控股集团有限公司	2503735
494	广州国资发展控股有限公司	2498994
495	安徽新华发行（集团）控股有限公司	2498904
496	富海集团有限公司	2496233
497	万基控股集团有限公司	2493071
498	山东汇丰石化集团有限公司	2474562
499	福建省三钢（集团）有限责任公司	2460672
500	北京粮食集团有限责任公司	2434592

中国铁建所属单位名录

单位名称	地　　址	电　　话	邮政编码
中国土木工程集团有限公司	北京市海淀区北蜂窝4号	010－63263392	100038
中土国际贸易有限公司	北京市宣武门西大街大成广场28号7门11层1108室	010－63600930	100053
中土集团南方建设有限公司	广东省珠海市吉大石花东路58号华景西苑28栋6座	0756－3222650	519015
海南基冠房地产开发(香港)有限公司	海南省海口市大同路25号华发大厦B座502室	0898－66526568	570102
中土集团福州勘察设计研究院有限公司	福建省福州市晋安区茶园街道沁园支路41号	0591－87051157	350013
中土东非有限公司	坦桑尼亚达累斯萨拉姆市邮政信箱4083	00255－22－2851129	
中国土木阿尔及利亚有限公司	阿尔及尔市,El－Achour区,Oued Romane街,Ouahrani 70号	00213－21－307103－111	
中土集团公司阿联酋分公司	阿拉伯联合酋长国阿布扎比市43076号邮箱	00971－2－6459417	
中国土木工程集团(俄罗斯)有限责任公司	Room 310“B”,154 Lenin Str. YuZhno_sokhalinsk 693000,Russia	007－42－42464758	52514
中国土木工程集团有限公司利比亚分公司	利比亚的黎波里Gargash街邮政信箱1409	00218－21－4834600	
中国土木工程集团有限公司沙特分公司	No. 8 Humaidan shuw Street SulaimaniaDist, P. O. Box:99861 Riyadh 11625 KSA	00966－1－4608288	
中国土木工程集团(香港)有限公司	香港九龙尖沙咀漆咸道南39号铁路大厦23楼	00852－22718899	
中国土木工程(澳门)有限公司	澳门新口岸北京街怡德商业中心15楼E、F座	00853－28781160	
中铁(澳门)有限公司	澳门友谊大马路南方大厦1楼JLMNO座	00853－28706416	
中土巴西国际商业有限公司	Rua. Prof. Artur Ramos, 241/cj. 91, Jardim Paulistano CEP 01454－011,Sao Paulo－SP	0055－11－38127068	
中土集团公司日本代表处	NAGAMINE BILDG,7F 2－12－13,SHINKAWA CHUO－KU, TOKYO 104－0033,JAPAN	0081－3－35535065	
中土集团公司(波兰)有限公司	波兰华沙德拉夫斯卡大街17号	0048－22－8223062	
中国铁建土耳其安卡拉分公司	629. Sokak,Villa 3. Funda Beyazevler Sitesi,Oran 06500 Ankara,Turkey	0090－312－4911130/29	
铁项目欧洲代表处	德国法兰克福60431海波林大街62号	0049－69－520148	
中土埃塞俄比亚工程有限公司	埃塞俄比亚亚的斯市　邮政地址:Woreda 05, Subcity, Addis Ababa, Ethiopia		
中铁十一局集团有限公司	湖北省武汉市武昌区中山路277号	027－88710617	430071
第一工程有限公司	湖北省襄阳市航空路73号	0710－3712139	441104
第二工程有限公司	湖北省十堰市白浪中路99号	0719－8362030	442013
第三工程有限公司	湖北省十堰市武当路15号	0719－8763791	442012
第四工程有限公司	湖北省武汉市东湖开发区华光大道21号	027－87586437	430074
第五工程有限公司	重庆市沙坪坝区新桥新村71号	023－61536232	400037
第六工程有限公司	湖北省襄阳市七里河路2号	0710－3718609	441003
汉江重工有限公司	湖北省襄阳市七里河路2号	0710－3718609	441003
电务工程有限公司	湖北省武汉市东湖开发区佳园路19号	027－87570803	430074
建筑安装工程有限公司	湖北省襄阳市长虹北路3号	0710－3719250	441057
桥梁工程有限公司	江西省鹰潭市南站路24号	0701－6463892	335003
物资贸易公司	江西省鹰潭市南站路24号	0701－6463892	335003

续表

单位名称	地　址	电　话	邮政编码
城市轨道工程有限公司	湖北省武汉市东湖开发区佳园路23号	027－87201501	430074
房地产开发有限公司	湖北省武汉市武昌区中山路277号	027－88710642	430060
勘察设计院	湖北省武汉市武昌区丁字桥路47号	027－51480280	430064
黄石建设管理有限公司	湖北省黄石市大泉路39号高炮三团院内		435000
物业管理有限公司	湖北省武汉市武昌区中山路277号	027－88710646	430063
襄阳管理部	湖北省襄阳市七里河路2号	0710－3718400	441003
央企联络部	北京市西城区马连道南街1号院依莲轩小区A座2303室	010－63344155	100050
北京办事处(京津冀指挥部)	北京市海淀区羊坊店东路19号海天中心1号楼501室	010－63959236	100038
东北指挥部	辽宁省沈阳市沈河区市府大路356号恒运豪庭2－1－28－1	024－31973537	110011
内蒙指挥部	内蒙古呼和浩特市新城区哲理木北路东方文苑小区12栋	0471－6247737	010051
内蒙指挥部	内蒙古呼和浩特市新城区哲理木北路东方文苑小区12栋	0471－6247737	010051
西北指挥部	陕西省西安市南二环东段御城龙脉小区4单元17层	029－82229118	710054
新疆指挥部	新疆乌鲁木齐市新市区河北东路966号康城果岭小区D栋16楼	0991－6688607	830013
川渝藏指挥部	四川省成都市成华区建设路2号首创爱这城9栋2单元902室	028－84257160	610051
云贵指挥部	贵州省贵阳市云岩区市北路123号关刀岩黔灵半山小区B5栋2单元402室	0851－6751059	550000
鲁豫指挥部	山东省青岛市北区同乐三路3号湖光山色小区36栋3单元1102室	0532－88736307	266035
华东指挥部	上海市普陀区远景路97弄58号2401室	021－61077598	200061
武汉指挥部	武汉市武昌区中山路277号中铁大厦	027－88710657	430061
东南指挥部	安徽省合肥市蜀山区华府骏苑4栋2507室	0551－5587278	230031
华南指挥部	广东省广州市天河区东方一路华港南街22号豪情湾A座3002室	020－38783380	510630
泰国指挥部	65/29, 2nd Floor, Chamnan Phenjati Business Center, Rama 9 Road, Huaykwang Sub－district, Huaykwang District, Bangkok Thailand	0066－26431825	10310
马来西亚指挥部	C－42－1 Jalan Bingai Kuala Lumpur 50450 Kuala Lumpur, Wilayah Persekutuan, Malaysia	0060－112772066 13308693666	50450
东非指挥部	CCECC Hotel. Woreda 05. H/N. (New Street) Around SHALA PARK. BOLE. ADDISABABA. Ethiopia	00251－962330877 13971401348	
南非指挥部	89 kingsead, borrowdale, HARARE, ZIMBABWE	00263－775922797 15276619519	
西非指挥部	Mont febe area golf clinic, yaounde, CAMEROON	00237－65373751 15827018187	
中铁十二局集团有限公司	山西省太原市西矿街130号	0351－2653130	030024
第一工程有限公司	陕西省西安市灞桥区柳雪路368号	029－89512850	710038
第二工程有限公司	山西省太原市小店区人民南路19号	0351－2655010	030032
第三工程有限公司	山西省万柏林区西线街39号	0351－2656010	030024
第四工程有限公司	陕西西安市未央区徐家湾红旗东路3号	029－68571904	710021
建筑安装工程有限公司	山西省太原市西矿街130—1号	0351－2654076	030024
电气化工程有限公司	天津市空港经济区环河北路与中心大道交口空港商务园西区12号楼	022－58096806	300308

续表

单位名称	地　址	电　话	邮政编码
第七工程有限公司	湖南省长沙市天心区友谊路 202 号	0731 - 85585548	410004
振海工程有限公司	海南省海口市面前坡东村 1 号	0898 - 36630208	570206
市政工程有限公司	广东省珠海市情侣南路 158 号海愉半岛花园 2 栋 4 单元 1105 室	0756 - 3233506	519015
铁路养护工程有限公司	西藏自治区拉萨市经济技术开发区林琼岗路 13 - 1 号	0891 - 6752100	850000
国际工程有限公司	北京市大兴区亦庄经济技术开发区科创十三街锋创科技园 18 号 20 栋	010 - 56386137	100176
物资有限公司	山西省太原市万柏林区西线街 27 号	0351 - 2656551	030024
房地产开发有限公司	山西省太原市西矿街 130 号	0351 - 2653770	030024
投资管理有限公司	山西省太原市西矿街 130 号	0351 - 2654079	030024
铁道大厦	山西省太原市迎泽西大街 143 号	0351 - 2653765	030024
中心医院	山西省太原市西矿街 182 号	0351 - 2654145	030053
湘潭铁路工程学校	湖南省湘潭市广技路 58 号	0732 - 58281074	411100
兴城疗养院	辽宁省兴城市兴海北路二段 103 号	0429 - 3919478	125100
华南工程指挥部	广东省广州市天河区中山大道建中路	020 - 85558258	510665
华东工程指挥部	上海市闵行区鹤庆路 66 号	021 - 54710423	200240
西北工程指挥部	陕西省西安市未央路 125 号第 5 国际	029 - 62602915	710018
川渝工程指挥部	四川省成都市武侯区广福正街 5 号 7 层	028 - 85099545	610041
云贵工程指挥部	云南省昆明市国贸路 577 号	0871 - 7183879	650200
北京工程指挥部	北京市丰台区马家楼路 1 号院青秀城东区 8 号楼 2 单元 502 室	010 - 83068697	100070
东北工程指挥部	辽宁省沈阳市浑南新区天赐街曙光大厦 A 座 28 楼	024 - 23769760	110179
华中工程指挥部	武汉市武昌区体育馆路特 1 号香格里嘉园 C 栋 1 单元 2201 室	027 - 51826268	430071
北京办事处	北京市宣武区马连道南街 1 号 A 栋	010 - 63478128	100055
中国铁建大桥工程局集团有限公司	天津空港经济区中环西路 32 号	022 - 88958900	300300
第一工程有限公司	辽宁省大连市沙河口区沙跃街 9 号	0411 - 62838201	116033
第二工程有限公司	广东省深圳市盐田区东海大道盐田港 9 号小区中铁大厦	0755 - 25288114	518083
第三工程有限公司	辽宁省沈阳市沈河区方家栏路 60 号	024 - 24202435	110043
第四工程有限公司	黑龙江省哈尔滨市道外区先锋路 459 号	0451 - 55188210	150008
第五工程有限公司	四川省成都市新都区学院路东路 289 号	028 - 83961732	610500
第六工程有限公司	吉林省长春市二道区岭东路 2138 号	0431 - 86161068	130033
电气化工程有限公司	天津空港经济区中环西路 32 号	022 - 58802071	300300
中铁株洲桥梁有限公司	湖南省株洲市建设北路 487 号	0731 - 28372018	412005
安哥拉分公司	天津空港经济区中环西路 32 号	022 - 58802061	300300
园林环境工程有限公司	宁夏回族自治区银川市中山北街 571 号		750000
中铁现代勘察设计院有限公司	天津空港经济区中环西路 32 号	022 - 58802099	300300
房地产开发有限公司	天津空港经济区中环西路 32 号	022 - 58802010	300300
中铁津桥工程检测有限公司	吉林省长春市二道区岭东路 2072 号	0431 - 86161002	130033
物资贸易有限公司	广东省深圳市盐田区深盐路 1012 号	0755 - 22721509	518083
靖江桥梁科技产业园有限公司	江苏省靖江市康桥路 2 号		214500
中铁十三局技师学院	吉林省长春市兴隆山镇	0431 - 86165313	130102

续表

单位名称	地　　址	电　　话	邮政编码
物业管理分公司	吉林省长春市二道区岭东路 2138 号	0431－86161114	130033
北京区域指挥部	北京市石景山区玉泉西里二区远洋山水 31 楼 8 单元 202 号	010－88609844	100040
华东区域指挥部	上海市青浦区新府中路 1331 弄 19 号	021－69781517	201708
华北区域指挥部	天津空港经济区中环西路 32 号	022－58802001	300300
南方区域指挥部	湖北省武汉市武昌区秦园东路水岸星城 B 区 G11－2－1602 室	027－86705590	430070
广西区域指挥部	广西壮族自治区南宁市青秀区滨湖路 66 号 8 栋 502		530022
西南区域指挥部	四川省成都市高新区世纪城路 418 号龙湖世纪峰景 2 栋 2 单元 2802 室	028－83196309	610041
东北区域指挥部	吉林省长春市二道区岭东路 2138 号	0431－86161720	130031
西北区域指挥部	甘肃省兰州市安宁区深安路 360 号中集理想国际 12 楼	0931－7701713	730070
新疆区域指挥部	新疆乌鲁木齐市新市区西环北路昊元上品 14－1－2101	0991－3925519	830026
海外指挥部	天津空港经济区中环西路 32 号	022－88958829	300300
中铁十四局集团有限公司	山东省济南市和平路 1 号	0531－88385430	250014
第一工程发展有限公司	山东省日照市海曲东路 66 号	0633－2285916	276826
第二工程有限公司	山东省泰安市东岳大道西首	0538－8871912	271000
第三工程有限公司	山东省兖州市北环城路 16 号	0537－3493220	271200
第四工程有限公司	山东省济南市英雄山路 267 号	0531－82781926	250002
第五工程有限公司	山东省兖州市北站	0537－3638018	272017
电气化工程有限公司	山东省济南市和平路 16 号	0531－88385336	250014
北京中铁房山桥梁有限公司	北京市房山区大件路 1 号	010－89349121	102400
隧道工程有限公司	山东省济南市十六里河镇兴隆山庄	0531－88387001	250002
房地产开发有限公司	山东省济南市历下区经十路 13777 号中润世纪广场 A3 座	0531－88385800	250014
建筑工程有限公司	山东省济南市历下区解放路 30 号东源大厦 14 层	0531－88385538	250014
山东铁正工程试验检测中心有限公司	山东省济南市和平路 16 号	0531－88386413	250014
海外工程分公司	山东省济南市和平路 16 号	0531－88385641	250014
北非建设分公司	山东省济南市和平路 1 号办公楼东楼一楼招待所	0531－82516190	250014
市政工程分公司	山东省青岛市高科园香港东路 254 号	0532－80622658	266061
驻京办事处	北京市海淀区阜城路 115 号	010－88120700	100142
资金管理中心	山东省济南市和平路 16 号	0531－88385500	250014
交通战备办公室	山东省济南市和平路 1 号	0531－88386637	250014
职工教育培训中心	山东省济南市十六里河镇兴隆山庄	0531－88387263	250002
物业管理中心	山东省济南市和平路 1 号	0531－88385175	250014
机关门诊部	山东省济南市和平路 16 号	0531－88385142	250014
中铁十五局集团有限公司	上海市静安区共和新路 666 号	021－66119030	200070
第一工程有限公司	西安市凤城二路 13 号凯发大厦 901 室	029－62689130	710018
第二工程有限公司	河南省焦作市工业路 518 号	0391－2589888	454151
第三工程有限公司	四川省成都市郫县犀浦镇珠江东街 16 号	028－87847202	611731
第四工程有限公司	河南省郑州市二七区新圃东街 117 号	0371－67055019	450052
第五工程有限公司	河南省洛阳市瀍河区买家街 123 号院	0379－62639114	471002
第六工程有限公司	河南省洛阳市邙山路 4 号院	0379－62631640	471013

续表

单位名称	地　　址	电　　话	邮政编码
第七工程有限公司	河南省洛阳市洛常路6号院	0379－62631065	471002
城市轨道交通工程有限公司	河南省洛阳市四通路二号院	0379－62637156	471013
电气化工程有限公司	上海市松江区九亭镇博安路46号	021－57637777	201615
物资工程有限公司	河南省洛阳市西工工业园区红山乡	0379－62638438	471041
四川建筑勘察设计有限公司	四川省宜宾市翠屏区岳武里14号	0831－8221117	644000
河南置业有限公司	郑州市二七区航海路197号索克大厦917房	0371－87553035	450000
济阳迎宾黄河大桥有限公司	山东省济阳市济阳县黄河大桥1号	0531－84225799	251400
海外工程指挥部	北京市石景山区政达路2号CRD银座A座8楼	010－68547315	100040
京津指挥部	北京市石景山区政达路2号CRD银座A座8楼	010－68547303	100041
华北指挥部	山西省太原市南中环街461号中创国际大厦4楼	0351－7023617	030038
东北指挥部	辽宁省沈阳市浑南新区天赐街7－3号曙光大厦c座18楼1818室	024－83754442	110044
华东指挥部	上海市闵行区莘沥路232号	021－64921100	201199
华中指挥部	江苏省南京市江宁区将军大道129号2幢308室	025－85437406	211100
中南指挥部	江西省南昌市红谷滩新区凤凰中大道1000号万达中心写字楼B1栋1801室	079－83867226	330038
华南指挥部	广东省广州市天河区龙口东路354号天诚广场315室	020－38465851	510635
西南指挥部	云南省昆明市西山区福景路38号	0871－68052558	650228
西北指挥部	陕西省西安市碑林区友谊东路6号新兴翰园写字楼501室	029－82582960	710054
新青藏指挥部	新疆维吾尔自治区乌鲁木齐市青海路123号	0991－7881952	830011
广深港客运专线项目部	深圳市福田区梅华路4号绅宝花园绅泰阁904室	0755－83143357	518049
沪昆客专项目部	江西省上饶市经济开发区一舟大道西人武部民兵训练基地	0793－8666013	334100
哈齐客运专线项目部	黑龙江省大庆市让胡路区阳光佳苑B21－4－202	0459－6143926	163000
太原西南环项目部	山西太原晋源新区龙山大街	0351－6779015	030025
大西客运专线项目部	山西省介休市朝阳路中鑫东苑3号院1单元0004室		032000
郑开城际铁路项目部	河南省开封市金明区金池名郡83号楼1单元302室	0371－23686876	475000
郑机城际铁路指挥部	郑州航空港区四港联动大道鑫港花园	0371－55956022	451162
石长铁路指挥部	湖南省益阳市金山南路249号	0737－2223099	413000
成贵铁路指挥部	贵州省毕节市大方县大海坝	0857－5476588	551600
杭黄铁路指挥部	安徽省宣城市绩溪县适之街绩溪宾馆西楼	0563－8176311	245300
宁启铁路项目部	江苏省海门市北海路888号	0513－82228696	226100
汉十铁路hssg－6项目部	湖北省襄阳市襄州区深圳工业园深圳大道与卧龙东路交叉口		441100
格库铁路(青海段)指挥部	青海省格尔木市市委家属院7－4－101		816000
格库铁路新疆S4标项目部	新疆库尔勒市若羌县团结路楼兰玉都	0996－7101018	841800
徐盐铁路指挥部	江苏省徐州市睢宁县天虹大道北路西侧2号院		221200
澳门公司	澳门特别行政区冼星海大马路81－121号金龙中心	00853－28783085	
湖州投资开发公司	浙江省湖州市吴兴区太湖旅游度假区通湖路524号	0572－2176917	313000
福州投资开发公司	福州市台江区海润滨江花园B区23号楼2201室	0591－87488173	350000
河南四通检测工程公司	河南洛阳四通路2号院	0379－62637837	471013
河南四通劳务公司	河南省洛阳市四通路2号院	0379－62631938	471013
职工培训中心	河南省洛阳市邙山路1号院	0379－62637521	471013

续表

单位名称	地　　址	电　　话	邮政编码
都匀桥梁公司	江苏省南京市浦口区泰山街道向阳路(浦口枕轨厂北门)	025－58170263	211800
蒙华项目部	湖南省浏阳市溪江乡政府		
郑万项目部	河南省南阳市方城县释之街道龙城社区党群服务中心	0377－67288818	473200
北京代表处	北京丰台区西四环中路112号阅园小区6号楼901室		
玉磨项目经理部	云南省西双版纳州勐腊县勐腊北路139营地附近中铁十五局玉磨铁路项目部		666300
中铁十六局集团有限公司	北京市朝阳区红松园北里2号	010－51883114	100018
中铁十六局集团第一工程有限公司	北京市顺义区府前东街15号	010－89959686	101300
中铁十六局集团第二工程有限公司	天津市河东区万新村三区	022－24017036	300162
中铁十六局集团第三工程有限公司	浙江省湖州市湖东路288号	0572－2096966	313000
中铁十六局集团第四工程有限公司	北京市怀柔区迎宾中路2号	010－51045421	101400
中铁十六局集团第五工程有限公司	河北省唐山市丰润区光华道2号	0315－3082231	064000
中铁十六局集团北京轨道交通工程建设有限公司	北京市通州区新华西街26号	010－69551058	101100
中铁十六局集团铁运工程有限公司	北京省高碑店市兴华北路117号	0312－5591013	074000
中铁十六局集团路桥工程有限公司	北京市密云县新北路29号	010－69063643	101500
中铁十六局集团电务工程有限公司	北京市朝阳区金盏乡皮村北街16号	010－51884400	100018
中铁十六局集团城市建设发展有限公司	北京市朝阳区红松园北里2号	010－51884850	100018
中铁十六局集团地铁工程有限公司	北京市朝阳区惠河南街1008—A四惠大厦	010－87661921	100124
中铁十六局集团置业投资有限公司	北京市朝阳区皮村北巷甲2号	010－51883599	100018
中铁十六局集团物资贸易有限公司	北京市朝阳区红松园北里2号	010－51883971	100018
中铁十六局集团建工机械有限公司	北京市密云县新北路29号	1061095308	101500
中铁十六局集团有限公司京津冀一体化指挥部	北京市朝阳区北苑东路19号中国铁建广场2号楼19层	1056971622	100039
中铁十六局集团有限公司华中指挥部	湖北省武汉市武昌区黄鹂路73号东湖林语5—1—102号	027－86795072	434000
中铁十六局集团有限公司华东指挥部	浙江省杭州市江干区城星路89号尊宝大厦银尊1502	0571－28319391	310016
中铁十六局集团有限公司东北指挥部	辽宁省沈阳市和平区兰州北街28－2号	024－31900695	110001
中铁十六局集团有限公司福建指挥部	福建省福州市晋安区坂中路6号五四北泰禾广场3号楼2001－2007	0591－83332637	350021
中铁十六局集团有限公司云贵琼指挥部	云南省昆明市官渡区新亚洲体育城星都总部基地08栋	0871－67187378	650214
中铁十六局集团有限公司西北指挥部	宁夏银川市黄河中路恒泰大厦19楼	0951－6993009	750002
中铁十六局集团有限公司西南指挥部	四川省成都市西体北路8号附1号	028－87665970	610031
中铁十六局集团有限公司华南指挥部	广州市天河区黄埔大道中157号801室	020－85637016	510660
中铁十七局集团有限公司	山西省太原市平阳路84号	0351－7257114	030006
第一工程有限公司	山西省太原市小店区人民北路18号	0351－7093970	030032

续表

单位名称	地　　址	电　　话	邮政编码
第二工程有限公司	陕西省西安市咸宁中路55号	029－62827210	710043
第三工程有限公司	河北省石家庄市中山西路	0311－83986582	050081
第四工程有限公司	重庆市北部高新区洪湖西路18号上丁企业公园25栋	023－67030811	401121
第五工程有限公司	山西省太原市小店区人民北路20号	0351－2620114	030032
第六工程有限公司	福建省福州市连江中路181号中铁大厦	0591－3662081	350014
建筑工程有限公司	山西省太原市平阳路南路34号中铁十七局集团建筑科技大厦	0351－7259567	030032
电气化工程有限公司	山西省太原市平阳路南路34号中铁十七局集团建筑科技大厦	0351－7059678	030032
上海轨道交通工程有限公司	上海市浦东新区张杨路1515弄16号	021－68554723	200135
铺架分公司	山西省太原市平阳路南路34号中铁十七局集团建筑科技大厦	0351－7259983	030032
物资有限公司	山西省太原市平阳路南路34号中铁十七局集团建筑科技大厦	0351－3252633	030032
山西锌兴工程检测有限公司	山西省太原市平阳路西一巷17号	0351－7258527	030012
房地产开发有限公司	山西省太原市平阳路南路34号中铁十七局集团建筑科技大厦	0351－7257842	030032
勘察设计院	山西省太原市平阳路南路34号中铁十七局集团建筑科技大厦	0351－7257427	030032
物业管理中心	山西省太原市平阳路84号	0351－7258316	030006
中心医院	山西省太原市小店区人民北路19号	0351－7259800	030032
中铁十八局集团有限公司	天津市河西区大沽南路1519号	022－60282114	300222
国际工程有限公司	天津市河西区大沽南路中铁十八局办公楼	022－60282748	300222
第一工程有限公司	河北省涿州市冠云西路128号	0312－3686966	072750
第二工程有限公司	河北省唐山市丰润区光华道28号	0315－7763222	064000
第三工程有限公司	河北省涿州市冠云路	0312－3686114	072750
第四工程有限公司	天津市津南区双港高科技产业园丽港园33号	022－60978285	300350
第五工程有限公司	天津市滨海新区塘沽新北路3199号	022－25216507	300450
隧道工程公司	重庆市北碚区蔡家岗镇凤栖路6号2幢	023－60310378	400700
轨道交通工程有限公司	武汉市武昌区中北路中铁1818中心28层	027－87816628转8007	434000
建筑安装工程有限公司	天津市空港经济区中环西路285号	022－58098581	300308
房地产开发有限公司	天津市滨海新区海缘路199号滨海国际企业大道E2—9	022－65159659	300450
物资贸易有限公司	天津市空港经济区中环西路285号	022－59060572	300308
勘察设计院(原科研设计院)	天津市空港经济区中环西路285号	022－58617789	300308
投资公司	天津市河西区大沽南路中铁十八局办公大楼10楼	022－60283256	300222
物业管理公司	天津市河西区大沽南路中铁十八局院内	022－60283768	300222
中铁十九局集团有限公司	北京市经济技术开发区荣华南路19号	010－59819114	100176
第一工程有限公司	辽宁省辽阳市白塔区卫国路138号	0419－2324114	111000
第二工程有限公司	辽宁省辽阳市白塔区和平路17号	0419－2327210	111000
第三工程有限公司	辽宁省沈阳市沈北新区沈北路76－27A号	024－66679269	100136
第五工程有限公司	辽宁省大连市金州区拥政街586号	0411－82163715	116000
第六工程有限公司	江苏省无锡市凤翔路987号(凤加创业园)	0510－83109698	214045
第七工程有限公司	广东省珠海市拱北港昌路111号中铁大厦	0756－8180416	519020

续表

单位名称	地　　址	电　　话	邮政编码
电务工程有限公司	北京市大兴区西红门新建服装开发区金服大街13号	010－57550018	100076
轨道交通有限公司	北京市顺义区林河经济开发区林河大街16号	010－57477798	101300
房地产开发有限公司	辽宁省辽阳市白塔区和平路17号	0419－2327005	111000
矿业投资有限公司	北京市丰台区莲怡园东路风荷曲苑3号楼	010－52730878	100161
国际建设分公司	驻北京市亦庄经济技术开发区路东区经海3路109号	010－67817857	100176
辽阳基地	辽宁省辽阳市白塔区和平路17号	0419－2327940	111000
计量测试中心	辽宁省辽阳市白塔区和平路17号	0419－2327082	111000
物资总公司	辽宁省辽阳市白塔区和平路17号	0419－2327498	111000
职工中心医院	辽宁省辽阳市白塔区卫国路75号	0419－2327160	111000
西南指挥部	重庆市渝中区菜袁路209号新东福花园紫烟阁10－1	023－68734282	400042
西北指挥部	陕西省西安市交大科技园区华尔兹花园1号楼2单元2003室	029－83399828	710043
东北指挥部	辽宁省沈阳市浑南新区临波路18号浦江苑御品小区7号楼1单元17楼1号	024－24918917	100180
华东指挥部	江苏省南京市栖霞区万兴路89号兴卫山庄10栋	021－85577819	210028
华南指挥部	广东省广州市萝岗区科学城科学大道119号科城大厦二期401室	020－82199203	510530
北京指挥部	北京市丰台区岳各庄北桥中堂紫熙台8号楼1801	010－82409665	100039
东南指挥部	福建省福州市晋安区福马路168号大名城7号楼1006室	0591－83546636	351000
华北指挥部	河北省石家庄市桥西区吉恒街吉恒园42－4		050091
中原指挥部	河南省郑州市郑东新区正光路49号晖达新领地A12楼一单元9楼东户	0371－86231882	450016
新疆指挥部	新疆乌鲁木齐市新市区西环北路989号昊元上品	0991－6875951	830026
中铁二十局集团有限公司	陕西省西安市太华北路89号	029－82153600	710016
第一工程有限公司	江苏省苏州市新区大同路10号	0512－66160328	215151
第二工程有限公司	北京市海淀区西四环北路158号慧科大厦东区12层	010－88591101	100142
第三工程有限公司	重庆市南岸区黄桷垭镇崇文路28号附7号	023－61808899	400000
第四工程有限公司	山东省青岛市东海东路89号	0532－88017020	266061
第五工程有限公司	云南省昆明市官渡区国贸路星河明居A幢附属楼	0871－7176639	650200
第六工程有限公司	陕西省西安市辛家庙康新路	029－62600206	710032
市政工程有限公司	兰州市城关区北龙口永新化工园区	0931－7893300	730046
电气化工程有限公司	陕西省西安市高新区新型工业园企业壹号公园6号	029－62680950	710119
房地产开发有限公司	重庆市南岸区江南大道19号城市之光30楼	023－62968322	400060
西安工程机械有限公司	陕西省西安市辛家庙广安路3619号	029－62600300	710032
安哥拉国际有限公司	安哥拉罗安达省维亚纳市格古西区中国村		
陕西物资有限公司　（海外工程保障中心）	陕西省西安市华清东路125号　海市宝山区友谊路318号5号楼	029－8232037 2021－56782099	710032 201900
中铁建设工程质量检测公司（计测中心战备武装部）	陕西省西安市长安区青华山风景区	029－85611953	710110
阿达驻车投资建设管理有限公司	天津市滨海新区空港经济区丽港大厦3－1007	022－24866411	300308
物业管理有限公司	西安市未央区辛家庙4号	029－62609150	710032
中铁建环保生态产业开发有限公司	陕西省西安市未央区广安路3619号	029－62609036	710032
中铁贵州工程有限公司	贵州省贵安新区湖潮乡岐山安置点	0851－88915055	550025

续表

单位名称	地　　址	电　　话	邮政编码
技工学校	陕西省渭南市向阳北街245号	0913－2167628	714000
咸阳基地管理处	陕西省咸阳市文林路	029－33785467	712000
北京办事处	北京市海淀区玲珑路恩济西园2号楼2层	010－88134719	100142
东北工程指挥部	黑龙江省哈尔滨市松北区世茂大道132号钻石湾地中海别墅区阳光F区5号	0451－51931516	150028
华北工程指挥部	天津市河北区元纬路与七马路交口仁恒河滨花园3号楼1201室	022－86388181	300141
山陕工程指挥部	中铁二十局集团机关综合楼4楼	029－82152621	710016
西北工程指挥部	甘肃省兰州市北滨河路92号会展中心对面云祥花苑1号楼2单元14层	0931－8384204	730000
西南工程指挥部	南宁市青秀区中泰路9号天健国际公馆B座1009室	0771－5328299	530029
川渝工程指挥部	四川省成都市高新区天府大道北段20号高新国际广场B座401号	028－85315100	610041
中原工程指挥部	湖北省武汉市洪山区团结大道128号爱家国际华城17栋1单元2301室	027－88049352	430063
华东工程指挥部	上海市闵行区新龙路1111弄万科朗润园57栋301室	021－52237007	201101
湘赣工程指挥部	湖南省长沙市雨花区东进路西子花苑13栋2单元1703室	0731－85327952	410007
华南工程指挥部	广州市番禺区华南碧桂园小区岭御苑岭御一街8号204室	020－31043807	511442
海外工程指挥部	陕西省西安市太华北路89号	029－82153510	710016
非洲工程指挥部	西安太华北路89号二十局办公楼1112号	029－82152516	710016
中铁二十一局集团有限公司	甘肃省兰州市安宁区北滨河西路921号	0931－4539658	730070
第一工程有限公司	新疆维吾尔自治区乌鲁木齐市河南西路12号	0991－7924437	830011
第二工程有限公司	甘肃省兰州市城关区和平路63号	0931－4952187	730000
第三工程有限公司	陕西省咸阳市迎宾大道	029－33784008	712000
第四工程有限公司	陕西省西安市高新区唐延路中段洛克大厦8、9楼	029－68593506	710065
第五工程有限公司	重庆市江北区海尔路港城工业区D区港安二路28号		400025
第六工程有限公司	北京市经济技术开发区科创十四街99号33幢A座	010－58872110	101111
电务电化工程有限公司	甘肃省兰州市城关区红山根西村148号	0931－4937395	730000
路桥工程有限公司	陕西省西安市高新区唐延路37乙号洛克大厦	029－68593626－602	710065
德盛和置业有限公司	陕西省西安市雁南五路曲江文化商务会所6层	029－85567281	710061
甘肃房地产开发公司	甘肃省兰州市安宁区莫高大道26号	0931－7704704	730070
国际工程有限公司	北京市海淀区万丰路18号院5号楼3层	010－59811985	100010
勘察设计院	甘肃省兰州市城关区和平路63号	0931－4930615	730000
中铁二十二局集团有限公司	北京市石景山区石景山路35号	010－51889839	100043
第一工程有限公司	北京市石景山区鲁谷路86号	010－51888357	100040
第二工程有限公司	北京市石景山区实兴大街西山汇30号院6号楼12、15层	010－57551530	100041
第三工程有限公司	厦门市观音山国际商务营运中心11号楼22层	0592－5550126	361008
第四工程有限公司	天津市武清开发区创业总部基地B16	022－59903508	301700
第五工程有限公司	重庆市北碚区城南新区文长路2号	023－61389907	400700
哈尔滨铁路建设集团有限责任公司	黑龙江省哈尔滨市南岗区西大直街113号	0451－8642365	150006
电气化工程有限公司	北京市门头沟区永定镇龙兴南二路中国铁建梧桐汇S13号楼14—18层	010－63379259	102300
北京中铁天瑞机械设备有限公司	北京海淀区复兴路40号院92号楼	010－51886650	100039

续表

单位名称	地　　址	电　　话	邮政编码
房地产开发有限公司	北京市石景山区实兴大街30号院6号楼11层	010－57551383	100041
中铁二十三局集团有限公司	四川省成都市二环路西二段10－1号	028－68311110	610072
第一工程有限公司	山东省日照市黄海二路65号	0633－31638029	276826
第二工程有限公司	黑龙江省齐齐哈尔市铁锋区站前大街256号	0452－2924257	161000
第三工程有限公司	四川省成都市温江区天府街中段336号	028－67230000	611130
第四工程有限公司	四川省成都市青羊工业总部基地G区8栋A/B座	028－68618103	610091
轨道交通工程有限公司	上海市浦东新区惠南镇城南路335号	021－68037915	201300
第六工程有限公司	重庆市北部新区金开大道68号协信星光天地二幢22－27楼	023－63035822	401121
川东水泥有限公司	四川省渠县三汇镇川水路7号	0818－7887826	635209
电务工程有限公司	天津市南开区密云一支路燕宇小区45号	022－27531522	300100
建筑设计研究院	四川省达州市通川区张家湾路2号	0818－2373110	635000
中铁建生态环境设计研究有限公司	北京市大兴区金苑路20号	010－5184980	102628
中铁二十四局集团有限公司	上海市会文路2号	021－51221317	200071
安徽工程有限公司	安徽省合肥瑶海工业园区新海大道15号	0551－2124910	230011
江苏工程有限公司	江苏省南京市栖霞区幕府东路339号	025－68029912	210038
上海铁建工程有限公司	上海市静安区共和新路911号	021－51231157	200070
浙江工程有限公司	浙江省杭州市上城区江城路692号	0571－87806165	310009
福建铁路建设有限公司	福建省福州市晋安区沁园路77号	0591－87577551	350013
南昌铁路工程有限公司	江西省南昌市西湖区二七南路109号	0791－7022857	330002
新余工程有限公司	江西省新余市铁兴路216号	0790－6968255	338025
上海电务电化有限公司	上海市静安区王家宅路40号	021－51226558	200071
贵溪桥梁厂有限公司	江西省贵溪市柏里大道	0701－3773371	335400
鹰潭设备安装工程有限公司	江西省鹰潭市月湖区环城东路105号	0701－6447216	335000
上海房地产开发有限公司	上海市静安区民德路20号	021－51223735	200071
路桥分公司	上海市静安区秣陵路80号华象大楼15F	021－51236006	200070
轨道交通分公司	上海市静安区虬江路1000号聚源大厦10F	021－51223097	200071
中铁二十五局集团有限公司	广东省广州市越秀区中山一路55号	020－61325117	510600
第一工程有限公司	广东省广州市越秀区解放北路桂花岗东2号	020－61357357	510405
第二工程有限公司	湖南省衡阳市珠晖区乐群里166号	0734－2523457	421002
第三工程有限公司	湖南省长沙市雨花区黄土岭路裕华名苑大鸿杰座1202室	0731－85099577	410016
第四工程有限公司	广西壮族自治区柳州市和平路138号	0772－3924417	545007
第五工程有限公司	山东省青岛市崂山区科苑纬三路25号	0532－58702750	266000
第六工程有限公司	广西壮族自治区柳州市红岩路二区75号	0772－3926219	545007
电务工程有限公司	广东省广州市越秀区共和西路8号	020－61327479	510600
房地产开发有限公司	广东省广州市越秀区中山一路57号	020－61330650	510600
南方实业开发有限公司	广东省广州市越秀区共和西路8号	020－61323957	510600
广州铁诚工程质量检测有限公司	广东省广州市越秀区共和西路8号	020－61330251	510600
西北分公司	陕西省西安市碑林区东关正街70号招商局广场12楼	029－83263611	710048
中铁建设集团有限公司	北京市石景山区石景山路20号	010－51812904	100131

续表

单位名称	地　　址	电　　话	邮政编码
铁路工程总指挥部	北京市石景山区石景山路20号	010－51885657	100131
海外工程分公司	北京市石景山区石景山路20号	010－51885043	100131
工程资源分公司	北京市丰台区南苑西营房甲5号院	010－52252285	100076
建筑设计院	北京市石景山区石景山路20号	010－51885084	100131
设备安装分公司	北京市丰台区张仪村路16号	010－51885165	100040
装饰分公司	北京市丰台区张仪村路16号	010－51885423	100040
市政工程分公司	北京市丰台区张仪村路16号	010－51885153	100040
北京中铁建工物资有限公司	北京市丰台区张仪村路16号	010－51885211	100040
商品混凝土分公司	北京市丰台区张仪村路16号	010－51885172	100040
模板架构件加工租赁中心	北京市丰台区张仪村路16号	010－51885508	100040
设备租赁分公司	北京市丰台区张仪村路16号	010－5188523	100040
北京中铁电梯工程有限公司	北京市丰台区张仪村路16号	010－51885201	100040
中铁建钢结构有限公司	河北省涿州市华阳中路143号	0312－3972508	072750
房产膳食服务管理中心	北京市石景山区石景山路20号	010－51885414	100131
中国铁建电气化局集团有限公司	北京市石景山区石景山路29号	010－88779813	100043
第一工程有限公司	河南省洛阳市白马寺镇18号	0379－62630033	471013
第二工程有限公司	山西省太原市尖草坪区昌盛西街18号	0351－3258099	030023
第三工程有限公司	河北省高碑店市兴华北路57号	0312－7932801	074000
第四工程有限公司	湖南省长沙市雨花区中意一路728号	0731－85627012	410116
第五工程有限公司	四川省成都市青阳区成飞大道青阳工业总部基地N区12栋	028－81726003	610091
南方工程有限公司	湖北省武汉市东湖开发区佳园路17号	027－51129200	430074
北方工程有限公司	山西省太原市迎泽西大街369号	0351－6354026	030053
北京京燕饭店有限公司	北京市石景山区石景山路29号	010－68876666	100043
西安电气化制品有限公司	陕西省渭南市华县莲花寺	0913－4810300	714101
科技有限公司	河北省高碑店市西大街建国胡同9号	0312－7938502	074013
北京中铁建电气化设计研究院	北京市石景山区石景山路29号京燕饭店8层	010－88779906	100043
北京城市轨道工程公司	北京市石景山区石景山路29号	010－88779952	100043
轨道交通器材有限公司	江苏省常州市武进区雪堰镇潘家工业集中区	0519－86547055	213179
康远新材料有限公司	江苏省江阴—靖江工业园区	0523－84609066	214521
新疆维管段公司	新疆维吾尔自治区乌鲁木齐市天津北路234号嘉华园小区北区5号楼2单元202室	0992－7326109	830010
中国铁建港航局集团有限公司	广东省珠海市前山翠峰街189号	0756－6250000	519000
第一工程分公司	广东省广州市番禺区南村兴南大道118号1号楼	020－84568231	510000
第二工程分公司	浙江省宁波市鄞州区泰康中路459号	0574－89069058	315192
第三工程分公司	青岛市李沧区广水路771号	0532－55719696	266041
第四工程分公司	重庆市江北区港安二路28号冠陆两江汇谷D栋10說11楼	023－67071033	400025
总承包分公司（船舶工程分公司）	广东省珠海市香洲区兴华路111号中侨兴商业大厦2号楼六楼	0756－2620939	519000
路桥工程有限公司	广东省广州市番禺区南村兴南大道118号2号楼	020－84568242	510000
勘察设计院有限公司	广东省广州市番禺区兴南大道118号2号楼	020－83187977	510000
中国铁建房地产集团有限公司	北京市海淀区复兴路40号中国铁建大厦B座	010－52689999	100855

续表

单位名称	地　　址	电　　话	邮政编码
中铁房地产集团江苏置业有限公司	南京市玄武区中央路258－28号锦盈大厦12楼	025－86827900025－86827909	210009
中铁房地产集团(贵州)有限公司	贵州省贵阳市南明区太慈桥车水路11号	0851－85505188	550003
中铁房地产集团四川有限公司	四川省成都市高新区锦城大道1288号中铁办公楼	028－61682255	610041
中铁房地产集团(广西)有限公司	南宁市青秀区枫林路16号中铁凤岭·山语城二期商业G－201	0771－2829988	530028
中铁房地产集团合肥置业有限公司	安徽省合肥市北二环桃源路99号	0551－5661987	230041
中铁房地产集团浙江京城投资有限公司	浙江省杭州市拱墅区石祥路249号杭州中国铁建·国际城S1号楼	0571－88297900	310015
中铁房地产集团(天津)置业有限公司	天津市河北区金钟河大街中国铁建·国际城诗景颂苑项目公建楼	022－26779666	300150
中铁房地产集团广州有限公司	广州市荔湾区康王中路486号和业广场1703室	020－81237200	510000
中铁第一勘察设计院集团有限公司	陕西省西安市西影路2号	055－65021(路)	710043
线路运输设计处	西安市西影路2号	029－82365210	710043
地质路基设计处	西安市西影路2号	029－82365308	710043
桥梁隧道设计处	西安市西影路2号	029－82365382	710043
工程经济设计处	西安市西影路2号	029－82365260	710043
电气化设计处	西安市西影路2号	029－82365712	710043
通信信号设计处	西安市西影路2号	029－82365686	710043
环境与设备设计处	西安市西影路2号	029－82365880	710043
交通与市政工程设计研究院	西安市西影路2号	029－82365395	710043
城市轨道与建筑设计研究院	西安市西影路2号	029－82365520	710043
航测遥感设计处	西安市西影路2号	029－82365978	710043
工程咨询院	西安市西影路2号	029－82349701	710043
信息网络处	西安市西影路2号	029－82349001	710043
海外事业部	西安市西影路2号	029－82365176	710043
资本运营事业部	西安市西影路2号	029－82365698	710043
工程总承包事业部	西安市西影路2号	029－82365698	710043
兰州铁道设计院有限公司	兰州市城关区和政路131号	0931－4934519	730000
陕西逸博置业有限公司	西安市西影路2号	029－82349629	710043
新疆铁道勘察设计院有限公司	新疆乌鲁木齐市北京南路703号	0991－3838877	830011
青海铁道工程勘察有限公司	青海省西宁市共和南路23号	0971－6103780	810007
甘肃铁道综合工程勘察院有限公司	甘肃省兰州市和政路131号	0931－4934733	730000
陕西铁道工程勘察有限公司	陕西省宝鸡市金台区中山西路88号	0917－2822156	721001
甘肃综合铁道工程承包有限公司	兰州市城关区和政路127号	0931－4934597	730000
甘肃铁一院工程监理有限责任公司	兰州市城关区和政路127号	0931－4933053	730000
西安铁一院工程咨询监理有限责任公司	西安市高新区丈八一路1号汇鑫ABC大厦D座	029－81770772	710065
陕西格瑞环境治理有限责任公司	西安市西影路2号	029－82349064	730043
甘肃环通工程试验检测有限公司	兰州市城关区和政路131号	0931－4933093	730000
山东建筑设计院有限公司	山东省威海市环翠区光明路96号	0631－5169697	264200

续表

单位名称	地　　址	电　　话	邮政编码
甘肃宏图文印有限公司	兰州市城关区和政路131号	0931－4934592	730000
西安百和物业管理有限公司	西安市西影路2号	029－82349833	710043
兰州鑫铁物业管理有限公司	兰州市和政西街131号	0931－4934021	730000
中铁第四勘察设计院集团有限公司	湖北省武汉市武昌区和平大道745号	027－86812844	430063
杭州分院	杭州江干区备塘中路17号瑞金银座酒店9楼	0571－56297205	310017
厦门分院	厦门市思明区湖滨东路6号华龙大厦29楼	0592－5800728	361010
深圳分院	深圳市南山区学府路荟芳园D栋5楼	0755－26530649	518052
北京分院	北京市海淀区北小马厂6号华天大厦11层	010－63323794转1616	100039
乌鲁木齐分公司	新疆乌鲁木齐市阿勒泰路306号香格里拉美泉透天小区12座B室	027－51156174	830011
无锡分院	无锡市滨湖区隐秀路901号联创大厦附楼2楼	021－80217888	214023
华东有轨电车交通设计研究有限公司	苏州市高新区马涧路2000号电车基地11楼	0512－69583860	215129
安徽交通研究院	合肥市新海大道15号安微综合交通研究院	0551－64387707	230012
济南分公司	济南市和平路中铁十四局机关招待所211室	0531－88386829	250014
郑州分院	郑州英协广场B座	0371－53371565	450004
徐州分公司	江苏省徐州市解放南路265号101室	0516－83950151	221000
南京分院	江苏省南京市鼓楼区中央路399号天正国际广场6幢15楼1507	025－83575520	210037
南通分公司	南通市中南城中南百货2701室	0513－81027678	226000
合肥分公司	合肥市瑶海区正阳路18号中绿广场背后	0551－62125658	230012
常州	江苏省常州市通江南路257号	15997478869	213000
上海分公司	上海市虹口区广灵四路24号甲开隆大厦7楼	13761308311	200083
成都分院	成都市高新区天府大道500号东方希望天祥广场C栋33楼	028－85187150	610041
武汉分院	武汉市武昌区和平大道745号	025－51186812	410063
南昌分公司	南昌联发广场1509	0791－88890783	330038
长沙分公司	长沙市芙蓉区五一大道湘域中央2栋32楼	0731－88210156	410011
温州分公司	温州市龙湾区温州大道78号速8酒店	0577－86575167	325011
福州分院	福州市北二环沁园新村3－102室	0591－87053317	350013
广州分院	广州市越秀区三元里大道463号503房	057－58689	510400
佛山分公司	佛山市南海区桂城南海大道北兴业大厦A座3楼	0757－63380501	528299
珠海分公司	珠海市拱北联安路99号	0756－3926837	519020
苏州分院	苏州新区青石路500号苏州项目部	0512－68310133	215009
中铁四院集团广州设计院有限公司	广东省广州市越秀区共和西路6号	020－61329017	510600
中铁四院集团南宁勘察设计院有限公司	广西省南宁市西乡塘区高新五路3号	0771－2721367	530003
中铁四院集团昆明工程建设投资有限公司	云南省昆明市呈贡新城公务员A区白龙潭善书院25－102	0871－63962233	650500
海峡(福建)交通工程设计有限公司	福建省福州市台江区交通路43号	0591－83371570	350004
中铁四院集团西南勘察设计有限公司	昆明市官渡区官渡镇广福路5349号银海樱花语幸福广场F幢	0871－63582299	650220
无锡分院	江苏省无锡青扬路99号数码大厦601室	021－80217888	214023

续表

单位名称	地　　址	电　　话	邮政编码
安徽交通研究院	合肥市新海大道15号安徽综合交通研究院	0551－64387707	230012
中铁第五勘察设计院集团有限公司	北京市大兴区康庄路9号	010－51011506	102600
线路运输设计院	北京市大兴区康庄路9号	010－51011110	102600
地质路基勘察设计院	北京市大兴区康庄路9号	010－51011606	102600
桥梁设计院	北京市大兴区康庄路9号	010－51011569	102600
四电设计院	北京市大兴区康庄路9号	010－51011265	102600
城市轨道交通设计院	北京市大兴区康庄路9号	010－51011227	102600
建筑设计院	北京市大兴区康庄路9号	010－51011589	102600
市政工程设计院	北京市大兴区康庄路9号	010－51011584	102600
工程经济设计院	北京市大兴区康庄路9号	010－51011269	102600
环境工程设计院	北京市大兴区康庄路9号	010－51011180	102600
水利水运工程设计院	北京市大兴区康庄路9号	010－51011159	102600
技术研究院	北京市大兴区康庄路9号	010－51011517	102600
工程咨询公司	北京市大兴区康庄路9号	010－51011660	102600
东北勘察设计院	黑龙江省哈尔滨市南岗区西大直街119号	0451－86424957	150006
郑州勘察设计院	河南省郑州市高新区翠竹街1号总部企业基地100号楼	0371－86628312	450000
天津勘察设计院	天津市南开区黄河道大通大厦A803	022－87900005	300000
乌鲁木齐勘察设计院	乌鲁木齐市新市区北京南路946号金坤大厦9楼	0991－6111201	830011
北京铁研建设监理有限责任公司	北京市大兴区康庄路9号	010－53203301	102600
北京铁五院工程试验检测有限公司	北京市大兴区康庄路9号	010－53271770	102600
北京中铁建北方路桥工程有限公司	北京市大兴区康庄路9号	010－53271798	102600
北京铁五院工程机械有限公司	北京市大兴区魏善庄镇黄徐路49号	010－89230536转609	102611
北京铁五院置业有限公司	北京市大兴区康庄路9号	010－51011179	102600
工程管理处	北京市大兴区康庄路9号	010－51123805	102600
试验中心	北京市大兴区康庄路9号	010－51011268	102600
信息中心	北京市大兴区康庄路9号	010－51011565	102600
图文中心	北京市大兴区康庄路9号	010－51011512	102600
测绘中心	北京市大兴区康庄路9号	010－51125079	102600
《铁道建筑技术》杂志社	北京市大兴区康庄路9号	010－53271773	102600
上海办事处	上海市长宁区定西路1310弄6号507－508室	021－52394268	200050
呼和浩特办事处	呼和浩特市新城区南马路57号	0471－6939772	10050
成都办事处	成都市高新区吉泰三路8号新希望国际C座1201号	028－87710489	610041
西安办事处	西安市新城区咸宁中路125号中科院三楼	029－83222458	710043
沈阳办事处	沈阳市和平区南四马路28－4号2单元12楼3号	024－23835546	110005
济南办事处	济南市市中区经八路66号三箭瑞福苑二区二号楼二单元702室	0531－81761657	250031
南昌办事处	南昌市西湖区丁公路恒贸国际华城10栋B单元804室	0791－82020730	300033
广州办事处	广州市越秀区福今东路12号东山雅筑B1702房	020－38732110	510080
兰州办事处	兰州市东岗西路638号兰州财富中心26楼东区	0931－8838852	730000

续表

单位名称	地　址	电　话	邮政编码
太原办事处	太原市迎泽区迎泽南街鼎元时代中心A座2204	13601069103	030001
贵阳办事处	贵州省贵阳市金阳新区黔灵山路1号贵阳日报印务中心一号楼三层	15811075535	550001
南宁办事处	南宁市青秀区东葛路3－1号5层	0771－2810219	530022
南京办事处	南京市鼓楼区新模范马路17号宏景攻于3A栋10号301室	025－58783249	210003
厦门分院	厦门思明区塔埔东路观音山商务运营中心166号11栋21楼	0592－5960869	361008
河北分院	河北省邯郸市丛台区和平路478号(西门)	0310－5766829	056002
中铁上海设计院集团有限公司	上海市天目中路291号	021－63818358	200070
南昌铁路勘测设计院有限责任公司	江西省南昌市工人新村二路27号	0791－87021157	330002
杭州铁路设计院有限责任公司	杭州市延安路468号浙江经贸广场综合楼B座6楼	0571－56735698	310006
中铁上海设计院集团合肥有限公司	合肥市瑶海工业园区新海大道15号(中国铁建安徽大厦)	0551－62123581	230011
上海先行建设监理有限公司	上海市天目中路291号	021－63817060	200070
中铁上海设计院集团有限公司天津分院	天津市南开区卫津路18号中恺国际广场新都大厦A座15层	022－27776838	300073
中铁上海设计院集团有限公司南京设计院	南京市鼓楼区中山北路223号建达大厦7楼	025－85835758	210009
中铁上海设计院集团有限公司徐州设计院	徐州市新城区镜泊西路吉田商务广场C栋4层	0516－80805777	221000
中铁物资集团有限公司	北京市海淀区西四环中路19号	010－51881098	100143
东北有限公司	辽宁省沈阳市东北大马路337号	024－88204333	110044
华东有限公司	上海市杨浦区逸仙路25号19层	021－62172358	200437
中南有限公司	湖北省武汉市武昌区丁字桥路25号	027－87129851	430070
西北有限公司	陕西省西安市碑林区友谊东路150号	029－82258498	710054
西南有限公司	四川省成都市一环路北三段1号SOHO－C座	028－87666612	610081
华北有限公司	河北省石家庄市长安区工人街22号	0311－85364898	050000
华南有限公司	广州市越秀区东风东路745号东山紫园国际商务大厦17楼	020－28079988	510080
北京中铁工业有限公司	北京市石景山区玉泉路65号院	010－51888618	100040
港澳有限公司	广东省珠海市香洲区九洲大道西3026号11栋	0756－3800255	519000
新疆有限公司	乌鲁木齐经济技术开发区中亚南路81号	0991－3776903	830026
江苏有限公司	江苏省南京市中山路179号易发信息大厦15楼A、B座	025－83368825	210000
兰州有限公司	兰州市西固区福利东路68号	0931－7535894	730060
海南有限公司	海口市龙华区滨海大道123－8号信恒大厦16层	0898－68567275	570125
北京中铁国际招标公司	北京市海淀区西四环中路19号	010－51881651	100143
湖南有限公司	长沙市经济技术开发区开元大道17号湘商世纪鑫城39层	0731－88289001	410100
云南有限公司	云南省昆明市官渡区广福路樱花语幸福广场A1－E栋8楼	0871－63575127	650200
香港有限公司	香港九龙旺角道33号凯途发展大厦704室	852－27935511	
成都中铁建项目建设管理有限公司	四川省成都市金牛区一环路北三段万达广场SOHO－C座10楼	028－83106080	610031
四川中铁建地铁投资管理有限公司	四川省成都市金牛区一环路北三段万达广场SOHO－C座10楼	028－83106080	610031
中石油铁建油品销售有限公司	北京市朝阳区北辰东路8号汇宾大厦B座18层	010－84989890	100094
中铁煤焦销售有限公司	北京市石景山区玉泉路65号院	010－51886233	100040

续表

单位名称	地　　址	电　　话	邮政编码
中铁西城钢铁公司	江阴市滨江西路8号江锋广场16层	0510－86006626	214400
铁建民爆器材专营有限公司	北京市石景山区玉泉路65号院	010－51886649	100040
北京中铁福斯罗技术有限公司	北京市海淀区西四环中路19号218房间	010－51881080	100143
钢之家电子商务公司	上海市浦东新区东方路818号众城大厦10楼D座	021－62147165	200020
中铁物资集团有限公司南昌指挥部	南昌市红谷滩新区红谷中大道联发广场1906室	0791－87356290	330038
中铁物资集团有限公司四川指挥部	四川省成都市金牛区一环路北三段万达广场SOHO－C座10楼	028－83106080	610031
中铁建(海南国际旅游岛先行试验区)投资管理有限公司	海南省陵水黎族自治县黎安镇寅村	0898－83339591	572400
鞍钢办事处	鞍山市铁东区对炉街30－9号	0412－6331638	114041
包钢办事处	内蒙古包头市昆区民族东路香港花园景秀苑10栋55号	0472－5919167	14010
攀钢办事处	攀枝花市炳草岗大街泰隆大厦西14楼	0812－3359028	617300
武钢办事处	湖北省武汉市武昌区丁字桥25号	027－87129886	430070
中国铁建高新装备股份有限公司	云南省昆明市官渡区金马镇杨方旺384号	0871－63831988	650215
昆明奥通达铁路机械有限公司	云南省昆明市官渡区金马镇杨方旺384号	0871－65388007	650215
昆明广维通机械设备有限公司	云南省昆明市官渡区金马镇杨方旺384号	0871－63831305	650215
北京昆维通铁路机械化养护工程有限公司	北京市房山区大件路1－7号	010－59735819	102400
北京瑞维通工程机械有限公司	北京市房山区大件路77号	010－59735836	102400
昆明中铁恒源商务服务有限公司	云南省昆明市官渡区金马镇杨方旺384号	0871－3831230	650215
中国铁建重工集团有限公司	湖南长沙经济技术开发区东七路88号	0731－84071801	410100
掘进机事业部	湖南长沙经济技术开发区东七路88号	0731－84071779	410100
工程机械事业部	湖南长沙经济技术开发区东七路88号	0731－84071878	410100
重型机械事业部	湖南长沙经济技术开发区东七路88号	0731－84071801	410100
轨道设备事业部	湖南省株洲市建设北路	0731－28300288	412005
海外事业部	湖南长沙经济技术开发区东七路88号	0731－84071701	410100
中央研究院	湖南长沙经济技术开发区东七路88号	0731－84071770	410100
掘进机制造总厂	湖南长沙经济技术开发区东七路88号	0731－84071860	410100
特种装备制造总厂	湖南长沙经济技术开发区东七路88号	0731－84071439	410100
道岔分公司	湖南省株洲市建设北路	0731－28300006	412005
中国铁建重工集团兰州隧道装备有限公司	甘肃兰州市永登县中川镇纬三路	0931－8258008	730314
新疆公司	乌鲁木齐市经济技术开发区融合南路399号	18599136294	830000
中铁隆昌铁路器材有限公司	四川省隆昌县金鹅镇外站路75号	0832－5166500	642150
株洲中铁电气物资有限公司	湖南省株洲市田心北站路81号	0731－22681288	412001
中铁建特种装备工程有限公司	湖南长沙经济技术开发区东七路88号	0731－84071826	410100
中国铁建国际集团有限公司	北京市复兴路40号中国铁建大厦B座7层	010－52689100	100039
中国铁建阿尔及利亚项目经理部	143. route de AMARA, CHERAGA, ALGER, ALGERIE	00213－774976187	100062
中国铁建股份有限公司沙特分公司	Arabian Business Center Third Floor, Office No. 304 King Abdullah Road North east of Tariq Bin Ziad Square, Jeddah, Kingdom of Saudi Arabia	00966－25619700	
中国铁建股份有限公司安哥拉分公司	Talháo N. 1, Projecto Luanda Sul, Sector Talatona, Município de Belas, Luanda, Angola	00244－947030605	

续表

单位名称	地　址	电　话	邮政编码
中国铁建(加勒比)有限公司	No. 78 Ellerslie Park, Maraval, Port – of – Spain, Trinidad and Tobago	001868 –62202074	
中国铁道建设(香港)有限公司	香港九龙观塘海滨道133号万兆丰中心10楼A室	00852 –27749886	
中国铁建美国有限公司	22 Battery St., Suite 333, San Francisco, CA, U. S. A.	001 –4157952118	94111
中铁建(北京)国际贸易有限公司	北京市海淀区复兴路40号中国铁建大厦B座	010 –68657866	100039
中国铁建西非有限公司	COCODY – II PLATEAUX, ABIDJAN, CÔTE D'IVOIRE ANGRE 8è TRANCHE	00225 –46076285	
中国铁建马来西亚有限公司	No. 46, Jalan Damai, Off Jalan Tun Razak, 55000 Kuala Lumpur, Malaysia	00603 –21628228	55000
中铁城建集团有限公司	湖南省长沙市岳麓区杜鹃路772号	0731 –88605600	410205
第一工程有限公司	山西省太原市迎泽西大街169号	0351 –2654912	030024
第二工程有限公司	广东省广州市越秀区共和西路8号	020 –87657007	510600
第三工程有限公司	天津市滨海新区海洋高新区桂海路21号	022 –60615955	300450
北京工程有限公司	北京市朝阳区常营五里桥一街1号院	010 –85717577	100024
南昌建设有限公司	江西省南昌市二七南路116号	0791 –87021287	330002
房地产开发有限公司	湖南省长沙市岳麓区学士路江山帝景凯盛庭7号栋1103室		410000
中国铁建投资集团有限公司	北京市海淀区复兴路40号铁建大厦B座	010 –52689500	100855
中铁建西南(重庆)投资建设管理有限公司	重庆市渝北区财富中心国际公寓A1栋2单元2 –1	023 –63410818	401121
中铁建南方投资有限公司	珠海市香洲区海滨南路88号财富商务大厦16楼	0756 –8725136	519015
中铁建华东投资有限公司	江苏省南京市鼓楼区广州路5号君临国际2栋21	025 –52815390	210024
中铁建山东投资建设管理有限公司	山东青岛崂山区苗岭路29号山东高速大厦7楼	0532 –88700589	266061
中铁建山东京沪高速公路济乐有限公司	山东省济南市高新技术开发区天辰大街1188号	0531 –89703607	250101
中铁建湛江开发有限公司	广东省湛江市人民大道中46号中国建设银行10层	0759 –2532665	524000
中铁建桂林投资有限公司	桂林市万福路88号广州军区桂林疗养院宝贤楼	0773 –2086679	541002
中铁建贵州安紫高速公路有限公司	贵州省安顺市西秀区新大十字建行13楼	0851 –32229668	561000
中铁建四川简蒲高速公路有限公司	四川省眉山市东坡区二环东路273号	028 –36028199	620010
中铁建珠海西部开发投资有限公司	广东省珠海市金湾区红旗镇双湖北路华信荣楼东区	0756 –7686806	519090
北京兴延高速公路有限公司	北京市昌平区超前路37号	010 –69706306	102299
中铁建兰州地铁投资有限公司	甘肃省兰州市七里河区恒大名都商业二期三幢	0931 –2395975	730000
中铁建甘肃投资建设有限公司	甘肃省兰州市七里河区恒大名都商业二期三幢	0931 –2395975	730000
青岛蓝色硅谷轨道交通有限公司	山东青岛崂山区苗岭路29号山东高速大厦7楼	0532 –88700589	266000
中铁建山东济徐高速公路济鱼有限公司	山东济宁市任城区红星中路37号明冉大厦	0537 –5168383	272000
中铁建(山东)德商高速公路有限公司	山东省聊城市东昌府区南湖滨路海关院内南楼德商公司	0635 –5056579	252000
中铁建四川德简高速公路有限公司	四川省德阳市旌阳区鞍山路39号凯德高新大厦15楼	0838 –2909798	618000
中铁建四川德都高速公路有限公司	四川省德阳市旌阳区鞍山路39号凯德高新大厦15楼	0838 –2909798	618000
中铁建珠海投资开发有限公司	广东省珠海市金湾区红旗镇双湖北路华信荣楼东区	0756 –7686806	519090

续表

单位名称	地　　址	电　　话	邮政编码
中铁建置业有限公司	北京市丰台区南三环中路南侧东罗园9号楼	010－53310140	100075
中铁建重庆轨道环线建设有限公司	重庆市渝北区财富中心财富园财富1号B幢6楼	023－63410818	443702
珠海铁建大厦置业有限公司	珠海市香洲区情侣中路51号日东广场1单元4层	0756－2680800	519000
中铁建青岛投资有限公司	山东省青岛市市北区瑞昌路168号汇通大厦707	0532－66981126	266000
中铁建湛江东海岛工程建设指挥部	湛江市人民大道中46号中国建设银行10层	0759－2532532	524003
中铁建青岛蓝色硅谷轨道交通工程建设指挥部	山东青岛崂山区苗岭路29号山东高速大厦7楼	0532－88700589	266000
中国铁建山东济鱼高速公路工程建设指挥部	山东济宁市任城区红星中路37号明冉大厦	0537－5168383	272000
中国铁建山东德商高速公路工程建设指挥部	山东省聊城市东昌府区南湖滨路海关院内南楼德商公司	0635－5056579	252000
中铁建珠海西部中心城区首期开发区域（B片区）基础设施工程建设指挥部	广东省珠海市金湾区红旗镇双湖路北段华信荣楼东区	0756－7686806	519000
中国铁建成渝高速公路复线工程指挥部	重庆市璧山县璧城镇农市街30号	023－85296399	402760
中国铁建南京青奥轴线地下工程指挥部	江苏省南京市鼓楼区广州路5号君临国际2栋21	025－52815390	210008
中国铁建投资有限公司联合体云南麻昭高速铁路B标段项目办公室	云南省昭通市昭阳区环城东路122号	0870－2169888	657000
中国铁建长春地铁二号线工程指挥部	长春市南关区亚泰大街5211号五环国际大厦2608室	0431－82839885	130000
中国铁建财务有限公司	北京市复兴路40号中国铁建大厦10层东	010－52689029	100855
诚合保险经纪有限责任公司	北京市复兴路40号中国铁建大厦8层东	010－52689665	100855
湖北分公司	湖北省武汉市武昌区中山路347号中国铁建大厦26层		430060
云南分公司	云南省昆明市官渡区民航路398号顺新时代大厦1栋505室	0871－68258522	650041
重庆分公司	重庆市渝北区洪湖东路55号20幢（原A24）02－3－1号	023－63064571	401121
甘肃分公司	甘肃省兰州市城关区皋兰路5号建行铁路支行办公室楼905室	0931－8410895	730030
陕西分公司	陕西省西安市新城区清东路125号中铁二十局陕西物资有限公司办公室5层	0298－2152695	710032
上海分公司	上海市普陀区中山北路2438号中瑞大厦8F		200061
河北分公司	河北省石家庄市和平西路469号中铁建华北投资发展有限公司东办公楼二楼	0311－87086959	
广东分公司	广州市中山一路57号1001	020－37609184	
辽宁分公司	辽宁省沈阳市大东区东北大马路337号（中铁物资集团东北公司）405室		110044
中铁建商务管理有限公司	北京市复兴路40号	010－51889719	100039
北京铁建物业管理有限公司	北京市复兴路40号	010－51887649	100039
中国铁道建筑总公司北京铁建医院	北京市复兴路40号	010－51888417	100039
北京铁建宾馆	北京市复兴路40号	010－51889602	100039
北京中铁建商贸中心	北京市复兴路40号	010－51889937	100039
中铁国际航空服务有限公司	北京市复兴路40号	010－52689398	100855
中国铁建股份有限公司机关汽车队	北京市复兴路40号	010－51886222	100039
重庆铁发遂渝高速公路有限公司	重庆市渝北区洪湖东路55号财富中心19栋	023－67912787	401121

续表

单位名称	地　　址	电　　话	邮政编码
中国铁建股份有限公司北京培训中心(党校)	北京市大兴区龙河路 16 号	010 - 69296634	102600
中国铁道建筑报社	北京市复兴路 40 号	010 - 51887497	100855
中国铁建上海代表处	上海市共和新路 666 号中土大厦 22 楼	021 - 36399708	200070
中国铁建云南指挥部	云南省昆明市官渡区星都总部基地 36 栋	0871 - 63574667	650214
中国铁建川渝指挥部	重庆市渝北区洪湖东路 55 号财富中心 19 栋	023 - 67912619	401120
中国铁建北京区域指挥部	北京市复兴路 40 号中国铁建大厦 4 层	010 - 52688772	100855
中国铁建广州区域指挥部	广东省广州市中山一路 55 号	020 - 61335366	510600
中国铁建包西铁路工程指挥部(协调小组)	陕西省延安市东关街百姓家园 1406 号	0911 - 2118278	716000
中国铁建玉树地震灾后重建指挥部	青海省玉树州玉树县西杭路	0976 - 8823732	815000
中国铁建昆明新机场快速公交工程指挥部	云南省昆明市官渡区新亚洲体育城星都总部 36 栋 3 楼	0871 - 63574667	650214
中国铁建昆明轨道交通 3 号线工程指挥部	云南省昆明市盘龙区王旗营路 77 号金领地大厦 1502 室	0871 - 65893899	650224
青岛地铁 2 号线工程指挥部(青岛分公司)	山东省青岛市崂山区海口路 260 号	0532 - 88010033	266061
北京通达京承高速公路有限公司	北京市怀柔区庙城怡安园	010 - 51043072	101401

索 引

使用说明

一、本索引采用内容分析索引法编制，除大事记外，年鉴中有实质检索意义的内容均予以标引，以便检索使用。

二、本索引基本上按汉语拼音音序排列，具体排列方法如下：以数字开头的，排在最前面；以英文字母开头的，列于其次；汉字标目则按首字的音序、音调依次排列，首字相同时则以第二个字排序，依此类推。

三、索引标目后的数字，表示检索内容所在的正文页码；数字后面的英文字母a、b，表示正文栏别，合在一起即指该页码及所在的版面区域。年鉴中用表格、图片反映的内容，则在索引标目后面用括号注明（表）（图）字，以区别于文字标目。

四、为反映索引款目间的隶属关系，对于二级标目，采取在上一级标目下缩二格的形式编排，之下再按汉语拼音音序、音调排列。

0～9

A ~ Z

A

B

C

D

E

F

G

H

J

K

L

M

N

P

Q

R

S

T

X

Y

Z

(王彦祥、申赟祎、张语桐、万夙婕 编制)